Le spiritisme – Grand livre illustré

© 2022. Edico
Éditions : Memoria Books pour Edico
77600 Bussy-Saint-Georges

Imprimé par BoD – Books on Demand, Norderstedt, Allemagne

Créations et illustrations originales : Yoann Laurent-Rouault
(SAS CAUSA LUDENDI : *causaludendiproduction@outlook.com*)

Réalisation et conception couverture : Cynthia Skorupa

ISBN : 978-2-38437-005-4
Dépôt légal : mai 2022

Allan Kardec

Le spiritisme

Grand livre illustré réunissant :

Qu'est-ce que le spiritisme ?

Le livre des Esprits

Le livre des Médiums

MEMORIA BOOKS

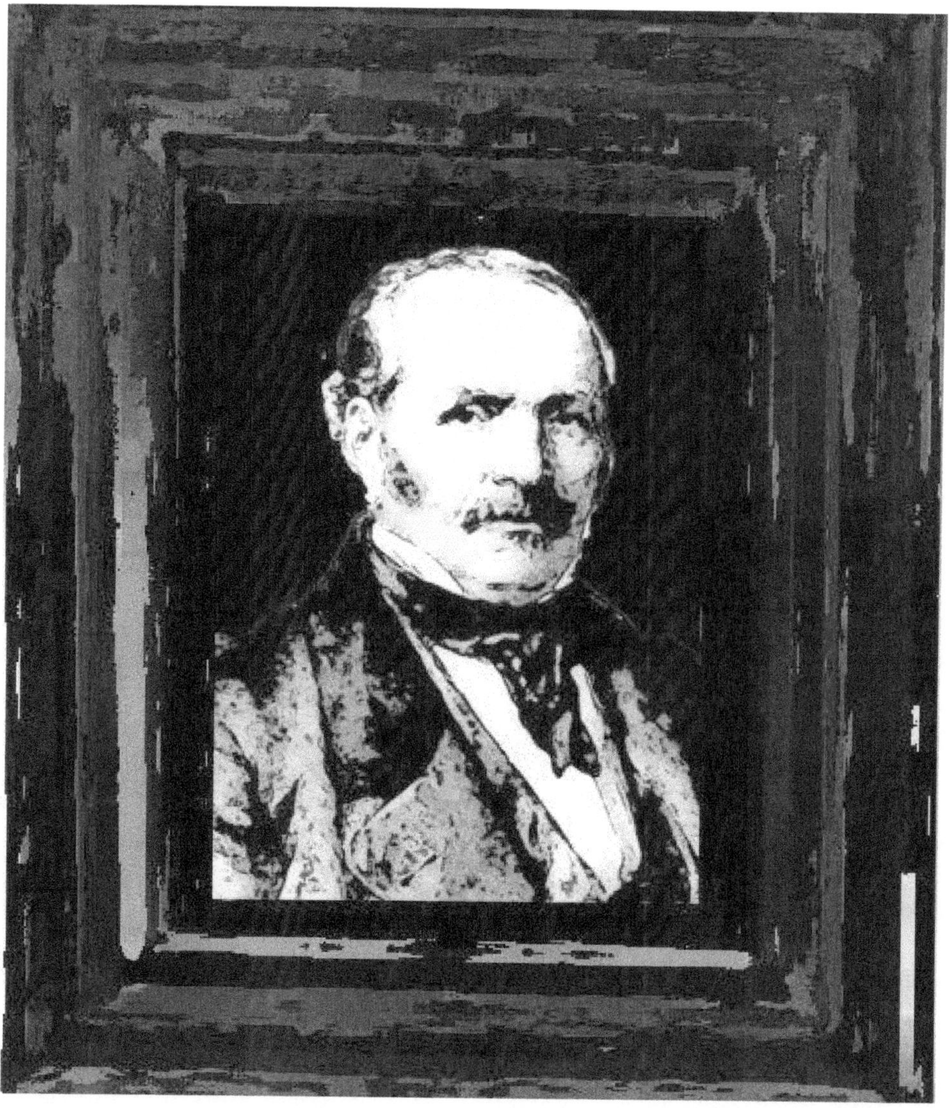

Œuvres pédagogiques

D. H. L. Rivail rédigea plusieurs manuels scolaires :

Cours pratique et théorique d'arithmétique d'après la méthode Pestalozzi
(édité en 1824, 1845, 1847)

Plan proposé pour l'amélioration de l'Instruction Publique (1828)
couronné par l'Académie Royale d'Arras

Mémoire sur l'Instruction publique adressé à Messieurs les membres de la commission chargée de réviser la législation universitaire (1831)

Grammaire française et classique (1831)

Catéchisme grammatical de la langue française (1848, 1868)

Grammaire normale des examens
(1849, édité chaque année jusqu'en 1883)
ouvrage écrit en collaboration avec David Lévi Alvarès

Dictées normales des examens
(1850 et réédité quatre fois)
ouvrage écrit en collaboration avec David Lévi Alvarès

Œuvres spirites

Le Livre des Esprits (1857)

Le Livre des Médiums (1861)

L'Évangile selon le spiritisme (1864)

Le Ciel et l'Enfer (1865)

La Genèse selon le spiritisme (1868)

Qu'est-ce que le spiritisme ?

Introduction à la connaissance du monde invisible (1859)

Œuvres posthumes (1890)
(Recueil de textes inédits, biographie et discours funèbre de Camille Flammarion, publiés après sa mort)

QU'EST-CE QUE LE SPIRITISME ?

*INTRODUCTION
À LA CONNAISSANCE DU MONDE INVISIBLE OU DES ESPRITS*

*CONTENANT
LES PRINCIPES FONDAMENTAUX DE LA DOCTRINE SPIRITE ET
LA RÉPONSE À QUELQUES OBJECTIONS PRÉJUDICIELLES*

YES
OUIJA
MYSTIFYING ORACLE
NO
ABCDEFGHIJKLMN
OPQRSTUVWXYZ
1234567890
GOOD BYE

PRÉAMBULE

Les personnes qui n'ont du spiritisme qu'une connaissance superficielle, sont naturellement portées à faire certaines questions dont une étude complète leur donnerait sans doute la solution ; mais le temps, et souvent la volonté leur manquent, pour se livrer à des observations suivies. On voudrait, avant d'entreprendre cette tâche, savoir au moins ce dont il s'agit, et si cela vaut la peine de s'en occuper. Il nous a donc paru utile de présenter, dans un cadre restreint, la réponse à quelques-unes des questions fondamentales qui nous sont journellement adressées ; ce sera, pour le lecteur, une première initiation, et, pour nous, du temps gagné par la dispense de répéter constamment la même chose.

Le premier chapitre contient, sous forme d'entretiens, la réponse aux objections les plus ordinaires de la part de ceux qui ignorent les premiers fondements de la doctrine, ainsi que la réfutation des principaux arguments de ses contradicteurs. Cette forme nous a paru la plus convenable, parce qu'elle n'a pas l'aridité de la forme dogmatique.

Le second chapitre est consacré à l'exposé sommaire des parties de la science pratique et expérimentale sur lesquelles, à défaut d'une instruction complète, l'observateur novice doit porter son attention pour juger en connaissance de cause ; c'est en quelque sorte le résumé du *Livre des Médiums*. Les objections naissent le plus souvent des idées fausses que l'on se fait, *a priori*, sur ce que l'on ne connaît pas ; rectifier ces idées, c'est aller au-devant des objections : tel est le but de ce petit écrit.

Le troisième chapitre peut être considéré comme le résumé du *Livre des Esprits* ; c'est la solution, par la doctrine spirite, d'un certain nombre de problèmes du plus haut intérêt, de l'ordre psychologique, moral et philosophique, que l'on se pose journellement, et dont aucune philosophie n'a encore donné de solutions satisfaisantes. Qu'on essaie de les résoudre par toute autre théorie et sans la clef qu'en fournit le spiritisme, et l'on verra quelles sont les réponses les plus logiques et qui satisfont le mieux la raison.

Cet aperçu est non seulement utile pour les novices qui pourront y puiser en peu de temps et à peu de frais les notions les plus essentielles, mais il ne l'est pas moins pour les adeptes auxquels il fournit les moyens de répondre aux premières objections qu'on ne manque pas de leur faire, et en outre, parce qu'ils y trouveront réunis, dans un cadre restreint et sous un même coup d'œil, les principes qu'ils ne doivent jamais perdre de vue.

Pour répondre dès à présent et sommairement à la question formulée dans le titre de cet opuscule, nous dirons que :

Le Spiritisme est à la fois une science d'observation et une doctrine philosophique. Comme science pratique, il consiste dans les relations que l'on peut établir avec les Esprits ; comme philosophie, il comprend toutes les conséquences morales qui découlent de ces relations.

On peut le définir ainsi :

Le Spiritisme est une science qui traite de la nature, de l'origine et de la destinée des Esprits, et de leurs rapports avec le monde corporel.

CHAPITRE PREMIER
PETITE CONFÉRENCE SPIRITE

PREMIER ENTRETIEN. - LE CRITIQUE.

Le Visiteur. - Je vous dirai, Monsieur, que ma raison se refuse à admettre la réalité des phénomènes étranges attribués aux Esprits qui, j'en suis persuadé, n'existent que dans l'imagination. Pourtant, devant l'évidence, il faudrait bien s'incliner, et c'est ce que je ferais si je pouvais avoir des preuves incontestables. Je viens donc solliciter de votre obligeance la permission d'assister seulement à une ou deux expériences, pour n'être pas indiscret, afin de me convaincre, si c'est possible.

Allan Kardec. - Dès l'instant, Monsieur, que votre raison se refuse à admettre ce que nous regardons comme des faits acquis, c'est que vous la croyez supérieure à celle de tous les gens qui ne partagent pas vos opinions. Je ne doute pas de votre mérite et n'ai pas la prétention de mettre mon intelligence au-dessus de la vôtre ; admettez donc que je me trompe, puisque c'est la raison qui vous parle, et que tout soit dit.

Le Visiteur. - Pourtant, si vous parveniez à me convaincre, moi qui suis connu pour un antagoniste de vos idées, ce serait un miracle éminemment favorable à votre cause.

A. K. - Je le regrette, Monsieur, mais je n'ai pas le don des miracles. Vous pensez qu'une ou deux séances suffiront pour vous convaincre ? Ce serait, en effet, un véritable tour de force ; il m'a fallu plus d'un an de travail pour être convaincu moi-même ; ce qui vous prouve que, si je le suis, ce n'a pas été à la légère. D'ailleurs, Monsieur, je ne donne point de séances, et il paraît que vous vous êtes mépris sur le but de nos réunions, attendu que nous ne faisons point d'expériences en vue de satisfaire la curiosité de qui que ce soit.

Le Visiteur. - Vous ne tenez donc pas à faire des prosélytes ?

A. K. - Pourquoi donc tiendrais-je à faire de vous un prosélyte si vous n'y tenez pas vous-même ? Je ne force aucune conviction. Quand je rencontre des personnes sincèrement désireuses de s'instruire et qui me font l'honneur de me demander des éclaircissements, je me fais un plaisir et un devoir de leur répondre dans la limite de mes connaissances ; mais quant aux antagonistes qui, comme vous, ont des convictions arrêtées, je ne fais pas une démarche pour les en détourner, attendu que je trouve assez de personnes bien disposées, sans perdre mon temps avec celles qui ne le sont pas. La conviction viendra tôt ou tard par la force des choses, et les plus incrédules seront entraînés par le torrent ; quelques partisans de plus ou de moins ne font rien pour le moment dans la balance ; c'est pourquoi vous ne me verrez jamais m'échauffer la bile pour amener à nos idées ceux qui ont d'aussi bonnes raisons que vous pour s'en éloigner.

Le Visiteur. - Il y aurait cependant à me convaincre plus d'intérêt que vous ne le croyez. Voulez-vous me permettre de m'expliquer avec franchise et me promettre de ne pas vous offenser de mes paroles ? Ce sont mes idées sur la chose et non sur la personne à laquelle je m'adresse ; je puis respecter la personne sans partager son opinion.

A. K. - Le spiritisme m'a appris à faire bon marché des mesquines susceptibilités d'amour-propre, et à ne pas m'offenser pour des mots. Si vos paroles sortent des bornes de l'urbanité et des convenances, j'en conclurai que vous êtes un homme mal élevé : voilà tout. Quant à moi j'aime mieux laisser aux autres les torts que de les partager. Vous voyez, par cela seul, que le spiritisme sert à quelque chose.

Je vous l'ai dit, Monsieur, je ne tiens nullement à vous faire partager mon opinion ; je respecte la vôtre, si elle est sincère, comme je désire qu'on respecte la mienne. Puisque vous traitez le spiritisme de rêve creux, vous vous êtes dit en venant chez moi : Je vais voir un fou. Avouez-le franchement, je ne m'en formaliserai pas. Tous les spirites sont des fous, c'est chose convenue. Eh bien ! Monsieur, puisque vous regardez cela comme une maladie mentale, je me ferai un scrupule de vous la communiquer, et je m'étonne qu'avec une telle pensée, vous demandiez à acquérir une conviction qui vous rangerait parmi les fous. Si vous êtes persuadé d'avance de ne pouvoir être convaincu, votre démarche est inutile, car elle n'a pour but que la curiosité. Abrégeons donc, je vous prie, car je n'ai pas de temps à perdre en conversations sans objet.

Le Visiteur. - On peut se tromper, se faire illusion sans être fou pour cela.

A. K. - Tranchez le mot ; dites, comme tant d'autres, que c'est une tocade qui n'aura qu'un temps ; mais vous conviendrez qu'une tocade qui, en quelques années, a gagné des millions de partisans dans tous les pays, qui compte des savants de tous ordres, qui se propage de préférence dans les classes éclairées, est une singulière manie qui mérite quelque examen.

Le Visiteur. - J'ai mes idées sur ce sujet, il est vrai ; mais elles ne sont pas tellement absolues que je ne consente à les sacrifier à l'évidence. Je vous disais donc, Monsieur, que vous avez un certain intérêt à me convaincre. Je vous avouerai que je dois publier un livre où je me propose de démontrer *ex professo* (sic) ce que je regarde comme une erreur ; et comme ce livre doit avoir une grande portée et battre en brèche les Esprits, si j'arrivais à être convaincu, je ne le publierais pas.

A. K. - Je serais désolé, Monsieur, de vous priver du bénéfice d'un livre qui doit avoir une grande portée ; je n'ai, du reste, aucun intérêt à vous empêcher de le faire ; je lui souhaite, au contraire, une très grande vogue, attendu que cela nous tiendra lieu de prospectus et d'annonces. Quand une chose est attaquée, cela éveille l'attention ; il y a beaucoup de gens qui veulent voir le pour et le contre, et la critique la fait connaître de ceux mêmes qui n'y songeaient pas ; c'est ainsi qu'on fait souvent de la réclame sans le vouloir au profit de ceux auxquels on veut nuire. La question des Esprits est, d'ailleurs, si palpitante d'intérêt ; elle pique la curiosité à un tel point, qu'il suffit de la signaler à l'attention pour donner l'envie de l'approfondir[1].

Le Visiteur. - Alors, selon vous, la critique ne sert à rien, l'opinion publique ne compte pour rien ?

A. K. - Je ne regarde pas la critique comme l'expression de l'opinion publique, mais comme une opinion individuelle qui peut se tromper. Lisez l'histoire, et voyez combien de chefs-d'œuvre ont été critiqués à leur apparition, ce qui ne les a pas empêchés de rester des chefs-d'œuvre ; quand une chose est mauvaise, tous les éloges possibles ne la rendront pas bonne. **Si le spiritisme est une erreur, il tombera de lui-même : si c'est une vérité, toutes les diatribes n'en feront pas un mensonge.** Votre livre sera une appréciation personnelle à votre point de vue ; la véritable opinion publique jugera si vous avez vu juste. Pour cela on voudra voir ; et, si plus tard, il est reconnu que vous vous êtes trompé, votre livre sera ridicule comme ceux que l'on a publiés naguère contre la théorie de la circulation du sang, de la vaccine, etc.

Mais j'oublie que vous devez traiter la question *ex professo*, ce qui veut dire que vous l'avez étudiée sous toutes ses faces ; que vous avez vu tout ce qu'on peut voir, lu tout ce qui a été écrit sur la matière, analysé et comparé les diverses opinions ; que vous vous êtes trouvé dans les meilleures conditions pour observer par vous-même ; que vous y avez consacré vos veilles pendant des années ; en un mot, que vous n'avez rien négligé pour arriver à la constatation de la vérité. Je dois croire qu'il en est ainsi si vous êtes un homme sérieux, car celui qui a fait tout cela a seul le droit de dire qu'il parle en connaissance de cause.

Que penseriez-vous d'un homme qui s'érigerait en censeur d'une œuvre littéraire sans connaître la littérature, d'un tableau sans avoir étudié la peinture ? Il est de logique élémentaire que le critique doit connaître, non pas superficiellement, mais à fond, ce dont il parle, sans cela son opinion est sans valeur. Pour combattre un calcul, il faut opposer un autre calcul, mais pour cela il faut savoir calculer. Le critique ne doit pas se borner à dire que telle chose est bonne ou mauvaise, il faut qu'il justifie son opinion par une démonstration claire et catégorique, basée sur les principes mêmes de l'art ou de la science. Comment peut-il le faire s'il ignore ces principes ? Pourriez-vous apprécier les qualités ou les défauts d'une machine si vous ne connaissez pas la mécanique ? Non ; eh bien ! votre jugement sur le spiritisme, que vous ne connaissez pas, n'aurait pas plus de valeur que celui que vous porteriez sur cette machine. Vous seriez à chaque instant pris en flagrant délit d'ignorance, car ceux qui l'auront étudié verront tout de suite que vous êtes hors de la question ; d'où l'on conclura, ou que vous n'êtes pas un homme sérieux, ou que vous n'êtes pas de bonne foi ; dans l'un et l'autre cas, vous vous exposeriez à recevoir des démentis peu flatteurs pour votre amour-propre.

---

[1] Depuis cet entretien, écrit en 1859, l'expérience est venue largement démontrer la justesse de cette proposition.

Le Visiteur. - C'est précisément pour éviter cet écueil que je suis venu vous prier de me permettre d'assister à quelques expériences.

A. K. - Et vous pensez que cela vous suffira pour parler du spiritisme **ex professo**? Mais comment pourriez-vous comprendre ces expériences, à plus forte raison les juger, si vous n'avez pas étudié les principes qui leur servent de base? Comment pourriez-vous apprécier le résultat, satisfaisant ou non, d'essais métallurgiques, par exemple, si vous ne connaissez pas à fond la métallurgie? Permettez-moi de vous dire, Monsieur, que votre projet est absolument comme si, ne sachant ni les mathématiques, ni l'astronomie, vous alliez dire à l'un de ces Messieurs de l'Observatoire : Monsieur, je veux faire un livre sur l'astronomie, et de plus prouver que votre système est faux ; mais comme je n'en sais pas le premier mot, laissez-moi regarder une ou deux fois à travers vos lunettes ; cela me suffira pour en savoir autant que vous.

Ce n'est que par extension que le mot critiquer est synonyme de **censurer** ; dans son acception propre, et d'après son étymologie, il signifie **juger**, **apprécier**. La critique peut donc être approbative ou désapprobatrice. Faire la critique d'un livre n'est pas nécessairement le condamner ; celui qui entreprend cette tâche doit le faire sans idées préconçues ; mais si avant d'ouvrir le livre il l'a déjà condamné dans sa pensée, son examen ne peut être impartial.

Tel est le cas de la plupart de ceux qui ont parlé du spiritisme. Sur le mot seul ils se sont formé une opinion et ont fait comme un juge qui rendrait un arrêt sans se donner la peine d'examiner les pièces. Il en est résulté que leur jugement a porté à faux, et qu'au lieu de persuader ils ont fait rire. Quant à ceux qui ont sérieusement étudié la question, la plupart ont changé d'avis et plus d'un adversaire en est devenu partisan, quand il a vu qu'il s'agissait de toute autre chose que ce qu'il avait cru.

Le Visiteur. - Vous parlez de l'examen des livres en général ; croyez-vous qu'il soit matériellement possible à un journaliste de lire et d'étudier tous ceux qui lui passent par les mains, surtout quand il s'agit de théories nouvelles qu'il lui faudrait approfondir et vérifier? Autant vaudrait exiger d'un imprimeur qu'il lût tous les ouvrages qui sortent de ses presses.

A. K. - À un raisonnement si judicieux je n'ai rien à répondre, sinon que quand on n'a pas le temps de faire consciencieusement une chose, on ne s'en mêle pas, et qu'il vaut mieux n'en faire qu'une seule bien que d'en faire dix mal.

Le Visiteur. - Ne croyez pas, Monsieur, que mon opinion se soit formée à la légère. J'ai vu des tables tourner et frapper ; des personnes qui étaient censées écrire sous l'influence des Esprits ; mais je suis convaincu qu'il y avait du charlatanisme.

A. K. - Combien avez-vous payé pour voir cela ?

Le Visiteur. - Rien du tout, assurément.

A. K. - Alors, voilà des charlatans d'une singulière espèce, et qui vont réhabiliter le mot. Jusqu'à présent on n'avait pas encore vu des charlatans désintéressés. Si quelque mauvais plaisant a voulu s'amuser une fois par hasard, s'ensuit-il que les autres personnes fussent des compères ? D'ailleurs, dans quel but se seraient-elles rendues complices d'une mystification ? Pour amuser la société, direz-vous. Je veux bien qu'une fois on se prête à une plaisanterie ; mais quand une plaisanterie dure des mois et des années, c'est, je crois, le mystificateur qui est mystifié. Est-il probable que, pour le seul plaisir de faire croire à une chose que l'on sait être fausse on se morfonde des heures entières sur une table ? Le plaisir n'en vaudrait pas la peine.

Avant de conclure à la fraude, il faut d'abord se demander quel intérêt on peut avoir à tromper ; or, vous conviendrez qu'il est des positions qui excluent tout soupçon de supercherie ; des personnes dont le caractère seul est une garantie de probité.

Autre chose serait s'il s'agissait d'une spéculation, parce que l'appât du gain est un mauvais conseiller ; mais en admettant même que, dans ce dernier cas, un fait de manœuvre frauduleuse soit positivement constaté, cela ne prouverait rien contre la réalité du principe, attendu qu'on peut abuser de tout. De ce qu'il y a des gens qui vendent des vins frelatés, il ne s'ensuit pas qu'il n'y ait pas de vin pur. Le spiritisme n'est pas plus responsable de ceux qui abusent de ce nom et l'exploitent, que la science médicale ne l'est des charlatans qui débitent leurs drogues, ni la religion des prêtres qui abusent de leur ministère.

Le spiritisme, par sa nouveauté et par sa nature même, devait prêter à des abus ; mais il a donné les moyens de les reconnaître, en définissant clairement son véritable caractère et en déclinant toute solidarité avec ceux qui l'exploiteraient ou le détourneraient de son but exclusivement moral pour en faire un métier, un instrument de divination ou de recherches futiles.

Dès lors que le spiritisme trace lui-même les limites dans lesquelles il se renferme, précise ce qu'il dit et ce qu'il ne dit pas, ce qu'il peut et ne peut pas, ce qui est ou n'est pas dans ses attributions, ce qu'il accepte et ce qu'il répudie, le tort est à ceux qui, ne se donnant pas la peine de l'étudier, le jugent sur des apparences ; qui, parce qu'ils rencontrent des saltimbanques s'affublant du nom de **Spirites** pour attirer les passants, diront gravement : Voilà ce qu'est le spiritisme. Sur qui, en définitive, retombe le ridicule ? Ce n'est pas sur le saltimbanque qui fait son métier, ni sur le spiritisme dont la doctrine écrite dément de pareilles assertions, mais bien sur les critiques convaincus de parler de ce qu'ils ne savent pas, ou d'altérer sciemment la vérité. Ceux qui attribuent au spiritisme ce qui est contre son essence même, le font, ou par ignorance ou avec intention ; dans le premier cas, c'est de la légèreté ; dans le second, c'est de la mauvaise foi. Dans ce dernier cas, ils ressemblent à certains historiens qui altèrent les faits historiques dans l'intérêt d'un parti ou d'une opinion. Un parti se discrédite toujours par l'emploi de pareils moyens, et manque son but.

Remarquez bien, Monsieur, que je ne prétends pas que la critique doive nécessairement approuver nos idées, même après les avoir étudiées ; nous ne blâmons nullement ceux qui ne pensent pas comme nous. Ce qui est évident pour nous, peut ne pas l'être pour tout le monde ; chacun juge les choses à son point de vue, et du fait le plus positif tout le monde ne tire pas les mêmes conséquences. Si un peintre, par exemple, met dans son tableau un cheval blanc, quelqu'un pourra très bien dire que ce cheval fait un mauvais effet, et qu'un noir eût mieux convenu ; mais son tort sera de dire que le cheval est blanc s'il est noir ; c'est ce que font la plupart de nos adversaires. En résumé, Monsieur, chacun est parfaitement libre d'approuver ou de critiquer les principes du spiritisme, d'en déduire telles conséquences bonnes ou mauvaises qu'il lui plaira, mais la conscience fait un devoir à tout critique sérieux de ne pas dire le contraire de ce qui est ; or, pour cela, la première condition est de ne parler que de ce qu'on sait.

Le Visiteur. - Revenons, je vous prie, aux tables mouvantes et parlantes. Ne se pourrait-il pas qu'elles fussent préparées ?

A. K. - C'est toujours la question de bonne foi à laquelle j'ai répondu. Lorsque la supercherie sera prouvée, je vous l'abandonne ; si vous signalez des faits **avérés** de fraude, de charlatanisme, d'exploitation, ou d'abus de confiance, je les livre à vos fustigations, vous déclarant d'avance que je n'en prendrai pas la défense, parce que le spiritisme sérieux est le premier à les répudier, et que signaler les abus, c'est aider à les prévenir et lui rendre service. Mais généraliser ces accusations, déverser sur une masse de gens honorables la réprobation que méritent quelques individus isolés, c'est un abus d'un autre genre, car c'est de la calomnie.

En admettant, comme vous le dites, que les tables fussent préparées, il faudrait un mécanisme bien ingénieux pour faire exécuter des mouvements et des bruits si variés. Comment se fait-il qu'on ne connaisse pas encore le nom de l'habile fabricant qui les confectionne ? Il devrait cependant avoir une bien grande célébrité, puisque ces appareils sont répandus dans les cinq parties du monde. Il faut convenir aussi que son procédé est bien subtil, puisqu'il peut s'adapter à la première table venue sans aucune trace extérieure. Comment se fait-il que depuis Tertulien qui, lui aussi, a parlé des tables tournantes et parlantes, jusqu'à présent personne n'a pu le voir ni le décrire ?

Le Visiteur. - Voilà ce qui vous trompe. Un célèbre chirurgien a reconnu que certaines personnes peuvent, par la contraction d'un muscle de la jambe, produire un bruit pareil à celui que vous attribuez à la table ; d'où il conclut que vos médiums s'amusent aux dépens de la crédulité.

A. K. - Alors si c'est un craquement de muscle, ce n'est pas la table qui est préparée. Puisque chacun explique cette prétendue supercherie à sa manière, c'est la preuve la plus évidente que ni les uns ni les autres ne connaissent la véritable cause. Je respecte la science de ce savant chirurgien, seulement il se présente quelques difficultés dans l'application aux tables parlantes du fait qu'il signale. La première, c'est qu'il est singulier que cette faculté, jusqu'à présent exceptionnelle, et regardée comme un cas pathologique, soit tout à coup devenue si commune ; la seconde, qu'il faut avoir une bien robuste envie de mystifier pour faire craquer son muscle pendant deux ou trois heures de suite, quand cela ne rapporte rien que de la fatigue et de la douleur ; la troisième, que je ne vois pas trop comment ce muscle correspond aux portes et aux murailles dans lesquelles les coups se font entendre ;

la quatrième enfin, qu'il faut à ce muscle craqueur une propriété bien merveilleuse pour faire mouvoir une lourde table, la soulever, l'ouvrir, la fermer, la maintenir en suspension sans point d'appui, et finalement la faire briser en tombant. On ne se doutait guère que ce muscle eût tant de vertus. (**Revue Spirite**, juin 1859, page 141 : Le muscle craqueur.)

Le célèbre chirurgien dont vous parlez a-t-il étudié le phénomène de la typtologie sur ceux qui le produisent ? Non ; il a constaté un effet physiologique anormal chez quelques individus qui ne se sont jamais occupés de tables frappantes, ayant une certaine analogie avec celui qui se produit dans les tables, et, sans plus ample examen, il conclut, de toute l'autorité de sa science, que tous ceux qui font parler les tables doivent avoir la propriété de faire craquer leur muscle court péronier, et ne sont que des faiseurs de dupes, qu'ils soient princes ou artisans, qu'ils se fassent payer ou non. A-t-il au moins étudié le phénomène de la typtologie dans toutes ses phases ? A-t-il vérifié si, à l'aide de ce craquement musculaire, on pouvait produire tous les effets typtologiques ? Pas davantage, sans cela il se serait convaincu de l'insuffisance de son procédé ; ce qui ne l'a pas empêché de proclamer sa découverte en plein Institut. Ne voilà-t-il pas, pour un savant, un jugement bien sérieux ! Qu'en reste-t-il aujourd'hui ? Je vous avoue que, si j'avais à subir une opération chirurgicale, j'hésiterais fort à me confier à ce praticien car je craindrais qu'il ne jugeât pas mon mal avec plus de perspicacité.

Puisque ce jugement est une des autorités sur lesquelles vous semblez devoir vous appuyer pour battre en brèche le spiritisme, cela me rassure complètement sur la force des autres arguments que vous ferez valoir si vous ne les puisez pas à des sources plus authentiques.

Le Visiteur. - Vous voyez pourtant que la mode des tables tournantes est passée ; pendant un temps c'était une fureur ; aujourd'hui on ne s'en occupe plus. Pourquoi cela, si c'est une chose sérieuse ?

A. K. - Parce que des tables tournantes est sortie une chose plus sérieuse encore ; il en est sorti toute une science, toute une doctrine philosophique bien autrement intéressante pour les hommes qui réfléchissent. Quand ceux-ci n'ont plus rien eu à apprendre en voyant tourner une table, ils ne s'en sont plus occupés. Pour les gens futiles qui n'approfondissent rien, c'était un passe-temps, un jouet qu'ils ont laissé quand ils en ont eu assez ; ces personnes ne comptent pour rien en science. La période de curiosité a eu son temps : celle de l'observation lui a succédé. Le spiritisme est alors entré dans le domaine des gens sérieux qui ne s'en amusent pas, mais qui s'instruisent. Aussi les personnes qui en font une chose grave ne se prêtent à aucune expérience de curiosité, et encore moins pour ceux qui y viendraient avec des pensées hostiles ; comme elles ne s'amusent pas elles-mêmes, elles ne cherchent pas à amuser les autres ; et je suis de ce nombre.

Le Visiteur. - Il n'y a pourtant que l'expérience qui puisse convaincre, dût-on, en commençant, n'avoir qu'un but de curiosité. Si vous n'opérez qu'en présence de gens convaincus, permettez-moi de vous dire que vous prêchez des convertis.

A. K. - Autre chose est d'être convaincu, ou d'être disposé à se convaincre ; c'est à ces derniers que je m'adresse, et non à ceux qui croient humilier leur raison en venant écouter ce qu'ils appellent des rêveries. De ceux-là je ne me préoccupe pas le moins du monde. Quant à ceux qui disent avoir le désir sincère de s'éclairer, la meilleure manière de le prouver, c'est de montrer de la persévérance ; on les reconnaît à d'autres signes qu'au désir de voir une ou deux expériences : ceux-là veulent travailler sérieusement.

La conviction ne se forme qu'à la longue, par une suite d'observations faites avec un soin tout particulier. Les phénomènes spirites diffèrent essentiellement de ceux que présentent nos sciences exactes : ils ne se produisent pas à volonté ; il faut les saisir au passage ; c'est en voyant beaucoup et longtemps qu'on découvre une foule de preuves qui échappent à la première vue, surtout quand on n'est pas familiarisé avec les conditions dans lesquelles elles peuvent se rencontrer, et encore plus quand on y apporte un esprit de prévention. Pour l'observateur assidu et réfléchi, les preuves abondent : pour lui, un mot, un fait insignifiant en apparence peut être un trait de lumière, une confirmation ; pour l'observateur superficiel et de passage, pour le simple curieux, elles sont nulles ; voilà pourquoi je ne me prête pas à des expériences sans résultat probable.

Le Visiteur. - Mais enfin il faut un commencement à tout. Le novice, qui est une table rase, qui n'a rien vu, mais qui veut s'éclairer, comment peut-il le faire, si vous ne lui en donnez pas les moyens ?

A. K. - Je fais une grande différence entre l'incrédule par ignorance et l'incrédule par système ; quand je vois en quelqu'un des dispositions favorables, rien ne me coûte pour l'éclairer ; mais il y a des gens chez qui le désir de s'instruire n'est qu'un faux-semblant : avec ceux-là on perd son temps, car s'ils ne trouvent pas tout d'abord ce qu'ils ont l'air de chercher, et ce qu'ils seraient peut-être fâchés de trouver, le peu qu'ils voient est insuffisant pour détruire leurs préventions ; ils le jugent mal et en font un sujet de dérision qu'il est inutile de leur fournir.

À celui qui a le désir de s'instruire, je dirai : « On ne peut pas faire un cours de spiritisme expérimental comme on fait un cours de physique et de chimie, attendu qu'on n'est jamais maître de produire les phénomènes à son gré, et que les intelligences qui en sont les agents déjouent souvent toutes nos prévisions. Ceux que vous pourriez voir accidentellement ne présentant aucune suite, aucune liaison nécessaire, seraient peu intelligibles pour vous. Instruisez-vous d'abord par la théorie ; lisez et méditez les ouvrages qui traitent de cette science, là vous en apprendrez les principes, vous trouverez la description de tous les phénomènes, vous en comprendrez la possibilité par l'explication qui en est donnée, et par le récit d'une foule de faits spontanés dont vous avez pu être témoin à votre insu et qui vous reviendront à la mémoire ; vous vous édifierez sur toutes les difficultés qui peuvent se présenter, et vous vous formerez ainsi une première conviction morale. Alors, quand les circonstances se présenteront de voir ou d'opérer par vous-même, vous comprendrez, quel que soit l'ordre dans lequel les faits se présenteront, parce que rien ne vous sera étranger. »

Voilà, Monsieur, ce que je conseille à toute personne qui dit vouloir s'instruire, et à sa réponse il est aisé de voir s'il y a chez elle autre chose que de la curiosité.

DEUXIÈME ENTRETIEN. - LE SCEPTIQUE.

Le Visiteur. - Je comprends, Monsieur, l'utilité de l'étude préalable dont vous venez de parler. Comme prédisposition personnelle, je ne suis ni pour ni contre le spiritisme, mais que le sujet, par lui-même, excite au plus haut point mon intérêt. Dans le cercle de mes connaissances se trouvent des partisans, mais aussi des adversaires ; j'ai entendu à cet égard des arguments très contradictoires ; je me proposais de vous soumettre quelques-unes des objections qui ont été faites en ma présence, et qui me semblent avoir une certaine valeur, pour moi du moins qui confesse mon ignorance.

Allan Kardec. - Je me fais un plaisir, Monsieur, de répondre aux questions que l'on veut bien m'adresser, quand elles sont faites avec sincérité et sans arrière-pensée, sans me flatter, cependant, de pouvoir les résoudre toutes. Le spiritisme est une science qui vient de naître et où il y a encore bien à apprendre ; il serait donc par trop présomptueux à moi de prétendre lever toutes les difficultés : je ne puis dire que ce que je sais.

Le spiritisme touche à toutes les branches de la philosophie, de la métaphysique, de la psychologie et de la morale ; c'est un champ immense qui ne peut être parcouru en quelques heures. Or vous comprenez, Monsieur, qu'il me serait matériellement impossible de répéter de vive voix et à chacun en particulier tout ce que j'ai écrit sur ce sujet à l'usage de tout le monde. Dans une lecture sérieuse préalable on trouvera, d'ailleurs, la réponse à la plupart des questions qui viennent naturellement à la pensée ; elle a le double avantage d'éviter des répétitions inutiles, et de prouver un désir sérieux de s'instruire. Si, après cela, il reste encore des doutes ou des points obscurs, l'explication en devient plus facile, parce qu'on s'appuie sur quelque chose, et l'on ne perd pas son temps à revenir sur les principes les plus élémentaires. Si vous le permettez, nous nous bornerons donc, jusqu'à nouvel ordre, à quelques questions générales.

Le Visiteur. - Soit ; veuillez, je vous prie, me rappeler à l'ordre si je m'en écarte.

SPIRITISME ET SPIRITUALISME

Je vous demanderai d'abord quelle nécessité il y avait de créer les mots nouveaux de **spirite**, **spiritisme** pour remplacer ceux de **spiritualisme**, **spiritualiste** qui sont dans la langue vulgaire et compris de tout le monde ? J'entendais quelqu'un traiter ces mots de **barbarismes**.

A. K. - Le mot **spiritualiste** a depuis longtemps une acception bien déterminée ; c'est l'Académie qui nous la donne : SPIRITUALISTE, **celui ou celle dont la doctrine est opposée au matérialisme.** Toutes les religions sont nécessairement fondées sur le spiritualisme. Quiconque croit qu'il y a en nous autre chose que de la matière est **spiritualiste**, ce qui n'implique pas la croyance aux Esprits et à leurs manifestations. Comment le distinguerez-vous de celui qui y croit? Il faudra donc employer une périphrase et dire : C'est un spiritualiste qui croit ou ne croit pas aux Esprits. Pour les choses nouvelles, il faut des mots nouveaux, si l'on veut éviter les équivoques. Si j'avais donné à ma REVUE la qualification de **Spiritualiste**, je n'en aurais nullement spécifié l'objet, car, sans faillir à mon titre, j'aurais pu ne pas dire un mot des Esprits et même les combattre. Je lisais il y a quelque temps dans un journal, à propos d'un ouvrage de philosophie, un article où il était dit que l'auteur l'avait écrit au point de vue **spiritualiste** ; or, les partisans des Esprits auraient été singulièrement déçappointés si, sur la foi de cette indication, ils avaient cru y trouver la moindre concordance avec leurs idées. Si donc j'ai adopté les mots **Spirite**, **Spiritisme**, c'est parce qu'ils expriment sans équivoque les idées relatives aux Esprits. Tout **spirite** est nécessairement **spiritualiste**, mais il s'en faut que tous les **spiritualistes** soient **spirites**. Les Esprits seraient une chimère qu'il serait encore utile d'avoir des termes spéciaux pour ce qui les concerne, car il faut des mots pour les idées fausses comme pour les idées vraies.

Ces mots d'ailleurs ne sont pas plus barbares que tous ceux que les sciences, les arts et l'industrie créent chaque jour ; ils ne le sont assurément pas plus que ceux que Gall a imaginés pour sa nomenclature des facultés, tels que : **Secrétivité, amativité, combativité, alimentivité, affectionivité, etc.** Il y a des gens qui, par esprit de contradiction, critiquent tout ce qui ne vient pas d'eux, et veulent se donner un air d'opposition ; ceux qui soulèvent d'aussi misérables chicanes ne prouvent qu'une chose, c'est la petitesse de leurs idées. S'attaquer à des bagatelles semblables, c'est prouver qu'on est à court de bonnes raisons.

Spiritualisme, spiritualiste sont des mots anglais employés aux États-Unis dès le début des manifestations : on s'en est d'abord servi quelque temps en France ; mais, dès que parurent ceux de **spirite, spiritisme,** on en comprit si bien l'utilité qu'ils furent immédiatement acceptés par le public. Aujourd'hui l'usage en est tellement consacré, que les adversaires eux-mêmes, ceux qui, les premiers, ont crié au barbarisme, n'en emploient pas d'autres. Les sermons et les mandements qui fulminent contre le **spiritisme** et les **spirites**, n'auraient pu, sans porter la confusion dans les idées, jeter l'anathème au **spiritualisme** et aux **spiritualistes**.

Barbares ou non, ces mots sont désormais passés dans la langue usuelle et dans toutes les langues de l'Europe ; ce sont les seuls employés dans toutes les publications pour ou contre faites dans tous les pays. Ils ont formé la tête de colonne de la nomenclature de la nouvelle science ; pour exprimer les phénomènes spéciaux de cette science, il fallait des termes spéciaux ; le spiritisme a désormais sa nomenclature, comme la chimie a la sienne[2].

---

[2] Ces mots d'ailleurs ont aujourd'hui droit de bourgeoisie ; ils sont dans le supplément du *Petit Dictionnaire des Dictionnaires français*, extrait de *Napoléon Landais*, ouvrage qui se tire à vingt mille exemplaires. On y trouve la définition et l'éthymologie des mots : *erraticité, médianimique, médium,*

DISSIDENCES

Le Visiteur. - Cette diversité dans la croyance de ce que vous appelez une science en est, ce me semble, la condamnation. Si cette science reposait sur des faits positifs, ne devrait-elle pas être la même en Amérique et en Europe ?

A. K. - À cela je répondrai d'abord que cette dissidence est plus dans la forme que dans le fond ; elle ne consiste, en réalité, que dans la manière d'envisager quelques points de la doctrine, mais ne constitue pas un antagonisme radical dans les principes, comme affectent de le dire nos adversaires sans avoir étudié la question.

Mais dites-moi, quelle est la science qui, à son début, n'a soulevé des dissidences jusqu'à ce que les principes en fussent clairement établis ? Ces dissidences n'existent-elles pas encore aujourd'hui dans les sciences les mieux constituées ? Tous les savants sont-ils d'accord sur le même point ? N'ont-ils pas leurs systèmes particuliers ? Les séances de l'Institut présentent-elles toujours le tableau d'une parfaite entente cordiale ? En médecine n'y a-t-il pas l'École de Paris et celle de Montpellier ? Chaque découverte dans une science n'est-elle pas l'occasion d'un schisme entre ceux qui veulent aller en avant et ceux qui veulent rester en arrière ?

En ce qui concerne le spiritisme, n'est-il pas naturel qu'à l'apparition des premiers phénomènes, alors qu'on ignorait les lois qui les régissent, chacun ait donné son système et les ait envisagés à sa manière ? Que sont devenus tous ces systèmes primitifs isolés ? Ils sont tombés devant une observation plus complète des faits. Quelques années ont suffi pour établir l'unité grandiose qui prévaut aujourd'hui dans la doctrine et qui rallie l'immense majorité des adeptes, sauf quelques individualités qui, ici comme en toutes choses, se cramponnent aux idées primitives et meurent avec elles. Quelle est la science, quelle est la doctrine philosophique ou religieuse qui offre un pareil exemple ? Le spiritisme a-t-il jamais présenté la centième partie des divisions qui ont déchiré l'Église pendant plusieurs siècles et qui la divisent encore aujourd'hui ?

Il est curieux vraiment de voir les puérilités auxquelles s'attachent les adversaires du spiritisme ; cela n'indique-t-il pas la pénurie de raisons sérieuses ? S'ils en avaient, ils ne manqueraient pas de les faire valoir. Que lui opposent-ils ? Des railleries, des dénégations, des calomnies ; mais des arguments péremptoires, aucun ; et la preuve qu'on ne lui a point encore trouvé de côté vulnérable, c'est que rien n'a arrêté sa marche ascendante et qu'après dix ans il compte plus d'adeptes que n'en a jamais compté aucune secte après un siècle. Ceci est un fait acquis à l'expérience et reconnu même par ses adversaires. Pour le ruiner, il ne suffisait pas de dire : cela n'est pas, cela est absurde ; il fallait prouver catégoriquement que les phénomènes n'existent pas, ne peuvent pas exister ; c'est ce que personne n'a fait.

---

médiumnité, périsprit, pneumatographie, pneumatophonie, psychographe, psychographie, psychophonie, réincarnation, sématologie, spirite, spiritisme, spiritiste, stéréorite, typtologie. Ils se trouvent également avec tous les développements qu'ils comportent, dans la nouvelle édition du *Dictionnaire universel* de Maurice Lachâtre.

PHÉNOMÈNES SPIRITES SIMULES

Le Visiteur. - N'a-t-on pas prouvé qu'en dehors du spiritisme on pouvait produire ces mêmes phénomènes ? D'où l'on peut conclure qu'ils n'ont pas l'origine que leur attribuent les spirites.

A. K. - De ce qu'on peut imiter une chose, s'en suit-il que la chose n'existe pas ? Que diriez-vous de la logique de celui qui prétendrait que, parce qu'on fait du vin de Champagne avec de l'eau de Seltz, tout le vin de Champagne n'est que de l'eau de Seltz ? C'est le privilège de toutes les choses qui ont du retentissement d'engendrer des contrefaçons. Des prestidigitateurs ont pensé que le nom de **spiritisme**, à cause de sa popularité et des controverses dont il était l'objet, pouvait être bon à exploiter, et, pour attirer la foule, ils ont simulé, plus ou moins grossièrement, quelques phénomènes de médianimité, comme naguère ils ont simulé la clairvoyance somnambulique, et tous les railleurs d'applaudir en s'écriant : Voilà ce que c'est que le spiritisme ! Lorsqu'a paru l'ingénieuse production des spectres sur la scène, n'ont-ils pas proclamé partout que c'était son coup de grâce ? Avant de prononcer un arrêt aussi positif, ils auraient dû réfléchir que les assertions d'un escamoteur ne sont pas des paroles d'Évangile, et s'assurer s'il y avait identité réelle entre l'imitation et la chose imitée. Il n'est personne qui achète un brillant avant de s'assurer si ce n'est pas du strass. Une étude quelque peu sérieuse les eût convaincus que les phénomènes spirites se présentent dans de tout autres conditions ; ils auraient su, de plus, que les spirites ne s'occupent ni de faire apparaître des spectres, ni de dire la bonne aventure.

La malveillance et une insigne mauvaise foi ont seules pu assimiler le spiritisme à la magie et à la sorcellerie, puisqu'il en répudie le but, les pratiques, les formules et les paroles mystiques. Il en est même qui n'ont pas craint de comparer les réunions spirites aux assemblées du sabbat où l'on attend l'heure fatale de minuit pour faire apparaître les fantômes.

Un spirite de mes amis se trouvait un jour, à une représentation de **Macbeth**, à côté d'un journaliste qu'il ne connaissait pas. Lorsque vint la scène des sorcières, il entendit ce dernier dire à son voisin : « Tiens ! nous allons assister à une séance de spiritisme ; c'est justement ce qu'il me faut pour mon prochain article ; je vais savoir comment les choses se passent. S'il y avait ici un de ces fous, je lui demanderais s'il se reconnaît dans ce tableau. » - « Je suis un de ces fous, lui dit le spirite, et je puis vous certifier que je ne m'y reconnais pas du tout, car, bien que j'aie assisté à des centaines de réunions spirites, je n'y ai jamais rien vu de semblable. Si c'est là où vous venez puiser les renseignements pour votre article, il ne brillera pas par la vérité. »

Beaucoup de critiques n'ont pas de base plus sérieuse. Sur qui tombe le ridicule, si ce n'est sur ceux qui s'avancent aussi étourdiment ? Quant au spiritisme, son crédit, loin d'en souffrir, s'en est accru par le retentissement que toutes ces manœuvres lui ont donné, en appelant l'attention d'une foule de gens qui n'en avaient point entendu parler ; elles ont provoqué l'examen et augmenté le nombre des adeptes, parce qu'on a reconnu qu'au lieu d'une plaisanterie, c'était une chose sérieuse.

IMPUISSANCE DES DÉTRACTEURS

Le Visiteur. - Je conviens que parmi les détracteurs du spiritisme il y a des gens inconséquents comme celui dont vous venez de parler ; mais, à côté de ceux-là, n'y a-t-il pas des hommes d'une valeur réelle et dont l'opinion est d'un certain poids ?

A. K. - Je ne le conteste nullement. À cela je réponds que le spiritisme compte aussi dans ses rangs bon nombre d'hommes d'une valeur non moins réelle ; je dis plus, c'est que l'immense majorité des spirites se compose d'hommes d'intelligence et d'étude ; la mauvaise foi seule peut dire qu'il se recrute parmi les bonnes femmes et les ignorants.

Un fait péremptoire répond, d'ailleurs, à cette objection : c'est que, malgré leur savoir ou leur position officielle, aucun n'a réussi à arrêter la marche du spiritisme ; et pourtant il n'en est pas un, depuis le plus mince feuilletoniste, qui ne se soit flatté de lui porter le coup mortel ; que tous, sans exception, ont aidé, sans le vouloir, à le vulgariser. Une idée qui résiste à tant d'efforts, qui s'avance sans broncher à travers la grêle de traits qu'on lui lance, ne prouve-t-elle pas sa force et la profondeur de ses racines ? Ce phénomène ne mérite-t-il pas l'attention des penseurs sérieux ? Aussi plus d'un se dit-il aujourd'hui qu'il doit y avoir là quelque chose peut-être un de ces grands mouvements irrésistibles qui, de temps à autre, remuent les sociétés pour les transformer.

Ainsi en a-t-il toujours été de toutes les idées nouvelles appelées à révolutionner le monde ; elles rencontrent des obstacles, parce qu'elles ont à lutter contre les intérêts, les préjugés, les abus qu'elles viennent renverser ; mais comme elles sont dans les desseins de Dieu pour accomplir la loi du progrès de l'humanité, quand l'heure est venue, rien ne saurait les arrêter ; c'est la preuve qu'elles sont l'expression de la vérité.

Cette impuissance des adversaires du spiritisme prouve d'abord, comme je l'ai dit, l'absence de bonnes raisons, puisque celles qu'ils lui opposent ne convainquent pas ; mais elle tient à une autre cause qui déjoue toutes leurs combinaisons. Ils s'étonnent de son envahissement malgré tout ce qu'ils font pour l'arrêter ; aucun n'en trouve la cause, parce qu'ils la cherchent là où elle n'est pas. Les uns la voient dans la grande puissance du diable qui se montrerait ainsi plus fort qu'eux et même que Dieu, les autres dans l'accroissement de la folie humaine. L'erreur de tous est de croire que la source du spiritisme est unique et qu'elle repose sur l'opinion d'un homme ; de là l'idée qu'en ruinant l'opinion de cet homme ils ruineront le spiritisme ; ils cherchent cette source sur la terre tandis qu'elle est dans l'espace ; elle n'est pas sur un point, elle est partout, parce que les Esprits se manifestent partout, dans tous les pays, au palais comme à la chaumière. La véritable cause est donc dans la nature même du spiritisme qui ne reçoit pas son impulsion d'un seul, mais qui permet à chacun de recevoir directement des communications des Esprits et de s'assurer ainsi de la réalité des faits. Comment persuader à des millions d'individus que tout cela n'est que jonglerie, charlatanisme, escamotage, tours d'adresse, quand ce sont eux-mêmes qui obtiennent ces résultats, sans le concours de personne ? Leur fera-t-on croire qu'ils sont leurs propres compères et font du charlatanisme ou de l'escamotage pour eux tout seuls ?

Cette universalité des manifestations des Esprits qui viennent, sur tous les points du globe, donner un démenti aux détracteurs, et confirmer les principes de la doctrine, est une force que ne peuvent pas plus comprendre ceux qui ne connaissent pas le monde invisible, que ceux qui ne connaissent pas la loi de l'électricité ne peuvent comprendre la rapidité de la transmission d'une dépêche ; c'est contre cette force que viennent se briser toutes les dénégations, car c'est absolument comme si l'on disait à des gens qui reçoivent les rayons du soleil que le soleil n'existe pas.

Abstraction faite des qualités de la doctrine qui plaît plus que celles qu'on lui oppose, là est la cause des échecs que reçoivent ceux qui tentent d'en arrêter la marche ; pour réussir, il leur faudrait trouver le moyen d'empêcher les Esprits de se manifester. Voilà pourquoi les spirites prennent si peu de souci de leurs manœuvres ; ils ont pour eux l'expérience et l'autorité des faits.

LE MERVEILLEUX ET LE SURNATUREL

Le Visiteur. - Le spiritisme tend évidemment à faire revivre les croyances fondées sur le merveilleux et le surnaturel ; or, dans notre siècle positif, cela me paraît difficile, car c'est accréditer les superstitions et les erreurs populaires dont la raison fait justice.

A. K. - Une idée n'est superstitieuse que parce qu'elle est fausse ; elle cesse de l'être du moment qu'elle est reconnue vraie. La question est donc de savoir s'il y a ou non des manifestations d'Esprits ; or, vous ne pouvez pas taxer la chose de superstition tant que vous n'aurez pas **prouvé** qu'elle n'existe pas. Vous direz : ma raison s'y refuse ; mais tous ceux qui y croient, et qui ne sont pas des sots, invoquent aussi leur raison, et de plus des faits, laquelle des deux raisons doit l'emporter ? Le grand juge, ici, c'est l'avenir, comme il l'a été dans toutes les questions scientifiques et industrielles taxées d'absurdes et d'impossibles à leur origine. Vous jugez a priori d'après votre opinion ; nous, nous ne jugeons qu'après avoir vu et observé longtemps. Nous ajoutons que le spiritisme éclairé, comme il l'est aujourd'hui, tend au contraire à détruire les idées superstitieuses, parce qu'il montre ce qu'il y a de vrai ou de faux dans les croyances populaires, et tout ce que l'ignorance et les préjugés y ont mêlé d'absurde.

Je vais plus loin, et je dis que c'est précisément le positivisme du siècle qui fait adopter le spiritisme, et que c'est à lui qu'il doit en partie sa rapide propagation, et non, comme quelques-uns le prétendent, à une recrudescence de l'amour du merveilleux et du surnaturel. Le surnaturel disparaît devant le flambeau de la science, de la philosophie et de la raison, comme les dieux du paganisme ont disparu devant la lumière du christianisme.

Le surnaturel est ce qui est en dehors des lois de la nature. Le positivisme n'admet rien en dehors de ces lois ; mais les connaît-il toutes ? Dans tous les temps, les phénomènes dont la cause était inconnue ont été réputés surnaturels ; chaque nouvelle loi découverte par la science a reculé les bornes du surnaturel ; eh bien ! le spiritisme vient révéler une nouvelle loi d'après laquelle la conversation avec l'Esprit d'un mort repose sur une loi toute aussi naturelle que celle que l'électricité permet d'établir entre deux individus à cinq cents lieues de distance ; et ainsi de tous les autres phénomènes spirites. Le spiritisme répudie, en ce qui le concerne, tout effet merveilleux, c'est-à-dire en dehors des lois de la nature ; il ne fait ni miracles ni prodiges ; mais il explique, en vertu d'une loi, certains effets réputés jusqu'à ce jour miracles et prodiges, et par cela même en démontre la possibilité. Il élargit ainsi le domaine de la science, c'est en cela qu'il est lui-même une science ; mais la découverte de cette nouvelle loi entraînant des conséquences morales, le code de ces conséquences en fait en même temps une doctrine philosophique.

À ce dernier point de vue, il répond aux aspirations de l'homme en ce qui touche l'advenir sur des bases positives et rationnelles, c'est pour cela qu'il convient à l'Esprit positif du siècle ; c'est ce que vous comprendrez quand vous aurez pris la peine de l'étudier. (**Livre des Médiums**, chap. II. - **Revue Spirite**, décembre 1861, page 393 et janvier 1862, page 21. - Voir aussi ci-après, chap. II.)

OPPOSITION DE LA SCIENCE

Le Visiteur. - Vous vous appuyez, dites-vous, sur des faits ; mais on vous oppose l'opinion des savants qui les contestent, ou qui les expliquent autrement que vous. Pourquoi ne se sont-ils pas emparés du phénomène des tables tournantes ? S'ils y avaient vu quelque chose de sérieux, ils n'auraient eu garde, ce me semble, de négliger des faits aussi extraordinaires et encore moins de les repousser avec dédain, tandis qu'ils sont tous contre vous. Les savants ne sont-ils pas le flambeau des nations, et leur devoir n'est-il pas de répandre la lumière ? Pourquoi voudriez-vous qu'ils l'eussent étouffée alors qu'une si belle occasion se présentait à eux de révéler au monde une force nouvelle ?

A. K. - Vous venez de tracer là le devoir des savants d'une manière admirable ; il est fâcheux qu'ils l'aient oublié en plus d'une circonstance. Mais avant de répondre à cette judicieuse observation, je dois relever une erreur grave que vous avez commise en disant que tous les savants sont contre nous.

Ainsi que je l'ai dit tout à l'heure, c'est précisément dans la classe éclairée qu'il fait le plus de prosélytes, et cela dans tous les pays du monde : il en compte un grand nombre parmi les médecins de toutes les nations ; or, les médecins sont des hommes de science ; les magistrats, les professeurs, les artistes, les hommes de lettres, les officiers, les hauts fonctionnaires, les grands dignitaires, les ecclésiastiques, etc., qui se rangent sous sa bannière, sont tous gens auxquels on ne peut refuser une certaine dose de lumière. Il n'y a pas de savants que dans la science officielle et dans les corps constitués.

De ce que le spiritisme n'a pas encore droit de cité dans la science officielle, est-ce un motif pour le condamner ? Si la science ne s'était jamais trompée, son opinion pourrait ici peser dans la balance ; malheureusement l'expérience prouve le contraire. N'a-t-elle pas repoussé comme des chimères une foule de découvertes qui, plus tard, ont illustré la mémoire de leurs auteurs ? N'est-ce pas à un rapport de notre premier corps savant que la France doit d'avoir été privée de l'initiative de la vapeur ? Lorsque Fulton vint au camp de Boulogne présenter son système à Napoléon Ier qui en recommanda l'examen immédiat à l'Institut, celui-ci n'a-t-il pas conclu que ce système était une rêverie **impraticable** et qu'il n'y avait pas lieu de s'en occuper ? Faut-il en conclure que les membres de l'Institut sont des ignorants ? Cela justifie-t-il les épithètes triviales, à force de mauvais goût, que certaines gens se plaisent à leur prodiguer ? Assurément non : il n'est personne de sensé qui ne rende justice à leur éminent savoir tout en reconnaissant qu'ils ne sont pas infaillibles, et qu'ainsi leur jugement n'est pas en dernier ressort, surtout en fait d'idées nouvelles.

Le Visiteur. - J'admets parfaitement qu'ils ne sont pas infaillibles ; mais il n'en est pas moins vrai qu'en raison de leur savoir, leur opinion compte pour quelque chose, et que si vous les aviez pour vous, cela donnerait un grand poids à votre système.

A. K. - Vous admettrez bien aussi que chacun n'est bon juge que dans ce qui est sa compétence. Si vous voulez bâtir une maison, prendrez-vous un musicien ? Si vous êtes malade, vous ferez-vous soigner par un architecte ? Si vous avez un procès, prendrez-vous l'avis d'un danseur ? Enfin, s'il s'agit d'une question de théologie, la ferez-vous résoudre par un chimiste ou un astronome ? Non ; chacun son métier. Les sciences vulgaires reposent sur les propriétés de la matière qu'on peut manipuler à son gré ; les phénomènes qu'elle produit ont pour agents des forces matérielles. Ceux du spiritisme ont pour agents des intelligences qui ont leur indépendance, leur libre arbitre et ne sont point soumises à nos caprices ; ils échappent ainsi à nos procédés de laboratoire et à nos calculs, et, dès lors, ne sont plus du ressort de la science proprement dite.

La science s'est donc fourvoyée quand elle a voulu expérimenter les Esprits comme une pile voltaïque ; elle a échoué, et cela devait être, parce qu'elle a opéré en vue d'une analogie qui n'existe pas ; puis, sans aller plus loin, elle a conclu à la négative : jugement téméraire que le temps se charge tous les jours de réformer, comme il en a réformé bien d'autres, et ceux qui l'auront prononcé en seront pour la honte de s'être inscrits trop légèrement en faux contre la puissance infinie du Créateur.

Les corps savants n'ont point et n'auront jamais à se prononcer dans la question ; elle n'est pas plus de leur ressort que celle de décréter si Dieu existe : c'est donc une erreur de les en faire juges. Le spiritisme est une question de croyance personnelle qui ne peut dépendre du vote d'une assemblée, car ce vote, lui fût-il favorable, ne peut forcer les convictions. Quand l'opinion publique se sera formée à cet égard, ils l'accepteront comme individus, et ils subiront la force des choses. Laissez passer une génération, et, avec elle, les préjugés de l'amour-propre qui s'entête, et vous verrez qu'il en sera du spiritisme comme de tant d'autres vérités que l'on a combattues, et qu'il serait ridicule maintenant de révoquer en doute. Aujourd'hui, ce sont les croyants qu'on traite de fous ; demain, ce sera le tour de ceux qui ne croiront pas ; absolument comme on traitait jadis de fous ceux qui croyaient que la Terre tourne.

Mais tous les savants n'ont pas jugé de même, et, par savants, j'entends les hommes d'étude et de science, avec ou sans titre officiel. Beaucoup ont fait le raisonnement suivant :

« Il n'y a pas d'effet sans cause, et les effets les plus vulgaires peuvent mener sur la voie des plus grands problèmes. Si Newton eût méprisé la chute d'une pomme ; si Galvani eût rebuté sa servante en la traitant de folle et de visionnaire quand elle lui parla des grenouilles qui dansaient dans le plat, peut-être en serions-nous encore à trouver l'admirable loi de la gravitation universelle, et les fécondes propriétés de la pile. Le phénomène qu'on désigne sous le nom burlesque de danse des tables, n'est pas plus ridicule que celui de la danse des grenouilles, et il renferme peut-être aussi quelques-uns de ces secrets de la nature qui font révolution dans l'humanité quand on en a la clef. »

Ils se sont dit en outre : « Puisque tant de gens s'en occupent, puisque des hommes sérieux en ont fait une étude, il faut qu'il y ait quelque chose ; une illusion, une tocade, si l'on veut, ne peut avoir ce caractère de généralité ; elle peut séduire un cercle, une coterie, mais elle ne fait pas le tour du monde. Gardons-nous donc de nier la possibilité de ce que nous ne comprenons pas de peur de recevoir tôt ou tard un démenti qui ne ferait pas l'éloge de notre perspicacité. »

Le Visiteur. - Très bien ; voilà un savant qui raisonne avec sagesse et prudence, et, sans être savant, je pense comme lui ; mais remarquez qu'il n'affirme rien : il doute ; or, sur quoi baser la croyance à l'existence des Esprits, et surtout à la possibilité de communiquer avec eux ?

A. K. - Cette croyance s'appuie sur le raisonnement et sur les faits. Je ne l'ai moi-même adoptée qu'après mûr examen. Ayant puisé dans l'étude des sciences exactes l'habitude des choses positives, j'ai sondé, scruté cette science nouvelle dans ses replis les plus cachés ; j'ai voulu me rendre compte de tout, car je n'accepte une idée que lorsque j'en sais le pourquoi et le comment. Voici le raisonnement que me faisait un savant médecin jadis incrédule, et aujourd'hui adepte fervent.

« On dit que des êtres invisibles se communiquent ; et pourquoi pas ? Avant l'invention du microscope, soupçonnait-on l'existence de ces milliards d'animalcules qui causent tant de ravages dans l'économie ? Où est l'impossibilité matérielle qu'il y ait dans l'espace des êtres qui échappent à nos sens ? Aurions-nous par hasard la ridicule prétention de tout savoir et de dire à Dieu qu'il ne peut pas nous en apprendre davantage ? Si ces êtres invisibles qui nous entourent sont intelligents, pourquoi ne se communiqueraient-ils pas à nous ? S'ils sont en relation avec les hommes, ils doivent jouer un rôle dans la destinée, dans les événements. Qui sait ? c'est peut-être une des puissances de la nature ; une de ces forces occultes que nous ne soupçonnions pas. Quel nouvel horizon cela ouvrirait à la pensée ! Quel vaste champ d'observation ! La découverte du monde des invisibles serait bien autre chose que celle des infiniment petits ; ce serait plus qu'une découverte, ce serait une révolution dans les idées. Quelle lumière peut en jaillir ! que de choses mystérieuses expliquées ! Ceux qui y croient sont tournés en ridicule ; mais qu'est-ce que cela prouve ? N'en a-t-il pas été de même de toutes les grandes découvertes ? Christophe Colomb n'a-t-il pas été rebuté, abreuvé de dégoûts, traité en insensé ? Ces idées, dit-on, sont si étranges qu'on ne peut pas y croire ; mais à celui qui eût dit, il y a seulement un demi-siècle, qu'en quelques minutes, on correspondrait, d'un bout du monde à l'autre ; qu'en quelques heures on traverserait la France ; qu'avec la fumée d'un peu d'eau bouillante, un navire marcherait vent debout ; qu'on tirerait de l'eau les moyens de s'éclairer et de se chauffer ; qui aurait proposé d'éclairer tout Paris en un instant avec un seul réservoir d'une substance invisible, on lui aurait ri au nez. Est-ce donc une chose plus prodigieuse que l'espace soit peuplé d'êtres pensants qui, après avoir vécu sur la terre, ont quitté leur enveloppe matérielle ? Ne trouve-t-on pas dans ce fait l'explication d'une foule de croyances qui remontent à la plus haute antiquité ? De pareilles choses valent bien la peine d'être approfondies. »

Voilà les réflexions d'un savant, mais d'un savant sans prétention ; ce sont aussi celles d'une foule d'hommes éclairés ; ils ont vu, non superficiellement et d'un œil prévenu ; ils ont étudié sérieusement et sans parti pris ; ils ont eu la modestie de ne pas dire : Je ne comprends pas, donc cela n'est pas ; leur conviction s'est formée par l'observation et le raisonnement. Si ces idées eussent été des chimères, pensez-vous que tous ces hommes d'élite les eussent adoptées ? qu'ils aient pu être longtemps dupes d'une illusion ?

Il n'y a donc point impossibilité matérielle à ce qu'il existe des êtres invisibles pour nous et peuplant l'espace, et cette considération seule devrait engager à plus de circonspection. Naguère, qui eût jamais pensé qu'une goutte d'eau limpide pût renfermer des milliers d'êtres d'une petitesse qui confond notre imagination ? Or, je dis qu'il était plus difficile à la raison de concevoir des êtres d'une telle ténuité, pourvus de tous nos organes et fonctionnant comme nous, que d'admettre ceux que nous nommons Esprits.

Le Visiteur. - Sans doute, mais de ce qu'une chose est possible, il ne s'ensuit pas qu'elle existe.

A. K. - D'accord ; mais vous conviendrez que du moment qu'elle n'est pas impossible, c'est déjà un grand point, car elle n'a plus rien qui répugne à la raison. Reste donc à la constater par l'observation des faits. Cette observation n'est pas nouvelle : l'histoire, tant sacrée que profane, prouve l'ancienneté et l'universalité de cette croyance, qui s'est perpétuée à travers toutes les vicissitudes du monde, et se retrouve chez les peuples les plus sauvages à l'état d'idées innées et intuitives, gravées dans la pensée, comme celle de l'Être suprême et de l'existence future. Le spiritisme n'est donc pas de création moderne, tant s'en faut ; tout prouve que les Anciens le connaissaient aussi bien, et peut-être mieux que nous ; seulement, il n'était enseigné qu'avec des précautions mystérieuses qui le rendaient inaccessible au vulgaire, laissé à dessein dans le bourbier de la superstition.

Quant aux faits, ils sont de deux natures : les uns sont spontanés et les autres provoqués. Parmi les premiers, il faut ranger les visions et apparitions, qui sont très fréquentes ; les bruits, tapages et perturbations d'objets sans cause matérielle, et une foule d'effets insolites que l'on regardait comme surnaturels, et qui aujourd'hui nous paraissent tout simples, car, pour nous il n'y a rien de surnaturel, puisque tout rentre dans les lois immuables de la nature. Les faits provoqués sont ceux que l'on obtient par l'intermédiaire des médiums.

FAUSSES EXPLICATIONS DES PHÉNOMÈNES

Hallucination. - Fluide magnétique. - Reflet de la pensée.

Surexcitation cérébrale. - État somnambulique des médiums.

Le Visiteur. - C'est contre les phénomènes provoqués que s'exerce surtout la critique. Mettons de côté toute supposition de charlatanisme, et admettons une entière bonne foi ; ne pourrait-on pas penser qu'ils sont eux-mêmes le jouet d'une hallucination ?

A. K. - Je ne sache pas qu'on ait encore clairement expliqué le mécanisme de l'hallucination. Telle qu'on l'entend, c'est pourtant un effet fort singulier et bien digne d'étude. Comment donc ceux qui prétendent rendre compte, par là, des phénomènes spirites, ne peuvent-ils expliquer leur explication ? Il est d'ailleurs des faits qui écartent cette hypothèse : quand une table ou un autre objet se meut, se soulève, frappe ; quand elle se promène à volonté dans une chambre sans le contact de personne ; quand elle se détache du sol et se soutient dans l'espace sans point d'appui ; enfin, quand elle se brise en retombant, ce n'est certes pas une hallucination. En supposant que le médium, par un effet de son imagination, croie voir ce qui n'existe pas ; est-il probable que toute une société soit prise du même vertige ? que cela se répète de tous côtés, dans tous les pays ? L'hallucination, dans ce cas, serait plus prodigieuse que le fait.

Le Visiteur. - En admettant la réalité du phénomène des tables tournantes et frappantes, n'est-il pas plus rationnel de l'attribuer à l'action d'un fluide quelconque, du fluide magnétique, par exemple ?

A. K. - Telle a été la première pensée, et je l'ai eue comme tant d'autres. Si les effets se fussent bornés à des effets matériels, nul doute qu'on pourrait les expliquer ainsi ; mais quand ces mouvements et ces coups ont donné des preuves d'intelligence ; quand on a reconnu qu'ils répondaient à la pensée avec une entière liberté, on en a tiré cette conséquence que : **Si tout effet a une cause, tout effet intelligent a une cause intelligente.** Est-ce là l'effet d'un fluide, à moins de dire que ce fluide est intelligent ? Quand vous voyez les bras du télégraphe faire des signaux qui transmettent la pensée, vous savez bien que ce ne sont pas ces bras de bois ou de fer qui sont intelligents, mais vous dites qu'une intelligence les fait mouvoir. Il en est de même de la table. Y a-t-il, oui ou non, des effets intelligents ? Là est la question. Ceux qui le contestent sont des personnes qui n'ont point tout vu et qui se hâtent de conclure d'après leurs propres idées et sur une observation superficielle.

Le Visiteur. - À cela on répond que s'il y a un effet intelligent, ce n'est autre chose que la propre intelligence, soit du médium, soit de l'interrogateur, soit des assistants ; car, dit-on, la réponse est toujours dans la pensée de quelqu'un.

A. K. - C'est encore là une erreur, suite d'un défaut d'observation. Si ceux qui pensent ainsi s'étaient donné la peine d'étudier le phénomène dans toutes ses phases, ils auraient à chaque pas reconnu l'indépendance absolue de l'intelligence qui se manifeste. Comment cette thèse pourrait-elle se concilier avec des réponses qui sont en dehors de la portée intellectuelle et de l'instruction du médium ? qui contredisent ses idées, ses désirs, ses opinions, ou qui déroutent complètement les prévisions des assistants ? de médiums qui écrivent dans une langue qu'ils ne connaissent pas, ou dans leur propre langue quand ils ne savent ni lire ni écrire ? Cette opinion, à première vue, n'a rien d'irrationnel, j'en conviens, mais elle est démentie par des faits tellement nombreux et tellement concluants, que le doute n'est plus possible.

Du reste, en admettant même cette théorie, le phénomène, loin d'être simplifié, serait bien autrement prodigieux. Eh quoi! la pensée se réfléchirait sur une surface comme la lumière, le son, le calorique ? En vérité, il y aurait là de quoi exercer la sagacité de la science. Et puis, ce qui ajouterait encore au merveilleux, c'est que, sur vingt personnes réunies, ce serait précisément la pensée de telle ou telle qui serait réfléchie, et non la pensée de telle autre. Un pareil système est insoutenable. Il est vraiment curieux de voir les contradicteurs s'ingénier à chercher des causes cent fois plus extraordinaires et difficiles à comprendre que celles qu'on leur donne.

Le Visiteur. - Ne pourrait-on pas admettre, selon l'opinion de quelques-uns, que le médium est dans un état de crise et jouit d'une lucidité qui lui donne une perception somnambulique, une sorte de double vue, ce qui expliquerait l'extension momentanée des facultés intellectuelles ; car, dit-on, les communications obtenues par les médiums ne dépassent pas la portée de celles qu'on obtient par les somnambules ?

A. K. - C'est encore là un de ces systèmes qui ne soutiennent pas un examen approfondi. Le médium n'est ni en crise, ni en sommeil, mais parfaitement éveillé, agissant et pensant comme tout le monde, sans rien avoir d'extraordinaire. Certains effets particuliers ont pu donner lieu à cette méprise ; mais quiconque ne se borne pas à juger les choses par la vue d'une seule face, reconnaîtra sans peine que le médium est doué d'une faculté particulière qui ne permet pas de le confondre avec le somnambule, et la complète indépendance de sa pensée est prouvée par des faits de la dernière évidence. Abstraction faite des communications écrites, quel est le somnambule qui a jamais fait jaillir une pensée d'un corps inerte ? qui a produit des apparitions visibles et même tangibles ? qui a pu maintenir un corps grave dans l'espace sans point d'appui ? Est-ce par un effet somnambulique qu'un médium a dessiné, un jour, chez moi, en présence de vingt témoins, le portrait d'une jeune personne morte depuis dix-huit mois et qu'il n'avait jamais connue, portrait reconnu par le père présent à la séance ? Est-ce par un effet somnambulique qu'une table répond avec précision aux questions proposées, même à des questions mentales ? Assurément, si l'on admet que le médium soit dans un état magnétique, il me paraît difficile de croire que la table soit somnambule.

On dit encore que les médiums ne parlent clairement que de choses connues. Comment expliquer le fait suivant et cent autres du même genre ? Un de mes amis, très bon médium écrivain, demande à un Esprit si une personne qu'il a perdu de vue depuis quinze ans est encore de ce monde. « Oui, elle vit encore, lui est-il répondu ; elle demeure à Paris, telle rue, tel numéro. » Il va, et trouve la personne à l'adresse indiquée. Est-ce là de l'illusion ? Sa pensée pouvait d'autant moins lui suggérer cette réponse, qu'en raison de l'âge de la personne, il y avait toute probabilité qu'elle n'existait plus. Si, dans certains cas, on a vu des réponses s'accorder avec la pensée, est-il rationnel d'en conclure que ce soit une loi générale ? En cela, comme en toute chose, les jugements précipités sont toujours dangereux, parce qu'ils peuvent être infirmés par des faits que l'on n'a pas observés.

LES INCRÉDULES NE PEUVENT VOIR POUR SE CONVAINCRE

Le Visiteur. - Ce sont des faits positifs que les incrédules voudraient voir, qu'ils demandent, et que la plupart du temps on ne peut pas leur fournir. Si tout le monde pouvait être témoin de ces faits, le doute ne serait plus permis. Comment se fait-il donc que tant de gens n'aient pu rien voir malgré leur bonne volonté ? On leur oppose, disent-ils, leur manque de foi ; à cela ils répondent avec raison qu'ils ne peuvent avoir une foi anticipée, et que si on veut qu'ils croient, il faut leur donner les moyens de croire.

A. K. - La raison en est bien simple. Ils veulent les faits à leur commandement, et les Esprits n'obéissent pas au commandement ; il faut attendre leur bon vouloir. Il ne suffit donc pas de dire : Montrez-moi tel fait, et je croirai ; il faut avoir la volonté de la persévérance, laisser les faits se produire spontanément, sans prétendre les forcer ou les diriger ; celui que vous désirez sera peut-être précisément celui que vous n'obtiendrez pas ; mais il s'en présentera d'autres, et celui que vous voulez viendra au moment où vous vous y attendrez le moins. Aux yeux de l'observateur attentif et assidu, il en surgit des masses qui se corroborent les uns les autres ; mais celui qui croit qu'il suffit de tourner une manivelle pour faire aller la machine, se trompe étrangement. Que fait le naturaliste qui veut étudier les mœurs d'un animal ? Lui commande-t-il de faire telle ou telle chose pour avoir tout loisir de l'observer à son gré ? Non, car il sait bien qu'il ne lui obéira pas ; il **épie** les manifestations spontanées de son instinct ; il les attend et les saisit au passage. Le simple bon sens montre qu'à plus forte raison il doit en être de même des Esprits, qui sont des intelligences bien autrement indépendantes que celle des animaux.

C'est une erreur de croire que la foi soit nécessaire ; mais la **bonne foi**, c'est autre chose ; or, il y a des sceptiques qui nient jusqu'à l'évidence, et que des prodiges ne pourraient convaincre. Combien y en a-t-il qui, après avoir vu, n'en persistent pas moins à expliquer les faits à leur manière, disant que cela ne prouve rien ! Ces gens-là ne servent qu'à porter le trouble dans les réunions, sans profit pour eux-mêmes ; c'est pour cela qu'on les en écarte, et qu'on ne veut pas perdre son temps avec eux. Il en est même qui seraient bien fâchés d'être forcés de croire, parce que leur amour propre souffrirait de convenir qu'ils se sont trompés. Que répondre à des gens qui ne voient partout qu'illusion et charlatanisme ? Rien ; il faut les laisser tranquilles et dire, tant qu'ils voudront, qu'ils n'ont rien vu, et même qu'on n'a rien pu ou rien voulu leur faire voir.

À côté de ces sceptiques endurcis, il y a ceux qui veulent voir à leur manière ; qui, s'étant fait une opinion, veulent tout y rapporter : ils ne comprennent pas que des phénomènes ne puissent obéir à leur gré ; ils ne savent pas ou ne veulent pas se mettre dans les conditions nécessaires. Celui qui veut observer de bonne foi doit, je ne dis pas croire sur parole, mais se dépouiller de toute idée préconçue ; ne pas vouloir assimiler des choses incompatibles ; il doit attendre, suivre, observer avec une patience infatigable ; cette condition même est en faveur des adeptes, puisqu'elle prouve que leur conviction ne s'est pas faite à la légère. Avez-vous cette patience ? Non, dites-vous, je n'ai pas le temps. Alors ne vous en occupez pas, mais n'en parlez pas ; personne ne vous y oblige.

BON OU MAUVAIS VOULOIR DES ESPRITS POUR CONVAINCRE

Le Visiteur. - Les Esprits, cependant, doivent avoir à cœur de faire des prosélytes ; pourquoi ne se prêtent-ils pas mieux qu'ils ne le font aux moyens de convaincre certaines personnes dont l'opinion serait d'une grande influence ?

A. K. - C'est qu'apparemment ils ne tiennent pas, pour le moment, à convaincre certaines personnes dont ils ne mesurent pas l'importance comme elles le font elles-mêmes. C'est peu flatteur, j'en conviens, mais nous ne commandons pas leur opinion ; les Esprits ont une manière de juger les choses qui n'est pas toujours la nôtre ; ils voient, pensent et agissent d'après d'autres éléments ; tandis que notre vue est circonscrite par la matière, bornée par le cercle étroit au milieu duquel nous nous trouvons, ils embrassent l'ensemble ; le temps, qui nous paraît si long, est pour eux un instant ; la distance n'est qu'un pas ; certains détails, qui nous semblent d'une importance extrême, sont à leurs yeux des enfantillages ; et par contre ils jugent importantes des choses dont nous ne saisissons pas la portée. Pour les comprendre, il faut s'élever par la pensée au-dessus de notre horizon matériel et moral, et nous placer à leur point de vue ; ce n'est pas à eux de descendre jusqu'à nous, c'est à nous de monter jusqu'à eux, et c'est à quoi nous conduisent l'étude et l'observation.

Les Esprits aiment les observateurs assidus et consciencieux ; pour eux ils multiplient les sources de lumière ; ce qui les éloigne, ce n'est pas le doute qui naît de l'ignorance, c'est la fatuité de ces prétendus observateurs qui n'observent rien, qui prétendent les mettre sur la sellette et les faire manœuvrer comme des marionnettes ; c'est surtout le sentiment d'hostilité et de dénigrement qu'ils apportent, sentiment qui est dans leur pensée, s'il n'est pas dans leurs paroles. Pour ceux-là les Esprits ne font rien et s'inquiètent fort peu de ce qu'ils peuvent dire ou penser, parce que leur tour viendra. C'est pourquoi j'ai dit que ce n'est pas la foi qui est nécessaire, mais la bonne foi.

ORIGINE DES IDÉES SPIRITES MODERNES

Le Visiteur. - Une chose que je désirerais savoir, Monsieur, c'est le point de départ des idées spirites modernes ; sont-elles le fait d'une révélation spontanée des Esprits, ou le résultat d'une croyance préalable à leur existence ? Vous comprenez l'importance de ma question ; car, dans ce dernier cas, on pourrait croire que l'imagination n'y est pas étrangère.

A. K. - Cette question, comme vous le dites, Monsieur, est importante à ce point de vue, quoiqu'il soit difficile d'admettre, en supposant que ces idées aient pris naissance dans une croyance anticipée, que l'imagination ait pu produire tous les résultats matériels observés. En effet, si le spiritisme était fondé sur la pensée préconçue de l'existence des Esprits, on pourrait, avec quelque apparence de raison, douter de sa réalité ; car si la cause est une chimère, les conséquences doivent elles-mêmes être chimériques ; mais les choses ne se sont point passées ainsi.

Remarquez d'abord que cette marche serait tout à fait illogique ; les Esprits sont une cause et non un effet ; quand on voit un effet, on peut en rechercher la cause, mais il n'est pas naturel d'imaginer une cause **avant d'avoir vu les effets**. On ne pouvait donc concevoir la pensée des Esprits si des effets ne se fussent présentés, qui trouvaient leur explication probable dans l'existence d'êtres invisibles. Eh bien ! ce n'est même pas de cette manière que cette pensée est venue ; c'est-à-dire que ce n'est pas une hypothèse imaginée en vue d'expliquer certains phénomènes ; la première supposition que l'on a faite est celle d'une cause toute matérielle. Ainsi, loin que les Esprits aient été une idée préconçue, on est parti du point de vue **matérialiste**. Ce point de vue étant impuissant à tout expliquer, l'observation seule a conduit à la cause spirituelle. Je parle des idées spirites modernes, puisque nous savons que cette croyance est aussi vieille que le monde. Voici la marche des choses.

Des phénomènes spontanés se sont produits, tel que des bruits étranges, des coups frappés, des mouvements d'objets, etc., sans cause ostensible connue, et ces phénomènes ont pu être reproduits sous l'influence de certaines personnes. Jusque-là rien n'autorisait à en chercher la cause ailleurs que dans l'action d'un fluide magnétique ou tout autre dont les propriétés étaient encore inconnues. Mais on ne tarda pas à reconnaître dans ces bruits et ces mouvements un caractère intentionnel et intelligent, d'où l'on conclut, comme je l'ai déjà dit, que : Si tout effet a une cause, tout effet intelligent a une cause intelligente. Cette intelligence ne pouvait être dans l'objet lui-même, car la matière n'est pas intelligente. Était-ce le reflet de celle de la personne ou des personnes présentes? On l'a d'abord pensé, comme je l'ai dit également ; l'expérience seule pouvait prononcer, et l'expérience a démontré par des preuves irrécusables, en maintes circonstances, la complète indépendance de cette intelligence. Elle était donc en dehors de l'objet et en dehors de la personne. Qui était-elle ? C'est elle-même qui a répondu ; elle a déclaré appartenir à l'ordre des êtres incorporel désignés sous le nom d'Esprits. L'idée des Esprits n'a donc pas préexisté ; elle n'a pas même été consécutive ; en un mot elle n'est pas sortie du cerveau : elle a été donnée par les Esprits eux-mêmes, et tout ce que nous avons su depuis sur leur compte, ce sont eux qui nous l'ont appris.

Une fois l'existence des Esprits révélée et les moyens de communication établis, on put avoir des entretiens suivis et obtenir des renseignements sur la nature de ces êtres, les conditions de leur existence, leur rôle dans le monde visible. Si l'on pouvait ainsi interroger les êtres du monde des infiniment petits, que de choses curieuses n'apprendrait-on pas sur eux !

Supposons qu'avant la découverte de l'Amérique un fil électrique ait existé à travers l'Atlantique, et qu'à son extrémité européenne on eût remarqué des signes intelligents, on aurait conclu qu'à l'autre extrémité il y avait des êtres intelligents qui cherchaient à se communiquer ; on aurait pu les questionner et ils auraient répondu. On eût ainsi acquis la certitude de leur existence, la connaissance de leurs mœurs, de leurs habitudes, de leur manière d'être, sans les avoir jamais vus. Il en a été de même des relations avec le monde invisible ; les manifestations matérielles ont été comme des signaux, des moyens d'avertissement qui nous ont mis sur la voie de communications plus régulières et plus suivies. Et, chose remarquable, à mesure que des moyens plus faciles de communiquer sont à notre portée, les Esprits abandonnent les moyens primitifs, insuffisants et incommodes, comme le muet qui recouvre la parole renonce au langage des signes.

Quels étaient les habitants de ce monde ? Étaient-ce des êtres à part, en dehors de l'humanité ? Étaient-ils bons ou mauvais ? C'est encore l'expérience qui s'est chargée de résoudre ces questions ; mais, jusqu'à ce que des observations nombreuses aient eu jeté la lumière sur ce sujet, le champ des conjectures et des systèmes était ouvert, et Dieu sait s'il en a surgi ! Les uns ont cru les Esprits supérieurs en tout, d'autres n'ont vu en eux que des démons ; c'est à leurs paroles et à leurs actes qu'on pouvait les juger. Supposons que parmi les habitants transatlantiques inconnus dont nous venons de parler les uns aient dit de très bonnes choses, tandis que d'autres se seraient fait remarquer par le cynisme de leur langage, on eût conclu qu'il y en avait de bons et de mauvais. C'est ce qui est arrivé pour les Esprits ; c'est ainsi qu'on a reconnu parmi eux tous les degrés de bonté et de méchanceté, d'ignorance et de savoir. Une fois bien édifiés sur les défauts et les qualités qu'on rencontre chez eux, c'était à notre prudence à faire la part du bon et du mauvais, du vrai et du faux dans leurs rapports avec nous, absolument comme nous le faisons à l'égard des hommes.

L'observation ne nous a pas seulement éclairés sur les qualités morales des Esprits, mais aussi sur leur nature et sur ce que nous pourrions appeler leur état physiologique. On sut, par ces esprits eux-mêmes, que les uns sont très heureux et les autres très malheureux ; qu'ils ne sont point des êtres à part, d'une nature exceptionnelle, mais que ce sont les âmes mêmes de ceux qui ont vécu sur la terre, où ils ont laissé leur enveloppe corporelle, qui peuplent les espaces, nous entourent et nous coudoient sans cesse, et, parmi eux, chacun a pu reconnaître, à des signes incontestables, **ses parents, ses amis et ceux qu'il a connus ici-bas;** on put les suivre dans toutes les phases de leur existence d'outre-tombe, depuis l'instant où ils quittent leur corps, et observer leur situation selon leur genre de mort et la manière dont ils avaient vécu sur la terre. On sut enfin que ce ne sont pas des êtres abstraits, immatériels dans le sens absolu du mot; ils ont une enveloppe, à laquelle nous donnons le nom de **périsprit**, sorte de corps fluidique, vaporeux, diaphane, invisible dans l'état normal, mais qui, dans certains cas, et par une espèce de condensation ou de disposition moléculaire, peut devenir momentanément visible et même tangible, et, dès lors, fut expliqué le phénomène des apparitions et des attouchements. Cette enveloppe existe pendant la vie du corps : c'est le lien entre l'Esprit et la matière ; à la mort du corps, l'âme ou l'Esprit, ce qui est la même chose, ne se dépouille que de l'enveloppe grossière, elle conserve la seconde, comme lorsque nous quittons un vêtement de dessus pour ne conserver que celui de dessous. comme le germe d'un fruit se dépouille de l'enveloppe corticale et ne conserve que le **périsperme**. C'est cette enveloppe semi-matérielle de l'Esprit qui est l'agent des différents phénomènes au moyen desquels il manifeste sa présence.

Telle est, en peu de mots, Monsieur, l'histoire du spiritisme ; vous voyez, et vous le reconnaîtrez encore mieux quand vous l'aurez étudié à fond, que tout y est le résultat de l'observation et non d'un système préconçu.

MOYENS DE COMMUNICATION

Le Visiteur. - Vous avez parlé des moyens de communication ; pourriez-vous m'en donner une idée, car il est difficile de comprendre comment ces êtres invisibles peuvent converser avec nous ?

A. K. - Volontiers ; je le ferai brièvement toutefois, parce que cela exigerait de trop longs développements que vous trouverez notamment dans le **Livre des Médiums**. Mais le peu que je vous en dirai suffira pour vous mettre sur la voie du mécanisme et servira surtout à vous faire mieux comprendre quelques-unes des expériences auxquelles vous pourriez assister en attendant votre initiation complète.

L'existence de cette enveloppe semi-matérielle, ou du périsprit, est déjà une clef qui explique beaucoup de choses et montre la possibilité de certains phénomènes. Quant aux moyens, ils sont très variés et dépendent, soit de la nature plus ou moins épurée des Esprits, soit de dispositions particulières aux personnes qui leur servent d'intermédiaires. Le plus vulgaire, celui qu'on peut dire universel, consiste dans l'intuition, c'est-à-dire dans les idées et les pensées qu'ils nous suggèrent ; mais ce moyen est trop peu appréciable dans la généralité des cas ; il en est d'autres plus matériels.

Certains esprits se communiquent par des coups frappés répondant par **oui** et par **non** ou désignant les lettres qui doivent former les mots. Les coups peuvent être obtenus par le mouvement de bascule d'un objet, une table, par exemple, qui frappe du pied. Souvent ils se font entendre dans la substance même des corps, sans mouvement de ceux-ci. Ce mode primitif est long et se prête difficilement à des développements d'une certaine étendue ; l'écriture l'a remplacé ; on l'obtient de différentes manières. On s'est d'abord servi, et l'on se sert encore quelquefois, d'un objet mobile, comme une petite planchette, une corbeille, une boite, à laquelle on adapte un crayon dont la pointe pose sur le papier. La nature et la substance de l'objet sont indifférentes. Le médium place les mains sur cet objet auquel il transmet l'influence qu'il reçoit de l'Esprit, et le crayon trace les caractères. Mais cet objet n'est, à proprement parler, qu'un appendice de la main, une sorte de porte-crayon. On a reconnu depuis l'inutilité de cet intermédiaire, qui n'est qu'une complication de rouage, dont le seul mérite est de constater d'une manière plus matérielle l'indépendance du médium ; ce dernier peut écrire en tenant lui-même le crayon.

Les Esprits se manifestent encore et peuvent transmettre leurs pensées par des sons articulés qui retentissent soit dans le vague de l'air, soit dans l'oreille ; par la voix du médium, par la vue, par des dessins, par la musique et par d'autres moyens qu'une étude complète fait connaître. Les médiums ont pour ces différents moyens des aptitudes spéciales qui tiennent à leur organisation. Nous avons ainsi des médiums à effets physiques, c'est-à-dire ceux qui sont aptes à produire des phénomènes matériels, comme les coups frappés, le mouvement des corps, etc. ; les médiums auditifs, parlants, voyants, dessinateurs, musiciens, écrivains. Cette dernière faculté est la plus commune, celle qui se développe le mieux par l'exercice ; c'est aussi la plus précieuse, parce que c'est celle qui permet les communications les plus suivies et les plus rapides.

Le médium écrivain présente de nombreuses variétés dont deux très distinctes. Pour les comprendre, il faut se rendre compte de la manière dont s'opère le phénomène. L'Esprit agit quelquefois directement sur la main du médium à laquelle il donne une impulsion tout à fait indépendante de la volonté, et sans que celui-ci ait conscience de ce qu'il écrit : c'est le **médium écrivain mécanique**. D'autres fois, il agit sur le cerveau ; sa pensée traverse celle du médium qui, alors, bien qu'écrivant d'une manière involontaire, a une conscience plus ou moins nette de ce qu'il obtient : c'est le **médium intuitif** ; son rôle est exactement celui d'un truchement qui transmet une pensée qui n'est pas la sienne et que pourtant il doit comprendre. Quoique, dans ce cas, la pensée de l'Esprit et celle du médium se confondent quelquefois, l'expérience apprend facilement à les distinguer. On obtient des communications également bonnes par ces deux genres de médiums ; l'avantage de ceux qui sont mécaniques est surtout pour les personnes qui ne sont pas encore convaincues. Du reste, la qualité essentielle d'un médium est dans la nature des Esprits qui l'assistent et dans les communications qu'il reçoit, bien plus que dans les moyens d'exécution.

Le Visiteur. - Le procédé me paraît des plus simples. Est-ce qu'il me serait possible de l'expérimenter moi-même ?

A. K. - Parfaitement ; je dis même que si vous étiez doué de la faculté médianimique, ce serait le meilleur moyen de vous convaincre, car vous ne pourriez suspecter votre bonne foi. Seulement, je vous engage vivement à ne tenter aucun essai avant d'avoir étudié avec soin. Les communications d'outre-tombe sont entourées de plus de difficultés qu'on ne le pense ; elles ne sont pas exemptes d'inconvénients ni même sans dangers pour ceux qui manquent de l'expérience nécessaire. Il en est ici comme de celui qui voudrait faire des manipulations chimiques sans savoir la chimie : il courrait risque de se brûler les doigts.

Le Visiteur. - Y a-t-il quelque signe auquel on puisse reconnaître cette aptitude ?

A. K. - Jusqu'à présent on ne connaît aucun diagnostic pour la médianimité ; tous ceux que l'on avait cru reconnaître sont sans valeur ; essayer est le seul moyen de savoir si l'on est doué. Du reste les médiums sont très nombreux, et il est fort rare que, si l'on ne l'est pas soi-même, on n'en trouve pas dans quelque membre de sa famille ou dans son entourage. Le sexe, l'âge et le tempérament sont indifférents ; on en trouve parmi les hommes et parmi les femmes, les enfants et les vieillards, les gens qui se portent bien et ceux qui sont malades.

Si la médiumnité se traduisait par un signe extérieur quelconque, cela impliquerait la permanence de la faculté, tandis qu'elle est essentiellement mobile et fugitive. Sa cause physique est dans l'assimilation plus ou moins facile des fluides périspritaux de l'incarné et de l'Esprit désincarné ; sa cause morale est dans la volonté de l'Esprit qui se communique quand cela lui plaît, et non à notre volonté, d'où il résulte 1° que tous les Esprits ne peuvent pas se communiquer indifféremment par tous les médiums ; 2° que tout médium peut perdre ou voir suspendre sa faculté au moment où il s'y attend le moins. Ce peu de mots suffit pour vous montrer qu'il y a là toute une étude à faire, pour pouvoir se rendre compte des variations que présente ce phénomène.

Ce serait donc une erreur de croire que tout Esprit peut venir à l'appel qui lui est fait, et se communiquer par le premier médium venu. Pour qu'un Esprit se communique, il faut d'abord qu'il lui convienne de le faire ; secondement que sa position ou ses occupations le lui permettent ; troisièmement qu'il trouve dans le médium un instrument propice, approprié à sa nature.

En principe, on peut communiquer avec les Esprits de tous les ordres, avec ses parents et ses amis, avec les Esprits les plus élevés comme avec les plus vulgaires ; mais indépendamment des conditions individuelles de possibilité, ils viennent plus ou moins volontiers selon les circonstances, et **surtout** en raison de leur sympathie pour les personnes qui les appellent, et non sur la demande du premier venu à qui il prendrait fantaisie de les évoquer par un sentiment de curiosité ; en pareil cas ils ne se seraient pas dérangés de leur vivant, ils ne le font pas davantage après leur mort.

Les Esprits sérieux ne viennent que dans les réunions sérieuses où ils sont appelés avec **recueillement et pour des motifs sérieux** ; ils ne se prêtent à aucune question de curiosité, d'épreuve, ou ayant un but futile, ni à aucune expérience.

Les Esprits légers vont partout : mais dans les réunions sérieuses, ils se taisent et se tiennent à l'écart pour écouter, comme le feraient des écoliers dans une docte assemblée. Dans les réunions frivoles, ils prennent leurs ébats, s'amusent de tout, se moquent souvent des assistants, et répondent à tout sans s'inquiéter de la vérité.

Les Esprits dits frappeurs, et généralement tous ceux qui produisent des manifestations physiques, sont d'un ordre inférieur, sans être essentiellement mauvais pour cela ; ils ont une aptitude en quelque sorte spéciale pour les effets matériels ; les Esprits supérieurs ne s'occupent pas plus de ces choses, que nos savants de faire des tours de force ; s'ils en ont besoin, ils se servent de ces Esprits, comme nous nous servons de manœuvres pour la grosse besogne.

LES MÉDIUMS INTÉRESSÉS

Le Visiteur. - Avant de se livrer à une étude de longue haleine, certaines personnes voudraient avoir la certitude de ne pas perdre leur temps, certitude que leur donnerait un fait concluant, fût-il obtenu à prix d'argent.

A. K. - Chez celui qui ne veut pas se donner la peine d'étudier, il y a plus de curiosité que d'envie réelle de s'instruire ; or, les Esprits n'aiment pas plus les curieux que je ne les aime moi-même. D'ailleurs la cupidité leur est surtout antipathique, et ils ne se prêtent à rien de ce qui peut la satisfaire ; il faudrait s'en faire une idée bien fausse pour croire que des Esprits supérieurs, comme Fénelon, Bossuet, Pascal, saint Augustin, par exemple, se mettent aux ordres du premier venu à tant par heure. Non, Monsieur, les communications d'outre-tombe sont une chose trop grave, et qui exige trop de respect, pour servir d'exhibition.

Nous savons d'ailleurs que les phénomènes spirites ne marchent pas comme les roues d'un mécanisme, puisqu'ils dépendent de la volonté des Esprits ; en admettant même l'aptitude médianimique, nul ne peut répondre de les obtenir à tel moment donné. Si les incrédules sont portés à suspecter la bonne foi des médiums en général, ce serait bien pis s'il y avait chez eux un stimulant d'intérêt ; on pourrait à bon droit suspecter le médium rétribué de donner le coup de pouce quand l'Esprit ne donnerait pas, parce qu'il lui faudrait, avant tout, gagner son argent. Outre que le désintéressement absolu est la meilleure garantie de sincérité, il répugnerait à la raison de faire venir à prix d'argent les Esprits des personnes qui nous sont chères, en supposant qu'ils y consentent, ce qui est plus que douteux ; il n'y aurait, dans tous les cas, que des Esprits de bas étage, peu scrupuleux sur les moyens, et qui ne mériteraient aucune confiance ; et encore ceux-là mêmes se font-ils souvent un malin plaisir de déjouer les combinaisons et les calculs de leur cornac.

La nature de la faculté médianimique s'oppose donc à ce qu'elle devienne une profession, puisqu'elle dépend d'une volonté étrangère au médium et qu'elle peut lui faire défaut au moment où il en aurait besoin, à moins qu'il n'y supplée par l'adresse. Mais en admettant même une entière bonne foi, dès lors que les phénomènes ne s'obtiennent pas à volonté, ce serait en effet du hasard si dans la séance que l'on aurait payée, se produisait précisément celui que l'on désirerait voir pour se convaincre. Vous donneriez cent mille francs à un médium, que vous ne lui feriez pas obtenir des Esprits ce que ceux-ci ne veulent pas faire ; cet appât, qui dénaturerait l'intention et la transformerait en un violent désir de lucre, serait même au contraire un motif pour qu'il ne l'obtînt pas. Si l'on est bien pénétré de cette vérité, que l'affection et la sympathie sont les plus puissants mobiles d'attraction pour les Esprits, on comprendra qu'ils ne peuvent être sollicités par la pensée de s'en servir pour gagner de l'argent.

Celui donc qui a besoin de faits pour se convaincre, doit prouver aux Esprits sa bonne volonté par une observation sérieuse et patiente, s'il veut en être secondé ; mais s'il est vrai que la foi ne se commande pas, il ne l'est pas moins de dire qu'elle ne s'achète pas.

Le Visiteur. - Je comprends ce raisonnement au point de vue moral ; cependant n'est-il pas juste que celui qui donne son temps dans l'intérêt de sa cause, en soit indemnisé, si cela l'empêche de travailler pour vivre ?

A. K. - D'abord est-ce bien dans l'intérêt de la cause qu'il le fait, ou dans le sien propre ? S'il a quitté son état, c'est qu'il n'en était pas satisfait, et qu'il espérait gagner davantage ou avoir moins de peine à ce nouveau métier. Il n'y a aucun dévouement à donner son temps quand c'est pour en tirer profit. C'est absolument comme si l'on disait que c'est dans l'intérêt de l'humanité que le boulanger fabrique du pain. La médiumnité n'est pas la seule ressource ; sans elle, ils seraient bien obligés de gagner leur vie autrement. Les médiums vraiment sérieux et dévoués, lorsqu'ils n'ont pas une existence indépendante, cherchent les moyens de vivre dans le travail ordinaire, et ne quittent point leur état ; ils ne consacrent à la médiumnité que le temps qu'ils peuvent y donner sans préjudice ; s'ils prennent sur leurs loisirs ou leur repos, c'est alors du dévouement dont on leur sait gré ; on les en estime et respecte davantage.

La multiplicité des médiums dans les familles rend d'ailleurs les médiums de profession inutiles, en supposant même qu'ils offrissent toutes les garanties désirables, ce qui est fort rare. Sans le discrédit qui s'est attaché à ce genre d'exploitation, et auquel je me félicite d'avoir grandement contribué, on aurait vu pulluler les médiums mercenaires et les journaux se couvrir de leurs réclames ; or, pour un qui aurait pu être loyal, il y aurait eu cent charlatans qui, abusant d'une faculté réelle ou **simulée**, auraient fait le plus grand tort au spiritisme. C'est donc comme principe, que tous ceux qui voient dans le spiritisme autre chose qu'une exhibition de phénomènes curieux, qui comprennent et ont à cœur la dignité, la considération et les véritables intérêts de la doctrine, réprouvent toute espèce de spéculation sous quelque forme ou **déguisement** qu'elle se présente. Les médiums sérieux et sincères, et je donne ce nom à ceux qui comprennent la sainteté du mandat que Dieu leur a confié, évitent jusqu'aux apparences de ce qui pourrait faire planer sur eux le moindre soupçon de cupidité ; l'accusation de tirer un profit quelconque de leur faculté, serait regardée par eux comme une injure.

Convenez, Monsieur, tout incrédule que vous êtes, qu'un médium dans ces conditions-là, ferait sur vous une tout autre impression que si vous aviez payé votre place pour le voir opérer, ou, lors même que vous eussiez obtenu une entrée de faveur, si vous saviez qu'il y a derrière tout cela une question d'argent ; convenez qu'en voyant le premier animé d'un véritable sentiment religieux, stimulé par la foi seule, et non par l'appât du gain, involontairement il commandera votre respect, fût-il le plus humble prolétaire, et vous inspirera plus de confiance, car vous n'aurez aucun motif de suspecter sa loyauté. Eh bien ! Monsieur, vous en trouverez comme cela mille pour un, et c'est une des causes qui ont puissamment contribué au crédit et à la propagation de la doctrine, tandis que si elle n'avait eu que des interprètes intéressés, elle ne compterait pas le quart des adeptes qu'elle a aujourd'hui.

On le comprend si bien, que les médiums de profession sont excessivement rares, en France du moins ; qu'ils sont inconnus dans la plupart des centres spirites de province, où la réputation de mercenaires suffirait pour les exclure de tous les groupes sérieux, et où, pour eux, le métier ne serait pas lucratif, en raison du discrédit dont il serait l'objet et de la concurrence des médiums désintéressés qui se trouvent partout.

Pour suppléer, soit à la faculté qui leur manque, soit à l'insuffisance de la clientèle, il est de soi-disant médiums qui cumulent, en pratiquant le jeu de cartes, le blanc d'œuf, le marc de café, etc., afin de satisfaire tous les goûts, espérant par ce moyen, à défaut des spirites, attirer ceux qui croient encore à ces stupidités. S'ils ne faisaient tort qu'à eux-mêmes, le mal serait peu de chose ; mais il y a des gens qui, sans aller plus loin, confondent l'abus et la réalité, puis les malintentionnés qui en profitent pour dire que c'est là en quoi consiste le spiritisme. Vous voyez donc, Monsieur, que l'exploitation de la médiumnité conduisant à des abus préjudiciables à la doctrine, le spiritisme sérieux a raison de la désavouer, et de la répudier comme auxiliaire.

Le Visiteur. - Tout cela est très logique, j'en conviens, mais les médiums désintéressés ne sont pas à la disposition du premier venu, et l'on ne peut se permettre d'aller les déranger, tandis qu'on ne se fait pas scrupule d'aller chez celui qui se fait payer, parce qu'on sait ne pas lui faire perdre son temps. S'il y avait des **médiums publics**, ce serait une facilité pour les personnes qui veulent se convaincre.

A. K. - Mais si les médiums publics, comme vous les appelez, n'offrent pas les garanties voulues, de quelle utilité peuvent-ils être pour la conviction ? L'inconvénient que vous signalez ne détruit pas ceux bien autrement graves que j'ai développés. On irait chez eux plus par amusement ou pour se faire dire la bonne aventure que pour s'instruire. Celui qui veut sérieusement se convaincre en trouve tôt ou tard les moyens s'il y met de la persévérance et de la bonne volonté ; mais ce n'est pas parce qu'il aura assisté à une séance qu'il sera convaincu, s'il n'y est préparé. S'il en emporte une impression défavorable, il le sera moins en sortant qu'en entrant, et peut-être sera-t-il dégoûté de poursuivre une étude où il n'aura vu rien de sérieux ; c'est ce que prouve l'expérience.

Mais à côté des considérations morales, les progrès de la science spirite nous montrent aujourd'hui une difficulté matérielle, que l'on ne soupçonnait pas dans le principe, en nous faisant mieux connaître les conditions dans lesquelles se produisent les manifestations. Cette difficulté tient aux affinités fluidiques qui doivent exister entre l'Esprit évoqué et le médium.

Je mets de côté toute pensée de fraude et de supercherie, et je suppose la plus entière loyauté. Pour qu'un médium de profession puisse offrir toute sécurité aux personnes qui viendraient le consulter, il faudrait qu'il possédât une faculté permanente et universelle c'est-à-dire qu'il pût communiquer facilement avec tout Esprit et à tout moment donné, pour être constamment à la disposition du public, comme un médecin, et satisfaire à toutes les évocations qui lui seraient demandées ; or, c'est ce qui n'existe pas chez aucun médium, pas plus chez ceux qui sont désintéressés que chez les autres, et cela par des causes indépendantes de la volonté de l'Esprit, mais que je ne puis développer ici, parce que je ne vous fais pas un cours de spiritisme. Je me bornerai à dire que les affinités fluidiques, qui sont le principe même des facultés médianimiques, sont **individuelles** et non **générales**, qu'elles peuvent exister du médium à tel Esprit et non à tel autre ; que sans ces affinités, dont les nuances sont très multiples les communications sont incomplètes, fausses ou impossibles ; que le plus souvent l'assimilation fluidique entre l'Esprit et le médium ne s'établit qu'à la longue, et qu'il n'arrive pas **une fois sur dix** qu'elle soit complète dès la première fois. La médiumnité, comme vous le voyez, Monsieur, est subordonnée à des lois en quelque sorte organiques, auxquelles tout médium est assujetti ; or, on ne peut nier que ce ne soit un écueil pour la médiumnité de profession, puisque la possibilité et l'exactitude des communications tiennent à des causes indépendantes du médium et de l'Esprit (Voir ci-après, chap. II, paragraphe des **médiums**.)

Si donc nous repoussons l'exploitation de la médiumnité, ce n'est ni par caprice, ni par esprit de système, mais parce que les principes mêmes qui régissent les rapports avec le monde invisible, s'opposent à la régularité et à la précision nécessaires pour celui qui se met à la disposition du public, et que le désir de satisfaire une clientèle payante conduit à l'abus. Je n'en conclus pas que tous les médiums intéressés sont des charlatans, mais je dis que l'appât du gain pousse au charlatanisme et autorise le soupçon de supercherie, s'il ne le justifie pas. Celui qui veut se convaincre doit avant tout chercher les éléments de sincérité.

LES MÉDIUMS ET LES SORCIERS

Le Visiteur. - Dès l'instant que la médiumnité consiste à se mettre en rapport avec les puissances occultes, il me semble que médiums et sorciers sont à peu près des synonymes.

A. K. - Il y a eu à toutes les époques des médiums naturels et inconscients qui, par cela seul qu'ils produisaient des phénomènes insolites et incompris, ont été qualifiés de sorciers et accusés de pactiser avec le diable ; il en a été de même de la plupart des savants qui possédaient des connaissances au-dessus du vulgaire. L'ignorance s'est exagéré leur pouvoir, et eux-mêmes ont souvent abusé de la crédulité publique en l'exploitant ; de là la juste réprobation dont ils ont été l'objet. Il suffit de comparer le pouvoir attribué aux sorciers et la faculté des médiums véritables pour en faire la différence, mais la plupart des critiques ne se donnent pas cette peine. Le spiritisme, loin de ressusciter la sorcellerie, la détruit à jamais en la dépouillant de sa prétendue puissance surnaturelle de ses formules, grimoires, amulettes et talismans et en réduisant les phénomènes possibles à leur juste valeur, sans sortir des lois naturelles.

L'assimilation que certaines personnes prétendent établir, vient de l'erreur où elles sont que les **Esprits sont aux ordres des médiums** ; il répugne à leur raison de croire qu'il puisse dépendre du premier venu de faire venir à sa volonté et à point nommé l'Esprit de tel ou tel personnage plus ou moins illustre ; en cela ils sont parfaitement dans le vrai, et si, avant de jeter la pierre au spiritisme, ils avaient pris la peine de s'en rendre compte, ils sauraient qu'il dit positivement que **les Esprits ne sont aux caprices de personne, et que nul ne peut les faire venir à sa volonté et contre leur gré** ; d'où il suit que les médiums ne sont pas des sorciers.

Le Visiteur. - D'après cela, tous les effets que certains médiums accrédités obtiennent à volonté et en public, ne seraient, selon vous, que de la jonglerie ?

A. K. - Je ne le dis pas d'une manière absolue. De tels phénomènes ne sont pas impossibles, parce qu'il y a des Esprits de bas étage qui peuvent se prêter à ces sortes de choses, et qui s'en amusent, ayant peut-être déjà fait le métier de jongleurs de leur vivant, et aussi des médiums spécialement propres à ce genre de manifestations ; mais le plus vulgaire bon sens repousse l'idée que des Esprits tant soit peu élevés viennent faire la parade et des tours de force pour amuser les curieux.

L'obtention de ces phénomènes à volonté, et surtout en public, est toujours suspecte ; dans ce cas la médiumnité et la prestidigitation se touchent de si près qu'il est souvent bien difficile de les distinguer ; avant d'y voir l'action des Esprits, il faut de minutieuses observations, et tenir compte soit du caractère et des antécédents du médium, soit d'une foule de circonstances qu'une étude approfondie de la théorie des phénomènes spirites peut seule faire apprécier. Il est à remarquer que ce genre de médiumnité, lorsque médiumnité il y a, est limité à la production du même phénomène, à quelques variantes près, ce qui n'est pas de nature à dissiper les doutes. Un désintéressement absolu serait la meilleure garantie de sincérité.

Quoi qu'il en soit de la réalité de ces phénomènes, comme effets médianimiques, ils ont un bon résultat, en ce qu'ils donnent du retentissement à l'idée spirite. La controverse qui s'établit à ce sujet provoque chez beaucoup de personnes une étude plus approfondie. Ce n'est certes pas là qu'il faut aller puiser des instructions sérieuses de spiritisme, ni la philosophie de la doctrine, mais c'est un moyen de forcer l'attention des indifférents et d'obliger les plus récalcitrants d'en parler.

DIVERSITÉ DANS LES ESPRITS

Le Visiteur. - Vous parlez d'Esprits, bons ou mauvais, sérieux ou légers ; je ne m'explique pas, je l'avoue, cette différence ; il me semble qu'en quittant leur enveloppe corporelle, ils doivent se dépouiller des imperfections inhérentes à la matière ; que la lumière doit se faire pour eux sur toutes les vérités qui nous sont cachées, et qu'ils doivent être affranchis des préjugés terrestres.

A. K. - Sans doute ils sont débarrassés des imperfections physiques, c'est-à-dire des maladies et des infirmités du corps ; mais les imperfections morales tiennent à l'Esprit et non au corps. Dans le nombre il en est qui sont plus ou moins avancés intellectuellement et moralement. Ce serait une erreur de croire que les Esprits en quittant leur corps matériel, sont subitement frappés de la lumière de vérité. Croyez-vous, par exemple, que lorsque vous mourrez, il n'y aura aucune différence entre votre Esprit et celui d'un sauvage ou d'un malfaiteur ? S'il en était ainsi, à quoi vous servirait d'avoir travaillé à votre instruction et à votre amélioration, puisqu'un vaurien serait autant que vous après la mort ? Le progrès des Esprits ne s'accomplit que graduellement, et quelquefois bien lentement. Dans le nombre, et cela dépend de leur épuration il y en a qui voient les choses à un point de vue plus juste que de leur vivant ; d'autres au contraire ont encore les mêmes passions, les mêmes préjugés et les mêmes erreurs, jusqu'à ce que le temps et de nouvelles épreuves leur aient permis de s'éclairer. Notez bien que ceci est un résultat d'expérience, car c'est ainsi qu'ils se présentent à nous dans leurs communications. C'est donc un principe élémentaire du spiritisme que, parmi les Esprits, il y en a de tous les degrés d'intelligence et de moralité.

Le Visiteur. - Mais alors pourquoi les Esprits ne sont-ils pas tous parfaits ? Dieu en a donc créé de toutes sortes de catégories.

A. K. - Autant vaudrait demander pourquoi tous les élèves d'un collège ne sont pas en philosophie. Les Esprits ont tous la même origine et la même destinée. Les différences qui existent entre eux ne constituent pas des espèces distinctes, mais des degrés divers d'avancement.

Les Esprits ne sont pas parfaits, parce que ce sont les âmes des hommes, et que les hommes ne sont pas parfaits ; par la même raison, les hommes ne sont pas parfaits, parce qu'ils sont l'incarnation d'Esprits plus ou moins avancés. Le monde corporel et le monde spirituel se déversent incessamment l'un dans l'autre ; par la mort du corps, le monde corporel fournit son contingent au monde spirituel ; par les naissances, le monde spirituel alimente l'humanité. À chaque nouvelle existence, l'Esprit accomplit un progrès plus ou moins grand, et lorsqu'il a acquis sur la terre la somme de connaissances et l'élévation morale que comporte notre globe, il le quitte pour passer dans un monde plus élevé, où il apprend de nouvelles choses.

Les Esprits qui forment la population invisible de la terre sont en quelque sorte le reflet du monde corporel ; on y retrouve les mêmes vices et les mêmes vertus ; il y a parmi eux des savants, des ignorants et de faux savants, des sages et des étourdis, des philosophes, des raisonneurs, des systématiques ; tous ne s'étant pas défaits de leurs préjugés, toutes les opinions politiques et religieuses y ont leurs représentants ; chacun parle selon ses idées, et ce qu'ils disent n'est souvent que leur opinion personnelle ; voilà pourquoi il ne faut pas croire aveuglément tout ce que disent les Esprits.

Le Visiteur. - S'il en est ainsi, j'aperçois une immense difficulté ; dans ce conflit d'opinions diverses, comment distinguer l'erreur de la vérité ? Je ne vois pas que les Esprits nous servent à grand chose, et ce que nous avons à gagner à leur conversation.

A. K. - Les Esprits ne serviraient-ils qu'à nous apprendre qu'il y a des Esprits, et que ces Esprits sont les âmes des hommes, ne serait-ce pas d'une grande importance pour tous ceux qui doutent s'ils ont une âme, et qui ne savent ce qu'ils deviendront après la mort ?

Comme toutes les sciences philosophiques, celle-ci exige de longues études et de minutieuses observations ; c'est alors qu'on apprend à distinguer la vérité de l'imposture, et les moyens d'éloigner les Esprits trompeurs. Au-dessus de cette tourbe de bas étage, il y a les Esprits supérieurs, qui n'ont en vue que le bien et qui ont pour mission de conduire les hommes dans la bonne voie ; c'est à nous de savoir les apprécier et les comprendre. Ceux-là nous apprennent de grandes choses ; mais ne croyez pas que l'étude des autres soit inutile ; pour connaître un peuple il faut le voir sous toutes ses faces.

Vous en êtes vous-même la preuve ; vous pensiez qu'il suffisait aux Esprits de quitter leur enveloppe corporelle pour se dépouiller de leurs imperfections ; or, ce sont les communications avec eux qui nous ont appris le contraire, et nous ont fait connaître le véritable état du monde spirituel, qui nous intéresse tous au plus haut point, puisque tous nous devons y aller. Quant aux erreurs qui peuvent naître de la divergence d'opinion parmi les Esprits, elles disparaissent d'elles-mêmes, à mesure que l'on apprend à distinguer les bons des mauvais, les savants des ignorants, les sincères des hypocrites, absolument comme parmi nous ; alors le bon sens fait justice des fausses doctrines.

Le Visiteur. - Mon observation subsiste toujours au point de vue des questions scientifiques et autres que l'on peut soumettre aux Esprits. La divergence de leurs opinions sur les théories qui divisent les savants nous laisse dans l'incertitude. Je comprends que tous n'étant pas instruits au même degré, ils ne peuvent tout savoir ; alors, de quel poids peut être pour nous l'opinion de ceux qui savent, si nous ne pouvons vérifier qui a tort ou raison ? Autant vaut s'adresser aux hommes qu'aux Esprits.

A. K. - Cette réflexion est encore une suite de l'ignorance du véritable caractère du spiritisme. Celui qui croit y trouver un moyen facile de tout savoir, de tout découvrir, est dans une grande erreur. Les Esprits ne sont point chargés de venir nous apporter la science toute faite ; ce serait en effet par trop commode si nous n'avions qu'à demander pour être servis, et nous épargner ainsi la peine des recherches. Dieu veut que nous travaillions, que notre pensée s'exerce : nous n'acquérons la science qu'à ce prix ; les Esprits ne viennent pas nous affranchir de cette nécessité ; **ils sont ce qu'ils sont ; le spiritisme a pour objet de les étudier**, afin de savoir par analogie ce que nous serons un jour, et non de nous faire connaître ce qui doit nous être caché, ou nous révéler les choses avant le temps.

Les Esprits ne sont pas non plus des diseurs de bonne aventure, et quiconque se flatte d'en obtenir certains secrets se prépare d'étranges déceptions de la part des Esprits moqueurs ; en un mot, **le spiritisme est une science d'observation et non une science de divination ou de spéculation**. Nous l'étudions pour connaître l'état des individualités du monde invisible, les rapports qui existent entre elles et nous leur action occulte sur le monde visible, et non pour l'utilité matérielle que nous en pouvons tirer. À ce point de vue, il n'est aucun Esprit dont l'étude soit inutile ; nous apprenons quelque chose avec tous ; leurs imperfections, leurs défauts, leur insuffisance, leur ignorance même sont autant de sujets d'observation qui nous initient à la nature intime de ce monde ; et quand ce ne sont pas eux qui nous instruisent par leur enseignement, c'est nous qui nous instruisons en les étudiant, comme nous le faisons quand nous observons les mœurs d'un peuple que nous ne connaissons pas.

Quant aux Esprits éclairés, ils nous apprennent beaucoup, mais dans la limite des choses possibles et il ne faut pas leur demander ce qu'ils ne peuvent pas ou ne doivent pas nous révéler ; il faut se contenter de ce qu'ils nous disent ; vouloir aller au-delà, c'est s'exposer aux mystifications des Esprits légers toujours prêts à répondre à tout. L'expérience nous apprend à juger le degré de confiance que nous pouvons leur accorder.

UTILITÉ PRATIQUE DES MANIFESTATIONS

Le Visiteur. - Je suppose que la chose soit constatée, et le spiritisme reconnu comme une réalité ; quelle peut en être l'utilité pratique ? On s'en est passé jusqu'à présent, il me semble qu'on pourrait bien encore s'en passer et vivre fort tranquillement sans cela.

A. K. - On pourrait en dire autant des chemins de fer et de la vapeur sans lesquels on vivait très bien.

Si vous entendez par utilité pratique, les moyens de bien vivre, de faire fortune, de connaître l'avenir, de découvrir des mines de charbon ou des trésors cachés, de recouvrer des héritages, de s'épargner le travail des recherches, il ne sert à rien ; il ne peut faire hausser ni baisser la Bourse, ni être mis en actions, ni même donner des inventions toutes faites, prêtes à être exploitées. À ce point de vue, combien de sciences seraient inutiles ! Combien y en a-t-il qui sont sans avantages, commercialement parlant ! Les hommes se portaient tout aussi bien avant la découverte de toutes les nouvelles planètes ; avant qu'on ne sût que c'est la terre qui tourne et non le soleil, avant qu'on n'eût calculé les éclipses ; avant qu'on ne connût le monde microscopique et cent autres choses. Le paysan, pour vivre et faire pousser son blé, n'a pas besoin de savoir ce que c'est qu'une comète. Pourquoi donc les savants se livrent-ils à ces recherches, et qui oserait dire qu'ils perdent leur temps ?

Tout ce qui sert à soulever un coin du voile aide au développement de l'intelligence, élargit le cercle des idées en nous faisant pénétrer plus avant dans les lois de la nature. Or, le monde des Esprits existe en vertu d'une de ces lois de la nature ; le spiritisme nous fait connaître cette loi ; il nous apprend l'influence que le monde invisible exerce sur le monde visible, et les rapports qui existent entre eux, comme l'astronomie nous apprend les rapports des astres avec la terre ; il nous le montre comme une des forces qui régissent l'univers et contribuent au maintien de l'harmonie générale. Supposons que là se borne son utilité, ne serait-ce pas déjà beaucoup que la révélation d'une pareille puissance, abstraction faite de toute doctrine morale ? N'est-ce donc rien que tout un monde nouveau qui se révèle à nous, si surtout la connaissance de ce monde nous met sur la voie d'une foule de problèmes insolubles jusqu'alors ; si elle nous initie aux mystères d'outre-tombe, qui nous intéressent bien quelque peu, puisque tous, tant que nous sommes, devons tôt ou tard franchir le pas fatal ? Mais il est une autre utilité plus positive du spiritisme, c'est l'influence morale qu'il exerce par la force même des choses. Le spiritisme est la preuve patente de l'existence de l'âme, de son individualité après la mort, de son immortalité, de son sort à venir ; c'est donc la destruction du matérialisme, non par le raisonnement, mais par les faits.

Il ne faut demander au spiritisme que ce qu'il peut donner, et ne pas y chercher au-delà de son but providentiel. Avant les progrès sérieux de l'astronomie on croyait à l'astrologie. Serait-il raisonnable de prétendre que l'astronomie ne sert à rien, parce qu'on ne peut plus trouver dans l'influence des astres le pronostic de sa destinée ? De même que l'astronomie a détrôné les astrologues, le spiritisme détrône les devins, les sorciers et les diseurs de bonne aventure. Il est à la magie ce que l'astronomie est à l'astrologie, la chimie à l'alchimie.

FOLIE ; SUICIDE ; OBSESSION.

Le Visiteur. - Certaines personnes regardent les idées spirites comme de nature à troubler les facultés mentales, et c'est à ce titre qu'elles trouveraient prudent d'en arrêter l'essor.

A. K. - Vous connaissez le proverbe : Quand on veut tuer un chien, on dit qu'il est enragé. Il n'est donc pas étonnant que les ennemis du spiritisme cherchent à s'appuyer sur tous les prétextes ; celui-là leur a paru propre à éveiller les craintes et les susceptibilités, ils l'ont saisi avec empressement ; mais il tombe devant le plus léger examen. Écoutez donc sur cette folie le raisonnement d'un fou.

Toutes les grandes préoccupations de l'esprit peuvent occasionner la folie ; les sciences, les arts, la religion même fournissent leur contingent. La folie a pour principe un état pathologique du cerveau, instrument de la pensée : l'instrument étant désorganisé, la pensée est altérée. La folie est donc un effet consécutif, dont la cause première est une prédisposition organique qui rend le cerveau plus ou moins accessible à certaines impressions ; et cela est si vrai que vous avez des gens qui pensent énormément et qui ne deviennent pas fous ; d'autres qui le deviennent sous l'empire de la moindre surexcitation. Étant donnée une prédisposition à la folie, celle-ci prendra le caractère de la préoccupation principale, qui devient alors une idée fixe. Cette idée fixe pourra être celle des Esprits chez celui qui s'en est occupé, comme elle pourra être celle de Dieu, des anges, du diable, de la fortune, de la puissance, d'un art, d'une science, de la maternité, d'un système politique ou social. Il est probable que le fou religieux fût devenu un fou spirite, si le spiritisme eût été sa préoccupation dominante. Un journal a dit, il est vrai, que, dans une seule localité d'Amérique, dont je ne me rappelle plus le nom, on comptait quatre mille cas de folie spirite ; mais on sait que, chez nos adversaires. c'est une **idée fixe** de se croire seuls doués de raison, et c'est là une manie comme une autre. À leurs yeux, nous sommes tous dignes des Petites-Maisons, et, par conséquent, les quatre mille spirites de la localité en question devaient être autant de fous. À ce compte, les États-Unis en ont des centaines de mille, et tous les autres pays du monde un bien plus grand nombre. Cette mauvaise plaisanterie commence à s'user depuis qu'on voit cette folie gagner les rangs les plus élevés de la société. On fait grand bruit d'un exemple connu, de Victor Hennequin ; mais on oublie qu'avant de s'occuper des Esprits, il avait déjà donné des preuves d'excentricité dans les idées ; si les tables tournantes ne fussent pas venues, qui, selon un jeu de mots bien spirituel de nos adversaires, lui ont fait tourner la tête, sa folie eût pris un autre cours.

Je dis donc que le spiritisme n'a aucun privilège sous ce rapport ; mais je vais plus loin : je dis que, bien compris, c'est un préservatif contre la folie et le suicide.

Parmi les causes les plus nombreuses de surexcitation cérébrale, il faut compter les déceptions, les malheurs, les affections contrariées, qui sont en même temps les causes les plus fréquentes de suicide. Or, le vrai spirite voit les choses de ce monde d'un point de vue si élevé, que les tribulations ne sont pour lui que les incidents désagréables d'un voyage. Ce qui, chez un autre, produirait une violente émotion, l'affecte médiocrement. Il sait d'ailleurs que les chagrins de la vie sont des épreuves qui servent à son avancement s'il les subit sans murmure, parce qu'il sera récompensé selon le courage avec lequel il les aura supportées. Ses convictions lui donnent donc une résignation qui le préserve du désespoir, et, par conséquent, d'une cause incessante de folie et de suicide. Il sait en outre, par le spectacle que lui donnent les communications avec les Esprits, le sort déplorable de ceux qui abrègent volontairement leurs jours, et ce tableau est bien fait pour le faire réfléchir ; aussi le nombre de ceux qui ont été arrêtés sur cette pente funeste est-il considérable. C'est là un des résultats du spiritisme.

Au nombre des causes de folie, il faut encore placer la frayeur, et celle du diable a dérangé plus d'un cerveau. Sait-on le nombre de victimes que l'on a faites en frappant de faibles imaginations avec ce tableau que l'on s'ingénie à rendre plus effrayant par de hideux détails ? Le diable, dit-on, n'effraie que les petits enfants ; c'est un frein pour les rendre sages ; oui, comme Croque-mitaine et le loup-garou, et quand ils n'en ont plus peur, ils sont pires qu'avant ; et pour ce beau résultat, on ne compte pas le nombre des épilepsies causées par l'ébranlement d'un cerveau délicat.

Il ne faut pas confondre la **folie pathologique** avec l'**obsession** ; celle-ci ne vient d'aucune lésion cérébrale, mais de la subjugation que des Esprits malfaisants exercent sur certains individus, et a parfois les apparences de la folie proprement dite. Cette affection, qui est très fréquente, est indépendante de toute croyance au spiritisme, et a existé de tout temps. Dans ce cas, la médication ordinaire est impuissante et même nuisible. Le spiritisme, en faisant connaître cette nouvelle cause de trouble dans l'économie, donne en même temps le seul moyen d'en triompher, en agissant, non sur le malade, mais sur l'Esprit obsesseur. Il est le remède et non la cause du mal.

OUBLI DU PASSÉ

Le Visiteur. - Je ne m'explique pas comment l'homme peut profiter de l'expérience acquise dans ses existences antérieures, s'il n'en a pas le souvenir ; car, du moment qu'il ne s'en souvient pas, chaque existence est pour lui comme si elle était la première, et c'est ainsi toujours à recommencer. Supposons que chaque jour, à notre réveil, nous perdions la mémoire de ce que nous avons fait la veille, nous ne serions pas plus avancés à soixante-dix ans qu'à dix ans ; tandis que nous rappelant nos fautes, nos maladresses et les punitions que nous avons encourues, nous tâcherions de ne pas recommencer. Pour me servir de la comparaison que vous avez faite de l'homme sur la terre avec l'élève d'un collège, je ne comprendrais pas que cet élève pût profiter des leçons de Quatrième, par exemple, s'il ne se souvient pas de ce qu'il a appris en Cinquième. Ces solutions de continuité, dans la vie de l'Esprit, interrompent toutes les relations et en font, en quelque sorte, un être nouveau ; d'où l'on peut dire que nos pensées meurent à chaque existence, pour renaître sans conscience de ce que l'on a été ; c'est une sorte de néant.

A. K. - De questions en questions vous me conduiriez à vous faire un cours complet de spiritisme ; toutes les objections que vous faites sont naturelles chez celui qui ne sait rien, tandis qu'il trouve, dans une étude sérieuse, une solution bien plus explicite que celle que je puis donner dans une explication sommaire qui, elle-même, doit provoquer incessamment de nouvelles questions. Tout s'enchaîne dans le spiritisme, et quand on suit l'ensemble, on voit que les principes découlent les uns des autres, se servant mutuellement d'appui ; et alors, ce qui paraissait une anomalie contraire à la justice et à la sagesse de Dieu, semble tout naturel et vient confirmer cette justice et cette sagesse.

Tel est le problème de l'oubli du passé qui se rattache à d'autres questions d'une égale importance, c'est pourquoi je ne ferai que l'effleurer ici.

Si à chaque existence un voile est jeté sur le passé, l'Esprit ne perd rien de ce qu'il a acquis dans le passé : il n'oublie que la manière dont il l'a acquis. Pour me servir de la comparaison de l'écolier, je dirai que : peu importe pour lui de savoir où, comment, et sous quels professeurs il a fait sa Cinquième, si, en arrivant en Quatrième, il sait ce que l'on apprend en Cinquième. Que lui importe de savoir qu'il a été fustigé pour sa paresse et son insubordination, si ces châtiments l'ont rendu laborieux et docile ? C'est ainsi qu'en se réincarnant, l'homme apporte, par intuition et comme idées innées, ce qu'il a acquis en science et en moralité. Je dis en moralité, car si, pendant une existence, il s'est amélioré, s'il a profité des leçons de l'expérience, quand il reviendra, il sera instinctivement meilleur ; son Esprit, mûri à l'école de la souffrance et par le travail, aura plus de solidité ; loin d'avoir tout à recommencer, il possède un fonds de plus en plus riche, sur lequel il s'appuie pour acquérir davantage.

La seconde partie de votre objection, touchant le néant de la pensée, n'est pas mieux fondée, car cet oubli n'a lieu que pendant la vie corporelle ; en la quittant, l'Esprit recouvre le souvenir de son passé ; il peut alors juger du chemin qu'il a fait, et de ce qui lui reste encore à faire ; de sorte qu'il n'y a pas solution de continuité dans la vie spirituelle, qui est la vie normale de l'Esprit.

L'oubli temporaire est un bienfait de la Providence ; l'expérience est souvent acquise par de rudes épreuves et de terribles expiations, dont le souvenir serait très pénible et viendrait s'ajouter aux angoisses des tribulations de la vie présente. Si les souffrances de la vie paraissent longues, que serait-ce donc si leur durée s'augmentait du souvenir des souffrances du passé ? Vous, par exemple, Monsieur, vous êtes aujourd'hui un honnête homme, mais vous le devez peut-être aux rudes châtiments que vous avez subis pour des méfaits qui maintenant répugneraient à votre conscience ; vous serait-il agréable de vous souvenir d'avoir été pendu pour cela ? La honte ne vous poursuivrait-elle pas en songeant que le monde sait le mal que vous avez fait ? Que vous importe ce que vous avez pu faire et ce que vous avez pu endurer pour l'expier, si maintenant vous êtes un homme estimable ! Aux yeux du monde, vous êtes un homme nouveau, et aux yeux de Dieu un Esprit réhabilité. Délivré du souvenir d'un passé importun, vous agissez avec plus de liberté ; c'est pour vous un nouveau point de départ ; vos dettes antérieures sont payées, c'est à vous de n'en pas contracter de nouvelles.

Que d'hommes voudraient ainsi pouvoir, pendant la vie, jeter un voile sur leurs premières années ! Combien se sont dit, sur la fin de leur carrière : « Si c'était à recommencer, je ne ferais pas ce que j'ai fait ! » Eh bien ! ce qu'ils ne peuvent pas refaire dans cette vie, ils le referont dans une autre ; dans une nouvelle existence leur Esprit apportera, à l'état d'intuition, les bonnes résolutions qu'ils auront prises. C'est ainsi que s'accomplit graduellement le progrès de l'humanité.

Supposons encore, ce qui est un cas très ordinaire, que, dans vos relations, dans votre intérieur même, se trouve un être dont vous avez eu à vous plaindre, qui peut-être vous a ruiné ou déshonoré dans une autre existence, et qui, Esprit repentant, vienne s'incarner au milieu de vous, s'unir à vous par des liens de la famille, pour réparer ses torts envers vous par son dévouement et son affection, ne seriez-vous pas mutuellement dans la plus fausse position si, tous les deux, vous vous souveniez de vos inimitiés ? Au lieu de s'apaiser, les haines s'éterniseraient.

Concluez de là que le souvenir du passé porterait la perturbation dans les rapports sociaux, et serait une entrave au progrès. En voulez-vous une preuve actuelle ? Qu'un homme condamné aux galères prenne la ferme résolution de devenir honnête ; qu'advient-il à sa sortie ? il est repoussé de la société, et cette répulsion le replonge presque toujours dans le vice. Supposons, au contraire, que tout le monde ignore ses antécédents, il sera bien accueilli ; si lui-même pouvait les oublier, il n'en serait pas moins honnête et pourrait marcher la tête levée, au lieu de la courber sous la honte du souvenir.

Ceci concorde parfaitement avec la doctrine des Esprits sur les mondes supérieurs au nôtre. Dans ces mondes où ne règne que le bien, le souvenir du passé n'a rien de pénible ; voilà pourquoi on s'y souvient de son existence précédente comme nous nous souvenons de ce que nous avons fait la veille. Quant au séjour qu'on a pu faire dans les mondes inférieurs, ce n'est plus qu'un mauvais rêve.

ÉLÉMENTS DE CONVICTION

Le Visiteur. - Je conviens, Monsieur, qu'au point de vue philosophique la doctrine spirite est parfaitement rationnelle ; mais il reste toujours la question des manifestations, qui ne peut être résolue que par des faits ; or, c'est la réalité de ces faits que beaucoup de personnes contestent ; vous ne devez pas trouver étonnant le désir qu'on exprime d'en être témoin.

A. K. - Je le trouve très naturel ; seulement, comme je cherche à ce qu'ils profitent, j'explique dans quelles conditions il convient de se placer pour les mieux observer, et surtout pour les comprendre ; or, celui qui ne veut pas se placer dans ces conditions, c'est qu'il n'y a pas chez lui envie sérieuse de s'éclairer, et alors il est inutile de perdre son temps avec lui.

Vous conviendrez aussi, Monsieur, qu'il serait étrange qu'une philosophie rationnelle fût sortie de faits illusoires et controuvés. En bonne logique, la réalité de l'effet implique la réalité de la cause ; si l'un est vrai, l'autre ne peut être fausse, car là où il n'y aurait point d'arbre, on ne saurait récolter des fruits.

Tout le monde, il est vrai, n'a pu constater les faits, parce que tout le monde ne s'est pas mis dans les conditions voulues pour les observer et n'y a pas apporté la patience et la persévérance nécessaires. Mais il en est ici comme dans toutes les sciences : ce que les uns ne font pas, d'autres le font ; tous les jours, on accepte le résultat des calculs astronomiques, sans les avoir faits soi-même. Quoi qu'il en soit, si vous trouvez la philosophie bonne, vous pouvez l'accepter comme vous en accepteriez une autre, tout en réservant votre opinion sur les voies et moyens qui y ont conduit, ou, tout au moins, en n'admettant ceux-ci qu'à titre d'hypothèse jusqu'à plus ample constatation.

Les éléments de conviction ne sont pas les mêmes pour tout le monde ; ce qui convainc les uns ne fait aucune impression sur d'autres : c'est pourquoi il faut un peu de tout. Mais c'est une erreur de croire que les expériences physiques soient le seul moyen de convaincre. J'en ai vu que les phénomènes les plus remarquables n'ont pu ébranler et dont une simple réponse écrite a triomphé. Lorsqu'on voit un fait que l'on ne comprend pas, plus il est extraordinaire, plus il paraît suspect, et la pensée y cherche toujours une cause vulgaire ; si l'on s'en rend compte, on l'admet bien plus facilement, parce qu'il a une raison d'être : le merveilleux et le surnaturel disparaissent. Certes, les explications que je viens de vous donner dans cet entretien sont loin d'être complètes ; mais, toutes sommaires qu'elles sont, je suis persuadé qu'elles vous donneront à réfléchir ; et, si les circonstances vous rendent témoin de quelques faits de manifestation, vous les verrez d'un œil moins prévenu, parce que vous pourrez asseoir un raisonnement sur une base.

Il y a deux choses dans le spiritisme : la partie expérimentale des manifestations et la doctrine philosophique. Or, je suis tous les jours visité par des gens qui n'ont rien vu et qui croient aussi fermement que moi, par la seule étude qu'ils ont faite de la partie philosophique ; pour eux, le phénomène des manifestations est l'accessoire ; le fond, c'est la doctrine, la science ; ils la voient si grande, si rationnelle, qu'ils y trouvent tout ce qui peut satisfaire leurs aspirations intérieures, à part le fait des manifestations ; d'où ils concluent qu'en supposant que les manifestations n'existent pas, la doctrine n'en serait pas moins celle qui résout le mieux une foule de problèmes réputés insolubles. Combien n'ont dit que ces idées avaient germé dans leur cerveau, mais qu'elles y étaient confuses. Le spiritisme est venu les formuler, leur donner un corps, et il a été pour eux comme un trait de lumière. C'est ce qui explique le nombre d'adeptes qu'a faits la seule lecture du **Livre des Esprits**. Croyez-vous qu'il en serait ainsi si l'on ne fût pas sorti des tables tournantes et parlantes ?

Le Visiteur. - Vous aviez raison de dire, Monsieur, que des tables tournantes était sortie une doctrine philosophique ; et j'étais loin de soupçonner les conséquences qui pouvaient surgir d'une chose que l'on regardait comme un simple objet de curiosité. Je vois maintenant combien est vaste le champ ouvert par votre système.

A. K. - Ici je vous arrête, Monsieur ; vous me faites trop d'honneur en m'attribuant ce système, car il ne m'appartient pas. Il est tout entier déduit de l'enseignement des Esprits. J'ai vu, observé, coordonné, et je cherche à faire comprendre aux autres ce que je comprends moi-même ; voilà toute la part qui m'en revient. Il y a entre le spiritisme et les autres systèmes philosophiques cette différence capitale, que ces derniers sont tous l'œuvre d'hommes plus ou moins éclairés, tandis que dans celui que vous m'attribuez, je n'ai pas le mérite de l'invention d'un seul principe. On dit : la philosophie de Platon, de Descartes, de Leibnitz ; on ne dira point : la doctrine d'Allan Kardec, et cela est heureux ; car de quel poids serait un nom dans une aussi grave question ? Le spiritisme a des auxiliaires bien autrement prépondérants et auprès desquels nous ne sommes que des atomes.

SOCIÉTÉ POUR LA CONTINUATION DES ŒUVRES SPIRITES D'ALLAN KARDEC, 7, RUE DE LILLE.

Le Visiteur. - Vous avez une société qui s'occupe de ces études ; me serait-il possible d'en faire partie ?

A. K. - Assurément non, pas pour le moment ; car si, pour être reçu, il n'est pas nécessaire d'être docteur ès-Spiritisme, il faut au moins avoir sur ce sujet des idées plus arrêtées que les vôtres. Comme elle ne veut point être troublée dans ses études, elle ne peut admettre ceux qui viendraient lui faire perdre son temps par des questions élémentaires, ni ceux qui, ne sympathisant pas avec ses principes et ses convictions, y jetteraient le désordre par des discussions intempestives ou un esprit de contradiction. C'est une société scientifique comme tant d'autres, qui s'occupe d'approfondir les différents points de la science spirite, et qui cherche à s'éclairer ; c'est le centre où aboutissent les renseignements de toutes les parties du monde, et où s'élaborent et se coordonnent les questions qui se rattachent au progrès de la science ; mais ce n'est pas une école, ni un cours d'enseignement élémentaire. Plus tard, quand vos convictions seront formées par l'étude, elle verra s'il y a lieu de vous admettre. En attendant, vous pourrez tout au plus y assister une ou deux fois comme auditeur, à la condition de n'y faire aucune réflexion de nature à froisser personne, sans quoi, moi, qui vous y aurais introduit, j'encourrais des reproches de la part de mes collègues, et la porte vous en serait à jamais interdite. Vous y verrez une réunion d'hommes graves et de bonne compagnie, dont la plupart se recommandent par la supériorité de leur savoir et leur position sociale, et qui ne souffriraient pas que ceux qu'elle veut bien admettre s'écartassent en quoi que ce soit des convenances ; car ne croyez pas qu'elle convie le public et qu'elle appelle le premier venu à ses séances. Comme elle ne fait point de démonstrations en vue de satisfaire la curiosité, elle écarte avec soin les curieux. Ceux donc qui croiraient y trouver une distraction et une sorte de spectacle seraient désappointés et feront mieux de ne pas s'y présenter. Voilà pourquoi elle refuse d'admettre, même comme simples auditeurs, ceux qu'elle ne connaît pas, ou dont les dispositions hostiles sont notoires.

INTERDICTION DU SPIRITISME

Le Visiteur. - Une dernière question, je vous prie. Le spiritisme a de puissants ennemis ; ne pourraient-ils en faire interdire l'exercice et les sociétés, et par ce moyen en arrêter la propagation ?

A. K. - Ce serait le moyen de perdre la partie un peu plus vite, car la violence est l'argument de ceux qui n'ont rien de bon à dire. Si le spiritisme est une chimère, il tombera de lui-même sans qu'on se donne tant de peine ; si on le persécute, c'est qu'on le craint, et l'on ne craint que ce qui est sérieux. Si c'est une réalité, il est, comme je l'ai dit, dans la nature, et on ne révoque pas une loi de nature d'un trait de plume.

Si les manifestations spirites étaient le privilège d'un homme, nul doute qu'en mettant cet homme de côté, on ne mît fin aux manifestations ; malheureusement pour les adversaires, elles ne sont un mystère pour personne ; il n'y a rien de secret, rien d'occulte, tout se passe au grand jour ; elles sont à la disposition de tout le monde, et l'on en use depuis le palais jusqu'à la mansarde. On peut en interdire l'exercice public ; mais on sait précisément que ce n'est pas en public qu'elles se produisent le mieux ; c'est dans l'intimité ; or, chacun pouvant être médium, qui peut empêcher une famille dans son intérieur, un individu dans le silence du cabinet, le prisonnier sous les verrous, d'avoir des communications avec les Esprits, à l'insu et à la barbe même des sbires ? Admettons pourtant qu'un gouvernement fût assez fort pour les empêcher chez lui, les empêchera-t-il chez ses voisins, dans le monde entier, puisqu'il n'y a pas un pays dans les deux continents où il n'y ait des médiums ?

Le spiritisme, d'ailleurs, n'a pas sa source parmi les hommes ; il est l'œuvre des Esprits que l'on ne peut ni brûler, ni mettre en prison. Il consiste dans la croyance individuelle et non dans les sociétés qui ne sont nullement nécessaires, Si l'on parvenait à détruire tous les livres spirites, les Esprits les dicteraient de nouveau.

En résumé, le spiritisme est aujourd'hui un fait acquis ; il a conquis sa place dans l'opinion et parmi les doctrines philosophiques ; il faut donc que ceux à qui il ne convient pas prennent leur parti de le voir à leurs côtés, tout en restant parfaitement libres de n'y pas toucher.

TROISIÈME ENTRETIEN. - LE PRÊTRE.

Un Abbé. - Me permettez-vous, Monsieur, de vous adresser à mon tour quelques questions ?

A. K. - Volontiers, monsieur ; mais avant de vous répondre, je crois utile de vous faire connaître le terrain sur lequel j'entends me placer avec vous.

Je dois tout d'abord vous déclarer que je ne chercherai nullement à vous convertir à nos idées. Si vous voulez les connaître en détail, vous les trouverez dans les livres où elles sont exposées ; là, vous pourrez les étudier à loisir, et vous serez libre de les accepter ou de les rejeter.

Le spiritisme a pour but de combattre l'incrédulité et ses funestes conséquences, en donnant des preuves patentes de l'existence de l'âme et la vie future ; il s'adresse donc à ceux qui ne croient à rien **ou qui doutent**, et le nombre en est grand, vous le savez ; ceux qui ont une foi religieuse, et à qui **cette foi suffit**, n'en ont pas besoin. À celui qui dit :

« Je crois à l'autorité de l'Église et je m'en tiens à ce qu'elle enseigne, sans rien chercher au-delà, » le spiritisme répond qu'il ne s'impose à personne et ne vient forcer aucune conviction.

La liberté de conscience est une conséquence de la liberté de penser, qui est un des attributs de l'homme ; le spiritisme serait en contradiction avec ses principes de charité et de tolérance s'il ne la respectait pas. À ses yeux, toute croyance, lorsqu'elle est sincère et ne porte pas à faire de tort à son prochain, est respectable, fût-elle même erronée. Si quelqu'un trouvait sa conscience engagée à croire, par exemple, que c'est le soleil qui tourne, nous lui dirions : Croyez-le si cela vous plaît, car cela n'empêchera pas la terre de tourner ; mais, de même que nous ne cherchons pas à violenter votre conscience, ne cherchez pas à violenter celle des autres. Si d'une croyance, innocente en elle-même, vous faites un instrument de persécution, elle devient nuisible et peut être combattue.

Telle est, monsieur l'abbé, la ligne de conduite que j'ai tenue avec les ministres des divers cultes qui se sont adressés à moi. Lorsqu'ils m'ont questionné sur quelques-uns des points de la doctrine, je leur ai donné les explications nécessaires, tout en m'abstenant de discuter certains dogmes dont le spiritisme n'a pas à se préoccuper, chacun étant libre dans son appréciation ; mais je ne suis jamais allé les chercher dans le dessein d'ébranler leur foi par une pression quelconque. Celui qui vient à nous comme un frère, nous l'accueillons en frère ; celui qui nous repousse, nous le laissons en repos. C'est le conseil que je n'ai cessé de donner aux spirites, car je n'ai jamais approuvé ceux qui s'attribuent la mission de convertir le clergé. Je leur ai toujours dit : Semez dans le champ des incrédules, car là est une ample moisson à faire.

Le spiritisme ne s'impose pas, parce que, comme je l'ai dit, il respecte la liberté de conscience ; il sait, d'ailleurs, que toute croyance imposée est superficielle et ne donne que les apparences de la foi, mais non la foi sincère. Il expose ses principes aux yeux de tous, de manière à ce que chacun puisse se former une opinion en connaissance de cause. Ceux qui les acceptent, prêtres ou laïques, le font librement, et parce qu'ils les trouvent rationnels ; mais nous n'en voulons nullement à ceux qui ne sont pas de notre avis. S'il y a lutte aujourd'hui entre l'Église et le spiritisme, nous avons la conscience de ne l'avoir point provoquée.

Le Prêtre. - Si l'Église, en voyant surgir une nouvelle doctrine, y trouve des principes que, dans sa conscience, elle croit devoir condamner, lui contestez-vous donc le droit de les discuter et de les combattre, de prémunir les fidèles contre ce qu'elle considère comme des erreurs ?

A. K. - En aucune façon nous ne contestons un droit que nous réclamons pour nous-mêmes. Si elle se fût renfermée dans les limites de la discussion, rien de mieux ; mais lisez la plupart des écrits émanés de ses membres ou publiés au nom de la religion, des sermons qui ont été prêchés, vous y verrez l'injure et la calomnie déborder de toutes parts, les principes de la doctrine partout indignement et méchamment travestis. N'a-t-on pas entendu du haut de la chaire ses partisans qualifiés d'ennemis de la société et de l'ordre public ? ceux qu'elle a ramenés à la foi, anathématisés et rejetés de l'Église par cette raison qu'il vaut encore mieux être incrédule que croire à Dieu et à son âme par le spiritisme ? N'a-t-on pas regretté pour eux les bûchers de l'inquisition ? Dans certaines localités, ne les a-t-on pas signalés à l'animadversion de leurs concitoyens, jusqu'à les faire poursuivre et injurier dans les rues ? N'a-t-on pas enjoint à tous les fidèles de les fuir comme des pestiférés, détourné les domestiques d'entrer à leur service ? Des femmes n'ont-elles pas été sollicitées de se séparer de leurs maris, et des maris de leurs femmes pour cause de spiritisme ? N'a-t-on pas fait perdre leur place à des employés, retiré à des ouvriers le pain du travail, à des malheureux celui de la charité, parce qu'ils étaient spirites ? N'a-t-on pas renvoyé de certains hospices jusqu'à des aveugles, parce qu'ils n'avaient pas voulu abjurer leur croyance ? Dites-moi, monsieur l'abbé, est-ce là de la discussion loyale ? Les spirites ont-ils rendu l'injure pour l'injure, le mal pour le mal ?

Non. À tout ils ont opposé le calme et la modération. La conscience publique leur a déjà rendu cette justice qu'ils n'ont pas été les agresseurs.

Le Prêtre. - Tout homme sensé déplore ces excès ; mais l'Église ne saurait être responsable des abus commis par quelques-uns de ses membres peu éclairés.

A. K. - J'en conviens ; mais sont-ce des membres peu éclairés que les princes de l'Église ? Voyez le mandement de l'évêque d'Alger et quelques autres. N'est-ce pas un évêque qui a ordonné l'autodafé de Barcelone ? L'autorité supérieure ecclésiastique n'a-t-elle pas tout pouvoir sur ses subordonnés ? Si donc elle tolère des sermons indignes de la chaire évangélique, si elle favorise la publication d'écrits injurieux et diffamatoires envers une classe de citoyens, si elle ne s'oppose pas aux persécutions exercées au nom de la religion, c'est qu'elle les approuve.

En résumé, l'Église en repoussant systématiquement les spirites qui revenaient à elle les a forcés de se replier sur eux-mêmes ; par la nature et la violence de ses attaques, elle a élargi la discussion et l'a portée sur un nouveau terrain. Le spiritisme n'était qu'une simple doctrine philosophique ; c'est elle-même qui l'a grandi en le présentant comme un ennemi redoutable ; c'est elle enfin qui l'a proclamé religion nouvelle. C'était une maladresse, mais la passion ne raisonne pas.

Un libre penseur. - Vous avez proclamé tout à l'heure la liberté de la pensée et de la conscience et déclaré que toute croyance sincère est respectable. Le matérialisme est une croyance comme une autre ; pourquoi ne jouirait-elle pas de la liberté que vous accordez à toutes les autres ?

A. K. - Chacun est assurément libre de croire à ce qui lui plaît, ou de ne croire à rien du tout, et nous n'excuserions pas plus une persécution contre celui qui croit au néant après la mort que contre un schismatique d'une religion quelconque. En combattant le matérialisme, nous attaquons, non les individus, mais une doctrine qui, si elle est inoffensive pour la société, quand elle se renferme dans le for intérieur de la conscience de personnes éclairées, est une plaie sociale si elle se généralise.

La croyance que tout est fini pour l'homme après la mort, que toute solidarité cesse avec la vie, le conduit à considérer le sacrifice du bien-être présent au profit d'autrui comme une duperie ; de là, la maxime : Chacun pour soi pendant la vie, puisqu'il n'y a rien au-delà. La charité, la fraternité, la morale, en un mot, n'ont aucune base, aucune raison d'être. Pourquoi se gêner, se contraindre, se priver aujourd'hui quand, demain peut-être, nous ne serons plus ? La négation de l'avenir, le simple doute sur la vie future, sont les plus grands stimulants de l'égoïsme, source de la plupart des maux de l'humanité. Il faut une bien grande vertu pour être retenu sur la pente du vice et du crime, sans autre frein que la force de sa volonté. Le respect humain peut retenir l'homme du monde, mais non celui pour qui la crainte de l'opinion est nulle.

La croyance en la vie future, montrant la perpétuité des relations entre les hommes, établit entre eux une solidarité qui ne s'arrête pas à la tombe ; elle change ainsi le cours des idées. Si cette croyance n'était qu'un vain épouvantail, elle n'aurait qu'un temps ; mais comme sa réalité est un fait acquis à l'expérience, il est du devoir de la propager et de combattre la croyance contraire, dans l'intérêt même de l'ordre social. C'est ce que fait le spiritisme ; il le fait avec succès, parce qu'il donne des preuves, et qu'en définitive, l'homme aime mieux avoir la certitude de vivre et de pouvoir vivre heureux dans un monde meilleur, en compensation des misères d'ici-bas, que de croire être mort pour toujours. La pensée de se voir à jamais anéanti, de croire ses enfants et les êtres qui nous sont chers perdus sans retour, sourit à un bien petit nombre, croyez-le-moi ; c'est pourquoi les attaques dirigées contre le spiritisme au nom de l'incrédulité ont si peu de succès, et ne l'ont pas ébranlé un instant.

Le Prêtre. - La religion enseigne tout cela ; jusqu'à présent elle a suffi ; qu'est-il donc besoin d'une nouvelle doctrine ?

A. K. - Si la religion suffit, pourquoi y a-t-il tant d'incrédules, religieusement parlant ? La religion nous l'enseigne, il est vrai ; elle nous dit de croire ; mais il y a tant de gens qui ne croient pas sur parole ! Le spiritisme prouve, et fait voir ce que la religion enseigne par la théorie. D'ailleurs, d'où viennent ces preuves ? De la manifestation des Esprits. Or, il est probable que les Esprits ne se manifestent qu'avec la permission de Dieu ; si donc Dieu, dans sa miséricorde, envoie aux hommes ce secours pour les tirer de l'incrédulité, c'est une impiété de le repousser.

Le Prêtre. - Vous ne disconviendrez pas cependant que le spiritisme n'est pas sur tous les points d'accord avec la religion.

A. K. - Mon Dieu, monsieur l'abbé, toutes les religions en diront autant : les protestants, les juifs, les musulmans, aussi bien que les catholiques.

Si le spiritisme niait l'existence de Dieu, de l'âme, de son individualité et de son immortalité, des peines et des récompenses futures, du libre arbitre de l'homme ; s'il enseignait que chacun n'est ici-bas que pour soi et ne doit penser qu'à soi, il serait non seulement contraire à la religion catholique, mais à toutes les religions du monde ; ce serait la négation de toutes les lois morales, bases des sociétés humaines. Loin de là ; les Esprits proclament un Dieu unique souverainement juste et bon ; ils disent que l'homme est libre et responsable de ses actes, rémunéré et puni selon le bien ou le mal qu'il a fait ; ils placent au-dessus de toutes les vertus la charité évangélique, et cette règle sublime enseignée par le Christ : Agir envers les autres comme nous voudrions qu'on agit envers nous. Ne sont-ce pas là les fondements de la religion ? Ils font plus : ils nous initient aux mystères de la vie future, qui pour nous n'est plus une abstraction, mais une réalité, car ce sont ceux-mêmes que nous avons connus qui viennent nous dépeindre leur situation, nous dire comment et pourquoi ils souffrent ou sont heureux. Qu'y a-t-il là d'anti-religieux ? Cette certitude de l'avenir, de retrouver ceux que l'on a aimés, n'est-elle pas une consolation ? Ce grandiose de la vie spirituelle qui est notre essence, comparé aux mesquines préoccupations de la vie terrestre, n'est-il pas propre à élever notre âme, et à nous encourager au bien ?

Le Prêtre. - Je conviens que pour les questions générales, le spiritisme est conforme aux grandes vérités du Christianisme ; mais en est-il de même au point de vue des dogmes ? Ne contredit-il pas certains principes que l'Église nous enseigne ?

A. K. - Le spiritisme est avant tout une science, et ne s'occupe point des questions dogmatiques. Cette science a des conséquences morales, comme toutes les sciences philosophiques ; ces conséquences sont-elles bonnes ou mauvaises ? On en peut juger par les principes généraux que je viens de rappeler. Quelques personnes se sont méprises sur le véritable caractère du spiritisme. La question est assez grave pour mériter quelques développements.

Citons d'abord une comparaison : l'électricité étant dans la nature, a existé de tout temps, et de tout temps aussi a produit les effets que nous connaissons et beaucoup d'autres que nous ne connaissons pas encore. Les hommes, dans l'ignorance de la cause véritable, ont expliqué ces effets d'une manière plus ou moins bizarre. La découverte de l'électricité et de ses propriétés est venue renverser une foule de théories absurdes en jetant la lumière sur plus d'un mystère de la nature. Ce que l'électricité et les sciences physiques en général ont fait pour certains phénomènes, le spiritisme le fait pour des phénomènes d'un autre ordre.

Le spiritisme est fondé sur l'existence d'un monde invisible, formé d'êtres incorporels qui peuplent l'espace, et qui ne sont autres que les âmes de ceux qui ont vécu sur la terre ou dans d'autres globes où ils ont laissé leur enveloppe matérielle. Ce sont ces êtres auxquels nous donnons le nom d'Esprits. Ils nous entourent sans cesse, exercent sur les hommes et à leur insu une grande influence ; ils jouent un rôle très actif dans le monde moral, et jusqu'à un certain point dans le monde physique. Le spiritisme est donc dans la nature, et l'on peut dire que, dans un certain ordre d'idées, c'est une puissance, comme l'électricité en est une à un autre point de vue, comme la gravitation en est une autre. Les phénomènes dont le monde invisible est la source, se sont en effet produits dans tous les temps ; voilà pourquoi l'histoire de tous les peuples en fait mention. Seulement, dans leur ignorance, comme pour l'électricité, les hommes ont attribué ces phénomènes à des causes plus ou moins rationnelles, et donné sous ce rapport un libre cours à leur imagination.

Le spiritisme, mieux observé depuis qu'il est vulgarisé, vient jeter la lumière sur une foule de questions jusqu'ici insolubles ou mal comprises. Son véritable caractère est donc celui d'une science, et non d'une religion ; et la preuve en est, c'est qu'il compte parmi ses adhérents des hommes de toutes les croyances, qui n'ont point pour cela renoncé à leurs convictions : des catholiques fervents qui n'en pratiquent pas moins tous les devoirs de leur culte, quand ils ne sont pas repoussés par l'Église, des protestants de toutes les sectes, des israélites, des musulmans, et jusqu'à des bouddhistes et des brahmistes.

Il repose donc sur des principes indépendants de toute question dogmatique. Ses conséquences morales sont dans le sens du Christianisme, parce que le Christianisme est, de toutes les doctrines, la plus éclairée et la plus pure, et c'est pour cette raison que, de toutes les sectes religieuses du monde, les chrétiens sont les plus aptes à le comprendre dans sa véritable essence. Peut-on lui en faire un reproche ? Chacun sans doute peut se faire une religion de ses opinions, interpréter à son gré les religions connues, mais de là à la constitution d'une nouvelle Église, il y a loin.

Le Prêtre. - Ne faites-vous pas cependant les évocations d'après une formule religieuse ?

A. K. - Assurément nous apportons un sentiment religieux dans les évocations et dans nos réunions, mais il n'y a point de formule sacramentelle ; pour les Esprits, la pensée est tout et la forme rien. Nous les appelons au nom de Dieu, parce que nous croyons en Dieu, et savons que rien ne se fait en ce monde sans sa permission, et que si Dieu ne leur permet pas de venir, ils ne viendront pas ; nous procédons à nos travaux avec calme et recueillement, parce que c'est une condition nécessaire pour les observations, et en second lieu, parce que nous connaissons le respect que l'on doit à ceux qui ne vivent plus sur la terre, quelle que soit leur condition heureuse ou malheureuse dans le monde des Esprits ; nous faisons un appel aux bons Esprits, parce que, sachant qu'il y en a de bons et de mauvais, nous tenons à ce que ces derniers ne viennent pas se mêler frauduleusement aux communications que nous recevons. Qu'est-ce que tout cela prouve ? Que nous ne sommes pas des athées, mais cela n'implique nullement que nous soyons des religionnaires.

Le Prêtre. - Eh bien ! que disent les Esprits supérieurs touchant la religion ? Les bons doivent nous conseiller, nous guider. Je suppose que je n'aie aucune religion : j'en veux choisir une. Si je leur demande : Me conseillez-vous de me faire catholique, protestant, anglican, quaker, juif, mahométan ou mormon, que répondront-ils ?

A. K. - Il y a deux points à considérer dans les religions : les principes généraux, communs à toutes, et les principes particuliers à chacune. Les premiers sont ceux dont nous avons parlé tout à l'heure ; ceux-là, tous les Esprits les proclament, quel que soit leur rang. Quant aux seconds, les Esprits **vulgaires**, sans être mauvais, peuvent avoir des préférences, des opinions ; ils peuvent préconiser telle ou telle forme. Ils peuvent donc encourager dans certaines pratiques, soit par conviction personnelle, soit parce qu'ils ont conservé les idées de la vie terrestre, soit par prudence, pour ne pas effaroucher les consciences timorées. Croyez-vous, par exemple, qu'un Esprit éclairé, fut-il même Fénelon, s'adressant à un musulman, ira maladroitement lui dire que Mahomet est un imposteur, et qu'il sera damné s'il ne se fait chrétien ? Il s'en gardera bien, parce qu'il serait repoussé.

Les Esprits supérieurs en général, et lorsqu'ils n'y sont sollicités par aucune considération spéciale, ne se préoccupent pas des questions de détail ; ils se bornent à dire : « Dieu est bon et juste ; il ne veut que le bien ; la meilleure de toutes les religions est donc celle qui n'enseigne que ce qui est conforme à la bonté et à la justice de Dieu ; qui donne de Dieu l'idée la plus grande, la plus sublime, et ne le rabaisse pas en lui prêtant les petitesses et les passions de l'humanité ; qui rend les hommes bons et vertueux et leur apprend à s'aimer tous comme des frères qui condamne tout mal fait à son prochain ; qui n'autorise l'injustice sous quelque forme ou prétexte que ce soit ; qui ne prescrit rien de contraire aux lois immuables de la nature, car Dieu ne peut se contredire ; celle dont les ministres donnent le meilleur exemple de bonté, de charité et de moralité ; celle qui tend le mieux à combattre l'égoïsme et flatte le moins l'orgueil et la vanité des hommes ; celle enfin au nom de laquelle il se commet le moins de mal, car une bonne religion ne peut être le prétexte d'un mal quelconque : elle ne doit lui laisser aucune porte ouverte, ni directement, ni par l'interprétation. Voyez, jugez et choisissez.

Le Prêtre. - Je suppose que certains points de la doctrine catholique soient contestés par les Esprits que vous regardez comme supérieurs ; je suppose même que ces points soient erronés ; celui pour qui ils sont, à tort ou à raison, des articles de foi, qui pratique en conséquence, cette croyance peut-elle être, selon ces mêmes Esprits, préjudiciable à son salut ?

A. K. - Assurément non, si cette croyance ne le détourne pas de faire le bien, si elle l'y excite au contraire ; tandis que la croyance la mieux fondée lui nuira évidemment si elle est pour lui une occasion de faire le mal, de manquer de charité envers son prochain ; si elle le rend dur et égoïste, car alors il n'agit pas selon la loi de Dieu, et Dieu regarde la pensée avant les actes. Qui oserait soutenir le contraire ?

Pensez-vous, par exemple, qu'un homme qui croirait parfaitement en Dieu, et qui, au nom de Dieu, commettrait des actes inhumains ou contraires à la charité, sa foi lui soit très profitable ? N'est-il pas d'autant plus coupable qu'il a plus de moyens d'être éclairé ?

Le Prêtre. - Ainsi le catholique fervent qui accomplit scrupuleusement les devoirs de son culte n'est pas blâmé par les Esprits ?

A. K. - Non, si c'est pour lui une question de conscience, et s'il le fait avec sincérité ; oui, mille fois oui, si c'est par hypocrisie, et s'il n'y a chez lui qu'une piété apparente.

Les Esprits supérieurs, ceux qui ont pour mission le progrès de l'humanité, s'élèvent contre tous les abus qui peuvent retarder ce progrès de quelque nature qu'ils soient, et quels que soient les individus ou les classes de la société qui en profitent. Or, vous ne nierez pas que la religion n'en a pas toujours été exempte ; si, parmi ses ministres, il y en a qui accomplissent leur mission avec un dévouement tout chrétien, qui la font grande, belle et respectable, vous conviendrez que tous n'ont pas toujours compris la sainteté de leur ministère. Les Esprits flétrissent le mal partout où il se trouve ; signaler les abus de la religion, est-ce l'attaquer ? Elle n'a pas de plus grands ennemis que ceux qui les défendent, car ce sont ces abus qui font naître la pensée que quelque chose de mieux peut la remplacer. Si la religion courait un danger quelconque, il faudrait s'en prendre à ceux qui en donnent une fausse idée en faisant une arène des passions humaines, et qui l'exploitent au profit de leur ambition.

Le Prêtre. - Vous dites que le spiritisme ne discute pas les dogmes, et pourtant il admet certains points combattus par l'Église, tels que, par exemple, la réincarnation, la présence de l'homme sur la terre avant Adam ; il nie l'éternité des peines, l'existence des démons, le purgatoire, le feu de l'enfer.

A. K. - Ces points ont été discutés depuis longtemps, et ce n'est pas le spiritisme qui les a mis en question ; ce sont des opinions dont quelques-unes même sont controversées par la théologie et que l'avenir jugera. Un grand principe les domine tous : la pratique du bien, qui est la loi supérieure, la condition **sine qua non** de notre avenir, ainsi que nous le prouve l'état des Esprits qui se communiquent à nous. En attendant que la lumière soit faite pour vous sur ces questions, croyez, si vous voulez, aux flammes et aux tortures matérielles, si cela peut vous empêcher de faire le mal : cela ne les rendra pas plus réelles, si elles n'existent pas. Croyez que nous n'avons qu'une existence corporelle, si cela vous plaît : cela ne vous empêchera pas de renaître ici ou ailleurs, si cela doit être, et cela malgré vous ; croyez que le monde a été créé de toutes pièces en six fois vingt-quatre heures, si c'est votre opinion : cela n'empêchera pas la terre de porter écrit dans ses couches géologiques la preuve du contraire ; croyez, si vous voulez, que Josué arrêta le soleil : cela n'empêchera pas la terre de tourner ; croyez que l'homme n'est sur la terre que depuis 6 000 ans : cela n'empêchera pas les faits d'en montrer l'impossibilité. Et que direz-vous si, un beau jour, cette inexorable géologie vient à démontrer par des traces patentes, l'antériorité de l'homme, comme elle a démontré tant d'autres choses ? Croyez donc à tout ce que vous voudrez, même au diable, si cette croyance peut vous rendre bon, humain et charitable pour vos semblables. Le spiritisme, comme doctrine morale, n'impose qu'une chose : la nécessité de faire le bien et de ne point faire de mal. C'est une science d'observation qui, je le répète, a des conséquences morales, et ces conséquences sont la confirmation et la preuve des grands principes de la religion ; quant aux questions secondaires, il les laisse à la conscience de chacun.

Remarquez bien, Monsieur, que quelques-uns des points divergents dont vous venez de parler, le spiritisme ne les conteste pas en principe. Si vous aviez lu tout ce que j'ai écrit à ce sujet, vous auriez vu qu'il se borne à leur donner une interprétation plus logique et plus rationnelle que celle qu'on leur donne vulgairement. C'est ainsi, par exemple, qu'il ne nie point le purgatoire ; il en démontre, au contraire, la nécessité et la justice ; mais il fait plus, il le définit. L'enfer a été décrit comme une immense fournaise ; mais est-ce ainsi que l'entend la haute théologie ? Évidemment non ; elle dit très bien que c'est une figure ; que le feu dont on brûle est un feu moral, symbole des plus grandes douleurs.

Quant à l'éternité des peines, s'il était possible d'aller aux voix pour connaître l'opinion intime de tous les hommes en état de raisonner ou de comprendre, même parmi les plus religieux, on verrait de quel côté est la majorité, parce que l'idée d'une éternité de supplices est la négation de l'infinie miséricorde de Dieu.

Voici, du reste, ce que dit la doctrine spirite à ce sujet :

La durée du châtiment est subordonnée à l'amélioration de l'Esprit coupable. Aucune condamnation pour un temps déterminé n'est prononcée contre lui. Ce que Dieu exige pour mettre un terme aux souffrances, c'est le repentir, l'expiation et la **réparation**, en un mot, une amélioration sérieuse, effective, et un retour sincère au bien. L'Esprit est ainsi l'arbitre de son propre sort ; il peut prolonger ses souffrances par son endurcissement dans le mal, les adoucir ou les abréger par ses efforts pour faire le bien.

La durée du châtiment étant subordonnée au repentir, il en résulte que l'Esprit coupable qui ne se repentirait et ne s'améliorerait jamais, souffrirait toujours, et que, pour lui, la peine serait éternelle. L'éternité des peines doit donc s'entendre dans le sens relatif et non dans le sens absolu.

Une condition inhérente à l'infériorité des Esprits est de ne point voir le terme de leur situation de croire qu'ils souffriront toujours ; c'est pour eux un châtiment. Mais, dès que leur âme s'ouvre au repentir, Dieu leur fait entrevoir un rayon d'espérance.

Cette doctrine est évidemment plus conforme à la justice de Dieu qui punit tant qu'on persiste dans le mal, qui fait grâce quand on entre dans la bonne voie. Qui l'a imaginée ? Est-ce nous ? Non ; ce sont les Esprits qui l'enseignent et la prouvent par les exemples qu'ils mettent journellement sous nos yeux.

Les Esprits ne nient donc pas les peines futures puisqu'ils décrivent leurs propres souffrances ; et ce tableau nous touche plus que celui des flammes perpétuelles, parce que tout y est parfaitement logique. On comprend que cela est possible, qu'il doit en être ainsi, que cette situation est une conséquence toute naturelle des choses ; il peut être accepté par le penseur philosophe, parce que rien n'y répugne à la raison. Voilà pourquoi les croyances spirites ont ramené au bien une foule de gens, des matérialistes même, que la crainte de l'enfer tel qu'on nous le dépeint n'avait point arrêtés.

Le Prêtre. - En admettant votre raisonnement, pensez-vous qu'il faille au vulgaire des images plus frappantes qu'une philosophie qu'il ne peut comprendre ?

A. K. - C'est là une erreur qui a fait plus d'un matérialiste, ou tout au moins détourné plus d'un homme de la religion. Il vient un moment où ces images ne frappent plus, et alors les gens qui n'approfondissent pas, en rejetant une partie, rejettent le tout parce qu'ils se disent : Si l'on m'a enseigné comme une vérité incontestable un point qui est faux, si l'on m'a donné une image, une figure pour la réalité, qui me dit que le reste est plus vrai ? Si, au contraire, la raison, en grandissant, ne repousse rien, la foi se fortifie. La religion gagnera toujours à suivre le progrès des idées ; si jamais elle devait péricliter, c'est que les hommes auraient avancé et qu'elle serait restée en arrière. C'est se tromper d'époque que de croire qu'on peut aujourd'hui conduire les hommes par la crainte du démon et des tortures éternelles.

Le Prêtre. - L'Église en effet, reconnaît aujourd'hui que l'enfer matériel est une figure ; mais cela n'exclut pas l'existence des démons ; sans eux, comment expliquer l'influence du mal qui ne peut venir de Dieu ?

A. K. - Le spiritisme n'admet pas les démons dans le sens vulgaire du mot, mais il admet les mauvais Esprits qui ne valent pas mieux et qui font tout autant de mal en suscitant de mauvaises pensées ; seulement il dit que ce ne sont pas des êtres à part, créés pour le mal et perpétuellement voués au mal, sorte de parias de la création et bourreaux du genre humain ; ce sont des êtres arriérés, encore imparfaits, mais auxquels Dieu réserve l'avenir. Il est en cela d'accord avec l'Église catholique grecque qui admet la conversion de Satan, allusion à l'amélioration des mauvais Esprits. Remarquez encore que le mot **démon** n'implique l'idée de mauvais Esprit que par l'acceptation moderne qui lui a été donnée, car le mot grec **daimôn** signifie **génie, intelligence**. Or, admettre la communication des mauvais Esprits, c'est reconnaître en principe la réalité des manifestations. Il faut savoir si ce sont les seuls qui se communiquent, ainsi que l'affirme l'Église pour motiver la défense qu'elle fait de communiquer avec les Esprits. Ici nous invoquons le raisonnement et les faits. Si des Esprits, quels qu'ils soient, se communiquent, ce n'est que par la permission de Dieu : comprendrait-on qu'il ne le permît qu'aux mauvais ? Comment ? tandis qu'il laisserait à ceux-ci toute liberté de venir tromper les hommes, il interdirait aux bons de venir faire contre poids, de neutraliser leurs pernicieuses doctrines ? Croire qu'il en est ainsi, ne serait-ce pas révoquer en doute sa puissance et sa bonté et faire de Satan un rival de la Divinité ? La Bible, l'Évangile, les Pères de l'Église reconnaissent parfaitement la possibilité de communiquer avec le monde invisible, et de ce monde les bons ne sont pas exclus ; pourquoi donc le seraient-ils aujourd'hui ? D'ailleurs, l'Église, en admettant l'authenticité de certaines apparitions et communications de saints, exclut par cela même l'idée que l'on ne peut avoir affaire qu'aux mauvais Esprits. Assurément, quand des communications ne renferment que de bonnes choses, quand on n'y prêche que la morale évangélique la plus pure et la plus sublime, l'abnégation. le désintéressement et l'amour du prochain ; quand on y flétrit le mal, de quelque couleur qu'il se farde, est-il rationnel de croire que l'Esprit malin vienne ainsi faire son procès ?

Le Prêtre. - L'Évangile nous apprend que l'ange des ténèbres, ou Satan, se transforme en ange de lumière pour séduire les hommes.

A. K. - Satan, selon le spiritisme et l'opinion de beaucoup de philosophes chrétiens, n'est point un être réel ; c'est la personnification du mal, comme jadis Saturne était la personnification du temps. L'Église prend à la lettre cette figure allégorique ; c'est une affaire d'opinion que je ne discuterai point. Admettons, pour un instant, que Satan soit un être réel ; l'Église, à force d'exagérer sa puissance en vue d'effrayer, arrive à un résultat tout contraire, c'est-à-dire à la destruction, non seulement de toute crainte, mais aussi de toute croyance en sa personne, selon le proverbe : « Qui veut trop prouver ne prouve rien. » Elle le représente comme éminemment fin, adroit et rusé, et dans la question du spiritisme elle lui fait jouer le rôle d'un sot et d'un maladroit.

Puisque le but de Satan est d'alimenter l'enfer de ses victimes et d'enlever des âmes à Dieu, on comprend qu'il s'adresse à ceux qui sont dans le bien pour les induire au mal, et que pour cela il se transforme, selon une très belle allégorie, en ange de lumière, c'est-à-dire qu'il fasse l'hypocrite en simulant la vertu ; mais qu'il laisse échapper ceux qu'il tient déjà dans ses griffes, c'est ce que l'on ne comprend pas. Ceux qui ne croient ni à Dieu ni à leur âme, qui méprisent la prière et sont plongés dans le vice sont à lui autant qu'il est possible de l'être ; il n'a plus rien à faire pour les mettre plus avant dans le bourbier ; or, les exciter à retourner à Dieu, à le prier, à se soumettre à sa volonté, les encourager à renoncer au mal en leur montrant la félicité des élus et le triste sort qui attend les méchants, serait l'acte d'un niais, plus stupide que si l'on donnait la liberté à des oiseaux en cage, avec la pensée de les rattraper ensuite.

Il y a donc dans la doctrine de la communication exclusive des démons une contradiction qui frappe tout homme sensé ; c'est pourquoi on ne persuadera jamais que les Esprits qui ramènent à Dieu ceux qui le reniaient, au bien ceux qui faisaient le mal, qui consolent les affligés, donnent la force et le courage aux faibles ; qui, par la sublimité de leurs enseignements, élèvent l'âme au-dessus de la vie matérielle soient les suppôts de Satan, et que, par ce motif on doit s'interdire toute relation avec le monde invisible.

Le Prêtre. - Si l'Église défend les communications avec les Esprits des morts, c'est parce qu'elles sont contraires à la religion comme étant formellement condamnées par l'Évangile et par Moïse. Ce dernier, en prononçant la peine de mort contre ces pratiques, prouve combien elles sont répréhensibles aux yeux de Dieu.

A. K. - Je vous demande pardon mais cette défense n'est nulle part dans l'Évangile ; elle est seulement dans la loi mosaïque. Il s'agit donc de savoir si l'Église met la loi mosaïque au-dessus de la loi évangélique, autrement dit si elle est plus juive que chrétienne. Il est même à remarquer que de toutes les religions, celle qui a fait le moins d'opposition au spiritisme, c'est la juive, et qu'elle n'a point invoqué contre les évocations la loi de Moïse sur laquelle s'appuient les sectes chrétiennes. Si les prescriptions bibliques sont le code de la foi chrétienne, pourquoi interdire la lecture de la Bible ? Que dirait-on si l'on faisait défense à un citoyen d'étudier le code des lois de son pays ?

La défense faite par Moïse avait alors sa raison d'être, parce que le législateur hébreu voulait que son peuple rompît avec toutes les coutumes puisées chez les Égyptiens, et que celle dont il s'agit ici était un sujet d'abus. On n'évoquait pas les morts par respect et affection pour eux, ni avec un sentiment de piété ; c'était un moyen de divination, l'objet d'un trafic honteux exploité par le charlatanisme et la superstition ; Moïse a donc eu raison de le défendre. S'il a prononcé contre cet abus une pénalité sévère, c'est qu'il fallait des moyens rigoureux pour gouverner ce peuple indiscipliné ; aussi la peine de mort est-elle prodiguée dans sa législation. On s'appuie à tort sur la sévérité du châtiment pour prouver le degré de culpabilité de l'évocation des morts.

Si la défense d'évoquer les morts vient de Dieu même, comme le prétend l'Église, ce doit être Dieu qui a édicté la peine de mort contre les délinquants. La peine a donc une origine aussi sacrée que la défense ; pourquoi ne pas l'avoir conservée ? Moïse promulgua toutes ses lois au nom de Dieu et par son ordre. Si l'on croit que Dieu en soit l'auteur, pourquoi ne sont-elles plus observées ? Si la loi de Moïse est pour l'Église un article de foi sur un point, pourquoi ne l'est-elle pas sur tous ? Pourquoi y recourir en ce dont on a besoin et la repousser en ce qui ne convient pas ? Pourquoi n'en suit-on pas toutes les prescriptions, la circoncision entre autres, que Jésus a subi et n'a point aboli ?

Il y avait dans la loi mosaïque deux parties : 1° la loi de Dieu, résumée dans les tables du Sinaï ; cette loi est restée parce qu'elle est divine, et le Christ n'a fait que la développer ; 2° la loi civile ou disciplinaire appropriée aux mœurs du temps et que le Christ a aboli.

Aujourd'hui les circonstances ne sont plus les mêmes, et la défense de Moïse n'a plus de motifs. D'ailleurs, si l'Église défend d'appeler les Esprits peut-elle les empêcher de venir sans qu'on les appelle ? Ne voit-on pas tous les jours des personnes qui ne se sont jamais occupées du spiritisme, n'en voyait-on pas bien avant qu'il en fût question, avoir des manifestations de tout genre ?

Autre contradiction, si Moïse a défendu d'évoquer les Esprits des morts, c'est donc que ces Esprits peuvent venir, autrement sa défense eût été inutile. S'ils pouvaient venir de son temps, ils le peuvent encore aujourd'hui ; si ce sont les Esprits des morts, ce ne sont donc pas exclusivement des démons. Il faut être logique avant tout.

Le Prêtre. - L'Église ne nie pas que de bons Esprits puissent se communiquer, puisqu'elle reconnaît que les saints ont eu des manifestations ; mais elle ne peut considérer comme bons ceux qui viennent contredire ses principes immuables. Les Esprits enseignent les peines et les récompenses futures, mais ils ne l'enseignent pas comme elle ; elle seule peut juger leurs enseignements et discerner les bons des mauvais.

A. K. - Voilà la grande question. Galilée a été accusé d'hérésie et d'être inspiré du démon, parce qu'il venait révéler une loi de la nature prouvant l'erreur d'une croyance que l'on regardait inattaquable ; il fut condamné et excommunié. Si les Esprits eussent sur tous les points abondé dans le sens exclusif de l'Église, s'ils n'eussent pas proclamé la liberté de conscience et condamné certains abus, ils auraient été les bienvenus et on ne les aurait pas qualifiés de démons.

Telle est aussi la raison pour laquelle toutes les religions, les musulmans aussi bien que les catholiques, se croyant en possession exclusive de la vérité absolue, regardent comme l'œuvre du démon toute doctrine qui n'est pas entièrement orthodoxe à leur point de vue. Or, les Esprits viennent non pas renverser la religion, mais, de même que Galilée, révéler de nouvelles lois de la nature. Si quelques points de foi en souffrent, c'est que, de même que la croyance au mouvement du soleil, ils sont en contradiction avec ces lois. La question est de savoir si un article de foi peut annuler une loi de la nature qui est l'œuvre de Dieu : et si, cette loi reconnue, il n'est pas plus sage d'interpréter le dogme dans le sens de la loi, au lieu d'attribuer celle-ci au démon.

Le Prêtre. - Passons sur la question des démons ; je sais qu'elle est diversement interprétée par les théologiens ; mais le système de la réincarnation me paraît plus difficile à concilier avec les dogmes, car ce n'est autre chose que la métempsycose renouvelée de Pythagore.

A. K. - Ce n'est pas ici le moment de discuter une question qui exigerait de longs développements ; vous la trouverez traitée dans le **Livre des Esprits** et dans **la Morale de l'Évangile selon le spiritisme**[3], je n'en dirai donc que deux mots.

La métempsycose des Anciens consistait dans la transmigration de l'âme de l'homme dans les animaux, ce qui impliquait une dégradation. Du reste cette doctrine n'était pas ce que l'on croit vulgairement. La transmigration dans les animaux n'était point considérée comme une condition inhérente à la nature de l'âme humaine, mais comme un châtiment temporaire ; c'est ainsi que les âmes des meurtriers passaient dans le corps des bêtes féroces pour y recevoir leur punition ; celles des impudiques dans les porcs et les sangliers ; celles des inconstants et des évaporés dans les oiseaux ; celles des paresseux et des ignorants dans les animaux aquatiques. Après quelques milliers d'années, plus ou moins selon la culpabilité de cette sorte de prison, l'âme rentrait dans l'humanité. L'incarnation animale n'était donc pas une condition absolue, et elle s'alliait, comme on le voit, à la réincarnation humaine, et la preuve en est c'est que la punition des hommes timides consistait à passer dans le corps des femmes exposées au mépris et aux injures[4]. C'était une sorte d'épouvantail pour les simples, bien plus qu'un article de foi chez les philosophes. De même qu'on dit aux enfants : « Si vous êtes méchants, le loup vous mangera. » Les Anciens disaient aux criminels :

« Vous deviendrez loups. » Aujourd'hui, on leur dit : « Le diable vous prendra et vous emportera dans l'enfer. »

La pluralité des existences, selon le spiritisme, diffère essentiellement de la métempsycose, en ce qu'elle n'admet pas l'incarnation de l'âme dans les animaux, même comme punition. Les Esprits enseignent que l'âme ne rétrograde pas, mais qu'elle progresse sans cesse. Ses différentes existences corporelles s'accomplissent dans l'humanité ; chaque existence est pour elle un pas en avant dans la voie du progrès intellectuel et moral, ce qui est bien différent. Ne pouvant acquérir un développement complet dans une seule existence souvent abrégée par des causes accidentelles, Dieu lui permet de continuer dans une nouvelle incarnation, la tâche qu'elle n'a pu achever, ou de recommencer ce qu'elle a mal fait. L'expiation, dans la vie corporelle, consiste dans les tribulations que l'on y endure.

Quant à la question de savoir si la pluralité des existences est ou n'est pas contraire à certains dogmes de l'Église, je me bornerai à dire ceci :

De deux choses l'une, ou la réincarnation existe, ou elle n'existe pas ; si elle existe, c'est qu'elle est dans les lois de la nature. Pour prouver qu'elle n'existe pas, il faudrait prouver qu'elle est contraire, non aux dogmes, mais à ces lois, et qu'on en pût trouver une autre qui expliquât plus clairement et plus logiquement les questions qu'une seule peut résoudre.

---

[3] Livre des Esprits, n° 166 et suiv., 222, 1010. La morale de l'Évangile, chap. IV et V.
[4] La pluralité des existences de l'âme, par Pezzani.

Du reste, il est facile de démontrer que certains dogmes y trouvent une sanction rationnelle qui les fait accepter par ceux qui les repoussaient faute de les comprendre. Il ne s'agit donc pas de détruire, mais d'interpréter ; c'est ce qui aura lieu plus tard par la force des choses. Ceux qui ne voudront pas accepter l'interprétation seront parfaitement libres, comme ils le sont aujourd'hui de croire que c'est le soleil qui tourne. L'idée de la pluralité des existences se vulgarise avec une étonnante rapidité, en raison de son extrême logique et de sa conformité avec la justice de Dieu. Quand elle sera reconnue comme vérité naturelle et acceptée par tout le monde, que fera l'Église ?

En résumé, la réincarnation n'est point un système imaginé pour les besoins d'une cause, ni une opinion personnelle ; c'est ou ce n'est pas un fait. **S'il est démontré que certaines choses qui existent sont matériellement impossibles sans la réincarnation, il faut bien admettre qu'elles sont le fait de la réincarnation** ; donc si elle est dans la nature, elle ne saurait être annulée par une opinion contraire.

Le prêtre. - Ceux qui ne croient pas aux Esprits et à leurs manifestations, sont-ils, au dire des Esprits, moins bien partagés dans la vie future ?

A. K. - Si cette croyance était indispensable au salut des hommes, que deviendraient ceux qui, depuis que le monde existe, n'ont pas été à même de l'avoir, et ceux qui, de longtemps encore, mourront sans l'avoir ? Dieu peut-il leur fermer la porte de l'avenir ? Non ; les Esprits qui nous instruisent sont plus logiques que cela ; ils nous disent : Dieu est souverainement juste et bon, et ne fait pas dépendre le sort futur de l'homme de conditions indépendantes de sa volonté ; ils ne disent pas : **Hors le spiritisme point de salut**, mais comme le Christ : **Hors la charité point de salut**.

Le prêtre. - Alors permettez-moi de vous dire que, du moment que les Esprits n'enseignent que les principes de la morale que nous trouvons dans l'Évangile, je ne vois pas de quelle utilité peut être le spiritisme, puisque nous pouvions faire notre salut avant, et que nous pouvons le faire encore sans cela. Il n'en serait pas de même si les Esprits venaient enseigner quelques grandes vérités nouvelles, quelques-uns de ces principes qui changent la face du monde, comme a fait le Christ. Au moins le Christ était seul, sa doctrine était unique, tandis que les Esprits sont par milliers qui se contredisent ; les uns disent blanc, les autres noir ; d'où il suit que dès le début leurs partisans forment déjà plusieurs sectes. Ne serait-il pas mieux de laisser les Esprits tranquilles, et de nous en tenir à ce que nous avons ?

A. K. - Vous avez le tort, monsieur, de ne point sortir de votre point de vue, et de prendre l'Église comme unique critérium des connaissances humaines. Si Christ a dit la vérité, le spiritisme ne pouvait pas dire autre chose, et au lieu de lui jeter la pierre, on devrait l'accueillir comme un puissant auxiliaire venant confirmer, par toutes les voix d'outre-tombe, les vérités fondamentales de la religion battues en brèche par l'incrédulité. Que le matérialisme le combatte, cela se comprend ; mais que l'Église se ligue contre lui avec le matérialisme, c'est moins concevable. Ce qui est tout aussi inconséquent, c'est qu'elle qualifie de démoniaque un enseignement qui s'appuie sur la même autorité, et proclame la mission divine du fondateur du christianisme.

Mais Christ a-t-il tout dit ? pouvait-il tout révéler ? Non, car il dit lui-même : « J'aurais encore beaucoup de choses à vous dire, mais vous ne les comprendriez pas, c'est pourquoi je vous parle en parabole. » Le spiritisme vient, aujourd'hui que l'homme est mûr pour le comprendre, compléter et expliquer ce que Christ n'a fait qu'effleurer à dessein, ou n'a dit que sous la forme allégorique. Vous direz sans doute que le soin de cette explication appartenait à l'Église. Mais à laquelle ? à l'Église romaine, grecque ou protestante ? Puisqu'elles ne sont pas d'accord, chacune eût expliqué dans son sens et revendiqué ce privilège. Quelle est celle qui eût rallié tous les cultes dissidents ? Dieu, qui est sage, prévoyant que les hommes y mêleraient leurs passions et leurs préjugés, n'a pas voulu leur confier le soin de cette nouvelle révélation ; il en a chargé les Esprits, ses messagers, qui la proclament sur tous les points du globe, et cela en dehors de tout culte particulier, afin qu'elle puisse s'appliquer à tous, et qu'aucun ne la détourne à son profit.

D'un autre côté les divers cultes chrétiens ne se sont-ils en rien écartés de la voie tracée par le Christ ? Ses préceptes de morale sont-ils scrupuleusement observés ? N'a-t-on pas torturé ses paroles pour en faire un appui de l'ambition et des passions humaines, alors qu'elles en sont la condamnation ? Or, le spiritisme, par la voix des Esprits envoyés de Dieu, vient rappeler à la stricte observation de ses préceptes ceux qui s'en écartent ; ne serait-ce pas ce dernier motif surtout qui le fait qualifier d'œuvre satanique ?

C'est à tort que vous donnez le nom de **sectes** à quelques divergences d'opinions touchant les phénomènes spirites. Il n'est pas étonnant qu'au début d'une science, alors que pour beaucoup les observations étaient encore incomplètes, il ait surgi des théories contradictoires, mais ces théories reposent sur des points de détail et non sur le principe fondamental. Elles peuvent constituer des **écoles** qui expliquent certains faits à leur manière, mais ce ne sont pas plus des sectes que les différents systèmes qui partagent nos savants sur les sciences exactes : en médecine, en physique, etc. Rayez donc ce mot de **secte** qui est tout à fait impropre dans le cas dont il s'agit. Est-ce que d'ailleurs, dès l'origine, le Christianisme n'a pas lui-même donné naissance à une foule de sectes ? Pourquoi la parole du Christ n'a-t-elle pas été assez puissante pour imposer silence à toutes les controverses ? Pourquoi est-elle susceptible d'interprétations qui partagent encore aujourd'hui les Chrétiens en différentes Églises qui prétendent toutes avoir seules la vérité nécessaire au salut, se détestent cordialement et s'anathématisent au nom de leur divin maître qui n'a prêché que l'amour et la charité ? La faiblesse des hommes, direz-vous ? soit ; pourquoi voulez-vous que le spiritisme triomphe subitement de cette faiblesse et transforme l'humanité comme par enchantement ?

Je viens à la question d'utilité. Vous dites que le spiritisme ne nous apprend rien de nouveau ; c'est une erreur : il apprend beaucoup à ceux qui ne s'arrêtent pas à la surface. N'aurait-il fait que substituer la maxime : **Hors la charité point de salut**, qui réunit les hommes, à celle de : **Hors l'Église point de salut**, qui les divise, il aurait marqué une nouvelle ère de l'humanité.

Vous dites qu'on pourrait s'en passer ; d'accord ; comme on pouvait se passer d'une foule de découvertes scientifiques. Les hommes se portaient tout aussi bien avant la découverte de toutes les nouvelles planètes ; avant qu'on eût calculé les éclipses ; avant qu'on ne connût le monde microscopique et cent autres choses ; le paysan, pour vivre et faire pousser son blé, n'a pas besoin de savoir ce qu'est une comète, et pourtant personne ne nie que toutes ces choses étendent le cercle des idées et nous font pénétrer plus avant dans les lois de la nature. Or, le monde des Esprits est une de ces lois que le spiritisme nous fait connaître ; il nous apprend l'influence qu'il exerce sur le monde corporel ; supposons que là se borne son utilité, ne serait-ce pas déjà beaucoup que la révélation d'une pareille puissance ?

Voyons maintenant son influence morale. Admettons qu'il n'apprenne absolument rien de nouveau sous ce rapport ; quel est le plus grand ennemi de la religion ? Le matérialisme, parce que le matérialisme, ne croit à rien ; or, le spiritisme est la négation du matérialisme, qui n'a plus de raison d'être. Ce n'est plus par le raisonnement ; par la foi aveugle qu'on dit au matérialiste que tout ne finit pas avec son corps, c'est par les faits ; on le lui montre, on le lui fait toucher au doigt et à l'œil. Est-ce là un petit service qu'il rend à l'humanité, à la religion ? Mais ce n'est pas tout : la certitude de la vie future, le tableau vivant de ceux qui nous y ont précédés, montrent la nécessité du bien, et les suites inévitables du mal. Voilà pourquoi, sans être lui-même une religion, il porte essentiellement aux idées religieuses ; il les développe chez ceux qui n'en ont pas, il les fortifie chez ceux en qui elles sont incertaines. La religion y trouve donc un appui, non pour ces gens à vues étroites qui la voient tout entière dans la doctrine du feu éternel, dans la lettre plus que dans l'esprit, mais pour ceux qui la voient selon la grandeur et la majesté de Dieu.

En un mot, le spiritisme grandit et élève les idées ; il combat les abus engendrés par l'égoïsme, la cupidité, l'ambition ; mais qui oserait les défendre et s'en déclarer les champions ? S'il n'est pas indispensable au salut, il le facilite en nous affermissant dans la route du bien. Quel est, d'ailleurs, l'homme sensé qui oserait avancer qu'un défaut d'orthodoxie est plus répréhensible aux yeux de Dieu que l'athéisme et le matérialisme ? Je pose nettement les questions suivantes à tous ceux qui combattent le spiritisme sous le rapport des conséquences religieuses :

1° Quel est le plus mal partagé dans la vie future, de celui qui ne croit à rien, ou de celui qui, croyant aux vérités générales, n'admet pas certaines parties de dogme ?

2° Le protestant et le schismatique sont-ils confondus dans la même réprobation que l'athée et le matérialiste ?

3° Celui qui n'est pas orthodoxe dans la rigueur du mot, mais qui fait tout le bien qu'il peut, qui est bon et indulgent pour son prochain, loyal dans ses rapports sociaux, est-il moins assuré de son salut que celui qui croit à tout, mais qui est dur, égoïste, et manque de charité ?

4° Lequel vaut le mieux aux yeux de Dieu ; la pratique des vertus chrétiennes sans celle des devoirs de l'orthodoxie, ou la pratique de ces derniers sans celle de la morale ?

J'ai répondu, M. l'abbé, aux questions et aux objections que vous m'avez adressées, mais, comme je vous l'ai dit en commençant, sans aucune intention préconçue de vous amener à nos idées et de changer vos convictions, me bornant à vous faire envisager le spiritisme sous son véritable point de vue. Si vous ne fussiez pas venu, je ne serais point allé vous chercher. Cela ne veut pas dire que nous méprisions votre adhésion à nos principes, si elle devait avoir lieu, bien loin de là ; nous sommes heureux, au contraire, de toutes les acquisitions que nous faisons et qui ont pour nous d'autant plus de prix qu'elles sont libres et volontaires. Nous n'avons non seulement aucun droit pour exercer une contrainte sur qui que ce soit, mais nous nous ferions un scrupule d'aller troubler la conscience de ceux qui ayant des croyances qui les satisfont, ne viennent pas spontanément à nous.

Nous avons dit que le meilleur moyen de s'éclairer sur le spiritisme est d'en étudier au préalable la théorie ; les faits viendront ensuite naturellement, et on les comprendra, quel que soit l'ordre dans lequel ils seront amenés par les circonstances. Nos publications sont faites dans le but de favoriser cette étude ; voilà, à cet effet, l'ordre que nous conseillons.

La première lecture à faire est celle de ce résumé qui présente l'ensemble et les points les plus saillants de la science ; avec cela on peut déjà s'en faire une idée et se convaincre qu'au fond il y a quelque chose de sérieux. Dans ce rapide exposé nous nous sommes attachés à indiquer les points qui doivent particulièrement fixer l'attention de l'observateur. L'ignorance des principes fondamentaux est la cause des fausses appréciations de la plupart de ceux qui jugent ce qu'ils ne comprennent pas, ou d'après leurs idées préconçues.

Si ce premier aperçu donne le désir d'en savoir davantage, on lira le **Livre des Esprits** où les principes de la doctrine sont complètement développés ; puis le **Livre des médiums** pour la partie expérimentale, destiné à servir de guide à ceux qui veulent opérer eux-mêmes, comme à ceux qui veulent se rendre compte des phénomènes. Viennent ensuite les divers ouvrages où sont développées les applications et les conséquences de la doctrine, tels que : **La morale de l'Évangile selon le spiritisme, Le ciel et l'enfer selon le spiritisme**, etc.

La **Revue spirite** est en quelque sorte un cours d'applications par les nombreux exemples et les développements qu'elle renferme, sur la partie théorique et sur la partie expérimentale.

Aux personnes sérieuses, qui ont fait une étude préalable, nous nous faisons un plaisir de donner verbalement les explications nécessaires sur les points qu'elles n'auraient pas complètement compris.

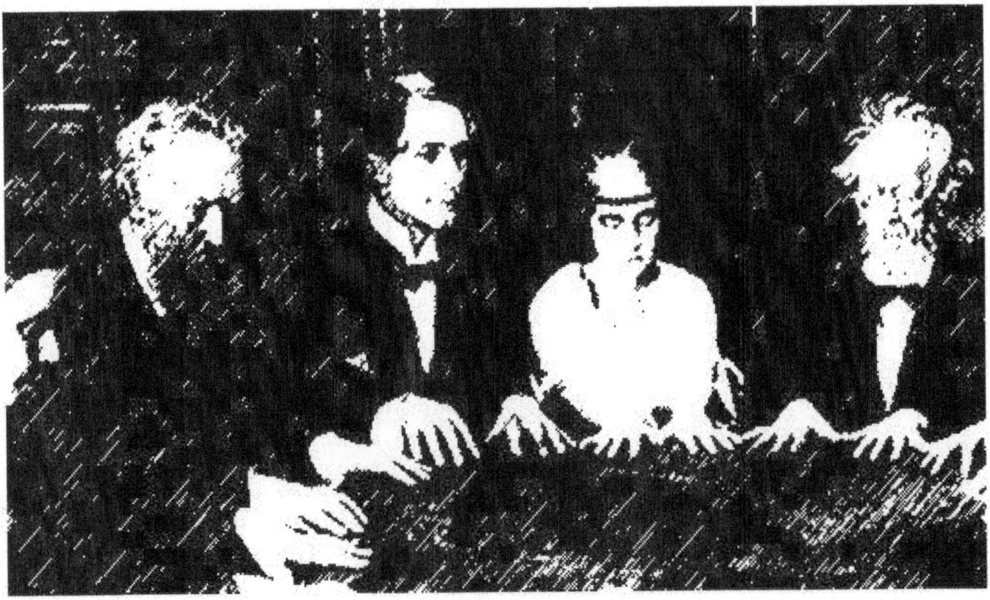

CHAPITRE II
NOTIONS ÉLÉMENTAIRES DE SPIRITISME

OBSERVATIONS PRÉLIMINAIRES

1. C'est une erreur de croire qu'il suffit à certains incrédules de voir des phénomènes extraordinaires pour être convaincus. Ceux qui n'admettent pas d'âme ou d'Esprit en l'homme, ne peuvent en admettre hors de l'homme ; par conséquent, niant la cause, ils nient l'effet. Ils arrivent ainsi, presque toujours, avec une idée préconçue et un parti pris de dénégation qui les détourne d'une observation sérieuse et impartiale ; ils font des questions et des objections auxquelles il est impossible de répondre instantanément d'une manière complète, parce qu'il faudrait, pour chaque personne, faire une sorte de cours et reprendre les choses depuis le commencement. L'étude préalable a pour résultat de répondre d'avance aux objections, dont la plupart sont fondées sur l'ignorance de la cause des phénomènes, et des conditions dans lesquelles ils se produisent.

2. Ceux qui ne connaissent pas le spiritisme, se figurent qu'on produit des phénomènes spirites comme on fait des expériences de physique et de chimie. De là leur prétention de les soumettre à leur volonté, et leur refus de se placer dans les conditions nécessaires pour l'observation. N'admettant pas, en principe, l'existence et l'intervention des Esprits, ou tout au moins ne connaissant ni leur nature, ni leur mode d'action, ils agissent comme s'ils opéraient sur de la matière brute ; et de ce qu'ils n'obtiennent pas ce qu'ils demandent, ils concluent qu'il n'y a pas d'Esprits.

En se plaçant à un autre point de vue, on comprendra que les Esprits étant les âmes des hommes, après la mort nous serons nous-mêmes Esprits, et que nous serions peu disposés à servir de jouet pour satisfaire les fantaisies des curieux.

3. Bien que certains phénomènes puissent être provoqués, par la raison qu'ils proviennent d'intelligences libres, ils ne sont jamais à la disposition absolue de qui que ce soit, et quiconque se ferait fort de les obtenir à volonté prouverait ou son ignorance ou sa mauvaise foi. Il faut les attendre, les saisir au passage, et souvent c'est au moment où l'on s'y attend le moins que se présentent les faits les plus intéressants et les plus concluants. Celui qui veut sérieusement s'instruire doit donc apporter, en cela comme en toutes choses, de la patience, de la persévérance, et faire ce qui est nécessaire, autrement mieux vaut pour lui ne pas s'en occuper.

4. Les réunions où l'on s'occupe de manifestations spirites ne sont pas toujours dans de bonnes conditions, soit pour obtenir des résultats satisfaisants, soit pour amener la conviction : il en est même, il faut en convenir, d'où les incrédules sortent moins convaincus qu'en entrant, objectant à ceux qui leur parlent du caractère sérieux du spiritisme, les choses souvent ridicules dont ils ont été témoins. Ils ne sont pas plus logiques que celui qui

jugerait d'un art par les ébauches d'un écolier, d'une personne par sa caricature, ou d'une tragédie par sa parodie. Le spiritisme a aussi ses écoliers, celui qui veut s'éclairer ne puise pas ses renseignements à une seule source ; ce n'est que par l'examen et la comparaison qu'il peut asseoir un jugement.

5. Les réunions frivoles ont un grave inconvénient pour les novices qui y assistent, en ce qu'elles leur donnent une fausse idée du caractère du spiritisme. Ceux qui n'ont assisté qu'à des réunions de ce genre, ne sauraient prendre au sérieux une chose qu'ils voient traiter avec légèreté par ceux-mêmes qui s'en disent les adeptes. Une étude préalable leur apprendra à juger la portée de ce qu'ils voient, et à faire la part du bon et du mauvais.

6. Le même raisonnement s'applique à ceux qui jugent le spiritisme sur certains ouvrages excentriques qui ne peuvent en donner qu'une idée incomplète et ridicule. Le spiritisme sérieux n'est pas plus responsable de ceux qui le comprennent mal ou le pratiquent à contre-sens, que la poésie n'est responsable de ceux qui font de mauvais vers. Il est fâcheux, dit-on, que de tels ouvrages existent, car ils font tort à la véritable science. Il serait sans doute préférable qu'il n'y en eût que de bons ; mais le plus grand tort est à ceux qui ne se donnent pas la peine de tout étudier. Tous les arts, toutes les sciences, d'ailleurs, sont dans le même cas ; n'y a-t-il pas sur les choses les plus sérieuses des traités absurdes et remplis d'erreurs ? Pourquoi le spiritisme serait-il privilégié sous ce rapport, surtout à son début ? Si ceux qui le critiquent ne le jugeaient pas sur des apparences, ils sauraient ce qu'il admet et ce qu'il rejette, et ne le chargeraient pas de ce qu'il répudie au nom de la raison et de l'expérience.

DES ESPRITS

7. Les Esprits ne sont point, comme on se le figure souvent, des êtres à part dans la création ; ce sont les âmes de ceux qui ont vécu sur la terre ou dans d'autres mondes, dépouillées de leur enveloppe corporelle. Quiconque admet l'existence de l'âme survivant au corps, admet par cela même celle des Esprits ; nier les Esprits serait nier l'âme.

8. On se fait généralement une idée très fausse de l'état des Esprits ; ce ne sont point, comme quelques-uns le croient, des êtres vagues et indéfinis, ni des flammes comme les feux follets, ni des fantômes comme dans les contes de revenants. Ce sont des êtres semblables à nous, ayant un corps comme le nôtre, mais fluidique et invisible dans l'état normal.

9. Lorsque l'âme est unie au corps pendant la vie, elle a une double enveloppe : l'une lourde, grossière et destructible, qui est le corps ; l'autre fluidique, légère et indestructible, appelée **périsprit**.

10. Il y a donc en l'homme trois choses essentielles : 1° l'**âme** ou **Esprit**, principe intelligent en qui résident la pensée, la volonté et le sens moral ; 2° le **corps**, enveloppe matérielle, qui met l'Esprit en rapport avec le monde extérieur ; 3° le **périsprit**, enveloppe fluidique, légère, impondérable, servant de lien et d'intermédiaire entre l'Esprit et le corps.

11. Lorsque l'enveloppe extérieure est usée et ne peut plus fonctionner, elle tombe et l'Esprit s'en dépouille, comme le fruit se dépouille de sa coque, l'arbre de son écorce, le serpent de sa peau, en un mot comme on quitte un vieil habit hors de service : c'est ce qu'on appelle la **mort**.

12. La mort n'est que la destruction de l'enveloppe matérielle ; l'âme abandonne cette enveloppe comme le papillon quitte sa chrysalide ; mais elle conserve son corps fluidique ou périsprit.

13. La mort du corps débarrasse l'Esprit de l'enveloppe qui l'attachait à la terre et le faisait souffrir ; une fois délivré de ce fardeau, il n'a plus que son corps éthéré, qui lui permet de parcourir l'espace et de franchir les distances avec la rapidité de la pensée.

14. L'union de l'âme, du périsprit et du corps matériel constitue l'**homme** ; l'âme et le périsprit séparés du corps constituent l'être appelé **Esprit**.

Remarque. L'*âme* est ainsi un être simple ; l'*Esprit*, un être double, et l'*homme* un être triple. Il serait donc plus exact de réserver le mot *âme* pour désigner le principe intelligent, et le mot *Esprit* pour l'être semi-matériel formé de ce principe et du corps fluidique. Mais comme on ne peut concevoir le principe intelligent isolé de toute matière, ni le périsprit sans être animé par le principe intelligent, les mots *âme* et *Esprit* sont, dans l'usage, indifféremment employés l'un pour l'autre ; c'est la figure qui consiste à prendre la partie pour le tout, de même qu'on dit d'une ville qu'elle est peuplée de tant d'âmes, un village composé de tant de feux ; mais philosophiquement, il est essentiel d'en faire la différence.

15. Les Esprits, revêtus des corps matériels, constituent l'humanité ou monde corporel visible ; dépouillés de ces corps, ils constituent le monde spirituel ou monde invisible, qui peuplent l'espace et au milieu duquel nous vivons sans nous en douter, comme nous vivons au milieu du monde des infiniment petits que nous ne soupçonnions pas avant l'invention du microscope.

16. Les Esprits ne sont donc point des êtres abstraits, vagues et indéfinis, mais des êtres concrets et circonscrits, auxquels il ne manque que d'être visibles pour ressembler aux humains, d'où il suit que si, à un moment donné, le voile qui les dérobe à la vue pouvait être levé, ils formeraient pour nous toute une population environnante.

17. Les Esprits ont toutes les perceptions qu'ils avaient sur la terre, mais à un plus haut degré, parce que leurs facultés ne sont pas amorties par la matière ; ils ont des sensations qui nous sont inconnues ; ils voient et entendent des choses que nos sens limités ne nous permettent ni de voir ni d'entendre. Pour eux il n'y a point d'obscurité, sauf ceux dont la punition est d'être temporairement dans les ténèbres. Toutes nos pensées se répercutent en eux, et ils y lisent comme dans un livre ouvert ; de sorte que ce que nous pouvions cacher à quelqu'un de son vivant, nous ne le pouvons plus dès qu'il est Esprit (**Livre des Esprits, n° 237**).

18. Les Esprits sont partout : ils sont parmi nous, à nos côtés, nous coudoyant et nous observant sans cesse. Par leur présence incessante au milieu de nous, les Esprits sont les agents de divers phénomènes ; ils jouent un rôle

important dans le monde moral, et jusqu'à un certain point dans le monde physique ; ils constituent ainsi une des puissances de la nature.

19. Dès lors qu'on admet la survivance de l'âme ou de l'Esprit, il est rationnel d'admettre la survivance des affections ; sans cela les âmes de nos parents et de nos amis seraient à jamais perdues pour nous.

Puisque les Esprits peuvent aller partout, il est également rationnel d'admettre que ceux qui nous ont aimés pendant leur vie terrestre, nous aiment encore après la mort, qu'ils viennent auprès de nous, qu'ils désirent se communiquer à nous, et qu'ils se servent pour cela des moyens qui sont à leur disposition ; c'est ce que confirme l'expérience.

L'expérience prouve, en effet, que les Esprits conservent les affections sérieuses qu'ils avaient sur la terre, qu'ils se plaisent à revenir vers ceux qu'ils ont aimés, surtout lorsqu'ils y sont attirés par la pensée et les sentiments affectueux qu'on leur porte, tandis qu'ils sont indifférents pour ceux qui n'ont pour eux que de l'indifférence.

20. Le spiritisme a pour but la constatation et l'étude de la manifestation des Esprits, de leurs facultés, de leur situation heureuse ou malheureuse, et de leur avenir ; en un mot, la connaissance du monde spirituel. Ces manifestations étant avérées, elles ont pour résultat la preuve irrécusable de l'existence de l'âme, de sa survivance au corps, de son individualité après la mort, c'est-à-dire de la vie future ; c'est, par cela même, la négation des doctrines matérialistes, non plus par des raisonnements, mais par des faits.

21. Une idée à peu près générale chez les personnes qui ne connaissent pas le spiritisme, est de croire que les Esprits, par cela seul qu'ils sont dégagés de la matière, doivent tout savoir et posséder la souveraine sagesse. C'est là une erreur grave.

Les Esprits n'étant que les âmes des hommes, celles-ci n'ont point acquis la perfection en quittant leur enveloppe terrestre. Le progrès de l'Esprit ne s'accomplit qu'avec le temps, et ce n'est que successivement qu'il se dépouille de ses imperfections, qu'il acquiert les connaissances qui lui manquent. Il serait aussi illogique d'admettre que l'Esprit d'un sauvage ou d'un criminel devient tout à coup savant et vertueux, qu'il serait contraire à la justice de Dieu de penser qu'il restera perpétuellement dans son infériorité.

Comme il y a des hommes de tous les degrés de savoir et d'ignorance, de bonté et de méchanceté, il en est de même des Esprits. Il y en a qui ne sont que légers et espiègles, d'autres sont menteurs, fourbes, hypocrites, méchants, vindicatifs ; d'autres, au contraire, possèdent les vertus les plus sublimes et le savoir à un degré inconnu sur la terre. Cette diversité dans la qualité des Esprits est un des points les plus importants à considérer, car elle explique la nature bonne ou mauvaise des communications que l'on reçoit ; c'est à les distinguer qu'il faut surtout s'attacher. (**Livre des Esprits**, n° 100, **Échelle spirite**. - **Livre des Médiums**, chapitre XXIV.)

COMMUNICATIONS AVEC LE MONDE INVISIBLE

22. L'existence, la survivance et l'individualité de l'âme étant admises, le spiritisme se réduit à une seule question principale : **Les communica-**

tions entre les âmes et les vivants sont-elles possibles? Cette possibilité est un résultat d'expérience. Le fait des rapports entre le monde visible et le monde invisible une fois établi, la nature, la cause et le mode de ces rapports étant connus, c'est un nouveau champ ouvert à l'observation et la clef d'une foule de problèmes; c'est en même temps un puissant élément moralisateur par la cessation du doute sur l'avenir.

23. Ce qui jette dans la pensée de beaucoup de personnes du doute sur la possibilité des communications d'outre-tombe, c'est l'idée fausse qu'on se fait de l'état de l'âme après la mort. On se la figure généralement comme un souffle, une fumée, quelque chose de vague, à peine saisissable par la pensée, qui s'évapore et s'en va on ne sait où, mais si loin qu'on a peine à comprendre qu'elle puisse revenir sur la terre. Si on la considère, au contraire, dans son union avec un corps fluidique, semi-matériel, avec lequel elle forme un être concret et individuel, ses rapports avec les vivants n'ont rien d'incompatible avec la raison.

24. Le monde visible vivant au milieu du monde invisible avec lequel il est en contact perpétuel, il en résulte qu'ils réagissent incessamment l'un sur l'autre; que depuis qu'il y a des hommes il y a des Esprits, et que si ces derniers ont le pouvoir de se manifester, ils ont du le faire à toutes les époques et chez tous les peuples. Cependant, dans ces derniers temps, les manifestations des Esprits ont pris un grand développement et ont acquis un plus grand caractère d'authenticité, parce qu'il était dans les vues de la Providence de mettre un terme à la plaie de l'incrédulité et du matérialisme par des preuves évidentes, en permettant à ceux qui ont quitté la terre de venir attester leur existence et nous révéler leur situation heureuse ou malheureuse.

25. Les rapports entre le monde visible et le monde invisible peuvent être occultes ou patents, spontanés ou provoqués.

Les Esprits agissent sur les hommes d'une manière occulte par les pensées qu'ils leur suggèrent et par certaines influences; d'une manière patente par des effets appréciables aux sens.

Les manifestations spontanées ont lieu inopinément et à l'improviste; elles se produisent souvent chez les personnes les plus étrangères aux idées spirites et qui, par cela même, ne pouvant s'en rendre compte, les attribuent à des causes surnaturelles. Celles qui sont provoquées ont lieu par l'entremise de certaines personnes douées à cet effet de facultés spéciales et que l'on désigne sous le nom de **médiums**.

26. Les Esprits peuvent se manifester de bien des manières différentes: par la vue, par l'audition, par le toucher, par des bruits, le mouvement des corps, l'écriture, le dessin, la musique, etc.

27. Les Esprits se manifestent quelquefois spontanément par des bruits et des coups frappés; c'est souvent pour eux un moyen d'attester leur présence et d'appeler sur eux l'attention, absolument comme lorsqu'une personne frappe pour avertir qu'il y a quelqu'un. Il en est qui ne se bornent pas à des bruits modérés, mais qui vont jusqu'à faire un vacarme pareil à celui de la vaisselle qui se brise, de portes qui s'ouvrent et se ferment, ou de meubles que l'on renverse; quelques-uns même causent une perturbation

réelle et de véritables dégâts. (**Revue spirite, 1858** : L'Esprit frappeur de Bergzabern, p. 125, 153, 184. - **Id**. L'Esprit frappeur de Dibbelsdorf, p. 219. - **Id., 1860** : Le boulanger de Dieppe, p. 76. - **Id**. Le fabricant de Saint-Pétersbourg, p. 115. - **Id**. Le chiffonnier de la rue des Noyers, p. 236).

28. Le périsprit, quoiqu'invisible pour nous dans l'état normal, n'en est pas moins une matière éthérée. L'Esprit peut, dans certains cas, lui faire subir une sorte de modification moléculaire qui le rende visible et même tangible ; c'est ainsi que se produisent les apparitions. Ce phénomène n'est pas plus extraordinaire que celui de la vapeur qui est invisible quand elle est très raréfiée et qui devient visible quand elle est condensée.

Les Esprits qui se rendent visibles se présentent presque toujours sous les apparences qu'ils avaient de leur vivant et qui peut les faire reconnaître.

29. La vue permanente et générale des Esprits est fort rare, mais les apparitions isolées sont assez fréquentes, surtout au moment de la mort : l'Esprit dégagé semble se hâter d'aller revoir ses parents et ses amis, comme pour les avertir qu'il vient de quitter la terre et leur dire qu'il vit toujours. Que chacun recueille ses souvenirs, et l'on verra combien de faits authentiques de ce genre, dont on ne se rendait pas compte, ont eu lieu non seulement la nuit, pendant le sommeil, mais en plein jour et à l'état de veille le plus complet. Jadis on regardait ces faits comme surnaturels et merveilleux, et on les attribuait à la magie et à la sorcellerie ; aujourd'hui les incrédules les mettent sur le compte de l'imagination ; mais depuis que la science spirite en a donné la clef, on sait comment ils se produisent et qu'ils ne sortent pas de l'ordre des phénomènes naturels.

30. C'est à l'aide de son périsprit que l'Esprit agissait sur son corps vivant ; c'est encore avec ce même fluide qu'il se manifeste en agissant sur la matière inerte ; qu'il produit les bruits, les mouvements des tables et autres objets qu'il soulève, renverse ou transporte. Ce phénomène n'a rien de surprenant si l'on considère que parmi nous les plus puissants moteurs se trouvent dans les fluides les plus raréfiés et même impondérables, comme l'air, la vapeur et l'électricité.

C'est également à l'aide de son périsprit que l'Esprit fait écrire, parler ou dessiner les médiums ; n'ayant pas de corps tangible pour agir ostensiblement quand il veut se manifester, il se sert du corps du médium dont il emprunte les organes qu'il fait agir comme si c'était son propre corps, et cela par l'effluve fluidique qu'il déverse sur lui.

31. Dans le phénomène désigné sous le nom de **tables mouvantes** ou **tables parlantes**, c'est par le même moyen que l'Esprit agit sur la table, soit pour la faire mouvoir sans signification déterminée, soit pour lui faire frapper des coups intelligents indiquant les lettres de l'alphabet pour former des mots et des phrases, phénomène désigné sous le nom de typtologie. La table n'est ici qu'un instrument dont il se sert, comme il le fait du crayon pour écrire ; il lui donne une vitalité momentanée par le fluide dont il la pénètre, mais **il ne s'identifie point avec elle**. Les personnes qui, dans leur émotion, en voyant se manifester un être qui leur est cher, embrassent

la table, font un acte ridicule, car c'est absolument comme si elles embrassaient le bâton dont un ami se sert pour frapper des coups. Il en est de même de celles qui adressent la parole à la table, comme si l'Esprit était enfermé dans le bois, ou comme si le bois était devenu Esprit.

Lorsque des communications ont lieu par ce moyen, il faut se représenter l'Esprit, non dans la table, mais à côté, **tel qu'il était de son vivant**, et tel qu'on le verrait si, à ce moment, il pouvait se rendre visible. La même chose a lieu dans les communications par l'écriture ; on verrait l'Esprit à côté du médium, dirigeant sa main, ou lui transmettant sa pensée par un courant fluidique.

Lorsque la table se détache du sol et flotte dans l'espace sans point d'appui, l'Esprit ne la soulève pas à force de bras, mais l'enveloppe et la pénètre d'une sorte d'atmosphère fluidique qui neutralise l'effet de la gravitation, comme le fait l'air pour les ballons et les cerfs-volants. Le fluide dont elle est pénétrée lui donne momentanément une légèreté spécifique plus grande. Lorsqu'elle est clouée au sol, elle est dans un cas analogue à celui de la cloche pneumatique sous laquelle on fait le vide. Ce ne sont ici que des comparaisons pour montrer l'analogie des effets et non la similitude absolue des causes.

Lorsque la table poursuit quelqu'un, ce n'est pas l'Esprit qui court, car il peut rester tranquillement à la même place, mais qui lui donne l'impulsion par un courant fluidique à l'aide duquel il la fait mouvoir à son gré. Lorsque des coups se font entendre dans la table ou ailleurs, l'Esprit ne frappe ni avec sa main ni avec un objet quelconque ; il dirige sur le point d'où part le bruit un jet de fluide qui produit l'effet d'un choc électrique. Il modifie le bruit comme on peut modifier les sons produits par l'air.

On comprend, d'après cela, qu'il n'est pas plus difficile à l'Esprit **d'enlever une personne** que d'enlever une table, de transporter un objet d'un endroit à un autre ou de le lancer quelque part ; ces phénomènes se produisent par la même loi.

32. On peut voir, par ce peu de mots, que les manifestations spirites, de quelque nature qu'elles soient, n'ont rien de surnaturel ni de merveilleux. Ce sont des phénomènes qui se produisent en vertu de la loi qui régit les rapports du monde visible et du monde invisible, loi tout aussi naturelle que celles de l'électricité, de la gravitation, etc. Le spiritisme est la science qui nous fait connaître cette loi, comme la mécanique nous fait connaître la loi du mouvement, l'optique celle de la lumière. Les manifestations spirites étant dans la nature, se sont produites à toutes les époques ; la loi qui les régit étant connue nous explique une foule de problèmes regardés comme insolubles ; c'est la clef d'une multitude de phénomènes exploités et amplifiés par la superstition.

33. Le merveilleux étant complètement écarté, ces phénomènes n'ont plus rien qui répugne à la raison, car ils viennent prendre place à côté des autres phénomènes naturels. Dans les temps d'ignorance, tous les effets dont on ne connaissait pas la cause étaient réputés surnaturels. Les découvertes de la science ont successivement restreint le cercle du merveilleux ; la

connaissance de cette nouvelle loi vient le réduire à néant. Ceux donc qui accusent le spiritisme de ressusciter le merveilleux prouvent, par cela même qu'ils parlent d'une chose qu'ils ne connaissent pas.

34. Les manifestations des Esprits sont de deux natures : **les effets physiques** et **les communications intelligentes**. Les premiers sont les phénomènes matériels et ostensibles, tels que les mouvements, les bruits, les transports d'objets, etc. ; les autres consistent dans l'échange régulier de pensées à l'aide des signes, de la parole et principalement de l'écriture.

35. Les communications que l'on reçoit des Esprits peuvent être bonnes ou mauvaises, justes ou fausses, profondes ou légères, selon la nature des Esprits qui se manifestent. Ceux qui prouvent de la sagesse et du savoir sont des Esprits avancés qui ont progressé ; ceux qui prouvent de l'ignorance et de mauvaises qualités sont des Esprits encore arriérés, mais chez qui le progrès se fera avec le temps.

Les Esprits ne peuvent répondre que sur ce qu'ils savent, selon leur avancement, et, de plus, sur ce qu'il leur est permis de dire, car il est des choses qu'ils ne doivent pas révéler, parce qu'il n'est pas encore donné aux hommes de tout connaître.

36. De la diversité dans les qualités et les aptitudes des Esprits, il résulte qu'il ne suffit pas de s'adresser à un Esprit quelconque pour avoir une réponse juste à toute question, car, sur beaucoup de choses, il ne peut donner que son opinion personnelle, qui peut être juste ou fausse. S'il est sage, il avouera son ignorance sur ce qu'il ne sait pas ; s'il est léger ou menteur, il répondra sur tout sans se soucier de la vérité ; s'il est orgueilleux, il donnera son idée comme une vérité absolue. C'est pour cela que saint Jean l'Évangéliste dit : « **Ne croyez point à tout Esprit, mais éprouvez si les Esprits sont de Dieu.** » L'expérience prouve la sagesse de ce conseil. Il y aurait donc imprudence et légèreté à accepter sans contrôle tout ce qui vient des Esprits. C'est pourquoi il est essentiel d'être édifié sur la nature de ceux auxquels on a affaire. (**Livre des Médiums**, n° 267.)

37. On reconnaît la qualité des Esprits à leur langage ; celui des Esprits vraiment bons et supérieurs est toujours digne, noble, logique, exempt de contradiction ; il respire la sagesse, la bienveillance, la modestie et la morale la plus pure ; il est concis et sans paroles inutiles. Chez les Esprits inférieurs, ignorants ou orgueilleux, le vide des idées est presque toujours compensé par l'abondance des paroles. Toute pensée évidemment fausse, toute maxime contraire à la saine morale, tout conseil ridicule, toute expression grossière, triviale ou simplement frivole, enfin toute marque de malveillance, de présomption ou d'arrogance sont des signes incontestables d'infériorité chez un Esprit.

38. Les Esprits inférieurs sont plus ou moins ignorants ; leur horizon moral est borné, leur perspicacité restreinte ; ils n'ont des choses qu'une idée souvent fausse et incomplète ; ils sont, en outre, encore sous l'empire des préjugés terrestres qu'ils prennent quelquefois pour des vérités ; c'est pourquoi ils sont incapables de résoudre certaines questions. Ils peuvent nous

induire en erreur, volontairement ou involontairement, sur ce qu'ils ne comprennent pas eux-mêmes.

39. Les Esprits inférieurs ne sont pas pour cela tous essentiellement mauvais ; il y en a qui ne sont qu'ignorants et légers ; il en est de facétieux, de spirituels, d'amusants et qui savent manier la plaisanterie fine et mordante. À côté de cela, on trouve dans le monde des Esprits, comme sur la terre, tous les genres de perversité et tous les degrés de supériorité intellectuelle et morale.

40. Les Esprits supérieurs ne s'occupent que des communications intelligentes en vue de notre instruction ; les manifestations physiques ou purement matérielles sont plus spécialement dans les attributions des Esprits inférieurs, vulgairement désignés sous le nom d'**Esprits frappeurs**, comme, parmi nous, les tours de force sont le fait des saltimbanques et non des savants.

41. Les communications avec les Esprits doivent toujours être faites avec calme et recueillement : on ne doit jamais perdre de vue que les Esprits sont les âmes des hommes et qu'il serait inconvenant d'en faire un jeu et un sujet de plaisanterie. Si l'on a du respect pour la dépouille mortelle, on doit en avoir encore plus pour l'Esprit Les réunions frivoles et légères manquent donc à un devoir, et ceux qui en font partie devraient songer que d'un moment à l'autre ils peuvent entrer dans le monde des Esprits, et qu'ils ne verraient pas avec plaisir qu'on les traitât avec si peu de déférence.

42. Un autre point également essentiel à considérer, c'est que les Esprits sont libres ; ils se communiquent quand ils veulent, à qui il leur convient, et aussi quand ils le peuvent, car ils ont leurs occupations. Ils ne sont aux ordres et au caprice de qui que ce soit, et il n'est donné à personne de les faire venir contre leur gré, ni de leur faire dire ce qu'ils veulent taire ; de sorte que nul ne peut affirmer qu'un Esprit quelconque viendra à son appel à un moment déterminé, ou répondra à telle ou telle question. Dire le contraire, c'est prouver l'ignorance absolue des principes les plus élémentaires du spiritisme ; **le charlatanisme seul a des sources infaillibles**.

43. Les Esprits sont attirés par la sympathie, la similitude des goûts et des caractères, l'intention qui fait désirer leur présence. Les Esprits supérieurs ne vont pas plus dans les réunions futiles qu'un savant de la terre n'irait dans une assemblée de jeunes étourdis. Le simple bon sens dit qu'il n'en peut être autrement ; ou, s'ils y vont parfois, c'est pour donner un conseil salutaire, combattre les vices, tâcher de ramener dans la bonne voie ; s'ils ne sont pas écoutés, ils se retirent. Ce serait avoir une idée complètement fausse de croire que des Esprits sérieux puissent se complaire à répondre à des futilités, à des questions oiseuses qui ne prouvent ni attachement ni respect pour eux, ni désir réel de s'instruire, et encore moins qu'ils puissent venir se mettre en spectacle pour l'amusement des curieux. Ils ne l'eussent pas fait de leur vivant, ils ne peuvent le faire après leur mort.

44. La frivolité des réunions a pour résultat d'attirer les Esprits légers qui ne cherchent que les occasions de tromper et de mystifier. Par la même raison que les hommes graves et sérieux ne vont pas dans les assemblées

légères, les Esprits sérieux ne vont que dans les réunions sérieuses dont le but est l'instruction et non la curiosité ; c'est dans les réunions de ce genre que les Esprits supérieurs se plaisent à donner leurs enseignements.

45. De ce qui précède, il résulte que toute réunion spirite, pour être profitable, doit, comme première condition, être sérieuse et recueillie ; que tout doit s'y passer respectueusement, religieusement, et avec dignité, si l'on veut obtenir le concours habituel des bons Esprits. Il ne faut pas oublier que si ces mêmes Esprits s'y fussent présentés de leur vivant, on aurait eu pour eux des égards auxquels ils ont encore plus de droit après leur mort.

46. En vain allègue-t-on l'utilité de certaines expériences curieuses, frivoles et amusantes pour convaincre les incrédules : c'est à un résultat tout opposé qu'on arrive. L'incrédule, déjà porté à se railler des croyances les plus sacrées, ne peut voir une chose sérieuse dans ce dont on fait une plaisanterie ; il ne peut être porté à respecter ce qui ne lui est pas présenté d'une manière respectable ; aussi, des réunions futiles et légères, de celles où il n'y a ni ordre, ni gravité, ni recueillement, il emporte toujours une mauvaise impression. Ce qui peut surtout le convaincre, c'est la preuve de la présence d'êtres dont la mémoire lui est chère ; c'est devant leurs paroles graves et solennelles, c'est devant les révélations intimes qu'on le voit s'émouvoir et pâlir. Mais, par cela même qu'il a plus de respect, de vénération, d'attachement pour la personne dont l'âme se présente à lui, il est choqué, scandalisé de la voir venir dans une assemblée irrespectueuse, au milieu des tables qui dansent et des lazzis des Esprits légers ; tout incrédule qu'il est, sa conscience repousse cette alliance du sérieux et du frivole, du religieux et du profane, c'est pourquoi il taxe tout cela de jonglerie, et sort souvent moins convaincu qu'il n'était entré.

Les réunions de cette nature font toujours plus de mal que de bien, car elles éloignent de la doctrine plus de personnes qu'elles n'y en amènent, sans compter qu'elles prêtent le flanc à la critique des détracteurs qui y trouvent des motifs fondés de raillerie.

47. C'est à tort qu'on se fait un jeu des manifestations physiques ; si elles n'ont pas l'importance de l'enseignement philosophique, elles ont leur utilité, au point de vue des phénomènes, car elles sont l'alphabet de la science dont elles ont donné la clef. Quoique moins nécessaires aujourd'hui, elles aident encore à la conviction de certaines personnes. Mais elles n'excluent nullement l'ordre et la bonne tenue ans les réunions où on les expérimente ; si elles étaient toujours pratiquées d'une manière convenable, elles convaincraient plus facilement et produiraient, sous tous les rapports, de bien meilleurs résultats.

48. Certaines personnes se font une idée très fausse des évocations ; il en est qui croient qu'elles consistent à faire revenir les morts avec l'appareil lugubre de la tombe. Le peu que nous avons dit à ce sujet doit dissiper cette erreur. Ce n'est que dans les romans, dans les contes fantastiques de revenants et au théâtre qu'on voit les morts décharnés, sortir de leurs sépulcres, affublés de linceuls, et faisant claquer leurs os. Le spiritisme, qui n'a jamais fait de miracles, n'a pas plus fait celui-là que d'autres, et jamais il n'a fait

revivre un corps mort : quand le corps est dans la fosse, il y est bien définitivement ; mais l'être spirituel, fluidique, intelligent n'y a point été mis avec son enveloppe grossière ; il s'en est séparé au moment de la mort, et une fois la séparation opérée, il n'a plus rien de commun avec elle.

49. La critique malveillante s'est plu à représenter les communications spirites comme entourées des pratiques ridicules et superstitieuses de la magie et de la nécromancie. Si ceux qui parlent du spiritisme sans le connaître s'étaient donné la peine d'étudier ce dont ils veulent parler, ils se seraient épargné des frais d'imagination ou des allégations qui ne servent qu'à prouver leur ignorance et leur mauvais vouloir. Pour l'édification des personnes étrangères à la science, nous dirons qu'il n'y a, pour communiquer avec les Esprits, ni jours, ni heures, ni lieux plus propices les uns que les autres ; qu'il ne faut, pour les évoquer, ni formules, ni paroles sacramentelles ou cabalistiques ; qu'il n'est besoin d'aucune préparation ni d'aucune initiation ; que l'emploi de tout signe ou objet matériel, soit pour les attirer, soit pour les repousser est sans effet, et que la pensée suffit ; enfin que les médiums reçoivent leurs communications aussi simplement et aussi naturellement que si elles étaient dictées par une personne vivante sans sortir de l'état normal. Le charlatanisme seul pourrait affecter des manières excentriques et ajouter des accessoires ridicules.

L'appel des Esprits se fait au nom de Dieu, avec respect et recueillement ; c'est la seule chose qui soit recommandée aux gens sérieux qui veulent avoir des rapports avec des Esprits sérieux.

BUT PROVIDENTIEL
DES MANIFESTATIONS SPIRITES

50. Le but providentiel des manifestations est de convaincre les incrédules que tout ne finit pas pour l'homme avec la vie terrestre, et de donner aux croyants des idées plus justes sur l'avenir. Les bons Esprits viennent nous instruire en vue de notre amélioration et de notre avancement, et non pour nous révéler ce que nous ne devons pas encore savoir ou ce que nous ne devons apprendre que par notre travail. S'il suffisait d'interroger les Esprits pour obtenir la solution de toutes les difficultés scientifiques, ou pour faire des découvertes et des inventions lucratives, tout ignorant pourrait devenir savant à bon marché, et tout paresseux pourrait s'enrichir sans peine ; c'est ce que Dieu ne veut pas. Les Esprits aident l'homme de génie par l'inspiration occulte, mais ne l'exemptent ni du travail ni des recherches afin de lui en laisser le mérite.

51. Ce serait avoir une idée bien fausse des Esprits que de voir en eux les auxiliaires des diseurs de bonne aventure ; les Esprits sérieux refusent de s'occuper des choses futiles ; les Esprits légers et moqueurs s'occupent de tout, répondent à tout, prédisent tout ce qu'on veut, sans s'inquiéter de la vérité, et se font un malin plaisir de mystifier les gens trop crédules ; c'est pourquoi il est essentiel d'être parfaitement fixé sur la nature des questions qu'on peut adresser aux Esprits. (**Livre des Médiums**, n° 286 : Questions qu'on peut adresser aux Esprits.)

52. En dehors de ce qui peut aider au progrès moral, il n'y a qu'incertitude dans les révélations que l'on peut obtenir des Esprits. La première conséquence fâcheuse pour celui qui détourne sa faculté du but providentiel, c'est d'être mystifié par les Esprits trompeurs qui pullulent autour des hommes ; la seconde, de tomber sous l'empire de ces mêmes Esprits qui peuvent, par de perfides conseils, conduire à des malheurs réels et matériels sur terre ; la troisième est de perdre, après la vie terrestre, le fruit de la connaissance du spiritisme.

53. Les manifestations ne sont donc point destinées à servir les intérêts matériels ; leur utilité est dans les conséquences morales qui en découlent ; mais n'eussent-elles pour résultat que de faire connaître une nouvelle loi de nature, de démontrer matériellement l'existence de l'âme et son immortalité, ce serait déjà beaucoup, car ce serait une large voie nouvelle ouverte à la philosophie.

DES MÉDIUMS

54. Les médiums présentent de très nombreuses variétés dans leurs aptitudes, ce qui les rend plus ou moins propres à l'obtention de tel ou tel phénomène, de tel ou tel genre de communication. Selon ces aptitudes, on les distingue en médiums, **à effets physiques, à communications intelligentes, voyants, parlants, auditifs, sensitifs, dessinateurs, polyglottes, poètes, musiciens, écrivains**, etc. On ne peut attendre d'un médium ce qui est en dehors de sa faculté. Sans la connaissance des aptitudes médianimiques, l'observateur ne peut se rendre compte de certaines difficultés, ou de certaines impossibilités qui se rencontrent dans la pratique. (**Livre des Médiums**, chap. XIV, n° 185).

55. Les médiums à effets physiques sont plus particulièrement aptes à provoquer des phénomènes matériels tels que les mouvements, les coups frappés, etc., à l'aide de tables ou autres objets ; quand ces phénomènes révèlent une pensée, ou obéissent à une volonté, ce sont des effets intelligents qui, par cela même, dénotent une cause intelligente : c'est pour les Esprits une manière de se manifester. Au moyen d'un nombre de coups de convention, on obtient des réponses par **oui** ou par **non**, ou la désignation des lettres de l'alphabet qui servent à former des mots ou des phrases. Ce moyen primitif est très long et ne se prête pas à de grands développements. Les tables parlantes furent le début de la science ; aujourd'hui qu'on possède des moyens de communication aussi rapides et aussi complets qu'entre vivants, on ne s'en sert plus guère qu'accidentellement et comme expérimentation.

56. De tous les moyens de communication, l'écriture est à la fois le plus simple, le plus rapide, le plus commode, et celui qui permet le plus de développements ; c'est aussi la faculté que l'on rencontre le plus fréquemment chez les médiums.

57. Pour obtenir l'écriture, on s'est servi, dans le principe, d'intermédiaires matériels tels que corbeilles, planchettes, etc., munies d'un crayon. (**Livre des Médiums**, chap. XIII, n° 152 et suivants.) Plus tard on a reconnu l'inutilité de

ces accessoires et la possibilité, pour les médiums, d'écrire directement avec la main, comme dans les circonstances ordinaires.

58. Le médium écrit sous l'influence des Esprits qui se servent de lui comme d'un instrument ; sa main est entraînée par un mouvement involontaire que le plus souvent il ne peut maîtriser. Certains médiums n'ont aucune conscience de ce qu'ils écrivent ; d'autres en ont une conscience plus ou moins vague, quoique la pensée leur soit étrangère : c'est ce qui distingue les **médiums mécaniques** des **médiums intuitifs** ou **semi-mécaniques**. La science spirite explique le mode de transmission de la pensée de l'Esprit au médium, et le rôle de ce dernier dans les communications. (**Livre des Médiums**, chap. XV, n° 179 et suivants ; - chap. XIX, n° 223 et suivants.)

59. Le médium ne possède que la faculté de communiquer, mais la communication effective dépend de la volonté des Esprits. Si les Esprits ne veulent pas se manifester, le médium n'obtient rien ; il est comme un instrument sans musicien.

Les Esprits ne se communiquant que lorsqu'ils le veulent, ou le peuvent, ne sont au caprice de personne ; **aucun médium n'a le pouvoir de les faire venir à sa volonté et contre leur gré**.

Ceci explique l'intermittence de la faculté chez les meilleurs médiums, et les interruptions qu'ils subissent parfois pendant plusieurs mois.

Ce serait donc à tort qu'on assimilerait la médiumnité à un **talent**. Le talent s'acquiert par le travail ; celui qui le possède en est toujours le maître ; le médium ne l'est jamais de sa faculté, puisqu'elle dépend d'une volonté étrangère.

60. Les médiums à effets physiques qui obtiennent régulièrement et à volonté la production de certains phénomènes, en admettant que ce ne soit pas le fait de la jonglerie, ont affaire à des Esprits de bas étage qui se complaisent à ces sortes d'exhibitions, et qui peut-être ont fait ce métier de leur vivant ; mais il serait absurde de penser que des Esprits tant soit peu élevés s'amusent à faire la parade. (Voir ci-dessus page 66.)

61. L'obscurité nécessaire à la production de certains effets **physiques** prête sans doute à la suspicion, mais ne prouve rien contre la réalité. On sait qu'en chimie, il est des combinaisons qui ne peuvent s'opérer à la lumière ; que des compositions et des décompositions ont lieu sous l'action du fluide lumineux ; or, tous les phénomènes spirites sont le résultat de la combinaison des fluides propres de l'Esprit et du médium ; ces fluides étant de la matière, il n'y a rien d'étonnant à ce que, dans certains cas, le fluide lumineux soit contraire à cette combinaison.

62. Les communications intelligentes ont également lieu par l'action fluidique de l'Esprit sur le médium ; il faut que le fluide de ce dernier s'identifie avec celui de l'Esprit. La facilité des communications dépend du degré d'**affinité** qui existe entre les deux fluides. Chaque médium est ainsi plus ou moins apte à recevoir l'**impression** ou l'**impulsion** de la pensée de tel ou tel Esprit ; il peut être un bon instrument pour l'un et un mauvais pour un autre. Il en résulte que deux médiums également bien doués étant à côté l'un de l'autre, un Esprit pourra se manifester par l'un et non par l'autre.

63. C'est donc une erreur de croire qu'il suffit d'être médium pour recevoir avec une égale facilité des communications de tout Esprit. Il n'existe pas plus de médiums universels pour les évocations, que pour l'aptitude à produire tous les phénomènes. Les Esprits recherchent de préférence les instruments qui vibrent à leur unisson ; leur imposer le premier venu, serait comme si l'on imposait à un pianiste de jouer du violon, par la raison que sachant la musique, il doit pouvoir jouer de tous les instruments.

64. Sans l'harmonie, qui seule peut amener l'assimilation fluidique, les communications sont impossibles, incomplètes ou fausses. Elles peuvent être fausses, parce qu'à défaut de l'Esprit désiré, il n'en manque pas d'autres prêts à saisir l'occasion de se manifester, et qui se soucient fort peu de dire la vérité.

65. L'assimilation fluidique est quelquefois tout à fait impossible entre certains Esprits et certains médiums ; d'autres fois, et c'est le cas le plus ordinaire, elle ne s'établit que graduellement et à la longue ; c'est ce qui explique pourquoi les Esprits qui ont l'habitude de se manifester par un médium le font avec plus de facilité, et pourquoi les premières communications attestent presque toujours une certaine gêne, et sont moins explicites.

66. L'assimilation fluidique est aussi nécessaire dans les communications par la **typtologie** que par l'écriture, attendu que, dans l'un et l'autre cas, il s'agit de la transmission de la pensée de l'Esprit, quel que soit le moyen matériel employé.

67. Ne pouvant imposer un médium à l'Esprit qu'on veut évoquer, il convient de lui laisser le choix de son instrument. Dans tous les cas, il est nécessaire que le médium s'identifie préalablement avec l'Esprit par le recueillement et la prière, au moins pendant quelques minutes, et même plusieurs jours d'avance si cela se peut, de manière à provoquer et à activer l'assimilation fluidique. C'est le moyen d'atténuer la difficulté.

68. Lorsque les conditions fluidiques ne sont pas propices à la communication directe de l'Esprit au médium, elle peut se faire par l'intermédiaire du guide spirituel de ce dernier ; dans ce cas la pensée n'arrive que de seconde main, c'est-à-dire après avoir traversé deux milieux. On comprend alors combien il importe que le médium soit bien assisté, car s'il l'est par un Esprit obsesseur, ignorant ou orgueilleux, la communication sera nécessairement altérée.

Ici les qualités personnelles du médium jouent forcément un rôle important, par la nature des Esprits qu'il attire à lui. Les médiums les plus indignes peuvent avoir de puissantes facultés, mais les plus sûrs sont ceux qui, à cette puissance, joignent les meilleures sympathies dans le monde spirituel ; or ces sympathies ne sont **nullement garanties** par les noms plus ou moins imposants des Esprits, ou que prennent les Esprits qui signent les communications, mais par la nature **constamment bonne** des communications qu'ils en reçoivent.

69. Quel que soit le mode de communication, la pratique du spiritisme, au point de vue expérimental, présente de nombreuses difficultés, et n'est pas exempte d'inconvénients pour quiconque manque de l'expérience nécessaire.

Que l'on expérimente soi-même, ou que l'on soit simple observateur, il est essentiel de savoir distinguer les différentes natures d'Esprits qui peuvent se manifester, de connaître la cause de tous les phénomènes, les conditions dans lesquelles ils peuvent se produire, les obstacles qui peuvent s'y opposer, afin de ne pas demander l'impossible ; il n'est pas moins nécessaire de connaître toutes les conditions et tous les écueils de la médiumnité, l'influence du milieu, des dispositions morales, etc. (**Livre des Médiums**, 2° partie.)

ÉCUEILS DES MÉDIUMS

70. Un des plus grands écueils de la médiumnité c'est l'**obsession**, c'est-à-dire l'empire que certains Esprits peuvent exercer sur les médiums, en s'imposant à eux sous des noms apocryphes et en les empêchant de communiquer avec d'autres Esprits. C'est en même temps un écueil pour l'observateur novice et inexpérimenté qui, ne connaissant pas les caractères de ce phénomène peut être abusé par les apparences, comme celui qui, ne sachant pas la médecine, peut se faire illusion sur la cause et la nature d'un mal. Si l'étude préalable, dans ce cas, est utile pour l'observateur, elle est indispensable pour le médium en ce qu'elle lui fournit les moyens de prévenir un inconvénient qui pourrait avoir pour lui des conséquences fâcheuses ; c'est pourquoi nous ne saurions trop recommander l'étude avant de se livrer à la pratique. (**Livre des Médiums**, chap. XXIII.)

71. L'obsession présente trois degrés principaux bien caractérisés : **l'obsession simple, la fascination** et **la subjugation**. Dans le premier, le médium a parfaitement conscience qu'il n'obtient rien de bon ; il ne se fait aucune illusion sur la nature de l'Esprit qui s'obstine à se manifester à lui et dont il a le désir de se débarrasser. Ce cas n'offre aucune gravité : ce n'est qu'un simple désagrément, et le médium en est quitte pour cesser momentanément d'écrire. L'Esprit se lassant de n'être pas écouté finit par se retirer.

La **fascination obsessionnelle** est beaucoup plus grave, en ce que le médium se fait complètement illusion. L'Esprit qui le domine s'empare de sa confiance au point de paralyser son propre jugement, pour ce qui regarde les communications, et de lui faire trouver sublimes les choses les plus absurdes.

Le caractère distinctif de ce genre d'obsession est de provoquer chez le médium une excessive susceptibilité ; de le porter à ne trouver bon, juste et vrai que ce qu'il écrit, à repousser, et même à prendre en mauvaise part tout conseil et toute observation critique ; à rompre avec ses amis plutôt que de convenir qu'il est abusé ; à concevoir de la jalousie contre les autres médiums, dont les communications sont jugées meilleures que les siennes ; à vouloir s'imposer dans les réunions spirites dont il s'éloigne quand il ne peut pas y dominer. Il arrive enfin à subir une domination telle que l'Esprit peut le pousser aux démarches les plus ridicules et les plus compromettantes.

72. Un des caractères distinctifs des mauvais Esprits est de s'imposer ; ils donnent des ordres et veulent être obéis ; les bons ne s'imposent jamais : ils donnent des conseils, et si on ne les écoute pas, ils se retirent. Il en résulte que l'impression des mauvais Esprits est presque toujours pénible,

fatigante et produit une sorte de malaise ; souvent elle provoque une agitation fébrile, des mouvements brusques et saccadés ; celle des bons Esprits, au contraire, est calme, douce et procure un véritable bien-être.

73. La **subjugation obsessionnelle**, désignée jadis sous le nom de **possession**, est une contrainte physique toujours exercée par des Esprits de la pire espèce et qui peut aller jusqu'à la neutralisation du libre arbitre. Elle se borne souvent à de simples impressions désagréables, mais elle provoque quelquefois des mouvements désordonnés, des actes insensés, des cris, des paroles incohérentes ou injurieuses dont celui qui en est l'objet comprend parfois tout le ridicule, mais dont il ne peut se défendre. Cet état diffère essentiellement de la **folie pathologique**, avec laquelle on le confond à tort, car il n'y a aucune lésion organique ; la cause étant différente, les moyens curatifs doivent être tout autres. En y appliquant le procédé ordinaire des douches et des traitements corporels, on arrive souvent à déterminer une véritable folie, là où il n'y avait qu'une cause morale.

74. Dans la folie proprement dite, la cause du mal est intérieure ; il faut chercher à rétablir l'organisme dans l'état normal ; dans la **subjugation**, la cause du mal est extérieure ; il faut débarrasser le malade d'un ennemi invisible en lui opposant, non des remèdes, mais **une force morale supérieure à la sienne**. L'expérience prouve qu'en pareil cas les exorcismes n'ont jamais produit aucun résultat satisfaisant et qu'ils ont plutôt aggravé qu'amélioré la situation. Le spiritisme, en indiquant la véritable cause du mal, peut seul donner les moyens de le combattre. Il faut en quelque sorte faire l'éducation morale de l'Esprit obsesseur ; par des conseils sagement dirigés, on arrive à le rendre meilleur et à lui faire renoncer volontairement à tourmenter le malade, et alors celui-ci est délivré. (**Livre des Médiums**, n° 279. - **Revue spirite**, février, mars et juin 1864 : **La jeune obsédée de Marmande**.)

75. La subjugation obsessionnelle est le plus ordinairement individuelle ; mais lorsqu'une troupe de mauvais Esprits s'abat sur une population, elle peut avoir un caractère épidémique. C'est un phénomène de ce genre qui eut lieu du temps du Christ ; une puissante supériorité morale pouvait seule dompter ces êtres malfaisants, désignés alors sous le nom de **démons**, et rendre le calme à leurs victimes[5].

76. Un fait important à considérer, c'est que l'obsession, de quelque nature qu'elle soit, est indépendante de la médiumnité, et qu'on la rencontre à tous les degrés, principalement la dernière, chez une foule d'individus qui n'ont jamais entendu parler de spiritisme. En effet, les Esprits ayant existé de tout temps ont dû, de tout temps, exercer la même influence ; la médiumnité n'est point une cause, ce n'est qu'un mode de manifestation de cette influence ; d'où l'on peut dire avec certitude que tout médium obsédé a dû subir d'une manière quelconque, et souvent dans les actes les plus vulgaires de la vie, les effets de cette influence ; que sans la médiumnité elle se traduirait par d'autres effets, attribués souvent à ces maladies mystérieuses

---

[5] Une épidémie semblable sévit depuis plusieurs années dans un village de la Haute-Savoie. (Voir la *Revue Spirite*, avril et décembre 1862 ; janvier, février, avril et mai 1863 : *Les possédés de Morzines*).

qui échappent à toutes les investigations de la médecine. Par la médiumnité l'être malfaisant trahit sa présence ; sans la médiumnité, c'est un ennemi caché dont on ne se défie pas.

77. Ceux qui n'admettent rien en dehors de la matière ne peuvent admettre de cause occulte ; mais quand la science sera sortie de l'ornière matérialiste, elle reconnaîtra dans l'action du monde invisible qui nous entoure et au milieu duquel nous vivons, une puissance qui réagit sur les choses physiques aussi bien que sur les choses morales ; ce sera une nouvelle voie ouverte au progrès et la clef d'une foule de phénomènes mal compris.

78. Comme l'obsession ne peut jamais être le fait d'un bon Esprit, un point essentiel c'est de savoir reconnaître la nature de ceux qui se présentent. Le médium non éclairé peut être trompé par les apparences ; celui qui est prévenu épie les moindres signes suspects, et l'Esprit finit par se retirer quand il voit qu'il n'a rien à faire. La connaissance préalable des moyens de distinguer les bons Esprits des mauvais est donc indispensable au médium qui ne veut pas s'exposer à être pris au piège. Elle ne l'est pas moins pour le simple observateur qui peut, par ce moyen, apprécier la valeur de ce qu'il voit ou entend. (**Livre des Médiums**, chap. XXIV.)

QUALITÉS DES MÉDIUMS

79. La faculté médianimique tient à l'organisme ; elle est indépendante des qualités morales du médium, et on la trouve développée chez les plus indignes comme chez les plus dignes. Il n'en est pas de même de la préférence donnée au médium par les bons Esprits.

80. Les bons Esprits se communiquent plus ou moins volontiers par tel ou tel médium, selon leur sympathie pour son propre Esprit. Ce qui constitue la qualité d'un médium, ce n'est point la facilité avec laquelle il obtient des communications, mais son aptitude à n'en recevoir que de bonnes et à n'être pas le jouet d'Esprits légers et trompeurs.

81. Les médiums qui laissent le plus à désirer au point de vue moral reçoivent quelquefois de très bonnes communications qui ne peuvent venir que de bons Esprits, ce dont on a tort de s'étonner : c'est souvent dans l'intérêt du médium et pour lui donner de sages avis ; s'il n'en profite pas, il n'en est que plus coupable, car il écrit sa propre condamnation. Dieu, dont la bonté est infinie, ne peut refuser assistance à ceux qui en ont le plus besoin. Le vertueux missionnaire qui va moraliser les criminels ne fait pas autre chose que ce que font les bons Esprits avec les médiums imparfaits.

D'un autre côté, les bons Esprits, voulant donner un enseignement utile à tout le monde, se servent de l'instrument qu'ils ont sous la main ; mais ils le quittent quand ils en trouvent un qui leur est plus sympathique et qui met à profit leurs leçons. Les bons Esprits se retirant, les Esprits inférieurs, peu soucieux des qualités morales qui les gênent, ont alors le champ libre.

Il en résulte que les médiums imparfaits moralement et qui ne s'amendent pas sont, tôt ou tard, la proie des mauvais Esprits qui, souvent, les conduisent à la ruine et aux plus grands malheurs en ce monde même.

Quant à leur faculté, de belle qu'elle était, et qu'elle serait restée, elle se pervertit d'abord par l'abandon des bons Esprits et finit par se perdre.

82. Les médiums les plus méritants ne sont pas à l'abri des mystifications des Esprits trompeurs ; d'abord parce qu'il n'est personne d'assez parfait pour ne pas avoir un côté faible par lequel il puisse donner accès aux mauvais Esprits ; en second lieu, les bons Esprits le permettent quelquefois pour exercer le jugement, apprendre à discerner la vérité de l'erreur et tenir en défiance, afin qu'on n'accepte rien aveuglément et sans contrôle ; mais la tromperie ne vient jamais d'un bon Esprit, et tout nom respectable dont est signée une erreur est nécessairement apocryphe.

Ce peut encore être une épreuve pour la patience et la persévérance de tout spirite, médium ou non ; celui qui se découragerait pour quelques déceptions prouverait aux bons Esprits qu'ils ne peuvent pas compter sur lui.

83. Il n'est pas plus étonnant de voir de mauvais Esprits obséder des personnes méritantes qu'il n'est surprenant de voir de mauvaises gens s'acharner sur la terre après les hommes de bien.

Il est remarquable que, depuis la publication du **Livre des Médiums**, les médiums obsédés sont beaucoup moins nombreux, parce qu'étant prévenus, ils se tiennent sur leurs gardes et épient les moindres signes qui peuvent trahir la présence d'un Esprit trompeur. La plupart de ceux qui le sont, ou n'ont pas étudié préalablement, ou n'ont pas mis les conseils à profit.

84. Ce qui constitue le médium proprement dit, c'est la faculté ; sous ce rapport, il peut être plus ou moins formé, plus ou moins développé. Ce qui constitue le médium **sûr**, celui qu'on peut véritablement qualifier de **bon médium**, c'est l'application de la faculté, l'aptitude à servir d'interprète aux bons Esprits. Toute faculté à part, la puissance du médium pour attirer les bons Esprits et repousser les mauvais, est en raison de sa supériorité morale ; cette supériorité est proportionnée à la somme des qualités qui fait l'homme de bien ; par là il se concilie la sympathie des bons, et il exerce de l'ascendant sur les mauvais.

85. Par la même raison, la somme des imperfections morales du médium le rapprochant de la nature des mauvais Esprits, lui ôte l'influence nécessaire pour les éloigner ; **au lieu que ce soit lui qui s'impose à eux, ce sont eux qui s'imposent à lui**. Ceci s'applique non seulement aux médiums, mais à toute personne quelconque, puisqu'il n'en est aucune qui ne reçoive l'influence des Esprits. (Voir ci-dessus n° 74 et 75.)

86. Pour s'imposer au médium, les mauvais Esprits savent exploiter habilement tous les travers moraux ; celui qui leur donne le plus de prise, c'est **l'orgueil** ; aussi est-ce le sentiment qui domine chez le plus grand nombre des médiums obsédés, mais surtout chez ceux qui sont **fascinés**. C'est l'orgueil qui les porte à croire à leur infaillibilité, et à repousser les avis. Ce sentiment est malheureusement excité par les éloges dont ils sont l'objet ; quand ils ont une faculté un peu transcendante, on les recherche, on les adule ; ils finissent par croire à leur importance ; ils se regardent comme indispensables, et c'est ce qui les perd.

87. Tandis que le médium imparfait s'enorgueillit des noms illustres, le plus souvent apocryphes, que portent les communications qu'il reçoit, et se regarde comme l'interprète privilégié des puissances célestes, le **bon médium** ne se croit jamais assez digne d'une telle faveur : il a toujours une salutaire défiance de ce qu'il obtient comme qualité, et ne s'en rapporte pas à son propre jugement ; n'étant qu'un instrument passif, il comprend que si c'est bon il ne peut s'en faire un mérite personnel, pas plus qu'il n'en peut être responsable si c'est mauvais, et qu'il serait ridicule de prendre fait et cause pour l'identité absolue des Esprits qui se manifestent à lui ; il laisse juger la question par des tiers désintéressés, sans que son amour propre ait plus à souffrir d'un jugement défavorable que l'acteur n'est passible du blâme infligé à la pièce dont il est l'interprète. Son caractère distinctif est la simplicité et la modestie ; il est heureux de la faculté qu'il possède, non pour en tirer vanité, mais parce qu'elle lui offre un moyen d'être utile, ce qu'il fait volontiers quand on lui en fournit l'occasion, mais sans jamais se formaliser si on ne le met pas au premier rang.

Les médiums sont les intermédiaires et les interprètes des Esprits ; il importe donc à l'évocateur, et même au simple observateur de pouvoir apprécier le mérite de l'instrument.

88. La faculté médianimique est un don de Dieu comme toutes les autres facultés, que l'on peut employer pour le bien comme pour le mal et dont on peut abuser. Elle a pour objet de nous mettre en rapport direct avec les âmes de ceux qui ont vécu, afin de recevoir leurs enseignements et de nous initier à la vie future. Comme la vue nous met en rapport avec le monde visible, la médianimité nous met en rapport avec le monde invisible. Celui qui s'en sert dans un but utile, pour son propre avancement et celui de ses semblables, remplit une véritable mission dont il aura la récompense. Celui qui en abuse et l'emploie à des choses futiles ou dans des vues d'intérêt matériel, la détourne de son but providentiel ; il en subit tôt ou tard la peine, comme celui qui fait un mauvais usage d'une faculté quelconque.

CHARLATANISME

89. Certaines manifestations spirites se prêtent assez facilement à l'imitation ; mais de ce qu'elles ont pu être exploitées, comme tant d'autres phénomènes, par la jonglerie et la prestidigitation, il serait absurde d'en conclure qu'elles n'existent pas. Pour celui qui a étudié et qui connaît les conditions normales dans lesquelles elles peuvent se produire, il est aisé de distinguer l'imitation de la réalité ; l'imitation, du reste, ne saurait jamais être complète et ne peut abuser que l'ignorant incapable de saisir les nuances caractéristiques du phénomène véritable.

90. Les manifestations qu'il est le plus facile d'imiter, sont certains effets physiques, et les effets intelligents vulgaires, tels que les mouvements, les coups frappés, les apports, l'écriture directe, les réponses banales, etc. ; il n'en est pas de même des communications intelligentes d'une haute portée ; pour imiter les premiers, il ne faut que de l'adresse ; pour simuler les autres, il fau-

drait presque toujours une instruction peu commune, une supériorité intellectuelle hors ligne, et une faculté d'improvisation pour ainsi dire universelle.

91. Ceux qui ne connaissent pas le spiritisme sont généralement portés à suspecter la bonne foi des médiums ; l'étude et l'expérience leur donnent les moyens de s'assurer de la réalité des faits ; mais en dehors de cela, la meilleure garantie qu'ils puissent trouver est dans le désintéressement absolu et l'honorabilité du médium ; il y a des personnes qui, par leur position et leur caractère, échappent à toute suspicion. Si l'appât du gain peut exciter à la fraude, le bon sens dit que là où il n'y a rien à gagner, le charlatanisme n'a rien à faire. (**Livre des Médiums**, chap. XXVIII, Charlatanisme et jonglerie, médiums intéressés, fraudes spirites, n° 300. - **Revue spirite**, 1862, page 52.)

92. Parmi les adeptes du spiritisme, on trouve des enthousiastes et des exaltés comme en toutes choses ; ce sont en général les plus mauvais propagateurs, parce qu'on se défie de leur facilité à tout accepter sans un examen approfondi. Le spirite éclairé se défend de l'enthousiasme qui aveugle ; il observe tout froidement et avec calme : c'est le moyen de n'être dupe ni des illusions, ni des mystificateurs. Toute question de bonne foi à part, l'observateur novice doit, avant tout, tenir compte de la gravité du caractère de ceux à qui il s'adresse.

IDENTITÉ DES ESPRITS

93. Puisqu'on trouve parmi les Esprits tous les travers de l'humanité, on y trouve aussi la ruse et le mensonge ; il en est qui ne se font aucun scrupule de se parer des noms les plus respectables pour inspirer plus de confiance. Il faut donc se garder de croire d'une manière absolue à l'authenticité de toutes les signatures.

94. L'identité est une des grandes difficultés du spiritisme pratique ; elle est souvent impossible à constater, surtout quand il s'agit d'Esprits supérieurs anciens par rapport à nous. Parmi ceux qui se manifestent, beaucoup n'ont pas de noms pour nous ; pour fixer nos idées, ils peuvent prendre celui d'un Esprit connu appartenant à la même catégorie ; de telle sorte que si un Esprit se communique sous le nom de saint Pierre, par exemple, rien ne prouve que ce soit précisément l'apôtre de ce nom ; ce peut être lui, comme ce peut être un Esprit du même ordre, ou envoyé par lui.

La question d'identité est, dans ce cas, tout à fait secondaire, et il y aurait de la puérilité à y attacher de l'importance ; ce qui importe, c'est la nature de l'enseignement ; est-il bon ou mauvais, digne ou indigne du personnage dont il porte le nom ; celui-ci l'accepterait-il ou le désavouerait-il ? Là est toute la question.

95. L'identité est plus facile à constater quand il s'agit d'Esprits contemporains dont on connaît le caractère et les habitudes, car c'est par ces mêmes habitudes et les particularités de la vie privée que l'identité se révèle le plus sûrement et souvent d'une manière incontestable. Quand on évoque un parent ou un ami, c'est la personnalité qui intéresse, et il est tout naturel de chercher à constater l'identité ; mais les moyens qu'emploient générale-

ment pour cela ceux qui ne connaissent qu'imparfaitement le spiritisme sont insuffisants et peuvent induire en erreur.

96. L'Esprit révèle son identité par une foule de circonstances qui ressortent des communications où se reflètent ses habitudes, son caractère, son langage et jusqu'à ses locutions familières. Elle se révèle encore par les détails intimes dans lesquels il entre **spontanément** avec les personnes qu'il affectionne : ce sont les meilleures ; mais il est très rare qu'il satisfasse aux questions directes qui lui sont adressées à ce sujet, surtout si elles le sont par des personnes qui lui sont indifférentes, dans un but de curiosité et d'épreuve. L'Esprit prouve son identité comme il veut, ou comme il peut, selon le genre de faculté de son interprète, et souvent ces preuves sont surabondantes ; le tort est de vouloir qu'il les donne à la manière de l'évocateur ; c'est alors qu'il se refuse de se soumettre à ses exigences. (**Livre des Médiums**, chap. XXIV : **Identité des Esprits** - **Revue spirite**, 1862, page 82 : **Fait d'identité**.)

CONTRADICTIONS

97. Les contradictions que l'on remarque assez fréquemment dans le langage des Esprits ne peuvent étonner que ceux qui n'ont de la science spirite qu'une connaissance incomplète. Elles sont la conséquence de la nature même des Esprits qui, ainsi que cela a été dit, ne savent les choses qu'en raison de leur avancement et dont quelques-uns peuvent savoir moins que certains hommes. Sur une foule de points, ils ne peuvent émettre que leur opinion personnelle qui peut être plus ou moins juste, et conserver le reflet des préjugés terrestres dont ils ne sont pas dépouillés ; d'autres se font des systèmes à eux sur ce qu'ils ne savent pas encore, particulièrement en ce qui touche les questions scientifiques et l'origine des choses. Il n'y a donc rien de surprenant à ce qu'ils ne soient pas toujours d'accord.

98. On s'étonne de trouver des communications contradictoires signées du même nom. Les Esprits inférieurs peuvent seuls tenir, selon les circonstances, un langage différent, mais les Esprits supérieurs ne se contredisent jamais. Quiconque est tant soit peu initié aux mystères du monde spirituel, sait avec quelle facilité certains Esprits se parent de noms d'emprunt pour donner plus de crédit à leurs paroles ; on peut en induire avec certitude que si deux communications, radicalement contradictoires **pour le fond de la pensée**, portent le même nom respectable, l'une des deux est nécessairement apocryphe.

99. Deux moyens peuvent servir à fixer les idées sur les questions douteuses : le premier est de soumettre toutes les communications au contrôle sévère de la raison, du bon sens et de la logique ; c'est une recommandation que font tous les bons Esprits, et que se gardent bien de faire les Esprits trompeurs qui savent très bien ne pouvoir que perdre à un examen sérieux ; c'est pourquoi ils évitent la discussion et veulent être crus sur parole.

Le second critérium de la vérité est dans la concordance de l'enseignement. Lorsque le même principe est enseigné sur plusieurs points par différents Esprits et des médiums étrangers les uns aux autres, qui ne sont pas sous les mêmes influences, on peut en conclure qu'il est plus dans le vrai que celui qui émane d'une seule source et se trouve contredit par la majorité. (**Livre des Médiums,** chap. XXVII : **Des contradictions et des mystifications**. - **Revue spirite**, avril 1864, p. 99 : **Autorité de la doctrine spirite**. - **La morale de l'Évangile selon le spiritisme**, Introduction page VI).

CONSÉQUENCES DU SPIRITISME

100. En présence de l'incertitude des révélations faites par les Esprits, on se demande à quoi peut servir l'étude du spiritisme ?

Elle sert à prouver matériellement l'existence du monde spirituel.

Le monde spirituel étant formé des âmes de ceux qui ont vécu, il en résulte la preuve de l'existence de l'âme et de sa survivance au corps.

Les âmes qui se manifestent révèlent leurs joies ou leurs souffrances selon la manière dont elles ont employé la vie terrestre ; il en résulte la preuve des peines et des récompenses futures.

Les âmes ou Esprits, en décrivant leur état et leur situation, rectifient les idées fausses que l'on s'était faites sur la vie à venir, et principalement sur la nature et la durée des peines.

La vie future étant ainsi passée de l'état de théorie vague et incertaine à l'état de fait acquis et positif, il en résulte la nécessité de travailler le plus possible, pendant la vie présente qui est de courte durée, au profit de la vie à venir qui est indéfinie.

Supposons qu'un homme de vingt ans ait la certitude de mourir à vingt-cinq, que fera-t-il pendant ces cinq années ? travaillera-t-il pour l'avenir ? assurément non ; il tâchera de jouir le plus possible : il regarderait comme une duperie de s'imposer de la fatigue et des privations sans but. Mais s'il a la certitude de vivre jusqu'à quatre-vingts ans, il agira tout autrement, parce qu'il comprendra la nécessité de sacrifier quelques instants du repos présent pour s'assurer le repos à venir pendant de longues années. Il en est de même de celui pour qui la vie future est une certitude.

Le doute touchant la vie future conduit naturellement à tout sacrifier aux jouissances du présent ; de là l'importance excessive attachée aux biens matériels.

L'importance attachée aux biens matériels excite la convoitise, l'envie, la jalousie de celui qui a peu contre celui qui a beaucoup. De la convoitise au désir de se procurer à tout prix ce que possède son voisin, il n'y a qu'un pas ; de là, les haines, les querelles, les procès, les guerres et tous les maux engendrés par l'égoïsme.

Avec le doute sur l'avenir, l'homme, accablé dans cette vie par le chagrin et l'infortune, ne voit que dans la mort le terme de ses souffrances ; n'espérant plus rien, il trouve rationnel de les abréger par le suicide.

Sans espoir de l'avenir, il est tout naturel que l'homme s'affecte, se désespère des déceptions qu'il éprouve. Les secousses violentes qu'il en ressent produisent dans son cerveau un ébranlement, cause de la plupart des cas de folie.

Sans la vie future, la vie présente est pour l'homme la chose capitale, l'unique objet de ses préoccupations ; il y rapporte tout : c'est pourquoi il veut à tout prix jouir, non seulement des biens matériels, mais des honneurs ; il aspire à briller, à s'élever au-dessus des autres, à éclipser ses voisins par son faste et par son rang ; de là, l'ambition désordonnée et l'importance qu'il attache aux titres et à tous les hochets de la vanité, pour lesquels il sacrifierait jusqu'à son honneur même, parce qu'il ne voit rien au-delà.

La certitude de la vie future et de ses conséquences change totalement l'ordre des idées et fait voir les choses sous un tout autre jour ; c'est un voile levé qui découvre un horizon immense et splendide. Devant l'infini et le grandiose de la vie d'outre-tombe, la vie terrestre s'efface comme la seconde devant les siècles, comme le grain de sable devant la montagne. Tout y devient petit, mesquin, et l'on s'étonne soi-même de l'importance qu'on attachait à des choses si éphémères et si puériles. De là, dans les événements de la vie, un calme, une tranquillité, qui est déjà du bonheur en comparaison des tracas, des tourments que l'on se donne, du mauvais sang que l'on se fait pour s'élever au-dessus des autres ; de là aussi, pour les vicissitudes et les déceptions, une indifférence même qui, ôtant toute prise au désespoir, écarte les cas les plus nombreux de folie, et détourne de la pensée du suicide. Avec la certitude de l'avenir, l'homme attend et se résigne ; avec le doute, il perd patience parce qu'il n'attend rien du présent.

L'exemple de ceux qui ont vécu prouvant que la somme du bonheur à venir est en raison du progrès moral accompli et du bien que l'on a fait sur la terre ; que la somme du malheur est en raison de la somme des vices et des mauvaises actions, il en résulte chez tous ceux qui sont bien convaincus de cette vérité, une tendance toute naturelle à faire le bien et à éviter le mal.

Quand la majorité des hommes sera imbue de cette idée, qu'elle professera ces principes et pratiquera le bien, il en résultera que le bien l'emportera sur le mal ici-bas ; que les hommes ne chercheront plus à se nuire mutuellement ; qu'ils régleront leurs institutions sociales en vue du bien de tous et non au profit de quelques-uns ; en un mot, ils comprendront que la loi de charité enseignée par le Christ est la source du bonheur, même en ce monde, et ils baseront les lois civiles sur la loi de charité.

La constatation du monde spirituel qui nous entoure et de son action sur le monde corporel, est la révélation d'une des puissances de la nature, et par conséquent la clef d'une foule de phénomènes incompris, dans l'ordre physique aussi bien que dans l'ordre moral.

Quand la science tiendra compte de cette nouvelle force, méconnue par elle jusqu'à ce jour, elle rectifiera une foule d'erreurs provenant de ce qu'elle attribue tout à une cause unique : la matière. La reconnaissance de cette nouvelle cause dans les phénomènes de la nature, sera un levier pour le progrès, et produira l'effet de la découverte de tout nouvel agent. Avec l'aide de la loi spirite, l'horizon de la science s'élargira, comme il s'est élargi à l'aide de la loi de gravitation.

Quand les savants, du haut de la chaire enseignante, proclameront l'existence du monde spirituel et son action dans les phénomènes de la vie, ils infiltreront dans la jeunesse le contre-poison des idées matérialistes, au lieu de la prédisposer à la négation de l'avenir.

Dans les leçons de philosophie classique, les professeurs enseignent l'existence de l'âme et ses attributs selon les différentes écoles, mais sans preuves matérielles, N'est-il pas étrange qu'alors que ces preuves arrivent, elles soient repoussées et traitées de superstitions par ces mêmes professeurs ? N'est-ce pas dire à leurs élèves : nous vous enseignons l'existence de l'âme, mais rien ne la prouve ? Lorsqu'un savant émet une hypothèse sur un point de la science, il recherche avec empressement, il accueille avec joie, les faits qui peuvent, de cette hypothèse, faire une vérité ; comment un professeur de philosophie, dont le devoir est de prouver à ses élèves qu'ils ont une âme, traite-t-il avec dédain les moyens de leur en donner une démonstration patente ?

101. Supposons donc que les Esprits soient incapables de rien nous apprendre que nous ne sachions déjà, ou que nous ne puissions savoir par nous-mêmes, on voit que la seule constatation de l'existence du monde spirituel conduit forcément à une révolution dans les idées ; or une révolution dans les idées amène forcément une révolution dans l'ordre des choses ; c'est cette révolution que prépare le spiritisme.

102. Mais les Esprits font plus que cela ; si leurs révélations sont entourées de certaines difficultés ; si elles exigent de minutieuses précautions pour en constater l'exactitude, il n'en est pas moins vrai que les Esprits éclairés, quand on sait les interroger, et quand cela leur est permis, peuvent nous révéler des faits ignorés, nous donner l'explication de choses incomprises, et nous mettre sur la voie d'un progrès plus rapide. C'est en cela. surtout, que l'étude complète et attentive de la science spirite est indispensable, afin de ne lui demander que ce qu'elle peut donner, et de la manière dont elle peut le donner ; c'est en dépassant les limites qu'on s'expose à être trompé.

103. Les plus petites causes peuvent produire les plus grands effets ; c'est ainsi que d'un petit grain peut sortir un arbre immense ; que la chute d'une pomme a fait découvrir la loi qui régit les mondes ; que des grenouilles sautant dans un plat ont révélé la puissance galvanique ; c'est de même ainsi que du vulgaire phénomène des tables tournantes est sortie la preuve du monde invisible, et de cette preuve une doctrine qui, en quelques années, a fait le tour du monde, et peut le régénérer par la seule constatation de la réalité de la vie future.

104. Le spiritisme enseigne peu ou point de vérités absolument nouvelles, en vertu de l'axiome qu'il n'y a rien de nouveau sous le soleil. Il n'y a de vérités absolues que celles qui sont éternelles ; celles qu'enseigne le spiritisme, étant fondées sur les lois de la nature, ont donc dû exister de tout temps ; c'est pourquoi de tout temps on en trouve les germes qu'une étude plus complète et des observations plus attentives ont développés. Les vérités enseignées par le spiritisme sont donc plutôt des conséquences que des découvertes.

Le spiritisme n'a ni découvert, ni inventé les Esprits ; il n'a pas davantage découvert le monde spirituel auquel on a cru dans tous les temps ; seulement, il le prouve par des faits matériels et le montre sous son véritable jour en le dégageant des préjugés et des idées superstitieuses, qui engendrent le doute et l'incrédulité.

Remarque. Ces explications, tout incomplètes qu'elles sont, suffisent pour montrer la base sur laquelle repose le spiritisme, le caractère des manifestations et le degré de confiance quelles peuvent inspirer selon les circonstances.

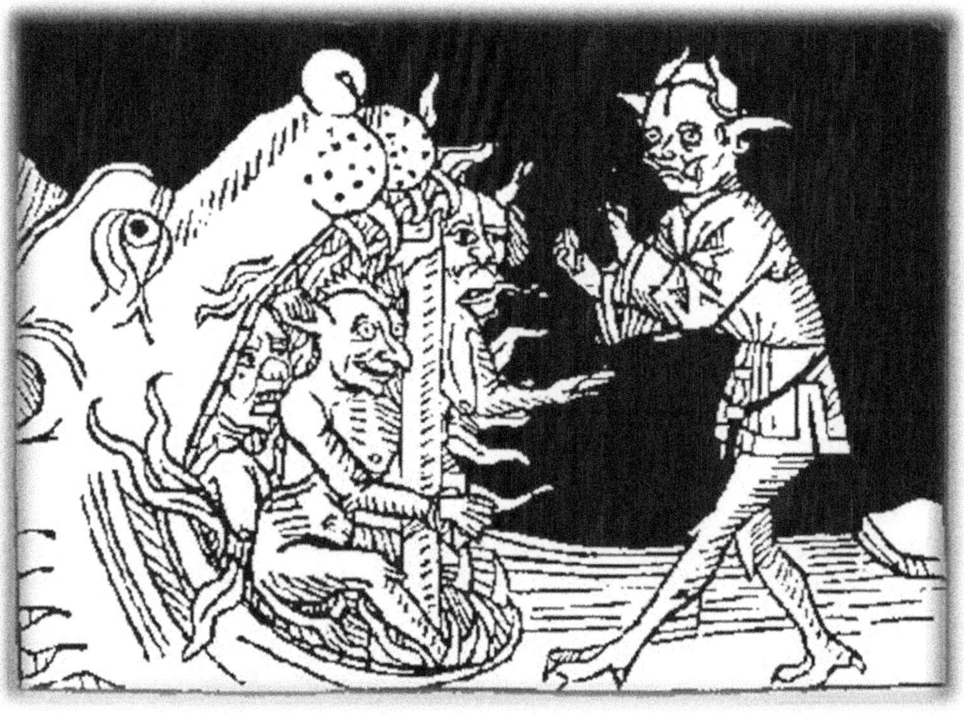

CHAPITRE III

SOLUTION DE QUELQUES PROBLÈMES PAR LA DOCTRINE SPIRITE

PLURALITÉ DES MONDES

105. Les différents mondes qui circulent dans l'espace sont-ils peuplés d'habitants comme la terre ?
Tous les Esprits l'affirment, et la raison dit qu'il doit en être ainsi. La terre n'occupant dans l'univers aucun rang spécial, ni par sa position, ni par son volume, rien ne pourrait justifier le privilège exclusif d'être habitée. D'un autre côté, Dieu ne peut avoir créé ces milliards de globes pour le seul plaisir de nos yeux ; d'autant moins que le plus grand nombre échappe à notre vue. (**Livre des Esprits**, n° 55. - **Revue spirite**, 1858, page 65 : **Pluralité des mondes**, par Flammarion.)

106. Si les mondes sont peuplés, peuvent-ils l'être d'habitants en tout semblables à ceux de la terre ? En un mot, ces habitants pourraient-ils vivre chez nous et nous chez eux ?
La forme générale pourrait être à peu près la même, mais l'organisme doit être adapté au milieu dans lequel ils doivent vivre, comme les poissons sont faits pour vivre dans l'eau et les oiseaux dans l'air. Si le milieu est différent, comme tout porte à le croire, et comme semblent le démontrer les observations astronomiques, l'organisation doit être différente ; il n'est donc pas probable que, dans leur état normal, ils pussent vivre les uns chez les autres avec les mêmes corps. C'est ce que confirment tous les Esprits.

107. En admettant que ces mondes soient peuplés, sont-ils, sous le rapport intellectuel et moral, au même rang que la terre ?
Selon l'enseignement des Esprits, les mondes sont à des degrés d'avancement très différents ; quelques-uns sont au même point que la terre ; d'autres sont plus arriérés : les hommes y sont encore plus bruts, plus matériels et plus enclins au mal. Il en est, au contraire, qui sont plus avancés moralement, intellectuellement et physiquement, où le mal moral est inconnu, où les arts et les sciences sont portés à un degré de perfection que nous ne pouvons comprendre, où l'organisation physique, moins matérielle, n'est sujette ni aux souffrances, ni aux maladies, ni aux infirmités ; les hommes y vivent en paix, sans chercher à se nuire, exempts des chagrins, des soucis, des afflictions et des besoins qui les assiègent sur la terre. Il en est enfin de plus avancés encore où l'enveloppe corporelle, presque fluidique, se rapproche de plus en plus de la nature des anges. Dans la série progressive des mondes, la terre n'est ni au premier, ni au dernier rang, mais elle est un des plus matériels et des plus arriérés (**Revue spirite**, 1858, p. 67,

108, 223. - **Id.**, 1860, p. 318 et 320. - **La morale de l'Évangile selon le Spiritisme**, chap. III).

DE L'ÂME

108. Où est le siège de l'âme ?
L'âme n'est point, ainsi qu'on le croit généralement, localisée dans une partie du corps ; elle forme avec le périsprit un tout fluidique, pénétrable, s'assimilant au corps entier avec lequel elle constitue un être complexe dont la mort n'est en quelque sorte que le **dédoublement**. On peut se figurer deux corps semblables, pénétrés l'un par l'autre, confondus pendant la vie et séparés après la mort. À la mort, l'un est détruit et l'autre reste.

Pendant la vie, l'âme agit plus spécialement sur les organes de la pensée et du sentiment. Elle est à la fois interne et externe ; c'est-à-dire qu'elle rayonne au-dehors ; elle peut même s'isoler du corps, se transporter au loin et y manifester sa présence, ainsi que le prouvent l'observation et les phénomènes somnambuliques.

109. L'âme est-elle créée en même temps que le corps, ou antérieurement au corps ?
Après l'existence de l'âme, cette question est une des plus capitales, car de sa solution découlent les conséquences les plus importantes ; elle est la seule clef possible d'une foule de problèmes insolubles jusqu'à ce jour, faute de l'avoir posée.

De deux choses l'une, ou l'âme existait ou elle n'existait pas avant la formation du corps : il ne saurait y avoir de moyen terme. Avec la préexistence de l'âme, tout s'explique logiquement et naturellement ; sans la préexistence, il est même impossible de justifier certains dogmes de l'Église, et c'est l'impossibilité de cette justification qui conduit tant de gens qui raisonnent à l'incrédulité.

Les Esprits ont résolu la question affirmativement, et les faits, aussi bien que la logique, ne peuvent laisser de doute à cet égard. Qu'on n'admette cependant la préexistence de l'âme qu'à titre de simple hypothèse, si l'on veut, et l'on verra s'aplanir la plupart des difficultés.

110. Si l'âme est antérieure, avant son union avec le corps avait-elle son individualité et la conscience d'elle-même ?
Sans individualité et sans conscience d'elle-même, les résultats seraient les mêmes que si elle n'existait pas.

111. Avant son union avec le corps, l'âme a-t-elle accompli un progrès quelconque, ou bien est-elle restée stationnaire ?
Le progrès antérieur de l'âme est à la fois la conséquence de l'observation des faits et de l'enseignement des Esprits.

112. Dieu a-t-il créé les âmes égales, moralement et intellectuellement, ou bien en a-t-il fait de plus parfaites, de plus intelligentes les unes que les autres ?
Si Dieu avait fait des âmes plus parfaites les unes que les autres, cette préférence ne serait pas conciliable avec sa justice. Toutes étant ses créa-

tures, pourquoi aurait-il affranchi les unes du travail qu'il impose à d'autres pour arriver au bonheur éternel ? L'inégalité des âmes à leur origine serait la négation de la justice de Dieu.

113. Si les âmes sont créées égales, comment expliquer la diversité des aptitudes et des prédispositions naturelles qui existe entre les hommes sur la terre ?

Cette diversité est la conséquence du progrès que l'âme a accompli avant son union avec le corps. Les âmes les plus avancées en intelligence et en moralité sont celles qui ont le plus vécu et le plus progressé avant leur incarnation.

114. Quel est l'état de l'âme à son origine ?

Les âmes sont créées simples et ignorantes, c'est-à-dire sans science et sans connaissance du bien et du mal, mais avec une égale aptitude pour tout. Dans le principe, elles sont dans une sorte d'enfance, sans volonté propre, et sans conscience parfaite de leur existence. Peu à peu le libre arbitre se développe en même temps que les idées. (**Livre des Esprits**, n° 114 et suivants).

115. L'âme a-t-elle accompli son progrès antérieur à l'état d'âme proprement dite, ou dans une précédente existence corporelle ?

Outre l'enseignement des Esprits sur ce point, l'étude des différents degrés d'avancement de l'homme sur la terre, prouve que le progrès antérieur de l'âme a dû s'accomplir dans une série d'existences corporelles plus ou moins nombreuses, selon le degré auquel elle est arrivée ; la preuve résulte de l'observation des faits que nous avons journellement sous les yeux. (**Livre des Esprits**, n° 166 à 222. - **Revue spirite**, avril 1862, pages 97-106).

L'HOMME PENDANT LA VIE TERRESTRE

116. Comment et à quel moment s'opère l'union de l'âme et du corps ?

Dès la conception, l'Esprit, quoiqu'errant, tient par un lien fluidique au corps auquel il doit s'unir. Ce lien se resserre de plus en plus à mesure que le corps se développe. Dès ce moment, l'Esprit est saisi d'un trouble qui va sans cesse croissant ; aux approches de la naissance, le trouble est complet, l'Esprit perd la conscience de lui-même et ne recouvre ses idées que graduellement à partir du moment où l'enfant respire ; c'est alors que l'union est complète et définitive.

117. Quel est l'état intellectuel de l'âme de l'enfant au moment de sa naissance ?

Son état intellectuel et moral est ce qu'il était avant son union avec le corps, c'est-à-dire que l'âme possède toutes les idées acquises antérieurement, mais en raison du trouble qui accompagne son changement, ses idées sont momentanément à l'état latent. Elles s'éclaircissent peu à peu, mais ne peuvent se manifester que proportionnellement au développement des organes.

118. Quelle est l'origine des idées innées, des dispositions précoces, des aptitudes instinctives pour un art ou une science, abstraction faite de toute instruction ?

Les idées innées ne peuvent avoir que deux sources : la création d'âmes plus parfaites les unes que les autres, dans le cas où elles seraient créées en même temps que le corps, ou un progrès antérieur accompli avant l'union de l'âme et du corps. La première hypothèse étant incompatible avec la justice de Dieu, il ne reste que la seconde. Les idées innées sont le résultat des connaissances acquises dans les existences antérieures et qui sont restées à l'état d'intuition, pour servir de base à l'acquisition de nouvelles idées.

119. Comment des génies se révèlent-ils dans les classes de la société privées de toute culture intellectuelle ?

Ce fait prouve que les idées innées sont indépendantes du milieu où l'homme est élevé. Le milieu et l'éducation développent les idées innées, mais ne les donnent pas. L'homme de génie est l'incarnation d'un Esprit déjà avancé et qui avait beaucoup progressé ; c'est pourquoi l'éducation peut donner l'instruction qui manque, mais ne peut donner le génie quand il n'existe pas.

120. Pourquoi y a-t-il des enfants instinctivement bons dans un milieu pervers, et malgré les mauvais exemples, tandis que d'autres sont instinctivement vicieux dans un bon milieu, et malgré les bons conseils ?

C'est le résultat du progrès moral accompli, comme les idées innées sont le résultat du progrès intellectuel.

121. Pourquoi de deux enfants du même père, élevés dans les mêmes conditions, l'un est-il intelligent et l'autre stupide, l'un bon et l'autre mauvais ? Pourquoi le fils d'un homme de génie est-il quelquefois un sot, et celui d'un sot un homme de génie ?

Ce fait vient à l'appui de l'origine des idées innées ; il prouve en outre que l'âme de l'enfant ne procède nullement de celle des parents ; autrement, en vertu de l'axiome que la partie est de la même nature que le tout, les parents transmettraient à leurs enfants leurs qualités et leurs défauts, comme ils leur transmettent le principe des qualités corporelles. Dans la génération, le corps seul procède du corps, mais les âmes sont indépendantes les unes des autres.

122. Si les âmes sont indépendantes les unes des autres, d'où vient l'amour des parents pour leurs enfants et réciproquement ?

Les Esprits s'unissent par sympathie, et la naissance dans telle ou telle famille n'est point l'effet du hasard, mais dépend le plus souvent du choix de l'Esprit qui se réunit à ceux qu'il a aimés dans le monde des Esprits ou dans les existences antérieures. D'un autre côté, les parents ont pour mission d'aider au progrès des Esprits qui s'incarnent dans leurs enfants, et, pour les y exciter, Dieu leur inspire une affection mutuelle, mais beaucoup faillissent à leur mission et en sont punis. (**Livre des Esprits,** n° 379, **de l'Enfance**).

123. Pourquoi y a-t-il de mauvais pères et de mauvais fils ?

Ce sont des Esprits qui ne sont point unis à une famille par sympathie, mais pour se servir mutuellement d'épreuve, et souvent par punition de ce qu'ils ont été dans une précédente existence ; à l'un, il est donné un mauvais fils, parce que lui-même a peut-être été mauvais fils ; à l'autre, un mauvais père, parce qu'il aura été mauvais père, afin qu'ils subissent la peine du talion (**Revue spirite**, 1861, p. 270 : **la Peine du talion**).

124. Pourquoi trouve-t-on chez certaines personnes, nées dans une condition servile, des instincts de dignité et de grandeur, tandis que d'autres, nées dans les classes supérieures, ont des instincts de bassesse ?

C'est un souvenir intuitif de la position sociale que l'on avait occupée, et du caractère que l'on avait dans l'existence précédente.

125. Quelle est la cause des sympathies et des antipathies entre personnes qui se voient pour la première fois ?

Ce sont le plus souvent des personnes qui se sont connues, et quelquefois aimées, dans une existence précédente, et qui, se retrouvant, sont attirées l'une vers l'autre.

Les antipathies instinctives proviennent souvent aussi de relations antérieures.

Ces deux sentiments peuvent encore avoir une autre cause. Le périsprit rayonne autour du corps comme une sorte d'atmosphère imprégnée des qualités bonnes ou mauvaises de l'Esprit incarné. Deux personnes qui se rencontrent éprouvent, par le contact des fluides, l'impression de la sensitive ; cette impression est agréable ou désagréable ; les fluides tendent à se confondre ou à se repousser, selon leur nature semblable ou dissemblable.

C'est ainsi que l'on peut expliquer le phénomène de la transmission de la pensée. Par le contact des fluides, deux âmes lisent en quelque sorte l'une dans l'autre ; elles se devinent et se comprennent sans se parler.

126. Pourquoi l'homme n'a-t-il pas le souvenir de ses existences antérieures ? Ce souvenir ne serait-il pas nécessaire pour son progrès futur ?

(Voir ci-dessus, page 76).

127. Quelle est l'origine du sentiment appelé la conscience ?

C'est un souvenir intuitif du progrès accompli dans les précédentes existences, et des résolutions prises par l'Esprit avant l'incarnation, résolutions qu'il n'a pas toujours la force de tenir comme homme.

128. L'homme a-t-il son libre arbitre, ou bien est-il soumis à la fatalité ?

Si la conduite de l'homme était soumise à la fatalité, il n'y aurait pour lui ni responsabilité du mal, ni mérite du bien, dès lors toute punition serait injuste et toute récompense un non-sens. Le libre arbitre de l'homme est une conséquence de la justice de Dieu, c'est l'attribut qui lui donne sa dignité et l'élève au-dessus de toutes les autres créatures. Cela est tellement vrai que l'estime des hommes les uns pour les autres est en raison du libre arbitre ; celui qui le perd accidentellement, par maladie, folie, ivresse ou idiotisme, est plaint ou méprisé.

Le matérialiste, qui fait dépendre toutes les facultés morales et intellectuelles de l'organisme, réduit l'homme à l'état de machine, sans libre arbitre, par conséquent sans responsabilité du mal et sans mérite du bien qu'il fait (**Revue spirite**, 1861, p. 76 : **La tête de Garibaldi. Id.**, 1862, p. 97 : **Phrénologie spiritualiste**).

129. Dieu a-t-il créé le mal ?

Dieu n'a point créé le mal ; il a établi des lois, et ces lois sont toujours bonnes, parce qu'il est souverainement bon ; celui qui les observerait fidèlement serait parfaitement heureux ; mais les Esprits, ayant leur libre arbitre, ne les ont pas toujours observées, et le mal est résulté pour eux de leur infraction à ces lois.

130. L'homme est-il né bon ou mauvais ?

Il faut distinguer l'âme et l'homme. L'âme est créée simple et ignorante, c'est-à-dire ni bonne ni mauvaise, mais susceptible, en vertu de son libre arbitre, de prendre la route du bien ou celle du mal, autrement dit d'observer ou d'enfreindre les lois de Dieu. L'homme naît bon ou mauvais selon qu'il est l'incarnation d'un Esprit avancé ou arriéré.

131. Quelle est l'origine du bien et du mal sur la terre, et pourquoi y a-t-il plus de mal que de bien ?

L'origine du mal sur la terre vient de l'imperfection des Esprits qui y sont incarnés ; et la prédominance du mal vient de ce que, la terre étant un monde inférieur, la majorité des Esprits qui l'habitent sont eux-mêmes inférieurs ou qu'ils ont peu progressé. Dans les mondes plus avancés, où ne sont admis à s'incarner que des Esprits épurés, le mal y est ou inconnu, ou en minorité.

132. Quelle est la cause des maux qui affligent l'humanité ?

La terre peut être considérée à la fois comme un monde d'éducation pour des Esprits peu avancés, et d'expiation pour des Esprits coupables. Les maux de l'humanité sont la conséquence de l'infériorité morale de la majorité des Esprits incarnés. Par le contact de leurs vices, ils se rendent réciproquement malheureux et se punissent les uns par les autres.

133. Pourquoi le méchant prospère-t-il souvent, tandis que l'homme de bien est en butte à toutes les afflictions ?

Pour celui qui ne voit que la vie présente, et qui la croit unique, cela doit paraître une souveraine injustice. Il n'en est plus de même quand on considère la pluralité des existences et la brièveté de chacune par rapport à l'éternité. L'étude du spiritisme prouve que la prospérité du méchant a de terribles détours dans les existences suivantes ; que les afflictions de l'homme de bien sont au contraire suivies d'une félicité d'autant plus grande et durable, qu'il les a supportées avec plus de résignation ; c'est pour lui comme un jour malheureux dans toute une existence de prospérité.

134. Pourquoi les uns naissent-ils dans l'indigence, et d'autres dans l'opulence ? Pourquoi y a-t-il des gens qui naissent aveugles, sourds, muets ou affectés d'infirmités incurables, tandis que d'autres ont tous les avantages physiques ? Est-ce l'effet du hasard ou de la Providence ?

Si c'est l'effet du hasard, il n'y a pas de Providence ; si c'est l'effet de la Providence, on se demande où est sa bonté et sa justice ? Or, c'est faute de comprendre la cause de ces maux que tant de gens sont portés à l'accuser. On comprend que celui qui devient misérable ou infirme par ses imprudences ou ses excès soit puni par où il a péché ; mais si **l'âme est créée en**

même temps que le corps, qu'a-t-elle fait pour mériter de pareilles afflictions **dès sa naissance** ou pour en être exemptée ? Si l'on admet la justice de Dieu, on doit admettre que cet effet a une cause ; si cette cause n'est pas pendant la vie, elle doit être avant la vie ; car en toutes choses **la cause doit précéder l'effet** ; pour cela il faut donc que l'âme ait vécu et qu'elle ait mérité une expiation. Les études spirites nous montrent, en effet, que plus d'un homme né dans la misère a été riche et considéré dans une existence antérieure, mais qu'il a fait un mauvais usage de la fortune que Dieu lui avait donné à gérer ; que plus d'un qui est né dans l'abjection a été orgueilleux et puissant ; elle nous le montre parfois soumis aux ordres de celui même auquel il avait commandé avec dureté en butte aux mauvais traitements et à l'humiliation qu'il avait fait subir aux autres.

Une vie pénible n'est pas toujours une expiation ; c'est souvent une épreuve choisie par l'Esprit, qui voit un moyen d'avancer plus rapidement s'il la supporte avec courage. La richesse est aussi une épreuve, mais plus dangereuse encore que la misère, par les tentations qu'elle donne et les abus auxquels elle provoque ; aussi, l'exemple de ceux qui ont vécu prouve que c'est une de celles d'où l'on sort le moins souvent victorieux.

La différence des positions sociales serait la plus grande des injustices, quand elle n'est pas le fait de la conduite actuelle, si elle ne devait pas avoir une compensation. C'est la conviction que l'on acquiert de cette vérité par le spiritisme, qui donne la force de supporter les vicissitudes de la vie et fait accepter son sort sans envier celui des autres.

135. Pourquoi y a-t-il des idiots et des crétins ?

La position des idiots et des crétins serait la moins conciliable avec la justice de Dieu, dans l'hypothèse de l'unité d'existence. Quelque misérable que soit la condition dans laquelle un homme est né, il peut s'en tirer par l'intelligence et le travail ; mais l'idiot et le crétin sont voués depuis la naissance jusqu'à la mort à l'abrutissement et au mépris ; il n'y a pour eux aucune compensation possible. Pourquoi donc leur âme aurait-elle été créée idiote ?

Les études spirites, faites sur les crétins et les idiots, prouvent que leur âme est tout aussi intelligente que celle des autres hommes ; que cette infirmité est une expiation infligée à des Esprits pour avoir abusé de leur intelligence, et qui souffrent cruellement de se sentir emprisonnés dans des liens qu'ils ne peuvent briser, et du mépris dont ils se voient l'objet, alors qu'ils ont peut-être été encensés dans leur précédente existence. (**Revue spirite**, 1860, page 173 : **L'Esprit d'un idiot**. - Id., 1861, p. 311 : **Les crétins**).

136. Quel est l'état de l'âme pendant le sommeil ?

Pendant le sommeil, le corps seul se repose, mais l'Esprit ne dort pas. Les observations pratiques prouvent qu'à cet instant l'Esprit jouit de toute sa liberté et de la plénitude de ses facultés ; il profite du repos du corps et des moments où sa présence n'y est pas nécessaire pour agir séparément et aller où il veut. Pendant la vie, à quelque distance qu'il se transporte, l'Esprit tient toujours au corps par un lien fluidique qui sert à l'y rappeler dès que sa présence est nécessaire ; ce lien n'est rompu qu'à la mort.

137. Quelle est la cause des rêves ?

Les rêves sont le résultat de la liberté de l'Esprit pendant le sommeil ; c'est quelquefois le souvenir des lieux et des personnes que l'Esprit a vus ou visités dans cet état. (**Livre des Esprits : Émancipation de l'âme, sommeil, rêves, somnambulisme, seconde vue, léthargie, etc.**, n° 400 et suivants. - **Livre des Médiums : Évocation des personnes vivantes**, n° 284. - **Revue spirite**, 1860, page II : **L'Esprit d'un côté et le corps de l'autre**. - Id., 1860, page 81 : **Étude sur l'Esprit des personnes vivantes**).

138. D'où viennent les pressentiments ?

Ce sont des souvenirs vagues et intuitifs de ce que l'Esprit a appris dans ses moments de liberté, et quelquefois des avertissements occultes donnés par des Esprits bienveillants.

139. Pourquoi y a-t-il sur la terre des sauvages et des hommes civilisés ?

Sans la préexistence de l'âme, cette question est insoluble, à moins d'admettre que Dieu a créé des âmes sauvages et des âmes civilisées, ce qui serait la négation de sa justice. D'un autre côté, la raison refuse d'admettre qu'après la mort l'âme du sauvage reste perpétuellement dans un état d'infériorité, ni qu'elle soit au même rang que celle de l'homme éclairé.

En admettant, pour les âmes, un même point de départ, seule doctrine compatible avec la justice de Dieu, la présence simultanée de la sauvagerie et de la civilisation sur la terre est un fait matériel qui prouve le progrès que les uns ont accompli, et que les autres peuvent accomplir. L'âme du sauvage atteindra donc, avec le temps le degré de l'âme civilisée ; mais, comme il meurt tous les jours des sauvages, leur âme ne peut atteindre ce degré que dans des incarnations successives de plus en plus perfectionnées, et appropriées à leur avancement, et en suivant tous les degrés intermédiaires entre les deux points extrêmes.

140. Ne pourrait-on admettre, selon l'idée de quelques personnes, que l'âme ne s'incarne qu'une fois et qu'elle accomplit son progrès à l'état d'Esprit ou dans d'autres sphères ?

Cette proposition serait admissible s'il n'y avait sur la terre que des hommes au même degré moral et intellectuel, auquel cas on pourrait dire que la terre est affectée à un degré terminé ; or, on a devant soi la preuve du contraire. On ne comprendrait pas, en effet, que le sauvage ne pût atteindre la civilisation ici-bas, puisqu'il y a des âmes plus avancées incarnées sur le même globe ; d'où il faut conclure que la possibilité de la pluralité des existences terrestres résulte des exemples mêmes qu'on a sous les yeux. S'il en était autrement, il faudrait expliquer : 1° pourquoi la terre aurait seule le monopole des incarnations ? 2° pourquoi, ayant ce monopole, il s'y trouve des âmes incarnées à tous les degrés ?

141. Pourquoi trouve-t-on, au milieu des sociétés civilisées, des êtres d'une férocité pareille à celle des sauvages les plus barbares ?

Ce sont des Esprits très inférieurs, sortis des races barbares, et qui ont essayé de se réincarner dans un milieu qui n'est pas le leur, et où ils se trouvent déplacés, comme si un rustre se trouvait tout à coup transporté dans le grand monde.

Remarque. On ne pourrait admettre, sans dénier à Dieu toute justice et toute bonté, que l'âme du criminel endurci ait, dans la vie actuelle, le même point de départ que celle d'un homme rempli de toutes les vertus. Si l'âme n'est point antérieure au corps, celle du criminel et celle de l'homme de bien sont tout aussi neuves l'une que l'autre ; pourquoi l'une serait-elle bonne et l'autre mauvaise ?

142. D'où vient le caractère distinctif des peuples ?

Ce sont des Esprits ayant à peu près les mêmes goûts et les mêmes penchants qui s'incarnent dans un milieu sympathique, et souvent dans le même milieu, où ils trouvent à satisfaire leurs inclinations.

143. Comment progressent et comment dégénèrent les peuples ?

Si l'âme est créée en même temps que le corps, celles des hommes d'aujourd'hui sont tout aussi neuves, tout aussi primitives que celles des hommes du Moyen Âge, et dès lors on se demande pourquoi elles ont des mœurs plus douces et une intelligence plus développée. Si, à la mort du corps, l'âme quitte définitivement la terre, on se demande encore quel serait le fruit du travail que l'on fait pour améliorer un peuple si c'était à recommencer avec toutes les âmes nouvelles qui arrivent tous les jours.

Les Esprits s'incarnent dans un milieu sympathique et en rapport avec le degré de leur avancement. Un Chinois, par exemple, qui a suffisamment progressé, et ne trouve plus dans sa race un milieu correspondant au degré qu'il a atteint, s'incarnera chez un peuple plus avancé. À mesure qu'une génération fait un pas en avant, elle attire par sympathie de nouveaux arrivants plus avancés et qui sont peut-être ceux qui avaient jadis vécu dans le même pays, s'ils ont progressé, c'est ainsi que, de proche en proche, une nation avance. Si la majorité des nouveaux était d'une nature inférieure, les anciens s'en allant chaque jour et ne revenant pas dans un milieu plus mauvais, le peuple dégénérerait et finirait par s'éteindre.

Remarque. Ces questions en soulèvent d'autres qui trouvent leur solution dans le même principe ; par exemple, d'où vient la diversité des races sur la terre ? - Y a-t-il des races rebelles au progrès ? - La race nègre est-elle susceptible d'atteindre le niveau des races européennes ? - L'esclavage est-il utile au progrès des races inférieures ? - Comment peut s'opérer la transformation de l'humanité ? - (*Livre des Esprits : Loi du progrès*, n° 776 et suivants. - *Revue spirite*, 1862, p. 1 : *Doctrine des anges déchus*. - *Id.*, 1862, p. 97 : *Perfectibilité de la race nègre*).

L'HOMME APRÈS LA MORT

144. Comment s'opère la séparation de l'âme et du corps ? S'opère-t-elle brusquement ou graduellement ?

Le dégagement s'opère graduellement et avec une lenteur variable, selon les individus et les circonstances de la mort. Les liens qui unissent l'âme au corps ne se rompent que peu à peu, et d'autant moins rapidement que la vie a été plus matérielle et plus sensuelle (**Livre des Esprits**, n° 155).

145. Quelle est la situation de l'âme immédiatement après la mort du corps ? A-t-elle instantanément la conscience d'elle-même ? En un mot, que voit-elle ? Qu'éprouve-t-elle ?

Au moment de la mort, tout est d'abord confus ; il faut à l'âme quelque temps pour se reconnaître ; elle est comme étourdie, et dans l'état d'un homme sortant d'un profond sommeil et qui cherche à se rendre compte de sa situation. La lucidité des idées et la mémoire du passé lui reviennent à mesure que s'efface l'influence de la matière dont elle vient de se dégager, et que se dissipe l'espèce de brouillard qui obscurcit ses pensées.

La durée du trouble qui suit la mort est très variable, il peut être de quelques heures seulement, comme de plusieurs jours, de plusieurs mois, et même de plusieurs années. Il est le moins long chez ceux qui se sont identifiés de leur vivant avec leur état futur, parce qu'ils comprennent immédiatement leur situation ; il est d'autant plus long que l'homme a vécu plus matériellement.

La sensation que l'âme éprouve à ce moment est aussi très variable ; le trouble qui suit la mort n'a rien de pénible pour l'homme de bien ; il est calme et en tout semblable à celui qui accompagne un réveil paisible. Pour celui dont la conscience n'est pas pure et qui s'est plus attaché à la vie corporelle qu'à la vie spirituelle, il est plein d'anxiété et d'angoisses qui augmentent à mesure qu'il se reconnaît ; car alors il est saisi de crainte et d'une sorte de terreur en présence de ce qu'il voit, et surtout de ce qu'il entrevoit.

La sensation qu'on pourrait appeler physique est celle d'un grand soulagement et d'un immense bien-être ; on est comme délivré d'un fardeau, et l'on est tout heureux de ne plus ressentir les douleurs corporelles que l'on éprouvait peu d'instants auparavant, de se sentir libre, dégagé et alerte comme celui auquel on viendrait d'enlever de lourdes chaînes.

Dans sa nouvelle situation, l'âme voit et entend ce qu'elle voyait et entendait avant la mort, mais elle voit et entend de plus des choses qui échappent à la grossièreté des organes corporels ; elle a des sensations et des perceptions qui nous sont inconnues (**Revue spirite**, 1859, page 244 : **Mort d'un spirite**. - Id., 1860, page 332 : **Le réveil de l'Esprit**. - Id. 1862, pages 129 et 171 : **Obsèques de M. Sanson**).

Remarque. Ces réponses, et toutes celles qui sont relatives à la situation de l'âme après la mort ou pendant la vie, ne sont pas le résultat d'une théorie ou d'un système, mais d'études directes faites sur des milliers de sujets observés dans toutes les phases et à toutes les périodes de leur existence spirituelle, depuis le plus bas jusqu'au plus haut degré de l'échelle, selon leurs habitudes pendant la vie terrestre, leur genre de mort, etc. On dit souvent en parlant de la vie future, qu'on ne sait pas ce qui s'y passe, parce que personne n'en est revenu ; c'est une erreur, puisque ce sont précisément ceux qui s'y trouvent qui viennent nous en instruire, et Dieu le permet aujourd'hui plus qu'à aucune autre époque, comme dernier avertissement donné à l'incrédulité et au matérialisme.

146. L'âme qui a quitté le corps voit-elle Dieu ?

Les facultés perceptives de l'âme sont proportionnées à son épuration ; il n'est donné qu'aux âmes d'élite de jouir de la présence de Dieu.

147. Si Dieu est partout, pourquoi tous les Esprits ne peuvent-ils le voir ?

Dieu est partout, parce qu'il rayonne partout, et on peut dire que l'univers est plongé dans la divinité, comme nous sommes plongés dans la lumière solaire ; mais les Esprits arriérés sont environnés d'une sorte de brouillard qui le dérobe à leurs yeux, et ne se dissipe qu'à mesure qu'ils s'épurent et se dématérialisent. Les Esprits inférieurs sont, pour la vue, par rapport à Dieu, ce que les incarnés sont par rapport aux Esprits, de véritables aveugles.

148. Après la mort, l'âme a-t-elle la conscience de son individualité ; comment la constate-t-elle, et comment pouvons-nous la constater ?

Si les âmes n'avaient plus leur individualité après la mort, ce serait pour elles et pour nous absolument comme si elles n'existaient pas, et les conséquences morales seraient exactement les mêmes ; elles n'auraient aucun caractère distinctif, et celle du criminel serait au même rang que celle de l'homme de bien, d'où résulterait qu'on n'aurait nul intérêt à faire le bien.

L'individualité de l'âme est mise à découvert d'une manière pour ainsi dire matérielle, dans les manifestations spirites, par le langage et les qualités propres à chacune ; puisqu'elles pensent et agissent d'une manière différente, que les unes sont bonnes et les autres mauvaises, les unes savantes et les autres ignorantes, que les unes veulent ce que d'autres ne veulent pas, c'est la preuve évidente qu'elles ne sont pas confondues dans un tout homogène, sans parler des preuves patentes qu'elles nous donnent d'avoir animé tel ou tel individu sur la terre. Grâce au spiritisme expérimental, l'individualité de l'âme n'est plus une chose vague, mais un résultat d'observation.

L'âme constate elle-même son individualité, parce qu'elle a sa pensée et sa volonté propres, distinctes de celles des autres ; elle la constate encore par son enveloppe fluidique ou périsprit, sorte de corps limité qui en fait un être séparé.

Remarque. Certaines personnes croient échapper au reproche de matérialisme en admettant un principe intelligent universel, dont nous absorbons une partie en naissant, ce qui constitue l'âme, pour le rendre après la mort à la masse commune, où elles se confondent comme les gouttes d'eau dans l'Océan. Ce système, sorte de transaction, ne mérite même pas le nom de spiritualisme, car il est aussi désespérant que le matérialisme ; le réservoir commun du tout universel équivaudrait au néant, puisqu'il n'y aurait plus d'individualités.

149. Le genre de mort influe-t-il sur l'état de l'âme ?

L'état de l'âme varie considérablement selon le genre de mort, mais surtout selon la nature des habitudes pendant la vie. Dans la mort naturelle, le dégagement s'opère graduellement et sans secousse ; il commence même souvent avant que la vie soit éteinte. Dans la mort violente par supplice, suicide ou accident, les liens sont brusquement rompus ; l'Esprit, surpris à l'improviste, est comme étourdi du changement qui s'est opéré en lui, et ne s'explique pas sa situation. Un phénomène à peu près constant en pareil cas, c'est la persuasion où il est de n'être pas mort, et cette illusion peut durer plusieurs mois, et même plusieurs années. Dans cet état, il va, vient, et croit vaquer à ses affaires comme s'il était encore de ce monde, fort étonné qu'on ne lui réponde pas quand il parle. Cette illusion n'est pas exclusivement le cas des morts violentes ; on la rencontre chez beaucoup d'individus dont la vie a été absorbée par les jouissances ou les intérêts matériels. (**Livre des Esprits**, n° 165. - **Revue spirite**, 1858, page 166 : **Le suicidé de la Samaritaine. - Id.**, 1858, page 326 : **Un esprit au convoi de son corps. Id.**, 1859, page 184 : **Le Zouave de Magenta**. - **Id.**, 1859, page 319 : **Un Esprit qui ne se croit pas mort**. - **Id.**, 1863, p. 97 : **François Simon Louvet**).

150. Où l'âme va-t-elle après avoir quitté le corps ?

Elle ne se perd point dans l'immensité de l'infini, ainsi qu'on se le figure généralement ; elle erre dans l'espace, et le plus souvent au milieu de ceux qu'elle a connus, et surtout de ceux qu'elle a aimés, tout en pouvant se transporter instantanément à des distances immenses.

151. L'âme conserve-t-elle les affections qu'elle avait sur la terre ?

Elle conserve toutes les affections morales ; elle n'oublie que les affections matérielles qui ne sont plus de son essence ; c'est pourquoi elle vient avec bonheur revoir ses parents et ses amis, et elle est heureuse de leur souvenir (**Revue spirite**, 1860, page 202 : **Les amis ne nous oublient pas dans l'autre monde**. II - **Id.**, 1862, page 132).

152. L'âme conserve-t-elle le souvenir de ce qu'elle a fait sur la terre ; s'intéresse-t-elle aux travaux qu'elle a laissés inachevés ?

Cela dépend de son élévation et de la nature de ses travaux. Les Esprits dématérialisés se préoccupent peu des choses matérielles dont ils sont heureux d'être délivrés. Quant aux travaux qu'ils ont commencés, selon leur importance et leur utilité, ils inspirent quelquefois à d'autres la pensée de les terminer.

153. L'âme retrouve-t-elle dans le monde des Esprits ceux de ses parents et amis qui l'ont précédée ?

Non seulement elle les retrouve, mais elle en retrouve bien d'autres qu'elle avait connus dans ses précédentes existences. Généralement, ceux qui l'affectionnent le plus viennent la recevoir à son arrivée dans le monde des Esprits, et l'aident à se dégager des liens terrestres. Cependant, la privation de la vue des âmes les plus chères est quelquefois une punition pour celles qui sont coupables.

154. Quel est, dans l'autre vie, l'état intellectuel et moral de l'âme de l'enfant mort en bas âge ? Ses facultés sont-elles dans l'enfance, comme pendant la vie ?

Le développement incomplet des organes de l'enfant ne permettait pas à l'Esprit de se manifester complètement ; dégagé de cette enveloppe, ses facultés sont ce qu'elles étaient avant son incarnation. L'Esprit n'ayant fait que passer quelques instants dans la vie, ses facultés n'ont pu se modifier.

Remarque. Dans les communications spirites, l'Esprit d'un enfant peut donc parler comme celui d'un adulte, car ce peut être un Esprit très avancé. S'il prend quelquefois le langage enfantin, c'est pour ne pas ôter à la mère le charme qui s'attache à l'affection d'un être frêle et délicat, et paré des grâces de l'innocence (*Revue spirite*, 1858, page 17 : *Mère ! je suis là !*).

La même question pouvant être faite sur l'état intellectuel de l'âme des crétins, des idiots et des fous après la mort, elle trouve sa solution dans ce qui précède.

155. Quelle différence y a-t-il, après la mort, entre l'âme du savant et de l'ignorant, du sauvage et de l'homme civilisé ?

La même différence, à peu de chose près, qui existait entre elles pendant la vie ; car l'entrée dans le monde des Esprits ne donne pas à l'âme toutes les connaissances qui lui manquaient sur la terre.

156. Les âmes progressent-elles intellectuellement et moralement après la mort ?

Elles progressent plus ou moins, selon leur volonté, et quelques-unes progressent beaucoup ; mais elles ont besoin de mettre en pratique, pendant la vie corporelle, ce qu'elles ont acquis en science et en moralité. Celles qui sont restées stationnaires reprennent une existence analogue à celle qu'elles ont quittée ; celles qui ont progressé méritent une incarnation d'un ordre plus élevé.

Le progrès étant proportionné à la volonté de l'Esprit, il en est qui conservent pendant longtemps les goûts et les penchants qu'ils avaient pendant la vie, et qui poursuivent les mêmes idées. (**Revue spirite**, 1858, page 82 : **La reine d'Oude**. - Id., page 145 : **L'Esprit et les héritiers**. - Id., page 186 : **Le tambour de la Bérésina**. - **Id.**, 1859, page 344 : **Un ancien charretier**. - **Id.**, 1860, page 325 : **Progrès des Esprits**. - **Id.**, 1861, page 126 : **Progrès d'un Esprit pervers**).

157. Le sort de l'homme, dans la vie future, est-il irrévocablement fixé après la mort ?

La fixation irrévocable du sort de l'homme après la mort serait la négation absolue de la justice et de la bonté de Dieu, car il y en a beaucoup de qui il n'a pas dépendu de s'éclairer suffisamment, sans parler des idiots, des crétins et des sauvages, et des innombrables enfants qui meurent avant d'avoir entrevu la vie. Parmi les gens éclairés même, en est-il beaucoup qui puissent se croire assez parfaits pour être dispensés de rien faire de plus, et n'est-ce pas une preuve manifeste que Dieu donne de sa bonté, de permettre à l'homme de faire le lendemain ce qu'il n'a pu faire la veille ? Si le sort est irrévocablement fixé, pourquoi les hommes meurent-ils à des âges si différents, et pourquoi Dieu, dans sa justice, ne laisse-t-il pas à tous le temps de faire le plus de bien possible ou de réparer le mal qu'ils ont fait ? Qui sait si le coupable qui meurt à trente ans ne se serait pas repenti, et ne serait pas devenu un homme de bien s'il eût vécu jusqu'à soixante ans ? Pourquoi Dieu lui en ôte-t-il le moyen, tandis qu'il l'accorde à d'autres ? Le fait seul de la diversité de durée de la vie, et de l'état moral de la grande majorité des hommes, prouve l'impossibilité, si l'on admet la justice de Dieu, que le sort de l'âme soit irrévocablement fixé après la mort.

158. Quel est, dans la vie future, le sort des enfants qui meurent en bas âge ?

Cette question est une de celles qui prouvent le mieux la justice et la nécessité de la pluralité des existences. Une âme qui n'aurait vécu que quelques instants, n'ayant fait ni bien ni mal, ne mériterait ni récompense ni punition ; d'après la maxime du Christ, **que chacun est puni ou récompensé selon ses œuvres**, il serait aussi illogique que contraire à la justice de Dieu d'admettre que, sans travail, elle fût appelée à jouir du bonheur parfait des anges, ou qu'elle pût en être privée, **et pourtant elle doit avoir un sort quelconque** ; un état mixte, pour l'éternité, serait tout aussi injuste. Une existence interrompue dès son principe ne pouvant donc avoir aucune conséquence pour l'âme, son sort actuel est celui qu'elle a mérité dans sa précédente existence, et son sort futur celui qu'elle méritera par ses existences ultérieures.

159. Les âmes ont-elles des occupations dans l'autre vie ? S'occupent-elles d'autres choses que de leurs joies ou de leurs souffrances ?

Si les âmes ne s'occupaient que d'elles-mêmes pendant l'Éternité, ce serait de l'égoïsme, et Dieu, qui condamne l'égoïsme, ne saurait approuver dans la vie spirituelle ce qu'il punit dans la vie corporelle. Les âmes ou Esprits ont des occupations en rapport avec leur degré d'avancement, en même temps qu'ils cherchent à s'instruire et à s'améliorer. (**Livre des Esprits**, n° 558 : **Occupations et missions des Esprits**).

160. En quoi consistent les souffrances de l'âme après la mort ? Les âmes coupables sont-elles torturées dans les flammes matérielles ?

L'Église reconnaît parfaitement aujourd'hui que le feu de l'Enfer est un feu moral et non un feu matériel, mais elle ne définit pas la nature des souffrances. Les communications spirites les mettent sous nos yeux ; par ce moyen, nous pouvons les apprécier et nous convaincre que, pour n'être pas le résultat d'un feu matériel, qui ne saurait en effet brûler des âmes immatérielles, elles n'en sont pas moins terribles dans certains cas. Ces peines ne sont point uniformes ; elles varient à l'infini, selon la nature et le degré des fautes commises, et ce sont presque toujours ces fautes mêmes qui servent au châtiment : c'est ainsi que certains meurtriers sont astreints à rester sur le lieu du crime et à avoir sans cesse leurs victimes sous les yeux ; que l'homme aux goûts sensuels et matériels conserve ces mêmes goûts, mais l'impossibilité de les satisfaire matériellement est pour lui une torture ; que certains avares croient souffrir le froid et les privations qu'ils ont endurés pendant la vie par avarice ; d'autres restent auprès des trésors qu'ils ont enfouis et sont dans des transes perpétuelles par la crainte qu'on ne les leur enlève ; en un mot, il n'y a pas un défaut, pas une imperfection morale, pas une mauvaise action qui n'ait, dans le monde des Esprits, sa contrepartie et ses conséquences naturelles ; et, pour cela, il n'est pas besoin d'un lieu déterminé et circonscrit : partout où il se trouve, l'Esprit pervers porte son enfer avec lui.

Outre les peines spirituelles, il y a les peines et les épreuves matérielles que l'Esprit, qui ne s'est pas épuré, subit dans une nouvelle incarnation, où il est placé dans une position à endurer ce qu'il a fait endurer aux autres : à être humilié s'il a été orgueilleux, misérable s'il a été mauvais riche, malheureux par ses enfants s'il a été mauvais fils, etc. La terre, comme nous l'avons dit, est un des lieux d'exil et d'expiation, **un purgatoire**, pour les Esprits de cette nature, et dans lequel il dépend de chacun de ne pas revenir, en s'améliorant assez pour mériter d'aller dans un monde meilleur (**Livre des Esprits**, n° 237 : **Perceptions, sensations et souffrances des Esprits**. - Id., livre 4° : **Espérances et consolations ; peines et jouissances futures**. - Revue spirite, 1858, page 79 : **L'assassin Lemaire**. - Id., 1858, page 166 : **Le suicidé de la Samaritaine**. - Id., 1858, page 331 : **Sensations des Esprits**. - Id., 1859, page 275 : **Le père Crépin**. - Id., 1860, page 61 : **Estelle Régnier**. - Id., 1860, page 247 : **Le suicidé de la rue Quincampoix**. - Id., 1860, page 316 : **Le Châtiment**. - Id., 1860, page 325 : **Entrée d'un coupable dans le monde des Esprits**. - Id., 1860, page 384 : **Châtiment de l'égoïste**. - Id., 1861, page 53 : **Suicide d'un athée**. - Id., 1861, page 270 : **La peine du talion**).

161. La prière est-elle utile pour les âmes souffrantes ?

La prière est recommandée par tous les bons Esprits ; elle est en outre demandée par les Esprits imparfaits comme un moyen d'alléger leurs souffrances. L'âme pour laquelle on prie en éprouve du soulagement, parce que c'est un témoignage d'intérêt, et que le malheureux est toujours soulagé quand il trouve des cœurs charitables qui compatissent à ses douleurs. D'un autre côté, par la prière on l'excite au repentir et au désir de faire ce qu'il faut pour être heureux ; c'est en ce sens qu'on peut abréger sa peine, si, de son côté, il seconde par sa bonne volonté. (**Livre des Esprits**, n° 664. - **Revue spirite**, 1859, page 315 : **Effets de la prière sur les Esprits souffrants**).

162. En quoi consistent les jouissances des âmes heureuses ? Passent-elles l'éternité en contemplation ?

La justice veut que la récompense soit proportionnée au mérite, comme la punition à la gravité de la faute ; il y a donc des degrés infinis dans les jouissances de l'âme, depuis l'instant où elle entre dans la voie du bien jusqu'à ce qu'elle ait atteint la perfection.

Le bonheur des bons Esprits consiste à connaître toutes choses, à n'avoir ni haine, ni jalousie, ni envie, ni ambition, ni aucune des passions qui font le malheur des hommes. L'amour qui les unit est pour eux la source d'une suprême félicité. Ils n'éprouvent ni les besoins, ni les souffrances, ni les angoisses de la vie matérielle. Un état de contemplation perpétuelle serait un bonheur stupide et monotone ; ce serait celui de l'égoïste, puisque leur existence serait une inutilité sans terme. La vie spirituelle est, au contraire, une activité incessante par les missions que les Esprits reçoivent de l'Être suprême, comme étant ses agents dans le gouvernement de l'univers ; missions qui sont proportionnées à leur avancement, et dont ils sont heureux, parce qu'elles leur fournissent les occasions de se rendre utiles et de faire le bien. (**Livre des Esprits**, n° 558 : **Occupations et missions des Esprits**. **Revue spirite**, 1860, pages 321 et 322 : **Les purs Esprits ; le séjour des bienheureux**. - **Id**., 1861, page 179 : **Madame Gourdon**).

Remarque. Nous invitons les adversaires du spiritisme, et ceux qui n'admettent pas la réincarnation, à donner des problèmes ci-dessus une solution plus logique par tout autre principe que celui de la pluralité des existences.

FIN

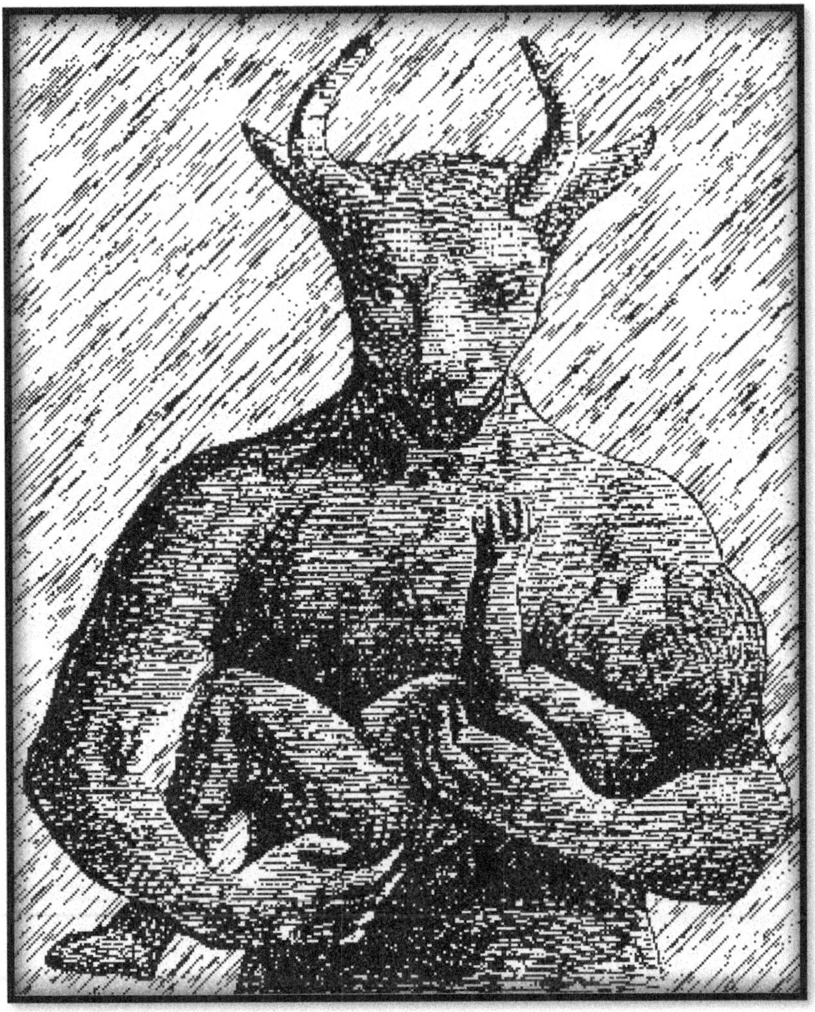

LE LIVRE DES ESPRITS

PHILOSOPHIE SPIRITUALISTE

(1857)

Contenant les principes de la doctrine spirite sur l'immortalité de l'âme, la nature des esprits et leurs rapports avec les hommes ; les lois morales, la vie présente, la vie future et l'avenir de l'humanité

Selon l'enseignement donné par les Esprits supérieurs à l'aide de divers médiums

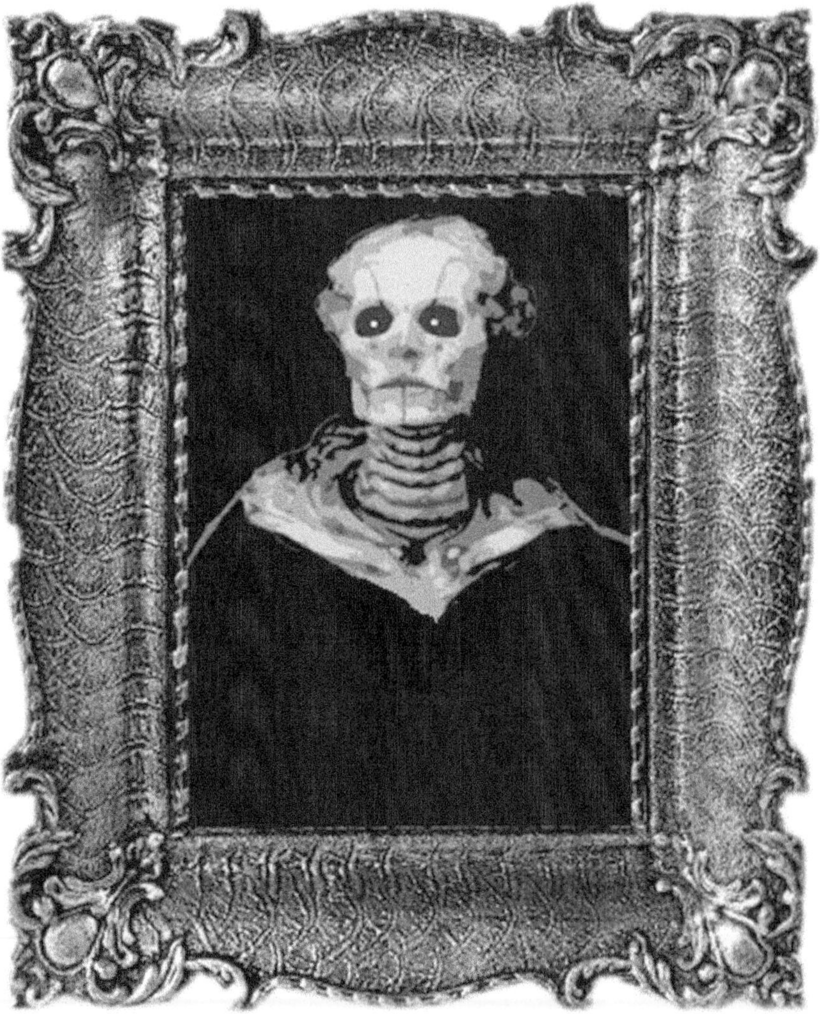

INTRODUCTION À L'ÉTUDE DE LA DOCTRINE SPIRITE

I

Pour les choses nouvelles il faut des mots nouveaux, ainsi le veut la clarté du langage, pour éviter la confusion inséparable du sens multiple des mêmes termes. Les mots *spirituel, spiritualiste, spiritualisme* ont une acception bien définie ; leur en donner une nouvelle pour les appliquer à la doctrine des Esprits serait multiplier les causes déjà si nombreuses d'amphibologie. En effet, le spiritualisme est l'opposé du matérialisme ; quiconque croit avoir en soi autre chose que la matière est spiritualiste ; mais il ne s'ensuit pas qu'il croie à l'existence des Esprits ou à leurs communications avec le monde visible. Au lieu des mots *spirituel, spiritualisme*, nous employons pour désigner cette dernière croyance ceux de *spirite* et de *spiritisme*, dont la forme rappelle l'origine et le sens radical, et qui par cela même ont l'avantage d'être parfaitement intelligibles, réservant au mot *spiritualisme* son acception propre. Nous dirons donc que la doctrine *spirite* ou le *spiritisme* a pour principes les relations du monde matériel avec les Esprits ou êtres du monde invisible. Les adeptes du spiritisme seront *les spirites* ou, si l'on veut, *les spiritistes*.

Comme spécialité, le *Livre des Esprits* contient la doctrine *spirite* ; comme généralité, il se rattache à la doctrine *spiritualiste* dont il présente l'une des phases. Telle est la raison pour laquelle il porte en tête de son titre les mots : *Philosophie spiritualiste*.

II

Il est un autre mot sur lequel il importe également de s'entendre, parce que c'est une des clefs de voûte de toute doctrine morale, et qu'il est le sujet de nombreuses controverses, faute d'une acception bien déterminée, c'est le mot *âme*. La divergence d'opinions sur la nature de l'âme vient de l'application particulière que chacun fait de ce mot. Une langue parfaite, où chaque idée aurait sa représentation par un terme propre, éviterait bien des discussions ; avec un mot pour chaque chose, tout le monde s'entendrait.

Selon les uns, l'âme est le principe de la vie matérielle organique ; elle n'a point d'existence propre et cesse avec la vie : c'est le matérialisme pur. Dans ce sens, et par comparaison, ils disent d'un instrument fêlé qui ne rend plus de son : qu'il n'a pas d'âme. D'après cette opinion, l'âme serait un effet et non une cause.

D'autres pensent que l'âme est le principe de l'intelligence, agent universel dont chaque être absorbe une portion. Selon eux, il n'y aurait pour tout l'univers qu'une seule âme qui distribue des étincelles entre les divers êtres intelligents pendant leur vie ; après la mort, chaque étincelle retourne à la source commune où elle se confond dans le tout, comme les ruisseaux et les fleuves retournent à la mer d'où ils sont sortis. Cette opinion diffère de la précédente en ce que, dans cette hypothèse, il y a en nous plus que la matière et qu'il reste quelque chose après la mort ; mais c'est à peu près comme s'il ne restait rien, puisque, n'ayant plus d'individualité, nous n'aurions plus conscience de nous-même. Dans cette opinion, l'âme universelle serait Dieu et chaque être une portion de la Divinité, c'est une variété du *panthéisme*.

Selon d'autres enfin, l'âme est un être moral, distinct, indépendant de la matière et qui conserve son individualité après la mort. Cette acception est, sans contredit, la plus générale, parce que, sous un nom ou sous un autre, l'idée de cet être qui survit au corps se trouve à l'état de croyance instinctive et indépendante de tout enseignement, chez tous les peuples, quel que soit le degré de leur civilisation. Cette doctrine, selon laquelle l'âme est *la cause et non l'effet*, est celle des *spiritualistes*.

Sans discuter le mérite de ces opinions, et en ne considérant que le côté linguistique de la chose, nous dirons que ces trois applications du mot *âme* constituent trois idées distinctes qui demanderaient chacune un terme différent. Ce mot a donc une triple acception, et chacun a raison à son point de vue, dans la définition qu'il en donne ; le tort est à la langue de n'avoir qu'un mot pour trois idées. Pour éviter toute équivoque, il faudrait restreindre l'acception du mot *âme* à l'une de ces trois idées ; le choix est indifférent, le tout est de s'entendre, c'est une affaire de convention. Nous croyons plus logique de le prendre dans son acception la plus vulgaire ; c'est pourquoi nous appelons ÂME *l'être immatériel et individuel qui réside en nous et qui survit au corps*. Cet être n'existerait-il pas, et ne serait-il qu'un produit de l'imagination, qu'il faudrait encore un terme pour le désigner.

À défaut d'un mot spécial pour chacun des deux autres points, nous appelons :

Principe vital le principe de la vie matérielle et organique, quelle qu'en soit la source, et qui est commun à tous les êtres vivants, depuis les plantes jusqu'à l'homme. La vie pouvant exister abstraction faite de la faculté de penser, le principe vital est une chose distincte et indépendante. Le mot *vitalité* ne rendrait pas la même idée. Pour les uns, le principe vital est une propriété de la matière, un effet qui se produit lorsque la matière se trouve dans certaines circonstances données ; selon d'autres, et c'est l'idée la plus commune, il réside dans un fluide spécial, universellement répandu et dont chaque être absorbe et s'assimile une partie pendant la vie, comme nous voyons les corps inertes absorber la lumière ; ce serait alors le *fluide vital*, qui, selon certaines opinions, ne serait autre que le fluide électrique animalisé, désigné aussi sous les noms de *fluide magnétique, fluide nerveux*, etc.

Quoi qu'il en soit, il est un fait que l'on ne saurait contester, car c'est un résultat d'observation, c'est que les êtres organiques ont en eux une force intime qui produit le phénomène de la vie, tant que cette force existe ; que la vie matérielle est commune à tous les êtres organiques, et qu'elle est indépendante de l'intelligence et de la pensée ; que l'intelligence et la pensée sont les facultés propres à certaines espèces organiques ; enfin que, parmi les espèces organiques douées de l'intelligence et de la pensée, il en est une douée d'un sens moral spécial qui lui donne une incontestable supériorité sur les autres, c'est l'espèce humaine.

On conçoit qu'avec une acception multiple, l'âme n'exclut ni le matérialisme, ni le panthéisme. Le spiritualiste lui-même peut très bien entendre l'âme selon l'une ou l'autre des deux premières définitions, sans préjudice de l'être immatériel distinct auquel il donnera alors un nom quelconque. Ainsi ce mot n'est point le représentant d'une opinion : c'est un protée que chacun accommode à sa guise ; de là, la source de tant d'interminables disputes.

On éviterait également la confusion, tout en se servant du mot *âme* dans les trois cas, en y ajoutant un qualificatif qui spécifierait le point de vue sous lequel on l'envisage, ou l'application qu'on en fait. Ce serait alors un mot générique, représentant à la fois le principe de la vie matérielle, de l'intelligence et du sens moral, et que l'on distinguerait par un attribut, comme les *gaz*, par exemple, que l'on distingue en ajoutant les mots *hydrogène*, *oxygène* ou *azote*. On pourrait donc dire, et ce serait peut-être le mieux, l'*âme vitale* pour le principe de la vie matérielle, l'*âme intellectuelle* pour le principe de l'intelligence et l'*âme spirite* pour le principe de notre individualité après la mort. Comme on le voit, tout cela est une question de mots, mais une question très importante pour s'entendre. D'après cela, *l'âme vitale* serait commune à tous les êtres organiques : plantes, animaux et hommes ; *l'âme intellectuelle* serait le propre des animaux et des hommes, et *l'âme spirite* appartiendrait à l'homme seul.

Nous avons cru devoir insister d'autant plus sur ces explications que la doctrine spirite repose naturellement sur l'existence en nous d'un être indépendant de la matière et survivant au corps. Le mot *âme* devant se produire fréquemment dans le cours de cet ouvrage, il importait d'être fixé sur le sens que nous y attachons afin d'éviter toute méprise.

Venons maintenant à l'objet principal de cette instruction préliminaire.

III

La doctrine spirite, comme toute chose nouvelle, a ses adeptes et ses contradicteurs. Nous allons essayer de répondre à quelques-unes des objections de ces derniers, en examinant la valeur des motifs sur lesquels ils s'appuient sans avoir toutefois la prétention de convaincre tout le monde, car il est des gens qui croient que la lumière a été faite pour eux seuls. Nous nous adressons aux personnes de bonne foi, sans idées préconçues ou arrêtées quand même, mais sincèrement désireuses de s'instruire, et nous leur démontrerons que la plupart des objections que l'on oppose à la doctrine proviennent d'une observation incomplète des faits et d'un jugement porté avec trop de légèreté et de précipitation.

Rappelons d'abord en peu de mots la série progressive des phénomènes qui ont donné naissance à cette doctrine.

Le premier fait observé a été celui d'objets divers mis en mouvement ; on l'a désigné vulgairement sous le nom de *tables tournantes* ou *danse des tables*. Ce phénomène, qui paraît avoir été observé d'abord en Amérique, ou plutôt qui s'est renouvelé dans cette contrée, car l'histoire prouve qu'il remonte à la plus haute antiquité, s'est produit accompagné de circonstances étranges, telles que bruits insolites, coups frappés sans cause ostensible connue. De là, il s'est rapidement propagé en Europe et dans les autres parties du monde ; il a d'abord soulevé beaucoup d'incrédulité, mais la multiplicité des expériences n'a bientôt plus permis de douter de la réalité.

Si ce phénomène eût été borné au mouvement des objets matériels, il pourrait s'expliquer par une cause purement physique. Nous sommes loin de connaître tous les agents occultes de la nature, ni toutes les propriétés de ceux que nous connaissons ; l'électricité, d'ailleurs, multiplie chaque jour à l'infini les ressources qu'elle procure à l'homme, et semble devoir éclairer la science d'une lumière nouvelle. Il n'y avait donc rien d'impossible à ce que l'électricité, modifiée par certaines circonstances, ou tout autre agent inconnu, fût la cause de ce mouvement. La réunion de plusieurs personnes augmentant la puissance d'action semblait appuyer cette théorie, car on pouvait considérer cet ensemble comme une pile multiple dont la puissance est en raison du nombre des éléments.

Le mouvement circulaire n'avait rien d'extraordinaire : il est dans la nature ; tous les astres se meuvent circulairement ; nous pourrions donc avoir en petit un reflet du mouvement général de l'univers, ou, pour mieux dire, une cause jusqu'alors inconnue pouvait produire accidentellement pour les petits objets et dans des circonstances données un courant analogue à celui qui entraîne les mondes.

Mais le mouvement n'était pas toujours circulaire ; il était souvent saccadé, désordonné, l'objet violemment secoué, renversé, emporté dans une direction quelconque, et, contrairement à toutes les lois de la statique, soulevé de terre et maintenu dans l'espace. Rien encore dans ces faits qui ne puisse s'expliquer par la puissance d'un agent physique invisible. Ne voyons-nous pas l'électricité renverser les édifices, déraciner les arbres, lancer au loin les corps les plus lourds, les attirer ou les repousser ?

Les bruits insolites, les coups frappés, en supposant qu'ils ne fussent pas un des effets ordinaires de la dilatation du bois ou de toute autre cause accidentelle, pouvaient encore très bien être produits par l'accumulation du fluide occulte ; l'électricité ne produit-elle pas les bruits les plus violents ?

Jusque-là, comme on le voit, tout peut rentrer dans le domaine des faits purement physiques et physiologiques. Sans sortir de ce cercle d'idées, il y avait là la matière d'études sérieuses et dignes de fixer l'attention des savants. Pourquoi n'en a-t-il pas été ainsi ? Il est pénible de le dire, mais cela tient à des causes qui prouvent entre mille faits semblables la légèreté de l'esprit humain. D'abord, la vulgarité de l'objet principal qui a servi de base aux premières expérimentations n'y est peut-être pas étrangère. Quelle influence un mot n'a-t-il pas souvent eue sur les choses les plus graves ! Sans considérer que le mouvement pouvait être imprimé à un objet quelconque, l'idée des tables a prévalu, sans doute parce que c'était l'objet le plus commode et qu'on s'assied plus naturellement autour d'une table qu'autour de tout autre meuble. Or, les hommes supérieurs sont quelquefois si puérils qu'il n'y aurait rien d'impossible à ce que certains esprits d'élite aient cru au-dessous d'eux de s'occuper de ce que l'on était convenu d'appeler *la danse des tables*. Il est même probable que, si le phénomène observé par Galvani l'eût été par des hommes vulgaires et fût resté caractérisé par un nom burlesque, il serait encore relégué à côté de la baguette divinatoire. Quel est, en effet, le savant qui n'aurait pas cru déroger en s'occupant de la *danse des grenouilles* ?

Quelques-uns cependant, assez modestes pour convenir que la nature pourrait bien n'avoir pas dit son dernier mot pour eux, ont voulu voir, pour l'acquit de leur conscience ; mais il est arrivé que le phénomène n'a pas toujours répondu à leur attente, et de ce qu'il ne s'était pas constamment produit à leur volonté, et selon leur mode d'expérimentation, ils ont conclu à la négative ; malgré leur arrêt, les tables, puisque tables il y a, continuent à tourner, et nous pouvons dire avec Galilée : *et pourtant elles se meuvent !* Nous dirons plus : c'est que les faits se sont tellement multipliés qu'ils ont aujourd'hui droit de cité, et qu'il ne s'agit plus que d'en trouver une explication rationnelle. Peut-on induire quelque chose contre la réalité du phénomène de ce qu'il ne se produit pas d'une manière toujours identique selon la volonté et les exigences de l'observateur ? Est-ce que les phénomènes d'électricité et de chimie ne sont pas subordonnés à certaines conditions et doit-on les nier parce qu'ils ne se produisent pas en dehors de ces conditions ? Y a-t-il donc rien d'étonnant que le phénomène du mouvement des objets par le fluide humain ait aussi ses conditions d'être et cesse de se produire lorsque l'observateur, se plaçant à son propre point de vue, prétend le faire marcher au gré de son caprice, ou l'assujettir aux lois des phénomènes connus, sans considérer que pour des faits nouveaux, il peut et doit y avoir des lois nouvelles ? Or, pour connaître ces lois, il faut étudier les circonstances dans lesquelles les faits se produisent et cette étude ne peut être que le fruit d'une observation soutenue, attentive et souvent fort longue.

Mais, objectent certaines personnes, il y a souvent supercherie évidente. Nous leur demanderons d'abord si elles sont bien certaines qu'il y ait supercherie, et si elles n'ont pas pris pour telle des effets dont elles ne pouvaient se rendre compte, à peu près comme ce paysan qui prenait un savant professeur de physique faisant des expériences, pour un adroit escamoteur. En supposant même que cela ait pu avoir lieu quelquefois, serait-ce une raison pour nier le fait ? Faut-il nier la physique parce qu'il y a des prestidigitateurs qui se décorent du titre de physiciens ? Il faut d'ailleurs tenir compte du caractère des personnes et de l'intérêt qu'elles pourraient avoir à tromper. Ce serait donc une plaisanterie ? On peut bien s'amuser un instant mais une plaisanterie indéfiniment prolongée serait aussi fastidieuse pour le mystificateur que pour le mystifié. Il y aurait, au reste, dans une mystification qui se propage d'un bout du monde à l'autre, et parmi les personnes les plus graves, les plus honorables et les plus éclairées, quelque chose d'au moins aussi extraordinaire que le phénomène lui-même.

IV

Si les phénomènes qui nous occupent se fussent bornés au mouvement des objets, ils seraient restés comme nous l'avons dit dans le domaine des sciences physiques ; mais il n'en est point ainsi : il leur était donné de nous mettre sur la voie de faits d'un ordre étrange. On crut découvrir, nous ne savons par quelle initiative, que l'impulsion donnée aux objets n'était pas seulement le produit d'une force mécanique aveugle, mais qu'il y avait dans ce mouvement l'intervention d'une cause intelligente. Cette voie une fois ouverte, c'était un champ tout nouveau d'observations ; c'était le voile levé sur bien des mystères. Y a-t-il, en effet, une puissance intelligente ? Telle est la question. Si cette puissance existe, quelle est-elle, quelle est sa nature, son origine ? Est-elle au-dessus de l'humanité ? Telles sont les autres questions qui découlent de la première.

Les premières manifestations intelligentes eurent lieu au moyen de tables se levant et frappant, avec un pied, un nombre déterminé de coups et répondant ainsi par *oui* ou par *non*, suivant la convention, à une question posée. Jusque-là rien de convaincant assurément pour les sceptiques, car on pouvait croire à un effet du hasard. On obtint ensuite des réponses plus développées par les lettres de l'alphabet : l'objet mobile, frappant un nombre de coups correspondant au numéro d'ordre de chaque lettre, on arrivait ainsi à formuler des mots et des phrases répondant à des questions posées. La justesse des réponses, leur corrélation avec la question excitèrent l'étonnement. L'être mystérieux qui répondait ainsi, interrogé sur sa nature, déclara qu'il était *Esprit* ou *génie*, se donna un nom, et fournit divers renseignements sur son compte. Ceci est une circonstance très importante à noter. Personne n'a donc imaginé les *Esprits* comme un moyen d'expliquer le phénomène ; c'est le phénomène lui-même qui révèle le mot. On fait souvent, dans les sciences exactes, des hypothèses pour avoir une base de raisonnement, or, ce n'est point ici le cas.

Ce moyen de correspondance était long et incommode. L'Esprit, et ceci est encore une circonstance digne de remarque, en indiqua un autre. C'est l'un de ces êtres invisibles qui donna le conseil d'adapter un crayon à une corbeille ou à un autre objet. Cette corbeille, posée sur une feuille de papier, est mise en mouvement par la même puissance occulte qui fait mouvoir les tables ; mais, au lieu d'un simple mouvement régulier, le crayon trace de lui-même des caractères formant des mots, des phrases et des discours entiers de plusieurs pages, traitant les plus hautes questions de philosophie, de morale, de métaphysique, de psychologie, etc., et cela avec autant de rapidité que si l'on écrivait avec la main.

Ce conseil fut donné simultanément en Amérique, en France et dans diverses contrées. Voici les termes dans lesquels il fut donné à Paris, le 10 juin 1853, à l'un des plus fervents adeptes de la doctrine, qui déjà depuis plusieurs années, et dès 1849, s'occupait de l'évocation des Esprits : « Va prendre, dans la chambre à côté, la petite corbeille ; attaches-y un crayon ; place-le sur un papier ; mets les doigts sur le bord. » Puis, quelques instants après, la corbeille s'est mise en mouvement et le crayon a écrit très lisiblement cette phrase : « Ce que je vous dis là, je vous défends expressément de le dire à personne ; la première fois que j'écrirai, j'écrirai mieux. »

L'objet auquel on adapte le crayon n'étant qu'un instrument, sa nature et sa forme sont complètement indifférentes ; on a cherché la disposition la plus commode ; c'est ainsi que beaucoup de personnes font usage d'une petite planchette.

La corbeille, ou la planchette, ne peut être mise en mouvement que sous l'influence de certaines personnes douées à cet égard d'une puissance spéciale et que l'on désigne sous le nom de *médiums*, c'est-à-dire milieu, ou intermédiaires entre les Esprits et les hommes. Les conditions qui donnent cette puissance spéciale tiennent à des causes tout à la fois physiques et morales encore imparfaitement connues, car on trouve des médiums de tout âge, de tout sexe et dans tous les degrés de développement intellectuel. Cette faculté, du reste, se développe par l'exercice.

V

Plus tard on reconnut que la corbeille et la planchette ne formaient, en réalité, qu'un appendice de la main, et le médium, prenant directement le crayon, se mit à écrire par une impulsion involontaire et presque fébrile. Par ce moyen, les communications devinrent plus rapides, plus faciles et plus complètes ; c'est aujourd'hui le plus répandu, d'autant plus que le nombre des personnes douées de cette aptitude est très considérable et se multiplie tous les jours. L'expérience enfin fit connaître plusieurs autres variétés dans la faculté médiatrice, et l'on sut que les communications pouvaient également avoir lieu par la parole, l'ouïe, la vue, le toucher, etc., et même par l'écriture directe des Esprits, c'est-à-dire sans le concours de la main du médium ni du crayon.

Le fait obtenu, un point essentiel restait à constater, c'est le rôle du médium dans les réponses et la part qu'il peut y prendre mécaniquement et moralement. Deux circonstances capitales, qui ne sauraient échapper à un observateur attentif, peuvent résoudre la question. La première est la manière dont la corbeille se meut sous son influence, par la seule imposition des doigts sur le bord ; l'examen démontre l'impossibilité d'une direction quelconque. Cette impossibilité devient surtout patente lorsque deux ou trois personnes se placent en même temps à la même corbeille ; il faudrait entre elles une concordance de mouvement vraiment phénoménale ; il faudrait, de plus, concordance de pensées pour qu'elles pussent s'entendre sur la réponse à faire à la question posée. Un autre fait, non moins singulier, vient encore ajouter à la difficulté, c'est le changement radical de l'écriture selon l'Esprit qui se manifeste, et chaque fois que le même esprit revient, son écriture se reproduit. Il faudrait donc que le médium se fût appliqué à changer sa propre écriture de vingt manières différentes et surtout qu'il pût se souvenir de celle qui appartient à tel ou tel Esprit.

La seconde circonstance résulte de la nature même des réponses qui sont, la plupart du temps, surtout lorsqu'il s'agit de questions abstraites ou scientifiques, notoirement en dehors des connaissances et quelquefois de la portée intellectuelle du médium, qui, du reste, le plus ordinairement, n'a point conscience de ce qui s'écrit sous son influence ; qui, très souvent même, n'entend pas ou ne comprend pas la question posée, puisqu'elle peut l'être dans une langue qui lui est étrangère, ou même mentalement, et que la réponse peut être faite dans cette langue. Il arrive souvent enfin que la corbeille écrive spontanément, sans question préalable, sur un sujet quelconque et tout à fait inattendu.

Ces réponses, dans certains cas, ont un tel cachet de sagesse, de profondeur et d'à-propos ; elles révèlent des pensées si élevées, si sublimes, qu'elles ne peuvent émaner que d'une intelligence supérieure, empreinte de la moralité la plus pure ; d'autres fois, elles sont si légères, si frivoles, si triviales même, que la raison se refuse à croire qu'elles puissent procéder de la même source. Cette diversité de langage ne peut s'expliquer que par la diversité des intelligences qui se manifestent. Ces intelligences sont-elles dans l'humanité ou hors de l'humanité ? Tel est le point à éclaircir et dont on trouvera l'explication complète dans cet ouvrage, telle qu'elle est donnée par les Esprits eux-mêmes.

Voilà donc des effets patents qui se produisaient en dehors du cercle habituel de nos observations, qui ne se passent point avec mystère, mais au grand jour, que tout le monde peut voir et constater, qui ne sont pas le privilège d'un seul individu, mais que des milliers de personnes répètent tous les jours à volonté. Ces effets ont nécessairement une cause, et du moment qu'ils révèlent l'action d'une intelligence et d'une volonté, ils sortent du domaine purement physique.

Plusieurs théories ont été émises à ce sujet : nous les examinerons tout à l'heure, et nous verrons si elles peuvent rendre raison de tous les faits qui se produisent. Admettons, en attendant, l'existence d'êtres distincts de l'humanité, puisque telle est l'explication fournie par les intelligences qui se révèlent, et voyons ce qu'ils nous disent.

VI

Les êtres qui se communiquent ainsi se désignent eux-mêmes, comme nous l'avons dit, sous le nom d'Esprits ou de génies, et comme ayant appartenu, pour quelques-uns du moins, aux hommes qui ont vécu sur la terre. Ils constituent le monde spirituel, comme nous constituons pendant notre vie le monde corporel.

Nous résumons ici, en peu de mots, les points les plus saillants de la doctrine qu'ils nous ont transmise, afin de répondre plus facilement à certaines objections.

« Dieu est éternel, immuable, immatériel, unique, tout-puissant, souverainement juste et bon. »

« Il a créé l'univers qui comprend tous les êtres animés et inanimés, matériels et immatériels. »

« Les êtres matériels constituent le monde visible ou corporel, et les êtres immatériels le monde invisible ou spirite, c'est-à-dire des Esprits. »

« Le monde spirite est le monde normal, primitif, éternel, préexistant et survivant à tout. »

« Le monde corporel n'est que secondaire ; il pourrait cesser d'exister, ou n'avoir jamais existé, sans altérer l'essence du monde spirite. »

« Les Esprits revêtent temporairement une enveloppe matérielle périssable, dont la destruction, par la mort les rend à la liberté. »

« Parmi les différentes espèces d'êtres corporels, Dieu a choisi l'espèce humaine pour l'incarnation des Esprits arrivés à un certain degré de développement, c'est ce qui lui donne la supériorité morale et intellectuelle sur les autres. »

« L'âme est un Esprit incarné dont le corps n'est que l'enveloppe. »

« Il y a dans l'homme trois choses : 1° le corps ou être matériel analogue aux animaux, et animé par le même principe vital ; 2° l'âme ou être immatériel, Esprit incarné dans le corps ; 3° le lien qui unit l'âme et le corps, principe intermédiaire entre la matière et l'Esprit. »

« L'homme a ainsi deux natures : par son corps, il participe de la nature des animaux dont il a les instincts ; par son âme, il participe de la nature des Esprits. »

« Le lien ou *périsprit* qui unit le corps et l'Esprit est une sorte d'enveloppe semi-matérielle. La mort est la destruction de l'enveloppe la plus grossière ; l'Esprit conserve la seconde, qui constitue pour lui un corps éthéré, invisible pour nous dans l'état normal, mais qu'il peut rendre accidentellement visible et même tangible, comme cela a lieu dans le phénomène des apparitions. »

« L'Esprit n'est point ainsi un être abstrait indéfini, que la pensée seule peut concevoir ; c'est un être réel, circonscrit qui, dans certains cas, est appréciable par les sens *de la vue, de l'ouïe et du toucher*. »

« Les Esprits appartiennent à différentes classes et ne sont égaux ni en puissance, ni en intelligence, ni en savoir, ni en moralité. Ceux du premier ordre sont les Esprits supérieurs qui se distinguent des autres par leur perfection, leurs connaissances, leur rapprochement de Dieu, la pureté de leurs sentiments et leur amour du bien : ce sont les anges ou purs Esprits. Les autres classes s'éloignent de plus en plus de cette perfection ; ceux des rangs inférieurs sont enclins à la plupart de nos passions : la haine, l'envie, la jalousie, l'orgueil, etc. ; ils se plaisent au mal. Dans le nombre, il en est qui ne sont ni très bons ni très mauvais, plus brouillons et tracassiers que méchants, la malice et les inconséquences semblent être leur partage : ce sont les Esprits follets ou légers. »

« Les Esprits n'appartiennent pas perpétuellement au même ordre. Tous s'améliorent en passant par les différents degrés de la hiérarchie spirite. Cette amélioration a lieu par l'incarnation qui est imposée aux uns comme expiation, et aux autres comme mission. La vie matérielle est une épreuve qu'ils doivent subir à plusieurs reprises jusqu'à ce qu'ils aient atteint la perfection absolue ; c'est une sorte d'étamine ou d'épuratoire d'où ils sortent plus ou moins purifiés. »

« En quittant le corps, l'âme rentre dans le monde des Esprits d'où elle était sortie, pour reprendre une nouvelle existence matérielle après un laps de temps plus ou moins long pendant lequel elle est à l'état d'Esprit errant. »

« L'Esprit devant passer par plusieurs incarnations, il en résulte que nous tous avons eu plusieurs existences, et que nous en aurons encore d'autres plus ou moins perfectionnées, soit sur cette terre, soit dans d'autres mondes. »

« L'incarnation des Esprits a toujours lieu dans l'espèce humaine ; ce serait une erreur de croire que l'âme ou Esprit peut s'incarner dans le corps d'un animal[6]. »

« Les différentes existences corporelles de l'Esprit sont toujours progressives et jamais rétrogrades ; mais la rapidité du progrès dépend des efforts que nous faisons pour arriver à la perfection. »

« Les qualités de l'âme sont celles de l'Esprit qui est incarné en nous ; ainsi l'homme de bien est l'incarnation du bon Esprit, et l'homme pervers celle d'un Esprit impur. »

« L'âme avait son individualité avant son incarnation ; elle la conserve après sa séparation du corps. »

« À sa rentrée dans le monde des Esprits, l'âme y retrouve tous ceux qu'elle a connus sur terre, et toutes ses existences antérieures se retracent à sa mémoire avec le souvenir de tout le bien et de tout le mal qu'elle a fait. »

« L'Esprit incarné est sous l'influence de la matière ; l'homme qui surmonte cette influence par l'élévation et l'épuration de son âme se rapproche des bons Esprits avec lesquels il sera un jour. Celui qui se laisse dominer par les mauvaises passions et place toutes ses joies dans la satisfaction des appétits grossiers, se rapproche des Esprits impurs en donnant la prépondérance à la nature animale. »

« Les Esprits incarnés habitent les différents globes de l'univers. »

« Les Esprits non incarnés ou errants n'occupent point une région déterminée et circonscrite ; ils sont partout dans l'espace et à nos côtés, nous voyant et nous coudoyant sans cesse ; c'est toute une population invisible qui s'agite autour de nous. »

« Les Esprits exercent sur le monde moral, et même sur le monde physique, une action incessante ; ils agissent sur la matière et sur la pensée, et constituent une des puissances de la nature, cause efficiente d'une foule de phénomènes jusqu'alors inexpliqués ou mal expliqués, et qui ne trouvent une solution rationnelle que dans le spiritisme. »

« Les relations des Esprits avec les hommes sont constantes. Les bons Esprits nous sollicitent au bien, nous soutiennent dans les épreuves de la vie, et nous aident à les supporter avec courage et résignation ; les mauvais nous sollicitent au mal : c'est pour eux une jouissance de nous voir succomber et de nous assimiler à eux. »

« Les communications des Esprits avec les hommes sont occultes ou ostensibles. Les communications occultes ont lieu par l'influence bonne ou

---

[6] Il y a entre cette doctrine de la réincarnation et celle de la métempsycose, telle que l'admettent certaines sectes, une différence caractéristique qui est expliquée dans la suite de l'ouvrage.

mauvaise qu'ils exercent sur nous à notre insu ; c'est à notre jugement de discerner les bonnes et les mauvaises inspirations. Les communications ostensibles ont lieu au moyen de l'écriture, de la parole ou autres manifestations matérielles, le plus souvent par l'intermédiaire des médiums qui leur servent d'instruments. »

« Les Esprits se manifestent spontanément ou sur évocation. On peut évoquer tous les Esprits : ceux qui ont animé des hommes obscurs, comme ceux des personnages les plus illustres, quelle que soit l'époque à laquelle ils ont vécu ; ceux de nos parents, de nos amis ou de nos ennemis, et en obtenir, par des communications écrites ou verbales, des conseils, des renseignements sur leur situation d'outre-tombe, sur leurs pensées à notre égard, ainsi que les révélations qu'il leur est permis de nous faire. »

« Les Esprits sont attirés en raison de leur sympathie pour la nature morale du milieu qui les évoque. Les Esprits supérieurs se plaisent dans les réunions sérieuses où dominent l'amour du bien et le désir sincère de s'instruire et de s'améliorer. Leur présence en écarte les Esprits inférieurs qui y trouvent au contraire un libre accès, et peuvent agir en toute liberté parmi les personnes frivoles ou guidées par la seule curiosité, et partout où se rencontrent de mauvais instincts. Loin d'en obtenir ni bons avis, ni renseignements utiles, on ne doit en attendre que des futilités, des mensonges, de mauvaises plaisanteries ou des mystifications, car ils empruntent souvent des noms vénérés pour mieux induire en erreur. »

« La distinction des bons et des mauvais Esprits est extrêmement facile ; le langage des Esprits supérieurs est constamment digne, noble, empreint de la plus haute moralité, dégagé de toute basse passion ; leurs conseils respirent la sagesse la plus pure, et ont toujours pour but notre amélioration et le bien de l'humanité. Celui des Esprits inférieurs, au contraire, est inconséquent, souvent trivial et même grossier ; s'ils disent parfois des choses bonnes et vraies, ils en disent plus souvent de fausses et d'absurdes par malice ou par ignorance ; ils se jouent de la crédulité et s'amusent aux dépens de ceux qui les interrogent en flattant leur vanité, en berçant leurs désirs de fausses espérances. En résumé, les communications sérieuses, dans toute l'acception du mot, n'ont lieu que dans les centres sérieux, dans ceux dont les membres sont unis par une communion intime de pensées en vue du bien. »

« La morale des Esprits supérieurs se résume comme celle du Christ en cette maxime évangélique : Agir envers les autres comme nous voudrions que les autres agissent envers nous-mêmes ; c'est-à-dire faire le bien et ne point faire le mal. L'homme trouve dans ce principe la règle universelle de conduite pour ses moindres actions. »

« Ils nous enseignent que l'égoïsme, l'orgueil, la sensualité sont des passions qui nous rapprochent de la nature animale en nous attachant à la matière ; que l'homme qui, dès ici-bas, se détache de la matière par le mépris des futilités mondaines et l'amour du prochain, se rapproche de la nature spirituelle ; que chacun de nous doit se rendre utile selon les facultés et les moyens que Dieu a mis entre ses mains pour l'éprouver ; que le Fort et le Puissant doivent appui et protection au Faible, car celui qui abuse de sa force et de sa puissance pour opprimer son semblable viole la loi de Dieu. Ils enseignent enfin, que dans le monde des Esprits, rien ne pouvant être caché, l'hypocrite sera démasqué et toutes ses turpitudes dévoilées ; que la présence inévitable et de tous les instants de ceux envers lesquels nous aurons mal agi est un des châtiments qui nous sont réservés ; qu'à l'état d'infériorité et de supériorité des Esprits sont attachées des peines et des jouissances qui nous sont inconnues sur la terre. »

« Mais ils nous enseignent aussi qu'il n'est pas de fautes irrémissibles et qui ne puissent être effacées par l'expiation. L'homme en trouve le moyen dans les différentes existences qui lui permettent d'avancer, selon son désir et ses efforts, dans la voie du progrès et vers la perfection qui est son but final. »

Tel est le résumé de la doctrine spirite, ainsi qu'elle résulte de l'enseignement donné par les Esprits supérieurs. Voyons maintenant les objections qu'on y oppose.

VII

Pour beaucoup de gens, l'opposition des corps savants est, sinon une preuve, du moins une forte présomption contraire. Nous ne sommes pas de ceux qui crient haro sur les savants, car nous ne voulons pas faire dire de nous que nous donnons le coup de pied de l'âne ; nous les tenons, au contraire, en grande estime, et nous serions fort honoré de compter parmi eux ; mais leur opinion ne saurait être en toutes circonstances un jugement irrévocable.

Dès que la science sort de l'observation matérielle des faits, qu'il s'agit d'apprécier et d'expliquer ces faits, le champ est ouvert aux conjectures ; chacun apporte son petit système qu'il veut faire prévaloir et soutient avec acharnement. Ne voyons-nous pas tous les jours les opinions les plus divergentes tour à tour préconisées et rejetées, tantôt repoussées comme erreurs absurdes, puis proclamées comme vérités incontestables ? Les faits, voilà le véritable critérium de nos jugements, l'argument sans réplique ; en l'absence de faits, le doute est l'opinion du sage.

Pour les choses de notoriété, l'opinion des savants fait foi à juste titre, parce qu'ils savent plus et mieux que le vulgaire ; mais en fait de principes nouveaux, de choses inconnues, leur manière de voir n'est toujours qu'hypothétique, parce qu'ils ne sont pas plus que d'autres exempts de préjugés ; je dirai même que le savant a peut-être plus de préjugés qu'un autre, parce qu'une propension naturelle le porte à tout subordonner au point de vue qu'il a approfondi : le mathématicien ne voit de preuve que dans une démonstration algébrique, le chimiste rapporte tout à l'action des éléments, etc. Tout homme qui s'est fait une spécialité y cramponne toutes ses idées ; sortez-le de là, souvent il déraisonne, parce qu'il veut tout soumettre au même creuset ; c'est une conséquence de la faiblesse humaine. Je consulterai donc volontiers et en toute confiance un chimiste sur une question d'analyse, un physicien sur la puissance électrique, un mécanicien sur une force motrice ; mais ils me permettront, et sans que cela porte atteinte à l'estime que commande leur savoir spécial, de ne pas tenir le même compte de leur opinion négative en fait de spiritisme, pas plus que du jugement d'un architecte sur une question de musique.

Les sciences vulgaires reposent sur les propriétés de la matière qu'on peut expérimenter et manipuler à son gré ; les phénomènes spirites reposent sur l'action d'intelligences qui ont leur volonté et nous prouvent à chaque instant qu'elles ne sont pas à notre caprice. Les observations ne peuvent donc se faire de la même manière ; elles requièrent des conditions spéciales et un autre point de départ ; vouloir les soumettre à nos procédés ordinaires d'investigation, c'est établir des analogies qui n'existent pas. La science proprement dite, comme science, est donc incompétente pour se prononcer dans la question du spiritisme : elle n'a pas à s'en occuper, et son jugement quel qu'il soit, favorable ou non, ne saurait être d'aucun poids. Le spiritisme est le résultat d'une conviction personnelle que les savants peuvent avoir comme individus, abstraction faite de leur qualité de savants ; mais, vouloir déférer la question à la science, autant vaudrait faire décider l'existence de l'âme par une assemblée de physiciens ou d'astronomes ; en effet, le spiritisme est tout entier dans l'existence de l'âme et dans son état après la mort ; or, il est souverainement illogique de penser qu'un homme doive être un grand psychologiste, parce qu'il est un grand mathématicien ou un grand anatomiste. L'anatomiste, en disséquant le corps humain, cherche l'âme, et parce qu'il ne la trouve pas sous son scalpel, comme il y trouve un nerf, ou parce qu'il ne la voit pas s'envoler comme un gaz, en conclut qu'elle n'existe pas, parce qu'il se place au point de vue exclusivement matériel ; s'ensuit-il qu'il ait raison contre l'opinion universelle ? Non. Vous voyez donc que le spiritisme n'est pas du ressort de la science. Quand les croyances spirites seront vulgarisées, quand elles seront acceptées par les masses, et, si l'on en juge par la rapidité avec laquelle elles se propagent, ce temps ne saurait être fort éloigné, il en sera de cela comme de toutes les idées nouvelles oui ont rencontré de l'opposition, les savants se rendront à l'évidence ; ils y arriveront individuellement par la force des choses ; jusque-là, il est intempestif de les détourner de leurs travaux spéciaux, pour les contraindre à s'occuper d'une chose étrangère qui n'est ni dans leurs attributions, ni dans leur programme. En attendant, ceux qui, sans une étude préalable et approfondie de la matière, se prononcent pour la négative et bafouent quiconque n'est pas de leur avis, oublient qu'il en a été de même de la plupart des grandes découvertes qui honorent l'humanité ; ils s'exposent à voir leurs noms augmenter la liste des illustres proscripteurs des idées nouvelles, et inscrits à côté de ceux des membres de la docte assemblée qui, en 1752, accueillit avec un immense éclat de rire le mémoire de Franklin sur les paratonnerres, le jugeant indigne de figurer au nombre des communications qui lui étaient adressées ; et de cette autre qui fit perdre à la France le bénéfice de l'initiative de la marine à vapeur, en déclarant le système de Fulton un rêve impraticable ; et pourtant c'étaient des questions de leur ressort. Si donc ces assemblées, qui comptaient dans leur sein l'élite des savants du monde, n'ont eu que la raillerie et le sarcasme pour des idées qu'elles ne comprenaient pas, idées qui, quelques années plus tard, devaient révolutionner la science, les mœurs et l'industrie, comment espérer qu'une question étrangère à leurs travaux obtienne plus de faveur ?

Ces erreurs de quelques-uns, regrettables pour leur mémoire, ne sauraient leur enlever les titres qu'à d'autres égards ils ont acquis à notre estime, mais est-il besoin d'un diplôme officiel pour avoir du bon sens, et ne compte-t-on en dehors des fauteuils académiques que des sots et des imbéciles ? Qu'on veuille bien jeter les yeux sur les adeptes de la doctrine spirite, et l'on verra si l'on n'y rencontre que des ignorants et si le nombre immense d'hommes de mérite qui l'ont embrassée permet de la reléguer au rang des croyances de bonnes femmes. Leur caractère et leur savoir valent bien la peine qu'on dise : puisque de tels hommes affirment, il faut au moins qu'il y ait quelque chose.

Nous répétons encore que si les faits qui nous occupent se fussent renfermés dans le mouvement mécanique des corps, la recherche de la cause physique de ce phénomène rentrait dans le domaine de la science ; mais dès qu'il s'agit d'une manifestation en dehors des lois de l'humanité, elle sort de la compétence de la science matérielle, car elle ne peut s'exprimer ni par les chiffres, ni par la puissance mécanique. Lorsque surgit un fait nouveau qui ne ressort d'aucune science connue, le savant, pour l'étudier, doit faire abstraction de sa science et se dire que c'est pour lui une étude nouvelle qui ne peut se faire avec des idées préconçues.

L'homme qui croit sa raison infaillible est bien près de l'erreur ; ceux mêmes qui ont les idées les plus fausses s'appuient sur leur raison, et c'est en vertu de cela qu'ils rejettent tout ce qui leur semble impossible. Ceux qui ont jadis repoussé les admirables découvertes dont l'humanité s'honore faisaient tous appel à ce juge pour les rejeter ; ce que l'on appelle raison n'est souvent que de l'orgueil déguisé, et quiconque se croit infaillible se pose comme l'égal de Dieu. Nous nous adressons donc à ceux qui sont assez sages pour douter de ce qu'ils n'ont pas vu, et qui, jugeant l'avenir par le passé, ne croient pas que l'homme soit arrivé à son apogée, ni que la nature ait tourné pour lui la dernière page de son livre.

VIII

Ajoutons que l'étude d'une doctrine, telle que la doctrine spirite, qui nous lance tout à coup dans un ordre de choses si nouveau et si grand, ne peut être faite avec fruit que par des hommes sérieux, persévérants, exempts de préventions et animés d'une ferme et sincère volonté d'arriver à un résultat. Nous ne saurions donner cette qualification à ceux qui jugent, *a priori*, légèrement et sans avoir tout vu ; qui n'apportent à leurs études ni la suite, ni la régularité, ni le recueillement nécessaires ; nous saurions encore moins la donner à certaines personnes qui, pour ne pas faillir à leur réputation de gens d'esprit, s'évertuent à trouver un côté burlesque aux choses les plus vraies, ou jugées telles par des personnes dont le savoir, le caractère et les convictions ont droit aux égards de quiconque se pique de savoir-vivre. Que ceux donc qui ne jugent pas les faits dignes d'eux et de leur attention s'abstiennent ; personne ne songe à violenter leur croyance, mais qu'ils veuillent bien respecter celles des autres.

Ce qui caractérise une étude sérieuse, c'est la suite que l'on y apporte. Doit-on s'étonner de n'obtenir souvent aucune réponse sensée à des questions, graves par elles-mêmes, alors qu'elles sont faites au hasard et jetées à brûle-pourpoint au milieu d'une foule de questions saugrenues ? Une question, d'ailleurs, est souvent complexe et demande, pour être éclaircie, des questions préliminaires ou complémentaires. Quiconque veut acquérir une science doit en faire une étude méthodique, commencer par le commencement et suivre l'enchaînement et le développement des idées. Celui qui adresse par hasard à un savant une question sur une science dont il ne sait pas le premier mot, sera-t-il plus avancé ? Le savant lui-même pourra-t-il, avec la meilleure volonté, lui donner une réponse satisfaisante ? Cette réponse isolée sera forcément incomplète, et souvent, par cela même, inintelligible, ou pourra paraître absurde et contradictoire. Il en est exactement de même dans les rapports que nous établissons avec les Esprits. Si l'on veut s'instruire à leur école, c'est un cours qu'il faut faire avec eux ; mais, comme parmi nous, il faut choisir ses professeurs et travailler avec assiduité.

Nous avons dit que les Esprits supérieurs ne viennent que dans les réunions sérieuses, et dans celles surtout où règne une parfaite communion de pensées et de sentiments pour le bien. La légèreté et les questions oiseuses les éloignent, comme, chez les hommes, elles éloignent les gens raisonnables ; le champ reste alors libre à la tourbe des Esprits menteurs et frivoles, toujours à l'affût des occasions de se railler et de s'amuser à nos dépens. Que devient dans une telle réunion une question sérieuse ? Il y sera répondu ; mais par qui ? C'est comme si au milieu d'une troupe de joyeux vivants vous alliez jeter ces questions : Qu'est-ce que l'âme ? Qu'est-ce que la mort ? Et d'autres choses aussi récréatives. Si vous voulez des réponses sérieuses, soyez sérieux vous-mêmes dans toute l'acception du mot, et placez-vous dans toutes les conditions voulues : alors seulement, vous obtiendrez de grandes choses ; soyez de plus laborieux et persévérants dans vos études, sans cela les Esprits supérieurs vous délaissent, comme le fait un professeur pour ses écoliers négligents.

IX

Le mouvement des objets est un fait acquis ; la question est de savoir si, dans ce mouvement, il y a ou non une manifestation intelligente, et en cas d'affirmative, quelle est la source de cette manifestation.

Nous ne parlons pas du mouvement intelligent de certains objets, ni de communications verbales, ni même de celles qui sont écrites directement par le médium ; ce genre de manifestation, évident pour ceux qui ont vu et approfondi la chose, n'est point, au premier aspect, assez indépendant de la volonté pour asseoir la conviction d'un observateur novice. Nous ne parlerons donc que de l'écriture obtenue à l'aide d'un objet quelconque muni d'un crayon, tel que corbeille, planchette, etc. ; la manière dont les doigts du médium sont posés sur l'objet défie, comme nous l'avons dit, l'adresse la plus consommée de pouvoir participer en quoi que ce soit au tracé des caractères. Mais admettons encore que, par une adresse merveilleuse, il puisse tromper l'œil le plus scrutateur, comment expliquer la nature des réponses, alors qu'elles sont en dehors de toutes les idées et de toutes les connaissances du médium ? Et qu'on veuille bien remarquer qu'il ne s'agit pas de réponses monosyllabiques, mais souvent de plusieurs pages écrites avec la plus étonnante rapidité, soit spontanément, soit sur un sujet déterminé ; sous la main du médium le plus étranger à la littérature, naissent quelquefois des poésies d'une sublimité et d'une pureté irréprochables, et que ne désavoueraient pas les meilleurs poètes humains ; ce qui ajoute encore à l'étrangeté de ces faits, c'est qu'ils se produisent partout et que les médiums se multiplient à l'infini. Ces faits sont-ils réels ou non ? À cela, nous n'avons qu'une chose à répondre : voyez et observez ; les occasions ne vous manqueront pas ; mais surtout, observez souvent, longtemps et selon les conditions voulues.

À l'évidence, que répondent les antagonistes ? Vous êtes, disent-ils, dupes du charlatanisme ou le jouet d'une illusion. Nous dirons d'abord qu'il faut écarter le mot *charlatanisme* là où il n'y a pas de profits ; les charlatans ne font pas leur métier gratis. Ce serait donc tout au plus une mystification. Mais par quelle étrange coïncidence ces mystificateurs se seraient-ils entendus d'un bout du monde à l'autre pour agir de même, produire les mêmes effets et donner sur les mêmes sujets et dans des langues diverses des réponses identiques, sinon quant aux mots, du moins quant au sens ? Comment des personnes graves, sérieuses, honorables, instruites se prêteraient-elles à de pareilles manœuvres, et dans quel but ? Comment trouverait-on chez des enfants la patience et l'habileté nécessaires ? Car si les médiums ne sont pas des instruments passifs, il leur faut une habileté et des connaissances incompatibles avec un certain âge et certaines positions sociales.

Alors on ajoute que, s'il n'y a pas supercherie, des deux côtés on peut être dupe d'une illusion. En bonne logique, la qualité des témoins est d'un certain poids ; or c'est ici le cas de demander si la doctrine spirite, qui compte aujourd'hui ses adhérents par milliers, ne les recrute que parmi les ignorants ? Les phénomènes sur lesquels elle s'appuie sont si extraordinaires que nous concevons le doute ; mais ce que l'on ne saurait admettre, c'est la prétention de certains incrédules au monopole du bon sens, et qui, sans respect pour les convenances ou la valeur morale de leurs adversaires, taxent sans façon d'ineptie tous ceux qui ne sont pas de leur avis. Aux yeux de toute personne judicieuse, l'opinion des gens éclairés qui ont longtemps vu, étudié et médité une chose, sera toujours, sinon une preuve, du moins une présomption en sa faveur, puisqu'elle a pu fixer l'attention d'hommes sérieux n'ayant ni un intérêt à propager une erreur, ni du temps à perdre à des futilités.

X

Parmi les objections, il en est de plus spécieuses, du moins en apparence, parce qu'elles sont tirées de l'observation et qu'elles sont faites par des personnes graves.

Une de ces objections est tirée du langage de certains Esprits qui ne paraît pas digne de l'élévation qu'on suppose à des êtres surnaturels. Si l'on veut bien se reporter au résumé de la doctrine que nous avons présenté ci-dessus, on y verra que les Esprits eux-mêmes nous apprennent qu'ils ne sont égaux ni en connaissances, ni en qualités morales, et que l'on ne doit point prendre au pied de la lettre tout ce qu'ils disent. C'est aux gens sensés à faire la part du bon et du mauvais. Assurément ceux qui tirent de ce fait la conséquence que nous n'avons affaire qu'à des êtres malfaisants, dont l'unique occupation est de nous mystifier, n'ont pas connaissance des communications qui ont lieu dans les réunions où ne se manifestent que des Esprits supérieurs, autrement ils ne penseraient pas ainsi. Il est fâcheux que le hasard les ait assez mal servis pour ne leur montrer que le mauvais côté du monde spirite, car nous voulons bien ne pas supposer qu'une tendance sympathique attire vers eux les mauvais Esprits plutôt que les bons, les Esprits menteurs ou ceux dont le langage est révoltant de grossièreté. On pourrait tout au plus en conclure que la solidité de leurs principes n'est pas assez puissante pour écarter le mal, et que, trouvant un Certain plaisir à satisfaire leur curiosité à cet égard, les mauvais Esprits en profitent pour se glisser parmi eux, tandis que les bons s'éloignent.

Juger la question des Esprits sur ces faits serait aussi peu logique que de juger le caractère d'un peuple par ce qui se dit et se fait dans l'assemblée de quelques étourdis ou de gens mal famés que ne fréquentent ni les sages, ni les gens sensés. Ces personnes se trouvent dans la situation d'un étranger qui, arrivant dans une grande capitale par le plus vilain faubourg, jugerait tous les habitants par les mœurs et le langage de ce quartier infime. Dans le monde des Esprits, il y a aussi une bonne et une mauvaise société ; que ces personnes veuillent bien étudier ce qui se passe parmi les Esprits d'élite, et elles seront convaincues que la cité céleste renferme autre chose que la lie du peuple. Mais, disent-elles, les Esprits d'élite viennent-ils parmi nous ? À cela, nous leur répondrons : Ne restez pas dans le faubourg ; voyez, observez et vous jugerez ; les faits sont là pour tout le monde ; à moins que ce ne soit à elles que s'appliquent ces paroles de Jésus : *Ils ont des yeux et ils ne voient point ; des oreilles et ils n'entendent point.*

Une variante de cette opinion consiste à ne voir dans les communications spirites, et dans tous les faits matériels auxquels elles donnent lieu, que l'intervention d'une puissance diabolique, nouveau Protée qui revêtirait toutes les formes pour mieux nous abuser. Nous ne la croyons pas susceptible d'un examen sérieux, c'est pourquoi nous ne nous y arrêterons pas : elle se trouve réfutée par ce que nous venons de dire ; nous ajouterons seulement que, s'il en était ainsi, il faudrait convenir que le diable est quelquefois bien sage, bien raisonnable et surtout bien moral, ou bien qu'il y a aussi de bons diables.

Comment croire, en effet, que Dieu ne permette qu'à l'Esprit du mal de se manifester pour nous perdre, sans nous donner pour contrepoids les conseils des bons Esprits ? S'il ne le peut pas, c'est impuissance ; s'il le peut et ne le fait pas, c'est incompatible avec sa bonté ; l'une et l'autre supposition seraient un blasphème. Remarquez qu'admettre la communication des mauvais Esprits, c'est reconnaître le principe des manifestations ; or, du moment qu'elles existent, ce ne peut être qu'avec la permission de Dieu ; comment croire, sans impiété, qu'il ne permette que le mal à l'exclusion du bien ? Une telle doctrine est contraire aux plus simples notions du bon sens et de la religion.

XI

Une chose bizarre, ajoute-t-on, c'est qu'on ne parle que des Esprits de personnages connus, et l'on se demande pourquoi ils sont seuls à se manifester. C'est là une erreur provenant, comme beaucoup d'autres, d'une observation superficielle. Parmi les Esprits qui viennent spontanément, il en est plus encore d'inconnus pour nous que d'illustres, qui se désignent par un nom quelconque et souvent par un nom allégorique ou caractéristique. Quant à ceux que l'on évoque, à moins que ce ne soit un parent ou un ami, il est assez naturel de s'adresser à ceux que l'on connaît plutôt qu'à ceux que l'on ne connaît pas ; le nom des personnages illustres frappe davantage, c'est pour cela qu'ils sont plus remarqués.

On trouve encore singulier que les Esprits d'hommes éminents viennent familièrement à notre appel, et s'occupent quelquefois de choses minutieuses en comparaison de celles qu'ils ont accomplies pendant leur vie. À cela, il n'est rien d'étonnant pour ceux qui savent que la puissance ou la considération dont ces hommes ont joui ici-bas ne leur donne aucune suprématie dans le monde spirite ; les Esprits confirment en ceci ces paroles de l'Évangile : Les grands seront abaissés et les petits élevés, ce qui doit s'entendre du rang que chacun de nous occupera parmi eux ; c'est ainsi que celui qui a été le premier sur la terre peut s'y trouver l'un des derniers ; celui devant lequel nous courbions la tête pendant sa vie peut donc venir parmi nous comme le plus humble artisan, car en quittant la vie, il a laissé toute sa grandeur, et le plus puissant monarque y est peut-être au-dessous du dernier de ses soldats.

XII

Un fait démontré par l'observation et confirmé par les Esprits eux-mêmes, c'est que les Esprits inférieurs empruntent souvent des noms connus et révérés. Qui donc peut nous assurer que ceux qui disent avoir été, par exemple, Socrate, Jules César, Charlemagne, Fénelon, Napoléon, Washington, etc., aient réellement animé ces personnages ? Ce doute existe parmi certains adeptes très fervents de la doctrine spirite ; ils admettent l'intervention et la manifestation des Esprits, mais ils se demandent quel contrôle on peut avoir de leur identité. Ce contrôle est, en effet, assez difficile à établir ; s'il ne peut l'être d'une manière aussi authentique que par un acte d'état civil, on le peut au moins par présomption, d'après certains indices.

Lorsque l'Esprit de quelqu'un qui nous est personnellement connu se manifeste, d'un parent ou d'un ami par exemple, surtout s'il est mort depuis peu de temps, il arrive en général que son langage est en rapport parfait avec le caractère que nous lui connaissions ; c'est déjà un indice d'identité ; mais le doute n'est presque plus permis quand cet Esprit parle de choses privées, rappelle des circonstances de famille qui ne sont connues que de l'interlocuteur. Un fils ne se méprendra pas assurément au langage de son père et de sa mère, ni des parents sur celui de leur enfant. Il se passe quelquefois dans ces sortes d'évocations intimes des choses saisissantes, de nature à convaincre le plus incrédule. Le sceptique le plus endurci est souvent terrifié des révélations inattendues qui lui sont faites.

Une autre circonstance très caractéristique vient à l'appui de l'identité. Nous avons dit que l'écriture du médium change généralement avec l'Esprit évoqué, et que cette écriture se reproduit exactement la même chaque fois que le même Esprit se présente ; on a constaté maintes fois que, pour les personnes mortes depuis peu surtout, cette écriture a une ressemblance frappante avec celle de la personne en son vivant ; on a vu des signatures d'une exactitude parfaite. Nous sommes, du reste, loin de donner ce fait comme une règle et surtout comme constant ; nous le mentionnons comme une chose digne de remarque.

Les Esprits arrivés à un certain degré d'épuration sont seuls dégagés de toute influence corporelle ; mais lorsqu'ils ne sont pas complètement dématérialisés (c'est l'expression dont ils se servent), ils conservent la plupart des idées, des penchants et même des *manies* qu'ils avaient sur la terre, et c'est encore là un moyen de reconnaissance ; mais on en trouve surtout dans une foule de faits de détail que peut seule révéler une observation attentive et soutenue. On voit des écrivains discuter leurs propres ouvrages ou leurs doctrines, en approuver ou condamner certaines parties ; d'autres Esprits rappeler des circonstances ignorées ou peu connues de leur vie ou de leur mort, toutes choses enfin qui sont tout au moins des preuves morales d'identité, les seules que l'on puisse invoquer en fait de choses abstraites.

Si donc l'identité de l'Esprit évoqué peut être, jusqu'à un certain point, établie dans quelques cas, il n'y a pas de raison pour qu'elle ne le soit pas dans d'autres, et si l'on n'a pas, pour les personnes dont la mort est plus ancienne, les mêmes moyens de contrôle, on a toujours celui du langage et du caractère ; car assurément l'Esprit d'un homme de bien ne parlera pas comme celui d'un homme pervers ou d'un débauché. Quant aux Esprits qui se parent de noms respectables, ils se trahissent bientôt par leur langage et leurs maximes ; celui qui se dirait Fénelon, par exemple, et qui blesserait, ne fût-ce qu'accidentellement, le bon sens et la morale, montrerait par cela même la supercherie. Si, au contraire, les pensées qu'il exprime sont toujours pures, sans contradictions et constamment à la hauteur du caractère de Fénelon, il n'y a pas de motifs pour douter de son identité ; autrement, il faudrait supposer qu'un Esprit qui ne prêche que le bien peut sciemment employer le mensonge, et cela sans utilité. L'expérience nous apprend que les Esprits du même degré, du même caractère et animés des mêmes sentiments se réunissent en groupes et en familles ; or, le nombre des Esprits est incalculable, et nous sommes loin de les connaître tous ; la plupart même n'ont pas de noms pour nous. Un Esprit de la catégorie de Fénelon peut donc venir en son lieu et place, souvent même envoyé par lui comme mandataire ; il se présente sous son nom, parce qu'il lui est identique et peut le suppléer, et parce qu'il nous faut un nom pour fixer nos idées ; mais qu'importe, en définitive, qu'un Esprit soit réellement ou non celui de Fénelon ! Du moment qu'il ne dit que de bonnes choses et qu'il parle comme l'aurait dit Fénelon lui-même, c'est un bon Esprit ; le nom sous lequel il se fait connaître est indifférent, et n'est souvent qu'un moyen de fixer nos idées. Il n'en saurait être de même dans les évocations intimes ; mais là, comme nous l'avons dit, l'identité peut être établie par des preuves en quelque sorte patentes.

Au reste, il est certain que la substitution des Esprits peut donner lieu à une foule de méprises, et qu'il peut en résulter des erreurs, et souvent des mystifications ; c'est là une difficulté du *spiritisme pratique* ; mais nous n'avons jamais dit que cette science fût une chose facile, ni qu'on pût l'apprendre en se jouant, pas plus qu'aucune autre science. Nous ne saurions trop le répéter, elle demande une étude assidue et souvent fort longue ; ne pouvant provoquer les faits, il faut attendre qu'ils se présentent d'eux-mêmes, et souvent ils sont amenés par les circonstances auxquelles on songe le moins. Pour l'observateur attentif et patient, les faits abondent, parce qu'il découvre des milliers de nuances caractéristiques qui sont, pour lui, des traits de lumière. Il en est ainsi dans les sciences vulgaires ; tandis que l'homme superficiel ne voit dans une fleur qu'une forme élégante, le savant y découvre des trésors pour la pensée.

XIII

Les observations ci-dessus nous conduisent à dire quelques mots d'une autre difficulté, celle de la divergence qui existe dans le langage des Esprits.

Les Esprits étant très différents les uns des autres au point de vue des connaissances et de la moralité, il est évident que la même question peut être résolue dans un sens opposé, selon le rang qu'ils occupent, absolument comme si elle était posée parmi les hommes alternativement à un savant, à un ignorant ou à un mauvais plaisant. Le point essentiel, nous l'avons dit, est de savoir à qui l'on s'adresse.

Mais, ajoute-t-on, comment se fait-il que les Esprits reconnus pour être supérieurs ne soient pas toujours d'accord ? Nous dirons d'abord qu'indépendamment de la cause que nous venons de signaler, il en est d'autres qui peuvent exercer une certaine influence sur la nature des réponses, abstraction faite de la qualité des Esprits ; ceci est un point capital dont l'étude donnera l'explication ; c'est pourquoi nous disons que ces études requièrent une attention soutenue, une observation profonde, et surtout, comme du reste toutes les sciences humaines, de la suite et de la persévérance. Il faut des années pour faire un médiocre médecin, et les trois quarts de la vie pour faire un savant, et l'on voudrait en quelques heures acquérir la science de l'infini ! Qu'on ne s'y trompe donc pas : l'étude du spiritisme est immense ; elle touche à toutes les questions de la métaphysique et de l'ordre social ; c'est tout un monde qui s'ouvre devant nous ; doit-on s'étonner qu'il faille du temps, et beaucoup de temps, pour l'acquérir ?

La contradiction, d'ailleurs, n'est pas toujours aussi réelle qu'elle peut le paraître. Ne voyons-nous pas tous les jours des hommes professant la même science varier dans la définition qu'ils donnent d'une chose, soit qu'ils emploient des termes différents, soit qu'ils l'envisagent sous un autre point de vue, quoique l'idée fondamentale soit toujours la même ? Que l'on compte si l'on peut, le nombre des définitions qui ont été données de la grammaire ! Ajoutons encore que la forme de la réponse dépend souvent de la forme de la question. Il y aurait donc de la puérilité à trouver une contradiction là où il n'y a le plus souvent qu'une différence de mots. Les Esprits supérieurs ne tiennent nullement à la forme ; pour eux, le fond de la pensée est tout.

Prenons pour exemple la définition de l'âme. Ce mot n'ayant pas d'acception fixe, les Esprits peuvent donc, ainsi que nous, différer dans la définition qu'ils en donnent : l'un pourra dire qu'elle est le principe de la vie, un autre l'appeler étincelle animique, un troisième dire qu'elle est interne, un quatrième qu'elle est externe, etc., et tous auront raison à leur point de vue. On pourrait même croire que certains d'entre eux professent des théories matérialistes, et pourtant il n'en est rien. Il en est de même de *Dieu* ; ce sera : le principe de toutes choses, le Créateur de l'univers, la souveraine intelligence, l'infini, le grand Esprit, etc., etc., et en définitive, ce sera toujours Dieu. Citons enfin la classification des Esprits. Ils forment une suite non interrompue depuis le degré inférieur jusqu'au degré supérieur ; la classification est donc arbitraire, l'un pourra en faire trois classes, un autre cinq, dix ou vingt à volonté, sans être pour cela dans l'erreur ; toutes les sciences humaines nous en offrent l'exemple ; chaque savant a son système ; les systèmes changent, mais la science ne change pas. Qu'on apprenne la botanique par le système de Linné, de Jussieu ou de Tournefort, on n'en saura pas moins la botanique. Cessons donc de donner aux choses de pure convention plus d'importance qu'elles n'en méritent pour nous attacher à ce qui est seul véritablement sérieux, et souvent la réflexion fera découvrir dans ce qui semble le plus disparate une similitude qui avait échappé à une première inspection.

XIV

Nous passerions légèrement sur l'objection de certains sceptiques au sujet des fautes d'orthographe commises par quelques Esprits, si elle ne devait donner lieu à une remarque essentielle. Leur orthographe, il faut le dire, n'est pas toujours irréprochable ; mais il faut être bien à court de raisons pour en faire l'objet d'une critique sérieuse, en disant que, puisque les Esprits savent tout, ils doivent savoir l'orthographe. Nous pourrions leur opposer les nombreux péchés de ce genre commis par plus d'un savant de la terre, ce qui n'ôte rien de leur mérite ; mais il y a dans ce fait une question plus grave. Pour les Esprits, et surtout pour les Esprits supérieurs, l'idée est tout, la forme n'est rien. Dégagés de la matière, leur langage entre eux est rapide comme la pensée, puisque c'est la pensée même qui se communique sans intermédiaire ; ils doivent donc se trouver mal à l'aise quand ils sont obligés, pour se communiquer à nous, de se servir des formes longues et embarrassées du langage humain, et surtout de l'insuffisance et de l'imperfection de ce langage pour rendre toutes les idées ; c'est ce qu'ils disent eux-mêmes ; aussi est-il curieux de voir les moyens qu'ils emploient souvent pour atténuer cet inconvénient. Il en serait ainsi de nous si nous avions à nous exprimer dans une langue plus longue dans ses mots et dans ses tournures, et plus pauvre dans ses expressions que celle dont nous faisons usage. C'est l'embarras qu'éprouve l'homme de génie s'impatientant de la lenteur de sa plume qui est toujours en arrière de sa pensée. On conçoit d'après cela que les Esprits attachent peu d'importance à la puérilité de l'orthographe, lorsqu'il s'agit surtout d'un enseignement grave et sérieux ; n'est-il pas déjà merveilleux d'ailleurs qu'ils s'expriment indifféremment dans toutes les langues et qu'ils les comprennent toutes ? Il ne faut pas en conclure de là pourtant que la correction conventionnelle du langage leur soit inconnue ; ils l'observent quand cela est nécessaire ; c'est ainsi, par exemple, que la poésie dictée par eux défierait souvent la critique du plus méticuleux puriste, et cela *malgré l'ignorance du médium.*

XV

Il y a ensuite des gens qui trouvent du danger partout, et à tout ce qu'ils ne connaissent pas ; aussi ne manquent-ils pas de tirer une conséquence défavorable de ce que certaines personnes, en s'adonnant à ces études, ont perdu la raison. Comment des hommes sensés peuvent-ils voir dans ce fait une objection sérieuse ? N'en est-il pas de même de toutes les préoccupations intellectuelles sur un cerveau faible ? Sait-on le nombre des fous et des maniaques produit par les études mathématiques, médicales, musicales, philosophiques et autres ? Faut-il pour cela bannir ces études ? Qu'est-ce que cela prouve ? Par les travaux corporels on s'estropie les bras et les jambes, qui sont les instruments de l'action matérielle ; par les travaux de l'intelligence on s'estropie le cerveau, qui est l'instrument de la pensée. Mais si l'instrument est brisé, l'esprit ne l'est pas pour cela : il est intact ; et lorsqu'il est dégagé de la matière, il n'en jouit pas moins de la plénitude de ses facultés. C'est dans son genre, comme homme, un martyr du travail. Toutes les grandes préoccupations de l'esprit peuvent occasionner la folie : les sciences, les arts, la religion même fournissent leur contingent. La folie a pour cause première une prédisposition organique du cerveau qui le rend plus ou moins accessible à certaines impressions. Étant donné une prédisposition à la folie, celle-ci prendra le caractère de la préoccupation principale qui devient alors une idée fixe. Cette idée fixe pourra être celle des Esprits chez celui qui s'en est occupé, comme elle pourra être celle de Dieu, des anges, du diable, de la fortune, de la puissance, d'un art, d'une science, de la maternité, d'un système politique social. Il est probable que le fou religieux fût devenu un fou spirite, si le spiritisme eût été sa préoccupation dominante, comme le fou spirite l'eût été sous une autre forme suivant les circonstances.

Je dis donc que le spiritisme n'a aucun privilège sous ce rapport ; mais je vais plus loin : je dis que, bien compris, c'est un préservatif contre la folie.

Parmi les causes les plus nombreuses de surexcitation cérébrale, il faut compter les déceptions, les malheurs, les affections contrariées, qui sont en même temps les causes les plus fréquentes de suicide. Or, le vrai spirite voit les choses de ce monde d'un point de vue si élevé ; elles lui paraissent si petites, si mesquines auprès de l'avenir qui l'attend ; la vie est pour lui si courte, si fugitive, que les tribulations ne sont à ses yeux que les incidents désagréables d'un voyage. Ce qui, chez un autre, produirait une violente émotion, l'affecte médiocrement ; il sait d'ailleurs que les chagrins de la vie sont des épreuves qui servent à son avancement s'il les subit sans murmure, parce qu'il sera récompensé selon le courage avec lequel il les aura supportées. Ses convictions lui donnent donc une résignation qui le préserve du désespoir, et par conséquent, d'une cause incessante de folie et de suicide. Il sait, en outre, par le spectacle que lui donnent les communications avec les Esprits, le sort de ceux qui abrègent volontairement leurs jours, et ce tableau est bien fait pour le faire réfléchir ; aussi le nombre de ceux qui ont été arrêtés sur cette pente funeste est-il considérable. C'est là un des résultats du spiritisme. Que les incrédules en rient tant qu'ils voudront ; je leur souhaite les consolations qu'il procure à tous ceux qui se sont donné la peine d'en sonder les mystérieuses profondeurs.

Au nombre des causes de folie, il faut encore placer la frayeur, et celle du diable a dérangé plus d'un cerveau. Sait-on le nombre de victimes que l'on a faites en frappant de faibles imaginations avec ce tableau que l'on s'ingénie à rendre plus effrayant par de hideux détails ? Le diable, dit-on, n'effraye que les petits enfants ; c'est un frein pour les rendre sages ; oui, comme Croque-mitaine et le loup-garou, et quand ils n'en ont plus peur, ils sont pires qu'avant ; et pour ce beau résultat on ne compte pas le nombre des épilepsies causées par l'ébranlement d'un cerveau délicat. La religion serait bien faible si, faute de crainte, sa puissance pouvait être compromise ; heureusement, il n'en est pas ainsi ; elle a d'autres moyens d'agir sur les âmes ; le spiritisme lui en fournit de plus efficaces et de plus sérieux, si elle sait les mettre à profit ; il montre la réalité des choses, et par là neutralise les funestes effets d'une crainte exagérée.

XVI

Il nous reste à examiner deux objections ; les seules qui méritent véritablement ce nom, parce qu'elles sont basées sur des théories raisonnées. L'une et l'autre admettent la réalité de tous les phénomènes matériels et moraux, mais elles excluent l'intervention des Esprits.

Selon la première de ces théories, toutes les manifestations attribuées aux Esprits ne seraient autre chose que des effets magnétiques. Les médiums seraient dans un état qu'on pourrait appeler somnambulisme éveillé, phénomène dont toute personne qui a étudié le magnétisme a pu être témoin. Dans cet état, les facultés intellectuelles acquièrent un développement anormal ; le cercle des perceptions intuitives s'étend hors des limites de notre conception ordinaire. Dès lors, le médium puiserait en lui-même et par le fait de sa lucidité tout ce qu'il dit et toutes les notions qu'il transmet, même sur les choses qui lui sont le plus étrangères dans son état habituel.

Ce n'est pas nous qui contesterons la puissance du somnambulisme dont nous avons vu les prodiges et étudié toutes les phases pendant plus de trente-cinq ans ; nous convenons qu'en effet beaucoup de manifestations spirites peuvent s'expliquer par ce moyen ; mais une observation soutenue et attentive montre une foule de faits où l'intervention du médium, autrement que comme instrument passif, est matériellement impossible. À ceux qui partagent cette opinion, nous dirons comme aux autres : « Voyez et observez, car assurément vous n'avez pas tout vu. » Nous leur opposerons ensuite deux considérations tirées de leur propre doctrine. D'où est venue la théorie spirite ? Est-ce un système imaginé par quelques hommes pour expliquer les faits ? Nullement. Qui donc l'a révélée ? Précisément ces mêmes médiums dont vous exaltez la lucidité. Si donc cette lucidité est telle que vous la supposez, pourquoi auraient-ils attribué à des Esprits ce qu'ils auraient puisé en eux-mêmes ? Comment auraient-ils donné ces renseignements si précis, si logiques, si sublimes sur la nature de ces intelligences extra-humaines ? De deux choses l'une, ou ils sont lucides ou ils ne le sont pas : s'ils le sont et si l'on a confiance en leur véracité, on ne saurait sans contradiction admettre qu'ils ne sont pas dans le vrai. En second lieu, si tous les phénomènes avaient leur source dans le médium, ils seraient identiques chez le même individu, et l'on ne verrait pas la même personne tenir un langage disparate ni exprimer tour à tour les choses les plus contradictoires. Ce défaut d'unité dans les manifestations obtenues par le médium prouve la diversité des sources ; si donc on ne peut les trouver toutes dans le médium, il faut bien les chercher hors de lui.

Selon une autre opinion, le médium est bien la source des manifestations, mais au lieu de les puiser en lui-même, ainsi que le prétendent les artisans de la théorie somnambulique, il les puise dans le milieu ambiant. Le médium serait ainsi une sorte de miroir reflétant toutes les idées, toutes les pensées et toutes les connaissances des personnes qui l'entourent ; il ne dirait rien qui ne soit connu au moins de quelques-unes. On ne saurait nier, et c'est même là un principe de la doctrine, l'influence exercée par les assistants sur la nature des manifestations ; mais cette influence est tout autre que celle qu'on suppose exister, et de là à ce que le médium soit l'écho de leurs pensées, il y a fort loin, car des milliers de faits établissent péremptoirement le contraire. C'est donc là une erreur grave qui prouve une fois de plus le danger des conclusions prématurées. Ces personnes ne pouvant nier l'existence d'un phénomène dont la science vulgaire ne peut rendre compte, et ne voulant pas admettre la présence des Esprits, l'expliquent à leur manière. Leur théorie serait spécieuse si elle pouvait embrasser tous les faits, mais il n'en est point ainsi. Lorsqu'on leur démontre jusqu'à l'évidence que certaines communications du médium sont complètement étrangères aux pensées, aux connaissances, aux opinions même de tous les assistants, que ces communications sont souvent spontanées et contredisent toutes les idées préconçues, elles ne sont pas arrêtées pour si peu de chose. Le rayonnement, disent-elles, s'étend bien au-delà du cercle immédiat qui nous entoure ; le médium est le reflet de l'humanité tout entière, de telle sorte que, s'il ne puise pas ses inspirations à côté de lui, il va les chercher au-dehors, dans la ville, dans la contrée, dans tout le globe et même dans les autres sphères.

Je ne pense pas que l'on trouve dans cette théorie une explication plus simple et plus probable que celle du spiritisme, car elle suppose une cause bien autrement merveilleuse. L'idée que des êtres peuplant les espaces, et qui, étant en contact permanent avec nous, nous communiquent leurs pensées, n'a rien qui choque plus la raison que la supposition de ce rayonnement universel venant de tous les points de l'univers se concentrer dans le cerveau d'un individu.

Encore une fois, et c'est là un point capital sur lequel nous ne saurions trop insister, la théorie somnambulique, et celle qu'on pourrait appeler *réflective*, ont été imaginées par quelques hommes ; ce sont des opinions individuelles créées pour expliquer un fait, tandis que la doctrine des Esprits n'est point de conception humaine ; elle a été dictée par les intelligences mêmes qui se manifestent, alors que nul n'y songeait, que l'opinion générale même la repoussait ; or nous demandons où les médiums ont été puiser une doctrine qui n'existait dans la pensée de personne sur la terre ; nous demandons en outre par quelle étrange coïncidence des milliers de médiums disséminés sur tous les points du globe, qui ne se sont jamais vus, s'accordent pour dire la même chose. Si le premier médium qui parut en France a subi l'influence d'opinions déjà accréditées en Amérique, par quelle bizarrerie a-t-il été chercher ces idées à 2 000 lieues au-delà des mers, chez un peuple étranger de mœurs et de langage, au lieu de les prendre autour de lui ?

Mais il est une autre circonstance à laquelle on n'a point assez songé. Les premières manifestations, en France comme en Amérique, n'ont eu lieu ni par l'écriture, ni par la parole, mais par les coups frappés concordant avec les lettres de l'alphabet, et formant des mots et des phrases. C'est par ce moyen que les intelligences qui se sont révélées ont déclaré être des Esprits. Si donc on pouvait supposer l'intervention de la pensée des médiums dans les communications verbales ou écrites, il ne saurait en être ainsi des coups frappés dont la signification ne pouvait être connue d'avance.

Nous pourrions citer nombre de faits qui démontrent, dans l'intelligence qui se manifeste, une individualité évidente et une indépendance absolue de volonté. Nous renvoyons donc les dissidents à une observation plus attentive, et s'ils veulent bien étudier sans prévention et ne pas conclure avant d'avoir tout vu, ils reconnaîtront l'impuissance de leur théorie pour rendre raison de tout. Nous nous bornerons à poser les questions suivantes : Pourquoi l'intelligence qui se manifeste, quelle qu'elle soit, refuse-t-elle de répondre à certaines questions sur des sujets parfaitement connus, comme, par exemple, sur le nom ou l'âge de l'interrogateur, sur ce qu'il a dans la main, ce qu'il a fait la veille, son projet du lendemain, etc. ? Si le médium est le miroir de la pensée des assistants, rien ne lui serait plus aisé que de répondre.

Les adversaires rétorquent l'argument en demandant à leur tour pourquoi les Esprits qui doivent tout savoir ne peuvent dire des choses aussi simples, selon l'axiome : *Qui peut le plus peut le moins* ; d'où ils concluent que ce ne sont pas des Esprits. Si un ignorant ou un mauvais plaisant, se présentant devant une docte assemblée, demandait, par exemple, pourquoi il fait jour en plein midi, croit-on qu'elle se donnât la peine de répondre sérieusement, et serait-il logique de conclure de son silence, ou des railleries dont elle gratifierait le questionneur, que ses membres ne sont que des ânes ? Or, c'est précisément parce que les Esprits sont supérieurs qu'ils ne répondent pas à des questions oiseuses et ridicules, et ne veulent pas être mis sur la sellette ; c'est pourquoi ils se taisent ou disent de s'occuper de choses plus sérieuses.

Nous demanderons, enfin, pourquoi les Esprits viennent et s'en vont souvent à un moment donné, et pourquoi, ce moment passé, il n'y a ni prières, ni supplications qui puissent les ramener ? Si le médium n'agissait que par l'impulsion mentale des assistants, il est évident que, dans cette circonstance, le concours de toutes les volontés réunies devrait stimuler sa clairvoyance. Si donc il ne cède pas au désir de l'assemblée, corroboré par sa propre volonté, c'est qu'il obéit à une influence étrangère à lui-même et à ceux qui l'entourent, et que cette influence accuse par là son indépendance et son individualité.

XVII

Le scepticisme, touchant la doctrine spirite, lorsqu'il n'est pas le résultat d'une opposition systématique intéressée, a presque toujours sa source dans une connaissance incomplète des faits, ce qui n'empêche pas certaines gens de trancher la question comme s'ils la connaissaient parfaitement. On peut avoir beaucoup d'esprit, de l'instruction même, et manquer de jugement ; or, le premier indice d'un défaut dans le jugement, c'est de croire le sien infaillible. Beaucoup de personnes aussi ne voient dans les manifestations spirites qu'un objet de curiosité ; nous espérons que, par la lecture de ce livre, elles trouveront dans ces phénomènes étranges autre chose qu'un simple passe-temps.

La science spirite comprend deux parties : l'une expérimentale sur les manifestations en général, l'autre philosophique sur les manifestations intelligentes. Quiconque n'a observé que la première est dans la position de celui qui ne connaîtrait la physique que par des expériences récréatives, sans avoir pénétré dans le fond de la science. La véritable doctrine spirite est dans l'enseignement donné par les Esprits, et les connaissances que cet enseignement comporte sont trop graves pour pouvoir être acquises autrement que par une étude sérieuse et suivie, faite dans le silence et le recueillement ; car dans cette condition seule on peut observer un nombre infini de faits et de nuances qui échappent à l'observateur superficiel et permettent d'asseoir une opinion. Ce livre n'aurait-il pour résultat que de montrer le côté sérieux de la question, et de provoquer des études dans ce sens, ce serait déjà beaucoup, et nous nous applaudirions d'avoir été choisi pour accomplir une œuvre dont nous ne prétendons, du reste, nous faire aucun mérite personnel, puisque les principes qu'il renferme ne sont pas notre création ; le mérite en est donc tout entier aux Esprits qui l'ont dicté. Nous espérons qu'il aura un autre résultat, c'est de guider les hommes désireux de s'éclairer, en leur montrant, dans ces études, un but grand et sublime : celui du progrès individuel et social, et de leur indiquer la route à suivre pour l'atteindre.

Terminons par une dernière considération. Des astronomes, en sondant les espaces, ont trouvé, dans la répartition des corps célestes, des lacunes non justifiées et en désaccord avec les lois de l'ensemble ; ils ont soupçonné que ces lacunes devaient être remplies par des globes échappés à leurs regards ; d'un autre côté, ils ont observé certains effets dont la cause leur était inconnue, et ils se sont dit : là il doit y avoir un monde, car cette lacune ne peut exister, et ces effets doivent avoir une cause. Jugeant alors de la cause par l'effet, ils en ont pu calculer les éléments, et plus tard les faits sont venus justifier leurs prévisions. Appliquons ce raisonnement à un autre ordre d'idées. Si l'on observe la série des êtres, on trouve qu'ils forment une chaîne sans solution de continuité depuis la matière brute jusqu'à l'homme le plus intelligent. Mais entre l'homme et Dieu, qui est l'alpha et l'oméga de toutes choses, quelle immense lacune ! Est-il rationnel de penser qu'à lui s'arrêtent les anneaux de cette chaîne ? Qu'il franchisse sans transition la distance qui le sépare de l'infini ? La raison nous dit qu'entre l'homme et Dieu il doit y avoir d'autres échelons, comme elle a dit aux astronomes qu'entre les mondes connus il devait y avoir des mondes inconnus. Quelle est la philosophie qui a comblé cette lacune ? Le spiritisme nous la montre remplie par les êtres de tous rangs du monde invisible, et ces êtres ne sont autres que les Esprits des hommes arrivés aux différents degrés qui conduisent à la perfection : alors tout se lie, tout s'enchaîne, depuis l'alpha jusqu'à l'oméga. Vous qui niez l'existence des Esprits, remplissez donc le vide qu'ils occupent ; et vous qui en riez, osez donc rire des œuvres de Dieu et de sa toute-puissance !

ALLAN KARDEC

PROLÉGOMÈNES

Des phénomènes qui sortent des lois de la science vulgaire se manifestent de toutes parts et révèlent dans leur cause l'action d'une volonté libre et intelligente.

La raison dit qu'un effet intelligent doit avoir pour cause une puissance intelligente, et des faits ont prouvé que cette puissance peut entrer en communication avec les hommes par des signes matériels.

Cette puissance, interrogée sur sa nature, a déclaré appartenir au monde des êtres spirituels qui ont dépouillé l'enveloppe corporelle de l'homme. C'est ainsi que fut révélée la doctrine des Esprits.

Les communications entre le monde spirite et le monde corporel sont dans la nature des choses, et ne constituent aucun fait surnaturel ; c'est pourquoi on en trouve la trace chez tous les peuples et à toutes les époques ; aujourd'hui, elles sont générales et patentes pour tout le monde.

Les Esprits annoncent que les temps marqués par la Providence pour une manifestation universelle sont arrivés, et qu'étant les ministres de Dieu et les agents de sa volonté, leur mission est d'instruire et d'éclairer les hommes en ouvrant une nouvelle ère pour la régénération de l'humanité.

Ce livre est le recueil de leurs enseignements ; il a été écrit par l'ordre et sous la dictée d'Esprits supérieurs pour établir les fondements d'une philosophie rationnelle, dégagée des préjugés de l'esprit de système ; il ne renferme rien qui ne soit l'expression de leur pensée et qui n'ait subi leur contrôle. L'ordre et la distribution méthodique des matières, ainsi que les remarques et la forme de quelques parties de la rédaction sont seuls l'œuvre de celui qui a reçu mission de le publier.

Dans le nombre des Esprits qui ont concouru à l'accomplissement de cette œuvre, plusieurs ont vécu à diverses époques sur la terre où ils ont prêché et pratiqué la vertu et la sagesse ; d'autres n'appartiennent, par leur nom, à aucun personnage dont l'histoire ait gardé le souvenir, mais leur élévation est attestée par la pureté de leur doctrine, et leur union avec ceux qui portent des noms vénérés.

Voici les termes dans lesquels ils ont donné par écrit, et par l'intermédiaire de plusieurs médiums, la mission d'écrire ce livre :

« Occupe-toi avec zèle et persévérance du travail que tu as entrepris avec notre concours, car ce travail est le nôtre. Nous y avons posé les bases du nouvel édifice qui s'élève et doit un jour réunir tous les hommes dans un même sentiment d'amour et de charité ; mais avant de le répandre, nous le reverrons ensemble, afin d'en contrôler tous les détails. »

« Nous serons avec toi toutes les fois que tu le demanderas et pour t'aider dans tes autres travaux, car ce n'est là qu'une partie de la mission qui t'est confiée, et qui t'a déjà été révélée par l'un de nous. »

« Dans le nombre des enseignements qui te sont donnés, il en est que tu dois garder pour toi seul jusqu'à nouvel ordre ; nous t'indiquerons quand le moment de les publier sera venu : en attendant, médite-les, afin d'être prêt quand nous te le dirons. »

« Tu mettras en tête du livre le cep de vigne que nous t'avons dessiné[7], parce qu'il est l'emblème du travail du Créateur ; tous les principes matériels qui peuvent le mieux représenter le corps et l'esprit s'y trouvent réunis : le corps, c'est le cep ; l'esprit, c'est la liqueur ; l'âme, ou l'esprit unis à la matière, c'est le grain. L'homme quintessencie l'esprit par le travail, et tu sais que ce n'est que par le travail du corps que l'esprit acquiert des connaissances. »

« Ne te laisse pas décourager par la critique. Tu trouveras des contradicteurs acharnés, surtout parmi les gens intéressés aux abus. Tu en trouveras même parmi les Esprits, car ceux qui ne sont pas complètement dématérialisés cherchent souvent à semer le doute par malice ou par ignorance ; mais va toujours ; crois en Dieu, et marche avec confiance : nous serons là pour te soutenir, et le temps est proche où la vérité éclatera de toutes parts. »

« La vanité de certains hommes qui croient tout savoir et veulent tout expliquer à leur manière fera naître des opinions dissidentes ; mais tous ceux qui auront en vue le grand principe de Jésus se confondront dans le même sentiment de l'amour du bien, et s'uniront par un lien fraternel qui embrassera le monde entier ; ils laisseront de côté les misérables disputes de mots pour ne s'occuper que des choses essentielles, et la doctrine sera toujours la même, quant au fond, pour tous ceux qui recevront les communications des Esprits supérieurs. »

« C'est avec la persévérance que tu parviendras à recueillir le fruit de tes travaux. Le plaisir que tu éprouveras en voyant la doctrine se propager et bien comprise te sera une récompense dont tu connaîtras toute la valeur, peut-être plus dans l'avenir que dans le présent. Ne t'inquiète donc pas des ronces et des pierres que des incrédules ou des méchants sèmeront sur ta route ; conserve la confiance : avec la confiance, tu parviendras au but, et tu mériteras d'être toujours aidé. »

« Souviens-toi que les Bons Esprits n'assistent que ceux qui servent Dieu avec humilité et désintéressement, et qu'ils répudient quiconque cherche dans la voie du ciel un marchepied pour les choses de la terre ; ils se retirent de l'orgueilleux et de l'ambitieux. L'orgueil et l'ambition seront toujours une barrière entre l'homme et Dieu ; c'est un voile jeté sur les célestes clartés, et Dieu ne peut se servir de l'aveugle pour faire comprendre la lumière. »

---

[7] Le cep ci-dessus est le fac-similé de celui qui a été dessiné par les Esprits.

SAINT JEAN L'ÉVANGÉLISTE, SAINT AUGUSTIN, SAINT VINCENT DE PAUL, SAINT LOUIS, L'ESPRIT DE VÉRITÉ, SOCRATE, PLATON, FÉNELON, FRANKLIN, SWEDENBORG, ETC., ETC.

NOTA. - Les principes contenus dans ce livre résultent, soit des réponses faites par les Esprits aux questions directes qui leur ont été proposées à diverses époques et par l'entremise d'un grand nombre de médiums, soit des instructions données par eux spontanément à nous ou à d'autres personnes sur les matières qu'il renferme. Le tout a été coordonné de manière à présenter un ensemble régulier et méthodique, et n'a été livré à la publicité qu'après avoir été soigneusement revu à plusieurs reprises et corrigé par les Esprits eux-mêmes. Cette seconde édition a pareillement été de leur part l'objet d'un nouvel et minutieux examen.

Ce qui est entre guillemets à la suite des questions est la réponse textuelle donnée par les Esprits. Ce qui est marqué par un autre caractère, ou désigné d'une manière spéciale à cet effet, comprend les remarques ou développements ajoutés par l'auteur, et qui ont également subi le contrôle des Esprits.

LIVRE PREMIER

LES CAUSES PREMIÈRES

THE BIRD WILL SHOW YOU THE WAY

CHAPITRE PREMIER
DIEU

Dieu et l'infini

1. Qu'est-ce que Dieu ?
« Dieu est l'intelligence suprême, cause première de toutes choses[8]. »
2. Que doit-on entendre par l'infini ?
« Ce qui n'a ni commencement ni fin : l'inconnu ; tout ce qui est inconnu est infini. »
3. Pourrait-on dire que Dieu c'est l'infini ?
« Définition incomplète. Pauvreté de la langue des hommes qui est insuffisante pour définir les choses qui sont au-dessus de leur intelligence. »

Dieu est infini dans ses perfections, mais l'infini est une abstraction ; dire que Dieu est l'*infini*, c'est prendre l'attribut pour la chose même, et définir une chose qui n'est pas connue par une chose qui ne l'est pas davantage.

Preuves de l'existence de Dieu

4. Où peut-on trouver la preuve de l'existence de Dieu ?
« Dans un axiome que vous appliquez à vos sciences : il n'y a pas d'effet sans cause. Cherchez la cause de tout ce qui n'est pas l'œuvre de l'homme, et votre raison vous répondra. »

Pour croire en Dieu, il suffit de jeter les yeux sur les œuvres de la création. L'univers existe, il a donc une cause. Douter de l'existence de Dieu, serait nier que tout effet a une cause, et avancer que rien a pu faire quelque chose.

5. Quelle conséquence peut-on tirer du sentiment intuitif que tous les hommes portent en eux-mêmes de l'existence de Dieu ?
« Que Dieu existe ; car d'où lui viendrait ce sentiment s'il ne reposait sur rien ? C'est encore une suite du principe qu'il n'y a pas d'effet sans cause. »

6. Le sentiment intime que nous avons en nous-mêmes de l'existence de Dieu ne serait-il pas le fait de l'éducation et le produit d'idées acquises ?
« Si cela était, pourquoi vos sauvages auraient-ils ce sentiment ? »

Si le sentiment de l'existence d'un être suprême n'était que le produit d'un enseignement, il ne serait pas universel, et n'existerait, comme les notions des sciences, que chez ceux qui auraient pu recevoir cet enseignement.

7. Pourrait-on trouver la cause première de la formation des choses dans les propriétés intimes de la matière ?

---

[8] Le texte placé entre guillemets à la suite des questions est la réponse même donnée par les Esprits. On a distingué par un autre caractère les remarques et développements ajoutés par l'auteur, lorsqu'il y aurait eu possibilité de les confondre avec le texte de la réponse. Quand ils forment des chapitres entiers, la confusion n'étant pas possible, on a conservé le caractère ordinaire.

« Mais alors, quelle serait la cause de ces propriétés ? Il faut toujours une cause première. »

Attribuer la formation première des choses aux propriétés intimes de la matière serait prendre l'effet pour la cause, car ces propriétés sont elles-mêmes un effet qui doit avoir une cause.

8. Que penser de l'opinion qui attribue la formation première à une combinaison fortuite de la matière, autrement dit au hasard ?

« Autre absurdité ! Quel homme de bon sens peut regarder le hasard comme un être intelligent ? Et puis, qu'est-ce que le hasard ? Rien. »

L'harmonie qui règle les ressorts de l'univers décèle des combinaisons et des vues déterminées, et, par cela même, révèle la puissance intelligente. Attribuer la formation première au hasard serait un non-sens, car le hasard est aveugle et ne peut produire les effets de l'intelligence. Un hasard intelligent ne serait plus le hasard.

9. Où voit-on dans la cause première une intelligence suprême et supérieure à toutes les intelligences ?

« Vous avez un proverbe qui dit ceci : À l'œuvre, on reconnaît l'ouvrier. Eh bien ! Regardez l'œuvre et cherchez l'ouvrier. C'est l'orgueil qui engendre l'incrédulité. L'homme orgueilleux ne veut rien au-dessus de lui, c'est pourquoi il s'appelle esprit fort. Pauvre être, qu'un souffle de Dieu peut abattre ! »

On juge la puissance d'une intelligence par ses œuvres ; nul être humain ne pouvant créer ce que produit la nature, la cause première est donc une intelligence supérieure à l'humanité.

Quels que soient les prodiges accomplis par l'intelligence humaine, cette intelligence a elle-même une cause, et plus ce qu'elle accomplit est grand, plus la cause première doit être grande. C'est cette intelligence qui est la cause première de toutes choses, quel que soit le nom sous lequel l'homme l'a désignée.

Attributs de la Divinité

10. L'homme peut-il comprendre la nature intime de Dieu ?

« Non ; c'est un sens qui lui manque. »

11. Sera-t-il un jour donné à l'homme de comprendre le mystère de la Divinité ?

« Quand son esprit ne sera plus obscurci par la matière et que, par sa perfection, il se sera rapproché de lui, alors il le verra et il le comprendra. »

L'infériorité des facultés de l'homme ne lui permet pas de comprendre la nature intime de Dieu. Dans l'enfance de l'humanité, l'homme le confond souvent avec la créature dont il lui attribue les imperfections ; mais à mesure que le sens moral se développe en lui, sa pensée pénètre mieux le fond des choses, et il s'en fait une idée plus juste et plus conforme à la saine raison, quoique toujours incomplète.

12. Si nous ne pouvons comprendre la nature intime de Dieu, pouvons-nous avoir une idée de quelques-unes de ses perfections ?

« Oui, de quelques-unes. L'homme les comprend mieux à mesure qu'il s'élève au-dessus de la matière ; il les entrevoit par la pensée. »

13. Lorsque nous disons que Dieu est éternel, infini, immuable, immatériel, unique, tout-puissant, souverainement juste et bon, n'avons-nous pas une idée complète de ses attributs ?

« À votre point de vue, oui, parce que vous croyez tout embrasser ; mais sachez bien qu'il est des choses au-dessus de l'intelligence de l'homme le plus intelligent, et pour lesquelles votre langage, borné à vos idées et à vos sensations, n'a point d'expressions. La raison vous dit, en effet, que Dieu doit avoir ces perfections au suprême degré, car s'il en avait une seule de moins, ou bien qui ne fût pas à un degré infini, il ne serait pas supérieur à tout et, par conséquent, ne serait pas Dieu. Pour être au-dessus de toutes choses, Dieu ne doit subir aucune vicissitude et n'avoir aucune des imperfections que l'imagination peut concevoir. »

Dieu est *éternel* ; s'il avait eu un commencement il serait sorti du néant, ou bien il aurait été créé lui-même par un être antérieur. C'est ainsi que de proche en proche nous remontons à l'infini et à l'éternité. Il est *immuable* ; s'il était sujet à des changements, les lois qui régissent l'univers n'auraient aucune stabilité.

Il est *immatériel* ; c'est-à-dire que sa nature diffère de tout ce que nous appelons matière, autrement il ne serait pas immuable, car il serait sujet aux transformations de la matière.

Il est *unique* ; s'il y avait plusieurs Dieux, il n'y aurait ni unité de vues, ni unité de puissance dans l'ordonnance de l'univers.

Il est *tout-puissant* ; parce qu'il est unique. S'il n'avait pas la souveraine puissance, il y aurait quelque chose de plus puissant ou d'aussi puissant que lui ; il n'eût pas fait toutes choses, et celles qu'il n'aurait pas faites seraient l'œuvre d'un autre Dieu.

Il est *souverainement juste et bon*. La sagesse providentielle des lois divines se révèle dans les plus petites choses comme dans les plus grandes, et cette sagesse ne permet de douter ni de sa justice, ni de sa bonté.

Panthéisme

14. Dieu est-il un être distinct, ou bien serait-il, selon l'opinion de quelques-uns, la résultante de toutes les forces et de toutes les intelligences de l'univers réunies ?

« S'il en était ainsi, Dieu ne serait pas, car il serait l'effet et non la cause ; il ne peut être à la fois l'un et l'autre. »

« Dieu existe, vous n'en pouvez douter, c'est l'essentiel ; croyez-moi, n'allez pas au-delà ; ne vous égarez pas dans un labyrinthe d'où vous ne pourriez sortir ; cela ne vous rendrait pas meilleurs, mais peut-être un peu plus orgueilleux, parce que vous croiriez savoir, et qu'en réalité vous ne sauriez rien. Laissez donc de côté tous ces systèmes ; vous avez assez de choses qui vous touchent plus directement, à commencer par vous-mêmes ; étudiez vos propres imperfections afin de vous en débarrasser, cela vous sera plus utile que de vouloir pénétrer ce qui est impénétrable. »

15. Que penser de l'opinion d'après laquelle tous les corps de la nature, tous les êtres, tous les globes de l'univers seraient des parties de la Divinité et constitueraient, par leur ensemble, la Divinité elle-même ; autrement dit de la doctrine panthéiste ?

« L'homme ne pouvant se faire Dieu, veut tout au moins être une partie de Dieu. »

16. Ceux qui professent cette doctrine prétendent y trouver la démonstration de quelques-uns des attributs de Dieu : Les mondes étant infinis, Dieu est, par cela même, infini ; le vide ou néant n'étant nulle part, Dieu est partout ; Dieu étant partout, puisque tout est partie intégrante de Dieu, il donne à tous les phénomènes de la nature une raison d'être intelligente. Que peut-on opposer à ce raisonnement ?

« La raison ; réfléchissez mûrement, et il ne vous sera pas difficile d'en reconnaître l'absurdité. »

Cette doctrine fait de Dieu un être matériel qui, bien que doué d'une intelligence suprême, serait en grand ce que nous sommes en petit. Or, la matière se transformant sans cesse, s'il en était ainsi Dieu n'aurait aucune stabilité ; il serait sujet à toutes les vicissitudes, à tous les besoins même de l'humanité ; il manquerait d'un des attributs essentiels de la Divinité : l'immuabilité. Les propriétés de la matière ne peuvent s'allier à l'idée de Dieu sans le rabaisser dans notre pensée, et toutes les subtilités du sophisme ne parviendront pas à résoudre le problème de sa nature intime. Nous ne savons pas tout ce qu'il est, mais nous savons ce qu'il ne peut pas ne pas être, et ce système est en contradiction avec ses propriétés les plus essentielles ; il confond le créateur avec la créature, absolument comme si l'on voulait qu'une machine ingénieuse fût une partie intégrante du mécanicien qui l'a conçue.

L'intelligence de Dieu se révèle dans ses œuvres comme celle d'un peintre dans son tableau ; mais les œuvres de Dieu ne sont pas plus Dieu lui-même que le tableau n'est le peintre qui l'a conçu et exécuté.

CHAPITRE II

ÉLÉMENTS GÉNÉRAUX DE L'UNIVERS

Connaissance du principe des choses

17. Est-il donné à l'homme de connaître le principe des choses ?
« Non, Dieu ne permet pas que tout soit révélé à l'homme ici-bas. »

18. L'homme pénétrera-t-il un jour le mystère des choses qui lui sont cachées ?
« Le voile se lève pour lui à mesure qu'il s'épure ; mais pour comprendre certaines choses, il lui faut des facultés qu'il ne possède pas encore. »

19. L'homme ne peut-il pas, par les investigations de la science, pénétrer quelques-uns des secrets de la nature ?
« La science lui a été donnée pour son avancement en toutes choses, mais il ne peut dépasser les limites fixées par Dieu. »

Plus il est donné à l'homme de pénétrer avant dans ces mystères, plus son admiration doit être grande pour la puissance et la sagesse du Créateur ; mais, soit par orgueil, soit par faiblesse, son intelligence même le rend souvent le jouet de l'illusion ; il entasse systèmes sur systèmes, et chaque jour lui montre combien d'erreurs il a prises pour des vérités, et combien de vérités il a repoussées comme des erreurs. Ce sont autant de déceptions pour son orgueil.

20. En dehors des investigations de la science, est-il donné à l'homme de recevoir des communications d'un ordre plus élevé sur ce qui échappe au témoignage de ses sens ?
« Oui, si Dieu le juge utile, il peut révéler ce que la science ne peut apprendre. »

C'est par ces communications que l'homme puise, dans certaines limites, la connaissance de son passé et de sa destinée future.

Esprit et matière

21. La matière est-elle de toute éternité comme Dieu, ou bien a-t-elle été créée par lui dans un temps quelconque ?
« Dieu seul le sait. Cependant, il est une chose que votre raison doit vous indiquer, c'est que Dieu, type d'amour et de charité, n'a jamais été inactif. Quelque éloigné que vous puissiez vous représenter le début de son action, pouvez-vous le comprendre une seconde dans l'oisiveté ? »

22. On définit généralement la matière : ce qui a de l'étendue ; ce qui peut faire impression sur nos sens ; ce qui est impénétrable ; ces définitions sont-elles exactes ?
« À votre point de vue, cela est exact parce que vous ne parlez que d'après ce que vous connaissez ; mais la matière existe à des états qui vous sont inconnus ; elle peut être, par exemple, tellement éthérée et subtile, qu'elle

ne fasse aucune impression sur vos sens ; cependant, c'est toujours de la matière, mais pour vous ce n'en serait pas. »

– Quelle définition pouvez-vous donner de la matière ?

« La matière est le lien qui enchaîne l'esprit ; c'est l'instrument qui le sert et sur lequel, en même temps, il exerce son action. »

À ce point de vue, on peut dire que la matière est l'agent, l'intermédiaire à l'aide duquel et sur lequel agit l'esprit.

23. Qu'est-ce que l'esprit ?

« Le principe intelligent de l'univers. »

– Quelle est la nature intime de l'esprit ?

« L'esprit n'est pas facile à analyser dans votre langage. Pour vous, ce n'est rien, parce que l'esprit n'est pas une chose palpable ; mais pour nous, c'est quelque chose. Sachez-le bien, rien c'est le néant, et le néant n'existe pas. »

24. L'esprit est-il synonyme d'intelligence ?

« L'intelligence est un attribut essentiel de l'esprit ; mais l'un et l'autre se confondent dans un principe commun, de sorte que pour vous c'est une même chose. »

25. L'esprit est-il indépendant de la matière, ou n'en est-il qu'une propriété, comme les couleurs sont des propriétés de la lumière et le son une propriété de l'air ?

« L'un et l'autre sont distincts ; mais il faut l'union et de l'esprit et de la matière pour intelligenter la matière. »

– Cette union est-elle également nécessaire pour la manifestation de l'esprit ? (Nous entendons ici par esprit le principe de l'intelligence, abstraction faite des individualités désignées sous ce nom).

« Elle est nécessaire pour vous, parce que vous n'êtes pas organisés pour percevoir l'esprit sans la matière ; vos sens ne sont pas faits pour cela. »

26. Peut-on concevoir l'esprit sans la matière et la matière sans l'esprit ?

« On le peut, sans doute, par la pensée. »

27. Il y aurait ainsi deux éléments généraux de l'univers : la matière et l'esprit ?

« Oui, et par-dessus tout cela Dieu, le créateur, le père de toutes choses ; ces trois choses sont le principe de tout ce qui existe, la trinité universelle. Mais, à l'élément matériel, il faut ajouter le fluide universel qui joue le rôle d'intermédiaire entre l'esprit et la matière proprement dite, trop grossière pour que l'esprit puisse avoir une action sur elle. Quoique, à un certain point de vue, on puisse le ranger dans l'élément matériel, il se distingue par des propriétés spéciales ; s'il était matière positivement, il n'y aurait pas de raison pour que l'Esprit ne le fût pas aussi. Il est placé entre l'esprit et la matière ; il est fluide, comme la matière est matière, susceptible, par ses innombrables combinaisons avec celle-ci, et sous l'action de l'esprit, de produire l'infinie variété des choses dont vous ne connaissez qu'une faible partie. Ce fluide universel, ou primitif, ou élémentaire, étant l'agent qu'emploie l'esprit, est le principe sans lequel la matière serait en état perpétuel de division et n'acquerrait jamais les propriétés que lui donne la pesanteur. »

– Ce fluide serait-il celui que nous désignons sous le nom d'électricité ?

« Nous avons dit qu'il est susceptible d'innombrables combinaisons ; ce que vous appelez fluide électrique, fluide magnétique, sont des modifications du fluide universel, qui n'est, à proprement parler, qu'une matière plus parfaite, plus subtile, et que l'on peut regarder comme indépendante. »

28. Puisque l'esprit est lui-même quelque chose, ne serait-il pas plus exact et moins sujet à confusion de désigner ces deux éléments généraux par les mots : *matière inerte et matière intelligente* ?

« Les mots nous importent peu ; c'est à vous de formuler votre langage de manière à vous entendre. Vos disputes viennent presque toujours de ce que vous ne vous entendez pas sur les mots, parce que votre langage est incomplet pour les choses qui ne frappent pas vos sens. »

Un fait patent domine toutes les hypothèses : nous voyons de la matière qui n'est pas intelligente ; nous voyons un principe intelligent indépendant de la matière. L'origine et la connexion de ces deux choses nous sont inconnues. Qu'elles aient ou non une source commune, des points de contact nécessaires ; que l'intelligence ait son existence propre, ou qu'elle soit une propriété, un effet ; qu'elle soit même, selon l'opinion de quelques-uns, une émanation de la Divinité, c'est ce que nous ignorons ; elles nous apparaissent distinctes, c'est pourquoi nous les admettons comme formant deux principes constituants de l'univers. Nous voyons au-dessus de tout cela une intelligence qui domine toutes les autres, qui les gouverne toutes, qui s'en distingue par des attributs essentiels : c'est cette intelligence suprême que l'on appelle Dieu.

Propriétés de la matière

29. La pondérabilité est-elle un attribut essentiel de la matière ?

« De la matière telle que vous l'entendez, oui ; mais non de la matière considérée comme fluide universel. La matière éthérée et subtile qui forme ce fluide est impondérable pour vous, et ce n'en est pas moins le principe de votre matière pesante. »

La pesanteur est une propriété relative ; en dehors des sphères d'attraction des mondes, il n'y a pas de poids, de même qu'il n'y a ni haut ni bas.

30. La matière est-elle formée d'un seul ou de plusieurs éléments ?

« Un seul élément primitif. Les corps que vous regardez comme des corps simples ne sont pas de véritables éléments, mais des transformations de la matière primitive. »

31. D'où viennent les différentes propriétés de la matière ?

« Ce sont des modifications que les molécules élémentaires subissent par leur union et dans certaines circonstances. »

32. D'après cela, les saveurs, les odeurs, les couleurs, le son, les qualités vénéneuses ou salutaires des corps, ne seraient que les modifications d'une seule et même substance primitive ?

« Oui, sans doute, et qui n'existent que par la disposition des organes destinés à les percevoir. »

Ce principe est démontré par le fait que tout le monde ne perçoit pas les qualités des corps de la même manière : l'un trouve une chose agréable au goût, un autre la trouve mauvaise ; les uns voient bleu ce que d'autres voient rouge ; ce qui est un poison pour les uns est inoffensif ou salutaire pour d'autres.

33. La même matière élémentaire est-elle susceptible de recevoir toutes les modifications et d'acquérir toutes les propriétés ?

« Oui, et c'est ce que l'on doit entendre quand nous disons que *tout est dans tout*[9]. »

L'oxygène, l'hydrogène, l'azote, le carbone et tous les corps que nous regardons comme simples ne sont que des modifications d'une substance primitive. Dans l'impossibilité où nous sommes jusqu'à présent de remonter autrement que par la pensée à cette matière première, ces corps sont pour nous de véritables éléments, et nous pouvons, sans que cela tire à conséquence, les considérer comme tels jusqu'à nouvel ordre.

– Cette théorie semble donner raison à l'opinion de ceux qui n'admettent dans la matière que deux propriétés essentielles : la force et le mouvement, et qui pensent que toutes les autres propriétés ne sont que des effets secondaires variant selon l'intensité de la force et la direction du mouvement ?

« Cette opinion est exacte. Il faut ajouter aussi selon la disposition des molécules, comme tu le vois, par exemple, dans un corps opaque qui peut devenir transparent, et réciproquement. »

34. Les molécules ont-elles une forme déterminée ?

« Sans doute, les molécules ont une forme, mais qui n'est pas appréciable pour vous. »

– Cette forme est-elle constante ou variable ?

« Constante pour les molécules élémentaires primitives, mais variable pour les molécules secondaires qui ne sont elles-mêmes que des agglomérations des premières ; car ce que vous appelez molécule est encore loin de la molécule élémentaire. »

Espace universel

35. L'espace universel est-il infini ou limité ?

« Infini. Suppose-lui des bornes, qu'y aurait-il au-delà ? Cela confond ta raison, je le sais bien, et pourtant ta raison te dit qu'il n'en peut être autrement. Il en est de même de l'infini en toutes choses ; ce n'est pas dans votre petite sphère que vous pouvez le comprendre. »

---

[9] Ce principe explique le phénomène connu de tous les magnétiseurs et qui consiste à donner, par la volonté, à une substance quelconque, à l'eau, par exemple, des propriétés très diverses : un goût déterminé, et même les qualités actives d'autres substances. Puisqu'il n'y a qu'un élément primitif, et que les propriétés des différents corps ne sont que des modifications de cet élément, il en résulte que la substance la plus inoffensive a le même principe que la plus délétère. Ainsi l'eau, qui est formée d'une partie d'oxygène et de deux d'hydrogène, devient corrosive si l'on double la proportion d'oxygène. Une transformation analogue peut se produire par l'action magnétique dirigée par la volonté.

Si l'on suppose une limite à l'espace, quelque éloignée que la pensée puisse la concevoir, la raison dit qu'au-delà de cette limite il y a quelque chose, et ainsi de proche en proche jusqu'à l'infini ; car ce quelque chose, fût-il le vide absolu, serait encore de l'espace.

36. Le vide absolu existe-t-il quelque part dans l'espace universel ?

« Non, rien n'est vide ; ce qui est vide pour toi est occupé par une matière qui échappe à tes sens et à tes instruments. »

CHAPITRE III
CRÉATION

Formation des mondes

L'univers comprend l'infinité des mondes que nous voyons et ceux que nous ne voyons pas, tous les êtres animés et inanimés, tous les astres qui se meuvent dans l'espace ainsi que les fluides qui le remplissent.

37. L'univers a-t-il été créé, ou bien est-il de toute éternité comme Dieu ?

« Sans doute, il n'a pu se faire tout seul, et s'il était de toute éternité comme Dieu, il ne pourrait pas être l'œuvre de Dieu. »

La raison nous dit que l'univers n'a pu se faire lui-même, et que, ne pouvant être l'œuvre du hasard, il doit être l'œuvre de Dieu.

38. Comment Dieu a-t-il créé l'univers ?

« Pour me servir d'une expression : sa Volonté. Rien ne peint mieux cette volonté toute puissante que ces belles paroles de la Genèse : Dieu dit : Que la lumière soit, et la lumière fut. »

39. Pouvons-nous connaître le mode de la formation des mondes ?

« Tout ce que l'on peut dire, et ce que vous pouvez comprendre, c'est que les mondes se forment par la condensation de la matière disséminée dans l'espace. »

40. Les comètes seraient-elles, comme on le pense maintenant, un commencement de condensation de la matière et des mondes en voie de formation ?

« Cela est exact ; mais ce qui est absurde, c'est de croire à leur influence. Je veux dire cette influence qu'on leur attribue vulgairement ; car tous les corps célestes ont leur part d'influence dans certains phénomènes physiques. »

41. Un monde complètement formé peut-il disparaître, et la matière qui le compose disséminée de nouveau dans l'espace ?

« Oui, Dieu renouvelle les mondes comme il renouvelle les êtres vivants. »

42. Pouvons-nous connaître la durée de la formation des mondes : de la terre, par exemple ?

« Je ne peux pas te le dire, car le Créateur seul le sait, et bien fou qui prétendrait le savoir ou connaître le nombre des siècles de cette formation. »

Formation des êtres vivants

43. Quand la terre a-t-elle commencé à être peuplée ?

« Au commencement, tout était chaos ; les éléments étaient confondus. Peu à peu, chaque chose a pris sa place ; alors ont paru les êtres vivants appropriés à l'état du globe. »

44. D'où sont venus les êtres vivants sur la terre ?

« La terre en renfermait les germes qui attendaient le moment favorable pour se développer. Les principes organiques se rassemblèrent dès que cessa la force qui les tenait écartés, et ils formèrent les germes de tous les êtres vivants. Les germes restèrent à l'état latent et inerte, comme la chrysalide et les graines des plantes, jusqu'au moment propice pour l'éclosion de chaque espèce ; alors les êtres de chaque espèce se rassemblèrent et se multiplièrent. »

45. Où étaient les éléments organiques avant la formation de la terre ?

« Ils se trouvaient, pour ainsi dire, à l'état de fluide dans l'espace, au milieu des Esprits, ou dans d'autres planètes, attendant la création de la terre pour commencer une nouvelle existence sur un globe nouveau. »

La chimie nous montre les molécules des corps inorganiques s'unissant pour former des cristaux d'une régularité constante, selon chaque espèce, dès qu'ils sont dans les conditions voulues. Le moindre trouble dans ces conditions suffit pour empêcher la réunion des éléments ou, tout au moins, la disposition régulière qui constitue le cristal. Pourquoi n'en serait-il pas de même des éléments organiques ? Nous conservons pendant des années des semences de plantes et d'animaux qui ne se développent qu'à une température donnée et dans un milieu propice ; on a vu des grains de blé germer après plusieurs siècles. Il y a donc dans ces semences un principe *latent* de vitalité qui n'attend qu'une circonstance favorable pour se développer. Ce qui se passe journellement sous nos yeux ne peut-il avoir existé dès l'origine du globe ? Cette formation des êtres vivants sortant du chaos par la force même de la nature ôte-t-elle quelque chose à la grandeur de Dieu ? Loin de là, elle répond mieux à l'idée que nous nous faisons de sa puissance s'exerçant sur des mondes infinis par des lois éternelles. Cette théorie ne résout pas, il est vrai, la question de l'origine des éléments vitaux ; mais Dieu a ses mystères et a posé des bornes à nos investigations.

46. Y a-t-il encore des êtres qui naissent spontanément ?

« Oui, mais le germe primitif existait déjà à l'état latent. Vous êtes tous les jours témoins de ce phénomène. Les tissus de l'homme et des animaux ne renferment-ils pas les germes d'une multitude de vers qui attendent pour éclore la fermentation putride nécessaire à leur existence ? C'est un petit monde qui sommeille et qui se crée. »

47. L'espèce humaine se trouvait-elle parmi les éléments organiques contenus dans le globe terrestre ?

« Oui, et elle est venue en son temps ; c'est ce qui a fait dire que l'homme avait été formé du limon de la terre. »

48. Pouvons-nous connaître l'époque de l'apparition de l'homme et des autres êtres vivants sur la terre ?

« Non, tous vos calculs sont des chimères. »

49. Si le germe de l'espèce humaine se trouvait parmi les éléments organiques du globe, pourquoi ne se forme-t-il pas spontanément des hommes comme à leur origine ?

« Le principe des choses est dans les secrets de Dieu ; cependant, on peut dire que les hommes une fois répandus sur la terre ont absorbé en eux les éléments nécessaires à leur formation pour les transmettre selon les lois de la reproduction. Il en est de même des différentes espèces des êtres vivants. »

Peuplement de la terre – Adam

50. L'espèce humaine a-t-elle commencé par un seul homme ?

« Non ; celui que vous appelez Adam ne fut ni le premier, ni le seul qui peupla la Terre. » 51. Pouvons-nous savoir à quelle époque vivait Adam ?

« À peu près celle que vous lui assignez ; environ 4 000 ans avant le Christ. »

L'homme, dont la tradition s'est conservée sous le nom d'Adam, fut un de ceux qui survécurent, dans une contrée, après quelques-uns des grands cataclysmes qui ont à diverses époques bouleversé la surface du globe, et il est devenu la souche d'une des races qui le peuplent aujourd'hui. Les lois de la nature s'opposent à ce que les progrès de l'humanité, constatés longtemps avant le Christ, aient pu s'accomplir en quelques siècles, si l'homme n'était sur la terre que depuis l'époque assignée à l'existence d'Adam. Quelques-uns considèrent, et cela avec plus de raison, Adam comme un mythe ou une allégorie personnifiant les premiers âges du monde.

Diversité des races humaines

52. D'où viennent les différences physiques et morales qui distinguent les variétés de races d'hommes sur la terre ?

« Le climat, la vie et les habitudes. Il en est de même de deux enfants de la même mère qui, élevés loin de l'autre et différemment, ne se ressembleront en rien au moral. »

53. L'homme a-t-il pris naissance sur plusieurs points du globe ?

« Oui, et à diverses époques, et c'est là une des causes de la diversité des races ; puis les hommes, en se dispersant sous différents climats et en s'alliant à d'autres races, ont formé de nouveaux types. »

– Ces différences constituent-elles des espèces distinctes ?

« Certainement non, tous sont de la même famille : les différentes variétés du même fruit l'empêchent-elles d'appartenir à la même espèce ? »

54. Si l'espèce humaine ne procède pas d'un seul, les hommes doivent-ils cesser pour cela de se regarder comme frères ?

« Tous les hommes sont frères en Dieu, parce qu'ils sont animés par l'esprit et qu'ils tendent au même but. Vous voulez toujours prendre les mots à la lettre. »

Pluralité des Mondes

55. Tous les globes qui circulent dans l'espace sont-ils habités ?

« Oui, et l'homme de la terre est loin d'être, comme il le croit, le premier en intelligence, en bonté et en perfection. Il y a pourtant des hommes qui se croient bien forts, qui s'imaginent que ce petit globe a seul le privilège d'avoir des êtres raisonnables. Orgueil et vanité ! Ils croient que Dieu a créé l'univers pour eux seuls. »

Dieu a peuplé les mondes d'êtres vivants, qui tous concourent au but final de la Providence. Croire les êtres vivants limités au seul point que nous habitons dans l'univers, serait mettre en doute la sagesse de Dieu qui n'a rien fait d'inutile ; il a dû assigner à ces mondes un but plus sérieux que celui de récréer notre vue. Rien d'ailleurs, ni dans la position, ni dans le volume, ni dans la constitution physique de la terre, ne peut raisonnablement faire supposer qu'elle a seule le privilège d'être habitée à l'exclusion de tant de milliers de mondes semblables.

56. La constitution physique des différents globes est-elle la même ?

« Non ; ils ne se ressemblent nullement. »

57. La constitution physique des mondes n'étant pas la même pour tous, s'ensuit-il pour les êtres qui les habitent une organisation différente ?

« Sans doute, comme chez vous les poissons sont faits pour vivre dans l'eau et les oiseaux dans l'air. »

58. Les mondes qui sont le plus éloignés du soleil sont-ils privés de lumière et de chaleur, puisque le soleil ne se montre à eux que sous l'apparence d'une étoile ?

« Croyez-vous donc qu'il n'y ait pas d'autres sources de lumière et de chaleur que le soleil ; et comptez-vous pour rien l'électricité qui, dans certains mondes, joue un rôle qui vous est inconnu, et bien autrement important que sur la terre ? D'ailleurs, il n'est pas dit que tous les êtres soient de la même matière que vous, et avec des organes conformés comme les vôtres. »

Les conditions d'existence des êtres qui habitent les différents mondes doivent être appropriées au milieu dans lequel ils sont appelés à vivre. Si nous n'avions jamais vu de poissons, nous ne comprendrions pas que des êtres pussent vivre dans l'eau. Il en est ainsi des autres mondes qui renferment sans doute des éléments qui nous sont inconnus. Ne voyons-nous pas, sur la terre, les longues nuits polaires éclairées par l'électricité des aurores boréales ? Y a-t-il rien d'impossible à ce que, dans certains mondes, l'électricité soit plus abondante que sur la terre et y joue un rôle général dont nous ne pouvons comprendre les effets ? Ces mondes peuvent donc renfermer en eux-mêmes les sources de chaleur et de lumière nécessaires à leurs habitants.

Considérations et concordances bibliques touchant la création

59. Les peuples se sont fait des idées très divergentes sur la création, selon le degré de leurs lumières. La raison appuyée sur la science a reconnu l'invraisemblance de certaines théories. Celle qui est donnée par les Esprits confirme l'opinion depuis longtemps admise par les hommes les plus éclairés.

L'objection que l'on peut faire à cette théorie, c'est qu'elle est en contradiction avec le texte des livres sacrés ; mais un examen sérieux fait reconnaître que cette contradiction est plus apparente que réelle, et qu'elle résulte de l'interprétation donnée à un sens souvent allégorique.

La question du premier homme dans la personne d'Adam, comme unique souche de l'humanité, n'est point la seule sur laquelle les croyances religieuses aient dû se modifier. Le mouvement de la Terre a paru, à une certaine époque, tellement opposé au texte sacré, qu'il n'est sorte de persécutions dont cette théorie n'ait été le prétexte, et pourtant la terre tourne malgré les anathèmes, et nul aujourd'hui ne pourrait le contester sans faire tort à sa propre raison.

La Bible dit également que le monde fut créé en six jours et en fixe l'époque à environ 4 000 ans avant l'ère chrétienne. Avant cela, la terre n'existait pas ; elle a été tirée du néant : le texte est formel ; et voilà que la science positive, la science inexorable vient prouver le contraire. La formation du globe est écrite en caractères imprescriptibles dans le monde fossile, et il est prouvé que les six jours de la création sont autant de périodes, chacune peut-être de plusieurs centaines de milliers d'années. Ceci n'est point un système, une doctrine, une opinion isolée, c'est un fait aussi constant que celui du mouvement de la terre, et que la théologie ne peut se refuser d'admettre, preuve évidente de l'erreur dans laquelle on peut tomber en prenant à la lettre les expressions d'un langage souvent figuré. Faut-il en conclure que la Bible est une erreur ? Non ; mais que les hommes se sont trompés en l'interprétant.

La science, en fouillant les archives de la terre, a reconnu l'ordre dans lequel les différents êtres vivants ont paru à sa surface, et cet ordre est d'accord avec celui qui est indiqué dans la Genèse, avec cette différence que cette œuvre, au lieu d'être sortie miraculeusement des mains de Dieu en quelques heures, s'est accomplie, toujours par sa volonté, mais selon la loi des forces de la nature, en quelques millions d'années. Dieu en est-il moins grand et moins puissant ? Son œuvre en est-elle moins sublime pour n'avoir pas le prestige de l'instantanéité ? Évidemment non ; il faudrait se faire de la Divinité une idée bien mesquine pour ne pas reconnaître sa toute-puissance dans les lois éternelles qu'elle a établies pour régir les mondes. La science, loin d'amoindrir l'œuvre divine, nous la montre sous un aspect plus grandiose et plus conforme aux notions que nous avons de la puissance et de la majesté de Dieu, par cela même qu'elle s'est accomplie sans déroger aux lois de la nature.

La science, d'accord en cela avec Moïse, place l'homme en dernier dans l'ordre de la création des êtres vivants ; mais Moïse place le déluge universel l'an du monde 1654, tandis que la géologie nous montre le grand cataclysme antérieur à l'apparition de l'homme, attendu que, jusqu'à ce jour, on ne trouve dans les couches primitives aucune trace de sa présence, ni de celle des animaux de la même catégorie au point de vue physique ; mais rien ne prouve que cela soit impossible ; plusieurs découvertes ont déjà jeté des doutes à cet égard ; il se peut donc que d'un moment à l'autre on acquière la certitude matérielle de cette antériorité de la race humaine, et alors on reconnaîtra que, sur ce point, comme sur d'autres, le texte biblique est une figure. La question est de savoir si le cataclysme géologique est le même que celui de Noé ; or, la durée nécessaire à la formation des couches fossiles ne permet pas de les confondre, et du moment qu'on aura trouvé les traces de l'existence de l'homme avant la grande catastrophe, il demeurera prouvé, ou qu'Adam n'est pas le premier homme, ou que sa création se perd dans la nuit des temps. Contre l'évidence, il n'y a pas de raisonnements possibles, et il faudra accepter ce fait, comme on a accepté celui du mouvement de la Terre et les six périodes de la création.

L'existence de l'homme avant le déluge géologique est, il est vrai, encore hypothétique, mais voici qui l'est moins. En admettant que l'homme ait paru pour la première fois sur la terre 4 000 ans avant le Christ, si 1650 ans plus tard toute la race humaine a été détruite à l'exception d'une seule famille, il en résulte que le peuplement de la terre ne date que de Noé, c'est-à-dire de 2 350 avant notre ère. Or, lorsque les Hébreux émigrèrent en Égypte au dix-huitième siècle, ils trouvèrent ce pays très peuplé et déjà fort avancé en civilisation. L'histoire prouve qu'à cette époque les Indes et d'autres contrées étaient également florissantes, sans même tenir compte de la chronologie de certains peuples qui remonte à une époque bien plus reculée. Il aurait donc fallu que du vingt-quatrième au dix-huitième siècle, c'est-à-dire dans l'espace de 600 ans, non seulement la postérité d'un seul homme eût pu peupler toutes les immenses contrées alors connues, en supposant que les autres ne le fussent pas, mais que, dans ce court intervalle, l'espèce humaine ait pu s'élever de l'ignorance absolue de l'état primitif au plus haut degré du développement intellectuel, ce qui est contraire à toutes les lois anthropologiques.

La diversité des races vient encore à l'appui de cette opinion. Le climat et les habitudes produisent sans doute des modifications dans le caractère physique, mais on connaît jusqu'où peut aller l'influence de ces causes, et l'examen physiologique prouve qu'il y a entre certaines races des différences constitutionnelles plus profondes que celles que peut produire le climat. Le croisement des races produit les types intermédiaires ; il tend à effacer les caractères extrêmes, mais il ne les produit pas : il ne crée que des variétés ; or, pour qu'il y ait eu croisement de races, il fallait qu'il y eût des races distinctes, et comment expliquer leur existence en leur donnant une souche commune et surtout aussi rapprochée ? Comment admettre qu'en quelques siècles certains descendants de Noé se soient transformés au point de produire la race éthiopique, par exemple ; une telle métamorphose n'est pas plus admissible que l'hypothèse d'une souche commune entre le loup et la brebis, l'éléphant et le puceron, l'oiseau et le poisson. Encore une fois, rien ne saurait prévaloir contre l'évidence des faits. Tout s'explique, au contraire, en admettant l'existence de l'homme avant l'époque qui lui est vulgairement assignée ; la diversité des souches ; Adam qui vivait il y a 6 000 ans, comme ayant peuplé une contrée encore inhabitée ; le déluge de Noé comme une catastrophe partielle confondue avec le cataclysme géologique ; en tenant compte enfin de la forme allégorique particulière au style oriental, et que l'on retrouve dans les livres sacrés de tous les peuples. C'est pourquoi il est prudent de ne pas s'inscrire trop légèrement en faux contre les doctrines qui peuvent tôt ou tard, comme tant d'autres, donner un démenti à ceux qui les combattent. Les idées religieuses, loin de perdre, grandissent en marchant avec la science ; c'est le seul moyen de ne pas montrer au scepticisme un côté vulnérable.

CHAPITRE IV
PRINCIPE VITAL

Êtres organiques et inorganiques

Les êtres organiques sont ceux qui ont en eux une source d'activité intime qui leur donne la vie ; ils naissent, croissent, se reproduisent par eux-mêmes et meurent ; ils sont pourvus d'organes spéciaux pour l'accomplissement des différents actes de la vie, et qui sont appropriés à leurs besoins pour leur conservation. Ils comprennent les hommes, les animaux et les plantes. Les êtres inorganiques sont tous ceux qui n'ont ni vitalité, ni mouvements propres, et ne sont formés que par l'agrégation de la matière ; tels sont les minéraux, l'eau, l'air, etc.

60. Est-ce la même force qui unit les éléments de la matière dans les corps organiques et dans les corps inorganiques ?

« Oui, la loi d'attraction est la même pour tous. »

61. Y a-t-il une différence entre la matière des corps organiques et celle des corps inorganiques ?

« C'est toujours la même matière, mais dans les corps organiques elle est animalisée. »

62. Quelle est la cause de l'animalisation de la matière ?

« Son union avec le principe vital. »

63. Le principe vital réside-t-il dans un agent particulier, ou n'est-il qu'une propriété de la matière organisée ; en un mot, est-ce un effet ou une cause ?

« C'est l'un et l'autre. La vie est un effet produit par l'action d'un agent sur la matière ; cet agent, sans la matière, n'est pas la vie, de même que la matière ne peut vivre sans cet agent. Il donne la vie à tous les êtres qui l'absorbent et se l'assimilent. »

64. Nous avons vu que l'esprit et la matière sont deux éléments constitutifs de l'univers, le principe vital en forme-t-il un troisième ?

« C'est sans doute un des éléments nécessaires à la constitution de l'univers, mais il a lui-même sa source dans la matière universelle modifiée ; c'est un élément pour vous, comme l'oxygène et l'hydrogène qui pourtant ne sont pas des éléments primitifs, car tout cela part d'un même principe. »

— Il semble résulter de là que la vitalité n'a pas son principe dans un agent primitif distinct, mais dans une propriété spéciale de la matière universelle, due à certaines modifications.

« C'est la conséquence de ce que nous avons dit. »

65. Le principe vital réside-t-il dans un des corps que nous connaissons ?

« Il a sa source dans le fluide universel ; c'est ce que vous appelez fluide magnétique ou fluide électrique animalisé. Il est l'intermédiaire, le lien entre l'esprit et la matière. »

66. Le principe vital est-il le même pour tous les êtres organiques ?

« Oui, modifié selon les espèces. C'est ce qui leur donne le mouvement et l'activité, et les distingue de la matière inerte ; car le mouvement de la matière n'est pas la vie ; elle reçoit ce mouvement, elle ne le donne pas. »

67. La vitalité est-elle un attribut permanent de l'agent vital, ou bien cette vitalité ne se développe-t-elle que par le jeu des organes ?

« Elle ne se développe qu'avec le corps. N'avons-nous pas dit que cet agent sans la matière n'est pas la vie ? Il faut l'union des deux choses pour produire la vie. »

– Peut-on dire que la vitalité est à l'état latent, lorsque l'agent vital n'est pas uni au corps ?

« Oui, c'est cela. »

L'ensemble des organes constitue une sorte de mécanisme qui reçoit son impulsion de l'activité intime ou principe vital qui existe en eux. Le principe vital est la force motrice des corps organiques. En même temps que l'agent vital donne l'impulsion aux organes, l'action des organes entretient et développe l'activité de l'agent vital, à peu près comme le frottement développe la chaleur.

La vie et la mort

68. Quelle est la cause de la mort chez les êtres organiques ?

« Épuisement des organes. »

– Pourrait-on comparer la mort à la cessation du mouvement dans une machine désorganisée ?

« Oui, si la machine est mal montée, le ressort casse ; si le corps est malade, la vie s'en va. »

69. Pourquoi une lésion du cœur plutôt que celle d'autres organes cause-t-elle la mort ?

« Le cœur est une machine à vie ; mais le cœur n'est pas le seul organe dont la lésion occasionne la mort ; ce n'est qu'un des rouages essentiels. »

70. Que deviennent la matière et le principe vital des êtres organiques à leur mort ?

« La matière inerte se décompose et en forme de nouveaux ; le principe vital retourne à la masse. »

L'être organique étant mort, les éléments dont il est formé subissent de nouvelles combinaisons qui constituent de nouveaux êtres ; ceux-ci puisent à la source universelle le principe de la vie et de l'activité, l'absorbent et se l'assimilent pour le rendre à cette source lorsqu'ils cesseront d'exister.

Les organes sont pour ainsi dire imprégnés de fluide vital. Ce fluide donne à toutes les parties de l'organisme une activité qui en opère le rapprochement dans certaines lésions et rétablit des fonctions momentanément suspendues. Mais lorsque les éléments essentiels au jeu des organes sont détruits, ou trop profondément altérés, le fluide vital est impuissant à leur transmettre le mouvement de la vie, et l'être meurt.

Les organes réagissent plus ou moins nécessairement les uns sur les autres ; c'est de l'harmonie de leur ensemble que résulte leur action réciproque. Lorsqu'une cause quelconque détruit cette harmonie, leurs fonctions s'arrêtent comme le mouvement d'un mécanisme dont les rouages essentiels sont dérangés. Telle une horloge qui s'use avec le temps ou se disloque par accident, et que la force motrice est impuissante à mettre en mouvement.

Nous avons une image plus exacte de la vie et de la mort dans un appareil électrique. Cet appareil recèle l'électricité comme tous les corps de la nature à l'état latent. Les phénomènes électriques ne se manifestent que lorsque le fluide est mis en activité par une cause spéciale : alors on pourrait dire que l'appareil est vivant. La cause d'activité venant à cesser, le phénomène cesse : l'appareil rentre dans l'état d'inertie. Les corps organiques seraient ainsi des sortes de piles ou appareils électriques dans lesquels l'activité du fluide produit le phénomène de la vie : la cessation de cette activité produit la mort.

La quantité de fluide vital n'est point absolue chez tous les êtres organiques ; elle varie selon les espèces, et n'est point constante soit dans le même individu, soit dans les individus de la même espèce. Il en est qui en sont pour ainsi dire saturés, tandis que d'autres en ont à peine une quantité suffisante ; de là pour quelques-uns la vie plus active, plus tenace, et en quelque sorte surabondante.

La quantité de fluide vital s'épuise ; elle peut devenir insuffisante pour l'entretien de la vie si elle n'est renouvelée par l'absorption et l'assimilation des substances qui le recèlent.

Le fluide vital se transmet d'un individu à un autre individu. Celui qui en a le plus peut en donner à celui qui en a le moins et, dans certains cas, rappeler la vie prête à s'éteindre.

Intelligence et instinct

71. L'intelligence est-elle un attribut du principe vital ?

« Non, puisque les plantes vivent et ne pensent pas : elles n'ont que la vie organique.

L'intelligence et la matière sont indépendantes, puisqu'un corps peut vivre sans intelligence ; mais l'intelligence ne peut se manifester que par le moyen des organes matériels ; il faut l'union de l'esprit pour intelligenter la matière animalisée. »

L'intelligence est une faculté spéciale propre à certaines classes d'êtres organiques et qui leur donne, avec la pensée, la volonté d'agir, la conscience de leur existence et de leur individualité, ainsi que les moyens d'établir des rapports avec le monde extérieur, et de pourvoir à leurs besoins.

On peut ainsi distinguer : 1° les êtres inanimés formés de matière seule, sans vitalité ni intelligence : ce sont les corps bruts ; 2° les êtres animés non pensants, formés de matière et doués de vitalité, mais dépourvus d'intelligence ; 3° les êtres animés pensants, formés de matière, doués de vitalité et ayant de plus un principe intelligent qui leur donne la faculté de penser.

72. Quelle est la source de l'intelligence ?

« Nous l'avons dit : l'intelligence universelle. »

– Pourrait-on dire que chaque être puise une portion d'intelligence à la source universelle et se l'assimile, comme il puise et s'assimile le principe de la vie matérielle ?

« Ceci n'est qu'une comparaison, mais qui n'est pas exacte, parce que l'intelligence est une faculté propre à chaque être et constitue son individualité morale. Du reste, vous le savez, il est des choses qu'il n'est pas donné à l'homme de pénétrer, et celle-ci est du nombre pour le moment. »

73. L'instinct est-il indépendant de l'intelligence ?

« Non, pas précisément, car c'est une espèce d'intelligence. L'instinct est une intelligence non raisonnée, c'est par là que tous les êtres pourvoient à leurs besoins. »

74. Peut-on assigner une limite entre l'instinct et l'intelligence, c'est-à-dire préciser où finit l'un et où commence l'autre ?

« Non, car ils se confondent souvent ; mais on peut très bien distinguer les actes qui appartiennent à l'instinct et ceux qui appartiennent à l'intelligence. »

75. Est-il exact de dire que les facultés instinctives diminuent à mesure que croissent les facultés intellectuelles ?

« Non, l'instinct existe toujours, mais l'homme le néglige. L'instinct peut aussi mener au bien ; il nous guide presque toujours et, quelquefois, plus sûrement que la raison ; il ne s'égare jamais. »

– Pourquoi la raison n'est-elle pas toujours un guide infaillible ?

« Elle serait infaillible si elle n'était faussée par la mauvaise éducation, l'orgueil et l'égoïsme. L'instinct ne raisonne pas ; la raison laisse le choix et donne à l'homme le libre arbitre. »

L'instinct est une intelligence rudimentaire qui diffère de l'intelligence proprement dite en ce que ses manifestations sont presque toujours spontanées, tandis que celles de l'intelligence sont le résultat d'une combinaison et d'un acte délibéré.

L'instinct varie dans ses manifestations selon les espèces et leurs besoins. Chez les êtres qui ont la conscience et la perception des choses extérieures, il s'allie à l'intelligence, c'est-à-dire à la volonté et à la liberté.

LIVRE DEUXIÈME

MONDE SPIRITE OU DES ESPRITS

WHO ARE YOU

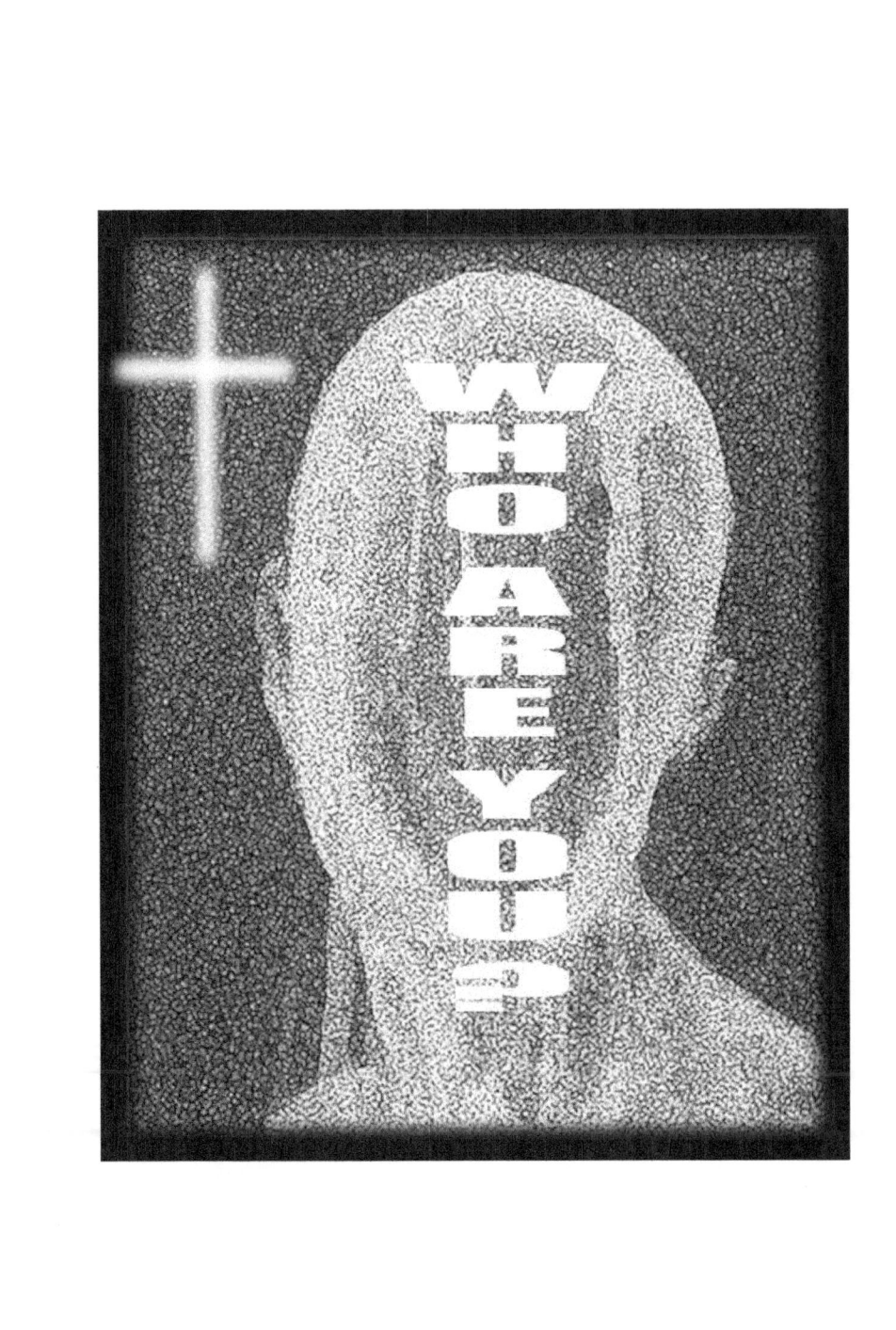

CHAPITRE PREMIER

DES ESPRITS

Origine et nature des Esprits

76. Quelle définition peut-on donner des Esprits ?

« On peut dire que les Esprits sont les êtres intelligents de la création. Ils peuplent l'univers en dehors du monde matériel. »

NOTA. - Le mot *Esprit* est employé ici pour désigner les individualités des êtres extra-corporels, et non plus l'élément intelligent universel.

77. Les Esprits sont-ils des êtres distincts de la Divinité, ou bien ne seraient-ils que des émanations ou portions de la Divinité et appelés, pour cette raison, fils ou enfants de Dieu ?

« Mon Dieu, c'est son œuvre, absolument comme un homme qui fait une machine ; cette machine est l'œuvre de l'homme et non pas lui. Tu sais que quand l'homme fait une chose belle, utile, il l'appelle son enfant, sa création. Eh bien ! Il en est de même de Dieu : nous sommes ses enfants, puisque nous sommes son œuvre. »

78. Les Esprits ont-ils eu un commencement, ou bien sont-ils comme Dieu, de toute éternité ?

« Si les esprits n'avaient point eu de commencement, ils seraient égaux à Dieu, tandis qu'ils sont sa création et soumis à sa volonté. Dieu est de toute éternité, cela est incontestable ; mais savoir quand et comment il nous a créés, nous n'en savons rien. Tu peux dire que nous sommes sans commencement, si tu entends par là que Dieu étant éternel, il a dû créer sans relâche ; mais quand et comment chacun de nous a été fait, je te dis encore, nul ne le sait : c'est là qu'est le mystère. »

79. Puisqu'il y a deux éléments généraux dans l'univers : l'élément intelligent et l'élément matériel, pourrait-on dire que les Esprits sont formés de l'élément intelligent, comme les corps inertes sont formés de l'élément matériel ?

« C'est évident ; les Esprits sont l'individualisation du principe intelligent, comme les corps sont l'individualisation du principe matériel ; c'est l'époque et le mode de cette formation qui sont inconnus. »

80. La création des Esprits est-elle permanente, ou bien n'a-t-elle eu lieu qu'à l'origine des temps ?

« Elle est permanente, c'est-à-dire que Dieu n'a jamais cessé de créer. »

81. Les Esprits se forment-ils spontanément, ou bien procèdent-ils les uns des autres ?

« Dieu les crée, comme toutes les autres créatures, par sa volonté ; mais, encore une fois, leur origine est un mystère. »

82. Est-il exact de dire que les Esprits sont immatériels ?

« Comment peut-on définir une chose quand on manque de termes de comparaison, et avec un langage insuffisant ? Un aveugle-né peut-il définir la lumière ? Immatériel n'est pas le mot ; incorporel serait plus exact, car tu dois bien comprendre que l'Esprit étant une création doit être quelque chose ; c'est une matière quintessenciée, mais sans analogue pour vous, et si éthérée qu'elle ne peut tomber sous vos sens. »

Nous disons que les Esprits sont immatériels, parce que leur essence diffère de tout ce que nous connaissons sous le nom de matière. Un peuple d'aveugles n'aurait point de termes pour exprimer la lumière et ses effets. L'aveugle de naissance croit avoir toutes les perceptions par l'ouïe, l'odorat, le goût et le toucher ; il ne comprend pas les idées que lui donnerait le sens qui lui manque. De même, pour l'essence des êtres surhumains, nous sommes de véritables aveugles. Nous ne pouvons les définir que par des comparaisons toujours imparfaites, ou par un effort de notre imagination.

83. Les Esprits ont-ils une fin ? On comprend que le principe d'où ils émanent soit éternel, mais ce que nous demandons, c'est si leur individualité a un terme et si, dans un temps donné, plus ou moins long, l'élément dont ils sont formés ne se dissémine pas et ne retourne pas à la masse comme cela a lieu pour les corps matériels. Il est difficile de comprendre qu'une chose qui a commencé puisse ne pas finir.

« Il y a bien des choses que vous ne comprenez pas, parce que votre intelligence est bornée, et ce n'est pas une raison pour les repousser. L'enfant ne comprend pas tout ce que comprend son père, ni l'ignorant tout ce que comprend le savant. Nous te disons que l'existence des Esprits ne finit point ; c'est tout ce que nous pouvons dire maintenant. »

Monde normal primitif

84. Les Esprits constituent-ils un monde à part, en dehors de celui que nous voyons ?

« Oui, le monde des Esprits ou des intelligences incorporelles. »

85. Quel est celui des deux, le monde spirite ou le monde corporel, qui est le principal dans l'ordre des choses ?

« Le monde spirite ; il est préexistant et survivant à tout. »

86. Le monde corporel pourrait-il cesser d'exister, ou n'avoir jamais existé, sans altérer l'essence du monde spirite ?

« Oui ; ils sont indépendants, et pourtant leur corrélation est incessante, car ils réagissent incessamment l'un sur l'autre. »

87. Les Esprits occupent-ils une région déterminée et circonscrite dans l'espace ?

« Les Esprits sont partout ; les espaces infinis en sont peuplés à l'infini. Il y en a sans cesse à vos côtés qui vous observent et agissent sur vous à votre insu, car les Esprits sont une des puissances de la nature, et les instruments dont Dieu se sert pour l'accomplissement de ses vues providentielles ; mais tous ne vont pas partout, car il est des régions interdites aux moins avancés. »

Forme et ubiquité des Esprits

88. Les Esprits ont-ils une forme déterminée, limitée et constante ?

« À vos yeux, non ; aux nôtres, oui ; c'est, si vous voulez, une flamme, une lueur ou une étincelle éthérée. »

– Cette flamme ou étincelle a-t-elle une couleur quelconque ?

« Pour vous, elle varie du sombre à l'éclat du rubis, selon que l'Esprit est plus ou moins pur. »

On représente ordinairement les génies avec une flamme ou une étoile sur le front ; c'est une allégorie qui rappelle la nature essentielle des Esprits. On la place au sommet de la tête, parce que là est le siège de l'intelligence.

89. Les Esprits mettent-ils un temps quelconque à franchir l'espace ?

« Oui, mais rapide comme la pensée. »

– La pensée n'est-elle pas l'âme elle-même qui se transporte ?

« Quand la pensée est quelque part, l'âme y est aussi, puisque c'est l'âme qui pense. La pensée est un attribut. »

90. L'Esprit qui se transporte d'un lieu à un autre a-t-il conscience de la distance qu'il parcourt et des espaces qu'il traverse ; ou bien est-il subitement transporté dans l'endroit où il veut aller ?

« L'un et l'autre ; l'Esprit peut très bien, s'il le veut, se rendre compte de la distance qu'il franchit, mais cette distance peut aussi s'effacer complètement ; cela dépend de sa volonté, et aussi de sa nature plus ou moins épurée. »

91. La matière fait-elle obstacle aux Esprits ?

« Non, ils pénètrent tout : l'air, la terre, les eaux, le feu même leur sont également accessibles. »

92. Les Esprits ont-ils le don d'ubiquité ; en d'autres termes, le même Esprit peut-il se diviser ou exister sur plusieurs points à la fois ?

« Il ne peut y avoir division du même Esprit ; mais chacun est un centre qui rayonne de différents côtés, et c'est pour cela qu'il paraît être en plusieurs endroits à la fois. Tu vois le soleil, il n'est qu'un, et pourtant il rayonne tout à l'entour et porte ses rayons fort loin ; malgré cela, il ne se divise pas. »

– Tous les Esprits rayonnent-ils avec la même puissance ?

« Il s'en faut de beaucoup ; cela dépend du degré de leur pureté. »

Chaque Esprit est une unité indivisible, mais chacun d'eux peut étendre sa pensée de divers côtés sans pour cela se diviser. C'est en ce sens seulement qu'on doit entendre le don d'ubiquité attribué aux Esprits. Telle une étincelle qui projette au loin sa clarté et peut être aperçue de tous les points de l'horizon. Tel encore un homme qui, sans changer de place et sans se partager, peut transmettre des ordres, des signaux et le mouvement sur différents points.

Périsprit

93. L'Esprit, proprement dit, est-il à découvert, ou est-il, comme quelques-uns le prétendent, environné d'une substance quelconque ?

« L'Esprit est enveloppé d'une substance vaporeuse pour toi, mais encore bien grossière pour nous ; assez vaporeuse cependant pour pouvoir s'élever dans l'atmosphère et se transporter où il veut. »

Comme le germe d'un fruit est entouré du périsperme, de même l'Esprit proprement dit est environné d'une enveloppe que, par comparaison, on peut appeler *périsprit*.

94. Où l'Esprit puise-t-il son enveloppe semi-matérielle ?

« Dans le fluide universel de chaque globe. C'est pourquoi elle n'est pas la même dans tous les mondes ; en passant d'un monde à l'autre l'Esprit change d'enveloppe, comme vous changez de vêtement. »

– Ainsi quand les Esprits qui habitent des mondes supérieurs viennent parmi nous, ils prennent un périsprit plus grossier ?

« Il faut qu'ils se revêtent de votre matière ; nous l'avons dit. »

95. L'enveloppe semi-matérielle de l'Esprit affecte-t-elle des formes déterminées et peut-elle être perceptible ?

« Oui, une forme au gré de l'Esprit, et c'est ainsi qu'il vous apparaît quelquefois, soit dans les songes, soit à l'état de veille, et qu'il peut prendre une forme visible et même palpable. »

Différents ordres d'Esprits

96. Les Esprits sont-ils égaux, ou bien existe-t-il entre eux une hiérarchie quelconque ?

« Ils sont de différents ordres selon le degré de perfection auquel ils sont parvenus. »

97. Y a-t-il un nombre déterminé d'ordres ou de degrés de perfection parmi les Esprits ?

« Le nombre en est illimité, parce qu'il n'y a pas entre ces ordres une ligne de démarcation tracée comme une barrière, et qu'ainsi on peut multiplier, ou restreindre les divisions à volonté ; cependant, si on considère les caractères généraux, on peut les réduire à trois principaux. »

« On peut placer au premier rang ceux qui sont arrivés à la perfection : les purs Esprits ; ceux du second ordre sont arrivés au milieu de l'échelle : le désir du bien est leur préoccupation. Ceux du dernier degré sont encore au bas de l'échelle : les Esprits imparfaits. Ils sont caractérisés par l'ignorance, le désir du mal et toutes les mauvaises passions qui retardent leur avancement. »

98. Les Esprits du second ordre n'ont-ils que le désir du bien ; ont-ils aussi le pouvoir de le faire ?

« Ils ont ce pouvoir suivant le degré de leur perfection : les uns ont la science, les autres ont la sagesse et la bonté, mais tous ont encore des épreuves à subir. »

99. Les Esprits du troisième ordre sont-ils tous essentiellement mauvais ?

« Non, les uns ne font ni bien ni mal ; d'autres, au contraire, se plaisent au mal et sont satisfaits quand ils trouvent l'occasion de le faire. Et puis, il y a encore les Esprits légers ou *follets*, plus brouillons que méchants, qui se plaisent plutôt à la malice qu'à la méchanceté, et qui trouvent leur plaisir à mystifier et à causer de petites contrariétés dont ils se rient. »

Échelle spirite

100. *Observations préliminaires.* - La classification des Esprits est basée sur le degré de leur avancement, sur les qualités qu'ils ont acquises et sur les imperfections dont ils ont encore à se dépouiller. Cette classification, du reste, n'a rien d'absolu ; chaque catégorie ne présente un caractère tranché que dans son ensemble ; mais d'un degré à l'autre la transition est insensible et, sur les limites, la nuance s'efface comme dans les règnes de la nature, comme dans les couleurs de l'arc-en-ciel, ou bien encore comme dans les différentes périodes de la vie de l'homme. On peut donc former un plus ou moins grand nombre de classes, selon le point de vue sous lequel on considère la chose. Il en est ici comme dans tous les systèmes de classifications scientifiques ; ces systèmes peuvent être plus ou moins complets, plus ou moins rationnels, plus ou moins commodes pour l'intelligence ; mais, quels qu'ils soient, ils ne changent rien au fond de la science. Les Esprits interrogés sur ce point ont donc pu varier dans le nombre des catégories, sans que cela tire à conséquence. On s'est armé de cette contradiction apparente, sans réfléchir qu'ils n'attachent aucune importance à ce qui est purement de convention ; pour eux, la pensée est tout : ils nous abandonnent la forme, le choix des termes, les classifications, en un mot, les systèmes.

Ajoutons encore cette considération que l'on ne doit jamais perdre de vue, c'est que parmi les Esprits, aussi bien que parmi les hommes, il en est de fort ignorants, et qu'on ne saurait trop se mettre en garde contre la tendance à croire que tous doivent tout savoir parce qu'ils sont Esprits. Toute classification exige de la méthode, de l'analyse et la connaissance approfondie du sujet. Or, dans le monde des Esprits, ceux qui ont des connaissances bornées sont, comme ici-bas les ignorants, inhabiles à embrasser un ensemble, à formuler un système ; ils ne connaissent ou ne comprennent qu'imparfaitement toute classification quelconque ; pour eux, tous les Esprits qui leur sont supérieurs sont du premier ordre, sans qu'ils puissent apprécier les nuances de savoir, de capacité et de moralité qui les distinguent, comme parmi nous un homme brut à l'égard des hommes civilisés. Ceux mêmes qui en sont capables peuvent varier dans les détails selon leur point de vue, surtout quand une division n'a rien d'absolu. Linné, Jussieu, Tournefort ont eu chacun leur méthode, et la botanique n'a pas changé pour cela ; c'est qu'ils n'ont inventé ni les plantes, ni leurs caractères ; ils ont observé les analogies d'après lesquelles ils ont formé les groupes ou classes. C'est ainsi que nous avons procédé ; nous n'avons inventé ni les Esprits ni leurs caractères ; nous avons vu et observé, nous les avons jugés à leurs paroles et à leurs actes, puis classés par similitudes, en nous basant sur les données qu'ils nous ont fournies.

Les Esprits admettent généralement trois catégories principales ou trois grandes divisions. Dans la dernière, celle qui est au bas de l'échelle, sont les Esprits imparfaits, caractérisés par la prédominance de la matière sur l'esprit et la propension au mal. Ceux de la seconde sont caractérisés par la prédominance de l'esprit sur la matière et par le désir du bien : ce sont les bons Esprits. La première, enfin, comprend les purs Esprits, ceux qui ont atteint le suprême degré de perfection.

Cette division nous semble parfaitement rationnelle et présente des caractères bien tranchés ; il ne nous restait plus qu'à faire ressortir, par un nombre suffisant de subdivisions, les nuances principales de l'ensemble ; c'est ce que nous avons fait avec le concours des Esprits, dont les instructions bienveillantes ne nous ont jamais fait défaut.

À l'aide de ce tableau, il sera facile de déterminer le rang et le degré de supériorité ou d'infériorité des Esprits avec lesquels nous pouvons entrer en rapport et, par conséquent, le degré de confiance et d'estime qu'ils méritent ; c'est en quelque sorte la clef de la science spirite, car il peut seul rendre compte des anomalies que présentent les communications en nous éclairant sur les inégalités intellectuelles et morales des Esprits. Nous ferons observer, toutefois, que les Esprits n'appartiennent pas toujours exclusivement à telle ou telle classe ; leur progrès ne s'accomplissant que graduellement, et souvent plus dans un sens que dans un autre, ils peuvent réunir les caractères de plusieurs catégories, ce qu'il est aisé d'apprécier à leur langage et à leurs actes.

TROISIÈME ORDRE – ESPRITS IMPARFAITS

101. *Caractères généraux.* - Prédominance de la matière sur l'esprit. Propension au mal.

Ignorance, orgueil, égoïsme et toutes les mauvaises passions qui en sont la suite.

Ils ont l'intuition de Dieu, mais ils ne le comprennent pas.

Tous ne sont pas essentiellement mauvais ; chez quelques-uns, il y a plus de légèreté, d'inconséquence et de malice que de véritable méchanceté. Les uns ne font ni bien ni mal ; mais par cela seul qu'ils ne font point de bien, ils dénotent leur infériorité. D'autres, au contraire, se plaisent au mal, et sont satisfaits quand ils trouvent l'occasion de le faire.

Ils peuvent allier l'intelligence à la méchanceté ou à la malice ; mais, quel que soit leur développement intellectuel, leurs idées sont peu élevées et leurs sentiments plus ou moins abjects.

Leurs connaissances sur les choses du monde spirite sont bornées, et le peu qu'ils en savent se confond avec les idées et les préjugés de la vie corporelle. Ils ne peuvent nous en donner que des notions fausses et incomplètes ; mais l'observateur attentif trouve souvent dans leurs communications, même imparfaites, la confirmation des grandes vérités enseignées par les Esprits supérieurs.

Leur caractère se révèle par leur langage. Tout Esprit qui, dans ses communications, trahit une mauvaise pensée, peut être rangé dans le troisième ordre ; par conséquent, toute mauvaise pensée qui nous est suggérée nous vient d'un Esprit de cet ordre.

Ils voient le bonheur des bons, et cette vue est pour eux un tourment incessant, car ils éprouvent toutes les angoisses que peuvent produire l'envie et la jalousie.

Ils conservent le souvenir et la perception des souffrances de la vie corporelle, et cette impression est souvent plus pénible que la réalité. Ils souffrent donc véritablement, et des maux qu'ils ont endurés et de ceux qu'ils ont fait endurer aux autres ; et comme ils souffrent longtemps, ils croient souffrir toujours ; Dieu, pour les punir, veut qu'ils le croient ainsi.

On peut les diviser en cinq classes principales.

102. *Dixième classe*. ESPRITS IMPURS. - Ils sont enclins au mal et en font l'objet de leurs préoccupations. Comme Esprits, ils donnent des conseils perfides, soufflent la discorde et la défiance, et prennent tous les masques pour mieux tromper. Ils s'attachent aux caractères assez faibles pour céder à leurs suggestions afin de les pousser à leur perte, satisfaits de pouvoir retarder leur avancement en les faisant succomber dans les épreuves qu'ils subissent.

Dans les manifestations, on les reconnaît à leur langage ; la trivialité et la grossièreté des expressions, chez les Esprits comme chez les hommes, est toujours un indice d'infériorité morale, sinon intellectuelle. Leurs communications décèlent la bassesse de leurs inclinations, et s'ils veulent faire prendre le change en parlant d'une manière sensée, ils ne peuvent longtemps soutenir leur rôle et finissent toujours par trahir leur origine.

Certains peuples en ont fait des divinités malfaisantes, d'autres les désignent sous les noms de démons, mauvais génies, Esprits du mal.

Les êtres vivants qu'ils animent, quand ils sont incarnés, sont enclins à tous les vices qu'engendrent les passions viles et dégradantes : la sensualité, la cruauté, la fourberie, l'hypocrisie, la cupidité, l'avarice sordide. Ils font le mal pour le plaisir de le faire, le plus souvent sans motifs, et par haine du bien ils choisissent presque toujours leurs victimes parmi les honnêtes gens. Ce sont des fléaux pour l'humanité, à quelque rang de la société qu'ils appartiennent, et le vernis de la civilisation ne les garantit pas de l'opprobre et de l'ignominie.

103. *Neuvième classe*. ESPRITS LÉGERS. - Ils sont ignorants, malins, inconséquents et moqueurs. Ils se mêlent de tout, répondent à tout, sans se soucier de la vérité. Ils se plaisent à causer de petites peines et de petites joies, à faire des tracasseries, à induire malicieusement en erreur par des mystifications et des espiègleries. À cette classe appartiennent les Esprits vulgairement désignés sous les noms de *follets, lutins, gnomes, farfadets*. Ils sont sous la dépendance des Esprits supérieurs, qui les emploient souvent comme nous le faisons des serviteurs.

Dans leurs communications avec les hommes, leur langage est quelquefois spirituel et facétieux, mais presque toujours sans profondeur ; ils saisissent les travers et les ridicules qu'ils expriment en traits mordants et satiriques. S'ils empruntent des noms supposés, c'est plus souvent par malice que par méchanceté.

104. *Huitième classe*. ESPRITS FAUX-SAVANTS. - Leurs connaissances sont assez étendues, mais ils croient savoir plus qu'ils ne savent en réalité. Ayant accompli quelques progrès à divers points de vue, leur langage a un caractère sérieux qui peut donner le change sur leurs capacités et leurs lumières ; mais ce n'est le plus souvent qu'un reflet des préjugés et des idées

systématiques de la vie terrestre ; c'est un mélange de quelques vérités à côté des erreurs les plus absurdes, au milieu desquelles percent la présomption, l'orgueil, la jalousie et l'entêtement dont ils n'ont pu se dépouiller.

105. *Septième classe.* ESPRITS NEUTRES. - Ils ne sont ni assez bons pour faire le bien, ni assez mauvais pour faire le mal ; ils penchent autant vers l'un que vers l'autre et ne s'élèvent pas au-dessus de la condition vulgaire de l'humanité tant pour le moral que pour l'intelligence. Ils tiennent aux choses de ce monde dont ils regrettent les joies grossières.

106. *Sixième classe.* ESPRITS FRAPPEURS ET PERTURBATEURS. - Ces Esprits ne forment point, à proprement parler, une classe distincte eu égard à leurs qualités personnelles ; ils peuvent appartenir à toutes les classes du troisième ordre. Ils manifestent souvent leur présence par des effets sensibles et physiques, tels que les coups, le mouvement et le déplacement anormal des corps solides, l'agitation de l'air, etc. Ils paraissent, plus que d'autres, attachés à la matière ; ils semblent être les agents principaux des vicissitudes des éléments du globe, soit qu'ils agissent sur l'air, l'eau, le feu, les corps durs ou dans les entrailles de la terre. On reconnaît que ces phénomènes ne sont point dus à une cause fortuite et physique, quand ils ont un caractère intentionnel et intelligent. Tous les Esprits peuvent produire ces phénomènes, mais les Esprits élevés les laissent en général dans les attributions des Esprits subalternes, plus aptes aux choses matérielles qu'aux choses intelligentes. Quand ils jugent que des manifestations de ce genre sont utiles, ils se servent de ces Esprits comme auxiliaires.

SECOND ORDRE – BONS ESPRITS

107. *Caractères généraux.* - Prédominance de l'esprit sur la matière ; désir du bien. Leurs qualités et leur pouvoir pour faire le bien sont en raison du degré auquel ils sont parvenus : les uns ont la science, les autres la sagesse et la bonté ; les plus avancés réunissent le savoir aux qualités morales. N'étant point encore complètement dématérialisés, ils conservent plus ou moins, selon leur rang, les traces de l'existence corporelle, soit dans la forme du langage, soit dans leurs habitudes où l'on retrouve même quelques-unes de leurs manies ; autrement ils seraient Esprits parfaits.

Ils comprennent Dieu et l'infini, et jouissent déjà de la félicité des bons. Ils sont heureux du bien qu'ils font et du mal qu'ils empêchent. L'amour qui les unit est pour eux la source d'un bonheur ineffable que n'altèrent ni l'envie, ni les remords, ni aucune des mauvaises passions qui font le tourment des Esprits imparfaits, mais tous ont encore des épreuves à subir jusqu'à ce qu'ils aient atteint la perfection absolue.

Comme Esprits, ils suscitent de bonnes pensées, détournent les hommes de la voie du mal, protègent dans la vie ceux qui s'en rendent dignes, et neutralisent l'influence des Esprits imparfaits chez ceux qui ne se complaisent pas à la subir.

Ceux en qui ils sont incarnés sont bons et bienveillants pour leurs semblables ; ils ne sont mus ni par l'orgueil, ni par l'égoïsme, ni par l'ambition ;

ils n'éprouvent ni haine, ni rancune, ni envie, ni jalousie et font le bien pour le bien.

À cet ordre appartiennent les Esprits désignés dans les croyances vulgaires sous les noms de *bons génies, génies protecteurs, Esprits du bien*. Dans les temps de superstitions et d'ignorance on en a fait des divinités bienfaisantes.

On peut les diviser en quatre groupes principaux :

108. *Cinquième classe*. ESPRITS BIENVEILLANTS. - Leur qualité dominante est la bonté ; ils se plaisent à rendre service aux hommes et à les protéger, mais leur savoir est borné : leur progrès s'est plus accompli dans le sens moral que dans le sens intellectuel.

109. *Quatrième classe*. ESPRITS SAVANTS. - Ce qui les distingue spécialement, c'est l'étendue de leurs connaissances. Ils se préoccupent moins des questions morales que des questions scientifiques, pour lesquelles ils ont plus d'aptitude ; mais ils n'envisagent la science qu'au point de vue de l'utilité et n'y mêlent aucune des passions qui sont le propre des Esprits imparfaits.

110. *Troisième classe*. ESPRITS SAGES. - Les qualités morales de l'ordre le plus élevé forment leur caractère distinctif. Sans avoir des connaissances illimitées, ils sont doués d'une capacité intellectuelle qui leur donne un jugement sain sur les hommes et sur les choses.

111. *Deuxième classe*. ESPRITS SUPÉRIEURS. - Ils réunissent la science, la sagesse et la bonté. Leur langage ne respire que la bienveillance ; il est constamment digne, élevé, souvent sublime. Leur supériorité les rend plus que les autres aptes à nous donner les notions les plus justes sur les choses du monde incorporel dans les limites de ce qu'il est permis à l'homme de connaître. Ils se communiquent volontiers à ceux qui cherchent la vérité de bonne foi, et dont l'âme est assez dégagée des liens terrestres pour la comprendre ; mais ils s'éloignent de ceux qu'anime la seule curiosité, ou que l'influence de la matière détourne de la pratique du bien.

Lorsque, par exception, ils s'incarnent sur la terre, c'est pour y accomplir une mission de progrès, et ils nous offrent alors le type de la perfection à laquelle l'humanité peut aspirer ici-bas.

PREMIER ORDRE – PURS ESPRITS

112. *Caractères généraux*. - Influence de la matière nulle. Supériorité intellectuelle et morale absolue par rapport aux Esprits des autres ordres.

113. *Première classe. Classe unique*. - Ils ont parcouru tous les degrés de l'échelle et dépouillé toutes les impuretés de la matière. Ayant atteint la somme de perfection dont est susceptible la créature, ils n'ont plus à subir ni épreuves ni expiations. N'étant plus sujets à la réincarnation dans des corps périssables, c'est pour eux la vie éternelle qu'ils accomplissent dans le sein de Dieu.

Ils jouissent d'un bonheur inaltérable, parce qu'ils ne sont sujets ni aux besoins ni aux vicissitudes de la vie matérielle ; mais ce bonheur n'est point celui d'une *oisiveté monotone passée dans une contemplation perpétuelle*. Ils sont les messagers et les ministres de Dieu dont ils exécutent les ordres pour le maintien de l'harmonie universelle. Ils commandent à tous les Esprits qui leur sont inférieurs, les aident à se perfectionner et leur assignent leur mission. Assister les hommes dans leur détresse, les exciter au bien ou à l'expiation des fautes qui les éloignent de la félicité suprême, est pour eux une douce occupation. On les désigne quelquefois sous les noms d'anges, archanges ou séraphins.

Les hommes peuvent entrer en communication avec eux, mais bien présomptueux serait celui qui prétendrait les avoir constamment à ses ordres.

Progression des Esprits

114. Les Esprits sont-ils bons ou mauvais par leur nature, ou bien sont-ce les mêmes Esprits qui s'améliorent ?

« Les mêmes Esprits qui s'améliorent : en s'améliorant, ils passent d'un ordre inférieur dans un ordre supérieur. »

115. Parmi les Esprits, les uns ont-ils été créés bons et les autres mauvais ?

« Dieu a créé tous les Esprits simples et ignorants, c'est-à-dire sans science. Il leur a donné à chacun une mission dans le but de les éclairer et de les faire arriver progressivement à la perfection par la connaissance de la vérité et pour les rapprocher de lui. Le bonheur éternel et sans mélange est pour eux dans cette perfection. Les Esprits acquièrent ces connaissances en passant par les épreuves que Dieu leur impose. Les uns acceptent ces épreuves avec soumission et arrivent plus promptement au but de leur destinée ; d'autres ne les subissent qu'avec murmure et restent ainsi, par leur faute, éloignés de la perfection et de la félicité promise. »

– D'après cela, les Esprits sembleraient être, à leur origine, comme sont les enfants, ignorants et sans expérience, mais acquérant peu à peu les connaissances qui leur manquent en parcourant les différentes phases de la vie ?

« Oui, la comparaison est juste ; l'enfant rebelle reste ignorant et imparfait ; il profite plus ou moins selon sa docilité ; mais la vie de l'homme a un terme, et celle des Esprits s'étend dans l'infini. »

116. Y a-t-il des Esprits qui resteront à perpétuité dans les rangs inférieurs ?

« Non, tous deviendront parfaits ; ils changent, mais c'est long ; car, comme nous l'avons dit une autre fois, un père juste et miséricordieux ne peut bannir éternellement ses enfants. Tu voudrais donc que Dieu, si grand, si bon, si juste, fût pire que vous ne l'êtes vous-mêmes ! »

117. Dépend-il des Esprits de hâter leurs progrès vers la perfection ?

« Certainement ; ils arrivent plus ou moins vite selon leur désir et leur soumission à la volonté de Dieu. Un enfant docile ne s'instruit-il pas plus vite qu'un enfant rétif ? »

118. Les Esprits peuvent-ils dégénérer ?

« Non ; à mesure qu'ils avancent, ils comprennent ce qui les éloignait de la perfection.

Quand l'Esprit a fini une épreuve, il a la science et il ne l'oublie pas. Il peut rester stationnaire, mais il ne rétrograde pas. »

119. Dieu ne pouvait-il affranchir les Esprits des épreuves qu'ils doivent subir pour arriver au premier rang ?

« S'ils avaient été créés parfaits, ils seraient sans mérite pour jouir des bienfaits de cette perfection. Où serait le mérite sans la lutte ? D'ailleurs, l'inégalité qui existe entre eux est nécessaire à leur personnalité ; et puis la mission qu'ils accomplissent dans ces différents degrés est dans les vues de la Providence pour l'harmonie de l'univers. »

Puisque, dans la vie sociale, tous les hommes peuvent arriver aux premières fonctions, autant vaudrait demander pourquoi le souverain d'un pays ne fait pas des généraux de chacun de ses soldats ; pourquoi tous les employés subalternes ne sont pas des employés supérieurs ; pourquoi tous les écoliers ne sont pas des maîtres. Or, il y a cette différence entre la vie sociale et la vie spirituelle, que la première est bornée et ne permet pas toujours de monter tous les degrés, tandis que la seconde est indéfinie, et laisse à chacun la possibilité de s'élever au rang suprême.

120. Tous les Esprits passent-ils par la filière du mal pour arriver au bien ?

« Non par la filière du mal, mais par celle de l'ignorance. »

121. Pourquoi certains Esprits ont-ils suivi la route du bien, et d'autres celle du mal ?

« N'ont-ils pas leur libre arbitre ? Dieu n'a point créé d'Esprits mauvais ; il les a créés simples et ignorants, c'est-à-dire ayant autant d'aptitude pour le bien que pour le mal ; ceux qui sont mauvais le deviennent par leur volonté. »

122. Comment les Esprits, à leur origine, alors qu'ils n'ont pas encore la conscience d'eux-mêmes, peuvent-ils avoir la liberté du choix entre le bien et le mal ? Y a-t-il en eux un principe, une tendance quelconque, qui les porte plutôt dans une voie que dans une autre ?

« Le libre arbitre se développe à mesure que l'Esprit acquiert la conscience de lui-même. Il n'y aurait plus liberté si le choix était sollicité par une cause indépendante de la volonté de l'Esprit. La cause n'est pas en lui, elle est hors de lui, dans les influences auxquelles il cède en vertu de sa libre volonté. C'est la grande figure de la chute de l'homme et du péché originel : les uns ont cédé à la tentation, les autres ont résisté. »

– D'où viennent les influences qui s'exercent sur lui ?

« Des Esprits imparfaits qui cherchent à s'emparer de lui, à le dominer, et qui sont heureux de le faire succomber. C'est ce que l'on a voulu peindre par la figure de Satan. »

– Cette influence ne s'exerce-t-elle sur l'Esprit qu'à son origine ?

« Elle le suit dans sa vie d'Esprit jusqu'à ce qu'il ait tellement pris d'empire sur lui-même, que les mauvais renoncent à l'obséder. »

123. Pourquoi Dieu a-t-il permis que les Esprits pussent suivre la voie du mal ?

« Comment osez-vous demander à Dieu compte de ses actes ? Pensez-vous pouvoir pénétrer ses desseins ? Pourtant vous pouvez vous dire ceci : La sagesse de Dieu est dans la liberté qu'il laisse à chacun de choisir, car chacun a le mérite de ses œuvres. »

124. Puisqu'il y a des Esprits qui, dès le principe, suivent la route du bien absolu, et d'autres celle du mal absolu, il y a sans doute des degrés entre ces deux extrêmes ?

« Oui, certainement, et c'est la grande majorité. »

125. Les Esprits qui ont suivi la route du mal pourront-ils arriver au même degré de supériorité que les autres ?

« Oui, mais *les éternités* seront plus longues pour eux. »

Par ce mot *les éternités*, on doit entendre l'idée qu'ont les Esprits inférieurs de la perpétuité de leurs souffrances, parce qu'il ne leur est pas donné d'en voir le terme, et que cette idée se renouvelle à toutes les épreuves auxquelles ils succombent.

126. Les Esprits arrivés au suprême degré après avoir passé par le mal ont-ils moins de mérite que les autres aux yeux de Dieu ?

« Dieu contemple les égarés du même œil et les aime tous du même cœur. Ils sont dits mauvais, parce qu'ils ont succombé : ils n'étaient avant que de simples Esprits. »

127. Les Esprits sont-ils créés égaux en facultés intellectuelles ?

« Ils sont créés égaux, mais ne sachant pas d'où ils viennent, il faut que le libre arbitre ait son cours. Ils progressent plus ou moins rapidement en intelligence comme en moralité. »

Les Esprits qui suivent dès le principe la route du bien ne sont pas pour cela des Esprits parfaits ; s'ils n'ont pas des tendances mauvaises, ils n'en ont pas moins à acquérir l'expérience et les connaissances nécessaires pour atteindre à la perfection. Nous pouvons les comparer à des enfants qui, quelle que soit la bonté de leurs instincts naturels, ont besoin de se développer, de s'éclairer et n'arrivent pas sans transition de l'enfance à l'âge mûr ; seulement, comme nous avons des hommes qui sont bons et d'autres qui sont mauvais dès leur enfance, de même il y a des Esprits qui sont bons ou mauvais dès leur principe, avec cette différence capitale que l'enfant a des instincts tout formés, tandis que l'Esprit, à sa formation, n'est pas plus mauvais que bon ; il a toutes les tendances, et prend l'une ou l'autre direction par l'effet de son libre arbitre.

Anges et démons

128. Les êtres que nous appelons anges, archanges, séraphins forment-ils une catégorie spéciale d'une nature différente des autres Esprits ?

« Non, ce sont les purs Esprits : ceux qui sont au plus haut degré de l'échelle et réunissent toutes les perfections. »

Le mot *ange* éveille généralement l'idée de la perfection morale ; cependant, on l'applique souvent à tous les êtres bons et mauvais qui sont en dehors de l'humanité. On dit : le bon et le mauvais ange ; l'ange de lumière et l'ange des ténèbres ; dans ce cas, il est synonyme d'*Esprit* ou de *génie*. Nous le prenons ici dans sa bonne acception.

129. Les anges ont-ils parcouru tous les degrés ?

« Ils ont parcouru tous les degrés, mais comme nous l'avons dit : les uns ont accepté leur mission sans murmure et sont arrivés plus vite ; les autres ont mis un temps plus ou moins long pour arriver à la perfection. »

130. Si l'opinion qui admet des êtres créés parfaits et supérieurs à toutes les autres créatures est erronée, comment se fait-il qu'elle soit dans la tradition de presque tous les peuples ?

« Sache bien que ton monde n'est pas de toute éternité et que, longtemps avant qu'il existât, des Esprits avaient atteint le suprême degré ; les hommes alors ont pu croire qu'ils avaient toujours été de même. »

131. Y a-t-il des démons dans le sens attaché à ce mot ?

« S'il y avait des démons, ils seraient l'œuvre de Dieu, et Dieu serait-il juste et bon d'avoir fait des êtres éternellement voués au mal et malheureux ? S'il y a des démons, c'est dans ton monde inférieur et autres semblables qu'ils résident ; ce sont ces hommes hypocrites qui font d'un Dieu juste un Dieu méchant et vindicatif, et qui croient lui être agréables par les abominations qu'ils commettent en son nom. »

Le mot *démon* n'implique l'idée de mauvais Esprit que dans son acception moderne, car le mot grec *daimôn* d'où il est formé signifie *génie, intelligence*, et se disait des êtres incorporels, bons ou mauvais, sans distinction.

Les démons, selon l'acception vulgaire du mot, supposent des êtres essentiellement malfaisants ; ils seraient comme toutes choses, la création de Dieu ; or, Dieu, qui est souverainement juste et bon ne peut avoir créé des êtres préposés au mal par leur nature et condamnés pour l'éternité. S'ils n'étaient pas l'œuvre de Dieu, ils seraient donc comme lui de toute éternité, ou bien il y aurait plusieurs puissances souveraines.

La première condition de toute doctrine, c'est d'être logique ; or, celle des démons, dans le sens absolu, pèche par cette base essentielle. Que dans la croyance des peuples arriérés qui, ne connaissant pas les attributs de Dieu, admettent des divinités malfaisantes, on admette aussi des démons, cela se conçoit ; mais pour quiconque fait de la bonté de Dieu un attribut par excellence, il est illogique et contradictoire de supposer qu'il ait pu créer des êtres voués au mal et destinés à le faire à perpétuité, car c'est nier sa bonté. Les partisans des démons s'étayent des paroles du Christ ; ce n'est certes pas nous qui contesterons l'autorité de son enseignement que nous voudrions voir dans le cœur plus que dans la bouche des hommes ; mais est-on bien certain du sens qu'il attachait au mot démon ? Ne sait-on pas que la forme allégorique est un des cachets distinctifs de son langage, et tout ce que renferme l'Évangile doit-il être pris à la lettre ? Nous n'en voulons d'autre preuve que ce passage :

« Aussitôt après ces jours d'affliction, le soleil s'obscurcira et la lune ne donnera plus sa lumière, les étoiles tomberont du ciel et les puissances du ciel seront ébranlées. Je vous dis en vérité que cette race ne passera point que toutes ces choses ne soient accomplies. » N'avons-nous pas vu la *forme* du texte biblique contredite par la science en ce qui touche la création et le mouvement de la Terre ? N'en peut-il être de même de certaines figures employées par le Christ qui devait parler selon les temps et les lieux ? Le Christ n'a pu dire sciemment une chose fausse ; si donc, dans ses paroles, il y a des choses qui paraissent choquer la raison, c'est que nous ne les comprenons pas, ou que nous les interprétons mal.

Les hommes ont fait pour les démons ce qu'ils ont fait pour les anges ; de même qu'ils ont cru à des êtres parfaits de toute éternité, ils ont pris les Esprits inférieurs pour des êtres perpétuellement mauvais. Le mot démon doit donc s'entendre des Esprits impurs qui souvent ne valent pas mieux que ceux désignés sous ce nom, mais avec cette différence que leur état n'est que transitoire. Ce sont des Esprits imparfaits qui murmurent contre les épreuves qu'ils subissent, et qui, pour cela, les subissent plus longtemps, mais qui arriveront à leur tour quand ils en auront la volonté. On pourrait donc accepter le mot *démon* avec cette restriction ; mais comme on l'entend maintenant dans un sens exclusif, il pourrait induire en erreur en faisant croire à l'existence d'êtres spéciaux créés pour le mal.

À l'égard de Satan, c'est évidemment la personnification du mal sous une forme allégorique, car on ne saurait admettre un être mauvais luttant de puissance à puissance avec la Divinité, et dont la seule préoccupation serait de contrecarrer ses desseins. Comme il faut à l'homme des figures et des images pour frapper son imagination, il a peint les êtres incorporels sous une forme matérielle avec des attributs rappelant leurs qualités ou leurs défauts. C'est ainsi que les anciens, voulant personnifier le Temps, l'ont peint sous la figure d'un vieillard avec une faux et un sablier ; une figure de jeune homme eut été un contresens ; il en est de même des allégories de la Fortune, de la Vérité, etc. Les modernes ont représenté les anges, ou purs Esprits, sous une figure radieuse, avec des ailes blanches, emblème de la pureté ; Satan, avec des cornes, des griffes et les attributs de la bestialité, emblèmes des basses passions. Le vulgaire, qui prend les choses à la lettre, a vu dans ces emblèmes un individu réel, comme jadis il avait vu Saturne dans l'allégorie du Temps.

CHAPITRE II
INCARNATION DES ESPRITS

But de l'incarnation

132. Quel est le but de l'incarnation des Esprits ?

« Dieu la leur impose dans le but de les faire arriver à la perfection : pour les uns, c'est une expiation ; pour d'autres, c'est une mission. Mais, pour arriver à cette perfection, *ils doivent subir toutes les vicissitudes de l'existence corporelle :* c'est là qu'est l'expiation. L'incarnation a aussi un autre but, c'est de mettre l'Esprit à même de supporter sa part dans l'œuvre de la création ; c'est pour l'accomplir que, dans chaque monde, il prend un appareil en harmonie avec la matière essentielle de ce monde pour y exécuter, à ce point de vue, les ordres de Dieu ; de telle sorte que tout en concourant à l'œuvre générale, il avance lui-même. »

L'action des êtres corporels est nécessaire à la marche de l'univers ; mais Dieu, dans sa sagesse, a voulu que, dans cette action même, ils trouvassent un moyen de progresser et de se rapprocher de lui. C'est ainsi que, par une loi admirable de sa providence, tout s'enchaîne, tout est solidaire dans la nature.

133. Les Esprits qui, dès le principe, ont suivi la route du bien, ont-ils besoin de l'incarnation ?

« Tous sont créés simples et ignorants ; ils s'instruisent dans les luttes et les tribulations de la vie corporelle. Dieu, qui est juste, ne pouvait faire les uns heureux, sans peine et sans travail, et par conséquent sans mérite. »

– Mais alors, à quoi sert aux Esprits d'avoir suivi la route du bien, si cela ne les exempte pas des peines de la vie corporelle ?

« Ils arrivent plus vite au but ; et puis, les peines de la vie sont souvent la conséquence de l'imperfection de l'Esprit ; moins il a d'imperfections, moins il a de tourments ; celui qui n'est ni envieux, ni jaloux, ni avare, ni ambitieux, n'aura pas les tourments qui naissent de ces défauts. »

De l'âme

134. Qu'est-ce que l'âme ?

« Un Esprit incarné. »

– Qu'était l'âme avant de s'unir au corps ?

« Esprit. »

– Les âmes et les Esprits sont donc identiquement la même chose ?

« Oui, les âmes ne sont que les Esprits. Avant de s'unir au corps, l'âme est un des êtres intelligents qui peuplent le monde invisible et qui revêtent temporairement une enveloppe charnelle pour se purifier et s'éclairer. »

135. Y a-t-il dans l'homme autre chose que l'âme et le corps ?

« Il y a le lien qui unit l'âme et le corps. »

– Quelle est la nature de ce lien ?

« Semi-matérielle, c'est-à-dire intermédiaire entre l'Esprit et le corps. Et il le faut pour qu'ils puissent communiquer l'un avec l'autre. C'est par ce lien que l'Esprit agit sur la matière, et réciproquement. »

L'homme est ainsi formé de trois parties essentielles :

1° Le corps, ou être matériel analogue aux animaux et animé par le même principe vital ;

2° L'âme, Esprit incarné dont le corps est l'habitation ;

3° Le principe intermédiaire ou *périsprit*, substance semi-matérielle qui sert de première enveloppe à l'Esprit et unit l'âme et le corps. Tels sont, dans un fruit, le germe, le périsperme et la coquille.

136. L'âme est-elle indépendante du principe vital ?

« Le corps n'est que l'enveloppe, nous le répétons sans cesse. »

– Le corps peut-il exister sans l'âme ?

« Oui, et pourtant dès que le corps cesse de vivre, l'âme le quitte.

Avant la naissance, il n'y a pas encore union définitive entre l'âme et le corps ; tandis qu'après que cette union a été établie, la mort du corps rompt les liens qui l'unissent à l'âme, et l'âme le quitte. La vie organique peut animer un corps sans âme, mais l'âme ne peut habiter un corps privé de la vie organique. »

– Que serait notre corps s'il n'avait pas d'âme ?

« Une masse de chair sans intelligence, tout ce que vous voudrez, excepté un homme. »

137. Le même Esprit peut-il s'incarner dans deux corps différents à la fois ?

« Non, l'Esprit est indivisible et ne peut animer simultanément deux êtres différents. » (Voir, dans le *Livre des Médiums*, chapitre : *Bi-corporéité et transfiguration*.)

138. Que penser de l'opinion de ceux qui regardent l'âme comme le principe de la vie matérielle ?

« C'est une question de mots ; nous n'y tenons pas ; commencez par vous entendre vous-mêmes. »

139. Certains Esprits, et avant eux certains philosophes, ont défini l'âme : *Une étincelle animique émamée du grand Tout ;* pourquoi cette contradiction ?

« Il n'y a pas de contradiction ; cela dépend de l'acception des mots. Pourquoi n'avez-vous pas un mot pour chaque chose ? »

Le mot *âme* est employé pour exprimer des choses très différentes. Les uns appellent ainsi le principe de la vie, et dans cette acception il est exact de dire *au figuré* que : l'âme est une étincelle animique émanée du grand Tout. Ces derniers mots peignent la source universelle du principe vital dont chaque être absorbe une portion, et qui rentre à la masse après la mort.

Cette idée n'exclut nullement celle d'un être moral distinct, indépendant de la matière et qui conserve son individualité. C'est cet être que l'on appelle également *âme*, et c'est dans cette acception que l'on peut dire que l'âme est un Esprit incarné. En donnant de l'âme des définitions différentes, les Esprits ont parlé selon l'application qu'ils faisaient du mot, et selon les idées terrestres dont ils étaient encore plus ou moins imbus. Cela tient à l'insuffisance du langage humain qui n'a pas un mot pour chaque idée, et de là la source d'une foule de méprises et de discussions : voilà pourquoi les Esprits supérieurs nous disent de nous entendre d'abord sur les mots[10].

140. Que penser de la théorie de l'âme subdivisée en autant de parties qu'il y a de muscles et présidant ainsi à chacune des fonctions du corps ?

« Cela dépend encore du sens que l'on attache au mot *âme* ; si l'on entend le fluide vital, on a raison ; si l'on entend l'Esprit incarné, on a tort. Nous l'avons dit, l'Esprit est indivisible ; il transmet le mouvement aux organes par le fluide intermédiaire, sans pour cela se diviser. »

– Cependant, il y a des Esprits qui ont donné cette définition.

« Les Esprits ignorants peuvent prendre l'effet pour la cause. »

L'âme agit par l'intermédiaire des organes, et les organes sont animés par le fluide vital qui se répartit entre eux, et plus abondamment dans ceux qui sont les centres ou foyers du mouvement. Mais cette explication ne peut convenir à l'âme considérée comme étant l'Esprit qui habite le corps pendant la vie et le quitte à la mort.

141. Y a-t-il quelque chose de vrai dans l'opinion de ceux qui pensent que l'âme est extérieure et environne le corps ?

« L'âme n'est point renfermée dans le corps comme l'oiseau dans une cage ; elle rayonne et se manifeste au-dehors comme la lumière à travers un globe de verre, ou comme le son autour d'un centre sonore ; c'est ainsi qu'on peut dire qu'elle est extérieure, mais elle n'est point pour cela l'enveloppe du corps. L'âme a deux enveloppes : l'une subtile et légère, c'est la première, celle que tu appelles le *périsprit* ; l'autre grossière, matérielle et lourde : c'est le corps. L'âme est le centre de toutes ces enveloppes, comme le germe dans un noyau ; nous l'avons déjà dit. »

142. Que dire de cette autre théorie selon laquelle l'âme, chez l'enfant, se complète à chaque période de la vie ?

« L'Esprit n'est qu'un ; il est entier chez l'enfant comme chez l'adulte ; ce sont les organes ou instruments des manifestations de l'âme qui se développent et se complètent. C'est encore prendre l'effet pour la cause. »

143. Pourquoi tous les Esprits ne définissent-ils pas l'âme de la même manière ?

« Les Esprits ne sont pas tous également éclairés sur ces matières ; il y a des Esprits encore bornés qui ne comprennent pas les choses abstraites ; c'est comme parmi vous les enfants ; il y a aussi des Esprits faux-savants, qui font parade de mots pour en imposer : c'est encore comme parmi vous. Et puis, les Esprits éclairés eux-mêmes peuvent s'exprimer en termes différents, qui ont au fond la même valeur, surtout quand il s'agit de choses que votre langage est impuissant à rendre clairement ; il faut des figures, des comparaisons que vous prenez pour la réalité. »

144. Que doit-on entendre par l'âme du monde ?

« C'est le principe universel de la vie et de l'intelligence d'où naissent les individualités. Mais ceux qui se servent de ces mots ne se comprennent souvent pas eux-mêmes. Le mot *âme* est si élastique que chacun l'interprète au

---

[10] Voir, dans l'introduction, l'explication sur le mot *âme*, § II.

gré de ses rêveries. On a quelquefois aussi attribué une âme à la Terre ; il faut entendre par là l'ensemble des Esprits dévoués qui dirigent vos actions dans la bonne voie quand vous les écoutez, et qui sont en quelque sorte les lieutenants de Dieu près de votre globe. »

145. Comment tant de philosophes anciens et modernes ont-ils si longtemps discuté sur la science psychologique sans être arrivés à la vérité ?

« Ces hommes étaient les avant-coureurs de la doctrine spirite éternelle ; ils ont préparé les voies. Ils étaient hommes, et ils ont pu se tromper, parce qu'ils ont pris leurs propres idées pour la lumière ; mais leurs erreurs mêmes servent à faire ressortir la vérité en montrant le pour et le contre ; d'ailleurs parmi ces erreurs se trouvent de grandes vérités qu'une étude comparative vous fait comprendre. »

146. L'âme a-t-elle un siège déterminé et circonscrit dans le corps ?

« Non, mais elle est plus particulièrement dans la tête chez les grands génies, chez tous ceux qui pensent beaucoup, et dans le cœur chez ceux qui sentent beaucoup et dont les actions se rapportent à toute l'humanité. »

– Que penser de l'opinion de ceux qui placent l'âme dans un centre vital ?

« C'est-à-dire que l'Esprit habite plutôt cette partie de votre organisation, puisque c'est là qu'aboutissent toutes les sensations. Ceux qui la placent dans ce qu'ils considèrent comme le centre de la vitalité la confondent avec le fluide ou principe vital. Toutefois, on peut dire que le siège de l'âme est plus particulièrement dans les organes qui servent aux manifestations intellectuelles et morales. »

Matérialisme

147. Pourquoi les anatomistes, les physiologistes, et en général, ceux qui approfondissent les sciences de la nature, sont-ils si souvent portés au matérialisme ?

« Le physiologiste rapporte tout à ce qu'il voit. Orgueil des hommes qui croient tout savoir et qui n'admettent pas que quelque chose puisse dépasser leur entendement. Leur science même leur donne de la présomption ; ils pensent que la nature ne peut rien avoir de caché pour eux. »

148. N'est-il pas fâcheux que le matérialisme soit une conséquence d'études qui devraient, au contraire, montrer à l'homme la supériorité de l'intelligence qui gouverne le monde ? Faut-il en conclure qu'elles sont dangereuses ?

« Il n'est pas vrai que le matérialisme soit une conséquence de ces études ; c'est l'homme qui en tire une fausse conséquence, car il peut abuser de tout, même des meilleures choses. Le néant, d'ailleurs, les effraye plus qu'ils ne veulent le faire paraître, et les esprits forts sont souvent plus fanfarons que braves. La plupart ne sont matérialistes que parce qu'ils n'ont rien pour combler ce vide ; devant ce gouffre qui s'ouvre devant eux, montrez-leur une ancre de salut, et ils s'y cramponneront avec empressement. »

Par une aberration de l'intelligence, il y a des gens qui ne voient dans les êtres organiques que l'action de la matière et y rapportent tous nos actes. Ils n'ont vu dans le corps humain que la machine électrique ; ils n'ont étudié le mécanisme de la vie que dans le jeu des organes; ils l'ont vue s'éteindre souvent par la rupture d'un fil, et ils n'ont vu rien d'autre que ce fil; ils ont cherché s'il restait quelque chose, et comme ils n'ont trouvé que la matière devenue inerte, qu'ils n'ont pas vu l'âme s'échapper et n'ont pu la saisir, ils en ont conclu que tout était dans les propriétés de la matière, et qu'ainsi après la mort il n'y a que le néant de la pensée ; triste conséquence, s'il en était ainsi : car alors le bien et le mal seraient sans but, l'homme serait fondé à ne penser qu'à lui et à mettre au-dessus de tout la satisfaction de ses jouissances matérielles ; les liens sociaux seraient rompus, et les affections les plus saintes brisées sans retour. Heureusement, ces idées sont loin d'être générales; on peut même dire qu'elles sont très circonscrites, et ne constituent que des opinions individuelles, car nulle part elles n'ont été érigées en doctrine. Une société fondée sur ces bases porterait en soi le germe de sa dissolution, et ses membres s'entre-déchireraient comme des bêtes féroces.

L'homme a instinctivement la pensée que tout, pour lui, ne finit pas avec la vie ; il a horreur du néant ; il a beau s'être raidi contre la pensée de l'avenir, quand vient le moment suprême, il en est peu qui ne se demandent ce qu'il va en être d'eux ; car l'idée de quitter la vie sans retour a quelque chose de navrant. Qui pourrait, en effet, envisager avec indifférence une séparation absolue, éternelle de tout ce que l'on a aimé ? Qui pourrait voir sans effroi s'ouvrir devant soi le gouffre immense du néant, où viendraient s'engloutir à jamais toutes nos facultés, toutes nos espérances et se dire : Quoi! après moi, rien, plus rien que le vide ; tout est fini sans retour ; encore, quelques jours et mon souvenir sera effacé de la mémoire de ceux qui me survivent ; bientôt, il ne restera nulle trace de mon passage sur la terre ; le bien même que j'ai fait sera oublié des ingrats que j'ai obligés ; et rien pour compenser tout cela, aucune autre perspective que celle de mon corps rongé par les vers !

Ce tableau n'a-t-il pas quelque chose d'affreux, de glacial ? La religion nous enseigne qu'il ne peut en être ainsi, et la raison nous le confirme ; mais cette existence future, vague et indéfinie, n'a rien qui satisfasse notre amour du positif; c'est ce qui, chez beaucoup, engendre le doute. Nous avons une âme, soit ; mais qu'est-ce que c'est que notre âme ? A-t-elle une forme, une apparence quelconque ? Est-ce un être limité ou indéfini ? Les uns disent que c'est un souffle de Dieu, d'autres une étincelle, d'autres une partie du grand Tout, le principe de la vie et de l'intelligence ; mais qu'est-ce que tout cela nous apprend ? Que nous importe d'avoir une âme si après nous elle se confond dans l'immensité comme les gouttes d'eau dans l'océan ! La perte de notre individualité n'est-elle pas pour nous comme le néant ? On dit encore qu'elle est immatérielle ; mais une chose immatérielle ne saurait avoir des proportions définies ; pour nous, ce n'est rien. La religion nous enseigne aussi que nous serons heureux ou malheureux, selon le bien ou le mal que nous aurons fait ; mais quel est ce bonheur qui nous attend dans le sein de Dieu ? Est-ce une béatitude, une contemplation éternelle, sans autre emploi que de chanter les louanges du Créateur ? Les flammes de l'enfer sont-elles une réalité ou une figure ? L'Église elle-même l'entend dans cette dernière acception, mais quelles sont ces souffrances ? Où est ce lieu de supplice ? En un mot, que fait-on, que voit-on, dans ce monde qui nous attend tous ? Personne, dit-on, n'est revenu pour nous en rendre compte. C'est une erreur, et la mission du spiritisme est précisément de nous éclairer sur cet avenir, de nous le faire, jusqu'à un certain point, toucher au doigt et à l'œil, non plus par le raisonnement, mais par les faits. Grâce aux communications spirites, ce n'est plus une présomption, une probabilité sur laquelle chacun brode à sa guise, que les poètes embellissent de leurs fictions, ou sèment d'images allégoriques qui nous trompent, c'est la réalité qui nous apparaît, car ce sont les êtres mêmes d'outre-tombe qui viennent nous dépeindre leur situation, nous dire ce qu'ils font, qui nous permettent d'assister pour ainsi dire à toutes les péripéties de leur vie nouvelle, et, par ce moyen, nous montrent le sort inévitable qui nous est réservé selon nos mérites et nos méfaits. Y a-t-il là rien d'anti-religieux ? Bien au contraire, puisque les incrédules y trouvent la foi et les tièdes un renouvellement de ferveur et de confiance. Le spiritisme est donc le plus puissant auxiliaire de la religion. Puisque cela est, c'est que Dieu le permet, et il le permet pour ranimer nos espérances chancelantes, et nous ramener dans la voie du bien par la perspective de l'avenir.

CHAPITRE III

RETOUR DE LA VIE CORPORELLE À LA VIE SPIRITUELLE

L'âme après la mort

149. Que devient l'âme à l'instant de la mort ?
« Elle redevient Esprit, c'est-à-dire qu'elle rentre dans le monde des Esprits qu'elle avait quitté momentanément. »

150. L'âme, après la mort, conserve-t-elle son individualité ?
« Oui, elle ne la perd jamais. Que serait-elle si elle ne la conservait pas ? »
– Comment l'âme constate-t-elle son individualité, puisqu'elle n'a plus son corps matériel ?
« Elle a encore un fluide qui lui est propre, qu'elle puise dans l'atmosphère de sa planète et qui représente l'apparence de sa dernière incarnation : son périsprit. »
– L'âme n'emporte-t-elle rien avec elle d'ici-bas ?
« Rien que le souvenir, et le désir d'aller dans un monde meilleur.

Ce souvenir est plein de douceur ou d'amertume, selon l'emploi qu'elle a fait de la vie ; plus elle est pure, plus elle comprend la futilité de ce qu'elle laisse sur la terre. »

151. Que penser de cette opinion qu'après la mort l'âme rentre dans le tout universel ?
« Est-ce que l'ensemble des Esprits ne forme pas un tout ? N'est-ce pas tout un monde ? Quand tu es dans une assemblée, tu es partie intégrante de cette assemblée, et pourtant tu as toujours ton individualité. »

152. Quelle preuve pouvons-nous avoir de l'individualité de l'âme après la mort ?
« N'avez-vous pas cette preuve par les communications que vous obtenez ? Si vous n'êtes pas aveugles vous verrez ; et si vous n'êtes pas sourds, vous entendrez, car bien souvent une voix vous parle qui vous révèle l'existence d'un être en dehors de vous. »

Ceux qui pensent qu'à la mort l'âme rentre dans le tout universel sont dans l'erreur s'ils entendent par là que, semblable à une goutte d'eau qui tombe dans l'Océan, elle y perd son individualité ; ils sont dans le vrai s'ils entendent par le *tout universel* l'ensemble des êtres incorporels dont chaque âme ou Esprit est un élément.

Si les âmes étaient confondues dans la masse, elles n'auraient que des qualités de l'ensemble, et rien ne les distinguerait les unes des autres ; elles n'auraient ni intelligence, ni qualités propres ; tandis que, dans toutes les communications, elles accusent la conscience du *moi* et une volonté distincte ; la diversité infinie qu'elles présentent sous tous les rapports est la conséquence même des individualités. S'il n'y avait, après la mort que ce qu'on appelle le grand Tout absorbant toutes les individualités, ce Tout serait uniforme, et dès lors toutes les communications que l'on recevrait du monde invisible seraient identiques. Puisqu'on y rencontre des êtres bons, d'autres mauvais, des savants et des ignorants, des heureux et des malheureux ; qu'il y en a de tous les caractères : de gais et de tristes, de légers et de profonds, etc., c'est évidemment que ce sont des êtres distincts. L'individualité devient plus évidente encore quand ces êtres prouvent leur identité par des signes incontestables, des détails personnels relatifs à leur vie terrestre et que l'on peut constater ; elle ne peut être révoquée en doute quand ils se manifestent à la vue dans les apparitions. L'individualité de l'âme nous était enseignée, en théorie, comme un article de foi ; le spiritisme la rend patente, et en quelque sorte matérielle.

153. Dans quel sens doit-on entendre la vie éternelle ?

« C'est la vie de l'Esprit qui est éternelle ; celle du corps est transitoire et passagère. Quand le corps meurt, l'âme rentre dans la vie éternelle. »

– Ne serait-il pas plus exact d'appeler *vie éternelle* celle des purs Esprits, de ceux qui, ayant atteint le degré de perfection, n'ont plus d'épreuves à subir ?

« C'est plutôt le bonheur éternel, mais ceci est une question de mots ; appelez les choses comme vous voudrez, pourvu que vous vous entendiez. »

Séparation de l'âme et du corps

154. La séparation de l'âme et du corps est-elle douloureuse ?

« Non, le corps souffre souvent plus pendant la vie qu'au moment de la mort : l'âme n'y est pour rien. Les souffrances que l'on éprouve quelquefois au moment de la mort sont *une jouissance pour l'Esprit*, qui voit arriver le terme de son exil. »

Dans la mort naturelle, celle qui arrive par l'épuisement des organes à la suite de l'âge, l'homme quitte la vie sans s'en apercevoir : c'est une lampe qui s'éteint faute d'aliment.

155. Comment s'opère la séparation de l'âme et du corps ?

« Les liens qui la retenaient étant rompus, elle se dégage. »

– La séparation s'opère-t-elle instantanément et par une brusque transition ? Y a-t-il une ligne de démarcation nettement tranchée entre la vie et la mort ?

« Non, l'âme se dégage graduellement et ne s'échappe pas comme un oiseau captif rendu subitement à la liberté. Ces deux états se touchent et se confondent ; ainsi l'Esprit se dégage peu à peu de ses liens : *ils se dénouent et ne se brisent pas.* »

Pendant la vie, l'Esprit tient au corps par son enveloppe semi-matérielle ou périsprit ; la mort est la destruction du corps seul et non de cette seconde enveloppe qui se sépare du corps, quand cesse en celui-ci la vie organique. L'observation prouve qu'à l'instant de la mort le dégagement du périsprit n'est pas subitement complet ; il ne s'opère que graduellement et avec une lenteur très variable selon les individus ; chez les uns, il est assez prompt, et l'on peut dire que le moment de la mort est celui de la délivrance, à quelques heures près ; mais chez d'autres, ceux surtout dont la vie a été *toute matérielle et sensuelle*, le dégagement est beaucoup moins rapide et dure quelquefois des jours, des semaines et même des mois, ce qui n'implique pas dans le corps la moindre vitalité, ni la possibilité d'un retour à la vie, mais une simple affinité entre le corps et l'Esprit, affinité qui est toujours en raison de la prépondérance que, pendant la vie, l'Esprit a donnée à la matière. Il est rationnel de concevoir, en effet, que plus l'Esprit s'est identifié avec la matière, plus il a de peine à s'en séparer ; tandis que l'activité intellectuelle et morale, l'élévation des pensées, opèrent un commencement de dégagement même pendant la vie du corps et, quand arrive la mort, il est presque instantané. Tel est le résultat des études faites sur tous les individus observés au moment de la mort. Ces observations prouvent encore que l'affinité qui, chez certains individus, persiste entre l'âme et le corps, est quelquefois très pénible, car l'Esprit peut éprouver l'horreur de la décomposition. Ce cas est exceptionnel et particulier à certains genres de vie et à certains genres de mort ; il se présente chez quelques suicidés.

156. La séparation définitive de l'âme et du corps peut-elle avoir lieu avant la cessation complète de la vie organique ?

« Dans l'agonie, l'âme a déjà quelquefois quitté le corps : il n'y a plus que la vie organique. L'homme n'a plus la conscience de lui-même, et pourtant il lui reste encore un souffle de vie. Le corps est une machine que le cœur fait mouvoir ; il existe tant que le cœur fait circuler le sang dans les veines, et n'a pas besoin de l'âme pour cela. »

157. Au moment de la mort, l'âme a-t-elle quelquefois une aspiration ou extase qui lui fait entrevoir le monde où elle va rentrer ?

« Souvent, l'âme sent se briser les liens qui l'attachent au corps ; *elle fait alors tous ses efforts pour les rompre entièrement*. Déjà en partie dégagée de la matière, elle voit l'avenir se dérouler devant elle et jouit, par anticipation, de l'état d'Esprit. »

158. L'exemple de la chenille qui, d'abord, rampe sur la terre, puis s'enferme dans sa chrysalide sous une mort apparente pour renaître d'une existence brillante, peut-il nous donner une idée de la vie terrestre, puis du tombeau, et enfin de notre nouvelle existence ?

« Une idée en petit. La figure est bonne ; il ne faudrait cependant pas la prendre à la lettre, comme cela vous arrive souvent. »

159. Quelle sensation éprouve l'âme au moment où elle se reconnaît dans le monde des Esprits ?

« Cela dépend ; si tu as fait le mal avec le désir de le faire, tu te trouves au premier moment tout honteux de l'avoir fait. Pour le juste, c'est bien différent : elle est comme soulagée d'un grand poids, car elle ne craint aucun regard scrutateur. »

160. L'Esprit retrouve-t-il immédiatement ceux qu'il a connus sur la terre et qui sont morts avant lui ?

« Oui selon l'affection qu'il avait pour eux et celle qu'ils avaient pour lui ; souvent, ils viennent le recevoir à sa rentrée dans le monde des Esprits, et *ils aident à le dégager des langes de la matière ;* comme aussi il en est beaucoup qu'il retrouve et qu'il avait perdus de vue pendant son séjour sur la terre ; il voit ceux qui sont errants ; ceux qui sont incarnés, il va les visiter. »

161. Dans la mort violente et accidentelle, alors que les organes n'ont point encore été affaiblis par l'âge ou les maladies, la séparation de l'âme et la cessation de la vie ont-elles lieu simultanément ?

« Il en est généralement ainsi, mais dans tous les cas l'instant qui les sépare est très court. »

162. Après la décapitation, par exemple, l'homme conserve-t-il pendant quelques instants la conscience de lui-même ?

« Souvent, il la conserve pendant quelques minutes jusqu'à ce que la vie organique soit complètement éteinte. Mais souvent aussi l'appréhension de la mort lui a fait perdre cette conscience avant l'instant du supplice. »

Il n'est ici question que de la conscience que le supplicié peut avoir de lui-même, comme homme et par l'intermédiaire des organes, et non comme Esprit. S'il n'a pas perdu cette conscience avant le supplice, il peut donc la conserver quelques instants, mais qui sont de très courte durée, et elle cesse nécessairement avec la vie organique du cerveau, ce qui n'implique pas, pour cela, que le périsprit soit entièrement dégagé du corps, au contraire ; dans tous les cas de mort violente, quand elle n'est pas amenée par l'extinction graduelle des forces vitales, les liens qui unissent le corps au périsprit sont plus *tenaces*, et le dégagement complet est plus lent.

Trouble spirite

163. L'âme, en quittant le corps, a-t-elle immédiatement conscience d'elle-même ?

« Conscience immédiate n'est pas le mot ; elle est quelque temps dans le trouble. »

164. Tous les Esprits éprouvent-ils, au même degré et pendant la même durée, le trouble qui suit la séparation de l'âme et du corps ?

« Non, cela dépend de leur élévation. Celui qui est déjà purifié se reconnaît presque immédiatement, parce qu'il s'est déjà dégagé de la matière pendant la vie du corps, tandis que l'homme charnel, celui dont la conscience n'est pas pure, conserve bien plus longtemps l'impression de cette matière. »

165. La connaissance du spiritisme exerce-t-elle une influence sur la durée, plus ou moins longue, du trouble ?

« Une influence très grande, puisque l'Esprit comprenait d'avance sa situation ; mais la pratique du bien et la conscience pure sont ce qui a le plus d'influence. »

Au moment de la mort, tout est d'abord confus ; il faut à l'âme quelque temps pour se reconnaître ; elle est comme étourdie, et dans l'état d'un homme sortant d'un profond sommeil et qui cherche à se rendre compte de sa situation. La lucidité des idées et la mémoire du passé lui reviennent à mesure que s'efface l'influence de la matière dont elle vient de se dégager, et que se dissipe l'espèce de brouillard qui obscurcit ses pensées.

La durée du trouble qui suit la mort est très variable ; il peut être de quelques heures, comme de plusieurs mois, et même de plusieurs années. Ceux chez lesquels il est le moins long sont ceux qui se sont identifiés de leur vivant avec leur état futur, parce qu'alors ils comprennent immédiatement leur position.

Ce trouble présente des circonstances particulières selon le caractère des individus et surtout selon le genre de mort. Dans les morts violentes, par suicide, supplice, accident, apoplexie, blessures, etc., l'Esprit est surpris, étonné et ne croit pas être mort ; il le soutient avec opiniâtreté ; pourtant il voit son corps, il sait que ce corps est le sien, et il ne comprend pas qu'il en soit séparé ; il va auprès des personnes qu'il affectionne, leur parle et ne conçoit pas pourquoi elles ne l'entendent pas. Cette illusion dure jusqu'à l'entier dégagement du périsprit ; alors seulement, l'Esprit se reconnaît et comprend qu'il ne fait plus partie des vivants. Ce phénomène s'explique aisément. Surpris à l'improviste par la mort, l'Esprit est étourdi du brusque changement qui s'est opéré en lui ; pour lui, la mort est encore synonyme de destruction, d'anéantissement ; or, comme il pense, qu'il voit, qu'il entend, à son sens il n'est pas mort ; ce qui augmente son illusion, c'est qu'il se voit un corps semblable au précédent pour la forme, mais dont il n'a pas encore eu le temps d'étudier la nature éthérée ; il le croit solide et compact comme le premier ; et quand on appelle son attention sur ce point, il s'étonne de ne pas pouvoir se palper. Ce phénomène est analogue à celui des nouveaux somnambules qui ne croient pas dormir. Pour eux, le sommeil est synonyme de suspension des facultés ; or, comme ils pensent librement et qu'ils voient, pour eux ils ne dorment pas. Certains Esprits présentent cette particularité, quoique la mort ne soit pas arrivée inopinément ; mais elle est toujours plus générale chez ceux qui, quoique malades, ne pensaient pas à mourir. On voit alors le singulier spectacle d'un Esprit assistant à son convoi comme à celui d'un étranger, et en parlant comme d'une chose qui ne le regarde pas, jusqu'au moment où il comprend la vérité.

Le trouble qui suit la mort n'a rien de pénible pour l'homme de bien ; il est calme et en tout semblable à celui qui accompagne un réveil paisible. Pour celui dont la conscience n'est pas pure, il est plein d'anxiété et d'angoisses qui augmentent à mesure qu'il se reconnaît.

Dans les cas de mort collective, il a été observé que tous ceux qui périssent en même temps ne se revoient pas toujours immédiatement. Dans le trouble qui suit la mort, chacun va de son côté, ou ne se préoccupe que de ceux qui l'intéressent.

CHAPITRE IV
PLURALITÉ DES EXISTENCES

De la réincarnation

166. Comment l'âme, qui n'a point atteint la perfection pendant la vie corporelle, peut-elle achever de s'épurer ?

« En subissant l'épreuve d'une nouvelle existence. »

– Comment l'âme accomplit-elle cette nouvelle existence ? Est-ce par sa transformation comme Esprit ?

« L'âme, en s'épurant, subit sans doute une transformation, mais pour cela il lui faut l'épreuve de la vie corporelle. »

– L'âme a donc plusieurs existences corporelles ?

« Oui, tous nous avons plusieurs existences. Ceux qui disent le contraire veulent vous maintenir dans l'ignorance où ils sont eux-mêmes ; c'est leur désir. »

– Il semble résulter de ce principe que l'âme, après avoir quitté un corps, en prend un autre ; autrement dit, qu'elle se réincarne dans un nouveau corps ; est-ce ainsi qu'il faut l'entendre ?

« C'est évident. »

167. Quel est le but de la réincarnation ?

« Expiation, amélioration progressive de l'humanité ; sans cela où serait la justice ? »

168. Le nombre des existences corporelles est-il limité, ou bien l'Esprit se réincarne-t-il à perpétuité ?

« À chaque existence nouvelle, l'Esprit fait un pas dans la voie du progrès ; quand il s'est dépouillé de toutes ses impuretés, il n'a plus besoin des épreuves de la vie corporelle. »

169. Le nombre des incarnations est-il le même pour tous les Esprits ?

« Non ; celui qui avance vite s'épargne des épreuves. Toutefois, ces incarnations successives sont toujours très nombreuses, car le progrès est presque infini. »

170. Que devient l'Esprit après sa dernière incarnation ?

« Esprit bienheureux ; il est pur Esprit. »

Justice de la réincarnation

171. Sur quoi est fondé le dogme de la réincarnation ?

« Sur la justice de Dieu et la révélation, car nous vous le répétons sans cesse : Un bon père laisse toujours à ses enfants une porte ouverte au repentir. La raison ne te dit-elle pas qu'il serait injuste de priver sans retour du bonheur éternel tous ceux de qui il n'a pas dépendu de s'améliorer ? Est-ce que tous les hommes ne sont pas les enfants de Dieu ? Ce n'est que parmi les hommes égoïstes qu'on trouve l'iniquité, la haine implacable et les châtiments sans rémission. »

Tous les Esprits tendent à la perfection, et Dieu leur en fournit les moyens par les épreuves de la vie corporelle ; mais dans sa justice, il leur réserve d'accomplir, dans de nouvelles existences, *ce qu'ils n'ont pu faire ou achever dans une première épreuve.*

Il ne serait ni selon l'équité, ni selon la bonté de Dieu, de frapper à jamais ceux qui ont pu rencontrer des obstacles à leur amélioration en dehors de leur volonté, et dans le milieu même où ils se trouvent placés. Si le sort de l'homme était irrévocablement fixé après sa mort, Dieu n'aurait point pesé les actions de tous dans la même balance, et ne les aurait point traités avec impartialité.

La doctrine de la réincarnation, c'est-à-dire celle qui consiste à admettre pour l'homme plusieurs existences successives, est la seule qui réponde à l'idée que nous nous faisons de la justice de Dieu à l'égard des hommes placés dans une condition morale inférieure, la seule qui puisse nous expliquer l'avenir et asseoir nos espérances, puisqu'elle nous offre le moyen de racheter nos erreurs par de nouvelles épreuves. La raison nous l'indique et les Esprits nous l'enseignent.

L'homme qui a la conscience de son infériorité puise dans la doctrine de la réincarnation une espérance consolante. S'il croit à la justice de Dieu, il ne peut espérer être pour l'éternité l'égal de ceux qui ont mieux fait que lui. La pensée que cette infériorité ne le déshérite pas à tout jamais du bien suprême, et qu'il pourra la conquérir par de nouveaux efforts, le soutient et ranime son courage. Quel est celui qui, au terme de sa carrière, ne regrette pas d'avoir acquis trop tard une expérience dont il ne peut plus profiter ? Cette expérience tardive n'est point perdue ; il la mettra à profit dans une nouvelle vie.

Incarnation dans les différents mondes

172. Nos différentes existences corporelles s'accomplissent-elles toutes sur la terre ?

« Non, pas toutes, mais dans les différents mondes : celle d'ici-bas n'est ni la première ni la dernière, et c'est une des plus matérielles et des plus éloignées de la perfection. »

173. L'âme, à chaque nouvelle existence corporelle, passe-t-elle d'un monde à l'autre, ou bien peut-elle en accomplir plusieurs sur le même globe ?

« Elle peut revivre plusieurs fois sur le même globe, si elle n'est pas assez avancée pour passer dans un monde supérieur. »

– Ainsi nous pouvons reparaître plusieurs fois sur la terre ?

« Certainement. »

– Pouvons-nous y revenir après avoir vécu dans d'autres mondes ?

« Assurément ; vous avez déjà pu vivre ailleurs et sur la Terre. »

174. Est-ce une nécessité de revivre sur la terre ?

« Non ; mais si vous n'avancez pas, vous pouvez aller dans un autre monde qui ne vaut pas mieux, et qui peut être pire. »

175. Y a-t-il un avantage à revenir habiter sur la Terre ?

« Aucun avantage particulier, à moins d'y être en mission ; alors on avance, là comme ailleurs. »

– Ne serait-on pas plus heureux de rester Esprit ?

« Non, non ! On serait stationnaire, et l'on veut avancer vers Dieu. »

176. Les Esprits, après avoir été incarnés dans d'autres mondes, peuvent-ils l'être dans celui-ci sans y avoir jamais paru ?

« Oui, comme vous dans les autres. *Tous les mondes sont solidaires :* ce qui ne s'accomplit pas dans l'un s'accomplit dans un autre. »

– Ainsi, il y a des hommes qui sont sur la terre pour la première fois ?

« Il y en a beaucoup, et à divers degrés. »

– Peut-on reconnaître à un signe quelconque quand un Esprit en est à sa première apparition sur la terre ?

« Cela n'aurait aucune utilité. »

177. Pour arriver à la perfection et au bonheur suprême qui est le but final de tous les hommes, l'Esprit doit-il passer par la filière de tous les mondes qui existent dans l'univers ?

« Non, car il y a beaucoup de mondes qui sont au même degré, et où l'Esprit n'apprendrait rien de nouveau. »

– Comment alors expliquer la pluralité de ses existences sur le même globe ?

« Il peut s'y trouver chaque fois dans des positions bien différentes qui sont pour lui autant d'occasions d'acquérir de l'expérience. »

178. Les Esprits peuvent-ils revivre corporellement dans un monde relativement inférieur à celui où ils ont déjà vécu ?

« Oui, quand ils ont à remplir une mission pour aider au progrès, et alors ils acceptent avec joie les tribulations de cette existence, parce qu'elles leur fournissent un moyen d'avancer. »

– Cela ne peut-il pas aussi avoir lieu par expiation, et Dieu ne peut-il envoyer des Esprits rebelles dans des mondes inférieurs ?

« Les Esprits peuvent rester stationnaires, mais ils ne rétrogradent pas, et alors leur punition est de ne pas avancer et de recommencer les existences mal employées dans le milieu qui convient à leur nature. »

– Quels sont ceux qui doivent recommencer la même existence ?

« Ceux qui faillissent à leur mission ou à leurs épreuves. »

179. Les êtres qui habitent chaque monde sont-ils tous arrivés au même degré de perfection ?

« Non ; c'est comme sur la terre : il y en a de plus ou moins avancés. »

180. En passant de ce monde dans un autre, l'Esprit conserve-t-il l'intelligence qu'il avait dans celui-ci ?

« Sans doute, l'intelligence ne se perd pas, mais il peut n'avoir pas les mêmes moyens de la manifester ; cela dépend de sa supériorité et de l'état du corps qu'il prendra. » (Voir *Influence de l'organisme*).

181. Les êtres qui habitent les différents mondes ont-ils des corps semblables aux nôtres ?

« Sans doute, ils ont des corps, parce qu'il faut bien que l'Esprit soit revêtu de matière pour agir sur la matière ; mais cette enveloppe est plus ou moins matérielle selon le degré de pureté où sont arrivés les Esprits, et c'est ce qui fait la différence des mondes que nous devons parcourir ; car il y a plusieurs demeures chez notre Père et pour lors plusieurs degrés. Les uns le savent et en ont conscience sur cette terre, et d'autres ne sont nullement de même. »

182. Pouvons-nous connaître exactement l'état physique et moral des différents mondes ?

« Nous, Esprits, nous ne pouvons répondre que suivant le degré dans lequel vous êtes ; c'est-à-dire que nous ne devons pas révéler ces choses à tous, parce que tous ne sont pas en état de les comprendre *et cela les troublerait.* »

À mesure que l'Esprit se purifie, le corps qu'il revêt se rapproche également de la nature spirite. La matière est moins dense, il ne rampe plus péniblement à la surface du sol, les besoins physiques sont moins grossiers, les êtres vivants n'ont plus besoin de s'entre-détruire pour se nourrir. L'Esprit est plus libre, et a pour les choses éloignées des perceptions qui nous sont inconnues ; il voit par les yeux du corps ce que nous ne voyons que par la pensée.

L'épuration des Esprits amène chez les êtres dans lesquels ils sont incarnés le perfectionnement moral. Les passions animales s'affaiblissent, et l'égoïsme fait place au sentiment fraternel. C'est ainsi que, dans les mondes supérieurs à la terre, les guerres sont inconnues ; les haines et les discordes y sont sans objet, parce que nul ne songe à faire du tort à son semblable. L'intuition qu'ils ont de leur avenir, la sécurité que leur donne une conscience exempte de remords, font que la mort ne leur cause aucune appréhension ; ils la voient venir sans crainte et comme une simple transformation.

La durée de la vie, dans les différents mondes, paraît être proportionnée au degré de supériorité physique et morale de ces mondes, et cela est parfaitement rationnel. Moins le corps est matériel, moins il est sujet aux vicissitudes qui le désorganisent ; plus l'Esprit est pur, moins il a de passions qui le minent. C'est encore là un bienfait de la Providence qui veut ainsi abréger les souffrances.

183. En passant d'un monde à l'autre, l'Esprit passe-t-il par une nouvelle enfance ?

« L'enfance est partout une transition nécessaire, mais elle n'est pas partout aussi stupide que chez vous. »

184. L'Esprit a-t-il le choix du nouveau monde qu'il doit habiter ?

« Pas toujours, mais il peut le demander, et il peut l'obtenir s'il le mérite ; car les mondes ne sont accessibles aux Esprits que selon le degré de leur élévation. »

– Si l'Esprit ne demande rien, qu'est-ce qui détermine le monde où il sera réincarné ?

« Le degré de son élévation. »

185. L'état physique et moral des êtres vivants est-il perpétuellement le même dans chaque globe ?

« Non ; les mondes aussi sont soumis à la loi du progrès. Tous ont commencé comme le vôtre par être dans un état inférieur, et la terre elle-même subira une transformation semblable ; elle deviendra un paradis terrestre lorsque les hommes seront devenus bons. »

C'est ainsi que les races qui peuplent aujourd'hui la terre disparaîtront un jour et seront remplacées par des êtres de plus en plus parfaits ; ces races transformées succéderont à la race actuelle, comme celle-ci a succédé à d'autres plus grossières encore.

186. Y a-t-il des mondes où l'Esprit, cessant d'habiter un corps matériel, n'a plus pour enveloppe que le périsprit ?

« Oui, et cette enveloppe même devient tellement éthérée, que pour vous c'est comme si elle n'existait pas ; c'est alors l'état des purs Esprits. »

– Il semble résulter de là qu'il n'y a pas une démarcation tranchée entre l'état des dernières incarnations et celui de pur Esprit ?

« Cette démarcation n'existe pas ; la différence s'effaçant peu à peu devient insensible comme la nuit qui s'efface devant les premières clartés du jour. »

187. La substance du périsprit est-elle la même dans tous les globes ?

« Non ; elle est plus ou moins éthérée. En passant d'un monde à l'autre, l'Esprit se revêt de la matière propre de chacun ; c'est d'aussi peu de durée que l'éclair. »

188. Les purs Esprits habitent-ils des mondes spéciaux, ou bien sont-ils dans l'espace universel sans être attachés à un globe plutôt qu'à un autre ?

« Les purs Esprits habitent certains mondes, mais ils n'y sont pas confinés comme les hommes sur la terre ; ils peuvent mieux que les autres être partout[11]. »

---

[11] Selon les Esprits, de tous les globes qui composent notre système planétaire, la *Terre* est un de ceux dont les habitants sont le moins avancés physiquement et moralement ; *Mars* lui serait encore inférieur et *Jupiter* de beaucoup supérieur à tous égards. Le *Soleil* ne serait point un monde habité par des êtres corporels, mais un lieu de rendez-vous des Esprits supérieurs, qui de là rayonnent par la pensée vers les autres mondes qu'ils dirigent par l'entremise d'Esprits moins élevés auxquels ils se transmettent par l'intermédiaire du fluide universel. Comme constitution physique, le soleil serait un foyer d'électricité. Tous les soleils sembleraient être dans une position identique.

Le volume et l'éloignement du soleil n'ont aucun rapport nécessaire avec le degré d'avancement des mondes, puisqu'il paraîtrait que Vénus serait plus avancée que la Terre, et Saturne moins que Jupiter.

Plusieurs Esprits qui ont animé des personnes connues sur la terre ont dit être réincarnés dans Jupiter, l'un des mondes les plus voisins de la perfection, et l'on a pu s'étonner de voir, dans ce globe si avancé, des hommes que l'opinion ne plaçait pas ici-bas sur la même ligne. Cela n'a rien qui doive surprendre, si l'on considère que certains Esprits habitant cette planète ont pu être envoyés sur la terre pour y remplir une mission qui, à nos yeux, ne les plaçait pas au premier rang ; secondement, qu'entre leur existence terrestre et celle dans Jupiter, ils ont pu en avoir d'intermédiaires dans lesquelles ils se sont améliorés ; troisièmement, enfin, que dans ce monde, comme dans le nôtre, il y a différents degrés de développement, et qu'entre ces degrés il peut y avoir la distance qui sépare chez nous le sauvage de l'homme civilisé. Ainsi, de ce que l'on habite Jupiter, il ne s'ensuit pas que l'on soit au niveau des êtres les plus avancés, pas plus qu'on n'est au niveau d'un savant de l'Institut, parce qu'on habite Paris.

Les conditions de longévité ne sont pas non plus partout les mêmes que sur la terre, et l'âge ne peut se comparer. Une personne décédée depuis quelques années, étant évoquée, dit être incarnée depuis six mois dans un monde dont le nom nous est inconnu. Interrogée sur l'âge qu'elle avait dans ce monde, elle répondit : « Je ne puis l'apprécier, parce que nous ne comptons pas comme vous ; ensuite le mode d'existence n'est plus le même ; on se développe ici bien plus promptement ; pourtant, quoiqu'il n'y ait que six de vos mois que j'y sois, je puis dire que, pour l'intelligence, j'ai trente ans de l'âge que j'avais sur la terre. »

Transmigration progressive

189. Dès le principe de sa formation, l'Esprit jouit-il de la plénitude de ses facultés ?

« Non, car l'Esprit, comme l'homme, a aussi son enfance. À leur origine, les Esprits n'ont qu'une existence instinctive et ont à peine conscience d'eux-mêmes et de leurs actes ; ce n'est que peu à peu que l'intelligence se développe. »

190. Quel est l'état de l'âme à sa première incarnation ?

« L'état de l'enfance à la vie corporelle ; son intelligence éclôt à peine : *elle s'essaye à la vie.* »

191. Les âmes de nos sauvages sont-elles des âmes à l'état d'enfance ?

« Enfance relative ; mais ce sont des âmes déjà développées ; ils ont des passions. »

– Les passions sont donc un signe de développement ?

« De développement, oui, mais non de perfection ; elles sont un signe d'activité et de la conscience du *moi ;* tandis que dans l'âme primitive l'intelligence et la vie sont à l'état de germe. »

La vie de l'Esprit, dans son ensemble, parcourt les mêmes phases que nous voyons dans la vie corporelle ; il passe graduellement de l'état d'embryon à celui de l'enfance, pour arriver par une succession de périodes à l'état d'adulte, qui est celui de la perfection, avec cette différence qu'il n'a pas de déclin et de décrépitude comme dans la vie corporelle ; que sa vie, qui a eu un commencement, n'aura pas de fin ; qu'il lui faut un temps immense, à notre point de vue, pour passer de l'enfance spirite à un développement complet, et son progrès s'accomplit, non sur une seule sphère, mais en passant par des mondes divers. La vie de l'Esprit se compose ainsi d'une série d'existences corporelles dont chacune est pour lui une occasion de progrès, comme chaque existence corporelle se compose d'une série de jours à chacun desquels l'homme acquiert un surcroît d'expérience et d'instruction. Mais, de même que, dans la vie de l'homme, il y a des jours qui ne portent aucun fruit, dans celle de l'Esprit il y a des existences corporelles qui sont sans résultat, parce qu'il n'a pas su les mettre à profit.

192. Peut-on, dès cette vie, par une conduite parfaite, franchir tous les degrés et devenir pur Esprit sans passer par d'autres intermédiaires ?

« Non, car ce que l'homme croit parfait est loin de la perfection ; il y a des qualités qui lui sont inconnues et qu'il ne peut comprendre. Il peut être aussi parfait que le comporte sa nature terrestre, mais ce n'est pas la perfection absolue. De même, un enfant, quelque précoce qu'il soit, doit passer par la jeunesse avant d'arriver à l'âge mûr ; de même aussi le malade passe par la

---

Beaucoup de réponses analogues ont été faites par d'autres Esprits, et cela n'a rien d'invraisemblable. Ne voyons-nous pas sur la terre une foule d'animaux acquérir en quelques mois leur développement normal ? Pourquoi n'en serait-il pas de même de l'homme dans d'autres sphères ? Remarquons, en outre, que le développement acquis par l'homme sur la terre à l'âge de trente ans n'est peut-être qu'une sorte d'enfance, comparé à celui qu'il doit atteindre. C'est avoir la vue bien courte que de nous prendre en tout pour les types de la création, et c'est bien rabaisser la Divinité de croire qu'en dehors de nous il n'y ait rien qui lui soit possible.

convalescence avant de recouvrer toute sa santé. Et puis, l'Esprit doit avancer en science et en moralité ; s'il n'a progressé que dans un sens, il faut qu'il progresse dans un autre pour atteindre le haut de l'échelle ; mais plus l'homme avance dans sa vie présente, moins les épreuves suivantes sont longues et pénibles. »

— L'homme peut-il au moins s'assurer dès cette vie une existence future moins remplie d'amertume ?

« Oui, sans doute, il peut abréger la longueur et les difficultés de la route. *L'insouciant seul se trouve toujours au même point.* »

193. Un homme, dans ses nouvelles existences, peut-il descendre plus bas qu'il n'était ?

« Comme *position sociale,* oui ; comme Esprit, non. »

194. L'âme d'un homme de bien peut-elle, dans une nouvelle incarnation, animer le corps d'un scélérat ?

« Non, puisqu'elle ne peut dégénérer. »

— L'âme d'un homme pervers peut-elle devenir celle d'un homme de bien ?

« Oui, s'il s'est repenti, et alors c'est une récompense. »

La marche des Esprits est progressive et jamais rétrograde ; ils s'élèvent graduellement dans la hiérarchie, et ne descendent point du rang auquel ils sont parvenus. Dans leurs différentes existences corporelles ils peuvent descendre comme hommes, mais non comme Esprits. Ainsi l'âme d'un puissant de la terre peut plus tard animer le plus humble artisan, et vice versa ; car les rangs parmi les hommes sont souvent en raison inverse de l'élévation des sentiments moraux. Hérode était roi, et Jésus charpentier.

195. La possibilité de s'améliorer dans une autre existence ne peut-elle pas porter certaines personnes à persévérer dans une mauvaise voie par la pensée qu'elles pourront toujours se corriger plus tard ?

« Celui qui pense ainsi ne croit à rien, et l'idée d'un châtiment éternel ne le retient pas davantage, parce que sa raison le repousse, et cette idée conduit à l'incrédulité sur toutes choses. Si l'on n'avait employé que des moyens rationnels pour conduire les hommes, il n'y aurait pas autant de sceptiques. Un Esprit imparfait peut, en effet, penser comme tu le dis pendant sa vie corporelle ; mais une fois dégagé de la matière, il pense autrement, car il s'aperçoit bientôt qu'il a fait un faux calcul, *et c'est alors qu'il apporte un sentiment contraire dans une nouvelle existence.* C'est ainsi que s'accomplit le progrès, et voilà pourquoi vous avez sur la terre des hommes plus avancés les uns que les autres ; les uns ont déjà une expérience que d'autres n'ont pas encore, mais qu'ils acquerront peu à peu. Il dépend d'eux d'avancer leur progrès ou de le retarder indéfiniment. »

L'homme qui a une mauvaise position désire en changer le plus tôt possible. Celui qui est persuadé que les tribulations de cette vie sont la conséquence de ses imperfections, cherchera à s'assurer une nouvelle existence moins pénible ; et cette pensée le détournera plus de la voie du mal que celle du feu éternel auquel il ne croit pas.

196. Les Esprits ne pouvant s'améliorer qu'en subissant les tribulations de l'existence corporelle, il s'ensuivrait que la vie matérielle serait une sorte

d'*étamine* ou d'*épuratoire*, par où doivent passer les êtres du monde spirite pour arriver à la perfection ?

« Oui, c'est bien cela. Ils s'améliorent dans ces épreuves en évitant le mal et en pratiquant le bien. Mais ce n'est qu'après plusieurs incarnations ou épurations successives qu'ils atteignent, dans un temps plus ou moins long, *selon leurs efforts*, le but auquel ils tendent. »

– Est-ce le corps qui influe sur l'Esprit pour l'améliorer, ou l'Esprit qui influe sur le corps ?

« Ton Esprit est tout ; ton corps est un vêtement qui se pourrit : voilà tout. »

Nous trouvons une comparaison matérielle des différents degrés de l'épuration de l'âme dans le suc de la vigne. Il contient la liqueur appelée esprit ou alcool, mais affaiblie par une foule de matières étrangères qui en altèrent l'essence ; elle n'arrive à la pureté absolue qu'après plusieurs distillations, à chacune desquelles elle se dépouille de quelque impureté. L'alambic est le corps dans lequel elle doit entrer pour s'épurer ; les matières étrangères sont comme le périsprit qui s'épure lui-même à mesure que l'Esprit approche de la perfection.

Sort des enfants après la mort

197. L'Esprit d'un enfant mort en bas âge est-il aussi avancé que celui de l'adulte ?

« Quelquefois beaucoup plus, car il peut avoir beaucoup plus vécu et avoir plus d'expérience, si surtout il a progressé. »

– L'Esprit d'un enfant peut ainsi être plus avancé que celui de son père ?

« Cela est très fréquent ; ne le voyez-vous pas souvent vous-mêmes sur la terre ? »

198. L'enfant qui meurt en bas âge n'ayant pu faire de mal, son Esprit appartient-il aux degrés supérieurs ?

« S'il n'a point fait de mal, il n'a pas fait de bien, et Dieu ne l'affranchit pas des épreuves qu'il doit subir. S'il est pur, ce n'est pas parce qu'il était enfant, mais parce qu'il était plus avancé. »

199. Pourquoi la vie est-elle souvent interrompue dès l'enfance ?

« La durée de la vie de l'enfant peut être pour l'Esprit qui est incarné en lui le complément d'une existence interrompue avant le terme voulu, et sa mort est souvent *une épreuve ou une expiation pour les parents*. »

- Que devient l'Esprit d'un enfant qui meurt en bas âge ?

« Il recommence une nouvelle existence. »

Si l'homme n'avait qu'une seule existence, et si après cette existence son sort futur était fixé pour l'éternité, quel serait le mérite de la moitié de l'espèce humaine qui meurt en bas âge, pour jouir sans effort du bonheur éternel, et de quel droit serait-elle affranchie des conditions souvent si dures imposées à l'autre moitié ? Un tel ordre de choses ne saurait être selon la justice de Dieu. Par la réincarnation, l'égalité est pour tous ; l'avenir appartient à tous sans exception et sans faveur pour aucun ; ceux qui arrivent les derniers ne peuvent s'en prendre qu'à eux-mêmes. L'homme doit avoir le mérite de ses actes, comme il en a la responsabilité.

Il n'est d'ailleurs pas rationnel de considérer l'enfance comme un état normal d'innocence. Ne voit-on pas des enfants doués des plus mauvais instincts à un âge où l'éducation n'a point encore pu exercer son influence ? N'en voit-on pas qui semblent apporter en naissant l'astuce, la fausseté, la perfidie, l'instinct même du vol et du meurtre, et cela nonobstant les bons exemples dont ils sont entourés ? La loi civile about leurs méfaits, parce que, dit-elle, ils ont agi sans discernement ; elle a raison, parce qu'en effet ils agissent plus instinctivement que de propos délibéré ; mais d'où peuvent provenir ces instincts si différents chez des enfants du même âge, élevés dans les mêmes conditions et soumis aux mêmes influences ? D'où vient cette perversité précoce, si ce n'est de l'infériorité de l'Esprit, puisque l'éducation n'y est pour rien ? Ceux qui sont vicieux, c'est que leur esprit a moins progressé, et alors il en subit les conséquences, non pour ses actes d'enfant, mais pour ceux de ses existences antérieures, et c'est ainsi que la loi est la même pour tous, et que la justice de Dieu atteint tout le monde.

Sexes chez les Esprits

200. Les Esprits ont-ils des sexes ?

« Non point comme vous l'entendez, car les sexes dépendent de l'organisation. Il y a entre eux amour et sympathie, mais fondés sur la similitude des sentiments. »

201. L'Esprit qui a animé le corps d'un homme peut-il, dans une nouvelle existence, animer celui d'une femme, et réciproquement ?

« Oui, ce sont les mêmes Esprits qui animent les hommes et les femmes. »

202. Quand on est Esprit, préfère-t-on être incarné dans le corps d'un homme ou d'une femme ?

« Cela importe peu à l'Esprit ; c'est suivant les épreuves qu'il doit subir. »

Les Esprits s'incarnent hommes ou femmes, parce qu'ils n'ont pas de sexe ; comme ils doivent progresser en tout, chaque sexe, comme chaque position sociale, leur offre des épreuves et des devoirs spéciaux et l'occasion d'acquérir de l'expérience. Celui qui serait toujours homme ne saurait que ce que savent les hommes.

Parenté, filiation

203. Les parents transmettent-ils à leurs enfants une portion de leur âme, ou bien ne font-ils que leur donner la vie animale à laquelle une âme nouvelle vient plus tard ajouter la vie morale ?

« La vie animale seule, car l'âme est indivisible. Un père stupide peut avoir des enfants d'esprit, et vice versa. »

204. Puisque nous avons eu plusieurs existences, la parenté remonte-t-elle au-delà de notre existence actuelle ?

« Cela ne peut être autrement. La succession des existences corporelles établit entre les Esprits des liens qui remontent à vos existences antérieures ; de là souvent des causes de sympathie entre vous et certains Esprits qui vous paraissent étrangers. »

205. Aux yeux de certaines personnes, la doctrine de la réincarnation semble détruire les liens de famille en les faisant remonter au-delà de l'existence actuelle.

« Elle les étend, mais elle ne les détruit pas. La parenté étant fondée sur des affections antérieures, les liens qui unissent les membres d'une même famille sont moins précaires. Elle augmente les devoirs de la fraternité, puisque, dans votre voisin, ou dans votre serviteur, peut se trouver un Esprit qui a tenu à vous par les liens du sang. »

– Elle diminue cependant l'importance que quelques-uns attachent à leur filiation, puisqu'on peut avoir eu pour père un Esprit ayant appartenu à une tout autre race, ou ayant vécu dans une condition tout autre.

« C'est vrai, mais cette importance est fondée sur l'orgueil ; ce que la plupart honorent dans leurs ancêtres, ce sont les titres, le rang, la fortune. Tel rougirait d'avoir eu pour aïeul un cordonnier honnête homme, qui se vantera de descendre d'un gentilhomme débauché. Mais quoi qu'ils disent ou fassent, ils n'empêcheront pas les choses d'être ce qu'elles sont, car Dieu n'a pas réglé les lois de la nature sur leur vanité. »

206. De ce qu'il n'y a pas de filiation entre les Esprits des descendants d'une même famille, s'ensuit-il que le culte des ancêtres soit une chose ridicule ?

« Assurément non, car on doit être heureux d'appartenir à une famille dans laquelle des Esprits élevés se sont incarnés. Quoique les Esprits ne procèdent pas les uns des autres, ils n'en ont pas moins d'affection pour ceux qui tiennent à eux par les liens de la famille, car ces Esprits sont souvent attirés dans telle ou telle famille par des causes de sympathie ou par des liens antérieurs ; mais croyez bien que les Esprits de vos ancêtres ne sont nullement honorés du culte que vous leur rendez par orgueil ; leur mérite ne rejaillit sur vous qu'autant que vous vous efforcez de suivre les bons exemples qu'ils vous ont donnés, et c'est alors seulement que votre souvenir peut non seulement leur être agréable, mais même leur être utile. »

Similitudes physiques et morales

207. Les parents transmettent souvent à leurs enfants une ressemblance physique. Leur transmettent-ils aussi une ressemblance morale ?

« Non, puisqu'ils ont des âmes ou des Esprits différents. Le corps procède du corps, mais l'Esprit ne procède pas de l'Esprit. Entre les descendants des races, il n'y a que consanguinité. »

– D'où viennent les ressemblances morales qui existent quelquefois entre les parents et leurs enfants ?

« Ce sont des Esprits sympathiques attirés par la similitude de leurs penchants. »

208. L'Esprit des parents est-il sans influence sur celui de l'enfant après sa naissance ?

« Il en a une très grande ; comme nous l'avons dit, les Esprits doivent concourir au progrès les uns des autres. Eh bien ! L'Esprit des parents a pour mission de développer celui de leurs enfants par l'éducation ; c'est pour lui une tâche : *s'il y faillit, il est coupable.* »

209. Pourquoi des parents bons et vertueux donnent-ils naissance à des enfants d'une nature perverse ? Autrement dit, pourquoi les bonnes qualités des parents n'attirent-elles pas toujours, par sympathie, un bon Esprit pour animer leur enfant ?

« Un mauvais Esprit peut demander de bons parents, dans l'espérance que leurs conseils le dirigeront dans une voie meilleure, et souvent Dieu le leur confie. »

210. Les parents peuvent-ils, par leurs pensées et leurs prières, attirer dans le corps de l'enfant un bon Esprit plutôt qu'un Esprit inférieur ?

« Non, mais ils peuvent améliorer l'Esprit de l'enfant qu'ils ont fait naître et qui leur est confié : c'est leur devoir ; de mauvais enfants sont une épreuve pour les parents. »

211. D'où vient la similitude de caractère qui existe souvent entre deux frères, surtout chez les jumeaux ?

« Esprits sympathiques qui se rapprochent par la similitude de leurs sentiments *et qui sont heureux d'être ensemble.* »

212. Dans les enfants dont les corps sont soudés et qui ont certains organes communs, y a-t-il deux Esprits, autrement dit deux âmes ?

« Oui, mais leur similitude n'en fait souvent qu'un à vos yeux. »

213. Puisque les Esprits s'incarnent dans les jumeaux par sympathie, d'où vient l'aversion que l'on voit quelquefois entre ces derniers ?

« Ce n'est pas une règle que les jumeaux n'ont que des Esprits sympathiques ; des Esprits mauvais peuvent vouloir lutter ensemble sur le théâtre de la vie. »

214. Que penser des histoires d'enfants se battant dans le sein de la mère ?

« Figure ! Pour peindre que leur haine était invétérée, on la fait remonter avant leur naissance. Généralement, vous ne tenez pas assez compte des figures poétiques. »

215. D'où vient le caractère distinctif que l'on remarque dans chaque peuple ?

« Les Esprits ont aussi des familles formées par la similitude de leurs penchants plus ou moins épurés selon leur élévation. Eh bien ! Un peuple est une grande famille où se rassemblent des Esprits sympathiques. La tendance qu'ont les membres de ces familles à s'unir est la source de la ressemblance qui existe dans le caractère distinctif de chaque peuple. Crois-tu que des Esprits bons et humains rechercheront un peuple dur et grossier ? Non ; les Esprits sympathisent avec les masses, comme ils sympathisent avec les individus ; là, ils sont dans leur milieu. »

216. L'homme conserve-t-il, dans ses nouvelles existences, des traces du caractère moral de ses existences antérieures ?

« Oui, cela peut arriver ; mais en s'améliorant, il change. Sa position sociale peut aussi n'être plus la même ; si de maître, il devient esclave, ses goûts seront tout différents et vous auriez de la peine à le reconnaître. L'Esprit étant le même dans les diverses incarnations, ses manifestations peuvent avoir de l'une à l'autre certaines analogies, modifiées, toutefois, par les habitudes de sa nouvelle position, jusqu'à ce qu'un perfectionnement notable ait complètement changé son caractère, car d'orgueilleux et méchant, il peut devenir humble et humain s'il s'est repenti. »

217. L'homme, dans ses différentes incarnations, conserve-t-il des traces du caractère physique des existences antérieures ?

« Le corps est détruit et le nouveau n'a aucun rapport avec l'ancien. Cependant, l'Esprit se reflète sur le corps ; certes, le corps n'est que matière, mais malgré cela il est modelé sur les capacités de l'Esprit qui lui imprime un certain caractère, principalement sur la figure, et c'est avec vérité qu'on a désigné les yeux comme le miroir de l'âme ; c'est-à-dire que la figure, plus particulièrement, reflète l'âme ; car telle personne excessivement laide a pourtant quelque chose qui plaît quand elle est l'enveloppe d'un Esprit bon, sage, humain, tandis qu'il y a des figures très belles qui ne te font rien éprouver, pour lesquelles même tu as de la répulsion. Tu pourrais croire qu'il n'y a que les corps bien faits qui soient l'enveloppe des Esprits les plus parfaits, tandis que tu rencontres tous les jours des hommes de bien sous des dehors difformes. Sans avoir une ressemblance prononcée, la similitude des goûts et des penchants peut donc donner ce qu'on appelle un air de famille. »

Le corps que revêt l'âme dans une nouvelle incarnation n'ayant aucun rapport *nécessaire* avec celui qu'elle a quitté, puisqu'elle peut le tenir d'une tout autre souche, il serait absurde de conclure une succession d'existences d'une ressemblance qui n'est que fortuite. Cependant, les qualités de l'Esprit modifient souvent les organes qui servent à leurs manifestations et impriment sur la figure, et même à l'ensemble des manières, un cachet distinct. C'est ainsi que sous l'enveloppe la plus humble, on peut trouver l'expression de la grandeur et de la dignité, tandis que sous l'habit du grand seigneur on voit quelquefois celle de la bassesse et de l'ignominie. Certaines personnes sorties de la position la plus infime prennent sans effort les habitudes et les manières du grand monde. Il semble qu'elles y *retrouvent* leur élément, tandis que d'autres, malgré leur naissance et leur éducation, y sont toujours déplacées. Comment expliquer ce fait autrement que comme un reflet de ce qu'a été l'Esprit ?

Idées innées

218. L'Esprit incarné ne conserve-t-il aucune trace des perceptions qu'il a eues et des connaissances qu'il a acquises dans ses existences antérieures ?

« Il lui reste un vague souvenir qui lui donne ce qu'on appelle des idées innées. »

– La théorie des idées innées n'est donc pas une chimère ?

« Non, les connaissances acquises dans chaque existence ne se perdent pas ; l'Esprit, dégagé de la matière, s'en souvient toujours. Pendant l'incarnation, il peut les oublier en partie momentanément, mais l'intuition qui lui en reste aide à son avancement ; sans cela, ce serait toujours à recommencer. À chaque existence nouvelle, l'Esprit prend son point de départ de celui où il était resté dans sa précédente existence. »

– Il doit ainsi y avoir une grande connexion entre deux existences successives ?

« Pas toujours aussi grande que tu pourrais le croire, car les positions sont souvent bien différentes, et dans l'intervalle l'Esprit a pu progresser. » (216).

219. Quelle est l'origine des facultés extraordinaires des individus qui, sans étude préalable, semblent avoir l'intuition de certaines connaissances comme les langues, le calcul, etc. ?

« Souvenir du passé ; progrès antérieur de l'âme, mais dont lui-même n'a pas la conscience. D'où veux-tu qu'elles viennent ? Le corps change, mais l'Esprit ne change pas, quoiqu'il change de vêtement. »

220. En changeant de corps, peut-on perdre certaines facultés intellectuelles, ne plus avoir, par exemple, le goût des arts ?

« Oui, si l'on a souillé cette intelligence, ou si l'on en a fait un mauvais emploi. Une faculté peut, en outre, sommeiller pendant une existence, parce que l'Esprit veut en exercer une autre qui n'y a pas de rapport ; alors, elle reste à l'état latent pour reparaître plus tard. »

221. Est-ce à un souvenir rétrospectif que l'homme doit, même à l'état sauvage, le sentiment instinctif de l'existence de Dieu et le pressentiment de la vie future ?

« C'est un souvenir qu'il a conservé de ce qu'il savait comme Esprit avant d'être incarné ; mais l'orgueil étouffe souvent ce sentiment. »

– Est-ce à ce même souvenir que sont dues certaines croyances relatives à la doctrine spirite, et que l'on retrouve chez tous les peuples ?

« Cette doctrine est aussi ancienne que le monde ; c'est pourquoi on la retrouve partout, et c'est là une preuve qu'elle est vraie. L'Esprit incarné, conservant l'intuition de son état d'Esprit, a la conscience instinctive du monde invisible, mais souvent elle est faussée par les préjugés et l'ignorance y mêle la superstition. »

CHAPITRE V

CONSIDÉRATIONS SUR LA PLURALITÉ DES EXISTENCES

222. Le dogme de la réincarnation, disent certaines personnes, n'est point nouveau ; il est ressuscité de Pythagore. Nous n'avons jamais dit que la doctrine spirite fût d'invention moderne ; le spiritisme étant une loi de nature, a dû exister dès l'origine des temps, et nous nous sommes toujours efforcés de prouver qu'on en retrouve les traces dans la plus haute antiquité. Pythagore, comme on le sait, n'est pas l'auteur du système de la métempsycose ; il l'a puisée chez les philosophes indiens et chez les Égyptiens, où elle existait de temps immémorial. L'idée de la transmigration des âmes était donc une croyance vulgaire, admise par les hommes les plus éminents. Par quelle voie leur est-elle venue ? Est-ce par révélation ou par intuition ? Nous ne le savons pas ; mais, quoi qu'il en soit, une idée ne traverse pas les âges et n'est pas acceptée par les intelligences d'élite, sans avoir un côté sérieux. L'antiquité de cette doctrine serait donc plutôt une preuve qu'une objection. Toutefois, comme on le sait également, il y a, entre la métempsycose des anciens et la doctrine moderne de la réincarnation, cette grande différence que les Esprits rejettent de la manière la plus absolue la transmigration de l'homme dans les animaux, et réciproquement.

Les Esprits, en enseignant le dogme de la pluralité des existences corporelles, renouvellent donc une doctrine qui a pris naissance dans les premiers âges du monde, et qui s'est conservée jusqu'à nos jours dans la pensée intime de beaucoup de personnes ; seulement, ils la présentent sous un point de vue plus rationnel, plus conforme aux lois progressives de la nature et plus en harmonie avec la sagesse du Créateur, en la dépouillant de tous les accessoires de la superstition. Une circonstance digne de remarque, c'est que ce n'est pas dans ce livre seul qu'ils l'ont enseignée dans ces derniers temps : dès avant sa publication, de nombreuses communications de même nature ont été obtenues, en diverses contrées, et se sont considérablement multipliées depuis. Ce serait peut-être ici le cas d'examiner pourquoi tous les Esprits ne paraissent pas d'accord sur ce point ; nous y reviendrons plus tard.

Examinons la chose sous un autre point de vue, et abstraction faite de toute intervention des Esprits, mettons ceux-ci de côté pour un instant ; supposons que cette théorie ne soit pas leur fait ; supposons même qu'il n'ait jamais été question d'Esprits. Plaçons-nous donc momentanément sur un terrain neutre, admettant au même degré de probabilité l'une et l'autre hypothèse, savoir : la pluralité et l'unité des existences corporelles, et voyons de quel côté nous portera la raison et notre propre intérêt.

Certaines personnes repoussent l'idée de la réincarnation par ce seul motif qu'elle ne leur convient pas, disant qu'elles ont bien assez d'une existence et qu'elles n'en voudraient pas recommencer une pareille ; nous en connaissons que la seule pensée de reparaître sur la terre fait bondir de fureur. Nous n'avons qu'une chose à leur demander, c'est si elles pensent que Dieu ait pris leur avis et consulté leur goût pour régler l'univers. Or, de deux choses l'une, ou la réincarnation existe, ou elle n'existe pas ; si elle existe, elle a beau les contrarier, il leur faudra la subir, Dieu ne leur en demandera pas la permission. Il nous semble entendre un malade dire : « J'ai assez souffert aujourd'hui, je ne veux plus souffrir demain. » Quelle que soit sa mauvaise humeur, il ne lui faudra pas moins souffrir le lendemain et les jours suivants, jusqu'à ce qu'il soit guéri ; donc, s'ils doivent revivre corporellement, ils revivront, ils se réincarneront ; ils auront beau se mutiner, comme un enfant qui ne veut pas aller à l'école, ou un condamné en prison, il faudra qu'ils en passent par là. De pareilles objections sont trop puériles pour mériter un plus sérieux examen. Nous leur dirons cependant, pour les rassurer, que la doctrine spirite sur la réincarnation n'est pas aussi terrible qu'ils le croient, et s'ils l'avaient étudiée à fond ils n'en seraient pas si effrayés ; ils sauraient que la condition de cette nouvelle existence dépend d'eux : elle sera heureuse ou malheureuse selon ce qu'ils auront fait ici-bas, *et ils peuvent dès cette vie s'élever si haut, qu'ils n'auront plus à craindre de retomber dans le bourbier.*

Nous supposons que nous parlons à des gens qui croient à un avenir quelconque après la mort, et non à ceux qui se donnent le néant pour perspective, ou qui veulent noyer leur âme dans un tout universel, sans individualité, comme les gouttes de pluie dans l'Océan, ce qui revient à peu près au même. Si donc vous croyez à un avenir quelconque, vous n'admettez pas, sans doute, qu'il soit le même pour tous, autrement où serait l'utilité du bien ? Pourquoi se contraindre ? Pourquoi ne pas satisfaire toutes ses passions, tous ses désirs, fût-ce même aux dépens d'autrui, puisqu'il n'en serait ni plus ni moins ? Vous croyez que cet avenir sera plus ou moins heureux ou malheureux selon ce que nous aurons fait pendant la vie ; vous avez alors le désir d'y être aussi heureux que possible, puisque ce doit être pour l'éternité ? Auriez-vous, par hasard, la prétention d'être un des hommes les plus parfaits qui aient existé sur la terre, et d'avoir ainsi droit d'emblée à la félicité suprême des élus ? Non. Vous admettez ainsi qu'il y a des hommes qui valent mieux que vous et qui ont droit à une meilleure place, sans pour cela que vous soyez parmi les réprouvés. Eh bien ! Placez-vous un instant par la pensée dans cette situation moyenne qui sera la vôtre, puisque vous venez d'en convenir, et supposez que quelqu'un vienne vous dire : « Vous souffrez, vous n'êtes pas aussi heureux que vous pourriez l'être, tandis que vous avez devant vous des êtres qui jouissent d'un bonheur sans mélange ; voulez-vous changer votre position contre la leur ? » - Sans doute, direz-vous ; que faut-il faire ? - Moins que rien ; recommencer ce que vous avez mal fait et tâcher de faire mieux. - Hésiteriez-vous à accepter fût-ce même au prix de plusieurs existences d'épreuve ? Prenons une comparaison plus prosaïque. Si, à un homme qui, sans être dans la dernière des misères, éprouve néanmoins des privations par suite de la médiocrité de ses ressources, on venait dire : « Voilà une immense fortune, vous pouvez en jouir, il faut pour cela travailler rudement pendant une minute.» Fût-il le plus paresseux de la terre, il dira sans hésiter : « Travaillons une minute, deux minutes, une heure, un jour, s'il le faut ; qu'est-ce que cela pour finir ma vie dans l'abondance ? » Or, qu'est la durée de la vie corporelle par rapport à l'éternité ? Moins qu'une minute, moins qu'une seconde.

Nous avons entendu faire ce raisonnement : Dieu, qui est souverainement bon, ne peut imposer à l'homme de recommencer une série de misères et de tribulations. Trouverait-on, par hasard, qu'il y a plus de bonté à condamner l'homme à une souffrance perpétuelle pour quelques moments d'erreur, plutôt qu'à lui donner les moyens de réparer ses fautes ? « Deux fabricants avaient chacun un ouvrier qui pouvait aspirer à devenir l'associé du chef. Or il arriva que ces deux ouvriers employèrent une fois très mal leur journée et méritèrent d'être renvoyés. L'un des deux fabricants chassa son ouvrier malgré ses supplications, et celui-ci n'ayant pas trouvé d'ouvrage mourut de misère. L'autre dit au sien : Vous avez perdu un jour, vous m'en devez un en compensation ; vous avez mal fait votre ouvrage, vous m'en devez la réparation ; je vous permets de le recommencer ; tâchez de bien faire et je vous conserverai, et vous pourrez toujours aspirer à la position supérieure que je vous ai promise ». Est-il besoin de demander quel est celui des deux fabricants qui a été le plus humain ? Dieu, la clémence même, serait-il plus inexorable qu'un homme ? La pensée que notre sort est à jamais fixé par quelques années d'épreuve, alors même qu'il n'a pas toujours dépendu de nous d'atteindre à la perfection sur la terre, a quelque chose de navrant, tandis que l'idée contraire est éminemment consolante : elle nous laisse l'espérance. Ainsi, sans nous prononcer pour ou contre la pluralité des existences, sans admettre une hypothèse plutôt que l'autre, nous disons que, si nous avions le choix, il n'est personne qui préférât un jugement sans appel. Un philosophe a dit que si Dieu n'existait pas, il faudrait l'inventer pour le bonheur du genre humain ; on pourrait en dire autant de la pluralité des existences. Mais, comme nous l'avons dit, Dieu ne nous demande pas notre permission ; il ne consulte pas notre goût ; cela est ou cela n'est pas ; voyons de quel côté sont les probabilités, et prenons la chose à un autre point de vue, toujours abstraction faite de l'enseignement des Esprits, et uniquement comme étude philosophique.

S'il n'y a pas de réincarnation, il n'y a qu'une existence corporelle, cela est évident ; si notre existence corporelle actuelle est la seule, l'âme de chaque homme est créée à sa naissance, à moins que l'on admette l'antériorité de l'âme, auquel cas on se demanderait ce qu'était l'âme avant la naissance, et si cet état ne constituait pas une existence sous une forme quelconque. Il n'y a pas de milieu : ou l'âme existait, ou elle n'existait pas avant le corps ; si elle existait, quelle était sa situation ? Avait-elle ou non conscience d'elle-même ; si elle n'en avait pas conscience, c'est à peu près comme si elle n'existait pas ; si elle avait son individualité, elle était progressive ou stationnaire ; dans l'un et l'autre cas, à quel degré est-elle arrivée dans le corps ? En admettant, selon la croyance vulgaire, que l'âme prend naissance avec le corps, ou, ce qui revient au même, qu'antérieurement à son incarnation elle n'a que des facultés négatives, nous posons les questions suivantes :

1. Pourquoi l'âme montre-t-elle des aptitudes si diverses et indépendantes des idées acquises par l'éducation ?

2. D'où vient l'aptitude extra-normale de certains enfants en bas âge pour tel art ou telle science, tandis que d'autres restent inférieurs ou médiocres toute leur vie ?

3. D'où viennent chez les uns, les idées innées ou intuitives qui n'existent pas chez d'autres ?

4. D'où viennent, chez certains enfants, ces instincts précoces de vices ou de vertus, ces sentiments innés de dignité ou de bassesse qui contrastent avec le milieu dans lequel ils sont nés ?

5. Pourquoi certains hommes, abstraction faite de l'éducation, sont-ils plus avancés les uns que les autres ?

6. Pourquoi y a-t-il des sauvages et des hommes civilisés ? Si vous prenez un enfant hottentot à la mamelle, et si vous l'élevez dans nos lycées les plus renommés, en ferez-vous jamais un Laplace ou un Newton ?

Nous demandons quelle est la philosophie ou la théosophie qui peut résoudre ces problèmes ? Ou les âmes à leur naissance sont égales, ou elles sont inégales, cela n'est pas douteux. Si elles sont égales, pourquoi ces aptitudes si diverses ? Dira-t-on que cela dépend de l'organisme ? Mais alors c'est la doctrine la plus monstrueuse et la plus immorale. L'homme n'est plus qu'une machine, le jouet de la matière ; il n'a plus la responsabilité de ses actes ; il peut tout rejeter sur ses imperfections physiques. Si elles sont inégales, c'est que Dieu les a créées ainsi ; mais alors pourquoi cette supériorité innée accordée à quelques-uns ? Cette partialité est-elle conforme à sa justice et à l'égal amour qu'il porte à toutes ses créatures ?

Admettons, au contraire, une succession d'existences antérieures progressives, et tout est expliqué. Les hommes apportent en naissant l'intuition de ce qu'ils ont acquis ; ils sont plus ou moins avancés, selon le nombre d'existences qu'ils ont parcourues, selon qu'ils sont plus ou moins éloignés du point de départ : absolument comme dans une réunion d'individus de tous âges, chacun aura un développement proportionné au nombre d'années qu'il aura vécu ; les existences successives seront, pour la vie de l'âme, ce que les années sont pour la vie du corps. Rassemblez un jour mille individus, depuis un an jusqu'à quatre-vingts ; supposez qu'un voile soit jeté sur tous les jours qui ont précédé, et que, dans votre ignorance, vous les croyiez ainsi tous nés le même jour : vous vous demanderez naturellement comment il se fait que les uns soient grands et les autres petits, les uns vieux et les autres jeunes, les uns instruits et les autres encore ignorants ; mais si le nuage qui vous cache le passé vient à se lever, si vous apprenez qu'ils ont tous vécu plus ou moins longtemps, tout vous sera expliqué. Dieu, dans sa justice, n'a pu créer des âmes plus ou moins parfaites ; mais, avec la pluralité des existences, l'inégalité que nous voyons n'a plus rien de contraire à l'équité la plus rigoureuse : c'est que nous ne voyons que le présent et non le passé. Ce raisonnement repose-t-il sur un système, une supposition gratuite ? Non ; nous partons d'un fait patent, incontestable : l'inégalité des aptitudes et du développement intellectuel et moral, et nous trouvons ce fait inexplicable par toutes les théories qui ont cours ; tandis que l'explication en est simple, naturelle, logique, par une autre théorie. Est-il rationnel de préférer celle qui n'explique pas à celle qui explique ?

À l'égard de la sixième question, on dira sans doute que le Hottentot est d'une race inférieure : alors nous demanderons si le Hottentot est un homme ou non. Si c'est un homme, pourquoi Dieu l'a-t-il, lui et sa race, déshérité des privilèges accordés à la race caucasique ? Si ce n'est pas un homme, pourquoi chercher à le faire chrétien ? La doctrine spirite est plus large que tout cela ; pour elle, il n'y a pas plusieurs espèces d'hommes, il n'y a que des hommes dont l'esprit est plus ou moins arriéré, mais susceptible de progresser : cela n'est-il pas plus conforme à la justice de Dieu ?

Nous venons de voir l'âme dans son passé et dans son présent ; si nous la considérons dans son avenir, nous trouvons les mêmes difficultés.

1. Si notre existence actuelle doit seule décider de notre sort à venir, quelle est, dans la vie future, la position respective du sauvage et de l'homme civilisé ? Sont-ils au même niveau, ou sont-ils distancés dans la somme du bonheur éternel ?

2. L'homme qui a travaillé toute sa vie à s'améliorer est-il au même rang que celui qui est resté inférieur, non par sa faute, mais parce qu'il n'a eu ni le temps, ni la possibilité de s'améliorer ?

3. L'homme qui fait mal, parce qu'il n'a pu s'éclairer, est-il passible d'un état de choses qui n'a pas dépendu de lui ?

4. On travaille à éclairer les hommes, à les moraliser, à les civiliser ; mais, pour un que l'on éclaire, il y en a des millions qui meurent chaque jour avant que la lumière soit parvenue jusqu'à eux ; quel est le sort de ceux-ci ? Sont-ils traités comme des réprouvés ? Dans le cas contraire, qu'ont-ils fait pour mériter d'être sur le même rang que les autres ?

5. Quel est le sort des enfants qui meurent en bas âge avant d'avoir pu faire ni bien ni mal ? S'ils sont parmi les élus, pourquoi cette faveur sans avoir rien fait pour la mériter ? Par quel privilège sont-ils affranchis des tribulations de la vie ?

Y a-t-il une doctrine qui puisse résoudre ces questions ? Admettez des existences consécutives, et tout est expliqué conformément à la justice de Dieu. Ce que l'on n'a pu faire dans une existence, on le fait dans une autre ; c'est ainsi que personne n'échappe à la loi du progrès, que chacun sera récompensé selon son mérite *réel*, et que nul n'est exclu de la félicité suprême, à laquelle il peut prétendre, quels que soient les obstacles qu'il ait rencontrés sur sa route.

Ces questions pourraient être multipliées à l'infini, car les problèmes psychologiques et moraux qui ne trouvent leur solution que dans la pluralité des existences sont innombrables ; nous nous sommes borné aux plus généraux. Quoi qu'il en soit, dira-t-on peut-être, la doctrine de la réincarnation n'est point admise par l'Église ; ce serait donc le renversement de la religion. Notre but n'est pas de traiter cette question en ce moment ; il nous suffit d'avoir démontré qu'elle est éminemment morale et rationnelle. Or, ce qui est moral et rationnel ne peut être contraire à une religion qui proclame

Dieu la bonté et la raison par excellence. Que serait-il advenu de la religion si, contre l'opinion universelle et le témoignage de la science, elle se fût raidie contre l'évidence et eût rejeté de son sein quiconque n'eût pas cru au mouvement du soleil ou aux six jours de la création ? Quelle créance eût méritée, et quelle autorité aurait eue, chez des peuples éclairés, une religion fondée sur des erreurs manifestes données comme articles de foi ? Quand l'évidence a été démontrée, l'Église s'est sagement rangée du côté de l'évidence. S'il est prouvé que des choses qui existent sont impossibles sans la réincarnation, si certains points du dogme ne peuvent être expliqués que par ce moyen, il faudra bien l'admettre et reconnaître que l'antagonisme de cette doctrine et de ces dogmes n'est qu'apparent. Plus tard, nous montrerons que la religion en est peut-être moins éloignée qu'on ne le pense, et qu'elle n'en souffrirait pas plus qu'elle n'a souffert de la découverte du mouvement de la Terre et des périodes géologiques qui, au premier abord, ont paru donner un démenti aux textes sacrés. Le principe de la réincarnation ressort d'ailleurs de plusieurs passages des Écritures et se trouve notamment formulé d'une manière explicite dans l'Évangile :

« Lorsqu'ils descendaient de la montagne (après la transfiguration). Jésus fit ce commandement et leur dit : Ne parlez à personne de ce que vous venez de voir, jusqu'à ce que le fils de l'homme soit ressuscité d'entre les morts. Ses disciples l'interrogèrent alors, et lui dirent : Pourquoi donc les Scribes disent-ils qu'il faut qu'Élie vienne auparavant ? Mais Jésus leur répondit : Il est vrai qu'Élie doit venir et qu'il rétablira toutes choses. Mais je vous déclare qu'Élie est déjà venu, et ils ne l'ont point connu, mais l'ont fait souffrir comme ils ont voulu. C'est ainsi qu'ils feront mourir le fils de l'homme. Alors ses disciples comprirent que c'était de Jean-Baptiste qu'il leur avait parlé. » (Saint Matthieu, chap. XVII).

Puisque Jean-Baptiste était Élie, il y a donc eu réincarnation de l'Esprit ou de l'âme d'Élie dans le corps de Jean-Baptiste.

Quelle que soit, du reste, l'opinion que l'on se fasse sur la réincarnation, qu'on l'accepte ou qu'on ne l'accepte pas, il n'en faut pas moins la subir si elle existe, nonobstant toute croyance contraire ; le point essentiel, c'est que l'enseignement des Esprits est éminemment chrétien ; il s'appuie sur l'immortalité de l'âme, les peines et les récompenses futures, la justice de Dieu, le libre arbitre de l'homme, la morale du Christ ; donc il n'est pas antireligieux.

Nous avons raisonné, comme nous l'avons dit, abstraction faite de tout enseignement spirite qui, pour certaines personnes, n'est pas une autorité. Si nous, et tant d'autres, avons adopté l'opinion de la pluralité des existences, ce n'est pas seulement parce qu'elle nous vient des Esprits, c'est parce qu'elle nous a paru la plus logique, et qu'elle seule résout des questions jusqu'alors insolubles. Elle nous serait venue d'un simple mortel que nous l'aurions adoptée de même, et que nous n'aurions pas hésité davantage à renoncer à nos propres idées ; du moment qu'une erreur est démontrée, l'amour-propre a plus à perdre qu'à gagner à s'entêter dans une idée fausse. De même, nous l'eussions repoussée, quoique venant des Esprits, si elle nous eût semblé contraire à la raison, comme nous en avons repoussé bien d'autres ; car nous savons par expérience qu'il ne faut pas accepter en aveugle tout ce qui vient de leur part, pas plus que ce qui vient de la part des hommes. Son premier titre à nos yeux est donc avant tout d'être logique ; elle en a un autre, c'est d'être confirmée par les faits : faits positifs et pour ainsi dire matériels, qu'une étude attentive et raisonnée peut révéler à quiconque se donne la peine d'observer avec patience et persévérance, et en présence desquels le doute n'est plus permis. Quand ces faits seront popularisés comme ceux de la formation et du mouvement de la Terre, il faudra bien se rendre à l'évidence, et les opposants en auront été pour leurs frais de contradiction.

Reconnaissons donc, en résumé, que la doctrine de la pluralité des existences explique seule ce qui, sans elle, est inexplicable ; qu'elle est éminemment consolante et conforme à la justice la plus rigoureuse, et qu'elle est pour l'homme l'ancre de salut que Dieu lui a donnée dans sa miséricorde.

Les paroles mêmes de Jésus ne peuvent laisser de doute sous ce rapport. Voici ce qu'on lit dans l'Évangile selon saint Jean, chapitre III :

« 3. Jésus répondant à Nicodème, dit : En vérité, en vérité, je te le dis, que si un homme *ne naît de nouveau*, il ne peut voir le royaume de Dieu.

4. Nicodème lui dit : Comment un homme peut-il naître quand il est vieux ? Peut-il rentrer dans le ventre de sa mère, et naître une seconde fois ?

5. Jésus répondit : En vérité, en vérité, je te dis que si un homme ne naît d'eau et d'esprit, il ne peut entrer dans le royaume de Dieu. Ce qui est né de la chair est chair, et ce qui est né de l'esprit est esprit. Ne t'étonne point de ce que je t'ai dit : *il faut que vous naissiez de nouveau.* » (Voir, ci-après, l'article *Résurrection de la chair*, n° 1010).

CHAPITRE VI
VIE SPIRITE

Esprits errants

223. L'âme se réincarne-t-elle immédiatement après sa séparation du corps ?

« Quelquefois immédiatement, mais le plus souvent après des intervalles plus ou moins longs. Dans les mondes supérieurs la réincarnation est presque toujours immédiate ; la matière corporelle étant moins grossière, l'Esprit incarné y jouit presque de toutes ses facultés d'Esprit ; son état normal est celui de vos somnambules lucides. »

224. Que devient l'âme dans l'intervalle des incarnations ?

« Esprit errant qui aspire après sa nouvelle destinée ; il attend. »

– Quelle peut être la durée de ces intervalles ?

« De quelques heures à quelques milliers de siècles. Au reste, il n'y a point, à proprement parler, de limite extrême assignée à l'état errant, qui peut se prolonger fort longtemps, mais qui cependant n'est jamais perpétuel ; l'Esprit trouve toujours tôt ou tard à recommencer une existence qui sert à la purification de ses existences précédentes. »

– Cette durée est-elle subordonnée à la volonté de l'Esprit, ou peut-elle être imposée comme expiation ?

« C'est une conséquence du libre arbitre ; les Esprits savent parfaitement ce qu'ils font, mais il y en a aussi pour qui c'est une punition infligée par Dieu ; d'autres demandent à la prolonger pour suivre des études qui ne peuvent se faire avec fruit qu'à l'état d'Esprit. »

225. L'erraticité est-elle, par elle-même, un signe d'infériorité chez les Esprits ?

« Non, car il y a des Esprits errants de tous les degrés. L'incarnation est un état transitoire, nous l'avons dit : dans son état normal, l'Esprit est dégagé de la matière. »

226. Peut-on dire que tous les Esprits qui ne sont pas incarnés sont errants ?

« Ceux qui doivent se réincarner, oui ; mais les purs Esprits qui sont arrivés à la perfection ne sont pas errants : leur état est définitif. »

Sous le rapport des qualités intimes, les Esprits sont de différents ordres ou degrés qu'ils parcourent successivement à mesure qu'ils s'épurent. Comme état, ils peuvent être : *incarnés*, c'est-à-dire unis à un corps ; *errants*, c'est-à-dire dégagés du corps matériel et attendant une nouvelle incarnation pour s'améliorer ; *purs Esprits*, c'est-à-dire parfaits et n'ayant plus besoin d'incarnation.

227. De quelle manière les Esprits errants s'instruisent-ils ; ils ne le font sans doute pas de la même manière que nous ?

« Ils étudient leur passé et cherchent les moyens de s'élever. Ils voient, observent ce qui se passe dans les lieux qu'ils parcourent ; ils écoutent les discours des hommes éclairés et les avis des Esprits plus élevés qu'eux, et cela leur donne des idées qu'ils n'avaient pas. »

228. Les Esprits conservent-ils quelques-unes des passions humaines ?

« Les Esprits élevés, en perdant leur enveloppe, laissent les mauvaises passions et ne gardent que celle du bien ; mais les Esprits inférieurs les conservent ; autrement, ils seraient du premier ordre. »

229. Pourquoi les Esprits en quittant la terre n'y laissent-ils pas toutes leurs mauvaises passions, puisqu'ils en voient les inconvénients ?

« Tu as dans ce monde des gens qui sont excessivement jaloux ; crois-tu que dès qu'ils le quittent ils perdent ce défaut ? Il reste après le départ d'ici, surtout à ceux qui ont eu des passions bien tranchées, une sorte d'atmosphère qui les enveloppe et leur laisse toutes ces mauvaises choses, car l'Esprit n'est pas dégagé entièrement ; ce n'est que par moments qu'il entrevoit la vérité, comme pour lui montrer le bon chemin. »

230. L'Esprit progresse-t-il à l'état errant ?

« Il peut s'améliorer beaucoup, toujours selon sa volonté et son désir ; mais c'est dans l'existence corporelle qu'il met en pratique les nouvelles idées qu'il a acquises. »

231. Les Esprits errants sont-ils heureux ou malheureux ?

« Plus ou moins selon leur mérite. Ils souffrent des passions dont ils ont conservé le principe, ou bien ils sont heureux selon qu'ils sont plus ou moins dématérialisés. Dans l'état errant, l'Esprit entrevoit ce qui lui manque pour être plus heureux ; c'est alors qu'il cherche les moyens d'y atteindre ; mais il ne lui est pas toujours permis de se réincarner à son gré, et c'est alors une punition. »

232. À l'état errant, les Esprits peuvent-ils aller dans tous les mondes ?

« C'est selon ; lorsque l'Esprit a quitté le corps, il n'est pas, pour cela, complètement dégagé de la matière, et il appartient encore au monde où il a vécu, ou à un monde du même degré, à moins que, pendant sa vie, il ne se soit élevé, et c'est là le but auquel il doit tendre, sans cela il ne se perfectionnerait jamais. Il peut cependant aller dans certains mondes supérieurs, mais alors il y est comme étranger ; il ne fait pour ainsi dire que les entrevoir, et c'est ce qui lui donne le désir de s'améliorer pour être digne de la félicité dont on y jouit, et pouvoir les habiter plus tard. »

233. Les Esprits déjà épurés viennent-ils dans les mondes inférieurs ?

« Ils y viennent souvent afin de les aider à progresser ; sans cela ces mondes seraient livrés à eux-mêmes sans guides pour les diriger. »

Mondes transitoires

234. Existe-t-il, comme cela a été dit, des mondes qui servent aux Esprits errants de stations et de points de repos ?

« Oui, il y a des mondes particulièrement affectés aux êtres errants, mondes dans lesquels ils peuvent habiter temporairement ; sortes de bivouacs, de camps pour se reposer d'une trop longue erraticité, état toujours un peu pénible. Ce sont des positions intermédiaires parmi les autres mondes, graduées suivant la nature des Esprits qui peuvent s'y rendre, et ceux-ci jouissent d'un bien-être plus ou moins grand. »

– Les Esprits qui habitent ces mondes peuvent-ils les quitter à volonté ?

« Oui, les Esprits qui se trouvent dans ces mondes peuvent s'en détacher pour aller où ils doivent se rendre. Figurez-vous des oiseaux de passage s'abattant sur une île, en attendant d'avoir repris des forces pour se rendre à leur destination. »

235. Les Esprits progressent-ils pendant leurs stations dans les mondes transitoires ?

« Certainement ; ceux qui se réunissent ainsi, c'est dans le but de s'instruire et de pouvoir plus facilement obtenir la permission de se rendre dans des lieux meilleurs, et parvenir à la position qu'obtiennent les élus. »

236. Les mondes transitoires sont-ils perpétuellement, et par leur nature spéciale, affectés aux Esprits errants ?

« Non, leur position n'est que temporaire. »

– Sont-ils en même temps habités par des êtres corporels ?

« Non, la surface est stérile. Ceux qui les habitent n'ont besoin de rien. »

– Cette stérilité est-elle permanente et tient-elle à leur nature spéciale ?

« Non, ils sont stériles par transition. »

– Ces mondes doivent alors être dépourvus de beautés naturelles ?

« La nature se traduit par les beautés de l'immensité qui ne sont pas moins admirables que ce que vous appelez les beautés naturelles. »

– Puisque l'état de ces mondes est transitoire, notre terre sera-t-elle un jour de ce nombre ?

« Elle l'a été. »

– À quelle époque ?

« Pendant sa formation. »

Rien n'est inutile dans la nature ; chaque chose a son but, sa destination ; rien n'est vide, tout est habité, la vie est partout. Ainsi pendant la longue série des siècles qui se sont écoulés avant l'apparition de l'homme sur la terre, durant ces lentes périodes de transition attestées par les couches géologiques, avant même la formation des premiers êtres organiques, sur cette masse informe, dans cet aride chaos où les éléments étaient confondus, il n'y avait pas absence de vie ; des êtres qui n'avaient ni nos besoins, ni nos sensations physiques y trouvaient un refuge. Dieu a voulu que, même dans cet état imparfait, elle servît à quelque chose. Qui donc oserait dire que, parmi ces milliards de mondes qui circulent dans l'immensité, un seul, un des plus petits, perdu dans la foule, eût le privilège exclusif d'être peuplé ? Quelle serait donc l'utilité des autres ? Dieu ne les aurait-il fait qu'en vue de récréer nos yeux ? Supposition absurde, incompatible avec la sagesse qui éclate dans toutes ses œuvres, et inadmissible quand on songe à tous ceux que nous ne pouvons apercevoir. Personne ne contestera qu'il y a dans cette idée des mondes encore impropres à la vie matérielle, et pourtant peuplés d'êtres vivants appropriés à ce milieu, quelque chose de grand et de sublime, où se trouve peut-être la solution de plus d'un problème.

Perceptions, sensations et souffrances des Esprits

237. L'âme, une fois dans le monde des Esprits, a-t-elle encore les perceptions qu'elle avait de son vivant ?

« Oui, et d'autres qu'elle ne possédait pas, parce que son corps était comme un voile qui les obscurcissait. L'intelligence est un attribut de l'Esprit, mais qui se manifeste plus librement quand il n'a pas d'entraves. »

238. Les perceptions et les connaissances des Esprits sont-elles indéfinies ; en un mot, savent-ils toutes choses ?

« Plus ils approchent de la perfection, plus ils savent ; s'ils sont supérieurs, ils savent beaucoup ; les Esprits inférieurs sont plus ou moins ignorants sur toutes choses. »

239. Les Esprits connaissent-ils le principe des choses ?

« C'est selon leur élévation et leur pureté ; les Esprits inférieurs n'en savent pas plus que les hommes. »

240. Les Esprits comprennent-ils la durée comme nous ?

« Non, et c'est ce qui fait que vous ne nous comprenez pas toujours quand il s'agit de fixer des dates ou des époques. »

Les Esprits vivent en dehors du temps tel que nous le comprenons ; la durée, pour eux, s'annule pour ainsi dire, et les siècles, si longs pour nous, ne sont à leurs yeux que des instants qui s'effacent dans l'éternité, de même que les inégalités du sol s'effacent et disparaissent pour celui qui s'élève dans l'espace.

241. Les Esprits ont-ils du présent une idée plus précise et plus juste que nous ?

« À peu près comme celui qui voit clair a une idée plus juste des choses que l'aveugle. Les

Esprits voient ce que vous ne voyez pas ; ils jugent donc autrement que vous ; mais encore une fois, cela dépend de leur élévation. »

242. Comment les Esprits ont-ils la connaissance du passé, et cette connaissance est-elle sans limite pour eux ?

« Le passé, quand nous nous en occupons, est un présent, absolument comme toi tu te rappelles une chose qui t'a frappé dans le cours de ton exil. Seulement, comme nous n'avons plus le voile matériel qui obscurcit ton intelligence, nous nous rappelons des choses qui sont effacées pour toi, mais tout n'est pas connu des Esprits : leur création d'abord. »

243. Les Esprits connaissent-ils l'avenir ?

« Cela dépend encore de la perfection ; souvent, ils ne font que l'entrevoir, *mais il ne leur est pas toujours permis de le révéler ;* quand ils le voient, il leur semble présent. L'Esprit voit l'avenir plus clairement à mesure qu'il se rapproche de Dieu. Après la mort, l'âme voit et embrasse d'un coup d'œil *ses émigrations passées*, mais elle ne peut voir ce que Dieu lui prépare ; il faut pour cela qu'elle soit tout entière en lui après bien des existences. »

– Les Esprits arrivés à la perfection absolue ont-ils une connaissance complète de l'avenir ?

« Complète n'est pas le mot, car Dieu seul est le souverain maître, et nul ne peut l'égaler. » 244. Les Esprits voient-ils Dieu ?

« Les Esprits supérieurs seuls le voient et le comprennent ; les Esprits inférieurs le sentent et le devinent. »

— Quand un Esprit inférieur dit que Dieu lui défend ou lui permet une chose, comment sait-il que cela vient de lui ?

« Il ne voit pas Dieu, mais il sent sa souveraineté et, lorsqu'une chose ne doit pas être faite ou une parole dite, il ressent comme une intuition, un avertissement invisible qui lui défend de le faire. Vous-mêmes n'avez-vous pas des pressentiments qui sont pour vous comme des avertissements secrets de faire ou de ne pas faire telle ou telle chose ? Il en est de même pour nous, seulement à un degré supérieur, car tu comprends que l'essence des Esprits étant plus subtile que la vôtre, ils peuvent mieux recevoir les avertissements divins. »

— L'ordre lui est-il transmis directement par Dieu, ou par l'intermédiaire d'autres Esprits ?

« Il ne lui vient pas directement de Dieu ; pour communiquer avec lui, il faut en être digne.

Dieu lui transmet ses ordres par des Esprits qui se trouvent plus élevés en perfection et en instruction. »

245. La vue, chez les Esprits, est-elle circonscrite, comme dans les êtres corporels ?

« Non, elle réside en eux. »

246. Les Esprits ont-ils besoin de la lumière pour voir ?

« Ils voient par eux-mêmes et n'ont pas besoin de la lumière extérieure ; pour eux, point de ténèbres, hormis celles dans lesquelles ils peuvent se trouver par expiation. »

247. Les Esprits ont-ils besoin de se transporter pour voir sur deux points différents ?

Peuvent-ils, par exemple, voir simultanément sur deux hémisphères du globe ?

« Comme l'Esprit se transporte avec la rapidité de la pensée, on peut dire qu'il voit partout à la fois ; sa pensée peut rayonner et se porter en même temps sur plusieurs points différents, mais cette faculté dépend de sa pureté : moins il est épuré, plus sa vue est bornée ; les Esprits supérieurs seuls peuvent embrasser un ensemble. »

La faculté de voir, chez les Esprits, est une propriété inhérente à leur nature, et qui réside dans tout leur être, comme la lumière réside dans toutes les parties d'un corps lumineux ; c'est une sorte de lucidité universelle qui s'étend à tout, embrasse à la fois l'espace, les temps et les choses, et pour laquelle il n'y a ni ténèbres, ni obstacles matériels. On comprend qu'il doit en être ainsi ; chez l'homme, la vue s'opérant par le jeu d'un organe frappé par la lumière, sans lumière il est dans l'obscurité ; chez l'Esprit, la faculté de voir étant un attribut de lui-même, abstraction faite de tout agent extérieur, la vue est indépendante de la lumière. (Voy. *Ubiquité*, n° 92).

248. L'Esprit voit-il les choses aussi distinctement que nous ?

« Plus distinctement, car sa vue pénètre ce que vous ne pouvez pénétrer ; rien ne l'obscurcit. »

249. L'Esprit perçoit-il les sons ?

« Oui, et il en perçoit que vos sens obtus ne peuvent percevoir. »

– La faculté d'entendre est-elle dans tout son être, comme celle de voir ?

« Toutes les perceptions sont des attributs de l'Esprit et font partie de son être ; lorsqu'il est revêtu d'un corps matériel, elles ne lui arrivent que par le canal des organes ; mais à l'état de liberté elles ne sont plus localisées. »

250. Les perceptions étant des attributs de l'Esprit lui-même, lui est-il possible de s'y soustraire ?

« L'Esprit ne voit et n'entend que ce qu'il veut. Ceci est dit en général, et surtout pour les Esprits élevés, car pour ceux qui sont imparfaits, ils entendent et voient souvent malgré eux ce qui peut être utile pour leur amélioration. »

251. Les Esprits sont-ils sensibles à la musique ?

« Veux-tu parler de votre musique ? Qu'est-elle auprès de la musique céleste ? De cette harmonie dont rien sur la terre ne peut vous donner une idée ? L'une est à l'autre ce qu'est le chant du sauvage à la suave mélodie. Cependant, des Esprits vulgaires peuvent éprouver un certain plaisir à entendre votre musique, parce qu'il ne leur est pas encore donné d'en comprendre une plus sublime. La musique a pour les Esprits des charmes infinis, en raison de leurs qualités sensitives très développées ; j'entends la musique céleste, qui est tout ce que l'imagination spirituelle peut concevoir de plus beau et de plus suave. »

252. Les Esprits sont-ils sensibles aux beautés de la nature ?

« Les beautés de la nature des globes sont si différentes, qu'on est loin de les connaître.

Oui, ils y sont sensibles selon leur aptitude à les apprécier et à les comprendre ; pour les Esprits élevés il y a des beautés d'ensemble devant lesquelles s'effacent, pour ainsi dire, les beautés de détail. »

253. Les Esprits éprouvent-ils nos besoins et nos souffrances physiques ?

« Ils les *connaissent*, parce qu'ils les ont subis, mais ils ne les éprouvent pas comme vous matériellement : ils sont Esprits. »

254. Les Esprits éprouvent-ils la fatigue et le besoin du repos ?

« Ils ne peuvent ressentir la fatigue telle que vous l'entendez, et par conséquent ils n'ont pas besoin de votre repos corporel, puisqu'ils n'ont pas des organes dont les forces doivent être réparées ; mais l'Esprit se repose en ce sens qu'il n'est pas dans une activité constante ; il n'agit pas d'une manière matérielle ; son action est tout intellectuelle et son repos tout moral ; c'est-à-dire qu'il y a des moments où sa pensée cesse d'être aussi active et ne se porte pas sur un objet déterminé ; c'est un véritable repos, mais qui n'est pas comparable à celui du corps. L'espèce de fatigue que peuvent éprouver les Esprits est en raison de leur infériorité ; car plus ils sont élevés, moins le repos leur est nécessaire. »

255. Lorsqu'un Esprit dit qu'il souffre, quelle nature de souffrance éprouve-t-il ?

« Angoisses morales qui le torturent plus douloureusement que les souffrances physiques. »

256. D'où vient alors que des Esprits se sont plaints de souffrir du froid ou de la chaleur ?

« Souvenir de ce qu'ils avaient enduré pendant la vie, aussi pénible quelquefois que la réalité ; c'est souvent une comparaison par laquelle, faute de mieux, ils expriment leur situation. Lorsqu'ils se souviennent de leur corps, ils éprouvent une sorte d'impression, comme lorsqu'on quitte un manteau, et qu'on croit encore le porter quelque temps après. »

Essai théorique sur la sensation chez les Esprits

257. Le corps est l'instrument de la douleur ; c'est sinon la cause première, au moins la cause immédiate. L'âme a la perception de cette douleur : cette perception est l'effet. Le souvenir qu'elle en conserve peut être très pénible, mais ne peut avoir d'action physique. En effet, le froid ni la chaleur ne peuvent désorganiser les tissus de l'âme ; l'âme ne peut ni se geler, ni brûler. Ne voyons-nous pas tous les jours le souvenir ou l'appréhension d'un mal physique produire l'effet de la réalité ? Occasionner même la mort ? Tout le monde sait que les personnes amputées ressentent de la douleur dans le membre qui n'existe plus. Assurément, ce n'est point ce membre qui est le siège, ni même le point de départ de la douleur ; le cerveau en a conservé l'impression, voilà tout. On peut donc croire qu'il y a quelque chose d'analogue dans les souffrances de l'Esprit après la mort. Une étude plus approfondie du périsprit, qui joue un rôle si important dans tous les phénomènes spirites, les apparitions vaporeuses ou tangibles, l'état de l'Esprit au moment de la mort, l'idée si fréquente chez lui qu'il est encore vivant, le tableau si saisissant des suicidés, des suppliciés, des gens qui se sont absorbés dans les jouissances matérielles, et tant d'autres faits sont venus jeter la lumière sur cette question, et ont donné lieu à des explications dont nous donnons ici le résumé.

Le périsprit est le lien qui unit l'Esprit à la matière du corps ; il est puisé dans le milieu ambiant, dans le fluide universel ; il tient à la fois de l'électricité, du fluide magnétique et, jusqu'à un certain point, de la matière inerte. On pourrait dire que c'est la quintessence de la matière ; c'est le principe de la vie organique, mais ce n'est pas celui de la vie intellectuelle : la vie intellectuelle est dans l'Esprit. C'est, en outre, l'agent des sensations extérieures. Dans le corps, ces sensations sont localisées par les organes qui leur servent de canaux. Le corps détruit, les sensations sont générales. Voilà pourquoi l'Esprit ne dit pas qu'il souffre plutôt de la tête que des pieds. Il faut, du reste, se garder de confondre les sensations du périsprit, rendu indépendant, avec celles du corps : nous ne pouvons prendre ces dernières que comme terme de comparaison et non comme analogie. Dégagé du corps, l'Esprit peut souffrir, mais cette souffrance n'est pas celle du corps : ce n'est cependant pas une souffrance exclusivement morale, comme le remords, puisqu'il se plaint du froid et du chaud ; il ne souffre pas plus en hiver qu'en été : nous en avons vu passer à travers les flammes sans rien éprouver de pénible ; la température ne fait donc sur eux aucune impression. La douleur qu'ils ressentent n'est donc pas une douleur physique proprement dite : c'est un vague sentiment intime dont l'Esprit lui-même ne se rend pas toujours un compte parfait, précisément parce que la douleur n'est pas localisée et qu'elle n'est pas produite par les agents extérieurs : c'est plutôt un souvenir qu'une réalité, mais un souvenir tout aussi pénible. Il y a cependant quelquefois plus qu'un souvenir, comme nous allons le voir.

L'expérience nous apprend qu'au moment de la mort le périsprit se dégage plus ou moins lentement du corps ; pendant les premiers instants, l'Esprit ne s'explique pas sa situation ; il ne croit pas être mort, il se sent vivre ; il voit son corps d'un côté, il sait qu'il est à lui, et il ne comprend pas qu'il en soit séparé ; cet état dure aussi longtemps qu'il existe un lien entre le corps et le périsprit. Un suicidé nous disait : Non, je ne suis pas mort, et il ajoutait : *et cependant, je sens les vers qui me rongent*. Or, assurément, les vers ne rongeaient pas le périsprit, et encore moins l'Esprit, ils ne rongeaient que le corps. Mais comme la séparation du corps et du périsprit n'était pas complète, il en résultait une sorte de répercussion morale qui lui transmettait la sensation de ce qui se passait dans le corps. Répercussion n'est peut-être pas le mot, il pourrait faire croire à un effet trop matériel ; c'est plutôt la vue de ce qui se passait dans son corps auquel le rattachait son périsprit, qui produisait en lui une illusion qu'il prenait pour une réalité. Ainsi ce n'était pas un souvenir, puisque, pendant sa vie, il n'avait pas été rongé par les vers : c'était le sentiment de l'actualité. On voit par là les déductions que l'on peut tirer des faits, lorsqu'ils sont observés attentivement. Pendant la vie, le corps reçoit les impressions extérieures et les transmet à l'Esprit par l'intermédiaire du périsprit qui constitue, probablement, ce que l'on appelle fluide nerveux. Le corps étant mort ne ressent plus rien, parce qu'il n'y a plus en lui ni Esprit ni périsprit. Le périsprit, dégagé du corps, éprouve la sensation ; mais comme elle ne lui arrive plus par un canal limité, elle est générale. Or, comme il n'est, en réalité, qu'un agent de transmission, puisque c'est l'Esprit qui a la conscience, il en résulte que s'il pouvait exister un périsprit sans Esprit, il ne ressentirait pas plus que le corps lorsqu'il est mort ; de même que si l'Esprit n'avait point de périsprit, il serait inaccessible à toute sensation pénible ; c'est ce qui a lieu pour les Esprits complètement épurés. Nous savons que plus ils s'épurent, plus l'essence du périsprit devient éthérée ; d'où il suit que l'influence matérielle diminue à mesure que l'Esprit progresse, c'est-à-dire à mesure que le périsprit lui-même devient moins grossier.

Mais, dira-t-on, les sensations agréables sont transmises à l'Esprit par le périsprit, comme les sensations désagréables ; or, si l'Esprit pur est inaccessible aux unes, il doit l'être également aux autres. Oui, sans doute, pour celles qui proviennent uniquement de l'influence de la matière que nous connaissons ; le son de nos instruments, le parfum de nos fleurs ne lui font aucune impression, et pourtant il y a chez lui des sensations intimes, d'un charme indéfinissable dont nous ne pouvons nous faire aucune idée, parce que nous sommes, à cet égard, comme des aveugles de naissance à l'égard de la lumière ; nous savons que cela existe ; mais par quel moyen ? Là s'arrête pour nous la science. Nous savons qu'il y a perception, sensation, audition, vision ; que ces facultés sont des attributs de tout l'être, et non, comme chez l'homme, d'une partie de l'être ; mais encore une fois, par quel intermédiaire ? C'est ce que nous ne savons pas. Les Esprits eux-mêmes ne peuvent nous en rendre compte, parce que notre langue n'est pas faite pour exprimer des idées que nous n'avons pas, pas plus que dans la langue des sauvages il n'y a des termes pour exprimer nos arts, nos sciences et nos doctrines philosophiques.

En disant que les Esprits sont inaccessibles aux impressions de notre matière, nous voulons parler des Esprits très élevés dont l'enveloppe éthérée n'a pas d'analogue ici-bas. Il n'en est pas de même de ceux dont le périsprit est plus dense ; ceux-là perçoivent nos sons et nos odeurs, mais non pas par une partie limitée de leur individu, comme de leur vivant. On pourrait dire que les vibrations moléculaires se font sentir dans tout leur être et arrivent ainsi à leur *sensorium commune,* qui est l'Esprit lui-même, quoique d'une manière différente, et peut-être aussi avec une impression différente, ce qui produit une modification dans la perception. Ils entendent le son de notre voix, et pourtant ils nous comprennent sans le secours de la parole, par la seule transmission de la pensée ; et ce qui vient à l'appui de ce que nous disons, c'est que cette pénétration est d'autant plus facile que l'Esprit est plus dématérialisé. Quant à la vue, elle est indépendante de notre lumière. La faculté de voir est un attribut essentiel de l'âme : pour elle, il n'y a pas d'obscurité ; mais elle est plus étendue, plus pénétrante chez ceux qui sont plus épurés. L'âme, ou l'Esprit, a donc en elle-même la faculté de toutes les perceptions ; dans la vie corporelle, elles sont oblitérées par la grossièreté de leurs organes ; dans la vie extra-corporelle, elles le sont de moins en moins à mesure que s'éclaircit l'enveloppe semi-matérielle.

Cette enveloppe, puisée dans le milieu ambiant, varie suivant la nature des mondes. En passant d'un monde à l'autre, les Esprits changent d'enveloppe comme nous changeons d'habit en passant de l'hiver à l'été, ou du pôle à l'équateur. Les Esprits les plus élevés, lorsqu'ils viennent nous visiter, revêtent donc le périsprit terrestre, et dès lors leurs perceptions s'opèrent comme chez nos Esprits vulgaires ; mais tous, inférieurs comme supérieurs, n'entendent et ne sentent que ce qu'ils veulent entendre ou sentir. Sans avoir des organes sensitifs, ils peuvent rendre à volonté leurs perceptions actives ou nulles ; il n'y a qu'une chose qu'ils sont forcés d'entendre, ce sont les conseils des bons Esprits. La vue est toujours active, mais ils peuvent réciproquement se rendre invisibles les uns pour les autres. Selon le rang qu'ils occupent, ils peuvent se cacher de ceux qui leur sont inférieurs, mais non de ceux qui leur sont supérieurs. Dans les premiers moments qui suivent la mort, la vue de l'Esprit est toujours trouble et confuse ; elle s'éclaircit à mesure qu'il se dégage, et peut acquérir la même clarté que pendant la vie, indépendamment de sa pénétration à travers les corps qui sont opaques pour nous. Quant à son extension à travers l'espace indéfini, dans l'avenir et dans le passé, elle dépend du degré de pureté et d'élévation de l'Esprit.

Toute cette théorie, dira-t-on, n'est guère rassurante. Nous pensions qu'une fois débarrassés de notre grossière enveloppe, instrument de nos douleurs, nous ne souffrions plus, et voilà que vous nous apprenez que nous souffrons encore ; que ce soit d'une manière ou d'une autre, ce n'en est pas moins souffrir. Hélas ! oui, nous pouvons encore souffrir, et beaucoup, et longtemps, mais nous pouvons aussi ne plus souffrir, même dès l'instant où nous quittons cette vie corporelle.

Les souffrances d'ici-bas sont quelquefois indépendantes de nous, mais beaucoup sont les conséquences de notre volonté. Qu'on remonte à la source, et l'on verra que le plus grand nombre est la suite de causes que nous aurions pu éviter. Que de maux, que d'infirmités, l'homme ne doit-il pas à ses excès, à son ambition, à ses passions en un mot ? L'homme qui aurait toujours vécu sobrement, qui n'aurait abusé de rien, qui aurait toujours été simple dans ses goûts, modeste dans ses désirs, s'épargnerait bien des tribulations. Il en est de même de l'Esprit ; les souffrances qu'il endure sont toujours la conséquence de la manière dont il a vécu sur la terre ; il n'aura plus sans doute la goutte et les rhumatismes, mais il aura d'autres souffrances qui ne valent pas mieux. Nous avons vu que ses souffrances sont le résultat des liens qui existent encore entre lui et la matière ; que plus il est dégagé de l'influence de la matière, autrement dit plus il est dématérialisé, moins il a de sensations pénibles ; or, il dépend de lui de s'affranchir de cette influence dès cette vie ; il a son libre arbitre, et par conséquent le choix entre faire et ne pas faire ; qu'il dompte ses passions animales, qu'il n'ait ni haine, ni envie, ni jalousie, ni orgueil ; qu'il ne soit pas dominé par l'égoïsme ; qu'il purifie son âme par les bons sentiments ; qu'il fasse le bien ; qu'il n'attache aux choses de ce monde que l'importance qu'elles méritent, alors, même sous son enveloppe corporelle, il est déjà épuré, il est déjà dégagé de la matière, et quand il quitte cette enveloppe, il n'en subit plus l'influence ; les souffrances physiques qu'il a éprouvées ne lui laissent aucun souvenir pénible ; il ne lui en reste aucune impression désagréable, parce qu'elles n'ont affecté que le corps et non l'Esprit ; il est heureux d'en être délivré, et le calme de sa conscience l'affranchit de toute souffrance morale. Nous en avons interrogé des milliers, ayant appartenu à tous les rangs de la société, à toutes les positions sociales ; nous les avons étudiés à toutes les périodes de leur vie spirite, depuis l'instant où ils ont quitté leur corps ; nous les avons suivis pas à pas dans cette vie d'outre-tombe pour observer les changements qui s'opéraient en eux, dans leurs idées, dans leurs sensations, et sous ce rapport les hommes les plus vulgaires ne sont pas ceux qui nous ont fourni les sujets d'étude les moins précieux. Or, nous avons toujours vu que les souffrances sont en rapport avec la conduite dont ils subissent les conséquences, et que cette nouvelle existence est la source d'un bonheur ineffable pour ceux qui ont suivi la bonne route ; d'où il suit que ceux qui souffrent, c'est qu'ils l'ont bien voulu, et qu'ils ne doivent s'en prendre qu'à eux, tout aussi bien dans l'autre monde que dans celui-ci.

Choix des épreuves

258. À l'état errant, et avant de prendre une nouvelle existence corporelle, l'Esprit a-t-il la conscience et la prévision des choses qui lui arriveront pendant la vie ?

« Il choisit lui-même le genre d'épreuves qu'il veut subir, et c'est en cela que consiste son libre arbitre. »

– Ce n'est donc point Dieu qui lui impose les tribulations de la vie comme châtiment ?

« Rien n'arrive sans la permission de Dieu, car c'est lui qui a établi toutes les lois qui régissent l'univers. Demandez donc pourquoi il a fait telle loi plutôt que telle autre. En donnant à l'Esprit la liberté du choix, il lui laisse toute la responsabilité de ses actes et de leurs conséquences ; rien n'entrave son avenir ; la route du bien est à lui comme celle du mal. Mais s'il succombe, il lui reste une consolation, c'est que tout n'est pas fini pour lui, et que Dieu, dans sa bonté, le laisse libre de recommencer ce qu'il a mal fait. Il faut d'ailleurs distinguer ce qui est l'œuvre de la volonté de Dieu, et ce qui est celle de l'homme. Si un danger vous menace, ce n'est pas vous qui avez créé ce danger, c'est Dieu ; mais vous avez la volonté de vous y exposer, parce que vous y avez vu un moyen d'avancement, et Dieu l'a permis. »

259. Si l'Esprit a le choix du genre d'épreuve qu'il doit subir, s'ensuit-il que toutes les tribulations que nous éprouvons dans la vie ont été prévues et choisies par nous ?

« Toutes n'est pas le mot, car ce n'est pas à dire que vous avez choisi et prévu tout ce qui vous arrive dans le monde, jusque dans les moindres choses ; vous avez choisi le genre d'épreuve, les faits de détail sont la conséquence de la position, et souvent de vos propres actions. Si l'Esprit a voulu naître parmi des malfaiteurs, par exemple, il savait à quels entraînements il s'exposait, mais non chacun des actes qu'il accomplirait ; ces actes sont l'effet de sa volonté ou de son libre arbitre. L'Esprit sait qu'en choisissant telle route il aura tel genre de lutte à subir ; il sait donc la nature des vicissitudes qu'il rencontrera, mais il ne sait pas si ce sera plutôt tel événement que tel autre. Les événements de détail naissent des circonstances et de la force des choses. Il n'y a que les grands événements, ceux qui influent sur la destinée, qui sont prévus. Si tu prends une route remplie d'ornières, tu sais que tu as de grandes précautions à prendre, parce que tu as chance de tomber, mais tu ne sais pas dans quel endroit tu tomberas, et il se peut que tu ne tombes pas, si tu es assez prudent. Si en passant dans la rue il te tombe une tuile sur la tête, ne crois pas que c'était écrit, comme on le dit vulgairement. »

260. Comment l'Esprit peut-il vouloir naître parmi des gens de mauvaise vie ?

« Il faut bien qu'il soit envoyé dans un milieu où il puisse subir l'épreuve qu'il a demandée.

Eh bien ! il faut donc qu'il y ait de l'analogie ; pour lutter contre l'instinct du brigandage, il faut qu'il se trouve avec des gens de cette sorte. »

– S'il n'y avait pas des gens de mauvaise vie sur la terre, l'Esprit ne pourrait donc y trouver le milieu nécessaire à certaines épreuves ?

« Est-ce qu'il faudrait s'en plaindre ? C'est ce qui a lieu dans les mondes supérieurs où le mal n'a pas accès ; c'est pourquoi il n'y a que de bons Esprits. Faites qu'il en soit bientôt de même sur votre terre. »

261. L'Esprit, dans les épreuves qu'il doit subir pour arriver à la perfection, doit-il éprouver tous les genres de tentations ; doit-il passer par toutes les circonstances qui peuvent exciter en lui l'orgueil, la jalousie, l'avarice, la sensualité, etc. ?

« Certainement non, puisque vous savez qu'il y en a qui prennent, dès le début, une route qui les affranchit de bien des épreuves ; mais celui qui se laisse entraîner dans la mauvaise route, court tous les dangers de cette route. Un Esprit, par exemple, peut demander la richesse, et cela peut lui être accordé ; alors, suivant son caractère, il pourra devenir avare ou prodigue, égoïste ou généreux, ou bien il se livrera à toutes les jouissances de la sensualité ; mais ce n'est pas à dire qu'il devra passer forcément par la filière de tous ces penchants. »

262. Comment l'Esprit qui, à son origine, est simple, ignorant et sans expérience, peut-il choisir une existence en connaissance de cause, et être responsable de ce choix ?

« Dieu supplée à son inexpérience en lui traçant la route qu'il doit suivre, comme tu le fais pour un enfant dès le berceau ; mais il le laisse peu à peu maître de choisir à mesure que son libre arbitre se développe, et c'est alors que souvent il se fourvoie en prenant le mauvais chemin s'il n'écoute pas les conseils des bons Esprits ; c'est là ce qu'on peut appeler la chute de l'homme. »

– Lorsque l'Esprit jouit de son libre arbitre, le choix de l'existence corporelle dépend-il toujours exclusivement de sa volonté, ou bien cette existence peut-elle lui être imposée par la volonté de Dieu comme expiation ?

« Dieu sait attendre : il ne hâte pas l'expiation ; cependant, Dieu peut imposer une existence à un Esprit, lorsque celui-ci, par son infériorité ou son mauvais vouloir, n'est pas apte à comprendre ce qui pourrait lui être le plus salutaire, et lorsqu'il voit que cette existence peut servir à sa purification et à son avancement, en même temps qu'il y trouve une expiation. »

263. L'Esprit fait-il son choix immédiatement après la mort ?

« Non, plusieurs croient à l'éternité des peines ; on vous l'a dit : c'est un châtiment. »

264. Qu'est-ce qui dirige l'Esprit dans le choix des épreuves qu'il veut subir ?

« Il choisit celles qui peuvent être pour lui une expiation, par la nature de ses fautes, et le faire avancer plus vite. Les uns peuvent donc s'imposer une vie de misère et de privations pour essayer de la supporter avec courage ; d'autres vouloir s'éprouver par les tentations de la fortune et de la puissance, bien plus dangereuses par l'abus et le mauvais usage que l'on en peut faire, et par les mauvaises passions qu'elles développent ; d'autres, enfin, veulent s'éprouver par les luttes qu'ils ont à soutenir dans le contact du vice. »

265. Si certains Esprits choisissent le contact du vice comme épreuve, y en a-t-il qui le choisissent par sympathie et par le désir de vivre dans un milieu conforme à leurs goûts, ou pour pouvoir se livrer matériellement à des penchants matériels ?

« Il y en a, cela est certain, mais ce n'est que chez ceux dont le sens moral est encore peu développé ; *l'épreuve vient d'elle-même et ils la subissent plus longtemps.* Tôt ou tard, ils comprennent que l'assouvissement des passions brutales a pour eux des conséquences déplorables qu'ils subiront pendant un temps qui leur semblera éternel ; et Dieu pourra les laisser dans cet état, jusqu'à ce qu'ils aient compris leur faute, et qu'ils demandent eux-mêmes à la racheter par des épreuves profitables. »

266. Ne semble-t-il pas naturel de choisir les épreuves les moins pénibles ?

« Pour vous, oui ; pour l'Esprit, non ; lorsqu'il est dégagé de la matière, l'illusion cesse, et il pense autrement. »

L'homme, sur la terre, et placé sous l'influence des idées charnelles, ne voit dans ces épreuves que le côté pénible ; c'est pourquoi il lui semble naturel de choisir celles qui, à son point de vue, peuvent s'allier aux jouissances matérielles ; mais dans la vie spirituelle, il compare ces jouissances fugitives et grossières avec la félicité inaltérable qu'il entrevoit, et dès lors que lui font quelques souffrances passagères ? L'Esprit peut donc choisir l'épreuve la plus rude, et par conséquent l'existence la plus pénible dans l'espoir d'arriver plus vite à un état meilleur, comme le malade choisit souvent le remède le plus désagréable pour se guérir plus tôt. Celui qui veut attacher son nom à la découverte d'un pays inconnu ne choisit pas une route fleurie ; il sait les dangers qu'il court, mais il sait aussi la gloire qui l'attend s'il réussit.

La doctrine de la liberté dans le choix de nos existences et des épreuves que nous devons subir cesse de paraître extraordinaire si l'on considère que les Esprits, dégagés de la matière, apprécient les choses d'une manière différente que nous ne le faisons nous-mêmes. Ils aperçoivent le but, bien autrement sérieux pour eux que les jouissances fugitives du monde ; après chaque existence, ils voient le pas qu'ils ont fait, et comprennent ce qui leur manque encore en pureté pour l'atteindre : voilà pourquoi ils se soumettent volontairement à toutes les vicissitudes de la vie corporelle en demandant eux-mêmes celles qui peuvent les faire arriver le plus promptement. C'est donc à tort que l'on s'étonne de ne pas voir l'Esprit donner la préférence à l'existence la plus douce. Cette vie exempte d'amertume, il ne peut en jouir dans son état d'imperfection ; il l'entrevoit, et c'est pour y arriver qu'il cherche à s'améliorer.

N'avons-nous pas, d'ailleurs, tous les jours sous les yeux l'exemple de choix pareils ? L'homme qui travaille une partie de sa vie sans trêve ni relâche pour amasser de quoi se procurer le bien-être, qu'est-ce que c'est, sinon une tâche qu'il s'impose en vue d'un avenir meilleur ? Le militaire qui s'offre pour une mission périlleuse, le voyageur qui brave les dangers non moins grands dans l'intérêt de la science ou de sa fortune, qu'est-ce que c'est encore, sinon des épreuves volontaires qui doivent leur procurer honneur et profit s'ils en reviennent ? À quoi l'homme ne se soumet-il pas et ne s'expose-t-il pas pour son intérêt ou pour sa gloire ? Tous les concours ne sont-ils pas aussi des épreuves volontaires auxquelles on se soumet en vue de s'élever dans la carrière que l'on a choisie ? On n'arrive à une position sociale transcendante quelconque dans les sciences, les arts, l'industrie, qu'en passant par la filière des positions inférieures qui sont autant d'épreuves. La vie humaine est ainsi le calque de la vie spirituelle ; nous y retrouvons en petit toutes les mêmes péripéties. Si donc, dans la vie, nous choisissons souvent les épreuves les plus rudes en vue d'un but plus élevé, pourquoi l'Esprit qui voit plus loin que le corps, et pour qui la vie du corps n'est qu'un incident fugitif, ne ferait-il pas choix d'une existence pénible et laborieuse, si elle doit le conduire à une éternelle félicité ? Ceux qui disent que, si l'homme a le choix de son existence, ils demanderont à être princes ou millionnaires, sont comme les myopes qui ne voient que ce qu'ils touchent, ou comme ces enfants gourmands à qui l'on demande l'état qu'ils préfèrent, et qui répondent : pâtissier ou confiseur.

Tel est le voyageur qui, dans le fond de la vallée obscurcie par le brouillard, ne voit ni la longueur ni les points extrêmes de sa route ; arrivé au faîte de la montagne, il embrasse le chemin qu'il a parcouru, et ce qui lui reste à parcourir ; il voit son but, les obstacles qu'il a encore à franchir, et peut alors combiner plus sûrement les moyens d'arriver. L'Esprit incarné est comme le voyageur au bas de la montagne ; débarrassé des liens terrestres, il domine comme celui qui est au sommet. Pour le voyageur, le but est le repos après la fatigue ; pour l'Esprit, c'est le bonheur suprême après les tribulations et les épreuves.

Tous les Esprits disent qu'à l'état errant ils cherchent, étudient, observent pour faire leur choix. N'avons-nous pas un exemple de ce fait dans la vie corporelle ? Ne cherchons-nous pas souvent pendant des années la carrière sur laquelle nous fixons librement notre choix, parce que nous la croyons la plus propre à nous faire faire notre chemin ? Si nous échouons dans l'une, nous en cherchons une autre. Chaque carrière que nous embrassons est une phase, une période de la vie. Chaque jour n'est-il pas employé à chercher ce que nous ferons le lendemain ? Or, que sont les différentes existences corporelles pour l'Esprit, sinon des phases, des périodes, des jours pour sa vie spirite, qui est, comme nous le savons, sa vie normale, la vie corporelle n'étant que transitoire et passagère ?

267. L'Esprit pourrait-il faire son choix pendant l'état corporel ?

« Son désir peut avoir de l'influence ; cela dépend de l'intention ; mais quand il est Esprit, il voit souvent les choses bien différemment. Ce n'est que l'Esprit qui fait ce choix ; mais encore une fois, il peut le faire dans cette vie matérielle, car l'Esprit a toujours de ces moments où il est indépendant de la matière qu'il habite. »

– Beaucoup de gens désirent les grandeurs et les richesses, et ce n'est assurément ni comme expiation, ni comme épreuve ?

« Sans doute, c'est la matière qui désire cette grandeur pour en jouir, et c'est l'Esprit qui la désire pour en connaître les vicissitudes. »

268. Jusqu'à ce qu'il arrive à l'état de pureté parfaite, l'Esprit a-t-il constamment des épreuves à subir ?

« Oui, mais elles ne sont pas telles que vous l'entendez ; vous appelez épreuves les tribulations matérielles ; or, l'Esprit, arrivé à un certain degré, sans être parfait, n'en a plus à subir ; mais il a toujours des devoirs qui l'aident à se perfectionner, et n'ont rien de pénible pour lui, ne fût-ce que d'aider aux autres à se perfectionner eux-mêmes. »

269. L'Esprit peut-il se tromper sur l'efficacité de l'épreuve qu'il choisit ?

« Il peut en choisir une qui soit au-dessus de ses forces, et alors il succombe ; il peut aussi en choisir une qui ne lui profite nullement, comme s'il cherche un genre de vie oisive et inutile ; mais alors, une fois rentré dans le monde des Esprits, il s'aperçoit qu'il n'a rien gagné et il demande à réparer le temps perdu. »

270. À quoi tiennent les vocations de certaines personnes, et leur volonté de suivre une carrière plutôt qu'une autre ?

« Il me semble que vous pouvez répondre vous-mêmes à cette question. N'est-ce pas la conséquence de tout ce que nous avons dit sur le choix des épreuves et sur le progrès accompli dans une existence antérieure ? »

271. Dans l'état errant, l'Esprit étudiant les diverses conditions dans lesquelles il pourra progresser, comment pense-t-il pouvoir le faire en naissant, par exemple, parmi les peuples cannibales ?

« Ce ne sont pas les Esprits déjà avancés qui naissent parmi les cannibales, mais des Esprits de la nature de ceux des cannibales ou qui leur sont inférieurs. »

Nous savons que nos anthropophages ne sont pas au dernier degré de l'échelle, et qu'il y a des mondes où l'abrutissement et la férocité n'ont pas d'analogue sur la terre. Ces Esprits sont donc encore inférieurs aux plus inférieurs de notre monde, et venir parmi nos sauvages, c'est pour eux un progrès, comme ce serait un progrès pour nos anthropophages d'exercer parmi nous une profession qui les obligerait à verser le sang. S'ils ne visent pas plus haut, c'est que leur infériorité morale ne leur permet pas de comprendre un progrès plus complet. L'Esprit ne peut avancer que graduellement ; il ne peut franchir d'un bond la distance qui sépare la barbarie de la civilisation, et c'est en cela que nous voyons une des nécessités de la réincarnation, qui est bien véritablement selon la justice de Dieu ; autrement, que deviendraient ces millions d'êtres qui meurent chaque jour dans le dernier état de dégradation, s'ils n'avaient les moyens d'atteindre à la supériorité ? Pourquoi Dieu les aurait-il déshérités des faveurs accordées aux autres hommes ?

272. Des Esprits venant d'un monde inférieur à la terre, ou d'un peuple très arriéré, comme les cannibales, par exemple, pourraient-ils naître parmi nos peuples civilisés ?

« Oui, il y en a qui se fourvoient en voulant monter trop haut ; mais alors ils sont déplacés parmi vous, parce qu'ils ont des mœurs et des instincts qui jurent avec les vôtres. »

Ces êtres nous donnent le triste spectacle de la férocité au milieu de la civilisation ; en retournant parmi les cannibales, ce ne sera pas une déchéance, ils ne feront que reprendre leur place et ils y gagneront peut-être encore.

273. Un homme appartenant à une race civilisée pourrait-il, par expiation, être réincarné dans une race sauvage ?

« Oui, mais cela dépend du genre d'expiation ; un maître qui aura été dur pour ses esclaves pourra devenir esclave à son tour et subir les mauvais traitements qu'il aura fait endurer. Celui qui a commandé à une époque peut, dans une nouvelle existence, obéir à ceux-là mêmes qui se courbaient sous sa volonté. C'est une expiation s'il a abusé de son pouvoir, et Dieu peut la lui imposer. Un bon Esprit peut aussi, pour les faire avancer, choisir une existence influente parmi ces peuples, et alors c'est une mission. »

Relations d'outre-tombe

274. Les différents ordres d'Esprits établissent-ils entre ceux-ci une hiérarchie de pouvoirs ; y a-t-il parmi eux subordination et autorité ?

« Oui, très grande ; les Esprits ont les uns sur les autres une autorité relative à leur supériorité, et qu'ils exercent par un ascendant moral irrésistible. »

– Les Esprits inférieurs peuvent-ils se soustraire à l'autorité de ceux qui leur sont supérieurs ?

« J'ai dit : irrésistible. »

275. La puissance et la considération dont un homme a joui sur la terre lui donnent-elles une suprématie dans le monde des Esprits ?

« Non ; car les petits seront élevés et les grands abaissés. Lis les psaumes. »

– Comment devons-nous entendre cette élévation et cet abaissement ?

« Ne sais-tu pas que les Esprits sont de différents ordres selon leur mérite ? Eh bien ! le plus grand de la terre peut être au dernier rang parmi les Esprits, tandis que son serviteur sera au premier. Comprends-tu cela ? Jésus n'a-t-il pas dit : Quiconque s'abaisse sera élevé, et quiconque s'élève sera abaissé ? »

276. Celui qui a été grand sur la terre et qui se trouve inférieur parmi les Esprits, en éprouve-t-il de l'humiliation ?

« Souvent une bien grande, surtout s'il était orgueilleux et jaloux. »

277. Le soldat qui, après la bataille, retrouve son général dans le monde des Esprits, le reconnaît-il encore pour son supérieur ?

« Le titre n'est rien, la supériorité réelle est tout. »

278. Les Esprits des différents ordres sont-ils confondus ?

« Oui et non ; c'est-à-dire qu'ils se voient, mais ils se distinguent les uns des autres. Ils se fuient ou se rapprochent, selon l'analogie ou l'antipathie de leurs sentiments, comme cela a lieu parmi vous. *C'est tout un monde dont le vôtre est le reflet obscurci.* Ceux du même rang se réunissent par une sorte d'affinité et forment des groupes ou familles d'Esprits unis par la sympathie et le but qu'ils se proposent : les bons par le désir de faire le bien, les mauvais par le désir de faire le mal, la honte de leurs fautes et le besoin de se trouver parmi des êtres semblables à eux. »

Telle une grande cité où les hommes de tous rangs et de toutes conditions se voient et se rencontrent sans se confondre ; où les sociétés se forment par l'analogie des goûts ; où le vice et la vertu se coudoient sans se rien dire.

279. Tous les Esprits ont-ils réciproquement accès les uns parmi les autres ?

« Les bons vont partout, et il faut qu'il en soit ainsi pour qu'ils puissent exercer leur influence sur les mauvais ; mais les régions habitées par les bons sont interdites aux Esprits imparfaits, afin que ceux-ci ne puissent y apporter le trouble des mauvaises passions. »

280. Quelle est la nature des relations entre les bons et les mauvais Esprits ?

« Les bons tâchent de combattre les mauvais penchants des autres *afin de les aider à monter* ; c'est une mission. »

281. Pourquoi les Esprits inférieurs se plaisent-ils à nous porter au mal ?

« Par jalousie de n'avoir pas mérité d'être parmi les bons. Leur désir est d'empêcher autant qu'il est en eux les Esprits encore inexpérimentés d'arriver au bien suprême ; ils veulent faire éprouver aux autres ce qu'ils éprouvent eux-mêmes. Ne voyez-vous pas aussi cela parmi vous ? »

282. Comment les Esprits se communiquent-ils entre eux ?

« Ils se voient et se comprennent ; la parole est matérielle : c'est le reflet de l'Esprit. Le fluide universel établit entre eux une communication constante ; c'est le véhicule de la transmission de la pensée, comme pour vous l'air est le véhicule du son ; une sorte de télégraphe universel qui relie tous les mondes, et permet aux Esprits de correspondre d'un monde à l'autre. »

283. Les Esprits peuvent-ils se dissimuler réciproquement leurs pensées ; peuvent-ils se cacher les uns des autres ?

« Non, pour eux tout est à découvert, surtout lorsqu'ils sont parfaits. Ils peuvent s'éloigner, mais ils se voient toujours. Ceci n'est point cependant une règle absolue, car certains Esprits peuvent très bien se rendre invisibles pour d'autres Esprits, s'ils jugent utile de le faire. »

284. Comment les Esprits, qui n'ont plus de corps, peuvent-ils constater leur individualité et se distinguer des autres êtres spirituels qui les entourent ?

« Ils constatent leur individualité par le périsprit qui en fait des êtres distincts les uns pour les autres, comme le corps parmi les hommes. »

285. Les Esprits se reconnaissent-ils pour avoir cohabité la terre ? Le fils reconnaît-il son père, l'ami son ami ?

« Oui, et ainsi de génération en génération. »

— Comment les hommes qui se sont connus sur terre se reconnaissent-ils dans le monde des Esprits ?

« Nous voyons notre vie passée et nous y lisons comme dans un livre ; en voyant le passé de nos amis et de nos ennemis nous voyons leur passage de la vie à la mort. »

286. L'âme, en quittant sa dépouille mortelle, voit-elle immédiatement ses parents et ses amis qui l'ont précédée dans le monde des Esprits ?

« Immédiatement n'est pas toujours le mot ; car, comme nous l'avons dit, il lui faut quelque temps pour se reconnaître et secouer le voile matériel. »

287. Comment l'âme est-elle accueillie à son retour dans le monde des Esprits ?

« Celle du juste, comme un frère bien-aimé attendu depuis longtemps ; celle du méchant, comme un être que l'on méprise. »

288. Quel sentiment éprouvent les Esprits impurs à la vue d'un autre mauvais Esprit qui leur arrive ?

« Les méchants sont satisfaits de voir des êtres à leur image et privés, comme eux, du bonheur infini, comme l'est, sur la terre, un fripon parmi ses pareils. »

289. Nos parents et nos amis viennent-ils quelquefois à notre rencontre quand nous quittons la terre ?

« Oui, ils viennent au-devant de l'âme qu'ils affectionnent ; ils la félicitent comme au retour d'un voyage, si elle a échappé aux dangers de la route, *et l'aident à se dégager des liens corporels*. C'est une faveur pour les bons Esprits quand ceux qui les ont affectionnés viennent à leur rencontre, tandis que celui qui est souillé reste dans l'isolement, ou n'est entouré que d'Esprits semblables à lui : c'est une punition. »

290. Les parents et les amis sont-ils toujours réunis après leur mort ?

« Cela dépend de leur élévation et de la route qu'ils suivent pour leur avancement. Si l'un d'eux est plus avancé et marche plus vite que l'autre, ils ne pourront rester ensemble ; ils pourront se voir quelquefois, mais ils ne seront pour toujours réunis que quand ils pourront marcher de front, ou quand ils auront atteint l'égalité dans la perfection. Et puis, la privation de la vue de ses parents et de ses amis est quelquefois une punition. »

Rapports sympathiques et antipathiques des Esprits
Moitiés éternelles

291. Outre la sympathie générale de similitude, les Esprits ont-ils entre eux des affections particulières ?

« Oui, comme les hommes ; mais le lien qui unit les Esprits est plus fort quand le corps est absent, parce qu'il n'est plus exposé aux vicissitudes des passions. »

292. Les Esprits ont-ils entre eux des haines ?

« Il n'y a de haines que parmi les Esprits impurs, et ce sont ceux qui soufflent parmi vous les inimitiés et les dissensions. »

293. Deux êtres qui auront été ennemis sur terre conserveront-ils du ressentiment l'un contre l'autre dans le monde des Esprits ?

« Non, ils comprendront que leur haine était stupide et le sujet puéril. Les Esprits imparfaits conservent seuls une sorte d'animosité jusqu'à ce qu'ils se soient épurés. Si ce n'est qu'un intérêt matériel qui les a divisés, ils n'y songeront plus, pour peu qu'ils soient dématérialisés. S'il n'y a pas antipathie entre eux, le sujet de discussion n'existant plus, ils peuvent se revoir avec plaisir. »

Tels deux écoliers parvenus à l'âge de raison, reconnaissent la puérilité des querelles qu'ils ont eues dans leur enfance et cessent de s'en vouloir.

294. Le souvenir des mauvaises actions que deux hommes ont pu commettre à l'égard l'un de l'autre est-il un obstacle à leur sympathie ?

« Oui, il les porte à s'éloigner. »

295. Quel sentiment éprouvent après la mort ceux à qui nous avons fait du mal ici-bas ?

« S'ils sont bons, ils pardonnent selon votre repentir. S'ils sont mauvais, ils peuvent en conserver du ressentiment, et quelquefois vous poursuivre jusque dans une autre existence. Dieu peut le permettre comme châtiment. »

296. Les affections individuelles des Esprits sont-elles susceptibles d'altération ?

« Non, car ils ne peuvent se tromper ; *ils n'ont plus le masque sous lequel se cachent les hypocrites;* c'est pourquoi leurs affections sont inaltérables quand ils sont purs. L'amour qui les unit est pour eux la source d'une suprême félicité. »

297. L'affection que deux êtres se sont portée sur la terre se continue-t-elle toujours dans le monde des Esprits ?

« Oui, sans doute, si elle est fondée sur une sympathie véritable ; mais si les causes physiques y ont plus de part que la sympathie, elle cesse avec la cause. Les affections parmi les Esprits sont plus solides et plus durables que sur la terre, parce qu'elles ne sont point subordonnées au caprice des intérêts matériels et de l'amour-propre. »

298. Les âmes qui doivent s'unir sont-elles prédestinées à cette union dès leur origine, et chacun de nous a-t-il quelque part dans l'univers *sa moitié* à laquelle il sera un jour fatalement réuni ?

« Non ; il n'existe pas d'union particulière et fatale entre deux âmes. L'union existe entre tous les Esprits, mais à des degrés différents selon le rang qu'ils occupent, c'est-à-dire selon la perfection qu'ils ont acquise : plus ils sont parfaits, plus ils sont unis. De la discorde naissent tous les maux des humains ; de la concorde résulte le bonheur complet. »

299. Dans quel sens doit-on entendre le mot *moitié* dont certains Esprits se servent pour désigner les Esprits sympathiques ?

« L'expression est inexacte ; si un Esprit était la moitié d'un autre, séparé de celui-ci, il serait incomplet. »

300. Deux Esprits parfaitement sympathiques, une fois réunis, le sont-ils pour l'éternité, ou bien peuvent-ils se séparer et s'unir à d'autres Esprits ?

« Tous les Esprits sont unis entre eux ; je parle de ceux arrivés à la perfection. Dans les sphères inférieures, lorsqu'un Esprit s'élève, il n'a plus la même sympathie pour ceux qu'il a quittés. »

301. Deux Esprits sympathiques sont-ils le complément l'un de l'autre, ou bien cette sympathie est-elle le résultat d'une identité parfaite ?

« La sympathie qui attire un Esprit vers un autre est le résultat de la parfaite concordance de leurs penchants, de leurs instincts ; si l'un devait compléter l'autre, il perdrait son individualité. »

302. L'identité nécessaire pour la sympathie parfaite ne consiste-t-elle que dans la similitude de pensées et de sentiments, ou bien encore dans l'uniformité des connaissances acquises ?

« Dans l'égalité des degrés d'élévation. »

303. Les Esprits qui ne sont pas sympathiques aujourd'hui, peuvent-ils le devenir plus tard ?

« Oui, tous le seront. Ainsi l'Esprit qui est aujourd'hui dans telle sphère inférieure, en se perfectionnant parviendra dans la sphère ou réside tel autre. Leur rencontre aura lieu plus promptement, si l'Esprit plus élevé, supportant mal les épreuves auxquelles il s'est soumis, est demeuré dans le même état. »

– Deux Esprits sympathiques peuvent-ils cesser de l'être ?

« Certes, si l'un est paresseux. »

La théorie des moitiés éternelles est une figure qui peint l'union de deux Esprits sympathiques ; c'est une expression usitée même dans le langage vulgaire et qu'il ne faut point prendre à la lettre ; les Esprits qui s'en sont servis n'appartiennent assurément point à l'ordre le plus élevé ; la sphère de leurs idées est nécessairement bornée, et ils ont pu rendre leurs pensées par les termes dont ils se seraient servis pendant leur vie corporelle. Il faut donc rejeter cette idée que deux Esprits créés l'un pour l'autre doivent un jour fatalement se réunir dans l'éternité, après avoir été séparés pendant un laps de temps plus ou moins long.

Souvenir de l'existence corporelle

304. L'Esprit se souvient-il de son existence corporelle ?

« Oui, c'est-à-dire qu'ayant vécu plusieurs fois comme homme, il se rappelle ce qu'il a été, et je t'assure que, parfois, il rit de pitié de lui-même. »

Comme l'homme qui a atteint l'âge de raison rit des folies de sa jeunesse ou des puérilités de son enfance.

305. Le souvenir de l'existence corporelle se présente-t-il à l'Esprit d'une manière complète et inopinée après la mort ?

« Non, il lui revient peu à peu, comme quelque chose qui sort du brouillard, et à mesure qu'il y fixe son attention. »

306. L'Esprit se souvient-il, en détail, de tous les événements de sa vie ; en embrasse-t-il l'ensemble d'un coup d'œil rétrospectif ?

« Il se souvient des choses en raison des conséquences qu'elles ont sur son état d'Esprit ; mais tu conçois qu'il y a des circonstances de sa vie auxquelles il n'attache aucune importance, et dont il ne cherche même pas à se souvenir. »

– Pourrait-il s'en souvenir s'il le voulait ?

« Il peut se souvenir des détails et des incidents les plus minutieux, soit des événements, soit même de ses pensées ; mais quand c'est sans utilité il ne le fait pas. »

– Entrevoit-il le but de la vie terrestre par rapport à la vie future ?

« Assurément, il le voit et le comprend bien mieux que du vivant de son corps ; il comprend le besoin d'épuration pour arriver à l'infini, et il sait qu'à chaque existence il laisse quelques impuretés. »

307. Comment la vie passée se retrace-t-elle à la mémoire de l'Esprit ? Est-ce par un effort de son imagination ou comme un tableau qu'il a devant les yeux ?

« L'un et l'autre ; tous les actes dont il a intérêt à se souvenir sont pour lui comme s'ils étaient présents ; les autres sont plus ou moins dans le vague de la pensée, ou tout à fait oubliés. Plus il est dématérialisé, moins il attache d'importance aux choses matérielles. Tu fais souvent l'évocation d'un Esprit errant qui vient de quitter la terre et qui ne se rappelle pas les noms des personnes qu'il aimait, ni bien des détails qui, pour toi, paraissent importants ; il s'en soucie peu et cela tombe dans l'oubli. Ce dont il se rappelle très bien, ce sont les faits principaux qui l'aident à s'améliorer. »

308. L'Esprit se souvient-il de toutes les existences qui ont précédé la dernière qu'il vient de quitter ?

« Tout son passé se déroule devant lui, comme les étapes qu'a parcourues le voyageur ; mais, nous l'avons dit, il ne se souvient pas d'une manière absolue de tous les actes ; il s'en souvient en raison de l'influence qu'ils ont sur son état présent. Quant aux premières existences, celles qu'on peut regarder comme l'enfance de l'Esprit, elles se perdent dans le vague et disparaissent dans la nuit de l'oubli. »

309. Comment l'Esprit considère-t-il le corps qu'il vient de quitter ?

« Comme un mauvais habit *qui le gênait* et dont il est heureux d'être débarrassé. »

– Quel sentiment lui fait éprouver la vue de son corps en décomposition ?

« Presque toujours de l'indifférence, comme pour une chose à laquelle il ne tient plus. »

310. Au bout d'un certain laps de temps, l'Esprit reconnaît-il des ossements ou autres objets comme lui ayant appartenu ?

« Quelquefois ; cela dépend du point de vue plus ou moins élevé sous lequel il considère les choses terrestres. »

311. Le respect que l'on a pour les choses matérielles qui restent de l'Esprit attire-t-il son attention sur ces mêmes objets, et voit-il ce respect avec plaisir ?

« L'Esprit est toujours heureux du souvenir qu'on a de lui ; les choses que l'on conserve de lui le rappellent à la mémoire, mais c'est la pensée qui l'attire vers vous, et non ces objets. » 312. Les Esprits conservent-ils le souvenir des souffrances qu'ils ont endurées pendant leur dernière existence corporelle ?

« Souvent, ils le conservent, et ce souvenir leur fait mieux sentir le prix de la félicité dont ils peuvent jouir comme Esprits. »

313. L'homme qui a été heureux ici-bas regrette-t-il ses jouissances quand il a quitté la terre ?

« Les Esprits inférieurs seuls peuvent regretter des joies qui sympathisent avec l'impureté de leur nature et qu'ils expient par leurs souffrances. Pour les Esprits élevés, le bonheur éternel est mille fois préférable aux plaisirs éphémères de la terre. »

Tel l'homme adulte qui méprise ce qui faisait les délices de son enfance.

314. Celui qui a commencé de grands travaux dans un but utile, et qu'il voit interrompus par la mort, regrette-t-il, dans l'autre monde, de les avoir laissés inachevés ?

« Non, parce qu'il voit que d'autres sont destinés à les terminer. Au contraire, il tâche d'influencer d'autres Esprits humains à les continuer. Son but, sur la terre, était le bien de l'humanité ; ce but est le même dans le monde des Esprits. »

315. Celui qui a laissé des travaux d'art ou de littérature conserve-t-il pour ses œuvres l'amour qu'il avait de son vivant ?

« Selon son élévation, il les juge à un autre point de vue, et souvent il blâme ce qu'il admirait le plus. »

316. L'Esprit s'intéresse-t-il encore aux travaux qui se font sur la terre, au progrès des arts et des sciences ?

« Cela dépend de son élévation ou de la mission qu'il peut avoir à remplir. Ce qui vous paraît magnifique est souvent bien peu de choses pour certains Esprits ; ils l'admirent, comme le savant admire l'ouvrage d'un écolier. Il examine ce qui peut prouver l'élévation des Esprits incarnés et leurs progrès. »

317. Les Esprits, après la mort, conservent-ils l'amour de la patrie ?

« C'est toujours le même principe : pour les Esprits élevés la patrie c'est l'univers ; sur la terre, elle est où ils ont le plus de personnes sympathiques. »

La situation des Esprits et leur manière de voir les choses varient à l'infini en raison du degré de leur développement moral et intellectuel. Les Esprits d'un ordre élevé ne font généralement sur la terre que des séjours de courte durée ; tout ce qui s'y fait est si mesquin en comparaison des grandeurs de l'infini, les choses auxquelles les hommes attachent le plus d'importance sont si puériles à leurs yeux, qu'ils y trouvent peu d'attraits, à moins qu'ils n'y soient appelés en vue de concourir au progrès de l'humanité. Les Esprits d'un ordre moyen y séjournent plus fréquemment, quoiqu'ils considèrent les choses d'un point de vue plus élevé que de leur vivant. Les Esprits vulgaires y sont en quelque sorte sédentaires, et constituent la masse de la population ambiante du monde invisible ; ils ont conservé à peu de chose près les mêmes idées, les mêmes goûts et les mêmes penchants qu'ils avaient sous leur enveloppe corporelle ; ils se mêlent à nos réunions, à nos affaires, à nos amusements, auxquels ils prennent une part plus ou moins active, selon leur caractère. Ne pouvant satisfaire leurs passions, ils jouissent de ceux qui s'y abandonnent et les y excitent. Dans le nombre, il en est de plus sérieux qui voient et observent pour s'instruire et se perfectionner.

318. Les idées des Esprits se modifient-elles dans l'état d'esprit ?

« Beaucoup ; elles subissent de très grandes modifications à mesure que l'Esprit se dématérialise ; il peut quelquefois rester longtemps dans les mêmes idées, mais peu à peu l'influence de la matière diminue, et il voit les choses plus clairement ; c'est alors qu'il cherche les moyens de s'améliorer. »

319. Puisque l'Esprit a déjà vécu de la vie spirite avant son incarnation, d'où vient son étonnement en rentrant dans le monde des Esprits ?

« Ce n'est que l'effet du premier moment et du trouble qui suit le réveil ; plus tard, il se reconnaît parfaitement à mesure que le souvenir du passé lui revient, et que s'efface l'impression de la vie terrestre. » (163 et suiv.)

Commémoration des morts – Funérailles

320. Les Esprits sont-ils sensibles au souvenir de ceux qu'ils ont aimés sur la terre ?

« Beaucoup plus que vous ne pouvez le croire ; ce souvenir ajoute à leur bonheur s'ils sont heureux ; et s'ils sont malheureux, il est pour eux un adoucissement. »

321. Le jour de la commémoration des morts a-t-il quelque chose de plus solennel pour les Esprits ? Se préparent-ils à venir visiter ceux qui doivent aller prier sur leurs dépouilles ?

« Les Esprits viennent à l'appel de la pensée ce jour-là comme les autres jours. »

– Ce jour est-il pour eux un rendez-vous auprès de leurs sépultures ?

« Ils y sont plus nombreux ce jour-là, parce qu'il y a plus de personnes qui les appellent ; mais chacun d'eux n'y vient que pour ses amis, et non pour la foule des indifférents. »

– Sous quelle forme y viennent-ils et comment les verrait-on s'ils pouvaient se rendre visibles ?

« Celle sous laquelle on les a connus de leur vivant. »

322. Les Esprits oubliés et dont personne ne va visiter les tombes y viennent-ils malgré cela, et éprouvent-ils un regret de ne voir aucun ami se rappeler à leur mémoire ?

« Que leur fait la terre ? On n'y tient que par le cœur. Si l'amour n'y est pas, il n'y a plus rien qui y rattache l'Esprit : il a tout l'univers à lui. »

323. La visite au tombeau procure-t-elle plus de satisfaction à l'Esprit qu'une prière faite chez soi ?

« La visite au tombeau est une manière de manifester qu'on pense à l'Esprit absent : c'est l'image. Je vous l'ai dit, c'est la prière qui sanctifie l'acte du souvenir ; peu importe le lieu, si elle est dite par le cœur. »

324. Les Esprits des personnes auxquelles on élève des statues ou des monuments assistent-ils à ces sortes d'inauguration, et les voient-ils avec plaisir ?

« Beaucoup y viennent lorsqu'ils le peuvent, mais ils sont moins sensibles à l'honneur qu'on leur fait qu'au souvenir. »

325. D'où peut venir à certaines personnes le désir d'être enterrées dans un endroit plutôt que dans un autre ? Y reviennent-elles plus volontiers après leur mort ; et cette importance attachée à une chose matérielle est-elle un signe d'infériorité chez l'Esprit ?

« Affection de l'Esprit pour certains lieux ; infériorité morale. Que fait un coin de terre plutôt qu'un autre pour l'Esprit élevé ? Ne sait-il pas que son âme sera réunie à ceux qu'il aime, quand même leurs os sont séparés ? »

– La réunion des dépouilles mortelles de tous les membres d'une même famille doit-elle être considérée comme une chose futile ?

« Non ; c'est un pieux usage et un témoignage de sympathie pour ceux que l'on a aimés ; si cette réunion importe peu aux Esprits, elle est utile aux hommes : les souvenirs sont plus recueillis. »

326. L'âme, rentrant dans la vie spirituelle, est-elle sensible aux honneurs rendus à sa dépouille mortelle ?

« Quand l'Esprit est arrivé déjà à un certain degré de perfection, il n'a plus de vanité terrestre et comprend la futilité de toutes ces choses ; mais sache bien souvent il y a des Esprits qui, au premier moment de leur mort matérielle, goûtent un grand plaisir des honneurs qu'on leur rend, ou un ennui du délaissement de leur enveloppe ; car ils conservent encore quelques-uns des préjugés d'ici-bas. »

327. L'Esprit assiste-t-il à son convoi ?

« Très souvent, il y assiste, mais quelquefois il ne se rend pas compte de ce qui s'y passe, s'il est encore dans le trouble. »

– Est-il flatté du concours des assistants à son convoi ?

« Plus ou moins selon le sentiment qui les amène. »

328. L'Esprit de celui qui vient de mourir assiste-t-il aux réunions de ses héritiers ?

« Presque toujours ; Dieu le veut pour sa propre instruction et le châtiment des coupables ; c'est là qu'il juge ce que valaient leurs protestations ; pour lui, tous les sentiments sont à découvert, et la déception qu'il éprouve en voyant la rapacité de ceux qui se partagent ses dépouilles l'éclaire sur leurs sentiments ; mais leur tour viendra. »

329. Le respect instinctif que l'homme, dans tous les temps et chez tous les peuples, témoigne pour les morts est-il un effet de l'intuition qu'il a de l'existence future ?

« C'en est la conséquence naturelle ; sans cela ce respect serait sans objet. »

CHAPITRE VII

RETOUR À LA VIE CORPORELLE

Préludes du retour

330. Les Esprits connaissent-ils l'époque à laquelle ils seront réincarnés ?

« Ils la pressentent, comme un aveugle sent le feu dont il s'approche. Ils savent qu'ils doivent reprendre un corps, comme vous savez que vous devez mourir un jour, mais sans savoir quand cela arrivera. » (166).

– La réincarnation est donc une nécessité de la vie spirite, comme la mort est une nécessité de la vie corporelle ?

« Assurément, il en est ainsi. »

331. Tous les Esprits se préoccupent-ils de leur réincarnation ?

« Il en est qui n'y songent nullement, qui même ne la comprennent pas ; cela dépend de leur nature plus ou moins avancée. Pour quelques-uns, l'incertitude où ils sont de leur avenir est une punition. »

332. L'Esprit peut-il rapprocher ou retarder le moment de sa réincarnation ?

« Il peut le rapprocher en l'appelant de ses vœux ; il peut aussi l'éloigner s'il recule devant l'épreuve, car parmi les Esprits il y a aussi des lâches et des indifférents, mais il ne le fait pas impunément ; il en souffre comme celui qui recule devant le remède salutaire qui peut le guérir. »

333. Si un Esprit se trouvait assez heureux d'une condition moyenne parmi les Esprits errants, et qu'il n'eût pas l'ambition de monter, pourrait-il prolonger cet état indéfiniment ?

« Non, pas indéfiniment ; l'avancement est un besoin que l'Esprit éprouve tôt ou tard ; tous doivent monter, c'est leur destinée. »

334. L'union de l'âme avec tel ou tel corps est-elle prédestinée, ou bien n'est-ce qu'au dernier moment que le choix se fait ?

« L'Esprit est toujours désigné d'avance. L'Esprit, en choisissant l'épreuve qu'il veut subir, demande à s'incarner ; or Dieu, qui sait tout et voit tout, a su et vu d'avance que telle âme s'unirait à tel corps. »

335. L'Esprit a-t-il le choix du corps dans lequel il doit entrer, ou seulement du genre de vie qui doit lui servir d'épreuve ?

« Il peut aussi choisir le corps, car les imperfections de ce corps sont pour lui des épreuves qui aident à son avancement s'il dompte les obstacles qu'il y rencontre, mais le choix ne dépend pas toujours de lui ; il peut demander. »

– L'Esprit pourrait-il, au dernier moment, refuser d'entrer dans le corps choisi par lui ?

« S'il refusait, il en souffrirait beaucoup plus que celui qui n'aurait tenté aucune épreuve. » 336. Pourrait-il arriver qu'un enfant qui doit naître ne trouvât pas d'Esprit qui voulût s'incarner en lui ?

« Dieu y pourvoirait. L'enfant, lorsqu'il doit naître *viable*, est toujours prédestiné à avoir une âme ; rien n'a été créé sans dessein. »

337. L'union de l'Esprit avec tel corps peut-elle être imposée par Dieu ?

« Elle peut être imposée, de même que les différentes épreuves, surtout lorsque l'Esprit n'est pas encore apte à faire un choix avec connaissance de cause. Comme expiation, l'Esprit peut être contraint de s'unir au corps de tel enfant qui, par sa naissance et la position qu'il aura dans le monde, pourra devenir pour lui un sujet de châtiment. »

338. S'il arrivait que plusieurs Esprits se présentassent pour un même corps qui doit naître, qu'est-ce qui déciderait entre eux ?

« Plusieurs peuvent le demander ; c'est Dieu qui juge en pareil cas celui qui est le plus capable de remplir la mission à laquelle l'enfant est destiné ; mais, je l'ai dit, l'Esprit est désigné avant l'instant où il doit s'unir au corps. »

339. Le moment de l'incarnation est-il accompagné d'un trouble semblable à celui qui a lieu à la sortie du corps ?

« Beaucoup plus grand et surtout plus long. À la mort, l'Esprit sort de l'esclavage ; à la naissance, il y rentre. »

340. L'instant où un Esprit doit s'incarner est-il pour lui un instant solennel ? Accomplit-il cet acte comme une chose grave et importante pour lui ?

« Il est comme un voyageur qui s'embarque pour une traversée périlleuse, et qui ne sait s'il ne doit pas trouver la mort dans les vagues qu'il affronte. »

Le voyageur qui s'embarque sait à quels périls il s'expose, mais il ne sait s'il fera naufrage ; il en est ainsi de l'Esprit : il connaît le genre des épreuves auxquelles il se soumet, mais il ne sait s'il succombera.

De même que la mort du corps est une sorte de renaissance pour l'Esprit, la réincarnation est pour celui-ci une sorte de mort, ou plutôt d'exil et de claustration. Il quitte le monde des Esprits pour le monde corporel, comme l'homme quitte le monde corporel pour le monde des Esprits. L'Esprit sait qu'il se réincarnera, comme l'homme sait qu'il mourra ; mais, comme celui-ci, il n'en a conscience qu'au dernier moment, quand le temps voulu est arrivé ; alors, à ce moment suprême, le trouble s'empare de lui, comme chez l'homme qui est à l'agonie, et ce trouble persiste jusqu'à ce que la nouvelle existence soit nettement formée. Les approches de la réincarnation sont une sorte d'agonie pour l'Esprit.

341. L'incertitude où se trouve l'Esprit sur l'éventualité du succès des épreuves qu'il va subir dans la vie, est-elle pour lui une cause d'anxiété avant son incarnation ?

« Une anxiété bien grande, puisque les épreuves de son existence le retarderont ou l'avanceront selon qu'il les aura bien ou mal supportées. »

342. Au moment de sa réincarnation, l'Esprit est-il accompagné par d'autres Esprits de ses amis qui viennent assister à son départ du monde spirite, comme ils viennent le recevoir lorsqu'il y rentre ?

« Cela dépend de la sphère que l'Esprit habite. S'il est dans les sphères où règne l'affection, les Esprits qui l'aiment l'accompagnent jusqu'au dernier moment, l'encouragent, et souvent même le suivent dans la vie. »

343. Les Esprits amis qui nous suivent dans la vie sont-ils parfois ceux que nous voyons en songe, qui nous témoignent de l'affection, et qui se présentent à nous sous des traits inconnus ?

« Très souvent, ce sont eux ; ils viennent vous visiter, comme vous allez voir un prisonnier sous les verrous. »

Union de l'âme et du corps

344. À quel moment l'âme s'unit-elle au corps ?

« L'union commence à la conception, mais elle n'est complète qu'au moment de la naissance. Du moment de la conception, l'Esprit désigné pour habiter tel corps y tient par un lien fluidique qui va se resserrant de plus en plus jusqu'à l'instant où l'enfant voit le jour ; le cri qui s'échappe alors de l'enfant annonce qu'il fait nombre parmi les vivants et les serviteurs de Dieu. »

345. L'union entre l'Esprit et le corps est-elle définitive du moment de la conception ? Pendant cette première période, l'Esprit pourrait-il renoncer à habiter le corps désigné ?

« L'union est définitive, en ce sens qu'un autre Esprit ne pourrait remplacer celui qui est désigné pour ce corps ; mais comme les liens qui l'y tiennent sont très faibles, ils sont facilement rompus, et ils peuvent l'être par la volonté de l'Esprit qui recule devant l'épreuve qu'il a choisie ; mais alors l'enfant ne vit pas. »

346. Qu'arrive-t-il, pour l'Esprit, si le corps qu'il a choisi vient à mourir avant de naître ?

« Il en choisit un autre. »

– Quelle peut être l'utilité de ces morts prématurées ?

« Ce sont les imperfections de la matière qui sont le plus souvent la cause de ces morts. » 347. De quelle utilité peut être pour un Esprit son incarnation dans un corps qui meurt peu de jours après sa naissance ?

« L'être n'a pas la conscience de son existence assez développée ; l'importance de la mort est presque nulle ; c'est souvent, comme nous l'avons dit, une épreuve pour les parents. »

348. L'Esprit sait-il d'avance que le corps qu'il choisit n'a pas de chance de vie ?

« Il le sait quelquefois, mais s'il le choisit pour ce motif, c'est qu'il recule devant l'épreuve. »

349. Lorsqu'une incarnation est manquée pour l'Esprit, par une cause quelconque, y est-il suppléé immédiatement par une autre existence ?

« Pas toujours immédiatement ; il faut à l'Esprit le temps de choisir de nouveau, à moins que la réincarnation instantanée ne provienne d'une détermination antérieure. »

350. L'Esprit une fois uni au corps de l'enfant, et alors qu'il n'y a plus à s'en dédire, regrette-t-il quelquefois le choix qu'il a fait ?

« Veux-tu dire si, comme homme, il se plaint de la vie qu'il a ? S'il la voudrait autre ? Oui ; s'il regrette le choix qu'il a fait ? Non ; il ne sait pas qu'il l'a choisie. L'Esprit, une fois incarné, ne peut regretter un choix dont il n'a pas conscience ; mais il peut trouver la charge trop lourde, et s'il la croit au-dessus de ses forces, c'est alors qu'il a recours au suicide. »

351. Dans l'intervalle de la conception à la naissance, l'Esprit jouit-il de toutes ses facultés ?

« Plus ou moins suivant l'époque, car il n'est pas encore incarné, mais attaché. Dès l'instant de la conception, le trouble commence à saisir l'Esprit averti par là que le moment est venu de prendre une nouvelle existence ; ce trouble va croissant jusqu'à la naissance ; dans cet intervalle, son état est à peu près celui d'un Esprit incarné pendant le sommeil du corps ; à mesure que le moment de la naissance approche, ses idées s'effacent ainsi que le souvenir du passé, dont il n'a plus conscience, comme homme, une fois entré dans la vie ; mais ce souvenir lui revient peu à peu à la mémoire dans son état d'Esprit. »

352. Au moment de la naissance, l'Esprit recouvre-t-il immédiatement la plénitude de ses facultés ?

« Non, elles se développent graduellement avec les organes. C'est pour lui une nouvelle existence ; il faut qu'il apprenne à se servir de ses instruments ; les idées lui reviennent peu à peu comme chez un homme qui sort du sommeil et qui se trouve dans une position différente de celle qu'il avait la veille. »

353. L'union de l'Esprit et du corps n'étant complète et définitivement consommée qu'après la naissance, peut-on considérer le fœtus comme ayant une âme ?

« L'Esprit qui doit l'animer existe en quelque sorte en dehors de lui ; il n'a donc pas, à proprement parler, une âme, puisque l'incarnation est seulement en voie de s'opérer ; mais il est lié à celle qu'il doit posséder. »

354. Comment expliquer la vie intra-utérine ?

« C'est celle de la plante qui végète. L'enfant vit de la vie animale. L'homme possède en lui la vie animale et la vie végétale, qu'il complète à la naissance par la vie spirituelle. »

355. Y a-t-il, comme l'indique la science, des enfants qui, dès le sein de la mère, ne sont pas nés viables ; et dans quel but cela a-t-il lieu ?

« Ceci arrive souvent, Dieu le permet comme épreuve, soit pour les parents, soit pour l'Esprit désigné à prendre place. »

356. Y a-t-il des enfants mort-nés qui n'ont point été destinés à l'incarnation d'un Esprit ?

« Oui, il y en a qui n'eurent jamais un Esprit destiné pour leur corps : rien ne devait s'accomplir pour eux. C'est alors seulement pour les parents que cet enfant est venu. »

— Un être de cette nature peut-il venir à terme ?

« Oui, quelquefois, mais alors il ne vit pas. »

— Tout enfant qui survit à sa naissance a donc nécessairement un Esprit incarné en lui ?

« Que serait-il sans cela ? Ce ne serait pas un être humain. »

357. Quelles sont, pour l'Esprit, les conséquences de l'avortement ?

« C'est une existence nulle et à recommencer. »

358. L'avortement volontaire est-il un crime, quelle que soit l'époque de la conception ?

« Il y a toujours crime du moment que vous transgressez la loi de Dieu. La mère, ou tout autre, commettra toujours un crime en ôtant la vie à l'enfant avant sa naissance, car c'est empêcher l'âme de supporter les épreuves dont le corps devait être l'instrument. »

359. Dans le cas où la vie de la mère serait en danger par la naissance de l'enfant, y a-t-il crime à sacrifier l'enfant pour sauver la mère ?

« Il vaut mieux sacrifier l'être qui n'existe pas à l'être qui existe. »

360. Est-il rationnel d'avoir pour le fœtus les mêmes égards que pour le corps d'un enfant qui aurait vécu ?

« Dans tout ceci, voyez la volonté de Dieu et son ouvrage ; ne traitez donc pas légèrement des choses que vous devez respecter. Pourquoi ne pas respecter les ouvrages de la création, qui sont incomplets quelquefois par la volonté du Créateur ? Ceci entre dans ses desseins que personne n'est appelé à juger. »

Facultés morales et intellectuelles

361. D'où viennent à l'homme ses qualités morales, bonnes ou mauvaises ?

« Ce sont celles de l'Esprit qui est incarné en lui ; plus cet Esprit est pur, plus l'homme est porté au bien. »

– Il semble résulter de là que l'homme de bien est l'incarnation d'un bon Esprit, et l'homme vicieux celle d'un mauvais Esprit ?

« Oui, mais dis plutôt que c'est un Esprit imparfait, autrement on pourrait croire à des Esprits toujours mauvais, à ce que vous appelez démons. »

362. Quel est le caractère des individus dans lesquels s'incarnent les Esprits follets et légers ?

« Des étourdis, des espiègles, et quelquefois des êtres malfaisants. »

363. Les Esprits ont-ils des passions qui n'appartiennent pas à l'humanité ?

« Non, autrement ils vous les auraient communiquées. »

364. Est-ce le même Esprit qui donne à l'homme les qualités morales et celles de l'intelligence ?

« Assurément, c'est le même, et cela en raison du degré auquel il est parvenu. L'homme n'a pas deux Esprits en lui. »

365. Pourquoi des hommes très intelligents, ce qui annonce en eux un Esprit supérieur, sont-ils quelquefois, en même temps, profondément vicieux ?

« C'est que l'Esprit incarné n'est pas assez pur, et l'homme cède à l'influence d'autres Esprits plus mauvais. L'Esprit progresse par une marche ascendante insensible, mais le progrès ne s'accomplit pas simultanément en tous sens ; dans une période, il peut avancer en science, dans une autre en moralité. »

366. Que penser de l'opinion d'après laquelle les différentes facultés intellectuelles et morales de l'homme seraient le produit d'autant d'Esprits divers incarnés en lui, et ayant chacun une aptitude spéciale ?

« En réfléchissant, on reconnaît qu'elle est absurde. L'Esprit doit avoir toutes les aptitudes ; pour pouvoir progresser, il lui faut une volonté unique ; si l'homme était un amalgame d'Esprits, cette volonté n'existerait pas, et il n'y aurait point pour lui d'individualité, puisqu'à sa mort tous ces Esprits seraient comme une volée d'oiseaux échappés d'une cage. L'homme se plaint souvent de ne pas comprendre certaines choses, et il est curieux de voir comme il multiplie les difficultés, tandis qu'il a sous la main une explication toute simple et toute naturelle. C'est encore là prendre l'effet pour la cause ; c'est faire pour l'homme ce que les païens faisaient pour Dieu. Ils croyaient à autant de dieux qu'il y a de phénomènes dans l'univers, mais parmi eux les gens sensés ne voyaient dans ces phénomènes que des effets ayant pour cause un Dieu unique. »

Le monde physique et le monde moral nous offrent sur ce sujet de nombreux points de comparaison. On a cru à l'existence multiple de la matière, tant qu'on s'est arrêté à l'apparence des phénomènes ; aujourd'hui, on comprend que ces phénomènes si variés peuvent très bien n'être que des modifications d'une matière élémentaire unique. Les diverses facultés sont des manifestations d'une même cause qui est l'âme, ou de l'Esprit incarné, et non de plusieurs âmes, comme les différents sons de l'orgue sont le produit d'une même espèce d'air, et non d'autant de sortes d'airs qu'il y a de sons. Il résulterait de ce système que lorsqu'un homme perd ou acquiert certaines aptitudes, certains penchants, ce serait le fait d'autant d'Esprits qui viennent ou qui s'en vont, ce qui ferait de lui un être multiple sans individualité, et par conséquent sans responsabilité. Il est en outre contredit par les exemples si nombreux de manifestations par lesquels les Esprits prouvent leur personnalité et leur identité.

Influence de l'organisme

367. L'Esprit, en s'unissant au corps, s'identifie-t-il avec la matière ?

« La matière n'est que l'enveloppe de l'Esprit, comme l'habit est l'enveloppe du corps. L'Esprit, en s'unissant au corps, conserve les attributs de la nature spirituelle. »

368. Les facultés de l'Esprit s'exercent-elles en toute liberté après son union avec le corps ? « L'exercice des facultés dépend des organes qui leur servent d'instrument ; elles sont affaiblies par la grossièreté de la matière. »

– D'après cela, l'enveloppe matérielle serait un obstacle à la libre manifestation des facultés de l'Esprit, comme un verre opaque s'oppose à la libre émission de la lumière ?

« Oui, et très opaque. »

On peut encore comparer l'action de la matière grossière du corps sur l'Esprit à celle d'une eau bourbeuse qui ôte la liberté des mouvements au corps qui s'y trouve plongé.

369. Le libre exercice des facultés de l'âme est-il subordonné au développement des organes ?

« Les organes sont les instruments de la manifestation des facultés de l'âme ; cette manifestation se trouve subordonnée au développement et au degré de perfection de ces mêmes organes, comme la bonté d'un travail à la bonté de l'outil. »

370. Peut-on induire de l'influence des organes un rapport entre le développement des organes cérébraux et celui des facultés morales et intellectuelles ?

« Ne confondez pas l'effet avec la cause. L'Esprit a toujours les facultés qui lui sont propres ; or, ce ne sont pas les organes qui donnent les facultés, mais les facultés qui poussent au développement des organes. »

– D'après cela, la diversité des aptitudes chez l'homme tient uniquement à l'état de l'Esprit ?

« Uniquement n'est pas tout à fait exact ; les qualités de l'Esprit, qui peut être plus ou moins avancé, c'est là le principe ; mais il faut tenir compte de l'influence de la matière qui entrave plus ou moins l'exercice de ses facultés. »

L'Esprit, en s'incarnant, apporte certaines prédispositions, et si l'on admet pour chacune un organe correspondant dans le cerveau, le développement de ces organes sera un effet et non une cause. Si les facultés avaient leur principe dans les organes, l'homme serait une machine sans libre arbitre et sans responsabilité de ses actes. Il faudrait admettre que les plus grands génies, savants, poètes, artistes, ne sont des génies que parce que le hasard leur a donné des organes spéciaux, d'où il suit que, sans ces organes, ils n'auraient pas été des génies, et que le dernier imbécile aurait pu être un Newton, un Virgile ou un Raphaël s'il avait été pourvu de certains organes ; supposition plus absurde encore quand on l'applique aux qualités morales. Ainsi d'après ce système, saint Vincent de Paul, doué par la nature de tel ou tel organe, aurait pu être un scélérat, et il ne manquerait au plus grand scélérat qu'un organe pour être un saint Vincent de Paul. Admettez au contraire que les organes spéciaux, si tant est qu'ils existent, sont consécutifs, qu'ils se développent par l'exercice de la faculté, comme les muscles par le mouvement, et vous n'aurez rien d'irrationnel. Prenons une comparaison triviale à force de vérité. À certains signes physiognomoniques, vous reconnaissez l'homme adonné à la boisson ; sont-ce ces signes qui le rendent ivrogne, ou l'ivrognerie qui fait naître ces signes ? On peut dire que les organes reçoivent l'empreinte des facultés.

Idiotisme, folie

371. L'opinion selon laquelle les crétins et les idiots auraient une âme d'une nature inférieure est-elle fondée ?

« Non, ils ont une âme humaine, souvent plus intelligente que vous ne pensez, et qui souffre de l'insuffisance des moyens qu'elle a pour se communiquer, comme le muet souffre de ne pouvoir parler. »

372. Quel est le but de la Providence en créant des êtres disgraciés comme les crétins et les idiots ?

« Ce sont des Esprits en punition qui habitent des corps d'idiots. Ces Esprits souffrent de la contrainte qu'ils éprouvent et de l'impuissance où ils sont de se manifester par des organes non développés ou détraqués. »

– Il n'est donc pas exact de dire que les organes sont sans influence sur les facultés ?

« Nous n'avons jamais dit que les organes fussent sans influence ; ils en ont une très grande sur la manifestation des facultés, mais ils ne donnent pas les facultés ; là est la différence. Un bon musicien avec un mauvais instrument ne fera pas de bonne musique, et cela ne l'empêchera pas d'être un bon musicien. »

Il faut distinguer l'état normal de l'état pathologique. Dans l'état normal, le moral surmonte l'obstacle que lui oppose la matière ; mais il est des cas où la matière offre une résistance telle que les manifestations sont entravées ou dénaturées, comme dans l'idiotie et la folie ; ce sont des cas pathologiques, et dans cet état l'âme ne jouissant pas de toute sa liberté, la loi humaine elle-même l'affranchit de la responsabilité de ses actes.

373. Quel peut être le mérite de l'existence pour des êtres qui, comme les idiots et les crétins, ne pouvant faire ni bien ni mal, ne peuvent progresser ?

« C'est une expiation imposée à l'abus que l'on a pu faire de certaines facultés ; c'est un temps d'arrêt. »

– Un corps d'idiot peut ainsi renfermer un Esprit qui aurait animé un homme de génie dans une précédente existence ?

« Oui, le génie devient parfois un fléau quand on en abuse. »

La supériorité morale n'est pas toujours en raison de la supériorité intellectuelle, et les plus grands génies peuvent avoir beaucoup à expier ; de là souvent pour eux une existence inférieure à celle qu'ils ont déjà accomplie, et une cause de souffrances ; les entraves que l'Esprit éprouve dans ses manifestations sont pour lui comme les chaînes qui compriment les mouvements d'un homme vigoureux. On peut dire que le crétin et l'idiot sont estropiés par le cerveau, comme le boiteux l'est par les jambes, l'aveugle par les yeux.

374. L'idiot, à l'état d'Esprit, a-t-il la conscience de son état mental ?

« Oui, très souvent ; il comprend que les chaînes qui entravent son essor sont une épreuve et une expiation. »

375. Quelle est la situation de l'Esprit dans la folie ?

« L'Esprit, à l'état de liberté, reçoit directement ses impressions et exerce directement son action sur la matière ; mais, incarné, il se trouve dans des conditions toutes différentes, et dans la nécessité de ne le faire qu'à l'aide d'organes spéciaux. Qu'une partie ou l'ensemble de ces organes soit altéré, son action ou ses impressions, en ce qui concerne ces organes, sont interrompues. S'il perd les yeux, il devient aveugle ; si c'est l'ouïe, il devient sourd, etc. Imagine maintenant que l'organe qui préside aux effets de l'intelligence et de la volonté soit partiellement ou entièrement attaqué ou modifié, il te sera facile de comprendre que l'Esprit n'ayant plus à son service que des organes incomplets ou dénaturés, il en doit résulter une perturbation dont l'Esprit, par lui-même et dans son for intérieur, a parfaite conscience, mais dont il n'est pas maître d'arrêter le cours. »

- C'est alors toujours le corps et non l'Esprit qui est désorganisé ?

« Oui, mais il ne faut pas perdre de vue que, de même que l'Esprit agit sur la matière, celle-ci réagit sur lui dans une certaine mesure, et que l'Esprit peut se trouver momentanément impressionné par l'altération des organes par lesquels il se manifeste et reçoit ses impressions. Il peut arriver qu'à la longue, quand la folie a duré longtemps, la répétition des mêmes actes finisse par avoir sur l'Esprit une influence dont il n'est délivré qu'après sa complète séparation de toute impression matérielle. »

376. D'où vient que la folie porte quelquefois au suicide ?

« L'Esprit souffre de la contrainte qu'il éprouve et de l'impuissance où il est de se manifester librement, c'est pourquoi il cherche dans la mort un moyen de briser ses liens. »

377. L'Esprit de l'aliéné se ressent-il après la mort du dérangement de ses facultés ?

« Il peut s'en ressentir quelque temps après la mort jusqu'à ce qu'il soit complètement dégagé de la matière, comme l'homme qui s'éveille se ressent quelque temps du trouble où le sommeil l'a plongé. »

378. Comment l'altération du cerveau peut-elle réagir sur l'Esprit après la mort ?

« C'est un souvenir ; un poids pèse sur l'Esprit, et comme il n'a pas eu l'intelligence de tout ce qui s'est passé durant sa folie, il lui faut toujours un certain temps pour se remettre au courant ; c'est pour cela que plus a duré la folie pendant la vie, plus longtemps dure la gêne, la contrainte après la mort. L'Esprit dégagé du corps se ressent quelque temps de l'impression de ses liens. »

De l'enfance

379. L'Esprit qui anime le corps d'un enfant est-il aussi développé que celui d'un adulte ?

« Il peut l'être davantage s'il a plus progressé ; ce ne sont que les organes imparfaits qui l'empêchent de se manifester. Il agit en raison de l'instrument à l'aide duquel il peut se produire. »

380. Dans un enfant en bas âge, l'Esprit, en dehors de l'obstacle que l'imperfection des organes oppose à sa libre manifestation, pense-t-il comme un enfant ou comme un adulte ?

« Lorsqu'il est enfant, il est naturel que les organes de l'intelligence, n'étant pas développés, ne peuvent pas lui donner toute l'intuition d'un adulte ; il a, en effet, l'intelligence très bornée, en attendant que l'âge ait mûri sa raison. Le trouble qui accompagne l'incarnation ne cesse pas subitement au moment de la naissance ; il ne se dissipe que graduellement avec le développement des organes. »

Une observation vient à l'appui de cette réponse : c'est que les rêves chez un enfant n'ont pas le caractère de ceux d'un adulte ; leur objet est presque toujours puéril, ce qui est un indice de la nature des préoccupations de l'Esprit.

381. À la mort de l'enfant, l'Esprit reprend-il immédiatement sa vigueur première ?

« Il le doit, puisqu'il est débarrassé de son enveloppe charnelle ; cependant, il ne reprend sa lucidité première que lorsque la séparation est complète, c'est-à-dire lorsqu'il n'existe plus aucun lien entre l'Esprit et le corps. »

382. L'Esprit incarné souffre-t-il, pendant l'enfance, de la contrainte que lui impose l'imperfection de ses organes ?

« Non ; cet état est une nécessité, il est dans la nature et selon les vues de la Providence ; *c'est un temps de repos pour l'Esprit.* »

383. Quelle est, pour l'Esprit, l'utilité de passer par l'état d'enfance ?

« L'Esprit s'incarnant en vue de se perfectionner, est plus accessible, pendant ce temps, aux impressions qu'il reçoit et qui peuvent aider à son avancement, auquel doivent contribuer ceux qui sont chargés de son éducation. »

384. Pourquoi les premiers cris de l'enfant sont-ils des pleurs ?

« Pour exciter l'intérêt de la mère et provoquer les soins qui lui sont nécessaires. Ne comprends-tu pas que s'il n'avait que des cris de joie, alors qu'il ne sait pas encore parler, on s'inquiéterait peu de ce dont il a besoin ? Admirez donc en tout la sagesse de la Providence. »

385. D'où vient le changement qui s'opère dans le caractère à un certain âge, et particulièrement au sortir de l'adolescence ; est-ce l'Esprit qui se modifie ?

« C'est l'Esprit qui reprend sa nature et se montre ce qu'il était.

Vous ne connaissez pas le secret que cachent les enfants dans leur innocence ; vous ne savez ce qu'ils sont, ni ce qu'ils ont été, ni ce qu'ils seront ; et pourtant vous les aimez, vous les chérissez comme s'ils étaient une partie de vous-mêmes, tellement que l'amour d'une mère pour ses enfants est réputé le plus grand amour qu'un être puisse avoir pour un autre être. D'où vient cette douce affection, cette tendre bienveillance que les étrangers eux-mêmes éprouvent envers un enfant ? Le savez-vous ? Non ; c'est cela que je vais vous expliquer.

Les enfants sont les êtres que Dieu envoie dans de nouvelles existences ; et pour qu'ils ne puissent pas lui reprocher une sévérité trop grande, il leur donne toutes les apparences de l'innocence ; même chez un enfant d'un mauvais naturel, on couvre ses méfaits de la non-conscience de ses actes. Cette innocence n'est pas une supériorité réelle sur ce qu'ils étaient avant ; non, c'est l'image de ce qu'ils devraient être, et s'ils ne le sont pas, c'est sur eux seuls qu'en retombe la peine.

Mais ce n'est pas seulement pour eux que Dieu leur a donné cet aspect, c'est aussi et surtout pour leurs parents dont l'amour est nécessaire à leur faiblesse, et cet amour serait singulièrement affaibli par la vue d'un caractère acariâtre et revêche, tandis que, croyant leurs enfants bons et doux, ils leur donnent toute leur affection, et les entourent des soins les plus délicats. Mais lorsque les enfants n'ont plus besoin de cette protection, de cette assistance qui leur a été donnée pendant quinze à vingt années, leur caractère réel et individuel reparaît dans toute sa nudité : il reste bon s'il était fondamentalement bon ; mais il s'irise toujours de nuances qui étaient cachées par la première enfance.

Vous voyez que les voies de Dieu sont toujours les meilleures, et que lorsqu'on a le cœur pur, l'explication en est facile à concevoir.

En effet, songez bien que l'Esprit des enfants qui naissent parmi vous peut venir d'un monde où il a pris des habitudes toutes différentes ; comment voudriez-vous que fût au milieu de vous ce nouvel être qui vient avec des passions tout autres que celles que vous possédez, avec des inclinations, des goûts entièrement opposés aux vôtres ; comment voudriez-vous qu'il s'incorporât dans vos rangs autrement que comme Dieu l'a voulu, c'est-à-dire par le tamis de l'enfance ? Là viennent se confondre toutes les pensées, tous les caractères, toutes les variétés d'êtres engendrés par cette foule de mondes dans lesquels grandissent les créatures. Et vous-mêmes, en mourant, vous vous trouverez dans une sorte d'enfance, au milieu de nouveaux frères ; et dans votre nouvelle existence non terrestre, vous ignorerez les habitudes, les mœurs, les rapports de ce monde nouveau pour vous ; vous manierez avec peine une langue que vous ne serez pas habitués à parler, langue plus vive que n'est aujourd'hui votre pensée. (319).

L'enfance a encore une autre utilité : les Esprits n'entrent dans la vie corporelle que pour se perfectionner, s'améliorer ; la faiblesse du jeune âge les rend flexibles, accessibles aux conseils de l'expérience et de ceux qui doivent les faire progresser ; c'est alors qu'on peut réformer leur caractère et réprimer leurs mauvais penchants ; tel est le devoir que Dieu a confié à leurs parents, mission sacrée dont ils auront à répondre.

C'est ainsi que l'enfance est non seulement utile, nécessaire, indispensable, mais encore qu'elle est la suite naturelle des lois que Dieu a établies et qui régissent l'univers. »

Sympathies et antipathies terrestres

386. Deux êtres qui se sont connus et aimés peuvent-ils se retrouver dans une autre existence corporelle et se reconnaître ?

« Se reconnaître, non ; mais être attirés l'un vers l'autre, oui ; et souvent, des liaisons intimes fondées sur une affection sincère n'ont pas d'autre cause. Deux êtres sont rapprochés l'un de l'autre par des circonstances fortuites en apparence, mais qui sont le fait de l'attraction des deux Esprits *qui se cherchent à travers la foule.* »

– Ne serait-il pas plus agréable pour eux de se reconnaître ?

« Pas toujours ; le souvenir des existences passées aurait des inconvénients plus grands que vous ne croyez. Après la mort, ils se reconnaîtront, ils sauront le temps qu'ils ont passé ensemble. » (392).

387. La sympathie a-t-elle toujours pour principe une connaissance antérieure ?

« Non ; deux Esprits qui se conviennent se recherchent naturellement sans qu'ils se soient connus comme hommes. »

388. Les rencontres que l'on fait quelquefois de certaines personnes et que l'on attribue au hasard, ne seraient-elles pas l'effet d'une sorte de rapports sympathiques ?

« Il y a entre les êtres pensants des liens que vous ne connaissez pas encore. Le magnétisme est le pilote de cette science que vous comprendrez mieux plus tard. »

389. D'où vient la répulsion instinctive que l'on éprouve pour certaines personnes à la première vue ?

« Esprits antipathiques qui se devinent et se reconnaissent sans se parler. »

390. L'antipathie instinctive est-elle toujours un signe de mauvaise nature ?

« Deux Esprits ne sont pas nécessairement mauvais, parce qu'ils ne sont pas sympathiques ; l'antipathie peut naître d'un manque de similitude dans la pensée ; mais à mesure qu'ils s'élèvent, les nuances s'effacent et l'antipathie disparaît. »

391. L'antipathie de deux personnes naît-elle en premier lieu chez celle dont l'Esprit est le plus mauvais ou le meilleur ?

« Chez l'une et chez l'autre, mais les causes et les effets sont différents. Un Esprit mauvais a de l'antipathie contre quiconque peut le juger et le démasquer ; en voyant une personne pour la première fois, il sait qu'il va être désapprouvé ; son éloignement se change en haine, en jalousie et lui inspire le désir de faire le mal. Le bon Esprit a de la répulsion pour le mauvais, parce qu'il sait qu'il n'en sera pas compris et qu'ils ne partagent pas les mêmes sentiments ; mais, fort de sa supériorité, il n'a contre l'autre ni haine, ni jalousie : il se contente de l'éviter et de le plaindre. »

Oubli du passé

392. Pourquoi l'Esprit incarné perd-il le souvenir de son passé ?

« L'homme ne peut ni ne doit tout savoir ; Dieu le veut ainsi dans sa sagesse. Sans le voile qui lui couvre certaines choses, l'homme serait ébloui, comme celui qui passe sans transition de l'obscurité à la lumière. *Par l'oubli du passé il est plus lui-même.* »

393. Comment l'homme peut-il être responsable d'actes et racheter des fautes dont il n'a pas le souvenir ? Comment peut-il profiter de l'expérience acquise dans des existences tombées dans l'oubli ? On concevrait que les tribulations de la vie fussent une leçon pour lui s'il se rappelait ce qui a pu les lui attirer ; mais du moment qu'il ne s'en souvient pas, chaque existence est pour lui comme si elle était la première, et c'est ainsi toujours à recommencer. Comment concilier cela avec la justice de Dieu ?

« À chaque existence nouvelle, l'homme a plus d'intelligence et peut mieux distinguer le bien et le mal. Où serait le mérite, s'il se rappelait tout le passé ? Lorsque l'Esprit rentre dans sa vie primitive (la vie spirite), toute sa vie passée se déroule devant lui ; il voit les fautes qu'il a commises et qui sont cause de sa souffrance, et ce qui aurait pu l'empêcher de les commettre ; il comprend que la position qui lui est donnée est juste, et cherche alors l'existence qui pourrait réparer celle qui vient de s'écouler. Il cherche des épreuves analogues à celles par lesquelles il a passé, ou les luttes qu'il croit propres à son avancement, et demande à des Esprits qui lui sont supérieurs de l'aider dans cette nouvelle tâche qu'il entreprend, car il sait que l'Esprit qui lui sera donné pour guide dans cette nouvelle existence cherchera à lui faire réparer ses fautes en lui donnant une espèce d'*intuition* de celles qu'il a commises. Cette même intuition est la pensée, le désir criminel qui vous vient souvent, et auquel vous résistez instinctivement, attribuant la plupart du temps votre résistance aux principes que vous avez reçus de vos parents, tandis que c'est la voix de la conscience qui vous parle, et cette voix est le souvenir du passé, voix qui vous avertit de ne pas retomber dans les fautes que vous avez déjà commises. L'Esprit entré dans cette nouvelle existence, s'il subit ces épreuves avec courage et s'il résiste, s'élève et monte dans la hiérarchie des Esprits, lorsqu'il revient parmi eux. »

Si nous n'avons pas, pendant la vie corporelle, un souvenir précis de ce que nous avons été, et de ce que nous avons fait de bien ou de mal dans nos existences antérieures, nous en avons l'intuition, et nos tendances instinctives sont une réminiscence de notre passé, auxquelles notre conscience, qui est le désir que nous avons conçu de ne plus commettre les mêmes fautes, nous avertit de résister.

394. Dans les mondes plus avancés que le nôtre, où l'on n'est point en proie à tous nos besoins physiques, à nos infirmités, les hommes comprennent-ils qu'ils sont plus heureux que nous ? Le bonheur, en général, est relatif ; on le sent par comparaison avec un état moins heureux. Comme en définitive quelques-uns de ces mondes, quoique meilleurs que le nôtre, ne sont pas à l'état de perfection, les hommes qui les habitent doivent avoir des sujets d'ennui dans leur genre. Parmi nous, le riche, de ce qu'il n'a pas les angoisses des besoins matériels comme le pauvre, n'en a pas moins des tribulations qui rendent sa vie amère. Or, je demande si, dans leur position, les habitants de ces mondes ne se croient pas aussi malheureux que nous et ne se plaignent pas de leur sort, n'ayant pas le souvenir d'une existence inférieure pour comparaison ?

« À cela, il faut faire deux réponses différentes. Il y a des mondes, parmi ceux dont tu parles, dont les habitants ont un souvenir très net et très précis de leurs existences passées ; ceux-là, tu le comprends, peuvent et savent apprécier le bonheur que Dieu leur permet de savourer ; mais il y en a d'autres où les habitants placés, comme tu le dis, dans de meilleures conditions que vous, n'en ont pas moins de grands ennuis, des malheurs même ; ceux-là n'apprécient pas leur bonheur par cela même qu'ils n'ont pas le souvenir d'un état encore plus malheureux. S'ils ne l'apprécient pas comme hommes, ils l'apprécient comme Esprits. »

N'y a-t-il pas dans l'oubli de ces existences passées, alors surtout qu'elles ont été pénibles, quelque chose de providentiel, et où se révèle la sagesse divine ? C'est dans les mondes supérieurs, lorsque le souvenir des existences malheureuses n'est plus qu'un mauvais rêve, qu'elles se présentent à la mémoire. Dans les mondes inférieurs, les malheurs présents ne seraient-ils pas aggravés par le souvenir de tous ceux que l'on a pu endurer ? Concluons donc de là que tout ce que Dieu a fait est bien fait, et qu'il ne nous appartient pas de critiquer ses œuvres, et de dire comment il aurait dû régler l'univers.

Le souvenir de nos individualités antérieures aurait des inconvénients très graves ; il pourrait, dans certains cas, nous humilier étrangement ; dans d'autres, exalter notre orgueil, et, par cela même, entraver notre libre arbitre. Dieu nous a donné, pour nous améliorer, juste ce qui nous est nécessaire et peut nous suffire : la voix de la conscience et nos tendances instinctives ; il nous ôte ce qui pourrait nous nuire. Ajoutons encore que si nous avions le souvenir de nos actes antérieurs personnels, nous aurions également celui des actes d'autrui, et que cette connaissance pourrait avoir les plus fâcheux effets sur les relations sociales ; n'ayant pas toujours lieu de nous glorifier de notre passé, il est souvent heureux qu'un voile soit jeté dessus. Ceci concorde parfaitement avec la doctrine des Esprits sur les mondes supérieurs au nôtre. Dans ces mondes, où ne règne que le bien, le souvenir du passé n'a rien de pénible ; voilà pourquoi on s'y souvient de son existence précédente comme nous nous souvenons de ce que nous avons fait la veille. Quant au séjour qu'on a pu faire dans les mondes inférieurs, ce n'est plus, comme nous l'avons dit, qu'un mauvais rêve.

395. Pouvons-nous avoir quelques révélations sur nos existences antérieures ?

« Pas toujours. Plusieurs savent cependant ce qu'ils ont été et ce qu'ils faisaient ; s'il leur était permis de le dire hautement, ils feraient de singulières révélations sur le passé. »

396. Certaines personnes croient avoir un vague souvenir d'un passé inconnu qui se présente à elles comme l'image fugitive d'un songe que l'on cherche en vain à saisir. Cette idée n'est-elle qu'une illusion ?

« C'est quelquefois réel ; mais souvent aussi c'est une illusion contre laquelle il faut se mettre en garde, car cela peut être l'effet d'une imagination surexcitée. »

397. Dans les existences corporelles d'une nature plus élevée que la nôtre, le souvenir des existences antérieures est-il plus précis ?

« Oui, à mesure que le corps est moins matériel on se souvient mieux. Le souvenir du passé est plus clair pour ceux qui habitent les mondes d'un ordre supérieur. »

398. Les tendances instinctives de l'homme étant une réminiscence de son passé, s'ensuit-il que, par l'étude de ces tendances, il puisse connaître les fautes qu'il a commises ?

« Sans doute, jusqu'à un certain point ; mais il faut tenir compte de l'amélioration qui a pu s'opérer dans l'Esprit et des résolutions qu'il a prises à l'état errant ; l'existence actuelle peut être de beaucoup meilleure que la précédente. »

– Peut-elle être plus mauvaise ; c'est-à-dire l'homme peut-il commettre dans une existence des fautes qu'il n'a pas commises dans l'existence précédente ?

« Cela dépend de son avancement ; s'il ne sait pas résister aux épreuves, il peut être entraîné à de nouvelles fautes qui sont la conséquence de la position qu'il a choisie ; mais en général, ces fautes accusent plutôt un état stationnaire qu'un état rétrograde, car l'Esprit peut avancer ou s'arrêter, mais il ne recule pas. »

399. Les vicissitudes de la vie corporelle étant à la fois une expiation pour les fautes passées et des épreuves pour l'avenir, s'ensuit-il que, de la nature de ces vicissitudes on puisse en induire le genre de l'existence antérieure ?

« Très souvent, puisque chacun est puni par où il a péché ; cependant, il ne faudrait pas en faire une règle absolue ; les tendances instinctives sont un indice plus certain, car les épreuves que subit l'Esprit sont autant pour l'avenir que pour le passé. »

Arrivé au terme marqué par la Providence pour sa vie errante, l'Esprit choisit lui-même les épreuves auxquelles il veut se soumettre pour hâter son avancement, c'est-à-dire le genre d'existence qu'il croit le plus propre à lui en fournir les moyens, et ces épreuves sont toujours en rapport avec les fautes qu'il doit expier. S'il en triomphe, il s'élève ; s'il succombe, c'est à recommencer.

L'Esprit jouit toujours de son libre arbitre ; c'est en vertu de cette liberté qu'à l'état d'Esprit il choisit les épreuves de la vie corporelle, et qu'à l'état d'incarnation il délibère s'il fera ou s'il ne fera pas, et choisit entre le bien et le mal. Dénier à l'homme le libre arbitre, serait le réduire à l'état de machine.

Rentré dans la vie corporelle, l'Esprit perd momentanément le souvenir de ses existences antérieures, comme si un voile les lui dérobait ; toutefois, il en a quelquefois une vague conscience, et elles peuvent même lui être révélées en certaines circonstances ; mais alors ce n'est que par la volonté des Esprits supérieurs qui le font spontanément, dans un but utile, et jamais pour satisfaire une vaine curiosité.

Les existences futures ne peuvent être révélées dans aucun cas, par la raison qu'elles dépendent de la manière dont on accomplit l'existence présente, et du choix ultérieur de l'Esprit.

L'oubli des fautes commises n'est pas un obstacle à l'amélioration de l'Esprit, car s'il n'en a pas un souvenir précis, la connaissance qu'il en avait à l'état errant et le désir qu'il a conçu de les réparer, le guident par intuition et lui donnent la pensée de résister au mal ; cette pensée est la voix de la conscience, dans laquelle il est secondé par les Esprits qui l'assistent s'il écoute les bonnes inspirations qu'ils lui suggèrent.

Si l'homme ne connaît pas les actes mêmes qu'il a commis dans ses existences antérieures, il peut toujours savoir de quel genre de fautes il s'est rendu coupable et quel était son caractère dominant. Il lui suffit de s'étudier lui-même, et il peut juger de ce qu'il a été, non par ce qu'il est, mais par ses tendances.

Les vicissitudes de la vie corporelle sont à la fois une expiation pour les fautes passées et des épreuves pour l'avenir. Elles nous épurent et nous élèvent, selon que nous les subissons avec résignation et sans murmure.

La nature des vicissitudes et des épreuves que nous subissons peut aussi nous éclairer sur ce que nous avons été et sur ce que nous avons fait, comme ici-bas nous jugeons les faits d'un coupable par le châtiment que lui inflige la loi. Ainsi, tel sera châtié dans son orgueil par l'humiliation d'une existence subalterne ; le mauvais riche et l'avare, par la misère ; celui qui a été dur pour les autres, par les duretés qu'il subira ; le tyran, par l'esclavage ; le mauvais fils, par l'ingratitude de ses enfants ; le paresseux, par un travail forcé, etc.

CHAPITRE VIII
ÉMANCIPATION DE L'ÂME

Le sommeil et les rêves

400. L'Esprit incarné demeure-t-il volontiers sous son enveloppe corporelle ?

« C'est comme si tu demandais si le prisonnier se plaît sous les verrous. L'Esprit incarné aspire sans cesse à la délivrance, et plus l'enveloppe est grossière, plus il désire en être débarrassé. »

401. Pendant le sommeil, l'âme se repose-t-elle comme le corps ?

« Non, l'Esprit n'est jamais inactif. Pendant le sommeil, les liens qui l'unissent au corps sont relâchés, et le corps n'ayant pas besoin de lui, il parcourt l'espace, et *entre en relation plus directe avec les autres Esprits.* »

402. Comment pouvons-nous juger de la liberté de l'Esprit pendant le sommeil ?

« Par les rêves. Crois bien que lorsque le corps repose, l'Esprit a plus de facultés que dans la veille ; il a le souvenir du passé et quelquefois prévision de l'avenir ; il acquiert plus de puissance et peut entrer en communication avec les autres Esprits, *soit dans ce monde, soit dans un autre.* Souvent, tu dis : J'ai fait un rêve bizarre, un rêve affreux, mais qui n'a aucune vraisemblance ; tu te trompes ; c'est souvent un souvenir des lieux et des choses que tu as vus ou que tu verras dans une autre existence ou à un autre moment. Le corps étant engourdi, l'Esprit tâche de briser sa chaîne en cherchant dans le passé ou dans l'avenir.

Pauvres hommes, que vous connaissez peu les phénomènes les plus ordinaires de la vie ! Vous croyez être bien savants, et les choses les plus vulgaires vous embarrassent ; à cette question de tous les enfants : qu'est-ce que nous faisons quand nous dormons ? Qu'est-ce que c'est que les rêves ? Vous restez interdits.

Le sommeil délivre en partie l'âme du corps. Quand on dort, on est momentanément dans l'état où l'on se trouve d'une manière fixe après la mort. Les Esprits qui sont tôt dégagés de la matière à leur mort ont eu des sommeils intelligents ; ceux-là, quand ils dorment, rejoignent la société des autres êtres supérieurs à eux : ils voyagent, causent et s'instruisent avec eux ; ils travaillent même à des ouvrages qu'ils trouvent tout faits en mourant. Ceci doit vous apprendre une fois de plus à ne pas craindre la mort, puisque vous mourez tous les jours selon la parole d'un saint.

Voilà pour les Esprits élevés ; mais pour la masse des hommes qui, à la mort, doivent rester de longues heures dans ce trouble, dans cette incertitude dont ils vous ont parlé, ceux-là vont, soit dans des mondes inférieurs à la terre, où d'anciennes affections les rappellent, soit chercher des plaisirs peut-être encore plus bas que ceux qu'ils ont ici ; ils vont puiser des doctrines encore plus viles, plus ignobles, plus nuisibles que celles qu'ils professent au milieu de vous. Et ce qui engendre la sympathie sur la terre n'est pas autre chose que ce fait qu'on se sent, au réveil, rapproché par le cœur de ceux avec qui on vient de passer huit à neuf heures de bonheur ou de plaisir. Ce qui explique aussi ces antipathies invincibles, c'est qu'on sait au fond de son cœur que ces gens-là ont une autre conscience que la nôtre, parce qu'on les connaît sans les avoir jamais vus avec les yeux. C'est encore ce qui explique l'indifférence, puisqu'on ne tient pas à faire de nouveaux amis, lorsqu'on sait qu'on en a d'autres qui nous aiment et nous chérissent. En un mot, le sommeil influe plus que vous ne pensez sur votre vie.

Par l'effet du sommeil, les Esprits incarnés sont toujours en rapport avec le monde des Esprits, et c'est ce qui fait que les Esprits supérieurs consentent, sans trop de répulsion, à s'incarner parmi vous. Dieu a voulu que pendant leur contact avec le vice, ils pussent aller se retremper à la source du bien, pour ne pas faillir eux-mêmes, eux qui venaient instruire les autres. Le sommeil est la porte que Dieu leur a ouverte vers leurs amis du ciel ; c'est la récréation après le travail, en attendant la grande délivrance, la libération finale qui doit les rendre à leur vrai milieu.

Le rêve est le souvenir de ce que votre Esprit a vu pendant le sommeil ; mais remarquez que vous ne rêvez pas toujours, parce que vous ne vous souvenez pas toujours de ce que vous avez vu, ou de tout ce que vous avez vu. Ce n'est pas votre âme dans tout son développement ; ce n'est souvent que le souvenir du trouble qui accompagne votre départ ou votre rentrée, auquel se joint celui de ce que vous avez fait ou de ce qui vous préoccupe dans l'état de veille ; sans cela, comment expliqueriez-vous ces rêves absurdes que font les plus savants comme les plus simples ? Les mauvais Esprits se servent aussi des rêves pour tourmenter les âmes faibles et pusillanimes.

Au reste, vous verrez dans peu se développer une autre espèce de rêves ; elle est aussi ancienne que celle que vous connaissez, mais vous l'ignorez. Le rêve de Jeanne, le rêve de Jacob, le rêve des prophètes juifs et de quelques devins indiens : ce rêve-là est le souvenir de l'âme entièrement dégagée du corps, le souvenir de cette seconde vie dont je vous parlais tout à l'heure.

Cherchez bien à distinguer ces deux sortes de rêves dans ceux dont vous vous souviendrez ; sans cela vous tomberiez dans des contradictions et dans des erreurs qui seraient funestes à votre foi. »

Les rêves sont le produit de l'émancipation de l'âme rendue plus indépendante par la suspension de la vie active et de relation. De là une sorte de clairvoyance indéfinie qui s'étend aux lieux les plus éloignés ou que l'on n'a jamais vus, et quelquefois même à d'autres mondes. De là encore le souvenir qui retrace à la mémoire les événements accomplis dans l'existence présente ou dans les existences antérieures ; l'étrangeté des images de ce qui se passe ou s'est passé dans des mondes inconnus, entremêlées des choses du monde actuel, forment ces ensembles bizarres et confus qui semblent n'avoir ni sens ni liaison.

L'incohérence des rêves s'explique encore par les lacunes que produit le souvenir incomplet de ce qui nous est apparu en songe. Tel serait un récit dont on aurait tronqué au hasard des phrases ou des parties de phrases : les fragments qui resteraient étant réunis perdraient toute signification raisonnable.

403. Pourquoi ne se rappelle-t-on pas toujours les rêves ?

« Dans ce que tu appelles le sommeil, ce n'est que le repos du corps, car l'Esprit est toujours en mouvement ; là, il recouvre un peu de sa liberté, et correspond avec ceux qui lui sont chers, soit dans ce monde, soit dans d'autres ; mais comme le corps est une matière lourde et grossière, il conserve difficilement les impressions qu'a reçues l'Esprit, parce que l'Esprit ne les a pas perçues par les organes du corps. »

404. Que penser de la signification attribuée aux rêves ?

« Les rêves ne sont point vrais comme l'entendent les diseurs de bonne aventure, car il est absurde de croire que rêver de telle chose annonce telle chose. Ils sont vrais en ce sens qu'ils présentent des images réelles pour l'Esprit, mais qui souvent n'ont pas de rapport avec ce qui se passe dans la vie corporelle ; souvent aussi, comme nous l'avons dit, c'est un souvenir ; ce peut être enfin quelquefois un pressentiment de l'avenir, si Dieu le permet, ou la vue de ce qui se passe à ce moment dans un autre lieu et/ou l'âme se transporte. N'avez-vous pas de nombreux exemples que des personnes apparaissent en songe et viennent avertir leurs parents ou leurs amis de ce qui leur arrive ? Qu'est-ce que c'est que ces apparitions, sinon l'âme ou l'Esprit de ces personnes qui vient communiquer avec le vôtre ? Quand vous acquérez la certitude que ce que vous avez vu a réellement eu lieu, n'est-ce pas une preuve que l'imagination n'y est pour rien, si surtout cette chose n'était nullement dans votre pensée pendant la veille ? »

405. On voit souvent en rêve des choses qui semblent des pressentiments et qui ne s'accomplissent pas ; d'où cela vient-il ?

« Elles peuvent s'accomplir pour l'Esprit, sinon pour le corps, c'est-à-dire que l'Esprit voit la chose qu'il désire *parce qu'il va la trouver*. Il ne faut pas oublier que, pendant le sommeil, l'âme est toujours plus ou moins sous l'influence de la matière, et que, par conséquent, elle ne s'affranchit jamais complètement des idées terrestres ; il en résulte que les préoccupations de la veille peuvent donner à ce que l'on voit l'apparence de ce que l'on désire ou de ce que l'on craint ; c'est là véritablement ce que l'on peut appeler un effet de l'imagination. Lorsqu'on est fortement préoccupé d'une idée, on y rattache tout ce que l'on voit. »

406. Lorsque nous voyons en rêve des personnes vivantes, que nous connaissons parfaitement, accomplir des actes auxquels elles ne songent nullement, n'est-ce pas un effet de pure imagination ?

« Auxquels elles ne songent nullement, qu'en sais-tu ? Leur Esprit peut venir visiter le tien, comme le tien peut visiter le leur, et tu ne sais pas toujours à quoi il pense. Et puis souvent aussi vous appliquez à des personnes que vous connaissez, et selon vos désirs, ce qui s'est passé ou se passe dans d'autres existences. »

407. Le sommeil complet est-il nécessaire pour l'émancipation de l'Esprit ?

« Non l'Esprit recouvre sa liberté quand les sens s'engourdissent ; il profite, pour s'émanciper, de tous les instants de répit que lui laisse le corps.

Dès qu'il y a prostration des forces vitales, l'Esprit se dégage, et plus le corps est faible, plus l'Esprit est libre. »

C'est ainsi que le demi-sommeil, ou un simple engourdissement des sens, présente souvent les mêmes images que le rêve.

408. Il nous semble quelquefois entendre en nous-mêmes des mots prononcés distinctement et qui n'ont aucun rapport avec ce qui nous préoccupe, d'où cela vient-il ?

« Oui, et même des phrases tout entières, surtout quand les sens commencent à s'engourdir. C'est quelquefois un faible écho d'un Esprit qui veut communiquer avec toi. »

409. Souvent, dans un état qui n'est pas encore le demi-sommeil, lorsque nous avons les yeux fermés, nous voyons des images distinctes, des figures dont nous saisissons les plus minutieux détails ; est-ce un effet de vision ou d'imagination ?

« Le corps étant engourdi, l'Esprit cherche à briser sa chaîne : il se transporte et voit ; si le sommeil était complet, ce serait un rêve. »

410. On a quelquefois pendant le sommeil ou le demi-sommeil des idées qui semblent très bonnes, et qui, malgré les efforts que l'on fait pour se les rappeler, s'effacent de la mémoire ; d'où viennent ces idées ?

« Elles sont le résultat de la liberté de l'Esprit qui s'émancipe et jouit de plus de facultés pendant ce moment. Ce sont souvent aussi des conseils que donnent d'autres Esprits. »

– À quoi servent ces idées et ces conseils, puisqu'on en perd le souvenir et qu'on ne peut en profiter ?

« Ces idées appartiennent quelquefois plus au monde des Esprits qu'au monde corporel ; mais le plus souvent si le corps oublie, l'Esprit se souvient, et l'idée revient au moment nécessaire comme une inspiration du moment. »

411. L'Esprit incarné, dans les moments où il est dégagé de la matière et agit comme Esprit, sait-il l'époque de sa mort ?

« Souvent, il la pressent ; quelquefois, il en a la conscience très nette, et c'est ce qui, dans l'état de veille, lui en donne l'intuition ; de là vient que certaines personnes prévoient quelquefois leur mort avec une grande exactitude. »

412. L'activité de l'Esprit pendant le repos ou le sommeil du corps, peut-elle faire éprouver de la fatigue à ce dernier ?

« Oui, car l'Esprit tient au corps, comme le ballon captif tient au poteau ; or, de même que les secousses du ballon ébranlent le poteau, l'activité de l'Esprit réagit sur le corps, et peut lui faire éprouver de la fatigue. »

Visites spirites entre personnes vivantes

413. Du principe de l'émancipation de l'âme pendant le sommeil, il semble résulter que nous avons une double existence simultanée : celle du corps qui nous donne la vie de relation extérieure, et celle de l'âme qui nous donne la vie de relation occulte ; cela est-il exact ?

« Dans l'état d'émancipation la vie du corps cède à la vie de l'âme ; mais ce ne sont pas, à proprement parler, deux existences ; ce sont plutôt deux phases de la même existence, car l'homme ne vit pas doublement. »

414. Deux personnes qui se connaissent peuvent-elles se visiter pendant le sommeil ?

« Oui, et beaucoup d'autres qui croient ne pas se connaître se réunissent et se parlent. Tu peux avoir, sans t'en douter, des amis dans un autre pays. Le fait d'aller voir, pendant le sommeil, des amis, des parents, des connaissances, des gens qui peuvent vous être utiles, est tellement fréquent, que vous l'accomplissez vous-mêmes presque toutes les nuits. »

415. Quelle peut être l'utilité de ces visites nocturnes, puisqu'on ne s'en souvient pas ?

« Il en reste ordinairement une intuition au réveil, et c'est souvent l'origine de certaines idées qui viennent spontanément sans qu'on se les explique, et qui ne sont autres que celles que l'on a puisées dans ces entretiens. »

416. L'homme peut-il provoquer les visites spirites par sa volonté ? Peut-il, par exemple, dire en s'endormant : Cette nuit, je veux me rencontrer en Esprit avec telle personne, lui parler et lui dire telle chose ?

« Voici ce qui se passe. L'homme s'endort, son Esprit se réveille, et ce que l'homme avait résolu, l'Esprit est souvent bien loin de le suivre, car la vie de l'homme intéresse peu l'Esprit quand il est dégagé de la matière. Ceci est pour les hommes déjà assez élevés, les autres passent tout autrement leur existence spirituelle ; ils s'adonnent à leurs passions ou restent dans l'inactivité. Il peut donc se faire que, selon le motif qu'on se propose, l'Esprit aille visiter les personnes qu'il désire ; mais de ce qu'il en a la volonté étant éveillé, ce n'est pas une raison pour qu'il le fasse. »

417. Un certain nombre d'Esprits incarnés peuvent-ils se réunir ainsi et former des assemblées ?

« Sans aucun doute ; les liens de l'amitié, anciens ou nouveaux, réunissent souvent ainsi divers Esprits heureux de se trouver ensemble. »

Par le mot *ancien*, il faut entendre les liens d'amitié que l'on avait contractés dans d'autres existences antérieures. Nous rapportons au réveil une intuition des idées que nous avons puisées dans ces entretiens occultes, mais dont nous ignorons la source.

418. Une personne qui croirait un de ses amis mort, tandis qu'il ne le serait pas, pourrait-elle se rencontrer avec lui en Esprit et savoir ainsi qu'il est vivant ? Pourrait-elle, dans ce cas, en avoir l'intuition au réveil ?

« Comme Esprit, elle peut certainement le voir et connaître son sort ; s'il ne lui est pas imposé comme épreuve de croire à la mort de son ami, elle aura un pressentiment de son existence, comme elle pourra avoir celui de sa mort. »

Transmission occulte de la pensée

419. D'où vient que la même idée, celle d'une découverte, par exemple, se produit sur plusieurs points à la fois ?

« Nous avons déjà dit que pendant le sommeil les Esprits se communiquent entre eux ; eh bien ! quand le corps se réveille, l'Esprit se rappelle ce qu'il a appris, et l'homme croit l'avoir inventé. Ainsi plusieurs peuvent trouver la même chose à la fois. Quand vous dites qu'une idée est dans l'air, c'est une figure plus juste que vous ne croyez ; chacun contribue à la propager sans s'en douter. »

Notre Esprit révèle ainsi souvent lui-même à d'autres Esprits, et à notre insu, ce qui faisait l'objet de nos préoccupations pendant la veille.

420. Les Esprits peuvent-ils se communiquer si le corps est complètement éveillé ?

« L'Esprit n'est pas renfermé dans le corps comme dans une boîte : il rayonne tout alentour ; c'est pourquoi il peut se communiquer à d'autres Esprits, même dans l'état de veille, quoiqu'il le fasse plus difficilement. »

421. D'où vient que deux personnes, parfaitement éveillées, ont souvent instantanément la même pensée ?

« Ce sont deux Esprits sympathiques qui se communiquent et voient réciproquement leur pensée, même quand le corps ne dort pas. »

Il y a entre les Esprits qui se rencontrent une communication de pensées qui fait que deux personnes se voient et se comprennent sans avoir besoin des signes extérieurs du langage. On pourrait dire qu'elles se parlent le langage des Esprits.

Léthargie, catalepsie, morts apparentes

422. Les léthargiques et les cataleptiques voient et entendent généralement ce qui se passe autour d'eux, mais ne peuvent le manifester ; est-ce par les yeux et les oreilles du corps ?

« Non, c'est par l'Esprit ; l'Esprit se reconnaît, mais il ne peut se communiquer. »

– Pourquoi ne peut-il pas se communiquer ?

« L'état du corps s'y oppose ; cet état particulier des organes vous donne la preuve qu'il y a en l'homme autre chose que le corps, puisque le corps ne fonctionne plus et que l'Esprit agit. » 423. Dans la léthargie, l'Esprit peut-il se séparer entièrement du corps, de manière à donner à celui-ci toutes les apparences de la mort et y revenir ensuite ?

« Dans la léthargie, le corps n'est pas mort, puisqu'il y a des fonctions qui s'accomplissent ; la vitalité y est à l'état latent, comme dans la chrysalide, mais elle n'est point anéantie ; or, l'Esprit est uni au corps tant que celui-ci vit ; une fois, les liens rompus par la mort *réelle* et la désagrégation des organes, la séparation est complète et l'Esprit n'y revient plus. Quand un homme qui a les apparences de la mort revient à la vie, c'est que la mort n'était pas complète. »

424. Peut-on, par des soins donnés en temps utile, renouer des liens prêts à se rompre et rendre à la vie un être qui, faute de secours, serait mort définitivement ?

« Oui, sans doute, et vous en avez tous les jours la preuve. Le magnétisme est souvent, dans ce cas, un puissant moyen, parce qu'il rend au corps le fluide vital qui lui manque et qui était insuffisant pour entretenir le jeu des organes. »

La léthargie et la catalepsie ont le même principe, qui est la perte momentanée de la sensibilité et du mouvement par une cause physiologique encore inexpliquée ; elles diffèrent en ce que, dans la léthargie, la suspension des forces vitales est générale et donne au corps toutes les apparences de la mort ; dans la catalepsie, elle est localisée et peut affecter une partie plus ou moins étendue du corps, de manière à laisser l'intelligence libre de se manifester, ce qui ne permet pas de la confondre avec la mort. La léthargie est toujours naturelle ; la catalepsie est quelquefois spontanée, mais elle peut être provoquée et détruite artificiellement par l'action magnétique.

Somnambulisme

425. Le somnambulisme naturel a-t-il du rapport avec les rêves ? Comment peut-on l'expliquer ?

« C'est une indépendance de l'âme plus complète que dans le rêve, et alors ses facultés sont plus développées ; elle a des perceptions qu'elle n'a pas dans le rêve, qui est un état de somnambulisme imparfait.

Dans le somnambulisme, l'Esprit est tout entier à lui-même ; les organes matériels, étant en quelque sorte en catalepsie, ne reçoivent plus les impressions *extérieures*. Cet état se manifeste surtout pendant le sommeil ; c'est le moment où l'Esprit peut quitter provisoirement le corps, celui-ci étant livré au repos indispensable à la matière. Quand les faits de somnambulisme se produisent, c'est que l'Esprit, préoccupé d'une chose ou d'une autre, se livre à une action quelconque qui nécessite l'usage de son corps, dont il se sert alors d'une façon analogue à l'emploi qu'il fait d'une table ou de tout autre objet matériel dans le phénomène des manifestations physiques, ou même de votre main dans celui des communications écrites. Dans les rêves dont on a conscience, les organes, y compris ceux de la mémoire, commencent à s'éveiller ; ceux-ci reçoivent imparfaitement les impressions produites par les objets ou les causes extérieures et les communiquent à l'Esprit qui, en repos alors lui-même, n'en perçoit que des sensations confuses et souvent décousues, et sans aucune raison d'être apparente, mélangées qu'elles sont de vagues souvenirs, soit de cette existence, soit d'existences antérieures. Il est alors facile de comprendre pourquoi les somnambules n'ont aucun souvenir, et pourquoi les rêves, dont on conserve la mémoire, n'ont le plus souvent aucun sens. Je dis le plus souvent, car il arrive qu'ils sont la conséquence d'un souvenir précis d'événements d'une vie antérieure, et quelquefois même une sorte d'intuition de l'avenir. »

426. Le somnambulisme appelé magnétique a-t-il du rapport avec le somnambulisme naturel ?

« C'est la même chose, si ce n'est qu'il est provoqué. »

427. Quelle est la nature de l'agent appelé fluide magnétique ?

« Fluide vital, électricité animalisée, qui sont des modifications du fluide universel. »

428. Quelle est la cause de la clairvoyance somnambulique ?

« Nous l'avons dit : *c'est l'âme qui voit.* »

429. Comment le somnambule peut-il voir à travers les corps opaques ?

« Il n'y a de corps opaques que pour vos organes grossiers ; n'avons-nous pas dit que, pour l'Esprit, la matière n'est point un obstacle, puisqu'il la traverse librement. Souvent, il vous dit qu'il voit par le front, par le genou, etc., parce que vous, entièrement dans la matière, vous ne comprenez pas qu'il puisse voir sans le secours des organes ; lui-même, par le désir que vous avez, croit avoir besoin de ces organes, mais si vous le laissiez libre, il comprendrait qu'il voit par toutes les parties de son corps, ou, pour mieux dire, c'est en dehors de son corps qu'il voit. »

430. Puisque la clairvoyance du somnambule est celle de son âme ou de son Esprit, pourquoi ne voit-il pas tout, et pourquoi se trompe-t-il souvent ?

« D'abord, il n'est pas donné aux Esprits imparfaits de tout voir et de tout connaître ; tu sais bien qu'ils participent encore de vos erreurs et de vos préjugés ; et puis, quand ils sont attachés à la matière, ils ne jouissent pas de toutes leurs facultés d'Esprit. Dieu a donné à l'homme cette faculté dans un but utile et sérieux, et non pour lui apprendre ce qu'il ne doit pas savoir ; voilà pourquoi les somnambules ne peuvent pas tout dire. »

431. Quelle est la source des idées innées du somnambule, et comment peut-il parler avec exactitude de choses qu'il ignore à l'état de veille, qui sont même au-dessus de sa capacité intellectuelle ?

« Il arrive que le somnambule possède plus de connaissances que tu ne lui en connais ; seulement, elles sommeillent, parce que son enveloppe est trop imparfaite pour qu'il puisse s'en souvenir. Mais en définitive, qu'est-il ? Comme nous, Esprit qui est incarné dans la matière pour accomplir sa mission, et l'état dans lequel il entre le réveille de cette léthargie. Nous t'avons dit bien souvent que nous revivons plusieurs fois ; c'est ce changement qui lui fait perdre matériellement ce qu'il a pu apprendre dans une existence précédente ; en entrant dans l'état que tu appelles *crise*, il se rappelle, mais pas toujours d'une manière complète ; il sait, mais ne pourrait pas dire d'où il sait, ni comment il possède ces connaissances. La crise passée, tout souvenir s'efface et il rentre dans l'obscurité. »

L'expérience montre que les somnambules reçoivent aussi des communications d'autres Esprits qui leur transmettent ce qu'ils doivent dire, et suppléent à leur insuffisance ; cela se voit surtout dans les prescriptions médicales : l'Esprit du somnambule voit le mal, un autre lui indique le remède. Cette double action est quelquefois patente, et se révèle, en outre, par ces expressions assez fréquentes : *on* me dit de dire, ou *l'on* me défend de dire telle chose. Dans ce dernier cas, il y a toujours du danger à insister pour obtenir une révélation refusée, parce qu'alors on donne prise aux Esprits légers qui parlent de tout sans scrupule et sans se soucier de la vérité.

432. Comment expliquer la vue à distance chez certains somnambules ?

« L'âme ne se transporte-t-elle pas pendant le sommeil ? C'est la même chose dans le somnambulisme. »

433. Le développement plus ou moins grand de la clairvoyance somnambulique tient-il à l'organisation physique ou à la nature de l'Esprit incarné ?

« À l'une et à l'autre ; il y a des dispositions physiques qui permettent à l'Esprit de se dégager plus ou moins facilement de la matière. »

434. Les facultés dont jouit le somnambule sont-elles les mêmes que celles de l'Esprit après la mort ?

« Jusqu'à un certain point, car il faut tenir compte de l'influence de la matière à laquelle il est encore lié. »

435. Le somnambule peut-il voir les autres Esprits ?

« La plupart les voient très bien ; cela dépend du degré et de la nature de leur lucidité ; mais quelquefois ils ne s'en rendent pas compte tout d'abord, et les prennent pour des êtres corporels ; cela arrive surtout à ceux qui n'ont aucune connaissance du spiritisme ; ils ne comprennent pas encore l'essence des Esprits ; cela les étonne, et c'est pourquoi ils croient voir des vivants. »

Le même effet se produit au moment de la mort chez ceux qui se croient encore vivants. Rien autour d'eux ne leur paraît changé, les Esprits leur semblent avoir des corps pareils aux nôtres, et ils prennent l'apparence de leur propre corps pour un corps réel.

436. Le somnambule qui voit à distance, voit-il du point où est son corps, ou de celui où est son âme ?

« Pourquoi cette question, puisque c'est l'âme qui voit et non pas le corps ? »

437. Puisque c'est l'âme qui se transporte, comment le somnambule peut-il éprouver dans son corps les sensations de chaud ou de froid du lieu où se trouve son âme, et qui est quelquefois très loin de son corps ?

« L'âme n'a point quitté entièrement le corps ; elle y tient toujours par le lien qui l'unit à lui ; c'est ce lien qui est le conducteur des sensations. Quand deux personnes correspondent d'une ville à l'autre par l'électricité, c'est l'électricité qui est le lien entre leurs pensées ; c'est pourquoi elles se communiquent comme si elles étaient l'une à côté de l'autre. »

438. L'usage qu'un somnambule fait de sa faculté influe-t-il sur l'état de son Esprit après sa mort ?

« Beaucoup, comme l'usage bon ou mauvais de toutes les facultés que Dieu a données à l'homme. »

Extase

439. Quelle différence y a-t-il entre l'extase et le somnambulisme ?

« C'est un somnambulisme plus épuré ; l'âme de l'extatique est encore plus indépendante. » 440. L'Esprit de l'extatique pénètre-t-il réellement dans les mondes supérieurs ?

« Oui, il les voit et comprend le bonheur de ceux qui y sont ; c'est pourquoi il voudrait y rester ; mais il est des mondes inaccessibles aux Esprits qui ne sont pas assez épurés. »

441. Lorsque l'extatique exprime le désir de quitter la terre, parle-t-il sincèrement, et n'est-il pas retenu par l'instinct de conservation ?

« Cela dépend du degré d'épuration de l'Esprit ; s'il voit sa position future meilleure que sa vie présente, il fait des efforts pour rompre les liens qui l'attachent à la terre. »

442. Si l'on abandonnait l'extatique à lui-même, son âme pourrait-elle définitivement quitter son corps ?

« Oui, il peut mourir ; c'est pourquoi il faut le rappeler par tout ce qui peut le rattacher ici-bas, et surtout en lui faisant entrevoir que s'il brisait la chaîne qui le retient ici, ce serait le vrai moyen de ne pas rester là où il voit qu'il serait heureux. »

443. Il est des choses que l'extatique prétend voir, et qui sont évidemment le produit d'une imagination frappée par les croyances et les préjugés terrestres. Tout ce qu'il voit n'est donc pas réel ?

« Ce qu'il voit est réel pour lui ; mais comme son Esprit est toujours sous l'influence des idées terrestres, il peut le voir à sa manière, ou, pour mieux dire, l'exprimer dans un langage approprié à ses préjugés et aux idées dont il a été bercé, ou aux vôtres, afin de mieux se faire comprendre ; c'est en ce sens surtout qu'il peut errer. »

444. Quel degré de confiance peut-on ajouter aux révélations des extatiques ?

« L'extatique peut très souvent se tromper, surtout quand il veut pénétrer ce qui doit rester un mystère pour l'homme, car alors il s'abandonne à ses propres idées, ou bien il est le jouet d'Esprits trompeurs *qui profitent de son enthousiasme* pour le fasciner. »

445. Quelles conséquences peut-on tirer des phénomènes du somnambulisme et de l'extase ? Ne seraient-ils pas une sorte d'initiation à la vie future ?

« Ou pour mieux dire, c'est la vie passée et la vie future que l'homme entrevoit. Qu'il étudie ces phénomènes, et il y trouvera la solution de plus d'un mystère que sa raison cherche inutilement à pénétrer. »

446. Les phénomènes du somnambulisme et de l'extase pourraient-ils s'accorder avec le matérialisme ?

« Celui qui les étudie de bonne foi et sans prévention ne peut être ni matérialiste, ni athée. »

Seconde vue

447. Le phénomène désigné sous le nom de *seconde vue* a-t-il du rapport avec le rêve et le somnambulisme ?

« Tout cela n'est qu'une même chose ; ce que tu appelles *seconde vue*, c'est encore l'Esprit qui est plus libre, quoique le corps ne soit pas endormi. La seconde vue est la vue de l'âme. »

448. La seconde vue est-elle permanente ?

« La faculté, oui ; l'exercice, non. Dans les mondes moins matériels que le vôtre, les Esprits se dégagent plus facilement et entrent en communication par la seule pensée, sans exclure, toutefois, le langage articulé ; aussi la double vue y est-elle pour la plupart une faculté permanente ; leur état normal peut être comparé à celui de vos somnambules lucides, et c'est aussi la raison pour laquelle ils se manifestent à vous plus aisément que ceux qui sont incarnés dans des corps plus grossiers. »

449. La seconde vue se développe-t-elle spontanément ou à la volonté de celui qui en est doué ?

« Le plus souvent, elle est spontanée, mais souvent aussi la volonté y joue un grand rôle. Ainsi, prends pour exemple certaines gens que l'on appelle diseurs de bonne aventure et dont quelques-uns ont cette puissance, et tu verras que c'est la volonté qui les aide à entrer dans cette seconde vue, et dans ce que tu appelles vision. »

450. La seconde vue est-elle susceptible de se développer par l'exercice ?

« Oui, le travail amène toujours le progrès, et le voile qui couvre les choses s'éclaircit. »

– Cette faculté tient-elle à l'organisation physique ?

« Certes, l'organisation y joue un rôle ; il y a des organisations qui y sont rebelles. »

451. D'où vient que la seconde vue semble héréditaire dans certaines familles ?

« Similitude d'organisation qui se transmet comme les autres qualités physiques ; et puis développement de la faculté par une sorte d'éducation qui se transmet aussi de l'un à l'autre. »

452. Est-il vrai que certaines circonstances développent la seconde vue ?

« La maladie, l'approche d'un danger, une grande commotion peuvent la développer. Le corps est quelquefois dans un état particulier qui permet à l'Esprit de voir ce que vous ne pouvez voir avec les yeux du corps. »

Les temps de crise et de calamités, les grandes émotions, toutes les causes qui surexcitent le moral, provoquent quelquefois le développement de la seconde vue. Il semble que la Providence, en présence du danger, nous donne le moyen de le conjurer. Toutes les sectes et tous les partis persécutés en offrent de nombreux exemples.

453. Les personnes douées de la seconde vue en ont-elles toujours conscience ?

« Pas toujours ; c'est pour elles une chose toute naturelle, et beaucoup croient que si tout le monde s'observait, chacun devrait être de même. »

454. Pourrait-on attribuer à une sorte de seconde vue la perspicacité de certaines personnes qui, sans rien avoir d'extraordinaire, jugent les choses avec plus de précision que d'autres ?

« C'est toujours l'âme qui rayonne plus librement et qui juge mieux que sous le voile de la matière. »

– Cette faculté peut-elle, dans certains cas, donner la prescience des choses ?

« Oui ; elle donne aussi les pressentiments, car il y a plusieurs degrés dans cette faculté, et le même sujet peut avoir tous les degrés, ou n'en avoir que quelques-uns. »

Résumé théorique du somnambulisme, de l'extase et de la seconde vue

455. Les phénomènes du somnambulisme naturel se produisent spontanément et sont indépendants de toute cause extérieure connue ; mais chez certaines personnes douées d'une organisation spéciale, ils peuvent être provoqués artificiellement par l'action de l'agent magnétique.

L'état désigné sous le nom de *somnambulisme magnétique* ne diffère du somnambulisme naturel que parce que l'un est provoqué, tandis que l'autre est spontané.

Le somnambulisme naturel est un fait notoire que personne ne songe à révoquer en doute, malgré le merveilleux des phénomènes qu'il présente. Qu'a donc de plus extraordinaire ou de plus irrationnel le somnambulisme magnétique, parce qu'il est produit artificiellement, comme tant d'autres choses ? Des charlatans, dit-on, l'ont exploité ; raison de plus pour ne pas le laisser entre leurs mains. Quand la science se le sera approprié, le charlatanisme aura bien moins de crédit sur les masses ; mais en attendant, comme le somnambulisme naturel ou artificiel est un fait, et que contre un fait il n'y a pas de raisonnement possible, il s'accrédite malgré le mauvais vouloir de quelques-uns, et cela dans la science même où il entre par une multitude de petites portes au lieu de passer par la grande ; quand il y sera en plein, il faudra bien lui accorder droit de cité.

Pour le spiritisme, le somnambulisme est plus qu'un phénomène physiologique, c'est une lumière jetée sur la psychologie ; c'est là qu'on peut étudier l'âme, parce qu'elle s'y montre à découvert ; or, un des phénomènes par lesquels elle se caractérise, c'est la clairvoyance indépendante des organes ordinaires de la vue. Ceux qui contestent ce fait se fondent sur ce que le somnambule ne voit pas toujours, et à la volonté de l'expérimentateur, comme avec les yeux. Faut-il s'étonner que les moyens étant différents, les effets ne soient plus les mêmes ? Est-il rationnel de demander des effets identiques quand l'instrument n'existe plus ? L'âme a ses propriétés comme l'œil a les siennes ; il faut les juger en elles-mêmes, et non par analogie.

La cause de la clairvoyance du somnambule magnétique et du somnambule naturel est identiquement la même : *c'est un attribut de l'âme*, une faculté inhérente à toutes les parties de l'être incorporel qui est en nous, et qui n'a de limites que celles qui sont assignées à l'âme elle-même. Il voit partout où son âme peut se transporter, quelle que soit la distance.

Dans la vue à distance, le somnambule ne voit pas les choses du point où est son corps, et comme par un effet télescopique. Il les voit présentes et comme s'il était sur le lieu où elles existent, parce que son âme y est en réalité ; c'est pourquoi son corps est comme anéanti et semble privé de sentiment, jusqu'au moment où l'âme vient en reprendre possession. Cette séparation partielle de l'âme et du corps est un état anormal qui peut avoir une durée plus ou moins longue, mais non indéfinie ; c'est la cause de la fatigue que le corps éprouve après un certain temps, surtout quand l'âme se livre à un travail actif.

La vue de l'âme ou de l'Esprit n'étant pas circonscrite et n'ayant pas de siège déterminé, c'est ce qui explique pourquoi les somnambules ne peuvent lui assigner d'organe spécial ; ils voient parce qu'ils voient, sans savoir ni pourquoi ni comment, la vue n'ayant pas de foyer propre pour eux comme Esprit. *S'ils se reportent à leur corps*, ce foyer leur semble être dans les centres où l'activité vitale est la plus grande, principalement au cerveau, dans la région épigastrique, ou dans l'organe qui, pour eux, est le point de liaison *le plus tenace* entre l'Esprit et le corps.

La puissance de la lucidité somnambulique n'est point indéfinie. L'Esprit, même complètement libre, est borné dans ses facultés et dans ses connaissances selon le degré de perfection auquel il est parvenu ; il l'est plus encore quand il est lié à la matière dont il subit l'influence. Telle est la cause pour laquelle la clairvoyance somnambulique n'est ni universelle, ni infaillible. On peut d'autant moins compter sur son infaillibilité qu'on la détourne du but que s'est proposé la nature, et qu'on en fait un objet de curiosité *et d'expérimentation*.

Dans l'état de dégagement où se trouve l'Esprit du somnambule, il entre en communication plus facile avec les autres Esprits *incarnés* ou *non incarnés* ; cette communication s'établit par le contact des fluides qui composent les périsprits et servent de transmission à la pensée comme le fil électrique. Le somnambule n'a donc pas besoin que la pensée soit articulée par la parole : il la sent et la devine ; c'est ce qui le rend éminemment impressionnable et accessible aux influences de l'atmosphère morale dans laquelle il se trouve placé. C'est aussi pourquoi un concours nombreux de spectateurs, et surtout de curieux plus ou moins malveillants, nuit essentiellement au développement de ses facultés qui se replient pour ainsi dire sur elles-mêmes, et ne se déploient en toute liberté que dans l'intimité et dans un milieu sympathique. *La présence de personnes malveillantes ou antipathiques produit sur lui l'effet du contact de la main sur la sensitive.*

Le somnambule voit à la fois son propre Esprit et son corps ; ce sont, pour ainsi dire, deux êtres qui lui représentent la double existence spirituelle et corporelle, et pourtant se confondent par les liens qui les unissent. Le somnambule ne se rend pas toujours compte de cette situation, et cette *dualité* fait que souvent il parle de lui comme s'il parlait d'une personne étrangère ; c'est que tantôt c'est l'être corporel qui parle à l'être spirituel, tantôt c'est l'être spirituel qui parle à l'être corporel.

L'Esprit acquiert un surcroît de connaissance et d'expérience à chacune de ses existences corporelles. Il les oublie en partie pendant son incarnation dans une matière trop grossière, *mais il s'en souvient comme Esprit*. C'est ainsi que certains somnambules révèlent des connaissances supérieures au degré de leur instruction et même de leurs capacités intellectuelles apparentes. L'infériorité intellectuelle et scientifique du somnambule à l'état de veille ne préjuge donc rien sur les connaissances qu'il peut révéler à l'état lucide. Selon les circonstances et le but qu'on se propose, il peut les puiser dans sa propre expérience, dans la clairvoyance des choses présentes, ou dans les conseils qu'il reçoit d'autres Esprits ; mais comme son propre Esprit peut être plus ou moins avancé, il peut dire des choses plus ou moins justes.

Par les phénomènes du somnambulisme, soit naturel, soit magnétique, la Providence nous donne la preuve irrécusable de l'existence et de l'indépendance de l'âme, et nous fait assister au spectacle sublime de son émancipation ; par là elle nous ouvre le livre de notre destinée. Lorsque le somnambule décrit ce qui se passe à distance, il est évident qu'il le voit, et cela non pas par les yeux du corps ; il s'y voit lui-même, et s'y sent transporté ; il y a donc là-bas quelque chose de lui, et ce quelque chose, n'étant pas son corps, ne peut être que son âme ou son Esprit. Tandis que l'homme s'égare dans les subtilités d'une métaphysique abstraite et inintelligible pour courir à la recherche des causes de notre existence morale, Dieu met journellement sous ses yeux et sous sa main les moyens les plus simples et les plus patents pour l'étude de la psychologie expérimentale.

L'extase est l'état dans lequel l'indépendance de l'âme et du corps se manifeste de la manière la plus sensible et devient en quelque sorte palpable.

Dans le rêve et le somnambulisme, l'âme erre dans les mondes terrestres ; dans l'extase, elle pénètre dans un monde inconnu, dans celui des Esprits éthérés avec lesquels elle entre en communication, sans toutefois pouvoir dépasser certaines limites qu'elle ne saurait franchir sans briser totalement les liens qui l'attachent au corps. Un état resplendissant tout nouveau l'environne, des harmonies inconnues sur la terre la ravissent, un bien-être indéfinissable la pénètre : elle jouit par anticipation de la béatitude céleste, *et l'on peut dire qu'elle pose un pied sur le seuil de l'éternité.*

Dans l'état d'extase, l'anéantissement du corps est presque complet ; il n'a plus, pour ainsi dire, que la vie organique, et l'on sent que l'âme n'y tient plus que par un fil qu'un effort de plus ferait rompre sans retour.

Dans cet état, toutes les pensées terrestres disparaissent pour faire place au sentiment épuré qui est l'essence même de notre être immatériel. Tout entier à cette contemplation sublime, l'extatique n'envisage la vie que comme une halte momentanée ; pour lui, les biens et les maux, les joies grossières et les misères d'ici-bas ne sont que les incidents futiles d'un voyage dont il est heureux de voir le terme.

Il en est des extatiques comme des somnambules : leur lucidité peut être plus ou moins parfaite, et leur propre Esprit, selon qu'il est plus ou moins élevé, est aussi plus ou moins apte à connaître et à comprendre les choses. Il y a quelquefois chez eux plus d'exaltation que de véritable lucidité, ou, pour mieux dire, leur exaltation nuit à leur lucidité ; c'est pourquoi leurs révélations sont souvent un mélange de vérités et d'erreurs, de choses sublimes et de choses absurdes ou même ridicules. Des Esprits inférieurs profitent souvent de cette exaltation, qui est toujours une cause de faiblesse quand on ne sait pas la maîtriser, pour dominer l'extatique, et à cet effet, ils revêtent à ses yeux des *apparences* qui l'entretiennent dans ses idées ou préjugés de la veille. C'est là un écueil, mais tous ne sont pas de même ; c'est à nous de juger froidement, et de peser leurs révélations dans la balance de la raison.

L'émancipation de l'âme se manifeste quelquefois à l'état de veille et produit le phénomène désigné sous le nom de *seconde vue* qui donne à ceux qui en sont doués la faculté de voir, d'entendre et de sentir *au-delà des limites de nos sens*. Ils perçoivent les choses absentes partout où l'âme étend son action ; ils les voient pour ainsi dire à travers la vue ordinaire et comme par une sorte de mirage.

Dans le moment où se produit le phénomène de la seconde vue, l'état physique est sensiblement modifié ; l'œil a quelque chose de vague : il regarde sans voir ; toute la physionomie reflète une sorte d'exaltation. On constate que les organes de la vue y sont étrangers, en ce que la vision persiste, malgré l'occlusion des yeux.

Cette faculté paraît à ceux qui en jouissent naturelle comme celle de voir ; c'est pour eux un attribut de leur être qui ne leur semble pas faire exception. L'oubli suit le plus souvent cette lucidité passagère dont le souvenir, de plus en plus vague, finit par disparaître comme celui d'un songe.

La puissance de la seconde vue varie depuis la sensation confuse jusqu'à la perception claire et nette des choses présentes ou absentes. À l'état rudimentaire, elle donne à certaines gens le tact, la perspicacité, une sorte de sûreté dans leurs actes qu'on peut appeler *la justesse du coup d'œil moral*. Plus développée, elle éveille les pressentiments ; plus développée encore, elle montre les événements accomplis ou sur le point de s'accomplir.

Le somnambulisme naturel et artificiel, l'extase et la seconde vue ne sont que des variétés ou modifications d'une même cause ; ces phénomènes, de même que les rêves, sont dans la nature ; c'est pourquoi ils ont existé de tout temps ; l'histoire nous montre qu'ils ont été connus, et même exploités dès la plus haute antiquité, et l'on y trouve l'explication d'une foule de faits que les préjugés ont fait regarder comme surnaturels.

CHAPITRE IX

INTERVENTION DES ESPRITS DANS LE MONDE CORPOREL

Pénétration de notre pensée par les Esprits

456. Les Esprits voient-ils tout ce que nous faisons ?

« Ils peuvent le voir, puisque vous en êtes sans cesse entourés ; mais chacun ne voit que les choses sur lesquelles il porte son attention ; car pour celles qui lui sont indifférentes, il ne s'en occupe pas. »

457. Les Esprits peuvent-ils connaître nos plus secrètes pensées ?

« Souvent, ils connaissent ce que vous voudriez vous cacher à vous-mêmes ; ni actes, ni pensées ne peuvent leur être dissimulés. »

– D'après cela, il semblerait plus facile de cacher une chose à une personne vivante, que nous ne pouvons le faire à cette même personne après sa mort ?

« Certainement, et quand vous vous croyez bien cachés, vous avez souvent une foule d'Esprits à côté de vous qui vous voient. »

458. Que pensent de nous les Esprits qui sont autour de nous et qui nous observent ?

« Cela dépend. Les Esprits follets se rient des petites tracasseries qu'ils vous suscitent et se moquent de vos impatiences. Les Esprits sérieux vous plaignent de vos travers et tâchent de vous aider. »

Influence occulte des Esprits sur nos pensées

et sur nos actions

459. Les Esprits influent-ils sur nos pensées et sur nos actions ?

« Sous ce rapport, leur influence est plus grande que vous ne croyez, car bien souvent ce sont eux qui vous dirigent. »

460. Avons-nous des pensées qui nous sont propres, et d'autres qui nous sont suggérées ?

« Votre âme est un Esprit qui pense ; vous n'ignorez pas que plusieurs pensées vous arrivent à la fois sur un même sujet, et souvent bien contraires les unes aux autres ; eh bien ! il y en a toujours de vous et de nous ; c'est ce qui vous met dans l'incertitude, parce que vous avez en vous deux idées qui se combattent. »

461. Comment distinguer les pensées qui nous sont propres de celles qui nous sont suggérées ?

« Lorsqu'une pensée est suggérée, c'est comme une voix qui vous parle. Les pensées propres sont en général celles du premier mouvement. Du reste, il n'y a pas un grand intérêt pour vous dans cette distinction, et il est souvent utile de ne pas le savoir : l'homme agit plus librement ; s'il se décide pour le bien, il le fait plus volontiers ; s'il prend le mauvais chemin, il n'en a que plus de responsabilité. »

462. Les hommes d'intelligence et de génie puisent-ils toujours leurs idées dans leur propre fonds ?

« Quelquefois, les idées viennent de leur propre Esprit, mais souvent elles leur sont suggérées par d'autres Esprits qui les jugent capables de les comprendre et dignes de les transmettre. Quand ils ne les trouvent pas en eux, ils font appel à l'inspiration ; c'est une évocation qu'ils font sans s'en douter. »

S'il eût été utile que nous puissions distinguer clairement nos pensées propres de celles qui nous sont suggérées, Dieu nous en eût donné le moyen, comme il nous donne celui de distinguer le jour et la nuit. Quand une chose est dans le vague, c'est que cela doit être pour le bien.

463. On dit quelquefois que le premier mouvement est toujours bon ; cela est-il exact ?

« Il peut être bon ou mauvais selon la nature de l'Esprit incarné. Il est toujours bon chez celui qui écoute les bonnes inspirations. »

464. Comment distinguer si une pensée suggérée vient d'un bon ou d'un mauvais Esprit ?

« Étudiez la chose ; les bons Esprits ne conseillent que le bien ; c'est à vous de distinguer. »

465. Dans quel but les Esprits imparfaits nous poussent-ils au mal ?

« Pour vous faire souffrir comme eux. »

– Cela diminue-t-il leurs souffrances ?

« Non, mais ils le font par jalousie de voir des êtres plus heureux. »

– Quelle nature de souffrance veulent-ils faire éprouver ?

« Celles qui résultent d'être d'un ordre inférieur et éloigné de Dieu. »

466. Pourquoi Dieu permet-il que des Esprits nous excitent au mal ?

« Les Esprits imparfaits sont des instruments destinés à éprouver la foi et la constance des hommes dans le bien. Toi, étant Esprit, tu dois progresser dans la science de l'infini, c'est pour cela que tu passes par les épreuves du mal pour arriver au bien. Notre mission est de te mettre dans le bon chemin, et quand de mauvaises influences agissent sur toi, c'est que tu les appelles par le désir du mal, car les Esprits inférieurs viennent à ton aide dans le mal quand tu as la volonté de le commettre ; ils ne peuvent t'aider dans le mal que quand tu veux le mal. Si tu es enclin au meurtre, eh bien ! tu auras une nuée d'Esprits qui entretiendront cette pensée en toi ; mais aussi tu en as d'autres qui tâcheront de t'influencer en bien, ce qui fait que cela rétablit la balance et te laisse le maître. »

C'est ainsi que Dieu laisse à notre conscience le choix de la route que nous devons suivre, et la liberté de céder à l'une ou à l'autre des influences contraires qui s'exercent sur nous.

467. Peut-on s'affranchir de l'influence des Esprits qui sollicitent au mal ?

« Oui, car ils ne s'attachent qu'à ceux qui les sollicitent par leurs désirs ou les attirent par leurs pensées. »

468. Les Esprits dont l'influence est repoussée par la volonté renoncent-ils à leurs tentatives ?

« Que veux-tu qu'ils fassent ? Quand il n'y a rien à faire, ils cèdent la place ; cependant, ils guettent le moment favorable, comme le chat guette la souris. »

469. Par quel moyen peut-on neutraliser l'influence des mauvais Esprits ?

« En faisant le bien, et en mettant toute votre confiance en Dieu, vous repoussez l'influence des Esprits inférieurs et vous détruisez l'empire qu'ils voulaient prendre sur vous. Gardez-vous d'écouter les suggestions des Esprits qui suscitent en vous de mauvaises pensées, qui soufflent la discorde entre vous, et qui excitent en vous toutes les mauvaises passions. Défiez-vous surtout de ceux qui exaltent votre orgueil, car ils vous prennent par votre faible. Voilà pourquoi Jésus vous fait dire dans l'oraison dominicale : Seigneur ! ne nous laissez pas succomber à la tentation, mais délivrez-nous du mal. »

470. Les Esprits qui cherchent à nous induire au mal, et qui mettent ainsi à l'épreuve notre fermeté dans le bien, ont-ils reçu mission de le faire, et si c'est une mission qu'ils accomplissent en ont-ils la responsabilité ?

« Nul Esprit ne reçoit la mission de faire le mal ; quand il le fait, c'est de sa propre volonté, et par conséquent il en subit les conséquences. Dieu peut le lui laisser faire pour vous éprouver, mais il ne le lui commande pas, et c'est à vous de le repousser. »

471. Lorsque nous éprouvons un sentiment d'angoisse, d'anxiété indéfinissable ou de satisfaction intérieure sans cause connue, cela tient-il uniquement à une disposition physique ? « C'est presque toujours un effet des communications que vous avez à votre insu avec les

Esprits, ou que vous avez eues avec eux pendant le sommeil. »

472. Les Esprits qui veulent nous exciter au mal ne font-ils que profiter des circonstances où nous nous trouvons, ou peuvent-ils faire naître ces circonstances ?

« Ils profitent de la circonstance, mais souvent ils la provoquent en vous poussant à votre insu vers l'objet de votre convoitise. Ainsi, par exemple, un homme trouve sur son chemin une somme d'argent : ne crois pas que ce sont les Esprits qui ont apporté l'argent en cet endroit, mais ils peuvent donner à l'homme la pensée de se diriger de ce côté, et alors la pensée lui est suggérée par eux de s'en emparer, tandis que d'autres lui suggèrent celle de rendre cet argent à celui à qui il appartient. Il en est de même de toutes les autres tentations. »

Possédés

473. Un Esprit peut-il momentanément revêtir l'enveloppe d'une personne vivante, c'est-à-dire s'introduire dans un corps animé et agir au lieu et place de celui qui s'y trouve incarné ?

« L'Esprit n'entre pas dans un corps comme tu entres dans une maison ; il s'assimile avec un Esprit incarné qui a les mêmes défauts et les mêmes qualités pour agir conjointement ; mais c'est toujours l'Esprit incarné qui agit comme il veut sur la matière dont il est revêtu. Un Esprit ne peut se substituer à celui qui est incarné, car l'Esprit et le corps sont liés jusqu'au temps marqué pour le terme de l'existence matérielle. »

474. S'il n'y a pas possession proprement dite, c'est-à-dire cohabitation de deux Esprits dans le même corps, l'âme peut-elle se trouver dans la dépendance d'un autre Esprit, de manière à en être *subjuguée* ou *obsédée*, au point que sa volonté en soit en quelque sorte paralysée ?

« Oui, et ce sont là les vrais possédés ; mais sache bien que cette domination ne se fait jamais sans la participation de celui qui la subit, *soit par sa faiblesse*, soit par son désir. On a souvent pris pour des possédés des épileptiques ou des fous qui avaient plus besoin de médecin que d'exorcisme. »

Le mot *possédé*, dans son acception vulgaire, suppose l'existence de démons, c'est-à-dire d'une catégorie d'êtres de mauvaise nature, et la cohabitation de l'un de ces êtres avec l'âme dans le corps d'un individu. Puisqu'il n'y a pas de démons *dans ce sens*, et que deux Esprits ne peuvent habiter simultanément le même corps, il n'y a pas de possédés selon l'idée attachée à ce mot. Le mot *possédé* ne doit s'entendre que de la dépendance absolue où l'âme peut se trouver à l'égard d'Esprits imparfaits qui la subjuguent.

475. Peut-on soi-même éloigner les mauvais Esprits et s'affranchir de leur domination ?

« On peut toujours secouer un joug quand on en a la ferme volonté. »

476. Ne peut-il arriver que la fascination exercée par le mauvais Esprit soit telle que la personne subjuguée ne s'en aperçoive pas ; alors, une tierce personne peut-elle faire cesser la sujétion, et dans ce cas, quelle condition doit-elle remplir ?

« Si c'est un homme de bien, sa volonté peut aider en appelant le concours des bons Esprits, car plus on est *homme de bien*, plus on a de pouvoir sur les Esprits imparfaits pour les éloigner et sur les bons pour les attirer. Cependant, il serait impuissant si celui qui est *subjugué* ne s'y prête pas ; il y a des gens qui se plaisent dans une dépendance qui flatte leurs goûts et leurs désirs. Dans tous les cas, celui dont le cœur n'est pas pur ne peut avoir aucune influence ; les bons Esprits le méprisent, et les mauvais ne le craignent pas. »

477. Les formules d'exorcisme ont-elles quelque efficacité sur les mauvais Esprits ?

« Non ; quand ces Esprits voient quelqu'un prendre la chose au sérieux, ils en rient et s'obstinent. »

478. Il y a des personnes animées de bonnes intentions et qui n'en sont pas moins obsédées ; quel est le meilleur moyen de se délivrer des Esprits obsesseurs ?

« Lasser leur patience, ne tenir aucun compte de leurs suggestions, leur montrer qu'ils perdent leur temps ; alors, quand ils voient qu'ils n'ont rien à faire, ils s'en vont. »

479. La prière est-elle un moyen efficace pour guérir de l'obsession ?

« La prière est d'un puissant secours en tout ; mais croyez bien qu'il ne suffit pas de murmurer quelques paroles pour obtenir ce qu'on désire. Dieu assiste ceux qui agissent, et non ceux qui se bornent à demander. Il faut donc que l'obsédé fasse de son côté ce qui est nécessaire pour détruire en lui-même la cause qui attire les mauvais Esprits. »

480. Que faut-il penser de l'expulsion des démons dont il est parlé dans l'Évangile ?

« Cela dépend de l'interprétation. Si vous appelez *démon* un mauvais Esprit qui subjugue un individu, quand son influence sera détruite, il sera véritablement chassé. Si vous attribuez une maladie au démon, quand vous aurez guéri la maladie, vous direz aussi que vous avez chassé le démon. Une chose peut être vraie ou fausse suivant le sens qu'on attache aux mots. Les plus grandes vérités peuvent paraître absurdes quand on ne regarde que la forme, et quand on prend l'allégorie pour la réalité. Comprenez bien ceci, et retenez-le ; c'est d'une application générale. »

Convulsionnaires

481. Les Esprits jouent-ils un rôle dans les phénomènes qui se produisent chez les individus désignés sous le nom de convulsionnaires ?

« Oui, un très grand, ainsi que le magnétisme qui en est la première source ; mais le charlatanisme a souvent exploité et exagéré ces effets, ce qui les a fait tourner en ridicule. »

– De quelle nature sont, en général, les Esprits qui concourent à ces sortes de phénomènes ?

« Peu élevée ; croyez-vous que des Esprits supérieurs s'amusent à de pareilles choses ? »

482. Comment l'état anormal des convulsionnaires et des crisiaques peut-il se développer subitement dans toute une population ?

« Effet sympathique ; les dispositions morales se communiquent très facilement dans certains cas ; vous n'êtes pas assez étranger aux effets magnétiques pour ne pas comprendre cela et la part que certains Esprits doivent y prendre par sympathie pour ceux qui les provoquent. »

Parmi les facultés étranges que l'on remarque chez les convulsionnaires, on en reconnaît sans peine dont le somnambulisme et le magnétisme offrent de nombreux exemples : telles sont, entre autres, l'insensibilité physique, la connaissance de la pensée, la transmission sympathique des douleurs, etc. On ne peut donc douter que ces crisiaques ne soient dans une sorte d'état de somnambulisme éveillé, provoqué par l'influence qu'ils exercent les uns sur les autres. Ils sont à la fois magnétiseurs et magnétisés à leur insu.

483. Quelle est la cause de l'insensibilité physique que l'on remarque soit chez certains convulsionnaires, soit chez d'autres individus soumis aux tortures les plus atroces ?

« Chez quelques-uns, c'est un effet exclusivement magnétique qui agit sur le système nerveux de la même manière que certaines substances. Chez d'autres, l'exaltation de la pensée émousse la sensibilité parce que la vie semble s'être retirée du corps pour se porter dans l'Esprit. Ne savez-vous pas que lorsque l'Esprit est fortement préoccupé d'une chose, le corps ne sent, ne voit et n'entend rien ? »

L'exaltation fanatique et l'enthousiasme offrent souvent, dans les supplices, l'exemple d'un calme et d'un sang-froid qui ne sauraient triompher d'une douleur aiguë, si l'on n'admettait que la sensibilité se trouve neutralisée par une sorte d'effet anesthésique. On sait que dans la chaleur du combat on ne s'aperçoit souvent pas d'une blessure grave, tandis que, dans les circonstances ordinaires, une égratignure ferait tressaillir.

Puisque ces phénomènes dépendent d'une cause physique et de l'action de certains Esprits, on peut se demander comment il a pu dépendre de l'autorité de les faire cesser dans certains cas. La raison en est simple. L'action des Esprits n'est ici que secondaire ; ils ne font que profiter d'une disposition naturelle. L'autorité n'a pas supprimé cette disposition, mais la cause qui l'entretenait et l'exaltait ; d'active, elle l'a rendue latente, et elle a eu raison d'agir ainsi, parce qu'il en résultait abus et scandale. On sait, du reste, que cette intervention est impuissante quand l'action des Esprits est directe et spontanée.

Affection des Esprits pour certaines personnes

484. Les Esprits affectionnent-ils de préférence certaines personnes ?

« Les bons Esprits sympathisent avec les hommes de bien, ou susceptibles de s'améliorer ; les Esprits inférieurs avec les hommes vicieux ou qui peuvent le devenir ; de là leur attachement, suite de la ressemblance des sensations. »

485. L'affection des Esprits pour certaines personnes est-elle exclusivement morale ?

« L'affection véritable n'a rien de charnel ; mais lorsqu'un Esprit s'attache à une personne, ce n'est pas toujours par affection, et il peut s'y mêler un souvenir des passions humaines. » 486. Les Esprits s'intéressent-ils à nos malheurs et à notre prospérité ? Ceux qui nous veulent du bien s'affligent-ils des maux que nous éprouvons pendant la vie ?

« Les bons Esprits font autant de bien que possible et sont heureux de toutes vos joies. Ils s'affligent de vos maux lorsque vous ne les supportez pas avec résignation, parce que ces maux sont sans résultat pour vous ; car alors vous êtes comme le malade qui rejette le breuvage amer qui doit le guérir. »

487. De quelle nature de mal les Esprits s'affligent-ils le plus pour nous ; est-ce le mal physique ou le mal moral ?

« Votre égoïsme et votre dureté de cœur : de là dérive tout ; ils se rient de tous ces maux imaginaires qui naissent de l'orgueil et de l'ambition ; ils se réjouissent de ceux qui ont pour effet d'abréger votre temps d'épreuve. »

Les Esprits, sachant que la vie corporelle n'est que transitoire et que les tribulations qui l'accompagnent sont des moyens d'arriver à un état meilleur, s'affligent plus pour nous des causes morales qui nous en éloignent que des maux physiques qui ne sont que passagers.

Les Esprits prennent peu de souci des malheurs qui n'affectent que nos idées mondaines, comme nous faisons des chagrins puérils de l'enfance.

L'Esprit, qui voit dans les afflictions de la vie un moyen d'avancement pour nous, les considère comme la crise momentanée qui doit sauver le malade. Il compatit à nos souffrances comme nous compatissons à celles d'un ami ; mais voyant les choses à un point de vue plus juste, il les apprécie autrement que nous, et tandis que les bons relèvent notre courage dans l'intérêt de notre avenir, les autres nous excitent au désespoir en vue de le compromettre.

488. Nos parents et nos amis qui nous ont précédés dans l'autre vie ont-ils pour nous plus de sympathie que les Esprits qui nous sont étrangers ?

« Sans doute, et souvent, ils vous protègent comme Esprits, selon leur pouvoir. »

– Sont-ils sensibles à l'affection que nous leur conservons ?

« Très sensibles, mais ils oublient ceux qui les oublient. »

Anges gardiens ; Esprits protecteurs, familiers ou sympathiques

489. Y a-t-il des Esprits qui s'attachent à un individu en particulier pour le protéger ?

« Oui, *le frère spirituel ;* c'est ce que vous appelez *le bon Esprit* ou *le bon génie.* »

490. Que doit-on entendre par ange gardien ?

« L'Esprit protecteur d'un ordre élevé. »

491. Quelle est la mission de l'Esprit protecteur ?

« Celle d'un père sur ses enfants ; conduire son protégé dans la bonne voie, l'aider de ses conseils, le consoler de ses afflictions, soutenir son courage dans les épreuves de la vie. »

492. L'Esprit protecteur est-il attaché à l'individu depuis sa naissance ?

« Depuis la naissance jusqu'à la mort, et souvent il le suit après la mort dans la vie spirite, et même dans plusieurs existences corporelles, car ces existences ne sont que des phases bien courtes par rapport à la vie de l'Esprit. »

493. La mission de l'Esprit protecteur est-elle volontaire ou obligatoire ?

« L'Esprit est obligé de veiller sur vous parce qu'il a accepté cette tâche, mais il a le choix des êtres qui lui sont sympathiques. Pour les uns c'est un plaisir, pour d'autres une mission ou un devoir. »

– En s'attachant à une personne, l'Esprit renonce-t-il à protéger d'autres individus ?

« Non, mais il le fait moins exclusivement. »

494. L'Esprit protecteur est-il fatalement attaché à l'être confié à sa garde ?

« Il arrive souvent que certains Esprits quittent leur position pour remplir diverses missions ; mais alors l'échange se fait. »

495. L'Esprit protecteur abandonne-t-il quelquefois son protégé quand celui-ci est rebelle à ses avis ?

« Il s'éloigne quand il voit ses conseils inutiles, et que la volonté de subir l'influence des Esprits inférieurs est plus forte ; mais il ne l'abandonne point complètement et se fait toujours entendre ; c'est alors l'homme qui ferme les oreilles. Il revient dès qu'on l'appelle.

Il est une doctrine qui devrait convertir les plus incrédules par son charme et par sa douceur : celle des anges gardiens. Penser qu'on a toujours près de soi des êtres qui vous sont supérieurs, qui sont toujours là pour vous conseiller, vous soutenir, pour vous aider à gravir l'âpre montagne du bien, qui sont des amis plus sûrs et plus dévoués que les plus intimes liaisons que l'on puisse contracter sur cette terre, n'est-ce pas une idée bien consolante ? Ces êtres sont là par l'ordre de Dieu ; c'est lui qui les a mis près de vous, ils sont là pour l'amour de lui, et ils accomplissent auprès de vous une belle mais pénible mission. Oui, quelque part que vous soyez, il sera avec vous : les cachots, les hôpitaux, les lieux de débauche, la solitude, rien ne vous sépare de cet ami que vous ne pouvez voir, mais dont votre âme sent les plus douces impulsions et entend les sages conseils.

Que ne connaissez-vous mieux cette vérité ! Combien de fois elle vous aiderait dans les moments de crise ; combien de fois elle vous sauverait des mauvais Esprits ! Mais au grand jour, cet ange de bien aura souvent à vous dire : "Ne t'ai-je pas dit cela, et tu ne l'as pas fait ; ne t'ai-je pas montré l'abîme, et tu t'y es précipité ; ne t'ai-je pas fait entendre dans ta conscience la voix de la vérité, et n'as-tu pas suivi les conseils du mensonge ?" Ah ! questionnez vos anges gardiens ; établissez entre eux et vous cette tendre intimité qui règne entre les meilleurs amis. Ne pensez pas à leur rien cacher, car ils ont l'œil de Dieu, et vous ne pouvez les tromper. Songez à l'avenir ; cherchez à avancer dans cette vie, vos épreuves en seront plus courtes, vos existences plus heureuses. Allons ! hommes, du courage ; rejetez loin de vous, une fois pour toutes, préjugés et arrière-pensées ; entrez dans la nouvelle voie qui s'ouvre devant vous ; marchez ! marchez ! vous avez des guides, suivez-les : le but ne peut vous manquer, car ce but, c'est Dieu lui-même.

À ceux qui penseraient qu'il est impossible à des Esprits vraiment élevés de s'astreindre à une tâche si laborieuse et de tous les instants, nous dirons que nous influençons vos âmes tout en étant à plusieurs millions de lieues de vous : pour nous, l'espace n'est rien, et tout en vivant dans un autre monde, nos Esprits conservent leur liaison avec le vôtre. Nous jouissons de qualités que vous ne pouvez comprendre, mais soyez sûrs que Dieu ne nous a pas imposé une tâche au-dessus de nos forces, et qu'il ne vous a pas abandonnés seuls sur la terre sans amis et sans soutiens. Chaque ange gardien a son protégé sur lequel il veille, comme un père veille sur son enfant ; il est heureux quand il le voit dans le bon chemin ; il gémit quand ses conseils sont méconnus.

Ne craignez pas de nous fatiguer de vos questions ; soyez, au contraire, toujours en rapport avec nous : vous serez plus forts et plus heureux. Ce sont ces communications de chaque homme avec son Esprit familier qui font tous les hommes médiums, médiums ignorés aujourd'hui, mais qui se manifesteront plus tard, et qui se répandront comme un océan sans bornes pour refouler l'incrédulité et l'ignorance. Hommes instruits, instruisez ; hommes de talents, élevez vos frères. Vous ne savez pas quelle œuvre vous accomplissez ainsi : c'est celle du Christ, celle que Dieu vous impose. Pourquoi

Dieu vous a-t-il donné l'intelligence et la science, si ce n'est pour en faire part à vos frères, pour les avancer dans la voie du bonheur et de la félicité éternelle ? »

SAINT LOUIS, SAINT AUGUSTIN.

La doctrine des anges gardiens, veillant sur leurs protégés malgré la distance qui sépare les mondes, n'a rien qui doive surprendre ; elle est au contraire grande et sublime. Ne voyons-nous pas sur la terre un père veiller sur son enfant, quoiqu'il en soit éloigné, l'aider de ses conseils par correspondance ? Qu'y aurait-il donc d'étonnant à ce que les Esprits pussent guider ceux qu'ils prennent sous leur protection, d'un monde à l'autre, puisque pour eux la distance qui sépare les mondes est moindre que celle qui, sur la terre sépare les continents ? N'ont-ils pas en outre le fluide universel qui relie tous les mondes et les rend solidaires ; véhicule immense de la transmission des pensées, comme l'air est pour nous le véhicule de la transmission du son ?

496. L'Esprit qui abandonne son protégé, ne lui faisant plus de bien, peut-il lui faire du mal ?

« Les bons Esprits ne font jamais de mal ; ils le laissent faire à ceux qui prennent leur place ; alors vous accusez le sort des malheurs qui vous accablent, tandis que c'est votre faute. »

497. L'Esprit protecteur peut-il laisser son protégé à la merci d'un Esprit qui pourrait lui vouloir du mal ?

« Il y a union des mauvais Esprits pour neutraliser l'action des bons ; mais si le protégé le veut, il rendra toute force à son bon Esprit. Le bon Esprit trouve peut-être une bonne volonté à aider ailleurs ; il en profite en attendant son retour auprès de son protégé. »

498. Quand l'Esprit protecteur laisse son protégé se fourvoyer dans la vie, est-ce impuissance de sa part à lutter contre d'autres Esprits malveillants ?

« Ce n'est pas parce qu'il ne peut pas, mais parce qu'il ne veut pas ; son protégé sort des épreuves plus parfait et plus instruit ; il l'assiste de ses conseils par les bonnes pensées qu'il lui suggère, mais qui malheureusement ne sont pas toujours écoutées. Ce n'est que la faiblesse, l'insouciance ou l'orgueil de l'homme qui donne de la force aux mauvais Esprits ; leur puissance sur vous ne vient que de ce que vous ne leur opposez pas de résistance. »

499. L'Esprit protecteur est-il constamment avec son protégé ? N'y a-t-il aucune circonstance où, sans l'abandonner, il le perde de vue ?

« Il est des circonstances où la présence de l'Esprit protecteur n'est pas nécessaire auprès de son protégé. »

500. Arrive-t-il un moment où l'Esprit n'a plus besoin d'ange gardien ?

« Oui, quand il est arrivé au degré de pouvoir se conduire lui-même, comme il arrive un moment où l'écolier n'a plus besoin de maître ; mais ce n'est pas sur votre terre. »

501. Pourquoi l'action des Esprits sur notre existence est-elle occulte, et pourquoi, lorsqu'ils nous protègent, ne le font-ils pas d'une manière ostensible ?

« Si vous comptiez sur leur appui, vous n'agiriez pas par vous-même, et votre Esprit ne progresserait pas. Pour qu'il puisse avancer, il lui faut de l'expérience, et il faut souvent qu'il l'acquière à ses dépens ; il faut qu'il exerce ses forces, sans cela il serait comme un enfant qu'on ne laisse pas marcher seul. L'action des Esprits qui vous veulent du bien est toujours réglée de manière à vous laisser votre libre arbitre, car si vous n'aviez pas de responsabilité, vous n'avanceriez pas dans la voie qui doit vous conduire vers Dieu. L'homme, ne voyant pas son soutien, se livre à ses propres forces ; son guide, cependant, veille sur lui, et de temps en temps lui crie de se méfier du danger. »

502. L'Esprit protecteur qui réussit à amener son protégé dans la bonne voie en éprouve-t-il un bien quelconque pour lui-même ?

« C'est un mérite dont il lui est tenu compte, soit pour son propre avancement, soit pour son bonheur. Il est heureux quand il voit ses soins couronnés de succès ; il en triomphe comme un précepteur triomphe des succès de son élève. »

— Est-il responsable, s'il ne réussit pas ?

« Non, puisqu'il a fait ce qui dépendait de lui. »

503. L'Esprit protecteur qui voit son protégé suivre une mauvaise route malgré ses avis, en éprouve-t-il de la peine, et n'est-ce pas pour lui une cause de trouble pour sa félicité ?

« Il gémit de ses erreurs, et le plaint ; mais cette affliction n'a pas les angoisses de la paternité terrestre, parce qu'il sait qu'il y a remède au mal, et que ce qui ne se fait pas aujourd'hui se fera demain. »

504. Pouvons-nous toujours savoir le nom de notre Esprit protecteur ou ange gardien ?

« Comment voulez-vous savoir des noms qui n'existent pas pour vous ? Croyez-vous donc qu'il n'y ait parmi les Esprits que ceux que vous connaissez ? »

— Comment alors l'invoquer si on ne le connaît pas ?

« Donnez-lui le nom que vous voudrez, celui d'un Esprit supérieur pour qui vous avez de la sympathie ou de la vénération ; votre Esprit protecteur viendra à cet appel ; car tous les bons Esprits sont frères et s'assistent entre eux. »

505. Les Esprits protecteurs qui prennent des noms connus sont-ils toujours réellement ceux des personnes qui portaient ces noms ?

« Non, mais des Esprits qui leur sont sympathiques et qui souvent viennent par leur ordre. Il vous faut des noms ; alors ils en prennent un qui vous inspire de la confiance. Quand vous ne pouvez pas remplir une mission en personne, vous envoyez un autre vous-même qui agit en votre nom. »

506. Quand nous serons dans la vie spirite, reconnaîtrons-nous notre Esprit protecteur ?

« Oui, car souvent vous le connaissiez avant d'être incarnés. »

507. Les Esprits protecteurs appartiennent-ils tous à la classe des Esprits supérieurs ? Peut-il s'en trouver parmi les moyens ? Un père, par exemple, peut-il devenir l'Esprit protecteur de son enfant ?

« Il le peut, mais la protection suppose un certain degré d'élévation, et un pouvoir ou une vertu de plus accordée par Dieu. Le père qui protège son enfant peut être lui-même assisté par un Esprit plus élevé. »

508. Les Esprits qui ont quitté la terre dans de bonnes conditions peuvent-ils toujours protéger ceux qu'ils aiment et qui leur survivent ?

« Leur pouvoir est plus ou moins restreint ; la position où ils se trouvent ne leur laisse pas toujours toute liberté d'agir. »

509. Les hommes dans l'état sauvage ou d'infériorité morale, ont-ils également leurs Esprits protecteurs ; et dans ce cas, ces Esprits sont-ils d'un ordre aussi élevé que ceux des hommes très avancés ?

« Chaque homme a un Esprit qui veille sur lui, mais les missions sont relatives à leur objet. Vous ne donnez pas à un enfant qui apprend à lire un professeur de philosophie. Le progrès de l'Esprit familier suit celui de l'Esprit protégé. Tout en ayant vous-même un Esprit supérieur qui veille sur vous, vous pouvez à votre tour devenir le protecteur d'un Esprit qui vous est inférieur, et les progrès que vous l'aiderez à faire contribueront à votre avancement. Dieu ne demande pas à l'Esprit plus que ne comportent sa nature et le degré auquel il est parvenu. »

510. Lorsque le père qui veille sur son enfant vient à se réincarner, veille-t-il encore sur lui ?

« C'est plus difficile, mais il prie, dans un moment de dégagement, un Esprit sympathique de l'assister dans cette mission. D'ailleurs, les Esprits n'acceptent que des missions qu'ils peuvent accomplir jusqu'au bout.

L'Esprit incarné, surtout dans les mondes où l'existence est matérielle, est trop assujetti à son corps pour pouvoir être entièrement dévoué, c'est-à-dire assister personnellement ; c'est pourquoi ceux qui ne sont pas assez élevés sont eux-mêmes assistés par des Esprits qui leur sont supérieurs, de telle sorte que si l'un fait défaut par une cause quelconque, il est suppléé par un autre. »

511. Outre l'Esprit protecteur, un mauvais Esprit est-il attaché à chaque individu en vue de le pousser au mal et de lui fournir une occasion de lutter entre le bien et le mal ?

« Attaché n'est pas le mot. Il est bien vrai que les mauvais Esprits cherchent à détourner du bon chemin quand ils en trouvent l'occasion ; mais quand l'un d'eux s'attache à un individu, il le fait de lui-même, parce qu'il espère en être écouté ; alors il y a lutte entre le bon et le mauvais, et celui-là l'emporte auquel l'homme laisse prendre l'empire sur lui. »

512. Pouvons-nous avoir plusieurs Esprits protecteurs ?

« Chaque homme a toujours des Esprits sympathiques plus ou moins élevés qui l'affectionnent et s'intéressent à lui, comme il en a aussi qui l'assistent dans le mal. »

513. Les Esprits sympathiques agissent-ils en vertu d'une mission ?

« Quelquefois, ils peuvent avoir une mission temporaire, mais le plus souvent ils ne sont sollicités que par la similitude de pensées et de sentiments dans le bien comme dans le mal. »

— Il semble résulter de là que les Esprits sympathiques peuvent être bons ou mauvais ?

« Oui, l'homme trouve toujours des Esprits qui sympathisent avec lui, quel que soit son caractère. »

514. Les Esprits familiers sont-ils les mêmes que les Esprits sympathiques ou les Esprits protecteurs ?

« Il y a bien des nuances dans la protection et dans la sympathie ; donnez-leur les noms que vous voulez. L'Esprit familier est plutôt l'ami de la maison. »

Des explications ci-dessus et des observations faites sur la nature des Esprits qui s'attachent à l'homme, on peut déduire ce qui suit :

L'Esprit protecteur, ange gardien ou bon génie, est celui qui a pour mission de suivre l'homme dans la vie et de l'aider à progresser. Il est toujours d'une nature supérieure relativement à celle du protégé.

Les Esprits familiers s'attachent à certaines personnes par des liens plus ou moins durables en vue de leur être utiles dans la limite de leur pouvoir souvent assez borné ; ils sont bons, mais quelquefois peu avancés et même un peu légers ; ils s'occupent volontiers des détails de la vie intime et n'agissent que par l'ordre ou avec la permission des Esprits protecteurs.

Les Esprits sympathiques sont ceux qu'attirent à nous des affections particulières et une certaine similitude de goûts et de sentiments dans le bien comme dans le mal. La durée de leurs relations est presque toujours subordonnée aux circonstances.

Le mauvais génie est un Esprit imparfait ou pervers qui s'attache à l'homme en vue de le détourner du bien ; mais il agit de son propre mouvement et non en vertu d'une mission. Sa ténacité est en raison de l'accès plus ou moins facile qu'il trouve. L'homme est toujours libre d'écouter sa voix ou de le repousser.

515. Que doit-on penser de ces personnes qui semblent s'attacher à certains individus pour les pousser fatalement à leur perte, ou pour les guider dans la bonne voie ?

« Certaines personnes exercent, en effet, sur d'autres une espèce de fascination qui semble irrésistible. Quand cela a lieu pour le mal, ce sont de mauvais Esprits dont se servent d'autres mauvais Esprits pour mieux subjuguer, Dieu peut le permettre pour vous éprouver. »

516. Notre bon et notre mauvais génie pourraient-ils s'incarner pour nous accompagner dans la vie d'une manière plus directe ?

« Cela a lieu quelquefois ; mais souvent aussi ils chargent de cette mission d'autres Esprits incarnés qui leur sont sympathiques. »

517. Y a-t-il des Esprits qui s'attachent à toute une famille pour la protéger ?

« Certains Esprits s'attachent aux membres d'une même famille qui vivent ensemble et qui sont unis par l'affection, mais ne croyez pas à des Esprits protecteurs de l'orgueil des races. » 518. Les Esprits étant attirés vers les individus par leurs sympathies, le sont-ils également vers les réunions d'individus par des causes particulières ?

« Les Esprits vont de préférence où sont leurs pareils ; là ils sont plus à leur aise et plus sûrs d'être écoutés. L'homme attire à lui les Esprits en raison de ses tendances, qu'il soit seul ou qu'il forme un tout collectif, comme une société, une ville ou un peuple. Il y a donc des sociétés, des villes et des peuples qui sont assistés par des Esprits plus ou moins élevés selon le caractère et les passions qui y dominent. Les Esprits imparfaits s'éloignent de ceux qui les repoussent ; il en résulte que le perfectionnement moral des *touts collectifs*, comme celui des individus, tend à écarter les mauvais Esprits et à attirer les bons qui excitent et entretiennent le sentiment du bien dans les masses, comme d'autres peuvent y souffler les mauvaises passions. »

519. Les agglomérations d'individus, comme les sociétés, les villes, les nations ont-elles leurs Esprits protecteurs spéciaux ?

« Oui, car ces réunions sont des individualités collectives qui marchent dans un but commun et qui ont besoin d'une direction supérieure. »

520. Les Esprits protecteurs des masses sont-ils d'une nature plus élevée que ceux qui s'attachent aux individus ?

« Tout est relatif au degré d'avancement des masses comme des individus. »

521. Certains Esprits peuvent-ils aider au progrès des arts en protégeant ceux qui s'en occupent ?

« Il y a des Esprits protecteurs spéciaux, et qui assistent ceux qui les invoquent quand ils les en jugent dignes ; mais que voulez-vous qu'ils fassent avec ceux qui croient être ce qu'ils ne sont pas ? Ils ne font pas voir les aveugles ni entendre les sourds. »

Les Anciens en avaient fait des divinités spéciales ; les Muses n'étaient autres que la personnification allégorique des Esprits protecteurs des sciences et des arts, comme ils désignaient sous le nom de lares et de pénates les Esprits protecteurs de la famille. Chez les Modernes, les arts, les différentes industries, les villes, les contrées ont aussi leurs patrons protecteurs, qui ne sont autres que des Esprits supérieurs, mais sous d'autres noms.

Chaque homme ayant ses Esprits sympathiques, il en résulte que, dans les *touts collectifs,* la généralité des Esprits sympathiques est en rapport avec la généralité des individus ; que les Esprits étrangers y sont attirés par l'identité des goûts et des pensées ; en un mot, que ces réunions aussi bien que les individus, sont plus ou moins bien entourées, assistées, influencées selon la nature des pensées de la multitude.

Chez les peuples, les causes d'attraction des Esprits sont les mœurs, les habitudes, le caractère dominant, les lois surtout, parce que le caractère de la nation se reflète dans ses lois. Les hommes qui font régner la justice entre eux combattent l'influence des mauvais Esprits. Partout où les lois consacrent des choses injustes, contraires à l'humanité, les bons Esprits sont en minorité, et la masse des mauvais qui affluent entretient la nation dans ses idées et paralyse les bonnes influences partielles perdues dans la foule, comme un épi isolé au milieu des ronces. En étudiant les mœurs des peuples ou de toute réunion d'hommes, il est donc aisé de se faire une idée de la population occulte qui s'immisce dans leurs pensées et dans leurs actions.

Pressentiments

522. Le pressentiment est-il toujours un avertissement de l'Esprit protecteur ?

« Le pressentiment est le conseil intime et occulte d'un Esprit qui vous veut du bien. Il est aussi dans l'intuition du choix que l'on a fait ; c'est la voix de l'instinct. L'Esprit, avant de s'incarner, a connaissance des principales phases de son existence, c'est-à-dire du genre d'épreuves dans lesquelles il s'engage ; lorsque celles-ci ont un caractère saillant, il en conserve une sorte d'impression dans son for intérieur, et cette impression, qui est la voix de l'instinct, se réveillant lorsque le moment approche, devient pressentiment. »

523. Les pressentiments et la voix de l'instinct ont toujours quelque chose de vague ; que devons-nous faire dans l'incertitude ?

« Quand tu es dans le vague, invoque ton bon Esprit, ou *prie notre maître à tous, Dieu, qu'il t'envoie un de ses messagers, l'un de nous.* »

524. Les avertissements de nos Esprits protecteurs ont-ils pour objet unique la conduite morale, ou bien aussi la conduite à tenir dans les choses de la vie privée ?

« Tout ; ils essayent de vous faire vivre le mieux possible ; mais souvent, vous fermez l'oreille aux bons avertissements, et vous êtes malheureux par votre faute. »

Les Esprits protecteurs nous aident de leurs conseils par la voix de la conscience qu'ils font parler en nous ; mais comme nous n'y attachons pas toujours l'importance nécessaire, ils nous en donnent de plus directs en se servant des personnes qui nous entourent. Que chacun examine les diverses circonstances heureuses ou malheureuses de sa vie, et il verra qu'en maintes occasions il a reçu des conseils dont il n'a pas toujours profité et qui lui eussent épargné bien des désagréments s'il les eût écoutés.

Influence des Esprits sur les événements de la vie

525. Les Esprits exercent-ils une influence sur les événements de la vie ?

« Assurément, puisqu'ils te conseillent. »

– Exercent-ils cette influence autrement que par les pensées qu'ils suggèrent, c'est-à-dire ont-ils une action directe sur l'accomplissement des choses ?

« Oui, mais ils n'agissent jamais en dehors des lois de la nature. »

Nous nous figurons à tort que l'action des Esprits ne doit se manifester que par des phénomènes extraordinaires ; nous voudrions qu'ils nous vinssent en aide par des miracles, et nous nous les représentons toujours armés d'une baguette magique. Il n'en est point ainsi ; voilà pourquoi leur intervention nous paraît occulte, et ce qui se fait par leur concours nous semble tout naturel. Par exemple, ils provoqueront la réunion de deux personnes qui paraîtront se rencontrer par hasard ; ils inspireront à quelqu'un la pensée de passer par tel endroit ; ils appelleront son attention sur tel point, si cela doit amener le résultat qu'ils veulent obtenir ; de telle sorte que l'homme, ne croyant suivre que sa propre impulsion, conserve toujours son libre arbitre.

526. Les Esprits ayant une action sur la matière peuvent-ils provoquer certains effets en vue de faire accomplir un événement ? Par exemple, un homme doit périr : il monte à une échelle, l'échelle se brise et l'homme se tue ; sont-ce les Esprits qui ont fait briser l'échelle pour accomplir la destinée de cet homme ?

« Il est bien vrai que les Esprits ont une action sur la matière, mais pour l'accomplissement des lois de la nature et non pour y déroger en faisant surgir à point nommé un événement inattendu et contraire à ces lois. Dans l'exemple que tu cites, l'échelle s'est rompue parce qu'elle était vermoulue ou n'était pas assez forte pour supporter le poids de l'homme ; s'il était dans la destinée de cet homme de périr de cette manière, ils lui inspireront la pensée de monter à cette échelle qui devra se rompre sous son poids, et sa mort aura lieu par un effet naturel et sans qu'il soit besoin de faire un miracle pour cela. »

527. Prenons un autre exemple où l'état naturel de la matière ne soit pour rien ; un homme doit périr par la foudre ; il se réfugie sous un arbre, la foudre éclate et il est tué. Les Esprits ont-ils pu provoquer la foudre et la diriger sur lui ?

« C'est encore la même chose. La foudre a éclaté sur cet arbre et à ce moment, parce qu'il était dans les lois de la nature qu'il en fût ainsi ; elle n'a point été dirigée sur cet arbre parce que l'homme était dessous, mais il a été inspiré à l'homme la pensée de se réfugier sous un arbre sur lequel elle devait éclater ; car l'arbre n'en aurait pas moins été frappé, que l'homme fût ou ne fût pas dessous. »

528. Un homme malintentionné lance sur quelqu'un un projectile qui l'effleure et ne l'atteint pas. Un Esprit bienveillant peut-il l'avoir détourné ?

« Si l'individu ne doit pas être atteint, l'Esprit bienveillant lui inspirera la pensée de se détourner, ou bien il pourra éblouir son ennemi de manière à le faire mal viser ; car le projectile une fois lancé suit la ligne qu'il doit parcourir. »

529. Que doit-on penser des balles enchantées dont il est question dans certaines légendes, et qui atteignent fatalement un but ?

« Pure imagination ; l'homme aime le merveilleux et ne se contente pas des merveilles de la nature. »

– Les Esprits qui dirigent les événements de la vie peuvent-ils être contrecarrés par des Esprits qui voudraient le contraire ?

« Ce que Dieu veut doit être ; s'il y a retard ou empêchement, c'est par sa volonté. »

530. Les Esprits légers et moqueurs ne peuvent-ils susciter ces petits embarras qui viennent à la traverse de nos projets et dérouter nos prévisions ; en un mot, sont-ils les auteurs de ce que l'on appelle vulgairement les petites misères de la vie humaine ?

« Ils se plaisent à ces tracasseries qui sont pour vous des épreuves afin d'exercer votre patience ; mais ils se lassent quand ils voient qu'ils ne réussissent pas. Cependant, il ne serait ni juste, ni exact de les charger de tous vos mécomptes, dont vous-mêmes êtes les premiers artisans par votre étourderie ;

car crois bien que si ta vaisselle se casse, c'est plutôt le fait de ta maladresse que celui des Esprits. »

– Les Esprits qui suscitent des tracasseries agissent-ils par suite d'une animosité personnelle, ou bien s'attaquent-ils au premier venu, sans motif déterminé, uniquement par malice ?

« L'un et l'autre ; quelquefois, ce sont des ennemis que l'on s'est fait pendant cette vie ou dans une autre, et qui vous poursuivent ; d'autres fois, il n'y a pas de motifs. »

531. La malveillance des êtres qui nous ont fait du mal sur la terre s'éteint-elle avec leur vie corporelle ?

« Souvent ils reconnaissent leur injustice et le mal qu'ils ont fait ; mais souvent aussi, ils vous poursuivent de leur animosité, si Dieu le permet, pour continuer de vous éprouver. »

– Peut-on y mettre un terme et par quel moyen ?

« Oui, on peut prier pour eux, et en leur rendant le bien pour le mal, ils finissent par comprendre leurs torts ; du reste, si l'on sait se mettre au-dessus de leurs machinations, ils cessent en voyant qu'ils n'y gagnent rien. »

L'expérience prouve que certains Esprits poursuivent leur vengeance d'une existence à l'autre, et que l'on expie ainsi tôt ou tard les torts que l'on peut avoir eus envers quelqu'un.

532. Les Esprits ont-ils le pouvoir de détourner les maux de dessus certaines personnes, et d'attirer sur elles la prospérité ?

« Pas entièrement, car il est des maux qui sont dans les décrets de la Providence ; mais ils amoindrissent vos douleurs en vous donnant la patience et la résignation.

Sachez aussi qu'il dépend souvent de vous de détourner ces maux, ou tout au moins de les atténuer ; Dieu vous a donné l'intelligence pour vous en servir, et c'est en cela surtout que les Esprits vous viennent en aide en vous suggérant des pensées propices ; mais ils n'assistent que ceux qui savent s'assister eux-mêmes ; c'est le sens de ces paroles : Cherchez et vous trouverez, frappez et l'on vous ouvrira.

Sachez bien encore que ce qui vous paraît un mal n'est pas toujours un mal ; souvent, un bien doit en sortir qui sera plus grand que le mal, et c'est ce que vous ne comprenez pas, parce que vous ne pensez qu'au moment présent ou à votre personne. »

533. Les Esprits peuvent-ils faire obtenir les dons de la fortune, si on les sollicite à cet effet ?

« Quelquefois comme épreuve, mais souvent ils refusent, comme on refuse à un enfant qui fait une demande inconsidérée. »

– Sont-ce les bons ou les mauvais Esprits qui accordent ces faveurs ?

« Les uns et les autres ; cela dépend de l'intention ; mais plus souvent, ce sont les Esprits qui veulent vous entraîner au mal et qui y trouvent un moyen facile dans les jouissances que procure la fortune. »

534. Lorsque des obstacles semblent venir fatalement s'opposer à nos projets, serait-ce par l'influence de quelque Esprit ?

« Quelquefois les Esprits ; d'autres fois, et le plus souvent, c'est que vous vous y prenez mal. La position et le caractère influent beaucoup. Si vous vous obstinez dans une voie qui n'est pas la vôtre, les Esprits n'y sont pour rien ; c'est vous qui êtes votre propre mauvais génie. »

535. Quand il nous arrive quelque chose d'heureux, est-ce notre Esprit protecteur que nous devons remercier ?

« Remerciez surtout Dieu, sans la permission de qui rien ne se fait, puis les bons Esprits qui ont été ses agents. »

– Qu'arriverait-il si on négligeait de le remercier ?

« Ce qui arrive aux ingrats. »

– Cependant, il y a des gens qui ne prient, ni ne remercient, et à qui tout réussit ?

« Oui, mais il faut voir la fin ; ils payeront bien cher ce bonheur passager qu'ils ne méritent pas, car plus ils auront reçu, plus ils auront à rendre. »

Action des Esprits sur les phénomènes de la nature

536. Les grands phénomènes de la nature, ceux que l'on considère comme une perturbation des éléments, sont-ils dus à des causes fortuites, ou bien ont-ils tous un but providentiel ?

« Tout a une raison d'être, et rien n'arrive sans la permission de Dieu. »

– Ces phénomènes ont-ils toujours l'homme pour objet ?

« Quelquefois, ils ont une raison d'être directe pour l'homme, mais souvent aussi ils n'ont pas d'autre objet que le rétablissement de l'équilibre et de l'harmonie des forces physiques de la nature. »

– Nous concevons parfaitement que la volonté de Dieu soit la cause première, en cela comme en toutes choses, mais comme nous savons que les Esprits ont une action sur la matière, et qu'ils sont les agents de la volonté de Dieu, nous demandons si certains d'entre eux n'exerceraient pas une influence sur les éléments pour les agiter, les calmer ou les diriger.

« Mais c'est évident ; cela ne peut être autrement ; Dieu ne se livre pas à une action directe sur la matière ; il a ses agents dévoués à tous les degrés de l'échelle des mondes. »

537. La mythologie des Anciens est entièrement fondée sur les idées spirites, avec cette différence qu'ils regardaient les Esprits comme des divinités ; or, ils nous représentent ces dieux ou ces Esprits avec des attributions spéciales ; ainsi, les uns étaient chargés des vents, d'autres de la foudre, d'autres de présider à la végétation, etc. ; cette croyance est-elle dénuée de fondement ?

« Elle est si peu dénuée de fondement, qu'elle est encore bien au-dessous de la vérité. »

– Par la même raison, il pourrait donc y avoir des Esprits habitant l'intérieur de la terre et présidant aux phénomènes géologiques ?

« Ces Esprits n'habitent pas positivement la terre, mais ils président et dirigent selon leurs attributions. Un jour, vous aurez l'explication de tous ces phénomènes et vous les comprendrez mieux. »

538. Les Esprits qui président aux phénomènes de la nature forment-ils une catégorie spéciale dans le monde spirite ? Sont-ce des êtres à part ou des Esprits qui ont été incarnés comme nous ?

« Qui le seront ou qui l'ont été. »

– Ces Esprits appartiennent-ils aux ordres supérieurs ou inférieurs de la hiérarchie spirite ?

« C'est selon que leur rôle est plus ou moins matériel ou intelligent ; les uns commandent, les autres exécutent ; ceux qui exécutent les choses matérielles sont toujours d'un ordre inférieur, chez les Esprits, comme chez les hommes. »

539. Dans la production de certains phénomènes, des orages par exemple, est-ce un seul Esprit qui agit, ou se réunissent-ils en masse ?

« En masses innombrables. »

540. Les Esprits qui exercent une action sur les phénomènes de la nature agissent-ils avec connaissance de cause, en vertu de leur libre arbitre, ou par une impulsion instinctive ou irréfléchie ?

« Les uns oui, les autres non. Je prends une comparaison ; figure-toi ces myriades d'animaux qui, peu à peu, font sortir de la mer des îles et des archipels ; crois-tu qu'il n'y ait pas là un but providentiel, et que cette transformation de la surface du globe ne soit pas nécessaire à l'harmonie générale ? Ce ne sont pourtant que des animaux du dernier degré qui accomplissent ces choses tout en pourvoyant à leurs besoins et sans se douter qu'ils sont les instruments de Dieu. Eh bien ! de même, les Esprits les plus arriérés sont utiles à l'ensemble ; tandis qu'ils *s'essayent à la vie*, et avant d'avoir la pleine conscience de leurs actes et leur libre arbitre, ils agissent sur certains phénomènes dont ils sont les agents à leur insu ; ils exécutent d'abord ; plus tard, quand leur intelligence sera plus développée, ils commanderont et dirigeront les choses du monde matériel ; plus tard encore, ils pourront diriger les choses du monde moral. C'est ainsi que tout sert, tout s'enchaîne dans la nature, depuis l'atome primitif jusqu'à l'archange, qui lui-même a commencé par l'atome ; admirable loi d'harmonie dont votre esprit borné ne peut encore saisir l'ensemble. »

Les Esprits pendant les combats

541. Dans une bataille y a-t-il des Esprits qui assistent et soutiennent chaque parti ?

« Oui, et qui stimulent leur courage. »

Tels, jadis, les Anciens nous représentaient les dieux prenant parti pour tel ou tel peuple. Ces dieux n'étaient autres que des Esprits représentés sous des figures allégoriques.

542. Dans une guerre, la justice est toujours d'un côté ; comment des Esprits prennent-ils parti pour celui qui a tort ?

« Vous savez bien qu'il y a des Esprits qui ne cherchent que la discorde et la destruction ; pour eux, la guerre, c'est la guerre : la justice de la cause les touche peu. »

543. Certains Esprits peuvent-ils influencer le général dans la conception de ses plans de campagne ?

« Sans aucun doute, les Esprits peuvent influencer pour cet objet comme pour toutes les conceptions. »

544. De mauvais Esprits pourraient-ils lui susciter de mauvaises combinaisons en vue de le perdre ?

« Oui ; mais n'a-t-il pas son libre arbitre ? Si son jugement ne lui permet pas de distinguer une idée juste d'une idée fausse, il en subit les conséquences, et il ferait mieux d'obéir que de commander. »

545. Le général peut-il, quelquefois, être guidé par une sorte de seconde vue, une vue intuitive qui lui montre d'avance le résultat de ses combinaisons ?

« Il en est souvent ainsi chez l'homme de génie ; c'est ce qu'il appelle l'inspiration, et fait qu'il agit avec une sorte de certitude ; cette inspiration lui vient des Esprits qui le dirigent et mettent à profit les facultés dont il est doué. »

546. Dans le tumulte du combat, que deviennent les Esprits qui succombent ? S'y intéressent-ils encore après leur mort ?

« Quelques-uns s'y intéressent, d'autres s'en éloignent. »

Dans les combats, il arrive ce qui a lieu dans tous les cas de mort violente : au premier moment, l'Esprit est surpris et comme étourdi, et ne croit pas être mort ; il lui semble encore prendre part à l'action ; ce n'est que peu à peu que la réalité lui apparaît.

547. Les Esprits qui se combattaient étant vivants, une fois morts se reconnaissent-ils pour ennemis et sont-ils encore acharnés les uns contre les autres ?

« L'Esprit, dans ces moments-là, n'est jamais de sang-froid ; au premier moment, il peut encore en vouloir à son ennemi et même le poursuivre ; mais quand les idées lui sont revenues, il voit que son animosité n'a plus d'objet ; cependant, il peut encore en conserver les traces plus ou moins selon son caractère. »

– Perçoit-il encore le bruit des armes ?

« Oui, parfaitement. »

548. L'Esprit qui assiste de sang-froid à un combat, comme spectateur, est-il témoin de la séparation de l'âme et du corps, et comment ce phénomène se présente-t-il à lui ?

« Il y a peu de morts tout à fait instantanées. La plupart du temps, l'Esprit dont le corps vient d'être frappé mortellement n'en a pas conscience sur le moment ; quand il commence à se reconnaître, c'est alors qu'on peut distinguer l'Esprit qui se meut à côté du cadavre ; cela paraît si naturel que la vue du corps mort ne produit aucun effet désagréable ; toute la vie étant transportée dans l'Esprit, lui seul attire l'attention ; c'est avec lui qui l'on converse, ou à lui que l'on commande. »

Des pactes

549. Y a-t-il quelque chose de vrai dans les pactes avec les mauvais Esprits ?

« Non, il n'y a pas de pactes, mais une mauvaise nature sympathisant avec de mauvais Esprits. Par exemple : tu veux tourmenter ton voisin, et tu ne sais comment t'y prendre ; alors tu appelles à toi des Esprits inférieurs qui, comme toi, ne veulent que le mal et pour t'aider veulent que tu les serves dans leurs mauvais desseins ; mais il ne s'ensuit pas que ton voisin ne puisse se débarrasser d'eux par une conjuration contraire et par sa volonté. Celui qui veut commettre une mauvaise action appelle par cela même de mauvais Esprits à son aide ; il est alors obligé de les servir comme eux le font pour lui, car eux aussi ont besoin de lui pour le mal qu'ils veulent faire. C'est seulement en cela que consiste le pacte. »

La dépendance où l'homme se trouve quelquefois à l'égard des Esprits inférieurs provient de son abandon aux mauvaises pensées qu'ils lui suggèrent, et non de stipulations quelconques entre eux et lui. Le pacte, dans le sens vulgaire attaché à ce mot, est une allégorie qui peint une mauvaise nature sympathisant avec des Esprits malfaisants.

550. Quel est le sens des légendes fantastiques d'après lesquelles des individus auraient vendu leur âme à Satan pour en obtenir certaines faveurs ?

« Toutes les fables renferment un enseignement et un sens moral ; votre tort est de les prendre à la lettre. Celle-ci est une allégorie qui peut s'expliquer ainsi : celui qui appelle à son aide les Esprits pour en obtenir les dons de la fortune ou toute autre faveur murmure contre la Providence ; il renonce à la mission qu'il a reçue et aux épreuves qu'il doit subir ici-bas, et il en subira les conséquences dans la vie à venir. Ce n'est pas à dire que son âme soit à jamais vouée au malheur ; mais puisqu'au lieu de se détacher de la matière, il s'y enfonce de plus en plus, ce qu'il aura eu en joie sur la terre, il ne l'aura pas dans le monde des Esprits, jusqu'à ce qu'il l'ait racheté par de nouvelles épreuves, peut-être plus grandes et plus pénibles. Par son amour des jouissances matérielles, il se met sous la dépendance des Esprits impurs ; c'est entre eux et lui un pacte tacite qui le conduit à sa perte, mais qu'il lui est toujours facile de rompre avec l'assistance des bons Esprits, s'il en a la ferme volonté. »

Pouvoir occulte. Talismans. Sorciers

551. Un homme méchant peut-il, à l'aide d'un mauvais Esprit qui lui est dévoué, faire du mal à son prochain ?

« Non, Dieu ne le permettrait pas. »

552. Que penser de la croyance au pouvoir qu'auraient certaines personnes de jeter des sorts ?

« Certaines personnes ont un pouvoir magnétique très grand dont elles peuvent faire un mauvais usage si leur propre Esprit est mauvais, et dans ce cas elles peuvent être secondées par d'autres mauvais Esprits ; mais ne croyez pas à ce prétendu pouvoir magique qui n'est que dans l'imagination des gens superstitieux, ignorants des véritables lois de la nature. Les faits que l'on cite sont des faits naturels mal observés et surtout mal compris. »

553. Quel peut-être l'effet des formules et pratiques à l'aide desquelles certaines personnes prétendent disposer de la volonté des Esprits ?

« Cet effet est de les rendre ridicules si elles sont de bonne foi ; dans le cas contraire, ce sont des fripons qui méritent un châtiment. Toutes les formules sont de la jonglerie ; il n'y a aucune parole sacramentelle, aucun signe cabalistique, aucun talisman qui ait une action quelconque sur les Esprits, car ceux-ci ne sont attirés que par la pensée et non par les choses matérielles. »

– Certains Esprits n'ont-ils pas eux-mêmes quelquefois dicté des formules cabalistiques ?

« Oui, vous avez des Esprits qui vous indiquent des signes, des mots bizarres ou qui vous prescrivent certains actes à l'aide desquels vous faites ce que vous appelez des conjurations ; mais soyez bien assurés que ce sont des Esprits qui se moquent de vous et abusent de votre crédulité. »

554. Celui qui, à tort ou à raison, a confiance dans ce qu'il appelle la vertu d'un talisman, ne peut-il par cette confiance même, attirer un Esprit ; car alors c'est la pensée qui agit : le talisman n'est qu'un signe qui aide à diriger la pensée ?

« C'est vrai ; mais la nature de l'Esprit attiré dépend de la pureté de l'intention et de l'élévation des sentiments ; or, il est rare que celui qui est assez simple pour croire à la vertu d'un talisman n'ait pas un but plus matériel que moral ; dans tous les cas, cela annonce une petitesse et une faiblesse d'idées qui donne prise aux Esprits imparfaits et moqueurs. »

555. Quel sens doit-on attacher à la qualification de sorcier ?

« Ceux que vous appelez sorciers sont des gens, quand ils sont de bonne foi, qui sont doués de certaines facultés, comme la puissance magnétique ou la seconde vue ; et alors, comme ils font des choses que vous ne comprenez pas, vous les croyez doués d'une puissance surnaturelle. Vos savants n'ont-ils pas souvent passé pour des sorciers aux yeux des gens ignorants ? »

Le spiritisme et le magnétisme nous donnent la clef d'une foule de phénomènes sur lesquels l'ignorance a brodé une infinité de fables où les faits sont exagérés par l'imagination. La connaissance éclairée de ces deux sciences, qui n'en font qu'une pour ainsi dire, en montrant la réalité des choses et leur véritable cause, est le meilleur préservatif contre les idées superstitieuses, parce qu'elle montre ce qui est possible et ce qui est impossible, ce qui est dans les lois de la nature, et ce qui n'est qu'une croyance ridicule.

556. Certaines personnes ont-elles véritablement le don de guérir par le simple attouchement ?

« La puissance magnétique peut aller jusque-là quand elle est secondée par la pureté des sentiments et un ardent désir de faire le bien, car alors les bons Esprits viennent en aide ; mais il faut se défier de la manière dont les choses sont racontées par des personnes trop crédules ou trop enthousiastes, toujours disposées à voir du merveilleux dans les choses les plus simples et les plus naturelles. Il faut aussi se défier des récits intéressés de la part de gens qui exploitent la crédulité à leur profit. »

Bénédiction et malédiction

557. La bénédiction et la malédiction peuvent-elles attirer le bien et le mal sur ceux qui en sont l'objet ?

« Dieu n'écoute point une malédiction injuste, et celui qui la prononce est coupable à ses yeux. Comme nous avons les deux génies opposés, le bien et le mal, il peut y avoir une influence momentanée, même sur la matière ; mais cette influence n'a toujours lieu que par la volonté de Dieu, et comme surcroît d'épreuve pour celui qui en est l'objet. Du reste, le plus souvent on maudit les méchants et l'on bénit les bons. La bénédiction et la malédiction ne peuvent jamais détourner la Providence de la voie de la justice ; elle ne frappe le maudit que s'il est méchant, et sa protection ne couvre que celui qui la mérite. »

CHAPITRE X
OCCUPATIONS ET MISSIONS DES ESPRITS

558. Les Esprits ont-ils autre chose à faire qu'à s'améliorer personnellement ?

« Ils concourent à l'harmonie de l'univers en exécutant les volontés de Dieu dont ils sont les ministres. La vie spirite est une occupation continuelle, mais qui n'a rien de pénible comme sur la terre, parce qu'il n'y a ni la fatigue corporelle, ni les angoisses du besoin. »

559. Les Esprits inférieurs et imparfaits remplissent-ils aussi un rôle utile dans l'univers ?

« Tous ont des devoirs à remplir. Est-ce que le dernier maçon ne concourt pas à bâtir l'édifice aussi bien que l'architecte ? » (540).

560. Les Esprits ont-ils chacun des attributs spéciaux ?

« C'est-à-dire que tous nous devons habiter partout, et acquérir la connaissance de toutes choses en présidant successivement à toutes les parties de l'univers. Mais, comme il est dit dans l'Ecclésiaste, il y a un temps pour tout ; ainsi, tel accomplit aujourd'hui sa destinée en ce monde, tel l'accomplira ou l'a accomplie dans un autre temps, sur la terre, dans l'eau, dans l'air, etc. »

561. Les fonctions que remplissent les Esprits dans l'ordre des choses sont-elles permanentes pour chacun, et sont-elles dans les attributions exclusives de certaines classes ?

« Tous doivent parcourir les différents degrés de l'échelle pour se perfectionner. Dieu, qui est juste, n'a pu vouloir donner aux uns la science sans travail, tandis que d'autres ne l'acquièrent qu'avec peine. »

De même, parmi les hommes, nul n'arrive au suprême degré d'habileté dans un art quelconque sans avoir puisé les connaissances nécessaires dans la pratique des parties les plus infimes de cet art.

562. Les Esprits de l'ordre le plus élevé n'ayant plus rien à acquérir sont-ils dans un repos absolu, ou bien ont-ils aussi des occupations ?

« Que voudrais-tu qu'ils fissent pendant l'éternité ? L'oisiveté éternelle serait un supplice éternel. »

– Quelle est la nature de leurs occupations ?

« Recevoir directement les ordres de Dieu, les transmettre dans tout l'univers et veiller à leur exécution. »

563. Les occupations des Esprits sont-elles incessantes ?

« Incessantes, oui, si l'on entend que leur pensée est toujours active, car ils vivent par la pensée. Mais il ne faut pas assimiler les occupations des Esprits aux occupations matérielles des hommes ; cette activité même est une jouissance, par la conscience qu'ils ont d'être utiles. »

– Cela se conçoit pour les bons Esprits ; mais en est-il de même des Esprits inférieurs ?

« Les Esprits inférieurs ont des occupations appropriées à leur nature. Confiez-vous au manœuvre et à l'ignorant les travaux de l'homme d'intelligence ? »

564. Parmi les Esprits en est-il qui sont oisifs, ou qui ne s'occupent d'aucune chose utile ?

« Oui, mais cet état est temporaire, et subordonné au développement de leur intelligence. Certes, il y en a, comme parmi les hommes, qui ne vivent que pour eux-mêmes ; mais cette oisiveté leur pèse, et tôt ou tard le désir d'avancer leur fait éprouver le besoin de l'activité, et ils sont heureux de pouvoir se rendre utiles. Nous parlons des Esprits arrivés au point d'avoir la conscience d'eux-mêmes et leur libre arbitre ; car, à leur origine, ils sont comme des enfants qui viennent de naître, et qui agissent plus par instinct que par une volonté déterminée. »

565. Les Esprits examinent-ils nos travaux d'art et s'y intéressent-ils ?

« Ils examinent ce qui peut prouver l'élévation des Esprits et leur progrès. »

566. Un Esprit qui a eu une spécialité sur la terre, un peintre, un architecte, par exemple, s'intéresse-t-il de préférence aux travaux qui ont fait l'objet de sa prédilection pendant sa vie ?

« Tout se confond dans un but général. S'il est bon, il s'y intéresse tout autant que cela lui permet de s'occuper d'aider les âmes à monter vers Dieu. Vous oubliez d'ailleurs qu'un Esprit qui a pratiqué un art dans l'existence que vous lui connaissez, peut en avoir pratiqué un autre dans une autre existence, car il faut qu'il sache tout pour être parfait ; ainsi, suivant son degré d'avancement, il peut n'y avoir pas de spécialité pour lui ; c'est ce que j'entendais en disant que tout cela se confond dans un but général. Notez encore ceci : ce qui est sublime pour vous, dans votre monde arriéré, n'est que de l'enfantillage auprès des mondes plus avancés. Comment voulez-vous que les Esprits qui habitent ces mondes où il existe des arts inconnus pour vous, admirent ce qui, pour eux, n'est qu'un ouvrage d'écolier ? Je l'ai dit : ils examinent ce qui peut prouver le progrès. »

– Nous concevons qu'il doit en être ainsi pour des Esprits très avancés ; mais nous parlons des Esprits plus vulgaires et qui ne sont point encore élevés au-dessus des idées terrestres ?

« Pour ceux-là, c'est différent ; leur point de vue est plus borné, et ils peuvent admirer ce que vous admirez vous-mêmes. »

567. Les Esprits se mêlent-ils quelquefois à nos occupations et à nos plaisirs ?

« Les Esprits vulgaires, comme tu le dis, oui ; ceux-là sont sans cesse autour de vous et prennent à ce que vous faites une part quelquefois très active, selon leur nature ; et il le faut bien pour pousser les hommes dans les différents sentiers de la vie, exciter ou modérer leurs passions. »

Les Esprits s'occupent des choses de ce monde en raison de leur élévation ou de leur infériorité. Les Esprits supérieurs ont sans doute la faculté de les considérer dans les plus petits détails, mais ils ne le font qu'autant que cela est utile au progrès ; les Esprits inférieurs seuls y attachent une importance relative aux souvenirs qui sont encore présents à leur mémoire, et aux idées matérielles qui ne sont point encore éteintes.

568. Les Esprits qui ont des missions à remplir les accomplissent-ils à l'état errant ou à l'état d'incarnation ?

« Ils peuvent en avoir dans l'un et l'autre état ; pour certains Esprits errants, c'est une grande occupation. »

569. En quoi consistent les missions dont peuvent être chargés les Esprits errants ?

« Elles sont si variées qu'il serait impossible de les décrire ; il en est d'ailleurs que vous ne pouvez comprendre. Les Esprits exécutent les volontés de Dieu, et vous ne pouvez pénétrer tous ses desseins. »

Les missions des Esprits ont toujours le bien pour objet. Soit comme Esprits, soit comme hommes, ils sont chargés d'aider au progrès de l'humanité, des peuples ou des individus, dans un cercle d'idées plus ou moins larges, plus ou moins spéciales, de préparer les voies pour certains événements, de veiller à l'accomplissement de certaines choses. Quelques-uns ont des missions plus restreintes et en quelque sorte personnelles ou tout à fait locales, comme d'assister les malades, les agonisants, les affligés, de veiller sur ceux dont ils deviennent les guides et les protecteurs, de les diriger par leurs conseils ou par les bonnes pensées qu'ils suggèrent. On peut dire qu'il y a autant de genres de missions qu'il y a de sortes d'intérêts à surveiller, soit dans le monde physique, soit dans le monde moral. L'Esprit avance selon la manière dont il accomplit sa tâche.

570. Les Esprits pénètrent-ils toujours les desseins qu'ils sont chargés d'exécuter ?

« Non ; il y en a qui sont des instruments aveugles, mais d'autres savent très bien dans quel but ils agissent. »

571. N'y a-t-il que les Esprits élevés qui remplissent des missions ?

« L'importance des missions est en rapport avec les capacités et l'élévation de l'Esprit. L'estafette qui porte une dépêche remplit aussi une mission mais qui n'est pas celle du général. »

572. La mission d'un Esprit lui est-elle imposée, ou dépend-elle de sa volonté ?

« Il la demande, et il est heureux de l'obtenir. »

– La même mission peut-elle être demandée par plusieurs Esprits ?

« Oui, il y a souvent plusieurs candidats, mais tous ne sont pas acceptés. »

573. En quoi consiste la mission des Esprits incarnés ?

« Instruire les hommes, aider à leur avancement ; améliorer leurs institutions par des moyens directs et matériels ; mais les missions sont plus ou moins générales et importantes ; celui qui cultive la terre accomplit une mission, comme celui qui gouverne ou celui qui instruit. Tout s'enchaîne dans la nature ; en même temps que l'Esprit s'épure par l'incarnation, il concourt, sous cette forme, à l'accomplissement des vues de la Providence. Chacun a sa mission ici-bas, parce que chacun peut être utile à quelque chose. »

574. Quelle peut être la mission des gens volontairement inutiles sur la terre ?

« Il y a effectivement des gens qui ne vivent que pour eux-mêmes et ne savent se rendre utiles à rien. Ce sont de pauvres êtres qu'il faut plaindre, car ils expieront cruellement leur inutilité volontaire, et leur châtiment commence souvent dès ici-bas par l'ennui et le dégoût de la vie. »

— Puisqu'ils avaient le choix, pourquoi ont-ils préféré une vie qui ne pouvait leur profiter en rien ?

« Parmi les Esprits, il y a aussi des paresseux qui reculent devant une vie de labeur. Dieu les laisse faire ; ils comprendront plus tard et à leurs dépens les inconvénients de leur inutilité et ils seront les premiers à demander de réparer le temps perdu. Peut-être aussi ont-ils choisi une vie plus utile, mais une fois à l'œuvre ils reculent et se laissent entraîner aux suggestions des Esprits qui les encouragent dans leur oisiveté. »

575. Les occupations vulgaires nous semblent plutôt des devoirs que des missions proprement dites. La mission, selon l'idée attachée à ce mot, a un caractère d'importance moins exclusif et surtout moins personnel. À ce point de vue, comment peut-on reconnaître qu'un homme a une mission réelle sur la terre ?

« Aux grandes choses qu'il accomplit, aux progrès qu'il fait faire à ses semblables. »

576. Les hommes qui ont une mission importante y sont-ils prédestinés avant leur naissance, et en ont-ils connaissance ?

« Quelquefois, oui ; mais le plus souvent, ils l'ignorent. Ils n'ont qu'un but vague en venant sur la terre ; leur mission se dessine après leur naissance et selon les circonstances. Dieu les pousse dans la voie où ils doivent accomplir ses desseins. »

577. Quand un homme fait une chose utile, est-ce toujours en vertu d'une mission antérieure et prédestinée, ou peut-il recevoir une mission non prévue ?

« Tout ce qu'un homme fait n'est pas le résultat d'une mission prédestinée ; il est souvent l'instrument dont un Esprit se sert pour faire exécuter une chose qu'il croit utile. Par exemple, un Esprit juge qu'il serait bon d'écrire un livre qu'il ferait lui-même s'il était incarné ; il cherche l'écrivain qui est le plus apte à comprendre sa pensée et à l'exécuter ; il lui en donne l'idée et le dirige dans l'exécution. Ainsi, cet homme n'est point venu sur la terre avec la mission de faire cet ouvrage. Il en est de même de certains travaux d'art ou de découvertes. Il faut dire encore que pendant le sommeil de son corps, l'Esprit incarné communique directement avec l'Esprit errant et qu'ils s'entendent pour l'exécution. »

578. L'Esprit peut-il faillir à sa mission par sa faute ?

« Oui, si ce n'est pas un Esprit supérieur. »

— Quelles en sont pour lui les conséquences ?

« Il lui faut renouveler sa tâche : c'est là sa punition ; et puis il subira les conséquences du mal dont il aura été cause. »

579. Puisque l'Esprit reçoit sa mission de Dieu, comment Dieu peut-il confier une mission importante et d'un intérêt général à un Esprit qui pourrait y faillir ?

« Dieu ne sait-il pas si son général remportera la victoire ou sera vaincu ? Il le sait, soyez-en sûrs, et ses plans, *quand ils sont importants*, ne reposent point sur ceux qui doivent abandonner leur œuvre au milieu de leur travail. Toute la question est, pour vous, dans la connaissance de l'avenir que Dieu possède, mais qui ne vous est pas donnée. »

580. L'Esprit qui s'incarne pour accomplir une mission a-t-il la même appréhension que celui qui le fait comme épreuve ?

« Non ; il a l'expérience. »

581. Les hommes qui sont le flambeau du genre humain, qui l'éclairent par leur génie, ont certainement une mission ; mais dans le nombre, il y en a qui se trompent et qui, à côté de grandes vérités, répandent de grandes erreurs. Comment doit-on considérer leur mission ?

« Comme faussée par eux-mêmes. Ils sont au-dessous de la tâche qu'ils ont entreprise. Il faut cependant tenir compte des circonstances ; les hommes de génie ont dû parler selon les temps, et tel enseignement qui paraît erroné ou puéril à une époque avancée pouvait être suffisant pour son siècle. »

582. Peut-on considérer la paternité comme une mission ?

« C'est sans contredit une mission ; c'est en même temps un devoir très grand et qui engage, plus que l'homme ne le pense, sa responsabilité pour l'avenir. Dieu a mis l'enfant sous la tutelle de ses parents pour que ceux-ci le dirigent dans la voie du bien, et il a facilité leur tâche en lui donnant une organisation frêle et délicate qui le rend accessible à toutes les impressions ; mais il en est qui s'occupent plus de redresser les arbres de leur jardin et de leur faire rapporter beaucoup de bons fruits que de redresser le caractère de leur enfant. Si celui-ci succombe par leur faute, ils en porteront la peine, et les souffrances de l'enfant dans la vie future retomberont sur eux, car ils n'auront pas fait ce qui dépendait d'eux pour son avancement dans la voie du bien. »

583. Si un enfant tourne mal, malgré les soins de ses parents, ceux-ci sont-ils responsables ?

« Non ; mais plus les dispositions de l'enfant sont mauvaises, plus la tâche est lourde, et plus grand sera le mérite s'ils réussissent à le détourner de la mauvaise voie. »

– Si un enfant devient un bon sujet, malgré la négligence ou les mauvais exemples de ses parents, ceux-ci en retirent-ils quelque fruit ?

« Dieu est juste. »

584. Quelle peut être la nature de la mission du conquérant qui n'a en vue que de satisfaire son ambition et qui, pour atteindre ce but, ne recule devant aucune des calamités qu'il entraîne à sa suite ?

« Il n'est, le plus souvent, qu'un instrument dont Dieu se sert pour l'accomplissement de ses desseins, et ces calamités sont quelquefois un moyen de faire avancer un peuple plus vite. »

– Celui qui est l'instrument de ces calamités passagères est étranger au bien qui peut en résulter, puisqu'il ne s'était proposé qu'un but personnel ; néanmoins, profitera-t-il de ce bien ? « Chacun est récompensé selon ses œuvres, le bien qu'il a *voulu* faire et la droiture de ses intentions. »

Les Esprits incarnés ont des occupations inhérentes à leur existence corporelle. À l'état errant, ou de dématérialisation, ces occupations sont proportionnées au degré de leur avancement.

Les uns parcourent les mondes, s'instruisent et se préparent à une nouvelle incarnation.

D'autres, plus avancés, s'occupent du progrès en dirigeant les événements et en suggérant des pensées propices ; ils assistent les hommes de génie qui concourent à l'avancement de l'humanité.

D'autres s'incarnent avec une mission de progrès.

D'autres prennent sous leur tutelle les individus, les familles, les réunions, les villes et les peuples, dont ils sont les anges gardiens, les génies protecteurs et les Esprits familiers.

D'autres enfin président aux phénomènes de la nature dont ils sont les agents directs.

Les Esprits vulgaires se mêlent à nos occupations et à nos amusements.

Les Esprits impurs ou imparfaits attendent dans les souffrances et les angoisses le moment où il plaira à Dieu de leur procurer les moyens d'avancer. S'ils font le mal, c'est par dépit du bien dont ils ne peuvent encore jouir.

CHAPITRE XI
LES TROIS RÈGNES

Les minéraux et les plantes

585. Que pensez-vous de la division de la nature en trois règnes, ou bien en deux classes : les êtres organiques et les êtres inorganiques ? Quelques-uns font de l'espèce humaine une quatrième classe. Laquelle de ces divisions est préférable ?

« Elles sont toutes bonnes ; cela dépend du point de vue. Sous le rapport matériel, il n'y a que des êtres organiques et des êtres inorganiques ; au point de vue moral, il y a évidemment quatre degrés. »

Ces quatre degrés ont, en effet, des caractères tranchés, quoique leurs limites semblent se confondre : la matière inerte, qui constitue le règne minéral, n'a en elle qu'une force mécanique ; les plantes, composées de matière inerte, sont douées de vitalité ; les animaux, composés de matière inerte, doués de vitalité, ont de plus une sorte d'intelligence instinctive, limitée, avec la conscience de leur existence et de leur individualité ; l'homme ayant tout ce qu'il y a dans les plantes et dans les animaux, domine toutes les autres classes par une intelligence spéciale, indéfinie, qui lui donne la conscience de son avenir, la perception des choses extra-matérielles et la connaissance de Dieu.

586. Les plantes ont-elles la conscience de leur existence ?

« Non, elles ne pensent pas ; elles n'ont que la vie organique. »

587. Les plantes éprouvent-elles des sensations ? Souffrent-elles quand on les mutile ?

« Les plantes reçoivent des impressions physiques qui agissent sur la matière, mais elles n'ont pas de perceptions ; par conséquent, elles n'ont pas le sentiment de la douleur. »

588. La force qui attire les plantes les unes vers les autres est-elle indépendante de leur volonté ?

« Oui, puisqu'elles ne pensent pas. C'est une force mécanique de la matière qui agit sur la matière : elles ne pourraient pas s'y opposer. »

589. Certaines plantes, telles que la sensitive et la dionée, par exemple, ont des mouvements qui accusent une grande sensibilité, et dans certains cas une sorte de volonté, comme la dernière dont les lobes saisissent la mouche qui vient se poser sur elle pour puiser son suc, et à laquelle elle semble tendre un piège pour ensuite la faire mourir. Ces plantes sont-elles douées de la faculté de penser ? Ont-elles une volonté et forment-elles une classe intermédiaire entre la nature végétale et la nature animale ? Sont-elles une transition de l'une à l'autre ?

« Tout est transition dans la nature, par le fait même que rien n'est semblable, et que pourtant tout se tient. Les plantes ne pensent pas, et par conséquent n'ont pas de volonté. L'huître qui s'ouvre et tous les zoophytes n'ont point la pensée : il n'y a qu'un instinct aveugle et naturel. »

L'organisme humain nous fournit des exemples de mouvements analogues sans la participation de la volonté, comme dans les fonctions digestives et circulatoires ; le pylore se resserre au contact de certains corps pour leur refuser le passage. Il doit en être de même de la sensitive, chez laquelle les mouvements n'impliquent nullement la nécessité d'une perception, et encore moins d'une volonté.

590. N'y a-t-il pas dans les plantes, comme dans les animaux, un instinct de conservation qui les porte à rechercher ce qui peut leur être utile et à fuir ce qui peut leur nuire ?

« C'est, si l'on veut, une sorte d'instinct : cela dépend de l'extension que l'on donne à ce mot ; mais il est purement mécanique. Lorsque, dans les opérations de chimie, vous voyez deux corps se réunir, c'est qu'ils se conviennent, c'est-à-dire qu'il y a entre eux de l'affinité ; vous n'appelez pas cela de l'instinct. »

591. Dans les mondes supérieurs, les plantes sont-elles, comme les autres êtres, d'une nature plus parfaite ?

« Tout est plus parfait ; mais les plantes sont toujours des plantes, comme les animaux sont toujours des animaux et les hommes toujours des hommes. »

Les animaux et l'homme

592. Si nous comparons l'homme et les animaux sous le rapport de l'intelligence, la ligne de démarcation semble difficile à établir, car certains animaux ont, sous ce rapport, une supériorité notoire sur certains hommes. Cette ligne de démarcation peut-elle être établie d'une manière précise ?

« Sur ce point, vos philosophes ne sont guère d'accord ; les uns veulent que l'homme soit un animal, et d'autres que l'animal soit un homme ; ils ont tous tort ; l'homme est un être à part qui s'abaisse quelquefois bien bas ou qui peut s'élever bien haut. Au physique, l'homme est comme les animaux, et moins bien pourvu que beaucoup d'entre eux ; la nature leur a donné tout ce que l'homme est obligé *d'inventer avec son intelligence* pour ses besoins et sa conservation ; son corps se détruit comme celui des animaux, c'est vrai, mais son Esprit a une destinée que lui seul peut comprendre, parce que lui seul est complètement libre. Pauvres hommes qui vous abaissez au-dessous de la brute ! ne savez-vous pas vous en distinguer ? Reconnaissez l'homme à la pensée de Dieu. »

593. Peut-on dire que les animaux n'agissent que par instinct ?

« C'est encore là un système. Il est bien vrai que l'instinct domine chez la plupart des animaux ; mais n'en vois-tu pas qui agissent avec une volonté déterminée ? C'est de l'intelligence, mais elle est bornée. »

Outre l'instinct, on ne saurait dénier à certains animaux des actes combinés qui dénotent une volonté d'agir dans un sens déterminé et selon les circonstances. Il y a donc en eux une sorte d'intelligence, mais dont l'exercice est plus exclusivement concentré sur les moyens de satisfaire leurs besoins physiques et de pourvoir à leur conservation. Chez eux, nulle création, nulle amélioration ; quel que soit l'art que nous admirons dans leurs travaux, ce qu'ils faisaient jadis, ils le font aujourd'hui, ni mieux, ni plus mal, selon des formes et des proportions constantes et invariables. Le petit, isolé de ceux de son espèce, n'en construit pas moins son nid sur le même modèle sans avoir reçu d'enseignement. Si quelques-uns sont susceptibles d'une certaine éducation, leur développement intellectuel, toujours renfermé dans des bornes étroites, est dû à l'action de l'homme sur une nature flexible, car il n'est aucun progrès qui leur soit propre ; mais ce progrès est éphémère et purement individuel, car l'animal rendu à lui-même ne tarde pas à rentrer dans les limites tracées par la nature.

594. Les animaux ont-ils un langage ?

« Si vous entendez un langage formé de mots et de syllabes, non ; mais un moyen de communiquer entre eux, oui ; ils se disent beaucoup plus de choses que vous ne croyez ; mais leur langage est borné, comme leurs idées, à leurs besoins. »

– Il y a des animaux qui n'ont point de voix ; ceux-là ne paraissent pas avoir de langage ?

« Ils se comprennent par d'autres moyens. Vous autres, hommes, n'avez-vous que la parole pour communiquer ? Et les muets, qu'en dis-tu ? Les animaux étant doués de la vie de relation ont des moyens de s'avertir et d'exprimer les sensations qu'ils éprouvent. Crois-tu que les poissons ne s'entendent pas entre eux ? L'homme n'a donc point le privilège exclusif du langage ; mais celui des animaux est instinctif et limité par le cercle de leurs besoins et de leurs idées, tandis que celui de l'homme est perfectible et se prête à toutes les conceptions de son intelligence. »

Les poissons, en effet, qui émigrent en masse, comme les hirondelles, qui obéissent au guide qui les conduit, doivent avoir des moyens de s'avertir, de s'entendre et de se concerter. Peut-être est-ce par une vue plus perçante qui leur permet de distinguer les signes qu'ils se font ; peut-être aussi l'eau est-elle un véhicule qui leur transmet certaines vibrations. Quel qu'il soit, il est incontestable qu'ils ont un moyen de s'entendre, de même que tous les animaux privés de la voix et qui font des travaux en commun. Doit-on s'étonner, d'après cela, que des Esprits puissent communiquer entre eux sans le secours de la parole articulée ? (282).

595. Les animaux ont-ils le libre arbitre de leurs actes ?

« Ce ne sont pas de simples machines, comme vous le croyez ; mais leur liberté d'action est bornée à leurs besoins, et ne peut se comparer à celle de l'homme. Étant de beaucoup inférieurs à lui, ils n'ont pas les mêmes devoirs. Leur liberté est restreinte aux actes de la vie matérielle. »

596. D'où vient l'aptitude de certains animaux à imiter le langage de l'homme, et pourquoi cette aptitude se trouve-t-elle plutôt chez les oiseaux que chez le singe, par exemple, dont la conformation a le plus d'analogie avec la sienne ?

« Conformation particulière des organes de la voix, secondée par l'instinct d'imitation ; le singe imite les gestes, certains oiseaux imitent la voix. »

597. Puisque les animaux ont une intelligence qui leur donne une certaine liberté d'action, y a-t-il en eux un principe indépendant de la matière ?

« Oui, et qui survit au corps. »

– Ce principe est-il une âme semblable à celle de l'homme ?

« C'est aussi une âme, si vous voulez ; *cela dépend du sens que l'on attache à ce mot ;* mais elle est inférieure à celle de l'homme. Il y a entre l'âme des animaux et celle de l'homme autant de distance qu'entre l'âme de l'homme et Dieu. »

598. L'âme des animaux conserve-t-elle, après la mort, son individualité et la conscience d'elle-même ?

« Son individualité, oui, mais non la conscience de son *moi*. La vie intelligente reste à l'état latent. »

599. L'âme des bêtes a-t-elle le choix de s'incarner dans un animal plutôt que dans un autre ?

« Non ; elle n'a pas le libre arbitre. »

600. L'âme de l'animal survivant au corps est-elle après la mort dans un état errant, comme celle de l'homme ?

« C'est une sorte d'erraticité, puisqu'elle n'est pas unie à un corps, mais ce n'est pas un *Esprit errant*. L'Esprit errant est un être qui pense et agit par sa libre volonté ; celui des animaux n'a pas la même faculté ; c'est la conscience de lui-même qui est l'attribut principal de l'Esprit. L'Esprit de l'animal est classé après sa mort par les Esprits que cela concerne, et presque aussitôt utilisé ; il n'a pas le loisir de se mettre en rapport avec d'autres créatures. »

601. Les animaux suivent-ils une loi progressive comme les hommes ?

« Oui, c'est pourquoi dans les mondes supérieurs où les hommes sont plus avancés, les animaux le sont aussi, ayant des moyens de communication plus développés ; mais ils sont toujours inférieurs et soumis à l'homme ; ils sont pour lui des serviteurs intelligents. »

Il n'y a rien là d'extraordinaire ; supposons nos animaux les plus intelligents, le chien, l'éléphant, le cheval avec une conformation appropriée aux travaux manuels, que ne pourraient-ils pas faire sous la direction de l'homme ?

602. Les animaux progressent-ils, comme l'homme, par le fait de leur volonté ou par la force des choses ?

« Par la force des choses ; c'est pourquoi il n'y a point pour eux d'expiation. »

603. Dans les mondes supérieurs, les animaux connaissent-ils Dieu ?

« Non, l'homme est un dieu pour eux, comme jadis les Esprits ont été des dieux pour les hommes. »

604. Les animaux, même perfectionnés dans les mondes supérieurs, étant toujours inférieurs à l'homme, il en résulterait que Dieu aurait créé des êtres intellectuels perpétuellement voués à l'infériorité, ce qui paraît en désaccord avec l'unité de vues et de progrès que l'on remarque dans toutes ses œuvres.

« Tout s'enchaîne dans la nature par des liens que vous ne pouvez encore saisir, et les choses les plus disparates en apparence ont des points de contact que l'homme n'arrivera jamais à comprendre dans son état actuel. Il peut les entrevoir par un effort de son intelligence, mais ce n'est que lorsque cette intelligence aura acquis tout son développement et sera affranchie des préjugés de l'orgueil et de l'ignorance qu'elle pourra voir clairement dans l'œuvre de Dieu ; jusque-là, ses idées bornées lui font voir les choses à un point de vue mesquin et rétréci. Sachez bien que Dieu ne peut se contredire, et que tout, dans la nature, s'harmonise par des lois générales qui ne s'écartent jamais de la sublime sagesse du Créateur. »

– L'intelligence est ainsi une propriété commune, un point de contact, entre l'âme des bêtes et celle de l'homme ?

« Oui, mais les animaux n'ont que l'intelligence de la vie matérielle ; chez l'homme, l'intelligence donne la vie morale. »

605. Si l'on considère tous les points de contact qui existent entre l'homme et les animaux, ne pourrait-on pas penser que l'homme possède deux âmes : l'âme animale et l'âme spirite et que, s'il n'avait pas cette dernière, il pourrait vivre, mais comme la brute ; autrement dit, que l'animal est un être semblable à l'homme, moins l'âme spirite ? Il en résulterait que les bons et les mauvais instincts de l'homme seraient l'effet de la prédominance de l'une de ces deux âmes.

« Non, l'homme n'a pas deux âmes ; mais le corps a ses instincts qui sont le résultat de la sensation des organes. Il n'y a en lui qu'une double nature : la nature animale et la nature spirituelle ; par son corps, il participe de la nature des animaux et de leurs instincts ; par son âme, il participe de la nature des Esprits. »

– Ainsi, outre ses propres imperfections dont l'Esprit doit se dépouiller, il a encore à lutter contre l'influence de la matière ?

« Oui, plus il est inférieur, plus les liens entre l'Esprit et la matière sont resserrés ; ne le voyez-vous pas ? Non, l'homme n'a pas deux âmes ; l'âme est toujours unique dans un seul être. L'âme de l'animal et celle de l'homme sont distinctes l'une de l'autre, de telle sorte que l'âme de l'un ne peut animer le corps créé pour l'autre. Mais si l'homme n'a pas d'âme animale qui le mette, par ses passions, au niveau des animaux, il a son corps qui le rabaisse souvent jusqu'à eux, car son corps est un être doué de vitalité qui a des instincts, mais inintelligents et bornés au soin de sa conservation. »

L'Esprit, en s'incarnant dans le corps de l'homme, lui apporte le principe intellectuel et moral qui le rend supérieur aux animaux. Les deux natures qui sont en l'homme donnent à ses passions deux sources différentes : les unes provenant des instincts de la nature animale, les autres des impuretés de l'Esprit dont il est l'incarnation et qui sympathise plus ou moins avec la grossièreté des appétits animaux. L'Esprit, en se purifiant, s'affranchit peu à peu de l'influence de la matière ; sous cette influence, il se rapproche de la brute ; dégagé de cette influence, il s'élève à sa véritable destination.

606. Où les animaux puisent-ils le principe intelligent qui constitue l'espèce particulière d'âme dont ils sont doués ?

« Dans l'élément intelligent universel. »

– L'intelligence de l'homme et celle des animaux émanent donc d'un principe unique ?

« Sans aucun doute, mais dans l'homme il a reçu une élaboration qui l'élève au-dessus de celui qui anime la brute. »

607. Il a été dit que l'âme de l'homme, à son origine, est l'état de l'enfance à la vie corporelle, que son intelligence éclôt à peine, et qu'elle s'essaye à la vie (190) ; où l'Esprit accomplit-il cette première phase ?

« Dans une série d'existences qui précèdent la période que vous appelez l'humanité. »

– L'âme semblerait ainsi avoir été le principe intelligent des êtres inférieurs de la création ?

« N'avons-nous pas dit que tout s'enchaîne dans la nature et tend à l'unité ? C'est dans ces êtres, que vous êtes loin de tous connaître, que le principe intelligent s'élabore, s'individualise peu à peu, et s'essaye à la vie, comme nous l'avons dit. C'est en quelque sorte un travail préparatoire comme celui de la germination, à la suite duquel le principe intelligent subit une transformation et devient *Esprit*. C'est alors que commence pour lui la période de l'humanité, et avec elle la conscience de son avenir, la distinction du bien et du mal et la responsabilité de ses actes ; comme après la période de l'enfance vient celle de l'adolescence, puis la jeunesse et enfin l'âge mûr. Il n'y a du reste rien, dans cette origine, qui doive humilier l'homme. Les grands génies sont-ils humiliés pour avoir été d'informes fœtus dans le sein de leur mère ? Si quelque chose doit l'humilier, c'est son infériorité devant Dieu, et son impuissance à sonder la profondeur de ses desseins et la sagesse des lois qui règlent l'harmonie de l'univers. Reconnaissez la grandeur de Dieu à cette admirable harmonie qui fait que tout est solidaire dans la nature. Croire que Dieu aurait pu faire quelque chose sans but et créer des êtres intelligents sans avenir, serait blasphémer sa bonté qui s'étend sur toutes ses créatures. »

– Cette période de l'humanité commence-t-elle sur notre terre ?

« La terre n'est pas le point de départ de la première incarnation humaine ; la période de l'humanité commence, en général, dans des mondes encore plus inférieurs ; ceci cependant n'est pas une règle absolue, et il pourrait arriver qu'un Esprit, dès son début humain, fût apte à vivre sur la terre. Ce cas n'est pas fréquent, et serait plutôt une exception. »

608. L'Esprit de l'homme, après sa mort, a-t-il la conscience des existences qui ont précédé pour lui la période de l'humanité ?

« Non, car ce n'est pas de cette période que commence pour lui la vie d'Esprit, et c'est même à peine s'il se souvient de ses premières existences comme homme, absolument comme l'homme ne se souvient plus des premiers temps de son enfance et encore moins du temps qu'il a passé dans le sein de sa mère. C'est pourquoi les Esprits vous disent qu'ils ne savent pas comment ils ont commencé. » (78).

609. L'Esprit, une fois entré dans la période de l'humanité, conserve-t-il des traces de ce qu'il était précédemment, c'est-à-dire de l'état où il était dans la période qu'on pourrait appeler antéhumaine ?

« C'est selon la distance qui sépare les deux périodes et le progrès accompli. Pendant quelques générations, il peut y avoir un reflet plus ou moins prononcé de l'état primitif, car rien dans la nature ne se fait par brusque transition ; il y a toujours des anneaux qui relient les extrémités de la chaîne des êtres et des événements ; mais ces traces s'effacent avec le développement du libre arbitre. Les premiers progrès s'accomplissent lentement, parce qu'ils ne sont pas encore secondés par la volonté ; ils suivent une progression plus rapide à mesure que l'Esprit acquiert une conscience plus parfaite de lui-même. »

610. Les Esprits qui ont dit que l'homme est un être à part dans l'ordre de la création se sont donc trompés ?

« Non, mais la question n'avait pas été développée, et il est d'ailleurs des choses qui ne peuvent venir qu'en leur temps. L'homme est en effet un être à part, car il a des facultés qui le distinguent de tous les autres et il a une autre destinée. L'espèce humaine est celle que Dieu a choisie pour l'incarnation des êtres *qui peuvent le connaître.* »

Métempsycose

611. La communauté d'origine dans le principe intelligent des êtres vivants n'est-elle pas la consécration de la doctrine de la métempsycose ?

« Deux choses peuvent avoir une même origine et ne se ressembler nullement plus tard.

Qui reconnaîtrait l'arbre, ses feuilles, ses fleurs et ses fruits dans le germe informe contenu dans la graine d'où il est sorti ? Du moment que le principe intelligent atteint le degré nécessaire pour être Esprit et entrer dans la période de l'humanité, il n'a plus de rapport avec son état primitif, et n'est pas plus l'âme des bêtes que l'arbre n'est le pépin. Dans l'homme, il n'y a plus de l'animal que le corps, et les passions qui naissent de l'influence du corps et de l'instinct de conservation inhérent à la matière. On ne peut donc pas dire que tel homme est l'incarnation de l'Esprit de tel animal, et par conséquent la métempsycose, telle qu'on l'entend, n'est pas exacte. »

612. L'Esprit qui a animé le corps d'un homme pourrait-il s'incarner dans un animal ?

« Ce serait rétrograder, et l'Esprit ne rétrograde pas. Le fleuve ne remonte pas à sa source. » (118).

613. Tout erronée que soit l'idée attachée à la métempsycose, ne serait-elle pas le résultat du sentiment intuitif des différentes existences de l'homme ?

« Ce sentiment intuitif se retrouve dans cette croyance comme dans beaucoup d'autres ; mais, comme la plupart de ses idées intuitives, l'homme l'a dénaturé. »

La métempsycose serait vraie si l'on entendait par ce mot la progression de l'âme d'un état inférieur à un état supérieur où elle acquerrait des développements qui transformeraient sa nature ; mais elle est fausse dans le sens de transmigration directe de l'animal dans l'homme et réciproquement, ce qui impliquerait l'idée d'une rétrogradation ou de fusion ; or cette fusion ne pouvant avoir lieu entre les êtres corporels des deux espèces, c'est un indice qu'elles sont à des degrés non assimilables, et qu'il doit en être de même des Esprits qui les animent. Si le même Esprit pouvait les animer alternativement, il s'ensuivrait une identité de nature qui se traduirait par la possibilité de la reproduction matérielle.

La réincarnation enseignée par les Esprits est fondée au contraire sur la marche ascendante de la nature et sur la progression de l'homme dans sa propre espèce, ce qui ne lui ôte rien de sa dignité. Ce qui le rabaisse, c'est le mauvais usage qu'il fait des facultés que Dieu lui a données pour son avancement. Quoi qu'il en soit, l'ancienneté et l'universalité de la doctrine de la métempsycose, et les hommes éminents qui l'ont professée prouvent que le principe de la réincarnation a ses racines dans la nature même ; ce sont donc bien plutôt des arguments en sa faveur qu'ils ne lui sont contraires.

Le point de départ de l'Esprit est une de ces questions qui tiennent au principe des choses, et sont dans le secret de Dieu. Il n'est pas donné à l'homme de les connaître d'une manière absolue, et il ne peut faire, à cet égard, que des suppositions, bâtir des systèmes plus ou moins probables. Les Esprits eux-mêmes sont loin de tout connaître ; sur ce qu'ils ne savent pas ils peuvent aussi avoir des opinions personnelles plus ou moins sensées.

C'est ainsi, par exemple, que tous ne pensent pas de même au sujet des rapports qui existent entre l'homme et les animaux. Selon quelques-uns, l'Esprit n'arrive à la période humaine qu'après s'être élaboré et individualisé dans les différents degrés des êtres inférieurs de la création. Selon d'autres, l'Esprit de l'homme aurait toujours appartenu à la race humaine, sans passer par la filière animale. Le premier de ces systèmes a l'avantage de donner un but à l'avenir des animaux qui formeraient ainsi les premiers anneaux de la chaîne des êtres pensants ; le second est plus conforme à la dignité de l'homme, et peut se résumer ainsi qu'il suit.

Les différentes espèces d'animaux ne procèdent point *intellectuellement* les unes des autres par voie de progression ; ainsi l'esprit de l'huître ne devient point successivement celui du poisson, de l'oiseau, du quadrupède et du quadrumane ; chaque espèce est un type *absolu*, physiquement et moralement, dont chaque individu puise à la source universelle la somme du principe intelligent qui lui est nécessaire, selon la perfection de ses organes et l'œuvre qu'il doit accomplir dans les phénomènes de la nature, et qu'à sa mort il rend à la masse. Ceux des mondes plus avancés que le nôtre (voir n° 188) sont également des races distinctes, appropriées aux besoins de ces mondes et au degré d'avancement des hommes dont ils sont les auxiliaires, mais qui ne procèdent nullement de ceux de la terre, spirituellement parlant. Il n'en est pas de même de l'homme. Au point de vue physique, il forme évidemment un anneau de la chaîne des êtres vivants ; mais au point de vue moral, entre l'animal et l'homme, il y a solution de continuité ; l'homme possède en propre l'âme ou Esprit, étincelle divine qui lui donne le sens moral et une portée intellectuelle qui manquent aux animaux ; c'est en lui l'être principal, préexistant et survivant au corps en conservant son individualité. Quelle est l'origine de l'Esprit ? Où est son point de départ ? Se forme-t-il du principe intelligent individualisé ? C'est là un mystère qu'il serait inutile de chercher à pénétrer et sur lequel, comme nous l'avons dit, on ne peut que bâtir des systèmes. Ce qui est constant, et ce qui ressort à la fois du raisonnement et de l'expérience, c'est la survivance de l'Esprit, la conservation de son individualité après la mort, sa faculté progressive, son état heureux ou malheureux proportionnés à son avancement dans la voie du bien, et toutes les vérités morales qui sont la conséquence de ce principe. Quant aux rapports mystérieux qui existent entre l'homme et les animaux, c'est là, nous le répétons, le secret de Dieu, comme beaucoup d'autres choses dont la connaissance *actuelle* n'importe point à notre avancement, et sur lesquelles il serait inutile de s'appesantir.

LIVRE TROISIÈME

LOIS MORALES

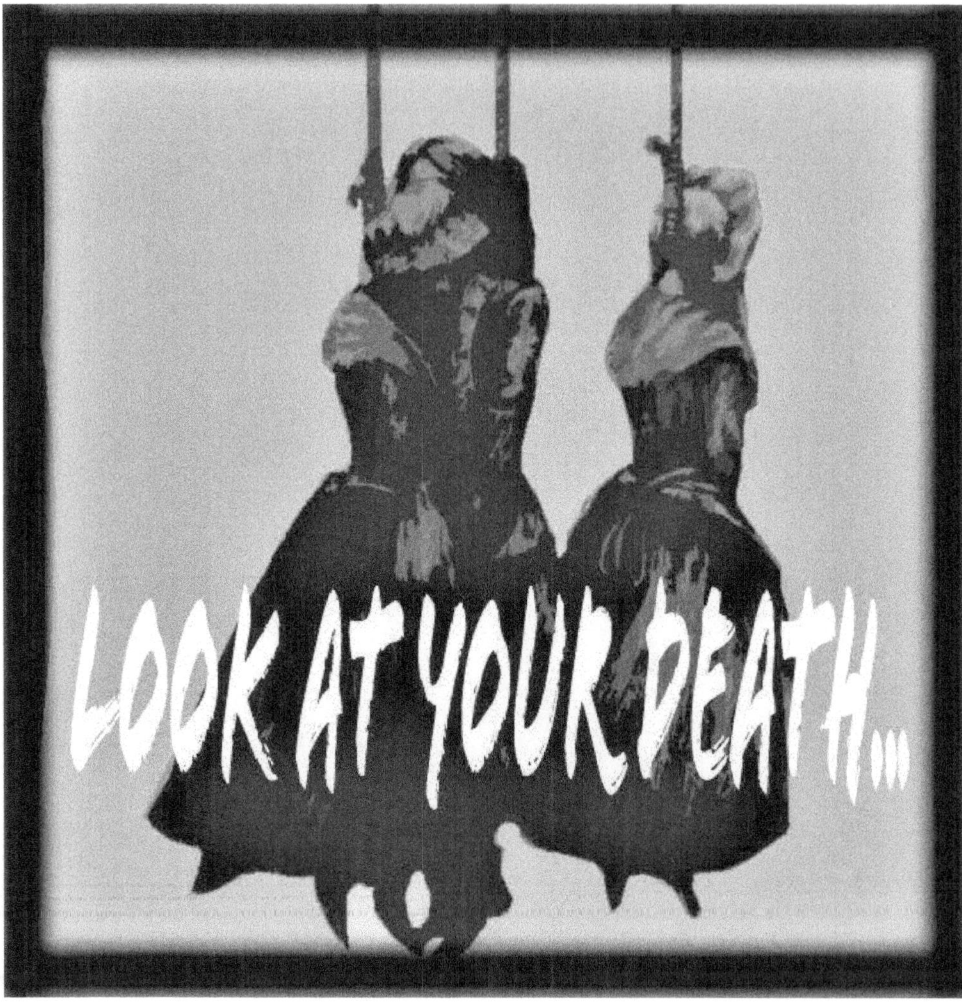
LOOK AT YOUR DEATH...

CHAPITRE PREMIER
LOI DIVINE OU NATURELLE

Caractères de la loi naturelle

614. Que doit-on entendre par la loi naturelle ?

« La loi naturelle est la loi de Dieu ; c'est la seule vraie pour le bonheur de l'homme ; elle lui indique ce qu'il doit faire ou ne pas faire, et il n'est malheureux que parce qu'il s'en écarte. »

615. La loi de Dieu est-elle éternelle ?

« Elle est éternelle et immuable comme Dieu même. »

616. Dieu a-t-il pu prescrire aux hommes dans un temps ce qu'il leur aurait défendu dans un autre ?

« Dieu ne peut se tromper ; ce sont les hommes qui sont obligés de changer leurs lois, parce qu'elles sont imparfaites ; mais les lois de Dieu sont parfaites. L'harmonie qui règle l'univers matériel et l'univers moral est fondée sur les lois que Dieu a établies de toute éternité. »

617. Quels objets embrassent les lois divines ? Concernent-elles autre chose que la conduite morale ?

« Toutes les lois de la nature sont des lois divines, puisque Dieu est l'auteur de toutes choses. Le savant étudie les lois de la matière, l'homme de bien étudie celles de l'âme et les pratique. »

- Est-il donné à l'homme d'approfondir les unes et les autres ?

« Oui, *mais une seule existence ne suffit pas.* »

Que sont, en effet, quelques années pour acquérir tout ce qui constitue l'être parfait, si l'on ne considère même que la distance qui sépare le sauva-ge de l'homme civilisé ? La plus longue existence possible est insuffisante, à plus forte raison quand elle est abrégée, comme cela a lieu chez un grand nombre.

Parmi les lois divines, les unes règlent le mouvement et les rapports de la matière brute : ce sont les lois physiques ; leur étude est du domaine de la science.

Les autres concernent spécialement l'homme en lui-même et dans ses rapports avec Dieu et avec ses semblables. Elles comprennent les règles de la vie du corps aussi bien que celles de la vie de l'âme : ce sont les lois morales.

618. Les lois divines sont-elles les mêmes pour tous les mondes ?

« La raison dit qu'elles doivent être appropriées à la nature de chaque monde et proportionnées au degré d'avancement des êtres qui les habitent. »

Connaissance de la loi naturelle

619. Dieu a-t-il donné à tous les hommes les moyens de connaître sa loi ?

« Tous peuvent la connaître, mais tous ne la comprennent pas ; ceux qui la comprennent le mieux sont les hommes de bien et ceux qui veulent la chercher ; cependant, tous la comprendront un jour, car il faut que le progrès s'accomplisse. »

La justice des diverses incarnations de l'homme est une conséquence de ce principe, puisqu'à chaque existence nouvelle son intelligence est plus développée et qu'il comprend mieux ce qui est bien et ce qui est mal. Si tout devait s'accomplir pour lui dans une seule existence, quel serait le sort de tant de millions d'êtres qui meurent chaque jour dans l'abrutissement de la sauvagerie, ou dans les ténèbres de l'ignorance, sans qu'il ait dépendu d'eux de s'éclairer ? (171-222)

620. L'âme, avant son union avec le corps, comprend-elle la loi de Dieu mieux qu'après son incarnation ?

« Elle la comprend selon le degré de perfection auquel elle est arrivée, et en conserve le souvenir intuitif après son union avec le corps ; mais les mauvais instincts de l'homme la lui font souvent oublier. »

621. Où est écrite la loi de Dieu ?

« Dans la conscience. »

– Puisque l'homme porte dans sa conscience la loi de Dieu, quelle nécessité y avait-il de la lui révéler ?

« Il l'avait oubliée et méconnue : Dieu a voulu qu'elle lui fût rappelée. »

622. Dieu a-t-il donné à certains hommes la mission de révéler sa loi ?

« Oui, certainement ; dans tous les temps des hommes ont reçu cette mission. Ce sont des

Esprits supérieurs incarnés dans le but de faire avancer l'humanité. »

623. Ceux qui ont prétendu instruire les hommes dans la loi de Dieu ne se sont-ils pas quelquefois trompés et ne les ont-ils pas souvent égarés par de faux principes ?

« Ceux qui n'étaient pas inspirés de Dieu, et qui se sont donné, par ambition, une mission qu'ils n'avaient pas ont certainement pu les égarer ; cependant, comme en définitive c'étaient des hommes de génie, au milieu même des erreurs qu'ils ont enseignées, il se trouve souvent de grandes vérités. »

624. Quel est le caractère du vrai prophète ?

« Le vrai prophète est un homme de bien inspiré de Dieu. On peut le reconnaître à ses paroles et à ses actions. Dieu ne peut se servir de la bouche du menteur pour enseigner la vérité. »

625. Quel est le type le plus parfait que Dieu ait offert à l'homme pour lui servir de guide et de modèle ?

« Voyez Jésus. »

Jésus est pour l'homme le type de la perfection morale à laquelle peut prétendre l'humanité sur la terre. Dieu nous l'offre comme le plus parfait modèle, et la doctrine qu'il a enseignée est la plus pure expression de sa loi, parce qu'il était animé de l'esprit divin, et l'être le plus pur qui ait paru sur la terre. Si quelques-uns de ceux qui ont prétendu instruire l'homme dans la loi de Dieu l'ont quelquefois égaré par de faux principes, c'est pour s'être laissé dominer eux-mêmes par des sentiments trop terrestres, et pour avoir confondu les lois qui régissent les conditions de la vie de l'âme avec celles qui régissent la vie du corps. Plusieurs ont donné comme lois divines ce qui n'était que des lois humaines créées pour servir les passions et dominer les hommes.

626. Les lois divines et naturelles n'ont-elles été révélées aux hommes que par Jésus, et avant lui n'en ont-ils eu connaissance que par l'intuition ?

« N'avons-nous pas dit qu'elles sont écrites partout ? Tous les hommes qui ont médité sur la sagesse ont donc pu les comprendre et les enseigner dès les siècles les plus reculés. Par leurs enseignements, même incomplets, ils ont préparé le terrain à recevoir la semence. Les lois divines étant inscrites dans le livre de la nature, l'homme a pu les connaître quand il a voulu les chercher ; c'est pourquoi les préceptes qu'elles consacrent ont été proclamés de tout temps par les hommes de bien, et c'est aussi pourquoi on en trouve les éléments dans la doctrine morale de tous les peuples sortis de la barbarie, mais incomplets ou altérés par l'ignorance et la superstition. »

627. Puisque Jésus a enseigné les véritables lois de Dieu, quelle est l'utilité de l'enseignement donné par les Esprits ? Ont-ils à nous apprendre quelque chose de plus ?

« La parole de Jésus était souvent allégorique et en paraboles, parce qu'il parlait selon les temps et les lieux. Il faut maintenant que la vérité soit intelligible pour tout le monde. Il faut bien expliquer et développer ces lois, puisqu'il y a si peu de gens qui les comprennent et encore moins qui les pratiquent. Notre mission est de frapper les yeux et les oreilles pour confondre les orgueilleux et démasquer les hypocrites : ceux qui affectent les dehors de la vertu et de la religion pour cacher leurs turpitudes. L'enseignement des Esprits doit être clair et sans équivoque, afin que personne ne puisse prétexter ignorance et que chacun puisse le juger et l'apprécier avec sa raison. Nous sommes chargés de préparer le règne du bien annoncé par Jésus ; c'est pourquoi il ne faut pas que chacun puisse interpréter la loi de Dieu au gré de ses passions, ni fausser le sens d'une loi toute d'amour et de charité. »

628. Pourquoi la vérité n'a-t-elle pas toujours été mise à la portée de tout le monde ?

« Il faut que chaque chose vienne en son temps. La vérité est comme la lumière : il faut s'y habituer peu à peu, autrement elle éblouit.

Jamais il n'est arrivé que Dieu permît à l'homme de recevoir des communications aussi complètes et aussi instructives que celles qu'il lui est donné de recevoir aujourd'hui. Il y avait bien, comme vous le savez, dans les anciens âges, quelques individus qui étaient en possession de ce qu'ils considéraient comme une science sacrée, et dont ils faisaient mystère aux profanes selon eux. Vous devez comprendre, avec ce que vous connaissez des lois qui régissent ces phénomènes, qu'ils ne recevaient que quelques vérités éparses au milieu d'un ensemble équivoque et, la plupart du temps, emblématique. Cependant, il n'y a pour l'homme d'étude aucun ancien système philosophique, aucune tradition, aucune religion à négliger, car tout renferme des germes de grandes vérités qui, bien que paraissant contradictoires les unes avec les autres, éparses qu'elles sont au milieu d'accessoires sans fondement, sont très faciles à coordonner, grâce à la clef que nous donne le spiritisme d'une foule de choses qui ont pu, jusqu'ici, vous paraître sans raison et dont aujourd'hui la réalité vous est démontrée d'une manière irrécusable. Ne négligez donc pas de puiser dans ces matériaux des sujets d'étude ; ils en sont très riches et peuvent contribuer puissamment à votre instruction. »

Le bien et le mal

629. Quelle définition peut-on donner de la morale ?

« La morale est la règle pour se bien conduire, c'est-à-dire la distinction entre le bien et le mal. Elle est fondée sur l'observation de la loi de Dieu. L'homme se conduit bien quand il fait tout en vue et pour le bien de tous, car alors il observe la loi de Dieu. »

630. Comment peut-on distinguer le bien et le mal ?

« Le bien est tout ce qui est conforme à la loi de Dieu, et le mal tout ce qui s'en écarte.

Ainsi, faire le bien, c'est se conformer à la loi de Dieu ; faire le mal, c'est enfreindre cette loi. »

631. L'homme a-t-il par lui-même les moyens de distinguer ce qui est bien de ce qui est mal ?

« Oui, quand il croit en Dieu et qu'il veut le savoir. Dieu lui a donné l'intelligence pour discerner l'un de l'autre. »

632. L'homme, qui est sujet à l'erreur, ne peut-il se tromper dans l'appréciation du bien et du mal, et croire qu'il fait bien quand en réalité il fait mal ?

« Jésus vous l'a dit : voyez ce que vous voudriez qu'on fît ou ne fît pas pour vous : tout est là. Vous ne vous tromperez pas. »

633. La règle du bien et du mal, qu'on pourrait appeler de *réciprocité* ou de *solidarité*, ne peut s'appliquer à la conduite personnelle de l'homme envers lui-même. Trouve-t-il, dans la loi naturelle, la règle de cette conduite et un guide sûr ?

« Quand vous mangez trop, cela vous fait mal. Eh bien ! C'est Dieu qui vous donne la mesure de ce qu'il vous faut. Quand vous la dépassez, vous êtes puni. Il en est de même de tout. La loi naturelle trace à l'homme la limite de ses besoins ; quand il la dépasse, il en est puni par la souffrance. Si l'homme écoutait en toutes choses cette voix qui lui dit *assez*, il éviterait la plupart des maux dont il accuse la nature. »

634. Pourquoi le mal est-il dans la nature des choses ? Je parle du mal moral. Dieu ne pouvait-il créer l'humanité dans des conditions meilleures ?

« Nous te l'avons déjà dit : les Esprits ont été créés simples et ignorants (115). Dieu laisse à l'homme le choix de la route ; tant pis pour lui s'il prend la mauvaise : son pèlerinage sera plus long. S'il n'y avait pas de montagnes, l'homme ne pourrait pas comprendre que l'on peut monter et descendre, et s'il n'y avait pas de rochers, il ne comprendrait pas qu'il y a des corps durs. Il faut que l'Esprit acquière de l'expérience, et pour cela il faut qu'il connaisse le bien et le mal ; c'est pourquoi il y a union de l'Esprit et du corps. » (119).

635. Les différentes positions sociales créent des besoins nouveaux qui ne sont pas les mêmes pour tous les hommes. La loi naturelle paraîtrait ainsi n'être pas une règle uniforme ?

« Ces différentes positions sont dans la nature et selon la loi du progrès. Cela n'empêche pas l'unité de la loi naturelle qui s'applique à tout. »

Les conditions d'existence de l'homme changent selon les temps et les lieux ; il en résulte pour lui des besoins différents et des positions sociales appropriées à ces besoins. Puisque cette diversité est dans l'ordre des choses, elle est conforme à la loi de Dieu, et cette loi n'en est pas moins une dans son principe. C'est à la raison de distinguer les besoins réels des besoins factices ou de convention.

636. Le bien et le mal sont-ils absolus pour tous les hommes ?

« La loi de Dieu est la même pour tous ; mais le mal dépend surtout de la volonté qu'on a de le faire. Le bien est toujours bien et le mal est toujours mal, quelle que soit la position de l'homme ; la différence est dans le degré de responsabilité. »

637. Le sauvage qui cède à son instinct en se nourrissant de chair humaine est-il coupable ? « J'ai dit que le mal dépend de la volonté ; eh bien ! l'homme est plus coupable à mesure qu'il sait mieux ce qu'il fait. »

Les circonstances donnent au bien et au mal une gravité relative. L'homme commet souvent des fautes qui, pour être la suite de la position où l'a placé la société, n'en sont pas moins répréhensibles ; mais la responsabilité est en raison des moyens qu'il a de comprendre le bien et le mal. C'est ainsi que l'homme éclairé qui commet une simple injustice est plus coupable aux yeux de Dieu que le sauvage ignorant qui s'abandonne à ses instincts.

638. Le mal semble quelquefois être une conséquence de la force des choses. Telle est, par exemple, dans certains cas, la nécessité de destruction, même sur son semblable. Peut-on dire alors qu'il y ait prévarication à la loi de Dieu ?

« Ce n'en est pas moins le mal, quoique nécessaire ; mais cette nécessité disparaît à mesure que l'âme s'épure en passant d'une existence à l'autre ; et alors l'homme n'en est que plus coupable lorsqu'il le commet, parce qu'il le comprend mieux. »

639. Le mal que l'on commet n'est-il pas souvent le résultat de la position que nous ont faite les autres hommes ; et dans ce cas, quels sont les plus coupables ?

« Le mal retombe sur celui qui en est cause. Ainsi, l'homme qui est conduit au mal par la position qui lui est faite par ses semblables est moins coupable que ceux qui en sont cause ; car chacun portera la peine, non seulement du mal qu'il aura fait, mais de celui qu'il aura provoqué. »

640. Celui qui ne fait pas le mal, mais qui profite du mal fait par un autre, est-il coupable au même degré ?

« C'est comme s'il le commettait ; en profiter c'est y participer. Peut-être aurait-il reculé devant l'action ; mais si, la trouvant toute faite, il en use, c'est donc qu'il l'approuve, et qu'il l'eût faite lui-même s'il eût pu, *ou s'il eût osé.* »

641. Le désir du mal est-il aussi répréhensible que le mal même ?

« C'est selon ; il y a vertu à résister volontairement au mal dont on éprouve le désir, quand surtout on a la possibilité de satisfaire ce désir ; si ce n'est que l'occasion qui manque, on est coupable. »

642. Suffit-il de ne point faire de mal pour être agréable à Dieu et assurer sa position à venir ?

« Non, il faut faire le bien dans la limite de ses forces ; car chacun répondra de tout le mal qui aura été fait *à cause du bien qu'il n'aura pas fait.* »

643. Y a-t-il des personnes qui, par leur position, n'aient pas la possibilité de faire du bien ?

« Il n'y a personne qui ne puisse faire du bien : l'égoïste seul n'en trouve jamais l'occasion. Il suffit d'être en rapport avec d'autres hommes pour trouver à faire le bien, et chaque jour de la vie en donne la possibilité à quiconque n'est pas aveuglé par l'égoïsme ; car faire le bien, ce n'est pas seulement être charitable, c'est être utile dans la mesure de votre pouvoir toutes les fois que votre secours peut être nécessaire. »

644. Le milieu dans lequel certains hommes se trouvent placés n'est-il pas pour eux la source première de beaucoup de vices et de crimes ?

« Oui, mais c'est encore là une épreuve choisie par l'Esprit à l'état de liberté ; il a voulu s'exposer à la tentation pour avoir le mérite de la résistance. »

645. Quand l'homme est en quelque sorte plongé dans l'atmosphère du vice, le mal ne devient-il pas pour lui un entraînement presque irrésistible ?

« Entraînement, oui ; irrésistible, non ; car, au milieu de cette atmosphère du vice, tu trouves quelquefois de grandes vertus. Ce sont des Esprits qui ont eu la force de résister, et qui ont eu en même temps pour mission d'exercer une bonne influence sur leurs semblables. »

646. Le mérite du bien que l'on fait est-il subordonné à certaines conditions ; autrement dit, y a-t-il différents degrés dans le mérite du bien ?

« Le mérite du bien est dans la difficulté ; il n'y en a point à faire le bien sans peine et quand il ne coûte rien. Dieu tient plus de compte au pauvre qui partage son unique morceau de pain, qu'au riche qui ne donne que son superflu. Jésus l'a dit à propos du denier de la veuve. »

Division de la loi naturelle

647. Toute la loi de Dieu est-elle renfermée dans la maxime de l'amour du prochain enseignée par Jésus ?

« Certainement, cette maxime renferme tous les devoirs des hommes entre eux ; mais il faut leur en montrer l'application, autrement ils la négligeront comme ils le font aujourd'hui ; d'ailleurs, la loi naturelle comprend toutes les circonstances de la vie, et cette maxime n'en est qu'une partie. Il faut aux hommes des règles précises ; les préceptes généraux et trop vagues laissent trop de portes ouvertes à l'interprétation. »

648. Que pensez-vous de la division de la loi naturelle en dix parties comprenant les lois *sur l'adoration, le travail, la reproduction, la conservation, la destruction, la société, le progrès, l'égalité, la liberté,* enfin celle *de justice, d'amour et de charité ?*

« Cette division de la loi de Dieu en dix parties est celle de Moïse, et peut embrasser toutes les circonstances de la vie, ce qui est essentiel ; tu peux donc la suivre sans qu'elle ait pour cela rien d'absolu, pas plus que tous les autres systèmes de classification qui dépendent du point de vue sous lequel on considère une chose. La dernière loi est la plus importante ; c'est par elle que l'homme peut avancer le plus dans la vie spirituelle, car elle les résume toutes. »

CHAPITRE II

I. – LOI D'ADORATION

But de l'adoration

649. En quoi consiste l'adoration ?

« C'est l'élévation de la pensée vers Dieu. Par l'adoration, on rapproche son âme de lui. » 650. L'adoration est-elle le résultat d'un sentiment inné, ou le produit d'un enseignement ?

« Sentiment inné, comme celui de la Divinité. La conscience de sa faiblesse porte l'homme à se courber devant celui qui peut le protéger. »

651. Y a-t-il eu des peuples dépourvus de tout sentiment d'adoration ?

« Non, car il n'y a jamais eu de peuples d'athées. Tous comprennent qu'il y a au-dessus d'eux un être suprême. »

652. Peut-on considérer l'adoration comme ayant sa source dans la loi naturelle ?

« Elle est dans la loi naturelle, puisqu'elle est le résultat d'un sentiment inné chez l'homme ; c'est pourquoi on la retrouve chez tous les peuples, quoique sous des formes différentes. »

Adoration extérieure

653. L'adoration a-t-elle besoin de manifestations extérieures ?

« La véritable adoration est dans le cœur. Dans toutes vos actions, songez toujours qu'un maître vous regarde. »

– L'adoration extérieure est-elle utile ?

« Oui, si elle n'est pas un vain simulacre. Il est toujours utile de donner un bon exemple ; mais ceux qui ne le font que par affectation et amour-propre, et dont la conduite dément leur piété apparente, donnent un exemple plus mauvais que bon, et font plus de mal qu'ils ne pensent. »

654. Dieu accorde-t-il une préférence à ceux qui l'adorent de telle ou telle façon ?

« Dieu préfère ceux qui l'adorent du fond du cœur, avec sincérité, en faisant le bien et en évitant le mal, à ceux qui croient l'honorer par des cérémonies qui ne les rendent pas meilleurs pour leurs semblables.

Tous les hommes sont frères et enfants de Dieu ; il appelle à lui tous ceux qui suivent ses lois, quelle que soit la forme sous laquelle ils les expriment.

Celui qui n'a que les dehors de la piété est un hypocrite ; celui chez qui l'adoration n'est qu'affectée et en contradiction avec sa conduite, donne un mauvais exemple.

Celui qui fait profession d'adorer le Christ et qui est orgueilleux, envieux et jaloux, qui est dur et implacable pour autrui, ou ambitieux des biens de ce monde, je vous dis que la religion est sur ses lèvres et non dans son cœur ; Dieu, qui voit tout, dira : celui-là qui connaît la vérité est cent fois plus coupable du mal qu'il fait que l'ignorant sauvage du désert, et il sera traité en conséquence, au jour de la justice. Si un aveugle vous renverse en passant, vous l'excusez ; si c'est un homme qui voit clair, vous vous plaignez et vous avez raison.

Ne demandez donc pas s'il y a une forme d'adoration plus convenable, car ce serait demander s'il est plus agréable à Dieu d'être adoré dans une langue plutôt que dans une autre. Je vous dis encore une fois : les chants n'arrivent à lui que par la porte du cœur. »

655. Est-on blâmable de pratiquer une religion à laquelle on ne croit pas dans le fond de son âme, quand on le fait par respect humain et pour ne pas scandaliser ceux qui pensent autrement ?

« L'intention, en cela comme en beaucoup d'autres choses, est la règle. Celui qui n'a en vue que de respecter les croyances d'autrui ne fait pas mal ; il fait mieux que celui qui les tournerait en ridicule, car il manquerait de charité ; mais celui qui pratique par intérêt et par ambition est méprisable aux yeux de Dieu et des hommes. Dieu ne peut avoir pour agréables ceux qui n'ont l'air de s'humilier devant lui que pour s'attirer l'approbation des hommes. »

656. L'adoration en commun est-elle préférable à l'adoration individuelle ?

« Les hommes réunis par une communion de pensées et de sentiments ont plus de force pour appeler à eux les bons Esprits. Il en est de même quand ils se réunissent pour adorer Dieu. Mais ne croyez pas pour cela que l'adoration particulière soit moins bonne, car chacun peut adorer Dieu en pensant à lui. »

Vie contemplative

657. Les hommes qui s'adonnent à la vie contemplative, ne faisant aucun mal et ne pensant qu'à Dieu, ont-ils un mérite à ses yeux ?

« Non, car s'ils ne font pas de mal, ils ne font pas de bien et sont inutiles ; d'ailleurs, ne pas faire de bien est déjà un mal. Dieu veut qu'on pense à lui, mais il ne veut pas qu'on ne pense qu'à lui, puisqu'il a donné à l'homme des devoirs à remplir sur la terre. Celui qui se consume dans la méditation et dans la contemplation ne fait rien de méritoire aux yeux de Dieu, parce que sa vie est toute personnelle et inutile à l'humanité, et Dieu lui demandera compte du bien qu'il n'aura pas fait. » (640).

De la prière

658. La prière est-elle agréable à Dieu ?

« La prière est toujours agréable à Dieu quand elle est dictée par le cœur, car l'intention est tout pour lui, et la prière du cœur est préférable à celle que tu peux lire, quelque belle qu'elle soit, si tu la lis plus avec les lèvres qu'avec la pensée. La prière est agréable à Dieu quand elle est dite avec foi, ferveur et sincérité ; mais ne crois pas qu'il soit touché de celle de l'homme vain, orgueilleux et égoïste, à moins que ce ne soit de sa part un acte de sincère repentir et de véritable humilité. »

659. Quel est le caractère général de la prière ?

« La prière est un acte d'adoration. Prier Dieu, c'est penser à lui ; c'est se rapprocher de lui ; c'est se mettre en communication avec lui. Par la prière, on peut se proposer trois choses : louer, demander, remercier. »

660. La prière rend-elle l'homme meilleur ?

« Oui, car celui qui prie avec ferveur et confiance est plus fort contre les tentations du mal, et Dieu lui envoie de bons Esprits pour l'assister. C'est un secours qui n'est jamais refusé quand il est demandé avec sincérité. »

– Comment se fait-il que certaines personnes qui prient beaucoup sont, malgré cela, d'un très mauvais caractère, jalouses, envieuses, acariâtres ; qu'elles manquent de bienveillance et d'indulgence ; qu'elles soient même quelquefois vicieuses ?

« L'essentiel n'est pas de beaucoup prier, mais de bien prier. Ces personnes croient que tout le mérite est dans la longueur de la prière, et ferment les yeux sur leurs propres défauts. La prière est pour elles une occupation, un emploi du temps, mais non *une étude d'elles-mêmes*. Ce n'est pas le remède qui est inefficace, c'est la manière dont il est employé. »

661. Peut-on prier utilement Dieu de nous pardonner nos fautes ?

« Dieu sait discerner le bien et le mal : la prière ne cache pas les fautes. Celui qui demande à Dieu le pardon de ses fautes ne l'obtient qu'en changeant de conduite. Les bonnes actions sont la meilleure des prières, car les actes valent mieux que les paroles. »

662. Peut-on prier utilement pour autrui ?

« L'Esprit de celui qui prie agit par sa volonté de faire le bien. Par la prière, il attire à lui les bons Esprits qui s'associent au bien qu'il veut faire. »

Nous possédons en nous-mêmes, par la pensée et la volonté, une puissance d'action qui s'étend bien au-delà des limites de notre sphère corporelle. La prière pour autrui est un acte de cette volonté. Si elle est ardente et sincère, elle peut appeler à son aide les bons Esprits, afin de lui suggérer de bonnes pensées et lui donner la force du corps et de l'âme dont il a besoin. Mais là encore, la prière du cœur est tout, celle des lèvres n'est rien.

663. Les prières que nous faisons pour nous-mêmes peuvent-elles changer la nature de nos épreuves et en détourner le cours ?

« Vos épreuves sont entre les mains de Dieu et il en est qui doivent être subies jusqu'au bout, mais alors Dieu tient toujours compte de la résignation. La prière appelle à vous les bons Esprits qui vous donnent la force de les supporter avec courage, et elles vous paraissent moins dures. Nous l'avons dit, la prière n'est jamais inutile quand elle est bien faite, parce qu'elle donne la force, et c'est déjà un grand résultat. Aide-toi, le Ciel t'aidera, tu sais cela. D'ailleurs, Dieu ne peut changer l'ordre de la nature au gré de chacun, car ce qui est un grand mal à votre point de vue mesquin et à celui de votre vie éphémère est souvent un grand bien dans l'ordre général de l'univers ; et puis, combien n'y a-t-il pas de maux dont l'homme est le propre auteur par son imprévoyance ou par ses fautes ! Il en est puni par où il a péché. Cependant, les demandes justes sont plus souvent exaucées que vous ne pensez ; vous croyez que Dieu ne vous a pas écoutés, parce qu'il n'a pas fait un miracle pour vous, tandis qu'il vous assiste par des moyens tellement naturels qu'ils vous semblent l'effet du hasard ou de la force des choses ; souvent aussi, le plus souvent même, il vous suscite la pensée nécessaire pour vous tirer vous-mêmes d'embarras. »

664. Est-il utile de prier pour les morts et pour les Esprits souffrants, et dans ce cas, comment nos prières peuvent-elles leur procurer du soulagement et abréger leurs souffrances ; ont-elles le pouvoir de faire fléchir la justice de Dieu ?

« La prière ne peut avoir pour effet de changer les desseins de Dieu, mais l'âme pour laquelle on prie en éprouve du soulagement, parce que c'est un témoignage d'intérêt qu'on lui donne, et que le malheureux est toujours soulagé quand il trouve des âmes charitables qui compatissent à ses douleurs. D'un autre côté, par la prière on l'excite au repentir et au désir de faire ce qu'il faut pour être heureux ; c'est en ce sens qu'on peut abréger sa peine, si de son côté il seconde par sa bonne volonté. Ce désir d'amélioration, excité par la prière, attire près de l'Esprit souffrant des Esprits meilleurs qui viennent l'éclairer, le consoler et lui donner l'espérance. Jésus priait pour les brebis égarées ; il vous montre par là que vous seriez coupables de ne pas le faire pour ceux qui en ont le plus besoin. »

665. Que penser de l'opinion qui rejette la prière pour les morts, par la raison qu'elle n'est pas prescrite dans l'Évangile ?

« Le Christ a dit aux hommes : Aimez-vous les uns les autres. Cette recommandation renferme celle d'employer tous les moyens possibles de leur témoigner de l'affection, sans entrer pour cela dans aucun détail sur la manière d'atteindre ce but. S'il est vrai que rien ne peut détourner le Créateur d'appliquer la justice, dont il est le type, à toutes les actions de l'Esprit, il n'en est pas moins vrai que la prière que vous lui adressez pour celui qui vous inspire de l'affection est pour lui un témoignage de souvenir qui ne peut que contribuer à alléger ses souffrances et le consoler. Dès qu'il témoigne le moindre repentir, et alors *seulement*, il est secouru ; mais on ne lui laisse jamais ignorer qu'une âme sympathique s'est occupée de lui, et on lui laisse la douce pensée que son intercession lui a été utile. Il en résulte nécessairement de sa part un sentiment de reconnaissance et d'affection pour celui qui lui a donné cette preuve d'attachement ou de pitié ; par conséquent, l'amour que recommandait le Christ aux hommes n'a fait que s'accroître entre eux ; ils ont donc tous deux obéi à la loi d'amour et d'union de tous les êtres, loi divine qui doit amener l'unité, but et fin de l'Esprit[12]. »

666. Peut-on prier les Esprits ?

« On peut prier les bons Esprits comme étant les messagers de Dieu et les exécuteurs de ses volontés ; mais leur pouvoir est en raison de leur supériorité, et relève toujours du maître de toutes choses, sans la permission de qui rien ne se fait ; c'est pourquoi les prières qu'on leur adresse ne sont efficaces que si elles sont agréées par Dieu. »

---

[12] Réponse donnée par l'Esprit de M. Monod, pasteur protestant de Paris, mort en avril 1856. La réponse précédente, n° 664, est de l'Esprit de saint Louis.

Polythéisme

667. Pourquoi le polythéisme est-il une des croyances les plus anciennes et les plus répandues, puisqu'elle est fausse ?

« La pensée d'un Dieu unique ne pouvait être chez l'homme que le résultat du développement de ses idées. Incapable dans son ignorance de concevoir un être immatériel, sans forme déterminée, agissant sur la matière, il lui avait donné les attributs de la nature corporelle, c'est-à-dire une forme et une figure, et dès lors tout ce qui lui paraissait dépasser les proportions de l'intelligence vulgaire était pour lui une divinité. Tout ce qu'il ne comprenait pas devait être l'œuvre d'une puissance surnaturelle, et de là à croire à autant de puissances distinctes qu'il voyait d'effets, il n'y avait qu'un pas. Mais dans tous les temps, il y a eu des hommes éclairés qui ont compris l'impossibilité de cette multitude de pouvoirs pour gouverner le monde sans une direction supérieure, et se sont élevés à la pensée d'un Dieu unique. »

668. Les phénomènes spirites s'étant produits dans tous les temps et étant connus dès les premiers âges du monde, n'ont-ils pas pu faire croire à la pluralité des dieux ?

« Sans doute, car les hommes appelant *dieu* tout ce qui était surhumain, les Esprits étaient pour eux des dieux, et c'est pourquoi lorsqu'un homme se distinguait entre tous les autres par ses actions, son génie ou par un pouvoir occulte incompris du vulgaire, on en faisait un dieu, et on lui rendait un culte après sa mort. » (603).

Le mot *dieu* avait chez les Anciens une acception très étendue ; ce n'était point, comme de nos jours, une personnification du maître de la nature, c'était une qualification générique donnée à tout être placé en dehors des conditions de l'humanité ; or, les manifestations spirites leur ayant révélé l'existence d'êtres incorporels agissant comme puissance de la nature, ils les avaient appelés *dieux*, comme nous les appelons *Esprits*, c'est une simple question de mots, avec cette différence que dans leur ignorance, entretenue à dessein par ceux qui y trouvaient leur intérêt, ils leur élevaient des temples et des autels très lucratifs, tandis que pour nous ce sont des simples créatures comme nous, plus ou moins parfaites, et ayant dépouillé leur enveloppe terrestre. Si l'on étudie avec soin les divers attributs des divinités païennes, on y reconnaîtra sans peine tous ceux de nos Esprits à tous les degrés de l'échelle spirite, leur état physique dans les mondes supérieurs, toutes les propriétés du périsprit et le rôle qu'ils jouent dans les choses de la terre.

Le christianisme, en venant éclairer le monde de sa lumière divine, n'a pu détruire une chose qui est dans la nature, mais il a fait reporter l'adoration vers celui à qui elle appartient. Quant aux Esprits, leur souvenir s'est perpétué sous divers noms, selon les peuples, et leurs manifestations, qui n'ont jamais cessé, ont été diversement interprétées, et souvent exploitées sous l'empire du mystère ; tandis que la religion y a vu des phénomènes miraculeux, les incrédules y ont vu de la jonglerie. Aujourd'hui, grâce à une étude plus sérieuse, faite au grand jour, le spiritisme, dégagé des idées superstitieuses qui l'ont obscurci pendant des siècles, nous révèle un des plus grands et des plus sublimes principes de la nature.

Sacrifices

669. L'usage des sacrifices humains remonte à la plus haute antiquité. Comment l'homme a-t-il pu être porté à croire que de pareilles choses pussent être agréables à Dieu ?

« D'abord, parce qu'il ne comprenait pas Dieu comme étant la source de la bonté ; chez les peuples primitifs, la matière l'emporte sur l'esprit ; ils s'abandonnent aux instincts de la brute, c'est pourquoi ils sont généralement cruels, parce que le sens moral n'est point encore développé en eux. Ensuite, les hommes primitifs devaient croire naturellement qu'une créature animée avait beaucoup plus de prix aux yeux de Dieu qu'un corps matériel. C'est ce qui les a portés à immoler d'abord des animaux, et plus tard des hommes, puisque, suivant leur croyance fausse, ils pensaient que le prix du sacrifice était en rapport avec l'importance de la victime. Dans la vie matérielle, telle que vous la pratiquez pour la plupart, si vous offrez un cadeau à quelqu'un, vous le choisissez toujours d'une valeur d'autant plus grande que vous voulez témoigner à la personne plus d'attachement et de considération. Il devait en être de même des hommes ignorants à l'égard de Dieu. »

— Ainsi, les sacrifices des animaux auraient précédé les sacrifices humains ?

« Cela n'est pas douteux. »

— D'après cette explication, les sacrifices humains n'auraient pas leur source dans un sentiment de cruauté ?

« Non, mais dans une idée fausse d'être agréable à Dieu. Voyez Abraham. Par la suite, les hommes en ont abusé en immolant leurs ennemis, même leurs ennemis particuliers. Du reste, Dieu n'a jamais exigé de sacrifices, pas plus celui des animaux que celui des hommes ; il ne peut être honoré par la destruction inutile de sa propre créature. »

670. Est-ce que les sacrifices humains, accomplis avec une intention pieuse, ont quelquefois pu être agréables à Dieu ?

« Non, jamais ; mais Dieu juge l'intention. Les hommes étant ignorants pouvaient croire qu'ils faisaient un acte louable en immolant un de leurs semblables ; dans ce cas, Dieu ne s'attachait qu'à la pensée et non au fait. Les hommes, en s'améliorant, devaient reconnaître leur erreur et réprouver ces sacrifices qui ne devaient pas entrer dans l'idée d'esprits éclairés ; je dis éclairés, parce que les Esprits étaient alors enveloppés du voile matériel ; mais par le libre arbitre, ils pouvaient avoir un aperçu de leur origine et de leur fin, et beaucoup comprenaient déjà, par intuition, le mal qu'ils faisaient, mais ils ne l'accomplissaient pas moins pour satisfaire leurs passions. »

671. Que devons-nous penser des guerres dites sacrées ? Le sentiment qui porte les peuples fanatiques à exterminer le plus possible, en vue d'être agréables à Dieu, ceux qui ne partagent pas leurs croyances, semblerait avoir la même source que celui qui les excitait jadis aux sacrifices de leurs semblables ?

« Ils sont poussés par les mauvais Esprits, et en faisant la guerre à leurs semblables ils vont contre la volonté de Dieu qui dit qu'on doit aimer son frère comme soi-même. Toutes les religions, ou plutôt tous les peuples, adorant un même Dieu, qu'il porte un nom ou qu'il en porte un autre, pourquoi leur faire une guerre d'extermination, parce que leur religion est différente ou n'a pas encore atteint le progrès de celle des peuples éclairés ? Les peuples sont excusables de ne pas croire à la parole de celui qui était animé de l'Esprit de Dieu et envoyé par lui, surtout lorsqu'ils ne l'ont pas vu et qu'ils n'ont pas été témoins de ses actes ; et comment voulez-vous qu'ils croient à cette parole de paix, quand vous allez la leur donner le fer à la main ? Ils doivent s'éclairer, et nous devons chercher à leur faire connaître sa doctrine par la persuasion et la douceur, et non par la force et le sang. Pour la plupart, vous ne croyez pas aux communications que nous avons avec certains mortels ; pourquoi voudriez-vous que des étrangers vous crussent sur parole, quand vos actes démentent la doctrine que vous prêchez ? »

672. L'offrande des fruits de la terre, faite à Dieu, avait-elle plus de mérite à ses yeux que le sacrifice des animaux ?

« Je vous ai déjà répondu en vous disant que Dieu jugeait l'intention, et que le fait avait peu d'importance pour lui. Il était évidemment plus agréable à Dieu de se voir offrir les fruits de la terre que le sang des victimes. Comme nous vous l'avons dit et vous le répétons toujours, la prière dite du fond du cœur est cent fois plus agréable à Dieu que toutes les offrandes que vous pourriez lui faire. Je répète que l'intention est tout et le fait rien. »

673. N'y aurait-il pas un moyen de rendre ces offrandes plus agréables à Dieu en les consacrant au soulagement de ceux qui manquent du nécessaire, et dans ce cas, le sacrifice des animaux, accompli dans un but utile, ne serait-il pas méritoire, tandis qu'il était abusif alors qu'il ne servait à rien, ou ne profitait qu'à des gens qui ne manquaient de rien ? N'y aurait-il pas quelque chose de vraiment pieux à consacrer aux pauvres les prémices des biens que Dieu nous accorde sur la terre ?

« Dieu bénit toujours ceux qui font du bien ; soulager les pauvres et les affligés est le meilleur moyen de l'honorer. Je ne dis pas pour cela que Dieu désapprouve les cérémonies que vous faites pour le prier, mais il y a beaucoup d'argent qui pourrait être employé plus utilement qu'il ne l'est. Dieu aime la simplicité en toutes choses. L'homme qui s'attache au-dehors et non au cœur est un esprit à vues étroites ; jugez si Dieu doit s'attacher à la forme plus qu'au fond. »

CHAPITRE III
II. – LOI DU TRAVAIL

Nécessité du travail

674. La nécessité du travail est-elle une loi de la nature ?

« Le travail est une loi de nature, par cela même qu'il est une nécessité, et la civilisation oblige l'homme à plus de travail, parce qu'elle augmente ses besoins et ses jouissances. »

675. Ne doit-on entendre par le travail que les occupations matérielles ?

« Non ; l'Esprit travaille comme le corps. Toute occupation utile est un travail. »

676. Pourquoi le travail est-il imposé à l'homme ?

« C'est une conséquence de sa nature corporelle. C'est une expiation et en même temps un moyen de perfectionner son intelligence. Sans le travail, l'homme resterait dans l'enfance de l'intelligence ; c'est pourquoi il ne doit sa nourriture, sa sécurité et son bien-être qu'à son travail et à son activité. À celui qui est trop faible de corps, Dieu a donné l'intelligence pour y suppléer ; mais c'est toujours un travail. »

677. Pourquoi la nature pourvoit-elle d'elle-même à tous les besoins des animaux ?

« Tout travaille dans la nature ; les animaux travaillent comme toi, mais leur travail, comme leur intelligence, est borné au soin de leur conservation ; voilà pourquoi chez eux il n'amène pas le progrès, tandis que chez l'homme il a un double but : la conservation du corps et le développement de la pensée qui est aussi un besoin, et qui l'élève au-dessus de lui-même. Quand je dis que le travail des animaux est borné au soin de leur conservation, j'entends le but qu'ils se proposent en travaillant, mais ils sont, à leur insu, et tout en pourvoyant à leurs besoins matériels, des agents qui secondent les vues du Créateur, et leur travail n'en concourt pas moins au but final de la nature, bien que, fort souvent, vous n'en découvriez pas le résultat immédiat. »

678. Dans les mondes plus perfectionnés, l'homme est-il soumis à la même nécessité du travail ?

« La nature du travail est relative à la nature des besoins ; moins les besoins sont matériels, moins le travail est matériel ; mais ne crois pas pour cela que l'homme reste inactif et inutile : l'oisiveté serait un supplice au lieu d'être un bienfait. »

679. L'homme qui possède des biens suffisants pour assurer son existence est-il affranchi de la loi du travail ?

« Du travail matériel, peut-être, mais non de l'obligation de se rendre utile selon ses moyens, de perfectionner son intelligence ou celle des autres, ce qui est aussi un travail. Si l'homme à qui Dieu a départi des biens suffisants pour assurer son existence n'est pas contraint de se nourrir à la sueur de son front, l'obligation d'être utile à ses semblables est d'autant plus grande pour lui que la part qui lui est faite d'avance lui donne plus de loisirs pour faire le bien. »

680. N'y a-t-il pas des hommes qui sont dans l'impuissance de travailler à quoi que ce soit, et dont l'existence est inutile ?

« Dieu est juste ; il ne condamne que celui dont l'existence est volontairement inutile ; car celui-là vit aux dépens du travail des autres. Il veut que chacun se rende utile selon ses facultés. » (643).

681. La loi de nature impose-t-elle aux enfants l'obligation de travailler pour leurs parents ? « Certainement, comme les parents doivent travailler pour leurs enfants ; c'est pourquoi Dieu a fait de l'amour filial et de l'amour paternel un sentiment de nature afin que, par cette affection réciproque, les membres d'une même famille fussent portés à s'entraider mutuellement ; c'est ce qui est trop souvent méconnu dans votre société actuelle. » (205).

Limite du travail – Repos

682. Le repos étant un besoin après le travail, n'est-il pas une loi de nature ?

« Sans doute, le repos sert à réparer les forces du corps, et il est aussi nécessaire afin de laisser un peu plus de liberté à l'intelligence pour s'élever au-dessus de la matière. »

683. Quelle est la limite du travail ?

« La limite des forces ; du reste, Dieu laisse l'homme libre. »

684. Que penser de ceux qui abusent de leur autorité pour imposer à leurs inférieurs un excès de travail ?

« C'est une des plus mauvaises actions. Tout homme qui a le pouvoir de commander est responsable de l'excès de travail qu'il impose à ses inférieurs, car il transgresse la loi de Dieu. » (273).

685. L'homme a-t-il droit au repos dans sa vieillesse ?

« Oui, il n'est obligé que selon ses forces. »

– Mais quelle ressource a le vieillard qui a besoin de travailler pour vivre, et qui ne le peut pas ?

« Le fort doit travailler pour le faible ; à défaut de famille, la société doit lui en tenir lieu : c'est la loi de charité. »

Ce n'est pas tout de dire à l'homme qu'il doit travailler, il faut encore que celui qui attend son existence de son labeur trouve à s'occuper, et c'est ce qui n'a pas toujours lieu. Quand la suspension du travail se généralise, elle prend les proportions d'un fléau comme la disette. La science économique cherche le remède dans l'équilibre entre la production et la consommation ; mais cet équilibre, à supposer qu'il soit possible, aura toujours des intermittences, et pendant ces intervalles le travailleur n'en doit pas moins vivre. Il est un élément qu'on n'a pas assez fait entrer dans la balance, et sans lequel la science économique n'est qu'une théorie : c'est *l'éducation* ; non pas l'éducation intellectuelle, mais l'éducation morale ; non pas encore l'éducation morale par les livres, mais celle qui consiste dans *l'art de former les caractères*, celle qui *donne des habitudes :* car *l'éducation est l'ensemble des habitudes acquises.* Quand on songe à la masse d'individus jetés chaque jour dans le torrent de la population, sans principes, sans frein et livrés à leurs propres instincts, doit-on s'étonner des conséquences désastreuses qui en résultent ? Quand cet art sera connu, compris et pratiqué, l'homme apportera dans le monde des habitudes *d'ordre et de prévoyance* pour lui-même et les siens, *de respect pour ce qui est respectable,* habitudes qui lui permettront de traverser moins péniblement les mauvais jours inévitables. Le désordre et l'imprévoyance sont deux plaies qu'une éducation *bien entendue* peut seule guérir ; là est le point de départ, l'élément réel du bien-être, le gage de la sécurité de *tous.*

CHAPITRE IV
III. – LOI DE REPRODUCTION

Population du globe

686. La reproduction des êtres vivants est-elle une loi de nature ?

« Cela est évident ; sans la reproduction, le monde corporel périrait. »

687. Si la population suit toujours la progression croissante que nous voyons, arrivera-t-il un moment où elle sera exubérante sur la terre ?

« Non ; Dieu y pourvoit et maintient toujours l'équilibre ; il ne fait rien d'inutile ; l'homme qui ne voit qu'un coin du tableau de la nature ne peut juger de l'harmonie de l'ensemble. »

Succession et perfectionnement des races

688. Il y a en ce moment des races humaines qui diminuent évidemment ; arrivera-t-il un moment où elles auront disparu de dessus la terre ?

« C'est vrai ; mais c'est que d'autres ont pris leur place, comme d'autres prendront la vôtre un jour. »

689. Les hommes actuels sont-ils une nouvelle création ou les descendants perfectionnés des êtres primitifs ?

« Ce sont les mêmes Esprits qui sont *revenus* se perfectionner dans de nouveaux corps, mais qui sont encore loin de la perfection. Ainsi, la race humaine actuelle qui, par son augmentation, tend à envahir toute la terre et à remplacer les races qui s'éteignent, aura sa période de décroissance et de disparition. D'autres races plus perfectionnées la remplaceront, qui descendront de la race actuelle, comme les hommes civilisés d'aujourd'hui descendent des êtres bruts et sauvages des temps primitifs. »

690. Au point de vue purement physique, les corps de la race actuelle sont-ils une création spéciale, ou procèdent-ils des corps primitifs par voie de reproduction ?

« L'origine des races se perd dans la nuit des temps ; mais comme elles appartiennent toutes à la grande famille humaine, quelle que soit la souche primitive de chacune, elles ont pu s'allier entre elles et produire des types nouveaux. »

691. Quel est, au point de vue physique, le caractère distinctif et dominant des races primitives ?

« Développement de la force brutale aux dépens de la force intellectuelle ; maintenant, c'est le contraire : l'homme fait plus par l'intelligence que par la force du corps, et pourtant il fait cent fois plus, parce qu'il a su mettre à profit les forces de la nature, ce que ne font pas les animaux. »

692. Le perfectionnement des races animales et végétales par la science est-il contraire à la loi de nature ? Serait-il plus conforme à cette loi de laisser les choses suivre leur cours normal ?

« On doit tout faire pour arriver à la perfection, et l'homme lui-même est un instrument dont Dieu se sert pour arriver à ses fins. La perfection étant le but auquel tend la nature, c'est répondre à ses vues que favoriser cette perfection. »

– Mais l'homme n'est généralement mû dans ses efforts pour l'amélioration des races que par un sentiment personnel et n'a d'autre but que l'augmentation de ses jouissances ; cela ne diminue-t-il pas son mérite ?

« Qu'importe que son mérite soit nul, pourvu que le progrès se fasse ? C'est à lui de rendre son travail méritoire par l'intention. D'ailleurs, par ce travail il exerce et développe son intelligence, et c'est sous ce rapport qu'il en profite le plus. »

Obstacles à la reproduction

693. Les lois et les coutumes humaines qui ont pour but ou pour effet d'apporter des obstacles à la reproduction sont-elles contraires à la loi de nature ?

« Tout ce qui entrave la nature dans sa marche est contraire à la loi générale. »

– Cependant, il y a des espèces d'êtres vivants, animaux et plantes, dont la reproduction indéfinie serait nuisible à d'autres espèces et dont l'homme lui-même serait bientôt la victime ; commet-il un acte répréhensible en arrêtant cette reproduction ?

« Dieu a donné à l'homme sur tous les êtres vivants un pouvoir dont il doit user pour le bien, mais non abuser. Il peut régler la reproduction selon les besoins ; il ne doit pas l'entraver sans nécessité. L'action intelligente de l'homme est un contrepoids établi par Dieu pour ramener l'équilibre entre les forces de la nature, et c'est encore ce qui le distingue des animaux, parce qu'il le fait avec connaissance de cause ; mais les animaux eux-mêmes concourent aussi à cet équilibre, car l'instinct de destruction qui leur a été donné fait que, tout en pourvoyant à leur propre conservation, ils arrêtent le développement excessif, et peut-être dangereux, des espèces animales et végétales dont ils se nourrissent. »

694. Que faut-il penser des usages qui ont pour effet d'arrêter la reproduction en vue de satisfaire la sensualité ?

« Cela prouve la prédominance du corps sur l'âme, et combien l'homme est dans la matière. »

Mariage et célibat

695. Le mariage, c'est-à-dire l'union permanente de deux êtres, est-il contraire à la loi de nature ?

« C'est un progrès dans la marche de l'humanité. »

696. Quel serait l'effet de l'abolition du mariage sur la société humaine ?

« Le retour à la vie des bêtes. »

L'union libre et fortuite des sexes est l'état de nature. Le mariage est un des premiers actes de progrès dans les sociétés humaines, parce qu'il établit la solidarité fraternelle et se retrouve chez tous les peuples, quoique dans des conditions diverses. L'abolition du mariage serait donc le retour à l'enfance de l'humanité, et placerait l'homme au-dessous même de certains animaux qui lui donnent l'exemple d'unions constantes.

697. L'indissolubilité absolue du mariage est-elle dans la loi de nature ou seulement dans la loi humaine ?

« C'est une loi humaine très contraire à la loi de nature. Mais les hommes peuvent changer leurs lois : celles de la nature sont seules immuables. »

698. Le célibat volontaire est-il un état de perfection méritoire aux yeux de Dieu ?

« Non, et ceux qui vivent ainsi par égoïsme déplaisent à Dieu et trompent tout le monde. » 699. Le célibat n'est-il pas de la part de certaines personnes un sacrifice dans le but de se vouer plus entièrement au service de l'humanité ?

« Cela est bien différent ; j'ai dit : par égoïsme. Tout sacrifice personnel est méritoire quand c'est pour le bien ; plus le sacrifice est grand, plus le mérite est grand. »

Dieu ne peut se contredire, ni trouver mauvais ce qu'il a fait ; il ne peut donc voir un mérite dans la violation de sa loi ; mais si le célibat, par lui-même, n'est pas un état méritoire, il n'en est pas de même lorsqu'il constitue, par la renonciation aux joies de la famille, un sacrifice accompli au profit de l'humanité. Tout sacrifice personnel en vue du bien, *et sans arrière-pensée d'égoïsme*, élève l'homme au-dessus de sa condition matérielle.

Polygamie

700. L'égalité numérique qui existe à peu de chose près entre les sexes, est-elle un indice de la proportion selon laquelle ils doivent être unis ?

« Oui, car tout a un but dans la nature. »

701. Laquelle des deux, de la polygamie ou de la monogamie, est la plus conforme à la loi de nature ?

« La polygamie est une loi humaine dont l'abolition marque un progrès social. Le mariage, selon les vues de Dieu, doit être fondé sur l'affection des êtres qui s'unissent. Avec la polygamie, il n'y a pas d'affection réelle : il n'y a que sensualité. »

Si la polygamie était selon la loi de nature, elle devrait pouvoir être universelle, ce qui serait matériellement impossible, vu l'égalité numérique des sexes.

La polygamie doit être considérée comme un usage, ou une législation particulière appropriée à certaines mœurs, et que le perfectionnement social fait peu à peu disparaître.

CHAPITRE V
IV. – LOI DE CONSERVATION

Instinct de conservation

702. L'instinct de conservation est-il une loi de nature ?

« Sans doute ; il est donné à tous les êtres vivants, quel que soit le degré de leur intelligence ; chez les uns, il est purement machinal, et chez d'autres il est raisonné. »

703. Dans quel but Dieu a-t-il donné à tous les êtres vivants l'instinct de leur conservation ?

« Parce que tous doivent concourir aux vues de la Providence ; c'est pour cela que Dieu leur a donné le besoin de vivre. Et puis la vie est nécessaire au perfectionnement des êtres ; ils le sentent instinctivement sans s'en rendre compte. »

Moyens de conservation

704. Dieu en donnant à l'homme le besoin de vivre lui en a-t-il toujours fourni les moyens ?

« Oui, et s'il ne les trouve pas, c'est qu'il ne les comprend pas. Dieu n'a pu donner à l'homme le besoin de vivre sans lui en donner les moyens, c'est pourquoi il fait produire à la terre de quoi fournir le nécessaire à tous ses habitants, car le nécessaire seul est utile ; le superflu ne l'est jamais. »

705. Pourquoi la terre ne produit-elle pas toujours assez pour fournir le nécessaire à l'homme ?

« C'est que l'homme la néglige, l'ingrat ! C'est pourtant une excellente mère. Souvent aussi, il accuse la nature de ce qui est le fait de son impéritie ou de son imprévoyance. La terre produirait toujours le nécessaire si l'homme savait s'en contenter. Si elle ne suffit pas à tous les besoins, c'est que l'homme emploie au superflu ce qui pourrait être donné au nécessaire. Vois l'Arabe au désert ; il trouve toujours à vivre, parce qu'il ne se crée pas des besoins factices ; mais quand la moitié des produits est gaspillée pour satisfaire des fantaisies, l'homme doit-il s'étonner de ne rien trouver le lendemain, et a-t-il raison de se plaindre d'être au dépourvu quand vient le temps de la disette ? En vérité, je vous le dis, ce n'est pas la nature qui est imprévoyante, c'est l'homme qui ne sait pas se régler. »

706. Les biens de la terre ne doivent-ils s'entendre que des produits du sol ?

« Le sol est la source première d'où découlent toutes les autres ressources, car en définitive, ces ressources ne sont qu'une transformation des produits du sol ; c'est pourquoi il faut entendre par les biens de la terre tout ce dont l'homme peut jouir ici-bas. »

707. Les moyens d'existence font souvent défaut à certains individus, même au milieu de l'abondance qui les entoure ; à qui doivent-ils s'en prendre ?

« À l'égoïsme des hommes, qui ne font pas toujours ce qu'ils doivent ; ensuite, et le plus souvent, à eux-mêmes. Cherchez et vous trouverez : ces paroles ne veulent point dire qu'il suffit de regarder à terre pour trouver ce qu'on désire, mais qu'il faut le chercher avec ardeur et persévérance, et non avec mollesse, sans se laisser décourager par les obstacles, qui bien souvent ne sont que des moyens de mettre à l'épreuve votre constance, votre patience et votre fermeté. » (534).

Si la civilisation multiplie les besoins, elle multiplie aussi les sources du travail et les moyens de vivre ; mais il faut convenir que sous ce rapport il lui reste encore beaucoup à faire ; quand elle aura accompli son œuvre, personne ne devra pouvoir dire qu'il manque du nécessaire, si ce n'est par sa faute. Le malheur, pour beaucoup, est qu'ils s'engagent dans une voie qui n'est pas celle que la nature leur a tracée ; c'est alors que l'intelligence pour réussir leur fait défaut. Il y a place pour tout le monde au soleil, mais c'est à la condition d'y prendre la sienne, et non celle des autres. La nature ne saurait être responsable des vices de l'organisation sociale et des suites de l'ambition et de l'amour-propre.

Il faudrait être aveugle cependant pour ne pas reconnaître le progrès qui s'est accompli sous ce rapport chez les peuples les plus avancés. Grâce aux louables efforts que la philanthropie et la science réunies ne cessent de faire pour l'amélioration de l'état matériel des hommes, et malgré l'accroissement incessant des populations, l'insuffisance de la production est atténuée, en grande partie du moins, et les années les plus calamiteuses n'ont rien de comparable à ce qu'elles étaient naguère ; l'hygiène publique, cet élément si essentiel de la force et de la santé, inconnu de nos pères, est l'objet d'une sollicitude éclairée ; l'infortune et la souffrance trouvent des lieux de refuge ; partout la science est mise à contribution pour accroître le bien-être. Est-ce à dire que l'on ait atteint la perfection ? Oh ! certes, non ; mais ce qui s'est fait donne la mesure de ce qui peut se faire avec la persévérance, si l'homme est assez sage pour chercher son bonheur dans les choses positives et sérieuses, et non dans des utopies qui le reculent au lieu de l'avancer.

708. N'y a-t-il pas des positions où les moyens d'existence ne dépendent nullement de la volonté de l'homme, et où la privation du nécessaire le plus impérieux est une conséquence de la force des choses ?

« C'est une épreuve souvent cruelle qu'il doit subir, et à laquelle il savait qu'il serait exposé ; son mérite est dans sa soumission à la volonté de Dieu, si son intelligence ne lui fournit aucun moyen de se tirer d'embarras. Si la mort doit l'atteindre, il doit s'y résoudre sans murmure en pensant que l'heure de la véritable délivrance est arrivée, et que *le désespoir du dernier moment peut lui faire perdre le fruit de sa résignation.* »

709. Ceux qui, dans certaines positions critiques, se sont trouvés réduits à sacrifier leurs semblables pour s'en repaître ont-ils commis un crime ; s'il y a crime, est-il atténué par le besoin de vivre que leur donne l'instinct de conservation ?

« J'ai déjà répondu en disant qu'il y a plus de mérite à subir toutes les épreuves de la vie avec courage et abnégation. Il y a homicide, et crime de lèse nature, faute qui doit être doublement punie. »

710. Dans les mondes où l'organisation est plus épurée, les êtres vivants ont-ils besoin d'alimentation ?

« Oui, mais leurs aliments sont en rapport avec leur nature. Ces aliments ne seraient point assez substantiels pour vos estomacs grossiers ; de même, ils ne pourraient digérer les vôtres. »

Jouissance des biens terrestres

711. L'usage des biens de la terre est-il un droit pour tous les hommes ?

« Ce droit est la conséquence de la nécessité de vivre. Dieu ne peut avoir imposé un devoir sans avoir donné le moyen de le remplir. »

712. Dans quel but Dieu a-t-il attaché un attrait aux jouissances des biens matériels ?

« C'est pour exciter l'homme à l'accomplissement de sa mission, et aussi pour l'éprouver par la tentation. »

– Quel est le but de cette tentation ?

« Développer sa raison qui doit le préserver des excès. »

Si l'homme n'eût été excité à l'usage des biens de la terre qu'en vue de l'utilité, son indifférence eût pu compromettre l'harmonie de l'univers : Dieu lui a donné l'attrait du plaisir qui le sollicite à l'accomplissement des vues de la Providence. Mais par cet attrait, même Dieu a voulu en outre l'éprouver par la tentation qui l'entraîne vers l'abus dont sa raison doit le défendre.

713. Les jouissances ont-elles des bornes tracées par la nature ?

« Oui, pour vous indiquer la limite du nécessaire ; mais par vos excès, vous arrivez à la satiété et vous vous en punissez vous-mêmes. »

714. Que penser de l'homme qui cherche dans les excès de tous genres un raffinement à ses jouissances ?

« Pauvre nature qu'il faut plaindre et non envier, car il est bien près de la mort ! »

– Est-ce de la mort physique ou de la mort morale qu'il s'approche ?

« De l'une et de l'autre. »

L'homme qui cherche dans les excès de tous genres un raffinement de jouissances se met au-dessous de la brute, car la brute sait s'arrêter à la satisfaction du besoin. Il abdique la raison que Dieu lui a donnée pour guide, et plus ses excès sont grands, plus il donne à sa nature animale d'empire sur sa nature spirituelle. Les maladies, les infirmités, la mort même, qui sont la conséquence de l'abus, sont en même temps la punition de la transgression de la loi de Dieu.

Nécessaire et superflu

715. Comment l'homme peut-il connaître la limite du nécessaire ?

« Le sage la connaît par intuition ; beaucoup la connaissent par expérience et à leurs dépens. »

716. La nature n'a-t-elle pas tracé la limite de nos besoins par notre organisation ?

« Oui, mais l'homme est insatiable. La nature a tracé la limite de ses besoins par son organisation, mais les vices ont altéré sa constitution et créé pour lui des besoins qui ne sont pas les besoins réels. »

717. Que penser de ceux qui accaparent les biens de la terre pour se procurer le superflu au préjudice de ceux qui manquent du nécessaire ?

« Ils méconnaissent la loi de Dieu et auront à répondre des privations qu'ils auront fait endurer. »

La limite du nécessaire et du superflu n'a rien d'absolu. La civilisation a créé des nécessités que n'a pas la sauvagerie, et les Esprits qui ont dicté ces préceptes ne prétendent pas que l'homme civilisé doive vivre comme le sauvage. Tout est relatif, c'est à la raison à faire la part de chaque chose. La civilisation développe le sens moral et en même temps le sentiment de charité qui porte les hommes à se prêter un mutuel appui. Ceux qui vivent aux dépens des privations des autres exploitent les bienfaits de la civilisation à leur profit ; ils n'ont de la civilisation que le vernis, comme il y a des gens qui n'ont de la religion que le masque.

Privations volontaires. Mortifications

718. La loi de conservation oblige-t-elle à pourvoir aux besoins du corps ?
« Oui, sans la force et la santé le travail est impossible. »

719. L'homme est-il blâmable de rechercher le bien-être ?

« Le bien-être est un désir naturel ; Dieu ne défend que l'abus, parce que l'abus est contraire à la conservation ; il ne fait point un crime de rechercher le bien-être, si ce bien-être n'est acquis aux dépens de personne, et s'il ne doit affaiblir ni vos forces morales, ni vos forces physiques. »

720. Les privations volontaires, en vue d'une expiation également volontaire, ont-elles un mérite aux yeux de Dieu ?

« Faites le bien aux autres et vous mériterez davantage. »

– Y a-t-il des privations volontaires qui soient méritoires ?

« Oui, la privation des jouissances inutiles, parce qu'elle détache l'homme de la matière et élève son âme. Ce qui est méritoire, c'est de résister à la tentation qui sollicite aux excès ou à la jouissance des choses inutiles ; c'est de retrancher de son nécessaire pour donner à ceux qui n'ont pas assez. Si la privation n'est qu'un vain simulacre, c'est une dérision. »

721. La vie de mortifications ascétiques a été pratiquée de toute antiquité et chez différents peuples ; est-elle méritoire à un point de vue quelconque ?

« Demandez-vous à *qui* elle sert et vous aurez la réponse. Si elle ne sert qu'à celui qui la pratique et l'empêche de faire le bien, c'est de l'égoïsme, quel que soit le prétexte dont on la colore. Se priver et travailler pour les autres, c'est la vraie mortification, selon la charité chrétienne. »

722. L'abstention de certains aliments, prescrite chez divers peuples, est-elle fondée en raison ?

« Tout ce dont l'homme peut se nourrir sans préjudice pour sa santé est permis ; mais des législateurs ont pu interdire certains aliments dans un but utile, et pour donner plus de crédit à leurs lois, ils les ont présentées comme venant de Dieu. »

723. La nourriture animale est-elle, chez l'homme, contraire à la loi de nature ?

« Dans votre constitution physique, la chair nourrit la chair, autrement l'homme dépérit. La loi de conservation fait à l'homme un devoir d'entretenir ses forces et sa santé pour accomplir la loi du travail. Il doit donc se nourrir selon que le veut son organisation. »

724. L'abstention de nourriture animale ou autre, comme expiation, est-elle méritoire ?

« Oui, si l'on se prive pour les autres ; mais Dieu ne peut voir une mortification quand il n'y a pas privation *sérieuse et utile ;* c'est pourquoi nous disons que ceux qui ne se privent qu'en apparence sont des hypocrites. » (720).

725. Que penser des mutilations opérées sur le corps de l'homme ou des animaux ?

« À quoi bon une pareille question ? Demandez-vous donc encore une fois si une chose est utile. Ce qui est inutile ne peut être agréable à Dieu, et ce qui est nuisible lui est toujours désagréable ; car, sachez-le bien, Dieu n'est sensible qu'aux sentiments qui élèvent l'âme vers lui ; c'est en pratiquant sa loi que vous pourrez secouer votre matière terrestre et non en la violant. »

726. Si les souffrances de ce monde nous élèvent par la manière dont on les supporte, est-on élevé par celles que l'on se crée volontairement ?

« Les seules souffrances qui élèvent sont les souffrances naturelles, parce qu'elles viennent de Dieu ; les souffrances volontaires ne servent à rien quand elles ne font rien pour le bien d'autrui. Crois-tu que ceux qui abrègent leur vie dans des rigueurs surhumaines, comme le font les bonzes, les fakirs et certains fanatiques de plusieurs sectes, avancent dans leur voie ? Que ne travaillent-ils plutôt au bien de leurs semblables ? Qu'ils vêtent l'indigent ; qu'ils consolent celui qui pleure ; qu'ils travaillent pour celui qui est infirme ; qu'ils endurent des privations pour le soulagement des malheureux, alors leur vie sera utile et agréable à Dieu. Lorsque, dans les souffrances volontaires que l'on endure, on n'a en vue que soi, c'est de l'égoïsme ; lorsqu'on souffre pour les autres, c'est de la charité : tels sont les préceptes du Christ. »

727. Si l'on ne doit pas se créer des souffrances volontaires qui ne sont d'aucune utilité pour autrui, doit-on chercher à se préserver de celles qu'on prévoit ou qui nous menacent ?

« L'instinct de conservation a été donné à tous les êtres contre les dangers et les souffrances. Fustigez votre esprit et non votre corps, mortifiez votre orgueil, étouffez votre égoïsme semblable à un serpent qui vous ronge le cœur, et vous ferez plus pour votre avancement que par des rigueurs qui ne sont plus de ce siècle. »

CHAPITRE VI
V. – LOI DE DESTRUCTION

Destruction nécessaire et destruction abusive

728. La destruction est-elle une loi de nature ?

« Il faut que tout se détruise pour renaître et se régénérer ; car ce que vous appelez destruction n'est qu'une transformation qui a pour but le renouvellement et l'amélioration des êtres vivants. »

– L'instinct de destruction aurait ainsi été donné aux êtres vivants dans des vues providentielles ?

« Les créatures de Dieu sont les instruments dont il se sert pour arriver à ses fins. Pour se nourrir, les êtres vivants se détruisent entre eux, et cela dans le double but de maintenir l'équilibre dans la reproduction qui pourrait devenir excessive, et d'utiliser les débris de l'enveloppe extérieure. Mais ce n'est toujours que cette enveloppe qui est détruite, et cette enveloppe n'est que l'accessoire et non la partie essentielle de l'être pensant ; la partie essentielle, c'est le principe intelligent qui est indestructible, et qui s'élabore dans les différentes métamorphoses qu'il subit. »

729. Si la destruction est nécessaire pour la régénération des êtres, pourquoi la nature les entoure-t-elle des moyens de préservation et de conservation ?

« C'est afin que la destruction n'arrive pas avant le temps nécessaire. Toute destruction anticipée entrave le développement du principe intelligent ; c'est pourquoi Dieu a donné à chaque être le besoin de vivre et de se reproduire. »

730. Puisque la mort doit nous conduire à une vie meilleure, qu'elle nous délivre des maux de celle-ci, et qu'ainsi elle est plus à désirer qu'à redouter, pourquoi l'homme en a-t-il une horreur instinctive qui la lui fait appréhender ?

« Nous l'avons dit, l'homme doit chercher à prolonger sa vie pour accomplir sa tâche ; c'est pourquoi Dieu lui a donné l'instinct de conservation, et cet instinct le soutient dans les épreuves ; sans cela, il se laisserait trop souvent aller au découragement. La voix secrète qui lui fait repousser la mort lui dit qu'il peut encore faire quelque chose pour son avancement. Quand un péril le menace, c'est un avertissement pour qu'il ait à mettre à profit le répit que Dieu lui accorde ; mais, l'ingrat ! il en rend plus souvent grâce à son étoile qu'à son Créateur. »

731. Pourquoi, à côté des moyens de conservation, la nature a-t-elle en même temps placé les agents destructeurs ?

« Le remède à côté du mal ; nous l'avons dit, c'est pour maintenir l'équilibre et servir de contrepoids. »

732. Le besoin de destruction est-il le même dans tous les mondes ?

« Il est proportionné à l'état plus ou moins matériel des mondes ; il cesse avec un état physique et moral plus épuré. Dans les mondes plus avancés que le vôtre, les conditions d'existence sont tout autres. »

733. La nécessité de la destruction existera-t-elle toujours parmi les hommes sur la terre ?

« Le besoin de destruction s'affaiblit chez l'homme à mesure que l'Esprit l'emporte sur la matière ; c'est pourquoi vous voyez l'horreur de la destruction suivre le développement intellectuel et moral. »

734. Dans son état actuel, l'homme a-t-il un droit illimité de destruction sur les animaux ?

« Ce droit est réglé par la nécessité de pourvoir à sa nourriture et à sa sécurité ; l'abus n'a jamais été un droit. »

735. Que penser de la destruction qui dépasse les limites des besoins et de la sécurité ; de la chasse, par exemple, quand elle n'a pour but que le plaisir de détruire sans utilité ?

« Prédominance de la bestialité sur la nature spirituelle. Toute destruction qui dépasse les limites du besoin est une violation de la loi de Dieu. Les animaux ne détruisent que pour leurs besoins ; mais l'homme, qui a le libre arbitre, détruit sans nécessité ; il devra compte de l'abus de la liberté qui lui a été accordée, car ce sont alors les mauvais instincts auxquels il cède. »

736. Les peuples qui poussent à l'excès le scrupule relatif à la destruction des animaux ont-ils un mérite particulier ?

« C'est un excès dans un sentiment louable en lui-même, mais qui devient abusif, et dont le mérite est neutralisé par des abus de bien d'autres sortes. Il y a chez eux plus de crainte superstitieuse que de véritable bonté. »

Fléaux destructeurs

737. Dans quel but Dieu frappe-t-il l'humanité par des fléaux destructeurs ?

« Pour la faire avancer plus vite. N'avons-nous pas dit que la destruction est nécessaire à la régénération morale des Esprits qui puisent dans chaque nouvelle existence un nouveau degré de perfection ? Il faut voir la fin pour en apprécier les résultats. Vous ne les jugez qu'à votre point de vue personnel, et vous les appelez fléaux à cause du préjudice qu'ils vous occasionnent ; mais ces bouleversements sont souvent nécessaires pour faire arriver plus promptement un ordre de choses meilleur, et en quelques années ce qui eût exigé bien des siècles. » (744).

738. Dieu ne pouvait-il employer pour l'amélioration de l'humanité d'autres moyens que les fléaux destructeurs ?

« Oui, et il les emploie tous les jours, puisqu'il a donné à chacun les moyens de progresser par la connaissance du bien et du mal. C'est l'homme qui n'en profite pas ; il faut bien le châtier dans son orgueil et lui faire sentir sa faiblesse. »

– Mais dans ces fléaux, l'homme de bien succombe comme le pervers ; cela est-il juste ?

« Pendant la vie, l'homme rapporte tout à son corps ; mais après la mort, il pense autrement et comme nous l'avons dit : la vie du corps est peu de chose ; un siècle de votre monde est *un éclair dans l'éternité* ; donc les souffrances de ce que vous appelez de quelques mois ou de quelques jours ne sont rien ; c'est un enseignement pour vous, et qui vous sert dans l'avenir. Les Esprits, voilà le monde réel, préexistant et survivant à tout (85) ; ce sont les enfants de Dieu et l'objet de toute sa sollicitude ; les corps ne sont que les déguisements sous lesquels ils apparaissent dans le monde. Dans les grandes calamités qui déciment les hommes, c'est comme une armée qui, pendant la guerre, voit ses vêtements usés, déchirés ou perdus. Le général a plus de souci de ses soldats que de leurs habits. »

– Mais les victimes de ces fléaux n'en sont pas moins des victimes ?

« Si l'on considérait la vie pour ce qu'elle est, et combien elle est peu de chose par rapport à l'infini, on y attacherait moins d'importance. Ces victimes trouveront dans une autre existence une large compensation à leurs souffrances si elles savent les supporter sans murmure. »

Que la mort arrive par un fléau ou par une cause ordinaire, il n'en faut pas moins mourir quand l'heure du départ a sonné ; la seule différence est qu'il en part un plus grand nombre à la fois.

Si nous pouvions nous élever par la pensée de manière à dominer l'humanité et à l'embrasser tout entière, ces fléaux si terribles ne nous paraîtraient plus que des orages passagers dans la destinée du monde.

739. Les fléaux destructeurs ont-ils une utilité au point de vue physique, malgré les maux qu'ils occasionnent ?

« Oui, ils changent quelquefois l'état d'une contrée ; mais le bien qui en résulte n'est souvent ressenti que par les générations futures. »

740. Les fléaux ne seraient-ils pas également pour l'homme des épreuves morales qui le mettent aux prises avec les plus dures nécessités ?

« Les fléaux sont des épreuves qui fournissent à l'homme l'occasion d'exercer son intelligence, de montrer sa patience et sa résignation à la volonté de Dieu, et le mettent à même de déployer ses sentiments d'abnégation, de désintéressement et d'amour du prochain, s'il n'est pas dominé par l'égoïsme. »

741. Est-il donné à l'homme de conjurer les fléaux dont il est affligé ?

« Oui, d'une partie ; mais pas comme on l'entend généralement. Beaucoup de fléaux sont la suite de son imprévoyance ; à mesure qu'il acquiert des connaissances et de l'expérience, il peut les conjurer, c'est-à-dire les prévenir s'il sait en rechercher les causes. Mais parmi les maux qui affligent l'humanité, il en est de généraux qui sont dans les décrets de la Providence, et dont chaque individu reçoit plus ou moins le contrecoup ; à ceux-là, l'homme ne peut opposer que la résignation à la volonté de Dieu ; et encore, ces maux sont souvent aggravés par son insouciance. »

Parmi les fléaux destructeurs, naturels et indépendants de l'homme, il faut ranger en première ligne la peste, la famine, les inondations, les intempéries fatales aux productions de la terre. Mais l'homme n'a-t-il pas trouvé dans la science, dans les travaux d'art, dans le perfectionnement de l'agriculture, dans les assolements et les irrigations, dans l'étude des conditions hygiéniques, les moyens de neutraliser, ou tout au moins d'atténuer bien des désastres ? Certaines contrées jadis ravagées par de terribles fléaux n'en sont-elles pas préservées aujourd'hui ? Que ne fera donc pas l'homme pour son bien-être matériel quand il saura mettre à profit toutes les ressources de son intelligence et quand, aux soins de sa conservation personnelle, il saura allier le sentiment d'une véritable charité pour ses semblables ? (707).

Guerres

742. Quelle est la cause qui porte l'homme à la guerre ?

« Prédominance de la nature animale sur la nature spirituelle et assouvissement des passions. Dans l'état de barbarie, les peuples ne connaissent que le droit du plus fort ; c'est pourquoi la guerre est pour eux un état normal. À mesure que l'homme progresse, elle devient moins fréquente, parce qu'il en évite les causes ; et quand elle est nécessaire, il sait y allier l'humanité. »

743. La guerre disparaîtra-t-elle un jour de dessus la terre ?

« Oui, quand les hommes comprendront la justice et pratiqueront la loi de Dieu ; alors tous les peuples seront frères. »

744. Quel a été le but de la Providence en rendant la guerre nécessaire ?

« La liberté et le progrès. »

– Si la guerre doit avoir pour effet d'arriver à la liberté, comment se fait-il qu'elle ait souvent pour but et pour résultat l'asservissement ?

« Asservissement momentané pour *tasser* les peuples, afin de les faire arriver plus vite. »

745. Que penser de celui qui suscite la guerre à son profit ?

« Celui-là est le vrai coupable, et lui faudra *bien des existences* pour expier tous les meurtres dont il aura été la cause, car il répondra de chaque homme dont il aura causé la mort pour satisfaire son ambition. »

Meurtre

746. Le meurtre est-il un crime aux yeux de Dieu ?

« Oui, un grand crime ; car celui qui ôte la vie à son semblable tranche *une vie d'expiation ou de mission*, et là est le mal. »

747. Le meurtre a-t-il toujours le même degré de culpabilité ?

« Nous l'avons déjà dit, Dieu est juste ; il juge l'intention plus que le fait. »

748. Dieu excuse-t-il le meurtre en cas de légitime défense ?

« La nécessité peut seule l'excuser ; mais si l'on peut préserver sa vie sans porter atteinte à celle de son agresseur, on doit le faire. »

749. L'homme est-il coupable des meurtres qu'il commet pendant la guerre ?

« Non, lorsqu'il y est contraint par la force ; mais il est coupable des cruautés qu'il commet, et il lui sera tenu compte de son humanité. »

750. Quel est le plus coupable aux yeux de Dieu, du parricide ou de l'infanticide ?

« Tous deux le sont également, car tout crime est un crime. »

751. D'où vient que chez certains peuples déjà avancés au point de vue intellectuel, l'infanticide soit dans les mœurs et consacré par la législation ?

« Le développement intellectuel n'entraîne pas la nécessité du bien ; l'Esprit supérieur en intelligence peut être mauvais ; c'est celui qui a beaucoup vécu sans s'améliorer : il sait. »

Cruauté

752. Peut-on rattacher le sentiment de cruauté à l'instinct de destruction ?

« C'est l'instinct de destruction dans ce qu'il a de plus mauvais, car si la destruction est quelquefois une nécessité, la cruauté ne l'est jamais ; elle est toujours le résultat d'une mauvaise nature. »

753. D'où vient que la cruauté est le caractère dominant des peuples primitifs ?

« Chez les peuples primitifs, comme tu les appelles, la matière l'emporte sur l'Esprit ; ils s'abandonnent aux instincts de la brute, et, comme ils n'ont pas d'autres besoins que ceux de la vie du corps, ils ne songent qu'à leur conservation personnelle, c'est ce qui les rend généralement cruels. Et puis les peuples dont le développement est imparfait sont sous l'empire d'Esprits également imparfaits qui leur sont sympathiques, jusqu'à ce que des peuples plus avancés viennent détruire ou affaiblir cette influence. »

754. La cruauté ne tient-elle pas à l'absence du sens moral ?

« Dis que le sens moral n'est pas développé, mais ne dis pas qu'il est absent, car il existe en principe chez tous les hommes ; c'est ce sens moral qui en fait plus tard des êtres bons et humains. Il existe donc chez le sauvage, mais il y est comme le principe du parfum est dans le germe de la fleur avant qu'elle soit épanouie. »

Toutes les facultés existent chez l'homme à l'état rudimentaire ou latent ; elles se développent selon que les circonstances leur sont plus ou moins favorables. Le développement excessif des unes arrête ou neutralise celui des autres. La surexcitation des instincts matériels étouffe pour ainsi dire le sens moral, comme le développement du sens moral affaiblit peu à peu les facultés purement animales.

755. Comment se fait-il qu'au sein de la civilisation la plus avancée il se trouve des êtres quelquefois aussi cruels que des sauvages ?

« Comme, sur un arbre chargé de bons fruits, il se trouve des avortons. Ce sont, si tu veux, des sauvages qui n'ont de la civilisation que l'habit, des loups égarés au milieu des moutons. Des Esprits d'un ordre inférieur et très arriérés peuvent s'incarner parmi les hommes avancés dans l'espoir d'avancer eux-mêmes ; mais si l'épreuve est trop lourde, le naturel primitif l'emporte. »

756. La société des hommes de bien sera-t-elle un jour purgée des êtres malfaisants ?

« L'humanité progresse ; ces hommes dominés par l'instinct du mal, et qui sont déplacés parmi les gens de bien, disparaîtront peu à peu, comme le mauvais grain se sépare du bon après que celui-ci a été vanné, mais pour renaître sous une autre enveloppe ; et, comme ils auront plus d'expérience, ils comprendront mieux le bien et le mal. Tu en as un exemple dans les plantes et les animaux que l'homme a trouvé l'art de perfectionner, et chez lesquels il développe des qualités nouvelles. Eh bien ! ce n'est qu'après plusieurs générations que le perfectionnement devient complet. C'est l'image des différentes existences de l'homme. »

Duel

757. Le duel peut-il être considéré comme un cas de légitime défense ?

« Non, c'est un meurtre et une habitude absurde, digne des barbares. Avec une civilisation plus avancée *et plus morale*, l'homme comprendra que le duel est aussi ridicule que les combats que l'on regardait jadis comme le jugement de Dieu. »

758. Le duel peut-il être considéré comme un meurtre de la part de celui qui, connaissant sa propre faiblesse, est à peu près sûr de succomber ?

« C'est un suicide. »

– Et quand les chances sont égales, est-ce un meurtre ou un suicide ?

« C'est l'un et l'autre. »

Dans tous les cas, même dans celui où les chances sont égales, le duelliste est coupable, d'abord parce qu'il attente froidement et de propos délibéré à la vie de son semblable ; secondement, parce qu'il expose sa propre vie inutilement et sans profit pour personne.

759. Quelle est la valeur de ce qu'on appelle *le point d'honneur* en matière de duel ?

« L'orgueil et la vanité : deux plaies de l'humanité. »

– Mais n'est-il pas des cas où l'honneur se trouve véritablement engagé et où un refus serait une lâcheté ?

« Cela dépend des mœurs et des usages ; chaque pays et chaque siècle ont là-dessus une manière de voir différente ; lorsque les hommes seront meilleurs et plus avancés en morale, ils comprendront que le véritable point d'honneur est au-dessus des passions terrestres, et que ce n'est point en tuant ou en se faisant tuer qu'on répare un tort. »

Il y a plus de grandeur et de véritable honneur à s'avouer coupable si l'on a tort, ou à pardonner si l'on a raison, et dans tous les cas à mépriser les insultes qui ne peuvent nous atteindre.

Peine de mort

760. La peine de mort disparaîtra-t-elle un jour de la législation humaine ?

« La peine de mort disparaîtra incontestablement, et sa suppression marquera un progrès dans l'humanité. Lorsque les hommes seront plus éclairés, la peine de mort sera complètement abolie sur la terre ; les hommes n'auront plus besoin d'être jugés par les hommes. Je parle d'un temps qui est encore assez éloigné de vous. »

Le progrès social laisse sans doute encore beaucoup à désirer, mais on serait injuste envers la société moderne si l'on ne voyait un progrès dans les restrictions apportées à la peine de mort chez les peuples les plus avancés et dans la nature des crimes auxquels on en borne l'application. Si l'on compare les garanties dont la justice, chez ces mêmes peuples, s'efforce d'entourer l'accusé, l'humanité dont elle use envers lui, alors même qu'il est reconnu coupable, avec ce qui se pratiquait dans des temps qui ne sont pas encore très éloignés, on ne peut méconnaître la voie progressive dans laquelle marche l'humanité.

761. La loi de conservation donne à l'homme le droit de préserver sa propre vie ; n'use-t-il pas de ce droit quand il retranche de la société un membre dangereux ?

« Il y a d'autres moyens de se préserver du danger que de le tuer. Il faut d'ailleurs ouvrir au criminel la porte du repentir et non la lui fermer. »

762. Si la peine de mort peut être bannie des sociétés civilisées, n'a-t-elle pas été une nécessité dans des temps moins avancés ?

« Nécessité n'est pas le mot ; l'homme croit toujours une chose nécessaire quand il ne trouve rien de mieux ; à mesure qu'il s'éclaire, il comprend mieux ce qui est juste ou injuste et répudie les excès commis dans les temps d'ignorance au nom de la justice. »

763. La restriction des cas où l'on applique la peine de mort est-elle un indice de progrès dans la civilisation ?

« Peux-tu en douter ? Ton Esprit ne se révolte-t-il pas en lisant le récit des boucheries humaines que l'on faisait jadis au nom de la justice, et souvent en l'honneur de la Divinité ; des tortures que l'on faisait subir au condamné, et même à l'accusé pour lui arracher, par l'excès des souffrances, l'aveu d'un crime que souvent il n'avait pas commis ? Eh bien ! si tu avais vécu dans ces temps-là, tu aurais trouvé cela tout naturel, et peut-être toi, juge, en aurais-tu fait tout autant. C'est ainsi que ce qui paraissait juste dans un temps paraît barbare dans un autre. Les lois divines sont seules éternelles ; les lois humaines changent avec le progrès ; elles changeront encore jusqu'à ce qu'elles soient mises en harmonie avec les lois divines. »

764. Jésus a dit : *Qui a tué par l'épée périra par l'épée.* Ces paroles ne sont-elles pas la consécration de la peine du talion, et la mort infligée au meurtrier n'est-elle pas l'application de cette peine ?

« Prenez garde ! vous vous êtes mépris sur ces paroles *comme sur beaucoup d'autres.* La peine du talion, c'est la justice de Dieu ; c'est lui qui l'applique. Vous tous subissez à chaque instant cette peine, car vous êtes punis par où vous avez péché, *dans cette vie ou dans une autre* ; celui qui a fait souffrir ses semblables sera dans une position où il subira lui-même ce qu'il aura fait endurer ; c'est le sens de ces paroles de Jésus ; mais ne vous a-t-il pas dit aussi : Pardonnez à vos ennemis ; et ne vous a-t-il pas enseigné à demander à Dieu de vous pardonner vos offenses comme vous aurez pardonné vous-mêmes ; c'est-à-dire *dans la même proportion* que vous aurez pardonné : comprenez bien cela. »

765. Que penser de la peine de mort infligée au nom de Dieu ?

« C'est prendre la place de Dieu dans la justice. Ceux qui agissent ainsi montrent combien ils sont loin de comprendre Dieu, et qu'ils ont encore bien des choses à expier. La peine de mort est un crime quand elle est appliquée au nom de Dieu, et ceux qui l'infligent en sont chargés comme d'autant de meurtres. »

CHAPITRE VII

VI. – LOI DE SOCIÉTÉ

Nécessité de la vie sociale

766. La vie sociale est-elle dans la nature ?

« Certainement ; Dieu a fait l'homme pour vivre en société. Dieu n'a pas donné inutilement à l'homme la parole et toutes les autres facultés nécessaires à la vie de relation. »

767. L'isolement absolu est-il contraire à la loi de nature ?

« Oui, puisque les hommes cherchent la société par instinct et qu'ils doivent tous concourir au progrès en s'aidant mutuellement. »

768. L'homme, en recherchant la société, ne fait-il qu'obéir à un sentiment personnel, ou bien y a-t-il dans ce sentiment un but providentiel plus général ?

« L'homme doit progresser ; seul, il ne le peut pas, parce qu'il n'a pas toutes les facultés ; il lui faut le contact des autres hommes. Dans l'isolement, il s'abrutit et s'étiole. »

Nul homme n'a des facultés complètes ; par l'union sociale ils se complètent les uns par les autres pour assurer leur bien-être et progresser ; c'est pourquoi, ayant besoin les uns des autres, ils sont faits pour vivre en société et non isolés.

Vie d'isolement – Vœu de silence

769. On conçoit que, comme principe général, la vie sociale soit dans la nature ; mais comme tous les goûts sont aussi dans la nature, pourquoi celui de l'isolement absolu serait-il condamnable, si l'homme y trouve sa satisfaction ?

« Satisfaction d'égoïste. Il y a aussi des hommes qui trouvent une satisfaction à s'enivrer ; les approuves-tu ? Dieu ne peut avoir pour agréable une vie par laquelle on se condamne à n'être utile à personne. »

770. Que penser des hommes qui vivent dans la réclusion absolue pour fuir le contact pernicieux du monde ?

« Double égoïsme. »

– Mais si cette retraite a pour but une expiation en s'imposant une privation pénible, n'est-elle pas méritoire ?

« Faire plus de bien qu'on a fait de mal, c'est la meilleure expiation. En évitant un mal, il tombe dans un autre, puisqu'il oublie la loi d'amour et de charité. »

771. Que penser de ceux qui fuient le monde pour se vouer au soulagement des malheureux ?

« Ceux-là s'élèvent en s'abaissant. Ils ont le double mérite de se placer au-dessus des jouissances matérielles, et de faire le bien par l'accomplissement de la loi du travail. »

– Et ceux qui cherchent dans la retraite la tranquillité que réclament certains travaux ?

« Ce n'est point là la retraite absolue de l'égoïste ; ils ne s'isolent pas de la société, puisqu'ils travaillent pour elle. »

772. Que penser du vœu de silence prescrit par certaines sectes dès la plus haute antiquité ?

« Demandez-vous plutôt si la parole est dans la nature, et pourquoi Dieu l'a donnée. Dieu condamne l'abus et non l'usage des facultés qu'il a accordées. Cependant, le silence est utile ; car dans le silence tu te recueilles ; ton esprit devient plus libre et peut alors entrer en communication avec nous ; mais *vœu* de silence est une sottise. Sans doute, ceux qui regardent ces privations volontaires comme des actes de vertu ont une bonne intention ; mais ils se trompent parce qu'ils ne comprennent pas suffisamment les véritables lois de Dieu. »

Le vœu de silence absolu, de même que le vœu d'isolement, prive l'homme des relations sociales qui peuvent lui fournir les occasions de faire le bien et d'accomplir la loi du progrès.

Liens de famille

773. Pourquoi, chez les animaux, les parents et les enfants ne se reconnaissent-ils plus lorsque ceux-ci n'ont plus besoin de soins ?

« Les animaux vivent de la vie matérielle, et non de la vie morale. La tendresse de la mère pour ses petits a pour principe l'instinct de conservation des êtres auxquels elle a donné le jour ; quand ces êtres peuvent se suffire à eux-mêmes, sa tâche est remplie, la nature ne lui en demande pas davantage ; c'est pourquoi elle les abandonne pour s'occuper des nouveaux venus. »

774. Il y a des personnes qui infèrent de l'abandon des petits des animaux par leurs parents que, chez l'homme, les liens de famille ne sont qu'un résultat des mœurs sociales et non une loi de nature ; qu'en devons-nous penser ?

« L'homme a une autre destinée que les animaux ; pourquoi donc toujours vouloir l'assimiler à eux ? Chez lui, il y a autre chose que des besoins physiques : il y a la nécessité du progrès ; les liens sociaux sont nécessaires au progrès, et les liens de famille resserrent les liens sociaux : voilà pourquoi les liens de famille sont une loi de nature. Dieu a voulu que les hommes apprissent ainsi à s'aimer comme des frères. » (205).

775. Quel serait, pour la société, le résultat du relâchement des liens de famille ?

« Une recrudescence d'égoïsme. »

CHAPITRE VIII
VII. – LOI DU PROGRÈS

État de nature

776. L'état de nature et la loi naturelle sont-ils la même chose ?

« Non, l'état de nature est l'état primitif. La civilisation est incompatible avec l'état de nature, tandis que la loi naturelle contribue au progrès de l'humanité. »

L'état de nature est l'enfance de l'humanité et le point de départ de son développement intellectuel et moral. L'homme étant perfectible, et portant en soi le germe de son amélioration, il n'est point destiné à vivre perpétuellement dans l'état de nature, pas plus qu'il n'est destiné à vivre perpétuellement dans l'enfance ; l'état de nature est transitoire, l'homme en sort par le progrès et la civilisation. La loi naturelle, au contraire, régit l'humanité entière, et l'homme s'améliore à mesure qu'il comprend mieux et pratique mieux cette loi.

777. Dans l'état de nature, l'homme ayant moins de besoins, n'a pas toutes les tribulations qu'il se crée dans un état plus avancé ; que penser de l'opinion de ceux qui regardent cet état comme celui de la plus parfaite félicité sur la terre ?

« Que veux-tu ! c'est le bonheur de la brute ; il y a des gens qui n'en comprennent pas d'autre. C'est être heureux à la manière des bêtes. Les enfants aussi sont plus heureux que les hommes faits. »

778. L'homme peut-il rétrograder vers l'état de nature ?

« Non, l'homme doit progresser sans cesse, et il ne peut retourner à l'état d'enfance. S'il progresse, c'est que Dieu le veut ainsi ; penser qu'il peut rétrograder vers sa condition primitive serait nier la loi du progrès. »

Marche du progrès

779. L'homme puise-t-il en lui la force progressive, ou bien le progrès n'est-il que le produit d'un enseignement ?

« L'homme se développe lui-même naturellement ; mais tous ne progressent pas en même temps et de la même manière ; c'est alors que les plus avancés aident au progrès des autres par le contact social. »

780. Le progrès moral suit-il toujours le progrès intellectuel ?

« Il en est la conséquence, mais il ne le suit pas toujours *immédiatement*. » (192-365).

– Comment le progrès intellectuel peut-il conduire au progrès moral ?

« En faisant comprendre le bien et le mal ; l'homme, alors, peut choisir. Le développement du libre arbitre suit le développement de l'intelligence et augmente la responsabilité des actes. »

– Comment se fait-il alors que les peuples les plus éclairés soient souvent les plus pervertis ?

« Le progrès complet est le but, mais les peuples, comme les individus, n'y arrivent que pas à pas. Jusqu'à ce que le sens moral se soit développé en eux, ils peuvent même se servir de leur intelligence pour faire le mal. Le moral et l'intelligence sont deux forces qui ne s'équilibrent qu'à la longue. » (365-751).

781. Est-il donné à l'homme de pouvoir arrêter la marche du progrès ?

« Non, mais de l'entraver quelquefois. »

– Que penser des hommes qui tentent d'arrêter la marche du progrès et de faire rétrograder l'humanité ?

« Pauvres êtres que Dieu châtiera ; ils seront renversés par le torrent qu'ils veulent arrêter. »

Le progrès étant une condition de la nature humaine, il n'est au pouvoir de personne de s'y opposer. C'est une *force vive* que de mauvaises lois peuvent retarder, mais non étouffer. Lorsque ces lois lui deviennent incompatibles, il les brise avec tous ceux qui tentent de les maintenir, et il en sera ainsi jusqu'à ce que l'homme ait mis ses lois en rapport avec la justice divine qui veut le bien pour tous, et non des lois faites par le fort au préjudice du faible.

782. N'y a-t-il pas des hommes qui entravent le progrès de bonne foi, en croyant le favoriser parce qu'ils le voient à leur point de vue, et souvent là où il n'est pas ?

« Petite pierre mise sous la roue d'une grosse voiture, et qui ne l'empêche pas d'avancer. » 783. Le perfectionnement de l'humanité suit-il toujours une marche progressive et lente ?

« Il y a le progrès régulier et lent qui résulte de la force des choses ; mais quand un peuple n'avance pas assez vite, Dieu lui suscite, de temps à autre, une secousse physique ou morale qui le transforme. »

L'homme ne peut rester perpétuellement dans l'ignorance, parce qu'il doit arriver au but marqué par la Providence : il s'éclaire par la force des choses. Les révolutions morales, comme les révolutions sociales, s'infiltrent peu à peu dans les idées ; elles germent pendant des siècles, puis tout à coup éclatent et font écrouler l'édifice vermoulu du passé, qui n'est plus en harmonie avec les besoins nouveaux et les aspirations nouvelles.

L'homme n'aperçoit souvent dans ces commotions que le désordre et la confusion momentanés qui le frappent dans ses intérêts matériels ; celui qui élève sa pensée au-dessus de la personnalité admire les desseins de la Providence qui du mal fait sortir le bien. C'est la tempête et l'orage qui assainissent l'atmosphère après l'avoir bouleversée.

784. La perversité de l'homme est bien grande, et ne semble-t-il pas marcher à reculons au lieu d'avancer, du moins au point de vue moral ?

« Tu te trompes ; observe bien l'ensemble et tu verras qu'il avance, puisqu'il comprend mieux ce qui est mal, et que chaque jour il réforme des abus. Il faut l'excès du mal pour faire comprendre la nécessité du bien et des réformes. »

785. Quel est le plus grand obstacle au progrès ?

« L'orgueil et l'égoïsme ; je veux parler du progrès moral, car le progrès intellectuel marche toujours ; il semble même au premier abord donner à ces vices un redoublement d'activité en développant l'ambition et l'amour des richesses qui, à leur tour, excitent l'homme aux recherches qui éclairent son Esprit. C'est ainsi que tout se tient dans le monde moral comme dans le monde physique, et que du mal même peut sortir le bien ; mais cet état de choses n'aura qu'un temps ; il changera à mesure que l'homme comprendra mieux qu'il y a en dehors de la jouissance des biens terrestres un bonheur infiniment plus grand et infiniment plus durable. » (Voyez *Egoïsme*, chapitre XII).

Il y a deux espèces de progrès qui se prêtent un mutuel appui, et pourtant ne marchent pas de front, c'est le progrès intellectuel et le progrès moral. Chez les peuples civilisés, le premier reçoit, dans ce siècle-ci, tous les encouragements désirables ; aussi a-t-il atteint un degré inconnu jusqu'à nos jours. Il s'en faut que le second soit au même niveau, et cependant si l'on compare les mœurs sociales à quelques siècles de distance, il faudrait être aveugle pour nier le progrès. Pourquoi donc la marche ascendante s'arrêterait-elle plutôt pour le moral que pour l'intelligence ? Pourquoi n'y aurait-il pas entre le dix-neuvième et le vingt-quatrième siècle autant de différence qu'entre le quatorzième et le dix-neuvième ? En douter serait prétendre que l'humanité est à l'apogée de la perfection, ce qui serait absurde, ou qu'elle n'est pas perfectible moralement, ce qui est démenti par l'expérience.

Peuples dégénérés

786. L'histoire nous montre une foule de peuples qui, après les secousses qui les ont bouleversés, sont retombés dans la barbarie ; où est le progrès dans ce cas ?

« Quand ta maison menace ruine, tu l'abats pour en reconstruire une plus solide et plus commode ; mais, jusqu'à ce qu'elle soit reconstruite, il y a trouble et confusion dans ta demeure.

Comprends encore cela : tu étais pauvre et tu habitais une masure ; tu deviens riche et tu la quittes pour habiter un palais. Puis, un pauvre diable comme tu étais vient prendre ta place dans ta masure, et il est encore très content, car avant il n'avait pas d'abri. Eh bien ! apprends donc que les Esprits qui se sont incarnés dans ce peuple dégénéré ne sont pas ceux qui le composaient au temps de sa splendeur ; ceux d'alors qui étaient avancés, sont allés dans des habitations plus parfaites et ont progressé, tandis que d'autres moins avancés ont pris leur place qu'ils quitteront à leur tour. »

787. N'y a-t-il pas des races rebelles au progrès par leur nature ?

« Oui, mais celles-là s'anéantissent chaque jour, *corporellement*. »

– Quel sera le sort à venir des âmes qui animent ces races ?

« Elles arriveront comme toutes les autres à la perfection en passant par d'autres existences ; Dieu ne déshérite personne. »

– Ainsi, les hommes les plus civilisés ont pu être sauvages et anthropophages ?

« Toi-même tu l'as été plus d'une fois avant d'être ce que tu es. »

788. Les peuples sont des individualités collectives qui, comme les individus, passent par l'enfance, l'âge mûr et la décrépitude ; cette vérité constatée

par l'histoire ne peut-elle faire penser que les peuples les plus avancés de ce siècle auront leur déclin et leur fin, comme ceux de l'antiquité ?

« Les peuples qui ne vivent que de la vie du corps, ceux dont la grandeur n'est fondée que sur la force et l'étendue, naissent, croissent et meurent, parce que la force d'un peuple s'épuise comme celle d'un homme ; ceux dont les lois égoïstes jurent avec le progrès des lumières et la charité meurent, parce que la lumière tue les ténèbres et la charité tue l'égoïsme ; mais il y a, pour les peuples comme pour les individus, la vie de l'âme ; ceux dont les lois s'harmonisent avec les lois éternelles du Créateur vivront et seront le flambeau des autres peuples. »

789. Le progrès réunira-t-il un jour tous les peuples de la terre en une seule nation ?

« Non, pas en une seule nation, cela est impossible, car de la diversité des climats naissent des mœurs et des besoins différents qui constituent les nationalités ; c'est pourquoi il leur faudra toujours des lois appropriées à ces mœurs et à ces besoins ; mais la charité ne connaît point de latitudes et ne fait pas de distinction entre la couleur des hommes. Quand la loi de Dieu sera partout la base de la loi humaine, les peuples pratiqueront la charité de l'un à l'autre, comme les individus d'homme à homme ; alors ils vivront heureux et en paix, parce que nul ne cherchera à faire du tort à son voisin, ni à vivre à ses dépens. »

L'humanité progresse par les individus qui s'améliorent peu à peu et s'éclairent ; alors, quand ceux-ci l'emportent en nombre, ils prennent le dessus et entraînent les autres. De temps en temps surgissent parmi eux des hommes de génie qui donnent un élan, puis des hommes ayant l'autorité, instruments de Dieu, qui en quelques années la font avancer de plusieurs siècles.

Le progrès des peuples fait encore ressortir la justice de la réincarnation. Les hommes de bien font de louables efforts pour faire avancer une nation moralement et intellectuellement ; la nation transformée sera plus heureuse en ce monde et en l'autre, soit ; mais pendant sa marche lente à travers les siècles, des milliers d'individus meurent chaque jour ; quel est le sort de tous ceux qui succombent dans le trajet ? Leur infériorité relative les prive-t-elle du bonheur réservé aux derniers arrivés ? Ou bien leur bonheur est-il relatif ? La justice divine ne saurait consacrer une telle injustice. Par la pluralité des existences, le droit au bonheur est le même pour tous, car nul n'est déshérité du progrès ; ceux qui ont vécu au temps de la barbarie, pouvant revenir au temps de la civilisation, chez le même peuple ou chez un autre, il en résulte que tous profitent de la marche ascendante.

Mais le système de l'unité des existences présente ici une autre difficulté. Avec ce système, l'âme est créée au moment de la naissance ; donc si un homme est plus avancé qu'un autre, c'est que Dieu crée pour lui une âme plus avancée. Pourquoi cette faveur ? Quel mérite a-t-il, lui qui n'a pas vécu plus qu'un autre, moins qu'un autre souvent, pour être doué d'une âme supérieure ? Mais là n'est pas la principale difficulté. Une nation passe, en mille ans, de la barbarie à la civilisation. Si les hommes vivaient mille ans on concevrait que dans cet intervalle ils eussent le temps de progresser ; mais tous les jours il en meurt à tout âge ; ils se renouvellent sans cesse, de telle sorte que chaque jour en voit paraître et disparaître. Au bout des mille ans, il n'y a plus trace des anciens habitants ; la nation, de barbare qu'elle était, est devenue policée ; qu'est-ce qui a progressé ? Sont-ce les individus jadis barbares ? Mais ils sont morts depuis longtemps. Sont-ce les nouveaux venus ? Mais si leur âme est créée au moment de leur naissance, ces âmes n'existaient pas au temps de la barbarie, et il faut alors admettre que *les efforts que l'on fait pour civiliser un peuple ont le pouvoir, non pas d'améliorer des âmes imparfaites, mais de faire créer par Dieu des âmes plus parfaites.*

Comparons cette théorie du progrès avec celle donnée par les Esprits. Les âmes venues au temps de la civilisation ont eu leur enfance comme toutes les autres, *mais elles ont déjà vécu*, et sont venues avancées par un progrès antérieur ; elles viennent, attirées par un milieu qui leur est sympathique, et qui est en rapport avec leur état actuel ; de sorte que les soins donnés à la civilisation d'un peuple n'ont pas pour effet de faire créer pour l'avenir des âmes plus parfaites, mais d'attirer celles qui ont déjà progressé, soit qu'elles aient déjà vécu chez ce même peuple au temps de sa barbarie, soit qu'elles viennent d'autre part. Là est encore la clef du progrès de l'humanité tout entière ; quand tous les peuples seront au même niveau pour le sentiment du bien, la terre ne sera le rendez-vous que de bons Esprits qui vivront entre eux dans une union fraternelle, et les mauvais s'y trouvant repoussés et déplacés iront chercher dans des mondes inférieurs le milieu qui leur convient, jusqu'à ce qu'ils soient dignes de venir dans le nôtre transformé. La théorie vulgaire a encore cette conséquence, que les travaux d'amélioration sociale ne profitent qu'aux générations présentes et futures ; leur résultat est nul pour les générations passées qui ont eu le tort de venir trop tôt, et qui deviennent ce qu'elles peuvent, chargées qu'elles sont de leurs actes de barbarie. Selon la doctrine des Esprits, les progrès ultérieurs profitent également à ces générations qui revivent dans des conditions meilleures et peuvent ainsi se perfectionner au foyer de la civilisation. (222).

Civilisation

790. La civilisation est-elle un progrès ou, selon quelques philosophes, une décadence de l'humanité ?

« Progrès incomplet ; l'homme ne passe pas subitement de l'enfance à l'âge mûr. »

– Est-il rationnel de condamner la civilisation ?

« Condamnez plutôt ceux qui en abusent, et non pas l'œuvre de Dieu. »

791. La civilisation s'épurera-t-elle un jour de manière à faire disparaître les maux qu'elle aura produits ?

« Oui, quand le moral sera aussi développé que l'intelligence. Le fruit ne peut venir avant la fleur. »

792. Pourquoi la civilisation ne réalise-t-elle pas immédiatement tout le bien qu'elle pourrait produire ?

« Parce que les hommes ne sont pas encore prêts ni disposés à obtenir ce bien. »

– Ne serait-ce pas aussi parce qu'en créant de nouveaux besoins, elle surexcite des passions nouvelles ?

« Oui, et parce que toutes les facultés de l'Esprit ne progressent pas en même temps ; il faut le temps pour tout. Vous ne pouvez attendre des fruits parfaits d'une civilisation incomplète. » (751-780).

793. À quels signes peut-on reconnaître une civilisation complète ?

« Vous la reconnaîtrez au développement moral. Vous vous croyez bien avancés, parce que vous avez fait de grandes découvertes et des inventions merveilleuses ; que vous êtes mieux logés et mieux vêtus que des sauvages ; mais vous n'aurez vraiment le droit de vous dire civilisés que lorsque vous aurez banni de votre société les vices qui la déshonorent, et que vous vivrez entre vous comme des frères en pratiquant la charité chrétienne ; jusque-là, vous n'êtes que des peuples éclairés, n'ayant parcouru que la première phase de la civilisation. »

La civilisation a ses degrés comme toutes choses. Une civilisation incomplète est un état de transition qui engendre des maux spéciaux, inconnus à l'état primitif ; mais elle n'en constitue pas moins un progrès naturel, nécessaire, qui porte avec soi le remède au mal qu'il fait. À mesure que la civilisation se perfectionne, elle fait cesser quelques-uns des maux qu'elle a engendrés, et ces maux disparaîtront avec le progrès moral.

De deux peuples arrivés au sommet de l'échelle sociale, celui-là seul peut se dire le plus civilisé, dans la véritable acception du mot, chez lequel on trouve le moins d'égoïsme, de cupidité et d'orgueil ; où les habitudes sont plus intellectuelles et morales que matérielles ; où l'intelligence peut se développer avec le plus de liberté ; où il y a le plus de bonté, de bonne foi, de bienveillance et de générosité réciproques ; où les préjugés de caste et de naissance sont le moins enracinés, car ces préjugés sont incompatibles avec le véritable amour du prochain ; où les lois ne consacrent aucun privilège et sont les mêmes pour le dernier comme pour le premier ; où la justice s'exerce avec le moins de partialité ; où le faible trouve toujours appui contre le fort ; où la vie de l'homme, ses croyances et ses opinions sont le mieux respectées ; où il y a le moins de malheureux, et enfin, où tout homme de bonne volonté est toujours sûr de ne point manquer du nécessaire.

Progrès de la législation humaine

794. La société pourrait-elle être régie par les seules lois naturelles sans le secours des lois humaines ?

« Elle le pourrait si on les comprenait bien, et si on avait la volonté de les pratiquer, elles suffiraient ; mais la société a ses exigences, et il lui faut des lois particulières. »

795. Quelle est la cause de l'instabilité des lois humaines ?

« Dans les temps de barbarie, ce sont les plus forts qui ont fait les lois, et ils les ont faites pour eux. Il a bien fallu les modifier à mesure que les hommes ont mieux compris la justice. Les lois humaines sont plus stables à mesure qu'elles se rapprochent de la véritable justice, c'est-à-dire à mesure qu'elles sont faites pour tous, et qu'elles s'identifient avec la loi naturelle. »

La civilisation a créé pour l'homme de nouveaux besoins, et ces besoins sont relatifs à la position sociale qu'il s'est faite. Il a dû régler les droits et les devoirs de cette position par les lois humaines ; mais sous l'influence de ses passions, il a souvent créé des droits et des devoirs imaginaires que condamne la loi naturelle, et que les peuples effacent de leurs codes à mesure qu'ils progressent. La loi naturelle est immuable et la même pour tous ; la loi humaine est variable et progressive ; elle seule a pu consacrer, dans l'enfance des sociétés, le droit du plus fort.

796. La sévérité des lois pénales n'est-elle pas une nécessité dans l'état actuel de la société ?

« Une société dépravée a certainement besoin de lois plus sévères ; malheureusement, ces lois s'attachent plus à punir le mal quand il est fait, qu'à tarir la source du mal. Il n'y a que l'éducation qui puisse réformer les hommes ; alors ils n'auront plus besoin de lois aussi rigoureuses. »

797. Comment l'homme pourra-t-il être amené à réformer ses lois ?

« Cela vient naturellement par la force des choses et l'influence des gens de bien qui le conduisent dans la voie du progrès. Il en a déjà beaucoup réformé et il en réformera bien d'autres. Attends ! »

Influence du spiritisme sur le progrès

798. Le spiritisme deviendra-t-il une croyance vulgaire, ou restera-t-il le partage de quelques personnes ?

« Certainement il deviendra une croyance vulgaire, et il marquera une nouvelle ère dans l'histoire de l'humanité, parce qu'il est dans la nature et que le temps est venu où il doit prendre rang parmi les connaissances humaines ; cependant il aura de grandes luttes à soutenir, plus encore contre l'intérêt que contre la conviction, car il ne faut pas se dissimuler qu'il y a des gens intéressés à le combattre, les uns par amour-propre, les autres pour des causes toutes matérielles ; mais les contradicteurs se trouvant de plus en plus isolés seront bien forcés de penser comme tout le monde, sous peine de se rendre ridicules. »

Les idées ne se transforment qu'à la longue, et jamais subitement ; elles s'affaiblissent de génération en génération et finissent par disparaître peu à peu avec ceux qui les professaient, et qui sont remplacés par d'autres individus imbus de nouveaux principes, comme cela a lieu pour les idées politiques. Voyez le paganisme ; il n'est certes personne aujourd'hui qui professe les idées religieuses de ces temps-là ; cependant, plusieurs siècles après l'avènement du christianisme, elles ont laissé des traces que la complète rénovation des races a seule pu effacer. Il en sera de même du spiritisme ; il fait beaucoup de progrès ; mais il y aura encore pendant deux ou trois générations un levain d'incrédulité que le temps seul dissipera. Toutefois, sa marche sera plus rapide que celle du christianisme, parce que c'est le christianisme lui-même qui lui ouvre les voies et sur lequel il s'appuie. Le christianisme avait à détruire ; le spiritisme n'a qu'à édifier.

799. De quelle manière le spiritisme peut-il contribuer au progrès ?

« En détruisant le matérialisme qui est une des plaies de la société, il fait comprendre aux hommes où est leur véritable intérêt. La vie future n'étant plus voilée par le doute, l'homme comprendra mieux qu'il peut assurer son avenir par le présent. En détruisant les préjugés de sectes, de castes et de couleurs, il apprend aux hommes la grande solidarité qui doit les unir comme des frères. »

800. N'est-il pas à craindre que le spiritisme ne puisse triompher de l'insouciance des hommes et de leur attachement aux choses matérielles ?

« Ce serait bien peu connaître les hommes, si l'on pensait qu'une cause quelconque pût les transformer comme par enchantement. Les idées se modifient peu à peu selon les individus, et il faut des générations pour effacer complètement les traces des vieilles habitudes. La transformation ne peut donc s'opérer qu'à la longue, graduellement et de proche en proche ; à chaque génération, une partie du voile se dissipe ; le spiritisme vient le déchirer tout à fait ; mais en attendant n'aurait-il pour effet, chez un homme, que de le corriger d'un seul défaut, ce serait un pas qu'il lui aurait fait faire, et par cela même un grand bien, car ce premier pas lui rendra les autres plus faciles. »

801. Pourquoi les Esprits n'ont-ils pas enseigné de tout temps ce qu'ils enseignent aujourd'hui ?

« Vous n'enseignez pas aux enfants ce que vous enseignez aux adultes, et vous ne donnez pas au nouveau-né une nourriture qu'il ne pourrait pas digérer ; chaque chose a son temps. Ils ont enseigné beaucoup de choses que les hommes n'ont pas comprises ou qu'ils ont dénaturées, mais qu'ils peuvent comprendre maintenant. Par leur enseignement, même incomplet, ils ont préparé le terrain à recevoir la semence qui va fructifier aujourd'hui. »

802. Puisque le spiritisme doit marquer un progrès dans l'humanité, pourquoi les Esprits ne hâtent-ils pas ce progrès par des manifestations tellement générales et tellement patentes que la conviction serait portée chez les plus incrédules ?

« Vous voudriez des miracles ; mais Dieu les sème à pleines mains sous vos pas, et vous avez encore des hommes qui le renient. Le Christ lui-même a-t-il convaincu ses contemporains par les prodiges qu'il a accomplis ? Ne voyez-vous pas aujourd'hui des hommes nier les faits les plus patents qui se passent sous leurs yeux ? N'en avez-vous pas qui disent qu'ils ne croiraient pas quand même ils verraient ? Non ; ce n'est pas par des prodiges que Dieu veut ramener les hommes ; dans sa bonté, il veut leur laisser le mérite de se convaincre par la raison. »

CHAPITRE IX
VIII. – LOI D'ÉGALITÉ

Égalité naturelle

803. Tous les hommes sont-ils égaux devant Dieu ?

« Oui, tous tendent au même but, et Dieu a fait ses lois pour tout le monde. Vous dites souvent : Le soleil luit pour tous, et vous dites là une vérité plus grande et plus générale que vous ne pensez. »

Tous les hommes sont soumis aux mêmes lois de la nature ; tous naissent avec la même faiblesse, sont sujets aux mêmes douleurs, et le corps du riche se détruit comme celui du pauvre. Dieu n'a donc donné à aucun homme de supériorité naturelle, ni par la naissance, ni par la mort : tous sont égaux devant lui.

Inégalité des aptitudes

804. Pourquoi Dieu n'a-t-il pas donné les mêmes aptitudes à tous les hommes ?

« Dieu a créé tous les Esprits égaux, mais chacun d'eux a plus ou moins vécu, et par conséquent plus ou moins acquis ; la différence est dans le degré de leur expérience, et dans leur volonté, qui est le libre arbitre ; de là, les uns se perfectionnent plus rapidement, ce qui leur donne des aptitudes diverses. Le mélange des aptitudes est nécessaire, afin que chacun puisse concourir aux vues de la Providence dans la limite du développement de ses forces physiques et intellectuelles : ce que l'un ne fait pas, l'autre le fait ; c'est ainsi que chacun a son rôle utile. Puis, tous les mondes étant *solidaires les uns des autres*, il faut bien que les habitants des mondes supérieurs et qui, pour la plupart, sont créés avant le vôtre, viennent y habiter pour vous donner l'exemple. » (361).

805. En passant d'un monde supérieur dans un monde inférieur, l'Esprit conserve-t-il l'intégralité des facultés acquises ?

« Oui, nous l'avons déjà dit, l'Esprit qui a progressé ne rechute point ; il peut choisir, dans son état d'Esprit, une enveloppe plus engourdie ou une position plus précaire que celle qu'il a eue, mais tout cela toujours pour lui servir d'enseignement et l'aider à progresser. » (180).

Ainsi la diversité des aptitudes de l'homme ne tient pas à la nature intime de sa création, mais au degré de perfectionnement auquel sont arrivés les Esprits incarnés en lui. Dieu n'a donc pas créé l'inégalité des facultés, mais il a permis que les différents degrés de développement fussent en contact, afin que les plus avancés pussent aider au progrès des plus arriérés, et aussi afin que les hommes, ayant besoin les uns des autres, comprissent la loi de charité qui doit les unir.

Inégalités sociales

806. L'inégalité des conditions sociales est-elle une loi de nature ?

« Non, elle est l'œuvre de l'homme et non celle de Dieu. »

– Cette inégalité disparaîtra-t-elle un jour ?

« Il n'y a d'éternel que les lois de Dieu. Ne la vois-tu pas s'effacer peu à peu chaque jour ?

Cette inégalité disparaîtra avec la prédominance de l'orgueil et de l'égoïsme ; il ne restera que l'inégalité du mérite. Un jour viendra où les membres de la grande famille des enfants de Dieu ne se regarderont plus comme de sang plus ou moins pur ; il n'y a que l'Esprit qui est plus ou moins pur, et cela ne dépend pas de la position sociale. »

807. Que penser de ceux qui abusent de la supériorité de leur position sociale pour opprimer le faible à leur profit ?

« Ceux-là méritent l'anathème ; malheur à eux ! ils seront opprimés à leur tour, et ils *renaîtront* dans une existence où ils endureront tout ce qu'ils ont fait endurer. » (684).

Inégalité des richesses

808. L'inégalité des richesses n'a-t-elle pas sa source dans l'inégalité des facultés qui donne aux uns plus de moyens d'acquérir qu'aux autres ?

« Oui et non ; et la ruse et le vol, qu'en dis-tu ? »

– La richesse héréditaire n'est pourtant pas le fruit des mauvaises passions ?

« Qu'en sais-tu ? Remonte à la source et tu verras si elle est toujours pure. Sais-tu si dans le principe elle n'a pas été le fruit d'une spoliation ou d'une injustice ? Mais sans parler de l'origine, qui peut être mauvaise, crois-tu que la convoitise du bien, même le mieux acquis, les désirs secrets que l'on conçoit de le posséder plus tôt, soient des sentiments louables ? C'est là ce que Dieu juge, et je t'assure que son jugement est plus sévère que celui des hommes. »

809. Si une fortune a été mal acquise dans l'origine, ceux qui en héritent plus tard en sont-ils responsables ?

« Sans doute, ils ne sont pas responsables du mal que d'autres ont pu faire, d'autant moins qu'ils peuvent l'ignorer ; mais sache bien que souvent une fortune n'échoit à un homme que pour lui fournir l'occasion de réparer une injustice. Heureux pour lui s'il le comprend ! s'il le fait au nom de celui qui a commis l'injustice, il sera tenu compte à tous deux de la réparation, car souvent c'est ce dernier qui la provoque. »

810. Sans s'écarter de la légalité, on peut disposer de ses biens d'une manière plus ou moins équitable. Est-on responsable après sa mort des dispositions que l'on a faites ?

« Toute action porte ses fruits ; les fruits des bonnes actions sont doux ; ceux des autres sont toujours amers ; *toujours*, entendez bien cela. »

811. L'égalité absolue des richesses est-elle possible, et a-t-elle jamais existé ?

« Non, elle n'est pas possible. La diversité des facultés et des caractères s'y oppose. »

– Il y a pourtant des hommes qui croient que là est le remède aux maux de la société ; qu'en pensez-vous ?

« Ce sont des systématiques ou des ambitieux jaloux ; ils ne comprennent pas que l'égalité qu'ils rêvent serait bientôt rompue par la force des choses. Combattez l'égoïsme, c'est là votre plaie sociale, et ne cherchez pas des chimères. »

812. Si l'égalité des richesses n'est pas possible, en est-il de même du bien-être ?

« Non, mais le bien-être est relatif, et chacun pourrait en jouir si l'on s'entendait bien... car le véritable bien-être consiste dans l'emploi de son temps à sa guise, et non à des travaux pour lesquels on ne se sent aucun goût ; et comme chacun a des aptitudes différentes, aucun travail utile ne resterait à faire. L'équilibre existe en tout, c'est l'homme qui veut le déranger. »

– Est-il possible de s'entendre ?

« Les hommes s'entendront quand ils pratiqueront la loi de justice. »

813. Il y a des gens qui tombent dans le dénuement et la misère par leur faute ; la société ne peut en être responsable ?

« Si ; nous l'avons déjà dit, elle est souvent la première cause de ces fautes ; et d'ailleurs ne doit-elle pas veiller à leur éducation morale ? C'est souvent la mauvaise éducation qui a faussé leur jugement au lieu d'étouffer chez eux les tendances pernicieuses. » (685).

Épreuves de la richesse et de la misère

814. Pourquoi Dieu a-t-il donné aux uns les richesses et la puissance, et aux autres la misère ?

« Pour les éprouver chacun d'une manière différente. D'ailleurs, vous le savez, ces épreuves, ce sont les Esprits eux-mêmes qui les ont choisies, et souvent ils y succombent. » 815. Laquelle des deux épreuves est la plus redoutable pour l'homme, celle du malheur ou celle de la fortune ?

« Elles le sont autant l'une que l'autre. La misère provoque le *murmure* contre la

Providence, la richesse excite à tous les excès. »

816. Si le riche a plus de tentations, n'a-t-il pas aussi plus de moyens de faire le bien ?

« C'est justement ce qu'il ne fait pas toujours ; il devient égoïste, orgueilleux et insatiable ; ses besoins augmentent avec sa fortune, et il croit n'en avoir jamais assez pour lui seul. »

L'élévation dans ce monde et l'autorité sur ses semblables sont des épreuves tout aussi grandes et tout aussi glissantes que le malheur ; car plus on est riche et puissant, *plus on a d'obligations à remplir*, et plus sont grands les moyens de faire le bien et le mal. Dieu éprouve le pauvre par la résignation, et le riche par l'usage qu'il fait de ses biens et de sa puissance.

La richesse et le pouvoir font naître toutes les passions qui nous attachent à la matière et nous éloignent de la perfection spirituelle ; c'est pourquoi Jésus a dit : « Je vous le dis, en vérité, il est plus facile à un chameau de passer par le trou d'une aiguille qu'à un riche d'entrer dans le royaume des cieux. » (266).

Égalité des droits de l'homme et de la femme

817. L'homme et la femme sont-ils égaux devant Dieu et ont-ils les mêmes droits ?

« Dieu n'a-t-il pas donné à tous les deux l'intelligence du bien et du mal et la faculté de progresser ? »

818. D'où vient l'infériorité morale de la femme en certaines contrées ?

« C'est par l'empire injuste et cruel que l'homme a pris sur elle. C'est un résultat des institutions sociales, et de l'abus de la force sur la faiblesse. Chez les hommes peu avancés au point de vue moral, la force fait le droit. »

819. Dans quel but la femme a-t-elle plus de faiblesse physique que l'homme ?

« Pour lui assigner des fonctions particulières. L'homme est pour les travaux rudes, comme étant le plus fort ; la femme pour les travaux doux, et tous les deux pour s'entraider à passer les épreuves d'une vie pleine d'amertume. »

820. La faiblesse physique de la femme ne la place-t-elle pas naturellement sous la dépendance de l'homme ?

« Dieu a donné aux uns la force pour protéger le faible et non pour l'asservir. »

Dieu a approprié l'organisation de chaque être aux fonctions qu'il doit accomplir. S'il a donné à la femme une moins grande force physique, il l'a douée en même temps d'une plus grande sensibilité en rapport avec la délicatesse des fonctions maternelles et la faiblesse des êtres confiés à ses soins.

821. Les fonctions auxquelles la femme est destinée par la nature ont-elles une importance aussi grande que celles qui sont dévolues à l'homme ?

« Oui, et plus grande ; c'est elle qui lui donne les premières notions de la vie. »

822. Les hommes étant égaux devant la loi de Dieu doivent-ils l'être également devant la loi des hommes ?

« C'est le premier principe de justice : Ne faites pas aux autres ce que vous ne voudriez pas qu'on vous fît. »

– D'après cela, une législation, pour être parfaitement juste, doit-elle consacrer l'égalité des droits entre l'homme et la femme ?

« Des droits, oui ; des fonctions, non ; il faut que chacun ait une place attitrée ; que l'homme s'occupe du dehors et la femme du dedans, chacun selon son aptitude. La loi humaine, pour être équitable, doit consacrer l'égalité des droits entre l'homme et la femme ; tout privilège accordé à l'un ou à l'autre est contraire à la justice. *L'émancipation de la femme suit le progrès de la civilisation ;* son asservissement marche avec la barbarie. Les sexes, d'ailleurs, n'existent que par l'organisation physique ; puisque les Esprits peuvent prendre l'un et l'autre, il n'y a point de différence entre eux sous ce rapport, et par conséquent ils doivent jouir des mêmes droits. »

Égalité devant la tombe

823. D'où vient le désir de perpétuer sa mémoire par des monuments funèbres ?

« Dernier acte d'orgueil. »

– Mais la somptuosité des monuments funèbres n'est-elle pas plus souvent le fait des parents qui veulent honorer la mémoire du défunt, que celui du défunt lui-même ?

« Orgueil des parents qui veulent se glorifier eux-mêmes. Oh ! oui, ce n'est pas toujours pour le mort que l'on fait toutes ces démonstrations : c'est par amour-propre et pour le monde, et pour faire parade de sa richesse. Crois-tu que le souvenir d'un être chéri soit moins durable dans le cœur du pauvre, parce que celui-ci ne peut mettre qu'une fleur sur sa tombe ? Crois-tu que le marbre sauve de l'oubli celui qui a été inutile sur la terre ? »

824. Blâmez-vous d'une manière absolue la pompe des funérailles ?

« Non ; quand elle honore la mémoire d'un homme de bien, elle est juste et d'un bon exemple. »

La tombe est le rendez-vous de tous les hommes ; là finissent impitoyablement toutes distinctions humaines. C'est en vain que le riche veut perpétuer sa mémoire par de fastueux monuments ; le temps les détruira comme le corps ; ainsi le veut la nature. Le souvenir de ses bonnes et de ses mauvaises actions sera moins périssable que son tombeau ; la pompe des funérailles ne le lavera pas de ses turpitudes, et ne le fera pas monter d'un échelon dans la hiérarchie spirituelle. (320 et suivants).

CHAPITRE X

IX. – LOI DE LIBERTÉ

Liberté naturelle

825. Est-il des positions dans le monde où l'homme puisse se flatter de jouir d'une liberté absolue ?

« Non, parce que tous vous avez besoin les uns des autres, les petits comme les grands. »

826. Quelle serait la condition dans laquelle l'homme pourrait jouir d'une liberté absolue ?

« L'ermite dans un désert. *Dès qu'il y a deux hommes ensemble, ils ont des droits à respecter et n'ont, par conséquent, plus de liberté absolue.* »

827. L'obligation de respecter les droits d'autrui ôte-t-elle à l'homme le droit de s'appartenir à lui-même ?

« Nullement, car c'est un droit qu'il tient de la nature. »

828. Comment concilier les opinions libérales de certains hommes avec le despotisme qu'ils exercent souvent eux-mêmes dans leur intérieur et sur leurs subordonnés ?

« Ils ont l'intelligence de la loi naturelle, mais elle est contrebalancée par l'orgueil et l'égoïsme. Ils comprennent ce qui doit être, quand leurs principes ne sont pas une comédie jouée par calcul, mais ils ne le font pas. »

– Leur sera-t-il tenu compte dans l'autre vie des principes qu'ils ont professés ici-bas ?

« Plus on a d'intelligence pour comprendre un principe, moins on est excusable de ne pas l'appliquer à soi-même. Je vous dis, en vérité, que l'homme simple, mais sincère, est plus avancé dans la voie de Dieu que celui qui veut paraître ce qu'il n'est pas. »

Esclavage

829. Y a-t-il des hommes qui soient, par la nature, voués à être la propriété d'autres hommes ?

« Toute sujétion absolue d'un homme à un autre homme est contraire à la loi de Dieu.

L'esclavage est un abus de la force ; il disparaît avec le progrès comme disparaîtront peu à peu tous les abus. »

La loi humaine qui consacre l'esclavage est une loi contre nature, puisqu'elle assimile l'homme à la brute et le dégrade moralement et physiquement.

830. Lorsque l'esclavage est dans les mœurs d'un peuple, ceux qui en profitent sont-ils répréhensibles, puisqu'ils ne font que se conformer à un usage qui leur paraît naturel ?

« Le mal est toujours le mal, et tous vos sophismes ne feront pas qu'une mauvaise action devienne bonne ; mais la responsabilité du mal est relative aux moyens qu'on a de le comprendre. Celui qui tire profit de la loi de l'esclavage est toujours coupable d'une violation de la loi de nature ; mais en cela, comme en toutes choses, la culpabilité est relative. L'esclavage étant passé dans les mœurs de certains peuples, l'homme a pu en profiter de bonne foi et comme d'une chose qui lui semblait naturelle ; mais dès que sa raison plus développée, et surtout éclairée par les lumières du christianisme, lui a montré dans l'esclave son égal devant Dieu, il n'a plus d'excuse. »

831. L'inégalité naturelle des aptitudes ne place-t-elle pas certaines races humaines sous la dépendance des races les plus intelligentes ?

« Oui, pour les relever, et non pour les abrutir encore davantage par la servitude. Les hommes ont trop longtemps regardé certaines races humaines comme des animaux travailleurs munis de bras et de mains qu'ils se sont cru le droit de vendre comme des bêtes de somme. Ils se croient d'un sang plus pur ; insensés qui ne voient que la matière ! Ce n'est pas le sang qui est plus ou moins pur, mais bien l'Esprit. » (361-803).

832. Il y a des hommes qui traitent leurs esclaves avec humanité ; qui ne les laissent manquer de rien et pensent que la liberté les exposerait à plus de privations ; qu'en dites-vous ?

« Je dis que ceux-là comprennent mieux leurs intérêts ; ils ont aussi grand soin de leurs bœufs et de leurs chevaux, afin d'en tirer plus de profit au marché. Ils ne sont pas aussi coupables que ceux qui les maltraitent, mais ils n'en disposent pas moins comme d'une marchandise, en les privant du droit de s'appartenir. »

Liberté de penser

833. Y a-t-il en l'homme quelque chose qui échappe à toute contrainte, et pour laquelle il jouisse d'une liberté absolue ?

« C'est dans la pensée que l'homme jouit d'une liberté sans limite, car elle ne connaît pas d'entraves. On peut en arrêter l'essor, mais non l'anéantir. »

834. L'homme est-il responsable de sa pensée ?

« Il en est responsable devant Dieu ; Dieu seul pouvant la connaître, il la condamne ou l'absout selon la justice. »

Liberté de conscience

835. La liberté de conscience est-elle une conséquence de la liberté de penser ?

« La conscience est une pensée intime qui appartient à l'homme, comme toutes les autres pensées. »

836. L'homme a-t-il le droit de mettre des entraves à la liberté de conscience ?

« Pas plus qu'à la liberté de penser, car à Dieu seul appartient le droit de juger la conscience. Si l'homme règle par ses lois les rapports d'homme à homme, Dieu, par les lois de la nature, règle les rapports de l'homme avec Dieu. »

837. Quel est le résultat des entraves mises à la liberté de conscience ?

« Contraindre les hommes à agir autrement qu'ils ne pensent, c'est en faire des hypocrites. La liberté de conscience est un des caractères de la vraie civilisation et du progrès. »

838. Toute croyance est-elle respectable, alors même qu'elle serait notoirement fausse ?

« Toute croyance est respectable quand elle est sincère et qu'elle conduit à la pratique du bien. Les croyances blâmables sont celles qui conduisent au mal. »

839. Est-on répréhensible de scandaliser dans sa croyance celui qui ne pense pas comme nous ?

« C'est manquer de charité et porter atteinte à la liberté de penser. »

840. Est-ce porter atteinte à la liberté de conscience que d'apporter des entraves à des croyances de nature à troubler la société ?

« *On peut réprimer les actes, mais la croyance intime est inaccessible.* »

Réprimer les actes extérieurs d'une croyance quand ces actes portent un préjudice quelconque à autrui, ce n'est point porter atteinte à la liberté de conscience, car cette répression laisse à la croyance son entière liberté.

841. Doit-on, par respect pour la liberté de conscience, laisser se propager des doctrines pernicieuses, ou bien peut-on, sans porter atteinte à cette liberté, chercher à ramener dans la voie de la vérité ceux qui sont égarés par de faux principes ?

« Certainement, on le peut et même on le doit ; mais enseignez, à l'exemple de Jésus, *par la douceur et la persuasion*, et non par la force, ce qui serait pis que la croyance de celui que l'on voudrait convaincre. S'il y a quelque chose qu'il soit permis d'imposer, c'est le bien et la fraternité ; mais nous ne croyons pas que le moyen de les faire admettre soit d'agir avec violence : la conviction ne s'impose pas. »

842. Toutes les doctrines ayant la prétention d'être l'unique expression de la vérité, à quels signes peut-on reconnaître celle qui a le droit de se poser comme telle ?

« Ce sera celle qui fait le plus d'hommes de bien et le moins d'hypocrites, c'est-à-dire pratiquant la loi d'amour et de charité dans sa plus grande pureté et dans son application la plus large. À ce signe, vous reconnaîtrez qu'une doctrine est bonne, car toute doctrine qui aurait pour conséquence de semer la désunion et d'établir une démarcation entre les enfants de Dieu ne peut être que fausse et pernicieuse. »

Libre arbitre

843. L'homme a-t-il le libre arbitre de ses actes ?

« Puisqu'il a la liberté de penser, il a celle d'agir. Sans libre arbitre, l'homme serait une machine. »

844. L'homme jouit-il du libre arbitre depuis sa naissance ?

« Il y a liberté d'agir dès qu'il y a volonté de faire. Dans les premiers temps de la vie la liberté est à peu près nulle ; elle se développe et change d'objet avec les facultés. L'enfant ayant des pensées en rapport avec les besoins de son âge, il applique son libre arbitre aux choses qui lui sont nécessaires. »

845. Les prédispositions instinctives que l'homme apporte en naissant ne sont-elles pas un obstacle à l'exercice du libre arbitre ?

« Les prédispositions instinctives sont celles de l'Esprit avant son incarnation ; selon qu'il est plus ou moins avancé, elles peuvent le solliciter à des actes répréhensibles, et il sera secondé en cela par les Esprits qui sympathisent avec ces dispositions ; mais il n'y a point d'entraînement irrésistible quand on a la volonté de résister. Rappelez-vous que vouloir c'est pouvoir. » (361).

846. L'organisation est-elle sans influence sur les actes de la vie, et si elle a une influence, n'est-ce pas aux dépens du libre arbitre ?

« L'Esprit est certainement influencé par la matière qui peut l'entraver dans ses manifestations ; voilà pourquoi, dans les mondes où les corps sont moins matériels que sur la terre, les facultés se déploient avec plus de liberté, mais l'instrument ne donne pas la faculté. Au reste, il faut distinguer ici les facultés morales des facultés intellectuelles ; si un homme a l'instinct du meurtre, c'est assurément son propre Esprit qui le possède et qui le lui donne, mais non pas ses organes. Celui qui annihile sa pensée pour ne s'occuper que de la matière devient semblable à la brute, et pire encore, car il ne songe plus à se prémunir contre le mal, et c'est en cela qu'il est fautif, puisqu'il agit ainsi par sa volonté. » (Voyez n° 367 et suivants - *Influence de l'organisme*.)

847. L'aberration des facultés ôte-t-elle à l'homme le libre arbitre ?

« Celui dont l'intelligence est troublée par une cause quelconque n'est plus le maître de sa pensée, et dès lors n'a plus de liberté. Cette aberration est souvent une punition pour l'Esprit qui, dans une autre existence, peut avoir été vain et orgueilleux et avoir fait un mauvais usage de ses facultés. Il peut renaître dans le corps d'un idiot, comme le despote dans le corps d'un esclave, et le mauvais riche dans celui d'un mendiant ; mais l'Esprit souffre de cette contrainte dont il a parfaite conscience ; c'est là qu'est l'action de la matière. » (371 et suivants).

848. L'aberration des facultés intellectuelles par l'ivresse excuse-t-elle les actes répréhensibles ?

« Non, car l'ivrogne s'est volontairement privé de sa raison pour satisfaire des passions brutales : au lieu d'une faute il en commet deux. »

849. Quelle est, chez l'homme à l'état sauvage, la faculté dominante : l'instinct, ou le libre arbitre ?

« L'instinct ; ce qui ne l'empêche pas d'agir avec une entière liberté pour certaines choses ; mais, comme l'enfant, il applique cette liberté à ses besoins, et elle se développe avec l'intelligence ; par conséquent, toi qui es plus éclairé qu'un sauvage, tu es aussi plus responsable de ce que tu fais qu'un sauvage. »

850. La position sociale n'est-elle pas quelquefois un obstacle à l'entière liberté des actes ?

« Le monde a sans doute ses exigences ; Dieu est juste : il tient compte de tout, mais il vous laisse la responsabilité du peu d'efforts que vous faites pour surmonter les obstacles. »

Fatalité

851. Y a-t-il une fatalité dans les événements de la vie, selon le sens attaché à ce mot ; c'est-à-dire tous les événements sont-ils arrêtés d'avance, et dans ce cas, que devient le libre arbitre ?

« La fatalité n'existe que par le choix qu'a fait l'Esprit en s'incarnant de subir telle ou telle épreuve ; en la choisissant, il se fait une sorte de destin qui est la conséquence même de la position où il se trouve placé ; je parle des épreuves physiques, car pour ce qui est des épreuves morales et des tentations, l'Esprit, conservant son libre arbitre sur le bien et sur le mal, est toujours le maître de céder ou de résister. Un bon Esprit, en le voyant faiblir, peut venir à son aide, mais ne peut influer sur lui de manière à maîtriser sa volonté. Un Esprit mauvais, c'est-à-dire inférieur, en lui montrant, en lui exagérant un péril physique, peut l'ébranler et l'effrayer ; mais la volonté de l'Esprit incarné n'en reste pas moins libre de toute entrave. »

852. Il y a des gens qu'une fatalité semble poursuivre indépendamment de leur manière d'agir ; le malheur n'est-il pas dans leur destinée ?

« Ce sont peut-être des épreuves qu'ils doivent subir et qu'ils ont choisies ; mais encore une fois, vous mettez sur le compte de la destinée ce qui n'est le plus souvent que la conséquence de votre propre faute. Dans les maux qui t'affligent, tâche que ta conscience soit pure et tu seras à moitié consolé. »

Les idées justes ou fausses que nous nous faisons des choses nous font réussir ou échouer selon notre caractère et notre position sociale. Nous trouvons plus simple et moins humiliant pour notre amour-propre d'attribuer nos échecs au sort ou à la destinée qu'à notre propre faute. Si l'influence des Esprits y contribue quelquefois, nous pouvons toujours nous soustraire à cette influence en repoussant les idées qu'ils nous suggèrent, quand elles sont mauvaises.

853. Certaines personnes n'échappent à un danger mortel que pour tomber dans un autre ; il semble qu'elles ne pouvaient échapper à la mort. N'y a-t-il pas fatalité ?

« Il n'y a de fatal, dans le vrai sens du mot, que l'instant de la mort ; quand ce moment est venu, que ce soit par un moyen ou par un autre, vous ne pouvez vous y soustraire. »

– Ainsi, quel que soit le danger qui nous menace, nous ne mourons pas si l'heure n'est pas arrivée ?

« Non, tu ne périras pas, et tu en as des milliers d'exemples ; mais quand ton heure est venue de partir, rien ne peut t'y soustraire. Dieu sait à l'avance de quel genre de mort tu partiras d'ici, et souvent ton Esprit le sait aussi, car cela lui est révélé quand il fait choix de telle ou telle existence. »

854. De l'infaillibilité de l'heure de la mort suit-il que les précautions que l'on prend pour l'éviter sont inutiles ?

« Non, car les précautions que vous prenez vous sont suggérées en vue d'éviter la mort qui vous menace ; elles sont un des moyens pour qu'elle n'ait pas lieu. »

855. Quel est le but de la Providence en nous faisant courir des dangers qui ne doivent pas avoir de suite ?

« Lorsque ta vie est mise en péril, c'est un avertissement que toi-même as désiré afin de te détourner du mal et te rendre meilleur. Lorsque tu échappes à ce péril, encore sous l'influence du danger que tu as couru, tu songes plus ou moins fortement, selon l'action plus ou moins forte des bons Esprits, à devenir meilleur. Le mauvais Esprit survenant (je dis mauvais, sous-entendant le mal qui est encore en lui), tu penses que tu échapperas de même à d'autres dangers, et tu laisses de nouveau tes passions se déchaîner. Par les dangers que vous courez, Dieu vous rappelle votre faiblesse et la fragilité de votre existence. Si l'on examine la cause et la nature du péril, on verra que, le plus souvent, les conséquences eussent été la punition d'une faute commise ou *d'un devoir négligé*. Dieu vous avertit ainsi de rentrer en vous-mêmes et de vous amender. » (526-532).

856. L'Esprit sait-il d'avance le genre de mort auquel il doit succomber ?

« Il sait que le genre de vie qu'il choisit l'expose à mourir de telle manière plutôt que de telle autre ; mais il sait également les luttes qu'il aura à soutenir pour l'éviter, et que, si Dieu le permet, il ne succombera pas. »

857. Il y a des hommes qui affrontent les périls des combats avec cette persuasion que leur heure n'est pas venue ; y a-t-il quelque chose de fondé dans cette confiance ?

« Très souvent, l'homme a le pressentiment de sa fin, comme il peut avoir celui qu'il ne mourra pas encore. Ce pressentiment lui vient de ses Esprits protecteurs qui veulent l'avertir de se tenir prêt à partir, ou qui relèvent son courage dans les moments où il lui est le plus nécessaire. Il peut lui venir encore de l'intuition qu'il a de l'existence qu'il a choisie, ou de la mission qu'il a acceptée, et qu'il sait devoir accomplir. » (411-522).

858. D'où vient que ceux qui pressentent leur mort la redoutent généralement moins que les autres ? « C'est l'homme qui redoute la mort et non l'Esprit ; celui qui la pressent pense plus comme Esprit que comme homme : il comprend sa délivrance, et il attend. »

859. Si la mort ne peut être évitée quand elle doit avoir lieu, en est-il de même de tous les accidents qui nous arrivent dans le cours de la vie ?

« Ce sont souvent d'assez petites choses pour que nous puissions vous en prévenir, et quelquefois vous les faire éviter en dirigeant votre pensée, car nous n'aimons pas la souffrance matérielle ; mais cela est peu important à la vie que vous avez choisie. La fatalité, véritablement, ne consiste que dans l'heure où vous devez apparaître et disparaître ici-bas. »

— Y a-t-il des faits devant forcément arriver et que la volonté des Esprits ne puisse conjurer ?

« Oui, mais que toi, à l'état d'Esprit, tu as vus et pressentis quand tu as fait ton choix. Cependant, ne crois pas que tout ce qui arrive soit écrit, comme on le dit ; un événement est souvent la conséquence d'une chose que tu as faite par un acte de ta libre volonté, de telle sorte que si tu n'avais pas fait cette chose l'événement n'aurait pas eu lieu. Si tu te brûles le doigt, ce n'est rien ; c'est la suite de ton imprudence et la conséquence de la matière ;

il n'y a que les grandes douleurs, les événements importants et pouvant influer sur le moral qui sont prévus par Dieu, parce qu'ils sont utiles à ton épuration et à ton instruction. »

860. L'homme, par sa volonté et par ses actes, peut-il faire que des événements qui devraient avoir lieu ne soient pas, et réciproquement ?

« Il le peut, si cette déviation apparente peut entrer dans la vie qu'il a choisie. Puis, pour faire le bien, comme ce doit être, et comme c'est le seul but de la vie, il peut empêcher le mal, surtout celui qui pourrait contribuer à un mal plus grand. »

861. L'homme qui commet un meurtre sait-il, en choisissant son existence, qu'il deviendra assassin ?

« Non ; il sait que, choisissant une vie de lutte, il y a *chance* pour lui de tuer un de ses semblables, mais il ignore s'il le fera, car il y a presque toujours en lui délibération avant de commettre le crime ; or, celui qui délibère sur une chose est toujours libre de la faire ou de ne pas la faire. Si l'Esprit savait d'avance que, comme homme, il doit commettre un meurtre, c'est qu'il y serait prédestiné. Sachez donc qu'il n'y a personne de prédestiné au crime, et que tout crime ou tout acte quelconque est toujours le fait de la volonté et du libre arbitre.

Au reste, vous confondez toujours deux choses bien distinctes : les événements matériels de la vie et les actes de la vie morale. S'il y a fatalité quelquefois, c'est dans ces événements matériels dont la cause est en dehors de vous et qui sont indépendants de votre volonté. Quant aux actes de la vie morale, ils émanent toujours de l'homme même, qui a toujours, par conséquent, la liberté du choix ; pour ces actes, il n'y a donc *jamais* fatalité. »

862. Il y a des personnes auxquelles rien ne réussit, et qu'un mauvais génie semble poursuivre dans toutes leurs entreprises ; n'est-ce pas là ce qu'on peut appeler la fatalité ?

« C'est bien de la fatalité, si tu veux l'appeler ainsi, mais elle tient au choix du genre d'existence, parce que ces personnes ont voulu être éprouvées par une vie de déception, afin d'exercer leur patience et leur résignation. Cependant, ne crois pas que cette fatalité soit absolue ; elle est souvent le résultat de la fausse route qu'elles ont prise, et qui n'est pas en rapport avec leur intelligence et leurs aptitudes.

Celui qui veut traverser une rivière à la nage sans savoir nager a grande chance de se noyer ; il en est ainsi dans la plupart des événements de la vie. Si l'homme n'entreprenait que des choses en rapport avec ses facultés, il réussirait presque toujours ; ce qui le perd c'est son amour-propre et son ambition, qui le font sortir de sa voie et prendre pour une vocation le désir de satisfaire certaines passions. Il échoue et c'est sa faute ; mais au lieu de s'en prendre à lui, il aime mieux en accuser son étoile. Tel eût fait un bon ouvrier et gagné honorablement sa vie, qui sera un mauvais poète et mourra de faim. Il y aurait place pour tout le monde si chacun savait se mettre à sa place. »

863. Les mœurs sociales n'obligent-elles pas souvent un homme à suivre telle voie plutôt que telle autre, et n'est-il pas soumis au contrôle de l'opinion dans le choix de ses occupations ? Ce qu'on appelle le respect humain, n'est-il pas un obstacle à l'exercice du libre arbitre ?

« Ce sont les hommes qui font les mœurs sociales et non Dieu ; s'ils s'y soumettent, c'est que cela leur convient, et c'est encore là un acte de leur libre arbitre, puisque s'ils le voulaient ils pourraient s'en affranchir ; alors pourquoi se plaindre ? Ce ne sont pas les mœurs sociales qu'ils doivent accuser, mais leur sot amour-propre qui leur fait préférer mourir de faim plutôt que de déroger. Personne ne leur tient compte de ce sacrifice fait à l'opinion, tandis que Dieu leur tiendra compte du sacrifice de leur vanité. Ce n'est pas à dire qu'il faille braver cette opinion sans nécessité, comme certaines gens qui ont plus d'originalité que de véritable philosophie ; il y a autant de déraison à se faire montrer au doigt ou regarder comme une bête curieuse, qu'il y a de sagesse à descendre volontairement et sans murmure, quand on ne peut se maintenir sur le haut de l'échelle. »

864. S'il y a des gens auxquels le sort est contraire, d'autres semblent être favorisés, car tout leur réussit ; à quoi cela tient-il ?

« C'est souvent parce qu'ils savent mieux s'y prendre ; mais ce peut être aussi un genre d'épreuve ; le succès les enivre ; ils se fient à leur destinée, et ils payent souvent plus tard ces mêmes succès par de cruels revers qu'ils eussent pu éviter avec de la prudence. »

865. Comment expliquer la chance qui favorise certaines personnes dans les circonstances où la volonté ni l'intelligence ne sont pour rien : au jeu, par exemple ?

« Certains Esprits ont choisi d'avance certaines sortes de plaisir ; la chance qui les favorise est une tentation. Celui qui gagne comme homme perd comme Esprit : c'est une épreuve pour son orgueil et sa cupidité. »

866. La fatalité qui semble présider aux destinées matérielles de notre vie serait donc encore l'effet de notre libre arbitre ?

« Toi-même as choisi ton épreuve : plus elle est rude, mieux tu la supportes, plus tu t'élèves. Ceux-là qui passent leur vie dans l'abondance et le bonheur humain sont de lâches Esprits qui demeurent stationnaires. Ainsi le nombre des infortunés l'emporte de beaucoup sur celui des heureux de ce monde, attendu que les Esprits cherchent pour la plupart l'épreuve qui leur sera la plus fructueuse. Ils voient trop bien la futilité de vos grandeurs et de vos jouissances. D'ailleurs, la vie la plus heureuse est toujours agitée, toujours troublée : ne serait-ce que par l'absence de la douleur. » (525 et suivants).

867. D'où vient l'expression : Être né sous une heureuse étoile ?

« Vieille superstition qui rattachait les étoiles à la destinée de chaque homme ; allégorie que certaines gens ont la sottise de prendre à la lettre. »

Connaissance de l'avenir

868. L'avenir peut-il être révélé à l'homme ?

« En principe, l'avenir lui est caché, et ce n'est que dans des cas rares et exceptionnels que Dieu en permet la révélation. »

869. Dans quel but l'avenir est-il caché à l'homme ?

« Si l'homme connaissait l'avenir, il négligerait le présent et n'agirait pas avec la même liberté, parce qu'il serait dominé par la pensée que, si une chose doit arriver, il n'a pas à s'en occuper, ou bien il chercherait à l'entraver. Dieu n'a pas voulu qu'il en fût ainsi, afin que chacun concourût à l'accomplissement des choses, *même de celles auxquelles il voudrait s'opposer;* ainsi toi-même, tu prépares souvent, sans t'en douter, les événements qui surviendront dans le cours de ta vie. »

870. Puisqu'il est utile que l'avenir soit caché, pourquoi Dieu en permet-il quelquefois la révélation ?

« C'est lorsque cette connaissance préalable doit faciliter l'accomplissement de la chose au lieu de l'entraver, en engageant à agir autrement qu'on n'eût fait sans cela. Et puis, souvent c'est une épreuve. La perspective d'un événement peut éveiller des pensées plus ou moins bonnes ; si un homme doit savoir, par exemple, qu'il fera un héritage sur lequel il ne compte pas, il pourra être sollicité par le sentiment de la cupidité, par la joie d'augmenter ses jouissances terrestres, par le désir de posséder plus tôt en souhaitant peut-être la mort de celui qui doit lui laisser sa fortune ; ou bien cette perspective éveillera en lui de bons sentiments et des pensées généreuses. Si la prédiction ne s'accomplit pas, c'est une autre épreuve : celle de la manière dont il supportera la déception ; mais il n'en aura pas moins le mérite ou le tort des pensées bonnes ou mauvaises que la croyance à l'événement a fait naître en lui. »

871. Puisque Dieu sait tout, il sait également si un homme doit succomber ou non dans une épreuve ; dès lors, quelle est la nécessité de cette épreuve, puisqu'elle ne peut rien apprendre à Dieu qu'il ne sache déjà sur le compte de cet homme ?

« Autant vaudrait demander pourquoi Dieu n'a pas créé l'homme parfait et accompli (119) ; pourquoi l'homme passe par l'enfance avant d'arriver à l'état d'adulte (379). L'épreuve n'a pas pour but d'éclairer Dieu sur le mérite de cet homme, car Dieu sait parfaitement ce qu'il vaut, mais de laisser à cet homme toute la responsabilité de son action, puisqu'il est libre de la faire ou de ne pas la faire. L'homme ayant le choix entre le bien et le mal, l'épreuve a pour effet de le mettre aux prises avec la tentation du mal et de lui laisser tout le mérite de la résistance ; or, quoique Dieu sache très bien d'avance s'il réussira ou non, il ne peut, dans sa justice, ni le punir ni le récompenser pour un acte qui n'a pas été accompli. » (258).

Il en est ainsi parmi les hommes. Quelque capable que soit un aspirant, quelque certitude qu'on ait de le voir réussir, on ne lui confère aucun grade sans examen, c'est-à-dire sans épreuve ; de même, le juge ne condamne un accusé que sur un acte consommé et non sur la prévision qu'il peut ou doit consommer cet acte.

Plus on réfléchit aux conséquences qui résulteraient pour l'homme de la connaissance de l'avenir, plus on voit combien la Providence a été sage de le lui cacher. La certitude d'un événement heureux le plongerait dans l'inaction ; celle d'un événement malheureux, dans le découragement ; dans l'un et l'autre cas ses forces seraient paralysées. C'est pourquoi l'avenir n'est montré à l'homme que comme *un but* qu'il doit atteindre par ses efforts, mais sans connaître la filière par laquelle il doit passer pour l'atteindre. La connaissance de tous les incidents de la route lui ôterait son initiative et l'usage de son libre arbitre ; il se laisserait entraîner à la pente fatale des événements, sans exercer ses facultés. Quand le succès d'une chose est assuré, on ne s'en préoccupe plus.

Résumé théorique du mobile des actions de l'homme

872. La question du libre arbitre peut se résumer ainsi : L'homme n'est point fatalement conduit au mal ; les actes qu'il accomplit ne sont point écrits d'avance ; les crimes qu'il commet ne sont point le fait d'un arrêt du destin. Il peut, comme épreuve et comme expiation, choisir une existence où il aura les entraînements du crime, soit par le milieu où il se trouve placé, soit par des circonstances qui surviennent, mais il est toujours libre d'agir ou de ne pas agir. Ainsi le libre arbitre existe à l'état d'Esprit dans le choix de l'existence et des épreuves, et à l'état corporel dans la faculté de céder ou de résister aux entraînements auxquels nous nous sommes volontairement soumis. C'est à l'éducation à combattre ces mauvaises tendances ; elle le fera utilement quand elle sera basée sur l'étude approfondie de la nature morale de l'homme. Par la connaissance des lois qui régissent cette nature morale, on parviendra à la modifier, comme on modifie l'intelligence par l'instruction et le tempérament par l'hygiène.

L'Esprit dégagé de la matière, et à l'état errant, fait choix de ses existences corporelles futures selon le degré de perfection auquel il est arrivé, et c'est en cela, comme nous l'avons dit, que consiste surtout son libre arbitre. Cette liberté n'est point annulée par l'incarnation ; s'il cède à l'influence de la matière, c'est qu'il succombe sous les épreuves mêmes qu'il a choisies, et c'est pour l'aider à les surmonter qu'il peut invoquer l'assistance de Dieu et des bons Esprits. (337).

Sans le libre arbitre, l'homme n'a ni tort dans le mal, ni mérite dans le bien ; et cela est tellement reconnu que, dans le monde, on proportionne toujours le blâme ou l'éloge à l'intention, c'est-à-dire à la volonté ; or, qui dit volonté dit liberté. L'homme ne saurait donc chercher une excuse de ses méfaits dans son organisation, sans abdiquer sa raison et sa condition d'être humain, pour s'assimiler à la brute. S'il en était ainsi pour le mal, il en serait de même pour le bien ; mais quand l'homme fait le bien, il a grand soin de s'en faire un mérite, et n'a garde d'en gratifier ses organes, ce qui prouve qu'instinctivement il ne renonce pas, malgré l'opinion de quelques systématiques, au plus beau privilège de son espèce : la liberté de penser.

La fatalité, telle qu'on l'entend vulgairement, suppose la décision préalable et irrévocable de tous les événements de la vie, quelle qu'en soit l'importance. Si tel était l'ordre des choses, l'homme serait une machine sans volonté. À quoi lui servirait son intelligence, puisqu'il serait invariablement dominé dans tous ses actes par la puissance du destin ? Une telle doctrine, si elle était vraie, serait la destruction de toute liberté morale ; il n'y aurait plus pour l'homme de responsabilité, et par conséquent ni bien, ni mal, ni crimes, ni vertus. Dieu, souverainement juste, ne pourrait châtier sa créature pour des fautes qu'il n'aurait pas dépendu d'elle de ne pas commettre, ni la récompenser pour des vertus dont elle n'aurait pas le mérite. Une pareille loi serait en outre la négation de la loi du progrès, car l'homme qui attendrait tout du sort ne tenterait rien pour améliorer sa position, puisqu'il n'en serait ni plus ni moins.

La fatalité n'est pourtant pas un vain mot ; elle existe dans la position que l'homme occupe sur la terre et dans les fonctions qu'il y remplit, par suite du genre d'existence dont son Esprit a fait choix, comme *épreuve, expiation* ou *mission* ; il subit fatalement toutes les vicissitudes de cette existence, et toutes les *tendances* bonnes ou mauvaises qui y sont inhérentes ; mais là s'arrête la fatalité, car il dépend de sa volonté de céder ou non à ces tendances. *Le détail des événements est subordonné aux circonstances qu'il provoque lui-même par ses actes*, et sur lesquelles peuvent influer les Esprits par les pensées qu'ils lui suggèrent. (459).

La fatalité est donc dans les événements qui se présentent, puisqu'ils sont la conséquence du choix de l'existence fait par l'Esprit ; elle peut ne pas être dans le résultat de ces événements, puisqu'il peut dépendre de l'homme d'en modifier le cours par sa prudence ; *elle n'est jamais dans les actes de la vie morale.*

C'est dans la mort que l'homme est soumis d'une manière absolue à l'inexorable loi de la fatalité ; car il ne peut échapper à l'arrêt qui fixe le terme de son existence, ni au genre de mort qui doit en interrompre le cours.

Selon la doctrine vulgaire, l'homme puiserait tous ses instincts en lui-même ; ils proviendraient, soit de son organisation physique dont il ne saurait être responsable, soit de sa propre nature dans laquelle il peut chercher une excuse à ses propres yeux, en disant que ce n'est pas sa faute s'il est ainsi fait. La doctrine spirite est évidemment plus morale : elle admet chez l'homme le libre arbitre dans toute sa plénitude ; et en lui disant que s'il fait mal, il cède à une mauvaise suggestion étrangère, elle lui en laisse toute la responsabilité, puisqu'elle lui reconnaît le pouvoir de résister, chose évidemment plus facile que s'il avait à lutter contre sa propre nature. Ainsi, selon la doctrine spirite, il n'y a pas d'entraînement irrésistible : l'homme peut toujours fermer l'oreille à la voix occulte qui le sollicite au mal dans son for intérieur, comme il peut la fermer à la voix matérielle de celui qui lui parle ; il le peut par sa volonté, en demandant à Dieu la force nécessaire, et en réclamant à cet effet l'assistance des bons Esprits. C'est ce que Jésus nous apprend dans la sublime prière de l'*Oraison dominicale*, quand il nous fait dire : « Ne nous laissez pas succomber à la tentation, mais délivrez-nous du mal. »

Cette théorie de la cause excitante de nos actes ressort évidemment de tout l'enseignement donné par les Esprits ; non seulement elle est sublime de moralité, mais nous ajouterons qu'elle relève l'homme à ses propres yeux ; elle le montre libre de secouer un joug obsesseur, comme il est libre de fermer sa maison aux importuns ; ce n'est plus une machine agissant par une impulsion indépendante de sa volonté, c'est un être de raison, qui écoute, qui juge et qui choisit librement entre deux conseils. Ajoutons que, malgré cela, l'homme n'est point privé de son initiative ; il n'en agit pas moins de son propre mouvement, puisqu'en définitive il n'est qu'un Esprit incarné qui conserve, sous l'enveloppe corporelle, les qualités et les défauts qu'il avait comme Esprit. Les fautes que nous commettons ont donc leur source première dans l'imperfection de notre propre Esprit, qui n'a pas encore atteint la supériorité morale qu'il aura un jour, mais qui n'en a pas moins son libre arbitre ; la vie corporelle lui est donnée pour se purger de ses imperfections par les épreuves qu'il y subit, et ce sont précisément ces imperfections qui le rendent plus faible et plus accessible aux suggestions des autres Esprits imparfaits, qui en profitent pour tâcher de le faire succomber dans la lutte qu'il a entreprise. S'il sort vainqueur de cette lutte, il s'élève ; s'il échoue, il reste ce qu'il était, ni plus mauvais, ni meilleur : c'est une épreuve à recommencer, et cela peut durer longtemps ainsi. Plus il s'épure, plus ses côtés faibles diminuent, et moins il donne de prise à ceux qui le sollicitent au mal ; sa force morale croît en raison de son élévation, et les mauvais Esprits s'éloignent de lui.

Tous les Esprits, plus ou moins bons, alors qu'ils sont incarnés, constituent l'espèce humaine ; et, comme notre terre est un des mondes les moins avancés, il s'y trouve plus de mauvais Esprits que de bons, voilà pourquoi nous y voyons tant de perversité. Faisons donc tous nos efforts pour n'y pas revenir après cette station, et pour mériter d'aller nous reposer dans un monde meilleur, dans un de ces mondes privilégiés où le bien règne sans partage, et où nous ne nous souviendrons de notre passage ici-bas que comme d'un temps d'exil.

CHAPITRE XI

X. – LOI DE JUSTICE, D'AMOUR ET DE CHARITÉ

Justice et droits naturels

873. Le sentiment de la justice est-il dans la nature, ou le résultat d'idées acquises ?

« Il est tellement dans la nature que vous vous révoltez à la pensée d'une injustice. Le progrès moral développe sans doute ce sentiment, mais il ne le donne pas : Dieu l'a mis dans le cœur de l'homme ; voilà pourquoi vous trouvez souvent chez des hommes simples et primitifs des notions plus exactes de la justice que chez ceux qui ont beaucoup de savoir. »

874. Si la justice est une loi de nature, comment se fait-il que les hommes l'entendent d'une manière si différente, et que l'un trouve juste ce qui paraît injuste à l'autre ?

« C'est qu'il s'y mêle souvent des passions qui altèrent ce sentiment, comme la plupart des autres sentiments naturels, et font voir les choses sous un faux point de vue. »

875. Comment peut-on définir la justice ?

« La justice consiste dans le respect des droits de chacun. »

– Qu'est-ce qui détermine ces droits ?

« Ils le sont par deux choses : la loi humaine et la loi naturelle. Les hommes ayant fait des lois appropriées à leurs mœurs et à leur caractère, ces lois ont établi des droits qui ont pu varier avec le progrès des lumières. Voyez si vos lois d'aujourd'hui, sans être parfaites, consacrent les mêmes droits qu'au Moyen Âge ; ces droits surannés, qui vous paraissent monstrueux, semblaient justes et naturels à cette époque. Le droit établi par les hommes n'est donc pas toujours conforme à la justice ; il ne règle d'ailleurs que certains rapports sociaux, tandis que, dans la vie privée, il est une foule d'actes qui sont uniquement du ressort du tribunal de la conscience. »

876. En dehors du droit consacré par la loi humaine, quelle est la base de la justice fondée sur la loi naturelle ?

« Le Christ vous l'a dit : *Vouloir pour les autres ce que vous voudriez pour vous-même.* Dieu a mis dans le cœur de l'homme la règle de toute véritable justice, par le désir de chacun de voir respecter ses droits. Dans l'incertitude de ce qu'il doit faire à l'égard de son semblable dans une circonstance donnée, que l'homme se demande comment il voudrait qu'on en usât envers lui en pareille circonstance : Dieu ne pouvait lui donner un guide plus sûr que sa propre conscience. »

Le critérium de la véritable justice est, en effet, de vouloir pour les autres ce qu'on voudrait pour soi-même, et non de vouloir pour soi ce qu'on voudrait pour les autres, ce qui n'est pas du tout la même chose. Comme il n'est pas naturel de se vouloir du mal, en prenant son désir personnel pour type ou point de départ, on est certain de ne jamais vouloir que du bien pour son prochain. De tout temps, et dans toutes les croyances, l'homme a toujours cherché à faire prévaloir son droit personnel ; *le sublime de la religion chrétienne a été de prendre le droit personnel pour base du droit du prochain.*

877. La nécessité pour l'homme de vivre en société entraîne-t-elle pour lui des obligations particulières ?

« Oui, et la première de toutes est de respecter les droits de ses semblables ; celui qui respectera ces droits sera toujours juste. Dans votre monde où tant d'hommes ne pratiquent pas la loi de justice, chacun use de représailles, et c'est là ce qui fait le trouble et la confusion de votre société. La vie sociale donne des droits et impose des devoirs réciproques. »

878. L'homme pouvant se faire illusion sur l'étendue de son droit, qu'est-ce qui peut lui en faire connaître la limite ?

« La limite du droit qu'il reconnaît à son semblable envers lui dans la même circonstance et réciproquement. »

– Mais si chacun s'attribue les droits de son semblable, que devient la subordination envers les supérieurs ? N'est-ce pas l'anarchie de tous les pouvoirs ?

« Les droits naturels sont les mêmes pour tous les hommes depuis le plus petit jusqu'au plus grand ; Dieu n'a pas fait les uns d'un limon plus pur que les autres, et tous sont égaux devant lui. Ces droits sont éternels ; ceux que l'homme a établis périssent avec ses institutions. Du reste, chacun sent bien sa force ou sa faiblesse, et saura toujours avoir une sorte de déférence pour celui qui le méritera par sa vertu et sa sagesse. C'est important de mettre cela, afin que ceux qui se croient supérieurs connaissent leurs devoirs pour mériter ces déférences. La subordination ne sera point compromise, quand l'autorité sera donnée à la sagesse. »

879. Quel serait le caractère de l'homme qui pratiquerait la justice dans toute sa pureté ?

« Le vrai juste, à l'exemple de Jésus ; car il pratiquerait aussi l'amour du prochain et la charité, sans lesquels il n'y a pas de véritable justice. »

Droit de propriété – Vol

880. Quel est le premier de tous les droits naturels de l'homme ?

« C'est de vivre ; c'est pourquoi nul n'a le droit d'attenter à la vie de son semblable, ni de rien faire qui puisse compromettre son existence corporelle. »

881. Le droit de vivre donne-t-il à l'homme le droit d'amasser de quoi vivre pour se reposer quand il ne pourra plus travailler ?

« Oui, mais il doit le faire en famille, comme l'abeille, par un travail honnête, et ne pas amasser comme un égoïste. Certains animaux mêmes lui donnent l'exemple de la prévoyance. »

882. L'homme a-t-il le droit de défendre ce qu'il a amassé par le travail ?

« Dieu n'a-t-il pas dit : Tu ne déroberas point ; et Jésus : Il faut rendre à César ce qui appartient à César ? »

Ce que l'homme amasse par un travail *honnête* est une propriété légitime qu'il a le droit de défendre, car la propriété qui est le fruit du travail est un droit naturel aussi sacré que celui de travailler et de vivre.

883. Le désir de posséder est-il dans la nature ?

« Oui ; mais quand c'est pour soi seul et pour sa satisfaction personnelle, c'est de l'égoïsme. »

– Cependant le désir de posséder n'est-il pas légitime, puisque celui qui a de quoi vivre n'est à charge à personne ?

« Il y a des hommes insatiables et qui accumulent sans profit pour personne, ou pour assouvir leurs passions. Crois-tu que cela soit bien vu de Dieu ? Celui au contraire qui amasse par son travail, en vue de venir en aide à ses semblables, pratique la loi d'amour et de charité, et son travail est béni de Dieu. »

884. Quel est le caractère de la propriété légitime ?

« Il n'y a de propriété légitime que celle qui a été acquise sans préjudice pour autrui. »

(808).

La loi d'amour et de justice défendant de faire à autrui ce que nous ne voudrions pas qu'on nous fît, condamne par cela même tout moyen d'acquérir qui serait contraire à cette loi.

885. Le droit de propriété est-il indéfini ?

« Sans doute, tout ce qui est acquis légitimement est une propriété ; mais, comme nous l'avons dit, la législation des hommes étant imparfaite consacre souvent des droits de convention que la justice naturelle réprouve. C'est pourquoi ils réforment leurs lois à mesure que le progrès s'accomplit et qu'ils comprennent mieux la justice. Ce qui semble parfait dans un siècle semble barbare dans le siècle suivant. » (795).

Charité et amour du prochain

886. Quel est le véritable sens du mot *charité* tel que l'entendait Jésus ?

« Bienveillance pour tout le monde, indulgence pour les imperfections d'autrui, pardon des offenses. »

L'amour et la charité sont le complément de la loi de justice, car aimer son prochain, c'est lui faire tout le bien qui est en notre pouvoir et que nous voudrions qui nous fût fait à nous-mêmes. Tel est le sens des paroles de Jésus : *Aimez-vous les uns les autres comme des frères.*

La charité, selon Jésus, n'est pas restreinte à l'aumône ; elle embrasse tous les rapports que nous avons avec nos semblables, qu'ils soient nos inférieurs, nos égaux ou nos supérieurs. Elle nous commande l'indulgence, parce que nous en avons besoin nous-mêmes ; elle nous défend d'humilier l'infortune, contrairement à ce qui se pratique trop souvent. Qu'une personne riche se présente, on a pour elle mille égards, mille prévenances ; si elle est pauvre, on semble n'avoir pas besoin de se gêner avec elle. Plus sa position est à plaindre, plus on doit craindre au contraire d'ajouter à son malheur par l'humiliation. L'homme vraiment bon cherche à relever l'inférieur à ses propres yeux, en diminuant la distance.

887. Jésus a dit aussi : *Aimez même vos ennemis*. Or, l'amour pour nos ennemis n'est-il pas contraire à nos tendances naturelles, et l'inimitié ne provient-elle pas du défaut de sympathie entre les Esprits ?

« Sans doute, on ne peut pas avoir pour ses ennemis un amour tendre et passionné ; ce n'est pas ce qu'il a voulu dire ; aimer ses ennemis, c'est leur pardonner et leur rendre le bien pour le mal ; par là, on leur devient supérieur ; par la vengeance, on se place au-dessous d'eux. »

888. Que penser de l'aumône ?

« L'homme réduit à demander l'aumône se dégrade au moral et au physique : il s'abrutit. Dans une société basée sur la loi de Dieu et la justice, il doit être pourvu à la vie du *faible* sans humiliation pour lui. Elle doit assurer l'existence de ceux qui ne peuvent travailler, sans laisser leur vie *à la merci du hasard* et de la bonne volonté. »

– Est-ce que vous blâmez l'aumône ?

« Non ; ce n'est pas l'aumône qui est blâmable, c'est souvent la manière dont elle est faite.

L'homme de bien qui comprend la charité selon Jésus va au-devant du malheureux sans attendre qu'il lui tende la main.

La vraie charité est toujours bonne et bienveillante ; elle est autant dans la manière que dans le fait. Un service rendu avec délicatesse double de prix ; s'il l'est avec hauteur, le besoin peut le faire accepter, mais le cœur en est peu touché.

Souvenez-vous aussi que l'ostentation enlève aux yeux de Dieu le mérite du bienfait. Jésus a dit : Que votre main gauche ignore ce que donne votre main droite ; il vous apprend par là à ne point ternir la charité par l'orgueil.

Il faut distinguer l'aumône proprement dite de la bienfaisance. Le plus nécessiteux n'est pas toujours celui qui demande ; la crainte d'une humiliation retient le vrai pauvre, et souvent il souffre sans se plaindre ; c'est celui-là que l'homme vraiment humain sait aller chercher sans ostentation.

Aimez-vous les uns les autres, c'est toute la loi, loi divine par laquelle Dieu gouverne les mondes. L'amour est la loi d'attraction pour les êtres vivants et organisés ; l'attraction est la loi d'amour pour la matière inorganique.

N'oubliez jamais que l'Esprit, quel que soit son degré d'avancement, sa situation comme réincarnation ou erraticité, est *toujours* placé entre un supérieur qui le guide et le perfectionne, et un inférieur vis-à-vis duquel il a les mêmes devoirs à remplir. Soyez donc charitables, non seulement de cette charité qui vous porte à tirer de votre bourse l'obole que vous donnez froidement à celui qui ose vous la demander, mais allez au-devant des misères cachées. Soyez indulgents pour les travers de vos semblables ; au lieu de mépriser l'ignorance et le vice, instruisez-les et moralisez-les ; soyez doux et bienveillants pour tout ce qui vous est inférieur ; soyez le même à l'égard des êtres les plus infimes de la création, et vous aurez obéi à la loi de Dieu. »

SAINT VINCENT DE PAUL.

889. N'y a-t-il pas des hommes réduits à la mendicité par leur faute ?

« Sans doute, mais si une bonne éducation morale leur eût appris à pratiquer la loi de Dieu, ils ne tomberaient pas dans les excès qui causent leur perte ; c'est de là surtout que dépend l'amélioration de votre globe. » (707).

Amour maternel et filial

890. L'amour maternel est-il une vertu ou un sentiment instinctif commun aux hommes et aux animaux ?

« C'est l'un et l'autre. La nature a donné à la mère l'amour de ses enfants dans l'intérêt de leur conservation ; mais chez l'animal, cet amour est limité aux besoins matériels : il cesse quand les soins deviennent inutiles ; chez l'homme, il persiste toute la vie, et comporte un dévouement et une abnégation qui sont de la vertu ; il survit même à la mort, et suit l'enfant au-delà du tombeau ; vous voyez bien qu'il y a en lui autre chose que chez l'animal. » (205-385).

891. Puisque l'amour maternel est dans la nature, pourquoi y a-t-il des mères qui haïssent leurs enfants, et cela souvent dès leur naissance ?

« C'est quelquefois une épreuve choisie par l'Esprit de l'enfant, ou une expiation si lui-même a été mauvais père, ou mauvaise mère, ou mauvais fils, dans une autre existence (392). Dans tous les cas, la mauvaise mère ne peut être animée que par un mauvais Esprit qui tâche d'entraver celui de l'enfant afin qu'il succombe sous l'épreuve qu'il a voulue ; mais cette violation des lois de la nature ne sera pas impunie, et l'Esprit de l'enfant sera récompensé des obstacles qu'il aura surmontés. »

892. Lorsque des parents ont des enfants qui leur causent des chagrins, ne sont-ils pas excusables de n'avoir pas pour eux la tendresse qu'ils auraient eue dans le cas contraire ?

« Non, car c'est une charge qui leur est confiée, et leur mission est de faire tous leurs efforts pour les ramener au bien (582-583). Mais ces chagrins sont souvent la suite du mauvais pli qu'ils leur ont laissé prendre dès le berceau ; ils récoltent alors ce qu'ils ont semé. »

CHAPITRE XII

PERFECTION MORALE

Les vertus et les vices

893. Quelle est la plus méritoire de toutes les vertus ?

« Toutes les vertus ont leur mérite, parce que toutes sont des signes de progrès dans la voie du bien. Il y a vertu toutes les fois qu'il y a résistance volontaire à l'entraînement des mauvais penchants ; mais le sublime de la vertu consiste dans le sacrifice de l'intérêt personnel pour le bien de son prochain sans arrière-pensée ; la plus méritoire est celle qui est fondée sur la charité la plus désintéressée. »

894. Il y a des gens qui font le bien par un mouvement spontané, sans qu'ils aient à vaincre aucun sentiment contraire ; ont-ils autant de mérite que ceux qui ont à lutter contre leur propre nature et qui la surmontent ?

« Ceux qui n'ont point à lutter, c'est que chez eux le progrès est accompli : ils ont lutté jadis et ils ont triomphé ; c'est pourquoi les bons sentiments ne leur coûtent aucun effort, et leurs actions leur paraissent toutes simples : le bien est devenu pour eux une habitude. On doit donc les honorer comme de vieux guerriers qui ont conquis leurs grades.

Comme vous êtes encore loin de la perfection, ces exemples vous étonnent par le contraste, et vous les admirez d'autant plus qu'ils sont plus rares ; mais sachez bien que dans les mondes plus avancés que le vôtre, ce qui chez vous est une exception est la règle. Le sentiment du bien y est partout spontané, parce qu'ils ne sont habités que par de bons Esprits, et une seule mauvaise intention y serait une exception monstrueuse. Voilà pourquoi les hommes y sont heureux ; il en sera ainsi sur la terre quand l'humanité se sera transformée, et quand elle comprendra et pratiquera la charité dans sa véritable acception. »

895. À part les défauts et les vices sur lesquels personne ne saurait se méprendre, quel est le signe le plus caractéristique de l'imperfection ?

« C'est l'intérêt personnel. Les qualités morales sont souvent comme la dorure mise sur un objet de cuivre et qui ne résiste pas à la pierre de touche. Un homme peut posséder des qualités réelles qui en font, pour tout le monde, un homme de bien ; mais ces qualités, quoiqu'elles soient un progrès, ne supportent pas toujours certaines épreuves, et il suffit quelquefois de toucher à la corde de l'intérêt personnel pour mettre le fond à découvert. Le véritable désintéressement est même chose si rare sur la terre, qu'on l'admire comme un phénomène quand il se présente.

L'attachement aux choses matérielles est un signe notoire d'infériorité, parce que plus l'homme tient aux biens de ce monde, moins il comprend sa destinée ; par le désintéressement, au contraire, il prouve qu'il voit l'avenir d'un point plus élevé. »

896. Il y a des gens désintéressés sans discernement, qui prodiguent leur avoir sans profit réel, faute d'en faire un emploi raisonné ; ont-ils un mérite quelconque ?

« Ils ont le mérite du désintéressement, mais ils n'ont pas celui du bien qu'ils pourraient faire. Si le désintéressement est une vertu, la prodigalité irréfléchie est toujours au moins un manque de jugement. La fortune n'est pas plus donnée à quelques-uns pour être jetée au vent, qu'à d'autres pour être enterrée dans un coffre-fort ; c'est un dépôt dont ils auront à rendre compte, car ils auront à répondre de tout le bien qu'il était en leur pouvoir de faire, et qu'ils n'auront pas fait ; de toutes les larmes qu'ils auraient pu sécher avec l'argent qu'ils ont donné à ceux qui n'en avaient pas besoin. »

897. Celui qui fait le bien, non en vue d'une récompense sur la terre, mais dans l'espoir qu'il lui en sera tenu compte dans l'autre vie, et que sa position y sera d'autant meilleure, est-il répréhensible, et cette pensée lui nuit-elle pour son avancement ?

« Il faut faire le bien par charité, c'est-à-dire avec désintéressement. »

— Cependant, chacun a le désir bien naturel de s'avancer pour sortir de l'état pénible de cette vie ; les Esprits eux-mêmes nous enseignent à pratiquer le bien dans ce but ; est-ce donc un mal de penser qu'en faisant le bien on peut espérer mieux que sur la terre ?

« Non, certainement ; mais celui qui fait le bien sans arrière-pensée, et pour le seul plaisir d'être agréable à Dieu et à son prochain souffrant, est déjà à un certain degré d'avancement qui lui permettra d'arriver beaucoup plus tôt au bonheur que son frère qui, plus positif, fait le bien par raisonnement, et n'y est pas poussé par la chaleur naturelle de son cœur. » (894).

— N'y a-t-il pas ici une distinction à faire entre le bien que l'on peut faire à son prochain et le soin que l'on met à se corriger de ses défauts ? Nous concevons que faire le bien avec la pensée qu'il en sera tenu compte dans l'autre vie est peu méritoire ; mais s'amender, vaincre ses passions, corriger son caractère en vue de se rapprocher des bons Esprits et de s'élever, est-ce également un signe d'infériorité ?

« Non, non ; par faire le bien, nous voulons dire être charitable. Celui qui calcule ce que chaque bonne action peut lui rapporter dans la vie future, aussi bien que dans la vie terrestre, agit en égoïste ; mais il n'y a aucun égoïsme à s'améliorer en vue de se rapprocher de Dieu, puisque c'est le but auquel chacun doit tendre. »

898. Puisque la vie corporelle n'est qu'un séjour temporaire ici-bas, et que notre avenir doit être notre principale préoccupation, est-il utile de s'efforcer d'acquérir des connaissances scientifiques qui ne touchent qu'aux choses et aux besoins matériels ?

« Sans doute ; d'abord, cela vous met à même de soulager vos frères ; puis, votre Esprit montera plus vite s'il a déjà progressé en intelligence ; dans l'intervalle des incarnations, vous apprendrez en une heure ce qui vous demanderait des années sur votre terre. Aucune connaissance n'est inutile ; toutes contribuent plus ou moins à l'avancement, parce que l'Esprit parfait doit tout savoir, et que le progrès devant s'accomplir en tous sens, toutes les idées acquises aident au développement de l'Esprit. »

899. De deux hommes riches, l'un est né dans l'opulence et n'a jamais connu le besoin ; l'autre doit sa fortune à son travail ; tous les deux l'emploient exclusivement à leur satisfaction personnelle ; quel est le plus coupable ?

« Celui qui a connu les souffrances ; il sait ce que c'est de souffrir ; il connaît la douleur qu'il ne soulage pas, mais trop souvent pour lui il ne s'en souvient plus. »

900. Celui qui accumule sans cesse et sans faire de bien à personne, trouve-t-il une excuse valable dans la pensée qu'il amasse pour laisser davantage à ses héritiers ?

« C'est un compromis avec la mauvaise conscience. »

901. De deux avares, le premier se refuse le nécessaire et meurt de besoin sur son trésor ; le second n'est avare que pour les autres : il est prodigue pour lui-même ; tandis qu'il recule devant le plus léger sacrifice pour rendre service ou faire une chose utile, rien ne lui coûte pour satisfaire ses goûts et ses passions. Lui demande-t-on un service, il est toujours gêné ; veut-il se passer une fantaisie, il a toujours assez. Quel est le plus coupable, et quel est celui qui aura la plus mauvaise place dans le monde des Esprits ?

« Celui qui jouit : il est plus égoïste qu'avare ; l'autre a déjà trouvé une partie de sa punition. »

902. Est-on répréhensible d'envier la richesse, quand c'est par le désir de faire le bien ?

« Le sentiment est louable, sans doute, quand il est pur ; mais ce désir est-il toujours bien désintéressé et ne cache-t-il aucune arrière-pensée personnelle ? La première personne à qui l'on souhaite faire du bien, n'est-ce pas souvent soi-même ? »

903. Est-on coupable d'étudier les défauts des autres ?

« Si c'est pour les critiquer et les divulguer on est très coupable, car c'est manquer de charité ; si c'est pour en faire son profit personnel et les éviter soi-même, cela peut quelquefois être utile ; mais il ne faut pas oublier que l'indulgence pour les défauts d'autrui est une des vertus comprises dans la charité. Avant de faire aux autres un reproche de leurs imperfections, voyez si l'on ne peut dire de vous la même chose. Tâchez donc d'avoir les qualités opposées aux défauts que vous critiquez dans autrui, c'est le moyen de vous rendre supérieur ; lui reprochez-vous d'être avare, soyez généreux ; d'être orgueilleux, soyez humble et modeste ; d'être dur, soyez doux ; d'agir avec petitesse, soyez grand dans toutes vos actions ; en un mot, faites en sorte qu'on ne puisse vous appliquer cette parole de Jésus : Il voit une paille dans l'œil de son voisin, et ne voit pas une poutre dans le sien. »

904. Est-on coupable de sonder les plaies de la société et de les dévoiler ?

« Cela dépend du sentiment qui porte à le faire ; si l'écrivain n'a en vue que de produire du scandale, c'est une jouissance personnelle qu'il se procure en présentant des tableaux qui sont souvent plutôt un mauvais qu'un bon exemple. L'Esprit apprécie, mais il peut être puni de cette sorte de plaisir qu'il prend à révéler le mal. »

– Comment, dans ce cas, juger de la pureté des intentions et de la sincérité de l'écrivain ?

« Cela n'est pas toujours utile ; s'il écrit de bonnes choses, faites-en votre profit ; s'il fait mal, c'est une question de conscience qui le regarde. Du reste, s'il tient à prouver sa sincérité, c'est à lui d'appuyer le précepte par son propre exemple. »

905. Certains auteurs ont publié des œuvres très belles et très morales qui aident au progrès de l'humanité, mais dont eux-mêmes n'ont guère profité ; leur est-il tenu compte, comme Esprits, du bien qu'ont fait leurs œuvres ?

« La morale sans les actions, c'est la semence sans le travail. Que vous sert la semence si vous ne la faites pas fructifier pour vous nourrir ? Ces hommes sont plus coupables, parce qu'ils avaient l'intelligence pour comprendre ; en ne pratiquant pas les maximes qu'ils donnaient aux autres, ils ont renoncé à en cueillir les fruits. »

906. Celui qui fait bien est-il répréhensible d'en avoir conscience, et de se l'avouer à lui-même ?

« Puisqu'il peut avoir la conscience du mal qu'il fait, il doit avoir aussi celle du bien, afin de savoir s'il agit bien ou mal. C'est en pesant toutes ses actions dans la balance de la loi de Dieu, et surtout dans celle de la loi de justice, d'amour et de charité, qu'il pourra se dire si elles sont bonnes ou mauvaises, les approuver ou les désapprouver. Il ne peut donc être répréhensible de reconnaître qu'il a triomphé des mauvaises tendances, et d'en être satisfait, pourvu qu'il n'en tire pas vanité, car alors il tomberait dans un autre travers. » (919).

Des passions

907. Puisque le principe des passions est dans la nature, est-il mauvais en lui-même ?

« Non ; la passion est dans l'excès joint à la volonté, car le principe a été donné à l'homme pour le bien, et elles peuvent le porter à de grandes choses ; c'est l'abus qu'il en fait qui cause le mal. »

908. Comment définir la limite où les passions cessent d'être bonnes ou mauvaises ?

« Les passions sont comme un cheval qui est utile quand il est maîtrisé, et qui est dangereux quand c'est lui qui maîtrise. Reconnaissez donc qu'une passion devient pernicieuse du moment que vous cessez de pouvoir la gouverner et qu'elle a pour résultat un préjudice quelconque pour vous ou pour autrui. »

Les passions sont des leviers qui décuplent les forces de l'homme et l'aident à l'accomplissement des vues de la Providence ; mais si, au lieu de les diriger, l'homme se laisse diriger par elles, il tombe dans les excès, et la force même qui, dans sa main, pouvait faire le bien, retombe sur lui et l'écrase.

Toutes les passions ont leur principe dans un sentiment ou besoin de nature. Le principe des passions n'est donc point un mal, puisqu'il repose sur une des conditions providentielles de notre existence. La passion, proprement dite, est l'exagération d'un besoin ou d'un sentiment ; elle est dans l'excès et non dans la cause ; et cet excès devient un mal quand il a pour conséquence un mal quelconque.

Toute passion qui rapproche l'homme de la nature animale l'éloigne de la nature spirituelle.

Tout sentiment qui élève l'homme au-dessus de la nature animale annonce la prédominance de l'Esprit sur la matière et le rapproche de la perfection.

909. L'homme pourrait-il toujours vaincre ses mauvais penchants par ses efforts ?

« Oui, et quelquefois par de faibles efforts ; c'est la volonté qui lui manque. Hélas ! combien peu de vous font des efforts ! »

910. L'homme peut-il trouver dans les Esprits une assistance efficace pour surmonter ses passions ?

« S'il prie Dieu et son bon génie avec sincérité, les bons Esprits lui viendront certainement en aide, car c'est leur mission. » (459).

911. N'y a-t-il pas des passions tellement vives et irrésistibles que la volonté est impuissante pour les surmonter ?

« Il y a beaucoup de personnes qui disent : *Je veux*, mais la volonté n'est que sur les lèvres ; elles veulent, et elles sont bien aises que cela ne soit pas. Quand on croit ne pas pouvoir vaincre ses passions, c'est que l'Esprit s'y complaît par suite de son infériorité. Celui qui cherche à les réprimer comprend sa nature spirituelle ; les vaincre est pour lui un triomphe de l'Esprit sur la matière. »

912. Quel est le moyen le plus efficace de combattre la prédominance de la nature corporelle ?

« Faire abnégation de soi-même. »

De l'égoïsme

913. Parmi les vices, quel est celui qu'on peut regarder comme radical ?

« Nous l'avons dit bien des fois, c'est l'*égoïsme :* de là dérive tout le mal. Étudiez tous les vices, et vous verrez qu'au fond de tous il y a de l'égoïsme ; vous aurez beau les combattre, vous ne parviendrez pas à les extirper tant que vous n'aurez pas attaqué le mal dans sa racine, tant que vous n'aurez pas détruit la cause. Que tous vos efforts tendent donc vers ce but, car là est la véritable plaie de la société. Quiconque veut approcher, dès cette vie, de la perfection morale, doit extirper de son cœur tout sentiment d'égoïsme, car l'égoïsme est incompatible avec la justice, l'amour et la charité : il neutralise toutes les autres qualités. »

914. L'égoïsme étant fondé sur le sentiment de l'intérêt personnel, il paraît bien difficile de l'extirper entièrement du cœur de l'homme ; y parviendra-t-on ?

« À mesure que les hommes s'éclairent sur les choses spirituelles, ils attachent moins de prix aux choses matérielles ; et puis il faut réformer les institutions humaines qui l'entretiennent et l'excitent. Cela dépend de l'éducation. »

915. L'égoïsme étant inhérent à l'espèce humaine, ne sera-t-il pas toujours un obstacle au règne du bien absolu sur la terre ?

« Il est certain que l'égoïsme est votre plus grand mal, mais il tient à l'infériorité des Esprits incarnés sur la terre, et non à l'humanité en elle-même ; or les Esprits, en s'épurant par des incarnations successives, perdent l'égoïsme comme ils perdent leurs autres impuretés. N'avez-vous sur la terre aucun homme dépourvu d'égoïsme et pratiquant la charité ? Il y en a plus que vous ne croyez, mais vous les connaissez peu, parce que la vertu ne cherche pas l'éclat du grand jour ; s'il y en a un, pourquoi n'y en aurait-il pas dix ; s'il y en a dix, pourquoi n'y en aurait-il pas mille, et ainsi de suite ? »

916. L'égoïsme, loin de diminuer, croît avec la civilisation qui semble l'exciter et l'entretenir ; comment la cause pourra-t-elle détruire l'effet ?

« Plus le mal est grand, plus il devient hideux ; il fallait que l'égoïsme fît beaucoup de mal pour faire comprendre la nécessité de l'extirper. Lorsque les hommes auront dépouillé l'égoïsme qui les domine, ils vivront comme des frères, ne se faisant point de mal, s'entraidant réciproquement par le sentiment mutuel de la *solidarité* ; alors le fort sera l'appui et non l'oppresseur du faible, et l'on ne verra plus d'hommes manquer du nécessaire, parce que tous pratiqueront la loi de justice. C'est le règne du bien que sont chargés de préparer les Esprits. » (784).

917. Quel est le moyen de détruire l'égoïsme ?

« De toutes les imperfections humaines, la plus difficile à déraciner c'est l'égoïsme, parce qu'il tient à l'influence de la matière dont l'homme, *encore trop voisin de son origine,* n'a pu s'affranchir, et cette influence, tout concourt à l'entretenir : ses lois, son organisation sociale, son éducation. L'égoïsme s'affaiblira avec la prédominance de la vie morale sur la vie matérielle, et surtout avec l'intelligence que le spiritisme vous donne de votre état futur *réel,* et non dénaturé par les fictions allégoriques ; le spiritisme bien compris, lorsqu'il se sera identifié avec les mœurs et les croyances, transformera les habitudes, les usages, les relations sociales. L'égoïsme est fondé sur l'importance de la personnalité ; or le spiritisme bien compris, je le répète, fait voir les choses de si haut que le sentiment de la personnalité disparaît en quelque sorte devant l'immensité. En détruisant cette importance, ou tout au moins en la faisant voir pour ce qu'elle est, il combat nécessairement l'égoïsme.

C'est le froissement que l'homme éprouve de l'égoïsme des autres qui le rend souvent égoïste lui-même, parce qu'il sent le besoin de se tenir sur la défensive. En voyant que les autres pensent à eux et non à lui, il est conduit à s'occuper de lui plus que des autres. Que le principe de la charité et de la fraternité soit la base des institutions sociales, des rapports *légaux* de peuple à peuple et d'homme à homme, et l'homme songera moins à sa personne quand il verra que d'autres y ont songé ; il subira l'influence moralisatrice de l'exemple et du contact. En présence de ce débordement d'égoïsme, il faut une véritable vertu pour faire abnégation de sa personnalité au profit des autres qui souvent n'en savent aucun gré ; c'est à ceux surtout qui possèdent cette vertu que le royaume des cieux est ouvert ; à eux surtout est réservé le bonheur des élus, car je vous dis en vérité, qu'au jour de la justice, quiconque n'aura pensé qu'à soi sera mis de côté, et souffrira de son délaissement. » (785).

FÉNELON

On fait sans doute de louables efforts pour faire avancer l'humanité ; on encourage, on stimule, on honore les bons sentiments plus qu'à aucune autre époque, et pourtant le ver rongeur de l'égoïsme est toujours la plaie sociale. C'est un mal réel qui rejaillit sur tout le monde, dont chacun est plus ou moins victime ; il faut donc le combattre comme on combat une maladie épidémique. Pour cela, il faut procéder à la manière des médecins : remonter à la source. Qu'on recherche donc dans toutes les parties de l'organisation sociale, depuis la famille jusqu'aux peuples, depuis la chaumière jusqu'au palais, toutes les causes, toutes les influences patentes ou cachées, qui excitent, entretiennent et développent le sentiment de l'égoïsme ; une fois les causes connues, le remède se présentera de lui-même ; il ne s'agira plus que de les combattre, sinon toutes à la fois, au moins partiellement, et peu à peu le venin sera extirpé. La guérison pourra être longue, car les causes sont nombreuses, mais elle n'est pas impossible. On n'y parviendra, du reste, qu'en prenant le mal dans sa racine, c'est-à-dire par l'éducation ; non cette éducation qui tend à faire des hommes instruits, mais celle qui tend à faire des hommes de bien. L'éducation, si elle est bien entendue, est la clef du progrès moral ; quand on connaîtra l'art de manier les caractères comme on connaît celui de manier les intelligences, on pourra les redresser comme on redresse de jeunes plantes ; mais cet art demande beaucoup de tact, beaucoup d'expérience, et une profonde observation ; c'est une grave erreur de croire qu'il suffise d'avoir de la science pour l'exercer avec fruit. Quiconque suit l'enfant du riche aussi bien que celui du pauvre depuis l'instant de sa naissance, et observe toutes les influences pernicieuses qui réagissent sur lui par suite de la faiblesse, de l'incurie et de l'ignorance de ceux qui le dirigent, combien souvent les moyens que l'on emploie pour le moraliser portent à faux, ne peut s'étonner de rencontrer dans le monde tant de travers. Que l'on fasse pour le moral autant que l'on fait pour l'intelligence et l'on verra que, s'il est des natures réfractaires, il y en a plus qu'on ne le croit qui ne demandent qu'une bonne culture pour rapporter de bons fruits. (872).

L'homme veut être heureux, ce sentiment est dans la nature ; c'est pourquoi il travaille sans cesse à améliorer sa position sur la terre ; il cherche les causes de ses maux afin d'y remédier. Quand il comprendra bien que l'égoïsme est une de ces causes, celle qui engendre l'orgueil, l'ambition, la cupidité, l'envie, la haine, la jalousie, dont il est à chaque instant froissé, qui porte le trouble dans toutes les relations sociales, provoque les dissensions, détruit la confiance, oblige à se tenir constamment sur la défensive avec son voisin, celle enfin qui de l'ami fait un ennemi, alors il comprendra aussi que ce vice est incompatible avec sa propre félicité ; nous ajoutons même avec sa propre sécurité ; plus il en aura souffert, plus il sentira la nécessité de le combattre, comme il combat la peste, les animaux nuisibles et tous les autres fléaux ; il y sera sollicité par son propre intérêt. (784).

L'égoïsme est la source de tous les vices, comme la charité est la source de toutes les vertus ; détruire l'un, développer l'autre, tel doit être le but de tous les efforts de l'homme s'il veut assurer son bonheur ici-bas aussi bien que dans l'avenir.

Caractères de l'homme de bien

918. À quels signes peut-on reconnaître chez un homme le progrès réel qui doit élever son Esprit dans la hiérarchie spirite ?

« L'Esprit prouve son élévation lorsque tous les actes de sa vie corporelle sont la pratique de la loi de Dieu et lorsqu'il comprend par anticipation la vie spirituelle. »

Le véritable homme de bien est celui qui pratique la loi de justice, d'amour et de charité dans sa plus grande pureté. S'il interroge sa conscience sur les actes accomplis, il se demandera s'il n'a point violé cette loi ; s'il n'a point fait de mal ; s'il a fait tout le bien *qu'il a pu* ; si nul n'a eu à se plaindre de lui, enfin s'il a fait à autrui tout ce qu'il eût voulu qu'on fit pour lui.

L'homme pénétré du sentiment de charité et d'amour du prochain fait le bien pour le bien, sans espoir de retour, et sacrifie son intérêt à la justice.

Il est bon, humain et bienveillant pour tout le monde, parce qu'il voit des frères dans tous les hommes sans exception de races ni de croyances.

Si Dieu lui a donné la puissance et la richesse, il regarde ces choses comme UN DÉPÔT dont il doit faire usage pour le bien ; il n'en tire pas vanité, car il sait que Dieu qui les lui a données peut les lui retirer.

Si l'ordre social a placé des hommes sous sa dépendance, il les traite avec bonté et bienveillance, parce qu'ils sont ses égaux devant Dieu ; il use de son autorité pour relever leur moral, et non pour les écraser par son orgueil.

Il est indulgent pour les faiblesses d'autrui, parce qu'il sait que lui-même a besoin d'indulgence et se rappelle cette parole du Christ : *Que celui qui est sans péché lui jette la première pierre.*

Il n'est point vindicatif : à l'exemple de Jésus, il pardonne les offenses pour ne se souvenir que des bienfaits, car il sait *qu'il lui sera pardonné comme il aura pardonné lui-même.*

Il respecte enfin dans ses semblables tous les droits que donnent les lois de la nature, comme il voudrait qu'on les respectât envers lui.

Connaissance de soi-même

919. Quel est le moyen pratique le plus efficace pour s'améliorer en cette vie et résister à l'entraînement du mal ?

« Un sage de l'antiquité vous l'a dit : *Connais-toi toi-même.* »

– Nous concevons toute la sagesse de cette maxime, mais la difficulté est précisément de se connaître soi-même ; quel est le moyen d'y parvenir ?

« Faites ce que je faisais moi-même de mon vivant sur la terre : à la fin de la journée, j'interrogeais ma conscience, je passais en revue ce que j'avais fait et me demandais si je n'avais pas manqué à quelque devoir ; si personne n'avait eu à se plaindre de moi. C'est ainsi que j'étais parvenu à me connaître et à voir ce qu'il y avait à réformer en moi. Celui qui, chaque soir, rappellerait toutes ses actions de la journée et se demanderait ce qu'il a fait de bien ou de mal, priant Dieu et son ange gardien de l'éclairer, acquerrait une grande force pour se perfectionner, car croyez-moi, Dieu l'assistera. Posez-vous donc des questions, et demandez-vous ce que vous avez fait et dans quel but vous avez agi en telle circonstance ; si vous avez fait quelque chose que vous blâmeriez de la part d'autrui ; si vous avez fait une action que vous n'oseriez avouer. Demandez-vous encore ceci : S'il plaisait à Dieu de me rappeler en ce moment, aurais-je, en rentrant dans le monde des Esprits où rien n'est caché, à redouter la vue de quelqu'un ? Examinez ce que vous pouvez avoir fait contre Dieu, puis contre votre prochain, et enfin contre vous-même. Les réponses seront un repos pour votre conscience, ou l'indication d'un mal qu'il faut guérir.

La connaissance de soi-même est donc la clef de l'amélioration individuelle ; mais, direz-vous, comment se juger ? N'a-t-on pas l'illusion de l'amour-propre qui amoindrit les fautes et les fait excuser ? L'avare se croit simplement économe et prévoyant ; l'orgueilleux croit n'avoir que de la dignité. Cela n'est que trop vrai, mais vous avez un moyen de contrôle qui ne peut vous tromper. Quand vous êtes indécis sur la valeur d'une de vos actions, demandez-vous comment vous la qualifieriez si elle était le fait d'une autre personne ; si vous la blâmez en autrui, elle ne saurait être plus légitime en vous, car Dieu n'a pas deux mesures pour la justice. Cherchez aussi à savoir ce qu'en pensent les autres, et ne négligez pas l'opinion de vos ennemis, car ceux-là n'ont aucun intérêt à farder la vérité, et souvent Dieu les place à côté de vous comme un miroir pour vous avertir avec plus de franchise que ne le ferait un ami. Que celui qui a la volonté sérieuse de s'améliorer explore donc sa conscience afin d'en arracher les mauvais penchants, comme il arrache les mauvaises herbes de son jardin ; qu'il fasse la balance de sa journée morale, comme le marchand fait celle de ses pertes et bénéfices, et je vous assure que l'une lui rapportera plus que l'autre. S'il peut se dire que sa journée a été bonne, il peut dormir en paix et attendre sans crainte le réveil d'une autre vie.

Posez-vous donc des questions nettes et précises et ne craignez pas de les multiplier : on peut bien donner quelques minutes pour conquérir un bonheur éternel. Ne travaillez-vous pas tous les jours en vue d'amasser de quoi vous donner le repos sur vos vieux jours ? Ce repos n'est-il pas l'objet de tous vos désirs, le but qui vous fait endurer des fatigues et des privations momentanées ? Eh bien ! qu'est-ce que ce repos de quelques jours, troublé par les infirmités du corps, à côté de celui qui attend l'homme de bien ? Cela ne vaut-il pas la peine de faire quelques efforts ? Je sais que beaucoup disent que le présent est positif et l'avenir incertain ; or, voilà précisément la pensée que nous sommes chargés de détruire en vous, car nous voulons vous faire comprendre cet avenir de manière à ce qu'il ne puisse laisser aucun doute dans votre âme ; c'est pourquoi nous avons d'abord appelé votre attention par des phénomènes de nature à frapper vos sens, puis nous vous donnons des instructions que chacun de vous est chargé de répandre. C'est dans ce but que nous avons dicté le Livre des Esprits. »

SAINT AUGUSTIN

Beaucoup de fautes que nous commettons passent inaperçues pour nous ; si, en effet, suivant le conseil de saint Augustin, nous interrogions plus souvent notre conscience, nous verrions combien de fois nous avons failli sans y penser, faute par nous de scruter la nature et le mobile de nos actes. La forme interrogative a quelque chose de plus précis qu'une maxime que souvent on ne s'applique pas. Elle exige des réponses catégoriques par oui ou par non qui ne laissent pas d'alternative ; ce sont autant d'arguments personnels, et par la somme des réponses on peut supputer la somme du bien et du mal qui est en nous.

LIVRE QUATRIÈME

ESPÉRANCES ET CONSOLATIONS

THE LAST HOME ?

CHAPITRE PREMIER

PEINES ET JOUISSANCES TERRESTRES

Bonheur et malheur relatifs

920. L'homme peut-il jouir sur la terre d'un bonheur complet ?

« Non, puisque la vie lui a été donnée comme épreuve ou expiation ; mais il dépend de lui d'adoucir ses maux et d'être aussi heureux qu'on le peut sur la terre. »

921. On conçoit que l'homme sera heureux sur la terre lorsque l'humanité aura été transformée ; mais en attendant, chacun peut-il s'assurer un bonheur relatif ?

« L'homme est le plus souvent l'artisan de son propre malheur. En pratiquant la loi de Dieu, il s'épargne bien des maux et se procure une félicité aussi grande que le comporte son existence grossière. »

L'homme qui est bien pénétré de sa destinée future ne voit dans la vie corporelle qu'une station temporaire. C'est pour lui une halte momentanée dans une mauvaise hôtellerie ; il se console aisément de quelques désagréments passagers d'un voyage qui doit le conduire à une position d'autant meilleure qu'il aura mieux fait d'avance ses préparatifs.

Nous sommes punis dès cette vie de l'infraction aux lois de l'existence corporelle par les maux qui sont la suite de cette infraction et de nos propres excès. Si nous remontons de proche en proche à l'origine de ce que nous appelons nos malheurs terrestres, nous les verrons, pour la plupart, être la suite d'une première déviation du droit chemin. Par cette déviation, nous sommes entrés dans une mauvaise voie, et de conséquence en conséquence nous tombons dans le malheur.

922. Le bonheur terrestre est relatif à la position de chacun ; ce qui suffit au bonheur de l'un fait le malheur de l'autre. Y a-t-il cependant une mesure de bonheur commune à tous les hommes ?

« Pour la vie matérielle, c'est la possession du nécessaire ; pour la vie morale : la bonne conscience et la foi en l'avenir. »

923. Ce qui serait du superflu pour l'un ne devient-il pas nécessaire pour d'autres, et réciproquement, suivant la position ?

« Oui, selon vos idées matérielles, vos préjugés, votre ambition et tous vos travers ridicules dont l'avenir fera justice quand vous comprendrez la vérité. Sans doute, celui qui avait cinquante mille livres de revenu et se trouve réduit à dix se croit bien malheureux, parce qu'il ne peut plus faire une aussi grande figure, tenir ce qu'il appelle son rang, avoir des chevaux, des laquais, satisfaire toutes ses passions, etc. Il croit manquer du nécessaire ; mais franchement le crois-tu bien à plaindre, quand à côté de lui il y en a qui meurent de faim et de froid, et n'ont pas un abri pour reposer leur tête ? Le sage, pour être heureux, regarde au-dessous de lui, et jamais au-dessus, si ce n'est pour élever son âme vers l'infini. » (715).

924. Il est des maux qui sont indépendants de la manière d'agir et qui frappent l'homme le plus juste ; n'a-t-il aucun moyen de s'en préserver ?

« Il doit alors se résigner et les subir *sans murmure*, s'il veut progresser ; mais il puise toujours une consolation dans sa conscience qui lui donne l'espoir d'un meilleur avenir, s'il fait ce qu'il faut pour l'obtenir. »

925. Pourquoi Dieu favorise-t-il des dons de la fortune certains hommes qui ne semblent pas l'avoir mérité ?

« C'est une faveur aux yeux de ceux qui ne voient que le présent ; mais, sache-le bien, la fortune est une épreuve souvent plus dangereuse que la misère. » (814 et suivants).

926. La civilisation, en créant de nouveaux besoins, n'est-elle pas la source d'afflictions nouvelles ?

« Les maux de ce monde sont en raison des besoins *factices* que vous créez. Celui qui sait borner ses désirs et voit sans envie ce qui est au-dessus de lui s'épargne bien des mécomptes dans cette vie. Le plus riche est celui qui a le moins de besoins.

Vous enviez les jouissances de ceux qui vous paraissent les heureux du monde ; mais savez-vous ce qui leur est réservé ? S'ils ne jouissent que pour eux, ils sont égoïstes, alors viendra le revers. Plaignez-les plutôt. Dieu permet quelquefois que le méchant prospère, mais son bonheur n'est pas à envier, car il le paiera avec des larmes amères. Si le juste est malheureux, c'est une épreuve dont il lui sera tenu compte s'il la supporte avec courage. Souvenez-vous de ces paroles de Jésus : Heureux ceux qui souffrent, car ils seront consolés. »

927. Le superflu n'est certainement pas indispensable au bonheur, mais il n'en est pas ainsi du nécessaire ; or le malheur de ceux qui sont privés de ce nécessaire n'est-il pas réel ?

« L'homme n'est véritablement malheureux que lorsqu'il souffre du manque de ce qui est nécessaire à la vie et à la santé du corps. Cette privation est peut-être sa faute ; alors il ne doit s'en prendre qu'à lui-même ; si elle est la faute d'autrui, la responsabilité retombe sur celui qui en est la cause. »

928. Par la spécialité des aptitudes naturelles, Dieu indique évidemment notre vocation en ce monde. Beaucoup de maux ne viennent-ils pas de ce que nous ne suivons pas cette vocation ?

« C'est vrai, et ce sont souvent les parents qui, par orgueil ou par avarice, font sortir leurs enfants de la voie tracée par la nature, et par ce déplacement compromettent leur bonheur ; ils en seront responsables. »

– Ainsi vous trouveriez juste que le fils d'un homme haut placé dans le monde fit des sabots, par exemple, s'il avait de l'aptitude pour cet état ?

« Il ne faut pas tomber dans l'absurde, ni rien exagérer : la civilisation a ses nécessités. Pourquoi le fils d'un homme haut placé, comme tu le dis, ferait-il des sabots s'il peut faire autre chose ? Il pourra toujours se rendre utile dans la mesure de ses facultés, si elles ne sont pas appliquées à contre-sens. Ainsi, par exemple, au lieu d'un mauvais avocat, il pourrait peut-être faire un bon mécanicien, etc. »

Le déplacement des hommes hors de leur sphère intellectuelle est assurément une des causes les plus fréquentes de déception. L'inaptitude pour la carrière embrassée est une source intarissable de revers ; puis, l'amour-propre venant s'y joindre empêche l'homme tombé de chercher une ressource dans une profession plus humble et lui montre le suicide comme remède pour échapper à ce qu'il croit une humiliation. *Si une éducation morale l'avait élevé au-dessus des sots préjugés de l'orgueil, il ne serait jamais pris au dépourvu.*

929. Il y a des gens qui, étant dénués de toutes ressources, alors même que l'abondance règne autour d'eux, n'ont que la mort en perspective ; quel parti doivent-ils prendre ? Doivent-ils se laisser mourir de faim ?

« On ne doit jamais avoir l'idée de se laisser mourir de faim ; on trouverait toujours moyen de se nourrir, si l'orgueil ne s'interposait entre le besoin et le travail. On dit souvent : Il n'y a point de sot métier ; ce n'est pas l'état qui déshonore ; on le dit pour les autres et non pour soi. »

930. Il est évident que sans les préjugés sociaux par lesquels on se laisse dominer, on trouverait toujours un travail quelconque qui pût aider à vivre, dût-on déroger de sa position ; mais parmi les gens qui n'ont point de préjugés, ou qui les mettent de côté, il en est qui sont dans l'impossibilité de subvenir à leurs besoins, par suite de maladies ou autres causes indépendantes de leur volonté.

« Dans une société organisée selon la loi du Christ, personne ne doit mourir de faim. »

Avec une organisation sociale sage et prévoyante, l'homme ne peut manquer du nécessaire que par sa faute ; mais ses fautes mêmes sont souvent le résultat du milieu où il se trouve placé. Lorsque l'homme pratiquera la loi de Dieu, il aura un ordre social fondé sur la justice et la solidarité, et lui-même aussi sera meilleur. (793).

931. Pourquoi, dans la société, les classes souffrantes sont-elles plus nombreuses que les classes heureuses ?

« Aucune n'est parfaitement heureuse, et ce que l'on croit le bonheur cache souvent de poignants chagrins ; la souffrance est partout. Cependant, pour répondre à ta pensée, je dirai que les classes que tu appelles souffrantes sont plus nombreuses, parce que la terre est un lieu d'expiation. Quand l'homme en aura fait le séjour du bien et des bons Esprits, il n'y sera plus malheureux, et elle sera pour lui le paradis terrestre. »

932. Pourquoi, dans le monde, les méchants l'emportent-ils si souvent en influence sur les bons ?

« C'est par la faiblesse des bons ; les méchants sont intrigants et audacieux, les bons sont timides ; quand ceux-ci le voudront, ils prendront le dessus. »

933. Si l'homme est souvent l'artisan de ses souffrances matérielles, en est-il de même des souffrances morales ?

« Plus encore, car les souffrances matérielles sont quelquefois indépendantes de la volonté ; mais l'orgueil blessé, l'ambition déçue, l'anxiété de l'avarice, l'envie, la jalousie, toutes les passions, en un mot, sont des tortures de l'âme.

L'envie et la jalousie! Heureux ceux qui ne connaissent pas ces deux vers rongeurs! Avec l'envie et la jalousie, point de calme, point de repos possible pour celui qui est atteint de ce mal : les objets de sa convoitise, de sa haine, de son dépit se dressent devant lui comme des fantômes qui ne lui laissent aucune trêve et le poursuivent jusque dans son sommeil. L'envieux et le jaloux sont dans un état de fièvre continuelle. Est-ce donc là une situation désirable, et ne comprenez-vous pas qu'avec ses passions, l'homme se crée des supplices volontaires, et que la terre devient pour lui un véritable enfer? »

Plusieurs expressions peignent énergiquement les effets de certaines passions ; on dit : être bouffi d'orgueil, mourir d'envie, sécher de jalousie ou de dépit, en perdre le boire et le manger, etc. ; ce tableau n'est que trop vrai. Quelquefois même la jalousie n'a pas d'objet déterminé. Il y a des gens jaloux par nature de tout ce qui s'élève, de tout ce qui sort de la ligne vulgaire, alors même qu'ils n'y ont aucun intérêt direct, mais uniquement parce qu'ils n'y peuvent atteindre ; tout ce qui paraît au-dessus de l'horizon les offusque, et s'ils étaient en majorité dans la société, ils voudraient tout ramener à leur niveau. C'est la jalousie jointe à la médiocrité.

L'homme n'est souvent malheureux que par l'importance qu'il attache aux choses d'ici-bas ; c'est la vanité, l'ambition et la cupidité déçues qui font son malheur. S'il se place au-dessus du cercle étroit de la vie matérielle, s'il élève ses pensées vers l'infini qui est sa destinée, les vicissitudes de l'humanité lui semblent alors mesquines et puériles, comme les chagrins de l'enfant qui s'afflige de la perte d'un jouet dont il faisait son bonheur suprême.

Celui qui ne voit de félicité que dans la satisfaction de l'orgueil et des appétits grossiers est malheureux quand il ne peut les satisfaire, tandis que celui qui ne demande rien au superflu est heureux de ce que d'autres regardent comme des calamités.

Nous parlons de l'homme civilisé, car le sauvage ayant des besoins plus bornés n'a pas les mêmes sujets de convoitise et d'angoisses : sa manière de voir les choses est tout autre. Dans l'état de civilisation, l'homme raisonne son malheur et l'analyse ; c'est pourquoi il en est plus affecté ; mais il peut aussi raisonner et analyser les moyens de consolation. Cette consolation, il la puise dans *le sentiment chrétien qui lui donne l'espérance d'un avenir meilleur, et dans le spiritisme qui lui donne la certitude de cet avenir.*

Perte des personnes aimées

934. La perte des personnes qui nous sont chères n'est-elle pas une de celles qui nous causent un chagrin d'autant plus légitime que cette perte est irréparable, et qu'elle est indépendante de notre volonté ?

« Cette cause de chagrin atteint le riche comme le pauvre : c'est une épreuve ou expiation, et la loi commune ; mais c'est une consolation de pouvoir communiquer avec vos amis par les moyens que vous avez, *en attendant que vous en ayez d'autres plus directs et plus accessibles à vos sens.* »

935. Que penser de l'opinion des personnes qui regardent les communications d'outre-tombe comme une profanation ?

« Il ne peut y avoir profanation quand il y a recueillement, et quand l'évocation est faite avec respect et convenance ; ce qui le prouve, c'est que les Esprits qui vous affectionnent viennent avec plaisir ; ils sont heureux de votre souvenir et de s'entretenir avec vous ; il y aurait profanation à le faire avec légèreté. »

La possibilité d'entrer en communication avec les Esprits est une bien douce consolation, puisqu'elle nous procure le moyen de nous entretenir avec nos parents et nos amis qui ont quitté la terre avant nous. Par l'évocation nous les rapprochons de nous, ils sont à nos côtés, nous entendent et nous répondent ; il n'y a pour ainsi dire plus de séparation entre eux et nous. Ils nous aident de leurs conseils, nous témoignent leur affection et le contentement qu'ils éprouvent de notre souvenir. C'est pour nous une satisfaction de les savoir heureux, d'apprendre *par eux-mêmes* les détails de leur nouvelle existence et d'acquérir la certitude de les rejoindre à notre tour.

936. Comment les douleurs inconsolables des survivants affectent-elles les Esprits qui en sont l'objet ?

« L'Esprit est sensible au souvenir et aux regrets de ceux qu'il a aimés, mais une douleur incessante et déraisonnable l'affecte péniblement, parce qu'il voit, dans cette douleur excessive, un manque de foi en l'avenir et de confiance en Dieu, et par conséquent un obstacle à l'avancement et peut-être à la réunion. »

L'Esprit étant plus heureux que sur terre, regretter pour lui la vie, c'est regretter qu'il soit heureux. Deux amis sont prisonniers et enfermés dans le même cachot ; tous les deux doivent avoir un jour leur liberté, mais l'un d'eux l'obtient avant l'autre. Serait-il charitable à celui qui reste d'être fâché que son ami soit délivré avant lui ? N'y aurait-il pas plus d'égoïsme que d'affection de sa part à vouloir qu'il partage sa captivité et ses souffrances aussi longtemps que lui ? Il en est de même de deux êtres qui s'aiment sur la terre ; celui qui part le premier est le premier délivré, et nous devons l'en féliciter, en attendant avec patience le moment où nous le serons à notre tour.

Nous ferons sur ce sujet une autre comparaison. Vous avez un ami qui, auprès de vous, est dans une situation très pénible ; sa santé ou son intérêt exige qu'il aille dans un autre pays où il sera mieux sous tous les rapports. Il ne sera plus auprès de vous momentanément, mais vous serez toujours en correspondance avec lui : la séparation ne sera que matérielle. Serez-vous fâché de son éloignement, puisque c'est pour son bien ?

La doctrine spirite, par les preuves patentes qu'elle donne de la vie future, de la présence autour de nous de ceux que nous avons aimés, de la continuité de leur affection et de leur sollicitude, par les relations qu'elle nous met à même d'entretenir avec eux, nous offre une suprême consolation dans une des causes les plus légitimes de douleur. Avec le spiritisme, plus de solitude, plus d'abandon ; l'homme le plus isolé a toujours des amis près de lui, avec lesquels il peut s'entretenir.

Nous supportons impatiemment les tribulations de la vie ; elles nous paraissent si intolérables que nous ne comprenons pas que nous les puissions endurer ; et pourtant, si nous les avons supportées avec courage, si nous avons su imposer silence à nos murmures, nous nous en féliciterons quand nous serons hors de cette prison terrestre, comme le patient qui souffre se félicite, quand il est guéri, de s'être résigné à un traitement douloureux.

Déceptions. Ingratitude. Affections brisées

937. Les déceptions que nous font éprouver l'ingratitude et la fragilité des liens de l'amitié, ne sont-elles pas aussi pour l'homme de cœur une source d'amertume ?

« Oui ; mais nous vous apprenons à plaindre les ingrats et les amis infidèles : ils seront plus malheureux que vous. L'ingratitude est fille de l'égoïsme, et l'égoïste trouvera plus tard des cœurs insensibles comme il l'a été lui-même. Songez à tous ceux qui ont fait plus de bien que vous, qui valurent mieux que vous, et qui ont été payés par l'ingratitude. Songez que Jésus lui-même a été bafoué et méprisé de son vivant, traité de fourbe et d'imposteur, et ne vous étonnez pas qu'il en soit de même à votre égard. Que le bien que vous avez fait soit votre récompense en ce monde, et ne regardez pas ce qu'en disent ceux qui l'ont reçu. L'ingratitude est une épreuve pour votre persistance à faire le bien ; il vous en sera tenu compte, et ceux qui vous ont méconnu en seront punis d'autant plus que leur ingratitude aura été plus grande. »

938. Les déceptions causées par l'ingratitude ne sont-elles pas faites pour endurcir le cœur et le fermer à la sensibilité ?

« Ce serait un tort ; car l'homme de cœur, comme tu dis, est toujours heureux du bien qu'il fait. Il sait que si l'on ne s'en souvient pas en cette vie, on s'en souviendra dans une autre, et que l'ingrat en aura de la honte et des remords. »

– Cette pensée n'empêche pas son cœur d'être ulcéré ; or, cela ne peut-il faire naître en lui l'idée qu'il serait plus heureux s'il était moins sensible ?

« Oui, s'il préfère le bonheur de l'égoïste ; c'est un triste bonheur que celui-là ! Qu'il sache donc que les amis ingrats qui l'abandonnent ne sont pas dignes de son amitié, et qu'il s'est trompé sur leur compte ; dès lors, il ne doit pas les regretter. Plus tard, il en trouvera qui sauront mieux le comprendre. Plaignez ceux qui ont pour vous de mauvais procédés que vous n'avez pas mérités, car il y aura pour eux un triste retour ; mais ne vous en affectez pas : c'est le moyen de vous mettre au-dessus d'eux. »

La nature a donné à l'homme le besoin d'aimer et d'être aimé. Une des plus grandes jouissances qui lui soit accordée sur la terre, c'est de rencontrer des cœurs qui sympathisent avec le sien ; elle lui donne ainsi les prémices du bonheur qui lui est réservé dans le monde des Esprits parfaits où tout est amour et bienveillance : c'est une jouissance qui est refusée à l'égoïste.

Unions antipathiques

939. Puisque les Esprits sympathiques sont portés à s'unir, comment se fait-il que, parmi les Esprits incarnés, l'affection ne soit souvent que d'un

côté et que l'amour le plus sincère soit accueilli avec indifférence et même répulsion ? Comment, en outre, l'affection la plus vive de deux êtres peut-elle se changer en antipathie et quelquefois en haine ?

« Tu ne comprends donc pas que c'est une punition, mais qui n'est que passagère. Puis, combien n'y en a-t-il pas qui croient aimer éperdument, parce qu'ils ne jugent que sur les apparences, et quand ils sont obligés de vivre avec les personnes, ils ne tardent pas à reconnaître que ce n'est qu'un engouement matériel ! Il ne suffit pas d'être épris d'une personne qui vous plaît et à qui vous croyez de belles qualités ; c'est en vivant réellement avec elle que vous pourrez l'apprécier. Combien aussi n'y a-t-il pas de ces unions qui tout d'abord paraissent ne devoir jamais être sympathiques, et quand l'un et l'autre se sont bien connus et bien étudiés finissent par s'aimer d'un amour tendre et durable, parce qu'il repose sur l'estime ! Il ne faut pas oublier que c'est l'Esprit qui aime et non le corps, et quand l'illusion matérielle est dissipée, l'Esprit voit la réalité.

Il y a deux sortes d'affections : celle du corps et celle de l'âme, et l'on prend souvent l'une pour l'autre. L'affection de l'âme, quand elle est pure et sympathique, est durable ; celle du corps est périssable ; voilà pourquoi souvent ceux qui croyaient s'aimer d'un amour éternel se haïssent quand l'illusion est tombée. »

940. Le défaut de sympathie entre les êtres destinés à vivre ensemble n'est-il pas également une source de chagrins d'autant plus amers qu'ils empoisonnent toute l'existence ?

« Très amers, en effet ; mais c'est un de ces malheurs dont vous êtes le plus souvent la première cause ; d'abord, ce sont vos lois qui ont tort, car crois-tu que Dieu t'astreigne à rester avec ceux qui te déplaisent ? Et puis, dans ces unions, vous cherchez souvent plus la satisfaction de votre orgueil et de votre ambition que le bonheur d'une affection mutuelle ; vous subissez alors la conséquence de vos préjugés. »

– Mais dans ce cas, n'y a-t-il pas presque toujours une victime innocente ?

« Oui, et c'est pour elle une dure expiation ; mais la responsabilité de son malheur retombera sur ceux qui en auront été la cause. Si la lumière de la vérité a pénétré son âme, elle puisera sa consolation dans sa foi en l'avenir ; du reste, à mesure que les préjugés s'affaibliront, les causes de ces malheurs privés disparaîtront aussi. »

Appréhension de la mort

941. L'appréhension de la mort est pour beaucoup de gens une cause de perplexité ; d'où vient cette appréhension, puisqu'ils ont devant eux l'avenir ?

« C'est à tort qu'ils ont cette appréhension ; mais que veux-tu ! on cherche à leur persuader dans leur jeunesse qu'il y a un enfer et un paradis, mais qu'il est plus certain qu'ils iront en enfer, parce qu'on leur dit que ce qui est dans la nature est un péché mortel pour l'âme : alors quand ils deviennent grands, s'ils ont un peu de jugement ils ne peuvent admettre cela, et ils deviennent athées ou matérialistes ; c'est ainsi qu'on les amène à croire qu'en dehors de la vie présente, il n'y a plus rien. Quant à ceux qui ont persisté dans leurs croyances d'enfance, ils redoutent ce feu éternel qui doit les brûler sans les anéantir.

La mort n'inspire au juste aucune crainte, parce qu'avec *la foi,* il a la certitude de l'avenir ; *l'espérance* lui fait attendre une vie meilleure, et *la charité* dont il a pratiqué la loi lui donne l'assurance qu'il ne rencontrera dans le monde où il va entrer aucun être dont il ait à redouter le regard. » (730).

L'homme charnel, plus attaché à la vie corporelle qu'à la vie spirituelle, a, sur la terre, des peines et des jouissances matérielles ; son bonheur est dans la satisfaction fugitive de tous ses désirs. Son âme, constamment préoccupée et affectée des vicissitudes de la vie, est dans une anxiété et une torture perpétuelles. La mort l'effraye, parce qu'il doute de son avenir et qu'il laisse sur la terre toutes ses affections et toutes ses espérances.

L'homme moral, qui s'est élevé au-dessus des besoins factices créés par les passions, a, dès ici-bas, des jouissances inconnues à l'homme matériel. La modération de ses désirs donne à son Esprit le calme et la sérénité. Heureux du bien qu'il fait, il n'est point pour lui de déceptions, et les contrariétés glissent sur son âme sans y laisser d'empreinte douloureuse.

942. Certaines personnes ne trouveront-elles pas ces conseils pour être heureux sur la terre un peu banaux ; n'y verront-elles pas ce qu'elles appellent les lieux communs, des vérités rebattues ; et ne diront-elles pas qu'en définitive le secret pour être heureux, c'est de savoir supporter son malheur ?

« Il y en a qui diront cela, et beaucoup ; mais il en est d'elles comme de certains malades à qui le médecin prescrit la diète ; ils voudraient être guéris sans remèdes et en continuant à se donner des indigestions. »

Dégoût de la vie – Suicide

943. D'où vient le dégoût de la vie qui s'empare de certains individus, sans motifs plausibles ?

« Effet de l'oisiveté, du manque de foi et souvent de la satiété.

Pour celui qui exerce ses facultés dans un but utile et *selon ses aptitudes naturelles,* le travail n'a rien d'aride, et la vie s'écoule plus rapidement ; il en supporte les vicissitudes avec d'autant plus de patience et de résignation, qu'il agit en vue du bonheur plus solide et plus durable qui l'attend. »

944. L'homme a-t-il le droit de disposer de sa propre vie ?

« Non, Dieu seul a ce droit. Le suicide volontaire est une transgression de cette loi. »

– Le suicide n'est il pas toujours volontaire ?

« Le fou qui se tue ne sait ce qu'il fait. »

945. Que penser du suicide qui a pour cause le dégoût de la vie ?

« Insensés ! pourquoi ne travaillaient-ils pas ? L'existence ne leur aurait pas été à charge ! » 946. Que penser du suicide qui a pour but d'échapper aux misères et aux déceptions de ce monde ?

« Pauvres Esprits, qui n'ont pas le courage de supporter les misères de l'existence ! Dieu aide ceux qui souffrent, et non pas ceux qui n'ont ni force, ni courage. Les tribulations de la vie sont des épreuves ou des expiations ; heureux ceux qui les supportent sans murmurer, car ils en seront récompensés ! Malheur au contraire à ceux qui attendent leur salut de ce que, dans leur impiété, ils appellent le hasard ou la fortune ! Le hasard ou la fortune, pour me servir de leur langage, peuvent en effet les favoriser un instant, mais c'est pour leur faire sentir plus tard et plus cruellement le néant de ces mots. »

– Ceux qui ont conduit le malheureux à cet acte de désespoir en subiront-ils les conséquences ?

« Oh ! ceux-là, malheur à eux ! *car ils en répondront comme d'un meurtre.* »

947. L'homme qui est aux prises avec le besoin et qui se laisse mourir de désespoir, peut-il être considéré comme se suicidant ?

« C'est un suicide, mais ceux qui en sont cause ou qui pourraient l'empêcher sont plus coupables que lui, et l'indulgence l'attend. Pourtant ne croyez pas qu'il soit entièrement absous s'il a manqué de fermeté et de persévérance, et s'il n'a pas fait usage de toute son intelligence pour se tirer du bourbier. Malheur surtout à lui si son désespoir naît de l'orgueil ; je veux dire s'il est de ces hommes en qui l'orgueil paralyse les ressources de l'intelligence, qui rougiraient de devoir leur existence au travail de leurs mains, et qui préfèrent mourir de faim plutôt que de déroger à ce qu'ils appellent leur position sociale ! N'y a-t-il pas cent fois plus de grandeur et de dignité à lutter contre l'adversité, à braver la critique d'un monde futile et égoïste qui n'a de bonne volonté que pour ceux qui ne manquent de rien, et vous tourne le dos dès que vous avez besoin de lui ? Sacrifier sa vie à la considération de ce monde est une chose stupide, car il n'en tient aucun compte. »

948. Le suicide qui a pour but d'échapper à la honte d'une mauvaise action est-il aussi répréhensible que celui qui est causé par le désespoir ?

« Le suicide n'efface pas la faute, au contraire, il y en a deux au lieu d'une. Quand on a eu le courage de faire le mal, il faut avoir celui d'en subir les conséquences. Dieu juge, et selon la cause peut quelquefois diminuer ses rigueurs. »

949. Le suicide est-il excusable lorsqu'il a pour but d'empêcher la honte de rejaillir sur les enfants ou la famille ?

« Celui qui agit ainsi ne fait pas bien, mais il le croit, et Dieu lui en tient compte, car c'est une expiation qu'il s'impose lui-même. Il atténue sa faute par l'intention, mais il n'en commet pas moins une faute. Du reste, abolissez les abus de votre société et vos préjugés, et vous n'aurez plus de ces suicides. »

Celui qui s'ôte la vie pour échapper à la honte d'une mauvaise action, prouve qu'il tient plus à l'estime des hommes qu'à celle de Dieu, car il va rentrer dans la vie spirituelle chargé de ses iniquités, et il s'est ôté les moyens de les réparer pendant la vie. Dieu est souvent moins inexorable que les hommes ; il pardonne au repentir sincère et nous tient compte de la réparation ; le suicide ne répare rien.

950. Que penser de celui qui s'ôte la vie dans l'espoir d'arriver plus tôt à une meilleure ?

« Autre folie ! qu'il fasse le bien et il sera plus sûr d'y arriver ; car il retarde son entrée dans un monde meilleur, et lui-même demandera à venir *finir cette vie* qu'il a tranchée par une fausse idée. Une faute, quelle qu'elle soit, n'ouvre jamais le sanctuaire des élus. »

951. Le sacrifice de sa vie n'est-il pas quelquefois méritoire quand il a pour but de sauver celle d'autrui ou d'être utile à ses semblables ?

« Cela est sublime, selon l'intention, et le sacrifice de sa vie n'est pas un suicide ; mais Dieu s'oppose à un sacrifice inutile et ne peut le voir avec plaisir s'il est terni par l'orgueil. Un sacrifice n'est méritoire que par le désintéressement, et celui qui l'accomplit a quelquefois une arrière-pensée qui en diminue la valeur aux yeux de Dieu. »

Tout sacrifice fait aux dépens de son propre bonheur est un acte souverainement méritoire aux yeux de Dieu, car c'est la pratique de la loi de charité. Or, la vie étant le bien terrestre auquel l'homme attache le plus de prix, celui qui y renonce pour le bien de ses semblables ne commet point un attentat : c'est un sacrifice qu'il accomplit. Mais avant de l'accomplir, il doit réfléchir si sa vie ne peut pas être plus utile que sa mort.

952. L'homme qui périt victime de l'abus de passions qu'il sait devoir hâter sa fin, mais auxquelles il n'a plus le pouvoir de résister, parce que l'habitude en a fait de véritables besoins physiques, commet-il un suicide ?

« C'est un suicide moral. Ne comprenez-vous pas que l'homme est doublement coupable dans ce cas ? Il y a chez lui défaut de courage et bestialité, et de plus oubli de Dieu. »

– Est-il plus ou moins coupable que celui qui s'ôte la vie par désespoir ?

« Il est plus coupable, parce qu'il a le temps de raisonner son suicide ; chez celui qui le fait instantanément, il y a quelquefois une sorte d'égarement qui tient de la folie ; l'autre sera beaucoup plus puni, car les peines sont toujours proportionnées à la conscience que l'on a des fautes commises. »

953. Lorsqu'une personne voit devant elle une mort inévitable et terrible, est-elle coupable d'abréger de quelques instants ses souffrances par une mort volontaire ?

« On est toujours coupable de ne pas attendre le terme fixé par Dieu. Est-on d'ailleurs bien certain que ce terme soit arrivé malgré les apparences, et ne peut-on recevoir un secours inespéré au dernier moment ? »

– On conçoit que dans les circonstances ordinaires le suicide soit répréhensible, mais nous supposons le cas où la mort est inévitable, et où la vie n'est abrégée que de quelques instants ?

« C'est toujours un manque de résignation et de soumission à la volonté du Créateur. »

– Quelles sont, dans ce cas, les conséquences de cette action ?

« Une expiation proportionnée à la gravité de la faute, selon les circonstances, comme toujours. »

954. Une imprudence qui compromet la vie sans nécessité est-elle répréhensible ?

« Il n'y a pas culpabilité quand il n'y a pas intention ou conscience positive de faire le mal. »

955. Les femmes qui, dans certains pays, se brûlent volontairement sur le corps de leur mari, peuvent-elles être considérées comme se suicidant, et en subissent-elles les conséquences ?

« Elles obéissent à un préjugé, et souvent plus à la force qu'à leur propre volonté. Elles croient accomplir un devoir, et ce n'est pas là le caractère du suicide. Leur excuse est dans la nullité morale de la plupart d'entre elles et dans leur ignorance. Ces usages barbares et stupides disparaissent avec la civilisation. »

956. Ceux qui, ne pouvant supporter la perte de personnes qui leur sont chères, se tuent dans l'espoir d'aller les rejoindre, atteignent-ils leur but ?

« Le résultat pour eux est tout autre que celui qu'ils attendent, et au lieu d'être réunis à l'objet de leur affection, ils s'en éloignent pour plus longtemps, car Dieu ne peut récompenser un acte de lâcheté, et l'insulte qui lui est faite en doutant de sa providence. Ils payeront cet instant de folie par des chagrins plus grands que ceux qu'ils croient abréger, et n'auront pas pour les compenser la satisfaction qu'ils espéraient. » (934 et suivants).

957. Quelles sont, en général, les conséquences du suicide sur l'état de l'Esprit ?

« Les conséquences du suicide sont très diverses ; il n'y a pas de peines fixées, et dans tous les cas elles sont toujours relatives aux causes qui l'ont amené ; mais une conséquence à laquelle le suicidé ne peut échapper, c'est le *désappointement*. Du reste, le sort n'est pas le même pour tous : il dépend des circonstances ; quelques-uns expient leur faute immédiatement, d'autres dans une nouvelle existence qui sera pire que celle dont ils ont interrompu le cours. »

L'observation montre, en effet, que les suites de suicide ne sont pas toujours les mêmes ; mais il en est qui sont communes à tous les cas de mort violente, et la conséquence de l'interruption brusque de la vie. C'est d'abord la persistance plus prolongée et plus tenace du lien qui unit l'Esprit et le corps, ce lien étant presque toujours dans toute sa force au moment où il a été brisé, tandis que dans la mort naturelle il s'affaiblit graduellement, et souvent est dénoué avant que la vie soit complètement éteinte. Les conséquences de cet état de choses sont la prolongation du trouble spirite, puis l'illusion qui, pendant un temps plus ou moins long, fait croire à l'Esprit qu'il est encore au nombre des vivants. (155 et 165.)

L'affinité qui persiste entre l'Esprit et le corps produit, chez quelques suicidés, une sorte de répercussion de l'état du corps sur l'Esprit qui ressent ainsi malgré lui les effets de la décomposition, et en éprouve une sensation pleine d'angoisses et d'horreur, et cet état peut persister aussi longtemps qu'aurait dû durer la vie qu'ils ont interrompue. Cet effet n'est pas général ; mais dans aucun cas le suicidé n'est affranchi des conséquences de son manque de courage, et tôt ou tard il expie sa faute d'une manière ou d'une autre. C'est ainsi que certains Esprits, qui avaient été très malheureux sur la terre, ont dit s'être suicidés dans leur précédente existence, et s'être volontairement soumis à de nouvelles épreuves pour essayer de les supporter avec plus de résignation. Chez quelques-uns, c'est une sorte d'attachement à la matière dont ils cherchent en vain à se débarrasser pour s'envoler vers des mondes meilleurs, mais dont l'accès leur est interdit ; chez la plupart, c'est le regret d'avoir fait une chose inutile, puisqu'ils n'en éprouvent que de la déception.

La religion, la morale, toutes les philosophies condamnent le suicide comme contraire à la loi de nature ; toutes nous disent en principe qu'on n'a pas le droit d'abréger volontairement sa vie ; mais pourquoi n'a-t-on pas ce droit ? Pourquoi n'est-on pas libre de mettre un terme à ses souffrances ? Il était réservé au spiritisme de démontrer, par l'exemple de ceux qui ont succombé, que ce n'est pas seulement une faute comme infraction à une loi morale, considération de peu de poids pour certains individus, mais un acte stupide, puisqu'on n'y gagne rien, loin de là ; ce n'est pas la théorie qu'il nous enseigne, ce sont les faits qu'il met sous nos yeux.

CHAPITRE II

PEINES ET JOUISSANCES FUTURES

Néant. Vie future

958. Pourquoi l'homme a-t-il instinctivement horreur du néant?
« Parce que le néant n'existe pas. »
959. D'où vient à l'homme le sentiment instinctif de la vie future?
« Nous l'avons déjà dit : avant son incarnation, l'Esprit connaissait toutes ces choses, et l'âme garde un vague souvenir de ce qu'elle sait et de ce qu'elle a vu dans son état spirituel. » (393).

Dans tous les temps l'homme s'est préoccupé de son avenir d'outre-tombe, et cela est fort naturel. Quelque importance qu'il attache à la vie présente, il ne peut s'empêcher de considérer combien elle est courte, et surtout précaire, puisqu'elle peut être brisée à chaque instant, et qu'il n'est jamais sûr du lendemain. Que devient-il après l'instant fatal? La question est grave, car il ne s'agit pas de quelques années, mais de l'éternité. Celui qui doit passer de longues années dans un pays étranger s'inquiète de la position qu'il y aura ; comment donc ne nous préoccuperions-nous pas de celle que nous aurons en quittant ce monde, puisque c'est pour toujours?

L'idée du néant a quelque chose qui répugne à la raison. L'homme le plus insouciant pendant sa vie, arrivé au moment suprême, se demande ce qu'il va devenir, et involontairement il espère.

Croire en Dieu sans admettre la vie future serait un non-sens. Le sentiment d'une existence meilleure est dans le for intérieur de tous les hommes ; Dieu n'a pu l'y placer en vain.

La vie future implique la conservation de notre individualité après la mort ; que nous importerait en effet de survivre à notre corps, si notre essence morale devait se perdre dans l'océan de l'infini? Les conséquences pour nous seraient les mêmes que le néant.

Intuition des peines et jouissances futures

960. D'où vient la croyance, que l'on retrouve chez tous les peuples, de peines et de récompenses à venir?
« C'est toujours la même chose : pressentiment de la réalité apporté à l'homme par l'Esprit incarné en lui ; car, sachez-le bien, ce n'est pas en vain qu'une voix intérieure vous parle ; votre tort est de ne pas assez l'écouter. Si vous y pensiez bien et souvent, vous deviendriez meilleurs. »
961. Au moment de la mort, quel est le sentiment qui domine chez le plus grand nombre des hommes, est-ce le doute, la crainte ou l'espérance?

« Le doute pour les sceptiques endurcis, la crainte pour les coupables, l'espérance pour les hommes de bien. »

962. Pourquoi y a-t-il des sceptiques, puisque l'âme apporte à l'homme le sentiment des choses spirituelles ?

« Il y en a moins qu'on ne le croit ; beaucoup font les Esprits forts pendant leur vie par orgueil, mais au moment de mourir, ils ne sont pas si fanfarons. »

La conséquence de la vie future est la responsabilité de nos actes. La raison et la justice nous disent que, dans la répartition du bonheur auquel tout homme aspire, les bons et les méchants ne sauraient être confondus. Dieu ne peut vouloir que les uns jouissent sans peine de biens auxquels d'autres n'atteignent qu'avec effort et persévérance.

L'idée que Dieu nous donne de sa justice et de sa bonté par la sagesse de ses lois ne nous permet pas de croire que le juste et le méchant soient au même rang à ses yeux, ni de douter qu'ils ne reçoivent un jour, l'un la récompense, l'autre le châtiment du bien ou du mal qu'ils auront fait ; c'est pourquoi le sentiment inné que nous avons de la justice nous donne l'intuition des peines et des récompenses futures.

Intervention de Dieu dans les peines et récompenses

963. Dieu s'occupe-t-il personnellement de chaque homme ? N'est-il pas trop grand et nous trop petits pour que chaque individu en particulier ait quelque importance à ses yeux ?

« Dieu s'occupe de tous les êtres qu'il a créés, quelque petits qu'ils soient ; rien n'est trop peu pour sa bonté. »

964. Dieu a-t-il besoin de s'occuper de chacun de nos actes pour nous récompenser ou nous punir, et la plupart de ces actes ne sont-ils pas insignifiants pour lui ?

« Dieu a ses lois qui règlent toutes vos actions ; si vous les violez, c'est votre faute. Sans doute, quand un homme commet un excès, Dieu ne rend pas un jugement contre lui pour lui dire, par exemple : Tu as été gourmand, je vais te punir ; mais il a tracé une limite ; les maladies et souvent la mort sont la conséquence des excès ; voilà la punition : elle est le résultat de l'infraction à la loi. Il en est ainsi en tout. »

Toutes nos actions sont soumises aux lois de Dieu ; il n'en est aucune, *quelque insignifiante qu'elle nous paraisse*, qui ne puisse en être la violation. Si nous subissons les conséquences de cette violation, nous ne devons nous en prendre qu'à nous-mêmes qui nous faisons ainsi les propres artisans de notre bonheur ou de notre malheur à venir.

Cette vérité est rendue sensible par l'apologue suivant :

« Un père a donné à son enfant l'éducation et l'instruction, c'est-à-dire les moyens de savoir se conduire. Il lui cède un champ à cultiver et lui dit : Voilà la règle à suivre, et tous les instruments nécessaires pour rendre ce champ fertile et assurer ton existence. Je t'ai donné l'instruction pour comprendre cette règle ; si tu la suis, ton champ te produira beaucoup et te procurera le repos sur tes vieux jours ; sinon il ne te produira rien et tu mourras de faim. Cela dit, il le laisse agir à son gré. »

N'est-il pas vrai que ce champ produira en raison des soins donnés à la culture, et que toute négligence sera au détriment de la récolte ? Le fils sera donc, sur ses vieux jours, heureux ou malheureux selon qu'il aura suivi ou négligé la règle tracée par son père. Dieu est encore plus prévoyant, car il nous avertit à chaque instant si nous faisons bien ou mal : il nous envoie les Esprits pour nous inspirer, mais nous ne les écoutons pas. Il y a encore cette différence, que Dieu donne toujours à l'homme une ressource dans ses nouvelles existences pour réparer ses erreurs passées, tandis que le fils dont nous parlons n'en a plus s'il a mal employé son temps.

Nature des peines et jouissances futures

965. Les peines et les jouissances de l'âme après la mort ont-elles quelque chose de matériel ?

« Elles ne peuvent être matérielles, puisque l'âme n'est pas matière : le bon sens le dit. Ces peines et ces jouissances n'ont rien de charnel, et pourtant elles sont mille fois plus vives que celles que vous éprouvez sur la terre, parce que l'Esprit, une fois dégagé, est plus impressionnable ; la matière n'émousse plus ses sensations. » (237 à 257).

966. Pourquoi l'homme se fait-il des peines et des jouissances de la vie future une idée souvent si grossière et si absurde ?

« Intelligence qui n'est point encore assez développée. L'enfant comprend-il comme l'adulte ? D'ailleurs, cela dépend aussi de ce qu'on lui a enseigné : c'est là qu'il y a besoin d'une réforme.

Votre langage est trop incomplet pour exprimer ce qui est en dehors de vous ; alors il a bien fallu des comparaisons, et ce sont ces images et ces figures que vous avez prises pour la réalité ; mais à mesure que l'homme s'éclaire, sa pensée comprend les choses que son langage ne peut rendre. »

967. En quoi consiste le bonheur des bons Esprits ?

« Connaître toutes choses ; n'avoir ni haine, ni jalousie, ni envie, ni ambition, ni aucune des passions qui font le malheur des hommes. L'amour qui les unit est pour eux la source d'une suprême félicité. Ils n'éprouvent ni les besoins, ni les souffrances, ni les angoisses de la vie matérielle ; ils sont heureux du bien qu'ils font ; du reste, le bonheur des Esprits est toujours proportionné à leur élévation. Les purs Esprits jouissent seuls, il est vrai, du bonheur suprême, mais tous les autres ne sont pas malheureux ; entre les mauvais et les parfaits, il y a une infinité de degrés où les jouissances sont relatives à l'état moral. Ceux qui sont assez avancés comprennent le bonheur de ceux qui sont arrivés avant eux : ils y aspirent ; mais c'est pour eux un sujet d'émulation et non de jalousie ; ils savent qu'il dépend d'eux d'y atteindre et travaillent à cette fin, mais avec le calme de la bonne conscience, et ils sont heureux de n'avoir pas à souffrir ce qu'endurent les mauvais. »

968. Vous placez l'absence des besoins matériels au nombre des conditions de bonheur pour les Esprits ; mais la satisfaction de ces besoins n'est-elle pas, pour l'homme, une source de jouissances ?

« Oui, les jouissances de la bête ; et quand tu ne peux satisfaire ces besoins, c'est une torture. »

969. Que faut-il entendre quand on dit que les purs Esprits sont réunis dans le sein de Dieu et occupés à chanter ses louanges ?

« C'est une allégorie qui peint l'intelligence qu'ils ont des perfections de Dieu, parce qu'ils le voient et le comprennent, mais qu'il ne faut pas plus prendre à la lettre que beaucoup d'autres. Tout dans la nature, depuis le grain de sable, chante, c'est-à-dire proclame la puissance, la sagesse et la bonté de Dieu ; mais ne crois pas que les Esprits bienheureux soient en contemplation pendant l'éternité ; ce serait un bonheur stupide et monotone ; ce serait de plus celui de l'égoïste, puisque leur existence serait une inutilité sans terme. Ils n'ont plus les tribulations de l'existence corporelle : c'est déjà une jouissance ; et puis, comme nous l'avons dit, ils connaissent et savent toutes choses ; ils mettent à profit l'intelligence qu'ils ont acquise pour aider aux progrès des autres Esprits : c'est leur occupation et en même temps une jouissance. »

970. En quoi consistent les souffrances des Esprits inférieurs ?

« Elles sont aussi variées que les causes qui les ont produites et proportionnées au degré d'infériorité, comme les jouissances le sont au degré de supériorité ; elles peuvent se résumer ainsi : Envier tout ce qui leur manque pour être heureux et ne pouvoir l'obtenir ; voir le bonheur et n'y pouvoir atteindre ; regret, jalousie, rage, désespoir de ce qui les empêche d'être heureux ; remords, anxiété morale indéfinissable. Ils ont le désir de toutes les jouissances et ne peuvent les satisfaire, et c'est ce qui les torture. »

971. L'influence que les Esprits exercent les uns sur les autres est-elle toujours bonne ?

« Toujours bonne de la part des bons Esprits, cela va sans dire ; mais les Esprits pervers cherchent à détourner de la voie du bien et du repentir ceux qu'ils croient susceptibles de se laisser entraîner, et que souvent ils ont entraînés au mal pendant la vie. »

– Ainsi, la mort ne nous délivre pas de la tentation ?

« Non, mais l'action des mauvais Esprits est beaucoup moins grande sur les autres Esprits que sur les hommes, parce qu'ils n'ont pas pour auxiliaires les passions matérielles. » (996). 972. Comment les mauvais Esprits s'y prennent-ils pour tenter les autres Esprits, puisqu'ils n'ont pas le secours des passions ?

« Si les passions n'existent pas matériellement, elles existent encore dans la pensée chez les Esprits arriérés ; les mauvais entretiennent ces pensées en entraînant leurs victimes dans les lieux où ils ont le spectacle de ces passions et de tout ce qui peut les exciter. »

– Mais à quoi bon ces passions, puisqu'elles n'ont plus d'objet réel ?

« C'est précisément là leur supplice : l'avare voit de l'or qu'il ne peut posséder ; le débauché des orgies auxquelles il ne peut prendre part ; l'orgueilleux des honneurs qu'il envie et dont il ne peut jouir. »

973. Quelles sont les plus grandes souffrances que puissent endurer les mauvais Esprits ?

« Il n'y a pas de description possible des tortures morales qui sont la punition de certains crimes ; celui-là même qui les éprouve aurait de la peine à vous en donner une idée ; mais assurément, la plus affreuse est la pensée qu'il a d'être condamné sans retour. »

L'homme se fait des peines et des jouissances de l'âme après la mort une idée plus ou moins élevée, selon l'état de son intelligence. Plus il se développe, plus cette idée s'épure et se dégage de la matière ; il comprend les choses sous un point de vue plus rationnel, il cesse de prendre à la lettre les images d'un langage figuré. La raison plus éclairée nous apprenant que l'âme est un être tout spirituel nous dit, par cela même, qu'elle ne peut être affectée par les impressions qui n'agissent que sur la matière ; mais il ne s'ensuit pas pour cela qu'elle soit exempte de souffrances, ni qu'elle ne reçoive pas la punition de ses fautes. (237).

Les communications spirites ont pour résultat de nous montrer l'état futur de l'âme, non plus comme une théorie, mais comme une réalité ; elles mettent sous nos yeux toutes les péripéties de la vie d'outre-tombe ; mais elles nous les montrent en même temps comme des conséquences parfaitement logiques de la vie terrestre, et, quoique dégagées de l'appareil fantastique créé par l'imagination des hommes, elles n'en sont pas moins pénibles pour ceux qui ont fait un mauvais usage de leurs facultés. La diversité de ces conséquences est infinie ; mais on peut dire, en thèse générale : chacun est puni par où il a péché ; c'est ainsi que les uns le sont par la vue incessante du mal qu'ils ont fait ; d'autres par les regrets, la crainte, la honte, le doute, l'isolement, les ténèbres, la séparation des êtres qui leur sont chers, etc.

974. D'où vient la doctrine du feu éternel ?

« Image, comme tant d'autres choses, prise pour la réalité. »

– Mais cette crainte ne peut-elle avoir un bon résultat ?

« Vois donc si elle en retient beaucoup, même parmi ceux qui l'enseignent. Si vous enseignez des choses que la raison rejette plus tard, vous ferez une impression qui ne sera ni durable ni salutaire. »

L'homme, impuissant à rendre, par son langage, la nature de ces souffrances, n'a pas trouvé de comparaison plus énergique que celle du feu, car, pour lui le feu est le type du plus cruel supplice et le symbole de l'action la plus énergique ; c'est pourquoi la croyance au feu éternel remonte à la plus haute antiquité, et les peuples modernes en ont hérité des peuples anciens ; c'est pourquoi aussi, dans son langage figuré, il dit : le feu des passions ; brûler d'amour, de jalousie, etc.

975. Les Esprits inférieurs comprennent-ils le bonheur du juste ?

« Oui, et c'est ce qui fait leur supplice ; car ils comprennent qu'ils en sont privés par leur faute : c'est pourquoi l'Esprit, dégagé de la matière, aspire après une nouvelle existence corporelle, parce que chaque existence peut abréger la durée de ce supplice, *si elle est bien employée*. C'est alors qu'il fait choix des épreuves par lesquelles il pourra expier ses fautes ; car, sachez-le bien, l'Esprit souffre de tout le mal qu'il a fait ou dont il a été la cause volontaire, de tout le bien qu'il aurait pu faire et qu'il n'a pas fait *et de tout le mal qui résulte du bien qu'il n'a pas fait*.

L'Esprit errant n'a plus de voile ; *il est comme sorti du brouillard* et voit ce qui l'éloigne du bonheur ; alors il souffre davantage, car il comprend combien il a été coupable. Pour lui, *il n'y a plus d'illusion :* il voit la réalité des choses. »

L'Esprit à l'état errant embrasse d'un côté toutes ses existences passées, de l'autre il voit l'avenir promis et comprend ce qui lui manque pour l'atteindre. Tel un voyageur parvenu au faîte d'une montagne, voit la route parcourue et celle qui lui reste à parcourir pour arriver à son but.

976. La vue des Esprits qui souffrent n'est-elle pas pour les bons une cause d'affliction, et alors que devient leur bonheur si ce bonheur est troublé ?

« Ce n'est point une affliction, puisqu'ils savent que le mal aura une fin ; ils aident les autres à s'améliorer et leur tendent la main : c'est là leur occupation, et une jouissance quand ils réussissent. »

— Cela se conçoit de la part d'Esprits étrangers ou indifférents ; mais la vue des chagrins et des souffrances de ceux qu'ils ont aimés sur la terre ne trouble-t-elle pas leur bonheur ?

« S'ils ne voyaient pas ces souffrances, c'est qu'ils vous seraient étrangers après la mort ; or, la religion vous dit que les âmes vous voient ; mais ils considèrent vos afflictions à un autre point de vue ; ils savent que ces souffrances sont utiles à votre avancement, si vous les supportez avec résignation ; ils s'affligent donc plus du manque de courage qui vous retarde que des souffrances en elles-mêmes, qui ne sont que passagères. »

977. Les Esprits ne pouvant se cacher réciproquement leurs pensées, et tous les actes de la vie étant connus, il s'ensuivrait que le coupable est en présence perpétuelle de sa victime ?

« Cela ne peut être autrement, le bon sens le dit. »

— Cette divulgation de tous nos actes répréhensibles, et la présence perpétuelle de ceux qui en ont été les victimes sont-elles un châtiment pour le coupable ?

« Plus grand qu'on ne pense, mais seulement jusqu'à ce qu'il ait expié ses fautes, soit comme Esprit, soit comme homme dans de nouvelles existences corporelles. »

Lorsque nous sommes nous-mêmes dans le monde des Esprits, tout notre passé étant à découvert, le bien et le mal que nous aurons faits seront également connus. C'est en vain que celui qui a fait le mal voudra échapper à la vue de ses victimes : leur présence inévitable sera pour lui un châtiment et un remords incessant jusqu'à ce qu'il ait expié ses torts, tandis que l'homme de bien, au contraire, ne rencontrera partout que des regards amis et bienveillants.

Pour le méchant, il n'est pas de plus grand tourment sur terre que la présence de ses victimes ; c'est pourquoi il les évite sans cesse. Que sera-ce quand, l'illusion des passions étant dissipée, il comprendra le mal qu'il a fait, verra ses actes les plus secrets dévoilés, son hypocrisie démasquée, et qu'il ne pourra se soustraire à leur vue ? Tandis que l'âme de l'homme pervers est en proie à la honte, au regret et au remords, celle du juste jouit d'une sérénité parfaite.

978. Le souvenir des fautes que l'âme a pu commettre, alors qu'elle était imparfaite, ne trouble-t-il pas son bonheur, même après qu'elle s'est épurée ?

« Non, parce qu'elle a racheté ses fautes et qu'elle est sortie victorieuse des épreuves auxquelles elle s'était soumise *dans ce but.* »

979. Les épreuves qui restent à subir pour achever la purification ne sont-elles pas pour l'âme une appréhension pénible qui trouble son bonheur ?

« Pour l'âme qui est encore souillée, oui ; c'est pourquoi elle ne peut jouir d'un bonheur parfait que lorsqu'elle sera tout à fait pure ; mais pour celle qui est déjà élevée, la pensée des épreuves qui lui restent à subir n'a rien de pénible. »

L'âme qui est arrivée à un certain degré de pureté goûte déjà le bonheur ; un sentiment de douce satisfaction la pénètre ; elle est heureuse de tout ce qu'elle voit, de tout ce qui l'entoure ; le voile se lève pour elle sur les mystères et les merveilles de la création, et les perfections divines lui apparaissent dans toute leur splendeur.

980. Le lien sympathique qui unit les Esprits du même ordre est-il pour eux une source de félicité ?

« L'union des Esprits qui sympathisent *pour le bien* est pour eux une des plus grandes jouissances ; car ils ne craignent pas de voir cette union troublée par l'égoïsme. Ils forment, dans le monde tout à fait spirituel, des familles de même sentiment, et c'est en cela que consiste le bonheur spirituel, comme dans ton monde vous vous groupez par catégories, et vous goûtez un certain plaisir quand vous êtes réunis. L'affection pure et sincère qu'ils éprouvent et dont ils sont l'objet est une source de félicité, car il n'y a point là de faux amis ni d'hypocrites. »

L'homme goûte les prémices de ce bonheur sur la terre quand il rencontre des âmes avec lesquelles il peut se confondre dans une union pure et sainte. Dans une vie plus épurée, cette jouissance sera ineffable et sans bornes, parce qu'il ne rencontrera que des âmes sympathiques *que l'égoïsme ne refroidira pas ;* car tout est amour dans la nature : c'est l'égoïsme qui le tue.

981. Y a-t-il, pour l'état futur de l'Esprit, une différence entre celui qui, de son vivant, redoutait la mort, et celui qui la voit avec indifférence, et même avec joie ?

« La différence peut être très grande ; cependant, elle s'efface souvent devant les causes qui donnent cette crainte ou ce désir. Soit qu'on la redoute, soit qu'on la souhaite, on peut être mû par des sentiments très divers, et ce sont ces sentiments qui influent sur l'état de l'Esprit. Il est évident, par exemple, que chez celui qui désire la mort uniquement parce qu'il y voit le terme de ses tribulations, c'est une sorte de murmure contre la Providence et contre les épreuves qu'il doit subir. »

982. Est-il nécessaire de faire profession de spiritisme et de croire aux manifestations pour assurer notre sort dans la vie future ?

« S'il en était ainsi, il s'ensuivrait que tous ceux qui ne croient pas ou qui n'ont pas été à même de s'éclairer sont déshérités, ce qui serait absurde. C'est le bien qui assure le sort à venir ; or, le bien est toujours le bien, quelle que soit la voie qui y conduit. » (165-799).

La croyance au spiritisme aide à s'améliorer en fixant les idées sur certains points de l'avenir ; elle hâte l'avancement des individus et des masses, parce qu'elle permet de se rendre compte de ce que nous serons un jour ; c'est un point d'appui, une lumière qui nous guide. Le spiritisme apprend à supporter les épreuves avec patience et résignation ; il détourne des actes qui peuvent retarder le bonheur futur ; c'est ainsi qu'il contribue à ce bonheur, mais il n'est pas dit que sans cela on n'y puisse arriver.

Peines temporelles

983. L'Esprit qui expie ses fautes dans une nouvelle existence n'a-t-il pas des souffrances matérielles et, dès lors, est-il exact de dire qu'après la mort, l'âme n'a que des souffrances morales ?

« Il est bien vrai que lorsque l'âme est réincarnée, les tribulations de la vie sont pour elle une souffrance ; mais il n'y a que le corps qui souffre matériellement.

Vous dites souvent de celui qui est mort qu'il n'a plus à souffrir ; cela n'est pas toujours vrai. Comme Esprit, il n'a plus de douleurs physiques ; mais selon les fautes qu'il a commises, il peut avoir des douleurs morales plus cuisantes, et dans une nouvelle existence il peut être encore plus malheureux. Le mauvais riche y demandera l'aumône et sera en proie à toutes les privations de la misère, l'orgueilleux à toutes les humiliations ; celui qui abuse de son autorité et traite ses subordonnés avec mépris et dureté y sera forcé d'obéir à un maître plus dur qu'il ne l'a été. Toutes les peines et les tribulations de la vie sont l'expiation des fautes d'une autre existence, lorsqu'elles ne sont pas la conséquence des fautes de la vie actuelle. Quand vous serez sortis d'ici, vous le comprendrez. (273, 393, 399).

L'homme qui se croit heureux sur la terre, parce qu'il peut satisfaire ses passions, est celui qui fait le moins d'efforts pour s'améliorer. Il expie souvent dès cette vie ce bonheur éphémère, mais il l'expiera certainement dans une autre existence tout aussi matérielle. »

984. Les vicissitudes de la vie sont-elles toujours la punition des fautes actuelles ?

« Non ; nous l'avons déjà dit : ce sont des épreuves imposées par Dieu, ou choisies par vous-mêmes à l'état d'Esprit et avant votre réincarnation pour expier les fautes commises dans une autre existence ; car jamais l'infraction aux lois de Dieu, et surtout à la loi de justice, ne reste impunie ; si ce n'est dans cette vie, ce sera nécessairement dans une autre ; c'est pourquoi celui qui est juste à vos yeux est souvent frappé pour son passé. » (393).

985. La réincarnation de l'âme dans un monde moins grossier est-elle une récompense ?

« C'est la conséquence de son épuration ; car à mesure que les Esprits s'épurent, ils s'incarnent dans des mondes de plus en plus parfaits, jusqu'à ce qu'ils aient dépouillé toute matière et se soient lavés de toutes leurs souillures, pour jouir éternellement de la félicité des purs Esprits dans le sein de Dieu. »

Dans les mondes où l'existence est moins matérielle qu'ici-bas, les besoins sont moins grossiers et toutes les souffrances physiques moins vives. Les hommes ne connaissent plus les mauvaises passions qui, dans les mondes inférieurs, les font ennemis les uns des autres. N'ayant aucun sujet de haine ni de jalousie, ils vivent entre eux en paix, parce qu'ils pratiquent la loi de justice, d'amour et de charité ; ils ne connaissent point les ennuis et les soucis qui naissent de l'envie, de l'orgueil et de l'égoïsme, et qui font le tourment de notre existence terrestre (172-182).

986. L'Esprit qui a progressé dans son existence terrestre peut-il être quelquefois réincarné dans le même monde ?

« Oui, s'il n'a pu accomplir sa mission, et lui-même peut demander à la compléter dans une nouvelle existence ; mais alors ce n'est plus pour lui une expiation. » (173).

987. Que devient l'homme qui, sans faire de mal, ne fait rien pour secouer l'influence de la matière ?

« Puisqu'il ne fait aucun pas vers la perfection, il doit recommencer une existence de la nature de celle qu'il quitte ; il reste stationnaire, et c'est ainsi qu'il peut prolonger les souffrances de l'expiation. »

988. Il y a des gens dont la vie s'écoule dans un calme parfait ; qui, n'ayant besoin de rien faire par eux-mêmes, sont exempts de soucis. Cette existence heureuse est-elle une preuve qu'ils n'ont rien à expier d'une existence antérieure ?

« En connais-tu beaucoup ? Si tu le crois, tu te trompes ; souvent, le calme n'est qu'apparent. Ils peuvent avoir choisi cette existence, mais quand ils la quittent, ils s'aperçoivent qu'elle ne leur a point servi à progresser ; et alors, comme le paresseux, ils regrettent le temps perdu. Sachez bien que l'Esprit ne peut acquérir des connaissances et s'élever que par l'activité ; s'il s'endort dans l'insouciance, il n'avance pas. Il est semblable à celui qui a besoin (d'après vos usages) de travailler, et qui va se promener ou se coucher, et cela dans l'intention de ne rien faire. *Sachez bien aussi que chacun aura à rendre compte de l'inutilité volontaire de son existence ; cette inutilité est toujours fatale au bonheur à venir.* La somme du bonheur futur est en raison de la somme du bien que l'on a fait ; celle du malheur est en raison du mal et des malheureux que l'on a faits. »

989. Il y a des gens qui, sans être positivement méchants, rendent malheureux tous ceux qui les entourent par leur caractère ; quelle en est pour eux la conséquence ?

« Ces gens-là assurément ne sont pas bons, et ils l'expieront par la vue de ceux qu'ils ont rendus malheureux, et ce sera pour eux un reproche ; puis, dans une autre existence, ils endureront ce qu'ils ont fait endurer. »

Expiation et repentir

990. Le repentir a-t-il lieu à l'état corporel ou à l'état spirituel ?

« À l'état spirituel ; mais il peut aussi avoir lieu à l'état corporel quand vous comprenez bien la différence du bien et du mal. »

991. Quelle est la conséquence du repentir à l'état spirituel ?

« Le désir d'une nouvelle incarnation pour se purifier. L'Esprit comprend les imperfections qui le privent d'être heureux, c'est pourquoi il aspire à une nouvelle existence où il pourra expier ses fautes. » (332-975).

992. Quelle est la conséquence du repentir à l'état corporel ?

« Avancer, *dès la vie présente,* si l'on a le temps de réparer ses fautes. Lorsque la conscience fait un reproche et montre une imperfection, on peut toujours s'améliorer. »

993. N'y a-t-il pas des hommes qui n'ont que l'instinct du mal et sont inaccessibles au repentir ?

« Je t'ai dit que l'on doit progresser sans cesse. Celui qui, dans cette vie, n'a que l'instinct du mal, aura celui du bien dans une autre, *et c'est pour cela qu'il renaît plusieurs fois ;* car il faut que tous avancent et atteignent le but, seulement les uns dans un temps plus court, les autres dans un temps plus long selon leur désir ; celui qui n'a que l'instinct du bien est déjà épuré, car il a pu avoir celui du mal dans une existence antérieure. » (804).

994. L'homme pervers qui n'a point reconnu ses fautes pendant sa vie les reconnaît-il toujours après sa mort ?

« Oui, il les reconnaît toujours, et alors il souffre davantage, car *il ressent tout le mal qu'il a fait* ou dont il a été la cause volontaire. Cependant, le repentir n'est pas toujours immédiat ; il y a des Esprits qui s'obstinent dans la mauvaise voie malgré leurs souffrances ; mais, tôt ou tard, ils reconnaîtront la fausse route dans laquelle ils sont engagés, et le repentir viendra. C'est à les éclairer que travaillent les bons Esprits, et que vous pouvez travailler vous-mêmes. »

995. Y a-t-il des Esprits qui, sans être mauvais, soient indifférents sur leur sort ?

« Il y a des Esprits qui ne s'occupent à rien d'utile : ils sont dans l'expectative ; mais ils souffrent, dans ce cas, en proportion ; et comme il doit y avoir progrès en tout, ce progrès se manifeste par la douleur. »

– N'ont-ils pas le désir d'abréger leurs souffrances ?

« Ils l'ont, sans doute, mais ils n'ont pas assez d'énergie pour vouloir ce qui pourrait les soulager. Combien avez-vous de gens parmi vous qui préfèrent mourir de misère plutôt que de travailler ? »

996. Puisque les Esprits voient le mal qui résulte pour eux de leurs imperfections, comment se fait-il qu'il y en ait qui aggravent leur position et prolongent leur état d'infériorité en faisant le mal comme Esprits, en détournant les hommes de la bonne voie ?

« Ce sont ceux dont le repentir est tardif qui agissent ainsi. L'Esprit qui se repent peut ensuite se laisser entraîner de nouveau dans la voie du mal par d'autres Esprits encore plus arriérés. » (971).

997. On voit des Esprits d'une infériorité notoire accessibles aux bons sentiments et touchés des prières qu'on fait pour eux. Comment se fait-il que d'autres Esprits, qu'on devrait croire plus éclairés, montrent un endurcissement et un cynisme dont rien ne peut triompher ?

« La prière n'a d'effet qu'en faveur de l'Esprit qui se repent ; celui qui, poussé par l'orgueil, se révolte contre Dieu et persiste dans ses égarements en les exagérant encore, comme le font de malheureux Esprits, sur ceux-là la prière ne peut rien et ne pourra rien, que du jour où une lueur de repentir se sera manifestée chez eux. » (664).

On ne doit pas perdre de vue que l'Esprit, après la mort du corps, n'est pas subitement transformé ; si sa vie a été répréhensible, c'est parce qu'il était imparfait ; or la mort ne rend pas immédiatement parfait ; il peut persister dans ses erreurs dans ses fausses opinions, dans ses préjugés, jusqu'à ce qu'il se soit éclairé par l'étude, la réflexion et la souffrance.

998. L'expiation s'accomplit-elle à l'état corporel ou à l'état d'Esprit ?

« L'expiation s'accomplit pendant l'existence corporelle par les épreuves auxquelles l'Esprit est soumis, et dans la vie spirituelle par les souffrances morales attachées à l'état d'infériorité de l'Esprit. »

999. Le repentir sincère pendant la vie suffit-il pour effacer les fautes, et faire trouver grâce devant Dieu ?

« Le repentir aide à l'amélioration de l'Esprit, mais le passé doit être expié. »

– Si, d'après cela, un criminel disait que, puisqu'il doit, en tout état de cause, expier son passé, il n'a pas besoin de repentir, qu'en résulterait-il pour lui ?

« S'il s'endurcit dans la pensée du mal, son expiation sera plus longue et plus pénible. »

1000. Pouvons-nous, dès cette vie, racheter nos fautes ?

« Oui, en les réparant ; mais ne croyez pas les racheter par quelques privations puériles, ou en donnant après votre mort quand vous n'aurez plus besoin de rien. Dieu ne tient aucun compte d'un repentir stérile, toujours facile, et qui ne coûte que la peine de se frapper la poitrine. La perte d'un petit doigt en rendant service efface plus de fautes que le supplice de la chair enduré pendant des années sans autre but que *soi-même*. (726).

Le mal n'est réparé que par le bien, et la réparation n'a aucun mérite si elle n'atteint l'homme *ni dans son orgueil, ni dans ses intérêts matériels*.

Que lui sert, pour sa justification, de restituer après sa mort le bien mal acquis, alors qu'il lui devient inutile et qu'il en a profité ?

Que lui sert la privation de quelques jouissances futiles et de quelques superfluités, si le tort qu'il a fait à autrui reste le même ?

Que lui sert enfin de s'humilier devant Dieu, s'il conserve son orgueil devant les hommes ? » (720-721).

1001. N'y a-t-il aucun mérite à assurer, après sa mort, un emploi utile des biens que nous possédons ?

« Aucun mérite n'est pas le mot ; cela vaut toujours mieux que rien ; mais le malheur est que celui qui ne donne qu'après sa mort est souvent plus égoïste que généreux ; il veut avoir l'honneur du bien sans en avoir la peine. Celui qui se prive, de son vivant, a double profit : le mérite du sacrifice et le plaisir de voir les heureux qu'il fait. Mais l'égoïsme est là qui lui dit : Ce que tu donnes, c'est autant de retranché sur tes jouissances ; et comme l'égoïsme crie plus fort que le désintéressement et la charité, il garde, sous prétexte de ses besoins et des nécessités de sa position. Ah ! plaignez celui qui ne connaît pas le plaisir de donner ; celui-là est vraiment déshérité d'une des plus pures et des plus suaves jouissances. Dieu, en le soumettant à l'épreuve de la fortune, si glissante et si dangereuse pour son avenir, a voulu lui donner pour compensation le bonheur de la générosité dont il peut jouir dès ici-bas. » (814).

1002. Que doit faire celui qui, à l'article de la mort, reconnaît ses fautes, mais n'a pas le temps de les réparer ? Se repentir suffit-il dans ce cas ?

« Le repentir hâte sa réhabilitation, mais il ne l'absout pas. N'a-t-il pas l'avenir devant lui qui ne lui est jamais fermé ? »

Durée des peines futures

1003. La durée des souffrances du coupable, dans la vie future, est-elle arbitraire ou subordonnée à une loi quelconque ?

« Dieu n'agit jamais par caprice et tout, dans l'univers, est régi par des lois où se révèlent sa sagesse et sa bonté. »

1004. Sur quoi est basée la durée des souffrances du coupable ?

« Sur le temps nécessaire à son amélioration. L'état de souffrance et de bonheur étant proportionné au degré d'épuration de l'Esprit, la durée et la nature de ses souffrances dépendent du temps qu'il met à s'améliorer. À mesure qu'il progresse et que ses sentiments s'épurent, ses souffrances diminuent et changent de nature. »

SAINT LOUIS.

1005. Pour l'Esprit souffrant, le temps paraît-il aussi long ou moins long que s'il était vivant ?

« Il lui paraît plutôt plus long : le sommeil n'existe pas pour lui. Ce n'est que pour les Esprits arrivés à un certain degré d'épuration que le temps s'efface, pour ainsi dire, devant l'infini. » (240).

1006. La durée des souffrances de l'Esprit peut-elle être éternelle ?

« Sans doute, s'il était éternellement mauvais, c'est-à-dire s'il ne devait jamais se repentir ni s'améliorer, il souffrirait éternellement ; mais Dieu n'a pas créé des êtres pour qu'ils soient voués au mal à perpétuité ; il ne les a créés que simples et ignorants, et tous doivent progresser dans un temps plus ou moins long, selon leur volonté. La volonté peut être plus ou moins tardive, comme il y a des enfants plus ou moins précoces, mais elle vient tôt ou tard par l'irrésistible besoin qu'éprouve l'Esprit de sortir de son infériorité et d'être heureux. La loi qui régit la durée des peines est donc éminemment sage et bienveillante, puisqu'elle subordonne cette durée aux efforts de l'Esprit ; elle ne lui enlève jamais son libre arbitre : s'il en fait un mauvais usage, il en subit les conséquences. »

SAINT LOUIS.

1007. Y a-t-il des Esprits qui ne se repentent jamais ?

« Il y en a dont le repentir est très tardif ; mais prétendre qu'ils ne s'amélioreront jamais, ce serait nier la loi du progrès, et dire que l'enfant ne peut devenir adulte. »

SAINT LOUIS.

1008. La durée des peines dépend-elle toujours de la volonté de l'Esprit, et n'y en a-t-il pas qui lui sont imposées pour un temps donné ?

« Oui, des peines peuvent lui être imposées pour un temps, mais Dieu, qui ne veut que le bien de ses créatures, accueille toujours le repentir, et le désir de s'améliorer n'est jamais stérile. »

SAINT LOUIS.

1009. D'après cela, les peines imposées ne le seraient jamais pour l'éternité ?

« Interrogez votre bon sens, votre raison, et demandez-vous si une condamnation perpétuelle pour quelques moments d'erreur ne serait pas la négation de la bonté de Dieu ? Qu'est-ce, en effet, que la durée de la vie, fût-elle de cent ans, par rapport à l'éternité ? Éternité ! comprenez-vous bien ce mot ? souffrances, tortures sans fin, sans espoir, pour quelques fautes ! Votre jugement ne repousse-t-il pas une pareille pensée ? Que les anciens aient vu dans le maître de l'univers un Dieu terrible, jaloux et vindicatif, cela se conçoit ; dans leur ignorance, ils ont prêté à la divinité les passions des hommes ; mais ce n'est pas là le Dieu des chrétiens, qui place l'amour, la charité, la miséricorde, l'oubli des offenses au rang des premières vertus : pourrait-il manquer lui-même des qualités dont il fait un devoir ? N'y a-t-il pas contradiction à lui attribuer la bonté infinie et la vengeance infinie ? Vous dites qu'avant tout il est juste, et que l'homme ne comprend pas sa justice ; mais la justice n'exclut pas la bonté, et il ne serait pas bon s'il vouait à des peines horribles, perpétuelles, la plus grande partie de ses créatures. Pourrait-il faire à ses enfants une obligation de la justice, s'il ne leur avait pas donné les moyens de la comprendre ? D'ailleurs, n'est-ce pas le sublime de la justice, unie à la bonté, de faire dépendre la durée des peines des efforts du coupable pour s'améliorer ? Là est la vérité de cette parole : "À chacun selon ses œuvres." »

SAINT AUGUSTIN.

« Attachez-vous, par tous les moyens qui sont en votre pouvoir, à combattre, à anéantir l'idée de l'éternité des peines, pensée blasphématoire envers la justice et la bonté de Dieu, source la plus féconde de l'incrédulité, du matérialisme et de l'indifférence qui ont envahi les masses depuis que leur intelligence a commencé à se développer. L'Esprit, près de s'éclairer, ne fût-il que même dégrossi, en a bientôt saisi la monstrueuse injustice ; sa raison la repousse, et alors il manque rarement de confondre dans un même ostracisme et la peine qui le révolte et le Dieu auquel il l'attribue ; de là les maux sans nombre qui sont venus fondre sur vous et auxquels nous venons vous apporter remède. La tâche que nous vous signalons vous sera d'autant plus facile que les autorités sur lesquelles s'appuient les défenseurs de cette croyance ont toutes évité de se prononcer formellement ; ni les conciles, ni les Pères de l'Église n'ont tranché cette grave question. Si, d'après les évangélistes eux-mêmes, et en prenant au pied de la lettre les paroles emblématiques du Christ, il a menacé les coupables d'un feu qui ne s'éteint pas, d'un feu éternel, il n'est absolument rien dans ses paroles qui prouve qu'il les ait condamnés *éternellement*.

Pauvres brebis égarées, sachez voir venir à vous le bon Pasteur qui, loin de vouloir vous bannir à tout jamais de sa présence, vient lui-même à votre rencontre pour vous ramener au bercail. Enfants prodigues, quittez votre exil volontaire ; tournez vos pas vers la demeure paternelle : le père vous tend les bras et se tient toujours prêt à fêter votre retour en famille. »

LAMENNAIS.

« Guerres de mots ! guerres de mots ! n'avez-vous pas fait assez verser de sang ! faut-il donc encore rallumer les bûchers ? On discute sur les mots : éternité des peines, éternité des châtiments ; ne savez-vous donc pas que ce que vous entendez aujourd'hui par *éternité*, les anciens ne l'entendaient pas comme vous ? Que le théologien consulte les sources, et comme vous tous il y découvrira que le texte hébreu ne donnait pas au mot que les Grecs, les Latins et les modernes ont traduit *par peines sans fin, irrémissibles*, la même signification. Éternité des châtiments correspond à l'éternité du mal. Oui, tant que le mal existera parmi les hommes, les châtiments subsisteront ; c'est dans le sens relatif qu'il importe d'interpréter les textes sacrés. L'éternité des peines n'est donc que relative et non absolue. Qu'un jour advienne où tous les hommes se revêtiront, par la repentance, de la robe d'innocence, et ce jour-là plus de gémissements, plus de grincements de dents. Votre raison humaine est bornée, il est vrai, mais telle qu'elle est, c'est un présent de Dieu, et avec cette aide de la raison, il n'est pas un seul homme de bonne foi qui comprenne autrement l'éternité des châtiments. L'éternité des châtiments ! Quoi ! il faudrait donc admettre que le mal sera éternel. Dieu seul est éternel et n'a pu créer le mal éternel, sans cela il faudrait lui arracher le plus magnifique de ses attributs : la souveraine puissance, car celui-là n'est pas souverainement puissant qui peut créer un élément destructeur de ses œuvres. Humanité ! humanité ! ne plonge donc plus tes mornes regards dans les profondeurs de la terre pour y chercher les châtiments ; pleure, espère, expie et réfugie-toi dans la pensée d'un Dieu intimement bon, absolument puissant, essentiellement juste. »

PLATON.

« Graviter vers l'unité divine, tel est le but de l'humanité ; pour y atteindre, trois choses sont nécessaires : la justice, l'amour et la science ; trois choses y sont opposées et contraires : l'ignorance, la haine et l'injustice. Eh bien ! je vous dis, en vérité, vous mentez à ces principes fondamentaux en compromettant l'idée de Dieu par l'exagération de sa sévérité ; vous la compromettez doublement en laissant pénétrer dans l'Esprit de la créature qu'il y a en elle plus de clémence, de mansuétude, d'amour et de véritable justice que vous n'en attribuez à l'être infini ; vous détruisez même l'idée de l'enfer en le rendant ridicule et inadmissible à vos croyances, comme l'est à vos cœurs le hideux spectacle des bourreaux, des bûchers et des tortures du Moyen Âge ! Quoi donc ! Est-ce quand l'ère des représailles aveugles est à jamais bannie des législations humaines que vous espérez la maintenir dans l'idéal ? Oh ! croyez-moi, croyez-moi, frères en Dieu et en Jésus-Christ, croyez-moi ou résignez-vous à laisser périr entre vos mains tous vos dogmes plutôt que de les laisser varier, ou bien revivifiez-les en les ouvrant aux bienfaisants effluves que les Bons y versent en ce moment. L'idée de l'enfer avec ses fournaises ardentes, avec ses chaudières bouillantes, put être tolérée, c'est-à-dire pardonnable dans un siècle de fer ; mais au dix-neuvième, ce n'est plus qu'un vain fantôme propre tout au plus à effrayer les petits enfants, et auquel les enfants ne croient plus quand ils sont grands. En persistant dans cette mythologie effrayante, vous engendrez l'incrédulité, mère de toute désorganisation sociale ; car je tremble en voyant tout un ordre social ébranlé et croulant sur sa base faute de sanction pénale. Hommes de foi ardente et vive, avant-garde du jour de la lumière, à l'œuvre donc ! non pour maintenir des fables vieillies et désormais sans crédit, mais pour raviver, revivifier la véritable sanction pénale, sous des formes en rapport avec vos mœurs, vos sentiments et les lumières de votre époque.

Qu'est-ce, en effet, que le coupable ? Celui qui, par un écart, par un faux mouvement de l'âme s'éloigne du but de la création, qui consiste dans le culte harmonieux du beau, du bien, idéalisés par l'archétype humain, par l'Homme-Dieu, par Jésus-Christ.

Qu'est-ce que le châtiment ? La conséquence naturelle, dérivative de ce faux mouvement ; une somme de douleurs nécessaires pour le dégoûter de sa difformité, par l'expérimentation de la souffrance. Le châtiment, c'est l'aiguillon qui excite l'âme, par l'amertume, à se replier sur elle-même, et à revenir au rivage du salut. Le but du châtiment n'est autre que la réhabilitation, l'affranchissement. Vouloir que le châtiment soit éternel, pour une faute qui n'est pas éternelle, c'est lui nier toute raison d'être.

Oh ! je vous le dis en vérité, cessez, cessez de mettre en parallèle, dans leur éternité, le Bien, essence du Créateur, avec le Mal, essence de la créature ; ce serait créer là une pénalité injustifiable. Affirmez, au contraire, l'amortissement graduel des châtiments et des peines par les transmigrations, et vous consacrerez avec la raison unie au sentiment, l'unité divine. »

PAUL, APÔTRE.

On veut exciter l'homme au bien, et le détourner du mal par l'appât de récompenses et la crainte de châtiments ; mais si ces châtiments sont présentés de manière à ce que la raison se refuse à y croire, ils n'auront sur lui aucune influence ; loin de là, il rejettera tout : la forme et le fond. Qu'on lui présente, au contraire, l'avenir d'une manière logique, et alors il ne le repoussera pas. Le spiritisme lui donne cette explication.

La doctrine de l'éternité des peines, dans le sens absolu, fait de l'être suprême un Dieu implacable. Serait-il logique de dire d'un souverain qu'il est très bon, très bienveillant, très indulgent, qu'il ne veut que le bonheur de ceux qui l'entourent, mais qu'en même temps il est jaloux, vindicatif, inflexible dans sa rigueur, et qu'il punit du dernier supplice les trois quarts de ses sujets pour une offense ou une infraction à ses lois, ceux mêmes qui ont failli pour ne les avoir pas connues ? Ne serait-ce pas là une contradiction ? Or, Dieu peut-il être moins bon que ne le serait un homme ?

Une autre contradiction se présente ici. Puisque Dieu sait tout, il savait donc en créant une âme qu'elle faillirait ; elle a donc été, dès sa formation, vouée au malheur éternel : cela est-il possible, rationnel ? Avec la doctrine des peines relatives, tout est justifié. Dieu savait, sans doute, qu'elle faillirait, mais il lui donne les moyens de s'éclairer par sa propre expérience, par ses fautes mêmes ; il est nécessaire qu'elle expie ses erreurs pour être mieux affermie dans le bien, mais la porte de l'espérance ne lui est pas fermée à tout jamais, et Dieu fait dépendre le moment de sa délivrance des efforts qu'elle fait pour y arriver. Voilà ce que tout le monde peut comprendre, ce que la logique la plus méticuleuse peut admettre. Si les peines futures eussent été présentées sous ce point de vue, il y aurait bien moins de sceptiques.

Le mot *éternel* est souvent employé, dans le langage vulgaire, comme figure, pour désigner une chose de longue durée et dont on ne prévoit pas le terme, quoique l'on sache très bien que ce terme existe. Nous disons, par exemple, les glaces éternelles des hautes montagnes, des pôles, quoique nous sachions, d'un côté, que le monde physique peut avoir une fin, et d'autre part, que l'état de ces régions peut changer par le déplacement normal de l'axe ou par un cataclysme. Le mot éternel, dans ce cas, ne veut donc pas dire perpétuel jusqu'à l'infini. Quand nous souffrons d'une longue maladie, nous disons que notre mal est éternel ; qu'y a-t-il donc d'étonnant à ce que des Esprits qui souffrent depuis des années, des siècles, des milliers d'années même, en disent autant ? N'oublions pas surtout que leur infériorité ne leur permettant pas de voir l'extrémité de la route, ils croient souffrir toujours, et que c'est pour eux une punition.

Au reste, la doctrine du feu matériel, des fournaises et des tortures empruntées au Tartare du paganisme, est aujourd'hui complètement abandonnée par la haute théologie, et ce n'est plus que dans les écoles que ces effrayants tableaux allégoriques sont encore donnés comme des vérités positives, par quelques hommes plus zélés qu'éclairés, et cela bien à tort, car ces jeunes imaginations, une fois revenues de leur terreur, pourront augmenter le nombre des incrédules. La théologie reconnaît aujourd'hui que le mot *feu* est employé au figuré, et doit s'entendre d'un feu moral (974). Ceux qui ont suivi comme nous les péripéties de la vie et des souffrances d'outre-tombe, dans les communications spirites, ont pu se convaincre que, pour n'avoir rien de matériel, elles n'en sont pas moins poignantes. À l'égard même de leur durée, certains théologiens commencent à l'admettre dans le sens restrictif indiqué ci-dessus, et pensent qu'en effet le mot *éternel* peut s'entendre des peines en elles-mêmes, comme conséquences d'une loi immuable, et non de leur application à chaque individu. Le jour où la religion admettra cette interprétation, ainsi que quelques autres qui sont également la conséquence du progrès des lumières, elle ralliera bien des brebis égarées.

Résurrection de la chair

1010. Le dogme de la résurrection de la chair est-il la consécration de celui de la réincarnation enseignée par les Esprits ?

« Comment voulez-vous qu'il en soit autrement ? Il en est de ces paroles comme de tant d'autres qui ne paraissent déraisonnables aux yeux de certaines personnes que parce qu'on les prend à la lettre, c'est pourquoi elles conduisent à l'incrédulité ; mais donnez-leur une interprétation logique, et ceux que vous appelez les libres penseurs les admettront sans difficulté, précisément parce qu'ils réfléchissent ; car, ne vous y trompez pas, ces libres penseurs ne demandent pas mieux que de croire ; ils ont, comme les autres, plus que d'autres peut-être, soif de l'avenir, mais ils ne peuvent admettre ce qui est controuvé par la science. La doctrine de la pluralité des existences est conforme à la justice de Dieu ; elle seule peut expliquer ce qui, sans elle, est inexplicable ; comment voudriez-vous que le principe n'en fût pas dans la religion elle-même ? »

– Ainsi l'Église, par le dogme de la résurrection de la chair, enseigne elle-même la doctrine de la réincarnation ?

« Cela est évident ; cette doctrine est d'ailleurs la conséquence de bien des choses qui ont passé inaperçues et que l'on ne tardera pas à comprendre dans ce sens ; avant peu, on reconnaîtra que le spiritisme ressort à chaque pas du texte même des Écritures sacrées. Les Esprits ne viennent donc pas renverser la religion, comme quelques-uns le prétendent ; ils viennent, au contraire, la confirmer, la sanctionner par des preuves irrécusables ; mais, comme le temps est venu de ne plus employer le langage figuré, ils s'expriment sans allégorie, et donnent aux choses un sens clair et précis qui ne puisse être sujet à aucune fausse interprétation. Voilà pourquoi, dans quelque temps, vous aurez plus de gens sincèrement religieux et croyants que vous n'en avez aujourd'hui. »

SAINT LOUIS.

La science, en effet, démontre l'impossibilité de la résurrection selon l'idée vulgaire. Si les débris du corps humain restaient homogènes, fussent-ils dispersés et réduits en poussière, on concevrait encore leur réunion à un temps donné ; mais les choses ne se passent point ainsi. Le corps est formé d'éléments divers : oxygène, hydrogène, azote, carbone, etc. ; par la décomposition, ces éléments se dispersent, mais pour servir à la formation de nouveaux corps ; de telle sorte que la même molécule, de carbone par exemple, sera entrée dans la composition de plusieurs milliers de corps différents (nous ne parlons que des corps humains, sans compter tous ceux des animaux) ; que tel individu a peut-être dans son corps des molécules ayant appartenu aux hommes des premiers âges ; que ces mêmes molécules organiques que vous absorbez dans votre nourriture proviennent peut-être du corps de tel autre individu que vous avez connu, et ainsi de suite. La matière étant en quantité définie, et ses transformations en quantités indéfinies, comment chacun de ces corps pourrait-il se reconstituer des mêmes éléments ? Il y a là une impossibilité matérielle. On ne peut donc rationnellement admettre la résurrection de la chair que comme une figure symbolisant le phénomène de la réincarnation, et alors rien qui choque la raison, rien qui soit en contradiction avec les données de la science.

Il est vrai que, selon le dogme, cette résurrection ne doit avoir lieu qu'à la fin des temps, tandis que, selon la doctrine spirite, elle a lieu tous les jours ; mais n'y a-t-il pas encore dans ce tableau du jugement dernier une grande et belle figure qui cache, sous le voile de l'allégorie, une de ces vérités immuables qui ne trouvera plus de sceptiques quand elle sera ramenée à sa véritable signification ? Qu'on veuille bien méditer la théorie spirite sur l'avenir des âmes et sur leur sort à la suite des différentes épreuves qu'elles doivent subir, et l'on verra qu'à l'exception de la simultanéité, le jugement qui condamne ou qui les absout n'est point une fiction, ainsi que le pensent les incrédules. Remarquons encore qu'elle est la conséquence naturelle de la pluralité des mondes, aujourd'hui parfaitement admise, tandis que, selon la doctrine du jugement dernier, la terre est censée le seul monde habité.

Paradis, enfer et purgatoire

1012. Un lieu circonscrit dans l'univers est-il affecté aux peines et aux jouissances des Esprits, selon leurs mérites ?

« Nous avons déjà répondu à cette question. Les peines et les jouissances sont inhérentes au degré de perfection des Esprits ; chacun puise en soi-même le principe de son propre bonheur ou malheur ; et comme ils sont partout, aucun lieu circonscrit ni fermé n'est affecté à l'un plutôt qu'à l'autre. Quant aux Esprits incarnés, ils sont plus ou moins heureux ou malheureux, selon que le monde qu'ils habitent est plus ou moins avancé. »

– D'après cela, l'enfer et le paradis n'existeraient pas tels que l'homme se les représente ?

« Ce ne sont que des figures : il y a partout des Esprits heureux et malheureux. Cependant, comme nous l'avons dit aussi, les Esprits du même ordre se réunissent par sympathie ; mais ils peuvent se réunir où ils veulent quand ils sont parfaits. »

La localisation absolue des lieux de peines et de récompenses n'existe que dans l'imagination de l'homme ; elle provient de la tendance à *matérialiser* et à *circonscrire* les choses dont il ne peut comprendre l'essence infinie.

1013. Que doit-on entendre par le *purgatoire* ?

« Douleurs physiques et morales : c'est le temps de l'expiation. C'est presque toujours sur terre que vous faites votre purgatoire et que Dieu vous fait expier vos fautes. »

Ce que l'homme appelle *purgatoire* est de même une figure par laquelle on doit entendre, non pas un lieu déterminé quelconque, mais l'état des Esprits imparfaits qui sont en expiation jusqu'à la purification complète qui doit les élever au rang des Esprits bienheureux. Cette purification s'opérant dans les diverses incarnations, le purgatoire consiste dans les épreuves de la vie corporelle.

1014. Comment se fait-il que des Esprits qui, par leur langage, révèlent leur supériorité, aient répondu à des personnes très sérieuses, au sujet de l'enfer et du purgatoire, selon l'idée que l'on s'en fait vulgairement ?

« Ils parlent un langage compris des personnes qui les interrogent ; quand ces personnes sont trop imbues de certaines idées, ils ne veulent pas les heurter trop brusquement pour ne pas froisser leurs convictions. Si un Esprit allait dire, sans précautions oratoires, à un musulman que Mahomet n'est pas un prophète, il serait très mal reçu. »

– On conçoit qu'il puisse en être ainsi de la part des Esprits qui veulent nous instruire ; mais comment se fait-il que des Esprits interrogés sur leur situation aient répondu qu'ils souffraient les tortures de l'enfer ou du purgatoire ?

« Quand ils sont inférieurs, et pas complètement dématérialisés, ils conservent une partie de leurs idées terrestres, et ils rendent leurs impressions par les termes qui leur sont familiers. Ils se trouvent dans un milieu qui ne leur permet qu'à demi de sonder l'avenir, c'est ce qui est cause que souvent des Esprits errants, ou nouvellement dégagés, parleront comme ils l'auraient fait de leur vivant. *Enfer* peut se traduire par une vie d'épreuve extrêmement pénible, avec l'*incertitude* d'une meilleure ; *purgatoire*, une vie aussi d'épreuve, mais avec conscience d'un avenir meilleur. Lorsque tu éprouves une grande douleur, ne dis-tu pas toi-même que tu souffres comme un damné ? Ce ne sont que des mots, et toujours au figuré. »

1015. Que doit-on entendre par une âme en peine ?

« Une âme errante et souffrante, incertaine de son avenir, et à laquelle vous pouvez procurer un soulagement que souvent elle sollicite en venant se communiquer à vous. » (664).

1016. Dans quel sens doit-on entendre le mot *ciel* ?

« Crois-tu que ce soit un lieu, comme les Champs-Élysées des anciens, où tous les bons Esprits sont entassés pêle-mêle sans autre souci que de goûter pendant l'éternité une félicité passive ? Non ; c'est l'espace universel ; ce sont les planètes, les étoiles et tous les mondes supérieurs où les Esprits jouissent de toutes leurs facultés, sans avoir les tribulations de la vie matérielle, ni les angoisses inhérentes à l'infériorité. »

1017. Des Esprits ont dit habiter le 4°, le 5° ciel, etc. ; qu'entendaient-ils par là ?

« Vous leur demandez quel ciel ils habitent, parce que vous avez l'idée de plusieurs ciels placés comme les étages d'une maison ; alors, ils vous répondent selon votre langage ; mais pour eux, ces mots 4°, 5° ciel expriment différents degrés d'épuration, et par conséquent de bonheur. C'est absolument comme quand on demande à un Esprit s'il est dans l'enfer ; s'il est malheureux, il dira oui, parce que pour lui *enfer* est synonyme de souffrance ; mais il sait très bien que ce n'est pas une fournaise. Un païen aurait dit qu'il était dans le *Tartare*. »

Il en est de même d'autres expressions analogues, telles que celles de cité des fleurs, cité des élus, première, seconde ou troisième sphère, etc., qui ne sont que des allégories employées par certains Esprits, soit comme figures, soit quelquefois par ignorance de la réalité des choses et même des plus simples notions scientifiques.

Selon l'idée restreinte qu'on se faisait autrefois des lieux de peines et de récompenses, et surtout dans l'opinion que la terre était le centre de l'univers, que le ciel formait une voûte et qu'il y avait une région des étoiles, on plaçait *le ciel en haut et l'enfer en bas* ; de là les expressions : monter au ciel, être au plus haut des cieux, être précipité dans les enfers. Aujourd'hui que la science a démontré que la terre n'est qu'un des plus petits mondes parmi tant de millions d'autres, sans importance spéciale ; qu'elle a tracé l'histoire de sa formation et décrit sa constitution, prouvé que l'espace est infini, qu'il n'y a ni haut ni bas dans l'univers, il a bien fallu renoncer à placer le ciel au-dessus des nuages et l'enfer dans les lieux bas. Quant au purgatoire, aucune place ne lui avait été assignée. Il était réservé au spiritisme de donner sur toutes ces choses l'explication la plus rationnelle, la plus grandiose, et en même temps la plus consolante pour l'humanité. Ainsi l'on peut dire que nous portons en nous-mêmes notre enfer et notre paradis ; notre purgatoire, nous le trouvons dans notre incarnation, dans nos vies corporelles ou physiques.

1018. Dans quel sens faut-il entendre ces paroles du Christ : Mon royaume n'est pas de ce monde ?

« Le Christ, en répondant ainsi, parlait dans un sens figuré. Il voulait dire qu'il ne règne que sur les cœurs purs et désintéressés. Il est partout où domine l'amour du bien ; mais les hommes avides des choses de ce monde et attachés aux biens de la terre, ne sont pas avec lui. »

1019. Le règne du bien pourra-t-il jamais avoir lieu sur la terre ?

« Le bien régnera sur la terre quand, parmi les Esprits qui viennent l'habiter, les bons l'emporteront sur les mauvais ; alors, ils y feront régner l'amour et la justice qui sont la source du bien et du bonheur. C'est par le progrès moral et par la pratique des lois de Dieu que l'homme attirera sur la terre les bons Esprits, et qu'il en éloignera les mauvais ; mais les mauvais ne la quitteront que lorsqu'il en aura banni l'orgueil et l'égoïsme.

La transformation de l'humanité a été prédite, et vous touchez à ce moment que hâtent tous les hommes qui aident au progrès ; elle s'accomplira par l'incarnation des Esprits meilleurs qui constitueront sur la terre une nouvelle génération. Alors, les Esprits des méchants que la mort moissonne chaque jour, et tous ceux qui tentent d'arrêter la marche des choses en seront exclus, car ils seraient déplacés parmi les hommes de bien dont ils troubleraient la félicité. Ils iront dans des mondes nouveaux, moins avancés, remplir des missions *pénibles* où ils pourront travailler à leur propre avancement, en même temps qu'ils travailleront à l'avancement de leurs frères encore plus arriérés. Ne voyez-vous pas dans cette exclusion de la terre transformée la sublime figure du *Paradis perdu*, et dans l'homme venu sur la terre dans de semblables conditions, et portant en soi le germe de ses passions et les traces de son infériorité primitive, la figure non moins sublime du *péché originel ?* Le péché originel, considéré sous ce point de vue, tient à la nature encore imparfaite de l'homme qui n'est ainsi responsable que de lui-même et de ses propres fautes, et non de celles de ses pères.

Vous tous, hommes de foi et de bonne volonté, travaillez donc avec zèle et courage au grand œuvre de la régénération, car vous recueillerez au centuple le grain que vous aurez semé. Malheur à ceux qui ferment les yeux à la lumière, car ils se préparent de longs siècles de ténèbres et de déceptions ; malheur à ceux qui mettent toutes leurs joies dans les biens de ce monde, car ils endureront plus de privations qu'ils n'auront eu de jouissances ; malheur surtout aux égoïstes, car ils ne trouveront personne pour les aider à porter le fardeau de leurs misères. »

SAINT LOUIS.

CONCLUSION

I

Celui qui ne connaîtrait en fait de magnétisme terrestre que le jeu des petits canards aimantés qu'on fait manœuvrer sur l'eau d'une cuvette, pourrait difficilement comprendre que ce joujou renferme le secret du mécanisme de l'univers et du mouvement des mondes. Il en est de même de celui qui ne connaît du spiritisme que le mouvement des tables ; il n'y voit qu'un amusement, un passe-temps de société, et ne comprend pas que ce phénomène si simple et si vulgaire, connu de l'antiquité et même des peuples à demi sauvages, puisse se rattacher aux questions les plus graves de l'ordre social. Pour l'observateur superficiel, en effet, quel rapport une table qui tourne peut-elle avoir avec la morale et l'avenir de l'humanité ? Mais quiconque réfléchit, se rappelle que de la simple marmite qui, elle aussi, a bouilli de toute antiquité, est sorti le puissant moteur avec lequel l'homme franchit l'espace et supprime les distances. Eh bien ! vous, qui ne croyez à rien en dehors du monde matériel, sachez donc que de cette table qui tourne et provoque vos sourires dédaigneux, est sortie toute une science ainsi que la solution des problèmes qu'aucune philosophie n'avait encore pu résoudre. J'en appelle à tous les adversaires de bonne foi, et je les adjure de dire s'ils se sont donné la peine d'étudier ce qu'ils critiquent ; car, en bonne logique, la critique n'a de valeur qu'autant que celui qui la fait connaît ce dont il parle. Se railler d'une chose qu'on ne connaît pas, qu'on n'a pas sondée avec le scalpel de l'observateur consciencieux, ce n'est pas critiquer, c'est faire preuve de légèreté et donner une pauvre idée de son propre jugement. Assurément, si nous eussions présenté cette philosophie comme étant l'œuvre d'un cerveau humain, elle eût rencontré moins de dédains, et aurait eu les honneurs de l'examen de ceux qui prétendent diriger l'opinion ; mais elle vient des Esprits ; quelle absurdité ! C'est à peine si elle mérite un de leurs regards ; on la juge sur le titre, comme le singe de la fable jugeait la noix sur l'écorce. Faites, si vous le voulez, abstraction de l'origine ; supposez que ce *livre* soit l'œuvre d'un homme, et dites en votre âme et conscience si, après l'avoir lu *sérieusement*, vous y trouvez matière à raillerie.

II

Le spiritisme est l'antagoniste le plus redoutable du matérialisme ; il n'est donc pas étonnant qu'il ait les matérialistes pour adversaires ; mais comme le matérialisme est une doctrine que l'on ose à peine avouer (preuve que ceux qui la professent ne se croient pas bien forts, et qu'ils sont dominés par leur conscience), ils se couvrent du manteau de la raison et de la science ; et, chose bizarre, les plus sceptiques parlent même au nom de la religion qu'ils ne connaissent et ne comprennent pas mieux que le spiritisme. Leur point de mire est surtout le *merveilleux* et le *surnaturel* qu'ils n'admettent pas ; or, selon eux, le spiritisme étant fondé sur le merveilleux, ne peut être qu'une supposition ridicule. Ils ne réfléchissent pas qu'en faisant, sans restriction, le procès du merveilleux et du surnaturel, ils font celui de la religion ; en effet, la religion est fondée sur la révélation et les miracles ; or, qu'est-ce que la révélation, sinon des communications extra-humaines ? Tous les auteurs sacrés, depuis Moïse, ont parlé de ces sortes de communications. Qu'est-ce que les miracles sinon des faits merveilleux et surnaturels par excellence, puisque ce sont, dans le sens liturgique, des dérogations aux lois de la nature ? Donc, en rejetant le merveilleux et le surnaturel, ils rejettent les bases mêmes de la religion. Mais ce n'est pas à ce point de vue que nous devons envisager la chose. Le spiritisme n'a pas à examiner s'il y a ou non des miracles, c'est-à-dire si Dieu a pu, dans certains cas, déroger aux lois éternelles qui régissent l'univers ; il laisse, à cet égard, toute liberté de croyance ; il dit et il prouve que les phénomènes sur lesquels il s'appuie n'ont de surnaturel que l'apparence ; ces phénomènes ne sont tels aux yeux de certaines gens que parce qu'ils sont insolites et en dehors des faits connus ; mais ils ne sont pas plus surnaturels que tous les phénomènes dont la science donne aujourd'hui la solution, et qui paraissaient merveilleux à une autre époque. Tous les phénomènes spirites, *sans exception,* sont la conséquence de lois générales ; ils nous révèlent une des puissances de la nature, puissance inconnue, ou pour mieux dire incomprise jusqu'ici, mais que l'observation démontre être dans l'ordre des choses. Le spiritisme repose donc moins sur le merveilleux et le surnaturel que la religion elle-même ; ceux qui l'attaquent sous ce rapport, c'est donc qu'ils ne le connaissent pas, et fussent-ils les hommes les plus savants, nous leur dirons : si votre science, qui vous a appris tant de choses, ne vous a pas appris que le domaine de la nature est infini, vous n'êtes savants qu'à demi.

III

Vous voulez, dites-vous, guérir votre siècle d'une manie qui menace d'envahir le monde.

Aimeriez-vous mieux que le monde fût envahi par l'incrédulité que vous cherchez à propager ? N'est-ce pas à l'absence de toute croyance qu'il faut attribuer le relâchement des liens de famille et la plupart des désordres qui minent la société ? En démontrant l'existence et l'immortalité de l'âme, le spiritisme ranime la foi en l'avenir, relève les courages abattus, fait supporter avec résignation les vicissitudes de la vie ; oseriez-vous appeler cela un mal ? Deux doctrines sont en présence : l'une qui nie l'avenir, l'autre qui le proclame et le prouve ; l'une qui n'explique rien, l'autre qui explique tout et par cela même s'adresse à la raison ; l'une est la sanction de l'égoïsme, l'autre donne une base à la justice, à la charité et à l'amour de ses semblables ; la première ne montre que le présent et anéantit toute espérance, la seconde console et montre le vaste champ de l'avenir ; quelle est la plus pernicieuse ?

Certaines gens, et parmi les plus sceptiques, se font les apôtres de la fraternité et du progrès ; mais la fraternité suppose le désintéressement, l'abnégation de la personnalité ; avec la véritable fraternité, l'orgueil est une anomalie. De quel droit imposez-vous un sacrifice à celui à qui vous dites que quand il est mort tout est fini pour lui ; que demain peut-être il ne sera pas plus qu'une vieille machine disloquée et jetée à la borne ? Quelle raison a-t-il de s'imposer une privation quelconque ? N'est-il pas plus naturel que pendant les courts instants que vous lui accordez, il cherche à vivre le mieux possible ? De là le désir de posséder beaucoup pour mieux jouir ; de ce désir naît la jalousie contre ceux qui possèdent plus que lui ; et de cette jalousie à l'envie de prendre ce qu'ils ont, il n'y a qu'un pas. Qu'est-ce qui le retient ? Est-ce la loi ? Mais la loi n'atteint pas tous les cas. Direz-vous que c'est la conscience, le sentiment du devoir ? Mais sur quoi basez-vous le sentiment du devoir ? Ce sentiment a-t-il une raison d'être avec la croyance que tout finit avec la vie ? Avec cette croyance, une seule maxime est rationnelle : chacun pour soi ; les idées de fraternité, de conscience, de devoir, d'humanité, de progrès même, ne sont que de vains mots. Oh ! vous qui proclamez de semblables doctrines, vous ne savez pas tout le mal que vous faites à la société, ni de combien de crimes vous assumez la responsabilité ! Mais que parlé-je de responsabilité ? Pour le sceptique, il n'y en a point ; il ne rend hommage qu'à la matière.

IV

Le progrès de l'humanité a son principe dans l'application de la loi de justice, d'amour et de charité ; cette loi est fondée sur la certitude de l'avenir ; ôtez cette certitude, vous lui ôtez sa pierre fondamentale. De cette loi dérivent toutes les autres, car elle renferme toutes les conditions du bonheur de l'homme ; elle seule peut guérir les plaies de la société, et il peut juger, par la comparaison des âges et *des peuples*, combien sa condition s'améliore à mesure que cette loi est mieux comprise et mieux pratiquée. Si une application partielle et incomplète produit un bien réel, que sera-ce donc quand il en aura fait la base de toutes ses institutions sociales ! Cela est-il possible ? Oui ; car puisqu'il a fait dix pas, il peut en faire vingt, et ainsi de suite. On peut donc juger de l'avenir par le passé. Déjà, nous voyons s'éteindre peu à peu les antipathies de peuple à peuple ; les barrières qui les séparaient s'abaissent devant la civilisation ; ils se donnent la main d'un bout du monde à l'autre ; une plus grande justice préside aux lois internationales ; les guerres deviennent de plus en plus rares, et elles n'excluent point les sentiments d'humanité ; l'uniformité s'établit dans les relations ; les distinctions de races et de castes s'effacent, et les hommes de croyances différentes font taire les préjugés de sectes pour se confondre dans l'adoration d'un seul Dieu. Nous parlons des peuples qui marchent à la tête de la civilisation (789-793). Sous tous ces rapports, on est encore loin de la perfection, et il y a encore bien de vieilles ruines à abattre, jusqu'à ce qu'aient disparu les derniers vestiges de la barbarie ; mais ces ruines pourront-elles tenir contre la puissance irrésistible du progrès, contre cette force vive qui est elle-même une loi de la nature ? Si la génération présente est plus avancée que la génération passée, pourquoi celle qui nous succédera ne le serait-elle pas plus que la nôtre ? Elle le sera par la force des choses ; d'abord, parce qu'avec les générations s'éteignent chaque jour quelques champions des vieux abus, et qu'ainsi la société se forme peu à peu d'éléments nouveaux qui se sont dépouillés des vieux préjugés ; en second lieu, parce que l'homme voulant le progrès, il étudie les obstacles et s'attache à les renverser. Dès lors que le mouvement progressif est incontestable, le progrès à venir ne saurait être douteux. L'homme veut être heureux, c'est dans la nature ; or, il ne cherche le progrès que pour augmenter la somme de son bonheur, sans cela le progrès serait sans objet ; où serait le progrès pour lui, si ce progrès ne devait pas améliorer sa position ? Mais quand il aura la somme de jouissances que peut donner le progrès intellectuel, il s'apercevra qu'il n'a pas le bonheur complet ; il reconnaîtra que ce bonheur est impossible sans la sécurité des relations sociales ; et cette sécurité, il ne peut la trouver que dans le progrès moral ; donc, par la force des choses, il poussera lui-même le progrès dans cette voie, et le spiritisme lui offrira le plus puissant levier pour atteindre ce but.

V

Ceux qui disent que les croyances spirites menacent d'envahir le monde, en proclament par cela même la puissance, car une idée sans fondement et dénuée de logique ne saurait devenir universelle ; si donc le spiritisme s'implante partout, s'il se recrute surtout dans les classes éclairées, ainsi que chacun le reconnaît, c'est qu'il a un fond de vérité. Contre cette tendance, tous les efforts de ses détracteurs seront vains, et ce qui le prouve, c'est que le ridicule même dont ils ont cherché à le couvrir, loin d'en arrêter l'essor, semble lui avoir donné une nouvelle vie. Ce résultat justifie pleinement ce que nous ont maintes fois dit les Esprits : « Ne vous inquiétez pas de l'opposition ; tout ce que l'on fera contre vous tournera pour vous, et *vos plus grands adversaires serviront votre cause sans le vouloir*. Contre la volonté de Dieu, la mauvaise volonté des hommes ne saurait prévaloir. »

Par le spiritisme, l'humanité doit entrer dans une phase nouvelle, celle du progrès moral qui en est la conséquence inévitable. Cessez donc de vous étonner de la rapidité avec laquelle se propagent les idées spirites ; la cause en est dans la satisfaction qu'elles procurent à tous ceux qui les approfondissent, et qui y voient autre chose qu'un futile passe-temps ; or, comme on veut son bonheur avant tout, il n'est pas étonnant qu'on s'attache à une idée qui rend heureux.

Le développement de ces idées présente trois périodes distinctes : la première est celle de la curiosité provoquée par l'étrangeté des phénomènes qui se sont produits ; la seconde celle du raisonnement et de la philosophie ; la troisième celle de l'application et des conséquences. La période de la curiosité est passée ; la curiosité n'a qu'un temps : une fois satisfaite, on en quitte l'objet pour passer à un autre ; il n'en est pas de même de ce qui s'adresse à la pensée sérieuse et au jugement. La seconde période a commencé, la troisième suivra inévitablement. Le spiritisme a surtout progressé depuis qu'il est mieux compris dans son essence intime, depuis qu'on en voit la portée, parce qu'il touche à la corde la plus sensible de l'homme : celle de son bonheur, même en ce monde ; là est la cause de sa propagation, le secret de la force qui le fera triompher. Il rend heureux ceux qui le comprennent, en attendant que son influence s'étende sur les masses. Celui même qui n'a été témoin d'aucun phénomène matériel de manifestations se dit : en dehors de ces phénomènes, il y a la philosophie ; cette philosophie m'explique ce que NULLE autre ne m'avait expliqué ; j'y trouve, par le seul raisonnement, une démonstration *rationnelle* des problèmes qui intéressent au plus haut point mon avenir ; elle me procure le calme, la sécurité, la confiance ; elle me délivre du tourment de l'incertitude ; à côté de cela, la question des faits matériels est une question secondaire. Vous tous qui l'attaquez, voulez-vous un moyen de le combattre avec succès ? Le voici. Remplacez-le par quelque chose de mieux ; trouvez une solution PLUS PHILOSOPHIQUE à toutes les questions qu'il résout ; donnez à l'homme une AUTRE CERTITUDE qui le rende plus heureux, et comprenez bien la portée de ce mot *certitude*, car l'homme n'accepte comme *certain* que ce qui lui paraît *logique* ; ne vous contentez pas de dire cela n'est pas, c'est trop facile ; prouvez, non par une négation, mais par des faits, que cela n'est pas, n'a jamais été et ne PEUT pas être ; si cela n'est pas, dites surtout ce qu'il y aurait à la place ; prouvez enfin que les conséquences du spiritisme ne sont pas de rendre les hommes meilleurs, et partant plus heureux, par la pratique de la plus pure morale évangélique, morale qu'on loue beaucoup, mais qu'on pratique si peu. Quand vous aurez fait cela, vous aurez le droit de l'attaquer. Le spiritisme est fort parce qu'il s'appuie sur les bases mêmes de la religion : Dieu, l'âme, les peines et les récompenses futures ; parce que surtout il montre ces peines et ces récompenses comme des conséquences naturelles de la vie terrestre, et que rien, dans le tableau qu'il offre de l'avenir, ne peut être désavoué par la raison la plus exigeante. Vous, dont toute la doctrine consiste dans la négation de l'avenir, quelle compensation offrez-vous pour les souffrances d'ici-bas ? Vous vous appuyez sur l'incrédulité, il s'appuie sur la confiance en Dieu ; tandis qu'il convie les hommes au bonheur, à l'espérance, à la véritable fraternité, vous, vous lui offrez le NÉANT pour perspective, et l'ÉGOÏSME pour consolation ; il explique tout, vous n'expliquez rien ; il prouve par les faits, et vous ne prouvez rien ; comment voulez-vous qu'on balance entre les deux doctrines ?

VI

Ce serait se faire une bien fausse idée du spiritisme de croire qu'il puise sa force dans la pratique des manifestations matérielles, et qu'ainsi en entravant ces manifestations on peut le miner dans sa base. Sa force est dans sa philosophie, dans l'appel qu'il fait à la raison, au bon sens. Dans l'antiquité, il était l'objet d'études mystérieuses, soigneusement cachées au vulgaire ; aujourd'hui, il n'a de secrets pour personne ; il parle un langage clair, sans ambiguïté ; chez lui, rien de mystique, point d'allégories susceptibles de fausses interprétations : il veut être compris de tous, parce que le temps est venu de faire connaître la vérité aux hommes ; loin de s'opposer à la diffusion de la lumière, il la veut pour tout le monde ; il ne réclame pas une croyance aveugle, il veut que l'on sache pourquoi l'on croit ; en s'appuyant sur la raison, il sera toujours plus fort que ceux qui s'appuient sur le néant. Les entraves que l'on tenterait d'apporter à la liberté des manifestations pourraient-elles les étouffer ? Non, car elles produiraient l'effet de toutes les persécutions : celui d'exciter la curiosité et le désir de connaître ce qui serait défendu. D'un autre côté, si les manifestations spirites étaient le privilège d'un seul homme, nul doute qu'en mettant cet homme de côté, on ne mit fin aux manifestations ; malheureusement pour les adversaires, elles sont à la disposition de tout le monde, et l'on en use depuis le plus petit jusqu'au plus grand, depuis le palais jusqu'à la mansarde. On peut en interdire l'exercice public ; mais on sait précisément que ce n'est pas en public qu'elles se produisent le mieux : c'est dans l'intimité ; or, chacun pouvant être médium, qui peut empêcher une famille dans son intérieur, un individu dans le silence du cabinet, le prisonnier sous les verrous, d'avoir des communications avec les Esprits, à l'insu et à la face même des sbires ? Si on les interdit dans un pays, les empêchera-t-on dans les pays voisins, dans le monde entier, puisqu'il n'y a pas une contrée, dans les deux continents, où il n'y ait des médiums ? Pour incarcérer tous les médiums, il faudrait incarcérer la moitié du genre humain ; en vînt-on même, ce qui ne serait guère plus facile, à brûler tous les livres spirites, que le lendemain ils seraient reproduits, parce que la source en est inattaquable, et qu'on ne peut ni incarcérer ni brûler les Esprits qui en sont les véritables auteurs.

Le spiritisme n'est pas l'œuvre d'un homme ; nul ne peut s'en dire le créateur, car il est aussi ancien que la création ; il se trouve partout, dans toutes les religions et dans la religion catholique plus encore, et avec plus d'autorité que dans toutes les autres, car on y trouve le principe de tout : les Esprits de tous les degrés, leurs rapports occultes et patents avec les hommes, les anges gardiens, la réincarnation, l'émancipation de l'âme pendant la vie, la double vue, les visions, les manifestations de tout genre, les apparitions et même les apparitions tangibles. À l'égard des démons, ce ne sont autre chose que les mauvais Esprits et, sauf la croyance que les premiers sont voués au mal à perpétuité, tandis que la voie du progrès n'est pas interdite aux autres, il n'y a entre eux qu'une différence de nom.

Que fait la science spirite moderne ? Elle rassemble en un corps ce qui était épars ; elle explique en termes propres ce qui ne l'était qu'en langage allégorique ; elle élague ce que la superstition et l'ignorance ont enfanté pour ne laisser que la réalité et le positif : voilà son rôle ; mais celui de fondatrice ne lui appartient pas ; elle montre ce qui est, elle coordonne, mais elle ne crée rien, car ses bases sont de tous les temps et de tous les lieux ; qui donc oserait se croire assez fort pour l'étouffer sous les sarcasmes et même sous la persécution ? Si on la proscrit d'un côté, elle renaîtra en d'autres lieux, sur le terrain même d'où on l'aura bannie, parce qu'elle est dans la nature et qu'il n'est pas donné à l'homme d'anéantir une puissance de la nature, ni de mettre son *veto* sur les décrets de Dieu.

Quel intérêt, du reste, aurait-on à entraver la propagation des idées spirites ? Ces idées, il est vrai, s'élèvent contre les abus qui naissent de l'orgueil et de l'égoïsme ; mais ces abus, dont quelques-uns profitent, nuisent à la masse ; il aura donc pour lui la masse, et n'aura pour adversaires sérieux que ceux qui sont intéressés à maintenir ces abus. Par leur influence, au contraire, ces idées, rendant les hommes meilleurs les uns pour les autres, moins avides des intérêts matériels et plus résignés aux décrets de la Providence, sont un gage d'ordre et de tranquillité.

VII

Le spiritisme se présente sous trois aspects différents : le fait des manifestations, les principes de philosophie et de morale qui en découlent, et l'application de ces principes ; de là trois classes, ou plutôt trois degrés parmi les adeptes : 1° ceux qui croient aux manifestations et se bornent à les constater : c'est pour eux une science d'expérimentation ; 2° ceux qui en comprennent les conséquences morales ; 3° ceux qui pratiquent ou s'efforcent de pratiquer cette morale. Quel que soit le point de vue, scientifique ou moral, sous lequel on envisage ces phénomènes étranges, chacun comprend que c'est tout un nouvel ordre d'idées qui surgit, dont les conséquences ne peuvent être qu'une profonde modification dans l'état de l'humanité, et chacun comprend aussi que cette modification ne peut avoir lieu que dans le sens du bien.

Quant aux adversaires, on peut aussi les classer en trois catégories : 1° ceux qui nient par système tout ce qui est nouveau ou ne vient pas d'eux, et qui en parlent sans connaissance de cause. À cette classe appartiennent tous ceux qui n'admettent rien en dehors du témoignage des sens ; ils n'ont rien vu, ne veulent rien voir, et encore moins approfondir ; ils seraient même fâchés de voir trop clair, de peur d'être forcés de convenir qu'ils n'ont pas raison ; pour eux, le spiritisme est une chimère, une folie, une utopie, il n'existe pas : c'est plutôt dit. Ce sont les incrédules de parti pris. À côté d'eux, on peut placer ceux qui ont daigné jeter un coup d'œil pour l'acquit de leur conscience, afin de pouvoir dire : J'ai voulu voir et je n'ai rien vu ; ils ne comprennent pas qu'il faille plus d'une demi-heure pour se rendre compte de toute une science. - 2° Ceux qui, sachant très bien à quoi s'en tenir sur la réalité des faits, les combattent néanmoins par des motifs d'intérêt personnel. Pour eux, le spiritisme existe, mais ils ont peur de ses conséquences ; ils l'attaquent comme un ennemi. - 3° Ceux qui trouvent dans la morale spirite une censure trop sévère de leurs actes ou de leurs tendances. Le spiritisme pris au sérieux les gênerait ; ils ne rejettent ni n'approuvent : ils préfèrent fermer les yeux. Les premiers sont sollicités par l'orgueil et la présomption ; les seconds, par l'ambition ; les troisièmes, par l'égoïsme. On conçoit que ces causes d'opposition, n'ayant rien de solide, doivent disparaître avec le temps, car nous chercherions en vain une quatrième classe d'antagonistes, celle qui s'appuierait sur des preuves contraires patentes, et attestant une étude consciencieuse et laborieuse de la question ; tous n'opposent que la négation, aucun n'apporte de démonstration sérieuse et irréfutable.

Ce serait trop présumer de la nature humaine de croire qu'elle puisse se transformer subitement par les idées spirites. Leur action n'est assurément ni la même, ni au même degré chez tous ceux qui les professent ; mais, quel qu'il soit, le résultat, tant faible soit-il, est toujours une amélioration, ne fût-ce que de donner la preuve de l'existence d'un monde extra-corporel, ce qui implique la négation des doctrines matérialistes. Ceci est la conséquence même de l'observation des faits ; mais chez ceux qui comprennent le spiritisme philosophique et y voient autre chose que des phénomènes plus ou moins curieux, il a d'autres effets ; le premier, et le plus général, est de développer le sentiment religieux chez celui même qui, sans être matérialiste, n'a que de l'indifférence pour les choses spirituelles. Il en résulte chez lui le mépris de la mort ; nous ne disons pas le désir de la mort, loin de là, car le spirite défendra sa vie comme un autre, mais une indifférence qui fait accepter, sans murmure et sans regret, une mort inévitable, comme une chose plutôt heureuse que redoutable, par la certitude de l'état qui lui succède. Le second effet, presque aussi général que le premier, est la résignation dans les vicissitudes de la vie. Le spiritisme fait voir les choses de si haut, que la vie terrestre perdant les trois quarts de son importance, on ne s'affecte plus autant des tribulations qui l'accompagnent : de là, plus de courage dans les afflictions, plus de modération dans les désirs ; de là aussi l'éloignement de la pensée d'abréger ses jours, car la science spirite apprend que, par le suicide, on perd toujours ce qu'on voulait gagner. La certitude d'un avenir qu'il dépend de nous de rendre heureux, la possibilité d'établir des rapports avec des êtres qui nous sont chers, offrent au spirite une suprême consolation ; son horizon grandit jusqu'à l'infini par le spectacle incessant qu'il a de la vie d'outre-tombe, dont il peut sonder les mystérieuses profondeurs. Le troisième effet est d'exciter à l'indulgence pour les défauts d'autrui ; mais, il faut bien le dire, le principe égoïste et tout ce qui en découle sont ce qu'il y a de plus tenace en l'homme et, par conséquent, de plus difficile à déraciner ; on fait volontiers des sacrifices, pourvu qu'ils ne coûtent rien, et surtout ne privent de rien ; l'argent a encore pour le plus grand nombre un irrésistible attrait, et bien peu comprennent le mot superflu, quand il s'agit de leur personne ; aussi, l'abnégation de la personnalité est-elle le signe du progrès le plus éminent.

VIII

Les Esprits, disent certaines personnes, nous enseignent-ils une morale nouvelle, quelque chose de supérieur à ce qu'a dit le Christ ? Si cette morale n'est autre que celle de l'Évangile, à quoi bon le spiritisme ? Ce raisonnement ressemble singulièrement à celui du calife Omar parlant de la bibliothèque d'Alexandrie : « Si elle ne contient, disait-il, que ce qu'il y a dans le Koran, elle est inutile, donc il faut la brûler ; si elle renferme autre chose, elle est mauvaise, donc il faut encore la brûler. » Non, le spiritisme ne renferme pas une morale différente de celle de Jésus ; mais nous demanderons à notre tour si, avant le Christ, les hommes n'avaient pas la loi donnée par Dieu à Moïse ? Sa doctrine ne se trouve-t-elle pas dans le Décalogue ? Dira-t-on, pour cela, que la morale de Jésus était inutile ? Nous demanderons encore à ceux qui dénient l'utilité de la morale spirite, pourquoi celle du Christ est si peu pratiquée, et pourquoi, ceux-là mêmes qui en proclament à juste titre la sublimité sont les premiers à violer la première de ses lois : *La charité universelle.* Les Esprits viennent non seulement la confirmer, mais ils nous en montrent l'utilité pratique ; ils rendent intelligibles et patentes des vérités qui n'avaient été enseignées que sous la forme allégorique ; et à côté de la morale, ils viennent définir les problèmes les plus abstraits de la psychologie.

Jésus est venu montrer aux hommes la route du vrai bien ; pourquoi Dieu, qui l'avait envoyé pour rappeler sa loi méconnue, n'enverrait-il pas aujourd'hui les Esprits pour la leur rappeler de nouveau et avec plus de précision, alors qu'ils l'oublient pour tout sacrifier à l'orgueil et à la cupidité ? Qui oserait poser des bornes à la puissance de Dieu et lui tracer ses voies ? Qui dit que, comme l'affirment les Esprits, les temps prédits ne sont pas accomplis, et que nous ne touchons pas à ceux où des vérités mal comprises ou faussement interprétées doivent être ostensiblement révélées au genre humain pour hâter son avancement ? N'y a-t-il pas quelque chose de providentiel dans ces manifestations qui se produisent simultanément sur tous les points du globe ? Ce n'est pas un seul homme, un prophète qui vient nous avertir, c'est de partout que la lumière surgit ; c'est tout un monde nouveau qui se déroule à nos yeux. Comme l'invention du microscope nous a découvert le monde des infiniment petits que nous ne soupçonnions pas ; comme le télescope nous a découvert les milliers de mondes que nous ne soupçonnions pas davantage, les communications spirites nous révèlent le monde invisible qui nous entoure, nous coudoie sans cesse, et prend à notre insu part à tout ce que nous faisons. Quelque temps encore, et l'existence de ce monde, qui est celui qui nous attend, sera aussi incontestable que celle du monde microscopique et des globes perdus dans l'espace. N'est-ce donc rien que de nous avoir fait connaître tout un monde ; de nous avoir initiés aux mystères de la vie d'outre-tombe ? Il est vrai que ces découvertes, si l'on peut y donner ce nom, contrarient quelque peu certaines idées reçues ; mais est-ce que toutes les grandes découvertes scientifiques n'ont pas également modifié, bouleversé même les idées les plus accréditées, et n'a-t-il pas fallu que notre amour-propre se courbât devant l'évidence ? Il en sera de même à l'égard du spiritisme et, avant peu, il aura droit de cité parmi les connaissances humaines.

Les communications avec les êtres d'outre-tombe ont eu pour résultat de nous faire comprendre la vie future, de nous la faire voir, de nous initier aux peines et aux jouissances qui nous y attendent selon nos mérites, et par cela même de ramener au *spiritualisme* ceux qui ne voyaient en nous que de la matière, qu'une machine organisée ; aussi avons-nous eu raison de dire que le spiritisme a tué le matérialisme par les faits. N'eût-il produit que ce résultat, l'ordre social lui en devrait de la reconnaissance ; mais il fait plus : il montre les inévitables effets du mal et, par conséquent, la nécessité du bien. Le nombre de ceux qu'il a ramenés à des sentiments meilleurs, dont il a neutralisé les tendances mauvaises et détourné du mal, est plus grand qu'on ne croit, et s'augmente tous les jours ; c'est que pour eux l'avenir n'est plus dans le vague ; ce n'est plus une simple espérance, c'est une vérité que l'on comprend, que l'on s'explique, quand on *voit* et qu'on *entend* ceux qui nous ont quittés se lamenter ou se féliciter de ce qu'ils ont fait sur la terre. Quiconque en est témoin se prend à réfléchir, et sent le besoin de se connaître, de se juger et de s'amender.

IX

Les adversaires du spiritisme n'ont pas manqué de s'armer contre lui de quelques divergences d'opinions sur certains points de la doctrine. Il n'est pas étonnant qu'au début d'une science, alors que les observations sont encore incomplètes, et que chacun l'envisage à son point de vue, des systèmes contradictoires aient pu se produire ; mais déjà les trois quarts de ces systèmes sont, aujourd'hui, tombés devant une étude plus approfondie, à commencer par celui qui attribuait toutes les communications à l'Esprit du mal, comme s'il eût été impossible à Dieu d'envoyer aux hommes de bons Esprits : doctrine absurde, parce qu'elle est démentie par les faits ; impie, parce qu'elle est la négation de la puissance et de la bonté du Créateur. Les Esprits nous ont toujours dit de ne pas nous inquiéter de ces divergences et que l'unité se ferait : or, l'unité s'est déjà faite sur la plupart des points, et les divergences tendent chaque jour à s'effacer. À cette question : En attendant que l'unité se fasse, sur quoi l'homme impartial et désintéressé peut-il se baser pour porter un jugement ? Voici leur réponse :

« La lumière la plus pure n'est obscurcie par aucun nuage ; le diamant sans tache est celui qui a le plus de valeur ; jugez donc les Esprits à la pureté de leur enseignement. N'oubliez pas que parmi les Esprits il y en a qui n'ont point encore dépouillé les idées de la vie terrestre ; sachez les distinguer à leur langage ; jugez-les par l'ensemble de ce qu'ils vous disent ; voyez s'il y a enchaînement logique dans les idées ; si rien n'y décèle l'ignorance, l'orgueil, ou la malveillance ; en un mot, si leurs paroles sont toujours empreintes du cachet de sagesse qui décèle la véritable supériorité. Si votre monde était inaccessible à l'erreur, il serait parfait, et il est loin de là ; vous en êtes encore à apprendre à distinguer l'erreur de la vérité ; il vous faut les leçons de l'expérience pour exercer votre jugement et vous faire avancer. L'unité se fera du côté où le bien n'a jamais été mélangé au mal ; c'est de ce côté que les hommes se rallieront par la force des choses, car ils jugeront que là est la vérité.

Qu'importent, d'ailleurs, quelques dissidences, qui sont plus dans la forme que dans le fond ! Remarquez que les principes fondamentaux sont partout les mêmes et doivent vous unir dans une pensée commune : l'amour de Dieu et la pratique du bien. Quels que soient donc le mode de progression que l'on suppose ou les conditions normales de l'existence future, le but final est le même : faire le bien ; or, il n'y a pas deux manières de le faire. »

Si, parmi les adeptes du spiritisme, il en est qui diffèrent d'opinion sur quelques points de la théorie, tous s'accordent sur les points fondamentaux ; il y a donc unité, si ce n'est de la part de ceux, en très petit nombre, qui n'admettent pas encore l'intervention des Esprits dans les manifestations, et qui les attribuent, ou à des causes purement physiques, ce qui est contraire à cet axiome que : Tout effet intelligent doit avoir une cause intelligente ; ou au reflet de notre propre pensée, ce qui est démenti par les faits. Les autres points ne sont que secondaires et n'attaquent en rien les bases fondamentales. Il peut donc y avoir des écoles qui cherchent à s'éclairer sur les parties encore controversées de la science ; il ne doit pas y avoir de sectes rivales les unes des autres ; il n'y aurait antagonisme qu'entre ceux qui veulent le bien et ceux qui feraient ou voudraient le mal : or, il n'est pas un spirite sincère et pénétré des grandes maximes morales enseignées par les Esprits qui puisse vouloir le mal, ni souhaiter le mal de son prochain, sans distinction d'opinion. Si l'une d'elles est dans l'erreur, la lumière tôt ou tard se fera pour elle, si elle la cherche de bonne foi et sans prévention ; en attendant, toutes ont un lien commun qui doit les unir dans une même pensée ; toutes ont un même but ; peu importe donc la route, pourvu que cette route y conduise ; nulle ne doit s'imposer par la contrainte matérielle ou morale, et celle-là seule serait dans le faux qui jetterait l'anathème à l'autre, car elle agirait évidemment sous l'influence de mauvais Esprits. La raison doit être le suprême argument, et la modération assurera mieux le triomphe de la vérité que les diatribes envenimées par l'envie et la jalousie. Les bons Esprits ne prêchent que l'union et l'amour du prochain, et jamais une pensée malveillante ou contraire à la charité n'a pu venir d'une source pure. Écoutons sur ce sujet, et pour terminer, les conseils de l'Esprit de saint Augustin.

« Assez longtemps, les hommes se sont entre-déchirés et renvoyé l'anathème au nom d'un Dieu de paix et de miséricorde, et Dieu s'offense d'un tel sacrilège. Le spiritisme est le lien qui les unira un jour, parce qu'il leur montrera où est la vérité et où est l'erreur ; mais il y aura longtemps encore des scribes et des pharisiens qui le dénieront, comme ils ont dénié le Christ. Voulez-vous donc savoir sous l'influence de quels Esprits sont les diverses sectes qui se partagent le monde ? Jugez-les à leurs œuvres et à leurs principes. Jamais les bons Esprits n'ont été les instigateurs du mal ; jamais ils n'ont conseillé ni légitimé le meurtre et la violence ; jamais ils n'ont excité les haines des partis ni la soif des richesses et des honneurs, ni l'avidité des biens de la terre ; ceux-là, seuls, qui sont bons, humains et bienveillants pour tout le monde, sont leurs préférés et sont aussi les préférés de Jésus, car ils suivent la route qu'il leur a montrée pour arriver à lui. »

SAINT AUGUSTIN.

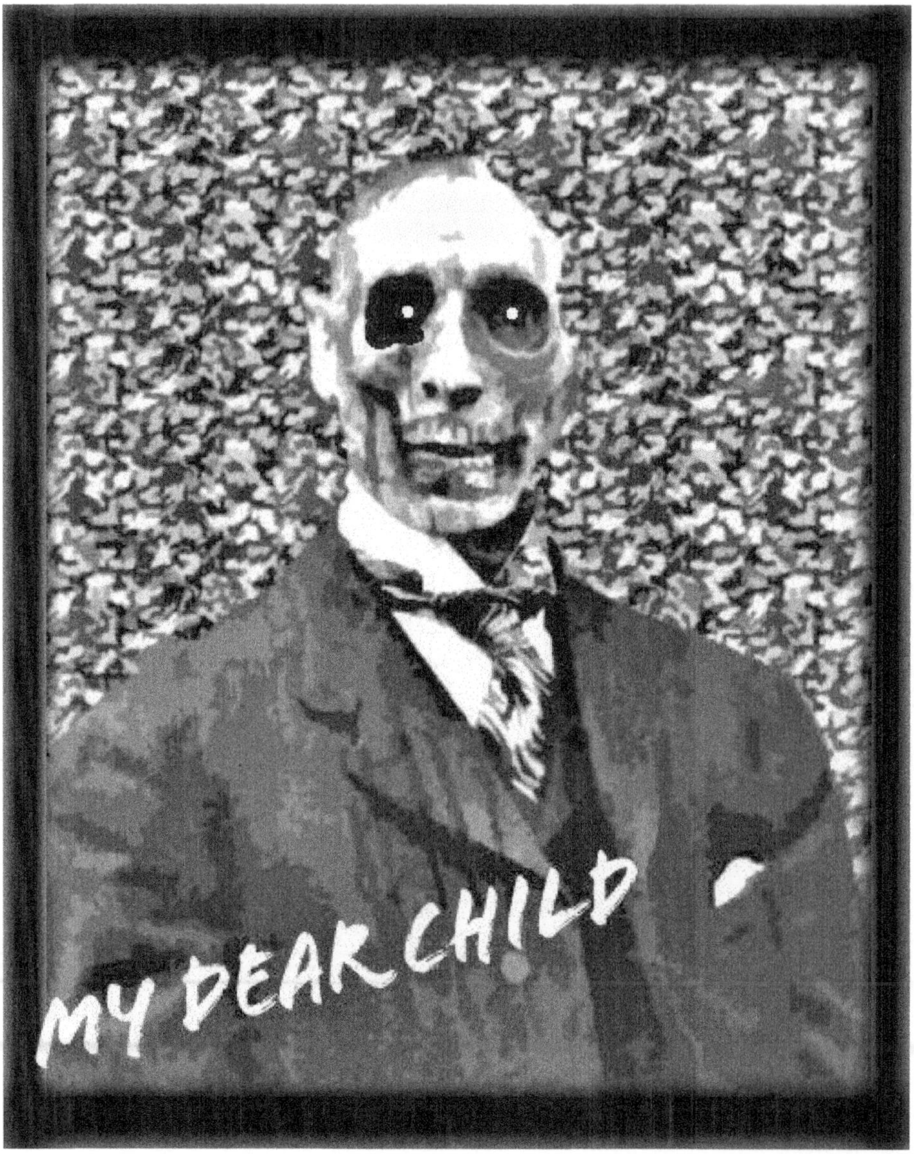
MY DEAR CHILD

LE LIVRE DES MÉDIUMS

OU

GUIDE DES MÉDIUMS ET DES ÉVOCATEURS

Contenant l'enseignement spécial des esprits sur la théorie de tous les genres de manifestations, les moyens de communiquer avec le monde invisible, le développement de la médiumnité, les difficultés et les écueils que l'on peut rencontrer dans la pratique du spiritisme
Pour faire suite au Livre des Esprits

SPIRITISME EXPÉRIMENTAL

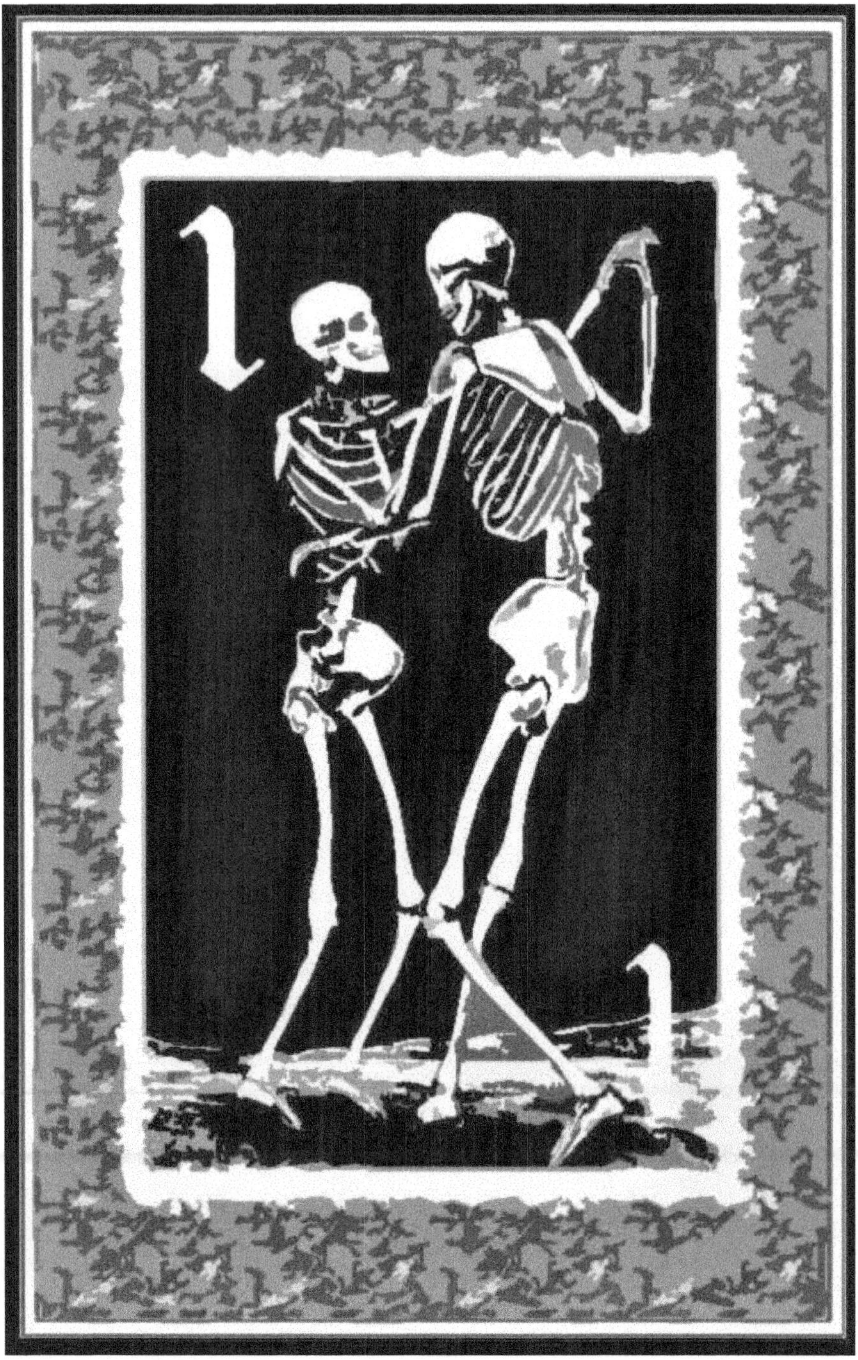
1
1

INTRODUCTION

L'expérience nous confirme tous les jours dans cette opinion que les difficultés et les mécomptes que l'on rencontre dans la pratique du spiritisme, ont leur source dans l'ignorance des principes de cette science, et nous sommes heureux d'avoir été à même de constater que le travail que nous avons fait pour prémunir les adeptes contre les écueils d'un noviciat, a porté ses fruits, et que beaucoup ont dû à la lecture de cet ouvrage d'avoir pu les éviter.

Un désir bien naturel, chez les personnes qui s'occupent de spiritisme, c'est de pouvoir entrer elles-mêmes en communication avec les Esprits ; c'est à leur aplanir la route que cet ouvrage est destiné, en les faisant profiter du fruit de nos longues et laborieuses études, car on s'en ferait une idée très fausse si l'on pensait que, pour être expert en cette matière, il suffit de savoir poser les doigts sur une table pour la faire tourner, ou tenir un crayon pour écrire.

On se tromperait également si l'on croyait trouver dans cet ouvrage une recette universelle et infaillible pour former des médiums. Bien que chacun renferme en soi-même le germe des qualités nécessaires pour le devenir, ces qualités n'existent qu'à des degrés très différents, et leur développement tient à des causes qu'il ne dépend de personne de faire naître à volonté. Les règles de la poésie, de la peinture et de la musique ne font ni des poètes, ni des peintres, ni des musiciens de ceux qui n'en ont pas le génie : elles guident dans l'emploi des facultés naturelles. Il en est de même de notre travail ; son objet est d'indiquer les moyens de développer la faculté médianimique autant que le permettent les dispositions de chacun, et surtout d'en diriger l'emploi d'une manière utile lorsque la faculté existe. Mais là n'est point le but unique que nous nous sommes proposé.

À côté des médiums proprement dits, il y a la foule qui s'accroit tous les jours des personnes qui s'occupent des manifestations spirites ; les guider dans leurs observations, leur signaler les écueils qu'elles peuvent et doivent nécessairement rencontrer dans une chose nouvelle, les initier à la manière de s'entretenir avec les Esprits, leur indiquer les moyens d'avoir de bonnes communications, tel est le cercle que nous devons embrasser sous peine de faire une chose incomplète. On ne sera donc point surpris de trouver dans notre travail des renseignements qui, au premier abord, pourraient y paraître étrangers : l'expérience en montrera l'utilité. Après l'avoir étudié avec soin, on comprendra mieux les faits dont on sera témoin ; le langage de certains Esprits paraîtra moins étrange. Comme instruction pratique, il ne s'adresse donc pas exclusivement aux médiums, mais à tous ceux qui sont à même de voir et d'observer les phénomènes spirites.

Quelques personnes auraient désiré que nous publiassions un manuel pratique très succinct, contenant en peu de mots l'indication des procédés à suivre pour entrer en communication avec les Esprits ; elles pensent qu'un livre de cette nature pouvant, par la modicité de son prix, être répandu à profusion, serait un puissant moyen de propagande, en multipliant les médiums ; quant à nous, nous regarderions un tel ouvrage comme plus nuisible qu'utile, pour le moment du moins. La pratique du spiritisme est entourée de beaucoup de difficultés, et n'est pas toujours exempte d'inconvénients qu'une étude sérieuse et complète peut seule prévenir. Il serait donc à craindre qu'une indication trop succincte ne provoquât des expériences faites avec légèreté, et dont on pourrait avoir lieu de se repentir ; ce sont de ces choses avec lesquelles il n'est ni *convenable*, ni prudent de jouer, et nous croirions rendre un mauvais service en les mettant à la disposition du premier étourdi venu qui trouverait plaisant de causer avec les morts. Nous nous adressons aux personnes qui voient dans le spiritisme un but sérieux, qui en comprennent toute la gravité, et ne se font pas un jeu des communications avec le monde invisible.

Nous avons publié une *Instruction pratique* dans le but de guider les médiums ; cet ouvrage est aujourd'hui épuisé et, quoiqu'il fût dans un but éminemment grave et sérieux, nous ne le réimprimerons pas, parce que nous ne le trouvons pas encore assez complet pour éclairer sur toutes les difficultés que l'on peut rencontrer. Nous l'avons remplacé par celui-ci, dans lequel nous avons réuni toutes les données qu'une longue expérience et une étude consciencieuse nous ont mis à même d'acquérir. Il contribuera, nous l'espérons du moins, à donner au spiritisme le caractère sérieux qui est son essence, et à détourner d'y voir un sujet d'occupation frivole et d'amusement.

À ces considérations nous en ajouterons une très importante, c'est la mauvaise impression que produit sur les personnes novices ou mal disposées, la vue d'expériences faites légèrement et sans connaissance de cause ; elles ont pour inconvénient de donner du monde des Esprits une idée très fausse et de prêter le flanc à la raillerie et à une critique souvent fondée ; c'est pourquoi les incrédules sortent de ces réunions rarement convertis, et peu disposés à voir un côté sérieux dans le spiritisme. L'ignorance et la légèreté de certains médiums ont fait plus de tort qu'on ne le croit dans l'opinion de beaucoup de gens.

Le spiritisme a fait de grands progrès depuis quelques années, mais il en a fait surtout d'immenses depuis qu'il est entré dans la voie philosophique, parce qu'il a été apprécié par les gens éclairés. Aujourd'hui, ce n'est plus un spectacle : c'est une doctrine dont ne se rient plus ceux qui se moquaient des tables tournantes. En faisant nos efforts pour l'amener et le maintenir sur ce terrain, nous avons la conviction de lui conquérir plus de partisans utiles qu'en provoquant à tort et à travers des manifestations dont on pourrait abuser. Nous en avons tous les jours la preuve par le nombre d'adeptes qu'a faits la seule lecture du *Livre des Esprits*.

Après avoir exposé dans le *Livre des Esprits* la partie philosophique de la science spirite, nous donnons dans cet ouvrage la partie pratique à l'usage de ceux qui veulent s'occuper des manifestations, soit par eux-mêmes, soit pour se rendre compte des phénomènes qu'ils peuvent être appelés à voir. Ils y verront les écueils qu'on peut rencontrer, et auront ainsi un moyen de les éviter. Ces deux ouvrages, quoique faisant suite l'un à l'autre, sont jusqu'à un certain point indépendants l'un de l'autre ; mais à quiconque voudra s'occuper sérieusement de la chose, nous dirons de lire d'abord le *Livre des Esprits*, parce qu'il contient des principes fondamentaux, sans lesquels certaines parties de celui-ci seraient peut-être difficilement comprises.

Des améliorations importantes ont été apportées à la seconde édition, beaucoup plus complète que la première. Elle a été corrigée avec un soin tout particulier par les Esprits qui y ont ajouté un très grand nombre de remarques et d'instructions du plus haut intérêt. Comme ils ont tout revu, qu'ils ont approuvé ou modifié à leur gré, on peut dire qu'elle est en grande partie leur ouvrage, car leur intervention ne s'est pas bornée aux quelques articles signés ; nous n'avons indiqué les noms que lorsque cela nous a paru nécessaire pour caractériser certaines citations un peu étendues, comme émanant d'eux textuellement, autrement il nous eût fallu les citer presque à chaque page, notamment à toutes les réponses faites aux questions proposées, ce qui ne nous a pas semblé utile. Les noms, comme on le sait, importent peu en pareille matière ; l'essentiel est que l'ensemble du travail réponde au but que nous nous sommes proposé. L'accueil fait à la première édition, quoiqu'imparfaite, nous fait espérer que celle-ci ne sera pas vue avec moins de faveur.

Comme nous y avons ajouté beaucoup de choses, et plusieurs chapitres entiers, nous avons supprimé quelques articles qui faisaient double emploi, entre autres l'*Échelle spirite* qui se trouve déjà dans le *Livre des Esprits*. Nous avons également supprimé du *Vocabulaire* ce qui ne rentrait pas spécialement dans le cadre de cet ouvrage, et qui se trouve utilement remplacé par des choses plus pratiques. Ce vocabulaire, d'ailleurs, n'était point assez complet ; nous le publierons plus tard séparément sous la forme d'un petit dictionnaire de philosophie spirite ; nous n'en avons conservé ici que les mots nouveaux ou spéciaux relatifs à l'objet dont nous nous occupons.

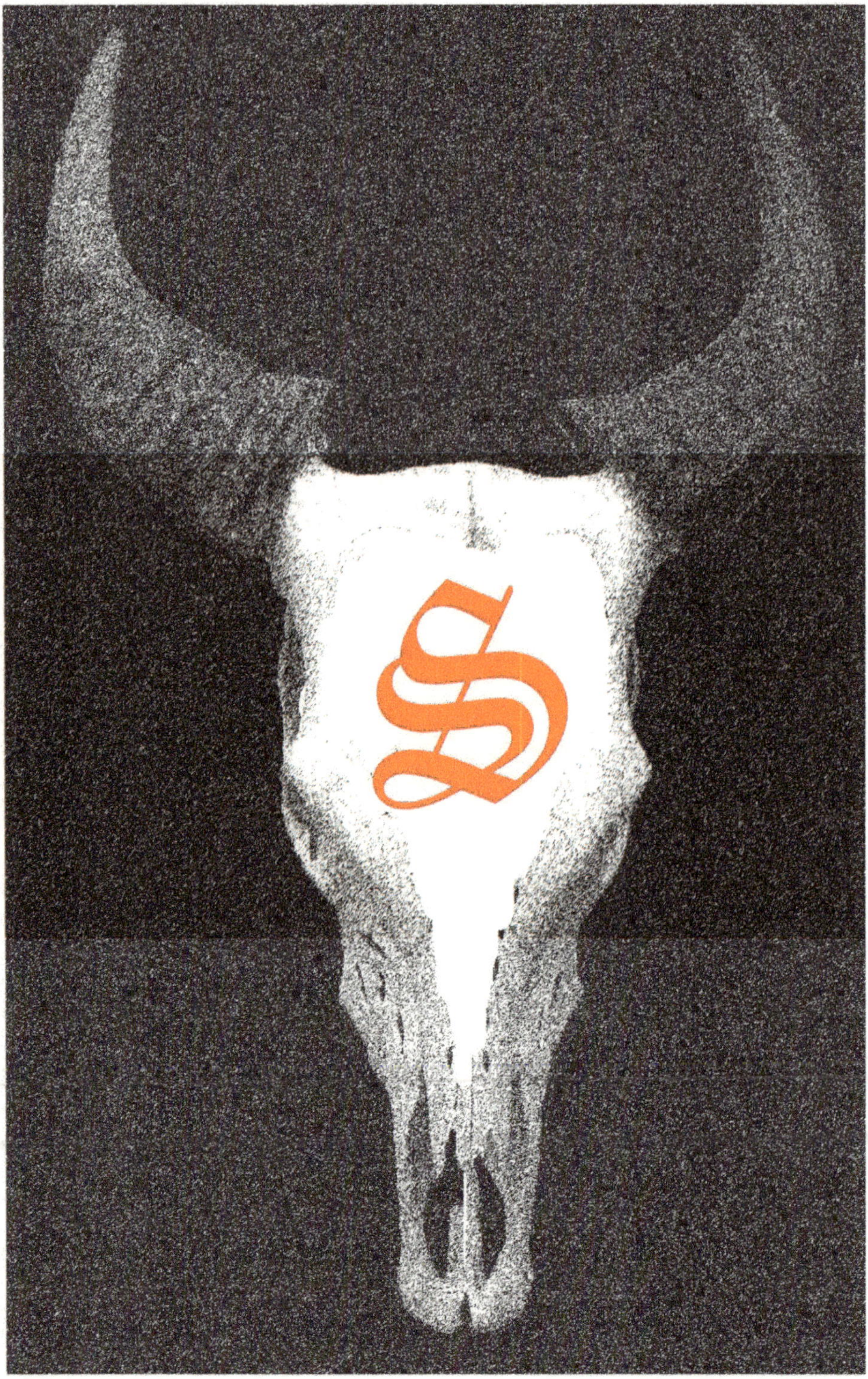
S

PREMIÈRE PARTIE

NOTIONS PRÉLIMINAIRES

2

CHAPITRE I
Y A-T-IL DES ESPRITS ?

1. Le doute concernant l'existence des Esprits a pour cause première l'ignorance de leur véritable nature. On se les figure généralement comme des êtres à part dans la création, et dont la nécessité n'est pas démontrée. Beaucoup ne les connaissent que par les contes fantastiques dont ils ont été bercés, à peu près comme on connaît l'histoire par les romans ; sans chercher si ces contes, dégagés des accessoires ridicules, reposent sur un fond de vérité, le côté absurde seul les frappe ; ne se donnant pas la peine d'enlever l'écorce amère pour découvrir l'amande, ils rejettent le tout, comme font, dans la religion, ceux qui, choqués de certains abus, confondent tout dans la même réprobation.

Quelle que soit l'idée que l'on se fasse des Esprits, cette croyance est nécessairement fondée sur l'existence d'un principe intelligent en dehors de la matière ; elle est incompatible avec la négation absolue de ce principe. Nous prenons donc notre point de départ dans l'existence, la survivance et l'individualité de l'âme, dont le *spiritualisme* est la démonstration théorique et dogmatique, et le *spiritisme* la démonstration patente. Faisons pour un instant abstraction des manifestations proprement dites, et, raisonnant par induction, voyons à quelles conséquences nous arriverons.

2. Du moment que l'on admet l'existence de l'âme et son individualité après la mort, il faut admettre aussi 1° qu'elle est d'une nature différente du corps, puisqu'une fois séparée elle n'en a plus les propriétés ; 2° qu'elle jouit de la conscience d'elle-même, puisqu'on lui attribue la joie ou la souffrance, autrement ce serait un être inerte, et autant vaudrait pour nous n'en pas avoir. Ceci admis, cette âme va quelque part ; que devient-elle et où va-t-elle ? Selon la croyance commune, elle va au ciel ou en enfer ; mais où sont le ciel et l'enfer ? On disait autrefois que le ciel était en haut et l'enfer en bas ; mais qu'est-ce que le haut et le bas dans l'univers, depuis que l'on connaît la rondeur de la terre, le mouvement des astres qui fait que ce qui est le haut à un moment donné devient le bas dans douze heures, l'infini de l'espace dans lequel l'œil plonge à des distances incommensurables ? Il est vrai que par lieux bas on entend aussi les profondeurs de la terre ; mais que sont devenues ces profondeurs depuis qu'elles ont été fouillées par la géologie ? Que sont également devenues ces sphères concentriques appelées ciel de feu, ciel des étoiles, depuis que l'on sait que la terre n'est pas le centre des mondes, que notre soleil lui-même n'est qu'un des millions de soleils qui brillent dans l'espace, et dont chacun est le centre d'un tourbillon planétaire ? Que devient l'importance de la terre perdue dans cette immensité ? Par quel privilège injustifiable ce grain de sable imperceptible qui ne se distingue ni par son volume, ni par sa position, ni par un rôle particulier, serait-il seul peuplé d'êtres raisonnables ? La raison se refuse à admettre cette inutilité

de l'infini, et tout nous dit que ces mondes sont habités. S'ils sont peuplés, ils fournissent donc leur contingent au monde des âmes ; mais encore une fois que deviennent ces âmes, puisque l'astronomie et la géologie ont détruit les demeures qui leur étaient assignées, et surtout depuis que la théorie si rationnelle de la pluralité des mondes les a multipliées à l'infini ? La doctrine de la localisation des âmes ne pouvant s'accorder avec les données de la science, une autre doctrine plus logique leur assigne pour domaine, non un lieu déterminé et circonscrit, mais l'espace universel : c'est tout un monde invisible au milieu duquel nous vivons, qui nous environne et nous coudoie sans cesse. Y a-t-il à cela une impossibilité, quelque chose qui répugne à la raison ? Nullement ; tout nous dit, au contraire, qu'il n'en peut être autrement. Mais alors que deviennent les peines et les récompenses futures, si vous leur ôtez les lieux spéciaux ? Remarquez que l'incrédulité à l'endroit de ces peines et récompenses est généralement provoquée parce qu'on les présente dans des conditions inadmissibles ; mais dites, au lieu de cela, que les âmes puisent leur bonheur ou leur malheur en elles-mêmes ; que leur sort est subordonné à leur état moral ; que la réunion des âmes sympathiques et bonnes est une source de félicité ; que, selon leur degré d'épuration, elles pénètrent et entrevoient des choses qui s'effacent devant des âmes grossières, et tout le monde le comprendra sans peine ; dites encore que les âmes n'arrivent au degré suprême que par les efforts qu'elles font pour s'améliorer et après une série d'épreuves qui servent à leur épuration ; que les anges sont les âmes arrivées au dernier degré que toutes peuvent atteindre avec de la bonne volonté ; que les anges sont les messagers de Dieu, chargés de veiller à l'exécution de ses desseins dans tout l'univers, qu'ils sont heureux de ces missions glorieuses, et vous donnez à leur félicité un but plus utile et plus attrayant que celui d'une contemplation perpétuelle qui ne serait autre chose qu'une inutilité perpétuelle ; dites enfin que les démons ne sont autres que les âmes des méchants non encore épurées, mais qui peuvent arriver comme les autres, et cela paraîtra plus conforme à la justice et à la bonté de Dieu que la doctrine d'êtres créés pour le mal et perpétuellement voués au mal. Encore une fois, voilà ce que la raison la plus sévère, la logique la plus rigoureuse, le bon sens, en un mot, peuvent admettre.

Or, ces âmes qui peuplent l'espace sont précisément ce que l'on appelle *Esprits* ; les *Esprits* ne sont donc autre chose que les âmes des hommes dépouillées de leur enveloppe corporelle. Si les Esprits étaient des êtres à part, leur existence serait plus hypothétique ; mais si l'on admet qu'il y a des âmes, il faut bien aussi admettre les Esprits qui ne sont autres que les âmes ; si l'on admet que les âmes sont partout, il faut admettre également que les Esprits sont partout. On ne saurait donc nier l'existence des Esprits sans nier celle des âmes.

3. Ceci n'est, il est vrai, qu'une théorie plus rationnelle que l'autre ; mais c'est déjà beaucoup qu'une théorie que ne contredisent ni la raison, ni la science ; si, de plus, elle est corroborée par les faits, elle a pour elle la sanction du raisonnement et de l'expérience. Ces faits, nous les trouvons dans le phénomène des manifestations spirites, qui sont ainsi la preuve patente de

l'existence et de la survivance de l'âme. Mais, chez beaucoup de gens, là s'arrête la croyance ; ils admettent bien l'existence des âmes et par conséquent celle des Esprits, mais ils nient la possibilité de communiquer avec eux, par la raison, disent-ils, que des êtres immatériels ne peuvent agir sur la matière. Ce doute est fondé sur l'ignorance de la véritable nature des Esprits dont on se fait généralement une idée très fausse, car on se les figure à tort comme des êtres abstraits, vagues et indéfinis, ce qui n'est pas.

Figurons-nous d'abord l'Esprit dans son union avec le corps ; l'Esprit est l'être principal, puisque c'est l'être *pensant et survivant* ; le corps n'est donc qu'un *accessoire* de l'Esprit, une enveloppe, un vêtement qu'il quitte quand il est usé. Outre cette enveloppe matérielle, l'Esprit en a une seconde, semi-matérielle, qui l'unit à la première ; à la mort, l'Esprit se dépouille de celle-ci, mais non de la seconde à laquelle nous donnons le nom de *périsprit*. Cette enveloppe semi-matérielle, qui affecte la forme humaine, constitue pour lui un corps fluidique, vaporeux, mais qui, pour être invisible pour nous dans son état normal, n'en possède pas moins quelques-unes des propriétés de la matière. L'Esprit n'est donc pas un point, une abstraction, mais un être limité et circonscrit, auquel il ne manque que d'être visible et palpable pour ressembler aux êtres humains. Pourquoi donc n'agirait-il pas sur la matière ? Est-ce parce que son corps est fluidique ? Mais n'est-ce pas parmi les fluides les plus raréfiés, ceux mêmes que l'on regarde comme impondérables, l'électricité, par exemple, que l'homme trouve ses plus puissants moteurs ? Est-ce que la lumière impondérable n'exerce pas une action chimique sur la matière pondérable ? Nous ne connaissons pas la nature intime du périsprit ; mais supposons-le formé de matière électrique, ou tout autre aussi subtile, pourquoi n'aurait-il pas la même propriété étant dirigé par une volonté ?

4. L'existence de l'âme et celle de Dieu, qui sont la conséquence l'une de l'autre, étant la base de tout l'édifice, avant d'entamer aucune discussion spirite, il importe de s'assurer si l'interlocuteur admet cette base. Si à ces questions :

Croyez-vous en Dieu ?

Croyez-vous avoir une âme ?

Croyez-vous à la survivance de l'âme après la mort ?

Il répond négativement, ou même s'il dit simplement : *Je ne sais ; je voudrais qu'il en fût ainsi, mais je n'en suis pas sûr*, ce qui, le plus souvent, équivaut à une négation polie, déguisée sous une forme moins tranchante pour éviter de heurter trop brusquement ce qu'il appelle des préjugés respectables, il serait tout aussi inutile d'aller au-delà que d'entreprendre de démontrer les propriétés de la lumière à l'aveugle qui n'admettrait pas la lumière ; car, en définitive, les manifestations spirites ne sont autre chose que les effets des propriétés de l'âme ; avec celui-là, c'est un tout autre ordre d'idées à suivre, si l'on ne veut pas perdre son temps.

Si la base est admise, non à titre de *probabilité*, mais comme chose avérée, incontestable, l'existence des Esprits en découle tout naturellement.

5. Reste maintenant la question de savoir si l'Esprit peut se communiquer à l'homme, c'est-à-dire s'il peut faire avec lui échange de pensées. Et

pourquoi non ? Qu'est-ce que l'homme, sinon un Esprit emprisonné dans un corps ? Pourquoi l'Esprit libre ne pourrait-il se communiquer avec l'Esprit captif, comme l'homme libre avec celui qui est enchaîné ? Dès lors que vous admettez la survivance de l'âme, est-il rationnel de ne pas admettre la survivance des affections ? Puisque les âmes sont partout, n'est-il pas naturel de penser que celle d'un être qui nous a aimés pendant sa vie vienne auprès de nous, qu'il désire se communiquer à nous, et qu'il se serve pour cela des moyens qui sont à sa disposition ? Pendant sa vie, n'agissait-il pas sur la matière de son corps ? N'est-ce pas lui qui en dirigeait les mouvements ? Pourquoi donc après sa mort, d'accord avec un autre Esprit lié à un corps, n'emprunterait-il pas ce corps vivant pour manifester sa pensée comme un muet peut se servir d'un parlant pour se faire comprendre ?

6. Faisons pour un instant abstraction des faits qui, pour nous, rendent la chose incontestable ; admettons-la à titre de simple hypothèse ; nous demandons que les incrédules nous prouvent, non par une simple négation, car leur avis personnel ne peut faire loi, mais par des raisons péremptoires, que cela ne se peut pas. Nous nous plaçons sur leur terrain, et puisqu'ils veulent apprécier les faits spirites à l'aide des lois de la matière, qu'ils puisent donc dans cet arsenal quelque démonstration mathématique, physique, chimique, mécanique, physiologique, et prouvent par a plus b, toujours en partant du principe de l'existence et de la survivance de l'âme :

1° Que l'être qui pense en nous pendant la vie ne doit plus penser après la mort ;

2° Que s'il pense, il ne doit plus penser à ceux qu'il a aimés ;

3° Que s'il pense à ceux qu'il a aimés, il ne doit plus vouloir se communiquer à eux ;

4° Que s'il peut être partout, il ne peut pas être à nos côtés ;

5° Que s'il est à nos côtés, il ne peut pas se communiquer à nous ;

6° Que par son enveloppe fluidique il ne peut pas agir sur la matière inerte ;

7° Que s'il peut agir sur la matière inerte, il ne peut pas agir sur un être animé ;

8° Que s'il peut agir sur un être animé, il ne peut pas diriger sa main pour le faire écrire ;

9° Que, pouvant le faire écrire, il ne peut pas répondre à ses questions et lui transmettre sa pensée.

Quand les adversaires du spiritisme nous auront démontré que cela ne se peut pas, par des raisons aussi patentes que celles par lesquelles Galilée démontra que ce n'est pas le soleil qui tourne autour de la terre, alors nous pourrons dire que leurs doutes sont fondés ; malheureusement jusqu'à ce jour toute leur argumentation se résume en ces mots : *Je ne crois pas, donc cela est impossible.* Ils nous diront sans doute que c'est à nous de prouver la réalité des manifestations ; nous la leur prouvons par les faits et par le raisonnement ; s'ils n'admettent ni l'un ni l'autre, s'ils nient même ce qu'ils voient, c'est à eux de prouver que notre raisonnement est faux et que les faits sont impossibles.

CHAPITRE II

LE MERVEILLEUX ET LE SURNATUREL

7. Si la croyance aux Esprits et à leurs manifestations était une conception isolée, le produit d'un système, elle pourrait, avec quelque apparence de raison, être suspectée d'illusion ; mais qu'on nous dise encore pourquoi on la retrouve si vivace chez tous les peuples anciens et modernes, dans les livres saints de toutes les religions connues ? C'est, disent quelques critiques, parce que, de tout temps, l'homme a aimé le merveilleux. - Qu'est-ce donc que le merveilleux, selon vous ? - Ce qui est surnaturel. - Qu'entendez-vous par le surnaturel ? - Ce qui est contraire aux lois de la nature. - Vous connaissez donc tellement bien ces lois qu'il vous est possible d'assigner une limite à la puissance de Dieu ? Eh bien ! alors prouvez que l'existence des Esprits et leurs manifestations sont contraires aux lois de la nature ; que ce n'est pas, et ne peut être une de ces lois. Suivez la doctrine spirite, et voyez si cet enchaînement n'a pas tous les caractères d'une admirable loi, qui résout tout ce que les lois philosophiques n'ont pu résoudre jusqu'à ce jour. La pensée est un des attributs de l'Esprit ; la possibilité d'agir sur la matière, de faire impression sur nos sens, et par suite de transmettre sa pensée, résulte, si nous pouvons nous exprimer ainsi, de sa constitution physiologique : donc il n'y a dans le fait rien de surnaturel, rien de merveilleux. Qu'un homme mort, et bien mort, revive corporellement, que ses membres dispersés se réunissent pour reformer son corps, voilà du merveilleux, du surnaturel, du fantastique ; ce serait là une véritable dérogation que Dieu ne peut accomplir que par un miracle, mais il n'y a rien de semblable dans la doctrine spirite.

8. Pourtant, dira-t-on, vous admettez qu'un Esprit peut enlever une table, et la maintenir dans l'espace sans point d'appui ; n'est-ce pas une dérogation à la loi de gravité ? - Oui, à la loi connue ; mais la nature a-t-elle dit son dernier mot ? Avant qu'on eût expérimenté la force ascensionnelle de certains gaz, qui eût dit qu'une lourde machine portant plusieurs hommes peut triompher de la force d'attraction ? Aux yeux du vulgaire cela ne devait-il pas paraître merveilleux, diabolique ? Celui qui eût proposé, il y a un siècle, de transmettre une dépêche à 500 lieues, et d'en recevoir la réponse en quelques minutes, eût passé pour un fou ; s'il l'eût fait, on aurait cru qu'il avait le diable à ses ordres, car alors le diable seul était capable d'aller si vite. Pourquoi donc un fluide inconnu n'aurait-il pas la propriété, dans des circonstances données, de contrebalancer l'effet de la pesanteur, comme l'hydrogène contrebalance le poids du ballon ? Ceci, remarquons-le en passant, est une comparaison, mais non une assimilation, et uniquement pour montrer, par analogie, que le fait n'est pas physiquement impossible. Or, c'est précisément quand les savants, dans l'observation de ces sortes de phénomènes, ont voulu procéder par voie d'assimilation qu'ils se sont fourvoyés. Au reste, le fait est là ; toutes les dénégations ne pourront faire qu'il

ne soit pas, car nier n'est pas prouver ; pour nous, il n'a rien de surnaturel ; c'est tout ce que nous en pouvons dire pour le moment.

9. Si le fait est constaté, dira-t-on, nous l'acceptons, nous acceptons même la cause que vous venez d'assigner, celle d'un fluide inconnu ; mais qui prouve l'intervention des Esprits ? Là est le merveilleux, le surnaturel.

Il faudrait ici toute une démonstration qui ne serait pas à sa place, et ferait d'ailleurs double emploi, car elle ressort de toutes les autres parties de l'enseignement. Toutefois, pour la résumer en quelques mots, nous dirons qu'elle est fondée, en théorie, sur ce principe : tout effet intelligent doit avoir une cause intelligente ; en pratique : sur cette observation que les phénomènes dits spirites, ayant donné des preuves d'intelligence, devaient avoir leur cause en dehors de la matière ; que cette intelligence n'étant pas celle des assistants - ceci est un résultat d'expérience, - devait être en dehors d'eux ; puisqu'on ne voyait pas l'être agissant, c'était donc un être invisible. C'est alors que d'observation en observation on est arrivé à reconnaître que cet être invisible, auquel on a donné le nom d'Esprit, n'est autre que l'âme de ceux qui ont vécu corporellement, et que la mort a dépouillés de leur grossière enveloppe visible, ne leur laissant qu'une enveloppe éthérée, invisible dans son état normal. Voilà donc le merveilleux et le surnaturel réduits à leur plus simple expression. L'existence d'êtres invisibles une fois constatée, leur action sur la matière résulte de la nature de leur enveloppe fluidique ; cette action est intelligente, parce qu'en mourant ils n'ont perdu que leur corps, mais ont conservé l'intelligence qui est leur essence ; là est la clef de tous ces phénomènes réputés à tort surnaturels. L'existence des Esprits n'est donc point un système préconçu, une hypothèse imaginée pour expliquer les faits ; c'est un résultat d'observations, et la conséquence naturelle de l'existence de l'âme ; nier cette cause, c'est nier l'âme et ses attributs. Que ceux qui penseraient pouvoir donner de ces effets intelligents une solution plus rationnelle, pouvant surtout rendre raison de *tous les faits*, veuillent bien le faire, et alors on pourra discuter le mérite de chacune.

10. Aux yeux de ceux qui regardent la matière comme la seule puissance de la nature, *tout ce qui ne peut être expliqué par les lois de la matière est merveilleux ou surnaturel* ; et pour eux, *merveilleux* est synonyme de *superstition*. À ce titre, la religion, fondée sur l'existence d'un principe immatériel, serait un tissu de superstitions ; ils n'osent le dire tout haut, mais ils le disent tout bas, et ils croient sauver les apparences en concédant qu'il faut une religion pour le peuple et pour faire que les enfants soient sages ; or, de deux choses l'une, ou le principe religieux est vrai, ou il est faux ; s'il est vrai, il l'est pour tout le monde ; s'il est faux, il n'est pas meilleur pour les ignorants que pour les gens éclairés.

11. Ceux qui attaquent le spiritisme au nom du merveilleux s'appuient donc généralement sur le principe matérialiste, puisqu'en déniant tout effet extra matériel, ils dénient, par cela même, l'existence de l'âme ; sondez le fond de leur pensée, scrutez bien le sens de leurs paroles, et vous verrez presque toujours ce principe, s'il est catégoriquement formulé, poindre sous les dehors d'une prétendue philosophie rationnelle dont ils le couvrent. En

rejetant sur le compte du merveilleux tout ce qui découle de l'existence de l'âme, ils sont donc conséquents avec eux-mêmes ; n'admettant pas la cause, ils ne peuvent admettre les effets ; de là, chez eux, une opinion préconçue qui les rend impropres à juger sainement du spiritisme, parce qu'ils partent du principe de la négation de tout ce qui n'est pas matériel. Quant à nous, de ce que nous admettons les effets qui sont la conséquence de l'existence de l'âme, s'ensuit-il que nous acceptions tous les faits qualifiés de merveilleux ; que nous soyons les champions de tous les rêveurs, les adeptes de toutes les utopies, de toutes les excentricités systématiques ? Il faudrait bien peu connaître le spiritisme pour le penser ; mais nos adversaires n'y regardent pas de si près ; la nécessité de connaître ce dont ils parlent est le moindre de leurs soucis. Selon eux, le merveilleux est absurde ; or le spiritisme s'appuie sur des faits merveilleux, donc le spiritisme est absurde : c'est pour eux un jugement sans appel. Ils croient opposer un argument sans réplique quand, après avoir fait d'érudites recherches sur les convulsionnaires de Saint Médard, les camisards des Cévennes, ou les religieuses de Loudun, ils sont arrivés à y découvrir des faits patents de supercherie que personne ne conteste ; mais ces histoires sont-elles l'évangile du spiritisme ? Ses partisans ont-ils nié que le charlatanisme ait exploité certains faits à son profit ; que l'imagination en ait créé ; que le fanatisme en ait exagéré beaucoup ? Il n'est pas plus solidaire des extravagances qu'on peut commettre en son nom, que la vraie science ne l'est des abus de l'ignorance, ni la vraie religion des excès du fanatisme. Beaucoup de critiques ne jugent le spiritisme que sur les contes de fées et les légendes populaires qui en sont les fictions ; autant vaudrait juger l'histoire sur les romans historiques ou les tragédies.

12. En logique élémentaire, pour discuter une chose il faut la connaître, car l'opinion d'un critique n'a de valeur qu'autant qu'il parle en parfaite connaissance de cause ; alors seulement, son opinion, fût-elle erronée, peut être prise en considération ; mais de quel poids est-elle sur une matière qu'il ne connaît pas ? Le vrai critique doit faire preuve, non seulement d'érudition, mais d'un savoir profond à l'endroit de l'objet qu'il traite, d'un jugement sain, et d'une impartialité à toute épreuve, autrement le premier ménétrier venu pourrait s'arroger le droit de juger Rossini, et un rapin celui de censurer Raphaël.

13. Le spiritisme n'accepte donc point tous les faits réputés merveilleux ou surnaturels ; loin de là, il démontre l'impossibilité d'un grand nombre et le ridicule de certaines croyances qui constituent, à proprement parler, la superstition. Il est vrai que dans ce qu'il admet, il y a des choses qui, pour les incrédules, sont du merveilleux tout pur, autrement dit de la superstition, soit ; mais au moins, ne discutez que ces points, car sur les autres il n'a rien à dire, et vous prêchez des convertis. En vous attaquant à ce qu'il réfute lui-même, vous prouvez votre ignorance de la chose, et vos arguments tombent à faux. Mais où s'arrête la croyance du spiritisme, dira-t-on ? Lisez, observez, et vous le saurez. Toute science ne s'acquiert qu'avec le temps et l'étude ; or, le spiritisme qui touche aux questions les plus graves de la philosophie, à toutes les branches de l'ordre social, qui embrasse à la fois l'homme physique et l'homme moral, est lui-même toute une science, toute

une philosophie qui ne peut pas plus être apprise en quelques heures que toute autre science ; il y aurait autant de puérilité à voir tout le spiritisme dans une table tournante, qu'à voir toute la physique dans certains jouets d'enfant. Pour quiconque ne veut pas s'arrêter à la surface, ce ne sont pas des heures, mais des mois et des années qu'il faut pour en sonder tous les arcanes. Qu'on juge, par là, du degré de savoir et de la valeur de l'opinion de ceux qui s'arrogent le droit de juger, parce qu'ils ont vu une ou deux expériences, le plus souvent en manière de distraction et de passe-temps. Ils diront sans doute qu'ils n'ont pas le loisir de donner tout le temps nécessaire à cette étude, soit ; rien ne les y contraint ; mais alors, quand on n'a pas le temps d'apprendre une chose, on ne se mêle pas d'en parler, et encore moins de la juger, si l'on ne veut être accusé de légèreté ; or, plus on occupe une position élevée dans la science, moins on est excusable de traiter légèrement un sujet que l'on ne connaît pas.

14. Nous nous résumons dans les propositions suivantes :

1° Tous les phénomènes spirites ont pour principe l'existence de l'âme, sa survivance au corps et ses manifestations ;

2° Ces phénomènes étant fondés sur une loi de la nature n'ont rien de *merveilleux* ni de *surnaturel* dans le sens vulgaire de ces mots ;

3° Beaucoup de faits ne sont réputés surnaturels que parce qu'on n'en connaît pas la cause ; le spiritisme en leur assignant une cause les fait rentrer dans le domaine des phénomènes naturels ; 4° Parmi les faits qualifiés de surnaturels, il en est beaucoup dont le spiritisme démontre l'impossibilité, et qu'il range parmi les croyances superstitieuses ;

5° Bien que le spiritisme reconnaisse dans beaucoup de croyances populaires un fond de vérité, il n'accepte nullement la solidarité de toutes les histoires fantastiques créées par l'imagination ;

6° Juger le spiritisme sur les faits qu'il n'admet pas, c'est faire preuve d'ignorance, et ôter toute valeur à son opinion ;

7° L'explication des faits admis par le spiritisme, leurs causes et leurs conséquences morales, constituent toute une science et toute une philosophie, qui requiert une étude sérieuse, persévérante et approfondie ;

8° Le spiritisme ne peut regarder comme critique sérieux que celui qui aurait tout vu, tout étudié, tout approfondi, avec la patience et la persévérance d'un observateur consciencieux ; qui en saurait autant sur ce sujet que l'adepte le plus éclairé ; qui aurait, par conséquent, puisé ses connaissances ailleurs que dans les romans de la science ; à qui on ne pourrait opposer *aucun fait* dont il n'eût connaissance, aucun argument qu'il n'eût médité ; qu'il réfuterait, non par des négations, mais par d'autres arguments plus péremptoires ; qui pourrait enfin assigner une cause plus logique aux faits avérés. Ce critique est encore à trouver.

15. Nous avons tout à l'heure prononcé le mot *miracle* ; une courte observation à ce sujet ne sera pas déplacée dans ce chapitre sur le merveilleux.

Dans son acception primitive, et par son étymologie, le mot miracle signifie *chose extraordinaire, chose admirable à voir* ; mais ce mot, comme tant d'autres, s'est écarté du sens originaire, et aujourd'hui il se dit (selon l'Académie) *d'un acte de la puissance divine contraire aux lois communes de la nature.* Telle est, en effet, son acception usuelle, et ce n'est plus que par comparaison et par métaphore qu'on l'applique aux choses vulgaires qui nous surprennent et dont la cause est inconnue. Il n'entre nullement dans nos vues d'examiner si Dieu a pu juger utile, en certaines circonstances, de déroger aux lois établies par lui-même ; notre but est uniquement de démontrer que les phénomènes spirites, quelque extraordinaires qu'ils soient, ne dérogent nullement à ces lois, n'ont aucun caractère miraculeux, pas plus qu'ils ne sont merveilleux ou surnaturels. Le miracle ne s'explique pas ; les phénomènes spirites, au contraire, s'expliquent de la manière la plus rationnelle ; ce ne sont donc pas des miracles, mais de simples effets qui ont leur raison d'être dans les lois générales. Le miracle a encore un autre caractère, c'est d'être insolite et isolé. Or, du moment qu'un fait se reproduit, pour ainsi dire, à volonté, et par diverses personnes, ce ne peut être un miracle.

La science fait tous les jours des miracles aux yeux des ignorants : voilà pourquoi jadis ceux qui en savaient plus que le vulgaire passaient pour sorciers ; et comme on croyait que toute science surhumaine venait du diable, on les brûlait. Aujourd'hui qu'on est beaucoup plus civilisé, on se contente de les envoyer aux Petites-Maisons.

Qu'un homme réellement mort, comme nous l'avons dit en commençant, soit rappelé à la vie par une intervention divine, c'est là un véritable miracle, parce que c'est contraire aux lois de la nature. Mais si cet homme n'a que les apparences de la mort, s'il y a encore en lui un reste de *vitalité latente*, et que la science, ou une action magnétique, parvienne à le ranimer, pour les gens éclairés c'est un phénomène naturel ; mais aux yeux du vulgaire ignorant, le fait passera pour miraculeux, et l'auteur sera pourchassé à coups de pierres ou vénéré selon le caractère des individus. Qu'au milieu de certaines campagnes, un physicien lance un cerf-volant électrique et fasse tomber la foudre sur un arbre, ce nouveau Prométhée sera certainement regardé comme armé d'une puissance diabolique ; et, soit dit en passant, Prométhée nous semble singulièrement avoir devancé Franklin ; mais Josué arrêtant le mouvement du soleil, ou plutôt de la terre, voilà le véritable miracle, car nous ne connaissons aucun magnétiseur doué d'une assez grande puissance pour opérer un tel prodige. De tous les phénomènes spirites, un des plus extraordinaires est, sans contredit, celui de l'écriture directe, et l'un de ceux qui démontrent de la manière la plus patente l'action des intelligences occultes ; mais de ce que le phénomène est produit par des êtres occultes, il n'est pas plus miraculeux que tous les autres phénomènes qui sont dus à des agents invisibles, parce que ces êtres occultes, qui peuplent les espaces, sont une des puissances de la nature, puissance dont l'action est incessante sur le monde matériel, aussi bien que sur le monde moral.

Le spiritisme, en nous éclairant sur cette puissance, nous donne la clef d'une foule de choses inexpliquées et inexplicables par tout autre moyen, et qui ont pu, dans des temps reculés, passer pour des prodiges ; il révèle, de même que le magnétisme, une loi, sinon inconnue, du moins mal comprise ; ou, pour mieux dire, on connaissait les effets, car ils se sont produits de tout temps, mais on ne connaissait pas la loi, et c'est l'ignorance de cette loi qui a engendré la superstition. Cette loi connue, le merveilleux disparaît, et les phénomènes rentrent dans l'ordre des choses naturelles. Voilà pourquoi les spirites ne font pas plus de miracles en faisant tourner une table ou écrire des trépassés, que le médecin en faisant revivre un moribond, ou le physicien en faisant tomber la foudre. Celui qui prétendrait, à l'aide de cette science, *faire des miracles* serait ou un ignorant de la chose, ou un faiseur de dupes.

16. Les phénomènes spirites, de même que les phénomènes magnétiques, avant qu'on en connût la cause, ont dû passer pour des prodiges ; or, comme les sceptiques, les esprits forts, c'est-à-dire ceux qui ont le privilège exclusif de la raison et du bon sens, ne croient pas qu'une chose soit possible du moment qu'ils ne la comprennent pas, voilà pourquoi tous les faits réputés prodigieux sont l'objet de leurs railleries ; et comme la religion contient un grand nombre de faits de ce genre, ils ne croient pas à la religion, et de là à l'incrédulité absolue il n'y a qu'un pas. Le spiritisme, en expliquant la plupart de ces faits, leur donne une raison d'être. Il vient donc en aide à la religion en démontrant la possibilité de certains faits qui, pour n'avoir plus le caractère miraculeux, n'en sont pas moins extraordinaires, et Dieu n'en est ni moins grand, ni moins puissant, pour n'avoir pas dérogé à ses lois. De quels quolibets les enlèvements de saint Cupertin n'ont-ils pas été l'objet ! Or, la suspension éthéréenne des corps graves est un fait expliqué par la loi spirite ; nous en avons été *personnellement témoin oculaire*, et M. Home, ainsi que d'autres personnes de notre connaissance, ont renouvelé à plusieurs reprises le phénomène produit par saint Cupertin. Donc ce phénomène rentre dans l'ordre des choses naturelles.

17. Au nombre des faits de ce genre, il faut placer en première ligne les apparitions, parce que ce sont les plus fréquents. Celle de la Salette, qui divise même le clergé, n'a pour nous rien d'insolite. Assurément, nous ne pouvons affirmer que le fait a eu lieu, parce que nous n'en avons pas la preuve matérielle ; mais, pour nous, il est possible, attendu que des milliers de faits analogues *récents* nous sont connus ; nous y croyons, non seulement parce que leur réalité est avérée pour nous, mais surtout parce que nous nous rendons parfaitement compte de la manière dont ils se produisaient. Qu'on veuille bien se reporter à la théorie que nous donnons plus loin des apparitions, et l'on verra que ce phénomène devient aussi simple et aussi plausible qu'une foule de phénomènes physiques qui ne sont prodigieux que faute d'en avoir la clef. Quant au personnage qui s'est présenté à la Salette, c'est une autre question ; son identité ne nous est nullement démontrée ; nous constatons simplement qu'une apparition peut avoir eu lieu, le reste n'est pas de notre compétence ; chacun peut à cet égard garder ses convictions, le spiritisme n'a pas à s'en occuper ; nous disons seulement que les faits produits par le spiritisme nous révèlent des lois nouvelles, et nous donnent la clef d'une foule de choses qui paraissaient surnaturelles ; si quelques-uns de ceux qui passaient pour miraculeux y trouvent une explication logique, c'est un motif pour ne pas se hâter de nier ce que l'on ne comprend pas.

Les phénomènes spirites sont contestés par certaines personnes, précisément parce qu'ils paraissent sortir de la loi commune et qu'on ne s'en rend pas compte. Donnez-leur une base rationnelle, et le doute cesse. L'explication, dans ce siècle où l'on ne se paye pas de mots, est donc un puissant motif de conviction ; aussi voyons-nous tous les jours des personnes qui n'ont été témoins d'aucun fait, qui n'ont vu ni une table tourner, ni un médium écrire, et qui sont aussi convaincues que nous, uniquement parce qu'elles ont lu et compris. Si l'on ne devait croire qu'à ce que l'on a vu de ses yeux, nos convictions se réduiraient à bien peu de chose.

CHAPITRE III
MÉTHODE

18. Le désir très naturel et très louable de tout adepte, désir qu'on ne saurait trop encourager, est de faire des prosélytes. C'est en vue de faciliter leur tâche que nous nous proposons d'examiner ici la marche la plus sûre, selon nous, pour atteindre ce but, afin de leur épargner des efforts inutiles.

Nous avons dit que le spiritisme est toute une science, toute une philosophie ; celui qui veut sérieusement le connaître doit donc, comme première condition, s'astreindre à une étude sérieuse, et se persuader que, pas plus que toute autre science, il ne peut s'apprendre en jouant. Le spiritisme, nous l'avons dit, touche à toutes les questions qui intéressent l'humanité ; son champ est immense, et c'est surtout dans ses conséquences qu'il convient de l'envisager. La croyance aux Esprits en forme sans doute la base, mais elle ne suffit pas plus pour faire un spirite éclairé, que la croyance en Dieu ne suffit pour faire un théologien. Voyons donc de quelle manière il convient de procéder à cet enseignement pour amener plus sûrement la conviction.

Que les adeptes ne soient point effrayés par ce mot d'enseignement ; il n'y a pas que l'enseignement donné du haut de la chaire ou de la tribune ; il y a aussi celui de la simple conversation. Toute personne qui cherche à en persuader une autre, soit par la voie des explications, soit par celles des expériences, fait de l'enseignement ; ce que nous désirons, c'est que sa peine porte des fruits, et c'est pour cela que nous croyons devoir donner quelques conseils, dont pourront également profiter ceux qui veulent s'instruire par eux-mêmes ; ils y trouveront le moyen d'arriver plus sûrement et plus promptement au but.

19. On croit généralement que pour convaincre, il suffit de montrer des faits ; cela semble en effet la marche la plus logique, et pourtant l'expérience montre que ce n'est pas toujours la meilleure, car on voit souvent des personnes que les faits les plus patents ne convainquent nullement. À quoi cela tient-il ? C'est ce que nous allons essayer de démontrer.

Dans le spiritisme, la question des Esprits est secondaire et consécutive ; ce n'est pas le point de départ, et là précisément est l'erreur dans laquelle on tombe, et qui souvent fait échouer vis-à-vis de certaines personnes. Les Esprits n'étant autre chose que les âmes des hommes, le véritable point de départ est donc l'existence de l'âme. Or, comment le matérialiste peut-il admettre que des êtres vivent en dehors du monde matériel, alors qu'il croit que lui-même n'est que matière ? Comment peut-il croire à des Esprits en dehors de lui, quand il ne croit pas en avoir un en lui ? En vain accumulerait-on à ses yeux les preuves les plus palpables, il les contestera toutes, parce qu'il n'admet pas le principe. Tout enseignement méthodique doit procéder du connu à l'inconnu ; pour le matérialiste, le connu c'est la matière ; partez donc de la matière, et tâchez avant tout, en la lui faisant observer, de le convaincre qu'en lui il y a quelque chose qui échappe aux lois de la matière ; en un mot, *avant de le rendre* SPIRITE, *tâchez de le rendre* SPIRITUALISTE ; mais pour cela, c'est un tout autre ordre de faits, un enseignement tout spécial auquel il faut procéder par d'autres moyens ; lui parler des Esprits avant qu'il soit convaincu d'avoir une âme, c'est commencer par où il faudrait finir, car il ne peut admettre la conclusion s'il n'admet pas les prémisses. Avant donc d'entreprendre de convaincre un incrédule, même par les faits, il convient de s'assurer de son opinion par rapport à l'âme, c'est-à-dire s'il croit à son existence, à sa survivance au corps, à son individualité après la mort ; si sa réponse est négative, ce serait peine perdue que de lui parler des Esprits. Voilà la règle ; nous ne disons pas qu'elle soit sans exception, mais alors c'est qu'il y a probablement une autre cause qui le rend moins réfractaire.

20. Parmi les matérialistes, il faut distinguer deux classes : dans la première, nous mettrons ceux qui le sont *par système* ; chez eux, ce n'est point le doute, c'est la négation absolue, raisonnée à leur manière ; à leurs yeux, l'homme n'est qu'une machine qui va tant qu'elle est montée, qui se détraque, et dont, après la mort, il ne reste que la carcasse. Leur nombre est heureusement fort restreint et ne constitue nulle part une école hautement avouée ; nous n'avons pas besoin d'insister sur les déplorables effets qui résulteraient pour l'ordre social de la vulgarisation d'une pareille doctrine ; nous nous sommes suffisamment étendus sur ce sujet dans le *Livre des Esprits* (n° 147 et conclusion § III).

Quand nous avons dit que le doute cesse chez les incrédules en présence d'une explication rationnelle, il faut en excepter les matérialistes quand même, ceux qui nient toute puissance et tout principe intelligent en dehors de la matière ; la plupart s'obstinent dans leur opinion par orgueil, et croient leur amour-propre engagé à y persister ; ils y persistent envers et contre toutes preuves contraires, parce qu'ils ne veulent pas avoir le dessous. Avec ces gens-là, il n'y a rien à faire ; il ne faut même pas se laisser prendre au faux-semblant de sincérité de ceux qui disent : faites-moi voir et je croirai. Il y en a qui sont plus francs et qui disent carrément : je verrais que je ne croirais pas.

21. La seconde classe de matérialistes, et de beaucoup la plus nombreuse, car le vrai matérialisme est un sentiment anti-naturel, comprend ceux qui le sont par indifférence, et l'on peut dire *faute de mieux* ; ils ne le sont pas de propos délibéré, et ne demandent pas mieux que de croire, car l'incertitude est pour eux un tourment. Il y a en eux une vague aspiration vers l'avenir ; mais cet avenir leur a été présenté sous des couleurs que leur raison ne peut accepter ; de là le doute, et, comme conséquence du doute, l'incrédulité. Chez eux, l'incrédulité n'est donc point un système ; aussi présentez-leur quelque chose de rationnel, et ils l'acceptent avec empressement ; ceux-là peuvent donc nous comprendre, car ils sont plus près de nous qu'ils ne le croient sans doute eux-mêmes. Avec le premier, ne parlez ni de révélation, ni des anges, ni du paradis, il ne vous comprendrait pas ; mais en vous plaçant sur son terrain, prouvez-lui d'abord que les lois de la physiologie sont impuissantes pour rendre raison de tout ; le reste viendra ensuite. Il en est tout autrement quand l'incrédulité n'est pas préconçue, car alors la croyance n'est pas

absolument nulle ; c'est un germe latent étouffé par de mauvaises herbes, mais qu'une étincelle peut ranimer ; c'est l'aveugle à qui on rend la vue, et qui est joyeux de revoir la lumière, c'est le naufragé à qui l'on tend une planche de salut.

22. À côté des matérialistes proprement dits, il y a une troisième classe d'incrédules qui, bien que spiritualistes, au moins de nom, n'en sont pas moins très réfractaires ; ce sont les *incrédules de mauvaise volonté*. Ceux-là seraient fâchés de croire, parce que cela troublerait leur quiétude dans les jouissances matérielles ; ils craignent d'y voir la condamnation de leur ambition, de leur égoïsme et des vanités humaines dont ils font leurs délices ; ils ferment les yeux pour ne pas voir et se bouchent les oreilles pour ne pas entendre. On ne peut que les plaindre.

23. Nous ne parlerons que pour mémoire d'une quatrième catégorie que nous appellerons celle des *incrédules intéressés* ou *de mauvaise foi*. Ceux-là savent très bien à quoi s'en tenir sur le spiritisme, mais ostensiblement ils le condamnent par des motifs d'intérêt personnel. D'eux, il n'y a rien à dire, comme il n'y a rien à faire avec eux. Si le matérialiste pur se trompe, il a au moins pour lui l'excuse de la bonne foi ; on peut le ramener en lui prouvant son erreur ; ici, c'est un parti pris contre lequel tous les arguments viennent se briser ; le temps se chargera de leur ouvrir les yeux et de leur montrer, peut-être à leurs dépens, où étaient leurs véritables intérêts, car ne pouvant empêcher la vérité de se répandre, ils seront entraînés par le torrent, et avec eux les intérêts qu'ils croyaient sauvegarder.

24. Outre ces diverses catégories d'opposants, il y a une infinité de nuances parmi lesquelles on peut compter *les incrédules par pusillanimité* : le courage leur viendra quand ils verront que les autres ne se brûlent pas ; *les incrédules par scrupules religieux* : une étude éclairée leur apprendra que le spiritisme s'appuie sur les bases fondamentales de la religion, et qu'il respecte toutes les croyances ; qu'un de ses effets est de donner des sentiments religieux à ceux qui n'en ont pas, de les fortifier chez ceux en qui ils sont chancelants ; puis viennent les incrédules par orgueil, par esprit de contradiction, par insouciance, par légèreté, etc.

25. Nous ne pouvons omettre une catégorie que nous appellerons celle des *incrédules par déceptions*. Elle comprend les personnes qui ont passé d'une confiance exagérée à l'incrédulité, parce qu'elles ont éprouvé des mécomptes ; alors, découragées, elles ont tout abandonné, tout rejeté. Elles sont dans le cas de celui qui nierait la bonne foi, parce qu'il aurait été trompé. C'est encore le résultat d'une étude incomplète du spiritisme et d'un défaut d'expérience. Celui qui est mystifié par les Esprits, c'est généralement parce qu'il leur demande ce qu'ils ne doivent pas ou ne peuvent pas dire, ou parce qu'il n'est pas assez éclairé sur la chose pour discerner la vérité de l'imposture. Beaucoup, d'ailleurs, ne voient dans le spiritisme qu'un nouveau moyen de divination, et s'imaginent que les Esprits sont faits pour dire la bonne aventure ; or, les Esprits légers et moqueurs ne se font pas faute de s'amuser à leurs dépens : c'est ainsi qu'ils annonceront des maris aux jeunes filles ; à l'ambitieux, des honneurs, des héritages, des trésors cachés, etc. ; de là sou-

vent des déceptions désagréables, mais dont l'homme sérieux et prudent sait toujours se préserver.

26. Une classe très nombreuse, la plus nombreuse même de toutes, mais qui ne saurait être rangée parmi les opposants, est celle des *incertains* ; ils sont généralement *spiritualistes* par principe ; chez la plupart, il y a une vague intuition des idées spirites, une aspiration vers quelque chose qu'ils ne peuvent définir ; il ne manque à leurs pensées que d'être coordonnées et formulées ; le spiritisme est pour eux comme un trait de lumière : c'est la clarté qui dissipe le brouillard ; aussi l'accueillent-ils avec empressement, parce qu'il les délivre des angoisses de l'incertitude.

27. Si, de là, nous jetons un coup d'œil sur les diverses catégories de *croyants*, nous trouverons d'abord *les spirites sans le savoir* ; c'est, à proprement parler, une variété ou une nuance de la classe précédente. Sans avoir jamais entendu parler de la doctrine spirite, ils ont le sentiment inné des grands principes qui en découlent, et ce sentiment se reflète dans certains passages de leurs écrits et de leurs discours, à tel point qu'en les entendant on les croirait complètement initiés. On en trouve de nombreux exemples dans les écrivains sacrés et profanes, dans les poètes, les orateurs, les moralistes, les philosophes anciens et modernes.

28. Parmi ceux qu'une étude directe a convaincus on peut distinguer :

1° Ceux qui croient purement et simplement aux manifestations. Le spiritisme est pour eux une simple science d'observation, une série de faits plus ou moins curieux ; nous les appellerons *spirites expérimentateurs* ;

2° Ceux qui voient dans le spiritisme autre chose que des faits ; ils en comprennent la partie philosophique ; ils admirent la morale qui en découle, mais ils ne la pratiquent pas. Son influence sur leur caractère est insignifiante ou nulle ; ils ne changent rien à leurs habitudes, et ne se priveraient pas d'une seule jouissance ; l'avare est toujours ladre, l'orgueilleux toujours plein de lui-même, l'envieux et le jaloux toujours hostiles ; pour eux, la charité chrétienne n'est qu'une belle maxime ; ce sont les *spirites imparfaits* ;

3° Ceux qui ne se contentent pas d'admirer la morale spirite, mais qui la pratiquent et en acceptent toutes les conséquences. Convaincus que l'existence terrestre est une épreuve passagère, ils tâchent de mettre à profit ces courts instants pour marcher dans la voie du progrès qui seul peut les élever dans la hiérarchie du monde des Esprits, en s'efforçant de faire le bien et de réprimer leurs penchants mauvais ; leurs relations sont toujours sûres, car leur conviction les éloigne de toute pensée du mal. La charité est en toutes choses la règle de leur conduite ; ce sont là les *vrais spirites* ou mieux *les spirites chrétiens*.

4° Il y a enfin les *spirites exaltés*. L'espèce humaine serait parfaite si elle ne prenait jamais que le bon côté des choses. L'exagération en tout est nuisible ; en spiritisme, elle donne une confiance trop aveugle et souvent puérile dans les choses du monde invisible, et fait accepter trop facilement et sans contrôle ce dont la réflexion et l'examen démontreraient l'absurdité ou l'impossibilité ; mais l'enthousiasme ne réfléchit pas ; il éblouit. Cette sorte d'adeptes est plus nuisible qu'utile à la cause du spiritisme ; ce sont les moins propres à convaincre, parce qu'on se défie avec raison de leur jugement ; ils sont de très bonne foi dupes, soit des Esprits mystificateurs, soit des hommes qui cherchent à exploiter leur crédulité. S'ils devaient en subir seuls les conséquences, il n'y aurait que demi-mal ; le pis, c'est qu'ils donnent sans le vouloir des armes aux incrédules qui cherchent bien plutôt les occasions de railler que de se convaincre, et ne manquent pas d'imputer à tous le ridicule de quelques-uns. Cela n'est sans doute ni juste ni rationnel ; mais, on le sait, les adversaires du spiritisme ne reconnaissent que leur raison comme étant de bon aloi, et connaître à fond ce dont ils parlent est le moindre de leurs soucis.

29. Les moyens de conviction varient extrêmement selon les individus ; ce qui persuade les uns ne produit rien sur d'autres ; tel est convaincu par certaines manifestations matérielles, tel autre par des communications intelligentes, le plus grand nombre par le raisonnement. Nous pouvons même dire que, pour la plupart de ceux qui ne sont pas préparés par le raisonnement, les phénomènes matériels sont de peu de poids ; plus ces phénomènes sont extraordinaires, et s'écartent davantage des lois connues, plus ils rencontrent d'opposition, et cela par une raison très simple, c'est qu'on est naturellement porté à douter d'une chose qui n'a pas une sanction rationnelle ; chacun l'envisage à son point de vue et se l'explique à sa manière : le matérialiste y voit une cause purement physique ou une supercherie ; l'ignorant et le superstitieux, une cause diabolique ou surnaturelle ; tandis qu'une explication préalable a pour effet de déduire les idées préconçues et de montrer, sinon la réalité, du moins la possibilité de la chose ; on la comprend avant de l'avoir vue ; or, du moment que la possibilité est reconnue, la conviction est aux trois quarts faite.

30. Est-il utile de chercher à convaincre un incrédule obstiné ? Nous avons dit que cela dépend des causes et de la nature de son incrédulité ; souvent, l'insistance que l'on met à le persuader lui fait croire à son importance personnelle, et c'est une raison pour lui de s'obstiner davantage. Celui qui n'est convaincu ni par le raisonnement ni par les faits, c'est qu'il doit subir encore l'épreuve de l'incrédulité ; il faut laisser à la Providence le soin d'amener pour lui des circonstances plus favorables ; assez de gens ne demandent qu'à recevoir la lumière pour ne pas perdre son temps avec ceux qui la repoussent ; adressez-vous donc aux hommes de bonne volonté dont le nombre est plus grand qu'on ne le croit, et leur exemple, en se multipliant, vaincra plus de résistances que des paroles. Le vrai spirite ne manquera jamais de bien à faire ; des cœurs affligés à soulager, des consolations à donner, des désespoirs à calmer, des réformes morales à opérer, là est sa mission ; là aussi, il trouvera sa véritable satisfaction. Le spiritisme est dans l'air ; il se répand par la force des choses, et parce qu'il rend heureux ceux qui le professent. Quand ses adversaires systématiques l'entendront retentir autour d'eux, chez leurs amis même, ils comprendront leur isolement, et seront forcés ou de se taire, ou de se rendre.

31. Pour procéder, dans l'enseignement du spiritisme, comme on le ferait pour les sciences ordinaires, il faudrait passer en revue toute la série des

phénomènes qui peuvent se produire, en commençant par les plus simples, et arriver successivement aux plus compliqués ; or, c'est ce qui ne se peut pas, car il serait impossible de faire un cours de spiritisme expérimental comme on fait un cours de physique et de chimie. Dans les sciences naturelles, on opère sur la matière brute qu'on manipule à volonté, et l'on est à peu près toujours certain de pouvoir en régler les effets ; dans le spiritisme, on a affaire à des intelligences qui ont leur liberté, et nous prouvent à chaque instant qu'elles ne sont pas soumises à nos caprices ; il faut donc observer, attendre les résultats, les saisir au passage ; aussi disons-nous hautement que *quiconque se flatterait de les obtenir à volonté ne peut être qu'un ignorant ou un imposteur* ; c'est pourquoi le spiritisme VRAI ne se mettra jamais en spectacle et ne montera jamais sur les tréteaux. Il y a même quelque chose d'illogique à supposer que des Esprits viennent faire la parade et se soumettre à l'investigation comme des objets de curiosité. Les phénomènes peuvent donc, ou faire défaut lorsqu'on en aurait besoin, ou se présenter dans un tout autre ordre que celui qu'on désire. Ajoutons encore que, pour les obtenir, il faut des personnes douées de facultés spéciales, et que ces facultés varient à l'infini selon l'aptitude des individus ; or, comme il est extrêmement rare que la même personne ait toutes les aptitudes, c'est une difficulté de plus, car il faudrait toujours avoir sous la main une véritable collection de médiums, ce qui n'est guère possible.

Le moyen d'obvier à cet inconvénient est très simple, c'est de commencer par la théorie ; là, tous les phénomènes sont passés en revue ; ils sont expliqués, on peut s'en rendre compte, en comprendre la possibilité, connaître les conditions dans lesquelles ils peuvent se produire et les obstacles qu'ils peuvent rencontrer ; quel que soit alors l'ordre dans lequel ils sont amenés par les circonstances, ils n'ont rien qui puisse surprendre. Cette marche offre encore un autre avantage, c'est d'épargner à celui qui veut opérer une foule de mécomptes ; prémuni contre les difficultés, il peut se tenir sur ses gardes, et éviter d'acquérir l'expérience à ses dépens.

Depuis que nous nous occupons de spiritisme, il nous serait difficile de dire le nombre des personnes qui sont venues auprès de nous, et parmi celles-ci combien nous en avons vu qui étaient restées indifférentes ou incrédules en présence des faits les plus patents, et qui n'ont été convaincues que plus tard par une explication raisonnée ; combien d'autres ont été prédisposées à la conviction par le raisonnement ; combien enfin ont été persuadées sans avoir rien vu, mais uniquement parce qu'elles avaient compris. C'est donc par expérience que nous parlons, et c'est aussi pourquoi nous disons que la meilleure méthode d'enseignement spirite est de s'adresser à la raison avant de s'adresser aux yeux. C'est celle que nous suivons dans nos leçons, et nous n'avons qu'à nous en applaudir[13].

32. L'étude préalable de la théorie a un autre avantage, c'est de montrer immédiatement la grandeur du but et la portée de cette science ; celui qui débute par voir une table tourner ou frapper est plus porté à la raillerie, parce qu'il se figure difficilement que d'une table puisse sortir une doctrine

---

[13] Notre enseignement théorique et pratique est toujours gratuit.

régénératrice de l'humanité. Nous avons toujours remarqué que ceux qui croient avant d'avoir vu, mais parce qu'ils ont lu et compris, loin d'être superficiels, sont au contraire ceux qui réfléchissent le plus ; s'attachant plus au fond qu'à la forme, pour eux la partie philosophique est le principal, les phénomènes proprement dits sont l'accessoire, et ils se disent qu'alors même que ces phénomènes n'existeraient pas, il n'en resterait pas moins une philosophie qui seule résout des problèmes insolubles jusqu'à ce jour ; qui seule donne du passé de l'homme et de son avenir la théorie la plus rationnelle ; or, ils préfèrent une doctrine qui explique à celles qui n'expliquent pas ou qui expliquent mal. Quiconque réfléchit comprend très bien qu'on pourrait faire abstraction des manifestations, et que la doctrine n'en subsisterait pas moins ; les manifestations viennent la corroborer, la confirmer, mais elles n'en sont pas la base essentielle ; l'observateur sérieux ne les repousse pas, au contraire, mais il attend les circonstances favorables qui lui permettront d'en être témoin. La preuve de ce que nous avançons, c'est qu'avant d'avoir entendu parler des manifestations, quantité de personnes avaient l'intuition de cette doctrine qui n'a fait que donner un corps, un ensemble à leurs idées.

33. Du reste, il ne serait pas exact de dire que ceux qui commencent par la théorie manquent de sujets d'observations pratiques ; ils en ont, au contraire, qui doivent avoir à leurs yeux un plus grand poids même que ceux que l'on pourrait produire devant eux, ce sont les faits nombreux de *manifestations spontanées* dont nous parlerons dans les chapitres suivants. Il est peu de personnes qui n'en aient connaissance au moins par ouï-dire ; beaucoup en ont eu elles-mêmes auxquels elles n'avaient prêté qu'une médiocre attention. La théorie a pour effet de leur en donner l'explication ; et nous disons que ces faits ont un grand poids, lorsqu'ils s'appuient sur des témoignages irrécusables, parce qu'on ne peut supposer ni préparations ni connivence. Si les phénomènes provoqués n'existaient pas, les phénomènes spontanés n'en subsisteraient pas moins, et le spiritisme n'aurait-il pour résultat que d'en donner une solution rationnelle, ce serait déjà beaucoup. Aussi, la plupart de ceux qui lisent par avance reportent leurs souvenirs sur ces faits qui sont pour eux une confirmation de la théorie.

34. On se méprendrait étrangement sur notre manière de voir si l'on supposait que nous conseillons de négliger les faits ; c'est par les faits que nous sommes arrivés à la théorie ; il est vrai qu'il nous a fallu pour cela un travail assidu de plusieurs années et des milliers d'observations ; mais puisque les faits nous ont servi et nous servent tous les jours, nous serions inconséquent avec nous-même d'en contester l'importance, alors surtout que nous faisons un livre destiné à les faire connaître. Nous disons seulement que, sans le raisonnement, ils ne suffisent pas pour déterminer la conviction ; qu'une explication préalable, en détruisant les préventions, et en montrant qu'ils n'ont rien de contraire à la raison, *dispose* à les accepter. Cela est si vrai, que sur dix personnes complètement novices qui assisteront à une séance d'expérimentation, fût-elle des plus satisfaisantes au point de vue des adeptes, il y en a neuf qui sortiront sans être convaincues, et quelques-unes plus incrédules qu'avant, parce que les expériences n'auront pas répondu à

leur attente. Il en sera tout autrement de celles qui pourront s'en rendre compte par une connaissance théorique anticipée ; pour elles, c'est un moyen de contrôle, mais rien ne les surprend, pas même l'insuccès, parce qu'elles savent dans quelles conditions les faits se produisent, et qu'il ne faut leur demander que ce qu'ils peuvent donner. L'intelligence préalable des faits les met donc à même de se rendre compte de toutes les anomalies, mais en outre elle leur permet d'y saisir une foule de détails, de nuances souvent très délicates, qui sont pour elles des moyens de conviction, et qui échappent à l'observateur ignorant. Tels sont les motifs qui nous engagent à n'admettre à nos séances expérimentales que les personnes possédant des notions préparatoires suffisantes pour comprendre ce qu'on y fait, persuadé que les autres y perdraient leur temps ou nous feraient perdre le nôtre.

35. Ceux qui voudront acquérir ces connaissances préliminaires par la lecture de nos ouvrages, voici l'ordre que nous leur conseillons :

1° *Qu'est-ce que le spiritisme* ? Cette brochure, d'une centaine de pages seulement, est un exposé sommaire des principes de la doctrine spirite, un coup d'œil général qui permet d'embrasser l'ensemble sous un cadre restreint. En peu de mots, on voit le but, et l'on peut juger de sa portée. On y trouve en outre la réponse aux principales questions ou objections que sont naturellement disposées à faire les personnes novices. Cette première lecture, qui ne demande que peu de temps, est une introduction qui facilite une étude plus approfondie.

2° *Le Livre des Esprits* ; il contient la doctrine complète dictée par les Esprits eux-mêmes avec toute sa philosophie et toutes ses conséquences morales ; c'est la destinée de l'homme dévoilée, l'initiation à la nature des Esprits et aux mystères de la vie d'outre-tombe. En le lisant, on comprend que le spiritisme a un but sérieux, et n'est pas un passe-temps frivole.

3° *Le Livre des médiums* ; il est destiné à diriger dans la pratique des manifestations, par la connaissance des moyens les plus propres pour communiquer avec les Esprits ; c'est un guide soit pour les médiums, soit pour les évocateurs, et le complément du *Livre des Esprits*.

4° *La Revue spirite* ; c'est un recueil varié de faits, d'explications théoriques et de morceaux détachés qui complètent ce qui est dit dans les deux précédents ouvrages, et qui en est en quelque sorte l'application. La lecture peut en être faite en même temps, mais elle sera plus profitable et plus intelligible surtout après celle du *Livre des Esprits*.

Voilà pour ce qui nous concerne. Ceux qui veulent tout connaître dans une science doivent nécessairement lire tout ce qui est écrit sur la matière, ou tout au moins les choses principales, et ne pas se borner à un seul auteur ; ils doivent même lire le pour et le contre, les critiques aussi bien que les apologies, s'initier aux différents systèmes afin de pouvoir juger par la comparaison. Sous ce rapport, nous ne préconisons ni ne critiquons aucun ouvrage, ne voulant influer en rien sur l'opinion qu'on peut s'en former ; apportant notre pierre à l'édifice, nous nous mettons sur les rangs : il ne nous appartient pas d'être juge et partie, et nous n'avons pas la ridicule prétention d'être seul dispensateur de la lumière ; c'est au lecteur à faire la part du bon et du mauvais, du vrai et du faux.

CHAPITRE IV
SYSTÈMES

36. Quand les phénomènes étranges du spiritisme ont commencé à se produire, ou pour mieux dire se sont renouvelés dans ces derniers temps, le premier sentiment qu'ils ont excité a été celui du doute sur leur réalité même, et encore plus sur leur cause. Lorsqu'ils ont été avérés par des témoignages irrécusables et par les expériences que chacun a pu faire, il est arrivé que chacun les a interprétés à sa manière, selon ses idées personnelles, ses croyances ou ses préventions ; de là, plusieurs systèmes qu'une observation plus attentive devait réduire à leur juste valeur.

Les adversaires du spiritisme ont cru trouver un argument dans cette divergence d'opinions en disant que les spirites eux-mêmes ne sont pas d'accord entre eux. C'était une bien pauvre raison, si l'on réfléchit que les pas de toute science naissante sont nécessairement incertains, jusqu'à ce que le temps ait permis de rassembler et de coordonner les faits qui peuvent asseoir l'opinion ; à mesure que les faits se complètent et sont mieux observés, les idées prématurées s'effacent et l'unité s'établit, du moins sur les points fondamentaux, si ce n'est dans tous les détails. C'est ce qui a eu lieu pour le spiritisme ; il ne pouvait échapper à la loi commune, et devait même, par sa nature, se prêter plus que toute autre chose à la diversité des interprétations. On peut même dire qu'à cet égard il a été plus vite que d'autres sciences ses aînées, la médecine, par exemple, qui divise encore les plus grands savants.

37. Dans l'ordre méthodique, pour suivre la marche progressive des idées, il convient de placer en tête ceux qu'on peut appeler *systèmes de la négation*, c'est-à-dire ceux des adversaires du spiritisme. Nous avons réfuté leurs objections dans l'introduction et dans la conclusion du *Livre des Esprits*, ainsi que dans le petit ouvrage intitulé : *Qu'est-ce que le spiritisme ?* Il serait superflu d'y revenir ici ; nous nous bornerons à rappeler en deux mots les motifs sur lesquels ils se fondent.

Les phénomènes spirites sont de deux sortes : les effets physiques et les effets intelligents. N'admettant pas l'existence des Esprits, par la raison qu'ils n'admettent rien en dehors de la matière, on conçoit qu'ils nient les effets intelligents. Quant aux effets physiques, ils les commentent à leur point de vue, et leurs arguments peuvent se résumer dans les quatre systèmes suivants.

38. *Système de charlatanisme*. Parmi les antagonistes, beaucoup attribuent ces effets à la supercherie, par la raison que quelques-uns ont pu être imités. Cette supposition transformerait tous les spirites en dupes, et tous les médiums en faiseurs de dupes, sans égard pour la position, le caractère, le savoir et l'honorabilité des personnes. Si elle méritait une réponse, nous dirions que certains phénomènes de la physique sont aussi imités par les prestidigitateurs, et que cela ne prouve rien contre la véritable science. Il est d'ailleurs des personnes dont le caractère écarte tout soupçon de fraude,

et il faut être dépourvu de tout savoir-vivre et de toute urbanité pour oser venir leur dire en face qu'elles sont complices de charlatanisme. Dans un salon très respectable, un monsieur, soi-disant bien élevé, s'étant permis une réflexion de cette nature, la dame de la maison lui dit : « Monsieur, puisque vous n'êtes pas content, on vous rendra votre argent à la porte ; » et d'un geste lui fit comprendre ce qu'il avait de mieux à faire. Est-ce à dire pour cela que jamais il n'y a eu d'abus ? Il faudrait, pour le croire, admettre que les hommes sont parfaits. On abuse de tout, même des choses les plus saintes ; pourquoi n'abuserait-on pas du spiritisme ? Mais le mauvais usage qu'on peut faire d'une chose ne peut rien faire préjuger contre la chose elle-même ; le contrôle qu'on peut avoir touchant la bonne foi des gens est dans les motifs qui les font agir. Où il n'y a pas spéculation, le charlatanisme n'a rien à faire.

39. *Système de la folie.* Quelques-uns, par condescendance, veulent bien écarter le soupçon de supercherie, et prétendent que ceux qui ne font pas des dupes sont dupes eux-mêmes : ce qui revient à dire qu'ils sont des imbéciles. Quand les incrédules y mettent moins de formes, ils disent tout simplement qu'on est fou, s'attribuant ainsi sans façon le privilège du bon sens. C'est là le grand argument de ceux qui n'ont point de bonne raison à opposer. Du reste, ce mode d'attaque est devenu ridicule à force de banalité, et ne mérite pas qu'on perde son temps à le réfuter. Les spirites, d'ailleurs, ne s'en émeuvent guère ; ils prennent bravement leur parti, et se consolent en songeant qu'ils ont pour compagnons d'infortune assez de gens dont le mérite ne saurait être contesté. Il faut en effet convenir que cette folie, si folie il y a, a un bien singulier caractère, c'est qu'elle atteint de préférence la classe éclairée, parmi laquelle le spiritisme compte jusqu'à présent l'immense majorité de ses adeptes. Si, dans le nombre, on rencontre quelques excentricités, elles ne prouvent pas plus contre cette doctrine que les fous religieux ne prouvent contre la religion ; les fous mélomanes, contre la musique ; les fous mathématiciens, contre les mathématiques. Toutes les idées ont trouvé des fanatiques exagérés, et il faudrait être doué d'un jugement bien obtus pour confondre l'exagération d'une chose avec la chose elle-même. Nous renvoyons, pour plus amples explications sur ce sujet, à notre brochure : *Qu'est-ce que le spiritisme ?* au *Livre des Esprits* (Introduction, § 15).

40. *Système de l'hallucination.* Une autre opinion, moins offensante en ce qu'elle a une petite couleur scientifique, consiste à mettre les phénomènes sur le compte de l'illusion des sens ; ainsi, l'observateur serait de très bonne foi ; seulement, il croirait voir ce qu'il ne voit pas. Quand il voit une table se soulever et se maintenir dans l'espace sans point d'appui, la table n'aurait pas bougé de place ; il la voit en l'air par une sorte de mirage ou un effet de réfraction comme celui qui fait voir un astre, ou un objet dans l'eau, hors de sa position réelle. Cela serait possible à la rigueur ; mais ceux qui ont été témoins de ce phénomène ont pu constater l'isolement en passant sous la table suspendue, ce qui paraît difficile si elle n'a pas quitté le sol. D'un autre côté, il est arrivé maintes fois que la table s'est brisée en tombant : dira-t-on aussi que ce n'est là qu'un effet d'optique ?

Une cause physiologique bien connue peut, sans doute, faire qu'on croie voir tourner une chose qui ne bouge pas, ou qu'on croie tourner soi-même quand on est immobile ; mais quand plusieurs personnes autour d'une table sont entraînées par un mouvement si rapide qu'elles ont de la peine à le suivre, que quelques-unes sont parfois jetées par terre, dira-t-on que toutes sont prises de vertige, comme l'ivrogne qui croit voir passer sa maison devant lui ?

41. *Système du muscle craqueur*. S'il en était ainsi pour la vue, il ne saurait en être de même pour l'ouïe, et quand des coups frappés sont entendus par toute une assemblée, on ne peut raisonnablement les attribuer à une illusion. Nous écartons, bien entendu, toute idée de fraude, et nous supposons qu'une observation attentive a constaté qu'ils ne sont dus à aucune cause fortuite ou matérielle.

Il est vrai qu'un savant médecin en a donné une explication péremptoire, selon lui[14]. « La cause en est, dit-il, dans les contractions volontaires ou involontaires du tendon du muscle court-péronier ». Il entre à ce sujet dans les détails anatomiques les plus complets pour démontrer par quel mécanisme ce tendon peut produire ces bruits, imiter les batteries du tambour et même exécuter des airs rythmés ; d'où il conclut que ceux qui croient entendre frapper des coups dans une table sont dupes ou d'une mystification, ou d'une illusion. Le fait n'est pas nouveau en lui-même ; malheureusement pour l'auteur de cette prétendue découverte, sa théorie ne peut rendre raison de tous les cas. Disons d'abord que ceux qui jouissent de la singulière faculté de faire craquer à volonté leur muscle court-péronier, ou tout autre, et de jouer des airs par ce moyen, sont des sujets exceptionnels ; tandis que celle de faire frapper les tables est très commune, et que ceux qui possèdent celle-ci ne jouissent pas tous, à beaucoup près, de la première. En second lieu, le savant docteur a oublié d'expliquer comment le craquement musculaire d'une personne immobile et isolée de la table peut y produire des vibrations sensibles au toucher ; comment ce bruit peut se répercuter à la volonté des assistants dans les différentes parties de la table, dans les autres meubles, contre les murs, au plafond, etc. ; comment, enfin, l'action de ce muscle peut s'étendre à une table qu'on ne touche pas, et la faire mouvoir. Cette explication, du reste, si c'en était une, n'infirmerait que le phénomène des coups frappés, mais ne peut concerner tous les autres modes de communications. Concluons-en qu'il a jugé sans avoir vu, ou sans avoir tout vu et bien vu. Il est toujours regrettable que des hommes de science se hâtent de donner sur ce qu'ils ne connaissent pas des explications que les faits peuvent démentir. Leur savoir même devrait les rendre d'autant plus circonspects dans leurs jugements, qu'il recule pour eux les bornes de l'inconnu.

42. *Système des causes physiques.* Ici, nous sortons du système de la négation absolue. La réalité des phénomènes étant avérée, la première pensée qui est naturellement venue à l'esprit de ceux qui les ont reconnus a été

---

[14] M. Jobert (de Lamballe). Pour être juste, il faut dire que cette découverte est due à M. Schiff : M. Jobert en a développé les conséquences devant l'Académie de médecins pour donner le coup de massue aux Esprits frappeurs. On en trouvera tous les détails dans la *Revue Spirite* du mois de juin 1859.

d'attribuer les mouvements au magnétisme, à l'électricité, ou à l'action d'un fluide quelconque, en un mot, à une cause toute physique et matérielle. Cette opinion n'avait rien d'irrationnel et elle aurait prévalu si le phénomène se fût borné à des effets purement mécaniques. Une circonstance même semblait la corroborer : c'était, dans certains cas, l'accroissement de la puissance en raison du nombre des personnes ; chacune d'elles pouvait ainsi être considérée comme un des éléments d'une pile électrique humaine. Ce qui caractérise une théorie vraie, nous l'avons dit, c'est de pouvoir rendre raison de tout ; mais si un seul fait vient la contredire, c'est qu'elle est fausse, incomplète ou trop absolue. Or, c'est ce qui n'a pas tardé d'arriver ici. Ces mouvements et ces coups ont donné des signes intelligents, en obéissant à la volonté et en répondant à la pensée ; ils devaient donc avoir une cause intelligente. Dès lors que l'effet cessait d'être purement physique, la cause, par cela même, devait avoir une autre source ; aussi le système de l'action *exclusive* d'un agent matériel a-t-il été abandonné et ne se retrouve que chez ceux qui jugent *a priori* et sans avoir vu. Le point capital est donc de constater l'action intelligente, et c'est ce dont peut se convaincre quiconque veut se donner la peine d'observer.

43. *Système du reflet*. L'action intelligente une fois reconnue, il restait à savoir quelle était la source de cette intelligence. On a pensé que ce pouvait être celle du médium ou des assistants, qui se réfléchissait comme la lumière ou les rayons sonores. Cela était possible : l'expérience seule pouvait dire son dernier mot. Mais d'abord, remarquons que ce système s'écarte déjà complètement de l'idée purement matérialiste ; pour que l'intelligence des assistants pût se reproduire par voie indirecte, il fallait admettre en l'homme un principe en dehors de l'organisme.

Si la pensée exprimée avait toujours été celle des assistants, la théorie de la réflexion eût été confirmée ; or, le phénomène, même réduit à cette proportion, n'était-il pas du plus haut intérêt ? La pensée se répercutant dans un corps inerte et se traduisant par le mouvement et le bruit, n'était-ce pas une chose bien remarquable ? N'y avait-il pas là de quoi piquer la curiosité des savants ? Pourquoi donc l'ont-ils dédaignée, eux qui s'épuisent à la recherche d'une fibre nerveuse ?

L'expérience seule, disons-nous, pouvait donner tort ou raison à cette théorie, et l'expérience lui a donné tort, car elle démontre à chaque instant, et par les faits les plus positifs, que la pensée exprimée peut être, non seulement étrangère à celle des assistants, mais que souvent elle y est entièrement contraire ; qu'elle vient contredire toutes les idées préconçues, déjouer toutes les prévisions ; en effet, quand je pense blanc et qu'il m'est répondu noir, il m'est difficile de croire que la réponse vienne de moi. On s'appuie sur quelques cas d'identité entre la pensée exprimée et celle des assistants ; mais qu'est-ce que cela prouve, sinon que les assistants peuvent penser comme l'intelligence qui se communique ? Il n'est pas dit qu'ils doivent toujours être d'opinion opposée. Lorsque, dans la conversation, l'interlocuteur émet une pensée analogue à la vôtre, direz-vous pour cela qu'elle vient de vous ? Il suffit de quelques exemples contraires bien constatés pour prouver que cette théorie ne peut être absolue. Comment, d'ailleurs, expliquer par la réflexion de la pensée, l'écriture produite par des personnes qui ne savent pas écrire, les réponses de la plus haute portée philosophique obtenues par des personnes illettrées, celles qui sont données à des questions mentales ou dans une langue inconnue du médium, et mille autres faits qui ne peuvent laisser de doute sur l'indépendance de l'intelligence qui se manifeste ? L'opinion contraire ne peut être que le résultat d'un défaut d'observation.

Si la présence d'une intelligence étrangère est prouvée moralement par la nature des réponses, elle l'est matériellement par le fait de l'écriture directe, c'est-à-dire de l'écriture obtenue spontanément, sans plume ni crayon, sans contact, et nonobstant toutes les précautions prises pour se garantir de tout subterfuge. Le caractère intelligent du phénomène ne saurait être révoqué en doute ; donc il y a autre chose qu'une action fluidique. Ensuite, la spontanéité de la pensée exprimée en dehors de toute attente, de toute question proposée, ne permet pas d'y voir un reflet de celle des assistants.

Le système du reflet est assez désobligeant dans certains cas ; quand, dans une réunion de personnes honnêtes, survient inopinément une de ces communications révoltantes de grossièreté, ce serait faire un fort mauvais compliment aux assistants de prétendre qu'elle provient de l'un d'eux, et il est probable que chacun s'empresserait de la répudier (voyez *Livre des Esprits*, Introduction, § 16).

44. *Système de l'âme collective.* C'est une variante du précédent. Selon ce système, l'âme seule du médium se manifeste, mais elle s'identifie avec celle de plusieurs autres vivants présents ou absents, et forme un *tout collectif* réunissant les aptitudes, l'intelligence et les connaissances de chacun. Quoique la brochure où cette théorie est exposée soit intitulée *la lumière*[15], elle nous a semblé d'un style très obscur ; nous avouons l'avoir peu comprise, et nous n'en parlons que pour mémoire. C'est, d'ailleurs, comme beaucoup d'autres, une opinion individuelle qui a fait peu de prosélytes. Le nom d'*Emah Tirpsé* est celui que prend l'auteur pour désigner l'être collectif qu'il représente. Il prend pour épigraphe : *Il n'est rien de caché qui ne doive être connu.* Cette proposition est évidemment fausse, car il est une foule de choses que l'homme ne peut pas et ne doit pas savoir ; bien présomptueux serait celui qui prétendrait pénétrer tous les secrets de Dieu.

45. *Système somnambulique.* Celui-ci a eu plus de partisans et en compte même encore quelques-uns. Comme le précédent, il admet que toutes les communications intelligentes ont leur source dans l'âme ou Esprit du médium ; mais, pour expliquer son aptitude à traiter des sujets en dehors de ses connaissances, au lieu de supposer en lui une âme multiple, il attribue cette aptitude à une surexcitation momentanée, des facultés mentales, à une sorte d'état somnambulique ou extatique qui exalte et développe son intelligence. On ne peut nier, dans certains cas, l'influence de cette cause ; mais il suffit d'avoir vu opérer la plupart des médiums pour se convaincre

---

[15] Communion. La lumière du phénomène de l'Esprit. Tables parlantes, somnambules, médiums, miracles. Magnétisme spirituel : puissance de la pratique de la foi. Par *Emah* Tirpsé, une âme collective écrivant par l'intermédiaire d'une planchette. Bruxelles, 1858, chez Devroye.

qu'elle ne peut résoudre tous les faits, et qu'elle forme l'exception et non la règle. On pourrait croire qu'il en est ainsi si le médium avait toujours l'air d'un inspiré ou d'un extatique, apparence qu'il pourrait d'ailleurs parfaitement simuler s'il voulait jouer la comédie ; mais comment croire à l'inspiration, quand le médium écrit comme une machine, sans avoir la moindre conscience de ce qu'il obtient, sans la moindre émotion, sans s'occuper de ce qu'il fait, et tout en regardant ailleurs, riant et causant de choses et d'autres ? On conçoit la surexcitation des idées, mais on ne comprend pas qu'elle puisse faire écrire celui qui ne sait pas écrire, et encore moins quand les communications sont transmises par des coups frappés, ou à l'aide d'une planchette ou d'une corbeille. Nous verrons, dans la suite de cet ouvrage, la part qu'il faut faire à l'influence des idées du médium ; mais les faits où l'intelligence étrangère se révèle par des signes incontestables sont si nombreux et si évidents, qu'ils ne peuvent laisser de doute à cet égard. Le tort de la plupart des systèmes éclos à l'origine du spiritisme est d'avoir tiré des conclusions générales de quelques faits isolés.

46. *Système pessimiste, diabolique ou démoniaque.* Ici, nous entrons dans un autre ordre d'idées. L'intervention d'une intelligence étrangère étant constatée, il s'agissait de savoir quelle était la nature de cette intelligence. Le moyen le plus simple était sans doute de le lui demander ; mais certaines personnes n'ont pas trouvé là une garantie suffisante, et n'ont voulu voir dans toutes les manifestations qu'une œuvre diabolique ; selon elles, le diable ou les démons peuvent seuls se communiquer. Quoique ce système trouve peu d'échos aujourd'hui, il n'en a pas moins joui un instant de quelque crédit par le caractère même de ceux qui ont cherché à le faire prévaloir. Nous ferons toutefois remarquer que les partisans du système démoniaque ne doivent point être rangés parmi les adversaires du spiritisme, bien au contraire. Que les êtres qui se communiquent soient des démons ou des anges, ce sont toujours des êtres incorporels ; or, admettre la manifestation des démons, c'est toujours admettre la possibilité de communiquer avec le monde invisible, ou tout au moins avec une partie de ce monde.

La croyance à la communication exclusive des démons, quelque irrationnelle qu'elle soit, pouvait ne pas sembler impossible alors que l'on regardait les Esprits comme des êtres créés en dehors de l'humanité ; mais depuis que l'on sait que les Esprits ne sont autre chose que les âmes de ceux qui ont vécu, elle a perdu tout son prestige, et l'on peut dire toute vraisemblance ; car il s'ensuivrait que toutes ces âmes sont des démons, fussent-elles celles d'un père, d'un fils ou d'un ami, et que nous-mêmes, en mourant, nous devenons des démons, doctrine peu flatteuse et peu consolante pour beaucoup de gens. Il sera bien difficile de persuader à une mère que l'enfant chéri qu'elle a perdu, et qui vient lui donner après sa mort des preuves de son affection et de son identité, soit un suppôt de Satan. Il est vrai que, parmi les Esprits, il y en a de très mauvais et qui ne valent pas mieux que ceux que l'on appelle *démons*, par une raison bien simple, c'est qu'il y a des hommes très mauvais et que la mort ne rend pas immédiatement meilleurs ; la question est de savoir si ce sont les seuls qui puissent se communiquer. À ceux qui le pensent, nous adresserons les questions suivantes :

1° Y a-t-il de bons et de mauvais Esprits ?

2° Dieu est-il plus puissant que les mauvais Esprits, ou que les démons, si vous voulez les appeler ainsi ?

3° Affirmer que les mauvais seuls se communiquent, c'est dire que les bons ne le peuvent pas ; s'il en est ainsi, de deux choses l'une : cela a lieu par la volonté ou contre la volonté de Dieu. Si c'est contre sa volonté, c'est que les mauvais Esprits sont plus puissants que lui ; si c'est par sa volonté, pourquoi, dans sa bonté, ne le permettrait-il pas aux bons pour contrebalancer l'influence des autres ?

4° Quelle preuve pouvez-vous donner de l'impuissance des bons Esprits à se communiquer ? 5° Lorsqu'on vous oppose la sagesse de certaines communications, vous répondez que le démon prend tous les masques pour mieux séduire. Nous savons, en effet, qu'il y a des Esprits hypocrites qui donnent à leur langage un faux vernis de sagesse ; mais admettez-vous que l'ignorance puisse contrefaire le vrai savoir, et une mauvaise nature contrefaire la vraie vertu, sans laisser rien percer qui puisse déceler la fraude ?

5° Si le démon seul se communique, puisqu'il est l'ennemi de Dieu et des hommes, pourquoi recommande-t-il de prier Dieu, de se soumettre à sa volonté, de subir sans murmure les tribulations de la vie, de n'ambitionner ni les honneurs ni les richesses, de pratiquer la charité et toutes les maximes du Christ ; en un mot, de faire tout ce qui est nécessaire pour détruire son empire ? Si c'est le démon qui donne de tels conseils, il faut convenir que, tout rusé qu'il est, il est bien maladroit de fournir des armes contre lui-même[16].

6° Puisque les Esprits se communiquent, c'est que Dieu le permet ; en voyant les bonnes et les mauvaises communications, n'est-il pas plus logique de penser que Dieu permet les unes pour nous éprouver, et les autres pour nous conseiller le bien ?

7° Que penseriez-vous d'un père qui laisserait son enfant à la merci des exemples et des conseils pernicieux, et qui écarterait de lui, qui lui interdirait de voir les personnes qui pourraient le détourner du mal ? Ce qu'un bon père ne ferait pas, doit-on penser que Dieu, qui est la bonté par excellence, fasse moins que ne ferait un homme ?

8° L'Église reconnaît comme authentiques certaines manifestations de la Vierge et autres saints, dans des apparitions, visions, communications orales, etc. ; cette croyance n'est-elle pas contradictoire avec la doctrine de la communication exclusive des démons ?

Nous croyons que certaines personnes ont professé cette théorie de bonne foi ; mais nous croyons aussi que plusieurs l'ont fait uniquement en vue de détourner de s'occuper de ces choses, à cause des mauvaises communications que l'on est exposé à recevoir ; en disant que le diable seul se manifeste, elles ont voulu effrayer, à peu près comme lorsqu'on dit à un enfant : Ne touche

---

[16] Cette question a été traitée dans le *Livre des Esprits* (n° 128 et suivants) ; mais nous recommandons à ce sujet, comme sur tout ce qui touche à la partie religieuse, la brochure intitulée : *Lettre d'un catholique sur le spiritisme*, par M. le docteur Grand, ancien consul de France (chez Ledoyen. In-18 ; prix, 1 fr.), ainsi que celle que nous allons publier sous le titre de : LES CONTRADICTEURS DU SPIRITISME *au point de vue de la religion, de la science et du matérialisme*.

pas à cela, parce que cela brûle. L'intention peut être louable, mais le but est manqué ; car la défense seule excite la curiosité, et la peur du diable retient bien peu de gens : on veut le voir, ne serait-ce que pour voir comment il est fait, et l'on est tout étonné de ne pas le trouver aussi noir qu'on l'avait cru.

Ne pourrait-on pas aussi voir un autre motif à cette théorie exclusive du diable ? Il y a des gens qui trouvent que tous ceux qui ne sont pas de leur avis ont tort ; or, ceux qui prétendent que toutes les communications sont l'œuvre du démon, ne seraient-ils pas mus par la crainte de ne pas trouver les Esprits d'accord avec eux sur tous les points, plus encore sur ceux qui touchent aux intérêts de ce monde qu'à ceux de l'autre ? Ne pouvant nier les faits, ils ont voulu les présenter d'une manière effrayante ; mais ce moyen n'a pas plus arrêté que les autres. Où la crainte du ridicule est impuissante, il faut se résigner à laisser passer les choses.

Le musulman qui entendrait un Esprit parler contre certaines lois du Coran penserait assurément que c'est un mauvais Esprit ; il en serait de même d'un juif pour ce qui regarde certaines pratiques de la loi de Moïse. Quant aux catholiques, nous en avons entendu un affirmer que l'Esprit qui se communiquait ne pouvait être que le *diable*, parce qu'il s'était permis de penser autrement que lui sur le pouvoir temporel, bien qu'il n'eût, du reste, prêché que la charité, la tolérance, l'amour du prochain, et l'abnégation des choses de ce monde, toutes maximes enseignées par le Christ.

Les Esprits n'étant autres que les âmes des hommes, et les hommes n'étant pas parfaits, il en résulte qu'il y a des Esprits également imparfaits, et dont le caractère se reflète dans leurs communications. C'est un fait incontestable qu'il y en a de mauvais, d'astucieux, de profondément hypocrites, et contre lesquels il faut se tenir en garde ; mais, parce qu'on rencontre dans le monde des hommes pervers, est-ce une raison pour fuir toute société. Dieu nous a donné la raison et le jugement pour apprécier les Esprits aussi bien que les hommes. Le meilleur moyen de se prémunir contre les inconvénients que peut présenter la pratique du spiritisme, ce n'est pas de l'interdire, mais de le faire comprendre. Une crainte imaginaire n'impressionne qu'un instant et n'affecte pas tout le monde ; la réalité clairement démontrée est comprise de tous.

47. *Système optimiste*. À côté de ceux qui ne voient dans ces phénomènes que l'action des démons, il en est d'autres qui n'ont vu que celle des bons Esprits ; ils ont supposé que l'âme étant dégagée de la matière, aucun voile n'existait plus pour elle, et qu'elle devait avoir la souveraine science et la souveraine sagesse. Leur confiance aveugle dans cette supériorité absolue des êtres du monde invisible a été pour beaucoup la source de bien des déceptions ; ils ont appris à leurs dépens à se défier de certains Esprits, tout aussi bien que de certains hommes.

48. *Système unispirite* ou *monospirite*. Une variété du système optimiste consiste dans la croyance qu'un seul Esprit se communique aux hommes, et que cet Esprit est le *Christ*, qui est le protecteur de la terre. Quand on voit des communications de la plus basse trivialité, d'une grossièreté révoltante, empreintes de malveillance et de méchanceté, il y aurait profanation et impiété à supposer qu'elles pussent émaner de l'Esprit du bien par excellence.

Encore si ceux qui le croient n'avaient jamais eu que des communications irréprochables, on concevrait leur illusion ; mais la plupart conviennent en avoir eu de très mauvaises, ce qu'ils expliquent en disant que c'est une épreuve que le bon Esprit leur fait subir en leur dictant des choses absurdes : ainsi, tandis que les uns attribuent toutes les communications au diable, qui peut dire de bonnes choses pour tenter, d'autres pensent que Jésus seul se manifeste et qu'il peut dire de mauvaises choses pour éprouver. Entre ces deux opinions si inverses, qui prononcera ? Le bon sens et l'expérience. Nous disons l'expérience, parce qu'il est impossible que ceux qui professent des idées aussi exclusives aient tout vu et tout bien vu.

Quand on leur objecte les faits d'identité qui attestent la présence de parents, amis ou connaissances par les manifestations écrites, visuelles ou autres, ils répondent que c'est toujours le même Esprit, le diable selon les uns, le Christ selon les autres, qui prend toutes les formes ; mais ils ne nous disent pas pourquoi les autres Esprits ne peuvent pas se communiquer, dans quel but l'Esprit de vérité viendrait nous tromper en se présentant sous de fausses apparences, abuser une pauvre mère en lui faisant croire mensongèrement qu'il est l'enfant qu'elle pleure. La raison se refuse à admettre que l'Esprit-Saint entre tous s'abaisse à jouer une pareille comédie. D'ailleurs, nier la possibilité de toute autre communication, n'est-ce pas ôter au spiritisme ce qu'il a de plus suave : la consolation des affligés ? Disons tout simplement qu'un pareil système est irrationnel et ne peut soutenir un examen sérieux.

49. *Système multispirite* ou *polyspirite*. Tous les systèmes que nous avons passés en revue, sans en excepter ceux qui sont dans le sens négatif, reposent sur quelques observations, mais incomplètes ou mal interprétées. Si une maison est rouge d'un côté et blanche de l'autre, celui qui ne l'aura vue que d'un seul côté affirmera qu'elle est rouge, un autre qu'elle est blanche : ils auront tous les deux tort et raison ; mais celui qui aura vu la maison de tous les côtés dira qu'elle est rouge et blanche, et il sera seul dans le vrai. Il en est de même à l'égard de l'opinion que l'on se fait du spiritisme : elle peut être vraie à certains égards et fausse si l'on généralise ce qui n'est que partiel, si l'on prend pour la règle ce qui n'est que l'exception, pour le tout ce qui n'est que la partie. C'est pourquoi nous disons que quiconque veut étudier sérieusement cette science doit voir beaucoup et longtemps ; le temps seul lui permettra de saisir les détails, de remarquer les nuances délicates, d'observer une multitude de faits caractéristiques qui seront pour lui des traits de lumière ; mais s'il s'arrête à la surface, il s'expose à porter un jugement prématuré, et par conséquent erroné. Voici les conséquences générales qui ont été déduites d'une observation complète et qui forment maintenant la croyance, on peut le dire, de l'universalité des spirites, car les systèmes restrictifs ne sont plus que des opinions isolées.

1° Les phénomènes spirites sont produits par des intelligences extra corporelles, autrement dit par des Esprits.

2° Les Esprits constituent le monde invisible ; ils sont partout ; les espaces en sont peuplés à l'infini ; il y en a sans cesse autour de nous avec lesquels nous sommes en contact.

3° Les Esprits réagissent incessamment sur le monde physique et sur le monde moral, et sont une des puissances de la nature.

4° Les Esprits ne sont pas des êtres à part dans la création ; ce sont les âmes de ceux qui ont vécu sur la terre ou dans d'autres mondes, et qui ont dépouillé leur enveloppe corporelle ; d'où il suit que les âmes des hommes sont des Esprits incarnés, et qu'en mourant nous devenons Esprits.

5° Il y a des Esprits de tous les degrés de bonté et de malice, de savoir et d'ignorance.

6° Ils sont tous soumis à la loi du progrès et peuvent tous arriver à la perfection ; mais comme ils ont leur libre arbitre, ils y arrivent dans un temps plus ou moins long, selon leurs efforts et leur volonté.

7° Ils sont heureux ou malheureux, selon le bien ou le mal qu'ils ont fait pendant leur vie et le degré d'avancement auquel ils sont parvenus. Le bonheur parfait et sans mélange n'est le partage que des Esprits arrivés au suprême degré de perfection.

8° Tous les Esprits, dans des circonstances données, peuvent se manifester aux hommes ; le nombre de ceux qui peuvent se communiquer est indéfini.

9° Les Esprits se communiquent par l'intermédiaire des médiums, qui leur servent d'instruments et d'interprètes.

10° On reconnaît la supériorité ou l'infériorité des Esprits à leur langage ; les bons ne conseillent que le bien et ne disent que de bonnes choses : tout en eux atteste l'élévation ; les mauvais trompent, et toutes leurs paroles portent le cachet de l'imperfection et de l'ignorance.

Les différents degrés que parcourent les Esprits sont indiqués dans l'*Échelle spirite* (*Livre des Esprits*, livre II, chapitre I, n° 100). L'étude de cette classification est indispensable pour apprécier la nature des Esprits qui se manifestent, leurs bonnes et mauvaises qualités.

50. *Système de l'âme matérielle ;* il consiste uniquement dans une opinion particulière sur la nature intime de l'âme. Selon cette opinion, l'âme et le périsprit ne seraient donc point deux choses distinctes, ou, pour mieux dire, le périsprit ne serait autre que l'âme elle-même, s'épurant graduellement par les diverses transmigrations, comme l'alcool s'épure par les diverses distillations, tandis que la doctrine spirite ne considère le périsprit que comme l'enveloppe fluidique de l'âme ou de l'Esprit. Le périsprit étant une matière, quoique très éthérée, l'âme serait ainsi d'une nature matérielle plus ou moins essentielle selon le degré de son épuration.

Ce système n'infirme aucun des principes fondamentaux de la doctrine spirite, car il ne change rien à la destinée de l'âme ; les conditions de son bonheur futur sont toujours les mêmes ; l'âme et le périsprit formant un tout, sous le nom d'Esprit, comme le germe et le périsperme en forment un sous le nom de fruit, toute la question se réduit à considérer le tout comme homogène au lieu d'être formé de deux parties distinctes.

Comme on le voit, cela ne tire à aucune conséquence, et nous n'en aurions pas parlé si nous n'avions rencontré des personnes portées à voir une nouvelle école dans ce qui n'est, en définitive, qu'une simple interprétation de mots. Cette opinion, très restreinte du reste, fût-elle même plus générale, n'en constituerait pas plus une scission entre les spirites que les deux théories de l'émission ou des ondulations de la lumière n'en font une entre les physiciens. Ceux qui voudraient faire bande à part pour une question aussi puérile prouveraient par cela seul qu'ils attachent plus d'importance à l'accessoire qu'à la chose principale, et qu'ils sont poussés à la désunion par des Esprits qui ne peuvent pas être bons, car les bons Esprits ne soufflent jamais l'aigreur et la zizanie ; c'est pourquoi nous engageons tous les vrais spirites à se tenir en garde contre de pareilles suggestions, et à ne pas attacher à certains détails plus d'importance qu'ils n'en méritent ; l'essentiel c'est le fond.

Nous croyons néanmoins devoir dire en quelques mots sur quoi s'appuie l'opinion de ceux qui considèrent l'âme et le périsprit comme deux choses distinctes. Elle est fondée sur l'enseignement des Esprits qui n'ont jamais varié à cet égard ; nous parlons des Esprits éclairés, car parmi eux il en est qui n'en savent pas plus et même moins que les hommes, tandis que la théorie contraire est une conception humaine. Nous n'avons ni inventé ni supposé le périsprit pour expliquer les phénomènes ; son existence nous a été révélée par les Esprits, et l'observation nous l'a confirmée (*Livre des Esprits*, n° 93). Elle s'appuie encore sur l'étude des sensations chez les Esprits (*Livre des Esprits*, n° 257) et surtout sur le phénomène des apparitions tangibles qui impliquerait, selon l'autre opinion, la solidification et la désagrégation des parties constituantes de l'âme, et par conséquent sa désorganisation. Il faudrait en outre admettre que cette matière, qui peut tomber sous les sens, est elle-même le principe intelligent, ce qui n'est pas plus rationnel que de confondre le corps avec l'âme, ou l'habit avec le corps. Quant à la nature intime de l'âme, elle nous est inconnue. Quand on dit qu'elle est *immatérielle*, il faut l'entendre dans le sens relatif et non absolu, car l'immatérialité absolue serait le néant ; or, l'âme ou l'Esprit, c'est quelque chose ; on veut dire que son essence est tellement supérieure qu'elle n'a aucune analogie avec ce que nous appelons matière, et qu'ainsi, pour nous, elle est immatérielle (*Livre des Esprits*, n° 23 et 82).

51. Voici la réponse donnée à ce sujet par un Esprit :

« Ce que les uns nomment *périsprit* n'est pas autre chose que ce que les autres appellent enveloppe matérielle fluidique. Je dirai, pour me faire comprendre d'une manière plus logique, que ce fluide est la perfectibilité des sens, l'extension de la vue et des idées ; je parle ici des Esprits élevés. Quant aux Esprits inférieurs, les fluides terrestres sont encore complètement inhérents à eux ; donc c'est matière, comme vous voyez ; de là les souffrances de la faim, du froid, etc., souffrances que ne peuvent endurer les Esprits supérieurs, attendu que les fluides terrestres sont épurés autour de la pensée, c'est-à-dire de l'âme. L'âme, pour son progrès, a toujours besoin d'un agent ; l'âme, sans agent, n'est rien pour vous, ou, pour mieux dire, ne peut être conçue par vous. Le périsprit, pour nous autres Esprits errants, est l'agent par lequel nous communiquons avec vous, soit indirectement par votre corps ou votre périsprit, soit directement à votre âme ; de là d'infinies nuances de médiums et de communications. Maintenant reste le point de vue scientifique, c'est-à-dire l'essence même du périsprit ; ceci est une autre affaire. Comprenez d'abord moralement ; il ne reste plus qu'une discussion sur la nature des fluides, ce qui est inexplicable pour le moment ; la science ne connaît pas assez, mais on y arrivera si la science veut marcher avec le spiritisme. Le périsprit peut varier et changer à l'infini ; l'âme est la pensée : elle ne change pas de nature ; sous ce rapport, n'allez pas plus loin, c'est un point qui ne peut être expliqué. Croyez-vous que je ne cherche pas comme vous ? Vous, vous cherchez le périsprit ; nous autres maintenant, nous cherchons l'âme. Attendez donc. » LAMENNAIS.

Ainsi, des Esprits que l'on peut considérer comme avancés n'ont pu encore sonder la nature de l'âme, comment pourrions-nous le faire nous-mêmes ? C'est donc perdre son temps que de vouloir scruter le principe des choses qui, ainsi qu'il est dit dans le *Livre des Esprits* (n° 17, 49), est dans les secrets de Dieu. Prétendre fouiller, à l'aide du spiritisme, ce qui n'est pas encore du ressort de l'humanité, c'est le détourner de son véritable but ; c'est faire comme l'enfant qui voudrait en savoir autant que le vieillard. Que l'homme fasse tourner le spiritisme à son amélioration morale, c'est l'essentiel ; le surplus n'est qu'une curiosité stérile et souvent orgueilleuse, dont la satisfaction ne lui fera faire aucun pas en avant ; le seul moyen d'avancer, c'est de devenir meilleur. Les Esprits qui ont dicté le livre qui porte leur nom ont prouvé leur sagesse en se renfermant, pour ce qui concerne le principe des choses, dans les limites que Dieu ne permet pas de franchir, laissant aux Esprits systématiques et présomptueux la responsabilité des théories anticipées et erronées, plus séduisantes que solides, et qui tomberont un jour devant la raison comme tant d'autres sorties des cerveaux humains. Ils n'ont dit que juste ce qui était nécessaire pour faire comprendre à l'homme l'avenir qui l'attend, et par cela même l'encourager au bien. (Voir ci-après, 2° partie, chapitre 1°, Action des Esprits sur la matière.)

SECONDE PARTIE

DES MANIFESTATIONS SPIRITES

POLTERGEIST

CHAPITRE I
ACTION DES ESPRITS SUR LA MATIÈRE

52. L'opinion matérialiste étant écartée, comme condamnée à la fois par la raison et par les faits, tout se résume à savoir si l'âme, après la mort, peut se manifester aux vivants. La question, ainsi réduite à sa plus simple expression, se trouve singulièrement dégagée. On pourrait d'abord demander pourquoi des êtres intelligents, qui vivent en quelque sorte dans notre milieu, quoiqu'invisibles par leur nature, ne pourraient pas attester leur présence d'une manière quelconque. La simple raison dit qu'à cela il n'y a rien d'absolument impossible, et c'est déjà quelque chose. Cette croyance a d'ailleurs pour elle l'assentiment de tous les peuples, car on la retrouve partout et à toutes les époques ; or, une intuition ne saurait être aussi générale, ni survivre aux temps, sans reposer sur quelque chose. Elle est de plus sanctionnée par le témoignage des livres sacrés et des Pères de l'Église, et il a fallu le scepticisme et le matérialisme de notre siècle pour la reléguer parmi les idées superstitieuses ; si nous sommes dans l'erreur, ces autorités le sont également.

Mais ce ne sont là que des considérations morales. Une cause a surtout contribué à fortifier le doute, à une époque aussi positive que la nôtre, où l'on tient à se rendre compte de tout, où l'on veut savoir le pourquoi et le comment de chaque chose, c'est l'ignorance de la nature des Esprits et des moyens par lesquels ils peuvent se manifester. Cette connaissance acquise, le fait des manifestations n'a plus rien de surprenant et rentre dans l'ordre des faits naturels.

53. L'idée que l'on se forme des Esprits rend au premier abord le phénomène des manifestations incompréhensibles. Ces manifestations ne peuvent avoir lieu que par l'action de l'Esprit sur la matière ; c'est pourquoi ceux qui croient que l'Esprit est l'absence de toute matière se demandent, avec quelque apparence de raison, comment il peut agir matériellement. Or, là est l'erreur ; car l'Esprit n'est pas une abstraction, c'est un être défini, limité et circonscrit. L'esprit incarné dans le corps constitue l'âme ; lorsqu'il le quitte à la mort, il n'en sort pas dépouillé de toute enveloppe. Tous nous disent qu'ils conservent la forme humaine, et, en effet, lorsqu'ils nous apparaissent, c'est sous celle que nous leur connaissions.

Observons-les attentivement au moment où ils viennent de quitter la vie ; ils sont dans un état de trouble ; tout est confus autour d'eux ; ils voient leur corps sain ou mutilé selon le genre de mort ; d'un autre côté, ils se voient et se sentent vivre ; quelque chose leur dit que ce corps est à eux, et ils ne comprennent pas qu'ils en soient séparés. Ils continuent à se voir sous leur forme primitive, et cette vue produit chez quelques-uns, pendant un certain temps, une singulière illusion : celle de se croire encore vivants ; il leur faut l'expérience de leur nouvel état pour se convaincre de la réalité. Ce premier moment de trouble dissipé, le corps devient pour eux un vieux vêtement dont ils se sont dépouillés et qu'ils ne regrettent pas ; ils se sentent plus légers et comme débarrassés d'un fardeau ; ils n'éprouvent plus les douleurs physiques et sont tout heureux de pouvoir s'élever, franchir l'espace, ainsi que, de leur vivant, ils l'ont fait maintes fois dans leurs rêves[17]. Cependant, malgré l'absence du corps, ils constatent leur personnalité ; ils ont une forme, mais une forme qui ne les gêne ni ne les embarrasse ; ils ont enfin la conscience de leur *moi* et de leur individualité. Que devons-nous en conclure ? C'est que l'âme ne laisse pas tout dans le cercueil, et qu'elle emporte quelque chose avec elle.

54. De nombreuses observations et des faits irrécusables dont nous aurons à parler plus tard ont conduit à cette conséquence, c'est qu'il y a en l'homme trois choses ; 1° l'âme ou Esprit, principe intelligent en qui réside le sens moral ; 2° le corps, enveloppe grossière, matérielle, dont il est temporairement revêtu pour l'accomplissement de certaines vues providentielles ; 3° le périsprit, enveloppe fluidique, semi-matérielle, servant de lien entre l'âme et le corps.

La mort est la destruction, ou mieux la désagrégation de la grossière enveloppe, de celle que l'âme abandonne ; l'autre s'en dégage et suit l'âme qui se trouve, de cette manière, avoir toujours une enveloppe ; cette dernière, bien que fluidique, éthérée, vaporeuse, invisible pour nous dans son état normal, n'en est pas moins de la matière, quoique, jusqu'à présent, nous n'ayons pas pu la saisir et la soumettre à l'analyse.

Cette seconde enveloppe de l'âme ou *périsprit* existe donc pendant la vie corporelle ; c'est l'intermédiaire de toutes les sensations que perçoit l'Esprit, celui par lequel l'Esprit transmet sa volonté à l'extérieur et agit sur les organes. Pour nous servir d'une comparaison matérielle, c'est le fil électrique conducteur qui sert à la réception et à la transmission de la pensée ; c'est enfin cet agent mystérieux, insaisissable désigné sous le nom de fluide nerveux, qui joue un si grand rôle dans l'économie, et dont on ne tient pas assez compte dans les phénomènes physiologiques et pathologiques. La médecine, ne considérant que l'élément matériel pondérable, se prive, dans l'appréciation des faits, d'une cause incessante d'action. Mais ce n'est pas ici le lieu d'examiner cette question ; nous ferons seulement remarquer que la connaissance du périsprit est la clef d'une foule de problèmes jusqu'alors inexpliqués.

Le périsprit n'est point une de ces hypothèses auxquelles on a quelquefois recours dans la science pour l'explication d'un fait ; son existence n'est pas seulement révélée par les Esprits, c'est un résultat d'observations, ainsi que nous aurons occasion de le démontrer. Pour le moment, et pour ne pas anticiper sur les faits que nous aurons à relater, nous nous bornons à dire

---

[17] Si l'on veut bien se reporter à tout ce que nous avons dit dans le *Livre des Esprits* sur les rêves et l'état de l'Esprit pendant le sommeil (n° 400 à 418), on concevra que ces rêves que presque tout le monde a faits, dans lesquels on se voit transporté à travers l'espace et comme volant, ne sont autre chose qu'un souvenir de la sensation éprouvée par l'Esprit, alors que, pendant le sommeil, il avait momentanément quitté son corps matériel, n'emportant avec lui que son corps fluidique, celui qu'il conservera après la mort. Ces rêves peuvent donc nous donner une idée de l'état de l'Esprit quand il sera débarrassé des entraves qui le retiennent au sol.

que, soit pendant son union avec le corps, soit après sa séparation, l'âme n'est jamais séparée de son périsprit.

55. On a dit que l'Esprit est une flamme, une étincelle ; ceci doit s'entendre de l'Esprit proprement dit, comme principe intellectuel et moral, et auquel on ne saurait attribuer une forme déterminée ; mais, à quelque degré qu'il se trouve, il est toujours revêtu d'une enveloppe ou périsprit, dont la nature s'éthérise à mesure qu'il se purifie et s'élève dans la hiérarchie ; de telle sorte que, pour nous, l'idée de forme est inséparable de celle d'Esprit, et que nous ne concevons pas l'un sans l'autre. Le périsprit fait donc partie intégrante de l'Esprit, comme le corps fait partie intégrante de l'homme ; mais le périsprit seul n'est pas plus l'Esprit que le corps seul n'est l'homme, car le périsprit ne pense pas ; il est à l'Esprit ce que le corps est à l'homme ; c'est l'agent ou l'instrument de son action.

56. La forme du périsprit est la forme humaine, et lorsqu'il nous apparaît, c'est généralement celle sous laquelle nous avons connu l'Esprit de son vivant. On pourrait croire, d'après cela, que le périsprit, dégagé de toutes les parties du corps, se moule en quelque sorte sur lui et en conserve l'empreinte, mais il ne paraît pas qu'il en soit ainsi. La forme humaine, à quelques nuances de détails près, et sauf les modifications organiques nécessitées par le milieu dans lequel l'être est appelé à vivre, se retrouve chez les habitants de tous les globes ; c'est du moins ce que disent les Esprits ; c'est également la forme de tous les Esprits non incarnés et qui n'ont que le périsprit ; c'est celle sous laquelle de tout temps on a représenté les anges ou purs Esprits ; d'où nous devons conclure que la forme humaine est la forme type de tous les êtres humains à quelque degré qu'ils appartiennent. Mais la matière subtile du périsprit n'a point la ténacité ni la rigidité de la matière compacte du corps ; elle est, si nous pouvons nous exprimer ainsi, flexible et expansible ; c'est pourquoi la forme qu'elle prend, bien que calquée sur celle du corps, n'est pas absolue ; elle se plie à la volonté de l'Esprit, qui peut lui donner telle ou telle apparence à son gré, tandis que l'enveloppe solide lui offrait une résistance insurmontable. Débarrassé de cette entrave qui le comprimait, le périsprit s'étend ou se resserre, se transforme, en un mot se prête à toutes les métamorphoses, selon la volonté qui agit sur lui. C'est par suite de cette propriété de son enveloppe fluidique que l'Esprit qui veut se faire reconnaître peut, quand cela est nécessaire, prendre l'exacte apparence qu'il avait de son vivant, voire même celle des accidents corporels qui peuvent être des signes de reconnaissance.

Les Esprits, comme on le voit, sont donc des êtres semblables à nous, formant autour de nous toute une population invisible dans l'état normal ; nous disons dans l'état normal, parce que, comme nous le verrons, cette invisibilité n'est pas absolue.

57. Revenons à la nature du périsprit, car cela est essentiel pour l'explication que nous avons à donner. Nous avons dit que, quoique fluidique, ce n'en est pas moins une sorte de matière, et ceci résulte du fait des apparitions tangibles sur lesquelles nous reviendrons. On a vu, sous l'influence de certains médiums, apparaître des mains ayant toutes les propriétés de mains

vivantes, qui en ont la chaleur, que l'on peut palper, qui offrent la résistance d'un corps solide, qui vous saisissent, et qui, tout à coup, s'évanouissent comme une ombre. L'action intelligente de ces mains qui obéissent évidemment à une volonté en exécutant certains mouvements, en jouant même des airs sur un instrument, prouve qu'elles sont la partie visible d'un être intelligent invisible. Leur tangibilité, leur température, en un mot l'impression qu'elles font sur les sens, puisqu'on en a vu laisser des empreintes sur la peau, donner des coups douloureux, ou caresser délicatement, prouvent qu'elles sont d'une matière quelconque. Leur disparition instantanée prouve, en outre, que cette matière est éminemment subtile et se comporte comme certaines substances qui peuvent alternativement passer de l'état solide à l'état fluidique, et réciproquement.

58. La nature intime de l'Esprit proprement dit, c'est-à-dire de l'être pensant, nous est entièrement inconnue ; il ne se révèle à nous que par ses actes, et ses actes ne peuvent frapper nos sens matériels que par un intermédiaire matériel. L'Esprit a donc besoin de matière pour agir sur la matière. Il a pour instrument direct son périsprit, comme l'homme a son corps ; or son périsprit est matière, ainsi que nous venons de le voir. Il a ensuite pour agent intermédiaire le fluide universel, sorte de véhicule sur lequel il agit comme nous agissons sur l'air pour produire certains effets à l'aide de la dilatation, de la compression, de la propulsion ou des vibrations.

Envisagée de cette manière, l'action de l'Esprit sur la matière se conçoit facilement ; on comprend dès lors que tous les effets qui en résultent rentrent dans l'ordre des faits naturels, et n'ont rien de merveilleux. Ils n'ont paru surnaturels que parce qu'on n'en connaissait pas la cause ; la cause connue, le merveilleux disparaît, et cette cause est tout entière dans les propriétés semi-matérielles du périsprit. C'est un nouvel ordre de faits qu'une nouvelle loi vient expliquer, et dont on ne s'étonnera pas plus dans quelque temps qu'on ne s'étonne aujourd'hui de correspondre à distance par l'électricité en quelques minutes.

59. On se demandera peut-être comment l'Esprit, à l'aide d'une matière aussi subtile, peut agir sur des corps lourds et compacts, soulever des tables, etc. Assurément, ce ne serait pas un homme de science qui pourrait faire une pareille objection ; car, sans parler des propriétés inconnues que peut avoir ce nouvel agent, n'avons-nous pas sous nos yeux des exemples analogues ? N'est-ce pas dans les gaz les plus raréfiés, dans les fluides impondérables que l'industrie trouve ses plus puissants moteurs ? Quand on voit l'air renverser des édifices, la vapeur traîner des masses énormes, la poudre gazéifiée soulever des rochers, l'électricité briser des arbres et percer des murailles, qu'y a-t-il de plus étrange à admettre que l'Esprit, à l'aide de son périsprit, puisse soulever une table ? quand on sait surtout que ce périsprit peut devenir visible, tangible, et se comporter comme un corps solide.

CHAPITRE II
MANIFESTATIONS PHYSIQUES
–
TABLES TOURNANTES

60. On donne le nom de manifestations physiques à celles qui se traduisent par des effets sensibles, tels que les bruits, le mouvement et le déplacement des corps solides. Les unes sont spontanées, c'est-à-dire indépendantes de toute volonté ; les autres peuvent être provoquées. Nous ne parlerons d'abord que de ces dernières.

L'effet le plus simple, et l'un des premiers qui aient été observés, consiste dans le mouvement circulaire imprimé à une table. Cet effet se produit également sur tous les autres objets ; mais la table étant celui sur lequel on s'est le plus exercé, parce que c'était le plus commode, le nom de *tables tournantes* a prévalu pour la désignation de cette sorte de phénomène.

Quand nous disons que cet effet est un des premiers qui aient été observés, nous voulons dire dans ces derniers temps, car il est bien certain que tous les genres de manifestations étaient connus dès les temps les plus reculés, et il n'en peut être autrement ; puisque ce sont des effets naturels, ils ont dû se produire à toutes les époques. Tertullien parle en termes explicites des tables tournantes et parlantes.

Ce phénomène a pendant quelque temps alimenté la curiosité des salons, puis on s'en est lassé pour passer à d'autres distractions, parce que ce n'était qu'un sujet de distraction. Deux causes ont contribué à l'abandon des tables tournantes : la mode pour les gens frivoles qui consacrent rarement deux hivers au même amusement, et qui, chose prodigieuse pour eux ! en ont bien donné trois ou quatre à celui-là. Pour les gens graves et observateurs il en est sorti quelque chose de sérieux qui a prévalu ; s'ils ont négligé les tables tournantes, c'est qu'ils se sont occupés des conséquences bien autrement importantes dans leurs résultats : ils ont quitté l'alphabet pour la science ; voilà tout le secret de cet abandon apparent dont font tant de bruit les railleurs.

Quoi qu'il en soit, les tables tournantes n'en sont pas moins le point de départ pour la doctrine spirite, et à ce titre, nous leur devons quelques développements, d'autant mieux que, présentant les phénomènes dans leur plus grande simplicité, l'étude des causes en sera plus facile, et la théorie une fois établie nous donnera la clef des effets plus compliqués.

61. Pour la production du phénomène, l'intervention d'une ou plusieurs personnes douées d'une aptitude spéciale, et qu'on désigne sous le nom de *médiums*, est nécessaire. Le nombre des coopérants est indifférent, si ce n'est que, dans la quantité, il peut se trouver quelques médiums inconnus. Quant à ceux dont la médiumnité est nulle, leur présence est sans résultat, et même plus nuisible qu'utile, par la disposition d'esprit qu'ils y apportent souvent.

Les médiums jouissent, sous ce rapport, d'une puissance plus ou moins grande, et produisent, par conséquent, des effets plus ou moins prononcés ; souvent, une personne, médium puissant, produira à elle seule beaucoup plus que vingt autres réunies ; il lui suffira de poser les mains sur la table pour qu'à l'instant elle se meuve, se dresse, se renverse, fasse des soubresauts, ou tourne avec violence.

62. Il n'y a aucun indice de la faculté médianimique ; l'expérience seule peut la faire reconnaître. Lorsque, dans une réunion, on veut essayer, il faut tout simplement s'asseoir autour d'une table, et poser à plat les mains dessus, sans pression ni contention musculaire. Dans le principe, comme on ignorait les causes du phénomène, on avait indiqué plusieurs précautions reconnues comme absolument inutiles ; telle est, par exemple, l'alternance des sexes ; tel est encore le contact des petits doigts des différentes personnes, de manière à former une chaîne non interrompue. Cette dernière précaution avait paru nécessaire alors qu'on croyait à l'action d'une sorte de courant électrique ; depuis, l'expérience en a démontré l'inutilité. La seule prescription qui soit rigoureusement obligatoire, c'est le recueillement, un silence absolu, et surtout la patience si l'effet se fait attendre. Il se peut qu'il se produise en quelques minutes, comme il peut tarder une demi-heure ou une heure ; cela dépend de la puissance médianimique des coparticipants.

63. Disons encore que la forme de la table, la substance dont elle est faite, la présence des métaux, de la soie dans les vêtements des assistants, les jours, les heures, l'obscurité ou la lumière, etc., sont aussi indifférents que la pluie ou le beau temps. Le volume seul de la table y est pour quelque chose, mais dans le cas seulement où la puissance médianimique serait insuffisante pour vaincre la résistance ; dans le cas contraire, une seule personne, un enfant même, peut faire soulever une table de cent kg, alors que, dans des conditions moins favorables, douze personnes ne feraient pas mouvoir le plus petit guéridon.

Les choses étant en cet état, lorsque l'effet commence à se manifester, on entend assez généralement un petit craquement dans la table ; on sent comme un frémissement qui est le prélude du mouvement ; elle semble faire des efforts pour se démarrer, puis le mouvement de rotation se prononce ; il s'accélère au point d'acquérir une rapidité telle que les assistants ont toutes les peines du monde à le suivre. Une fois le mouvement établi, on peut même s'écarter de la table qui continue à se mouvoir en divers sens sans contact.

Dans d'autres circonstances, la table se soulève et se dresse, tantôt sur un seul pied, tantôt sur un autre, puis reprend doucement sa position naturelle. D'autres fois, elle se balance en imitant le mouvement de tangage ou de roulis. D'autres fois, enfin, mais pour cela il faut une puissance médianimique considérable, elle se détache entièrement du sol, et se maintient en équilibre dans l'espace, sans point d'appui, se soulevant même parfois jusqu'au plafond, de façon à ce qu'on puisse passer par-dessous ; puis elle redescend lentement en se balançant comme le ferait une feuille de papier, ou bien tombe violemment et se brise, ce qui prouve d'une manière patente qu'on n'est pas le jouet d'une illusion d'optique.

64. Un autre phénomène qui se produit très souvent, selon la nature du médium, c'est celui des coups frappés dans le tissu même du bois, sans aucun mouvement de la table ; ces coups, quelquefois très faibles, d'autres fois assez forts, se font également entendre dans les autres meubles de l'appartement, contre les portes, les murailles et le plafond. Nous y reviendrons dans un instant. Quand ils ont lieu dans la table, ils y produisent une vibration très appréciable par les doigts, et surtout très distincte quand on y applique l'oreille.

CHAPITRE III

MANIFESTATIONS INTELLIGENTES

65. Dans ce que nous venons de voir, rien assurément ne révèle l'intervention d'une puissance occulte, et ces effets pourraient parfaitement s'expliquer par l'action d'un courant magnétique ou électrique, ou celle d'un fluide quelconque. Telle a été, en effet, la première solution donnée à ces phénomènes, et qui pouvait avec raison passer pour très logique. Elle aurait, sans contredit, prévalu, si d'autres faits ne fussent venus en démontrer l'insuffisance ; ces faits sont les preuves d'intelligence qu'ils ont données ; or, comme tout effet intelligent doit avoir une cause intelligente, il demeurait évident qu'en admettant même que l'électricité ou tout autre fluide y jouât un rôle, il s'y mêlait une autre cause. Quelle était-elle ? Quelle était cette intelligence ? C'est ce que la suite des observations a fait connaître.

66. Pour qu'une manifestation soit intelligente, il n'est pas nécessaire qu'elle soit éloquente, spirituelle ou savante ; il suffit qu'elle prouve un acte libre et volontaire, exprimant une intention ou répondant à une pensée. Assurément, quand on voit une girouette agitée par le vent, on est bien certain qu'elle n'obéit qu'à une impulsion mécanique ; mais si l'on reconnaissait dans les mouvements de la girouette des signaux intentionnels, si elle tournait à droite ou à gauche, vite ou avec lenteur au commandement, on serait bien forcé d'admettre, non pas que la girouette est intelligente, mais qu'elle obéit à une intelligence. C'est ce qui est arrivé pour la table.

67. Nous avons vu la table se mouvoir, se soulever, frapper des coups, sous l'influence d'un ou de plusieurs médiums. Le premier effet intelligent qui fut remarqué, ce fut de voir ces mouvements obéir au commandement ; ainsi, sans changer de place, la table se soulevait alternativement sur le pied désigné ; puis, en retombant, frappait un nombre déterminé de coups, répondant à une question. D'autres fois, la table, sans le contact de personne, se promenait toute seule dans la chambre, allant à droite ou à gauche, en avant ou en arrière, exécutant divers mouvements sur l'ordre des assistants. Il est bien évident que nous écartons toute supposition de fraude ; que nous admettons la parfaite loyauté des assistants, attestée par leur honorabilité et leur parfait désintéressement. Nous parlerons plus tard des supercheries contre lesquelles il est prudent de se tenir en garde.

68. Au moyen des coups frappés, et surtout par les coups intimes dont nous venons de parler, on obtient des effets encore plus intelligents, comme l'imitation des diverses batteries du tambour, de la petite guerre avec feux de file ou de peloton, canonnade ; puis le grincement de la scie, les coups de marteau, le rythme de différents airs, etc. C'était, comme on le comprend, un vaste champ ouvert à l'exploration. On s'est dit que, puisqu'il y avait là une intelligence occulte, elle devait pouvoir répondre aux questions, et elle répondit en effet par oui ou par non, au moyen d'un nombre de coups de

convention. Ces réponses étaient bien insignifiantes, c'est pourquoi on eut l'idée de faire désigner les lettres de l'alphabet, et de composer ainsi des mots et des phrases.

69. Ces faits, renouvelés à volonté par des milliers de personnes et dans tous les pays, ne pouvaient laisser de doute sur la nature intelligente des manifestations. C'est alors que surgit un nouveau système selon lequel cette intelligence ne serait autre que celle du médium, de l'interrogateur ou même des assistants. La difficulté était d'expliquer comment cette intelligence pouvait se réfléchir dans la table et se traduire par des coups; dès qu'il était avéré que ces coups n'étaient pas frappés par le médium, ils l'étaient donc par la pensée; or, la pensée frappant des coups, c'était un phénomène plus prodigieux encore que tous ceux dont on avait été témoin. L'expérience ne tarda pas à démontrer l'inadmissibilité de cette opinion. En effet, les réponses se trouvaient fort souvent en opposition formelle avec la pensée des assistants, en dehors de la portée intellectuelle du médium, et même dans des langues ignorées de lui, ou relatant des faits inconnus de tous. Les exemples sont si nombreux, qu'il est presque impossible que quiconque s'est un peu occupé de communications spirites n'en ait pas été maintes fois témoin. Nous n'en citerons qu'un seul qui nous a été rapporté par un témoin oculaire.

70. Sur un navire de la marine impériale française, en station dans les mers de la Chine, tout l'équipage, depuis les matelots jusqu'à l'état-major, s'occupait de faire parler les tables. On eut l'idée d'évoquer l'Esprit d'un lieutenant de ce même vaisseau, mort depuis deux ans. Il vint, et, après diverses communications qui frappèrent tout le monde d'étonnement, il dit ce qui suit, par coups frappés : « Je vous prie instamment de faire payer au capitaine la somme de… (il indiquait le chiffre), que je lui dois, et que je regrette de n'avoir pu lui rembourser avant ma mort. » Personne ne connaissait le fait; le capitaine lui-même avait oublié cette créance, assez minime du reste; mais en cherchant dans ses comptes, il y trouva la mention de la dette du lieutenant, et dont le chiffre indiqué était parfaitement exact. Nous demandons de la pensée de qui cette indication pouvait être le reflet.

71. On perfectionna l'art de communiquer par des coups alphabétiques, mais le moyen était toujours très long; cependant, on en obtint d'une certaine étendue, ainsi que d'intéressantes révélations sur le monde des Esprits. Ceux-ci en indiquèrent d'autres, et c'est à eux que l'on doit le moyen des communications écrites.

Les premières communications de ce genre eurent lieu en adaptant un crayon au pied d'une table légère posé sur une feuille de papier. La table, mise en mouvement par l'influence d'un médium, se mit à tracer des caractères, puis des mots et des phrases. On simplifia successivement ce moyen en se servant de petites tables grandes comme la main, faites exprès, puis de corbeilles, de boîtes de carton, et enfin de simples planchettes. L'écriture était aussi courante, aussi rapide et aussi facile qu'avec la main, mais on reconnut plus tard que tous ces objets n'étaient, en définitive, que des appendices, véritables porte-crayons dont on pouvait se passer, en tenant soi-même le crayon ; la main, entraînée par un mouvement involontaire, écrivait sous l'impulsion imprimée par l'Esprit, et sans le concours de la volonté ni de la pensée du médium. Dès lors, les communications d'outre-tombe n'eurent pas plus de bornes que la correspondance habituelle entre vivants. Nous reviendrons sur ces différents moyens que nous expliquerons en détail ; nous les avons rapidement esquissés pour montrer la succession des faits qui ont conduit à constater, dans ces phénomènes, l'intervention d'intelligences occultes, autrement dit des Esprits.

CHAPITRE IV

THÉORIE DES MANIFESTATIONS PHYSIQUES

Mouvements et soulèvements - Bruits

72. L'existence des Esprits étant démontrée par le raisonnement et par les faits, ainsi que la possibilité pour eux d'agir sur la matière, il s'agit de connaître maintenant comment s'opère cette action et comment ils s'y prennent pour faire mouvoir les tables et les autres corps inertes.

Une pensée se présente tout naturellement, et c'est celle que nous avons eue ; comme elle a été combattue par les Esprits qui nous ont donné une tout autre explication à laquelle nous étions loin de nous attendre, c'est une preuve évidente que leur théorie n'était pas notre opinion. Or, cette première pensée, chacun pourrait l'avoir comme nous ; quant à la théorie des Esprits, nous ne croyons pas qu'elle ne soit jamais venue à l'idée de personne. On reconnaîtra sans peine combien elle est supérieure à la nôtre, quoique moins simple, parce qu'elle donne la solution d'une foule d'autres faits qui n'y trouvaient pas une explication satisfaisante.

73. Du moment que l'on connaît la nature des Esprits, leur forme humaine, les propriétés semi-matérielles du périsprit, l'action mécanique qu'il peut avoir sur la matière ; que dans des faits d'apparition on a vu des mains fluidiques et même tangibles saisir des objets et les transporter, il était naturel de croire que l'Esprit se servait tout simplement de ses mains pour faire tourner la table, et qu'il la soulevait dans l'espace à force de bras. Mais alors, dans ce cas, quelle nécessité d'avoir un médium ? L'Esprit ne peut-il agir seul ? Car le médium, qui pose le plus souvent ses mains en sens contraire du mouvement, ou même qui ne les pose pas du tout, ne peut évidemment seconder l'Esprit par une action musculaire quelconque. Laissons d'abord parler les Esprits que nous avons interrogés à ce sujet.

74. Les réponses suivantes nous ont été données par l'Esprit de saint Louis ; elles ont depuis été confirmées par beaucoup d'autres.

1. Le fluide universel est-il une émanation de la divinité ?

« Non. »

2. Est-ce une création de la divinité ?

« Tout est créé, excepté Dieu. »

3. Le fluide universel est-il en même temps l'élément universel ?

« Oui, c'est le principe élémentaire de toutes choses. »

4. A-t-il quelque rapport avec le fluide électrique dont nous connaissons les effets ?

« C'est son élément. »

5. Quel est l'état dans lequel le fluide universel se présente à nous dans sa plus grande simplicité ?

« Pour le trouver dans sa simplicité absolue, il faudrait remonter jusqu'aux purs Esprits ; dans votre monde, il est toujours plus ou moins modifié pour former la matière compacte qui vous entoure ; cependant, vous pouvez dire que l'état qui se rapproche le plus de cette simplicité, c'est celui du fluide que vous appelez *fluide magnétique animal*. »

6. Il a été dit que le fluide universel est la source de la vie ; est-il en même temps la source de l'intelligence ?

« Non ; ce fluide n'anime que la matière. »

7. Puisque c'est ce fluide qui compose le périsprit, il paraît y être dans une sorte d'état de condensation qui le rapproche, jusqu'à un certain point, de la matière proprement dite ?

« Jusqu'à un certain point, comme vous le dites, car il n'en a pas toutes les propriétés ; il est plus ou moins condensé selon les mondes. »

8. Comment un Esprit peut-il opérer le mouvement d'un corps solide ?

« Il combine une partie du fluide universel avec le fluide que dégage le médium propre à cet effet. »

9. Les Esprits soulèvent-ils la table à l'aide de leurs membres en quelque sorte solidifiés ?

« Cette réponse n'amènera pas encore ce que vous désirez. Lorsqu'une table se meut sous vos mains, l'Esprit évoqué va puiser dans le fluide universel de quoi animer cette table d'une vie factice. La table ainsi préparée, l'Esprit l'attire et la meut sous l'influence de son propre fluide dégagé par sa volonté. Lorsque la masse qu'il veut mettre en mouvement est trop pesante pour lui, il appelle à son aide des Esprits qui se trouvent dans les mêmes conditions que lui. En raison de sa nature éthérée, l'Esprit, proprement dit, ne peut agir sur la matière grossière sans intermédiaire, c'est-à-dire sans le lien qui l'unit à la matière ; ce lien, qui constitue ce que vous appelez le périsprit, vous donne la clef de tous les phénomènes spirites matériels. Je crois m'être expliqué assez clairement pour me faire comprendre. »

Remarque. Nous appelons l'attention sur cette première phrase : *Cette réponse n'amènera pas* ENCORE *ce que vous désirez*. L'Esprit avait parfaitement compris que toutes les questions précédentes n'étaient faites que pour arriver à celle-ci, et il fait allusion à notre pensée qui attendait, en effet, une tout autre réponse, c'est-à-dire la confirmation de notre idée sur la manière dont l'Esprit fait mouvoir les tables.

10. Les Esprits qu'il appelle à son aide lui sont-ils inférieurs ? sont-ils sous ses ordres ? « Égaux, presque toujours ; souvent, ils viennent d'eux-mêmes. »

11. Tous les Esprits sont-ils aptes à produire les phénomènes de ce genre ?

« Les Esprits qui produisent ces sortes d'effets sont toujours des Esprits inférieurs qui ne sont pas encore entièrement dégagés de toute influence matérielle. »

12. Nous comprenons que les Esprits supérieurs ne s'occupent pas de choses qui sont au-dessous d'eux ; mais nous demandons si, en raison de ce qu'ils sont plus dématérialisés, ils auraient la puissance de le faire s'ils en avaient la volonté.

« Ils ont la force morale comme les autres ont la force physique ; quand ils ont besoin de cette force, ils se servent de ceux qui la possèdent. Ne vous a-t-on pas dit qu'ils se servent des Esprits inférieurs comme vous le faites des portefaix ? »

Remarque. On a dit que la densité du périsprit, si l'on peut s'exprimer ainsi, varie selon l'état des mondes ; il paraît qu'elle varie aussi dans le même monde selon les individus. Chez les Esprits avancés *moralement* il est plus subtil et se rapproche de celui des Esprits élevés ; chez les Esprits inférieurs, au contraire, il se rapproche de la matière, et c'est ce qui fait que ces Esprits de bas étage conservent si longtemps les illusions de la vie terrestre ; ils pensent et agissent comme s'ils étaient encore vivants ; ils ont les mêmes désirs, et l'on pourrait presque dire la même sensualité. Cette grossièreté du périsprit lui donnant plus d'*affinité* avec la matière rend les Esprits inférieurs plus propres aux manifestations physiques. C'est par la même raison qu'un homme du monde, habitué aux travaux d'intelligence, dont le corps est frêle et délicat, ne peut enlever un lourd fardeau comme un portefaix. La matière, chez lui, est en quelque sorte moins compacte, les organes moins résistants ; il a moins de fluide nerveux. Le périsprit étant à l'Esprit ce que le corps est à l'homme, et sa densité étant en raison de l'infériorité de l'Esprit, elle remplace chez lui la force musculaire, c'est-à-dire lui donne, sur les fluides nécessaires aux manifestations, une puissance plus grande que chez ceux dont la nature est plus éthérée. Si un Esprit élevé veut produire de tels effets, il fait ce que font parmi nous les gens délicats, il le fait faire par un *Esprit du métier*.

13. Si nous avons bien compris ce que vous avez dit, le principe vital réside dans le fluide universel ; l'Esprit puise dans ce fluide l'enveloppe semi-matérielle qui constitue son périsprit, et c'est par le moyen de ce fluide qu'il agit sur la matière inerte. Est-ce bien cela ?

« Oui ; c'est-à-dire qu'il anime la matière d'une espèce de vie factice : la matière s'anime de la vie animale. La table qui se meut sous vos mains vit comme l'animal ; elle obéit d'elle-même à l'être intelligent. Ce n'est pas celui-ci qui la pousse comme l'homme fait d'un fardeau ; lorsque la table s'enlève, ce n'est pas l'Esprit qui la soulève à force de bras, c'est la table animée qui obéit à l'impulsion donnée par l'Esprit. »

14. Quel est le rôle du médium dans ce phénomène ?

« Je l'ai dit, le fluide propre du médium se combine avec le fluide universel accumulé par l'Esprit ; il faut l'union de ces deux fluides, c'est-à-dire du fluide animalisé avec le fluide universel, pour donner la vie à la table. Mais remarquez bien que cette vie n'est que momentanée ; elle s'éteint avec l'action, et souvent avant la fin de l'action, aussitôt que la quantité de fluide n'est plus suffisante pour l'animer. »

15. L'Esprit peut-il agir sans le concours d'un médium ?

« Il peut agir à l'insu du médium ; c'est-à-dire que beaucoup de personnes servent d'auxiliaires aux Esprits pour certains phénomènes, sans s'en douter. L'Esprit puise en elles, comme à une source, le fluide animalisé dont il a besoin ; c'est ainsi que le concours d'un médium tel que vous l'entendez n'est pas toujours nécessaire, ce qui a lieu surtout dans les phénomènes spontanés. »

16. La table animée agit-elle avec intelligence ? pense-t-elle ?

« Elle ne pense pas plus que le bâton avec lequel vous faites un signe intelligent, mais la vitalité dont elle est animée lui permet d'obéir à l'impulsion d'une intelligence. Sachez donc bien que la table qui se meut ne devient pas *Esprit*, et qu'elle n'a, par elle-même, ni pensée ni volonté. »

Remarque. On se sert souvent d'une expression analogue dans le langage usuel ; on dit d'une roue qui tourne avec vitesse qu'elle est *animée* d'un mouvement rapide.

17. Quelle est la cause prépondérante dans la production de ce phénomène : l'Esprit ou le fluide ?

« L'Esprit est la cause, le fluide est l'instrument ; les deux choses sont nécessaires. »

18. Quel rôle joue la volonté du médium dans ce cas ?

« Appeler les Esprits et les seconder dans l'impulsion donnée au fluide. »

– L'action de la volonté est-elle toujours indispensable ?

« Elle ajoute à la puissance, mais elle n'est pas toujours nécessaire, puisque le mouvement peut avoir lieu contre et malgré cette volonté, et c'est là une preuve qu'il y a une cause indépendante du médium. »

Remarque. Le contact des mains n'est pas toujours nécessaire pour faire mouvoir un objet. Il l'est le plus souvent pour donner la première impulsion, mais une fois que l'objet est animé, il peut obéir à la volonté sans contact matériel ; cela dépend soit de la puissance du médium, soit de la nature des Esprits. Un premier contact n'est même pas toujours indispensable ; on en a la preuve dans les mouvements et déplacements spontanés que l'on ne songe pas à provoquer.

19. Pourquoi tout le monde ne peut-il pas produire le même effet, et pourquoi tous les médiums n'ont-ils pas la même puissance ?

« Cela dépend de l'organisation et du plus ou moins de facilité avec laquelle la combinaison des fluides peut s'opérer ; puis, l'Esprit du médium sympathise plus ou moins avec les Esprits étrangers qui trouvent en lui la puissance fluidique nécessaire. Il en est de cette puissance comme de celle des magnétiseurs, qui est plus ou moins grande. Sous ce rapport, il y a des personnes qui sont tout à fait réfractaires ; d'autres chez lesquelles la combinaison ne s'opère que par un effort de leur volonté ; d'autres, enfin, chez lesquelles elle a lieu si naturellement et si facilement, qu'elles ne s'en doutent même pas, et qu'elles servent d'instrument à leur insu, comme nous l'avons déjà dit. » (Voir ci-après le chapitre des manifestations spontanées).

Remarque. Le magnétisme est sans aucun doute le principe de ces phénomènes, mais non tel qu'on l'entend généralement, la preuve, c'est qu'il y a de très puissants magnétiseurs qui ne feraient pas mouvoir un guéridon, et des personnes qui ne peuvent pas magnétiser, des enfants même, à qui il suffit de poser les doigts sur une lourde table pour la faire s'agiter ; donc si la puissance médianimique n'est pas en raison de la puissance magnétique, c'est qu'il y a une autre cause.

20. Les personnes dites électriques peuvent-elles être considérées comme des médiums ?

« Ces personnes puisent en elles-mêmes le fluide nécessaire à la production du phénomène, et peuvent agir sans le secours d'Esprits étrangers. Ce ne sont point alors des médiums dans le sens attaché à ce mot ; mais il se peut aussi qu'un Esprit les assiste et profite de leurs dispositions naturelles. »

Remarque. Il en serait de ces personnes comme des somnambules qui peuvent agir avec ou sans le concours d'un Esprit étranger. (Voir au chapitre des médiums, l'article relatif aux médiums somnambules.)

21. L'Esprit qui agit sur les corps solides pour les mouvoir, est-il dans la substance même des corps, ou bien en dehors de cette substance ?

« L'un et l'autre ; nous avons dit que la matière n'est point un obstacle pour les Esprits ; ils pénètrent tout ; une portion du périsprit s'identifie, pour ainsi dire, avec l'objet qu'il pénètre. »

22. Comment l'Esprit s'y prend-il pour frapper ? Se sert-il d'un objet matériel ?

« Pas plus que de ses bras pour soulever la table. Vous savez bien qu'il n'a pas de marteau à sa disposition. Son marteau, c'est le fluide combiné mis en action par sa volonté pour mouvoir ou pour frapper. Quand il meut, la lumière vous apporte la vue des mouvements ; quand il frappe, l'air vous apporte le son. »

23. Nous concevons cela quand il frappe sur un corps dur ; mais comment peut-il faire entendre du bruit ou des sons articulés dans le vague de l'air ?

« Puisqu'il agit sur la matière, il peut agir sur l'air aussi bien que sur la table. Quant aux sons articulés, il peut les imiter comme tous les autres bruits. »

24. Vous dites que l'Esprit ne se sert pas de ses mains pour remuer la table ; cependant, on a vu, dans certaines manifestations visuelles, apparaître des mains dont les doigts se promenaient sur un clavier, agitaient les touches et faisaient entendre des sons. Ne semblerait-il pas qu'ici le mouvement des touches est produit par la pression des doigts ? Cette pression n'est-elle pas aussi directe et réelle quand elle se fait sentir sur nous-mêmes, quand ces mains laissent des empreintes sur la peau ?

« Vous ne pouvez comprendre la nature des Esprits et leur manière d'agir que par des comparaisons qui ne vous en donnent qu'une idée incomplète, et c'est un tort de toujours vouloir assimiler leurs procédés aux vôtres. Leurs procédés doivent être en rapport avec leur organisation. Ne vous ai-je pas dit que le fluide du périsprit pénètre la matière et s'identifie avec elle, qu'il l'anime d'une vie factice ? Eh bien ! quand l'Esprit pose les doigts sur les touches, il les pose réellement, et même il les remue ; mais ce n'est pas par la force musculaire qu'il presse sur la touche ; il anime la touche, comme il anime la table, et la touche qui obéit à sa volonté se remue et frappe la corde. Il se passe même ici une chose que vous aurez de la peine à comprendre, c'est que certains Esprits sont si peu avancés et tellement matériels, comparativement aux Esprits élevés, qu'ils ont encore les illusions de la vie terrestre, et croient agir comme lorsqu'ils avaient leur corps ; ils ne se rendent pas plus compte de la véritable cause des effets qu'ils produisent qu'un paysan ne se rend compte de la théorie des sons qu'il articule ;

demandez-leur comment ils touchent du piano, ils vous diront qu'ils frappent dessus avec leurs doigts, parce qu'ils croient frapper ; l'effet se produit instinctivement chez eux sans qu'ils sachent comment, et cependant par leur volonté. Quand ils font entendre des paroles, c'est la même chose. »

Remarque. Il résulte de ces explications que les Esprits peuvent produire tous les effets que nous produisons nous-mêmes, mais par des moyens appropriés à leur organisation ; certaines forces qui leur sont propres remplacent les muscles qui nous sont nécessaires pour agir ; de même que le geste remplace, chez le muet, la parole qui lui manque.

25. Parmi les phénomènes que l'on cite comme preuves de l'action d'une puissance occulte, il y en a qui sont évidemment contraires à toutes les lois connues de la nature ; le doute alors ne semble-t-il pas permis ?

« C'est que l'homme est loin de connaître toutes les lois de la nature ; s'il les connaissait toutes, il serait Esprit supérieur. Chaque jour pourtant donne un démenti à ceux qui, croyant tout savoir, prétendent imposer des bornes à la nature, et ils n'en restent pas moins orgueilleux. En dévoilant sans cesse de nouveaux mystères, Dieu avertit l'homme de se défier de ses propres lumières, car un jour viendra où *la science du plus savant sera confondue*. N'avez-vous pas tous les jours des exemples de corps animés d'un mouvement capable de l'emporter sur la force de gravitation ? Le boulet, lancé en l'air, ne surmonte-t-il pas momentanément cette force ? Pauvres hommes qui croyez être bien savants, et dont la sotte vanité est à chaque instant déroutée, sachez donc que vous êtes encore bien petits. »

75. Ces explications sont claires, catégoriques et sans ambiguïté ; il en ressort ce point capital que le fluide universel, dans lequel réside le principe de la vie, est l'agent principal des manifestations, et que cet agent reçoit son impulsion de l'Esprit, que celui-ci soit incarné ou errant. Ce fluide condensé constitue le périsprit ou enveloppe semi-matérielle de l'Esprit. Dans l'état d'incarnation, le périsprit est uni à la matière du corps ; dans l'état d'erraticité, il est libre. Quand l'Esprit est incarné, la substance du périsprit est plus ou moins liée, plus ou moins adhérente, si l'on peut s'exprimer ainsi. Chez certaines personnes, il y a en quelque sorte émanation de ce fluide par suite de leur organisation, et c'est là, à proprement parler, ce qui constitue les médiums à influences physiques. L'émission du fluide animalisé peut être plus ou moins abondante, sa combinaison plus ou moins facile, de là les médiums plus ou moins puissants ; elle n'est point permanente, ce qui explique l'intermittence de la puissance.

76. Citons une comparaison. Lorsqu'on a la volonté d'agir matériellement sur un point quelconque placé à distance, c'est la pensée qui veut, mais la pensée seule n'ira pas frapper ce point ; il lui faut un intermédiaire qu'elle dirige : un bâton, un projectile, un courant d'air, etc. Remarquez même que la pensée n'agit pas directement sur le bâton, car si on ne le touche pas il n'agira pas tout seul. La pensée, qui n'est autre que l'Esprit incarné en nous, est unie au corps par le périsprit ; or, elle ne peut pas plus agir sur le corps sans le périsprit, qu'elle ne peut agir sur le bâton sans le corps ; elle agit sur le périsprit, parce que c'est la substance avec laquelle elle a le plus

d'affinité ; le périsprit agit sur les muscles, les muscles saisissent le bâton, et le bâton frappe le but. Quand l'Esprit n'est pas incarné, il lui faut un auxiliaire étranger ; cet auxiliaire est le fluide à l'aide duquel il rend l'objet propre à suivre l'impulsion de sa volonté.

77. Ainsi, quand un objet est mis en mouvement, enlevé ou lancé en l'air, ce n'est point l'Esprit qui le saisit, le pousse et le soulève, comme nous le ferions avec la main ; il le *sature*, pour ainsi dire, de son fluide combiné avec celui du médium, et l'objet, ainsi momentanément vivifié, agit comme le ferait un être vivant, avec cette différence que, n'ayant pas de volonté propre, il suit l'impulsion de la volonté de l'Esprit.

Puisque le fluide vital, poussé en quelque sorte par l'Esprit, donne une vie factice et momentanée aux corps inertes, que le périsprit n'est autre chose que ce même fluide vital, il s'ensuit que lorsque l'Esprit est incarné, c'est lui qui donne la vie à son corps, au moyen de son périsprit ; il y reste uni tant que l'organisation le permet ; quand il se retire, le corps meurt. Maintenant si, au lieu d'une table, on taille le bois en statue, et qu'on agit sur cette statue comme sur la table, on aura une statue qui se remuera, qui frappera, qui répondra par ses mouvements et par ses coups ; on aura, en un mot, une statue momentanément animée d'une vie artificielle ; on a dit les tables parlantes, on pourrait aussi dire les statues parlantes. Quelle lumière cette théorie ne jette-t-elle pas sur une foule de phénomènes jusqu'alors sans solution ! Que d'allégories et d'effets mystérieux n'explique-t-elle pas !

78. Les incrédules quand même objectent que le fait de l'enlèvement des tables sans point d'appui est impossible, parce qu'il est contraire à la loi de gravitation. Nous leur répondrons d'abord que leur négation n'est pas une preuve ; secondement, que si le fait existe, il aurait beau être contraire à toutes les lois connues, cela prouverait une chose, c'est qu'il repose sur une loi inconnue, et que les négateurs ne peuvent avoir la prétention de connaître toutes les lois de la nature. Nous venons d'expliquer cette loi, mais ce n'est pas une raison pour qu'elle soit acceptée par eux, précisément parce qu'elle est donnée par des Esprits qui ont quitté leur habit terrestre, au lieu de l'être par des Esprits qui l'ont encore et qui siègent à l'Académie. De telle sorte que si l'Esprit d'Arago vivant eût donné cette loi, ils l'eussent acceptée les yeux fermés ; mais donnée par l'Esprit d'Arago mort, c'est une utopie, et pourquoi cela ? Parce qu'ils croient qu'Arago étant mort, tout est mort en lui. Nous n'avons pas la prétention de les en dissuader ; cependant, comme cette objection pourrait embarrasser certaines personnes, nous allons essayer d'y répondre en nous mettant à leur point de vue, c'est-à-dire en faisant abstraction pour un instant de la théorie de l'animation factice.

79. Quand on fait le vide sous la cloche de la machine pneumatique, cette cloche adhère avec une telle force qu'il est impossible de l'enlever à cause du poids de la colonne d'air qui pèse dessus. Qu'on laisse rentrer l'air, et la cloche s'enlève avec la plus grande facilité, parce que l'air de dessous fait contrepoids avec l'air du dessus ; cependant, abandonnée à elle-même, elle restera sur le plateau en vertu de la loi de gravitation. Maintenant, que l'air de dessous soit comprimé, qu'il ait une densité plus grande que celui de des-

sus, la cloche sera soulevée malgré la gravitation ; si le courant d'air est rapide et violent, elle pourra être soutenue dans l'espace sans aucun appui *visible*, à la manière de ces bonshommes qu'on fait voltiger sur un jet d'eau. Pourquoi donc le fluide universel, *qui est l'élément de toute nature*, étant accumulé autour de la table, n'aurait-il pas la propriété d'en diminuer ou d'en augmenter la pesanteur spécifique relative, comme l'air le fait pour la cloche de la machine pneumatique, comme le gaz hydrogène le fait pour les ballons, sans qu'il soit pour cela dérogé aux lois de la gravitation ? Connaissez-vous toutes les propriétés et toute la puissance de ce fluide ? Non ; eh bien ! ne niez donc pas un fait parce que vous ne pouvez pas l'expliquer.

80. Revenons à la théorie du mouvement de la table. Si, par le moyen indiqué, l'Esprit peut enlever une table, il peut enlever toute autre chose : un fauteuil, par exemple. S'il peut enlever un fauteuil, il peut aussi, avec une force suffisante, enlever en même temps une personne assise dessus. Voilà donc l'explication de ce phénomène qu'a produit cent fois M. Home sur lui et sur d'autres personnes ; il l'a renouvelé pendant un voyage à Londres, et afin de prouver que les spectateurs n'étaient pas le jouet d'une illusion d'optique, il a fait au plafond une marque avec un crayon, et l'on a passé sous lui. On sait que M. Home est un puissant médium pour les effets physiques : il était, dans ce cas, la cause efficiente et l'objet.

Augmentation et diminution du poids des corps

81. Nous avons parlé tout à l'heure de l'augmentation du poids ; c'est en effet un phénomène qui se produit quelquefois, et qui n'a rien de plus anomal que la prodigieuse résistance de la cloche sous la pression de la colonne atmosphérique. On a vu, sous l'influence de certains médiums, des objets assez légers offrir la même résistance, puis tout à coup céder au moindre effort. Dans l'expérience ci-dessus, la cloche ne pèse en réalité ni plus ni moins par elle-même, mais elle paraît plus lourde par l'effet de la cause extérieure qui agit sur elle ; il en est probablement de même ici. La table a toujours le même poids intrinsèque, car sa masse n'a pas augmenté, mais une force étrangère s'oppose à son mouvement, et cette cause peut être dans les fluides ambiants qui la pénètrent, comme celle qui augmente ou diminue le poids apparent de la cloche est dans l'air. Faites l'expérience de la cloche pneumatique devant un paysan ignorant, ne comprenant pas que c'est l'air qu'il ne voit pas qui agit, il ne sera pas difficile de lui persuader que c'est le diable.

On dira peut-être que ce fluide étant impondérable, son accumulation ne peut augmenter le poids d'un objet : d'accord ; mais remarquez que si nous nous sommes servis du mot *accumulation*, c'est par comparaison, et non par assimilation absolue avec l'air ; il est impondérable, soit ; cependant, rien ne le prouve ; sa nature intime nous est inconnue, et nous sommes loin d'en connaître toutes les propriétés. Avant qu'on eût expérimenté la pesanteur de l'air, on ne soupçonnait pas les effets de cette même pesanteur. L'électricité est aussi rangée parmi les fluides impondérables ; cependant, un corps peut être retenu par un courant électrique, et offrir une grande résistance à celui qui veut le soulever ; il est donc en apparence devenu plus pesant. De ce qu'on ne voit pas le support, il serait illogique de conclure qu'il n'existe pas. L'Esprit peut donc avoir des leviers qui nous sont inconnus ; la nature nous prouve tous les jours que sa puissance ne s'arrête pas au témoignage des sens.

On ne peut expliquer que par une cause semblable le phénomène singulier, dont on a vu plusieurs exemples, d'une jeune personne faible et délicate, soulevant avec deux doigts, sans effort et comme une plume, un homme fort et robuste avec le siège sur lequel il était assis. Ce qui prouve une cause étrangère à la personne, ce sont les intermittences de la faculté.

CHAPITRE V

MANIFESTATIONS PHYSIQUES SPONTANÉES

Bruits, tapages et perturbations

82. Les phénomènes dont nous venons de parler sont provoqués ; mais il arrive quelquefois qu'ils aient lieu spontanément, sans participation de la volonté ; loin de là, puisqu'ils deviennent souvent très importuns. Ce qui exclut, en outre, la pensée qu'ils peuvent être un effet de l'imagination surexcitée par les idées spirites, c'est qu'ils se produisent chez des personnes qui n'en ont jamais entendu parler, et au moment où elles s'y attendent le moins. Ces phénomènes, qu'on pourrait appeler le spiritisme pratique naturel, sont très importants, parce qu'ils ne peuvent être suspectés de connivence ; c'est pourquoi nous engageons les personnes qui s'occupent des phénomènes spirites à recueillir tous les faits de ce genre qui viendraient à leur connaissance, mais surtout à en constater avec soin la réalité par une étude minutieuse des circonstances, afin de s'assurer qu'on n'est pas le jouet d'une illusion ou d'une mystification.

83. De toutes les manifestations spirites, les plus simples et les plus fréquentes sont les bruits et les coups frappés ; c'est ici surtout qu'il faut craindre l'illusion, car une foule de causes naturelles peuvent en produire : le vent qui siffle ou qui agite un objet, un corps que l'on remue soi-même sans s'en apercevoir, un effet acoustique, un animal caché, un insecte, etc., voire même les espiègleries des mauvais plaisants. Les bruits spirites ont d'ailleurs un caractère particulier, tout en affectant une intensité et un timbre très variés, qui les rendent aisément reconnaissables et ne permettent pas de les confondre avec le craquement du bois, le pétillement du feu ou le tic-tac monotone d'une pendule ; ce sont des coups secs, tantôt sourds, faibles et légers, tantôt clairs, distincts, quelquefois bruyants, qui changent de place et se répètent sans avoir une régularité mécanique. De tous les moyens de contrôle le plus efficace, celui qui ne peut laisser de doute sur leur origine, c'est l'obéissance à la volonté. Si les coups se font entendre dans l'endroit désigné, s'ils répondent à la pensée par leur nombre ou leur intensité, on ne peut méconnaître en eux une cause intelligente ; mais le défaut d'obéissance n'est pas toujours une preuve contraire.

84. Admettons maintenant que, par une constatation minutieuse, on acquière la certitude que les bruits ou tous autres effets sont des manifestations réelles, est-il rationnel de s'en effrayer ? Non, assurément ; car, dans aucun cas, il ne saurait y avoir le moindre danger ; les personnes auxquelles on persuade que c'est le diable, peuvent seules en être affectées d'une manière fâcheuse, comme les enfants auxquels on fait peur du loup-garou ou de Croque-mitaine. Ces manifestations acquièrent dans certaines circonstances, il faut en convenir, des proportions et une persistance désa-

gréables, dont on a le désir bien naturel de se débarrasser. Une explication est nécessaire à ce sujet.

85. Nous avons dit que les manifestations physiques ont pour but d'appeler notre attention sur quelque chose, et de nous convaincre de la présence d'une puissance supérieure à l'homme. Nous avons dit aussi que les Esprits élevés ne s'occupent pas de ces sortes de manifestations ; ils se servent des Esprits inférieurs pour les produire, comme nous nous servons de serviteurs pour la grosse besogne, et cela dans le but que nous venons d'indiquer. Ce but une fois atteint, la manifestation matérielle cesse, parce qu'elle n'est plus nécessaire. Un ou deux exemples feront mieux comprendre la chose.

86. Il y a plusieurs années, au début de mes études sur le spiritisme, étant un soir occupé d'un travail sur cette matière, des coups se firent entendre autour de moi pendant quatre heures consécutives ; c'était la première fois que pareille chose m'arrivait ; je constatai qu'ils n'avaient aucune cause accidentelle, mais dans le moment je n'en pus savoir davantage. J'avais à cette époque occasion de voir fréquemment un excellent médium écrivain. Dès le lendemain, j'interrogeai l'Esprit qui se communiquait par son intermédiaire sur la cause de ces coups. *C'est*, me fut-il répondu, *ton Esprit familier qui voulait te parler*. - Et que voulait-il me dire ? Rép. : Tu peux le lui demander toi-même, car il est là. - Ayant donc interrogé cet Esprit, il se fit connaître sous un nom allégorique (j'ai su depuis, par d'autres Esprits, qu'il appartient à un ordre très élevé, et qu'il a joué sur la terre un rôle important) ; il me signala des erreurs dans mon travail, en m'indiquant *les lignes* où elles se trouvaient, me donna d'utiles et sages conseils, et ajouta qu'il serait toujours avec moi, et viendrait à mon appel toutes les fois que je voudrais l'interroger. Depuis lors, en effet, cet Esprit ne m'a jamais quitté. Il m'a donné maintes preuves d'une grande supériorité, et son intervention *bienveillante* et *efficace* a été manifeste pour moi dans les affaires de la vie matérielle, comme en ce qui touche aux choses métaphysiques. Mais dès notre premier entretien, les coups ont cessé. Que voulait-il en effet ? Entrer en communication régulière avec moi ; pour cela, il fallait m'avertir. L'avertissement donné, puis expliqué, les relations régulières établies, les coups devenaient inutiles, c'est pourquoi ils ont cessé. On ne bat plus le tambour pour réveiller les soldats une fois qu'ils sont debout.

Un fait à peu près semblable est arrivé à un de nos amis. Depuis quelque temps, sa chambre retentissait de bruits divers qui devenaient très fatigants. L'occasion s'étant présentée d'interroger l'Esprit de son père par un médium écrivain, il sut ce qu'on lui voulait, fit ce qui lui fut recommandé, et depuis lors il n'a plus rien entendu. Il est à remarquer que les personnes qui ont avec les Esprits un moyen régulier et facile de communication ont beaucoup plus rarement des manifestations de ce genre, et cela se conçoit.

87. Les manifestations spontanées ne se bornent pas toujours à des bruits et à des coups frappés ; elles dégénèrent quelquefois en véritable tapage et en perturbations ; des meubles et objets divers sont bouleversés, des projectiles de toutes sortes sont lancés du dehors, des portes et des fenêtres sont ouvertes et fermées par des mains invisibles, des carreaux sont brisés, ce qui ne peut être mis sur le compte de l'illusion.

Le bouleversement est souvent très effectif, mais quelquefois il n'a que les apparences de la réalité. On entend du vacarme dans une pièce voisine, un bruit de vaisselle qui tombe et se brise avec fracas, des bûches qui roulent sur le plancher ; on se hâte d'accourir, et l'on trouve tout tranquille et en ordre ; puis, à peine sorti, le tumulte recommence.

88. Les manifestations de ce genre ne sont ni rares ni nouvelles ; il y a peu de chroniques locales qui ne renferment quelque histoire de ce genre. La peur a sans doute souvent exagéré des faits qui ont dû prendre des proportions gigantesquement ridicules en passant de bouche en bouche ; la superstition aidant, les maisons où ils se sont passés ont été réputées hantées par le diable, et de là tous les contes merveilleux ou terribles de revenants. De son côté, la fourberie n'a pas laissé échapper une si belle occasion d'exploiter la crédulité, et cela souvent au profit d'intérêts personnels. On conçoit, du reste, l'impression que des faits de ce genre, même réduits à la réalité, peuvent faire sur des caractères faibles et prédisposés par l'éducation aux idées superstitieuses. Le plus sûr moyen de prévenir les inconvénients qu'ils pourraient avoir, puisqu'on ne saurait les empêcher, c'est de faire connaître la vérité. Les choses les plus simples deviennent effrayantes quand la cause est inconnue. Quand on sera familiarisé avec les Esprits, et que ceux auxquels ils se manifestent ne croiront plus avoir une légion de démons à leurs trousses, ils n'en auront plus peur.

On peut voir, dans la *Revue spirite*, le récit de plusieurs faits authentiques de ce genre, entre autres l'histoire de l'Esprit frappeur de Bergzabern, dont les mauvais tours ont duré plus de huit ans (numéros de mai, juin et juillet 1858) ; celle de Dibbelsdorf (août 1858) ; celle du boulanger des Grandes-Ventes, près Dieppe (mars 1860) ; celle de la rue des Noyers, à Paris (août 1860) ; celle de l'Esprit de Castelnaudary, sous le titre d'*Histoire d'un damné* (février 1860) ; celle du fabricant de Saint-Pétersbourg (avril 1860), et beaucoup d'autres.

89. Les faits de cette nature ont souvent le caractère d'une véritable persécution. Nous connaissons six sœurs qui habitaient ensemble, et qui, pendant plusieurs années, trouvaient le matin leurs robes dispersées, cachées jusque sur les toits, déchirées et coupées en morceaux, quelques précautions qu'elles prissent de les enfermer à clef. Il est souvent arrivé que des personnes couchées et *parfaitement éveillées* voient secouer leurs rideaux, arracher violemment leurs couvertures et leurs oreillers, étaient soulevées sur leurs matelas, et quelquefois même jetées hors du lit. Ces faits sont plus fréquents qu'on ne croit ; mais la plupart du temps, ceux qui en sont victimes n'osent pas en parler par la crainte du ridicule. Il est à notre connaissance que l'on a cru guérir certains individus, de ce qu'on regardait comme des hallucinations, en les soumettant au traitement des aliénés, ce qui les a rendus réellement fous. La médecine ne peut comprendre ces choses, parce qu'elle n'admet dans les causes que l'élément matériel, d'où résultent des méprises souvent funestes. L'histoire, un jour, racontera certains traitements du dix-neuvième siècle, comme on raconte aujourd'hui certains procédés du Moyen Âge.

Nous admettons parfaitement que certains faits sont l'œuvre de la malice ou de la malveillance ; mais si, toutes constatations faites, il demeure avéré qu'ils ne sont pas l'œuvre des hommes, il faut bien convenir qu'ils sont celle, les uns diront du diable, nous, nous dirons des Esprits ; mais de quels Esprits ?

90. Les Esprits supérieurs, pas plus que parmi nous les hommes graves et sérieux, ne s'amusent à donner des charivaris. Nous en avons souvent fait venir pour leur demander le motif qui les porte à troubler ainsi le repos. La plupart n'ont d'autre but que de s'amuser ; ce sont des Esprits plutôt légers que méchants, qui se rient des frayeurs qu'ils occasionnent, et des recherches inutiles que l'on fait pour découvrir la cause du tumulte. Souvent, ils s'acharnent après un individu qu'ils se plaisent à vexer et qu'ils poursuivent de demeure en demeure ; d'autres fois, ils s'attachent à un local sans autre motif que leur caprice. C'est quelquefois aussi une vengeance qu'ils exercent comme nous aurons l'occasion de le voir. Dans certains cas, leur intention est plus louable ; ils veulent appeler l'attention et se mettre en rapport, soit pour donner un avertissement utile à la personne à laquelle ils s'adressent, soit pour demander quelque chose pour eux-mêmes. Nous en avons souvent vu demander des prières, d'autres solliciter l'accomplissement en leur nom d'un vœu qu'ils n'avaient pu remplir, d'autres enfin vouloir, dans l'intérêt de leur propre repos, réparer une mauvaise action commise par eux de leur vivant. En général, on a tort de s'en effrayer ; leur présence peut être importune, mais non dangereuse. On conçoit, du reste, le désir qu'on a de s'en débarrasser et l'on fait généralement pour cela tout le contraire de ce qu'il faudrait. Si ce sont des Esprits qui s'amusent, plus on prend la chose au sérieux, plus ils persistent, comme des enfants espiègles qui harcèlent d'autant plus ceux qu'ils voient s'impatienter, et qui font peur aux poltrons. Si l'on prenait le sage parti de rire soi-même de leurs mauvais tours, ils finiraient par se lasser et par rester tranquilles. Nous connaissons quelqu'un qui, loin de s'irriter, les excitait, les mettait au défi de faire telle ou telle chose, si bien qu'au bout de quelques jours, ils ne revinrent plus. Mais, comme nous l'avons dit, il y en a dont le motif est moins frivole. C'est pourquoi il est toujours utile de savoir ce qu'ils veulent. S'ils demandent quelque chose, on peut être certain qu'ils cesseront leurs visites dès que leur désir sera satisfait. Le meilleur moyen d'être renseigné à cet égard, c'est d'évoquer l'Esprit par l'intermédiaire d'un bon médium écrivain ; à ses réponses, on verra tout de suite à qui l'on a affaire, et l'on agira en conséquence ; si c'est un Esprit malheureux, la charité veut qu'on le traite avec les égards qu'il mérite ; si c'est un mauvais plaisant, on peut agir envers lui sans façon ; s'il est malveillant, il faut prier Dieu de le rendre meilleur. En tout état de cause, la prière ne peut toujours avoir qu'un bon résultat. Mais la gravité des formules d'exorcisme les fait rire et ils n'en tiennent aucun compte.

Si l'on peut entrer en communication avec eux, il faut se défier des qualifications burlesques ou effrayantes qu'ils se donnent quelquefois pour s'amuser de la crédulité.

Nous reviendrons avec plus de détails sur ce sujet, et sur les causes qui rendent souvent les prières inefficaces, dans les chapitres des *lieux hantés* et de *l'obsession*.

91. Ces phénomènes, quoiqu'exécutés par des Esprits inférieurs, sont souvent provoqués par des Esprits d'un ordre plus élevé, dans le but de convaincre de l'existence des êtres incorporels et d'une puissance supérieure à l'homme. Le retentissement qui en résulte, l'effroi même que cela cause, appellent l'attention, et finiront par faire ouvrir les yeux aux plus incrédules. Ceux-ci trouvent plus simple de mettre ces phénomènes sur le compte de l'imagination, explication très commode et qui dispense d'en donner d'autres ; pourtant quand des objets sont bousculés ou vous sont jetés à la tête, il faudrait une imagination bien complaisante pour se figurer que pareilles choses sont quand elles ne sont pas. On remarque un effet quelconque, cet effet a nécessairement une cause ; si une *froide et calme* observation nous démontre que cet effet est indépendant de toute volonté humaine et de toute cause matérielle, si de plus il nous donne des signes *évidents* d'intelligence et de libre volonté, *ce qui est le signe le plus caractéristique*, on est bien forcé de l'attribuer à une intelligence occulte. Quels sont ces êtres mystérieux ? C'est ce que les études spirites nous apprennent de la manière la moins contestable, par les moyens qu'elles nous donnent de communiquer avec eux. Ces études nous apprennent en outre à faire la part de ce qu'il y a de réel, de faux ou d'exagéré dans les phénomènes dont nous ne nous rendons pas compte. Si un effet insolite se produit : bruit, mouvement, apparition même, la première pensée que l'on doit avoir, c'est qu'il est dû à une cause toute naturelle, parce que c'est la plus probable ; il faut alors rechercher cette cause avec le plus grand soin, et n'admettre l'intervention des Esprits qu'à bon escient ; c'est le moyen de ne pas se faire illusion. Celui, par exemple, qui, sans être approché par personne, recevrait un soufflet ou des coups de bâton dans le dos, comme cela s'est vu, ne saurait douter de la présence d'un être invisible.

On doit se tenir en garde non seulement contre des récits qui peuvent être tout au moins entachés d'exagération, mais contre ses propres impressions, et ne pas attribuer une origine occulte à tout ce que l'on ne comprend pas. Une infinité de causes très simples et très naturelles peuvent produire des effets étranges au premier abord, et ce serait une véritable superstition de voir partout des Esprits occupés à renverser les meubles, briser la vaisselle, susciter enfin les mille et une tracasseries de ménage qu'il est plus rationnel de mettre sur le compte de la maladresse.

Objets lancés

92. L'explication donnée du mouvement des corps inertes s'applique naturellement à tous les effets spontanés que nous venons de voir. Les bruits, quoique plus forts que les coups frappés dans la table, ont la même cause ; les objets lancés ou déplacés le sont par la même force qui soulève un objet quelconque. Une circonstance vient même ici à l'appui de cette théorie. On pourrait se demander où est le médium dans cette circonstance. Les Esprits

nous ont dit qu'en pareil cas il y a toujours quelqu'un dont le pouvoir s'exerce à son insu. Les manifestations spontanées se produisent très rarement dans les endroits isolés ; c'est presque toujours dans des maisons habitées qu'elles ont lieu, et par le fait de la présence de certaines personnes qui exercent une influence sans le vouloir ; ces personnes sont de véritables médiums qui s'ignorent eux-mêmes, et que nous appelons, pour cette raison, *médiums naturels* ; ils sont aux autres médiums ce que les somnambules naturels sont aux somnambules magnétiques, et tout aussi curieux à observer.

93. L'intervention volontaire ou involontaire d'une personne douée d'une aptitude spéciale pour la production de ces phénomènes paraît être nécessaire dans la plupart des cas, quoiqu'il y en ait où l'Esprit semble agir seul ; mais alors il se pourrait qu'il puisât le fluide animalisé ailleurs que chez une personne présente. Ceci explique pourquoi les Esprits qui nous entourent sans cesse ne produisent pas à chaque instant des perturbations. Il faut d'abord que l'Esprit le veuille, qu'il ait un but, un motif, sans cela il ne fait rien. Il faut souvent ensuite qu'il trouve, précisément dans le lieu où il voudrait agir, une personne apte à le seconder, coïncidence qui se rencontre assez rarement. Cette personne survenant inopinément, il en profite. Malgré la réunion des circonstances favorables, il pourrait encore en être empêché par une volonté supérieure qui ne lui permettrait pas d'agir à son gré. Il peut ne lui être permis de le faire que dans certaines limites, et dans le cas où ces manifestations seraient jugées utiles, soit comme moyen de conviction, soit comme épreuve pour la personne qui en est l'objet.

94. Nous ne citerons à ce sujet que l'entretien provoqué à propos des faits qui se sont passés en juin 1860 dans la rue des Noyers, à Paris. On en trouvera les détails dans la *Revue spirite*, n° d'août 1860.

1. (À saint Louis). Auriez-vous la bonté de nous dire si les faits qu'on dit s'être passés dans la rue des Noyers sont réels ? Quant à la possibilité, nous n'en doutons pas.

« Oui, ces faits sont vrais ; seulement l'imagination des hommes les grossira, soit par peur, soit par ironie ; mais, je le répète, ils sont vrais. Ces manifestations sont provoquées par un Esprit qui s'amuse un peu aux dépens des habitants du lieu. »

2. Y a-t-il, dans la maison, une personne qui soit cause de ces manifestations ?

« Elles sont toujours causées par la présence de la personne à laquelle on s'attaque ; c'est que l'Esprit perturbateur en veut à l'habitant du lieu où il est, et qu'il veut lui faire des malices, ou même cherche à le faire déloger. »

3. Nous demandons si, parmi les habitants de la maison, il y a quelqu'un qui soit la cause de ces phénomènes par une influence médianimique spontanée et involontaire ?

« Il le faut bien, *sans cela le fait ne pourrait avoir lieu*. Un Esprit habite un endroit de prédilection pour lui ; il reste dans l'inaction tant qu'une nature qui lui soit convenable ne s'est pas présentée dans cet endroit ; quand cette personne arrive, alors il s'amuse autant qu'il le peut. »

4. La présence de cette personne sur les lieux mêmes est-elle indispensable ?

« C'est le cas le plus ordinaire, et c'est celui du fait que vous citez ; c'est pourquoi j'ai dit que sans cela le fait n'aurait pu avoir lieu ; mais je n'ai pas entendu généraliser ; il en est où la présence immédiate n'est pas nécessaire. »

5. Ces Esprits étant toujours d'un ordre inférieur, l'aptitude à leur servir d'auxiliaire est-elle une présomption défavorable pour la personne ? cela annonce-t-il une sympathie avec les êtres de cette nature ?

« Non, pas précisément, car cette aptitude tient à une disposition physique ; cependant, cela annonce très souvent une tendance matérielle qu'il serait préférable de ne pas avoir ; car plus on est élevé moralement, plus on attire à soi les bons Esprits, qui éloignent nécessairement les mauvais. »

6. Où l'Esprit va-t-il prendre les projectiles dont il se sert ?

« Ces divers objets sont, le plus souvent, pris sur les lieux, ou dans le voisinage ; une force venant d'un Esprit les lance dans l'espace, et ils tombent dans un endroit désigné par cet Esprit. » 7. Puisque les manifestations spontanées sont souvent permises et même provoquées dans le but de convaincre, il nous semble que si certains incrédules en étaient personnellement l'objet, ils seraient bien forcés de se rendre à l'évidence. Ils se plaignent quelquefois de ne pouvoir être témoins de faits concluants ; ne dépendrait-il pas des Esprits de leur faire donner quelque preuve sensible ?

« Les athées et les matérialistes ne sont-ils pas à chaque instant témoins des effets de la puissance de Dieu et de la pensée ? Cela ne les empêche pas de nier Dieu et l'âme. Les miracles de Jésus ont-ils converti tous ses contemporains ? Les pharisiens qui lui disaient : "Maître, faites-nous voir quelque prodige", ne ressemblent-ils pas à ceux qui, de votre temps, demandent que vous leur fassiez voir des manifestations ? S'ils ne sont pas convaincus par les merveilles de la création, ils ne le seraient pas davantage quand bien même les Esprits leur apparaîtraient de la manière la moins équivoque, parce que leur orgueil les rend comme des chevaux rétifs. Les occasions de voir ne leur manqueraient pas s'ils les cherchaient de bonne foi, c'est pourquoi Dieu ne juge pas à propos de faire pour eux plus qu'il ne fait pour ceux qui cherchent sincèrement à s'instruire, car il ne récompense que les hommes de bonne volonté. Leur incrédulité n'empêchera pas la volonté de Dieu de s'accomplir ; vous voyez bien qu'elle n'a pas empêché la doctrine de se répandre. Cessez donc de vous inquiéter de leur opposition qui est à la doctrine comme l'ombre est au tableau, et lui donne un plus grand relief. Quel mérite auraient-ils à être convaincus par la force ? Dieu leur laisse toute la responsabilité de leur entêtement, et cette responsabilité sera plus terrible que vous ne pensez. Bienheureux ceux qui croient sans avoir vu, a dit Jésus, parce que ceux-là ne doutent pas de la puissance de Dieu. »

8. Croyez-vous qu'il serait utile d'évoquer cet Esprit pour lui demander quelques explications ?

« Évoquez-le si vous voulez ; mais c'est un Esprit inférieur qui ne vous donnera que des réponses assez insignifiantes. »

95. Entretien avec l'Esprit perturbateur de la rue des Noyers.

1. Évocation.

« Qu'avez-vous donc de m'appeler ? Vous voulez donc des coups de pierres ? C'est alors qu'on verrait un beau sauve-qui-peut, malgré votre air de bravoure. »

2. Quand tu nous enverrais des pierres ici, cela ne nous effrayerait pas ; nous demandons même positivement si tu peux nous en envoyer.

« Ici, je ne pourrais peut-être pas ; vous avez un gardien qui veille bien sur vous. »

3. Dans la rue des Noyers, y avait-il une personne qui te servait d'auxiliaire pour te faciliter les mauvais tours que tu jouais aux habitants de la maison ?

« Certainement, j'ai trouvé un bon instrument, et aucun Esprit docte, savant et prude pour m'en empêcher ; car je suis gai, j'aime parfois à m'amuser. »

4. Quelle était la personne qui t'a servi d'instrument ?

« Une servante. »

5. Était-ce à son insu qu'elle te servait d'auxiliaire ?

« Oh ! oui ; la pauvre fille ! elle était la plus effrayée. »

6. Agissais-tu dans un but hostile ?

« Moi, je n'avais aucun but hostile ; mais les hommes qui s'emparent de tout le feront tourner à leur avantage. »

7. Qu'entends-tu par là ? nous ne te comprenons pas.

« Je cherchais à m'amuser ; mais vous autres, vous étudierez la chose et vous aurez un fait de plus pour montrer que nous existons. »

8. Tu dis que tu n'avais pas de but hostile, et pourtant tu as cassé tous les carreaux de l'appartement ; tu as ainsi causé un préjudice réel.

« C'est un détail. »

9. Où t'es-tu procuré les objets que tu as lancés ?

« Ils sont assez communs ; je les ai trouvés dans la cour, dans les jardins voisins. »

10. Les as-tu *tous* trouvés, ou en as-tu fabriqué quelques-uns ? (Voir ci-après chapitre VIII). « Je n'ai rien créé, rien composé. »

11. Si tu n'en avais pas trouvé, aurais-tu pu en fabriquer ?

« C'eût été plus difficile ; mais, à la rigueur, on mêle des matières, et cela fait un tout quelconque. »

12. Maintenant, dis-nous comment tu les as lancés ?

« Ah ! ceci est plus difficile à dire ; je me suis aidé de la nature électrique de cette fille, jointe à la mienne moins matérielle ; nous avons pu transporter ainsi ces diverses matières à nous deux. »

13. Tu voudras bien, je pense, nous donner quelques renseignements sur ta personne. Dis-nous donc d'abord s'il y a longtemps que tu es mort ?

« Il y a assez longtemps ; il y a bien cinquante ans. »

14. Qu'étais-tu de ton vivant ?

« Pas grand-chose de bon ; je chiffonnais dans ce quartier, et on me disait parfois des sottises, parce que j'aimais trop la liqueur rouge du bonhomme Noé ; aussi je voulais les faire tous décamper. »

15. Était-ce toi-même et de ton plein gré que tu as répondu à nos questions ?

« J'avais un instituteur. »

16. Quel est cet instituteur ?

« Votre bon roi Louis. »

Remarque. Cette question est motivée par la nature de certaines réponses qui ont paru dépasser la portée de cet Esprit, par le fond des idées et même par la forme du langage. Il n'y a donc rien d'étonnant à ce qu'il ait été aidé par un Esprit plus éclairé, qui voulait profiter de cette occasion pour nous donner une instruction. Ceci est un fait très ordinaire, mais une particularité remarquable dans cette circonstance, c'est que l'influence de l'autre Esprit s'est fait sentir sur l'écriture même ; celle des réponses où il est intervenu est plus régulière et plus coulante ; celle du chiffonnier est anguleuse, grosse, irrégulière, souvent peu lisible, et porte un tout autre caractère.

17. Que fais-tu maintenant ; t'occupes-tu de ton avenir ?

« Pas encore ; j'erre. On pense si peu à moi sur la terre, que personne ne prie pour moi : aussi je ne suis pas aidé, je ne travaille pas. »

Remarque. On verra plus tard combien on peut contribuer à l'avancement et au soulagement des Esprits inférieurs par la prière et les conseils.

18. Quel était ton nom de ton vivant ?

« Jeannet. »

19. Eh bien ! Jeannet, nous prierons pour toi. Dis-nous si notre évocation t'a fait plaisir ou t'a contrarié ?

« Plutôt plaisir, car vous êtes de bons enfants, de gais vivants, quoiqu'un peu austères ; c'est égal, vous m'avez écouté, je suis content. »

JEANNET.

Phénomène des apports

96. Ce phénomène ne diffère de ceux dont nous venons de parler que par l'intention bienveillante de l'Esprit qui en est l'auteur, par la nature des objets presque toujours gracieux, et par la manière douce et souvent délicate dont ils sont apportés. Il consiste dans l'apport spontané d'objets qui n'existent pas dans l'endroit où l'on est ; ce sont le plus souvent des fleurs, quelquefois des fruits, des bonbons, des bijoux, etc.

97. Disons d'abord que ce phénomène est un de ceux qui se prêtent le plus à l'imitation, et que par conséquent il faut se tenir en garde contre la supercherie. On sait jusqu'où peut aller l'art de la prestidigitation en fait d'expériences de ce genre ; mais, sans avoir affaire à un homme du métier, on pourrait être facilement dupe d'une manœuvre habile et intéressée. La meilleure de toutes les garanties est dans *le caractère, l'honorabilité notoire, le désintéressement absolu* de la personne qui obtient de semblables effets ; en second lieu dans l'examen attentif de toutes les circonstances dans lesquelles les faits se produisent ; enfin dans la connaissance éclairée du spiritisme, qui seule peut faire découvrir ce qui serait suspect.

Dissertation d'un esprit sur les apports

98. La théorie du phénomène des apports, et des manifestations physiques en général, se trouve résumée d'une manière remarquable dans la dissertation suivante, par un Esprit dont toutes les communications ont un cachet incontestable de profondeur et de logique. On en trouvera plusieurs dans la suite de cet ouvrage. Il s'est fait connaître sous le nom d'*Eraste*, disciple de saint Paul, et comme Esprit protecteur du médium qui lui a servi d'interprète :

« Il faut nécessairement, pour obtenir des phénomènes de cet ordre, avoir avec soi des médiums que j'appellerai *sensitifs*, c'est-à-dire doués au plus haut degré des facultés médianimiques d'expansion et de pénétrabilité ; parce que le système nerveux de ces médiums, facilement excitable, leur permet, au moyen de certaines vibrations, de projeter autour d'eux avec profusion leur fluide animalisé.

Les natures impressionnables, les personnes dont les nerfs vibrent au moindre sentiment, à la plus petite sensation, que l'influence morale ou physique, interne ou externe, sensibilise, sont des sujets très aptes à devenir d'excellents médiums pour les effets physiques de tangibilité et d'apports. En effet, leur système nerveux, presque entièrement dépourvu de l'enveloppe réfractaire qui isole ce système chez la plupart des autres incarnés, les rend propres au développement de ces divers phénomènes. En conséquence, avec un sujet de cette nature, et dont les autres facultés ne sont pas hostiles à la médianimisation, on obtiendra plus facilement les phénomènes de tangibilité, les coups frappés dans les murs et dans les meubles, les mouvements *intelligents*, et même la suspension dans l'espace de la matière inerte la plus lourde. A *fortiori*, obtiendra-t-on ces résultats si, au lieu d'un médium, on en a sous la main plusieurs également bien doués.

Mais de la production de ces phénomènes à l'obtention de celui des apports, il y a tout un monde ; car, dans ce cas, non seulement le travail de l'Esprit est plus complexe, plus difficile, mais, bien plus, l'Esprit ne peut opérer qu'au moyen d'un seul appareil médianimique, c'est-à-dire que plusieurs médiums ne peuvent pas concourir simultanément à la production du même phénomène. Il arrive même, au contraire, que la présence de certaines personnes antipathiques à l'Esprit qui opère entrave radicalement son opération. À ces motifs qui, comme vous le voyez, ne manquent pas d'importance, ajoutez que les apports nécessitent toujours une plus grande concentration, et en même temps une plus grande diffusion de certains fluides, et qu'ils ne peuvent être obtenus qu'avec des médiums les mieux doués, ceux, en un mot, dont l'appareil *électromédianimique* est le mieux conditionné.

En général, les faits d'apports sont et resteront excessivement rares. Je n'ai pas besoin de vous démontrer pourquoi ils sont et seront moins fréquents que les autres faits de tangibilité ; de ce que je dis, vous le déduirez vous-même. D'ailleurs, ces phénomènes sont d'une nature telle, que non seulement tous les médiums n'y sont pas propres, mais que tous les Esprits eux-mêmes ne peuvent pas les produire. En effet, il faut qu'entre l'Esprit et le médium influencé il existe une certaine affinité, une certaine analogie, en un mot, une certaine ressemblance qui permette à la partie expansible du fluide *périspritique*[18] de l'incarné de se mêler, de s'unir, de se combiner avec celui de l'Esprit qui veut faire un apport. Cette fusion doit être telle que la force résultante devienne, pour ainsi dire, *une* ; de même qu'un courant électrique, en agissant sur le charbon, produit un foyer, une clarté uniques. Pourquoi cette union, pourquoi cette fusion, direz-vous ? C'est que, pour la production de ces phénomènes, il faut que les propriétés essentielles de l'Esprit moteur soient augmentées de quelques-unes de celles du médianimisé ; c'est que le *fluide vital*, indispensable à la production de tous les phénomènes médianimiques, est l'apanage *exclusif* de l'incarné, et que, par conséquent, l'Esprit opérateur est obligé de s'en imprégner. Ce n'est qu'alors qu'il peut, au moyen de certaines propriétés de votre milieu ambiant, inconnues pour vous, isoler, rendre invisibles, et faire mouvoir certains objets matériels, et des incarnés eux-mêmes.

Il ne m'est pas permis, pour le moment, de vous dévoiler ces lois particulières qui régissent les gaz et les fluides qui vous environnent ; mais, avant que des années soient écoulées, avant qu'une existence d'homme soit accomplie, l'explication de ces lois et de ces phénomènes vous sera révélée, et vous verrez surgir et se produire une nouvelle variété de médiums, qui tomberont dans un état cataleptique particulier dès qu'ils seront médianimisés.

Vous voyez de combien de difficultés la production des apports se trouve entourée ; vous pouvez en conclure très logiquement que les phénomènes de cette nature sont excessivement rares, comme je l'ai dit, et avec d'autant plus de raison que les Esprits s'y prêtent fort peu, parce que cela motive de leur part un travail quasi matériel, ce qui est un ennui et une fatigue pour eux. D'autre part, il arrive encore ceci : c'est que très souvent, malgré leur énergie et leur volonté, l'état du médium lui-même leur oppose une barrière infranchissable.

Il est donc évident, et votre raisonnement le sanctionne, je n'en doute pas, que les faits tangibles de coups, de mouvements et de suspension, sont des phénomènes simples, qui s'opèrent par la concentration et la dilatation de certains fluides, et qu'ils peuvent être provoqués et obtenus par la volonté et le travail des médiums qui y sont aptes, quand ceux-ci sont secondés par des Esprits amis et bienveillants ; tandis que les faits d'apport sont multiples, complexes, exigent un concours de circonstances spéciales, ne peuvent s'opérer que par un seul Esprit et un seul médium, et nécessitent, en dehors des besoins de la tangibilité, une combinaison toute particulière pour isoler et rendre invisibles l'objet ou les objets qui font le sujet de l'apport.

Vous tous, spirites, vous comprenez mes explications et vous vous rendez parfaitement compte de cette concentration de fluides spéciaux, pour la locomotion et la tactilité de la matière inerte ; vous y croyez, comme vous croyez aux phénomènes de l'électricité et du magnétisme, avec lesquels les

---

[18] On voit que, lorsqu'il s'agit d'exprimer une idée nouvelle pour laquelle la langue manque de terme, les Esprits savent parfaitement créer des néologismes. Ces mots, *électromédianimique*, *périspritique*, ne sont pas de nous. Ceux qui nous ont critiqués d'avoir créé les mots *spirite*, *spiritisme*, *périsprit*, qui n'avaient pas leurs analogues, pourront aussi faire le même procès aux Esprits.

faits médianimiques sont pleins d'analogie, et en sont, pour ainsi dire, la consécration et le développement. Quant aux incrédules, et aux savants pires que les incrédules, je n'ai que faire de les convaincre, je ne m'occupe pas d'eux ; ils seront un jour convaincus par la force de l'évidence, car il faudra bien qu'ils s'inclinent devant le témoignage unanime des faits spirites, comme ils ont été forcés de le faire devant tant d'autres faits qu'ils avaient d'abord repoussés.

Pour me résumer : si les faits de tangibilité sont fréquents, les faits d'apport sont très rares, parce que les conditions en sont très difficiles ; par conséquent, nul médium ne peut dire : à telle heure, à tel moment, j'obtiendrai un apport ; car souvent l'Esprit lui-même se trouve empêché dans son œuvre. Je dois ajouter que ces phénomènes sont doublement difficiles en public, car on y rencontre presque toujours des éléments énergiquement réfractaires qui paralysent les efforts de l'Esprit, et à plus forte raison l'action du médium. Tenez, au contraire, pour certain que ces phénomènes se produisent presque toujours en particulier, spontanément, le plus souvent à l'insu des médiums et sans préméditation, et enfin fort rarement quand ceux-ci sont prévenus ; d'où vous devez conclure qu'il y a motif légitime de suspicion toutes les fois qu'un médium se flatte de les obtenir à volonté, autrement dit de commander aux Esprits comme à des serviteurs, ce qui est tout simplement absurde. Tenez encore pour règle générale que les phénomènes spirites ne sont point faits pour être donnés en spectacle et pour amuser les curieux. Si quelques Esprits se prêtent à ces sortes de choses, ce ne peut être que pour des phénomènes simples, et non pour ceux qui, tels que les apports et autres semblables, exigent des conditions exceptionnelles.

Rappelez-vous, spirites, que s'il est absurde de repousser systématiquement tous les phénomènes d'outre-tombe, il n'est pas sage non plus de les accepter tous aveuglément. Quand un phénomène de tangibilité, d'apparition, de visibilité ou d'apport se manifeste spontanément et d'une manière instantanée, acceptez-le ; mais, je ne saurais trop vous le répéter, n'acceptez rien aveuglément ; que chaque fait subisse un examen minutieux, approfondi et sévère ; car, croyez-le, le spiritisme, si riche en phénomènes sublimes et grandioses, n'a rien à gagner à ces petites manifestations que d'habiles prestidigitateurs peuvent imiter.

Je sais bien ce que vous allez me dire : c'est que ces phénomènes sont utiles pour convaincre les incrédules ; mais sachez que, si vous n'aviez pas eu d'autres moyens de conviction, vous n'auriez pas aujourd'hui la centième partie des spirites que vous avez. Parlez au cœur, c'est par là que vous ferez le plus de conversions sérieuses. Si vous croyez utile, pour certaines personnes, d'agir par les faits matériels, présentez-les au moins dans des circonstances telles qu'ils ne puissent donner lieu à aucune fausse interprétation, et surtout ne sortez pas des conditions normales de ces faits, car les faits présentés dans de mauvaises conditions fournissent des arguments aux incrédules, au lieu de les convaincre. » ÉRASTE.

99. Ce phénomène offre une particularité assez singulière, c'est que certains médiums ne l'obtiennent que dans l'état somnambulique ; et cela s'explique

facilement. Il y a chez le somnambule un dégagement naturel, une sorte d'isolement de l'Esprit et du périsprit qui doit faciliter la combinaison des fluides nécessaires. Tel est le cas des apports dont nous avons été témoin. Les questions suivantes ont été adressées à l'Esprit qui les avait produits, mais ses réponses se ressentent parfois de son insuffisance; nous les avons soumises à l'Esprit *Eraste*, beaucoup plus éclairé au point de vue théorique, et qui les a complétées par des remarques très judicieuses. L'un est l'artisan, l'autre le savant, et la comparaison même de ces deux intelligences est une étude instructive, car elle prouve qu'il ne suffit pas d'être Esprit pour tout comprendre.

1. Veuillez, je vous prie, nous dire pourquoi les apports que vous faites ne se produisent que dans le sommeil magnétique du médium ?

« Cela tient à la nature du médium; les faits que je produis quand le mien est endormi, je pourrais également les produire dans l'état de veille avec un autre médium. »

2. Pourquoi faites-vous attendre si longtemps l'apport des objets, et pourquoi excitez-vous la convoitise du médium en irritant son désir d'obtenir l'objet promis ?

« Ce temps m'est nécessaire afin de préparer les fluides qui servent à l'apport; quant à l'excitation, ce n'est souvent que pour amuser les personnes présentes et la somnambule. » *Remarque d'Éraste.* L'Esprit qui a répondu n'en sait pas davantage; il ne se rend pas compte du motif de cette convoitise qu'il aiguillonne instinctivement sans en comprendre l'effet; il croit amuser, tandis qu'en réalité il provoque sans s'en douter une plus grande émission de fluide; c'est la conséquence de la difficulté que présente le phénomène, difficulté toujours plus grande quand il n'est pas spontané, surtout avec certains médiums.

3. La production du phénomène tient-elle à la nature spéciale du médium, et pourrait-il se produire par d'autres médiums avec plus de facilité et de promptitude ?

« La production tient à la nature du médium et ne peut se produire qu'avec des natures correspondantes; pour la promptitude, l'habitude que nous prenons, en correspondant souvent avec le même médium, nous est d'un grand secours. »

4. L'influence des personnes présentes y est-elle pour quelque chose ?

« Quand il y a de l'incrédulité, de l'opposition, on peut beaucoup nous gêner; nous aimons bien mieux faire nos preuves avec des croyants et des personnes versées dans le spiritisme; mais je n'entends pas par là dire que la mauvaise volonté pourrait nous paralyser complètement. »

5. Où avez-vous été prendre les fleurs et les bonbons que vous avez apportés ?

« Les fleurs, je les prends dans les jardins, où elles me plaisent. »

6. Et les bonbons ? Le marchand a dû s'apercevoir qu'ils lui manquaient.

« Je les prends où cela me plaît; le marchand ne s'en est pas aperçu du tout, parce que j'en ai mis d'autres à la place. »

7. Mais les bagues ont une valeur ; où les avez-vous prises ? Est-ce que cela n'a pas fait de tort à celui à qui vous les avez empruntées ?

« Je les ai prises dans des endroits inconnus à tous, et de manière que personne ne puisse en éprouver aucun tort. »

Remarque d'Éraste. Je crois que le fait est expliqué d'une manière insuffisante en raison de la capacité de l'Esprit qui a répondu. Si ; il peut y avoir un tort réel de causé, mais l'Esprit n'a pas voulu passer pour avoir détourné quoi que ce soit. Un objet ne peut être remplacé que par un objet identique, de même forme, de même valeur ; par conséquent, si un Esprit avait la faculté de substituer un objet pareil à celui qu'il prend, il n'aurait pas de raison pour le prendre, et devrait donner celui qui sert de remplaçant.

8. Est-il possible d'apporter des fleurs d'une autre planète ?

« Non, ce n'est pas possible à moi. »

– (*À Éraste.*) D'autres Esprits auraient-ils ce pouvoir ?

« Non, cela n'est pas possible, en raison de la différence des milieux ambiants. »

9. Pourriez-vous apporter des fleurs d'un autre hémisphère ; des tropiques, par exemple ?

« Du moment que c'est sur terre, je le puis. »

10. Les objets que vous avez apportés, pourriez-vous les faire disparaître et les remporter ? « Aussi bien que je les ai fait venir, je puis les remporter à ma volonté. »

11. La production du phénomène des apports vous cause-t-elle une peine, un embarras quelconque ?

« Elle ne nous cause aucune peine quand nous en avons la permission ; elle pourrait nous en causer de très grandes si nous voulions produire des effets sans y être autorisés. »

Remarque d'Éraste. Il ne veut pas convenir de sa peine, quoiqu'elle soit réelle, puisqu'il est forcé de faire une opération pour ainsi dire matérielle.

12. Quelles sont les difficultés que vous rencontrez ?

« Aucune autre que de mauvaises dispositions fluidiques qui peuvent nous être contraires. »

13. Comment apportez-vous l'objet ; le tenez-vous avec les mains ?

« Non, nous l'enveloppons en nous. »

Remarque d'Éraste. Il n'explique pas clairement son opération, car il n'enveloppe pas l'objet avec sa propre personnalité ; mais comme son fluide personnel est dilatable, pénétrable et expansible, il combine une partie de ce fluide avec une partie de fluide animalisé du médium, et c'est dans cette combinaison qu'il cache et transporte l'objet sujet de l'apport. Il n'est donc pas juste de dire qu'il l'enveloppe en lui.

14. Apporteriez-vous avec la même facilité un objet d'un poids considérable ; de 50 kg, par exemple ?

« Le poids n'est rien pour nous ; nous apportons des fleurs, parce que cela peut être plus agréable qu'un poids volumineux. »

Remarque d'Éraste. C'est juste ; il peut apporter cent et deux-cents kg d'objets, car la pesanteur qui existe pour vous est annulée pour lui ; mais ici encore il ne se rend pas compte de ce qui se passe. La masse de fluides combinés est proportionnée à la masse des objets, en un mot la force doit être en raison de la résistance ; d'où il suit que, si l'Esprit n'apporte qu'une fleur ou un objet léger, c'est souvent parce qu'il ne trouve pas dans le médium, ou en lui-même, les éléments nécessaires pour un effort plus considérable.

15. Y a-t-il quelquefois des disparitions d'objets dont la cause est ignorée, et qui seraient le fait des Esprits ?

« Cela arrive très souvent, plus souvent que vous ne le pensez, et l'on pourrait y remédier en priant l'Esprit de rapporter l'objet disparu. »

Remarque d'Éraste. C'est vrai ; mais quelquefois, ce qui est enlevé est bien enlevé ; car tels objets qu'on ne retrouve plus chez soi sont souvent emportés fort loin. Cependant, comme l'enlèvement des objets exige à peu près les mêmes conditions fluidiques que les apports, il ne peut avoir lieu qu'à l'aide de médiums doués de facultés spéciales ; c'est pourquoi, lorsque quelque chose disparaît, il y a plus de probabilité que c'est le fait de votre étourderie que celui des Esprits.

16. Y a-t-il des effets que l'on regarde comme des phénomènes naturels et qui sont dus à l'action de certains Esprits ?

« Vos jours sont remplis de ces faits-là que vous ne comprenez pas, parce que vous n'y avez pas songé, et qu'un peu de réflexion vous ferait voir clairement. »

Remarque d'Éraste. N'attribuez pas aux Esprits ce qui est l'œuvre de l'humanité ; mais croyez à leur influence occulte, constante, qui fait naître autour de vous mille circonstances, mille incidents nécessaires à l'accomplissement de vos actes, de votre existence.

17. Parmi les objets apportés, n'y en a-t-il pas qui peuvent être fabriqués par les Esprits ; c'est-à-dire produits spontanément par les modifications que les Esprits peuvent faire subir au fluide ou à l'élément universel ?

« Pas par moi, car je n'en ai pas la permission ; un Esprit élevé le peut seul. »

18. Comment avez-vous introduit ces objets l'autre jour, puisque la chambre était close ?

« Je les ai fait entrer avec moi, enveloppés, pour ainsi dire, dans ma substance ; quant à vous en dire plus long, ce n'est pas explicable. »

19. Comment avez-vous fait pour rendre visibles ces objets qui étaient invisibles un instant auparavant ?

« J'ai ôté la matière qui les enveloppait. »

Remarque d'Éraste. Ce n'est pas de la matière proprement dite qui les enveloppe, mais un fluide puisé mi-partie dans le périsprit du médium, mi-partie dans celui de l'Esprit qui opère.

20. (*À Éraste.*) Un objet peut-il être apporté dans un endroit parfaitement clos ; en un mot, l'Esprit peut-il spiritualiser un objet matériel, de manière qu'il puisse pénétrer la matière ?

« Cette question est complexe. Pour les objets apportés, l'Esprit peut les rendre invisibles mais non pénétrables ; il ne peut rompre l'agrégation de la matière, ce qui serait la destruction de l'objet. Cet objet rendu invisible, il peut l'apporter quand il veut, et ne le dégager qu'au moment convenable pour le faire apparaître. Il en est autrement pour ceux que nous composons ; comme nous n'introduisons que les éléments de la matière, et que ces éléments sont essentiellement pénétrables ; que nous pénétrons nous-mêmes et traversons les corps les plus condensés avec autant de facilité que les rayons solaires traversent les carreaux de vitre, nous pouvons parfaitement dire que nous avons introduit l'objet dans un endroit, quelque clos qu'il soit ; mais c'est seulement dans ce cas. »

Nota. Voir ci-après, pour la théorie de la formation spontanée des objets, le chapitre intitulé : *Laboratoire du monde invisible.*

CHAPITRE VI

MANIFESTATIONS VISUELLES

Questions sur les apparitions

100. De toutes les manifestations spirites, les plus intéressantes sont, sans contredit, celles par lesquelles les Esprits peuvent se rendre visibles. On verra, par l'explication de ce phénomène, qu'il n'est pas plus surnaturel que les autres. Nous donnons d'abord les réponses qui ont été faites à ce sujet par les Esprits :

1. Les Esprits peuvent-ils se rendre visibles ?

« Oui, surtout pendant le sommeil ; cependant, certaines personnes les voient aussi pendant la veille, mais c'est plus rare. »

Remarque. Pendant que le corps repose, l'Esprit se dégage des liens matériels ; il est plus libre, et peut plus facilement voir les autres Esprits avec lesquels il entre en communication. Le rêve n'est que le souvenir de cet état ; quand on ne se souvient de rien, on dit qu'on n'a pas rêvé, mais l'âme n'en a pas moins vu, et joui de sa liberté. Nous nous occupons plus spécialement ici des apparitions à l'état de veille[19].

2. Les Esprits qui se manifestent à la vue appartiennent-ils plutôt à une classe qu'à une autre ? « Non ; ils peuvent appartenir à toutes les classes, aux plus élevées comme aux plus inférieures. »

3. Est-il donné à tous les Esprits de se manifester visiblement ?

« Tous le peuvent ; mais ils n'en ont pas toujours la permission ni la volonté. »

4. Quel est le but des Esprits qui se manifestent visiblement ?

« Cela dépend ; selon leur nature, le but peut être bon ou mauvais. »

5. Comment cette permission peut-elle être donnée quand le but est mauvais ?

« C'est alors pour éprouver ceux auxquels ils apparaissent. L'intention de l'Esprit peut être mauvaise, mais le résultat peut être bon. »

6. Quel peut être le but des Esprits qui ont une mauvaise intention en se faisant voir ?

« Effrayer, et souvent se venger. »

– Quel est celui des Esprits qui viennent avec une bonne intention ?

« Consoler les personnes qui les regrettent ; prouver qu'ils existent et sont près de vous ; donner des conseils et quelquefois réclamer assistance pour eux-mêmes. »

7. Quel inconvénient y aurait-il à ce que la possibilité de voir les Esprits fût permanente et générale ? Ne serait-ce pas un moyen de lever les doutes des plus incrédules ?

---

[19] Voir, pour plus de détails sur l'état de l'Esprit pendant le sommeil, le *Livre des Esprits*, chapitre *Émancipation de l'âme*, n° 409.

« L'homme étant constamment environné d'Esprits, leur vue incessante le troublerait, le gênerait dans ses actions et lui ôterait son initiative dans la plupart des cas, tandis que, se croyant seul, il agit plus librement. Quant aux incrédules, ils ont assez de moyens de se convaincre, s'ils veulent en profiter et s'ils ne sont pas aveuglés par l'orgueil. Vous savez bien qu'il y a des personnes qui ont vu et qui ne croient pas davantage pour cela, puisqu'elles disent que ce sont des illusions. Ne vous inquiétez pas de ces gens-là, Dieu s'en charge. »

Remarque. Il y aurait autant d'inconvénients à se voir constamment en présence des Esprits qu'à voir l'air qui nous environne, ou les myriades d'animaux microscopiques qui pullulent autour de nous et sur nous.

D'où nous devons conclure que ce que Dieu fait est bien fait, et qu'il sait mieux que nous ce qui nous convient.

8. Si la vue des Esprits a des inconvénients, pourquoi est-elle permise dans certains cas ? « C'est afin de donner une preuve que tout ne meurt pas avec le corps, et que l'âme conserve son individualité après la mort. Cette vue passagère suffit pour donner cette preuve et attester la présence de vos amis auprès de vous ; mais elle n'a pas les inconvénients de la permanence. »

9. Dans les mondes plus avancés que le nôtre, la vue des Esprits est-elle plus fréquente ?

« Plus l'homme se rapproche de la nature spirituelle, plus il entre facilement en rapport avec les Esprits ; c'est la grossièreté de votre enveloppe qui rend plus difficile et plus rare la perception des êtres éthérés. »

10. Est-il rationnel de s'effrayer de l'apparition d'un Esprit ?

« Celui qui réfléchit doit comprendre qu'un Esprit, quel qu'il soit, est moins dangereux qu'un vivant. Les Esprits, d'ailleurs, vont partout, et l'on n'a pas besoin de les voir pour savoir qu'on peut en avoir à côté de soi. L'Esprit qui voudrait nuire peut le faire sans se faire voir, et même plus sûrement ; il n'est pas dangereux parce qu'il est Esprit, mais bien par l'influence qu'il peut exercer sur la pensée en détournant du bien et en poussant au mal. »

Remarque. Les personnes qui ont peur dans la solitude ou l'obscurité se rendent rarement compte de la cause de leur frayeur ; elles ne sauraient dire de quoi elles ont peur, mais assurément elles devraient plus redouter de rencontrer des hommes que des Esprits, car un malfaiteur est plus dangereux vivant qu'après sa mort. Une dame de notre connaissance eut un soir, dans sa chambre, une apparition si bien caractérisée, qu'elle crut à la présence de quelqu'un, et son premier mouvement fut celui de l'effroi. S'étant assurée qu'il n'y avait personne, elle se dit : Il paraît que *ce n'est qu'un Esprit* : je puis dormir tranquille.

11. Celui auquel un Esprit apparaît pourrait-il engager une conversation avec lui ? « Parfaitement, et c'est même ce que l'on doit toujours faire en pareil cas, en demandant à l'Esprit qui il est, ce qu'il désire et ce qu'on peut faire pour lui être utile. Si l'Esprit est malheureux et souffrant, la commisération qu'on lui témoigne le soulage ; si c'est un Esprit bienveillant, il peut venir dans l'intention de donner de bons conseils. »

– Comment, dans ce cas, l'Esprit peut-il répondre ?

« Il le fait quelquefois par des sons articulés, comme le ferait une personne vivante ; le plus souvent, il y a transmission de pensées. »

12. Les Esprits qui apparaissent avec des ailes en ont-ils réellement, ou bien ces ailes ne sont-elles qu'une apparence symbolique ?

« Les Esprits n'ont pas d'ailes ; ils n'en ont pas besoin, puisqu'ils peuvent se transporter partout comme Esprits. Ils apparaissent selon la façon dont ils veulent affecter la personne à laquelle ils se montrent : les uns paraîtront avec le costume vulgaire, d'autres enveloppés de draperies, quelques-uns avec des ailes, comme attribut de la catégorie d'Esprits qu'ils représentent. »

13. Les personnes que l'on voit en rêve sont-elles toujours celles dont elles ont l'aspect ?

« Ce sont presque toujours ces personnes mêmes que votre Esprit va trouver ou qui viennent vous trouver. »

14. Les Esprits moqueurs ne pourraient-ils prendre l'apparence des personnes qui nous sont chères pour nous induire en erreur ?

« Ils ne prennent des apparences fantastiques que pour s'amuser à vos dépens ; mais il est des choses dont il ne leur est pas permis de se jouer. »

15. La pensée étant une sorte d'évocation, on comprend qu'elle provoque la présence de l'Esprit ; mais comment se fait-il que souvent les personnes auxquelles on pense le plus, qu'on désire ardemment revoir, ne se présentent jamais en songe, tandis qu'on voit des gens indifférents et auxquels on ne pense nullement ?

« Les Esprits n'ont pas toujours la possibilité de se manifester à la vue, même en rêve, et malgré le désir qu'on a de les voir ; des causes indépendantes de leur volonté peuvent en empêcher. C'est souvent aussi une épreuve dont le désir le plus ardent ne peut affranchir. Quant aux personnes indifférentes, si vous ne pensez pas à elles, il est possible qu'elles pensent à vous. D'ailleurs, vous ne pouvez vous faire une idée des relations du monde des Esprits ; vous y rencontrez une foule de connaissances intimes, anciennes ou nouvelles, dont vous n'avez nulle idée dans l'état de veille. »

Remarque. Lorsqu'il n'y a aucun moyen de contrôler les visions ou apparitions, on peut sans doute les mettre sur le compte de l'hallucination ; mais lorsqu'elles sont confirmées par les événements, on ne saurait les attribuer à l'imagination : telles sont, par exemple, les apparitions au moment de leur mort, en rêve ou à l'état de veille, de personnes auxquelles on ne songe nullement, et qui, par divers signes, viennent révéler les circonstances tout à fait inattendues de leur fin. On a vu souvent des chevaux se cabrer et refuser d'avancer devant des apparitions qui effrayaient ceux qui les conduisaient. Si l'imagination est pour quelque chose chez les hommes, assurément elle n'est pour rien chez les animaux. D'ailleurs, si les images que l'on voit en rêve étaient toujours un effet des préoccupations de la veille, rien n'expliquerait pourquoi il arrive souvent qu'on ne rêve jamais aux choses auxquelles on pense le plus.

16. Pourquoi certaines visions sont-elles plus fréquentes dans l'état de maladie ?

« Elles ont également lieu dans l'état de parfaite santé ; mais dans la maladie, les liens matériels sont relâchés ; la faiblesse du corps laisse plus de liberté à l'Esprit, qui entre plus facilement en communication avec les autres Esprits. »

17. Les apparitions spontanées paraissent être plus fréquentes dans certaines contrées. Est-ce que certains peuples sont mieux doués que d'autres pour avoir ces sortes de manifestations ?

« Dressez-vous des procès-verbaux de chaque apparition ? Les apparitions, les bruits, toutes les manifestations enfin, sont également répandus sur toute la terre, mais elles présentent des caractères distinctifs selon les peuples chez lesquels elles s'accomplissent. Chez ceux, par exemple, où l'écriture est peu répandue, il n'y a pas de médiums écrivains ; chez d'autres, ils abondent ; ailleurs, il y a plus souvent des bruits et des mouvements que des communications intelligentes, parce que celles-ci sont moins estimées et recherchées. »

18. Pourquoi les apparitions ont-elles plutôt lieu la nuit ? Ne serait-ce pas un effet du silence et de l'obscurité sur l'imagination ?

« C'est par la même raison qui vous fait voir pendant la nuit les étoiles que vous ne voyez pas en plein jour. La grande clarté peut effacer une apparition légère ; mais c'est une erreur de croire que la nuit y soit pour quelque chose. Interrogez tous ceux qui en ont eu, et vous verrez que la plupart les ont eues le jour. »

Remarque. Les faits d'apparition sont beaucoup plus fréquents et plus généraux qu'on ne croit ; mais beaucoup de personnes ne les avouent pas par la crainte du ridicule, d'autres les attribuent à l'illusion. S'ils paraissent plus multipliés chez certains peuples, cela tient à ce que l'on y conserve plus soigneusement les traditions vraies ou fausses, presque toujours amplifiées par l'attrait du merveilleux, auquel prête plus ou moins l'aspect des localités ; la crédulité fait alors voir des effets surnaturels dans les phénomènes les plus vulgaires : le silence de la solitude, l'escarpement des ravins, le mugissement de la forêt, les rafales de la tempête, l'écho des montagnes, la forme fantastique des nuages, les ombres, les mirages, tout enfin prête à l'illusion pour des imaginations simples et naïves, qui racontent de bonne foi ce qu'elles ont vu ou ce qu'elles ont cru voir. Mais à côté de la fiction, il y a la réalité ; c'est à la dégager de tous les accessoires ridicules de la superstition que conduit l'étude sérieuse du spiritisme.

19. La vue des Esprits se produit-elle dans l'état normal, ou seulement dans un état extatique ? « Elle peut avoir lieu dans les conditions parfaitement normales ; cependant, les personnes qui les voient sont assez souvent dans un état particulier, voisin de l'extase, qui leur donne une sorte de double vue. (*Livre des Esprits*, n° 447.) »

20. Ceux qui voient les Esprits les voient-ils par les yeux ?

« Ils le croient ; mais en réalité, c'est l'âme qui voit, et, ce qui le prouve, c'est qu'on peut les voir les yeux fermés. »

21. Comment l'Esprit peut-il se rendre visible ?

« Le principe est le même que celui de toutes les manifestations, il tient aux propriétés du périsprit, qui peut subir diverses modifications au gré de l'Esprit. »

22. L'Esprit proprement dit peut-il se rendre visible, ou bien ne le peut-il qu'à l'aide du périsprit ?

« Dans votre état matériel, les Esprits ne peuvent se manifester qu'à l'aide de leur enveloppe semi-matérielle ; c'est l'intermédiaire par lequel ils agissent sur vos sens. C'est sous cette enveloppe qu'ils apparaissent quelquefois avec une forme humaine ou tout autre, soit dans les rêves, soit même à l'état de veille, aussi bien à la lumière que dans l'obscurité. »

23. Pourrait-on dire que c'est par la condensation du fluide du périsprit que l'Esprit devient visible ?

« Condensation n'est pas le mot ; c'est plutôt une comparaison qui peut aider à vous faire comprendre le phénomène, car il n'y a pas réellement condensation. Par la combinaison des fluides, il se produit dans le périsprit une disposition particulière qui n'a pas d'analogue pour vous, et qui le rend perceptible. »

24. Les Esprits qui apparaissent sont-ils toujours insaisissables et inaccessibles au toucher ? « Insaisissables comme dans un songe, dans leur état normal ; cependant, ils peuvent faire impression sur le toucher, et laisser des traces de leur présence, et même, dans certains cas, devenir momentanément tangibles, ce qui prouve qu'entre eux et vous il y a une matière. »

25. Tout le monde est-il apte à voir les Esprits ?

« Dans le sommeil oui, mais non à l'état de veille. Dans le sommeil, l'âme voit sans intermédiaire ; dans la veille, elle est toujours plus ou moins influencée par les organes : c'est pourquoi les conditions ne sont pas tout à fait les mêmes. »

26. À quoi tient la faculté de voir les Esprits pendant la veille ?

« Cette faculté dépend de l'organisation ; elle tient, à la faculté plus ou moins grande qu'a le fluide du voyant de se combiner avec celui de l'Esprit. Ainsi il ne suffit pas à l'Esprit de vouloir se montrer, il faut encore qu'il trouve dans la personne à laquelle il veut se faire voir l'aptitude nécessaire. »

– Cette faculté peut-elle se développer par l'exercice ?

« Elle le peut, comme toutes les autres facultés ; mais c'est une de celles dont il vaut mieux attendre le développement naturel que de le provoquer, dans la crainte de surexciter l'imagination. La vue générale et permanente des Esprits est exceptionnelle et n'est pas dans les conditions normales de l'homme. »

27. Peut-on provoquer l'apparition des Esprits ?

« Cela se peut quelquefois, mais très rarement ; elle est presque toujours spontanée. Il faut pour cela être doué d'une faculté spéciale. »

28. Les Esprits peuvent-ils se rendre visibles sous une autre apparence que la forme humaine ?

« La forme humaine est la forme normale ; l'Esprit peut en varier l'apparence, mais c'est toujours le type humain. »

– Ne peuvent-ils se manifester sous forme de flamme ?

« Ils peuvent produire des flammes des lueurs, comme tous autres effets, pour attester leur présence ; mais ce ne sont pas les Esprits eux-mêmes. La flamme n'est souvent qu'un mirage ou une émanation du périsprit ; ce n'en est, dans tous les cas, qu'une partie ; le périsprit n'apparaît tout entier que dans les visions ».

29. Que penser de la croyance qui attribue les feux follets à la présence d'âmes ou Esprits ? « Superstition produite par l'ignorance. La cause physique des feux follets est bien connue. »

– La flamme bleue qui parut, dit-on, sur la tête de Servius Tullius enfant, est-elle une fable ou une réalité ?

« C'était réel ; elle était produite par l'Esprit familier qui voulait avertir la mère. Cette mère, médium voyant, avait aperçu un rayonnement de l'Esprit protecteur de son enfant. Tous les médiums voyants ne voient pas au même degré, de même que vos médiums écrivains n'écrivent pas tous la même chose. Tandis que cette mère ne voyait qu'une flamme, un autre médium aurait pu voir le corps même de l'Esprit. »

30. Les Esprits pourraient-ils se présenter sous la forme d'animaux ?

« Cela peut arriver ; mais ce ne sont toujours que des Esprits très inférieurs qui prennent ces apparences. Ce ne serait, dans tous les cas, qu'une apparence momentanée ; car il serait absurde de croire qu'un animal véritable quelconque pût être l'incarnation d'un Esprit. Les animaux ne sont toujours que des animaux et rien autre chose. »

Remarque. La superstition seule peut faire croire que certains animaux sont animés par des Esprits ; il faut une imagination bien complaisante ou bien frappée pour voir quelque chose de surnaturel dans les circonstances un peu bizarres dans lesquelles ils se présentent quelquefois ; mais la peur fait souvent voir ce qui n'existe pas. La peur n'est pas toujours la source de cette idée ; nous avons connu une dame, très intelligente du reste, qui affectionnait outre mesure un gros chat noir, parce qu'elle le croyait d'une nature *sur-animale* ; elle n'avait pourtant jamais entendu parler du spiritisme ; si elle l'eût connu, il lui aurait fait comprendre le ridicule de la cause de sa prédilection, en lui prouvant l'impossibilité d'une pareille métamorphose.

Essai théorique sur les apparitions

101. Les manifestations apparentes les plus ordinaires ont lieu dans le sommeil, par les rêves : ce sont les visions. Il ne peut entrer dans notre cadre d'examiner toutes les particularités que peuvent présenter les rêves ; nous nous résumons en disant qu'ils peuvent être : une vision actuelle des choses présentes ou absentes ; une vision rétrospective du passé, et, dans quelques cas exceptionnels, un pressentiment de l'avenir. Ce sont souvent aussi des tableaux allégoriques que les Esprits font passer sous nos yeux pour nous donner d'utiles avertissements et de salutaires conseils, si ce sont de bons Esprits ; ou pour nous induire en erreur et flatter nos passions, si ce sont des Esprits imparfaits. La théorie ci-après s'applique aux rêves, comme à tous les autres cas d'apparitions. (Voir *Livre des Esprits*, n° 400 et suivants.)

Nous croirions faire injure au bon sens de nos lecteurs en réfutant ce qu'il y a d'absurde et de ridicule dans ce qu'on nomme vulgairement l'interprétation des songes.

102. Les apparitions, proprement dites, ont lieu à l'état de veille, et alors qu'on jouit de la plénitude et de l'entière liberté de ses facultés. Elles se présentent généralement sous une forme vaporeuse et diaphane, quelquefois vague et indécise ; c'est souvent, au premier abord, une lueur blanchâtre dont les contours se dessinent peu à peu. D'autres fois, les formes sont nettement accentuées, et l'on distingue les moindres traits du visage, au point d'en pouvoir faire une description très précise. Les allures, l'aspect sont semblables à ce qu'était l'Esprit de son vivant.

Pouvant prendre toutes les apparences, l'Esprit se présente sous celle qui peut le mieux le faire reconnaître, si tel est son désir. Ainsi, bien que, comme Esprit, il n'ait plus aucune infirmité corporelle, il se montrera estropié, boiteux, bossu, blessé, avec des cicatrices, si cela est nécessaire pour constater son identité. Ésope, par exemple, comme Esprit, n'est pas difforme ; mais si on l'évoque en tant qu'Ésope, aurait-il eu plusieurs existences depuis, il apparaîtra laid et bossu, avec le costume traditionnel. Une chose remarquable, c'est qu'à moins de circonstances particulières, les parties les moins dessinées sont les membres inférieurs, tandis que la tête, le tronc, les bras et les mains sont toujours nettement accusés : aussi ne les voit-on presque jamais marcher, mais glisser comme des ombres. Quant au costume, il se compose le plus ordinairement d'une draperie se terminant en longs plis flottants ; c'est, du moins, avec une chevelure ondoyante et gracieuse, l'apparence des Esprits qui n'ont rien conservé des choses terrestres ; mais les Esprits vulgaires, ceux que l'on a connus, ont généralement le costume qu'ils avaient dans la dernière période de leur existence. Souvent, ils ont des attributs caractéristiques de leur élévation, comme une auréole, ou des ailes pour ceux que l'on peut considérer comme des anges, tandis que d'autres ont ceux qui rappellent leurs occupations terrestres : ainsi un guerrier pourra apparaître avec son armure, un savant avec des livres, un assassin avec un poignard, etc. Les Esprits supérieurs ont une figure belle, noble et sereine ; les plus inférieurs ont quelque chose de farouche et de bestial, et quelquefois portent encore les traces des crimes qu'ils ont commis ou des supplices qu'ils ont endurés. La question du costume et de tous ces objets accessoires est peut-être celle qui étonne le plus ; nous y reviendrons dans un chapitre spécial, parce qu'elle se lie à d'autres faits très importants.

103. Nous avons dit que l'apparition a quelque chose de vaporeux ; dans certains cas, on pourrait la comparer à l'image reflétée dans une glace sans tain, et qui, malgré sa netteté, n'empêche pas de voir à travers les objets qui sont par-derrière. C'est assez généralement ainsi que les distinguent les médiums voyants ; ils les voient aller, venir, entrer dans un appartement ou en sortir, circuler parmi la foule des vivants, en ayant l'air, du moins pour les Esprits vulgaires, de prendre une part active à tout ce qui se fait autour d'eux, de s'y intéresser, d'écouter ce qui se dit. Souvent, on les voit s'approcher d'une personne, lui souffler des idées, l'influencer, la consoler

s'ils sont bons, la railler s'ils sont malins, se montrer tristes ou contents des résultats qu'ils obtiennent ; c'est en un mot la doublure du monde corporel. Tel est ce monde occulte qui nous entoure, au milieu duquel nous vivons sans nous en douter, comme nous vivons, sans nous en douter davantage, au milieu des myriades du monde microscopique. Le microscope nous a révélé le monde des infiniment petits que nous ne soupçonnions pas ; le spiritisme, aidé des médiums voyants, nous a révélé le monde des Esprits qui, lui aussi, est une des forces actives de la nature. À l'aide des médiums voyants, nous avons pu étudier le monde invisible, nous initier à ses habitudes, comme un peuple d'aveugles pourrait étudier le monde visible à l'aide de quelques hommes qui jouiraient de la vue. (Voir ci-après, au chapitre des médiums, l'article concernant les médiums voyants.)

104. L'Esprit qui veut ou peut apparaître revêt quelquefois une forme plus nette encore, ayant toutes les apparences d'un corps solide, au point de produire une illusion complète et de faire croire que l'on a devant soi un être corporel. Dans quelques cas enfin, et sous l'empire de certaines circonstances, la tangibilité peut devenir réelle, c'est-à-dire qu'on peut toucher, palper, sentir la même résistance, la même chaleur que de la part d'un corps vivant, ce qui ne l'empêche pas de s'évanouir avec la rapidité de l'éclair. Ce n'est plus alors par les yeux qu'on en constate la présence, mais par le toucher. Si l'on pouvait attribuer à l'illusion ou à une sorte de fascination l'apparition simplement visuelle, le doute n'est pas permis quand on peut la saisir, la palper, quand elle-même vous saisit et vous étreint. Les faits d'apparitions tangibles sont les plus rares ; mais ceux qui se sont passés dans ces derniers temps par l'influence de quelques médiums puissants[20], et qui ont toute l'authenticité de témoignages irrécusables, prouvent et expliquent ceux que l'histoire rapporte au sujet de personnes qui se sont montrées depuis leur mort avec toutes les apparences de la réalité. Au reste, comme nous l'avons dit, quelque extraordinaires que soient de pareils phénomènes, tout le merveilleux disparaît quand on connaît la manière dont ils se produisent, et l'on comprend que, loin d'être une dérogation aux lois de la nature, ils n'en sont qu'une nouvelle application.

105. Par sa nature et dans son état normal, le périsprit est invisible, et il a cela de commun avec une foule de fluides que nous savons exister et que nous n'avons cependant jamais vus ; mais il peut aussi, de même que certains fluides, subir des modifications qui le rendent perceptible à la vue, soit par une sorte de condensation, soit par un changement dans la disposition moléculaire ; c'est alors qu'il nous apparaît sous une forme vaporeuse. La condensation (il ne faudrait pas prendre ce mot à la lettre ; nous ne l'employons que faute d'autre, et à titre de comparaison), la condensation, disons-nous, peut être telle, que le périsprit acquière les propriétés d'un corps solide et tangible ; mais il peut instantanément reprendre son état éthéré et invisible. Nous pouvons nous rendre compte de cet effet par celui de la vapeur, qui peut passer de l'invisibilité à l'état brumeux, puis liquide,

---

[20] Entre autres M. Home.

puis solide, et *vice versa*. Ces différents états du périsprit sont le résultat de la volonté de l'Esprit, et non d'une cause physique extérieure comme dans nos gaz. Quand il nous apparaît, c'est qu'il met son périsprit dans l'état nécessaire pour le rendre visible ; mais pour cela, sa volonté ne suffit pas, car la modification du périsprit s'opère par sa combinaison avec le fluide propre du médium ; or, cette combinaison n'est pas toujours possible, ce qui explique pourquoi la visibilité des Esprits n'est pas générale. Ainsi il ne suffit pas que l'Esprit veuille se montrer ; il ne suffit pas non plus qu'une personne veuille le voir : il faut que les deux fluides puissent se combiner, qu'il y ait entre eux une sorte d'affinité ; peut-être aussi que l'émission du fluide de la personne soit assez abondante pour opérer la transformation du périsprit, et probablement encore d'autres conditions qui nous sont inconnues ; il faut enfin que l'Esprit ait la permission de se faire voir à telle personne, ce qui ne lui est pas toujours accordé ou ne l'est que dans certaines circonstances, par des motifs que nous ne pouvons apprécier.

106. Une autre propriété du périsprit, et qui tient à sa nature éthérée, c'est la pénétrabilité. Aucune matière ne lui fait obstacle : il les traverse toutes, comme la lumière traverse les corps transparents. C'est pourquoi il n'est pas de clôture qui puisse s'opposer à l'entrée des Esprits ; ils vont visiter le prisonnier dans son cachot aussi facilement que l'homme qui est au milieu des champs.

107. Les apparitions à l'état de veille ne sont ni rares ni nouvelles ; il y en a eu de tout temps ; l'histoire en rapporte un grand nombre ; mais sans remonter si haut, de nos jours elles sont très fréquentes, et beaucoup de personnes en ont eu qu'elles ont prises au premier abord pour ce qu'on est convenu d'appeler des hallucinations. Elles sont fréquentes surtout dans les cas de mort de personnes absentes qui viennent visiter leurs parents ou amis. Souvent, elles n'ont pas de but bien déterminé, mais on peut dire qu'en général les esprits qui apparaissent ainsi sont attirés par la sympathie. Que chacun veuille bien interroger ses souvenirs, et l'on verra qu'il est peu de personnes qui n'aient connaissance de quelques faits de ce genre dont l'authenticité ne saurait être révoquée en doute.

Esprits globules

108. Nous ajouterons aux considérations précédentes l'examen de quelques effets d'optique qui ont donné lieu au singulier système des *Esprits globules*.

L'air n'est pas toujours d'une limpidité absolue, et il est telles circonstances où les courants des molécules aériformes et leur agitation produite par la chaleur sont parfaitement visibles. Quelques personnes ont pris cela pour des amas d'Esprits s'agitant dans l'espace ; il suffit de signaler cette opinion pour la réfuter. Mais voici un autre genre d'illusion non moins bizarre contre laquelle il est également bon d'être prémuni.

L'humeur aqueuse de l'œil offre des points à peine perceptibles qui ont perdu de leur transparence. Ces points sont comme des corps opaques en suspension dans le liquide dont ils suivent les mouvements. Ils produisent dans l'air ambiant, et à distance, par l'effet du grossissement et de la réfraction, l'apparence de petits disques variant de un à dix millimètres de diamètre et qui semblent nager dans l'atmosphère. Nous avons vu des personnes prendre ces disques pour des Esprits qui les suivaient et les accompagnaient partout, et dans leur enthousiasme prendre pour des figures les nuances de l'irisation, ce qui est à peu près aussi rationnel que de voir une figure dans la lune. Une simple observation, fournie par ces personnes elles-mêmes, va les ramener sur le terrain de la réalité.

Ces disques ou médaillons, disent-elles, non seulement les accompagnent, mais suivent tous leurs mouvements; ils vont à droite, à gauche, en haut, en bas, ou s'arrêtent selon le mouvement de la tête. Cela n'est pas étonnant; puisque le siège de l'apparence est dans le globe de l'œil, elle doit en suivre les mouvements. Si c'étaient des Esprits, il faudrait convenir qu'ils seraient astreints à un rôle par trop mécanique pour des êtres intelligents et libres; rôle bien fastidieux, même pour des esprits inférieurs, à plus forte raison incompatible avec l'idée que nous nous faisons des Esprits supérieurs. Quelques-uns, il est vrai, prennent pour de mauvais Esprits les points noirs ou mouches amaurotiques. Ces disques, de même que les taches noires, ont un mouvement ondulatoire qui ne s'écarte jamais de l'amplitude d'un certain angle, et ce qui ajoute à l'illusion, c'est qu'ils ne suivent pas avec brusquerie les mouvements de la ligne visuelle. La raison en est bien simple. Les points opaques de l'humeur aqueuse, cause première du phénomène, sont, avons-nous dit, comme tenus en suspension, et ils ont toujours une tendance à descendre : lorsqu'ils montent, c'est qu'ils y sont sollicités par le mouvement de l'œil de bas en haut; mais arrivés à une certaine hauteur, si on fixe l'œil, on voit les disques descendre d'eux-mêmes, puis s'arrêter. Leur mobilité est extrême, parce qu'il suffit d'un mouvement imperceptible de l'œil pour les faire changer de direction et leur faire parcourir rapidement toute l'amplitude de l'arc dans l'espace où se produit l'image. Tant qu'il n'est pas prouvé qu'une image possède un mouvement propre, spontané et intelligent, on ne peut y voir qu'un simple phénomène optique ou physiologique.

Il en est de même des étincelles qui se produisent quelquefois en gerbes ou en faisceaux plus ou moins compacts par la contraction des muscles de l'œil, et qui sont probablement dues à l'électricité phosphorescente de l'iris, puisqu'elles sont généralement circonscrites dans la circonférence du disque de cet organe.

De pareilles illusions ne peuvent être que le résultat d'une observation incomplète. Quiconque aura sérieusement étudié la nature des Esprits, par tous les moyens que donne la science pratique, comprendra tout ce qu'elles ont de puéril. Autant nous combattons les théories hasardées par lesquelles on attaque les manifestations, quand ces théories sont basées sur l'ignorance des faits, autant nous devons chercher à détruire les idées fausses qui prouvent plus d'enthousiasme que de réflexion, et qui, par cela même, font plus de mal que de bien auprès des incrédules, déjà si disposés à chercher le côté ridicule.

109. Le périsprit, comme on le voit, est le principe de toutes les manifestations ; sa connaissance a donné la clef d'une foule de phénomènes ; elle a fait faire un pas immense à la science spirite, et l'a fait entrer dans une voie nouvelle, en lui ôtant tout caractère merveilleux. Nous avons trouvé, par les Esprits eux-mêmes, car remarquez bien que ce sont eux qui nous ont mis sur la voie, l'explication de l'action de l'Esprit sur la matière, du mouvement des corps inertes, des bruits et des apparitions. Nous y trouverons encore celle de plusieurs autres phénomènes qui nous restent à examiner avant de passer à l'étude des communications proprement dites. On les comprendra d'autant mieux qu'on se sera mieux rendu compte des causes premières. Si l'on a bien compris ce principe, on en fera facilement soi-même l'application aux divers faits qui pourront se présenter à l'observateur.

110. Nous sommes loin de regarder la théorie que nous donnons comme absolue et comme étant le dernier mot ; elle sera sans doute complétée ou rectifiée plus tard par de nouvelles études, mais quelque incomplète ou imparfaite qu'elle soit encore aujourd'hui, elle peut toujours aider à se rendre compte de la possibilité des faits par des causes qui n'ont rien de surnaturel ; si c'est une hypothèse, on ne peut toutefois lui refuser le mérite de la rationalité et de la probabilité, et elle vaut bien toutes les explications que donnent les négateurs pour prouver que tout n'est qu'illusion, fantasmagorie et subterfuge dans les phénomènes spirites.

Théorie de l'hallucination

111. Ceux qui n'admettent pas le monde incorporel et invisible croient tout expliquer par le mot *hallucination*. La définition de ce mot est connue ; c'est : Une erreur, une illusion d'une personne qui croit avoir des perceptions qu'elle n'a pas réellement (du latin *hallucinari*, errer, fait de *ad lucem*) ; mais les savants n'en ont point encore, que nous sachions, donné la raison physiologique.

L'optique et la physiologie ne paraissent plus avoir de secrets pour eux, comment se fait-il qu'ils n'aient point encore expliqué la nature et la source des images qui s'offrent à l'esprit en certaines circonstances ?

Ils veulent tout expliquer par les lois de la matière, soit ; qu'ils donnent donc par ces lois une théorie de l'hallucination ; bonne ou mauvaise, ce sera toujours une explication.

112. La cause des rêves n'a jamais été expliquée par la science ; elle les attribue à un effet de l'imagination ; mais elle ne nous dit pas ce que c'est que l'imagination, ni comment elle produit ces images si claires et si nettes qui nous apparaissent quelquefois ; c'est expliquer une chose qui n'est pas connue, par une autre qui ne l'est pas davantage ; la question reste donc tout entière. C'est, dit-on, un souvenir des préoccupations de la veille ; mais en admettant même cette solution, qui n'en est pas une, il resterait encore à savoir quel est ce miroir magique qui conserve ainsi l'empreinte des choses ; comment expliquer surtout ces visions de choses réelles que l'on n'a jamais vues à l'état de veille, et auxquelles même on n'a jamais pensé ? Le spiritisme seul pouvait nous donner la clef de ce phénomène bizarre, qui passe

inaperçu à cause de sa vulgarité même, comme toutes les merveilles de la nature que nous foulons sous nos pieds.

Les savants ont dédaigné de s'occuper de l'hallucination ; qu'elle soit réelle ou non, ce n'en est pas moins un phénomène que la physiologie doit pouvoir expliquer, sous peine d'avouer son insuffisance. Si un jour un savant entreprend d'en donner, non pas une définition, entendons-nous bien, mais une explication physiologique, nous verrons si sa théorie résout tous les cas ; qu'il n'omette pas surtout les faits si communs d'apparitions de personnes au moment de leur mort ; qu'il dise d'où vient la coïncidence de l'apparition avec la mort de la personne ? Si c'était un fait isolé, on pourrait l'attribuer au hasard ; mais comme il est très fréquent, le hasard n'a pas de ces récidives. Si encore celui qui voit l'apparition avait l'imagination frappée par l'idée que la personne doit mourir, soit ; mais celle qui apparaît est le plus souvent celle à laquelle il songe le moins : donc l'imagination n'y est pour rien. On peut encore moins expliquer par l'imagination les circonstances de la mort dont on n'a aucune idée. Les hallucinationistes diront-ils que l'âme (si tant est qu'ils admettent une âme) a des moments de surexcitation où ses facultés sont exaltées ? Nous sommes d'accord ; mais quand ce qu'elle voit est réel, ce n'est donc pas une illusion. Si, dans son exaltation, l'âme voit une chose qui n'est pas présente, c'est donc qu'elle se transporte ; mais si notre âme peut se transporter vers une personne absente, pourquoi l'âme de cette personne ne se transporterait-elle pas vers nous ? Que, dans leur théorie de l'hallucination, ils veuillent bien tenir compte de ces faits, et ne pas oublier qu'une théorie à laquelle on peut opposer des faits contraires est nécessairement fausse ou incomplète.

En attendant leur explication, nous allons essayer d'émettre quelques idées à ce sujet.

113. Les faits prouvent qu'il y a de véritables apparitions dont la théorie spirite rend parfaitement compte, et que peuvent seuls nier ceux qui n'admettent rien en dehors de l'organisme ; mais à côté des visions réelles, y a-t-il des hallucinations dans le sens attaché à ce mot ? Cela n'est pas douteux. Quelle en est la source ? Ce sont les Esprits qui vont nous mettre sur la voie, car l'explication nous semble tout entière dans les réponses faites aux questions suivantes :

– Les visions sont-elles toujours réelles, et ne sont-elles pas quelquefois l'effet de l'hallucination ? Quand on voit, en rêve ou autrement, le diable, par exemple, ou d'autres choses fantastiques qui n'existent pas, n'est-ce pas un produit de l'imagination ?

« Oui, quelquefois, quand on est frappé par certaines lectures ou par des histoires de diableries qui impressionnent, on se souvient et l'on croit voir ce qui n'existe pas. Mais nous avons dit aussi que l'Esprit, sous son enveloppe semi-matérielle, peut prendre toutes sortes de formes pour se manifester. Un Esprit moqueur peut donc apparaître avec des cornes et des griffes si cela lui plaît, pour se jouer de la crédulité, comme un bon Esprit peut se montrer avec des ailes et une figure radieuse. »

— Peut-on considérer comme des apparitions les figures et autres images qui se présentent souvent dans le demi-sommeil, ou simplement quand on ferme les yeux ?

« Dès que les sens s'engourdissent, l'Esprit se dégage, et peut voir au loin ou de près ce qu'il ne pourrait voir avec les yeux. Ces images sont très souvent des visions, mais elles peuvent être aussi un effet des impressions que la vue de certains objets a laissées dans le cerveau qui en conserve des traces comme il conserve celles des sons. L'Esprit dégagé voit alors dans son propre cerveau ces empreintes qui s'y sont fixées comme sur une plaque de daguerréotype. Leur variété et leur mélange forment des ensembles bizarres et fugitifs qui s'effacent presque aussitôt, malgré les efforts que l'on fait pour les retenir. C'est à une cause semblable qu'il faut attribuer certaines apparitions fantastiques qui n'ont rien de réel et qui se produisent souvent dans l'état de maladie. »

Il est constant que la mémoire est le résultat des empreintes conservées par le cerveau ; par quel singulier phénomène ces empreintes si variées, si multiples, ne se confondent-elles pas ? C'est là un mystère impénétrable, mais qui n'est pas plus étrange que celui des ondulations sonores qui se croisent dans l'air, et n'en restent pas moins distinctes. Dans un cerveau sain et bien organisé, ces empreintes sont nettes et précises ; dans un état moins favorable, elles s'effacent et se confondent ; de là, la perte de la mémoire ou la confusion des idées. Cela paraît encore moins extraordinaire si l'on admet, comme en phrénologie, une destination spéciale à chaque partie, et même à chaque fibre du cerveau.

Les images arrivées au cerveau par les yeux y laissent donc une empreinte, qui fait qu'on se souvient d'un tableau comme si on l'avait devant soi, mais ce n'est toujours qu'une affaire de mémoire, car on ne le voit pas ; or, dans un certain état d'émancipation, l'âme voit dans le cerveau et y retrouve ces images, celles surtout qui ont le plus frappé, selon la nature des préoccupations ou les dispositions de l'esprit, c'est ainsi qu'elle y retrouve l'empreinte de scènes religieuses, diaboliques, dramatiques, mondaines, des figures d'animaux bizarres qu'elle a vus à une autre époque en peintures ou même en récits, car les récits laissent aussi des empreintes. Ainsi l'âme voit réellement, mais elle ne voit qu'une image daguerréotypée dans le cerveau. Dans l'état normal, ces images sont fugitives et éphémères, parce que toutes les parties cérébrales fonctionnent librement ; mais dans l'état de maladie, le cerveau est toujours plus ou moins affaibli, l'équilibre n'existe pas entre tous les organes, quelques-uns seulement conservent leur activité, tandis que d'autres sont en quelque sorte paralysés ; de là la permanence de certaines images qui ne sont plus effacées, comme dans l'état normal, par les préoccupations de la vie extérieure. C'est là la véritable hallucination et la cause première des idées fixes.

Comme on le voit, nous avons rendu compte de cette anomalie par une loi toute physiologique bien connue, celle des empreintes cérébrales ; mais il nous a toujours fallu faire intervenir l'âme ; or, si les matérialistes n'ont pu encore donner une solution satisfaisante de ce phénomène, c'est qu'ils ne veulent pas admettre d'âme ; aussi diront-ils que notre explication est mauvaise, parce que nous posons en principe ce qui est contesté. Contesté par qui ? Par eux, mais admis par l'immense majorité depuis qu'il y a des hommes sur la terre, et la négation de quelques-uns ne peut faire loi.

Notre explication est-elle bonne ? Nous la donnons pour ce qu'elle peut valoir à défaut d'autre, et si l'on veut à titre de simple hypothèse en attendant mieux. Telle qu'elle est rend-elle raison de tous les cas de vision ? Certainement non, et nous mettons tous les physiologistes au défi d'en donner une seule à leur point de vue exclusif qui les résolve tous ; car, quand ils ont prononcé leurs mots sacramentels de surexcitation et d'exaltation, ils n'ont rien dit ; donc, si toutes les théories de l'hallucination sont insuffisantes pour expliquer tous les faits, c'est qu'il y a autre chose que l'hallucination proprement dite. Notre théorie serait fausse si nous l'appliquions à tous les cas de vision, parce qu'il en est qui viendraient la contredire ; elle peut être juste si elle est restreinte à certains effets.

CHAPITRE VII
BI-CORPORÉITÉ ET TRANSFIGURATION

Apparitions de l'Esprit des vivants

114. Ces deux phénomènes sont des variétés de celui des manifestations visuelles, et quelque merveilleux qu'ils puissent paraître au premier abord, on reconnaîtra facilement, par l'explication qui peut en être donnée, qu'ils ne sortent pas de l'ordre des phénomènes naturels. Ils reposent l'un et l'autre sur ce principe, que tout ce qui a été dit sur les propriétés du périsprit après la mort s'applique au périsprit des vivants. Nous savons que pendant le sommeil l'Esprit recouvre en partie sa liberté, c'est-à-dire qu'il s'isole du corps, et c'est dans cet état que nous avons eu maintes fois occasion de l'observer. Mais l'Esprit, que l'homme soit mort ou vivant, a toujours son enveloppe semi-matérielle qui, par les mêmes causes que nous avons décrites, peut acquérir la visibilité et la tangibilité. Des faits bien positifs ne peuvent laisser aucun doute à cet égard ; nous n'en citerons que quelques exemples qui sont à notre connaissance personnelle, et dont nous pouvons garantir l'exactitude, chacun étant à même d'en recueillir d'analogues en consultant ses souvenirs.

115. La femme d'un de nos amis vit à plusieurs reprises, pendant la nuit, entrer dans sa chambre, qu'elle eût ou non de la lumière, une marchande fruitière des environs qu'elle connaissait de vue, mais à laquelle elle n'avait jamais parlé. Cette apparition lui causa une frayeur d'autant plus grande qu'à cette époque cette dame n'avait aucune connaissance du spiritisme, et que ce phénomène se renouvela très souvent. Or, la marchande était parfaitement vivante, et dormait probablement à cette heure ; pendant que son corps matériel était chez elle, son Esprit et son corps fluidique étaient chez cette dame ; pour quel motif ? c'est ce qu'on ne sait pas. En pareil cas, un spirite, initié à ces sortes de choses, le lui eut demandé, mais c'est ce dont elle n'eut pas l'idée. Chaque fois, l'apparition s'éclipsa sans qu'elle sût comment, et chaque fois aussi, après sa disparition, elle alla s'assurer que toutes les portes étaient parfaitement fermées et que personne n'avait pu s'introduire dans son appartement. Cette précaution lui prouva qu'elle était bien éveillée et qu'elle n'était pas le jouet d'un rêve. D'autres fois, elle vit de la même manière un homme qu'elle ne connaissait pas, mais un jour elle vit son frère qui était alors en Californie ; il avait tellement l'apparence d'une personne réelle, qu'au premier moment elle crut à son retour et voulut lui adresser la parole, mais il disparut sans lui en laisser le temps. Une lettre reçue postérieurement lui prouva qu'il n'était pas mort. Cette dame était ce qu'on peut appeler un médium voyant naturel, mais à cette époque, comme nous l'avons dit, elle n'avait jamais entendu parler de médiums.

116. Une autre dame qui habite la province, étant assez gravement malade, vit un soir, vers les dix heures, un monsieur âgé habitant la même

ville et qu'elle voyait quelquefois dans la société, mais sans aucun rapport d'intimité. Ce monsieur était assis dans un fauteuil au pied de son lit, et de temps en temps prenait une prise de tabac ; il avait l'air de la veiller. Surprise d'une telle visite à pareille heure, elle veut lui en demander le motif, mais le monsieur lui fait signe de ne pas parler et de dormir ; à plusieurs reprises, elle veut lui adresser la parole, et chaque fois la même recommandation. Elle finit par s'endormir. À quelques jours de là, étant rétablie, elle reçut la visite de ce même monsieur, mais à une heure plus convenable, et cette fois c'était bien lui ; il avait le même costume, la même tabatière et exactement les mêmes manières. Persuadée qu'il était venu pendant sa maladie, elle le remercia de la peine qu'il avait prise. Le monsieur, fort surpris, lui dit qu'il n'avait pas eu l'avantage de la voir depuis assez longtemps. La dame, qui connaissait les phénomènes spirites, comprit ce qu'il en était ; mais ne voulant pas s'en expliquer avec lui, elle se contenta de lui dire que probablement elle l'avait rêvé.

C'est ce qui est probable, diront les incrédules, les esprits forts, ce qui pour eux, est synonyme de gens d'esprit ; mais il est constant que cette dame ne dormait pas du tout, pas plus que la précédente. - C'est qu'alors elle rêvait tout éveillée ; autrement dit, elle avait une hallucination. - Voilà le grand mot, l'explication universelle de tout ce qu'on ne comprend pas. Comme nous avons déjà suffisamment réfuté cette objection, nous poursuivrons en nous adressant à ceux qui peuvent nous comprendre.

117. Voici cependant un autre fait plus caractéristique, et nous serions curieux de voir comment on pourrait l'expliquer par le seul jeu de l'imagination.

Un monsieur habitant la province n'avait jamais voulu se marier, malgré les instances de sa famille. On avait notamment insisté en faveur d'une personne habitant une ville voisine, et qu'il n'avait jamais vue. Un jour, étant dans sa chambre, il fut tout étonné de se voir en présence d'une jeune fille, vêtue de blanc, et la tête ornée d'une couronne de fleurs. Elle lui dit qu'elle était sa fiancée, lui tendit la main qu'il prit dans la sienne, et à laquelle il vit un anneau. Au bout de quelques instants, tout disparut. Surpris de cette apparition, et s'étant assuré qu'il était bien éveillé, il s'informe si quelqu'un est venu dans la journée ; mais on lui dit qu'on n'avait vu personne. Un an après, cédant à de nouvelles sollicitations d'une parente, il se décida à aller voir celle qu'on lui proposait. Il arriva le jour de la Fête-Dieu ; on revenait de la procession, et une des premières personnes qui s'offre à sa vue en entrant dans la maison, c'est une jeune fille qu'il reconnaît pour celle qui lui était apparue ; elle était vêtue de même, car le jour de l'apparition était aussi celui de la Fête-Dieu. Il reste interdit, et de son côté, la jeune fille pousse un cri de surprise et se trouve mal. Revenue à elle, elle dit qu'elle a déjà vu ce monsieur à pareil jour l'année précédente. Le mariage fut conclu. C'était vers 1835 ; à cette époque, il n'était pas question des Esprits, et d'ailleurs l'un et l'autre sont des gens d'un positivisme extrême et de l'imagination la moins exaltée qui soit au monde.

On dira peut-être que l'un et l'autre avaient l'esprit frappé de l'idée de l'union proposée et que cette préoccupation détermina une hallucination ; mais il ne faut pas oublier que le mari y était si indifférent, qu'il fut un an sans aller voir sa prétendue. En admettant même cette hypothèse, il resterait à expliquer la double apparition, la coïncidence du costume avec le jour de la Fête-Dieu, et enfin la reconnaissance physique entre personnes qui ne s'étaient jamais vues, circonstances qui ne peuvent être le produit de l'imagination.

118. Avant d'aller plus loin, nous devons répondre immédiatement à une question qu'on ne manquera pas de faire, c'est de savoir comment le corps peut vivre tandis que l'Esprit est absent. Nous pourrions dire que le corps peut vivre de la vie organique qui est indépendante de la présence de l'Esprit, et la preuve en est, c'est que les plantes vivent et n'ont pas d'Esprit ; mais nous devons ajouter que, pendant la vie, l'Esprit n'est jamais complètement détaché du corps. Les Esprits, de même que certains médiums voyants, reconnaissent l'Esprit d'une personne vivante à une traînée lumineuse qui aboutit à son corps, phénomène qui n'a jamais lieu quand le corps est mort, car alors la séparation est complète. C'est par cette communication que l'Esprit est averti instantanément, à quelque distance qu'il soit, du besoin que le corps peut avoir de sa présence, et alors il y revient avec la promptitude de l'éclair. Il en résulte que le corps ne peut jamais mourir pendant l'absence de l'Esprit, et qu'il ne peut jamais arriver que celui-ci, à son retour, trouve la porte close, ainsi que l'ont dit quelques romanciers dans des histoires faites à plaisir. (*Livre des Esprits*, n° 400 et suivants.)

Hommes doubles – Saint Alphonse de Liguori et saint Antoine de Padoue

119. Revenons à notre sujet. L'Esprit d'une personne vivante, isolé du corps, peut apparaître comme celui d'une personne morte, et avoir toutes les apparences de la réalité ; de plus, par les mêmes causes que nous avons expliquées, il peut acquérir une tangibilité momentanée. C'est ce phénomène, désigné sous le nom de *bi-corporéité*, qui a donné lieu aux histoires des hommes doubles, c'est-à-dire d'individus dont la présence simultanée a été constatée en deux endroits différents. En voici deux exemples tirés, non des légendes populaires, mais de l'histoire ecclésiastique.

Saint Alphonse de Liguori fut canonisé avant le temps voulu pour s'être montré simultanément en deux endroits différents, ce qui passa pour un miracle.

Saint Antoine de Padoue était en Espagne, et au temps où il prêchait, son père, qui était à Padoue, allait au supplice accusé d'un meurtre. À ce moment, saint Antoine paraît, démontre l'innocence de son père et fait connaître le véritable criminel qui, plus tard, subit le châtiment. Il fut constaté qu'à ce moment saint Antoine n'avait pas quitté l'Espagne.

Saint Alphonse ayant été évoqué et interrogé par nous sur le fait ci-dessus, voici les réponses qu'il fit :

1. Pourriez-vous nous donner l'explication de ce phénomène ?

« Oui ; l'homme, lorsqu'il s'est complètement dématérialisé par sa vertu, qu'il a élevé son âme vers Dieu, peut apparaître en deux endroits à la fois, voici comment. L'Esprit incarné, en sentant le sommeil venir, peut demander à Dieu de se transporter dans un lieu quelconque. Son Esprit, ou son âme, comme vous voudrez l'appeler, abandonne alors son corps, suivi d'une *partie* de son périsprit, et laisse la matière immonde dans un état voisin de la mort. Je dis *voisin* de la mort, parce qu'il est resté dans le corps un lien qui rattache le périsprit et l'âme à la matière, et ce lien ne peut être défini. Le corps apparaît donc dans l'endroit demandé. Je crois que c'est tout ce que vous désirez savoir. »

2. Ceci ne nous donne pas l'explication de la visibilité et de la tangibilité du périsprit.

« L'Esprit se trouvant dégagé de la matière suivant son degré d'élévation peut se rendre tangible à la matière. »

3. Le sommeil du corps est-il indispensable pour que l'Esprit apparaisse en d'autres endroits ?

« L'âme peut se diviser lorsqu'elle se sent portée dans un lieu différent de celui où se trouve le corps. Il peut arriver que le corps ne dorme pas, quoique cela soit très rare, mais alors le corps n'est jamais dans un état parfaitement normal, il est toujours dans un état plus ou moins extatique. »

Remarque. L'âme ne se divise pas dans le sens littéral du mot ; elle rayonne de différents côtés, et peut ainsi se manifester sur plusieurs points sans être partagée ; il en est de même d'une lumière qui peut simultanément se refléter dans plusieurs glaces.

4. L'homme étant plongé dans le sommeil tandis que son Esprit apparaît ailleurs, qu'arriverait-il s'il était réveillé subitement ?

« Cela n'arriverait pas, parce que si quelqu'un avait l'intention de l'éveiller, l'Esprit rentrerait dans le corps et préviendrait l'intention, attendu que l'Esprit lit dans la pensée. »

Une explication tout à fait identique nous a été donnée plusieurs fois par l'Esprit de personnes mortes ou vivantes. Saint Alphonse explique le fait de la double présence, mais il ne donne pas la théorie de la visibilité et de la tangibilité.

Vespasien

120. Tacite rapporte un fait analogue :

Pendant les mois que Vespasien passa dans Alexandrie pour attendre le retour périodique des vents d'été et la saison où la mer devient sûre, plusieurs prodiges arrivèrent, par où se manifestèrent la faveur du ciel et l'intérêt que les dieux semblaient prendre à ce prince…

Ces prodiges redoublèrent dans Vespasien le désir de visiter le séjour sacré du dieu, pour le consulter au sujet de l'empire. Il ordonne que le temple soit fermé à tout le monde ; entré lui-même et tout entier à ce qu'allait prononcer l'oracle, il aperçoit derrière lui un des principaux Égyptiens, nommé Basilide, qu'il savait être retenu malade à plusieurs journées d'Alexandrie. Il s'informe aux prêtres si Basilide est venu ce jour-là dans le temple ; il s'informe aux passants si on l'a vu dans la ville, enfin, il envoie des hommes à cheval, et il s'assure que dans ce moment-là même il était à quatre-vingts milles de distance. Alors, il ne douta plus que la vision ne fût surnaturelle, et le nom de Basilide lui tint lieu d'oracle. (TACITE. *Histoires*, livre IV, chapitres 81 et 82. *Traduction de Burnouf.*)

121. L'individu qui se montre simultanément en deux endroits différents a donc deux corps ; mais de ces deux corps, un seul est réel, l'autre n'est qu'une apparence ; on peut dire que le premier a la vie organique et que le second a la vie de l'âme ; au réveil, les deux corps se réunissent, et la vie de l'âme rentre dans le corps matériel. Il ne paraît pas possible, du moins nous n'en avons pas d'exemple, et la raison semble le démontrer, que dans l'état de séparation, les deux corps puissent jouir simultanément et au même degré de la vie active et intelligente. Il ressort, en outre, de ce que nous venons de dire que le corps réel ne pourrait pas mourir tandis que le corps apparent resterait visible : l'approche de la mort rappelant toujours l'Esprit dans le corps, ne fût-ce que pour un instant. Il en résulte également que le corps apparent ne pourrait être tué, parce qu'il n'est pas organique et qu'il n'est pas formé de chair et d'os ; il disparaît au moment où l'on voudrait lui donner la mort[21].

Transfiguration

122. Nous passons au second phénomène, celui de la *transfiguration*. Il consiste dans le changement d'aspect d'un corps vivant. Voici à cet égard un fait dont nous pouvons garantir la parfaite authenticité, et qui s'est passé dans les années 1858 et 1859 aux environs de Saint-Étienne. Une jeune fille d'une quinzaine d'années jouissait de la singulière faculté de se transfigurer, c'est-à-dire de prendre à des moments donnés toutes les apparences de certaines personnes mortes ; l'illusion était si complète, qu'on croyait avoir la personne devant soi, tant étaient semblables les traits du visage, le regard, le son de la voix et jusqu'au jargon. Ce phénomène s'est renouvelé des centaines de fois sans que la volonté de la jeune fille y fût pour rien. Elle prit plusieurs fois l'apparence de son frère, mort quelques années auparavant ; elle en avait non seulement la figure, mais la taille et le volume du corps. Un médecin du pays, maintes fois témoin de ces effets bizarres, et voulant s'assurer s'il n'était pas le jouet d'une illusion, fit l'expérience suivante. Nous tenons les faits de lui-même, du père de la jeune fille et de plusieurs autres témoins oculaires très honorables et très dignes de foi. Il eut l'idée de peser la jeune fille dans son état normal, puis dans celui de transfiguration, alors qu'elle avait l'apparence de son frère âgé de vingt et quelques années, et qui était beaucoup plus grand et plus fort. Eh bien ! il s'est trouvé que dans ce dernier état le poids était presque le double. L'expérience était concluante, et il était impossible d'attribuer cette apparence à une simple illusion d'optique. Essayons

---

[21] Voir la *Revue Spirite*, janvier 1859, *Le Follet de Bayonne* ; février 1859, *Les agénères ; mon ami Hermann* ; mai 1859, *Le lien entre l'Esprit et le corps* ; novembre 1859, *L'âme errante* ; janvier 1860, *L'Esprit d'un côté et le corps de l'autre* ; mars 1860, *Études sur l'Esprit de personnes vivantes : le docteur V. et mademoiselle I.* ; avril 1860, *Le Fabricant de Saint-Pétersbourg ; apparitions tangibles* ; novembre 1860, *Histoire de Marie d'Agréda* ; juillet 1861, *Une apparition providentielle*.

d'expliquer ce fait, que dans un temps on eût appelé miracle, et que nous appelons tout simplement phénomène.

123. La transfiguration, dans certains cas, peut avoir pour cause une simple contraction musculaire qui peut donner à la physionomie une tout autre expression, au point de rendre la personne presque méconnaissable. Nous l'avons souvent observée chez certaines somnambules, mais dans ce cas la transformation n'est pas radicale ; une femme pourra paraître jeune ou vieille, belle ou laide, mais ce sera toujours une femme, et son poids surtout n'augmentera ni ne diminuera. Dans le cas dont il s'agit, il est bien évident qu'il y a quelque chose de plus ; la théorie du périsprit va nous mettre sur la voie.

Il est admis en principe que l'Esprit peut donner à son périsprit toutes les apparences ; que par une modification dans la disposition moléculaire, il peut lui donner la visibilité, la tangibilité, et par conséquent l'*opacité* ; que le périsprit d'une personne vivante, isolé du corps, peut subir les mêmes transformations ; que ce changement d'état s'opère par la combinaison des fluides. Figurons-nous maintenant le périsprit d'une personne vivante, non pas isolé, mais rayonnant autour du corps de manière à l'envelopper comme d'une vapeur ; dans cet état, il peut subir les mêmes modifications que s'il en était séparé ; s'il perd sa transparence, le corps peut disparaître, devenir invisible, et être voilé comme s'il était plongé dans le brouillard. Il pourra même changer d'aspect, devenir brillant si telle est la volonté ou le pouvoir de l'Esprit. Un autre Esprit, combinant son propre fluide avec le premier, peut y substituer sa propre apparence ; de telle sorte que le corps réel disparaît sous une enveloppe fluidique extérieure dont l'apparence peut varier au gré de l'Esprit. Telle paraît être la véritable cause du phénomène étrange, et rare, il faut le dire, de la transfiguration. Quant à la différence du poids, elle s'explique de la même manière que pour les corps inertes. Le poids intrinsèque du corps n'a pas varié, parce que la quantité de matière n'a pas augmenté ; il subit l'influence d'un agent extérieur qui peut en augmenter ou en diminuer le poids relatif, comme nous l'avons expliqué ci-dessus, n° 78 et suivants. Il est donc probable que si la transfiguration eut lieu sous l'aspect d'un petit enfant, le poids eût diminué en proportion.

Invisibilité

124. On conçoit que le corps puisse prendre une autre apparence plus grande ou de même dimension ; mais comment pourrait-il en prendre une plus petite, celle d'un petit enfant, comme nous venons de le dire ? Dans ce cas, le corps réel ne devrait-il pas dépasser les limites du corps apparent ? Aussi ne disions-nous pas que le fait se soit produit ; nous avons seulement voulu montrer, en nous rapportant à la théorie du poids spécifique, que le poids apparent aurait pu diminuer. Quant au phénomène en lui-même, nous n'affirmons ni sa possibilité ni son impossibilité ; mais dans le cas où il aurait lieu, de ce qu'on ne pourrait en donner une solution satisfaisante, cela n'infirmerait pas la chose ; il ne faut pas oublier que nous sommes au début de la science, et qu'elle est loin d'avoir dit son dernier mot sur ce point

comme sur beaucoup d'autres. D'ailleurs, les parties excédantes pourraient parfaitement être rendues invisibles.

La théorie du phénomène de l'invisibilité ressort tout naturellement des explications précédentes et de celles qui ont été données au sujet du phénomène des apports, n° 96 et suivants.

125. Il nous resterait à parler du singulier phénomène des *agénères* qui, tout extraordinaire qu'il puisse paraître au premier abord, n'est pas plus surnaturel que les autres. Mais, comme nous l'avons expliqué dans la *Revue spirite* (février 1859), nous croyons inutile d'en reproduire ici les détails ; nous dirons seulement que c'est une variété de l'apparition tangible ; c'est l'état de certains Esprits qui peuvent revêtir momentanément les formes d'une personne vivante, au point de faire complètement illusion. (Du grec *a* privatif, et *géine, géinomaï* engendrer ; qui n'a pas été engendré.)

CHAPITRE VIII
LABORATOIRE DU MONDE INVISIBLE

Vêtements des Esprits
Formation spontanée d'objets tangibles

126. Nous avons dit que les Esprits se présentent vêtus de tuniques, de draperies ou même de leurs habits ordinaires. Les draperies paraissent être un costume général dans le monde des Esprits ; mais on se demande où ils vont prendre des habillements en tout semblables à ceux qu'ils portaient de leur vivant, avec tous les accessoires de la toilette. Il est bien certain qu'ils n'ont pas emporté ces objets avec eux, puisque les objets réels sont encore là sous nos yeux ; d'où proviennent donc ceux qu'ils portent dans l'autre monde ? Cette question a toujours beaucoup intrigué ; mais pour beaucoup de gens, c'était une simple affaire de curiosité ; elle confirmait pourtant une question de principe d'une grande importance, car sa solution nous a mis sur la voie d'une loi générale qui trouve également son application dans notre monde corporel. Plusieurs faits sont venus la compliquer et démontrer l'insuffisance des théories qu'on avait essayées.

On pouvait, jusqu'à un certain point, se rendre compte du costume, parce qu'on peut le considérer comme faisant en quelque sorte partie de l'individu ; il n'en est pas de même des objets accessoires, comme par exemple la tabatière du visiteur de la dame malade dont nous avons parlé n° 116. Remarquons à ce sujet qu'il ne s'agissait pas ici d'un mort mais d'un vivant, et que ce monsieur, lorsqu'il revint en personne, avait une tabatière en tout semblable. Où donc son Esprit avait-il trouvé celle qu'il avait quand il était au pied du lit de la malade ? Nous pourrions citer un grand nombre de cas où des Esprits de morts ou de vivants sont apparus avec divers objets, tels que bâtons, armes, pipes, lanternes, livres, etc.

Il nous vint alors une pensée, c'est que les corps inertes pouvaient avoir leurs analogues éthérés dans le monde invisible ; que la matière condensée qui forme les objets pouvait avoir une partie quintessenciée échappant à nos sens. Cette théorie n'était pas dénuée de vraisemblance, mais elle était impuissante à rendre raison de tous les faits. Il en est un surtout qui semblait devoir déjouer toutes les interprétations. Jusqu'alors, il ne s'est agi que d'images ou apparences ; nous avons bien vu que le périsprit peut acquérir les propriétés de la matière et devenir tangible, mais cette tangibilité n'est que momentanée, et le corps solide s'évanouit comme une ombre. C'est déjà un phénomène fort extraordinaire, mais ce qui l'est bien autrement, c'est de voir se produire de la matière solide persistante, ainsi que le prouvent de nombreux faits authentiques, et notamment celui de l'écriture directe dont nous parlerons en détail dans un chapitre spécial. Toutefois, comme ce phénomène se lie intimement au sujet que nous traitons en ce moment, et qu'il en est une des applications les plus positives, nous anticiperons sur l'ordre dans lequel il doit venir.

127. L'écriture directe, ou *pneumatographie*, est celle qui se produit spontanément sans le secours ni de la main du médium, ni du crayon. Il suffit de prendre une feuille de papier blanc, ce que l'on peut faire avec toutes les précautions nécessaires pour s'assurer qu'on ne peut pas être dupe d'aucune supercherie, de la plier et de la déposer quelque part, dans un tiroir, ou simplement sur un meuble, et si l'on est dans les conditions convenables, au bout d'un temps plus ou moins long, on trouve sur le papier des caractères tracés, des signes divers, des mots, des phrases et même des discours, le plus souvent avec une substance grisâtre analogue à la mine de plomb, d'autres fois avec du crayon rouge, de l'encre ordinaire et même de l'encre d'imprimerie. Voilà le fait dans toute sa simplicité, et dont la reproduction, quoique peu commune, n'est cependant pas très rare, car il est des personnes qui l'obtiennent assez facilement. Si l'on mettait un crayon avec le papier, on pourrait croire que l'Esprit s'en est servi pour écrire ; mais du moment que le papier est entièrement seul, il est évident que l'écriture est formée par une matière déposée ; où l'Esprit a-t-il pris cette matière ? Telle est la question à la solution de laquelle nous avons été conduits par la tabatière dont nous avons parlé tout à l'heure.

128. C'est l'Esprit de saint Louis qui nous a donné cette solution dans les réponses suivantes : 1. Nous avons cité un cas d'apparition de l'Esprit d'une personne vivante. Cet Esprit avait une tabatière et prisait. Éprouvait-il la sensation que l'on éprouve en prisant ?

« Non. »

2. Cette tabatière avait la forme de celle dont il se servait habituellement, et qui était chez lui.

Qu'était-ce que cette tabatière entre les mains de cet homme ?

« Une apparence ; c'était pour que la circonstance fût remarquée comme elle l'a été, et que l'apparition ne fût pas prise pour une hallucination produite par l'état de santé du voyant. L'Esprit voulait que cette dame crût à la réalité de sa présence, il a pris toutes les apparences de la réalité. »

3. Vous dites que c'est une apparence ; mais une apparence n'a rien de réel, c'est comme une illusion d'optique ; nous voudrions savoir si cette tabatière n'était qu'une image sans réalité, ou s'il y avait quelque chose de matériel ?

« Certainement ; c'est à l'aide de ce principe matériel que le périsprit prend l'apparence de vêtements semblables à ceux que l'Esprit portait de son vivant. »

Remarque. Il est évident qu'il faut entendre ici le mot apparence dans le sens d'aspect, imitation. La tabatière réelle n'était pas là ; celle que tenait l'Esprit n'en était que la représentation : c'était donc une apparence comparée à l'original, quoique formée d'un principe matériel.

L'expérience nous apprend qu'il ne faut pas toujours prendre à la lettre certaines expressions employées par les Esprits ; en les interprétant selon nos idées, nous nous exposons à de grandes méprises ; c'est pourquoi il faut approfondir le sens de leurs paroles toutes les fois qu'il présente la moindre ambiguïté ; c'est une recommandation que nous font constamment les Esprits eux-mêmes. Sans l'explication que nous avons provoquée, le mot *apparence*, constamment reproduit dans les cas analogues, pouvait donner lieu à une fausse interprétation.

4. Est-ce que la matière inerte se dédoublerait ? Y aurait-il dans le monde invisible une matière essentielle qui revêtirait la forme des objets que nous voyons ? En un mot ces objets auraient-ils leur *doublure éthérée* dans le monde invisible, comme les hommes y sont représentés par les Esprits ?

« Ce n'est point ainsi que cela se passe ; l'Esprit a sur les éléments matériels répandus partout dans l'espace, dans votre atmosphère, une puissance que vous êtes loin de soupçonner. Il peut à son gré concentrer ces éléments et leur donner la forme apparente propre à ses projets. »

Remarque. Cette question, comme on l'a vu, était la traduction de notre pensée, c'est-à-dire de l'idée que nous nous étions formée sur la nature de ces objets. Si les réponses étaient, comme quelques-uns le prétendent, le reflet de la pensée, nous aurions obtenu la confirmation de notre théorie, au lieu d'une théorie contraire.

5. Je pose de nouveau la question d'une manière catégorique, afin d'éviter toute équivoque : Les vêtements dont se couvrent les Esprits sont-ils quelque chose ?

« Il me semble que ma réponse précédente résout la question. Ne savez-vous pas que le périsprit lui-même est quelque chose ? »

6. Il résulte de cette explication que les Esprits font subir à la matière éthérée des transformations à leur gré, et qu'ainsi, par exemple, pour la tabatière, l'Esprit ne l'a point trouvée toute faite, mais qu'il l'a faite lui-même pour le moment où il en avait besoin, par un acte de sa volonté, et qu'il a pu la défaire ; il doit en être de même de tous les autres objets, tels que vêtements, bijoux, etc.

« Mais évidemment. »

7. Cette tabatière a été visible pour cette dame, au point de lui faire illusion. L'Esprit aurait-il pu la rendre tangible pour elle ?

« Il l'aurait pu. »

8. Le cas échéant, cette dame aurait-elle pu la prendre dans ses mains, croyant avoir une tabatière véritable ?

« Oui. »

9. Si elle l'eût ouverte, elle y eût probablement trouvé du tabac ; si elle eût pris ce tabac, l'aurait-il fait éternuer ?

« Oui. »

Modification des propriétés de la matière

10. L'Esprit peut donc donner, non seulement la forme, mais des propriétés spéciales ?

« S'il le veut ; ce n'est qu'en vertu de ce principe que j'ai répondu affirmativement aux questions précédentes. Vous aurez des preuves de la puissante action qu'exerce l'Esprit sur la matière, et que vous êtes loin de soupçonner, comme je vous l'ai dit. »

11. Supposons alors qu'il eût voulu faire une substance vénéneuse et qu'une personne en eût pris, aurait-elle été empoisonnée ?

« Il l'aurait pu, mais il ne l'aurait pas fait ; cela ne lui aurait pas été permis. »

12. Aurait-il eu le pouvoir de faire une substance salutaire et propre à guérir en cas de maladie, et le cas s'est-il présenté ?

« Oui, fort souvent. »

13. Il pourrait alors tout aussi bien faire une substance alimentaire ; supposons qu'il ait fait un fruit, un mets quelconque, quelqu'un aurait-il pu en manger et être rassasié ?

« Oui, oui ; mais ne cherchez donc pas tant pour trouver ce qui est si facile à comprendre. Il suffit d'un rayon de soleil pour rendre perceptibles à vos organes grossiers ces particules matérielles qui encombrent l'espace au milieu duquel vous vivez ; ne savez-vous pas que l'air contient des vapeurs d'eau ? Condensez-les, vous les ramènerez à l'état normal ; privez-les de chaleur, et voilà que ces molécules impalpables et invisibles sont devenues un corps solide, et très solide, et bien d'autres substances dont les chimistes vous tireront des merveilles plus étonnantes encore ; seulement l'Esprit possède des instruments plus parfaits que les vôtres : la volonté et la permission de Dieu. »

Remarque. La question de satiété est ici fort importante. Comment une substance qui n'a qu'une existence et des propriétés temporaires et en quelque sorte de convention peut-elle produire la satiété ? Cette substance, par son contact avec l'estomac, produit la *sensation* de la satiété, mais non la satiété résultant de la plénitude. Si une telle substance peut agir sur l'économie et modifier un état morbide, elle peut tout aussi bien agir sur l'estomac et y produire le sentiment de la satiété. Nous prions toutefois MM. les pharmaciens et restaurateurs de ne pas en concevoir de jalousie, ni croire que les Esprits viennent leur faire concurrence : ces cas sont rares, exceptionnels, et ne dépendent jamais de la volonté ; autrement on se nourrirait et l'on se guérirait à trop bon marché.

14. Les objets, rendus tangibles par la volonté de l'Esprit, pourraient-ils avoir un caractère de permanence et de stabilité, et devenir usuels ?

« Cela se pourrait, *mais cela ne se fait pas* ; c'est en dehors des lois. »

15. Tous les Esprits ont-ils au même degré le pouvoir de produire des objets tangibles ?

« Il est certain que plus l'Esprit est élevé, plus facilement il l'obtient ; mais encore, cela dépend des circonstances : des Esprits inférieurs peuvent avoir ce pouvoir. »

16. L'Esprit se rend-il toujours compte de la manière dont il produit soit ses vêtements, soit les objets dont il offre l'apparence ?

« Non ; souvent, il concourt à leur formation par un acte instinctif qu'il ne comprend pas lui-même, s'il n'est pas assez éclairé pour cela. »

17. Si l'Esprit peut puiser dans l'élément universel les matériaux pour faire toutes ces choses, donner à ces choses une réalité temporaire avec leurs propriétés, il peut tout aussi bien y puiser ce qui est nécessaire pour écrire, et par conséquent ceci nous paraît donner la clef du phénomène de l'écriture directe ?

« Enfin vous y voilà donc ! »

Remarque. C'était là, en effet, où nous voulions en venir par toutes nos questions préliminaires ; la réponse prouve que l'Esprit avait lu notre pensée.

18. Si la matière dont se sert l'Esprit n'a pas de persistance, comment se fait-il que les traces de l'écriture directe ne disparaissent pas ?

« N'épiloguez pas sur les mots ; je n'ai d'abord pas dit : jamais ; il était question d'un objet matériel volumineux ; ici, ce sont des signes tracés qu'il est utile de conserver, et on les conserve. J'ai voulu dire que les objets ainsi composés par l'Esprit ne pourraient devenir des objets usuels, car il n'y a pas en réalité agrégation de matière comme dans vos corps solides. »

129. La théorie ci-dessus peut se résumer ainsi : l'Esprit agit sur la matière ; il puise dans la matière cosmique universelle les éléments nécessaires pour former à son gré des objets ayant l'apparence des divers corps qui existent sur la terre. Il peut également opérer sur la matière élémentaire, par sa volonté, une transformation intime qui lui donne des propriétés déterminées. Cette faculté est inhérente à la nature de l'Esprit, qui l'exerce souvent comme un acte instinctif quand cela est nécessaire, et sans s'en rendre compte. Les objets formés par l'Esprit ont une existence temporaire, subordonnée à sa volonté ou à la nécessité ; il peut les faire et les défaire à son gré. Ces objets peuvent, dans certains cas, avoir aux yeux des personnes vivantes toutes les apparences de la réalité, c'est-à-dire devenir momentanément visibles et même tangibles. Il y a formation, mais non création, attendu que l'Esprit ne peut rien tirer du néant.

130. L'existence d'une matière élémentaire unique est à peu près généralement admise aujourd'hui par la science, et confirmée, comme on l'a vu, par les Esprits. Cette matière donne naissance à tous les corps de la nature ; par les transformations qu'elle subit, elle produit aussi les diverses propriétés de ces mêmes corps ; c'est ainsi qu'une substance salutaire peut devenir vénéneuse par une simple modification ; la chimie nous en offre de nombreux exemples. Tout le monde sait que deux substances innocentes combinées en certaines proportions peuvent en produire une qui soit délétère. Une partie d'oxygène et deux d'hydrogène, tous deux inoffensifs, forment l'eau ; ajoutez un atome d'oxygène et vous avez un liquide corrosif. Sans changer les proportions, il suffit souvent d'un simple changement dans le mode d'agrégation moléculaire pour changer les propriétés ; c'est ainsi qu'un corps opaque peut devenir transparent, *et vice versa*. Puisque l'Esprit a, par sa seule volonté, une action si puissante sur la matière élémentaire, on conçoit qu'il puisse non seulement former des substances, mais encore en dénaturer les propriétés, la volonté faisant ici l'effet d'un réactif.

Action magnétique curative

131. Cette théorie nous donne la solution d'un fait bien connu en magnétisme, mais jusqu'à présent inexpliqué, celui du changement des propriétés de l'eau par la volonté. L'Esprit agissant est celui du magnétiseur, le plus souvent assisté par un Esprit étranger ; il opère une transmutation à l'aide

du fluide magnétique qui, comme on l'a dit, est la substance qui se rapproche le plus de la matière cosmique, ou élément universel. S'il peut opérer une modification dans les propriétés de l'eau, il peut également produire un phénomène analogue sur les fluides de l'organisme, et de là l'effet curatif de l'action magnétique convenablement dirigée.

On sait le rôle capital que joue la volonté dans tous les phénomènes du magnétisme ; mais comment expliquer l'action matérielle d'un agent si subtil ? La volonté n'est point un être, une substance quelconque ; ce n'est même pas une propriété de la matière la plus éthérée ; la volonté est l'attribut essentiel de l'esprit, c'est-à-dire de l'être pensant. À l'aide de ce levier, il agit sur la matière élémentaire, et, par une action consécutive, il réagit sur ses composés dont les propriétés intimes peuvent ainsi être transformées.

La volonté est l'attribut de l'Esprit incarné aussi bien que de l'Esprit errant ; de là la puissance du magnétiseur, puissance que l'on sait être en raison de la force de volonté. L'Esprit incarné pouvant agir sur la matière élémentaire peut donc également en varier les propriétés dans certaines limites, c'est ainsi que s'explique la faculté de guérir par le contact et l'imposition des mains, faculté que quelques personnes possèdent à un degré plus ou moins grand. (Voir au chapitre des *médiums*, l'article relatif aux *médiums guérisseurs*. Voir aussi la Revue spirite, juillet 1859, pages 184 et 189 : *Le zouave de Magenta ; Un officier de l'armée d'Italie*.)

CHAPITRE IX

DES LIEUX HANTÉS

132. Les manifestations spontanées qui se sont produites de tout temps, et la persistance de quelques Esprits à donner des marques ostensibles de leur présence dans certaines localités, sont la source de la croyance aux lieux hantés. Les réponses suivantes ont été faites aux questions adressées à ce sujet.

1. Les Esprits s'attachent-ils seulement aux personnes, ou s'attachent-ils aussi aux choses ? « Cela dépend de leur élévation. Certains Esprits peuvent s'attacher aux objets terrestres ; des avares, par exemple, qui ont caché leurs trésors, et qui ne sont pas assez dématérialisés, peuvent encore les surveiller et les garder. »

2. Les Esprits errants ont-ils des lieux de prédilection ?

« C'est encore le même principe. Les Esprits qui ne tiennent plus à la terre vont où ils trouvent à aimer ; ils y sont attirés par les personnes plutôt que par les objets matériels ; cependant, il en est qui peuvent momentanément avoir une préférence pour certains lieux, mais ce sont toujours des Esprits inférieurs. »

3. Puisque l'attachement des Esprits pour une localité est un signe d'infériorité, est-ce également une preuve que ce sont de mauvais Esprits ?

« Assurément non ; un Esprit peut être peu avancé sans être mauvais pour cela ; n'en est-il pas de même parmi les hommes ? »

4. La croyance que les Esprits fréquentent de préférence les ruines a-t-elle quelque fondement ?

« Non ; les Esprits vont dans ces endroits comme ils vont partout ailleurs ; mais l'imagination est frappée de l'aspect lugubre de certains lieux, et attribue à leur présence ce qui n'est le plus souvent qu'un effet très naturel. Que de fois la peur n'a-t-elle pas fait prendre l'ombre d'un arbre pour un fantôme, le cri d'un animal ou le souffle du vent pour des revenants ! Les Esprits aiment la présence des hommes, c'est pourquoi ils rechercheront plutôt les endroits habités que les lieux isolés. »

— Cependant, d'après ce que nous savons de la diversité de caractère des Esprits, il doit y en avoir de misanthropes et qui peuvent préférer la solitude.

« Aussi n'ai-je pas répondu d'une manière absolue à la question ; j'ai dit qu'ils peuvent aller dans les lieux déserts comme partout ailleurs, et il est bien évident que ceux qui se tiennent à l'écart, c'est que cela leur plaît ; mais ce n'est pas une raison pour que les ruines soient forcément des lieux de prédilection pour eux ; car, certes, il y en a beaucoup plus dans les villes et les palais que dans le fond des bois. »

5. Les croyances populaires ont, en général, un fond de vérité ; quelle peut être la source de celle des lieux hantés ?

« Le fond de vérité, c'est la manifestation des Esprits à laquelle l'homme a cru de tout temps par instinct ; mais, comme je l'ai dit, l'aspect des lieux lugubres frappe son imagination, et il y place naturellement les êtres qu'il regarde comme surnaturels. Cette croyance superstitieuse est entretenue par les récits des poètes et les contes fantastiques dont on berce son enfance. »

6. Les Esprits qui se rassemblent ont-ils pour cela des jours et des heures de prédilection ? « Non ; les jours et les heures sont des contrôles du temps à l'usage des hommes, et pour la vie corporelle, mais dont les Esprits n'ont pas besoin et ne s'inquiètent pas. »

7. Quelle est l'origine de l'idée que les Esprits viennent de préférence la nuit ?

« L'impression produite sur l'imagination par le silence et l'obscurité. Toutes ces croyances sont des superstitions que la connaissance raisonnée du spiritisme doit détruire. Il en est de même des jours et des heures qu'on croit leur être plus propices ; croyez bien que l'influence de minuit n'a jamais existé que dans les contes. »

– S'il en est ainsi, pourquoi donc certains Esprits annoncent-ils leur arrivée et leurs manifestations pour cette heure-là, et pour des jours déterminés, comme le vendredi, par exemple ?

« Ce sont des Esprits qui profitent de la crédulité et s'en amusent. C'est par la même raison qu'il y en a qui disent être le diable ou se donnent des noms infernaux. Montrez-leur que vous n'êtes pas leurs dupes, et ils n'y reviendront pas. »

8. Les Esprits reviennent-ils de préférence vers les tombes où repose leur corps ?

« Le corps n'était qu'un vêtement ; ils ne tiennent pas plus à l'enveloppe qui les a fait souffrir que le prisonnier à ses chaînes. Le souvenir des personnes qui leur sont chères est la seule chose à laquelle ils attachent du prix. »

– Les prières que l'on va faire sur leurs tombes leur sont-elles plus agréables, et les y attirent-elles plutôt qu'ailleurs ?

« La prière est une évocation qui attire les Esprits, vous le savez bien. La prière a d'autant plus d'action qu'elle est plus fervente et plus sincère ; or, devant une tombe vénérée, on est plus recueilli, et la conservation de pieuses reliques est un témoignage d'affection que l'on donne à l'Esprit, et auquel il est toujours sensible. C'est toujours la pensée qui agit sur l'Esprit, et non les objets matériels ; ces objets ont plus d'influence sur celui qui prie en fixant son attention, que sur l'Esprit. »

9. D'après cela, la croyance aux lieux hantés ne paraîtrait pas absolument fausse ?

« Nous avons dit que certains Esprits peuvent être attirés par des choses matérielles ; ils peuvent l'être par certains lieux où ils semblent élire domicile, jusqu'à ce que cessent les circonstances qui les y amenaient. »

– Quelles sont les circonstances qui peuvent les y amener ?

« Leur sympathie pour quelques-unes des personnes qui les fréquentent, ou le désir de communiquer avec elles. Cependant, leurs intentions ne sont pas toujours aussi louables ; quand ce sont de mauvais Esprits, ils peuvent vouloir exercer une vengeance sur certaines personnes dont ils ont eu à se plaindre. Le séjour dans un lieu déterminé peut être aussi, pour quelques-uns, une punition qui leur est infligée, surtout s'ils y ont commis un crime, afin qu'ils aient constamment ce crime devant les yeux[22]. »

10. Les lieux hantés le sont-ils toujours par d'anciens habitants de ces demeures ? « Quelquefois, mais pas toujours, car si l'ancien habitant est un Esprit élevé, il ne tiendra pas plus à sa demeure terrestre qu'à son corps. Les Esprits qui hantent certains lieux n'ont souvent pas d'autre motif que le caprice, à moins qu'ils n'y soient attirés par leur sympathie pour certaines personnes. »

– Peuvent-ils s'y fixer en vue de protéger une personne ou sa famille ?

« Assurément, si ce sont de bons Esprits ; mais dans ce cas, ils ne manifestent jamais leur présence par des choses désagréables. »

11. Y a-t-il quelque chose de réel dans l'histoire de la dame Blanche ?

« C'est un conte tiré de mille faits qui sont vrais. »

12. Est-il rationnel de redouter les lieux hantés par les Esprits ?

« Non ; les Esprits qui hantent certains lieux et y font du tapage cherchent plutôt à s'amuser aux dépens de la crédulité et de la poltronnerie qu'à faire du mal. D'ailleurs, figurez-vous bien qu'il y a des Esprits partout, et que quelque part que vous soyez, vous en avez sans cesse à vos côtés, même dans les maisons les plus paisibles. Ils ne paraissent souvent hanter certaines habitations que parce qu'ils y trouvent une occasion de manifester leur présence. »

13. Y a-t-il un moyen de les expulser ?

« Oui, et le plus souvent ce qu'on fait pour cela les attire au lieu de les éloigner. Le meilleur moyen de chasser les mauvais Esprits, c'est d'attirer les bons. Attirez donc les bons Esprits en faisant le plus de bien possible, et les mauvais s'en iront ; car le bien et le mal sont incompatibles. Soyez toujours bons, et vous n'aurez que de bons Esprits à vos côtés. »

– Il y a pourtant des personnes très bonnes qui sont en butte aux tracasseries des mauvais Esprits ?

« Si ces personnes sont réellement bonnes, ce peut être une épreuve pour exercer leur patience et les exciter à être encore meilleures ; mais croyez bien que ce ne sont pas ceux qui parlent sans cesse de la vertu qui en ont le plus. Celui qui possède des qualités réelles les ignore souvent lui-même ou n'en parle pas. »

14. Que faut-il croire relativement à l'efficacité de l'exorcisme pour chasser les mauvais Esprits des lieux hantés ?

« Avez-vous souvent vu ce moyen réussir ? N'avez-vous pas vu, au contraire, le tapage redoubler après les cérémonies de l'exorcisme ? C'est qu'ils s'amusent d'être pris pour le diable.

Les Esprits qui ne viennent pas avec une mauvaise intention peuvent aussi manifester leur présence par du bruit, et même en se rendant visibles, mais ils ne font jamais de tapage incommode. Ce sont souvent des Esprits souffrants que vous pouvez soulager en priant pour eux ; d'autres fois même

---

[22] Voir *Revue Spirite*, février 1860 ; *Histoire d'un damné*.

ce sont des Esprits bienveillants qui veulent vous prouver qu'ils sont auprès de vous, ou enfin des Esprits légers qui folâtrent. Comme ceux qui troublent le repos par du tapage sont presque toujours des Esprits qui s'amusent, ce qu'on a de mieux à faire c'est d'en rire ; ils se lasseront s'ils voient qu'ils ne parviennent ni à effrayer, ni à impatienter. » (Voir ci-dessus chapitre V, *manifestations physiques spontanées*.)

Il résulte des explications ci-dessus qu'il y a des Esprits qui s'attachent à certaines localités et s'y tiennent de préférence, mais qu'ils n'ont pas pour cela besoin de manifester leur présence par des effets sensibles. Un lieu quelconque peut être le séjour forcé ou de prédilection d'un Esprit, même mauvais, sans qu'il ne s'y soit jamais produit aucune manifestation.

Les Esprits qui s'attachent aux localités ou aux choses matérielles ne sont jamais des Esprits supérieurs, mais sans être supérieurs ils peuvent n'être pas méchants et n'avoir aucune mauvaise intention ; ce sont même quelquefois des commensaux plus utiles que nuisibles, car s'ils s'intéressent aux personnes, ils peuvent les protéger.

CHAPITRE X
NATURE DES COMMUNICATIONS

133. Nous avons dit que tout effet qui révèle dans sa cause un acte de libre volonté, quelque insignifiant que soit cet acte, accuse par cela même une cause intelligente. Ainsi un simple mouvement de table qui répond à notre pensée, ou présente un caractère intentionnel, peut être considéré comme une manifestation intelligente. Si le résultat devait se borner à cela, il n'aurait pour nous qu'un intérêt très secondaire ; ce serait, toutefois, quelque chose de nous donner la preuve qu'il y a dans ces phénomènes plus qu'une action purement matérielle ; mais l'utilité pratique qui en sortirait pour nous serait nulle ou du moins restreinte ; il en est tout autrement quand cette intelligence acquiert un développement qui permet un échange régulier et suivi de pensées ; ce ne sont plus alors de simples manifestations intelligentes mais de véritables *communications*. Les moyens dont on dispose aujourd'hui permettent de les obtenir aussi étendues, aussi explicites, et aussi rapides que celles que nous entretenons avec les hommes.

Si l'on s'est bien pénétré, d'après l'*échelle spirite* (*Livre des Esprits*, n° 100), de la variété infinie qui existe entre les Esprits sous le double rapport de l'intelligence et de la moralité, on concevra facilement la différence qui doit exister dans leurs communications ; elles doivent refléter l'élévation ou la bassesse de leurs idées, leur savoir et leur ignorance, leurs vices et leurs vertus ; en un mot, elles ne doivent pas plus se ressembler que celles des hommes, depuis le sauvage jusqu'à l'Européen le plus éclairé. Toutes les nuances qu'elles présentent peuvent se grouper en quatre catégories principales ; selon leurs caractères les plus tranchés, elles sont : *grossières, frivoles, sérieuses,* ou *instructives*.

Communications grossières

134. *Les communications grossières* sont celles qui se traduisent par des expressions qui choquent les bienséances. Elles ne peuvent émaner que d'Esprits de bas étage, encore souillés de toutes les impuretés de la matière, et ne diffèrent en rien de celles que pourraient donner des hommes vicieux et grossiers. Elles répugnent à toute personne qui a la moindre délicatesse de sentiment ; car elles sont, selon le caractère des Esprits, triviales, ordurières, obscènes, insolentes, arrogantes, malveillantes et même impies.

Communications frivoles

135. *Les communications frivoles* émanent d'Esprits légers, moqueurs et espiègles, plus malins que méchants, et qui n'attachent aucune importance à ce qu'ils disent. Comme elles n'ont rien de malséant, elles plaisent à certaines personnes qui s'en amusent, et trouvent du plaisir dans ces entretiens futiles

où l'on parle beaucoup pour ne rien dire. Ces esprits font quelquefois assaut de saillies spirituelles et mordantes, et au milieu de facéties banales disent souvent de dures vérités qui frappent presque toujours juste. Ces Esprits légers pullulent autour de nous, et saisissent toutes les occasions de se mêler aux communications ; la vérité est le moindre de leurs soucis, c'est pourquoi ils se font un malin plaisir de mystifier ceux qui ont la faiblesse, et quelquefois la présomption de les croire sur parole. Les personnes qui se complaisent dans ces sortes de communications donnent naturellement accès aux Esprits légers et trompeurs ; les Esprits sérieux s'en éloignent comme parmi nous les hommes sérieux s'éloignent des sociétés d'étourdis.

Communications sérieuses

136. *Les communications sérieuses* sont graves quant au sujet et à la manière dont elles sont faites. Toute communication qui exclut la frivolité et la grossièreté, et qui a un but utile, fût-il d'intérêt privé, est par cela même sérieuse ; mais elle n'est pas pour cela toujours exempte d'erreurs. Les Esprits sérieux ne sont pas tous également éclairés ; il est beaucoup de choses qu'ils ignorent et sur lesquelles ils peuvent se tromper de bonne foi ; c'est pourquoi les Esprits vraiment supérieurs nous recommandent sans cesse de soumettre toutes les communications au contrôle de la raison et de la plus sévère logique.

Il faut donc distinguer les communications *sérieuses-vraies* des communications *sérieuses-fausses*, et ce n'est pas toujours facile, car c'est à la faveur même de la gravité du langage que certains Esprits présomptueux ou faux savants cherchent à faire prévaloir les idées les plus fausses et les systèmes les plus absurdes ; et pour se donner plus de crédit et d'importance, ils ne se font pas scrupule de se parer des noms les plus respectables et même les plus vénérés. C'est là un des plus grands écueils de la science pratique ; nous y reviendrons plus tard avec tous les développements que nécessite un sujet aussi important, en même temps que nous ferons connaître les moyens de se prémunir contre le danger des fausses communications.

Communications instructives

137. *Les communications instructives* sont les communications sérieuses qui ont pour objet principal un enseignement quelconque donné par les Esprits sur les sciences, la morale, la philosophie, etc. Elles sont plus ou moins profondes, selon le degré d'élévation et de *dématérialisation* de l'Esprit. Pour retirer de ces communications un fruit réel, il faut qu'elles soient régulières, et suivies avec persévérance. Les Esprits sérieux s'attachent à ceux qui veulent s'instruire et ils les secondent, tandis qu'ils laissent aux Esprits légers le soin d'amuser ceux qui ne voient dans ces manifestations qu'une distraction passagère. Ce n'est que par la régularité et la fréquence de ces communications qu'on peut apprécier la valeur morale et intellectuelle des Esprits avec lesquels on s'entretient, et le degré de confiance qu'ils méritent.

S'il faut de l'expérience pour juger les hommes, il en faut plus encore peut-être pour juger les Esprits.

En donnant à ces communications la qualification d'*instructives*, nous les supposons *vraies*, car une chose qui ne serait pas *vraie* ne saurait être *instructive*, fût-elle dite dans le langage le plus imposant. Nous ne saurions donc ranger dans cette catégorie certains enseignements qui n'ont de sérieux que la forme souvent ampoulée et emphatique à l'aide de laquelle les Esprits plus présomptueux que savants qui les dictent espèrent faire illusion ; mais ces Esprits, ne pouvant remplacer le fond qui manque chez eux, ne sauraient longtemps soutenir leur rôle ; ils trahissent bientôt leur côté faible, pour peu que leurs communications aient de la suite, ou qu'on sache les pousser dans leurs derniers retranchements.

138. Les moyens de communication sont très variés. Les Esprits agissant sur nos organes et sur tous nos sens, peuvent se manifester à la vue dans les apparitions, au toucher par des impressions tangibles occultes ou visibles, à l'ouïe par des bruits, à l'odorat par des odeurs sans cause connue. Ce dernier mode de manifestation, quoique très réel, est sans contredit le plus incertain par les nombreuses causes qui peuvent induire en erreur ; aussi nous ne nous y arrêterons pas. Ce que nous devons examiner avec soin, ce sont les divers moyens d'obtenir des communications, c'est-à-dire un échange régulier et suivi de pensées. Ces moyens sont : *les coups frappés, la parole et l'écriture*. Nous les développerons dans des chapitres spéciaux.

3

THE MISFORTUNE

CHAPITRE XI
SÉMATOLOGIE ET TYPTOLOGIE

Langage des signes et des coups frappés
Typtologie alphabétique

139. Les premières manifestations intelligentes ont été obtenues par les coups frappés ou la typtologie. Ce moyen primitif, qui se ressentait de l'enfance de l'art, n'offrait que des ressources très bornées, et l'on en était réduit, dans les communications, aux réponses monosyllabiques par oui ou par non, à l'aide d'un nombre convenu de coups. On le perfectionna plus tard ainsi que nous l'avons dit. Les coups frappés s'obtiennent de deux manières par des médiums spéciaux ; il faut généralement pour ce mode d'opérer une certaine aptitude pour les manifestations physiques. La première, que l'on pourrait appeler *typtologie par bascule*, consiste dans le mouvement de la table qui se lève d'un côté, puis retombe en frappant du pied. Il suffit pour cela que le médium pose les mains sur le bord de la table ; s'il désire s'entretenir avec un Esprit déterminé, il faut en faire l'évocation ; dans le cas contraire, c'est le premier venu qui se présente ou celui qui a l'habitude de venir. Étant convenu, par exemple, d'un coup pour *oui*, et de deux coups pour *non*, ceci est indifférent, on adresse à l'Esprit les questions que l'on désire ; nous verrons plus tard celles dont il convient de s'abstenir. L'inconvénient est dans la brièveté des réponses et dans la difficulté de formuler la question de manière à amener un oui ou un non. Supposons qu'on demande à l'Esprit : Que désires-tu ? Il ne pourrait répondre que par une phrase ; il faut alors dire : désires-tu telle chose ? Non ; - telle autre ? Oui ; et ainsi de suite.

140. Il est à remarquer qu'à l'emploi de ce moyen, l'Esprit joint souvent une sorte de *mimique*, c'est-à-dire qu'il exprime l'énergie de l'affirmation ou de la négation par la force des coups. Il exprime aussi la nature des sentiments qui l'animent : la violence, par la brusquerie des mouvements ; la colère et l'impatience en frappant avec force des coups réitérés comme une personne qui frappe du pied avec emportement, quelquefois en jetant la table par terre. S'il est bienveillant et poli, au début et à la fin de la séance, il incline la table en forme de salut ; veut-il s'adresser directement à une personne de la société, il dirige la table vers elle avec douceur ou violence, selon qu'il veut lui témoigner de l'affection ou de l'antipathie. C'est là, à proprement parler, la *sématologie* ou langage des signes, comme la *typtologie* est le langage des coups frappés. Voici un remarquable exemple de l'emploi spontané de la sématologie :

Un monsieur de notre connaissance étant un jour dans son salon, où plusieurs personnes s'occupaient de manifestations, reçut à ce moment une lettre de nous. Pendant qu'il la lisait, le guéridon qui servait aux expériences vient tout à coup vers lui. La lecture de la lettre achevée il va la poser sur une table à l'autre extrémité du salon ; le guéridon le suit et se dirige vers la table où était la lettre. Surpris de cette coïncidence, il pense qu'il y a quelque rapport entre ce mouvement et la lettre ; il interroge l'Esprit qui répond être notre Esprit familier. Ce monsieur nous ayant informé de la circonstance, nous priâmes à notre tour cet Esprit de nous dire le motif de la visite qu'il lui avait faite ; il répondit : « Il est naturel que j'aille voir les personnes avec lesquelles tu es en relation, afin de pouvoir, au besoin, te donner ainsi qu'à elles les avis nécessaires. »

Il est donc évident que l'Esprit avait voulu appeler l'attention de ce monsieur, et cherchait une occasion de lui faire savoir qu'il était là. Un muet ne s'y serait pas mieux pris.

141. La typtologie ne tarda pas à se perfectionner, et s'enrichit d'un moyen de communication plus complet, celui de la *typtologie alphabétique*. Il consiste à faire désigner les lettres de l'alphabet au moyen des coups frappés ; on put alors obtenir des mots, des phrases et même des discours entiers. Suivant une méthode, la table frappe autant de coups qu'il en faut pour indiquer chaque lettre, c'est-à-dire un coup pour *a*, deux pour *b*, et ainsi de suite ; pendant ce temps, une personne écrit les lettres à mesure qu'elles sont désignées. Quand l'Esprit a fini, il le fait savoir par un signe quelconque de convention.

Ce mode de procéder, comme on le voit, est très long, et demande un temps énorme pour les communications d'une certaine étendue ; cependant, il y a des personnes qui ont eu la patience de s'en servir pour obtenir des dictées de plusieurs pages ; mais la pratique fit découvrir des moyens abréviatifs qui permirent d'aller avec une certaine rapidité. Celui qui est le plus en usage consiste à avoir devant soi un alphabet tout écrit ainsi que la série des chiffres marquant les unités. Tandis que le médium est à la table, une autre personne parcourt successivement les lettres de l'alphabet s'il s'agit d'un mot, ou celles des chiffres s'il s'agit d'un nombre ; arrivé sur la lettre nécessaire, la table frappe d'elle-même un coup, et l'on écrit la lettre ; puis on recommence pour la 2°, la 3° et ainsi de suite. Si l'on s'est trompé pour une lettre, l'Esprit avertit par plusieurs coups ou par un mouvement de la table, et l'on recommence. Avec de l'habitude, on va assez vite ; mais on abrège surtout beaucoup en devinant la fin d'un mot commencé et que le sens de la phrase fait connaître ; si l'on est dans l'incertitude, on demande à l'Esprit s'il a voulu mettre tel mot, et il répond par oui ou par non.

142. Tous les effets que nous venons d'indiquer peuvent s'obtenir d'une manière encore plus simple par les coups qui se font entendre dans le bois même de la table, sans aucune espèce de mouvement, et que nous avons décrits au chapitre des manifestations physiques n° 64 : c'est la *typtologie intime*. Tous les médiums ne sont pas également propres à ce dernier mode de communication ; car il en est qui n'obtiennent que les coups frappés par bascule ; cependant, avec de l'exercice, ils peuvent y arriver pour la plupart, et cette manière a le double avantage d'être plus rapide et de moins prêter à la suspicion que la bascule, qu'on peut attribuer à une pression volontaire. Il est vrai que les coups intimes pourraient aussi être imités par des médiums

de mauvaise foi. Les meilleures choses peuvent être contrefaites, ce qui ne prouve rien contre elles. (Voir à la fin de ce volume le chapitre intitulé : *Fraudes et supercheries.*)

Quels que soient les perfectionnements que l'on ait pu apporter dans cette manière de procéder, elle ne peut jamais atteindre la rapidité et la facilité que présente l'écriture, aussi l'employe-t-on très peu maintenant ; elle est cependant quelquefois très intéressante au point de vue du phénomène, principalement pour les novices, et elle a surtout l'avantage de prouver d'une manière péremptoire l'indépendance absolue de la pensée du médium. On obtient souvent ainsi des réponses si imprévues, si saisissantes d'à-propos, qu'il faudrait un parti pris bien déterminé pour ne pas se rendre à l'évidence ; aussi est-ce pour beaucoup de personnes un puissant motif de conviction ; mais par ce moyen, pas plus que par les autres, les Esprits n'aiment à se prêter aux caprices des curieux qui veulent les mettre à l'épreuve par des questions déplacées.

143. Dans le but de mieux assurer l'indépendance de la pensée du médium, on a imaginé divers instruments consistant dans les cadrans sur lesquels sont tracées les lettres à la manière des cadrans des télégraphes électriques. Une aiguille mobile, mise en mouvement par l'influence du médium à l'aide d'un fil conducteur et d'une poulie, indique les lettres. Nous ne connaissons ces instruments que par les dessins et par les descriptions qui en ont été publiés en Amérique ; nous ne pouvons donc nous prononcer sur leur mérite, mais nous pensons que leur complication même est un inconvénient ; que l'indépendance du médium est tout aussi bien attestée par les coups intimes et qu'elle l'est bien plus encore par l'imprévu des réponses que par tous les moyens matériels. D'un autre côté, les incrédules qui sont toujours disposés à voir partout des ficelles et des préparations sont encore plus portés à en supposer dans un mécanisme spécial, que dans la première table venue dépourvue de tout accessoire.

144. Un appareil plus simple, mais dont la mauvaise foi peut aisément abuser, comme nous le verrons au chapitre des Fraudes, est celui que nous désignerons sous le nom de *Table-Girardin,* en souvenir de l'usage qu'en faisait Mme Émile de Girardin dans les nombreuses communications qu'elle obtenait comme médium ; car Mme de Girardin, toute femme d'esprit qu'elle était, avait la faiblesse de croire aux Esprits et à leurs manifestations. Cet instrument consiste en un dessus de guéridon mobile de trente à quarante centimètres de diamètre, tournant librement et facilement sur son axe, à la manière de la roulette. Sur la surface et à la circonférence sont tracés, comme sur un cadran, les lettres, les chiffres et les mots *oui* et *non*. Au centre est une aiguille fixe. Le médium posant ses doigts sur le bord de la tablette, celle-ci tourne et s'arrête quand la lettre voulue est sous l'aiguille. On prend note des lettres indiquées, et l'on forme ainsi assez rapidement les mots et les phrases.

Il est à remarquer que la tablette ne glisse pas sous les doigts, mais que les doigts y restant appliqués suivent le mouvement de la tablette. Peut-être un médium puissant pourrait-il obtenir un mouvement indépendant, nous le croyons possible, mais nous n'en avons jamais été témoin. Si l'expérience pouvait se faire de cette manière, elle serait infiniment plus concluante, parce qu'elle écarterait toute possibilité de supercherie.

145. Il nous reste à détruire une erreur assez répandue, et qui consiste à confondre tous les Esprits qui se communiquent par des coups avec les Esprits frappeurs. La typtologie est un moyen de communication comme un autre, et qui n'est pas plus indigne des Esprits élevés que l'écriture ou la parole. Tous les Esprits, bons ou mauvais, peuvent donc s'en servir tout aussi bien que des autres modes. Ce qui caractérise les Esprits supérieurs, c'est l'élévation de la pensée, et non l'instrument dont ils se servent pour la transmettre ; sans doute ils préfèrent les moyens les plus commodes et surtout les plus rapides ; mais, à défaut de crayons et de papier, ils se serviront sans scrupule de la vulgaire table parlante, et la preuve en est, c'est qu'on obtient par ce moyen les choses les plus sublimes. Si nous ne nous en servons pas, ce n'est donc pas que nous le méprisions, mais uniquement parce que, comme phénomène, il nous a appris tout ce que nous pouvions savoir, qu'il ne peut rien ajouter à nos convictions, et que l'étendue des communications que nous recevons exige une rapidité incompatible avec la typtologie.

Tous les Esprits qui frappent ne sont donc pas des Esprits frappeurs ; ce nom doit être réservé pour ceux qu'on peut appeler frappeurs de profession, et qui, à l'aide de ce moyen, se plaisent à faire des tours pour amuser une société, ou à vexer par leur importunité. De leur part, on peut attendre quelquefois des choses spirituelles, mais jamais des choses profondes ; aussi serait-ce perdre son temps que leur adresser des questions d'une certaine portée scientifique ou philosophique ; leur ignorance et leur infériorité leur ont valu à juste titre, de la part des autres Esprits, la qualification d'Esprits bateleurs ou de saltimbanques du monde spirite. Ajoutons que, s'ils agissent souvent pour leur propre compte, ils sont souvent aussi des instruments dont se servent les Esprits supérieurs quand ceux-ci veulent produire des effets matériels.

CHAPITRE XII

PNEUMATOGRAPHIE OU ÉCRITURE DIRECTE – PNEUMATOPHONIE

Écriture directe

146. La *pneumatographie* est l'écriture produite directement par l'Esprit, sans aucun intermédiaire ; elle diffère de la *psychographie* en ce que celle-ci est la transmission de la pensée de l'Esprit au moyen de l'écriture par la main d'un médium.

Le phénomène de l'écriture directe est sans contredit l'un des plus extraordinaires du spiritisme ; mais, quelque anormal qu'il paraisse au premier abord, c'est aujourd'hui un fait avéré et incontestable. Si la théorie est nécessaire pour se rendre compte de la possibilité des phénomènes spirites en général, elle l'est plus encore peut-être dans ce cas, sans contredit, l'un des plus étranges qui se soient encore présentés, mais qui cesse de paraître surnaturel dès que l'on en comprend le principe.

À la première révélation de ce phénomène, le sentiment dominant a été celui du doute ; l'idée d'une supercherie est aussitôt venue à la pensée ; en effet, tout le monde connaît l'action des encres dites sympathiques, dont les traces, d'abord complètement invisibles, apparaissent au bout de quelque temps. Il se pouvait donc qu'on eût abusé de la crédulité, et nous n'affirmerions pas qu'on ne l'ait jamais fait ; nous sommes même convaincu que certaines personnes, soit dans un but mercenaire, soit uniquement par amour-propre et pour faire croire à leur puissance, ont employé des subterfuges. (Voir le chapitre des *Fraudes*.)

Mais de ce qu'on peut imiter une chose, il serait absurde de conclure que la chose n'existe pas. N'a-t-on pas, dans ces derniers temps, trouvé le moyen d'imiter la lucidité somnambulique au point de faire illusion ? Et de ce que ce procédé d'escamoteur a couru toutes les foires, faut-il conclure qu'il n'y a pas de vrais somnambules ? Parce que certains marchands vendent du vin frelaté, est-ce une raison pour qu'il n'y ait pas de vin pur ? Il en est de même de l'écriture directe ; les précautions pour s'assurer de la réalité du fait étaient d'ailleurs bien simples et bien faciles, et, grâce à ces précautions, il ne peut aujourd'hui faire l'objet d'aucun doute.

147. Puisque la possibilité d'écrire sans intermédiaire est un des attributs de l'Esprit, que les Esprits ont existé de tout temps, et de tout temps aussi ont produit les divers phénomènes que nous connaissons, ils ont dû également produire l'écriture directe dans l'antiquité aussi bien que de nos jours ; et c'est ainsi que l'on peut expliquer l'apparition des trois mots dans la salle du festin de Balthazar. Le Moyen Âge, si fécond en prodiges occultes, mais qui ont été étouffés sous les bûchers, a dû connaître aussi l'écriture directe, et peut-être trouverait-on dans la théorie des modifica-

tions que les Esprits peuvent opérer sur la matière, et que nous avons développée dans le chapitre VIII, le principe de la croyance à la transmutation des métaux.

Quoi qu'il en soit des résultats obtenus à diverses époques, ce n'est que depuis la vulgarisation des manifestations spirites qu'il est sérieusement question de l'écriture directe. Le premier qui paraît l'avoir fait connaître à Paris dans ces dernières années, c'est M. le baron de Guldenstubbe, qui a publié sur ce sujet un ouvrage très intéressant, contenant un grand nombre de *fac-similé* des écritures qu'il a obtenues[23]. Le phénomène était déjà connu en Amérique depuis quelque temps. La position sociale de M. de Guldenstubbe, son indépendance, la considération dont il jouit dans le monde le plus élevé, écartent incontestablement toute suspicion de fraude volontaire, car il ne peut être mû par aucun motif d'intérêt. On pourrait tout au plus croire qu'il était lui-même le jouet d'une illusion ; mais à cela, un fait répond péremptoirement, c'est l'obtention du même phénomène par d'autres personnes, en s'entourant de toutes les précautions nécessaires pour éviter toute supercherie et toute cause d'erreur.

148. L'écriture directe s'obtient, comme en général la plupart des manifestations spirites *non spontanées*, par le recueillement, la prière et l'évocation. On en a souvent obtenu dans les églises, sur les tombeaux, au pied des statues ou des images des personnages que l'on appelle ; mais il est évident que la localité n'a d'autre influence que de provoquer un plus grand recueillement et une plus grande concentration de la pensée ; car il est prouvé qu'on l'obtient également sans ces accessoires et dans les endroits les plus vulgaires, sur un simple meuble domestique, si l'on se trouve dans les conditions morales voulues, et si l'on jouit de la faculté médianimique nécessaire.

Dans le principe, on prétendait qu'il fallait déposer un crayon avec le papier ; le fait alors pouvait jusqu'à un certain point s'expliquer. On sait que les Esprits opèrent le mouvement et le déplacement des objets ; qu'ils les saisissent et les lancent quelquefois à travers l'espace ; ils pouvaient donc tout aussi bien saisir le crayon et s'en servir pour tracer des caractères ; puisqu'ils lui donnent l'impulsion par l'intermédiaire de la main du médium, d'une planchette, etc., ils pouvaient également le faire d'une manière directe. Mais on ne tarda pas à reconnaître que la présence du crayon n'était pas nécessaire, et qu'il suffisait d'un simple morceau de papier plié ou non, sur lequel on trouve, après quelques minutes, des caractères tracés. Ici, le phénomène change complètement de face et nous jette dans un ordre de choses entièrement nouveau ; ces caractères ont été tracés avec une substance quelconque ; du moment qu'on n'a pas fourni cette substance à l'Esprit, il l'a donc faite, composée lui-même ; où l'a-t-il puisée ? Là était le problème.

Si l'on veut bien se reporter aux explications données dans le chapitre VIII, n° 127 et 128, on y trouvera la théorie complète de ce phénomène. Dans cette écriture, l'Esprit ne se sert ni de nos substances ni de nos ins-

---

[23] *La réalité des Esprits et de leurs manifestations,* démontrée par le phénomène de l'écriture directe. Par M. le baron de Guldenstubbe. 1 vol. in-8°, avec 15 planches et 93 *fac-similé.*

truments ; il fait lui-même la matière et les instruments dont il a besoin, en puisant ses matériaux dans l'élément primitif universel auquel il fait subir, par sa volonté, les modifications nécessaires à l'effet qu'il veut produire. Il peut donc tout aussi bien fabriquer du crayon rouge, de l'encre d'impression ou de l'encre ordinaire que du crayon noir, voire même des caractères typographiques assez résistants pour donner un relief à l'empreinte, ainsi que nous en avons vu des exemples. La fille d'un monsieur que nous connaissons, enfant de 12 à 13 ans, a obtenu des pages entières écrites avec une substance analogue au pastel.

149. Tel est le résultat auquel nous a conduit le phénomène de la tabatière rapporté dans le chapitre VII, n° 116, et sur lequel nous nous sommes longuement étendu, parce que nous y avons vu l'occasion de sonder une des lois les plus graves du spiritisme, loi dont la connaissance peut éclairer plus d'un mystère même du monde visible. C'est ainsi que d'un fait, vulgaire en apparence, peut jaillir la lumière ; le tout est d'observer avec soin, et c'est ce que chacun peut faire comme nous, quand on ne se bornera pas à voir des effets sans en chercher les causes. Si notre foi s'affermit de jour en jour, c'est parce que nous comprenons ; faites donc comprendre, si vous voulez faire des prosélytes sérieux. L'intelligence des causes a un autre résultat, c'est de tracer une ligne de démarcation entre la vérité et la superstition.

Si nous envisageons l'écriture directe au point de vue des avantages qu'elle peut offrir, nous dirons que, jusqu'à présent, sa principale utilité a été la constatation matérielle d'un fait grave : l'intervention d'une puissance occulte qui trouve par là un nouveau moyen de se manifester. Mais les communications que l'on obtient ainsi sont rarement de quelque étendue ; elles sont généralement spontanées et bornées à des mots, des sentences, souvent des signes inintelligibles ; on en a obtenu dans toutes les langues, en grec, en latin, en syriaque, en caractères hiéroglyphiques, etc., mais elles ne se sont point encore prêtées à ces entretiens suivis et rapides que permet la psychographie ou écriture par médiums.

Pneumatophonie

150. Les Esprits, pouvant produire des bruits et des coups frappés, peuvent tout aussi bien faire entendre des cris de toute nature, et des sons vocaux imitant la voix humaine, à nos côtés ou dans le vague de l'air ; c'est ce phénomène que nous désignons sous le nom de *pneumatophonie*. D'après ce que nous connaissons de la nature des Esprits, on peut penser que certains d'entre eux, quand ils sont d'un ordre inférieur, se font illusion et croient parler comme de leur vivant. (Voir *Revue spirite*, février 1858 : *Histoire du revenant de mademoiselle Clairon*.)

Il faudrait toutefois se garder de prendre pour des voix occultes tous les sons qui n'ont pas de cause connue, ou de simples tintements d'oreilles, et surtout de croire qu'il y a la moindre vérité dans la croyance vulgaire que l'oreille qui tinte nous avertit qu'on parle de nous quelque part. Ces tintements, dont la cause est purement physiologique, n'ont d'ailleurs aucun sens, tandis que les sons pneumatophoniques expriment des pensées, et c'est à cela seul qu'on peut reconnaître qu'ils sont dus à une cause intelligente et non accidentelle. On peut poser en principe que les effets *notoirement intelligents* sont les seuls qui puissent attester l'intervention des Esprits ; quant aux autres, il y a au moins cent chances contre une qu'ils sont dus à des causes fortuites.

151. Il arrive assez fréquemment que dans le demi-sommeil, on entende distinctement prononcer des mots, des noms, quelquefois même des phrases entières, et cela assez fortement pour nous réveiller en sursaut. Quoiqu'il puisse arriver qu'en certains cas ce soit bien réellement une manifestation, ce phénomène n'a rien d'assez positif pour qu'on ne puisse aussi l'attribuer à une cause analogue à celle que nous avons développée dans la théorie de l'hallucination, chapitre VI, n° 111 et suivants. Ce que l'on entend de cette manière n'a du reste aucune suite ; il n'en est pas de même quand on est tout à fait éveillé, car alors, si c'est un Esprit qui se fait entendre, on peut presque toujours faire avec lui échange de pensées et lier une conversation régulière.

Les sons spirites ou pneumatophoniques ont deux manières bien distinctes de se produire : c'est quelquefois une voix intime qui retentit dans le for intérieur ; mais, bien que les paroles soient claires et distinctes, elles n'ont cependant rien de matériel ; d'autres fois, elles sont extérieures et aussi distinctement articulées que si elles provenaient d'une personne que l'on aurait à côté de soi.

De quelque manière qu'il se produise, le phénomène de la pneumatophonie est presque toujours spontané et ne peut que bien rarement être provoqué.

CHAPITRE XIII
PSYCHOGRAPHIE

Psychographie indirecte : corbeilles et planchettes

152. La science spirite a progressé comme toutes les autres, et plus rapidement que les autres ; car quelques années à peine nous séparent de ces moyens primitifs et incomplets qu'on appelait trivialement les tables parlantes et l'on en est déjà à pouvoir communiquer avec les Esprits aussi facilement et aussi rapidement que les hommes le font entre eux, et cela par les mêmes moyens : l'écriture et la parole. L'écriture a surtout l'avantage d'accuser plus matériellement l'intervention d'une puissance occulte et de laisser des traces que l'on peut conserver, comme nous le faisons pour notre propre correspondance. Le premier moyen employé a été celui des planchettes et des corbeilles munies d'un crayon. Voici quelle en est la disposition.

153. Nous avons dit qu'une personne douée d'une aptitude spéciale peut imprimer un mouvement de rotation à une table ou à un objet quelconque ; prenons, au lieu d'une table, une petite corbeille de quinze à vingt centimètres de diamètre (qu'elle soit en bois ou en osier, peu importe, la substance est indifférente). Si maintenant à travers le fond de cette corbeille on fait passer un crayon solidement assujetti, la pointe en dehors et en bas, et qu'on maintienne le tout en équilibre sur la pointe du crayon, placé lui-même sur une feuille de papier, en posant les doigts sur les bords de la corbeille, celle-ci prendra son mouvement ; mais au lieu de tourner, elle promènera le crayon en sens divers sur le papier, de manière à former soit des traits insignifiants, soit des caractères d'écriture. Si un Esprit est évoqué, et qu'il veut se communiquer, il répondra, non plus par des coups frappés, comme dans la typtologie, mais par des mots écrits. Le mouvement de la corbeille n'est plus automatique comme dans les tables tournantes, il devient intelligent. Dans cette disposition, le crayon, arrivé à l'extrémité de la ligne, ne revient pas sur lui-même pour en commencer une autre ; il continue circulairement, de telle sorte que la ligne d'écriture forme une spirale et qu'il faut retourner plusieurs fois le papier pour lire ce qui est écrit. L'écriture ainsi obtenue n'est pas toujours très lisible, les mots n'étant point séparés ; mais le médium, par une sorte d'intuition, la déchiffre aisément. Par système d'économie, on peut substituer l'ardoise et le crayon d'ardoise au papier et au crayon ordinaire. Nous désignerons cette corbeille sous le nom de *corbeille-toupie*. À la corbeille, on substitue quelquefois un carton assez semblable aux boîtes de dragées ; le crayon en forme l'axe comme dans le jouet appelé *toton*.

154. Plusieurs autres dispositions ont été imaginées pour atteindre le même but. La plus commode est celle que nous appellerons *corbeille à bec*, et qui consiste à adapter sur la corbeille une tige de bois inclinée, faisant saillie de dix à quinze centimètres d'un côté, dans la position du mât de beaupré

d'un navire. Par un trou pratiqué à l'extrémité de cette tige, ou du bec, on fait passer un crayon assez long pour que la pointe repose sur le papier. Le médium ayant les doigts sur les bords de la corbeille, tout l'appareil s'agite et le crayon écrit comme dans le cas ci-dessus, avec cette différence que l'écriture est, en général, plus lisible, les mots séparés, et que les lignes ne sont plus en spirale, mais se suivent comme dans l'écriture ordinaire, le médium pouvant aisément ramener le crayon d'une ligne à l'autre. On obtient ainsi des dissertations de plusieurs pages aussi rapidement que si l'on écrivait avec la main.

155. L'intelligence qui agit se manifeste souvent par d'autres signes équivoques. Arrivé à la fin de la page, le crayon fait spontanément un mouvement pour la retourner ; veut-il se reporter à un passage précédent, dans la même page ou dans une autre, il la cherche avec la pointe du crayon, comme on le ferait avec le doigt, puis le souligne. L'Esprit veut-il enfin s'adresser à l'un des assistants, le bout de la tige de bois se dirige vers lui. Pour abréger, il exprime souvent les mots *oui* et *non* par les signes d'affirmation et de négation que nous faisons avec la tête ; s'il veut exprimer la colère et l'impatience, il frappe à coups redoublés avec la pointe du crayon, et souvent il le casse.

156. Au lieu de corbeille, quelques personnes se servent d'une sorte de petite table faite exprès, de douze à quinze centimètres de long sur cinq à six de hauteur, à trois pieds, dont l'un porte le crayon ; les deux autres sont arrondis ou garnis d'une petite boule d'ivoire, pour glisser facilement sur le papier. D'autres se servent simplement d'une *planchette* de quinze à vingt centimètres carrés, triangulaire, oblongue ou ovale ; sur l'un des bords est un trou *oblique* pour mettre le crayon ; placée pour écrire, elle se trouve inclinée, et s'appuie par un de ses côtés sur le papier ; le côté qui pose sur le papier est quelquefois garni de deux petites roulettes pour faciliter le mouvement. On conçoit, du reste, que toutes ces dispositions n'ont rien d'absolu ; la plus commode est la meilleure.

Avec tous ces appareils, il faut presque toujours être deux ; mais il n'est pas nécessaire que la seconde personne soit douée de la faculté médianimique : elle sert uniquement à maintenir l'équilibre et à diminuer la fatigue du médium.

Psychographie directe ou manuelle

157. Nous appelons *psychographie indirecte* l'écriture ainsi obtenue, par opposition à la *psychographie directe* ou *manuelle* obtenue par le médium même. Pour comprendre ce dernier procédé, il faut se rendre compte de ce qui se passe dans cette opération. L'Esprit étranger qui se communique agit sur le médium ; celui-ci, sous cette influence, dirige *machinalement* son bras et sa main pour écrire, sans avoir (c'est du moins le cas le plus ordinaire) la moindre conscience de ce qu'il écrit ; la main agit sur la corbeille, et la corbeille sur le crayon. Ainsi *ce n'est point la corbeille qui devient intelligente*, c'est un instrument dirigé par une intelligence ; ce n'est en réalité qu'un

porte-crayon, un appendice de la main, un intermédiaire entre la main et le crayon ; supprimez cet intermédiaire, et placez le crayon dans la main, vous aurez le même résultat, avec un mécanisme beaucoup plus simple, puisque le médium écrit comme il le fait dans les conditions normales ; ainsi toute personne qui écrit à l'aide d'une corbeille, planchette ou autre objet, peut écrire directement. De tous les moyens de communication, l'*écriture à la main*, désignée par quelques-uns sous le nom d'*écriture involontaire*, est, sans contredit, le plus simple, le plus facile et le plus commode, parce qu'il n'exige aucune préparation, et qu'il se prête, comme l'écriture courante, aux développements les plus étendus. Nous y reviendrons en parlant des médiums.

158. Au début des manifestations, alors qu'on avait à ce sujet des idées moins précises, plusieurs écrits ont été publiés avec cette désignation : *Communications d'une corbeille, d'une planchette, d'une table*, etc. On comprend aujourd'hui tout ce que ces expressions ont d'insuffisant ou d'erroné, abstraction faite de leur caractère peu sérieux. En effet, comme nous venons de le voir, les tables, planchettes et corbeilles ne sont que des instruments *inintelligents*, quoiqu'animés momentanément d'une vie factice, et qui ne peuvent rien communiquer par eux-mêmes ; c'est ici prendre l'effet pour la cause, l'instrument pour le principe ; autant vaudrait qu'un auteur mît sur le titre de son ouvrage qu'il l'a écrit avec une plume métallique ou une plume d'oie. Ces instruments, d'ailleurs, ne sont point absolus ; nous connaissons quelqu'un qui, au lieu de la *corbeille-toupie* que nous avons décrite, se servait d'un entonnoir au goulot duquel il passait le crayon. On aurait donc pu avoir les communications d'un entonnoir, et tout aussi bien celles d'une casserole ou d'un saladier. Si elles ont lieu au moyen de coups, et que ces coups soient frappés par une chaise ou un bâton, ce n'est plus une table parlante, mais une chaise ou un bâton parlant. Ce qu'il importe de connaître, ce n'est pas la nature de l'instrument, mais le mode d'obtention. Si la communication a lieu par l'écriture, que le porte-crayon soit tout ce que l'on voudra, c'est pour nous de la *psychographie* ; si c'est par les coups, c'est de la *typtologie*. Le spiritisme prenant les proportions d'une science, il lui faut un langage scientifique.

CHAPITRE XIV
DES MÉDIUMS

159. Toute personne qui ressent à un degré quelconque l'influence des Esprits est, par cela même, médium. Cette faculté est inhérente à l'homme, et par conséquent n'est point un privilège exclusif; aussi en est-il peu chez lesquels on n'en trouve quelques rudiments. On peut donc dire que tout le monde, à peu de chose près, est médium. Toutefois, dans l'usage, cette qualification ne s'applique qu'à ceux chez lesquels la faculté médianimique est nettement caractérisée, et se traduit par des effets patents d'une certaine intensité, ce qui dépend alors d'une organisation plus ou moins sensitive. Il est, en outre, à remarquer que cette faculté ne se révèle pas chez tous de la même manière; les médiums ont généralement une aptitude spéciale pour tel ou tel ordre de phénomènes, ce qui en fait autant de variétés qu'il y a de sortes de manifestations. Les principales sont : *les médiums à effets physiques ; les médiums sensitifs* ou *impressibles ; auditifs ; parlants ; voyants ; somnambules ; guérisseurs ; pneumatographes ; écrivains* ou *psychographes.*

Médiums à effets physiques

160. *Les médiums à effets physiques* sont plus spécialement aptes à produire des phénomènes matériels, tels que les mouvements des corps inertes, les bruits, etc. On peut les diviser en *médiums facultatifs* et *médiums involontaires.* (Voir 2° partie, chapitres II et IV.)

Les médiums facultatifs sont ceux qui ont la conscience de leur pouvoir et qui produisent des phénomènes spirites par l'acte de leur volonté. Cette faculté, bien qu'inhérente à l'espèce humaine, comme nous l'avons déjà dit, est loin d'exister chez tous au même degré ; mais s'il est peu de personnes chez lesquelles elle soit absolument nulle, celles qui sont aptes à produire les grands effets, tels que la suspension des corps graves dans l'espace, la translation aérienne et surtout les apparitions, sont plus rares encore. Les effets les plus simples sont ceux de la rotation d'un objet, des coups frappés par le soulèvement de cet objet ou dans sa substance même. Sans attacher une importance capitale à ces phénomènes, nous engageons à ne pas les négliger ; ils peuvent donner lieu à des observations intéressantes et aider à la conviction. Mais il est à remarquer que la faculté de produire des effets matériels existe rarement chez ceux qui ont des moyens plus parfaits de communication, comme l'écriture ou la parole. Généralement, la faculté diminue dans un sens à mesure qu'elle se développe dans un autre.

161. *Les médiums involontaires* ou *naturels* sont ceux dont l'influence s'exerce à leur insu. Ils n'ont aucune conscience de leur pouvoir, et souvent ce qui se passe d'anormal autour d'eux ne leur semble nullement extraordinaire ; cela fait partie d'eux-mêmes, absolument comme les personnes douées de la seconde vue et qui ne s'en doutent pas. Ces sujets sont très

dignes d'observation, et l'on ne doit pas négliger de recueillir et d'étudier les faits de ce genre qui peuvent venir à notre connaissance ; ils se manifestent à tout âge, et souvent chez de très jeunes enfants. (Voir ci-dessus, chapitre V, *Manifestations spontanées*.)

Cette faculté n'est point, par elle-même, l'indice d'un état pathologique, car elle n'est pas incompatible avec une santé parfaite. Si celui qui la possède est souffrant, cela tient à une cause étrangère ; aussi les moyens thérapeutiques sont-ils impuissants pour la faire cesser. Elle peut, dans certains cas, être consécutive d'une certaine faiblesse organique, mais elle n'est jamais cause efficiente. On ne saurait donc raisonnablement en concevoir aucune inquiétude au point de vue hygiénique ; elle ne pourrait avoir d'inconvénient que si le sujet, devenu médium facultatif, en faisait un usage abusif, parce qu'alors il y aurait chez lui émission trop abondante de fluide vital, et, par suite, affaiblissement des organes.

162. La raison se révolte à l'idée des tortures morales et corporelles auxquelles la science a quelquefois soumis des êtres faibles et délicats en vue de s'assurer s'il n'y avait pas supercherie de leur part ; ces *expérimentations*, le plus souvent faites avec malveillance, sont toujours nuisibles aux organisations sensitives ; il pourrait en résulter de graves désordres dans l'économie ; faire de telles épreuves, c'est jouer avec la vie. L'observateur de bonne foi n'a pas besoin de l'emploi de ces moyens ; celui qui est familiarisé avec ces sortes de phénomènes sait, d'ailleurs, qu'ils appartiennent plus à l'ordre moral qu'à l'ordre physique, et qu'on en chercherait vainement la solution dans nos sciences exactes.

Par cela même que ces phénomènes tiennent à l'ordre moral, on doit éviter avec un soin non moins scrupuleux tout ce qui peut surexciter l'imagination. On sait les accidents que peut occasionner la peur, et l'on serait moins imprudent si l'on connaissait tous les cas de folie et d'épilepsie qui ont leur source dans les contes de loups-garous et de Croque-mitaine ; que sera-ce donc si l'on persuade que c'est le *diable* ? Ceux qui accréditent de telles idées ne savent pas la responsabilité qu'ils assument : *ils peuvent tuer*. Or, le danger n'est pas pour le sujet seul, il est aussi pour ceux qui l'entourent et qui peuvent être effrayés par la pensée que leur maison est un repaire de démons. C'est cette croyance funeste qui a causé tant d'actes d'atrocité dans les temps d'ignorance. Avec un peu plus de discernement cependant, on aurait dû songer qu'en brûlant le corps censément possédé par le diable, on ne brûlait pas le diable. Puisqu'on voulait se défaire du diable, c'est lui qu'il fallait tuer ; la doctrine spirite, en nous éclairant sur la véritable cause de tous ces phénomènes, lui donne le coup de grâce. *Loin donc de faire naître cette pensée, on doit, et c'est un devoir de moralité et d'humanité, la combattre si elle existe.*

Ce qu'il faut faire quand une faculté semblable se développe spontanément chez un individu, c'est de laisser le phénomène suivre son cours naturel : la nature est plus prudente que les hommes ; la Providence, d'ailleurs, a ses vues, et le plus petit peut être l'instrument des plus grands desseins. Mais, il faut en convenir, ce phénomène acquiert quelquefois des proportions fatigantes et importunes pour tout le monde[24] ; or, voici dans tous les cas ce qu'il faut faire. Dans le chapitre V, *des Manifestations physiques spontanées*, nous avons déjà donné quelques conseils à ce sujet, en disant qu'il faut chercher à se mettre en rapport avec l'Esprit pour savoir de lui ce qu'il veut. Le moyen suivant est également fondé sur l'observation.

Les Êtres invisibles qui révèlent leur présence par des effets sensibles sont, en général, des Esprits d'un ordre inférieur, et que l'on peut dominer par l'ascendant moral ; c'est cet ascendant qu'il faut chercher à acquérir.

Pour obtenir cet ascendant, il faut faire passer le sujet de l'état de *médium naturel* à celui de *médium facultatif*. Il se produit alors un effet analogue à ce qui a lieu dans le somnambulisme. On sait que le somnambulisme naturel cesse généralement quand il est remplacé par le somnambulisme magnétique. On n'arrête point la faculté émancipatrice de l'âme, on lui donne un autre cours. Il en est de même de la faculté médianimique. À cet effet, au lieu d'entraver les phénomènes, ce à quoi l'on réussit rarement et ce qui n'est pas toujours sans danger, il faut exciter le médium à les produire à sa volonté en s'imposant à l'Esprit ; par ce moyen, il parvient à le maîtriser, et d'un dominateur quelquefois tyrannique, il en fait un être subordonné et souvent très docile. Un fait digne de remarque, et justifié par l'expérience, c'est qu'en pareil cas un enfant a autant et souvent plus d'autorité qu'un adulte : preuve nouvelle à l'appui de ce point capital de la doctrine, que l'Esprit n'est enfant que par le corps, et qu'il a par lui-même un développement nécessairement antérieur à son incarnation actuelle, développement qui peut lui donner de l'ascendant sur des Esprits qui lui sont inférieurs.

La moralisation de l'Esprit par les conseils d'une tierce personne influente et expérimentée, si le médium n'est pas en état de le faire, est souvent un moyen très efficace ; nous y reviendrons plus tard.

Personnes électriques

163. C'est à cette catégorie de médiums que sembleraient appartenir les personnes douées d'une certaine dose d'électricité naturelle, véritables *torpilles humaines*, produisant par le simple contact tous les effets d'attraction et de répulsion. On aurait tort cependant de les regarder comme des *médiums*, car la véritable médiumnité suppose l'intervention directe d'un

---

[24] Un des faits les plus extraordinaires de cette nature, par la variété et l'étrangeté des phénomènes, est sans contredit celui qui eut lieu, en 1852, dans le Palatinat (Bavière rhénane), à Bergzabern près de Wissembourg. Il est d'autant plus remarquable qu'il réunit à peu près, et chez le même sujet, tous les genres de manifestations spontanées : tapage à ébranler la maison, bouleversement des meubles, objets lancés au loin par une main invisible, visions et apparitions, somnambulisme, extase, catalepsie, attraction électrique, cris et sons aériens, instruments jouant sans contact, communications intelligentes, etc., et, ce qui n'est pas d'une médiocre importance, la constatation de ces faits, pendant près de deux ans, par d'innombrables témoins oculaires dignes de foi par leur savoir et leur position sociale. Le récit authentique en a été publié, à cette époque, dans plusieurs journaux allemands, et notamment dans une brochure aujourd'hui épuisée et très rare. On trouvera la traduction complète de cette brochure dans la *Revue Spirite* de 1858, avec les commentaires et explications nécessaires. C'est, à notre connaissance, la seule publication française qui en ait été faite. Outre l'intérêt saisissant qui se rattache à ces phénomènes, ils sont éminemment instructifs au point de vue de l'étude pratique du spiritisme.

Esprit ; or, dans le cas dont nous parlons, des expériences concluantes ont prouvé que l'électricité est l'unique agent de ces phénomènes. Cette faculté bizarre, qu'on pourrait presque appeler une infirmité, peut quelquefois s'allier à la médiumnité, comme on peut le voir dans l'histoire de l'*Esprit frappeur de Bergzabern* ; mais souvent, elle est complètement indépendante. Ainsi que nous l'avons dit, la seule preuve de l'intervention des Esprits, c'est le caractère intelligent des manifestations ; toutes les fois que ce caractère n'existe pas, on est fondé à les attribuer à une cause purement physique. La question est de savoir si les *personnes électriques* auraient une aptitude plus grande à devenir *médiums à effets physiques* ; nous le pensons, mais ce serait un résultat d'expérience.

Médiums sensitifs ou impressibles

164. On désigne ainsi les personnes susceptibles de ressentir la présence des Esprits par une vague impression, une sorte de frôlement sur tous les membres, dont elles ne peuvent se rendre compte. Cette variété n'a pas de caractère bien tranché ; tous les médiums sont nécessairement impressibles, l'impressionnabilité est ainsi plutôt une qualité générale que spéciale : c'est la faculté rudimentaire indispensable au développement de toutes les autres ; elle diffère de l'impressionnabilité purement physique et nerveuse, avec laquelle il ne faut pas la confondre ; car il y a des personnes qui n'ont pas les nerfs délicats et qui ressentent plus ou moins l'effet de la présence des Esprits, de même que d'autres très irritables ne les ressentent pas du tout.

Cette faculté se développe par l'habitude, et peut acquérir une telle subtilité, que celui qui en est doué reconnaît à l'impression qu'il ressent, non seulement la nature bonne ou mauvaise de l'Esprit qui est à ses côtés, mais même son individualité, comme l'aveugle reconnaît à un certain je ne sais quoi l'approche de telle ou telle personne ; il devient, par rapport aux Esprits, un véritable sensitif. Un bon Esprit fait toujours une impression douce et agréable ; celle d'un mauvais Esprit, au contraire, est pénible, anxieuse et désagréable ; il y a comme un flair d'impureté.

Médiums auditifs

165. Ils entendent la voix des Esprits ; c'est, comme nous l'avons dit en parlant de la pneumatophonie, quelquefois une voix intime qui se fait entendre dans le for intérieur ; d'autres fois, c'est une voix extérieure, claire et distincte comme celle d'une personne vivante. Les médiums auditifs peuvent ainsi entrer en conversation avec les Esprits. Lorsqu'ils ont l'habitude de communiquer avec certains Esprits, ils les reconnaissent immédiatement au caractère de la voix. Quand on n'est pas soi-même doué de cette faculté, on peut également communiquer avec un Esprit, par l'intermédiaire d'un médium auditif qui remplit l'office de truchement.

Cette faculté est très agréable quand le médium n'entend que de bons Esprits, ou seulement ceux qu'il appelle ; mais il n'en est pas de même quand un mauvais Esprit s'acharne après lui et lui fait entendre à chaque minute les choses les plus désagréables, et quelquefois les plus inconvenantes. Il faut alors chercher à s'en débarrasser par les moyens que nous indiquerons au chapitre de l'*Obsession*.

Médiums parlants

166. Les médiums auditifs qui ne font que transmettre ce qu'ils entendent ne sont pas, à proprement parler, des *médiums parlants* ; ces derniers, très souvent, n'entendent rien ; chez eux, l'Esprit agit sur les organes de la parole comme il agit sur la main des médiums écrivains. L'Esprit voulant se communiquer se sert de l'organe qu'il trouve le plus flexible chez le médium ; à l'un il emprunte la main, à un autre la parole, à un troisième l'ouïe. Le médium parlant s'exprime généralement sans avoir la conscience de ce qu'il dit, et souvent il dit des choses complètement en dehors de ses idées habituelles, de ses connaissances et même de la portée de son intelligence. Quoiqu'il soit parfaitement éveillé et dans un état normal, il conserve rarement le souvenir de ce qu'il dit ; en un mot, la parole est chez lui un instrument dont se sert l'Esprit, et avec lequel une personne étrangère peut entrer en communication, comme il peut le faire par l'entremise du médium auditif.

La passivité du médium parlant n'est pas toujours aussi complète ; il en est qui ont l'intuition de ce qu'ils disent au moment même où ils prononcent les mots. Nous reviendrons sur cette variété quand nous traiterons des médiums intuitifs.

Médiums voyants

167. Les médiums voyants sont doués de la faculté de voir les Esprits. Il en est qui jouissent de cette faculté dans l'état normal, alors qu'ils sont parfaitement éveillés, et en conservent un souvenir exact ; d'autres ne l'ont que dans un état somnambulique ou voisin du somnambulisme. Cette faculté est rarement permanente ; elle est presque toujours l'effet d'une crise momentanée et passagère. On peut placer dans la catégorie des médiums voyants toutes les personnes douées de la seconde vue. La possibilité de voir les Esprits en rêve résulte sans contredit d'une sorte de médiumnité, mais ne constitue pas, à proprement parler, les médiums voyants. Nous avons expliqué ce phénomène dans le chapitre VI, des *Manifestations visuelles*.

Le médium voyant croit voir par les yeux, comme ceux qui ont la double vue ; mais, en réalité, c'est l'âme qui voit, et c'est la raison pour laquelle ils voient tout aussi bien les yeux fermés que les yeux ouverts ; d'où il suit qu'un aveugle peut voir les Esprits comme celui qui a la vue intacte. Il y aurait sur ce dernier point une étude intéressante à faire, ce serait de savoir si cette faculté est plus fréquente chez les aveugles. Des Esprits qui avaient été aveugles nous ont dit que, de leur vivant, ils avaient, par l'âme, la perception de certains objets, et qu'ils n'étaient pas plongés dans l'obscurité *noire*.

168. Il faut distinguer les apparitions accidentelles et spontanées de la faculté proprement dite de voir les Esprits. Les premières sont fréquentes, surtout au moment de la mort des personnes que l'on a aimées ou connues, et qui viennent avertir qu'elles ne sont plus de ce monde. Il y a de nombreux exemples de faits de ce genre, sans parler des visions pendant le sommeil. D'autres fois, ce sont également des parents ou amis qui, quoique morts depuis plus ou moins longtemps, apparaissent, soit pour avertir d'un danger, soit pour donner un conseil ou demander un service. Le service que peut réclamer un Esprit consiste généralement dans l'accomplissement d'une chose qu'il n'a pu faire de son vivant, ou dans le secours des prières. Ces apparitions sont des faits isolés qui ont toujours un caractère individuel et personnel et ne constituent pas une faculté proprement dite. La faculté consiste dans la possibilité, sinon permanente, du moins très fréquente, de voir le premier Esprit venu, même celui qui nous est le plus étranger. C'est cette faculté qui constitue, à proprement parler, les médiums voyants.

Parmi les médiums voyants, il en est qui ne voient que les Esprits que l'on évoque et dont ils peuvent faire la description avec une minutieuse exactitude ; ils décrivent dans les moindres détails leurs gestes, l'expression de leur physionomie, les traits du visage, le costume et jusqu'aux sentiments dont ils paraissent animés. Il en est d'autres chez lesquels cette faculté est encore plus générale ; ils voient toute la population spirite ambiante aller, venir, et l'on pourrait dire vaquer à ses affaires.

169. Nous assistâmes un soir à la représentation de l'opéra d'*Obéron* avec un très bon médium voyant. Il y avait dans la salle un assez grand nombre de places vacantes, mais dont beaucoup étaient occupées par des Esprits qui avaient l'air de prendre leur part du spectacle ; quelques-uns allaient auprès de certains spectateurs et semblaient écouter leur conversation. Sur le théâtre se passait une autre scène ; derrière les acteurs, plusieurs Esprits d'humeur joviale s'amusaient à les contrefaire en imitant leurs gestes d'une manière grotesque ; d'autres, plus sérieux, semblaient inspirer les chanteurs, et faire des efforts pour leur donner de l'énergie. L'un d'eux était constamment auprès d'une des principales cantatrices ; nous lui crûmes des intentions un peu légères ; l'ayant appelé après la chute du rideau, il vint à nous, et nous reprocha avec quelque sévérité notre jugement téméraire. Je ne suis pas ce que vous croyez, dit-il, je suis son guide et son Esprit protecteur ; c'est moi qui suis chargé de la diriger. Après quelques minutes d'un entretien très grave, il nous quitta en disant : Adieu ; elle est dans sa loge ; il faut que j'aille veiller sur elle. Nous évoquâmes ensuite l'Esprit de Weber, l'auteur de l'opéra, et lui demandâmes ce qu'il pensait de l'exécution de son œuvre. « Ce n'est pas trop mal, dit-il, mais c'est mou ; les acteurs chantent, voilà tout ; il n'y a pas d'inspiration. Attendez, ajouta-t-il, je vais essayer de leur donner un peu du feu sacré. » Alors on le vit sur la scène, planant au-dessus des acteurs ; un effluve semblait partir de lui et se répandre sur eux ; à ce moment, il y eut chez eux une recrudescence visible d'énergie.

170. Voici un autre fait qui prouve l'influence que les Esprits exercent sur les hommes à leur insu. Nous étions, comme ce soir-là, à une représen-

tation théâtrale avec un autre médium voyant. Ayant engagé une conversation avec un *Esprit spectateur*, celui-ci nous dit : Vous voyez bien ces deux dames seules dans cette loge des premières ; eh bien ! je me fais fort de leur faire quitter la salle. Cela dit, on le vit aller se placer dans la loge en question et parler aux deux dames ; tout à coup, celles-ci, qui étaient très attentives au spectacle, se regardent, semblent se consulter, puis s'en vont et ne reparaissent plus. L'Esprit nous fit alors un geste comique pour montrer qu'il avait tenu parole ; mais nous ne le revîmes plus pour lui demander de plus amples explications. C'est ainsi que nous avons pu maintes fois être témoin du rôle que jouent les Esprits parmi les vivants ; nous les avons observés dans divers lieux de réunion, au bal, au concert, au sermon, aux funérailles, aux noces, etc., et partout nous en avons trouvé attisant les passions mauvaises, soufflant la discorde, excitant les rixes et se réjouissant de leurs prouesses ; d'autres, au contraire, combattaient cette influence pernicieuse, mais n'étaient que rarement écoutés.

171. La faculté de voir les Esprits peut sans doute se développer, mais c'est une de celles dont il convient d'attendre le développement naturel sans le provoquer, si l'on ne veut s'exposer à être le jouet de son imagination. Quand le germe d'une faculté existe, elle se manifeste d'elle-même ; en principe, il faut se contenter de celles que Dieu nous a accordées, sans rechercher l'impossible ; car alors, en voulant trop avoir, on risque de perdre ce qu'on a.

Quand nous avons dit que les faits d'apparitions spontanées sont fréquents (n° 107), nous n'avons pas voulu dire qu'ils sont très communs ; quant aux médiums voyants proprement dits, ils sont encore plus rares, et il y a beaucoup à se défier de ceux qui prétendent jouir de cette faculté ; il est prudent de n'y ajouter foi que sur des preuves positives. Nous ne parlons même pas de ceux qui se font la ridicule illusion des Esprits globules, que nous avons décrite n° 108, mais de ceux qui prétendent voir les Esprits d'une manière rationnelle. Certaines personnes peuvent sans doute se tromper de bonne foi, mais d'autres peuvent aussi simuler cette faculté par amour-propre ou par intérêt. Dans ce cas, il faut particulièrement tenir compte du caractère, de la moralité et de la sincérité habituelle ; mais c'est surtout dans les circonstances de détail qu'on peut trouver le contrôle le plus certain, car il en est qui ne peuvent laisser de doute, comme, par exemple, l'exactitude du portrait d'Esprits que le médium n'a jamais connus vivants. Le fait suivant est dans cette catégorie.

Une dame veuve, dont le mari se communique fréquemment à elle, se trouvait un jour avec un médium voyant qui ne la connaissait pas, non plus que sa famille ; le médium lui dit : - Je vois un Esprit près de vous. - Ah ! dit la dame, c'est sans doute mon mari qui ne me quitte presque jamais. - Non, répondit le médium, c'est une femme d'un certain âge ; elle est coiffée d'une manière singulière ; elle a un bandeau blanc sur le front.

À cette particularité et à d'autres détails descriptifs, la dame reconnut sa grand-mère à ne pas s'y méprendre, et à laquelle elle ne songeait nullement dans ce moment. Si le médium avait voulu simuler la faculté, il lui était facile d'abonder dans la pensée de la dame, tandis qu'au lieu du mari dont elle était préoccupée, il voit une femme avec une particularité de coiffure dont rien ne pouvait lui donner l'idée. Ce fait prouve une autre chose, c'est que la vue, chez le médium, n'était le reflet d'aucune pensée étrangère. (Voir n° 102.)

Médiums somnambules

172. Le somnambulisme peut être considéré comme une variété de la faculté médianimique, ou pour mieux dire, ce sont deux ordres de phénomènes qui se trouvent très souvent réunis. Le somnambule agit sous l'influence de son propre Esprit ; c'est son âme qui, dans les moments d'émancipation, voit, entend et perçoit en dehors de la limite des sens ; ce qu'il exprime, il le puise en lui-même ; ses idées sont en général plus justes que dans l'état normal, ses connaissances plus étendues, parce que son âme est libre ; en un mot, il vit par anticipation de la vie des Esprits. Le médium, au contraire, est l'instrument d'une intelligence étrangère ; il est passif, et ce qu'il dit ne vient point de lui. En résumé, le somnambule exprime sa propre pensée, et le médium exprime celle d'un autre. Mais l'Esprit qui se communique à un médium ordinaire peut tout aussi bien le faire à un somnambule ; souvent, même l'état d'émancipation de l'âme, pendant le somnambulisme, rend cette communication plus facile. Beaucoup de somnambules voient parfaitement les Esprits et les décrivent avec autant de précision que les médiums voyants ; ils peuvent s'entretenir avec eux et nous transmettre leur pensée ; ce qu'ils disent en dehors du cercle de leurs connaissances personnelles leur est souvent suggéré par d'autres Esprits. Voici un exemple remarquable où la double action de l'Esprit du somnambule et de l'Esprit étranger se révèle de la manière la moins équivoque.

173. Un de nos amis avait pour somnambule un jeune garçon de 14 à 15 ans, d'une intelligence très vulgaire et d'une instruction extrêmement bornée. Néanmoins, en somnambulisme, il a donné des preuves d'une lucidité extraordinaire et d'une grande perspicacité. Il excellait surtout dans le traitement des maladies, et a fait un grand nombre de cures regardées comme impossibles. Un jour, il donnait une consultation à un malade dont il décrivit le mal avec une exactitude parfaite. - Ce n'est pas tout, lui dit-on, il s'agit maintenant d'indiquer le remède. - Je ne puis pas, répond-il, *mon ange docteur n'est pas là*. - Qu'entendez-vous par votre ange docteur ? - Celui qui me dicte les remèdes. - Ce n'est donc pas vous qui voyez les remèdes ? - Eh ! non ; puisque je vous dis que c'est mon ange docteur qui me les dicte.

Ainsi, chez ce somnambule, l'action de *voir* le mal était le fait de son propre Esprit qui, pour cela, n'avait besoin d'aucune assistance ; mais l'indication des remèdes lui était donnée par un autre ; cet autre n'étant pas là, il ne pouvait rien dire. Seul, il n'était que *somnambule* ; assisté de ce qu'il appelait son ange docteur, il était *somnambule-médium*.

174. La lucidité somnambulique est une faculté qui tient à l'organisme et qui est tout à fait indépendante de l'élévation, de l'avancement et même de l'état moral du sujet. Un somnambule peut donc être très lucide et être incapable de résoudre certaines questions si son Esprit est peu avancé. Celui

qui parle par lui-même peut donc dire des choses bonnes ou mauvaises, justes ou fausses, mettre plus ou moins de délicatesse et de scrupule dans ses procédés, selon le degré d'élévation ou d'infériorité de son propre Esprit ; c'est alors que l'assistance d'un Esprit étranger peut suppléer à son insuffisance ; mais un somnambule peut être assisté par un Esprit menteur, léger, ou même mauvais, tout aussi bien que les médiums ; c'est ici surtout que les qualités morales ont une grande influence pour attirer les bons Esprits. (Voir *Livre des Esprits, Somnambulisme*, n° 425 ; et ci-après le chapitre sur *l'influence morale du médium*.)

Médiums guérisseurs

175. Nous ne parlerons ici que pour mémoire de cette variété de médiums, parce que ce sujet exigerait des développements trop étendus pour notre cadre ; nous savons d'ailleurs qu'un médecin de nos amis se propose de le traiter dans un ouvrage spécial sur la médecine intuitive. Nous dirons seulement que ce genre de médiumnité consiste principalement dans le don que certaines personnes possèdent de guérir par le simple attouchement, par le regard, par un geste même, sans le secours d'aucune médication. On dira sans doute que ce n'est pas autre chose que du magnétisme. Il est évident que le fluide magnétique joue ici un grand rôle ; mais quand on examine ce phénomène avec soin, on reconnaît sans peine qu'il y a quelque chose de plus. La magnétisation ordinaire est un véritable traitement suivi, régulier et méthodique ; là, les choses se passent tout différemment. Tous les magnétiseurs sont à peu près aptes à guérir s'ils savent s'y prendre convenablement, tandis que chez les médiums guérisseurs, la faculté est spontanée, et quelques-uns même la possèdent sans avoir jamais entendu parler de magnétisme. L'intervention d'une puissance occulte, qui constitue la médiumnité, devient évidente en certaines circonstances, elle l'est surtout quand on considère que la plupart des personnes que l'on peut avec raison qualifier de médiums guérisseurs ont recours à la prière, qui est une véritable évocation. (Voir ci-dessus, n° 131.)

176. Voici les réponses qui nous ont été faites aux questions suivantes adressées aux Esprits sur ce sujet.

1. Peut-on considérer les personnes douées de la puissance magnétique comme formant une variété de médiums ?

« Vous n'en pouvez douter. »

2. Cependant, le médium est un intermédiaire entre les Esprits et l'homme ; or, le magnétiseur, puisant sa force en lui-même, ne semble être l'intermédiaire d'aucune puissance étrangère ?

« C'est une erreur ; la puissance magnétique réside sans doute en l'homme, mais elle est augmentée par l'action des Esprits qu'il appelle à son aide. Si tu magnétises en vue de guérir, par exemple, et que tu invoques un bon Esprit qui s'intéresse à toi et à ton malade, il augmente ta force et ta volonté, il dirige ton fluide et lui donne les qualités nécessaires. »

3. Il y a cependant de très bons magnétiseurs qui ne croient pas aux Esprits ?

« Penses-tu donc que les Esprits n'agissent que sur ceux qui croient en eux ? Ceux qui magnétisent pour le bien sont secondés par de bons Esprits. Tout homme qui a le désir du bien les appelle sans s'en douter ; de même que, par le désir du mal et les mauvaises intentions, il appelle les mauvais. »

4. Celui qui ayant la puissance croirait à l'intervention des Esprits, agirait-il plus efficacement ?

« Il ferait des choses que vous regarderiez comme des miracles. »

5. Certaines personnes ont-elles véritablement le don de guérir par le simple attouchement, sans l'emploi des passes magnétiques ?

« Assurément ; n'en avez-vous pas de nombreux exemples ? »

6. Dans ce cas y a-t-il action magnétique ou seulement influence des Esprits ?

« L'un et l'autre. Ces personnes sont de véritables médiums, puisqu'elles agissent sous l'influence des Esprits ; mais ce n'est pas à dire qu'elles soient médiums guérisseurs comme vous l'entendez. »

7. Ce pouvoir peut-il se transmettre ?

« Le pouvoir, non ; mais la connaissance des choses nécessaires pour l'exercer si on le possède. Tel ne se douterait pas qu'il a ce pouvoir s'il ne croyait qu'il lui a été transmis. »

8. Peut-on obtenir des guérisons par la seule prière ?

« Oui, quelquefois si Dieu le permet ; mais peut-être que le bien du malade est de souffrir encore, et alors vous croyez que votre prière n'est pas écoutée. »

9. Y a-t-il pour cela des formules de prières plus efficaces les unes que les autres ?

« La superstition seule peut attacher une vertu à certaines paroles, et des Esprits ignorants ou menteurs peuvent seuls entretenir de pareilles idées en prescrivant des formules. Cependant, il peut arriver que, pour des personnes peu éclairées et incapables de comprendre les choses purement spirituelles, l'emploi d'une formule contribue à leur donner confiance ; dans ce cas, ce n'est pas la formule qui est efficace, mais la foi qui est augmentée par l'idée attachée à l'emploi de la formule. »

Médiums pneumatographes

177. On donne ce nom aux médiums aptes à obtenir l'écriture directe, ce qui n'est pas donné à tous les médiums écrivains. Cette faculté est jusqu'à présent assez rare ; elle se développe probablement par l'exercice ; mais, comme nous l'avons dit, son utilité pratique se borne à une constatation patente de l'intervention d'une puissance occulte dans les manifestations. L'expérience seule peut faire connaître si on la possède ; on peut donc essayer et d'ailleurs on peut le demander à un Esprit protecteur par les autres moyens de communication. Selon le plus ou le moins de puissance du médium, on obtient de simples traits, des signes, des lettres, des mots, des phrases et même des pages entières. Il suffit ordinairement de poser une feuille de papier pliée dans un endroit quelconque ou désigné par l'Esprit, pendant dix minutes ou un quart d'heure, quelquefois plus. La prière et le

recueillement sont des conditions essentielles ; c'est pourquoi on peut regarder comme impossible de ne rien obtenir dans une réunion de personnes peu sérieuses, ou qui ne seraient pas animées de sentiments sympathiques et bienveillants. (Voir la théorie de l'écriture directe, chapitre VIII, *Laboratoire du monde invisible* [n° 127 et suivants], et chapitre XII, *Pneumatographie*.)

Nous traiterons d'une manière spéciale des médiums écrivains dans les chapitres suivants.

CHAPITRE XV
MÉDIUMS ÉCRIVAINS OU PSYCHOGRAPHES

178. De tous les moyens de communication, l'écriture manuelle est le plus simple, le plus commode et surtout le plus complet. C'est vers celui-là que doivent tendre tous les efforts, car il permet d'établir avec les Esprits des relations aussi suivies et aussi régulières que celles qui existent entre nous. On doit s'y attacher d'autant plus que c'est celui par lequel les Esprits révèlent le mieux leur nature et le degré de leur perfection ou de leur infériorité. Par la facilité qu'ils ont à s'exprimer, ils nous font connaître leurs pensées intimes et nous mettent ainsi à même de les juger et de les apprécier à leur valeur. La faculté d'écrire, pour un médium, est en outre celle qui est le plus susceptible de se développer par l'exercice.

Médiums mécaniques

179. Si l'on examine certains effets qui se produisent dans les mouvements de la table, de la corbeille ou de la planchette qui écrit, on ne peut douter d'une action exercée directement par l'Esprit sur ces objets. La corbeille s'agite parfois avec tant de violence, qu'elle échappe des mains du médium ; quelquefois même, elle se dirige vers certaines personnes du cercle pour les frapper ; d'autres fois, ses mouvements témoignent d'un sentiment affectueux. La même chose a lieu lorsque le crayon est placé dans la main ; souvent, il est lancé au loin avec force, ou bien la main, comme la corbeille, s'agite convulsivement et frappe la table avec colère, alors même que le médium est dans le plus grand calme et s'étonne de n'être pas maître de lui. Disons, en passant, que ces effets dénotent toujours la présence d'esprits imparfaits ; les Esprits réellement supérieurs sont constamment calmes, dignes et bienveillants ; s'ils ne sont pas écoutés convenablement, ils se retirent, et d'autres prennent leur place. L'Esprit peut donc exprimer directement sa pensée, soit par le mouvement d'un objet dont la main du médium n'est que le point d'appui, soit par son action sur la main elle-même.

Lorsque l'Esprit agit directement sur la main, il donne à celle-ci une impulsion complètement indépendante de la volonté. Elle marche sans interruption et malgré le médium tant que l'Esprit a quelque chose à dire, et s'arrête quand il a fini.

Ce qui caractérise le phénomène dans cette circonstance, c'est que le médium n'a pas la moindre conscience de ce qu'il écrit, l'inconscience absolue, dans ce cas, constitue ce qu'on appelle les *médiums passif*s ou *mécaniques*. Cette faculté est précieuse en ce qu'elle ne peut laisser aucun doute sur l'indépendance de la pensée de celui qui écrit.

Médiums intuitifs

180. La transmission de la pensée a aussi lieu par l'intermédiaire de l'Esprit du médium, ou mieux de son âme, puisque nous désignons sous ce nom l'Esprit incarné. L'Esprit étranger, dans ce cas, n'agit pas sur la main pour la faire écrire ; il ne la tient pas, il ne la guide pas ; il agit sur l'âme avec laquelle il s'identifie. L'âme, sous cette impulsion, dirige la main, et la main dirige le crayon. Remarquons ici une chose importante à savoir, c'est que l'Esprit étranger ne se substitue point à l'âme, car il ne saurait la déplacer : il la domine à son insu, il lui implique sa volonté. Dans cette circonstance, le rôle de l'âme n'est point absolument passif ; c'est elle qui reçoit la pensée de l'Esprit étranger et qui la transmet. Dans cette situation, le médium a la conscience de ce qu'il écrit, quoique ce ne soit pas sa propre pensée ; il est ce qu'on appelle *médium intuitif*.

S'il en est ainsi, dira-t-on, rien ne prouve que ce soit plutôt un Esprit étranger qui écrit que celui du médium. La distinction est en effet quelquefois assez difficile à faire, mais il peut arriver que cela importe peu. Toutefois, on peut reconnaître la pensée suggérée en ce qu'elle n'est jamais préconçue ; elle naît à mesure que l'on écrit, et souvent elle est contraire à l'idée préalable qu'on s'était formée ; elle peut même être en dehors des connaissances et des capacités du médium.

Le rôle du médium mécanique est celui d'une machine ; le médium intuitif agit comme le ferait un truchement ou interprète. Celui-ci, en effet, pour transmettre la pensée, doit la comprendre, se l'approprier en quelque sorte pour la traduire fidèlement, et pourtant cette pensée n'est pas la sienne : elle ne fait que traverser son cerveau. Tel est exactement le rôle du médium intuitif.

Médiums semi-mécaniques

181. Dans le médium purement mécanique, le mouvement de la main est indépendant de la volonté ; dans le médium intuitif, le mouvement est volontaire et facultatif. Le médium semi-mécanique participe des deux autres ; il sent une impulsion donnée à sa main malgré lui, mais en même temps, il a la conscience de ce qu'il écrit à mesure que les mots se forment. Chez le premier, la pensée suit l'acte de l'écriture ; chez le second, elle le précède ; chez le troisième, elle l'accompagne. Ces derniers médiums sont les plus nombreux.

Médiums inspirés

182. Toute personne qui, soit dans l'état normal, soit dans l'état d'extase, reçoit, par la pensée, des communications étrangères à ses idées préconçues, peut être rangée dans la catégorie des médiums inspirés ; c'est, comme on le voit, une variété de la médiumnité intuitive, avec cette différence que l'intervention d'une puissance occulte y est encore bien moins sensible, car, chez l'inspiré, il est encore plus difficile de distinguer la pensée propre de celle qui est suggérée. Ce qui caractérise cette dernière, c'est surtout la spontanéité. L'inspiration nous vient des Esprits qui nous influencent en bien ou en

mal, mais elle est plutôt le fait de ceux qui nous veulent du bien et dont nous avons trop souvent le tort de ne pas suivre les conseils ; elle s'applique à toutes les circonstances de la vie dans les résolutions que nous devons prendre ; sous ce rapport, on peut dire que tout le monde est médium, car il n'est personne qui n'ait ses Esprits protecteurs et familiers qui font tous leurs efforts pour suggérer à leurs protégés des pensées salutaires. Si l'on était bien pénétré de cette vérité, on aurait plus souvent recours à l'inspiration de son ange gardien dans les moments où l'on ne sait que dire ou que faire. Qu'on l'invoque donc avec *ferveur* et *confiance* en cas de nécessité, et l'on sera le plus souvent étonné des idées qui surgiront comme par enchantement, soit que l'on ait un parti à prendre, soit que l'on ait quelque chose à composer. Si aucune idée ne venait, c'est qu'il faudrait attendre. La preuve que l'idée qui survient est bien une idée étrangère à soi, c'est que si elle eût été en soi, on en eût toujours été maître, et il n'y aurait pas de raison pour qu'elle ne se manifestât pas à volonté. Celui qui n'est pas aveugle n'a qu'à ouvrir les yeux pour voir quand il veut ; de même, celui qui a des idées à lui les a toujours à sa disposition ; si elles ne lui viennent pas à son gré, c'est qu'il est obligé de les puiser ailleurs que dans son propre fonds.

On peut encore rattacher à cette catégorie les personnes qui, sans être douées d'une intelligence hors ligne, et sans sortir de l'état normal, ont des éclairs d'une lucidité intellectuelle qui leur donne momentanément une facilité inaccoutumée de conception et d'élocution, et, dans certains cas, le pressentiment des choses futures. Dans ces moments qu'on appelle justement d'inspiration, les idées abondent, se suivent, s'enchaînent pour ainsi dire d'elles-mêmes et par une impulsion involontaire et presque fébrile ; il nous semble qu'une intelligence supérieure vient nous aider et que notre esprit est débarrassé d'un fardeau.

183. Les hommes de génie dans tous les genres, artistes, savants, littérateurs, sont sans doute des Esprits avancés, capables par eux-mêmes de comprendre et de concevoir de grandes choses ; or, c'est précisément parce qu'ils sont jugés capables que les Esprits qui veulent l'accomplissement de certains travaux leur suggèrent les idées nécessaires, et c'est ainsi qu'ils sont le plus souvent *médiums sans le savoir*. Ils ont pourtant une vague intuition d'une assistance étrangère, car celui qui fait appel à l'inspiration ne fait pas autre chose qu'une évocation ; s'il n'espérait pas être entendu, pourquoi s'écrierait-il si souvent : Mon bon génie, viens à mon aide !

Les réponses suivantes confirment cette assertion.

— Quelle est la cause première de l'inspiration ?

« Esprit qui se communique par la pensée. »

— L'inspiration n'a-t-elle pour objet que la révélation des grandes choses ?

« Non, elle a souvent rapport aux circonstances les plus ordinaires de la vie. Par exemple, tu veux aller quelque part : une voix secrète te dit de ne pas le faire parce qu'il y a du danger pour toi ; ou bien elle te dit de faire une chose à laquelle tu ne pensais pas : c'est de l'inspiration. Il y a bien peu de personnes qui n'aient été plus ou moins inspirées dans certains moments. »

– Un auteur, un peintre, un musicien, par exemple, dans les moments d'inspiration, pourraient-ils être considérés comme médiums ?

« Oui, car dans ces moments, leur âme est plus libre et comme dégagée de la matière ; elle recouvre une partie de ses facultés d'Esprit et reçoit plus facilement les communications des autres Esprits qui l'inspirent. »

Médiums à pressentiments

184. Le pressentiment est une intuition vague des choses futures. Certaines personnes ont cette faculté plus ou moins développée ; elles peuvent la devoir à une sorte de double vue qui leur permet d'entrevoir les conséquences des choses présentes et la filiation des événements ; mais souvent aussi elle est le fait de communications occultes, et c'est dans ce cas surtout qu'on peut donner à ceux qui en sont doués le nom de *médiums à pressentiments*, qui sont une variété des *médiums inspirés*.

CHAPITRE XVI

MÉDIUMS SPÉCIAUX

Aptitudes spéciales des médiums

185. Outre les catégories de médiums que nous venons d'énumérer, la médiumnité présente une variété infinie de nuances qui constituent ce qu'on appelle les médiums spéciaux, et qui tiennent à des aptitudes particulières non encore définies, abstraction faite des qualités et des connaissances de l'Esprit qui se manifeste.

La nature des communications est toujours relative à la nature de l'Esprit, et porte le cachet de son élévation ou de son infériorité, de son savoir ou de son ignorance ; mais à mérite égal, au point de vue hiérarchique, il y a incontestablement chez lui une propension à s'occuper d'une chose plutôt que d'une autre ; les Esprits frappeurs, par exemple, ne sortent guère des manifestations physiques ; et parmi ceux qui donnent des manifestations intelligentes, il y a des Esprits poètes, musiciens, dessinateurs, moralistes, savants, médecins, etc. Nous parlons des Esprits d'un ordre moyen, car, arrivées à un certain degré, les aptitudes se confondent dans l'unité de la perfection. Mais, à côté de l'aptitude de l'Esprit, il y a celle du médium qui est pour lui un instrument plus ou moins commode, plus ou moins flexible, et dans lequel il découvre des qualités particulières que nous ne pouvons apprécier.

Prenons une comparaison : un musicien très habile a sous la main plusieurs violons qui, pour le vulgaire, seront tous de bons instruments, mais entre lesquels l'artiste consommé fait une grande différence ; il y saisit des nuances d'une extrême délicatesse qui lui feront choisir les uns et rejeter les autres, nuances qu'il comprend par intuition plutôt qu'il ne peut les définir. Il en est de même à l'égard des médiums : à qualités égales dans la puissance médianimique, l'Esprit donnera la préférence à l'un ou à l'autre, selon le genre de communication qu'il veut faire. Ainsi, par exemple, on voit des personnes écrire, comme médiums, d'admirables poésies, quoique, dans les conditions ordinaires, elles n'aient jamais pu ou su faire deux vers ; d'autres, au contraire, qui sont poètes, et qui, comme médiums, n'ont jamais pu écrire que de la prose, malgré leur désir. Il en est de même du dessin, de la musique, etc. Il y en a qui, sans avoir par eux-mêmes des connaissances scientifiques, ont une aptitude plus particulière pour recevoir des communications savantes ; d'autres sont pour les études historiques ; d'autres servent plus aisément d'interprètes aux Esprits moralistes ; en un mot, quelle que soit la flexibilité du médium, les communications qu'il reçoit avec le plus de facilité ont généralement un cachet spécial ; il en est même qui ne sortent pas d'un certain cercle d'idées, et quand ils s'en écartent, ils n'ont que des communications incomplètes, laconiques et souvent fausses. En dehors des causes d'aptitude, les Esprits se communiquent encore plus ou moins volontiers par tel ou tel intermédiaire, selon leurs sympathies ; ainsi, toutes choses égales d'ailleurs, le même Esprit sera beaucoup plus explicite avec certains médiums, uniquement parce qu'ils lui conviennent mieux.

186. On serait donc dans l'erreur si, par cela seul qu'on a sous la main un bon médium, eût-il même l'écriture la plus facile, on pensait obtenir par lui de bonnes communications en tous genres. La première condition est, sans contredit, de s'assurer de la source d'où elles émanent, c'est-à-dire des qualités de l'Esprit qui les transmet ; mais il n'est pas moins nécessaire d'avoir égard aux qualités de l'instrument que l'on donne à l'Esprit ; il faut donc étudier la nature du médium comme on étudie la nature de l'Esprit, car ce sont là les deux éléments essentiels pour obtenir un résultat satisfaisant. Il en est un troisième qui joue un rôle également important, c'est l'intention, la pensée intime, le sentiment plus ou moins louable de celui qui interroge ; et cela se conçoit : *Pour qu'une communication soit bonne, il faut qu'elle émane d'un Esprit bon ; pour que ce bon Esprit* PUISSE *la transmettre, il lui faut un bon instrument ; pour qu'il* VEUILLE *la transmettre, il faut que le but lui convienne.* L'Esprit, qui lit dans la pensée, juge si la question qu'on lui propose mérite une réponse sérieuse, et si la personne qui la lui adresse est digne de la recevoir ; dans le cas contraire, il ne perd pas son temps à semer de bons grains sur des pierres, et c'est alors que les Esprits légers et moqueurs se donnent carrière, parce que, s'inquiétant peu de la vérité, ils n'y regardent pas de si près, et sont généralement assez peu scrupuleux sur le but et sur les moyens.

Nous résumons ici les principaux genres de médiumnité afin d'en présenter, en quelque sorte, le tableau synoptique, comprenant ceux que nous avons déjà décrits dans les chapitres précédents, en indiquant les numéros où il en est question avec plus de détails.

Nous avons groupé les différentes variétés de médiums par analogie de causes et d'effets, sans que cette classification ait rien d'absolu. Quelques-unes se rencontrent fréquemment ; d'autres, au contraire, sont rares et même exceptionnelles, ce que nous avons soin de mentionner. Ces dernières indications ont toutes été fournies par les Esprits qui, du reste, ont revu ce tableau avec un soin tout particulier et l'ont complété par de nombreuses observations et de nouvelles catégories, de telle sorte qu'il est, pour ainsi dire, entièrement leur ouvrage. Nous avons indiqué par des guillemets leurs observations textuelles lorsque nous avons cru devoir les faire ressortir. Elles sont pour la plupart d'*Eraste* et de *Socrate*.

Tableau synoptique des différentes variétés de médiums

187. On peut diviser les médiums en deux grandes catégories :
LES MÉDIUMS À EFFETS PHYSIQUES ; ceux qui ont le pouvoir de provoquer des effets matériels ou des manifestations ostensibles. (N° 160.)
LES MÉDIUMS À EFFETS INTELLECTUELS ; ceux qui sont plus spécialement propres à recevoir et à transmettre les communications intelligentes. (N° 65 et suivants.)

Toutes les autres variétés se rattachent plus ou moins directement à l'une ou à l'autre de ces deux catégories ; quelques-unes tiennent aux deux. Si l'on analyse les différents phénomènes produits sous l'influence médianimique, on verra que, dans tous, il y a un effet physique, et qu'aux effets physiques se joint le plus souvent un effet intelligent. La limite entre les deux est quelquefois difficile à établir, mais cela ne tire à aucune conséquence. Nous comprenons sous la dénomination de *médiums à effets intellectuels* ceux qui peuvent plus spécialement servir d'intermédiaires pour les communications régulières et suivies. (N° 133.)

188. *Variétés communes à tous les genres de médiumnité.*

Médiums sensitifs ; personnes susceptibles de ressentir la présence des esprits par une impression générale ou locale, vague ou matérielle. La plupart distinguent les Esprits bons ou mauvais à la nature de l'impression. (N° 164.)

« Les médiums délicats et très sensitifs doivent s'abstenir des communications avec les Esprits violents ou dont l'impression est pénible, à cause de la fatigue qui en résulte. »

Médiums naturels ou *inconscients* ; ceux qui produisent les phénomènes spontanément, sans aucune participation de leur volonté, et le plus souvent à leur insu. (N° 161.)

Médiums facultatifs ou *volontaires* ; ceux qui ont la puissance de provoquer les phénomènes par un acte de leur volonté. (N° 160.)

« Quelle que soit cette volonté, ils ne peuvent rien si les Esprits s'y refusent ; ce qui prouve l'intervention d'une puissance étrangère. »

189. *Variétés spéciales pour les effets physiques.*

Médiums typteurs ; ceux par l'influence desquels se produisent les bruits et les coups frappés.

Variété très commune, avec ou sans la volonté.

Médiums moteurs ; ceux qui produisent le mouvement des corps inertes. Très communs. (N° 61.)

Médiums à translations et à suspensions ; ceux qui produisent la translation aérienne et la suspension des corps inertes dans l'espace sans point d'appui. Il en est qui peuvent s'élever eux-mêmes. Plus ou moins rares, selon le développement du phénomène ; très rares dans le dernier cas. (N° 75 et suivants ; n° 80.)

Médiums à effets musicaux ; ils provoquent le jeu de certains instruments sans contact. Très rares. (N° 74 ; question 24.)

Médiums à apparitions ; ceux qui peuvent provoquer des apparitions fluidiques ou tangibles, visibles pour les assistants. Très exceptionnels. (N° 100 ; question 27 ; n° 104.)

Médiums à apports ; ceux qui peuvent servir d'auxiliaires aux Esprits pour l'apport d'objets matériels. Variété des médiums moteurs et à translations. Exceptionnels. (N° 96.)

Médiums nocturnes ; ceux qui n'obtiennent certains effets physiques que dans l'obscurité. Voici la réponse d'un Esprit à la question de savoir si l'on peut considérer ces médiums comme formant une variété.

« On peut certainement en faire une spécialité, mais ce phénomène tient plutôt à des conditions ambiantes qu'à la nature du médium ou des Esprits ; je dois ajouter que quelques-uns échappent à cette influence du milieu, et que la plupart des médiums nocturnes pourraient arriver, par l'exercice, à agir aussi bien à la lumière que dans l'obscurité. Cette variété de médiums est peu nombreuse ; et, il faut bien le dire, à la faveur de cette condition qui laisse toute liberté dans l'emploi des trucs, de la ventriloquie et des tuyaux acoustiques, des charlatans ont trop souvent abusé de la crédulité en se faisant passer pour médiums afin de récolter des écus. Mais qu'importe ? Les jongleurs en chambre, comme les jongleurs de place publique, seront cruellement démasqués, et les Esprits leur prouveront qu'il ne fait pas bon s'immiscer dans leurs œuvres. Oui, je le répète, certains charlatans recevront sur les doigts d'une façon assez rude pour les dégoûter du métier de faux médiums. Du reste, tout cela n'aura qu'un temps. » (ÉRASTE.)

Médiums pneumatographes ; ceux qui obtiennent l'écriture directe. Phénomène très rare, et surtout très facile à imiter par la jonglerie. (N° 177.)

Remarque. Les Esprits ont insisté, contre notre opinion, pour placer l'écriture directe parmi les phénomènes de l'ordre physique, par la raison, ont-ils dit, que : « Les effets intelligents sont ceux pour lesquels l'Esprit se sert des matériaux cérébraux du médium, ce qui n'est pas le cas dans l'écriture directe ; l'action du médium est ici toute matérielle, tandis que chez le médium écrivain, même complètement mécanique, le cerveau joue toujours un rôle actif. »

Médiums guérisseurs ; ceux qui ont le pouvoir de guérir ou de soulager par l'imposition des mains ou la prière.

« Cette faculté n'est pas essentiellement médianimique ; elle appartient à tous les vrais croyants, qu'ils soient médiums ou non ; elle n'est souvent qu'une exaltation de la puissance magnétique fortifiée en cas de besoin par le concours de bons Esprits. » (N° 175.)

Médiums excitateurs ; personnes qui ont le pouvoir de développer chez les autres, par leur influence, la faculté d'écrire.

« C'est plutôt ici un effet magnétique qu'un fait de médiumnité proprement dite, car rien ne prouve l'intervention d'un Esprit. Dans tous les cas, il appartient à l'ordre des effets physiques. » (Voir le chapitre de la *Formation des médiums*.)

190. *Médiums spéciaux pour les effets intellectuels. Aptitudes diverses.*

Médiums auditifs ; ceux qui entendent les Esprits. Assez communs. (N° 165.)

« Il y en a beaucoup qui se figurent entendre ce qui n'est que dans leur imagination. »

Médiums parlants ; ceux qui parlent sous l'influence des Esprits. Assez communs. (N° 166.)

Médiums voyants ; ceux qui voient les Esprits à l'état de veille. La vue accidentelle et fortuite d'un Esprit dans une circonstance particulière est assez fréquente ; mais la vue habituelle ou facultative des Esprits sans distinction est exceptionnelle. (N° 167.)

« C'est une aptitude à laquelle s'oppose l'état actuel des organes ; c'est pourquoi il est utile de ne pas toujours croire sur parole ceux qui disent voir les Esprits. »

Médiums inspirés ; ceux auxquels des pensées sont suggérées par les Esprits, le plus souvent à leur insu, soit pour les actes ordinaires de la vie, soit pour les grands travaux de l'intelligence. (N° 182.)

Médiums à pressentiments ; personnes qui, dans certaines circonstances, ont une vague intuition des choses futures vulgaires. (N° 184.)

Médiums prophétiques ; variété des médiums inspirés ou à pressentiments ; ils reçoivent, avec la permission de Dieu, et avec plus de précision que les médiums à pressentiments, la révélation des choses futures d'un intérêt général, et qu'ils sont chargés de faire connaître aux hommes pour leur instruction.

« S'il y a de vrais prophètes, il y en a plus encore de faux, et qui prennent les rêves de leur imagination pour des révélations, quand ce ne sont pas des fourbes qui se font passer pour tels par ambition. » (Voir au *Livre des Esprits*, n° 624, caractères du vrai prophète.)

Médiums somnambules ; ceux qui, dans l'état de somnambulisme, sont assistés par des Esprits. (N° 172.)

Médiums extatiques ; ceux qui, dans l'état d'extase, reçoivent des révélations de la part des Esprits.

« Beaucoup d'extatiques sont le jouet de leur propre imagination et des Esprits trompeurs qui profitent de leur exaltation. Ceux qui méritent une entière confiance sont très rares. »

Médiums peintres et dessinateurs ; ceux qui peignent ou dessinent sous l'influence des Esprits. Nous parlons de ceux qui obtiennent des choses sérieuses, car on ne saurait donner ce nom à certains médiums auxquels des Esprits moqueurs font faire des choses grotesques que désavouerait le dernier écolier.

Les Esprits légers sont imitateurs. À l'époque où parurent les remarquables dessins de Jupiter, il surgit un grand nombre de prétendus médiums dessinateurs, auxquels des Esprits moqueurs s'amusèrent à faire faire les choses les plus ridicules. L'un d'eux, entre autres, voulant éclipser les dessins de Jupiter, au moins par la dimension si ce n'est par la qualité, fit dessiner à un médium un monument occupant un assez grand nombre de feuilles pour atteindre la hauteur de deux étages. Beaucoup d'autres firent faire de soi-disant portraits qui étaient de véritables caricatures. (*Revue spirite*, août 1858.)

Médiums musiciens ; ceux qui exécutent, composent ou écrivent de la musique sous l'influence des Esprits. Il y a des médiums musiciens mécaniques, semi-mécaniques, intuitifs, et inspirés comme pour les communications littéraires. (Voir *Médiums à effets musicaux*.)

Variétés des médiums écrivains

191. 1° *Selon le mode d'exécution.*

Médiums écrivains ou psychographes ; ceux qui ont la faculté d'écrire eux-mêmes sous l'influence des Esprits.

Médiums écrivains mécaniques; ceux dont la main reçoit une impulsion involontaire et qui n'ont aucune conscience de ce qu'ils écrivent. Très rares. (N° 179.)

Médiums semi-mécaniques; ceux dont la main marche involontairement, mais qui ont la conscience instantanée des mots ou des phrases à mesure qu'ils écrivent. Les plus communs. (N° 181.)

Médiums intuitifs; ceux à qui les Esprits se communiquent par la pensée et dont la main est guidée par la volonté. Ils diffèrent des médiums inspirés, en ce que ces derniers n'ont pas besoin d'écrire, tandis que le médium intuitif écrit la pensée qui lui est suggérée instantanément sur un sujet déterminé et provoqué. (N° 180.)

« Ils sont très communs, mais aussi très sujets à l'erreur, parce que souvent ils ne peuvent discerner ce qui provient des Esprits ou de leur propre fait. »

Médiums polygraphes; ceux dont l'écriture change avec l'Esprit qui se communique, ou qui sont aptes à reproduire l'écriture que l'Esprit avait de son vivant. Le premier cas est très ordinaire ; le second, celui de l'identité de l'écriture, est plus rare. (N° 219.)

Médiums polyglottes; ceux qui ont la faculté de parler ou d'écrire dans des langues qui leur sont étrangères. Très rares.

Médiums illettrés; ceux qui écrivent, comme médiums sans savoir ni lire ni écrire dans l'état ordinaire.

« Plus rares que les précédents ; il y a une plus grande difficulté matérielle à vaincre. »

192. 2° *Selon le développement de la faculté.*

Médiums novices; ceux dont les facultés ne sont point encore complètement développées et qui manquent de l'expérience nécessaire.

Médiums improductifs; ceux qui ne parviennent à obtenir que des choses insignifiantes, des monosyllabes, des traits ou des lettres sans suite. (Voir le chapitre de la *Formation des médiums*.)

Médiums faits ou formés; ce sont ceux dont les facultés médianimiques sont complètement développées, qui transmettent les communications qu'ils reçoivent avec facilité, promptitude, sans hésitation. On conçoit que ce résultat ne peut s'obtenir que par l'habitude, tandis que, chez les *médiums novices*, les communications sont lentes et difficiles.

Médiums laconiques; ceux dont les communications, quoique faciles, sont brèves et sans développement.

Médiums explicites; les communications qu'ils obtiennent ont toute l'ampleur et toute l'étendue que l'on peut attendre d'un écrivain consommé.

« Cette aptitude tient à l'expansion et à la facilité de combinaison des fluides ; les Esprits les recherchent pour traiter les sujets qui comportent de grands développements. »

Médiums expérimentés. La facilité d'exécution est une affaire d'habitude qui s'acquiert souvent en peu de temps, tandis que l'expérience est le résultat d'une étude sérieuse de toutes les difficultés qui se présentent dans la pratique du spiritisme. L'expérience donne au médium le tact nécessaire pour apprécier la nature des Esprits qui se manifestent, juger leurs qualités bonnes ou mauvaises par les signes les plus minutieux, discerner la fourberie des Esprits trompeurs qui s'abritent sous les apparences de la vérité. On comprend facilement l'importance de cette qualité, sans laquelle toutes les autres sont sans utilité réelle ; le mal est que beaucoup de médiums confondent l'expérience, fruit de l'étude, avec l'aptitude, produit de l'organisation ; ils se croient passés maîtres parce qu'ils écrivent facilement ; ils répudient tous conseils et deviennent la proie des Esprits menteurs et hypocrites qui les captent en flattant leur orgueil. (Voir, ci-après, le chapitre de l'*Obsession.*)

Médiums flexibles ; ceux dont la faculté se prête plus facilement aux divers genres de communications, et par lesquels tous les Esprits, ou à peu près, peuvent se manifester, spontanément ou par évocation.

« Cette variété de médiums se rapproche beaucoup des médiums sensitifs. »

Médiums exclusifs ; ceux par lesquels un Esprit se manifeste de préférence, et même à l'exclusion de tous autres, et répond pour ceux que l'on appelle par l'entremise du médium.

« Cela tient toujours à un défaut de flexibilité ; quand l'Esprit est bon, il peut s'attacher au médium par sympathie et dans un but louable ; quand il est mauvais, c'est toujours en vue de mettre le médium sous sa dépendance. C'est plutôt un défaut qu'une qualité, et très voisin de l'obsession. » (Voir le chapitre de l'*Obsession.*)

Médiums à évocations ; les médiums flexibles sont naturellement les plus propres à ce genre de communication, et aux questions de détail qu'on peut adresser aux Esprits. Il y a sous ce rapport des médiums tout à fait spéciaux.

« Leurs réponses se renferment presque toujours dans un cadre restreint, incompatible avec le développement des sujets généraux. »

Médiums à dictées spontanées ; ils reçoivent de préférence des communications spontanées de la part d'Esprits qui se présentent sans être appelés. Lorsque cette faculté est spéciale chez un médium, il est difficile, quelquefois même impossible, de faire par lui une évocation.

« Cependant, ils sont mieux outillés que ceux de la nuance précédente. Comprenez que l'outillage s'entend ici des matériaux cérébraux, car il faut souvent, je dirai même toujours, une plus grande somme d'intelligence pour les dictées spontanées que pour les évocations. Entendez ici par dictées spontanées celles qui méritent véritablement ce nom, et non pas quelques phrases incomplètes ou quelques pensées banales qui se retrouvent dans tous les casiers humains. »

193. 3° *Selon le genre et la spécialité des communications.*

Médiums versificateurs ; ils obtiennent plus facilement que d'autres des communications versifiées. Assez communs pour les mauvais vers ; très rares pour les bons.

Médiums poétiques ; sans obtenir de vers, les communications qu'ils reçoivent ont quelque chose de vaporeux, de sentimental ; rien n'y sent la rudesse ; ils sont, plus que d'autres, propres à l'expression des sentiments tendres et affectueux. Tout y est vague, et il serait inutile de leur demander rien de précis. Très communs.

Médiums positifs ; leurs communications ont, en général, un caractère de netteté et de précision qui se prête volontiers aux détails circonstanciés, aux renseignements exacts. Assez rares.

Médiums littéraires ; ils n'ont ni le vague des médiums poétiques ni le terre à terre des médiums positifs ; mais ils dissertent avec sagacité ; leur style est correct, élégant et souvent d'une remarquable éloquence.

Médiums incorrects ; ils peuvent obtenir de très bonnes choses, des pensées d'une moralité irréprochable, mais leur style est diffus, incorrect, surchargé de répétitions et de termes impropres.

« L'incorrection matérielle du style tient généralement au défaut de culture intellectuelle du médium qui n'est pas, pour l'Esprit, un bon instrument sous ce rapport ; l'Esprit y attache peu d'importance ; pour lui, la pensée est la chose essentielle, et il vous laisse libre d'y donner la forme convenable. Il n'en est pas de même des idées fausses et illogiques que peut renfermer une communication ; elles sont toujours un indice de l'infériorité de l'Esprit qui se manifeste. »

Médiums historiens ; ceux qui ont une aptitude spéciale pour les développements historiques. Cette faculté, comme toutes les autres, est indépendante des connaissances du médium, car on voit des gens sans instruction, et même des enfants, traiter des sujets bien au-dessus de leur portée. Variété rare des médiums positifs.

Médiums scientifiques ; nous ne disons pas *savants*, car ils peuvent être fort ignorants ; et nonobstant cela, ils sont plus spécialement propres aux communications relatives aux sciences.

Médiums médicaux ; leur qualité est de servir plus facilement d'interprètes aux Esprits pour les prescriptions médicales. Il ne faut pas les confondre avec les *médiums guérisseurs*, car ils ne font absolument que transmettre la pensée de l'Esprit, et n'ont par eux-mêmes aucune influence. Assez communs.

Médiums religieux ; ils reçoivent plus spécialement des communications d'un caractère religieux, ou qui traitent les questions de religion, nonobstant leurs croyances ou leurs habitudes.

Médiums philosophes et moralistes ; leurs communications ont généralement pour objet les questions de morale et de haute philosophie. Très communs pour la morale.

« Toutes ces nuances sont des variétés d'aptitudes de bons médiums. Quant à ceux qui ont une aptitude spéciale pour certaines communications scientifiques, historiques, médicales ou autres, au-dessus de leur portée actuelle, soyez persuadés qu'ils ont possédé ces connaissances dans une autre existence, et qu'elles sont restées chez eux à l'état latent ; elles font partie des matériaux cérébraux nécessaires à l'Esprit qui se manifeste ; ce sont les éléments qui lui facilitent la voie pour communiquer ses propres idées, car ces médiums sont pour lui des instruments plus intelligents et plus souples que ne le serait une brute. » (ÉRASTE.)

Médiums à communications triviales et ordurières ; ces mots indiquent le genre de communications que certains médiums reçoivent d'habitude, et la nature des Esprits qui les font. Quiconque a étudié le monde spirite à tous les degrés de l'échelle sait qu'il y en a dont la perversité égale celle des hommes les plus dépravés, et qui se complaisent à exprimer leurs pensées dans les termes les plus grossiers. D'autres, moins abjects, se contentent d'expressions triviales. On comprend que ces médiums doivent avoir le désir d'être délivrés de la préférence que ces Esprits leur accordent, et qu'ils doivent envier ceux qui, dans les communications qu'ils reçoivent, n'ont jamais eu un mot malséant. Il faudrait une étrange aberration d'idées et avoir divorcé avec le bon sens, pour croire qu'un pareil langage puisse être le fait de bons Esprits.

194. 4° *Selon les qualités physiques du médium.*

Médiums calmes; ils écrivent toujours avec une certaine lenteur et sans éprouver la moindre agitation.

Médiums véloces; ils écrivent avec une rapidité plus grande qu'ils ne pourraient le faire volontairement dans l'état ordinaire. Les Esprits se communiquent à eux avec la promptitude de l'éclair; on dirait qu'il y a en eux une surabondance de fluide qui leur permet de s'identifier instantanément avec l'Esprit. Cette qualité a quelquefois son inconvénient, c'est que la rapidité de l'écriture rend celle-ci très difficile à lire pour tout autre que pour le médium.

« Elle est même très fatigante, parce qu'elle dépense trop de fluide inutilement. »

Médiums convulsifs; ils sont dans un état de surexcitation presque fébrile; leur main, et quelquefois toute leur personne est agitée d'un tremblement qu'ils ne peuvent maîtriser. La cause première en est sans doute dans l'organisation, mais elle dépend beaucoup aussi de la nature des Esprits qui se communiquent à eux; les Esprits bons et bienveillants font toujours une impression douce et agréable; les mauvais, au contraire, en font une pénible.

« Il faut que ces médiums ne se servent que rarement de leur faculté médianimique, dont l'usage trop fréquent pourrait affecter le système nerveux. » (Chapitre de l'*Identité*, distinction des bons et des mauvais Esprits.)

195. 5° *Selon les qualités morales du médium.*

Nous les mentionnons sommairement pour mémoire et pour compléter le tableau, attendu qu'elles seront développées ci-après dans les chapitres spéciaux: *De l'Influence morale des médiums, De l'Obsession, De l'Identité des Esprits*, et autres, sur lesquels nous appelons une attention particulière; on y verra l'influence que les qualités et les travers des médiums peuvent exercer sur la sûreté des communications, et quels sont ceux que l'on peut avec raison considérer comme *médiums imparfaits* ou *bons médiums*.

196. *Médiums imparfaits.*

Médiums obsédés; ceux qui ne peuvent se débarrasser d'Esprits importuns et trompeurs, mais ne s'abusent pas.

Médiums fascinés; ceux qui sont abusés par des Esprits trompeurs et se font illusion sur la nature des communications qu'ils reçoivent.

Médiums subjugués; ceux qui subissent une domination morale et souvent matérielle de la part de mauvais Esprits.

Médiums légers; ceux qui ne prennent point leur faculté au sérieux, et ne s'en servent que comme amusement ou pour des choses futiles.

Médiums indifférents ; ceux qui ne tirent aucun profit moral des instructions qu'ils reçoivent et ne modifient en rien leur conduite et leurs habitudes.

Médiums présomptueux ; ceux qui ont la prétention d'être seuls en rapport avec des Esprits supérieurs. Ils croient à leur infaillibilité, et regardent comme inférieur et erroné tout ce qui ne vient pas d'eux.

Médiums orgueilleux ; ceux qui tirent vanité des communications qu'ils reçoivent ; ils croient n'avoir plus rien à apprendre en spiritisme, et ne prennent pas pour eux les leçons qu'ils reçoivent souvent de la part des Esprits. Ils ne se contentent pas des facultés qu'ils possèdent : ils veulent les avoir toutes.

Médiums susceptibles ; variété des médiums orgueilleux ; ils se blessent des critiques dont leurs communications peuvent être l'objet ; ils se fâchent de la moindre contradiction, et s'ils montrent ce qu'ils obtiennent, c'est pour le faire admirer et non pour demander des avis. Généralement, ils prennent en aversion les personnes qui n'y applaudissent pas sans réserve, et désertent les réunions où ils ne peuvent s'imposer et dominer.

« Laissez-les aller se pavaner ailleurs et chercher des oreilles plus complaisantes ou se retirer dans l'isolement ; les réunions qu'ils privent de leur présence ne font pas une grande perte. » (ÉRASTE.)

Médiums mercenaires ; ceux qui exploitent leur faculté.

Médiums ambitieux ; ceux qui, sans mettre à prix leur faculté, espèrent en tirer des avantages quelconques.

Médiums de mauvaise foi ; ceux qui, ayant des facultés réelles, simulent celles qu'ils n'ont pas pour se donner de l'importance. On ne peut donner le titre de médium aux personnes qui, n'ayant aucune faculté médianimique, ne produisent des effets que par la jonglerie.

Médiums égoïstes ; ceux qui ne se servent de leur faculté que pour leur usage personnel, et gardent pour eux les communications qu'ils reçoivent.

Médiums jaloux ; ceux qui voient avec dépit d'autres médiums mieux appréciés et qui leur sont supérieurs.

Toutes ces mauvaises qualités ont nécessairement leur contrepartie en bien.

197. *Bons médiums.*

Médiums sérieux ; ceux qui ne se servent de leur faculté que pour le bien et pour des choses vraiment utiles ; ils croiraient la profaner en la faisant servir à la satisfaction des curieux et des indifférents ou pour des futilités.

Médiums modestes ; ceux qui ne se font aucun mérite des communications qu'ils reçoivent, quelque belles qu'elles soient ; ils s'y regardent comme étrangers, et ne se croient pas à l'abri des mystifications. Loin de fuir les avis désintéressés, ils les sollicitent.

Médiums dévoués ; ceux qui comprennent que le vrai médium a une mission à remplir et doit, quand cela est nécessaire, sacrifier ses goûts, ses habitudes, ses plaisirs, son temps, et même ses intérêts matériels, au bien des autres.

Médiums sûrs ; ceux qui, outre la facilité d'exécution, méritent le plus de confiance, par leur propre caractère, la nature élevée des Esprits dont ils sont assistés, et qui sont le moins exposés à être trompés. Nous verrons plus tard que cette sécurité ne dépend nullement des noms plus ou moins respectables que prennent les Esprits.

« Il est incontestable, vous le sentez bien, qu'en épiloguant ainsi les qualités et les travers des médiums, cela suscitera des contrariétés et même des animosités chez quelques-uns ; mais qu'importe ? la médiumnité se répand de jour en jour davantage, et le médium qui prendrait ces réflexions en mal prouverait une chose, c'est qu'il n'est pas bon médium, c'est-à-dire qu'il est assisté par de mauvais Esprits. Au reste, comme je l'ai dit, tout cela n'aura qu'un temps, et les mauvais médiums, ceux qui abusent ou mésusent de leurs facultés, en subiront de tristes conséquences, comme cela est déjà arrivé pour quelques-uns ; ils apprendront à leurs dépens ce qu'il en coûte de faire tourner au profit de leurs passions terrestres un don que Dieu ne leur avait accordé que pour leur avancement moral. Si vous ne pouvez les ramener dans la bonne voie, plaignez-les, car, je puis le dire, ils sont réprouvés de Dieu. » (ÉRASTE.)

« Ce tableau est d'une grande importance, non seulement pour les médiums sincères qui chercheront de bonne foi, en le lisant, à se préserver des écueils auxquels ils sont exposés, mais aussi pour tous ceux qui se servent de médiums, parce qu'il leur donnera la mesure de ce qu'ils peuvent rationnellement en attendre. Il devrait être constamment sous les yeux de quiconque s'occupe de manifestations, de même que *l'échelle spirite* dont il est le complément ; ces deux tableaux résument tous les principes de la doctrine, et contribueront, plus que vous ne le croyez, à ramener le spiritisme dans sa véritable voie. » (SOCRATE.)

198. Toutes ces variétés de médiums présentent des degrés infinis dans leur intensité ; il en est plusieurs qui ne constituent, à proprement parler, que des nuances, mais qui n'en sont pas moins le fait d'aptitudes spéciales. On conçoit qu'il doit être assez rare que la faculté d'un médium soit rigoureusement circonscrite dans un seul genre ; le même médium peut sans doute avoir plusieurs aptitudes, mais il y en a toujours une qui domine, et c'est celle qu'il doit s'attacher à cultiver si elle est utile. C'est un tort grave que de vouloir pousser quand même au développement d'une faculté qu'on ne possède pas ; il faut cultiver toutes celles dont on reconnaît le germe en soi ; mais poursuivre les autres, c'est d'abord perdre son temps, et en second lieu perdre peut-être, affaiblir pour sûr, celles dont on est doué.

« Lorsque le principe, le germe d'une faculté existe, elle se manifeste toujours par des signes non équivoques. En se renfermant dans sa spécialité, le médium peut exceller et obtenir de grandes et belles choses ; en s'occupant de tout, il n'obtiendra rien de bien. Remarquez en passant que le désir d'étendre indéfiniment le cercle de ses facultés est une prétention orgueilleuse que les Esprits ne laissent jamais impunie ; les bons abandonnent toujours le présomptueux, qui devient ainsi le jouet des Esprits menteurs. Il n'est malheureusement pas rare de voir des médiums ne pas se contenter des dons qu'ils ont reçus, et aspirer, par amour-propre ou ambition, à posséder des facultés exceptionnelles propres à les faire remarquer ; cette prétention leur ôte la qualité la plus précieuse : celle de *médiums sûrs*. » (SOCRATE.)

199. L'étude de la spécialité des médiums est nécessaire, non seulement pour ceux-ci, mais encore pour l'évocateur. Selon la nature de l'Esprit que l'on désire appeler et les questions qu'on veut adresser, il convient de choisir le médium le plus apte à la chose ; s'adresser au premier venu, c'est s'exposer à des réponses incomplètes ou erronées. Prenons une comparaison dans les faits usuels. On ne confiera pas une rédaction, même une simple copie, au premier venu parce qu'il sait écrire. Un musicien veut faire exécuter un morceau de chant de sa composition ; il a à sa disposition plusieurs chanteurs, tous habiles ; cependant, il ne les prendra pas au hasard ; il choisira pour son interprète celui dont la voix, l'expression, toutes les qualités en un mot répondent le mieux à la nature du morceau. Les Esprits font de même à l'égard des médiums et nous devons faire comme les Esprits.

Il est en outre à remarquer que les nuances que présente la médiumnité, et auxquelles on pourrait encore en ajouter d'autres, ne sont pas toujours en rapport avec le caractère du médium ; par exemple, un médium naturellement gai et jovial peut avoir habituellement des communications graves, même sévères et *vice versa* : c'est encore une preuve évidente qu'il agit sous l'impulsion d'une influence étrangère. Nous reviendrons sur ce sujet dans le chapitre qui traite de *l'Influence morale du médium*.

CHAPITRE XVII
FORMATION DES MÉDIUMS

Développement de la médiumnité

200. Nous nous occuperons spécialement ici des médiums écrivains, parce que c'est le genre de médiumnité le plus répandu, et en outre parce que c'est à la fois le plus simple, le plus commode, celui qui donne les résultats les plus satisfaisants et les plus complets ; c'est aussi celui que tout le monde ambitionne. Il n'y a malheureusement jusqu'à présent aucun diagnostic qui puisse indiquer, même approximativement, que l'on possède cette faculté ; les signes physiques auxquels certaines personnes ont cru voir des indices n'ont rien de certain. On la trouve chez les enfants et les vieillards, chez les hommes et les femmes, quels que soient le tempérament, l'état de santé, le degré de développement intellectuel et moral. Il n'y a qu'un seul moyen d'en constater l'existence, c'est d'essayer.

On peut obtenir l'écriture, comme nous l'avons vu, par le moyen des corbeilles et planchettes, ou directement avec la main ; ce dernier mode étant le plus facile, et l'on peut dire le seul employé aujourd'hui, c'est celui auquel nous engageons à s'adonner de préférence. Le procédé est des plus simples ; il consiste tout uniment à prendre un crayon et du papier, et à se mettre dans la position d'une personne qui écrit, sans autre préparation ; mais, pour réussir, plusieurs recommandations sont indispensables.

201. Comme disposition matérielle, nous recommandons d'éviter tout ce qui peut gêner le libre mouvement de la main ; il est même préférable que celle-ci ne repose pas du tout sur le papier. La pointe du crayon doit appuyer suffisamment pour tracer, mais pas assez pour éprouver de la résistance. Toutes ces précautions deviennent inutiles une fois que l'on est parvenu à écrire couramment, car alors nul obstacle ne saurait arrêter : ce ne sont que les préliminaires de l'écolier.

202. Il est indifférent de se servir de la plume ou du crayon ; certains médiums préfèrent la plume, mais elle ne peut convenir qu'à ceux qui sont formés et qui écrivent posément ; il y en a qui écrivent avec une telle vélocité, que l'usage de la plume serait presque impossible ou du moins très incommode ; il en est de même quand l'écriture est saccadée et irrégulière, ou quand on a affaire à des Esprits violents qui frappent avec la pointe et la brisent en déchirant le papier.

203. Le désir de tout aspirant médium est naturellement de pouvoir s'entretenir avec l'Esprit des personnes qui lui sont chères, mais il doit modérer son impatience, car la communication avec un Esprit déterminé offre souvent des difficultés matérielles qui la rendent impossible pour le débutant. Pour qu'un Esprit puisse se communiquer, il faut entre lui et le médium des rapports fluidiques qui ne s'établissent pas toujours instantanément ; ce n'est qu'à mesure que la faculté se développe que le médium

acquiert peu à peu l'aptitude nécessaire pour entrer en relation avec le premier Esprit venu. Il se peut donc que celui avec lequel on désire communiquer ne soit pas dans des conditions propices pour le faire *malgré sa présence*, comme il se peut aussi qu'il n'ait ni la possibilité, ni la permission de se rendre à l'appel qui lui est fait. C'est pourquoi il convient, au début, de ne pas s'obstiner à demander un Esprit déterminé à l'exclusion de tout autre, car il arrive souvent que ce n'est pas avec celui-là que les rapports fluidiques s'établissent avec le plus de facilité, quelque sympathie qu'on ait pour lui. Avant donc de songer à obtenir des communications de tel ou tel Esprit, il faut pousser au développement de la faculté, et pour cela il faut faire un appel général et s'adresser surtout à son ange gardien.

Il n'y a point ici de formule sacramentelle ; quiconque prétendrait en donner une peut hardiment être taxé de jonglerie, car pour les Esprits la forme n'est rien. Toutefois, l'évocation doit toujours être faite au nom de Dieu ; on peut la faire dans les termes suivants ou tout autres équivalents : *Je prie Dieu tout-puissant de permettre à un bon Esprit de se communiquer à moi et de me faire écrire ; je prie aussi mon ange gardien de vouloir bien m'assister et d'écarter les mauvais Esprits*. On attend alors qu'un Esprit se manifeste en faisant écrire quelque chose. Il se peut que ce soit celui qu'on désire, comme il se peut aussi que ce soit un Esprit inconnu ou l'ange gardien, dans tous les cas il se fait généralement connaître en écrivant son nom ; mais alors se présente la question de l'*identité*, une de celles qui requièrent le plus d'expérience, car il est peu de débutants qui ne soient exposés à être trompés. Nous la traitons ci-après dans un chapitre spécial.

Lorsqu'on veut faire appel à des Esprits déterminés, il est très essentiel, en commençant, de ne s'adresser qu'à ceux que l'on sait être bons et sympathiques et qui peuvent avoir un motif de venir, comme des parents ou des amis. Dans ce cas, l'évocation peut être ainsi formulée : *Au nom de Dieu tout-puissant, je prie l'Esprit d'un tel de se communiquer à moi* ; ou bien : *Je prie Dieu tout-puissant de permettre à l'Esprit d'un tel de se communiquer à moi* ; ou toute autre formule répondant à la même pensée. Il n'est pas moins nécessaire que les premières questions soient conçues de telle sorte que la réponse soit simplement *oui* ou *non*, comme par exemple : *Es-tu là ? –Veux-tu me répondre ? Peux-tu me faire écrire ?* Etc. Plus tard, cette précaution devient inutile ; il ne s'agit au commencement que d'un rapport à établir ; l'essentiel est que la question ne soit pas futile, qu'elle n'ait point trait à des choses d'intérêt privé, et surtout qu'elle soit l'expression d'un sentiment bienveillant et sympathique pour l'Esprit auquel on s'adresse. (Voir ci-après le chapitre spécial sur les *Évocations*.)

204. Une chose encore plus importante à observer que le mode d'appel, c'est le calme et le recueillement joints à un désir ardent et à une ferme volonté de réussir ; et par volonté, nous n'entendons pas ici une volonté éphémère qui agit par saccade, et qui est à chaque minute interrompue par d'autres préoccupations ; mais une volonté sérieuse, persévérante, soutenue, *sans impatience ni désir fiévreux*. Le recueillement est favorisé par la solitude, le silence et l'éloignement de tout ce qui peut causer des distractions.

Il ne reste plus alors qu'une chose à faire, c'est de renouveler tous les jours ses tentatives pendant dix minutes ou un quart d'heure au plus chaque fois, et cela pendant quinze jours, un mois, deux mois et plus s'il le faut ; nous connaissons des médiums qui ne se sont formés qu'après six mois d'exercice, tandis que d'autres écrivent couramment dès la première fois.

205. Pour éviter des tentatives inutiles, on peut interroger, par un autre médium, un Esprit sérieux et avancé ; mais il est à remarquer que, lorsqu'on pose aux Esprits la question de savoir si l'on est ou non médium, ils répondent presque toujours affirmativement, ce qui n'empêche pas les essais d'être souvent infructueux. Ceci s'explique naturellement. On fait à l'Esprit une question générale, il répond d'une manière générale ; or, comme on le sait, rien n'est plus élastique que la faculté médianimique, puisqu'elle peut se présenter sous les formes les plus variées et à des degrés très différents. On peut donc être médium sans s'en apercevoir et dans un sens qui n'est pas celui auquel on pense. À cette question vague : Suis-je médium ? L'Esprit peut répondre oui ; à cette autre plus précise : Suis-je médium écrivain ? Il peut répondre non. Il faut tenir compte aussi de la nature de l'Esprit que l'on interroge ; il y en a de si légers et de si ignorants, qu'ils répondent à tort et à travers comme de véritables étourdis ; c'est pourquoi nous disons de s'adresser à des Esprits éclairés, qui répondent en général volontiers à ces questions et indiquent la meilleure marche à suivre s'il y a possibilité de réussir.

206. Un moyen qui réussit assez souvent consiste à employer comme auxiliaire momentané un bon médium écrivain flexible déjà formé. S'il pose sa main ou ses doigts sur la main qui doit écrire, il est rare que celle-ci ne le fasse pas immédiatement ; on comprend ce qui se passe en cette circonstance : la main qui tient le crayon devient en quelque sorte un appendice de la main du médium, comme le serait une corbeille ou une planchette ; mais cela n'empêche pas cet exercice d'être fort utile quand on peut l'employer, en ce que, souvent et régulièrement répété, il aide à surmonter l'obstacle matériel et provoque le développement de la faculté. Il suffit encore quelquefois de magnétiser fortement dans cette intention le bras et la main de celui qui veut écrire ; souvent, même le magnétiseur se borne à poser sa main sur l'épaule, et nous en avons vu écrire promptement sous cette influence. Le même effet peut également se produire sans aucun contact et par le fait seul de la volonté. On conçoit sans peine que la confiance du magnétiseur en sa propre puissance pour produire ce résultat doit jouer ici un grand rôle, et qu'un magnétiseur incrédule aurait peu, sinon point d'action.

Le concours d'un guide expérimenté est en outre quelquefois fort utile pour faire observer au débutant une foule de petites précautions qu'il néglige souvent au détriment de la rapidité des progrès ; il l'est surtout pour l'éclairer sur la nature des premières questions et la manière de les poser. Son rôle est celui d'un professeur dont on se passe quand on est assez habile.

207. Un autre moyen qui peut aussi puissamment contribuer au développement de la faculté consiste à réunir un certain nombre de personnes, toutes animées du même désir et par la communauté d'intention ; là, que

toutes simultanément, dans un silence absolu, et avec un religieux recueillement, essaient d'écrire en faisant chacune appel à son ange gardien ou à un Esprit sympathique quelconque. L'une d'elles peut également faire, sans désignation spéciale et pour tous les membres de la réunion, un appel général à de bons Esprits, en disant, par exemple : *Au nom de Dieu tout-puissant, nous prions de bons Esprits de vouloir bien se communiquer par les personnes ici présentes.* Il est rare que dans le nombre, il n'y en ait pas qui donnent promptement des signes de médiumnité ou même écrivent couramment en peu de temps.

On comprend aisément ce qui se passe en cette circonstance. Les personnes unies par une communauté d'intention forment un tout collectif, dont la puissance et la sensibilité se trouvent accrues par une sorte d'influence magnétique qui aide au développement de la faculté. Parmi les Esprits attirés par ce concours de volontés, il en est qui trouvent dans les assistants l'instrument qui leur convient ; si ce n'est l'un, ce sera l'autre, et ils en profitent.

Ce moyen doit surtout être employé dans les groupes spirites qui manquent de médiums, ou qui n'en ont pas en nombre suffisant.

208. On a cherché des procédés pour la formation des médiums, comme on a cherché des diagnostics ; mais jusqu'à présent, nous n'en connaissons pas de plus efficaces que ceux que nous avons indiqués. Dans la persuasion que l'obstacle au développement de la faculté est une résistance toute matérielle, certaines personnes prétendent la vaincre par une sorte de gymnastique presque disloquante des bras et de la tête. Nous ne décrirons pas ce procédé qui nous vient de l'autre côté de l'Atlantique, non seulement parce que nous n'avons aucune preuve de son efficacité, mais par la conviction où nous sommes qu'il peut offrir du danger pour les complexions délicates par l'ébranlement du système nerveux. Si les rudiments de la faculté n'existent pas, rien ne saurait les donner, pas même l'électrisation, qui a été employée sans succès dans le même but.

209. La foi chez l'apprenti médium n'est pas une condition de rigueur ; elle seconde les efforts, sans contredit, mais elle n'est pas indispensable ; la pureté d'intention, le désir et la bonne volonté suffisent. On a vu des personnes parfaitement incrédules être tout étonnées d'écrire malgré elles, tandis que des croyants sincères n'y peuvent parvenir ; ce qui prouve que cette faculté tient à une prédisposition organique.

210. Le premier indice d'une disposition à écrire est une sorte de frémissement dans le bras et dans la main ; peu à peu, la main est entraînée par une impulsion qu'elle ne peut maîtriser. Souvent, elle ne trace d'abord que des traits insignifiants ; puis les caractères se dessinent de plus en plus nettement, et l'écriture finit par acquérir la rapidité de l'écriture courante. Dans tous les cas, il faut abandonner la main à son mouvement naturel, et n'apporter ni résistance ni propulsion.

Certains médiums écrivent couramment et avec facilité dès le début, quelquefois même dès la première séance, ce qui est assez rare ; d'autres font, pendant assez longtemps, des barres et de véritables exercices calligraphiques; les Esprits disent que c'est pour leur délier la main. Si ces exercices se prolongeaient par trop, ou dégénéraient en signes ridicules, il n'y aurait pas à douter que c'est un Esprit qui s'amuse, car les bons Esprits ne font jamais rien faire d'inutile ; dans ce cas, il faudrait redoubler de ferveur pour appeler l'assistance de ceux-ci. Si, malgré cela, il n'y a pas de changement, il faut s'arrêter dès qu'on s'aperçoit qu'on n'obtient rien de sérieux. On peut recommencer la tentative chaque jour, mais il convient de cesser aux premiers signes équivoques pour ne pas donner cette satisfaction aux Esprits moqueurs.

À ces observations, un Esprit ajoute : « Il y a des médiums dont la faculté ne peut aller au-delà de ces signes; quand, au bout de quelques mois, ils n'obtiennent que des choses insignifiantes, des *oui* ou des *non*, ou des lettres sans suite, il est inutile de persister à noircir du papier en pure perte ; ils sont médiums, mais *médiums improductifs*. Du reste, les premières communications obtenues ne doivent être considérées que comme des exercices que l'on confie à des Esprits secondaires ; c'est pourquoi il ne faut y attacher qu'une médiocre importance, en raison des Esprits qui sont pour ainsi dire employés comme maître d'écriture pour dégrossir le médium débutant ; car ne croyez pas que ce ne soient jamais des Esprits élevés qui fassent faire au médium ces exercices préparatoires; seulement, il arrive que, si le médium n'a pas un but sérieux, ces Esprits restent et s'attachent à lui. Presque tous les médiums ont passé par ce creuset pour se développer ; c'est à eux de faire ce qu'il faut pour se concilier la sympathie des Esprits vraiment supérieurs. »

211. L'écueil de la plupart des médiums débutants est d'avoir affaire à des Esprits inférieurs, et ils doivent s'estimer heureux quand ce ne sont que des Esprits légers. Toute leur attention doit tendre à ne pas leur laisser prendre pied, car une fois ancrés, il n'est pas toujours facile de s'en débarrasser. C'est un point tellement capital, surtout au début, que sans les précautions nécessaires on peut perdre le fruit des plus belles facultés.

Le premier point consiste à se mettre avec une foi sincère sous la protection de Dieu, et à réclamer l'assistance de son ange gardien ; celui-ci est toujours bon, tandis que les Esprits familiers, sympathisant avec les bonnes ou les mauvaises qualités du médium, peuvent être légers ou même mauvais.

Le second point est de s'attacher avec un soin scrupuleux à reconnaître par tous les indices que fournit l'expérience, la nature des premiers Esprits qui se communiquent, et dont il est toujours prudent de se défier. Si ces indices sont suspects, il faut faire un appel fervent à son ange gardien et repousser de toutes ses forces le mauvais Esprit en lui prouvant qu'on n'est pas sa dupe, afin de le décourager. C'est pourquoi l'étude préalable de la théorie est indispensable, si l'on veut éviter les inconvénients inséparables de l'inexpérience ; on trouvera sur ce sujet des instructions très développées dans les chapitres de l'*Obsession* et de l'*Identité des Esprits*. Nous nous bornerons à dire ici qu'en outre du langage, on peut regarder comme des preuves *infaillibles* de l'infériorité des Esprits : tous signes, figures, emblèmes inutiles ou puérils ; toute écriture bizarre, saccadée, torturée à dessein, de dimension exagérée, ou affectant des formes ridicules et inusitées ; l'écriture peut être très mauvaise, peu lisible même, ce qui tient plus au médium qu'à l'Esprit, sans avoir rien d'insolite. Nous avons vu des médiums tellement abusés, qu'ils mesuraient la supériorité des Esprits à la dimension des caractères, et qu'ils attachaient une grande importance à des lettres moulées comme des caractères d'imprimerie, puérilité évidemment incompatible avec une supériorité réelle.

212. S'il est important de ne pas tomber, sans le vouloir, sous la dépendance des mauvais Esprits, il l'est plus encore de ne pas s'y mettre volontairement, et il ne faut pas qu'un désir immodéré d'écrire fasse croire qu'il est indifférent de s'adresser au premier venu, sauf à s'en débarrasser plus tard s'il ne convient pas, car on ne demande pas impunément assistance, pour quoi que ce soit, à un mauvais Esprit qui peut faire payer cher ses services.

Quelques personnes, impatientes de voir se développer en elles la faculté médianimique, trop lente à leur gré, ont eu l'idée d'appeler à leur aide un Esprit quelconque, *fût-il même mauvais*, comptant bien le congédier ensuite. Plusieurs ont été servies à souhait et ont écrit immédiatement ; mais l'Esprit, ne se souciant pas d'avoir été pris pour pis aller, a été moins docile à s'en aller qu'à venir. Nous en connaissons qui ont été punies de leur présomption à se croire fortes pour les éloigner à leur gré, par des années d'obsessions de toute nature, par les mystifications les plus ridicules, par une fascination tenace, et même par des malheurs *matériels* et les plus cruelles déceptions. L'Esprit se montra d'abord ouvertement méchant, puis hypocrite, afin de faire croire ou à sa conversion, ou à la prétendue puissance de son subjugué pour le chasser à volonté.

213. L'écriture est quelquefois très lisible, les mots et les lettres parfaitement détachés ; mais avec certains médiums, elle est difficile à déchiffrer pour tout autre que celui qui écrit : il faut en acquérir l'habitude. Elle est assez souvent formée à grands traits ; les Esprits sont peu économes de papier. Lorsqu'un mot ou une phrase est trop peu lisible, on prie l'Esprit de vouloir bien recommencer, ce qu'il fait généralement volontiers. Quand l'écriture est habituellement illisible, même pour le médium, celui-ci parvient presque toujours à en obtenir une plus nette par des exercices fréquents et soutenus, *en y apportant une forte volonté*, et en priant avec ardeur l'Esprit d'être plus correct. Certains Esprits adoptent souvent des signes conventionnels qui passent en usage dans les réunions habituelles. Pour marquer qu'une question leur déplaît, et qu'ils n'y veulent pas répondre, ils feront, par exemple, une longue barre ou quelque chose d'équivalent.

Lorsque l'Esprit a fini ce qu'il avait à dire, ou qu'il ne veut plus répondre, la main reste immobile, et le médium, quelles que soient sa puissance et sa volonté, ne peut obtenir un mot de plus. Au contraire, tant que l'Esprit n'a pas achevé, le crayon marche sans qu'il soit possible à la main de s'arrêter. Veut-il dire spontanément quelque chose, la main saisit convulsivement le crayon et se met à écrire sans pouvoir s'y opposer. Le médium, d'ailleurs, sent presque toujours en lui quelque chose qui lui indique s'il n'y a que suspension, ou si l'Esprit a terminé. Il est rare qu'il ne sente pas quand celui-ci est parti.

Telles sont les explications les plus essentielles que nous ayons à donner touchant le développement de la psychographie ; l'expérience fera connaître, dans la pratique, certains détails qu'il serait inutile de rapporter ici, et pour lesquels on se guidera d'après les principes généraux. Que beaucoup essaient, et l'on trouvera plus de médiums qu'on ne pense.

214. Tout ce que nous venons de dire s'applique à l'écriture mécanique ; c'est celle que tous les médiums cherchent à obtenir avec raison ; mais le mécanisme pur est fort rare, et il s'y mêle très souvent plus ou moins d'intuition. Le médium ayant la conscience de ce qu'il écrit est naturellement porté à douter de sa faculté ; il ne sait si cela vient de lui ou d'un Esprit étranger. Il n'a nullement à s'en inquiéter et doit poursuivre quand même ; qu'il s'observe avec soin, et il reconnaîtra facilement dans ce qu'il écrit une foule de choses qui n'étaient pas dans sa pensée, qui même y sont contraires ; preuve évidente qu'elles ne viennent pas de lui. Qu'il continue donc, et le doute se dissipera avec l'expérience.

215. S'il n'est pas donné au médium d'être exclusivement mécanique, tous les essais pour obtenir ce résultat seront infructueux, et pourtant il aurait tort de se croire déshérité pour cela ; s'il n'est doué que de la médiumnité intuitive, il faut bien qu'il s'en contente, et elle ne laissera pas de lui rendre de grands services s'il sait la mettre à profit, et s'il ne la repousse pas.

Si après d'inutiles essais poursuivis pendant quelque temps, aucun indice de mouvement involontaire ne se produit, ou si ces mouvements sont trop faibles pour donner des résultats, il ne doit pas hésiter à écrire la première pensée qui lui est suggérée, sans s'inquiéter si elle vient de lui ou d'une source étrangère : l'expérience lui apprendra à en faire la distinction. Il arrive très souvent d'ailleurs que le mouvement mécanique se développe ultérieurement.

Nous avons dit plus haut qu'il est des cas où il est indifférent de savoir si la pensée vient du médium ou d'un Esprit étranger ; c'est surtout lorsqu'un médium purement intuitif ou inspiré fait un travail d'imagination pour lui-même ; peu importe qu'il s'attribue une pensée qui lui serait suggérée ; s'il lui vient de bonnes idées, qu'il en remercie son bon génie, et il lui en sera suggéré d'autres. Telle est l'inspiration des poètes, des philosophes et des savants.

216. Supposons maintenant la faculté médianimique complètement développée ; que le médium écrive avec facilité ; qu'il soit en un mot ce qu'on appelle un médium fait, ce serait un grand tort de sa part de se croire dispensé de toute autre instruction ; il n'a vaincu qu'une résistance matérielle, mais c'est alors que commencent pour lui les véritables difficultés, et qu'il a plus que jamais besoin des conseils de la prudence et de l'expérience, s'il ne veut tomber dans les mille pièges qui vont lui être tendus. S'il veut trop tôt voler de ses propres ailes, il ne tardera pas à être la dupe des Esprits menteurs qui chercheront à exploiter sa présomption.

217. Une fois la faculté développée chez le médium, il est essentiel qu'il n'en fasse pas abus. La satisfaction qu'elle procure à certains commençants excite chez eux un enthousiasme qu'il est important de modérer ; ils doivent songer qu'elle leur est donnée pour le bien et non pour satisfaire une vaine

curiosité ; c'est pourquoi il est utile de ne s'en servir que dans les moments opportuns et non à chaque instant ; les Esprits n'étant pas constamment à leurs ordres, ils courent risque d'être dupes des mystificateurs. Il est bon d'adopter à cet effet des jours et des heures déterminés, parce qu'on y apporte des dispositions plus recueillies, et que les Esprits qui veulent venir se trouvent prévenus et se disposent en conséquence.

218. Si, malgré toutes les tentatives, la médiumnité ne se révélait d'aucune façon, il faudrait bien y renoncer, comme on renonce à chanter quand on n'a pas de voix. Celui qui ne sait pas une langue se sert d'un traducteur ; il faut faire de même, c'est-à-dire avoir recours à un autre médium. À défaut de médium, il ne faut pas se croire privé de l'assistance des Esprits. La médiumnité est pour eux un moyen de s'exprimer, mais non un moyen exclusif d'attraction ; ceux qui nous affectionnent sont auprès de nous, que l'on soit ou non médium ; un père n'abandonne pas son enfant, parce que celui-ci est sourd et aveugle, et ne peut ni le voir, ni l'entendre ; il l'entoure de sa sollicitude comme le font les bons Esprits pour nous ; s'ils ne peuvent nous transmettre matériellement leur pensée, ils nous viennent en aide par l'inspiration.

Changement d'écriture

219. Un phénomène très ordinaire chez les médiums écrivains, c'est le changement d'écriture selon les Esprits qui se communiquent, et ce qu'il y a de plus remarquable, c'est que la même écriture se reproduit constamment avec le même Esprit, et quelquefois elle est identique avec celle qu'il avait de son vivant ; nous verrons plus tard les conséquences qu'on en peut tirer quant à l'identité. Le changement d'écriture n'a lieu que chez les médiums mécaniques ou semi-mécaniques, parce que chez eux, le mouvement de la main est involontaire et dirigé par l'Esprit ; il n'en est pas de même chez les médiums purement intuitifs, attendu que, dans ce cas, l'Esprit agit uniquement sur la pensée, et que la main est dirigée par la volonté comme dans les circonstances ordinaires ; mais l'uniformité de l'écriture, même chez un médium mécanique, ne prouve rien contre sa faculté, le changement n'étant point une condition absolue dans la manifestation des Esprits ; il tient à une aptitude spéciale dont les médiums les plus mécaniques ne sont pas toujours doués. Nous désignons ceux qui ont cette aptitude sous le nom de *médiums polygraphes*.

Perte et suspension de la médiumnité

220. La faculté médianimique est sujette à des intermittences et à des suspensions momentanées, soit pour les manifestations physiques, soit pour l'écriture. Voici les réponses des Esprits à quelques questions faites à ce sujet.

1. Les médiums peuvent-ils perdre leur faculté ?

« Cela arrive souvent, quel que soit le genre de cette faculté ; mais souvent aussi ce n'est qu'une interruption momentanée qui cesse avec la cause qui l'a produite. »

2. La cause de la perte de la médiumnité est-elle dans l'épuisement du fluide ?

« De quelque faculté que le médium soit doué, il ne peut rien sans le concours sympathique des Esprits ; lorsqu'il n'obtient plus rien, ce n'est pas toujours la faculté qui lui fait défaut, ce sont souvent les Esprits qui ne veulent plus ou ne peuvent plus se servir de lui. »

3. Quelle cause peut provoquer chez un médium l'abandon des Esprits ?

« L'usage qu'il fait de sa faculté est la plus puissante sur les bons Esprits. Nous pouvons l'abandonner lorsqu'il s'en sert pour des choses frivoles ou dans des vues ambitieuses ; lorsqu'il refuse de faire part de notre parole ou de nos faits aux incarnés qui l'appellent ou qui ont besoin de voir pour se convaincre. Ce don de Dieu n'est point accordé au médium pour son bon plaisir, et encore moins pour servir son ambition, mais en vue de sa propre amélioration, et pour faire connaître la vérité aux hommes. Si l'Esprit voit que le médium ne répond plus à ses vues et ne profite pas des instructions et des avertissements qu'il lui donne, il se retire pour chercher un protégé plus digne. »

4. L'Esprit qui se retire ne peut-il être remplacé, et, dans ce cas, on ne comprendrait pas la suspension de la faculté ?

« Il ne manque pas d'Esprits qui ne demandent pas mieux que de se communiquer et sont tout prêts à remplacer ceux qui se retirent ; mais lorsque c'est un bon Esprit qui délaisse le médium, il peut très bien ne le quitter que momentanément et le priver pour un certain temps de toute communication, afin de lui servir de leçon et lui prouver que sa faculté *ne dépend pas de lui* et qu'il n'en doit pas tirer vanité. Cette impuissance momentanée est aussi pour donner au médium la preuve qu'il écrit sous une influence étrangère, autrement il n'y aurait pas d'intermittence.

« Du reste, l'interruption de la faculté n'est pas toujours une punition ; elle témoigne quelquefois de la sollicitude de l'Esprit pour le médium qu'il affectionne ; il veut lui procurer un repos matériel qu'il juge nécessaire, et dans ce cas il ne permet pas à d'autres Esprits de le remplacer. »

5. On voit cependant des médiums très méritants, moralement parlant, qui n'éprouvent aucun besoin de repos, et sont très contrariés d'interruptions dont ils ne comprennent pas le but.

« C'est afin de mettre leur patience à l'épreuve, et de juger de leur persévérance ; c'est pourquoi les Esprits n'assignent en général aucun terme à cette suspension ; ils veulent voir si le médium se rebutera. C'est souvent aussi pour leur laisser le temps de méditer les instructions qu'ils leur ont données, et c'est à cette méditation de nos enseignements que nous reconnaissons les spirites vraiment sérieux ; nous ne pouvons donner ce nom à ceux qui ne sont en réalité que des amateurs de communications. »

6. Est-il nécessaire, dans ce cas, que le médium poursuive ses tentatives pour écrire ?

« Si l'Esprit le lui conseille, oui ; s'il lui dit de s'abstenir, il doit le faire. »

7. Y aurait-il un moyen d'abréger cette épreuve ?

« La résignation et la prière. Du reste, il suffit de faire chaque jour une tentative de quelques minutes, car il serait inutile de perdre son temps en essais infructueux ; la tentative n'a d'autre but que de s'assurer si la faculté est recouvrée. »

8. La suspension implique-t-elle l'éloignement des Esprits qui se communiquent d'habitude ? « Pas le moins du monde ; le médium est alors dans la position d'une personne qui perdrait momentanément la vue, et n'en serait pas moins entourée de ses amis, quoiqu'elle ne puisse pas les voir. Le médium peut donc, et même il le doit, continuer à s'entretenir par la pensée avec ses Esprits familiers, et être persuadé qu'il en est entendu. Si le défaut de médiumnité peut priver des communications matérielles avec certains Esprits, il ne peut priver des communications morales. »

9. Ainsi l'interruption de la faculté médianimique n'implique pas toujours un blâme de la part des Esprits ?

« Non sans doute, puisqu'elle peut être une preuve de bienveillance. »

10. À quel signe peut-on reconnaître un blâme dans cette interruption ?

« Que le médium interroge sa conscience et qu'il se demande l'usage qu'il a fait de sa faculté, le bien qui en est résulté pour les autres, *le profit qu'il a retiré des conseils qui lui ont été donnés,* et il aura la réponse. »

11. Le médium qui ne peut plus écrire ne peut-il avoir recours à un autre médium ?

« Cela dépend de la cause de l'interruption ; celle-ci a souvent pour motif de vous laisser quelque temps sans communications après vous avoir donné des conseils afin que vous ne vous habituiez pas à ne rien faire que par nous ; dans ce cas, il ne sera pas plus satisfait en se servant d'un autre médium ; et cela a encore un but, c'est de vous prouver que les Esprits sont libres et qu'il ne dépend pas de vous de les faire marcher à votre gré. C'est aussi pour cette raison que ceux qui ne sont pas médiums n'ont pas toujours toutes les communications qu'ils désirent. »

Remarque. Il est en effet à observer que celui qui a recours à un tiers pour les communications, nonobstant la qualité du médium, n'obtient souvent rien de satisfaisant, tandis que dans d'autres temps les réponses sont très explicites. Cela dépend tellement de la volonté de l'Esprit qu'on n'est pas plus avancé en changeant de médium ; les Esprits mêmes semblent à cet égard se donner le mot d'ordre, car ce que l'on n'obtient pas de l'un, on ne l'obtiendra pas davantage d'un autre. Il faut se garder alors d'insister et de s'impatienter, si l'on ne veut être dupe des Esprits trompeurs qui répondront si on le veut à toute force, et les bons les laisseront faire pour nous punir de notre insistance.

12. Dans quel but la Providence a-t-elle doué certains individus de la médiumnité d'une manière spéciale ?

« C'est une mission dont ils sont chargés et dont ils sont heureux ; ils sont les interprètes entre les Esprits et les hommes. »

13. Il y a cependant des médiums qui n'emploient leur faculté qu'avec répugnance ?

« Ce sont des médiums imparfaits ; ils ne connaissent pas le prix de la faveur qui leur est accordée. »

14. Si c'est une mission, comment se fait-il qu'elle ne soit pas le privilège des hommes de bien, et que cette faculté soit donnée à des gens qui ne méritent aucune estime et qui peuvent en abuser ?

« Elle leur est donnée parce qu'ils en ont besoin pour leur propre amélioration, et afin qu'ils soient à même de recevoir de bons enseignements ; s'ils n'en profitent pas, ils en subiront les conséquences. Jésus ne donnait-il pas de préférence sa parole aux pécheurs, disant qu'il faut donner à celui qui n'a pas ? »

15. Les personnes qui ont un grand désir d'écrire comme médiums et qui ne peuvent réussir, peuvent-elles en conclure quelque chose contre elles-mêmes touchant la bienveillance des Esprits à leur égard ?

« Non, car Dieu peut leur avoir refusé cette faculté, comme il peut leur avoir refusé le don de la poésie ou de la musique ; mais si elles ne jouissent pas de cette faveur, elles peuvent en avoir d'autres. »

16. Comment un homme peut-il se perfectionner par l'enseignement des Esprits lorsqu'il n'a, ni par lui-même, ni par d'autres médiums, les moyens de recevoir cet enseignement direct ?

« N'a-t-il pas les livres comme le chrétien a l'Évangile ? Pour pratiquer la morale de Jésus, le chrétien n'a pas besoin d'avoir entendu ses paroles sortir de sa bouche. »

CHAPITRE XVIII
INCONVÉNIENTS ET DANGERS DE LA MÉDIUMNITÉ

Influence de l'exercice de la médiumnité sur la santé

***Id.* sur le cerveau – *Id.* sur les enfants**

221. 1. La faculté médianimique est-elle l'indice d'un état pathologique quelconque ou simplement anomal ?

« Anomal quelquefois, mais non pathologique ; il y a des médiums d'une santé robuste ; ceux qui sont malades le sont pour d'autres causes. »

2. L'exercice de la faculté médianimique peut-il occasionner la fatigue ?

« L'exercice trop prolongé de toute faculté quelconque amène la fatigue ; la médiumnité est dans le même cas, principalement celle qui s'applique aux effets physiques ; elle occasionne nécessairement une dépense de fluide qui amène la fatigue et se répare par le repos. »

3. L'exercice de la médiumnité peut-il avoir des inconvénients par lui-même au point de vue hygiénique, abstraction faite de l'abus ?

« Il est des cas où il est prudent, nécessaire même, de s'en abstenir ou tout au moins d'en modérer l'usage ; cela dépend de l'état physique et moral du médium. Le médium le sent d'ailleurs généralement, et lorsqu'il éprouve de la fatigue il doit s'abstenir. »

4. Y a-t-il des personnes pour lesquelles cet exercice ait plus d'inconvénients que pour d'autres ?

« J'ai dit que cela dépend de l'état physique et moral du médium. Il y a des personnes chez lesquelles il est nécessaire d'éviter toute cause de surexcitation, et celle-ci est du nombre. » (N° 188 et 194.)

5. La médiumnité pourrait-elle produire la folie ?

« Pas plus que toute autre chose lorsqu'il n'y a pas prédisposition par la faiblesse du cerveau.

La médiumnité ne produira pas la folie lorsque le principe n'y est pas ; mais si le principe existe, ce qu'il est facile de reconnaître à l'état moral, le bon sens dit qu'il faut user de ménagements sous tous les rapports, car toute cause d'ébranlement peut être nuisible. »

6. Y a-t-il de l'inconvénient à développer la médiumnité chez les enfants ?

« Certainement, et je soutiens que c'est très dangereux ; car ces organisations frêles et délicates en seraient trop ébranlées et leur jeune imagination trop surexcitée ; aussi les parents sages les éloigneront de ces idées, ou du moins ne leur en parleront qu'au point de vue des conséquences morales. »

7. Il y a cependant des enfants qui sont médiums naturellement, soit pour les effets physiques, soit pour l'écriture et les visions ; cela a-t-il le même inconvénient ?

« Non ; quand la faculté est spontanée chez un enfant, c'est qu'elle est dans sa nature et que sa constitution s'y prête ; il n'en est pas de même quand elle est provoquée et surexcitée. Remarquez que l'enfant qui a des visions en est généralement peu impressionné ; cela lui paraît une chose toute naturelle, à laquelle il prête une assez faible attention et que souvent il oublie ; plus tard, le fait lui revient en mémoire, et il se l'explique aisément s'il connaît le spiritisme. »

8. Quel est l'âge auquel on peut, sans inconvénient, s'occuper de médiumnité ?

« Il n'y a pas d'âge précis, cela dépend entièrement du développement physique et encore plus du développement moral ; il y a des enfants de douze ans qui en seront moins affectés que certaines personnes faites. Je parle de la médiumnité en général, mais celle qui s'applique aux effets physiques est plus fatigante corporellement ; l'écriture a un autre inconvénient qui tient à l'inexpérience de l'enfant, dans le cas où il voudrait s'en occuper seul et en faire un jeu. »

222. La pratique du spiritisme, comme nous le verrons plus tard, demande beaucoup de tact pour déjouer les ruses des Esprits trompeurs ; si des hommes faits sont leurs dupes, l'enfance et la jeunesse y sont encore plus exposées par leur inexpérience. On sait en outre que le recueillement est une condition sans laquelle on ne peut avoir affaire à des Esprits sérieux ; les évocations faites avec étourderie et en plaisantant sont une véritable profanation qui ouvre un facile accès aux Esprits moqueurs ou malfaisants ; comme on ne peut attendre d'un enfant la gravité nécessaire à un acte pareil, il serait à craindre qu'il n'en fît un jeu s'il était livré à lui-même. Dans les conditions même les plus favorables, il est à désirer qu'un enfant doué de la faculté médianimique ne l'exerce que sous l'œil de personnes expérimentées qui lui apprendront, par leur exemple, le respect que l'on doit aux âmes de ceux qui ont vécu. On voit, d'après cela, que la question d'âge est subordonnée aux circonstances tant du tempérament que du caractère. Toutefois ce qui ressort clairement des réponses ci-dessus, c'est qu'il ne faut pas pousser au développement de cette faculté chez les enfants lorsqu'elle n'est pas spontanée, et que, dans tous les cas, il faut en user avec une grande circonspection ; qu'il ne faut non plus ni l'exciter ni l'encourager chez les personnes débiles. Il faut en détourner, par tous les moyens possibles, celles qui auraient donné les moindres symptômes d'excentricité dans les idées ou d'affaiblissement des facultés mentales, car il y a chez elles prédisposition évidente à la folie que toute cause surexcitante peut développer. Les idées spirites n'ont pas, sous ce rapport, une influence plus grande, mais la folie venant à se déclarer prendrait le caractère de la préoccupation dominante, comme elle prendrait un caractère religieux si la personne s'adonnait avec excès aux pratiques de dévotion, et l'on en rendrait le spiritisme responsable. Ce qu'il y a de mieux à faire avec tout individu qui montre une tendance à l'idée fixe, c'est de diriger ses préoccupations d'un autre côté, afin de procurer du repos aux organes affaiblis.

Nous appelons, sous ce rapport, l'attention de nos lecteurs sur le paragraphe XII de l'introduction du *Livre des Esprits*.

CHAPITRE XIX

RÔLE DU MÉDIUM DANS LES COMMUNICATIONS SPIRITES

Influence de l'Esprit personnel du médium

223. 1. Le médium, au moment où il exerce sa faculté, est-il dans un état parfaitement normal ?

« Il est quelquefois dans un état de crise plus ou moins prononcé, c'est ce qui le fatigue, et c'est pourquoi il a besoin de repos ; mais le plus souvent, son état ne diffère pas sensiblement de l'état normal, surtout chez les médiums écrivains. »

2. Les communications écrites ou verbales peuvent-elles aussi provenir de l'Esprit même incarné dans le médium ?

« L'âme du médium peut se communiquer comme celle de tout autre ; si elle jouit d'un certain degré de liberté, elle recouvre ses qualités d'Esprit. Vous en avez la preuve dans l'âme des personnes vivantes qui viennent vous visiter, et se communiquent à vous par l'écriture souvent sans que vous les appeliez. Car sachez bien que parmi les Esprits que vous évoquez, il y en a qui sont incarnés sur la terre ; *alors ils vous parlent comme Esprits et non pas comme hommes.* Pourquoi voudriez-vous qu'il n'en fût pas de même du médium ? »

– Cette explication ne semble-t-elle pas confirmer l'opinion de ceux qui croient que toutes les communications émanent de l'Esprit du médium, et non d'Esprits étrangers ?

« Ils n'ont tort que parce qu'ils sont absolus ; car il est certain que l'Esprit du médium peut agir par lui-même ; mais ce n'est pas une raison pour que d'autres n'agissent pas également par son intermédiaire. »

3. Comment distinguer si l'Esprit qui répond est celui du médium ou d'un Esprit étranger ?

« À la nature des communications. Étudiez les circonstances et le langage, et vous distinguerez. C'est surtout dans l'état de somnambulisme ou d'extase que l'Esprit du médium se manifeste, parce qu'alors il est plus libre ; mais dans l'état normal c'est plus difficile. Il y a d'ailleurs des réponses qu'il est impossible de lui attribuer ; c'est pourquoi je vous dis d'étudier et d'observer. »

Remarque. Lorsqu'une personne nous parle, nous distinguons facilement ce qui vient d'elle, ou ce dont elle n'est que l'écho ; il en est de même des médiums.

4. Puisque l'Esprit du médium a pu acquérir, dans des existences antérieures, des connaissances qu'il a oubliées sous son enveloppe corporelle, mais dont il se souvient comme Esprit, ne peut-il puiser dans son propre fonds les idées qui semblent dépasser la portée de son instruction ?

« Cela arrive souvent dans l'état de crise somnambulique ou extatique ; mais encore une fois, il est des circonstances qui ne permettent pas de doute : étudiez *longtemps* et méditez. »

5. Les communications provenant de l'Esprit du médium sont-elles toujours inférieures à celles qui pourraient être faites par des Esprits étrangers ?

« Toujours, non ; car l'Esprit étranger peut être lui-même d'un ordre inférieur à celui du médium, et pour lors parler moins sensément. On le voit dans le somnambulisme ; car là c'est le plus souvent l'Esprit du somnambule qui se manifeste et qui dit pourtant quelquefois de très bonnes choses. »

6. L'Esprit qui se communique par un médium transmet-il directement sa pensée, ou bien cette pensée a-t-elle pour intermédiaire l'Esprit incarné dans le médium ?

« C'est l'Esprit du médium qui est l'interprète, parce qu'il est lié au corps qui sert à parler, et qu'il faut bien une chaîne entre vous et les Esprits étrangers qui se communiquent, comme il faut un fil électrique pour transmettre une nouvelle au loin, et au bout du fil une personne intelligente qui la reçoit et la transmet. »

7. L'Esprit incarné dans le médium exerce-t-il une influence sur les communications qu'il doit transmettre et qui proviennent d'Esprits étrangers ?

« Oui, car s'il ne leur est pas sympathique, il peut altérer leurs réponses, et les assimiler à ses propres idées et à ses penchants, *mais il n'influence pas les Esprits eux-mêmes* : ce n'est qu'un mauvais interprète. »

8. Est-ce la cause de la préférence des Esprits pour certains médiums ?

« Il n'y en a pas d'autres ; ils cherchent l'interprète qui sympathise le mieux avec eux, et qui rend le plus exactement leur pensée. S'il n'y a pas entre eux sympathie, l'Esprit du médium est un antagoniste qui apporte une certaine résistance, et devient un interprète de mauvais vouloir et souvent infidèle. Il en est de même parmi vous quand l'avis d'un sage est transmis par la voix d'un étourdi ou d'un homme de mauvaise foi. »

9. On conçoit qu'il en soit ainsi pour les médiums intuitifs, mais non pour ceux qui sont mécaniques.

« Vous ne vous rendez pas bien compte du rôle que joue le médium ; il y a là une loi que vous n'avez pas encore saisie. Rappelez-vous que pour opérer le mouvement d'un corps inerte, l'Esprit a besoin d'une portion de fluide animalisé qu'il emprunte au médium pour animer momentanément la table, afin que celle-ci obéisse à sa volonté ; eh bien, comprenez aussi que pour une communication intelligente, il a besoin d'un intermédiaire intelligent et que cet intermédiaire est celui de l'Esprit du médium. »

— Ceci ne paraît pas applicable à ce qu'on appelle les tables parlantes ; car lorsque des objets *inertes*, comme des tables, planchettes et corbeilles, donnent des réponses intelligentes, il semble que l'Esprit du médium n'y soit pour rien ?

« C'est une erreur ; l'Esprit peut donner au corps inerte une vie factice momentanée, mais non l'intelligence ; jamais un corps inerte n'a été intelligent. C'est donc l'Esprit du médium qui reçoit la pensée à son insu et la transmet de proche en proche à l'aide de divers intermédiaires. »

10. Il semble résulter de ces explications que l'Esprit du médium n'est jamais complètement passif ?

« Il est passif quand il ne mêle pas ses propres idées à celles de l'Esprit étranger, mais il n'est jamais absolument nul ; son concours est toujours nécessaire comme intermédiaire, même dans ce que vous appelez médiums mécaniques. »

11. N'y a-t-il pas plus de garantie d'indépendance dans le médium mécanique que dans le médium intuitif ?

« Sans aucun doute, et pour certaines communications, un médium mécanique est préférable ; mais quand on connaît les facultés d'un médium intuitif, cela devient indifférent, selon les circonstances ; je veux dire qu'il y a des communications qui réclament moins de précision. »

Système des médiums inertes

12. Parmi les différents systèmes qui ont été émis pour expliquer les phénomènes spirites, il en est un qui consiste à croire que la véritable médiumnité est dans un corps complètement inerte, dans la corbeille ou le carton, par exemple, qui sert d'instrument ; que l'Esprit étranger s'identifie avec cet objet et le rend non seulement vivant, mais intelligent ; de là le nom de *médiums inertes* donnés à ces objets ; qu'en pensez-vous ?

« Il n'y a qu'un mot à dire à cela, c'est que si l'Esprit avait transmis l'intelligence au carton en même temps que la vie, le carton écrirait tout seul sans le concours de médium ; il serait singulier que l'homme intelligent devînt machine, et qu'un objet inerte devînt intelligent. C'est un des nombreux systèmes nés d'une idée préconçue, et qui tombent comme tant d'autres devant l'expérience et l'observation. »

13. Un phénomène bien connu pourrait accréditer l'opinion qu'il y a dans les corps inertes animés plus que la vie, mais encore l'intelligence, c'est celui des tables, corbeilles, etc., qui expriment par leurs mouvements la colère ou l'affection ?

« Lorsqu'un homme agite un bâton avec colère, ce n'est pas le bâton qui est en colère, ni même la main qui tient le bâton, mais bien la pensée qui dirige la main ; les tables et les corbeilles ne sont pas plus intelligentes que le bâton ; elles n'ont aucun sentiment intelligent, mais obéissent à une intelligence ; en un mot, ce n'est pas l'Esprit qui se transforme en corbeille, ni même qui y élit domicile. »

14. S'il n'est pas rationnel d'attribuer l'intelligence à ces objets, peut-on les considérer comme une variété de médiums en les désignant sous le nom de *médiums inertes* ?

« C'est une question de mots qui nous importe peu, pourvu que vous vous entendiez. Vous êtes libres d'appeler homme une marionnette. »

Aptitude de certains médiums pour les choses qu'ils ne connaissent pas : les langues, la musique, le dessin

15. Les Esprits n'ont que le langage de la pensée ; ils n'ont pas de langage articulé ; c'est pourquoi il n'y a pour eux qu'une seule langue ; d'après cela

un Esprit pourrait-il s'exprimer par voie médianimique dans une langue qu'il n'a jamais parlée de son vivant ; et dans ce cas, où puise-t-il les mots dont il se sert ?

« Vous venez vous-même de répondre à votre question en disant que les Esprits ont une seule langue qui est celle de la pensée ; cette langue est comprise de tous, aussi bien des hommes que des Esprits. L'Esprit errant, en s'adressant à l'Esprit incarné du médium, ne lui parle ni français, ni anglais, mais la langue universelle qui est celle de la pensée ; pour traduire ses idées dans un langage articulé, transmissible, il puise ses mots dans le vocabulaire du médium. »

16. S'il en est ainsi, l'Esprit ne devrait pouvoir s'exprimer que dans la langue du médium, tandis qu'on en voit écrire dans des langues inconnues de ce dernier ; n'y a-t-il pas là une contradiction ?

« Remarquez d'abord que tous les médiums ne sont pas également propres à ce genre d'exercice, et ensuite que les Esprits ne s'y prêtent qu'accidentellement, quand ils jugent que cela peut être utile ; mais, pour les communications usuelles et d'une certaine étendue, ils préfèrent se servir d'une langue familière, parce qu'elle leur présente moins de difficulté matérielle à vaincre. »

17. L'aptitude de certains médiums à écrire dans une langue qui leur est étrangère ne viendrait-elle pas de ce que cette langue leur aurait été familière dans une autre existence, et qu'ils en auraient conservé l'intuition ?

« Cela peut certainement avoir lieu, mais ce n'est pas une règle ; l'Esprit peut, avec quelques efforts, surmonter momentanément la résistance matérielle qu'il rencontre ; c'est ce qui arrive quand le médium écrit, dans sa propre langue, des mots qu'il ne connaît pas. »

18. Une personne qui ne saurait pas écrire pourrait-elle écrire comme un médium ?

« Oui ; mais on conçoit qu'il y a là encore une grande difficulté mécanique à vaincre, la main n'ayant pas l'habitude du mouvement nécessaire pour former les lettres. Il en est de même chez les médiums dessinateurs qui ne savent pas dessiner. »

19. Un médium très peu intelligent pourrait-il transmettre des communications d'un ordre élevé ?

« Oui, par la même raison qu'un médium peut écrire dans une langue qu'il ne connaît pas. La médiumnité proprement dite est indépendante de l'intelligence aussi bien que des qualités morales, et à défaut d'un meilleur instrument l'Esprit peut se servir de celui qu'il a sous la main, mais il est naturel que, pour les communications d'un certain ordre, il préfère le médium qui lui offre le moins d'obstacles matériels. Et puis une autre considération : l'idiot n'est souvent idiot que par l'imperfection de ses organes, mais son Esprit peut être plus avancé que vous ne croyez ; vous en avez la preuve par certaines évocations d'idiots morts ou vivants. »

Remarque. Ceci est un fait constaté par l'expérience ; nous avons plusieurs fois évoqué des idiots vivants qui ont donné des preuves patentes de leur identité, et répondaient d'une manière très sensée et même supérieure. Cet état est une punition pour l'Esprit qui souffre de la contrainte où il se trouve. Un médium idiot peut donc quelquefois offrir à l'Esprit qui veut se manifester plus de ressources qu'on ne croit. (Voir *Revue Spirite*, juillet 1860, article sur la *Phrénologie* et la *Physiognomonie*.)

20. D'où vient l'aptitude de certains médiums à écrire en vers, malgré leur ignorance en fait de poésie ?

« La poésie est un langage ; ils peuvent écrire en vers, comme ils peuvent écrire dans une langue qu'ils ne connaissent pas ; et puis, ils peuvent avoir été poètes dans une autre existence, et, comme on vous l'a dit, les connaissances acquises ne sont jamais perdues pour l'Esprit qui doit arriver à la perfection en toutes choses. Alors ce qu'ils ont su leur donne, sans qu'ils s'en doutent, une facilité qu'ils n'ont pas dans l'état ordinaire. »

21. En est-il de même de ceux qui ont une aptitude spéciale pour le dessin et la musique ? « Oui ; le dessin et la musique sont aussi des manières d'exprimer la pensée ; les Esprits se servent des instruments qui leur offrent le plus de facilité. »

22. L'expression de la pensée par la poésie, le dessin ou la musique dépend-elle uniquement de l'aptitude spéciale du médium ou de celle de l'Esprit qui se communique ?

« Quelquefois du médium, quelquefois de l'Esprit. Les Esprits supérieurs ont toutes les aptitudes ; les Esprits inférieurs ont des connaissances bornées. »

23. Pourquoi l'homme qui a un talent transcendant dans une existence ne l'a-t-il plus dans une existence suivante ?

« Il n'en est pas toujours ainsi, car souvent il perfectionne dans une existence ce qu'il a commencé dans une précédente ; mais il peut arriver qu'une faculté transcendante sommeille pendant un certain temps pour en laisser une autre plus libre de se développer ; c'est un germe latent qui se retrouvera plus tard, et dont il reste toujours quelques traces, ou tout au moins une vague intuition. »

224. L'Esprit étranger comprend sans doute toutes les langues, puisque les langues sont l'expression de la pensée, et que l'Esprit comprend par la pensée ; mais pour rendre cette pensée, il faut un instrument : cet instrument est le médium. L'âme du médium qui reçoit la communication étrangère ne peut la transmettre que par les organes de son corps ; or, ces organes ne peuvent avoir pour une langue inconnue la flexibilité qu'ils ont pour celle qui leur est familière. Un médium qui ne sait que le français pourra bien, accidentellement, donner une réponse en anglais, par exemple, s'il plaît à l'Esprit de le faire ; mais les Esprits qui trouvent déjà le langage humain trop lent, eu égard à la rapidité de la pensée, puisqu'ils l'abrègent autant qu'ils peuvent, s'impatientent de la résistance mécanique qu'ils éprouvent ; voilà pourquoi ils ne le font pas toujours. C'est aussi la raison pour laquelle un médium novice, qui écrit péniblement et avec lenteur, même dans sa propre langue, n'obtient en général que des réponses brèves et sans développement ; aussi les Esprits recommandent-ils de ne faire par son intermédiaire que des questions simples. Pour celles d'une haute portée, il faut un médium formé qui n'offre aucune difficulté mécanique à l'Esprit. Nous ne prendrions pas pour notre lecteur un écolier qui épelle. Un bon ou-

vrier n'aime pas à se servir de mauvais outils. Ajoutons une autre considération d'une grande gravité en ce qui concerne les langues étrangères. Les essais de ce genre sont toujours faits dans un but de curiosité et d'expérimentation ; or, rien n'est plus antipathique aux Esprits que les épreuves auxquelles on essaie de les soumettre. Les Esprits supérieurs ne s'y prêtent jamais, et quittent dès que l'on veut entrer dans cette voie. Autant ils se complaisent aux choses utiles et sérieuses, autant ils répugnent à s'occuper de choses futiles et sans but. C'est, diront les incrédules, pour nous convaincre, et ce but est utile, puisqu'il peut gagner des adeptes à la cause des Esprits. À cela, les Esprits répondent : « Notre cause n'a pas besoin de ceux qui ont assez d'orgueil pour se croire indispensables ; nous appelons à nous *ceux que nous voulons*, et ce sont souvent les plus petits et les plus humbles. Jésus a-t-il fait les miracles que lui demandaient les scribes, et de quels hommes s'est-il servi pour révolutionner le monde ? Si vous voulez vous convaincre, vous avez d'autres moyens que des tours de force ; commencez d'abord par vous soumettre : il n'est pas dans l'ordre que l'écolier impose sa volonté à son maître. »

Il résulte de là qu'à quelques exceptions près, le médium rend la pensée des Esprits par les moyens mécaniques qui sont à sa disposition, et que l'expression de cette pensée peut, et doit même le plus souvent se ressentir de l'imperfection de ces moyens ; ainsi, l'homme inculte, le paysan, pourra dire les plus belles choses, exprimer les pensées les plus élevées, les plus philosophiques, en parlant comme un paysan ; car, on le sait, pour les Esprits la pensée domine tout. Ceci répond à l'objection de certains critiques au sujet des incorrections de style et d'orthographe qu'on peut avoir à reprocher aux Esprits, et qui peuvent venir du médium aussi bien que de l'Esprit. Il y a de la futilité à s'attacher à de pareilles choses. Il n'est pas moins puéril de s'attacher à reproduire ces incorrections avec une minutieuse exactitude, comme nous l'avons vu faire quelquefois. On peut donc les corriger sans aucun scrupule, à moins qu'elles ne soient un type caractéristique de l'Esprit qui se communique, auquel cas il est utile de les conserver comme preuve d'identité. C'est ainsi, par exemple, que nous avons vu un Esprit écrire constamment *Jule* (sans *s*) en parlant à son petit-fils, parce que, de son vivant, il l'écrivait de cette manière, et quoique le petit-fils, qui servait de médium, sût parfaitement écrire son nom.

Dissertation d'un Esprit sur le rôle des médiums

225. La dissertation suivante, donnée spontanément par un Esprit supérieur qui s'est révélé par des communications de l'ordre le plus élevé, résume de la manière la plus claire et la plus complète la question du rôle des médiums :

« Quelle que soit la nature des médiums écrivains, qu'ils soient mécaniques, semi-mécaniques ou simplement intuitifs, nos procédés de communication avec eux ne varient pas essentiellement. En effet, nous communiquons avec les Esprits incarnés eux-mêmes, comme avec les Esprits proprement dits, par le seul rayonnement de notre pensée.

Nos pensées n'ont pas besoin du vêtement de la parole pour être comprises par les Esprits, et tous les Esprits perçoivent la pensée que nous désirons leur communiquer, par cela seul que nous dirigeons cette pensée vers eux, et ce en raison de leurs facultés intellectuelles ; c'est-à-dire que telle pensée peut être comprise par tels et tels, suivant leur avancement, tandis que chez tels autres, cette pensée ne réveillant aucun souvenir, aucune connaissance au fond de leur cœur ou de leur cerveau, n'est pas perceptible pour eux. Dans ce cas, l'Esprit incarné qui nous sert de médium est plus propre à rendre notre pensée pour les autres incarnés, bien qu'il ne la comprenne pas, qu'un Esprit désincarné et peu avancé ne pourrait le faire, si nous étions forcés de recourir à son intermédiaire ; car l'être terrestre met son corps, comme instrument, à notre disposition, ce que l'Esprit errant ne peut faire.

Ainsi, quand nous trouvons dans un médium le cerveau meublé de connaissances acquises dans sa vie actuelle, et son Esprit riche de connaissances antérieures latentes, propres à faciliter nos communications, nous nous en servons de préférence, parce qu'avec lui le phénomène de la communication nous est beaucoup plus facile qu'avec un médium dont l'intelligence serait bornée, et dont les connaissances antérieures seraient restées insuffisantes. Nous allons nous faire comprendre par quelques explications nettes et précises.

Avec un médium dont l'intelligence actuelle ou antérieure se trouve développée, notre pensée se communique instantanément d'Esprit à Esprit, par une faculté propre à l'essence de l'Esprit lui-même. Dans ce cas, nous trouvons dans le cerveau du médium les éléments propres à donner à notre pensée le vêtement de la parole correspondant à cette pensée, et cela que le médium soit intuitif, semi-mécanique ou mécanique pur. C'est pourquoi, quelle que soit la diversité des Esprits qui se communiquent à un médium, les dictées obtenues par lui, tout en procédant d'Esprits divers, portent un cachet de forme et de couleur personnel à ce médium. Oui, bien que la pensée lui soit tout à fait étrangère, bien que le sujet sorte du cadre dans lequel il se meut habituellement lui-même, bien que ce que nous voulons dire ne provienne en aucune façon de lui, il n'en influence pas moins la forme, par les qualités, les propriétés qui sont adéquates à son individu. C'est absolument comme lorsque vous regardez différents points de vue avec des lunettes nuancées, vertes, blanches ou bleues ; bien que les points de vue ou objets regardés soient tout à fait opposés et tout à fait indépendants les uns des autres, ils n'en affectent pas moins toujours une teinte qui provient de la couleur des lunettes. Ou mieux, comparons les médiums à ces bocaux pleins de liquides colorés et transparents que l'on voit dans la montre des officines pharmaceutiques ; eh bien, nous sommes comme des lumières qui éclairons certains points de vue moraux, philosophiques et internes, à travers des médiums bleus, verts ou rouges, de telle sorte que nos rayons lumineux, obligés de passer à travers des verres plus ou moins bien taillés, plus ou moins transparents, c'est-à-dire par des médiums plus ou moins intelligents, n'arrivent sur les objets que nous voulons éclairer qu'en empruntant la teinte, ou mieux la forme propre et particulière à ces médiums.

Enfin, pour terminer par une dernière comparaison, nous, Esprits, sommes comme des compositeurs de musique qui avons composé ou voulons improviser un air, et n'avons sous la main qu'un piano, qu'un violon, qu'une flûte, qu'un basson ou qu'un sifflet de deux sous. Il est incontestable qu'avec le piano, la flûte ou le violon nous exécuterons notre morceau d'une manière très compréhensible pour nos auditeurs ; bien que les sons provenant du piano, du basson ou de la clarinette soient essentiellement différents les uns des autres, notre composition n'en sera pas moins identiquement la même, sauf les nuances du son. Mais si nous n'avons à notre disposition qu'un sifflet de deux sous ou qu'un entonnoir de fontainier, là pour nous gît la difficulté.

En effet, quand nous sommes obligés de nous servir de médiums peu avancés, notre travail devient bien plus long, bien plus pénible, parce que nous sommes obligés d'avoir recours à des formes incomplètes, ce qui est une complication pour nous ; car alors, nous sommes forcés de décomposer nos pensées et de procéder, mots par mots, lettres par lettres, ce qui est un ennui et une fatigue pour nous, et une entrave réelle à la promptitude et au développement de nos manifestations.

C'est pourquoi nous sommes heureux de trouver des médiums bien appropriés, bien outillés, munis de matériaux prêts à fonctionner, bons instruments en un mot, parce qu'alors notre périsprit, agissant sur le périsprit de celui que nous *médianimisons*, n'a plus qu'à donner l'impulsion à la main qui nous sert de porte-plume ou de porte-crayon ; tandis qu'avec les médiums insuffisants, nous sommes obligés de faire un travail analogue à celui que nous faisons quand nous nous communiquons par des coups frappés, c'est-à-dire en désignant lettre par lettre, mot par mot, chacune des phrases qui forment la traduction des pensées que nous voulons communiquer.

C'est pour ces raisons que nous nous sommes adressés de préférence aux classes éclairées et instruites, pour la divulgation du Spiritisme et le développement des facultés médianimiques scriptives, bien que ce soit parmi ces classes que se rencontrent les individus les plus incrédules, les plus rebelles et les plus immoraux. C'est que de même que nous laissons aujourd'hui, aux Esprits jongleurs et peu avancés l'exercice des communications tangibles de coups et d'apports, de même les hommes peu sérieux parmi vous préfèrent-ils la vue des phénomènes qui frappent leurs yeux ou leurs oreilles, aux phénomènes purement spirituels, purement psychologiques.

Quand nous voulons procéder par dictées spontanées, nous agissons sur le cerveau, sur les casiers du médium, et nous assemblons nos matériaux avec les éléments qu'il nous fournit, et cela tout à fait à son insu ; c'est comme si nous prenions dans sa bourse les sommes qu'il peut y avoir, et que nous en arrangions les différentes monnaies suivant l'ordre qui nous paraîtrait le plus utile.

Mais quand le médium veut lui-même nous interroger de telle ou telle façon, il est bon qu'il y réfléchisse sérieusement afin de nous questionner d'une façon méthodique, en nous facilitant ainsi notre travail de réponse. Car, comme il vous a été dit dans une précédente instruction, votre cerveau est souvent dans un désordre inextricable, et il nous est aussi pénible que difficile de nous mouvoir dans le dédale de vos pensées. Quand des questions doivent être posées par des tiers, il est bon, il est utile que la série des questions soit communiquée, par avance, au médium, pour que celui-ci s'identifie avec l'Esprit de l'évocateur, et s'en imprègne pour ainsi dire ; parce que nous-mêmes avons alors bien plus de facilité pour répondre, par l'affinité qui existe entre notre périsprit et celui du médium qui nous sert d'interprète.

Certainement, nous pouvons parler mathématiques au moyen d'un médium qui y a l'air tout à fait étranger ; mais souvent, l'Esprit de ce médium possède cette connaissance à l'état latent, c'est-à-dire personnel à l'être fluidique et non à l'être incarné, parce que son corps actuel est un instrument rebelle ou contraire à cette connaissance. Il en est de même de l'astronomie, de la poésie, de la médecine, et des langues diverses ainsi que de toutes les autres connaissances particulières à l'espèce humaine. Enfin, nous avons encore le moyen de l'élaboration pénible en usage avec les médiums complètement étrangers au sujet traité, en assemblant les lettres et les mots comme en typographie.

Comme nous l'avons dit, les Esprits n'ont pas besoin de revêtir leur pensée ; ils perçoivent et communiquent la pensée, par ce fait seul qu'elle existe en eux. Les êtres corporels, au contraire, ne peuvent percevoir la pensée que revêtue. Tandis que la lettre le mot, le substantif, le verbe, la phrase en un mot, vous sont nécessaires pour percevoir même mentalement, aucune forme visible ou tangible n'est nécessaire pour nous. » (ÉRASTE et TIMOTHÉE.)

Remarque. Cette analyse du rôle des médiums, et des procédés à l'aide desquels les Esprits se communiquent, est aussi claire que logique. Il en découle ce principe, que l'Esprit puise, *non ses idées*, mais les matériaux nécessaires pour les exprimer dans le cerveau du médium, et que plus ce cerveau est riche en matériaux, plus la communication est facile. Lorsque l'Esprit s'exprime dans la langue familière au médium, il trouve en lui les mots tout formés pour revêtir l'idée ; si c'est dans une langue qui lui est étrangère, il n'y trouve pas les mots, mais simplement les lettres ; c'est pourquoi l'Esprit est obligé de dicter, pour ainsi dire, lettre à lettre, exactement comme si nous voulions faire écrire de l'allemand à celui qui n'en sait pas le premier mot. Si le médium ne sait ni lire ni écrire, il ne possède pas même les lettres ; il faut donc lui conduire la main comme à un écolier ; et là est une difficulté matérielle encore plus grande à vaincre. Ces phénomènes sont donc possibles, et l'on en a de nombreux exemples ; mais on comprend que cette manière de procéder s'accorde peu avec l'étendue et la rapidité des communications, et que les Esprits doivent préférer les instruments les plus faciles, ou, comme ils le disent, les médiums bien outillés à leur point de vue.

Si ceux qui demandent ces phénomènes comme moyen de conviction avaient préalablement étudié la théorie, ils sauraient dans quelles conditions exceptionnelles ils se produisent.

CHAPITRE XX

INFLUENCE MORALE DU MÉDIUM

Questions diverses

226. 1. Le développement de la médiumnité est-il en raison du développement moral du médium ?

« Non ; la faculté proprement dite tient à l'organisme ; elle est indépendante du moral ; il n'en est pas de même de l'usage, qui peut être plus ou moins bon, suivant les qualités du médium. »

2. Il a toujours été dit que la médiumnité est un don de Dieu, une grâce, une faveur ; pourquoi donc n'est-elle pas le privilège des hommes de bien, et pourquoi voit-on des gens indignes qui en sont doués au plus haut degré et qui en mésusent ?

« Toutes les facultés sont des faveurs dont on doit rendre grâce à Dieu, puisqu'il y a des hommes qui en sont privés. Vous pourriez aussi demander pourquoi Dieu accorde une bonne vue à des malfaiteurs, de l'adresse aux filous, l'éloquence à ceux qui s'en servent pour dire de mauvaises choses. Il en est de même de la médiumnité ; des gens indignes en sont doués, parce qu'ils en ont plus besoin que les autres pour s'améliorer ; pensez-vous que Dieu refuse les moyens de salut aux coupables ? Il les multiplie sous leurs pas ; *il les leur met dans les mains,* c'est à eux d'en profiter. Judas le traître n'a-t-il pas fait des miracles et guéri des malades comme apôtre ? Dieu a permis qu'il eût ce don pour rendre sa trahison plus odieuse. »

3. Les médiums qui font un mauvais usage de leur faculté, qui ne s'en servent pas en vue du bien, ou qui n'en profitent pas pour leur instruction, en subiront-ils les conséquences ?

« S'ils en usent mal, ils en seront doublement punis, parce qu'ils ont un moyen de plus de s'éclairer et qu'ils ne le mettent pas à profit. Celui qui voit clair et qui trébuche est plus blâmable que l'aveugle qui tombe dans le fossé. »

4. Il y a des médiums à qui il est fait spontanément, et presque constamment, des communications sur un même sujet, sur certaines questions morales, par exemple, sur certains défauts déterminés ; cela a-t-il un but ?

« Oui, et ce but est de les éclairer sur un sujet souvent répété, ou de les corriger de certains défauts ; c'est pourquoi à l'un ils parleront sans cesse de l'orgueil, à un autre de la charité ; ce n'est que la satiété qui peut leur ouvrir enfin les yeux. Il n'y a pas de médium mésusant de sa faculté, par ambition ou par intérêt, ou la compromettant par un défaut capital, comme l'orgueil, l'égoïsme, la légèreté, etc., qui ne reçoive de temps en temps quelques avertissements de la part des Esprits ; le mal est que la plupart du temps ils ne prennent pas cela pour eux. »

Remarque. Les Esprits mettent souvent des ménagements dans leurs leçons ; ils les donnent d'une manière indirecte pour laisser plus de mérite à celui qui sait se les appliquer et en profiter ; mais l'aveuglement et l'orgueil sont tels chez certaines personnes qu'elles ne se reconnaissent pas au tableau qu'on leur met sous les yeux ; bien plus, si l'Esprit leur donne à entendre que c'est d'elles qu'il s'agit, elles se fâchent et traitent l'Esprit de menteur ou de mauvais plaisant. Cela seul prouve que l'Esprit a raison.

5. Dans les leçons qui sont dictées au médium d'une manière générale et sans application personnelle, celui-ci n'agit-il pas comme instrument passif pour servir à l'instruction d'autrui ?

« Souvent, ces avis et ces conseils ne sont pas dictés pour lui personnellement, mais bien pour les autres auxquels nous ne pouvons nous adresser que par l'intermédiaire de ce médium, mais qui doit en prendre sa part, s'il n'est pas aveuglé par l'amour-propre.

Ne croyez pas que la faculté médianimique ait été donnée pour corriger seulement une ou deux personnes ; non ; le but est plus grand : il s'agit de l'humanité. Un médium est un instrument trop peu important comme individu ; c'est pourquoi, lorsque nous donnons des instructions qui doivent profiter à la généralité, nous nous servons de ceux qui possèdent les facilités nécessaires ; mais admettez pour certain qu'il viendra un temps où les bons médiums seront assez communs, pour que les bons Esprits n'aient pas besoin de se servir de mauvais instruments. »

6. Puisque les qualités morales du médium éloignent les Esprits imparfaits, comment se fait-il qu'un médium doué de bonnes qualités transmette des réponses fausses ou grossières ?

« Connais-tu tous les replis de son âme ? D'ailleurs, sans être vicieux il peut être léger et frivole ; et puis quelquefois aussi il a besoin d'une leçon, afin qu'il se tienne en garde. »

7. Pourquoi les Esprits supérieurs permettent-ils que des personnes douées d'une grande puissance comme médiums, et qui pourraient faire beaucoup de bien, soient les instruments de l'erreur ?

« Ils tâchent de les influencer ; mais quand elles se laissent entraîner dans une mauvaise voie, ils les laissent aller. C'est pourquoi ils s'en servent avec répugnance, car *la vérité ne peut être interprétée par le mensonge.* »

8. Est-il absolument impossible d'avoir de bonnes communications par un médium imparfait ? « Un médium imparfait peut quelquefois obtenir de bonnes choses, parce que, s'il a une belle faculté, de bons Esprits peuvent s'en servir à défaut d'un autre dans une circonstance particulière ; mais ce n'est toujours que momentanément, car dès qu'ils en trouvent un qui leur convient mieux, ils lui donnent la préférence. »

Remarque. Il est à observer que lorsque les bons Esprits jugent qu'un médium cesse d'être bien assisté, et devient, par ses imperfections, la proie des Esprits trompeurs, ils provoquent presque toujours des circonstances qui dévoilent ses travers, et l'éloignent des gens sérieux et bien intentionnés dont la bonne foi pourrait être abusée. Dans ce cas, quelles que soient ses facultés, il n'est pas à regretter.

9. Quel serait le médium que l'on pourrait appeler parfait ?

« Parfait, hélas ! vous savez bien que la perfection n'est pas sur la terre, sans cela vous n'y seriez pas ; dites donc bon médium, et c'est déjà beaucoup, car ils sont rares. Le médium parfait serait celui sur lequel les mauvais Esprits n'auraient jamais *osé* faire une tentative pour le tromper ; le meilleur est celui qui, ne sympathisant qu'avec de bons Esprits, a été trompé le moins souvent. »

10. *S'il ne sympathise qu'avec de bons Esprits, comment peuvent-ils permettre qu'il soit trompé ?*

« Les bons Esprits le permettent quelquefois avec les meilleurs médiums pour exercer leur jugement et leur apprendre à discerner le vrai du faux ; et puis, quelque bon que soit un médium, il n'est jamais si parfait qu'il ne puisse donner prise sur lui par quelque côté faible ; cela doit lui servir de leçon. Les fausses communications qu'il reçoit de temps en temps sont des avertissements pour qu'il ne se croie pas infaillible et ne s'enorgueillisse pas ; car le médium qui obtient les choses les plus remarquables n'a pas plus à s'en glorifier que le joueur d'orgue qui produit de beaux airs en tournant la manivelle de son instrument. »

11. *Quelles sont les conditions nécessaires pour que la parole des Esprits supérieurs nous arrive pure de toute altération ?*

« Vouloir le bien ; chasser l'*égoïsme* et l'*orgueil* : l'un et l'autre sont nécessaires. »

12. *Si la parole des Esprits supérieurs ne nous arrive pure que dans des conditions difficiles à rencontrer, n'est-ce pas un obstacle à la propagation de la vérité ?*

« Non, car la lumière arrive toujours à celui qui veut la recevoir. Quiconque veut s'éclairer doit fuir les ténèbres, et les ténèbres sont dans l'impureté du cœur.

Les Esprits que vous regardez comme la personnification du bien ne se rendent point volontiers à l'appel de ceux dont le cœur est souillé par l'orgueil, la cupidité et le manque de charité.

Que ceux-là donc qui veulent s'éclairer dépouillent toute vanité humaine et humilient leur raison devant la puissance infinie du Créateur, ce sera la meilleure preuve de leur sincérité ; et cette condition, chacun peut la remplir. »

227. Si le médium, au point de vue de l'exécution, n'est qu'un instrument, il exerce sous le rapport moral une très grande influence. Puisque, pour se communiquer, l'Esprit étranger s'identifie avec l'Esprit du médium, cette identification ne peut avoir lieu qu'autant qu'il y a entre eux sympathie, et si l'on peut dire affinité. L'âme exerce sur l'Esprit étranger une sorte d'attraction ou de répulsion, selon le degré de leur similitude ou de leur dissemblance ; or, les bons ont de l'affinité pour les bons, et les mauvais pour les mauvais ; d'où il suit que les qualités morales du médium ont une influence capitale sur la nature des Esprits qui se communiquent par son intermédiaire. S'il est vicieux, les Esprits inférieurs viennent se grouper autour de lui et sont toujours prêts à prendre la place des bons Esprits que l'on a appelés. Les qualités qui attirent de préférence les bons Esprits sont : la bonté, la bienveillance, la simplicité du cœur, l'amour du prochain, le détachement des choses matérielles ; les défauts qui les repoussent sont : l'orgueil, l'égoïsme, l'envie, la jalousie, la haine, la cupidité, la sensualité, et toutes les passions par lesquelles l'homme s'attache à la matière.

228. Toutes les imperfections morales sont autant de portes ouvertes qui donnent accès aux mauvais Esprits ; mais celle qu'ils exploitent avec le plus d'habileté, c'est l'orgueil, parce que c'est celle qu'on s'avoue le moins à soi-même ; l'orgueil a perdu de nombreux médiums doués des plus belles facul-

tés, et qui, sans cela, eussent pu devenir des sujets remarquables et très utiles; tandis que, devenus la proie d'Esprits menteurs, leurs facultés se sont d'abord perverties, puis annihilées, et plus d'un s'est vu humilié par les plus amères déceptions.

L'orgueil se traduit chez les médiums par des signes non équivoques sur lesquels il est d'autant plus nécessaire d'appeler l'attention, que c'est un des travers qui doivent le plus inspirer de défiance sur la véracité de leurs communications. C'est d'abord une confiance aveugle dans la supériorité de ces mêmes communications, et dans l'infaillibilité de l'Esprit qui les leur donne; de là un certain dédain pour tout ce qui ne vient pas d'eux, car ils se croient le privilège de la vérité. Le prestige des grands noms dont se parent les Esprits qui sont censés les protéger les éblouit, et comme leur amour-propre souffrirait d'avouer qu'ils sont dupes, ils repoussent toute espèce de conseils; ils les évitent même en s'éloignant de leurs amis et de quiconque pourrait ouvrir leurs yeux; s'ils ont la condescendance de les écouter, ils ne tiennent aucun compte de leurs avis, car douter de la supériorité de leur Esprit, c'est presque une profanation. Ils s'offusquent de la moindre contradiction, d'une simple observation critique, et vont quelquefois jusqu'à prendre en haine les personnes mêmes qui leur ont rendu service. À la faveur de cet isolement provoqué par les Esprits qui ne veulent pas avoir de contradicteurs, ceux-ci ont beau jeu pour les entretenir dans leurs illusions, aussi leur font-ils aisément prendre les plus grosses absurdités pour des choses sublimes. Ainsi, confiance absolue dans la supériorité de ce qu'ils obtiennent, mépris de ce qui ne vient pas d'eux, importance irréfléchie attachée aux grands noms, rejet des conseils, prise en mauvaise part de toute critique, éloignement de ceux qui peuvent donner des avis désintéressés, croyance à leur habileté malgré leur défaut d'expérience: tels sont les caractères des médiums orgueilleux.

Il faut convenir aussi que l'orgueil est souvent excité chez le médium par son entourage. S'il a des facultés un peu transcendantes, il est recherché et prôné; il se croit indispensable et bientôt affecte des airs de suffisance et de dédain quand il prête son concours. Nous avons eu plus d'une fois lieu de regretter les éloges que nous avions donnés à certains médiums, dans le but de les encourager.

229. À côté de cela, mettons en regard le tableau du médium vraiment bon, celui en qui l'on peut avoir confiance. Nous supposons d'abord une facilité d'exécution assez grande pour permettre aux Esprits de se communiquer librement et sans être entravés par aucune difficulté matérielle. Ceci étant donné, ce qu'il importe le plus de considérer, c'est la nature des Esprits qui l'assistent d'habitude, et pour cela ce n'est pas au nom qu'il faut s'en rapporter, mais au langage. Il ne doit jamais perdre de vue que les sympathies qu'il se conciliera parmi les bons Esprits seront en raison de ce qu'il fera pour éloigner les mauvais. Persuadé que sa faculté est un don qui lui est accordé pour le bien, il ne cherche nullement à s'en prévaloir, il ne s'en fait aucun mérite. Il accepte les bonnes communications qui lui sont faites comme une grâce dont il doit s'efforcer de se rendre digne par sa bonté, par sa bienveillance et sa modestie. Le premier s'enorgueillit de ses

rapports avec les Esprits supérieurs ; celui-ci s'en humilie, parce qu'il se croit toujours au-dessous de cette faveur.

Dissertation d'un Esprit sur l'influence morale

230. L'instruction suivante nous a été donnée sur ce sujet par un Esprit dont nous avons déjà rapporté plusieurs communications :

« Nous l'avons déjà dit : les médiums, en tant que médiums, n'ont qu'une influence secondaire dans les communications des Esprits ; leur tâche est celle d'une machine électrique, qui transmet les dépêches télégraphiques d'un point éloigné à un autre point éloigné de la terre. Ainsi, quand nous voulons dicter une communication, nous agissons sur le médium comme l'employé du télégraphe sur son appareil ; c'est-à-dire de même que le *tac-tac* du télégraphe dessine à des milliers de lieues, sur une bande de papier, les signes reproducteurs de la dépêche, de même nous communiquons à travers les distances incommensurables qui séparent le monde visible du monde invisible, le monde immatériel du monde incarné, ce que nous voulons vous enseigner au moyen de l'appareil médianimique. Mais aussi, de même que les influences atmosphériques agissent et troublent souvent les transmissions du télégraphe électrique, l'influence morale du médium agit et trouble quelquefois la transmission de nos dépêches d'outre-tombe, parce que nous sommes obligés de les faire passer par un milieu qui leur est contraire. Cependant, le plus souvent cette influence est annulée par notre énergie et notre volonté, et aucun acte perturbateur ne se manifeste. En effet, des dictées d'une haute portée philosophique, des communications d'une parfaite moralité sont transmises quelquefois par des médiums peu propres à ces enseignements supérieurs ; tandis que, d'un autre côté, des communications peu édifiantes arrivent aussi quelquefois par des médiums tout honteux de leur avoir servi de conducteur.

En thèse générale, on peut affirmer que les Esprits similaires appellent les Esprits similaires, et que rarement les Esprits des pléiades élevées se communiquent par des appareils mauvais conducteurs, quand ils ont sous la main de bons appareils médianimiques, de bons médiums en un mot.

Les médiums légers et peu sérieux appellent donc des Esprits de même nature ; c'est pourquoi leurs communications sont empreintes de banalités, de frivolités, d'idées sans suite et souvent fort hétérodoxes, spiritement parlant. Certes, ils peuvent dire et disent quelquefois de bonnes choses ; mais c'est dans ce cas surtout qu'il faut apporter un examen sévère et scrupuleux ; car, au lieu de ces bonnes choses, certains Esprits hypocrites insinuent avec habileté et avec une perfidie calculée des faits controuvés, des assertions mensongères, afin de duper la bonne foi de leurs auditeurs. On doit alors élaguer sans pitié tout mot, toute phrase équivoques, et ne conserver de la dictée que ce que la logique accepte, ou ce que la doctrine a déjà enseigné. Les communications de cette nature ne sont à redouter que pour les Spirites isolés, les groupes récents ou peu éclairés ; car, dans les réunions où les adeptes sont plus avancés et ont acquis de l'expérience, le geai a beau se parer des plumes du paon, il est toujours impitoyablement éconduit.

Je ne parlerai pas des médiums qui se plaisent à solliciter et à écouter des communications ordurières ; laissons-les se complaire dans la société des Esprits cyniques. D'ailleurs, les communications de cet ordre recherchent d'elles-mêmes la solitude et l'isolement ; elles ne pourraient, en tout cas, que soulever le dédain et le dégoût parmi les membres des groupes philosophiques et sérieux. Mais où l'influence morale du médium se fait réellement sentir, c'est quand celui-ci substitue ses idées personnelles à celles que les Esprits s'efforcent de lui suggérer ; c'est encore lorsqu'il puise dans son imagination des théories fantastiques qu'il croit lui-même, de bonne foi, résulter d'une communication intuitive. Il y a souvent alors mille à parier contre un que ceci n'est que le reflet de l'Esprit personnel du médium ; et il arrive même ce fait curieux, c'est que la main du médium se meut quelquefois presque mécaniquement, poussée qu'elle est par un Esprit secondaire et moqueur. C'est contre cette pierre de touche que viennent se briser les imaginations ardentes ; car, emportés par la fougue de leurs propres idées, par le clinquant de leurs connaissances littéraires, les médiums méconnaissent la modeste dictée d'un sage Esprit, et, abandonnant la proie pour l'ombre, y substituent une paraphrase ampoulée. C'est contre cet écueil redoutable que viennent également échouer les personnalités ambitieuses qui, à défaut des communications que les bons Esprits leur refusent, présentent leurs propres œuvres comme l'œuvre de ces Esprits eux-mêmes. Voilà pourquoi il faut que les chefs des groupes spirites soient pourvus d'un tact exquis et d'une rare sagacité pour discerner les communications authentiques de celles qui ne le sont pas, et pour ne pas blesser ceux qui se font illusion à eux-mêmes.

Dans le doute, abstiens-toi, dit un de vos anciens proverbes ; n'admettez donc que ce qui est pour vous d'une évidence certaine. Dès qu'une opinion nouvelle se fait jour, pour peu qu'elle vous semble douteuse, passez-la au laminoir de la raison et de la logique ; ce que la raison et le bon sens réprouvent, rejetez-le hardiment ; mieux vaut repousser dix vérités qu'admettre un seul mensonge, une seule fausse théorie. En effet, sur cette théorie vous pourriez édifier tout un système qui croulerait au premier souffle de la vérité comme un monument bâti sur un sable mouvant, tandis que, si vous rejetez aujourd'hui certaines vérités parce qu'elles ne vous sont pas démontrées logiquement et clairement, bientôt un fait brutal ou une démonstration irréfutable viendra vous en affirmer l'authenticité.

Rappelez-vous, néanmoins, ô spirites ! qu'il n'y a d'impossible pour Dieu et pour les bons Esprits que l'injustice et l'iniquité.

Le spiritisme est assez répandu maintenant parmi les hommes, et a suffisamment moralisé les adeptes sincères de sa sainte doctrine, pour que les Esprits ne soient plus réduits à employer de mauvais outils, des médiums imparfaits. Si donc maintenant un médium, quel qu'il soit, donne, par sa conduite ou ses mœurs, par son orgueil, par son manque d'amour et de charité, un légitime sujet de suspicion, repoussez, repoussez ses communications, car il y a un serpent caché dans l'herbe. Voilà ma conclusion sur l'influence morale des médiums. » (ÉRASTE.)

THE BIG HORN
IS
WITH US

CHAPITRE XXI
INFLUENCE DU MILIEU

231. 1. Le milieu dans lequel se trouve le médium exerce-t-il une influence sur les manifestations ?

« Tous les Esprits qui entourent le médium l'aident dans le bien comme dans le mal. »

2. Les Esprits supérieurs ne peuvent-ils triompher du mauvais vouloir de l'Esprit incarné qui leur sert d'interprète et de ceux qui l'entourent ?

« Oui, quand ils le jugent utile, et selon l'intention de la personne qui s'adresse à eux. Nous l'avons déjà dit : les Esprits les plus élevés peuvent quelquefois se communiquer par une faveur spéciale, malgré l'imperfection du médium et du milieu, mais alors ceux-ci y demeurent complètement étrangers. »

3. Les Esprits supérieurs cherchent-ils à ramener les réunions futiles à des idées plus sérieuses ?

« Les Esprits supérieurs ne vont pas dans les réunions où ils savent que leur présence est inutile. Dans les milieux peu instruits, mais où il y a de la sincérité, nous allons volontiers quand même nous n'y trouverions que de médiocres instruments ; mais dans les milieux instruits où l'ironie domine, nous n'allons pas. Là, il faut parler aux yeux et aux oreilles : c'est le rôle des Esprits frappeurs et moqueurs. Il est bon que les gens qui se targuent de leur science soient humiliés par les Esprits les moins savants et les moins avancés. »

4. L'accès des réunions sérieuses est-il interdit aux Esprits inférieurs ?

« Non, ils y restent quelquefois afin de profiter des enseignements qui vous sont donnés ; mais ils se taisent *comme des étourdis dans l'assemblée des sages.* »

232. Ce serait une erreur de croire qu'il faut être médium pour attirer à soi les êtres du monde invisible. L'espace en est peuplé ; nous en avons sans cesse autour de nous, à nos côtés, qui nous voient, nous observent, se mêlent à nos réunions, qui nous suivent ou nous fuient selon que nous les attirons ou les repoussons. La faculté médianimique n'est rien pour cela : elle n'est qu'un moyen de communication. D'après ce que nous avons vu sur les causes de sympathie ou d'antipathie des Esprits, on comprendra aisément que nous devons être entourés de ceux qui ont de l'affinité pour notre propre Esprit, selon qu'il est élevé ou dégradé. Considérons maintenant l'état moral de notre globe, et l'on comprendra quel est le genre d'Esprits qui doit dominer parmi les Esprits errants. Si nous prenons chaque peuple en particulier, nous pourrons juger, par le caractère dominant des habitants, par leurs préoccupations, leurs sentiments plus ou moins moraux et *humanitaires*, des ordres d'Esprits qui s'y donnent de préférence rendez-vous.

Partant de ce principe, supposons une réunion d'hommes légers, inconséquents, occupés de leurs plaisirs ; quels seront les Esprits qui s'y trouveront de préférence ? Ce ne seront pas assurément des Esprits supérieurs, pas plus que nos savants et nos philosophes n'iraient y passer leur temps. Ainsi, toutes les fois que des hommes s'assemblent, ils ont avec eux une assemblée occulte qui sympathise avec leurs qualités ou leurs travers, et cela *abstraction faite de toute pensée d'évocation.* Admettons maintenant qu'ils aient la possibilité de s'entretenir avec les êtres du monde invisible par un interprète, c'est-à-dire par un médium ; quels sont ceux qui vont répondre à leur appel ? Évidemment ceux qui sont là, tout prêts, et qui ne cherchent qu'une occasion de se communiquer. Si, dans une assemblée futile, on appelle un Esprit supérieur, il pourra venir, et même faire entendre quelques paroles raisonnables, comme un bon pasteur vient au milieu de ses brebis égarées ; mais du moment qu'il ne se voit ni compris ni écouté, il s'en va, comme vous le feriez vous-même à sa place, et les autres ont leurs coudées franches.

233. Il ne suffit pas toujours qu'une assemblée soit sérieuse pour avoir des communications d'un ordre élevé ; il y a des gens qui ne rient jamais, et dont le cœur n'en est pas plus pur ; or, c'est le cœur surtout qui attire les bons Esprits. Aucune condition morale n'exclut les communications spirites ; mais si l'on est dans de mauvaises conditions, on cause avec ses pareils, qui ne se font pas faute de nous tromper, et souvent caressent nos préjugés.

On voit par là l'énorme influence du milieu sur la nature des manifestations intelligentes ; mais cette influence ne s'exerce point comme l'ont prétendu quelques personnes, alors qu'on ne connaissait pas encore le monde des Esprits comme on le connaît aujourd'hui, et avant que des expériences plus concluantes soient venues éclaircir les doutes. Lorsque des communications concordent avec l'opinion des assistants, ce n'est point parce que cette opinion se réfléchit dans l'Esprit du médium comme dans un miroir, c'est parce que vous avez avec vous des Esprits qui vous sont sympathiques pour le bien comme pour le mal, et qui abondent dans votre sens ; et ce qui le prouve, c'est que si vous avez la force d'attirer à vous d'autres Esprits que ceux qui vous entourent, ce même médium va vous tenir un langage tout différent, et vous dire les choses les plus éloignées de votre pensée et de vos convictions. En résumé, les conditions du milieu seront d'autant meilleures qu'il y aura plus d'homogénéité pour le bien, plus de sentiments purs et élevés, plus de désir sincère de s'instruire sans arrière-pensée.

CHAPITRE XXII
DE LA MÉDIANIMITÉ CHEZ LES ANIMAUX

Dissertation d'un esprit sur cette question

234. Les animaux peuvent-ils être médiums ? On s'est souvent posé cette question, et certains faits sembleraient y répondre affirmativement. Ce qui a pu surtout accréditer cette opinion, ce sont les signes remarquables d'intelligence de quelques oiseaux dressés qui paraissent deviner la pensée et tirent d'un paquet de cartes celles qui peuvent amener la réponse exacte à une question proposée. Nous avons observé ces expériences avec un soin tout particulier, et ce que nous avons le plus admiré, c'est l'art qu'il a fallu déployer pour l'instruction de ces oiseaux. On ne peut sans doute leur refuser une certaine dose d'intelligence relative, mais il faudrait convenir que, dans cette circonstance, leur perspicacité dépasserait de beaucoup celle de l'homme, car il n'est personne qui puisse se flatter de faire ce qu'ils font ; il faudrait même, pour certaines expériences, leur supposer un don de seconde vue supérieur à celui des somnambules les plus clairvoyants. En effet, on sait que la lucidité est essentiellement variable, et qu'elle est sujette à de fréquentes intermittences, tandis que chez ces oiseaux elle serait permanente et fonctionnerait à point nommé avec une régularité et une précision que l'on ne voit chez aucun somnambule ; en un mot, elle ne leur ferait jamais défaut. La plupart des expériences que nous avons vues sont de la nature de celles que font les prestidigitateurs, et ne pouvaient nous laisser de doute sur l'emploi de quelques-uns de leurs moyens, notamment celui des cartes forcées. L'art de la prestidigitation consiste à dissimuler ces moyens, sans quoi l'effet n'aurait plus de charme. Le phénomène, même réduit à cette proportion, n'en est pas moins très intéressant, et il reste toujours à admirer le talent de l'instructeur aussi bien que l'intelligence de l'élève, car la difficulté à vaincre est bien plus grande que si l'oiseau n'agissait qu'en vertu de ses propres facultés ; or, en faisant faire à celui-ci des choses qui dépassent la limite du possible pour l'intelligence humaine, c'est prouver, par cela seul, l'emploi d'un procédé secret. Il est d'ailleurs un fait constant, c'est que ces oiseaux n'arrivent à ce degré d'habileté qu'au bout d'un certain temps, et à l'aide de soins particuliers et persévérants, ce qui ne serait point nécessaire si leur intelligence en faisait seule les frais. Il n'est pas plus extraordinaire de les dresser à tirer des cartes que de les habituer à répéter des airs ou des paroles.

Il en a été de même quand la prestidigitation a voulu imiter la seconde vue ; on faisait faire au sujet beaucoup trop pour que l'illusion fût de longue durée. Dès la première fois que nous assistâmes à une séance de ce genre, nous n'y vîmes qu'une imitation très imparfaite du somnambulisme, révélant l'ignorance des conditions les plus essentielles de cette faculté.

235. Quoi qu'il en soit des expériences ci-dessus, la question principale n'en reste pas moins entière à un autre point de vue ; car de même que l'imitation du somnambulisme n'empêche pas la faculté d'exister, l'imitation de la médiumnité par le moyen des oiseaux ne prouverait rien contre la possibilité d'une faculté analogue chez eux ou chez d'autres animaux. Il s'agit donc de savoir si les animaux sont aptes, comme les hommes, à servir d'intermédiaires aux Esprits pour leurs communications intelligentes. Il semble même assez logique de supposer qu'un être vivant, doué d'une certaine dose d'intelligence, soit plus propre à cet effet qu'un corps inerte, sans vitalité, comme une table, par exemple ; c'est pourtant ce qui n'a pas lieu.

236. La question de la médiumnité des animaux se trouve complètement résolue dans la dissertation suivante donnée par un Esprit dont on a pu apprécier la profondeur et la sagacité par les citations que nous avons déjà eu l'occasion de faire. Pour bien saisir la valeur de sa démonstration, il est essentiel de se reporter à l'explication qu'il a donnée du rôle du médium dans les communications, et que nous avons reproduite ci-dessus. (N° 225.)

Cette communication a été donnée à la suite d'une discussion qui avait eu lieu, sur ce sujet, dans la Société parisienne des études spirites.

« J'aborde aujourd'hui la question de la médianimité des animaux soulevée et soutenue par un de vos plus fervents adeptes. Il prétend, en vertu de cet axiome : *Qui peut le plus peut le moins*, que nous pouvons médianimiser les oiseaux et les autres animaux, et nous en servir dans nos communications avec l'espèce humaine. C'est ce que vous appelez en philosophie, ou plutôt en logique, purement et simplement un sophisme. Vous animez, dit-il, la matière inerte, c'est-à-dire une table, une chaise, un piano ; *a fortiori* devez-vous animer la matière déjà animée et notamment des oiseaux. » Eh bien ! dans l'état normal du spiritisme, cela n'est pas, cela ne peut pas être.

D'abord, convenons bien de nos faits. Qu'est-ce qu'un médium ? C'est l'être, c'est l'individu qui sert de trait d'union aux Esprits, pour que ceux-ci puissent se communiquer avec facilité aux hommes : Esprits incarnés. Par conséquent, sans médium, point de communications tangibles, mentales, scriptives, physiques, ni de quelque sorte que ce soit.

Il est un principe qui, j'en suis sûr, est admis par tous les spirites : c'est que les semblables agissent avec leurs semblables et comme leurs semblables. Or, quels sont les semblables des Esprits, sinon les Esprits incarnés ou non. Faut-il vous le répéter sans cesse ? Eh bien ! je vous le répéterai encore : votre périsprit et le nôtre sont puisés dans le même milieu, sont d'une nature identique, sont semblables, en un mot ; ils possèdent une propriété d'assimilation plus ou moins développée, d'aimantation plus ou moins vigoureuse, qui nous permet, Esprits et incarnés, de nous mettre très promptement et très facilement en rapport. Enfin, ce qui appartient en propre aux médiums, ce qui est de l'essence même de leur individualité, c'est une affinité spéciale, et en même temps une force d'expansion particulière qui anéantissent en eux toute réfractibilité, et établissent entre eux et nous une sorte de courant, une espèce de fusion qui facilite nos communications. C'est, du reste, cette réfractibilité de la matière qui s'oppose au développement de la médianimité chez la plupart de ceux qui ne sont pas médiums.

Les hommes sont toujours portés à tout exagérer ; les uns, je ne parle pas ici des matérialistes, refusent une âme aux animaux, et d'autres veulent leur en donner une, pour ainsi dire, pareille à la nôtre. Pourquoi vouloir ainsi confondre le perfectible avec l'imperfectible ? Non, non, soyez-en convaincus, le feu qui anime les bêtes, le souffle qui les fait agir, mouvoir et parler en leur langage, n'a, quant à présent, aucune aptitude à se mêler, à s'unir, à se fondre avec le souffle divin, l'âme éthérée, l'Esprit en un mot, qui anime l'être essentiellement perfectible : l'homme, ce roi de la création. Or, n'est-ce pas ce qui fait la supériorité de l'espèce humaine sur les autres espèces terrestres que cette condition essentielle de perfectibilité ? Eh bien ! reconnaissez donc qu'on ne peut assimiler à l'homme, seul perfectible en lui-même et dans ses œuvres, aucun individu des autres races vivantes sur la terre.

Le chien, que son intelligence supérieure parmi les animaux a rendu l'ami et le commensal de l'homme, est-il perfectible de son chef et de son initiative personnelle ? Nul n'oserait le soutenir ; car le chien ne fait pas progresser le chien ; et celui d'entre eux qui est le mieux dressé est toujours dressé par son maître. Depuis que le monde est monde, la loutre bâtit toujours sa hutte sur les eaux, d'après les mêmes proportions et suivant une règle invariable ; les rossignols et les hirondelles n'ont jamais construit leurs nids autrement que leurs pères ne l'avaient fait. Un nid de moineaux d'avant le déluge, comme un nid de moineaux de l'époque moderne, est toujours un nid de moineaux, édifié dans les mêmes conditions et avec le même système d'entrelacement de brins d'herbes et de débris, recueillis au printemps à l'époque des amours. Les abeilles et les fourmis, ces petites républiques ménagères, n'ont jamais varié dans leurs habitudes d'approvisionnement, dans leurs allures, dans leurs mœurs, dans leurs productions. Enfin, l'araignée tisse toujours sa toile de la même manière.

D'un autre côté, si vous cherchez les cabanes de feuillage et les tentes des premiers âges de la terre, vous rencontrerez à leur place les palais et les châteaux de la civilisation moderne ; aux vêtements de peaux brutes ont succédé les tissus d'or et de soie ; enfin, à chaque pas vous trouvez la preuve de cette marche incessante de l'humanité vers le progrès.

De ce progrès constant, invincible, irrécusable de l'espèce humaine, et de ce stationnement indéfini des autres espèces animées, concluez avec moi que s'il existe des principes communs à ce qui vit et ce qui se meut sur la terre : le souffle et la matière, il n'en est pas moins vrai que vous seuls, Esprits incarnés, êtes soumis à cette inévitable loi du progrès qui vous pousse fatalement en avant, et toujours en avant. Dieu a mis les animaux à côté de vous comme des auxiliaires pour vous nourrir, vous vêtir, vous seconder. Il leur a donné une certaine dose d'intelligence, parce que, pour vous aider, il leur fallait comprendre, et il a proportionné leur intelligence aux services qu'ils sont appelés à rendre ; mais dans sa sagesse, il n'a pas voulu qu'ils fussent soumis à la même loi du progrès ; tels ils ont été créés, tels ils sont restés et resteront jusqu'à l'extinction de leurs races.

On a dit : les Esprits médianimisent et font mouvoir la matière inerte, des chaises, des tables, des pianos ; font mouvoir, oui, mais médianimisent, non ! Car, encore une fois, sans médium, aucun de ces phénomènes ne peut se produire. Qu'y a-t-il d'extraordinaire qu'à l'aide d'un ou de plusieurs médiums nous fassions mouvoir la matière inerte, passive, qui justement en raison de sa passivité, de son inertie, est propre à subir les mouvements et les impulsions que nous désirons lui imprimer ? Pour cela, nous avons besoin de médiums, c'est positif ; mais il n'est pas nécessaire que le médium soit présent ou *conscient,* car nous pouvons agir avec les éléments qu'il nous fournit, à son insu et hors de sa présence, surtout dans les faits de tangibilité et d'apports. Notre enveloppe fluidique, plus impondérable et plus subtile que le plus subtil et le plus impondérable de vos gaz, s'unissant, se mariant, se combinant avec l'enveloppe fluidique mais *animalisée* du médium, et dont la propriété d'expansion et de pénétrabilité est insaisissable pour vos sens grossiers, et presque inexplicable pour vous, nous permet de mouvoir les meubles et même de les briser dans des pièces inhabitées.

Certainement, les Esprits peuvent se rendre visibles et tangibles pour les animaux, et souvent telle frayeur subite qu'ils prennent, et qui ne vous semble pas motivée, est causée par la vue d'un ou de plusieurs de ces Esprits mal intentionnés pour les individus présents ou pour ceux à qui appartiennent ces animaux. Très souvent, vous apercevez des chevaux qui ne veulent ni avancer, ni reculer, ou qui se cabrent devant un obstacle imaginaire ; eh bien ! tenez pour certain que l'obstacle imaginaire est souvent un Esprit ou un groupe d'Esprit qui se plaît à les empêcher d'avancer. Rappelez-vous l'ânesse de Balaam, qui, voyant un ange devant elle et redoutant son épée flamboyante, s'obstinait à ne pas bouger ; c'est qu'avant de se manifester visiblement à Balaam, l'ange avait voulu se rendre visible pour l'animal seul ; mais, je le répète, nous ne médianimisons directement ni les animaux ni la matière inerte ; il nous faut toujours le concours *conscient* ou *inconscient* d'un médium humain, parce qu'il nous faut l'union de fluides similaires, ce que nous ne trouvons ni dans les animaux, ni dans la matière brute.

M. T… a, dit-il, magnétisé son chien ; à quoi est-il arrivé ? Il l'a tué ; car ce malheureux animal est mort après être tombé dans une espèce d'atonie, de langueur, conséquence de sa magnétisation. En effet, en l'inondant d'un fluide puisé dans une essence supérieure à l'essence spéciale à sa nature, il l'a écrasé et a agi sur lui, quoique plus lentement, à la manière de la foudre. Donc, comme il n'y a nulle assimilation possible entre notre périsprit et l'enveloppe fluidique des animaux proprement dits, nous les écraserions instantanément en les médianimisant.

Ceci établi, je reconnais parfaitement que chez les animaux il existe des aptitudes diverses ; que certains sentiments, certaines passions identiques aux passions et aux sentiments humains se développent en eux ; qu'ils sont sensibles et reconnaissants, vindicatifs et haineux, suivant que l'on agit bien ou mal avec eux. C'est que Dieu, qui ne fait rien d'incomplet, a donné aux animaux, compagnons ou serviteurs de l'homme, des qualités de sociabilité qui manquent entièrement aux animaux sauvages qui habitent les solitudes. Mais de là à pouvoir servir d'intermédiaires pour la transmission de la pensée des Esprits, il y a un abîme : la différence des natures.

Vous savez que nous puisons dans le cerveau du médium les éléments nécessaires pour donner à notre pensée une forme sensible et saisissable par vous; c'est à l'aide des matériaux qu'il possède que le médium traduit notre pensée dans le langage vulgaire; eh bien! quels éléments trouverions-nous dans le cerveau d'un animal? Y a-t-il des mots, des nombres, des lettres, des signes quelconques similaires à ceux qui existent chez l'homme, même le moins intelligent? Cependant, direz-vous, les animaux comprennent la pensée de l'homme; ils la devinent même; oui, les animaux dressés comprennent certaines pensées, mais en avez-vous jamais vu les reproduire? Non; concluez-en donc que les animaux ne peuvent nous servir d'interprètes.

Pour me résumer : les faits médianimiques ne peuvent se manifester sans le concours conscient ou inconscient des médiums; et ce n'est que parmi les incarnés, Esprits comme nous, que nous pouvons rencontrer ceux qui peuvent nous servir de médiums. Quant à dresser des chiens, des oiseaux, ou autres animaux, pour faire tels ou tels exercices, c'est votre affaire et non la nôtre. (ÉRASTE.)

Nota. On trouvera dans la *Revue Spirite* de septembre 1861 le détail d'un procédé employé par les dresseurs d'oiseaux savants, pour leur faire tirer d'un paquet les cartes voulues.

CHAPITRE XXIII
DE L'OBSESSION

237. Au nombre des écueils que présente la pratique du spiritisme, il faut mettre en première ligne l'*obsession*, c'est-à-dire l'empire que quelques Esprits savent prendre sur certaines personnes. Elle n'a jamais lieu que par les Esprits inférieurs qui cherchent à dominer ; les bons Esprits ne font éprouver aucune contrainte ; ils conseillent, combattent l'influence des mauvais, et si on ne les écoute pas, ils se retirent. Les mauvais, au contraire, s'attachent à ceux sur lesquels ils trouvent prise ; s'ils parviennent à prendre de l'empire sur quelqu'un, ils s'identifient avec son propre Esprit et le conduisent comme un véritable enfant.

L'obsession présente des caractères divers qu'il est très nécessaire de distinguer, et qui résultent du degré de la contrainte et de la nature des effets qu'elle produit. Le mot *obsession* est, en quelque sorte, un terme générique par lequel on désigne ce genre de phénomène dont les principales variétés sont : l'*obsession simple*, la *fascination* et la *subjugation*.

Obsession simple

238. L'*obsession simple* a lieu quand un Esprit malfaisant s'impose à un médium, s'immisce malgré lui dans les communications qu'il reçoit, l'empêche de communiquer avec d'autres Esprits et se substitue à ceux que l'on évoque.

On n'est pas obsédé par cela seul qu'on est trompé par un Esprit menteur ; le meilleur médium y est exposé, surtout au début, alors qu'il manque encore de l'expérience nécessaire, de même que, parmi nous, les plus honnêtes gens peuvent être dupes des fripons. On peut donc être trompé sans être obsédé ; l'obsession est dans la ténacité de l'Esprit dont on ne peut se débarrasser.

Dans l'obsession simple, le médium sait très bien qu'il a affaire à un Esprit trompeur, et celui-ci ne s'en cache pas ; il ne dissimule nullement ses mauvaises intentions et son désir de contrarier. Le médium reconnaît sans peine la fourberie, et comme il se tient sur ses gardes, il est rarement trompé. Ce genre d'obsession est donc simplement désagréable, et n'a d'autre inconvénient que d'opposer un obstacle aux communications que l'on voudrait avoir avec des Esprits sérieux ou ceux que l'on affectionne.

On peut ranger dans cette catégorie les cas d'*obsession physique*, c'est-à-dire celle qui consiste dans les manifestations bruyantes et obstinées de certains Esprits qui font entendre spontanément des coups ou autres bruits. Nous renvoyons pour ce phénomène au chapitre des *Manifestations physiques spontanées*. (N° 82.)

Fascination

239. La *fascination* a des conséquences beaucoup plus graves. C'est une illusion produite par l'action directe de l'Esprit sur la pensée du médium, et qui

paralyse en quelque sorte son jugement à l'égard des communications. Le médium fasciné ne croit pas être trompé ; l'Esprit a l'art de lui inspirer une confiance aveugle qui l'empêche de voir la supercherie et de comprendre l'absurdité de ce qu'il écrit, alors même qu'elle saute aux yeux de tout le monde ; l'illusion peut même aller jusqu'à lui faire voir du sublime dans le langage le plus ridicule. On serait dans l'erreur si l'on croyait que ce genre d'obsession ne peut atteindre que les personnes simples, ignorantes et dépourvues de jugement ; les hommes les plus spirituels, les plus instruits et les plus intelligents sous d'autres rapports n'en sont pas exempts, ce qui prouve que cette aberration est l'effet d'une cause étrangère dont ils subissent l'influence.

Nous avons dit que les suites de la fascination sont beaucoup plus graves ; en effet, à la faveur de cette illusion qui en est la conséquence, l'Esprit conduit celui qu'il est parvenu à maîtriser comme il le ferait d'un aveugle, et peut lui faire accepter les doctrines les plus bizarres, les théories les plus fausses comme étant l'unique expression de la vérité ; bien plus, il peut l'exciter à des démarches ridicules, compromettantes et même dangereuses.

On comprend facilement toute la différence qui existe entre l'obsession simple et la fascination ; on comprend aussi que les Esprits qui produisent ces deux effets doivent différer de caractère. Dans la première, l'Esprit qui s'attache à vous n'est qu'un être importun par sa ténacité, et dont on est impatient de se débarrasser. Dans la seconde, c'est tout autre chose ; pour arriver à de telles fins, il faut un Esprit adroit, rusé et profondément hypocrite, car il ne peut donner le change et se faire accepter qu'à l'aide du masque qu'il sait prendre et d'un faux-semblant de vertu ; les grands mots de charité, d'humilité et d'amour de Dieu sont pour lui comme des lettres de créance ; mais à travers tout cela, il laisse percer des signes d'infériorité qu'il faut être *fasciné* pour ne pas apercevoir ; aussi redoute-t-il par-dessus tout les gens qui voient trop clair ; c'est pourquoi sa tactique est presque toujours d'inspirer à son interprète de l'éloignement pour quiconque pourrait lui ouvrir les yeux ; par ce moyen, évitant toute contradiction, il est certain d'avoir toujours raison.

Subjugation

240. La *subjugation* est une étreinte qui paralyse la volonté de celui qui la subit, et le fait agir malgré lui. Il est, en un mot, sous un véritable *joug*.

La subjugation peut être *morale* ou *corporelle*. Dans le premier cas, le subjugué est sollicité à prendre des déterminations souvent absurdes et compromettantes que, par une sorte d'illusion, il croit sensées : c'est une sorte de fascination. Dans le second cas, l'Esprit agit sur les organes matériels, et provoque des mouvements involontaires. Elle se traduit chez le médium écrivain par un besoin incessant d'écrire, même dans les moments les plus inopportuns. Nous en avons vu qui, à défaut de plume ou de crayon, faisaient le simulacre d'écrire avec le doigt, partout où ils se trouvaient, même dans les rues, sur les portes et les murailles.

La subjugation corporelle va quelquefois plus loin ; elle peut pousser aux actes les plus ridicules. Nous avons connu un homme qui n'était ni jeune ni beau, sous l'empire d'une obsession de cette nature, se trouver contraint, par une force irrésistible, de se mettre à genoux devant une jeune fille sur laquelle il n'avait aucune vue, et la demander en mariage. D'autres fois, il sentait sur le dos et les jarrets une pression énergique qui le forçait, malgré la volonté qu'il y opposait, à se mettre à genoux et à baiser la terre dans les endroits publics et en présence de la foule. Cet homme passait pour fou parmi ses connaissances ; mais nous nous sommes convaincu qu'il ne l'était pas du tout, car il avait la pleine conscience du ridicule de ce qu'il faisait contre son gré, et en souffrait horriblement.

241. On donnait jadis le nom de *possession* à l'empire exercé par de mauvais Esprits, lorsque leur influence allait jusqu'à l'aberration des facultés. La possession serait, pour nous, synonyme de la subjugation. Si nous n'adoptons pas ce terme, c'est par deux motifs : le premier, qu'il implique la croyance à des êtres créés pour le mal et perpétuellement voués au mal, tandis qu'il n'y a que des êtres plus ou moins imparfaits, qui tous peuvent s'améliorer. Le second, qu'il implique également l'idée de prise de possession du corps par un Esprit étranger, d'une sorte de cohabitation, tandis qu'il n'y a que contrainte. Le mot *subjugation* rend parfaitement la pensée. Ainsi, pour nous, il n'y a pas de *possédés*, dans le sens vulgaire du mot, il n'y a que des *obsédés*, des *subjugués* et des *fascinés*.

Causes de l'obsession

242. L'obsession, comme nous l'avons dit, est un des plus grands écueils de la médiumnité ; c'est aussi un des plus fréquents ; aussi ne saurait-on apporter trop de soins à la combattre, car, outre les inconvénients personnels qui peuvent en résulter, c'est un obstacle absolu à la bonté et à la véracité des communications. L'obsession, à quelque degré qu'elle soit, étant toujours l'effet d'une contrainte, et cette contrainte ne pouvant jamais être exercée par un bon Esprit, il en résulte que toute communication donnée par un médium obsédé est d'origine suspecte et ne mérite aucune confiance. Si, parfois, il s'y trouve du bon, il faut le prendre et rejeter tout ce qui est simplement douteux.

243. On reconnaît l'obsession aux caractères suivants :

1° Persistance d'un Esprit à se communiquer bon gré mal gré, par l'écriture, l'audition, la typtologie, etc., en s'opposant à ce que d'autres Esprits puissent le faire.

2° Illusion qui, nonobstant l'intelligence du médium, l'empêche de reconnaître la fausseté et le ridicule des communications qu'il reçoit.

3° Croyance à l'infaillibilité et à l'identité absolue des Esprits qui se communiquent, et qui, sous des noms respectables et vénérés, disent des choses fausses ou absurdes.

4° Confiance du médium dans les éloges que lui donnent les Esprits qui se communiquent à lui.

5° Disposition à s'éloigner des personnes qui peuvent donner d'utiles avis.

6° Prise en mauvaise part de la critique au sujet des communications que l'on reçoit.

7° Besoin incessant et inopportun d'écrire.

8° Contrainte physique quelconque dominant la volonté, et forçant d'agir ou de parler malgré soi.

9° Bruits et bouleversements persistants, autour de soi, et dont on est la cause ou l'objet.

244. En présence du danger de l'obsession, on se demande si ce n'est pas une chose fâcheuse d'être médium ; n'est-ce pas cette faculté qui la provoque ; en un mot, n'est-ce pas là une preuve de l'inconvénient des communications spirites ? Notre réponse est facile, et nous prions de la méditer avec soin.

Ce ne sont ni les médiums ni les spirites qui ont créé les Esprits, mais bien les Esprits qui ont fait qu'il y a des spirites et des médiums ; les Esprits n'étant que les âmes des hommes, il y a donc des Esprits depuis qu'il y a des hommes, et par conséquent ils ont de tout temps exercé leur influence salutaire ou pernicieuse sur l'humanité. La faculté médianimique n'est pour eux qu'un moyen de se manifester ; à défaut de cette faculté, ils le font de mille autres manières plus ou moins occultes. Ce serait donc une erreur de croire que les Esprits n'exercent leur influence que par des communications écrites ou verbales ; cette influence est de tous les instants, et ceux qui ne s'occupent pas des Esprits, ou même n'y croient pas, y sont exposés comme les autres, et même plus que les autres parce qu'ils n'ont pas de contrepoids. La médiumnité est pour l'Esprit un moyen de se faire connaître ; s'il est mauvais, il se trahit toujours, quelque hypocrite qu'il soit ; on peut donc dire que la médiumnité permet de voir son ennemi face à face, si l'on peut s'exprimer ainsi, et de le combattre avec ses propres armes ; sans cette faculté, il agit dans l'ombre, et, à la faveur de son invisibilité, il peut faire et il fait en réalité beaucoup de mal. À combien d'actes n'est-on pas poussé pour son malheur, et que l'on eût évités si l'on avait eu un moyen de s'éclairer ! Les incrédules ne croient pas dire si vrai quand ils disent d'un homme qui se fourvoie avec obstination : « C'est son mauvais génie qui le pousse à sa perte ». Ainsi la connaissance du spiritisme, loin de donner de l'empire aux mauvais Esprits, doit avoir pour résultat, dans un temps plus ou moins prochain, et quand elle sera propagée, de *détruire cet empire* en donnant à chacun les moyens de se mettre en garde contre leurs suggestions, et celui qui succombera ne pourra s'en prendre qu'à lui-même.

Règle générale : quiconque a de mauvaises communications spirites, écrites ou verbales, est sous une mauvaise influence ; cette influence s'exerce sur lui, qu'il écrive ou qu'il n'écrive pas, c'est-à-dire qu'il soit ou non médium, qu'il croie ou qu'il ne croie pas. L'écriture donne un moyen de s'assurer de la nature des Esprits qui agissent sur lui, et de les combattre s'ils sont mauvais, ce que l'on fait encore avec plus de succès quand on parvient à connaître le motif qui les fait agir. S'il est assez aveuglé pour ne pas le comprendre, d'autres peuvent lui ouvrir les yeux.

En résumé, le danger n'est pas dans le spiritisme en lui-même, puisqu'il peut, au contraire, servir de contrôle et préserver de celui que nous courons sans cesse à notre insu ; il est dans l'orgueilleuse propension de certains médiums à se croire trop légèrement les instruments exclusifs d'Esprits supérieurs, et dans l'espèce de fascination qui ne leur permet pas de comprendre les sottises dont ils sont les interprètes. Ceux même qui ne sont pas médiums peuvent s'y laisser prendre. Citons une comparaison. Un homme a un ennemi secret qu'il ne connaît pas et qui répand contre lui, par-dessous main, la calomnie et tout ce que la plus noire méchanceté peut inventer ; il voit sa fortune se perdre, ses amis s'éloigner, son bonheur intérieur troublé ; ne pouvant découvrir la main qui le frappe, il ne peut se défendre et succombe ; mais un jour, cet ennemi secret lui écrit, et malgré sa ruse se trahit. Voilà donc son ennemi découvert, il peut le confondre et se relever. Tel est le rôle des mauvais Esprits que le spiritisme nous donne la possibilité de connaître et de déjouer.

245. Les motifs de l'obsession varient selon le caractère de l'Esprit ; c'est quelquefois une vengeance qu'il exerce sur un individu dont il a eu à se plaindre pendant sa vie ou dans une autre existence ; souvent aussi il n'a d'autre raison que le désir de faire le mal ; comme il souffre, il veut faire souffrir les autres ; il trouve une sorte de jouissance à les tourmenter, à les vexer ; aussi l'impatience qu'on en témoigne l'excite, parce que tel est son but, tandis qu'on le lasse par la patience ; en s'irritant, en montrant du dépit, on fait précisément ce qu'il veut. Ces Esprits agissent parfois en haine et par jalousie du bien ; c'est pourquoi ils jettent leurs vues malfaisantes sur les plus honnêtes gens. L'un d'eux s'est attaché comme une teigne à une honorable famille de notre connaissance, qu'il n'a, du reste, pas la satisfaction de prendre pour dupe ; interrogé sur le motif pour lequel il s'était attaqué à de braves gens plutôt qu'à des hommes mauvais comme lui, il répondit : *Ceux-ci ne me font pas envie.* D'autres sont guidés par un sentiment de lâcheté qui les porte à profiter de la faiblesse morale de certains individus qu'ils savent incapables de leur résister. Un de ces derniers qui subjuguait un jeune homme d'une intelligence très bornée, interrogé sur les motifs de ce choix, nous répondit : *J'ai un besoin très grand de tourmenter quelqu'un ; une personne raisonnable me repousserait, je m'attache à un idiot qui ne m'oppose aucune vertu.*

246. Il y a des Esprits obsesseurs sans méchanceté, qui ont même du bon, mais qui ont l'orgueil du faux savoir ; ils ont leurs idées, leurs systèmes sur les sciences, l'économie sociale, la morale, la religion, la philosophie ; ils veulent faire prévaloir leur opinion et cherchent à cet effet des médiums assez crédules pour les accepter les yeux fermés, et qu'ils fascinent pour les empêcher de discerner le vrai du faux. Ce sont les plus dangereux, parce que les sophismes ne leur coûtent rien et qu'ils peuvent accréditer les utopies les plus ridicules ; comme ils connaissent le prestige des grands noms, ils ne se font aucun scrupule de se parer de ceux devant lesquels on s'incline, et ne reculent même pas devant le sacrilège de se dire Jésus, la Vierge Marie ou un saint vénéré. Ils cherchent à éblouir par un langage pompeux, plus pré-

tentieux que profond, hérissé de termes techniques, et orné des grands mots de charité et de morale ; ils se garderont de donner un mauvais conseil, parce qu'ils savent bien qu'ils seraient éconduits ; aussi ceux qu'ils abusent les défendent-ils à outrance en disant : Vous voyez bien qu'ils ne disent rien de mauvais. Mais la morale n'est pour eux qu'un passeport, c'est le moindre de leurs soucis ; ce qu'ils veulent avant tout, c'est dominer et imposer leurs idées, quelque déraisonnables qu'elles soient.

247. Les Esprits à systèmes sont assez généralement écrivassiers ; c'est pourquoi ils recherchent les médiums qui écrivent avec facilité et dont ils tâchent de se faire des instruments dociles et surtout enthousiastes en les fascinant. Ils sont presque toujours verbeux, très prolixes, cherchant à compenser la qualité par la quantité. Ils se plaisent à dicter à leurs interprètes de volumineux écrits indigestes et souvent peu intelligibles, qui ont heureusement pour antidote l'impossibilité matérielle d'être lus par les masses. Les Esprits vraiment supérieurs sont sobres de paroles ; ils disent beaucoup de choses en peu de mots ; aussi cette fécondité prodigieuse doit-elle toujours être suspecte.

On ne saurait être trop circonspect quand il s'agit de publier de semblables écrits ; les utopies et les excentricités dont ils abondent souvent, et qui choquent le bon sens, produisent une très fâcheuse impression sur les personnes novices en leur donnant une idée fausse du spiritisme, sans compter que ce sont des armes dont ses ennemis se servent pour le tourner en ridicule. Parmi ces publications, il en est qui, sans être mauvaises, et sans provenir d'une obsession, peuvent être regardées comme imprudentes, *intempestives*, ou maladroites.

248. Il arrive assez souvent qu'un médium ne puisse communiquer qu'avec un seul Esprit, qui s'attache à lui et répond pour ceux que l'on appelle par son entremise. Ce n'est pas toujours une obsession, car cela peut tenir à défaut de flexibilité du médium, et à une affinité spéciale de sa part pour tel ou tel Esprit. Il n'y a obsession proprement dite que lorsque l'Esprit s'impose et éloigne les autres par sa volonté, ce qui n'est jamais le fait d'un bon Esprit. Généralement, l'Esprit qui s'empare du médium en vue de le dominer ne souffre pas l'examen critique de ses communications ; quand il voit qu'elles ne sont pas acceptées et qu'elles sont discutées, il ne se retire pas, mais il inspire au médium la pensée de s'isoler, et souvent même il le lui commande. Tout médium qui se blesse de la critique des communications qu'il obtient est l'écho de l'Esprit qui le domine, et cet Esprit ne peut être bon du moment qu'il lui inspire une pensée illogique, celle de se refuser à l'examen. L'isolement du médium est toujours une chose fâcheuse pour lui, parce qu'il n'a aucun contrôle pour ses communications. Non seulement il doit s'éclairer par l'avis des tiers, mais il lui est nécessaire d'étudier tous les genres de communications pour les comparer ; en se renfermant dans celles qu'il obtient, quelque bonnes qu'elles lui paraissent, il s'expose à se faire illusion sur leur valeur, sans compter qu'il ne peut tout connaître, et qu'elles roulent à peu près toujours dans le même cercle. (N° 192 ; *Médiums exclusifs*.)

Moyens de la combattre

249. Les moyens de combattre l'obsession varient selon le caractère qu'elle revêt. Le danger n'existe réellement pas pour tout médium bien convaincu d'avoir affaire à un Esprit menteur, comme cela a lieu dans l'obsession simple ; ce n'est pour lui qu'une chose désagréable. Mais précisément parce que cela lui est désagréable, c'est une raison de plus pour l'Esprit de s'acharner après lui pour le vexer. Deux choses essentielles sont à faire en ce cas : Prouver à l'Esprit qu'on n'est pas sa dupe, et qu'il lui est *impossible* de nous abuser ; secondement, lasser sa patience en se montrant plus patient que lui ; s'il est bien convaincu qu'il perd son temps, il finira par se retirer, comme le font les importuns qu'on n'écoute pas.

Mais cela ne suffit pas toujours, et ce peut être long, car il y en a qui sont tenaces, et pour eux des mois et des années sont peu de chose. Le médium doit, en outre, faire un appel fervent à son bon ange, ainsi qu'aux bons Esprits qui lui sont sympathiques, et les prier de l'assister. À l'égard de l'Esprit obsesseur, quelque mauvais qu'il soit, il faut le traiter avec sévérité, mais avec bienveillance, et le vaincre par les bons procédés en priant pour lui. S'il est réellement pervers, il s'en moquera d'abord ; mais en le moralisant avec persévérance il finira par s'amender : c'est une conversion à entreprendre, tâche souvent pénible, ingrate, rebutante même, mais dont le mérite est dans la difficulté, et qui, si elle est bien accomplie, donne toujours la satisfaction d'avoir rempli un devoir de charité, et souvent d'avoir ramené dans le bon chemin une âme perdue.

Il convient également d'interrompre toute communication écrite dès qu'on reconnaît qu'elle vient d'un mauvais Esprit qui ne veut pas entendre raison, afin de ne pas lui donner le plaisir d'être écouté. Dans certains cas même, il peut être utile de cesser d'écrire pour un temps ; on se règle selon les circonstances. Mais si le médium écrivain peut éviter ces entretiens en s'abstenant d'écrire, il n'en est pas de même du médium auditif que l'Esprit obsesseur poursuit quelquefois à tout instant de ses propos grossiers et obscènes, et qui n'a pas même la ressource de se boucher les oreilles. Du reste, il faut reconnaître que certaines personnes s'amusent du langage trivial de ces sortes d'Esprits, qu'elles encouragent et provoquent en riant de leurs sottises, au lieu de leur imposer silence et de les moraliser. Nos conseils ne peuvent s'appliquer à ceux qui veulent se noyer.

250. Il n'y a donc que désagrément et non danger pour tout médium qui ne se laisse pas abuser, parce qu'il ne peut être trompé ; il en est tout autrement de la *fascination*, car alors l'empire que prend l'Esprit sur celui dont il s'empare n'a pas de bornes. La seule chose à faire avec lui, c'est de tâcher de le convaincre qu'il est abusé, et de ramener son obsession au cas de l'obsession simple ; mais ce n'est pas toujours facile, si ce n'est même quelquefois impossible. L'ascendant de l'Esprit peut être tel, qu'il rende le fasciné sourd à toute espèce de raisonnement, et peut aller jusqu'à le faire douter, quand l'Esprit commet quelque grosse hérésie scientifique, si la science ne se trompe pas. Comme nous l'avons dit, il accueille généralement

très mal les conseils ; la critique le froisse, l'irrite, et lui fait prendre en grippe ceux qui ne partagent pas son admiration. Suspecter son Esprit est presque une profanation à ses yeux, et c'est tout ce que demande l'Esprit ; car ce qu'il veut, c'est qu'on se mette à genoux devant sa parole. L'un d'eux exerçait sur une personne de notre connaissance une fascination extraordinaire ; nous l'évoquâmes, et après quelques forfanteries, voyant qu'il ne pouvait nous donner le change sur son identité, il finit par avouer qu'il n'était pas celui dont il prenait le nom. Lui ayant demandé pourquoi il abusait ainsi cette personne, il répondit ces mots qui peignent nettement le caractère de ces sortes d'Esprits : *Je cherchais un homme que je pusse mener ; je l'ai trouvé et j'y reste.* - Mais si on lui fait voir clair, il vous chassera. - *C'est ce que nous verrons !* Comme il n'y a pas de pire aveugle que celui qui ne veut pas voir, quand on reconnaît l'inutilité de toute tentative pour dessiller les yeux du fasciné, ce qu'il y a de mieux à faire, c'est de le laisser à ses illusions. On ne peut guérir un malade qui s'obstine à garder son mal et s'y complaît.

251. La subjugation corporelle ôte souvent à l'obsédé l'énergie nécessaire pour dominer le mauvais Esprit, c'est pourquoi il faut l'intervention d'une tierce personne, agissant soit par le magnétisme, soit par l'empire de sa volonté. À défaut du concours de l'obsédé, cette personne doit prendre l'ascendant sur l'Esprit ; mais comme cet ascendant ne peut être que moral, il n'est donné qu'à un être *moralement supérieur* à l'Esprit de l'exercer, et son pouvoir sera d'autant plus grand que sa supériorité morale sera plus grande, parce qu'il impose à l'Esprit qui est forcé de s'incliner devant lui ; c'est pourquoi Jésus avait une si grande puissance pour chasser ce que l'on appelait alors les démons, c'est-à-dire les mauvais Esprits obsesseurs.

Nous ne pouvons donner ici que des conseils généraux, car il n'y a aucun procédé matériel, aucune formule surtout, ni aucune parole sacramentelle qui ait le pouvoir de chasser les Esprits obsesseurs. Ce qui manque quelquefois à l'obsédé, c'est une force fluidique suffisante ; dans ce cas, l'action magnétique d'un bon magnétiseur peut lui venir utilement en aide. Au reste, il est toujours bon de prendre, par un médium sûr, les conseils d'un Esprit supérieur ou de son ange gardien.

252. Les imperfections morales de l'obsédé sont souvent un obstacle à sa délivrance. En voici un exemple remarquable qui peut servir à l'instruction de tous :

Plusieurs sœurs étaient depuis un certain nombre d'années victimes de déprédations fort désagréables. Leurs vêtements étaient sans cesse dispersés dans tous les coins de la maison, et jusque sur les toits, coupés, déchirés et criblés de trous, quelque soin qu'elles prissent de les mettre sous clef. Ces dames, reléguées dans une petite localité de province, n'avaient jamais entendu parler du spiritisme. Leur première pensée fut naturellement de croire qu'elles étaient en butte à de mauvais plaisants, mais cette persistance et les précautions qu'elles prenaient leur ôtèrent cette idée. Ce ne fut que longtemps après que, sur quelques indications, elles crurent devoir s'adresser à nous pour connaître la cause de ces dégâts et les moyens d'y porter remède si c'était possible. La cause n'était pas douteuse ; le remède était plus difficile.

L'Esprit qui se manifestait par de tels actes était évidemment malveillant. Il se montra, dans l'évocation, d'une grande perversité et inaccessible à tout bon sentiment. La prière parut néanmoins exercer une influence salutaire ; mais, après quelque temps de répit, les déprédations recommencèrent. Voici à ce sujet le conseil que donna un Esprit supérieur.

« Ce que ces dames ont de mieux à faire, c'est de prier leurs Esprits protecteurs de ne pas les abandonner ; et je n'ai pas de meilleur conseil à leur donner que de descendre dans leur conscience pour s'y confesser à elles-mêmes, et examiner si elles ont toujours pratiqué l'amour du prochain et la charité ; je ne dis pas la charité qui donne et distribue, mais la charité de la langue ; car malheureusement elles ne savent pas retenir la leur, et ne justifient pas, par leurs actes pieux, le désir qu'elles ont d'être délivrées de celui qui les tourmente. Elles aiment beaucoup trop à médire de leur prochain, et l'Esprit qui les obsède prend sa revanche, car il a été leur souffre-douleur de son vivant. Elles n'ont qu'à chercher dans leur mémoire, et elles verront bientôt à qui elles ont affaire.

Cependant, si elles arrivent à s'améliorer, leurs anges gardiens se rapprocheront d'elles, et leur seule présence suffira pour chasser l'Esprit mauvais qui n'a pris à partie l'une d'elles surtout que parce que son ange gardien a dû s'éloigner devant des actes répréhensibles ou des pensées mauvaises. Ce qu'il leur faut, ce sont de ferventes prières pour ceux qui souffrent, et surtout la pratique des vertus imposées par Dieu à chacun suivant sa condition. »

Sur l'observation que ces paroles nous semblaient un peu sévères, et qu'il faudrait peut-être les adoucir pour les transmettre, l'Esprit ajouta :

« Je dois dire ce que je dis, et comme je le dis, parce que les personnes en question ont l'habitude de croire qu'elles ne font pas de mal avec la langue, tandis qu'elles en font beaucoup. Voilà pourquoi il faut frapper leur esprit de manière que ce soit pour elles un avertissement sérieux. »

Il ressort de là un enseignement d'une grande portée, c'est que les imperfections morales donnent prise aux Esprits obsesseurs, et que le plus sûr moyen de s'en débarrasser, c'est d'attirer les bons par la pratique du bien. Les bons Esprits ont sans doute plus de puissance que les mauvais, et leur volonté suffit pour éloigner ces derniers ; mais ils n'assistent que ceux qui les secondent par les efforts qu'ils font pour s'améliorer, autrement ils s'éloignent et laissent le champ libre aux mauvais Esprits qui deviennent ainsi, dans certains cas, des instruments de punition, car les bons les laissent agir dans ce but.

253. Il faut, du reste, se garder d'attribuer à l'action directe des Esprits tous les désagréments qui peuvent arriver ; ces désagréments sont souvent la conséquence de l'incurie ou de l'imprévoyance. Un cultivateur nous fit écrire un jour que depuis douze ans il lui arrivait toutes sortes de malheurs à l'endroit de ses bestiaux ; tantôt c'étaient ses vaches qui mouraient ou ne donnaient plus de lait ; tantôt c'étaient ses chevaux, ses moutons ou ses porcs. Il fit force neuvaines qui ne remédièrent pas au mal, non plus que les messes qu'il fit dire, ni les exorcismes qu'il fit pratiquer. Alors, selon le pré-

jugé des campagnes, il se persuada qu'on avait jeté un sort sur ses animaux. Nous croyant sans doute doués d'un pouvoir conjurateur plus grand que celui du curé de son village, il nous fit demander notre avis. Voici la réponse que nous obtînmes :

« La mortalité ou les maladies des bestiaux de cet homme proviennent de ce que ses écuries sont infectées, et qu'il ne les fait pas réparer, parce que *ça coûte.* »

254. Nous terminerons ce chapitre par les réponses données par les Esprits à quelques questions, et venant à l'appui de ce que nous avons dit.

1. Pourquoi certains médiums ne peuvent-ils se débarrasser d'Esprits mauvais qui s'attachent à eux, et comment les bons Esprits qu'ils appellent ne sont-ils pas assez puissants pour éloigner les autres et se communiquer directement ?

« Ce n'est pas la puissance qui manque au bon Esprit, c'est souvent le médium qui n'est pas assez fort pour le seconder ; sa nature se prête mieux à certains rapports ; son fluide s'identifie plutôt avec un Esprit qu'avec un autre ; c'est ce qui donne un si grand empire à ceux qui veulent en abuser. »

2. Il nous semble cependant qu'il y a des personnes très méritantes, d'une moralité irréprochable, et qui pourtant sont empêchées de communiquer avec les bons Esprits ?

« Ceci est une épreuve ; et qui vous dit, d'ailleurs que le cœur n'est pas entaché d'un peu de mal ? Que l'orgueil ne domine pas un peu l'apparence de bonté ? Ces épreuves, en montrant à l'obsédé sa faiblesse, doivent le faire tourner vers l'humilité.

Y a-t-il quelqu'un sur la terre qui puisse se dire parfait ? Et tel qui a toutes les apparences de la vertu peut avoir encore bien des défauts cachés, un vieux levain d'imperfection. Ainsi, par exemple, vous dites de celui qui ne fait point de mal, qui est loyal dans ses rapports sociaux : C'est un brave et digne homme ; mais savez-vous si ses bonnes qualités ne sont pas ternies par l'orgueil ; s'il n'y a pas chez lui un fond d'égoïsme ; s'il n'est pas avare, jaloux, rancunier, médisant et cent autres choses que vous n'apercevez pas, parce que vos rapports avec lui ne vous ont pas mis dans ce cas ? Le moyen le plus puissant de combattre l'influence des mauvais Esprits est de se rapprocher le plus possible de la nature des bons. »

3. L'obsession qui s'oppose à ce qu'un médium obtienne les communications qu'il désire est-elle toujours un signe d'indignité de sa part ?

« Je n'ai pas dit que ce fût un signe d'indignité, mais qu'un obstacle peut s'opposer à certaines communications ; c'est à enlever l'obstacle qui est en lui qu'il doit s'attacher ; sans cela, ses prières, ses supplications ne feront rien. Il ne suffit pas à un malade de dire à son médecin : Donnez-moi la santé, je veux me bien porter ; le médecin ne peut rien si le malade ne fait pas ce qui est nécessaire. »

4. La privation de communiquer avec certains Esprits serait ainsi une sorte de punition ? « Dans certains cas, ce peut être une véritable punition, comme la possibilité de communiquer avec eux est une récompense que vous

devez vous efforcer de mériter. » (Voir *Perte et suspension de la médiumnité*, n° 220.)

5. Ne peut-on aussi combattre l'influence des mauvais Esprits en les moralisant ?

« Oui, c'est ce qu'on ne fait pas, et c'est ce qu'il ne faut pas négliger de faire ; car souvent c'est une tâche qui vous est donnée, et que vous devez accomplir charitablement et religieusement. Par de sages conseils, on peut les exciter au repentir et hâter leur avancement. »

– Comment un homme peut-il avoir sous ce rapport plus d'influence que n'en ont les Esprits eux-mêmes ?

« Les Esprits pervers se rapprochent plutôt des hommes qu'ils cherchent à tourmenter que des Esprits dont ils s'éloignent le plus possible. Dans ce rapprochement avec les humains, quand ils en trouvent qui les moralisent, ils ne les écoutent pas d'abord, ils en rient ; puis, si on sait les prendre, ils finissent par se laisser toucher. Les Esprits élevés ne peuvent leur parler qu'au nom de Dieu, et cela les effraye. L'homme n'a certainement pas plus de pouvoir que les Esprits supérieurs, mais son langage s'identifie mieux avec leur nature, et en voyant l'ascendant qu'il peut exercer sur les Esprits inférieurs, il comprend mieux la solidarité qui existe entre le ciel et la terre.

Du reste, l'ascendant que l'homme peut exercer sur les Esprits est en raison de sa supériorité morale. Il ne maîtrise pas les Esprits supérieurs, ni même ceux qui, sans être supérieurs, sont bons et bienveillants, mais il peut maîtriser les Esprits qui lui sont inférieurs en moralité. » (Voir n° 279.)

6. La subjugation corporelle, poussée à un certain degré, pourrait-elle avoir pour conséquence la folie ?

« Oui, une espèce de folie dont la cause est inconnue du monde, mais qui n'a pas de rapport avec la folie ordinaire. Parmi ceux que l'on traite de fous, il y en a beaucoup qui ne sont que subjugués ; il leur faudrait un traitement moral, tandis qu'on les rend fous véritables avec les traitements corporels. Lorsque les médecins connaîtront bien le spiritisme, ils sauront faire cette distinction et guériront plus de malades qu'avec les douches. » (221.)

7. Que doit-on penser de ceux qui, voyant un danger quelconque dans le spiritisme, croient que le moyen de le prévenir serait d'interdire les communications spirites ?

« S'ils peuvent interdire à certaines personnes de communiquer avec les Esprits, ils ne peuvent empêcher les manifestations spontanées faites à ces mêmes personnes, car ils ne peuvent supprimer les Esprits ni empêcher leur influence occulte. Cela ressemble à ces enfants qui se bouchent les yeux et croient qu'on ne les voit pas. Ce serait folie de vouloir supprimer une chose qui offre de grands avantages, parce que des imprudents peuvent en abuser ; le moyen de prévenir ces inconvénients, c'est au contraire de faire connaître à fond cette chose. »

CHAPITRE XXIV
IDENTITÉ DES ESPRITS

Preuves possibles d'identité

255. La question de l'identité des Esprits est une des plus controversées, même parmi les adeptes du spiritisme ; c'est qu'en effet les Esprits ne nous apportent pas un acte de notoriété, et l'on sait avec quelle facilité certains d'entre eux prennent des noms d'emprunt ; aussi, après l'obsession, est-ce une des plus grandes difficultés du spiritisme pratique ; du reste, dans beaucoup de cas, l'identité absolue est une question secondaire et sans importance réelle.

L'identité de l'Esprit des personnages anciens est la plus difficile à constater, souvent même elle est impossible, et l'on en est réduit à une appréciation purement morale. On juge les Esprits, comme les hommes, à leur langage ; si un Esprit se présente sous le nom de Fénelon, par exemple, et qu'il dise des trivialités ou des puérilités, il est bien certain que ce ne peut être lui ; mais s'il ne dit que des choses dignes du caractère de Fénelon et que celui-ci ne désavouerait pas, il y a, sinon preuve matérielle, du moins toute probabilité morale que ce doit être lui. C'est dans ce cas surtout que l'identité réelle est une question accessoire ; du moment que l'Esprit ne dit que de bonnes choses, peu importe le nom sous lequel elles sont données.

On objectera sans doute que l'Esprit qui prendrait un nom supposé, même pour ne dire que du bien, n'en commettrait pas moins une fraude, et dès lors ne peut être un bon Esprit. C'est ici qu'il y a des délicatesses de nuances assez difficiles à saisir, et que nous allons essayer de développer.

256. À mesure que les Esprits se purifient et s'élèvent dans la hiérarchie, les caractères distinctifs de leur personnalité s'effacent en quelque sorte dans l'uniformité de perfection, et cependant ils n'en conservent pas moins leur individualité ; c'est ce qui a lieu pour les Esprits supérieurs et les purs Esprits. Dans cette position, le nom qu'ils avaient sur la terre, dans une des mille existences corporelles *éphémères* par lesquelles ils ont passé, est une chose tout à fait insignifiante. Remarquons encore que les Esprits sont attirés les uns vers les autres par la similitude de leurs qualités, et qu'ils forment ainsi des groupes ou familles sympathiques. D'un autre côté, si l'on considère le nombre immense d'Esprits qui, depuis l'origine des temps, doivent être arrivés dans les premiers rangs, et si on le compare avec le nombre si restreint des hommes qui ont laissé un grand nom sur la terre, on comprendra que, parmi les Esprits supérieurs qui peuvent se communiquer, la plupart ne doivent pas avoir de noms pour nous ; mais comme il nous faut des noms pour fixer nos idées, ils peuvent prendre celui du personnage connu dont la nature s'identifie le mieux avec la leur ; c'est ainsi que nos anges gardiens se font connaître le plus souvent sous le nom d'un des saints que nous vénérons, et généralement sous le nom de celui pour lequel nous avons

le plus de sympathie. Il suit de là que si l'ange gardien d'une personne se donne pour saint Pierre, par exemple, il n'y a aucune preuve matérielle que ce soit précisément l'apôtre de ce nom ; ce peut être lui comme ce peut être un Esprit tout à fait inconnu, appartenant à la famille d'Esprits dont saint Pierre fait partie ; il s'ensuit encore que, quel que soit le nom sous lequel on invoque son ange gardien, il viendra à l'appel qui lui est fait, parce qu'il est attiré par la pensée, et que le nom lui est indifférent.

Il en est de même toutes les fois qu'un Esprit supérieur se communique spontanément sous le nom d'un personnage connu ; rien ne prouve que ce soit précisément l'Esprit de ce personnage ; mais s'il ne dit rien qui démente l'élévation du caractère de ce dernier, il y a *présomption* que c'est lui, et dans tous les cas on peut se dire que, si ce n'est pas lui, ce doit être un Esprit du même degré, ou peut-être même envoyé par lui. En résumé, la question de nom est secondaire, le nom pouvant être considéré comme un simple indice du rang qu'occupe l'Esprit dans l'échelle spirite.

La position est tout autre lorsqu'un Esprit d'un ordre inférieur se pare d'un nom respectable pour donner du crédit à ses paroles, et ce cas est tellement fréquent qu'on ne saurait trop se tenir en garde contre ces sortes de substitutions ; c'est à la faveur de ces noms d'emprunt et avec l'aide surtout de la fascination, que certains Esprits systématiques, plus orgueilleux que savants, cherchent à accréditer les idées les plus ridicules.

La question de l'identité est donc, comme nous l'avons dit, à peu près indifférente quand il s'agit d'instructions générales, puisque les meilleurs Esprits peuvent se substituer les uns aux autres sans que cela tire à conséquence. Les Esprits supérieurs forment, pour ainsi dire, un tout collectif, dont les individualités nous sont, à peu d'exceptions près, complètement inconnues. Ce qui nous intéresse, ce n'est pas leur personne, mais leur enseignement ; or, du moment que cet enseignement est bon, peu importe que celui qui le donne s'appelle Pierre ou Paul ; on le juge à sa qualité et non à son enseigne. Si un vin est mauvais, ce n'est pas l'étiquette qui le rendra meilleur. Il en est autrement dans les communications intimes, parce que c'est l'individu, sa personne même qui nous intéresse, et c'est avec raison que, dans cette circonstance, on tient à s'assurer si l'Esprit qui vient à notre appel est bien réellement celui qu'on désire.

257. L'identité est beaucoup plus facile à constater quand il s'agit d'Esprits contemporains dont on connaît le caractère et les habitudes, car ce sont précisément ces habitudes, dont ils n'ont pas encore eu le temps de se dépouiller, par lesquelles ils se font reconnaître, et disons tout de suite que c'est même là un des signes les plus certains d'identité. L'Esprit peut sans doute en donner des preuves sur la demande qui lui en est faite, mais il ne le fait toujours que si cela lui convient, et généralement cette demande le blesse ; c'est pourquoi on doit l'éviter. En quittant son corps, l'Esprit n'a pas dépouillé sa susceptibilité ; il se froisse de toute question ayant pour but de le mettre à l'épreuve. *Il est telle question qu'on n'oserait lui faire s'il se présentait vivant*, de peur de manquer aux convenances ; pourquoi donc aurait-on moins d'égards pour lui après sa mort ? Qu'un homme se présente dans un salon en déclinant son

nom, ira-t-on lui dire à brûle-pourpoint de prouver qu'il est bien un tel en exhibant ses titres, sous le prétexte qu'il y a des imposteurs ? Cet homme assurément aurait le droit de rappeler l'interrogateur aux règles du savoir-vivre. C'est ce que font les Esprits en ne répondant pas ou en se retirant. Prenons un exemple pour comparaison. Supposons que l'astronome Arago, de son vivant, se fût présenté dans une maison où sa personne n'aurait pas été connue, et qu'on l'eût apostrophé ainsi : Vous dites que vous êtes Arago, mais comme nous ne vous connaissons pas, veuillez nous le prouver en répondant à nos questions ; résolvez tel problème d'astronomie ; dites-nous vos noms, prénoms, ceux de vos enfants, ce que vous faisiez tel jour, à telle heure, etc. ; qu'aurait-il répondu ? Eh bien ! comme Esprit, il fera ce qu'il aurait fait de son vivant, et les autres Esprits font de même.

258. Tandis que les Esprits se refusent à répondre aux questions puériles et saugrenues qu'on se serait fait scrupule d'adresser à leur personne vivante, ils donnent souvent d'eux-mêmes et spontanément des preuves irrécusables de leur identité, par leur caractère qui se révèle dans leur langage, par l'emploi de mots qui leur étaient familiers, par la citation de certains faits, de particularités de leur vie quelquefois inconnues des assistants, et dont l'exactitude a pu être vérifiée. Les preuves d'identité ressortent en outre d'une foule de circonstances imprévues qui ne se présentent pas toujours d'un premier coup, mais dans la suite des entretiens. Il convient donc de les attendre, sans les provoquer, en observant avec soin toutes celles qui peuvent découler de la nature des communications. (Voir le fait rapporté n° 70.)

259. Un moyen que l'on emploie quelquefois avec succès pour s'assurer de l'identité, lorsque l'Esprit qui se communique est suspect, consiste à lui faire affirmer, *au nom de Dieu tout-puissant*, qu'il est bien celui qu'il dit être. Il arrive souvent que celui qui prend un nom usurpé recule devant un sacrilège, et qu'après avoir commencé à écrire : *J'affirme au nom de...*, il s'arrête et trace avec colère des raies insignifiantes, ou brise le crayon ; s'il est plus hypocrite, il élude la question par une restriction mentale, en écrivant, par exemple : *Je vous certifie que je dis la vérité* ; ou bien encore : *J'atteste, au nom de Dieu, que c'est bien moi qui vous parle*, etc. Mais il y en a qui ne sont pas si scrupuleux, et qui jurent tout ce qu'on veut. L'un d'eux s'était communiqué à un médium en se disant être *Dieu*, et le médium, très honoré d'une si haute faveur, n'avait pas hésité à le croire. Évoqué par nous, il n'osa soutenir son imposture, et dit : Je ne suis pas Dieu, mais je suis son fils. - Vous êtes donc Jésus ? Cela n'est pas probable, car Jésus est trop haut placé pour employer un subterfuge. Osez donc affirmer, au nom de Dieu, que vous êtes le Christ ? - Je ne dis pas que je sois Jésus ; je dis que je suis le fils de Dieu, parce que je suis une de ses créatures.

On doit conclure de là que le refus de la part d'un Esprit d'affirmer son identité au nom de Dieu, est toujours une preuve manifeste que le nom qu'il a pris est une imposture, mais que l'affirmation n'est qu'une présomption et non une preuve certaine.

260. On peut aussi ranger parmi les preuves d'identité la similitude de l'écriture et de la signature, mais, outre qu'il n'est pas donné à tous les médiums d'obtenir ce résultat, ce n'est pas toujours une garantie suffisante ; il y a des faussaires dans le monde des Esprits comme dans celui-ci ; ce n'est donc qu'une présomption d'identité qui n'acquiert de valeur que par les circonstances qui l'accompagnent. Il en est de même de tous les signes matériels que quelques-uns donnent comme des talismans inimitables par les Esprits menteurs. Pour ceux qui osent se parjurer au nom de Dieu, ou contrefaire une signature, un signe matériel quelconque ne peut leur offrir un obstacle plus grand. La meilleure de toutes les preuves d'identité est dans le langage et dans les circonstances fortuites.

261. On dira sans doute que si un Esprit peut imiter une signature, il peut tout aussi bien imiter le langage. Cela est vrai ; nous en avons vu qui prenaient effrontément le nom du Christ, et, pour donner le change, simulaient le style évangélique et prodiguaient à tort et à travers ces mots bien connus : *En vérité, en vérité, je vous le dis* ; mais quand on étudiait l'ensemble *sans prévention* ; quand on scrutait le fond des pensées, la portée des expressions ; quand à côté de belles maximes de charité on voyait des recommandations puériles et ridicules, il aurait fallu être *fasciné* pour s'y méprendre. Oui, certaines parties de la forme matérielle du langage peuvent être imitées, mais non la pensée ; jamais l'ignorance n'imitera le vrai savoir, et jamais le vice n'imitera la vraie vertu ; toujours quelque part percera le bout de l'oreille ; c'est alors que le médium ainsi que l'évocateur ont besoin de toute leur perspicacité et de tout leur jugement pour démêler la vérité du mensonge. Ils doivent se persuader que les Esprits pervers sont capables de toutes les ruses, et que plus le nom sous lequel un Esprit s'annonce est élevé, plus il doit inspirer de défiance. Que de médiums ont eu des communications apocryphes signées Jésus, Marie ou d'un saint vénéré !

Distinction des bons et des mauvais Esprits

262. Si l'identité absolue des Esprits est, dans beaucoup de cas, une question accessoire et sans importance, il n'en est pas de même de la distinction des bons et des mauvais Esprits ; leur individualité peut nous être indifférente, leur qualité ne l'est jamais. Dans toutes les communications instructives, c'est donc sur ce point que doit se concentrer toute l'attention, parce que seul il peut nous donner la mesure de la confiance que nous pouvons accorder à l'Esprit qui se manifeste, quel que soit le nom sous lequel il le fasse. L'Esprit qui se manifeste est-il bon ou mauvais ? À quel degré de l'échelle spirite appartient-il ? Là est la question capitale. (Voir *Échelle spirite*, Livre des Esprits, n° 100.)

263. On juge les Esprits, avons-nous dit, comme on juge les hommes, à leur langage. Supposons qu'un homme reçoive vingt lettres de personnes qui lui sont inconnues ; au style, aux pensées, à une foule de signes enfin il jugera celles qui sont instruites ou ignorantes, polies ou mal élevées, superficielles, profondes, frivoles, orgueilleuses, sérieuses, légères, sentimentales, etc. Il en est

de même des Esprits ; on doit les considérer comme des correspondants qu'on n'a jamais vus, et se demander ce que l'on penserait du savoir et du caractère d'un homme qui dirait ou écrirait de pareilles choses. On peut poser comme règle invariable et sans exception, que *le langage des Esprits est toujours en raison du degré de leur élévation.* Non seulement les Esprits réellement supérieurs ne disent que de bonnes choses, mais ils les disent en termes qui excluent de la manière la plus absolue toute trivialité ; quelques bonnes que soient ces choses, si elles sont ternies par une seule expression qui sente la bassesse, c'est un signe indubitable d'infériorité, à plus forte raison si l'ensemble de la communication blesse les convenances par sa grossièreté. Le langage décèle toujours son origine, soit par la pensée qu'il traduit, soit par sa forme, et alors même qu'un Esprit voudrait nous donner le change sur sa prétendue supériorité, il suffit de converser quelque temps avec lui pour l'apprécier.

264. La bonté et la bienveillance sont encore des attributs essentiels des Esprits épurés ; ils n'ont de haine ni pour les hommes ni pour les autres Esprits ; ils plaignent les faiblesses, ils critiquent les erreurs, mais toujours avec modération, sans fiel et sans animosité. Si l'on admet que les Esprits vraiment bons ne peuvent vouloir que le bien et ne dire que de bonnes choses, on en conclura que tout ce qui, dans le langage des Esprits, décèle un manque de bonté et de bienveillance ne peut émaner d'un bon Esprit.

265. L'intelligence est loin d'être un signe certain de supériorité, car l'intelligence et le moral ne marchent pas toujours de front. Un Esprit peut être bon, bienveillant, et avoir des connaissances bornées, tandis qu'un Esprit intelligent et instruit peut être très inférieur en moralité.

On croit assez généralement qu'en interrogeant l'Esprit d'un homme qui a été savant dans une spécialité sur la terre, on obtiendra plus sûrement la vérité ; cela est logique, et portant n'est pas toujours vrai. L'expérience démontre que les savants, aussi bien que les autres hommes, ceux surtout qui ont quitté la terre depuis peu, sont encore sous l'empire des préjugés de la vie corporelle ; ils ne se défont pas immédiatement de l'esprit de système. Il peut donc se faire que, sous l'influence des idées qu'ils ont caressées de leur vivant, et dont ils se sont fait un titre de gloire, ils voient moins clair que nous ne pensons. Nous ne donnons point ce principe comme une règle, tant s'en faut ; nous disons seulement que cela se voit, et que, par conséquent, leur science humaine n'est pas toujours une preuve de leur infaillibilité comme Esprits.

266. En soumettant toutes les communications à un examen scrupuleux, en scrutant et en analysant la pensée et les expressions comme on le fait quand il s'agit de juger un ouvrage littéraire, en rejetant *sans hésiter* tout ce qui pèche par la logique et le bon sens, tout ce qui dément le caractère de l'Esprit qui est censé se manifester, on décourage les Esprits trompeurs qui finissent par se retirer, une fois bien convaincus qu'ils ne peuvent nous abuser. Nous le répétons, ce moyen est le seul, mais il est infaillible, parce qu'il n'y a pas de mauvaise communication qui puisse résister à une critique rigoureuse. Les bons Esprits ne s'en offensent jamais, puisqu'eux-mêmes le conseillent, et parce qu'ils n'ont rien à craindre de l'examen ; les mauvais

seuls s'en formalisent et en dissuadent, parce qu'ils ont tout à perdre, et par cela même prouvent ce qu'ils sont.

Voici, à ce sujet, le conseil donné par saint Louis :

« Quelle que soit la confiance légitime que vous inspirent les Esprits qui président à vos travaux, il est une recommandation que nous ne saurions trop répéter, et que vous devriez toujours avoir présente à la pensée quand vous vous livrez à vos études, c'est de peser et de mûrir, c'est de soumettre au contrôle de la raison la plus sévère toutes les communications que vous recevez ; de ne pas négliger, dès qu'un point vous paraît suspect, douteux ou obscur, de demander les explications nécessaires pour vous fixer. »

267. On peut résumer les moyens de reconnaître la qualité des Esprits dans les principes suivants :

1° Il n'y a pas d'autre critérium pour discerner la valeur des Esprits que le bon sens. Toute formule donnée à cet effet par les Esprits eux-mêmes est absurde, et ne peut émaner d'Esprits supérieurs.

2° On juge les Esprits à leur langage et à leurs actions. Les actions des Esprits sont les sentiments qu'ils inspirent et les conseils qu'ils donnent.

3° Étant admis que les bons Esprits ne peuvent dire et faire que le bien, tout ce qui est mal ne peut venir d'un bon Esprit.

4° Les Esprits supérieurs ont un langage toujours digne, noble, élevé, sans mélange d'aucune trivialité ; ils disent tout avec simplicité et modestie, ne se vantent jamais, ne font jamais parade de leur savoir ni de leur position parmi les autres. Celui des Esprits inférieurs ou vulgaires a toujours quelque reflet des passions humaines ; toute expression qui sent la bassesse, la suffisance, l'arrogance, la forfanterie, l'acrimonie, est un indice caractéristique d'infériorité ou de supercherie si l'Esprit se présente sous un nom respectable et vénéré.

5° Il ne faut pas juger les Esprits sur la forme matérielle et la correction de leur style, mais en sonder le sens intime, scruter leurs paroles, les peser froidement, mûrement et sans prévention. Tout écart de logique, de raison et de sagesse, ne peut laisser de doute sur leur origine, quel que soit le nom dont s'affuble l'Esprit. (224.)

6° Le langage des Esprits élevés est toujours identique, sinon pour la forme, du moins pour le fond. Les pensées sont les mêmes, quels que soient le temps et le lieu ; elles peuvent être plus ou moins développées, selon les circonstances, les besoins et les facilités de communiquer, mais elles ne seront pas contradictoires. Si deux communications portant le même nom sont en opposition l'une avec l'autre, l'une des deux est évidemment apocryphe, et la véritable sera celle où RIEN ne dément le caractère connu du personnage. Entre deux communications signées, par exemple, de saint Vincent de Paul, dont l'une prêcherait l'union et la charité, et l'autre tendrait à semer la discorde, il n'est personne de sensé qui pût se méprendre.

7° Les bons Esprits ne disent que ce qu'ils savent ; ils se taisent ou confessent leur ignorance sur ce qu'ils ne savent pas. Les mauvais parlent de tout avec assurance, sans se soucier de la vérité. Toute hérésie scientifique notoire, tout principe qui choque le bon sens, montre la fraude si l'Esprit se donne pour un Esprit éclairé.

8° On reconnaît encore les Esprits légers à la facilité avec laquelle ils prédisent l'avenir, et précisent des faits matériels qu'il ne nous est pas donné de connaître. Les bons Esprits peuvent faire pressentir les choses futures lorsque cette connaissance peut être utile, mais ne précisent jamais de dates ; toute annonce d'événement à époque fixe est l'indice d'une mystification.

9° Les Esprits supérieurs s'expriment simplement, sans prolixité ; leur style est concis, sans exclure la poésie des idées et des expressions, clair, intelligible pour tous, et ne demande pas d'efforts pour être compris ; ils ont l'art de dire beaucoup de choses en peu de mots, parce que chaque parole a sa portée. Les Esprits inférieurs, ou faux savants, cachent sous l'enflure et l'emphase le vide des pensées. Leur langage est souvent prétentieux, ridicule ou obscur à force de vouloir paraître profond.

10° Les bons Esprits ne commandent jamais : ils ne s'imposent pas, ils conseillent, et, si on ne les écoute pas, ils se retirent. Les mauvais sont impérieux ; ils donnent des ordres, veulent être obéis et restent quand même. Tout Esprit qui s'impose trahit son origine. Ils sont exclusifs et absolus dans leurs opinions, et prétendent avoir seuls le privilège de la vérité. Ils exigent une croyance aveugle, et ne font point appel à la raison, parce qu'ils savent que la raison les démasquerait.

11° Les bons Esprits ne flattent point ; ils approuvent quand on fait bien, mais toujours avec réserve ; les mauvais donnent des éloges exagérés, stimulent l'orgueil et la vanité tout en prêchant l'humilité, et cherchent à *exalter l'importance personnelle* de ceux qu'ils veulent capter.

12° Les Esprits supérieurs sont au-dessus des puérilités de la forme *en toutes choses*. Les Esprits vulgaires seuls peuvent attacher de l'importance à des détails mesquins, incompatibles avec des idées véritablement élevées. *Toute prescription méticuleuse* est un signe certain d'infériorité et de supercherie de la part d'un Esprit qui prend un nom imposant.

13° Il faut se défier des noms bizarres et ridicules que prennent certains Esprits qui veulent en imposer à la crédulité ; il serait souverainement absurde de prendre ces noms au sérieux.

14° Il faut également se défier des Esprits qui se présentent trop facilement sous des noms extrêmement vénérés, et n'accepter leurs paroles qu'avec la plus grande réserve ; c'est là surtout qu'un contrôle sévère est indispensable, car c'est souvent un masque qu'ils prennent pour faire croire à de prétendues relations intimes avec les Esprits hors ligne. Par ce moyen, ils flattent la vanité du médium et en profitent pour l'induire souvent à des démarches regrettables ou ridicules.

15° Les bons Esprits sont très scrupuleux sur les démarches qu'ils peuvent conseiller ; elles n'ont jamais, dans tous les cas, qu'un but *sérieux et éminemment utile*. On doit donc regarder comme suspectes toutes celles qui n'auraient pas ce caractère, ou seraient condamnées par la raison, et mûrement réfléchir avant de les entreprendre, car on s'exposerait à des mystifications désagréables.

16° On reconnaît aussi les bons Esprits à leur prudente réserve sur toutes les choses qui peuvent compromettre ; ils répugnent à dévoiler le mal ; les Esprits légers ou malveillants se plaisent à le faire ressortir. Tandis que les bons cherchent à adoucir les torts et prêchent l'indulgence, les mauvais les exagèrent et soufflent la zizanie par des insinuations perfides.

17° Les bons Esprits ne prescrivent que le bien. Toute maxime, tout conseil qui n'est pas *strictement conforme à la pure charité évangélique* ne peut être l'œuvre de bons Esprits.

18° Les bons Esprits ne conseillent jamais que des choses parfaitement rationnelles ; toute recommandation qui s'écarterait de la *droite ligne du bon sens ou des lois immuables de la nature* accuse un Esprit borné, et par conséquent peu digne de confiance.

19° Les Esprits mauvais ou simplement imparfaits se trahissent encore par des signes matériels auxquels on ne saurait se méprendre. Leur action sur le médium est quelquefois violente, et provoque chez celui-ci des mouvements brusques et saccadés, une agitation fébrile et convulsive qui tranche avec le calme et la douceur des bons Esprits.

20° Les Esprits imparfaits profitent souvent des moyens de communication dont ils disposent pour donner de perfides conseils ; ils excitent la défiance et l'animosité contre ceux qui leur sont antipathiques ; ceux qui peuvent démasquer leurs impostures sont surtout l'objet de leur animadversion.

Les hommes faibles sont leur point de mire pour les induire au mal. Employant tour à tour les sophismes, les sarcasmes, les injures et jusqu'aux signes matériels de leur puissance occulte pour mieux convaincre, ils tâchent de les détourner du sentier de la vérité.

21° L'Esprit des hommes qui ont eu sur la terre une préoccupation unique, matérielle ou morale, s'ils ne sont pas dégagés de l'influence de la matière, sont encore sous l'empire des idées terrestres, et portent avec eux une partie des préjugés, des prédilections *et même des manies* qu'ils avaient ici-bas. C'est ce qu'il est aisé de reconnaître à leur langage.

22° Les connaissances dont certains Esprits se parent souvent avec une sorte d'ostentation ne sont pas un signe de leur supériorité. L'inaltérable pureté des sentiments moraux est à cet égard la véritable pierre de touche.

23° Il ne suffit pas d'interroger un Esprit pour connaître la vérité. Il faut avant tout savoir à qui l'on s'adresse ; car les Esprits inférieurs, ignorants eux-mêmes, traitent avec frivolité les questions les plus sérieuses.

Il ne suffit pas non plus qu'un Esprit ait été un grand homme sur la terre pour avoir dans le monde spirite la souveraine science. La vertu seule peut, en le purifiant, le rapprocher de Dieu et étendre ses connaissances.

24° De la part des Esprits supérieurs, la plaisanterie est souvent fine et piquante, mais n'est jamais triviale. Chez les Esprits railleurs qui ne sont pas grossiers, la satire mordante est souvent pleine d'à-propos.

25° En étudiant avec soin le caractère des Esprits qui se présentent, surtout au point de vue moral, on reconnaîtra leur nature et le degré de confiance qu'on peut leur accorder. Le bon sens ne saurait tromper.

26° Pour juger les Esprits, comme pour juger les hommes, il faut d'abord savoir se juger soi-même. Il y a malheureusement beaucoup de gens qui prennent leur opinion personnelle pour mesure exclusive du bon et du mauvais, du vrai et du faux ; tout ce qui contredit leur manière de voir, leurs idées, le système qu'ils ont conçu ou adopté, est mauvais à leurs yeux. De telles gens manquent évidemment de la première qualité pour une saine appréciation : la rectitude du jugement ; mais ils ne s'en doutent pas ; c'est le défaut sur lequel on se fait le plus illusion.

Toutes ces instructions découlent de l'expérience et de l'enseignement donné par les Esprits ; nous les complétons par les réponses mêmes données par eux sur les points les plus importants.

Questions sur la nature et l'identité des Esprits

268. 1. À quels signes peut-on reconnaître la supériorité ou l'infériorité des Esprits ?

« À leur langage, comme vous distinguez un étourdi d'un homme sensé. Nous l'avons déjà dit, les Esprits supérieurs ne se contredisent jamais et ne disent que de bonnes choses ; ils ne veulent que le bien : c'est leur préoccupation.

Les Esprits inférieurs sont encore sous l'empire des idées matérielles ; leurs discours se ressentent de leur ignorance et de leur imperfection. Il n'est donné qu'aux Esprits supérieurs de connaître toutes choses et de les juger sans passion. »

2. La science, chez un Esprit, est-elle toujours un signe certain de son élévation ?

« Non, car s'il est encore sous l'influence de la matière, il peut avoir vos vices et vos préjugés. Il y a des gens qui sont dans ce monde excessivement jaloux et orgueilleux ; croyez-vous que dès qu'ils le quittent ils perdent ces défauts ? Il reste, après le départ d'ici, surtout à ceux qui ont eu des passions bien tranchées, une sorte d'atmosphère qui les enveloppe et leur laisse toutes ces mauvaises choses.

Ces Esprits mi-imparfaits sont plus à redouter que les mauvais Esprits, parce que la plupart réunissent l'astuce et l'orgueil à l'intelligence. Par leur prétendu savoir, ils en imposent aux gens simples et aux ignorants qui acceptent sans contrôle leurs théories absurdes et mensongères ; quoique ces théories ne puissent prévaloir contre la vérité, elles n'en font pas moins un mal momentané, car elles entravent la marche du spiritisme, et les médiums s'aveuglent volontiers sur le mérite de ce qui leur est communiqué. C'est là ce qui demande une très grande étude de la part des spirites éclairés et des médiums ; c'est à distinguer le vrai du faux qu'il faut apporter toute son attention. »

3. Beaucoup d'Esprits protecteurs se désignent sous des noms de saints ou de personnages connus ; que doit-on croire à ce sujet ?

« Tous les noms des saints et des personnages connus ne suffiraient pas pour fournir un protecteur à chaque homme ; parmi les Esprits, il y en a peu qui aient un nom connu sur la terre : c'est pourquoi très souvent ils ne s'en donnent pas ; mais la plupart du temps, vous voulez un nom ; alors, pour vous satisfaire, ils prennent celui d'un homme que vous connaissez et que vous respectez. »

4. Ce nom d'emprunt ne peut-il être considéré comme une fraude ?

« Ce serait une fraude de la part d'un mauvais Esprit qui voudrait abuser ; mais quand c'est pour le bien, Dieu permet qu'il en soit ainsi entre Esprits du même ordre, parce qu'il y a entre eux solidarité et similitude de pensées. »

5. Ainsi, quand un Esprit protecteur se dit être saint Paul, par exemple, il n'est pas certain que ce soit l'Esprit même ou l'âme de l'apôtre de ce nom ?

« Nullement, car vous trouvez des milliers de personnes à qui il a été dit que leur ange gardien est saint Paul, ou tout autre ; mais que vous importe, si l'Esprit qui vous protège est aussi élevé que saint Paul ? Je vous l'ai dit, il vous faut un nom, ils en prennent un pour se faire appeler et reconnaître, comme vous prenez des noms de baptême pour vous distinguer des autres membres de votre famille. Ils peuvent tout aussi bien prendre ceux des archanges Raphaël, saint Michel, etc., sans que cela tire à conséquence.

Du reste, plus un esprit est élevé, plus son rayonnement est multiple ; croyez donc qu'un Esprit protecteur d'un ordre supérieur peut avoir sous sa tutelle des centaines d'incarnés. Chez vous, sur la terre, vous avez des notaires qui se chargent des affaires de cent et deux cents familles ; pourquoi voudriez-vous que nous fussions, spirituellement parlant, moins aptes à la direction morale des hommes que ceux-là à la direction matérielle de leurs intérêts ? »

6. Pourquoi les Esprits qui se communiquent prennent-ils si souvent le nom des saints ?

« Ils s'identifient avec les habitudes de ceux à qui ils parlent, et prennent les noms qui sont de nature à faire sur l'homme le plus d'impression en raison de ses croyances. »

7. Certains Esprits supérieurs que l'on évoque viennent-ils toujours en personne, ou bien, comme le croient quelques-uns, ne viennent-ils que par mandataires chargés de transmettre leur pensée ?

« Pourquoi ne viendraient-ils pas en personne, s'ils le peuvent ? Mais si l'Esprit ne peut venir, ce sera forcément un mandataire. »

8. Le mandataire est-il toujours suffisamment éclairé pour répondre comme le ferait l'Esprit qui l'envoie ?

« Les Esprits supérieurs savent à qui ils confient le soin de les remplacer. D'ailleurs, plus les Esprits sont élevés, plus ils se confondent dans une pensée commune, de telle sorte que, pour eux, la personnalité est une chose indifférente, et il doit en être de même pour vous ; croyez-vous donc qu'il n'y ait dans le monde des Esprits supérieurs que ceux que vous avez connus sur la terre capables de vous instruire ? Vous êtes tellement portés à vous prendre pour les types de l'univers, que vous croyez toujours que hors de votre monde il n'y a plus rien. Vous ressemblez vraiment à ces sauvages qui ne sont pas sortis de leur île et croient que le monde ne va pas au-delà. »

9. Nous comprenons qu'il en soit ainsi quand il s'agit d'un enseignement sérieux ; mais comment des Esprits élevés permettent-ils à des Esprits de bas étage de se parer de noms respectables pour induire en erreur par des maximes souvent perverses ?

« Ce n'est point avec leur permission qu'ils le font ; cela n'arrive-t-il pas aussi parmi vous ? Ceux qui trompent ainsi en seront punis, croyez-le bien, et leur punition sera proportionnée à la gravité de l'imposture. D'ailleurs, si vous n'étiez pas imparfaits, vous n'auriez autour de vous que de bons Esprits, et si vous êtes trompés, vous ne devez vous en prendre qu'à vous-mêmes. Dieu permet qu'il en soit ainsi pour éprouver votre persévérance et votre jugement, et vous apprendre à distinguer la vérité de l'erreur ; si vous ne le faites pas, c'est que vous n'êtes pas assez élevés, et vous avez encore besoin des leçons de l'expérience. »

10. Des Esprits peu avancés, mais animés de bonnes intentions et du désir de progresser, ne sont-ils pas quelquefois délégués pour remplacer un Esprit supérieur, afin de leur fournir l'occasion de s'exercer à l'enseignement ?

« Jamais dans les grands centres ; je veux dire les centres sérieux et pour un enseignement général ; ceux qui s'y présentent le font toujours de leur propre chef, et, comme vous le dites, pour s'exercer ; c'est pourquoi leurs communications, quoique bonnes, portent toujours des traces de leur infériorité. Quand ils sont délégués, ce n'est que pour les communications peu importantes, et celles qu'on peut appeler personnelles. »

11. Les communications spirites ridicules sont quelquefois entremêlées de très bonnes maximes ; comment concilier cette anomalie qui semblerait indiquer la présence simultanée de bons et de mauvais Esprits ?

« Les Esprits mauvais ou légers se mêlent aussi de faire des sentences sans trop en voir la portée ou la signification. Tous ceux qui en font parmi vous sont-ils des hommes supérieurs ? Non ; les bons et les mauvais Esprits ne frayent pas ensemble, c'est à l'uniformité constante des bonnes communications que vous reconnaîtrez la présence des bons Esprits. »

12. Les Esprits qui induisent en erreur le font-ils toujours sciemment ?

« Non ; il y a des Esprits bons, mais ignorants et qui peuvent se tromper de bonne foi ; quand ils ont la conscience de leur insuffisance, ils en conviennent, et ne disent que ce qu'ils savent. » 13. Lorsqu'un Esprit fait une fausse communication, la fait-il toujours avec une intention malveillante ?

« Non ; si c'est un Esprit léger, il s'amuse à mystifier et n'a pas d'autre but. »

14. Puisque certains Esprits peuvent tromper par leur langage, peuvent-ils aussi, aux yeux d'un médium voyant, prendre une fausse apparence ?

« Cela se fait, mais plus difficilement. Dans tous les cas, cela n'a jamais lieu que dans un but que les mauvais Esprits ne connaissent pas eux-mêmes. Ils servent d'instrument pour donner une leçon. Le médium voyant peut voir des Esprits légers et menteurs comme d'autres les entendent ou écrivent sous leur influence. Les Esprits légers peuvent profiter de cette disposition pour l'abuser par des apparences trompeuses ; cela dépend des qualités de son Esprit à lui. »

15. Pour n'être pas abusé, suffit-il d'être animé de bonnes intentions, et les hommes parfaitement sérieux, qui ne mêlent à leurs études aucun sentiment de vaine curiosité, sont-ils aussi exposés à être trompés ?

« Moins que d'autres évidemment ; mais l'homme a toujours quelques travers qui attirent les Esprits moqueurs ; il se croit fort, et souvent il ne l'est pas ; il doit donc se défier de la faiblesse qui naît de l'orgueil et des préjugés. On ne tient pas assez compte de ces deux causes dont les Esprits profitent ; en flattant les manies, ils sont sûrs de réussir. »

16. Pourquoi Dieu permet-il que de mauvais Esprits se communiquent et disent de mauvaises choses ?

« Même dans ce qui est le plus mal, il y a un enseignement ; c'est à vous de savoir l'en tirer. Il faut bien qu'il y ait des communications de toutes sortes pour vous apprendre à distinguer les bons Esprits des mauvais, et vous servir de miroir à vous-mêmes. »

17. Les Esprits peuvent-ils, au moyen de communications écrites, inspirer d'injustes défiances contre certaines personnes, et brouiller des amis ?

« Des Esprits pervers et jaloux peuvent faire en mal tout ce que font les hommes ; c'est pourquoi il faut y prendre garde. Les Esprits supérieurs sont toujours prudents et réservés quand ils ont à blâmer ; ils ne disent pas de mal : ils avertissent avec ménagement. S'ils veulent que, dans leur intérêt, deux personnes cessent de se voir, ils feront naître des incidents qui les sépareront d'une manière naturelle. Un langage propre à semer le trouble et la défiance est toujours le fait d'un mauvais Esprit, quel que soit le nom dont il se pare. Ainsi, n'accueillez qu'avec circonspection le mal qu'un Esprit peut dire de l'un de vous, surtout quand un bon Esprit vous en a dit du bien ; et défiez-vous aussi de vous-même et de vos propres préventions. Dans les communications des Esprits, ne prenez que ce qu'il y a de bon, de grand, de rationnel, et ce que votre conscience approuve. »

18. Par la facilité avec laquelle les mauvais Esprits se mêlent aux communications, il paraît qu'on n'est jamais certains d'avoir la vérité ?

« Si, puisque vous avez un jugement pour les apprécier. À la lecture d'une lettre, vous savez bien reconnaître si c'est un goujat ou un homme bien élevé, un sot ou un savant, qui vous écrit ; pourquoi ne pourriez-vous le faire quand ce sont des Esprits qui vous écrivent ? Si vous recevez une lettre d'un ami éloigné, qui vous prouve qu'elle est bien de lui ? Son écriture, direz-vous ; mais n'y a-t-il pas des faussaires qui imitent toutes les écritures ; des fripons qui peuvent connaître vos affaires ? Cependant, il est des signes auxquels vous ne vous méprendrez pas ; il en est de même des Esprits. Figurez-vous donc que c'est un ami qui vous écrit, ou que vous lisez l'ouvrage d'un écrivain, et jugez par les mêmes moyens. »

19. Les Esprits supérieurs pourraient-ils empêcher les mauvais Esprits de prendre de faux noms ?

« Certainement, ils le peuvent ; mais plus les Esprits sont mauvais, plus ils sont entêtés, et souvent ils résistent aux injonctions. Il faut bien aussi que vous sachiez qu'il est des personnes auxquelles les Esprits supérieurs s'intéressent plus qu'à d'autres, et quand ils le jugent nécessaire, ils savent les préserver de l'atteinte du mensonge ; contre ces personnes, les Esprits trompeurs sont impuissants. »

20. Quel est le motif de cette partialité ?

« Ce n'est point de la partialité, c'est de la justice ; les bons Esprits s'intéressent à ceux qui mettent leurs avis à profit, et travaillent sérieusement à leur propre amélioration ; ceux-là sont leurs préférés et ils les secondent ; mais ils s'inquiètent peu de ceux avec lesquels ils perdent leur temps en belles paroles. »

21. Pourquoi Dieu permet-il aux Esprits de commettre le sacrilège de prendre faussement des noms vénérés ?

« Vous pourriez demander aussi pourquoi Dieu permet aux hommes de mentir et de blasphémer. Les Esprits, ainsi que les hommes, ont leur libre arbitre dans le bien comme dans le mal ; mais ni aux uns ni aux autres la justice de Dieu ne fera défaut. »

22. Y a-t-il des formules efficaces pour chasser les Esprits trompeurs ?

« Formule est matière ; bonne pensée vers Dieu vaut mieux. »

23. Certains Esprits ont dit avoir des signes graphiques inimitables, sortes d'emblèmes qui peuvent les faire reconnaître et constater leur identité ; cela est-il vrai ?

« Les Esprits supérieurs n'ont d'autres signes pour se faire reconnaître que la supériorité de leurs idées et de leur langage. Tous les Esprits peuvent imiter un signe matériel. Quant aux Esprits inférieurs, ils se trahissent de tant de manières qu'il faut être aveugle pour se laisser abuser. »

24. Les Esprits trompeurs ne peuvent-ils aussi contrefaire la pensée ?

« Ils contrefont la pensée comme les décors de théâtre contrefont la nature. »

25. Il paraît qu'il est ainsi toujours facile de découvrir la fraude par une étude attentive ?

« N'en doutez pas ; les Esprits ne trompent que ceux qui se laissent tromper. Mais il faut avoir des yeux de marchand de diamants pour distinguer la vraie pierre de la fausse ; or, celui qui ne sait pas distinguer la pierre fine de la fausse s'adresse au lapidaire. »

26. Il y a des gens qui se laissent séduire par un langage emphatique ; qui se payent de mots plus que d'idées ; qui prennent même des idées fausses et vulgaires pour des idées sublimes ; comment ces gens-là, qui ne sont pas même aptes à juger les œuvres des hommes, peuvent-ils juger celles des Esprits ?

« Quand ces personnes ont assez de modestie pour reconnaître leur insuffisance, elles ne s'en rapportent pas à elles-mêmes ; quand par orgueil elles se croient plus capables qu'elles ne le sont, elles portent la peine de leur sotte vanité. Les Esprits trompeurs savent bien à qui ils s'adressent ; il y a des gens simples et peu instruits plus difficiles à abuser que d'autres qui ont de l'esprit et du savoir. En flattant les passions, ils font de l'homme tout ce qu'ils veulent. »

27. Dans l'écriture, les mauvais Esprits se trahissent-ils quelquefois par des signes matériels involontaires ?

« Les habiles ne le font pas ; les maladroits se fourvoient. Tout signe inutile et puéril est un indice certain d'infériorité ; les Esprits élevés ne font rien d'inutile. »

28. Beaucoup de médiums reconnaissent les bons et les mauvais Esprits à l'impression agréable ou pénible qu'ils ressentent à leur approche. Nous demandons si l'impression désagréable, l'agitation convulsive, le malaise, en un mot, sont toujours des indices de la mauvaise nature des Esprits qui se manifestent.

« Le médium éprouve les sensations de l'état dans lequel se trouve l'Esprit qui vient à lui. Quand l'Esprit est heureux, il est tranquille, léger, posé ; quand il est malheureux, il est agité, fébrile, et cette agitation passe naturellement dans le système nerveux du médium. Du reste, c'est ainsi qu'est l'homme sur la terre : celui qui est bon est calme et tranquille ; celui qui est méchant est sans cesse agité. »

Remarque. Il y a des médiums d'une impressionnabilité nerveuse plus ou moins grande, c'est pourquoi l'agitation ne saurait être regardée comme une règle absolue ; il faut ici, comme en toutes choses, tenir compte des circonstances. Le caractère pénible et désagréable de l'impression est un effet de contraste, car si l'Esprit du médium sympathise avec le mauvais Esprit qui se manifeste, il en sera peu ou point affecté. Du reste, il ne faut pas confondre la rapidité de l'écriture, qui tient à l'extrême flexibilité de certains médiums, avec l'agitation convulsive que les médiums les plus lents peuvent éprouver au contact des Esprits imparfaits.

CHAPITRE XXV
DES ÉVOCATIONS

Considérations générales

269. Les Esprits peuvent se communiquer spontanément ou venir à notre appel, c'est-à-dire sur évocation. Quelques personnes pensent que l'on doit s'abstenir d'évoquer tel ou tel Esprit, et qu'il est préférable d'attendre celui qui veut bien se communiquer. Elles se fondent sur cette opinion, qu'en appelant un Esprit déterminé, on n'est pas certain que ce soit lui qui se présente, tandis que celui qui vient spontanément et de son propre mouvement prouve mieux son identité, puisqu'il annonce ainsi le désir qu'il a de s'entretenir avec nous. À notre avis, c'est là une erreur : premièrement, parce qu'il y a toujours autour de nous des Esprits, le plus souvent de bas étage, qui ne demandent pas mieux que de se communiquer ; en second lieu, et par cette dernière raison même, en n'en appelant aucun en particulier, c'est ouvrir la porte à tous ceux qui veulent entrer. Dans une assemblée, ne donner la parole à personne, c'est la laisser à tout le monde, et l'on sait ce qui en résulte. L'appel direct fait à un Esprit déterminé est un lien entre lui et nous : nous l'appelons par notre désir, et nous opposons ainsi une sorte de barrière aux intrus. Sans un appel direct, un Esprit n'aurait souvent aucun motif de venir à nous, si ce n'est notre Esprit familier.

Ces deux manières d'opérer ont chacune leurs avantages, et l'inconvénient ne serait que dans l'exclusion absolue de l'une des deux. Les communications spontanées n'ont aucun inconvénient quand on est maître des Esprits, et qu'on est certain de ne laisser prendre aucun empire aux mauvais ; alors il est souvent utile d'attendre le bon plaisir de ceux qui veulent bien se manifester, parce que leur pensée ne subit aucune contrainte, et l'on peut obtenir de cette manière des choses admirables ; tandis qu'il n'est pas dit que l'Esprit que vous appelez soit disposé à parler, ou capable de le faire dans le sens qu'on désire. L'examen scrupuleux que nous avons conseillé est d'ailleurs une garantie contre les mauvaises communications. Dans les réunions régulières, dans celles surtout où l'on s'occupe d'un travail suivi, il y a toujours des Esprits habitués qui se trouvent au rendez-vous sans qu'on les appelle, par cela même qu'en raison de la régularité des séances, ils sont prévenus : ils prennent souvent spontanément la parole pour traiter un sujet quelconque, développer une proposition ou prescrire ce que l'on doit faire, et alors on les reconnaît aisément, soit à la forme de leur langage qui est toujours identique, soit à leur écriture, soit à certaines habitudes qui leur sont familières.

270. Lorsqu'on désire communiquer avec un Esprit *déterminé*, il faut de toute nécessité l'évoquer. (N° 203.) S'il peut venir, on obtient généralement pour réponse : *Oui* ; ou : *Je suis là* ; ou bien encore : *Que me voulez-vous ?* Quel-

quefois, il entre directement en matière en répondant par anticipation aux questions qu'on se propose de lui adresser.

Lorsqu'un Esprit est évoqué pour la première fois, il convient de le désigner avec quelque précision. Dans les questions qui lui sont adressées, il faut éviter les formes sèches et impératives, qui seraient pour lui un motif d'éloignement. Ces formes doivent être affectueuses ou respectueuses selon l'Esprit, et dans tous les cas témoigner de la bienveillance de l'évocateur.

271. On est souvent surpris de la promptitude avec laquelle un Esprit évoqué se présente, même pour la première fois : on dirait qu'il a été prévenu ; c'est, en effet, ce qui a lieu lorsqu'on se préoccupe d'avance de son évocation. Cette préoccupation est une sorte d'évocation anticipée, et comme nous avons toujours nos Esprits familiers qui s'identifient avec notre pensée, ils préparent les voies, de telle sorte que si rien ne s'y oppose, l'Esprit que l'on veut appeler est déjà présent. Dans le cas contraire, c'est l'esprit familier du médium, ou celui de l'interrogateur, ou l'un des habitués qui va le chercher, et pour cela il ne lui faut pas beaucoup de temps. Si l'Esprit évoqué ne peut venir instantanément, le messager (les païens auraient dit *Mercure*) assigne un délai, quelquefois de cinq minutes, un quart d'heure, une heure et même plusieurs jours ; lorsqu'il est arrivé, il dit : *Il est là* ; et alors on peut commencer les questions qu'on veut lui adresser.

Le messager n'est pas toujours un intermédiaire nécessaire, car l'appel de l'évocateur peut être entendu directement de l'Esprit, ainsi qu'il est dit ci-après, n° 282, question 5, sur le mode de transmission de la pensée.

Quand nous disons de faire l'évocation au nom de Dieu, nous entendons que notre recommandation doit être prise au sérieux et non à la légère ; ceux qui n'y verraient qu'une formule sans conséquence feraient mieux de s'abstenir.

272. Les évocations offrent souvent plus de difficultés aux médiums que les dictées spontanées, surtout quand il s'agit d'obtenir des réponses précises à des questions circonstanciées. Il faut pour cela des médiums spéciaux, à la fois *flexibles* et *positifs*, et l'on a vu (n° 193) que ces derniers sont assez rares, car, ainsi que nous l'avons dit, les rapports fluidiques ne s'établissent pas toujours instantanément avec le premier Esprit venu. C'est pourquoi il est utile que les médiums ne se livrent aux évocations détaillées qu'après s'être assurés du développement de leur faculté, et de la nature des Esprits qui les assistent, car chez ceux qui sont mal entourés, les évocations ne peuvent avoir aucun caractère d'authenticité.

273. Les médiums sont généralement beaucoup plus recherchés pour les évocations d'un intérêt privé que pour les communications d'un intérêt général ; cela s'explique par le désir bien naturel que l'on a de s'entretenir avec les êtres qui nous sont chers. Nous croyons devoir faire à ce sujet plusieurs recommandations importantes aux médiums. C'est d'abord de n'accéder à ce désir qu'avec réserve vis-à-vis des personnes sur la sincérité desquelles ils ne sont pas complètement édifiés, et de se mettre en garde contre les pièges que pourraient leur tendre des gens malveillants. Secondement, de ne s'y prêter, sous aucun prétexte, s'ils entrevoient un but de curiosité et d'intérêt, et non une intention sérieuse de la part de l'évocateur ; de se refuser à toute question

oiseuse ou qui sortirait du cercle de celles qu'on peut rationnellement adresser aux Esprits. Les questions doivent être posées avec clarté, netteté et sans arrière-pensée, si l'on veut des réponses catégoriques. Il faut donc repousser toutes celles qui auraient un caractère insidieux, car on sait que les Esprits n'aiment pas celles qui ont pour but de les mettre à l'épreuve ; insister sur des questions de cette nature, c'est vouloir être trompé. L'évocateur doit aller franchement et ouvertement au but, sans subterfuge et sans moyens détournés ; s'il craint de s'expliquer, il ferait mieux de s'abstenir.

Il convient encore de ne faire qu'avec beaucoup de prudence des évocations en l'absence des personnes qui en font la demande, et souvent même il est préférable de s'en abstenir tout à fait, ces personnes étant seules aptes à contrôler les réponses, à juger de l'identité, à provoquer des éclaircissements s'il y a lieu, et à faire les questions incidentes amenées par les circonstances. En outre, leur présence est un lien qui attire l'Esprit, souvent peu disposé à se communiquer à des étrangers pour lesquels il n'a aucune sympathie. Le médium, en un mot, doit éviter tout ce qui pourrait le transformer en agent de consultation, ce qui, aux yeux de beaucoup de gens, est synonyme de diseur de bonne aventure.

Esprits que l'on peut évoquer

274. On peut évoquer tous les Esprits à quelque degré de l'échelle qu'ils appartiennent : les bons comme les mauvais, ceux qui ont quitté la vie depuis peu, comme ceux qui ont vécu dans les temps les plus reculés, les hommes illustres comme les plus obscurs, nos parents, nos amis, comme ceux qui nous sont indifférents ; mais il n'est pas dit qu'ils veuillent ou puissent toujours se rendre à notre appel ; indépendamment de leur propre volonté, ou de la permission qui peut leur être refusée par une puissance supérieure, ils peuvent en être empêchés par des motifs qu'il ne nous est pas toujours donné de pénétrer. Nous voulons dire qu'il n'y a pas d'empêchement absolu qui s'oppose aux communications, sauf ce qui sera dit ci-après ; les obstacles qui peuvent empêcher un Esprit de se manifester sont presque toujours individuels, et tiennent souvent aux circonstances.

275. Parmi les causes qui peuvent s'opposer à la manifestation d'un esprit, les unes lui sont personnelles et les autres lui sont étrangères. Il faut placer parmi les premières ses occupations ou les missions qu'il accomplit, et dont il ne peut pas se détourner pour céder à nos désirs ; dans ce cas, sa visite n'est qu'ajournée.

Il y a encore sa propre situation. Bien que l'état d'incarnation ne soit pas un obstacle absolu, ce peut être un empêchement à certains moments donnés, surtout quand elle a lieu dans les mondes inférieurs et quand l'Esprit lui-même est peu dématérialisé. Dans les mondes supérieurs, dans ceux où les liens de l'Esprit et de la matière sont très faibles, la manifestation est presque aussi facile que dans l'état errant, et dans tous les cas plus facile que dans ceux où la matière corporelle est plus compacte.

Les causes étrangères tiennent principalement à la nature du médium, à celle de la personne qui évoque, au milieu dans lequel se fait l'évocation, et enfin au but que l'on se propose. Certains médiums reçoivent plus particulièrement des communications de leurs Esprits familiers, qui peuvent être plus ou moins élevés ; d'autres sont aptes à servir d'intermédiaires à tous les Esprits ; cela dépend de la sympathie ou de l'antipathie, de l'attraction ou de la répulsion que l'Esprit personnel du médium exerce sur l'Esprit étranger, qui peut le prendre pour interprète avec plaisir ou avec répugnance. Cela dépend encore, abstraction faite des qualités intimes du médium, du développement de la faculté médianimique. Les Esprits viennent plus volontiers, et surtout sont plus explicites avec un médium qui ne leur offre aucun obstacle matériel. Toutes choses égales d'ailleurs quant aux conditions morales, plus un médium a de la facilité pour écrire ou pour s'exprimer, plus ses relations avec le monde spirite se généralisent.

276. Il faut encore tenir compte de la facilité que doit donner l'habitude de communiquer avec tel ou tel Esprit ; avec le temps, l'Esprit étranger s'identifie avec celui du médium, et aussi avec celui qui l'appelle. La question de sympathie à part, il s'établit entre eux des rapports fluidiques qui rendent les communications plus promptes ; c'est pourquoi un premier entretien n'est pas toujours aussi satisfaisant qu'on pourrait le désirer, et c'est aussi pourquoi les Esprits eux-mêmes demandent souvent à être rappelés. L'Esprit qui vient d'habitude est comme chez lui : il est familiarisé avec ses auditeurs et ses interprètes ; il parle et agit plus librement.

277. En résumé, de ce que nous venons de dire il résulte : que la faculté d'évoquer tout Esprit quelconque n'implique pas pour l'Esprit l'obligation d'être à nos ordres ; qu'il peut venir à un moment et non à un autre, avec tel médium ou tel évocateur qui lui plaît et non avec tel autre ; dire ce qu'il veut sans pouvoir être contraint de dire ce qu'il ne veut pas ; s'en aller quand cela lui convient ; enfin que, par des causes dépendantes ou non de sa volonté, après s'être montré assidu pendant quelque temps, il peut tout à coup cesser de venir.

C'est par tous ces motifs que, lorsqu'on désire appeler un Esprit nouveau, il est nécessaire de demander à son guide protecteur si l'évocation est possible ; dans le cas où elle ne le serait pas, il en donne assez généralement les motifs, et alors il est inutile d'insister.

278. Une importante question se présente ici, celle de savoir s'il y a ou non de l'inconvénient à évoquer de mauvais Esprits. Cela dépend du but qu'on se propose et de l'ascendant qu'on peut avoir sur eux. L'inconvénient est nul quand on les appelle dans un but sérieux, instructif et en vue de les améliorer ; il est très grand, au contraire, si c'est par pure curiosité ou plaisanterie, ou si on se met sous leur dépendance en leur demandant un service quelconque. Les bons Esprits, dans ce cas, peuvent très bien leur donner le pouvoir de faire ce qu'on leur demande, sauf à punir sévèrement plus tard le téméraire qui aurait osé invoquer leur secours et leur croire plus de puissance qu'à Dieu. C'est en vain qu'on se promettrait d'en faire un bon usage par la suite, et de congédier le serviteur une fois le service rendu ;

ce service même que l'on a sollicité, quelque minime qu'il soit, est un véritable pacte conclu avec le mauvais Esprit, et celui-ci ne lâche pas prise aisément. (Voir n° 212.)

279. L'ascendant ne s'exerce sur les Esprits inférieurs que par la *supériorité morale*. Les Esprits pervers sentent leurs maîtres dans les hommes de bien ; vis-à-vis de celui qui ne leur oppose que l'énergie de la volonté, sorte de force brutale, ils luttent, et souvent sont les plus forts. Quelqu'un cherchait ainsi à dompter un Esprit rebelle, par sa volonté, l'Esprit lui répondit : *Laisse-moi donc tranquille avec tes airs de matamore, toi qui ne vaux pas mieux que moi ; ne dirait-on pas un voleur qui fait de la morale à un voleur ?*

On s'étonne que le nom de Dieu que l'on invoque contre eux soit souvent impuissant ; saint Louis en a donné la raison dans la réponse suivante :

« Le nom de Dieu n'a d'influence sur les Esprits imparfaits que dans la bouche de celui qui peut s'en servir avec autorité par ses vertus ; dans la bouche de l'homme qui n'aurait sur l'Esprit aucune supériorité morale, c'est un mot comme un autre. Il en est de même des choses saintes qu'on leur oppose. L'arme la plus terrible est inoffensive dans les mains inhabiles à s'en servir ou incapables de la porter. »

Langage à tenir avec les Esprits

280. Le degré de supériorité ou d'infériorité des Esprits indique naturellement le ton qu'il convient de prendre avec eux. Il est évident que plus ils sont élevés, plus ils ont droit à notre respect, à nos égards et à notre soumission. Nous ne devons pas leur témoigner moins de déférence que nous ne l'eussions fait de leur vivant, mais par d'autres motifs : sur la terre, nous eussions considéré leur rang et leur position sociale ; dans le monde des Esprits, notre respect ne s'adresse qu'à la supériorité morale. Leur élévation même les met au-dessus des puérilités de nos formes adulatrices. Ce n'est pas par des mots qu'on peut capter leur bienveillance, c'est par la sincérité des sentiments. Il serait donc ridicule de leur donner les titres que nos usages consacrent à la distinction des rangs, et qui, de leur vivant, eussent pu flatter leur vanité ; s'ils sont réellement supérieurs, non seulement ils n'y tiennent pas, mais cela leur déplaît. Une bonne pensée leur est plus agréable que les épithètes les plus louangeuses ; s'il en était autrement, ils ne seraient pas au-dessus de l'humanité. L'Esprit d'un vénérable ecclésiastique qui fut sur la terre un prince de l'Église, homme de bien, pratiquant la loi de Jésus, répondit un jour à quelqu'un qui l'évoquait en lui donnant le titre de Monseigneur : « Tu devrais dire au moins ex-Monseigneur, car ici il n'y a de Seigneur que Dieu ; sache bien que j'en vois qui, sur la terre, se mettaient à mes genoux, et devant lesquels je m'incline moi-même. »

Quant aux Esprits inférieurs, leur caractère nous trace le langage qu'il convient de tenir avec eux. Dans le nombre, il y en a qui, quoiqu'inoffensifs et même bienveillants, sont légers, ignorants, étourdis ; les traiter à l'égal des Esprits sérieux, ainsi que le font certaines personnes, autant vaudrait s'incliner devant un écolier ou devant un âne affublé d'un bonnet de docteur.

Le ton de la familiarité ne saurait être déplacé avec eux, et ils ne s'en formalisent pas ; ils s'y prêtent au contraire volontiers.

Parmi les Esprits inférieurs, il y en a qui sont malheureux. Quelles que puissent être les fautes qu'ils expient, leurs souffrances sont des titres d'autant plus grands à notre commisération, que personne ne peut se flatter d'échapper à cette parole du Christ : « Que celui qui est sans péché lui jette la première pierre ». La bienveillance que nous leur témoignons est un soulagement pour eux ; à défaut de sympathie, ils doivent trouver l'indulgence que nous voudrions que l'on eût pour nous.

Les Esprits qui révèlent leur infériorité par le cynisme de leur langage, leurs mensonges, la bassesse de leurs sentiments, la perfidie de leurs conseils, sont assurément moins dignes de notre intérêt que ceux dont les paroles attestent le repentir ; nous leur devons au moins la pitié que nous accordons aux plus grands criminels, et le moyen de les réduire au silence, c'est de se montrer supérieur à eux : ils ne s'abandonnent qu'avec les gens dont ils croient n'avoir rien à craindre ; car les Esprits pervers sentent leurs maîtres dans les hommes de bien, comme dans les Esprits supérieurs.

En résumé, autant il serait irrévérencieux de traiter d'égal à égal avec les Esprits supérieurs, autant il serait ridicule d'avoir une même déférence pour tous sans exception. Ayons de la vénération pour ceux qui le méritent, de la reconnaissance pour ceux qui nous protègent et nous assistent, pour tous les autres une bienveillance dont nous aurons peut-être un jour besoin nous-mêmes. En pénétrant dans le monde incorporel, nous apprenons à le connaître, et cette connaissance doit nous régler dans nos rapports avec ceux qui l'habitent. Les Anciens, dans leur ignorance, leur ont élevé des autels ; pour nous, ce ne sont que des créatures plus ou moins parfaites, et nous n'élevons des autels qu'à Dieu.

Utilité des évocations particulières

281. Les communications que l'on obtient des Esprits très supérieurs, ou de ceux qui ont animé les grands personnages de l'antiquité, sont précieuses par le haut enseignement qu'elles renferment. Ces Esprits ont acquis un degré de perfection qui leur permet d'embrasser une sphère d'idées plus étendue, de pénétrer des mystères qui dépassent la portée vulgaire de l'humanité, et par conséquent de nous initier mieux que d'autres à certaines choses. Il ne suit pas de là que les communications des Esprits d'un ordre moins élevé soient sans utilité : l'observateur y puise plus d'une instruction. Pour connaître les mœurs d'un peuple, il faut l'étudier à tous les degrés de l'échelle. Quiconque ne l'aurait vu que sous une face le connaîtrait mal. L'histoire d'un peuple n'est pas celle de ses rois et des sommités sociales ; pour le juger, il faut le voir dans la vie intime, dans ses habitudes privées. Or, les Esprits supérieurs sont les sommités du monde spirite ; leur élévation même les place tellement au-dessus de nous que nous sommes effrayés de la distance qui nous en sépare. Des Esprits plus bourgeois (qu'on nous passe cette expression), nous rendent plus palpables les circonstances de

leur nouvelle existence. Chez eux, la liaison entre la vie corporelle et la vie spirite est plus intime, nous la comprenons mieux, parce qu'elle nous touche de plus près. En apprenant par eux-mêmes ce que sont devenus, ce que pensent, ce qu'éprouvent les hommes de toutes conditions et de tous les caractères, les hommes de bien comme les vicieux, les grands et les petits, les heureux et les malheureux du siècle, en un mot les hommes qui ont vécu parmi nous, que nous avons vus et connus, dont nous connaissons la vie réelle, les vertus et les travers, nous comprenons leurs joies et leurs souffrances, nous nous y associons et nous y puisons un enseignement moral d'autant plus profitable que les rapports entre eux et nous sont plus intimes. Nous nous mettons plus facilement à la place de celui qui a été notre égal que de celui que nous ne voyons qu'à travers le mirage d'une gloire céleste. Les Esprits vulgaires nous montrent l'application pratique des grandes et sublimes vérités dont les Esprits supérieurs nous enseignent la théorie. D'ailleurs, dans l'étude d'une science rien n'est inutile : Newton a trouvé la loi des forces de l'univers dans le phénomène le plus simple.

L'évocation des Esprits vulgaires a en outre l'avantage de nous mettre en rapport avec des Esprits souffrants, que l'on peut soulager et dont on peut faciliter l'avancement par d'utiles conseils. On peut donc se rendre utile tout en s'instruisant soi-même ; il y a de l'égoïsme à ne chercher que sa propre satisfaction dans l'entretien des Esprits, et celui qui dédaigne de tendre une main secourable à ceux qui sont malheureux fait en même temps preuve d'orgueil. À quoi lui sert d'obtenir de belles recommandations des Esprits d'élite, si cela ne le rend pas meilleur pour lui-même, plus charitable et plus bienveillant pour ses frères de ce monde et de l'autre ? Que deviendraient les pauvres malades si les médecins refusaient de toucher leurs plaies ?

Questions sur les évocations

282. 1. Peut-on évoquer les Esprits sans être médium ?

« Tout le monde peut évoquer les Esprits, et si ceux que vous appelez ne peuvent se manifester matériellement, ils n'en sont pas moins auprès de vous et vous écoutent. »

2. L'Esprit évoqué se rend-il toujours à l'appel qui lui est fait ?

« Cela dépend des conditions dans lesquelles il se trouve, car il est des circonstances où il ne le peut pas. »

3. Quelles sont les causes qui peuvent empêcher un Esprit de venir à notre appel ?

« Sa volonté, d'abord ; puis son état corporel s'il est réincarné, les missions dont il peut être chargé, ou bien encore la permission qui peut lui être refusée.

Il y a des Esprits qui ne peuvent jamais se communiquer ; ce sont ceux qui, par leur nature, appartiennent encore aux mondes inférieurs à la terre. Ceux qui sont dans les sphères de punition ne le peuvent pas non plus, à moins d'une permission supérieure qui n'est accordée que dans un but d'utilité générale. Pour qu'un Esprit puisse se communiquer, il faut qu'il ait atteint le degré d'avancement du monde où il est appelé, autrement il est étranger aux idées de ce monde et n'a aucun point de comparaison. Il n'en est pas de même de ceux qui sont envoyés en mission ou en expiation dans les mondes inférieurs : ils ont les idées nécessaires pour répondre. »

4. Par quels motifs la permission de se communiquer peut-elle être refusée à un Esprit ?

« Ce peut être une épreuve ou une punition pour lui ou pour celui qui l'appelle. »

5. Comment des Esprits dispersés dans l'espace ou dans les différents mondes peuvent-ils entendre de tous les points de l'univers les évocations qui sont faites ?

« Souvent, ils en sont prévenus par les Esprits familiers qui vous entourent et qui vont les chercher ; mais il se passe ici un phénomène qu'il est difficile de vous expliquer, parce que vous ne pouvez encore comprendre le mode de transmission de la pensée parmi les Esprits. Ce que je puis vous dire, c'est que l'Esprit que vous évoquez, quelque éloigné qu'il soit, reçoit, pour ainsi dire, le contrecoup de la pensée comme une sorte de commotion électrique qui appelle son attention du côté d'où vient la pensée qui s'adresse à lui. On peut dire qu'il entend la pensée, comme sur la terre vous entendez la voix. »

— Le fluide universel est-il le véhicule de la pensée, comme l'air est celui du son ?

« Oui, avec cette différence que le son ne peut se faire entendre que dans un rayon très borné, tandis que la pensée atteint l'infini. L'Esprit, dans l'espace, est comme le voyageur au milieu d'une vaste plaine, et qui entendant tout à coup prononcer son nom, se dirige du côté où on l'appelle. »

6. Nous savons que les distances sont peu de chose pour les Esprits, cependant on s'étonne de les voir quelquefois répondre aussi promptement à l'appel, comme s'ils eussent été tout prêts.

« C'est qu'en effet ils le sont quelquefois. Si l'évocation est préméditée, l'Esprit est averti d'avance, et se trouve souvent là avant le moment où on l'appelle. »

7. La pensée de l'évocateur est-elle plus ou moins facilement entendue selon certaines circonstances ?

« Sans aucun doute ; l'Esprit appelé par un sentiment sympathique et bienveillant est plus vivement touché : c'est comme une voix amie qu'il reconnaît ; sans cela il arrive souvent que l'évocation ne *porte pas*. La pensée qui jaillit de l'évocation frappe l'Esprit ; si elle est mal dirigée, elle frappe dans le vide. Il en est des Esprits comme des hommes ; si celui qui les appelle leur est indifférent ou antipathique, ils peuvent l'entendre, mais souvent ils ne l'écoutent pas. »

8. L'Esprit évoqué vient-il volontairement, ou bien y est-il contraint ?

« Il obéit à la volonté de Dieu, c'est-à-dire à la loi générale qui régit l'univers ; et pourtant contraint n'est pas le mot, car il juge s'il est utile de venir : et là est encore pour lui le libre arbitre. L'Esprit supérieur vient toujours quand il est appelé dans un but utile ; il ne se refuse à répondre que dans les milieux de gens peu sérieux et traitant la chose en plaisanterie. »

9. L'Esprit évoqué peut-il se refuser à venir à l'appel qui lui est fait ?

« Parfaitement ; où serait son libre arbitre sans cela ? Croyez-vous que tous les êtres de l'univers soient à vos ordres ? Et vous-mêmes, vous croyez-vous obligés de répondre à tous ceux qui prononcent votre nom ? Quand je dis qu'il peut s'y refuser, j'entends sur la demande de l'évocateur, car un Esprit inférieur peut être contraint de venir par un Esprit supérieur. »

10. Y a-t-il pour l'évocateur un moyen de contraindre un Esprit à venir malgré lui ?

« Aucun, si cet Esprit est votre égal ou votre supérieur en moralité – je dis en *moralité*, et non en intelligence, - parce que vous n'avez sur lui aucune autorité ; s'il est votre inférieur, vous le pouvez si c'est pour son bien, car alors d'autres Esprits vous seconderont. » (N° 279.)

11. Y a-t-il de l'inconvénient à évoquer des Esprits inférieurs, et peut-on craindre, en les appelant, de se mettre sous leur domination ?

« Ils ne dominent que ceux qui se laissent dominer. Celui qui est assisté par de bons Esprits n'a rien à craindre ; il s'impose aux Esprits inférieurs, et ceux-ci ne s'imposent pas à lui. Dans l'isolement, les médiums, surtout ceux qui commencent, doivent s'abstenir de ces sortes d'évocations. » (N° 278.)

12. Est-il nécessaire d'apporter quelques dispositions particulières dans les évocations ?

« La plus essentielle de toutes les dispositions, c'est le recueillement quand on veut avoir affaire à des Esprits sérieux. Avec la foi et le désir du bien, on est plus puissant pour évoquer les Esprits supérieurs. En élevant son âme par quelques instants de recueillement au moment de l'évocation, on s'identifie avec les bons Esprits et on les dispose à venir. »

13. La foi est-elle nécessaire pour les évocations ?

« La foi en Dieu, oui ; la foi viendra pour le reste si vous voulez le bien et si vous avez le désir de vous instruire. »

14. Les hommes réunis dans une communauté de pensée et d'intentions ont-ils plus de puissance pour évoquer les Esprits ?

« Quand tous sont réunis par la charité et pour le bien, ils obtiennent de grandes choses. Rien n'est plus nuisible au résultat des évocations que la divergence de pensées. »

15. La précaution de faire la chaîne en se donnant la main pendant quelques minutes au commencement des réunions est-elle utile ?

« La chaîne est un moyen matériel qui ne met pas l'union entre vous si elle n'existe pas dans la pensée ; ce qui est plus utile que tout cela, c'est de s'unir dans une pensée commune en appelant chacun de son côté de bons Esprits. Vous ne savez pas tout ce que pourrait obtenir une réunion sérieuse d'où serait banni tout sentiment d'orgueil et de personnalité, et où régnerait un parfait sentiment de mutuelle cordialité. »

16. Les évocations à jours et heures fixes sont-elles préférables ?

« Oui, et si c'est possible dans le même lieu : les Esprits y viennent plus volontiers ; c'est le désir constant que vous avez qui aide les Esprits à venir se mettre en communication avec vous. Les Esprits ont leurs occupations qu'ils ne peuvent quitter *à l'improviste* pour votre satisfaction personnelle.

Je dis dans le même lieu, mais ne croyez pas que ce soit une obligation absolue, car les Esprits viennent partout ; je veux dire qu'un lieu consacré à cela est préférable, parce que le recueillement y est plus parfait. »

17. Certains objets, tels que médailles et talismans, ont-ils la propriété d'attirer ou de repousser les Esprits, ainsi que quelques-uns le prétendent ?

« Cette question est inutile, car vous savez bien que la matière n'a aucune action sur les Esprits. Soyez bien certains que jamais un bon Esprit ne conseille de pareilles absurdités ; la vertu des talismans, de quelque nature qu'ils soient, n'a jamais existé que dans l'imagination des gens crédules. »

18. Que penser des Esprits qui assignent des rendez-vous dans des lieux lugubres et à des heures indues ?

« Ces Esprits s'amusent aux dépens de ceux qui les écoutent. Il est toujours inutile et souvent dangereux de céder à de telles suggestions : inutile, parce qu'on n'y gagne absolument rien que d'être mystifié ; dangereux, non par le mal que peuvent faire les Esprits, mais par l'influence que cela peut exercer sur des cerveaux faibles. »

19. Y a-t-il des jours et des heures plus propices aux évocations ?

« Pour les Esprits, cela est complètement indifférent, comme tout ce qui est matériel, et ce serait une superstition de croire à l'influence des jours et des heures. Les moments les plus propices sont ceux où l'évocateur peut être le moins distrait par ses occupations habituelles ; où son corps et son esprit sont le plus calmes. »

20. L'évocation est-elle pour les Esprits une chose agréable ou pénible ? Viennent-ils volontiers quand on les appelle ?

« Cela dépend de leur caractère et du motif qui les fait appeler. Quand le but est louable, et quand le milieu leur est sympathique, c'est pour eux une chose agréable et même attrayante ; les Esprits sont toujours heureux de l'affection qu'on leur témoigne. Il y en a pour qui c'est un grand bonheur de se communiquer aux hommes et qui souffrent de l'abandon où on les laisse. Mais, comme je l'ai dit, cela dépend également de leur caractère ; parmi les Esprits, il y a aussi des misanthropes qui n'aiment pas à être dérangés, et dont les réponses se ressentent de leur mauvaise humeur, surtout quand ils sont appelés par des gens indifférents auxquels ils ne s'intéressent pas. Un Esprit n'a souvent aucun motif pour venir à l'appel d'un inconnu qui lui est indifférent, et qui est presque toujours mû par la curiosité ; s'il vient, il ne fait en général que de courtes apparitions, à moins qu'il n'y ait un but sérieux et instructif dans l'évocation. »

Remarque. On voit des gens qui n'évoquent leurs parents que pour leur demander les choses les plus vulgaires de la vie matérielle, par exemple l'un pour savoir s'il louera ou vendra sa maison, un autre pour connaître le profit qu'il tirera de sa marchandise, l'endroit où de l'argent a été déposé, si telle affaire sera ou non avantageuse. Nos parents d'outre-tombe ne s'intéressent à nous qu'en raison de l'affection que nous avons pour eux. Si toute notre pensée se borne à les croire sorciers, si nous ne pensons à eux que pour leur demander des renseignements, ils ne peuvent avoir pour nous une grande sympathie, et l'on ne doit pas s'étonner du peu de bienveillance qu'ils témoignent.

21. Y a-t-il une différence entre les bons et les mauvais Esprits sous le rapport de leur empressement à se rendre à notre appel ?

« Il y en a une très grande ; les mauvais Esprits ne viennent volontiers qu'autant qu'ils espèrent dominer et faire des dupes ; mais ils éprouvent une vive contrariété quand ils sont forcés de venir pour avouer leurs fautes, et ils ne demandent qu'à s'en aller, comme un écolier qu'on appelle pour le corriger. Ils peuvent y être contraints par des Esprits supérieurs, comme châtiment, et pour l'instruction des incarnés. L'évocation est pénible pour les bons Esprits quand ils sont appelés inutilement pour des futilités ; alors ils ne viennent pas, ou bien ils se retirent.

Vous pouvez dire qu'en principe les Esprits, quels qu'ils soient, n'aiment, pas plus que vous, à servir de distraction pour les curieux. Souvent, vous n'avez d'autre but en évoquant un Esprit que de voir ce qu'il vous dira, ou de l'interroger sur des particularités de sa vie qu'il ne tient pas à vous faire connaître, parce qu'il n'a aucun motif pour vous faire connaître ses confidences, et vous croyez qu'il va se placer sur la sellette pour votre bon plaisir ? Détrompez-vous ; ce qu'il n'aurait pas fait de son vivant, il ne le fera pas davantage comme Esprit. »

Remarque. L'expérience prouve, en effet, que l'évocation est toujours agréable aux Esprits quand elle est faite dans un but sérieux et utile ; les bons viennent avec plaisir nous instruire ; ceux qui souffrent trouvent du soulagement dans la sympathie qu'on leur témoigne ; ceux que nous avons connus sont satisfaits de notre souvenir. Les Esprits légers aiment à être évoqués par les personnes frivoles, parce que cela leur fournit une occasion de s'égayer à leurs dépens ; ils sont mal à leur aise avec des personnes graves.

22. Les Esprits, pour se manifester, ont-ils toujours besoin d'être évoqués ?

« Non, ils se présentent très souvent sans être appelés, et cela prouve qu'ils viennent volontiers. »

23. Lorsqu'un Esprit se présente de lui-même, est-on plus certain de son identité ?

« En aucune façon, car les Esprits trompeurs emploient souvent ce moyen pour mieux donner le change. »

24. Lorsqu'on invoque par la pensée l'Esprit d'une personne, cet Esprit vient-il à nous, alors même qu'il n'y a pas de manifestation par l'écriture ou autrement ?

« L'écriture est un moyen matériel pour l'Esprit d'attester sa présence, mais c'est la pensée qui l'attire, et non le fait de l'écriture. »

25. Lorsqu'un Esprit inférieur se manifeste, peut-on l'obliger à se retirer ?

« Oui, en ne l'écoutant pas. Mais comment voulez-vous qu'il se retire quand vous vous amusez de ses turpitudes ? Les Esprits inférieurs s'attachent à ceux qui les écoutent avec complaisance, comme les sots parmi vous. »

26. L'évocation faite au nom de Dieu est-elle une garantie contre l'immixtion des mauvais Esprits ?

« Le nom de Dieu n'est pas un frein pour tous les Esprits pervers, mais il en retient beaucoup ; par ce moyen, vous en éloignez toujours quelques-uns, et vous en éloigneriez bien davantage si elle était faite du fond du cœur et non comme une formule banale. »

27. Pourrait-on évoquer nominativement plusieurs Esprits à la fois ?

« Il n'y a à cela aucune difficulté, et si vous aviez trois ou quatre mains pour écrire, trois ou quatre Esprits vous répondraient en même temps ; c'est ce qui arrive quand on a plusieurs médiums. »

28. Lorsque plusieurs Esprits sont évoqués simultanément, et qu'il n'y a qu'un seul médium, quel est celui qui répond ?

« L'un d'eux répond pour tous, et il exprime la pensée collective. »

29. Le même Esprit pourrait-il se communiquer à la fois, et séance tenante, par deux médiums différents ?

« Tout aussi facilement que vous avez des hommes qui dictent plusieurs lettres à la fois. »

Remarque. Nous avons vu un Esprit répondre en même temps par deux médiums aux questions qu'on lui adressait, à l'un en anglais et à l'autre en français, et les réponses étaient identiques pour le sens ; quelques-unes même étaient la traduction littérale l'une de l'autre.

Deux Esprits évoqués simultanément par deux médiums peuvent établir entre eux une conversation ; ce mode de communication n'étant pas nécessaire pour eux, puisqu'ils lisent réciproquement leur pensée, ils s'y prêtent quelquefois pour notre instruction. Si ce sont des esprits inférieurs, comme ils sont encore imbus des passions terrestres et des idées corporelles, il peut leur arriver de se disputer et de s'apostropher par de gros mots, de se reprocher mutuellement leurs torts, et même de lancer les crayons, corbeilles, planchettes, etc., l'un contre l'autre.

30. L'Esprit évoqué en même temps sur plusieurs points, peut-il répondre simultanément aux questions qui lui sont adressées ?

« Oui, si c'est un Esprit élevé. »

— Dans ce cas, l'Esprit se divise-t-il, ou bien a-t-il le don d'ubiquité ?

« Le soleil est un, et pourtant il rayonne tout alentour en portant au loin ses rayons sans se subdiviser ; il en est de même des Esprits. La pensée de l'Esprit est comme une étincelle qui projette au loin sa clarté et peut être aperçue de tous les points de l'horizon. Plus l'Esprit est pur, plus sa pensée *rayonne* et s'étend comme la lumière. Les Esprits inférieurs sont trop matériels ; ils ne peuvent répondre qu'à une seule personne à la fois, et ne peuvent venir s'ils sont appelés ailleurs.

Un esprit supérieur appelé en même temps sur deux points différents répondra aux deux évocations si elles sont aussi sérieuses et aussi ferventes l'une que l'autre ; dans le cas contraire, il donne la préférence à la plus sérieuse. »

Remarque. Il en est ainsi d'un homme qui, sans changer de place, peut transmettre sa pensée par des signaux vus de différents côtés.

Dans une séance de la Société parisienne des études spirites où la question d'ubiquité avait été discutée, un Esprit dicta spontanément la communication suivante :

« Vous demandiez ce soir quelle était la hiérarchie des Esprits pour l'ubiquité. Comparez-vous à un aérostat qui s'élève peu à peu dans les airs. Quand il rase la terre, un très petit cercle peut l'apercevoir ; à mesure qu'il s'élève, le cercle s'élargit pour lui, et quand il est parvenu à une certaine hauteur, il apparaît à un nombre infini de personnes. Ainsi de nous ; un mauvais Esprit qui est encore attaché à la terre reste dans un cercle rétréci au milieu des personnes qui le voient. Monte-t-il en grâce, s'améliore-t-il, il peut causer avec plusieurs personnes ; et quand il est devenu Esprit supérieur, il peut rayonner comme la lumière du soleil, se montrer à plusieurs personnes et dans plusieurs lieux à la fois. » (CHANNING.)

31. Peut-on évoquer les purs Esprits, ceux qui ont terminé la série de leurs incarnations ?

« Oui, mais bien rarement ; ils ne se communiquent qu'aux cœurs purs et sincères, et non *aux orgueilleux et aux égoïstes* ; aussi faut-il se défier des Esprits inférieurs qui prennent cette qualité pour se donner plus d'importance à vos yeux. »

32. Comment se fait-il que l'Esprit des hommes les plus illustres vienne aussi facilement et aussi familièrement à l'appel des hommes les plus obscurs ?

« Les hommes jugent les Esprits d'après eux, et c'est une erreur ; après la mort du corps, les rangs terrestres n'existent plus ; il n'y a de distinction entre eux que la bonté, et ceux qui sont bons vont partout où il y a du bien à faire. »

33. Combien de temps après la mort peut-on évoquer un Esprit ?

« On peut le faire à l'instant même de la mort ; mais comme à ce moment l'Esprit est encore dans le trouble, il ne répond qu'imparfaitement. »

Remarque. La durée du trouble étant très variable, il ne peut y avoir de délai fixe pour faire l'évocation ; il est rare cependant qu'au bout de huit jours l'Esprit ne se reconnaisse pas assez pour pouvoir répondre ; il le peut quelquefois très bien deux ou trois jours après la mort ; on peut, dans tous les cas, essayer avec ménagement.

34. L'évocation, à l'instant de la mort, est-elle plus pénible pour l'Esprit qu'elle ne l'est plus tard ?

« Quelquefois ; c'est comme si l'on vous arrachait au sommeil avant que vous ne soyez complètement éveillés. Il y en a cependant qui n'en sont nullement contrariés, et même que cela aide à sortir du trouble. »

35. Comment l'Esprit d'un enfant, mort en bas âge, peut-il répondre avec connaissance de cause, alors que, de son vivant, il n'avait pas encore la conscience de lui-même ?

« L'âme de l'enfant est un Esprit *encore enveloppé dans les langes de la matière* ; mais, dégagé de la matière, il jouit de ses facultés d'Esprit, car les Esprits n'ont pas d'âge ; ce qui prouve que l'Esprit de l'enfant a déjà vécu. Cependant, jusqu'à ce qu'il soit complètement dégagé, il peut conserver dans son langage quelques traces du caractère de l'enfance. »

Remarque. L'influence corporelle qui se fait sentir plus ou moins longtemps sur l'Esprit de l'enfant se fait également quelquefois remarquer sur l'Esprit de ceux qui sont morts en état de folie. L'Esprit, par lui-même, n'est point fou, mais on sait que certains Esprits croient pendant quelque temps être encore de ce monde ; il n'est donc pas étonnant que chez le fou l'Esprit se ressente encore des entraves qui, pendant la vie, s'opposaient à sa libre manifestation jusqu'à ce qu'il soit complètement dégagé. Cet effet varie selon les causes de la folie, car il y a des fous qui recouvrent toute la lucidité de leurs idées immédiatement après leur mort.

Évocation des animaux

283. 36. Peut-on évoquer l'Esprit d'un animal ?

« Après la mort de l'animal, le principe intelligent qui était en lui est dans un état latent ; il est aussitôt utilisé par certains Esprits chargés de ce soin pour animer de nouveaux êtres dans lesquels il continue l'œuvre de son élaboration. Ainsi, dans le monde des Esprits, il n'y a pas d'Esprits d'animaux errants, mais seulement des Esprits humains. Ceci répond à votre question. »

– Comment se fait-il alors que certaines personnes ayant évoqué des animaux ont obtenu des réponses ?

« Évoquez un rocher, et il vous répondra. Il y a toujours une foule d'Esprits prêts à prendre la parole pour tout. »

Remarque. C'est par la même raison que si l'on évoque un mythe ou un personnage allégorique, il répondra ; c'est-à-dire qu'on répondra pour lui, et l'Esprit qui se présentera en prendra le caractère et les allures. Quelqu'un eut un jour l'idée d'évoquer *Tartufe*, et *Tartufe* vint aussitôt ; bien plus, il parla d'Orgon, d'Elmire, de Damis et de Valère dont il donna des nouvelles ; quant à lui, il contrefit l'hypocrite avec autant d'art que si Tartufe eût été un personnage réel. Il dit plus tard être l'Esprit d'un acteur qui avait joué ce rôle. Les Esprits légers profitent toujours de l'inexpérience des interrogateurs ; mais ils n'ont garde de s'adresser à ceux qu'ils savent éclairés pour découvrir leurs impostures, et qui n'ajouteraient pas foi à leurs contes. Il en est de même parmi les hommes.

Un monsieur avait dans son jardin un nid de chardonnerets auxquels il s'intéressait beaucoup ; un jour, le nid disparut ; s'étant assuré que personne de chez lui n'était coupable du délit, comme il est lui-même médium, il eut l'idée d'évoquer la mère des petits ; elle vint, et lui dit en très bon français : « N'accuse personne, et rassure-toi sur le sort de mes petits ; c'est le chat qui en sautant a renversé le nid ; tu le trouveras sous l'herbe ainsi que les petits qui n'ont pas été mangés. » Vérification faite, la chose fut trouvée exacte. Faut-il en conclure que c'est l'oiseau qui a répondu ? Non, assurément ; mais simplement qu'un Esprit connaissait l'histoire. Cela prouve combien il faut se défier des apparences, et combien est juste la réponse ci-dessus : évoquez un rocher, et il vous répondra. (Voir plus haut le chapitre de la *Médianimité chez les animaux* : n° 234.)

Évocation des personnes vivantes

284. 37. L'incarnation de l'Esprit est-elle un obstacle absolu à son évocation ?

« Non, mais il faut que l'état du corps permette à l'Esprit de se dégager à ce moment. L'Esprit incarné vient d'autant plus facilement que le monde où il se trouve est d'un ordre plus élevé, parce que les corps y sont moins matériels. »

38. Peut-on évoquer l'Esprit d'une personne vivante ?

« Oui, puisqu'on peut évoquer un Esprit incarné. L'Esprit d'un vivant peut aussi, dans ses moments de liberté, se présenter *sans être évoqué* ; cela dépend de sa sympathie pour les personnes auxquelles il se communique. » (Voir n° 116, l'*Histoire de l'homme à la tabatière*.)

39. Dans quel état est le corps de la personne dont l'Esprit est évoqué ?

« Il dort ou sommeille ; c'est alors que l'Esprit est libre. »

– Le corps pourrait-il se réveiller pendant que l'Esprit est absent ?

« Non ; l'Esprit est forcé de *rentrer chez lui* ; si, à ce moment, il s'entretient avec vous, il vous quitte, et souvent il vous en dit le motif. »

40. Comment l'Esprit absent du corps est-il averti de la nécessité de sa présence ?

« L'Esprit d'un corps vivant n'en est jamais complètement séparé ; à quelque distance qu'il se transporte, il y tient par un lien fluidique qui sert à l'y rappeler quand cela est nécessaire ; ce lien n'est rompu qu'à la mort. »

Remarque. Ce lien fluidique a souvent été aperçu par des médiums voyants. C'est une sorte de traînée phosphorescente qui se perd dans l'espace et dans la direction du corps. Certains Esprits ont dit que c'est à cela qu'ils reconnaissent ceux qui tiennent encore au monde corporel.

41. Qu'arriverait-il si, pendant le sommeil et en l'absence de l'Esprit, le corps était frappé mortellement ?

« L'Esprit serait averti, et rentrerait avant que la mort fût consommée. »

– Ainsi il ne pourrait pas arriver que le corps mourût en l'absence de l'Esprit, et que celui-ci, à son tour, ne pût rentrer ?

« Non ; ce serait contraire à la loi qui régit l'union de l'âme et du corps. »

– Mais si le coup était frappé subitement et à l'improviste ?

« L'Esprit serait prévenu avant que le coup mortel fût donné. »

Remarque. L'Esprit d'un vivant interrogé sur ce fait répondit : « Si le corps pouvait mourir en l'absence de l'Esprit, ce serait un moyen trop commode de commettre des suicides hypocrites. »

42. L'Esprit d'une personne évoquée pendant le sommeil est-il aussi libre de se communiquer que celui d'une personne morte ?

« Non ; la matière l'influence toujours plus ou moins. »

Remarque. Une personne en cet état, à qui l'on adressait cette question, répondit : *Je suis toujours enchaînée au boulet que je traîne après moi.*

– Dans cet état, l'Esprit pourrait-il être empêché de venir, parce qu'il est ailleurs ?

« Oui, il peut arriver que l'Esprit soit dans un lieu où il se plaît à rester, et alors, il ne vient pas à l'évocation, surtout quand elle est faite par quelqu'un qui ne l'intéresse pas. »

43. Est-il absolument impossible d'évoquer l'Esprit d'une personne éveillée ?

« Quoique difficile, cela n'est pas absolument impossible, car si l'évocation *porte*, il se peut que la personne s'endorme ; mais l'Esprit ne peut se communiquer, comme Esprit, que dans les moments où sa présence n'est pas nécessaire à l'activité intelligente du corps. »

Remarque. L'expérience prouve que l'évocation faite pendant l'état de veille peut provoquer le sommeil, ou tout au moins une absorption voisine du sommeil, mais cet effet ne peut avoir lieu que par une volonté très énergique et s'il existe des liens de sympathie entre les deux personnes ; autrement l'évocation *ne porte pas*. Dans le cas même où l'évocation pourrait provoquer le sommeil, si le moment est inopportun, la personne ne voulant pas dormir opposera de la résistance, et, si elle succombe, son Esprit en sera troublé et répondra difficilement. Il en résulte que le moment le plus favorable pour l'évocation d'une personne vivante est celui de son sommeil naturel, parce que son Esprit étant libre peut venir vers celui qui l'appelle, tout aussi bien qu'il pourrait aller ailleurs.

Lorsque l'évocation est faite du consentement de la personne, et que celle-ci cherche à s'endormir à cet effet, il peut arriver que cette préoccupation retarde le sommeil et trouble l'Esprit ; c'est pourquoi le sommeil non forcé est encore préférable.

44. Une personne vivante évoquée en a-t-elle conscience à son réveil ?

« Non, vous l'êtes vous-mêmes plus souvent que vous ne pensez. Son Esprit seul le sait et peut quelquefois lui en laisser une vague impression comme d'un songe. »

— Qui est-ce qui peut nous évoquer si nous sommes des êtres obscurs ?

« Dans d'autres existences, vous pouvez avoir été des personnes connues dans ce monde ou dans d'autres ; et puis vos parents et vos amis également dans ce monde ou dans d'autres. Supposons que ton Esprit ait animé le corps du père d'une autre personne ; eh bien ! quand cette personne évoquera son père, c'est ton Esprit qui sera évoqué et qui répondra. »

45. L'Esprit évoqué d'une personne vivante répond-il comme Esprit ou avec les idées de l'état de veille ?

« Cela dépend de son élévation, mais il juge plus sainement et a moins de préjugés, absolument comme les somnambules ; c'est un état à peu près semblable. »

46. Si l'Esprit d'un somnambule en état de sommeil magnétique était évoqué, serait-il plus lucide que celui de toute autre personne ?

« Il répondrait sans doute plus facilement, parce qu'il est plus dégagé ; tout dépend du degré d'indépendance de l'Esprit et du corps. »

— L'Esprit d'un somnambule pourrait-il répondre à une personne qui l'évoquerait à distance en même temps qu'il répondrait verbalement à une autre personne ?

« La faculté de se communiquer simultanément sur deux points différents n'appartient qu'aux Esprits complètement dégagés de la matière. »

47. Pourrait-on modifier les idées d'une personne à l'état de veille en agissant sur son Esprit pendant le sommeil ?

« Oui, quelquefois ; l'Esprit ne tient plus à la matière par des liens aussi intimes, c'est pourquoi il est plus accessible aux impressions morales, et ces impressions peuvent influer sur sa manière de voir dans l'état ordinaire.

Malheureusement, il arrive souvent qu'au réveil la nature corporelle l'emporte et lui fasse oublier les bonnes résolutions qu'il a pu prendre. »

48. L'Esprit d'une personne vivante est-il libre de dire ou de ne pas dire ce qu'il veut ?

« Il a ses facultés d'Esprit, et par conséquent son libre arbitre, et comme il a plus de perspicacité, il est même plus circonspect que dans l'état de veille. »

49. Pourrait-on contraindre une personne, en l'évoquant, à dire ce qu'elle voudrait taire ?

« J'ai dit que l'Esprit a son libre arbitre ; mais il se peut que, comme Esprit, elle attache moins d'importance à certaines choses que dans l'état ordinaire ; sa conscience peut parler plus librement. D'ailleurs, si elle ne veut pas parler, elle peut toujours échapper aux importunités en s'en allant, car on ne peut retenir son Esprit comme on retiendrait son corps. »

50. L'Esprit d'une personne vivante ne pourrait-il être contraint, par un autre Esprit, de venir et de parler, ainsi que cela a lieu pour les Esprits errants ?

« Parmi les Esprits, qu'ils soient morts ou vivants, il n'y a de suprématie que par la supériorité morale, et vous devez bien croire qu'un Esprit supérieur ne prêterait jamais son appui à une lâche indiscrétion. »

Remarque. Cet abus de confiance serait en effet une mauvaise action, mais qui ne saurait avoir de résultat, puisqu'on ne peut arracher un secret que l'Esprit voudrait taire, à moins que, dominé par un sentiment de justice, il n'avouât ce qu'il tairait en d'autres circonstances.

Une personne voulut savoir, par ce moyen, d'un de ses parents si le testament de ce dernier était en sa faveur. L'Esprit répondit : « Oui, ma chère nièce, et vous en aurez bientôt la preuve. » La chose était réelle en effet ; mais peu de jours après, le parent détruisit son testament et eut la malice de le faire savoir à la personne, sans cependant qu'il sût avoir été évoqué. Un sentiment instinctif le porta sans doute à exécuter la résolution que son Esprit avait prise d'après la question qui lui avait été faite. Il y a de la lâcheté à demander à l'Esprit d'un mort ou d'un vivant ce qu'on n'oserait demander à sa personne, et cette lâcheté n'a pas même pour compensation le résultat qu'on s'en promet.

51. Peut-on évoquer un Esprit dont le corps est encore dans le sein de la mère ?

« Non ; vous savez bien qu'à ce moment l'Esprit est dans un trouble complet. »

Remarque. L'incarnation n'a définitivement lieu qu'au moment où l'enfant respire ; mais dès la conception, l'Esprit désigné pour l'animer est saisi d'un trouble qui augmente aux approches de la naissance, et lui ôte la conscience de lui-même, et par conséquent la faculté de répondre. (Voir *Livre des Esprits* : Retour à la vie corporelle ; Union de l'âme et du corps, n° 344.)

52. Un Esprit trompeur pourrait-il prendre la place de celui d'une personne vivante que l'on évoquerait ?

« Cela n'est pas douteux, et cela arrive très souvent, surtout quand l'intention de l'évocateur n'est pas pure. Du reste, l'évocation des personnes vivantes n'a d'intérêt que comme étude psychologique ; il convient de s'en abstenir toutes les fois qu'elle ne peut avoir un résultat instructif. »

Remarque. Si l'évocation des Esprits errants ne *porte* pas toujours, pour nous servir de leur expression, cela est bien plus fréquent pour ceux qui sont incarnés ; c'est alors surtout que des Esprits trompeurs prennent leur place.

53. L'évocation d'une personne vivante a-t-elle des inconvénients ?

« Elle n'est pas toujours sans danger ; cela dépend de la position de la personne, car si elle est malade, on peut augmenter ses souffrances. »

54. Dans quel cas l'évocation d'une personne vivante peut-elle avoir le plus d'inconvénients ?

« On doit s'abstenir d'évoquer les enfants en très bas âge, et les personnes gravement malades, les vieillards infirmes ; en un mot, elle peut avoir des inconvénients toutes les fois que le corps est très affaibli. »

Remarque. La brusque suspension des qualités intellectuelles pendant l'état de veille pourrait aussi offrir du danger si la personne se trouvait en ce moment avoir besoin de toute sa présence d'Esprit.

55. Pendant l'évocation d'une personne vivante, son corps éprouve-t-il de la fatigue par suite du travail auquel se livre l'Esprit quoiqu'absent ?

Une personne en cet état, et qui prétendait que son corps se fatiguait, répondit à cette question :

« Mon Esprit est comme un ballon captif attaché à un poteau ; mon corps est le poteau qui est ébranlé par les secousses du ballon. »

56. Puisque l'évocation des personnes vivantes peut avoir des inconvénients lorsqu'on la fait sans précaution, le danger n'existe-t-il pas quand on évoque un Esprit que l'on ne sait pas être incarné, et qui pourrait ne pas se trouver dans des conditions favorables ?

« Non, les circonstances ne sont pas les mêmes ; il ne viendra que s'il est en position de le faire ; et d'ailleurs ne vous ai-je pas dit de demander, avant de faire une évocation, si elle est possible ? »

57. Lorsque nous éprouvons, dans les moments les plus inopportuns, une irrésistible envie de dormir, cela proviendrait-il de ce que nous sommes évoqués quelque part ?

« Cela peut sans doute avoir lieu, mais le plus souvent c'est un effet purement physique, soit que le corps ait besoin de repos, soit que l'Esprit ait besoin de sa liberté. »

Remarque. Une dame de notre connaissance, médium, eut un jour l'idée d'évoquer l'Esprit de son petit-fils qui dormait dans la même chambre. L'identité fut constatée par le langage, les expressions familières de l'enfant, et par le récit très exact de plusieurs choses qui lui étaient arrivées à sa pension ; mais une circonstance vint la confirmer. Tout à coup, la main du médium s'arrête au milieu d'une phrase, sans qu'il soit possible de rien obtenir de plus ; à ce moment, l'enfant à demi-réveillé fit plusieurs mouvements dans son lit ; quelques instants après s'étant rendormi, la main marcha de nouveau, continuant l'entretien interrompu. L'évocation des personnes vivantes, faite dans de bonnes conditions, prouve de la manière la moins contestable l'action distincte de l'Esprit et du corps, et par conséquent l'existence d'un principe intelligent indépendant de la matière. (Voir dans la *Revue spirite* de 1860, pages 11 et 81, plusieurs exemples remarquables d'évocation de personnes vivantes.)

Télégraphie humaine

285. 58. Deux personnes, en s'évoquant réciproquement, pourraient-elles se transmettre leurs pensées et correspondre ?

« Oui, et *cette télégraphie humaine sera un jour un moyen universel de correspondance.* »

– Pourquoi ne serait-elle pas pratiquée dès à présent ?

« Elle l'est pour certaines personnes, mais pas pour tout le monde ; il faut que les hommes *s'épurent* pour que leur Esprit se dégage de la matière, et c'est encore une raison pour faire l'évocation au nom de Dieu. Jusque-là, elle est circonscrite *aux âmes d'élite* et dématérialisées, ce qui se rencontre rarement dans l'état actuel des habitants de la terre. »

CHAPITRE XXVI

QUESTIONS QUE L'ON PEUT ADRESSER AUX ESPRITS

Observations préliminaires

286. On ne saurait attacher trop d'importance à la manière de poser les questions, et plus encore à la nature des questions. Deux choses sont à considérer dans celles qu'on adresse aux Esprits : la forme et le fond. Sous le rapport de la forme, elles doivent être rédigées avec clarté et précision en évitant les questions complexes. Mais il est un autre point non moins important, c'est l'ordre qui doit présider à leur arrangement. Lorsqu'un sujet requiert une série de questions, il est essentiel qu'elles s'enchaînent avec méthode de manière à découler naturellement les unes des autres ; les Esprits y répondent beaucoup plus facilement et plus clairement que lorsqu'elles sont posées au hasard, en passant sans transition d'un objet à un autre. C'est pour cette raison qu'il est toujours très utile de les préparer d'avance, sauf à intercaler, séance tenante, celles qui sont amenées par les circonstances. Outre la rédaction qui doit être meilleure étant faite à tête reposée, ce travail préparatoire est, comme nous l'avons déjà dit, une sorte d'évocation anticipée à laquelle l'Esprit peut avoir assisté, et s'être disposé à répondre. On remarquera que très souvent l'Esprit répond par anticipation à certaines demandes, ce qui prouve qu'il les connaissait d'avance.

Le fond de la question requiert une attention encore plus sérieuse, car c'est souvent la nature de la demande qui provoque une réponse juste ou fausse ; il en est sur lesquelles les Esprits ne peuvent pas ou ne doivent pas répondre pour des motifs qui nous sont inconnus : il est donc inutile d'insister ; mais ce que l'on doit éviter par-dessus tout, ce sont les questions faites dans le but de mettre leur perspicacité à l'épreuve. Quand une chose existe, dit-on, ils doivent la savoir ; or, c'est précisément parce que la chose est connue de vous, ou que vous avez les moyens de la vérifier vous-mêmes, qu'ils ne se donnent pas la peine de répondre ; cette suspicion les froisse, et l'on n'obtient rien de satisfaisant. N'en avons-nous pas tous les jours des exemples parmi nous ? Des hommes supérieurs, et qui ont conscience de leur valeur, s'amuseraient-ils à répondre à toutes les sottes questions qui tendraient à les soumettre à un examen comme des écoliers ? Le désir de faire un adepte de telle ou telle personne, n'est point pour les Esprits un motif de satisfaire une vaine curiosité ; ils savent que la conviction arrivera tôt ou tard, et les moyens qu'ils emploient pour l'amener ne sont pas toujours ceux que nous pensons.

Supposez un homme grave occupé de choses utiles et sérieuses, incessamment harcelé par les puériles demandes d'un enfant, et vous aurez une idée de ce que doivent penser les Esprits supérieurs de toutes les niaiseries qu'on leur débite. Il ne s'ensuit point qu'on ne puisse obtenir de la part des Esprits d'utiles renseignements et surtout de très bons conseils, mais ils répondent plus ou moins bien, selon les connaissances qu'ils possèdent eux-mêmes, l'intérêt que nous méritons de leur part et l'affection qu'ils nous portent, et enfin selon le but qu'on se propose et l'utilité qu'ils voient à la chose ; mais si toute notre pensée se borne à les croire plus aptes que d'autres à nous renseigner utilement sur les choses de ce monde, ils ne peuvent avoir pour nous une profonde sympathie ; dès lors, ils ne font que des apparitions très courtes et souvent, suivant le degré de leur imperfection, témoignent leur mauvaise humeur d'avoir été dérangés inutilement.

287. Certaines personnes pensent qu'il est préférable de s'abstenir de poser des questions, et qu'il convient d'attendre l'enseignement des Esprits sans le provoquer ; c'est là une erreur. Les Esprits donnent sans contredit des instructions spontanées d'une très haute portée, et que l'on aurait tort de négliger ; mais il est des explications que l'on attendrait souvent fort longtemps si on ne les sollicitait pas. Sans les questions que nous avons proposées, le *Livre des Esprits* et le *Livre des médiums* seraient encore à faire, ou tout au moins seraient bien moins complets, et une foule de problèmes d'une grande importance seraient encore à résoudre. Les questions, loin d'avoir le moindre inconvénient, sont d'une très grande utilité au point de vue de l'instruction, quand on sait les renfermer dans les limites voulues. Elles ont un autre avantage, c'est d'aider à démasquer les Esprits trompeurs qui, étant plus vains que savants, subissent rarement à leur avantage l'épreuve de questions d'une logique serrée par lesquelles on les pousse dans leurs derniers retranchements. Comme les Esprits véritablement supérieurs n'ont rien à redouter d'un pareil contrôle, ils sont les premiers à provoquer des explications sur les points obscurs ; les autres, au contraire, craignant d'avoir affaire à plus forte partie, ont grand soin de les éviter ; aussi recommandent-ils en général aux médiums qu'ils veulent dominer, et auxquels ils veulent faire accepter leurs utopies, de s'abstenir de toute controverse à l'endroit de leurs enseignements.

Si l'on a bien compris ce que nous avons dit jusqu'à présent dans cet ouvrage, on peut déjà se faire une idée du cercle dans lequel il convient de renfermer les questions que l'on peut adresser aux Esprits ; toutefois, pour plus de certitude, nous donnons ci-après les réponses qui ont été faites sur les principaux sujets sur lesquels les personnes peu expérimentées sont généralement disposées à les interroger.

Questions sympathiques ou antipathiques aux Esprits

288 1. Les Esprits répondent-ils volontiers aux questions qui leur sont adressées ?

« C'est suivant les questions. Les Esprits sérieux répondent toujours avec plaisir à celles qui ont pour but le bien et les moyens de vous faire avancer. Ils n'écoutent pas les questions futiles. »

2. Suffit-il qu'une question soit sérieuse pour obtenir une réponse sérieuse ?

« Non, cela dépend de l'Esprit qui répond. »

– Mais une question sérieuse n'éloigne-t-elle pas les Esprits légers ?

« Ce n'est pas la question qui éloigne les Esprits légers, *c'est le caractère de celui qui la fait.* »

3. Quelles sont les questions particulièrement antipathiques aux bons Esprits ?

« Toutes celles qui sont inutiles ou qui sont faites dans un but de curiosité et d'épreuve ; alors ils n'y répondent pas et s'éloignent. »

– Y a-t-il des questions qui soient antipathiques aux Esprits imparfaits ?

« Il n'y a que celles qui peuvent faire découvrir leur ignorance ou leur supercherie quand ils cherchent à tromper ; autrement ils répondent à tout, sans se soucier de la vérité. »

4. Que penser des personnes qui ne voient dans les communications spirites qu'une distraction et un passe-temps, ou un moyen d'obtenir des révélations sur ce qui les intéresse ?

« Ces personnes plaisent beaucoup aux Esprits inférieurs qui, comme elles, veulent s'amuser, et sont contents quand ils les ont mystifiées. »

5. Lorsque les Esprits ne répondent pas à certaines questions, est-ce par un effet de leur volonté, ou bien parce qu'une puissance supérieure s'oppose à certaines révélations ?

« L'un et l'autre ; il est des choses qui ne peuvent être révélées, et d'autres que l'Esprit lui-même ne connaît pas. »

– En insistant fortement, l'Esprit finirait-il par répondre ?

« Non ; l'Esprit qui ne veut pas répondre a toujours la facilité de s'en aller. C'est pourquoi il est nécessaire d'attendre quand on vous dit de le faire, et surtout ne pas vous opiniâtrer à vouloir nous faire répondre. Insister pour avoir une réponse qu'on ne veut pas vous donner, c'est un moyen certain d'être trompé. »

6. Tous les Esprits sont-ils aptes à comprendre les questions qu'on leur pose ?

« Bien loin de là ; les Esprits inférieurs sont incapables de comprendre certaines questions, ce qui ne les empêche pas de répondre bien ou mal, comme cela a lieu parmi vous. »

Remarque. Dans certains cas, et lorsque la chose est utile, il arrive fréquemment qu'un Esprit plus éclairé vienne en aide à l'Esprit ignorant, et lui souffle ce qu'il doit dire. On le reconnaît aisément au contraste de certaines réponses, et en outre, parce que l'Esprit en convient souvent lui-même. Ceci n'a lieu que pour les Esprits de bonne foi ignorants, mais jamais pour ceux qui font parade d'un faux savoir.

Questions sur l'avenir

289. 7. Les Esprits peuvent-ils nous faire connaître l'avenir ?

« Si l'homme connaissait l'avenir, il négligerait le présent.

Et c'est encore là un point sur lequel vous insistez toujours pour avoir une réponse précise ; c'est un grand tort, car la manifestation des Esprits n'est pas un moyen de divination. Si vous voulez absolument une réponse, elle vous sera donnée par un Esprit follet : nous vous le disons à chaque instant. » (Voir *Livre des Esprits*, connaissance de l'avenir, n° 868.)

8. N'y a-t-il pas cependant quelquefois des événements futurs qui sont annoncés spontanément, et avec vérité, par les Esprits ?

« Il peut arriver que l'Esprit prévoie des choses qu'il juge utile de faire connaître, ou qu'il a mission de vous faire connaître ; mais il y a encore plus à se défier des Esprits trompeurs qui s'amusent à faire des prédictions. Ce n'est que l'ensemble des circonstances qui peut faire apprécier le degré de confiance qu'elles méritent. »

9. Quel est le genre de prédictions dont on doit le plus se défier ?

« Toutes celles qui n'ont pas un but d'utilité *générale*. Les prédictions personnelles peuvent presque toujours être considérées comme apocryphes. »

10. Quel est le but des Esprits qui annoncent spontanément des événements qui n'ont pas lieu ?

« Le plus souvent, c'est pour s'amuser de la crédulité, de la frayeur ou de la joie qu'ils causent, puis ils rient du désappointement. Ces prédictions mensongères ont cependant quelquefois un but sérieux, c'est de mettre à l'épreuve celui à qui elles sont faites, afin de voir la manière dont il prend la chose, et la nature des sentiments bons ou mauvais qu'elle fait naître en lui. »

Remarque. Telle serait, par exemple, l'annonce de ce qui peut flatter la cupidité ou l'ambition, comme la mort d'une personne, la perspective d'un héritage, etc.

11. Pourquoi les Esprits sérieux, lorsqu'ils font pressentir un événement, n'en fixent-ils point ordinairement la date ; est-ce impuissance ou volonté de leur part ?

« L'un et l'autre ; ils peuvent, dans certains cas, faire *pressentir* un événement : c'est alors un avertissement qu'ils vous donnent. Quant à en préciser l'époque, souvent ils ne doivent pas ; souvent aussi ils ne le peuvent pas, parce qu'ils ne le savent pas eux-mêmes. L'Esprit peut prévoir qu'une chose aura lieu, mais le moment précis peut dépendre d'événements qui ne sont pas encore accomplis, et que Dieu seul connaît. Les Esprits légers, qui ne se font aucun scrupule de vous tromper, vous indiquent les jours et les heures sans s'inquiéter de la réussite. C'est pourquoi toute prédiction *circonstanciée* doit vous être suspecte.

Encore une fois, notre mission est de vous faire progresser ; nous vous aidons autant que nous pouvons. Celui qui demande aux Esprits supérieurs la sagesse ne sera jamais trompé ; mais ne croyez pas que nous perdions notre temps à écouter toutes vos niaiseries et à vous dire la bonne aventure ; nous laissons cela aux Esprits légers qui s'en amusent, comme des enfants espiègles.

La Providence a posé des bornes aux révélations qui peuvent être faites à l'homme. Les Esprits sérieux gardent le silence sur tout ce qu'il leur est interdit de faire connaître. En insistant pour avoir une réponse, on s'expose aux fourberies des Esprits inférieurs, toujours prêts à saisir les occasions de tendre des pièges à votre crédulité. »

Remarque. Les Esprits voient, ou pressentent par induction les événements futurs ; ils les voient s'accomplir dans un temps qu'ils ne mesurent pas comme nous ; pour en préciser l'époque, il leur faudrait s'identifier avec notre manière de supputer la durée, ce qu'ils ne jugent pas toujours nécessaire ; de là souvent une cause d'erreurs apparentes.

12. N'y a-t-il pas des hommes doués d'une faculté spéciale qui leur fait entrevoir l'avenir ? « Oui, ceux dont l'âme se dégage de la matière ; alors c'est l'Esprit qui voit ; et lorsque cela est utile, Dieu leur permet de révéler certaines choses pour le bien ; mais il y a encore plus d'imposteurs et de charlatans. Cette faculté sera plus commune dans l'avenir. »

13. Que penser des Esprits qui se plaisent à prédire à quelqu'un sa mort à jour ou heure fixe ? « Ce sont des Esprits mauvais plaisants, et très mauvais plaisants, qui n'ont d'autre but que de jouir de la peur qu'ils causent. Il n'y a jamais à s'en préoccuper. »

14. Comment se fait-il que certaines personnes soient averties par pressentiment de l'époque de leur mort ?

« C'est, le plus souvent, leur propre Esprit qui le sait dans ses moments de liberté et qui en conserve une intuition au réveil. C'est pourquoi ces personnes y étant préparées ne s'en effrayent ni ne s'en émeuvent. Elles ne voient dans cette séparation du corps et de l'âme qu'un changement de situation, ou si vous aimez mieux, et pour être plus vulgaire, l'abandon d'un habit de drap grossier pour un habit de soie. La crainte de la mort diminuera à mesure que s'étendront les croyances spirites. »

Questions sur les existences passées et futures

290. 15. Les Esprits peuvent-ils nous faire connaître nos existences passées ?

« Dieu permet quelquefois qu'elles soient révélées suivant le but ; si c'est pour votre édification et votre instruction, elles seront vraies, et, dans ce cas, la révélation est presque toujours faite spontanément et d'une manière tout à fait imprévue ; mais il ne le permet jamais pour satisfaire une vaine curiosité. »

– Pourquoi certains Esprits ne se refusent-ils jamais à ces sortes de révélations ?

« Ce sont des Esprits railleurs qui s'amusent à vos dépens. En général, vous devez regarder comme fausses, ou tout au moins suspectes, toutes les révélations de cette nature qui n'ont pas un but éminemment sérieux et utile. Les Esprits moqueurs se plaisent à flatter l'amour-propre par de prétendues origines. Il y a des médiums et des croyants qui acceptent pour argent comptant ce qui leur est dit sur ce point et qui ne voient pas que l'état actuel de leur Esprit ne justifie en rien le rang qu'ils prétendent avoir occupé ; petite vanité dont s'amusent les Esprits railleurs aussi bien que les hommes. Il serait plus logique et plus conforme à la marche progressive des êtres qu'ils eussent monté que d'avoir descendu, ce qui serait plus honorable pour eux. Pour que l'on pût ajouter foi à ces sortes de révélations, il faudrait qu'elles fussent faites spontanément par divers médiums étrangers les uns aux autres, et à ce qui aurait été révélé antérieurement ; alors, là, il y aurait raison évidente de croire. »

– Si l'on ne peut connaître son individualité antérieure, en est-il de même du genre d'existence que l'on a eue, de la position sociale que l'on a occupée, des qualités et des défauts qui ont prédominé en nous ?

« Non, cela peut être révélé, parce que vous pouvez en tirer profit pour votre amélioration ; mais, d'ailleurs, en étudiant votre présent, vous pouvez vous-même déduire votre passé. » (Voir *Livre des Esprits* : Oubli du passé, n° 392.)

16. Peut-il nous être révélé quelque chose sur nos existences futures ?

« Non ; tout ce que vous diront certains Esprits à ce sujet n'est qu'une plaisanterie ; et cela se comprend : votre existence future ne peut être arrêtée d'avance, puisqu'elle sera ce que vous l'aurez faite vous-même par votre conduite sur la terre, et par les résolutions que vous aurez prises quand vous serez Esprit. Moins vous aurez à expier, plus elle sera heureuse ; mais savoir où et comment sera cette existence, encore une fois c'est impossible, sauf le cas spécial et rare des Esprits qui ne sont sur la terre que pour y accomplir une mission importante, parce qu'alors leur route est en quelque sorte tracée d'avance. »

Questions sur les intérêts moraux et matériels

291. 17. Peut-on demander des conseils aux Esprits ?

« Oui, certainement ; les bons Esprits ne refusent jamais d'aider ceux qui les invoquent avec confiance, principalement en ce qui touche l'âme ; mais ils repoussent les hypocrites, *ceux qui ont l'air de demander la lumière et se complaisent dans les ténèbres.* »

18. Les Esprits peuvent-ils donner des conseils sur les choses d'intérêt privé ?

« Quelquefois, suivant le motif. Cela dépend aussi de ceux à qui l'on s'adresse. Les avis concernant la vie privée sont donnés avec plus d'exactitude par les Esprits familiers, parce qu'ils s'attachent à une personne et s'intéressent à ce qui la concerne : c'est l'ami, le confident de vos plus secrètes pensées ; mais souvent, vous les fatiguez de questions si saugrenues, qu'ils vous laissent là. Il serait aussi absurde de demander des choses intimes à des Esprits qui vous sont étrangers, que de vous adresser pour cela au premier individu que vous rencontreriez sur votre chemin. Vous ne devriez jamais oublier que la puérilité des demandes est incompatible avec la supériorité des Esprits. Il faut aussi tenir compte des qualités de l'Esprit familier, qui peut être bon ou mauvais, selon ses sympathies pour la personne à laquelle il s'attache. L'Esprit familier d'un méchant homme est un méchant Esprit, dont les conseils peuvent être pernicieux, mais qui s'éloigne et cède la place à un Esprit meilleur, si l'homme lui-même s'améliore. Aux semblables les semblables. »

19. Les Esprits familiers peuvent-ils favoriser les intérêts matériels par les révélations ?

« Ils le peuvent, et le font quelquefois selon les circonstances, mais soyez assurés que jamais les bons Esprits ne se prêtent à servir la cupidité. Les mauvais font miroiter à vos yeux mille appas pour l'aiguillonner, et vous mystifier ensuite par la déception. Sachez bien aussi que si votre épreuve est de subir telle ou telle vicissitude, vos Esprits protecteurs peuvent vous aider à la supporter avec plus de résignation, l'adoucir quelquefois ; mais, dans l'intérêt même de votre avenir, il ne leur est pas permis de vous en affranchir. C'est ainsi qu'un bon père n'accorde pas à son enfant tout ce qu'il désire. »

Remarque. Nos Esprits protecteurs peuvent, en maintes circonstances, nous indiquer la meilleure voie, sans cependant nous conduire à la laisse, autrement nous perdrions toute initiative et n'oserions faire un pas sans avoir recours à eux, et cela au préjudice de notre perfectionnement. Pour progresser, l'homme a souvent besoin d'acquérir l'expérience à ses dépens ; c'est pourquoi les Esprits sages, tout en nous conseillant, nous livrent souvent à nos propres forces, comme le fait un instituteur habile pour ses élèves. Dans les circonstances ordinaires de la vie, ils nous conseillent par l'inspiration et nous laissent ainsi tout le mérite du bien, comme ils nous laissent toute la responsabilité du mauvais choix.

Ce serait abuser de la condescendance des Esprits familiers et se méprendre sur leur mission, que de les interroger à chaque instant sur les choses les plus vulgaires, comme le font certains médiums. Il en est qui, pour un oui ou pour un non, prennent le crayon et demandent avis pour l'action la plus simple. Cette manie dénote de la petitesse dans les idées ; en même temps, il y a de la présomption à croire qu'on a toujours un Esprit servant à ses ordres, n'ayant autre chose à faire qu'à s'occuper de nous et de nos petits intérêts. C'est en outre annihiler son propre jugement et se réduire à un rôle passif sans profit pour la vie présente, et à coup sûr préjudiciable à l'avancement futur. S'il y a de la puérilité à interroger les Esprits pour des choses futiles, il n'y en a pas moins de la part des Esprits qui s'occupent spontanément de ce qu'on peut appeler les détails de ménage ; ils peuvent être bons, mais assurément ils sont encore bien terrestres.

20. Si une personne laisse en mourant des affaires embarrassées, peut-on demander à son Esprit d'aider à les débrouiller, et peut-on aussi l'interroger sur l'avoir réel qu'il a laissé, dans le cas où cet avoir ne serait pas connu, si c'est dans l'intérêt de la justice ?

« Vous oubliez que la mort est une délivrance des soucis de la Terre ; croyez-vous donc que l'Esprit qui est heureux de sa liberté vienne volontiers reprendre sa chaîne, et s'occuper de choses qui ne le regardent plus, pour satisfaire la cupidité de ses héritiers qui peut-être se sont réjouis de sa mort dans l'espoir qu'elle leur serait profitable ? Vous parlez de justice ; mais la justice est dans la déception de leur convoitise ; c'est le commencement des punitions que Dieu réserve à leur avidité des biens de la Terre. D'ailleurs, les embarras dans lesquels laisse quelquefois la mort d'une personne font partie des épreuves de la vie, et il n'est au pouvoir d'aucun Esprit de vous en affranchir, parce qu'elles sont dans les décrets de Dieu. »

Remarque. La réponse ci-dessus désappointera sans doute ceux qui se figurent que les Esprits n'ont rien de mieux à faire que de nous servir d'auxiliaires clairvoyants pour nous guider, non vers le ciel, mais sur la Terre. Une autre considération vient à l'appui de cette réponse. Si un homme a laissé pendant sa vie ses affaires en désordre par incurie, il n'est pas vraisemblable qu'après sa mort il en prenne plus de soucis, car il doit être heureux d'être délivré des tracas qu'elles lui causaient, et pour peu qu'il soit élevé, il y attachera encore moins d'importance comme Esprit que comme homme. Quant aux biens inconnus qu'il a pu laisser, il n'a aucune raison de s'intéresser à d'avides héritiers qui ne penseraient probablement plus à lui s'ils n'espéraient en tirer quelque chose, et s'il est encore imbu des passions humaines, il peut se faire un malin plaisir de leur désappointement.

Si, dans l'intérêt de la justice et des personnes qu'il affectionne, un Esprit juge utile de faire des révélations de ce genre, il le fait spontanément, et l'on n'a pas pour cela besoin d'être médium, ni d'avoir recours à un médium ; il amène la connaissance des choses par des circonstances fortuites, mais ce n'est jamais sur la demande qu'on lui en fait, attendu que cette demande ne peut changer la nature des épreuves que l'on doit subir ; elle serait plutôt propre à les aggraver, parce qu'elle est presque toujours un indice de cupidité, et prouve à l'Esprit qu'on s'occupe de lui par intérêt. (Voir n° 295.)

Questions sur le sort des Esprits

292. 21. Peut-on demander aux Esprits des renseignements sur leur situation dans le monde des Esprits ?

« Oui, et ils en donnent volontiers quand la demande est dictée par la sympathie ou le désir d'être utile, et non par la curiosité. »

22. Les Esprits peuvent-ils décrire la nature de leurs souffrances ou de leur bonheur ?

« Parfaitement, et ces sortes de révélations sont un grand enseignement pour vous, car elles vous initient à la véritable nature des peines et des récompenses futures ; en détruisant les idées fausses que vous vous faites à ce sujet, elles tendent à ranimer la foi et votre confiance en la bonté de Dieu. Les bons Esprits sont heureux de vous décrire la félicité des élus ; les mauvais peuvent être contraints de décrire leurs souffrances, afin de provoquer le repentir chez eux ; ils y trouvent même quelquefois une sorte de soulagement : c'est le malheureux qui exhale sa plainte par l'espoir de la compassion.

N'oubliez pas que le but essentiel, exclusif, du spiritisme, est votre amélioration, et c'est pour l'atteindre qu'il est permis aux Esprits de vous initier à la vie future, en vous offrant des exemples dont vous pouvez profiter. Plus vous vous identifierez avec le monde qui vous attend, moins vous regretterez celui où vous êtes maintenant. Ceci est en somme le but actuel de la révélation. »

23. En évoquant une personne dont le sort est inconnu, peut-on savoir d'elle-même si elle existe encore ?

« Oui, si l'incertitude de sa mort n'est pas une *nécessité* ou une épreuve pour ceux qui ont intérêt à le savoir. »

– Si elle est morte, peut-elle faire connaître les circonstances de sa mort, de manière à pouvoir la vérifier ?

« Si elle y attache quelque importance, elle le fera ; autrement elle s'en soucie peu. »

Remarque. L'expérience prouve que, dans ce cas, l'Esprit n'est nullement excité par les motifs d'intérêt que l'on peut avoir de connaître les circonstances de sa mort ; s'il tient à les révéler, il le fait de lui-même, soit par voie médianimique, soit par celle des visions ou apparitions, et peut alors donner les indications les plus précises ; dans le cas contraire, un Esprit trompeur peut parfaitement donner le change et s'amusera à faire faire des recherches inutiles.

Il arrive fréquemment que la disparition d'une personne dont la mort ne peut être officiellement constatée, apporte des entraves aux affaires de familles. Ce n'est que dans des cas très rares et très exceptionnels que nous avons vu les Esprits mettre sur la voie de la vérité d'après la demande qui leur en est faite ; s'ils voulaient le faire, ils le pourraient sans doute, mais souvent cela ne leur est pas permis si ces embarras sont des épreuves pour ceux qui seraient intéressés à s'en affranchir.

C'est donc se leurrer d'un espoir chimérique que de poursuivre par ce moyen des recouvrements d'héritages dont le plus positif est l'argent que l'on dépense à cet effet.

Il ne manque pas d'Esprits disposés à flatter de pareilles espérances, et qui ne se font aucun scrupule d'induire à des démarches dont on est souvent très heureux d'être quitte pour un peu de ridicule.

Questions sur la santé

293. 24. Les Esprits peuvent-ils donner des conseils pour la santé ?

« La santé est une condition nécessaire pour le travail que l'on doit accomplir sur la terre, c'est pourquoi ils s'en occupent volontiers ; mais comme il y a des ignorants et des savants parmi eux, il ne convient pas plus pour cela que pour autre chose de s'adresser au premier venu. »

25. En s'adressant à l'Esprit d'une célébrité médicale, est-on plus certain d'obtenir un bon conseil ?

« Les célébrités terrestres ne sont pas infaillibles et ont souvent des idées systématiques qui ne sont pas toujours justes, et dont la mort ne les délivre pas tout de suite. La science terrestre est bien peu de chose auprès de la science céleste ; les Esprits supérieurs seuls ont cette dernière science ; sans avoir des noms connus de vous, ils peuvent en savoir beaucoup plus que vos savants sur toutes choses. La science ne fait pas seule les Esprits supérieurs, et vous seriez très étonnés du rang que certains savants occupent parmi nous. L'Esprit d'un savant peut donc n'en savoir pas plus que lorsqu'il était sur la Terre, s'il n'a pas progressé comme Esprit. »

26. Le savant, devenu Esprit, reconnaît-il ses erreurs scientifiques ?

« S'il est arrivé à un degré assez élevé pour être débarrassé de sa vanité et comprendre que son développement n'est pas complet, il les reconnaît et les avoue sans honte ; mais s'il n'est point assez dématérialisé, il peut conserver quelques-uns des préjugés dont il était imbu sur la terre. »

27. Un médecin pourrait-il, en évoquant ceux de ses malades qui sont morts, en obtenir des éclaircissements sur la cause de leur mort, les fautes qu'il a pu commettre dans le traitement, et acquérir ainsi un surcroît d'expérience ?

« Il le peut, et cela lui serait très utile, surtout s'il se faisait assister par des Esprits éclairés qui suppléeraient au défaut de connaissances de certains malades. Mais pour cela, il faudrait qu'il fît cette étude d'une manière sérieuse, assidue, dans un but humanitaire, et non comme moyen d'acquérir sans peine savoir et fortune. »

Questions sur les inventions et les découvertes

294. 28. Les Esprits peuvent-ils guider dans les recherches scientifiques et les découvertes ?

« La science est l'œuvre du génie ; elle ne doit s'acquérir que par le travail, car c'est par le travail seul que l'homme avance dans sa voie. Quel mérite aurait-il s'il n'avait qu'à interroger les Esprits pour tout savoir ? Tout imbécile pourrait devenir savant à ce prix. Il en est de même des inventions et des découvertes de l'industrie. Puis une autre considération, c'est que chaque chose doit venir en son temps et quand les idées sont mûres pour la recevoir ; si l'homme avait ce pouvoir, il bouleverserait l'ordre des choses en faisant pousser les fruits avant la saison.

Dieu a dit à l'homme : Tu tireras ta nourriture de la terre à la sueur de ton front ; admirable figure qui peint la condition dans laquelle il est ici-bas ; il doit progresser en tout par l'effort du travail ; si on lui donnait les choses toutes faites, à quoi lui servirait son intelligence ? Il serait comme l'écolier dont un autre ferait le devoir. »

29. Le savant et l'inventeur ne sont-ils jamais assistés par les Esprits dans leurs recherches ? « Oh ! ceci est bien différent. Lorsque le temps d'une découverte est arrivé, les Esprits chargés d'en diriger la marche cherchent l'homme capable de la mener à bonne fin, et lui inspirent les idées nécessaires, de manière à lui en laisser tout le mérite, car, ces idées, il faut qu'il les élabore et les mette en œuvre. Il en est ainsi de tous les grands travaux de l'intelligence humaine. Les Esprits laissent chaque homme dans sa sphère ; de celui qui n'est propre qu'à bêcher la terre ils ne feront pas le dépositaire des secrets de Dieu ; mais ils sauront tirer de l'obscurité l'homme capable de seconder ses desseins. Ne vous laissez donc point entraîner par curiosité ou ambition dans une voie qui n'est pas le but du spiritisme, et qui aboutirait pour vous aux plus ridicules mystifications. »

Remarque. La connaissance plus éclairée du spiritisme a calmé la fièvre des découvertes que, dans le principe, on s'était flatté de faire par ce moyen. On avait été jusqu'à demander aux Esprits des recettes pour teindre et faire repousser les cheveux, guérir les cors aux pieds, etc. Nous avons vu bien des gens qui ont cru leur fortune faite, et n'ont recueilli que des procédés plus ou moins ridicules. Il en est de même lorsqu'on veut, à l'aide des Esprits, pénétrer les mystères de l'origine des choses ; certains Esprits ont, sur ces matières, leur système qui ne vaut souvent pas mieux que celui des hommes et qu'il est prudent de n'accueillir qu'avec la plus grande réserve.

Questions sur les trésors cachés

295. 30. Les Esprits peuvent-ils faire découvrir les trésors cachés ?

« Les Esprits supérieurs ne s'occupent pas de ces choses ; mais des Esprits moqueurs indiquent souvent des trésors qui n'existent pas, ou peuvent aussi en faire voir un dans un endroit, tandis qu'il est à l'opposé ; et cela a son utilité pour montrer que la véritable fortune est dans le travail. Si la Providence destine des richesses cachées à quelqu'un, il les trouvera naturellement ; autrement non. »

31. Que penser de la croyance aux Esprits gardiens des trésors cachés ?

« Les Esprits qui ne sont pas dématérialisés s'attachent aux choses. Des avares qui ont caché leurs trésors peuvent encore les surveiller et les garder après leur mort, et la perplexité où ils sont de les voir enlever est un de leurs châtiments, jusqu'à ce qu'ils en comprennent l'inutilité pour eux. Il y a aussi les Esprits de la Terre chargés d'en diriger les transformations intérieures, et dont, par allégorie, on a fait les gardiens des richesses naturelles. »

Remarque. La question des trésors cachés est dans la même catégorie que celle des héritages inconnus ; bien fou serait celui qui compterait sur les prétendues révélations qui peuvent lui être faites par les plaisants du monde invisible. Nous avons dit que, lorsque les Esprits veulent ou peuvent faire de semblables révélations, ils le font spontanément, et n'ont pas besoin de médiums pour cela. En voici un exemple :

Une dame venait de perdre son mari après trente ans de ménage, et se trouvait à la veille d'être expulsée de son domicile, sans aucune ressource, par ses beaux-fils, auxquels elle avait tenu lieu de mère. Son désespoir était au comble, lorsqu'un soir son mari lui apparaît, lui dit de le suivre dans son cabinet ; là, il lui montre son secrétaire qui était encore sous les scellés, et par un effet de seconde vue, il lui en fait voir l'intérieur ; il lui indique un tiroir à secret qu'elle ne connaissait pas, et dont il lui explique le mécanisme ; il ajoute : J'ai prévu ce qui arrive et j'ai voulu assurer votre sort ; dans ce tiroir sont mes dernières dispositions ; je vous cède la jouissance de cette maison, et une rente de… ; puis il disparut. Le jour de la levée des scellés, personne ne put ouvrir le tiroir ; la dame alors raconta ce qui lui était arrivé. Elle l'ouvrit en suivant les indications de son mari, et l'on y trouva le testament conforme à ce qui lui avait été annoncé.

Questions sur les autres mondes

296. 32. Quel degré de confiance peut-on avoir dans les descriptions que les Esprits font des différents mondes ?

« Cela dépend du degré d'avancement *réel* des Esprits qui donnent ces descriptions ; car vous comprenez que des Esprits vulgaires sont aussi incapables de vous renseigner à cet égard qu'un ignorant l'est chez vous de décrire tous les pays de la Terre. Vous adressez souvent sur ces mondes des questions scientifiques que ces Esprits ne peuvent résoudre ; s'ils sont de bonne foi, ils en parlent selon leurs idées personnelles ; si ce sont des Esprits légers, ils s'amusent à vous donner des descriptions bizarres et fantastiques ; d'autant mieux que ces Esprits, qui ne sont pas plus dépourvus d'imagination dans l'erraticité que sur la Terre, puisent dans cette faculté le récit de bien des choses qui n'ont rien de réel. Cependant, ne croyez pas à l'impossibilité absolue d'avoir sur ces mondes quelques éclaircissements ; les bons Esprits se plaisent même à vous décrire ceux qu'ils habitent, afin de vous servir d'enseignement pour vous améliorer, et vous engager à suivre la voie qui peut vous y conduire ; c'est un moyen de fixer vos idées sur l'avenir, et de ne pas vous laisser dans le vague.»

– Quel contrôle peut-on avoir de l'exactitude de ces descriptions ?

«Le meilleur contrôle est la concordance qu'il peut y avoir entre elles ; mais rappelez-vous qu'elles ont pour but votre amélioration morale, et que, par conséquent, c'est sur l'état moral des habitants que vous pouvez être le mieux renseigné, et non sur l'état physique ou géologique de ces globes. Avec vos connaissances actuelles, vous ne pourriez même pas les comprendre ; cette étude ne servirait point à vos progrès ici-bas, et vous aurez toute possibilité de la faire quand vous y serez.»

Remarque. Les questions sur la constitution physique et les éléments astronomiques des mondes, rentrent dans l'ordre des recherches scientifiques dont les Esprits ne doivent pas nous épargner la peine ; sans cela un astronome trouverait très commode de leur faire faire ses calculs, ce dont, sans doute, il se garderait bien de convenir. Si les Esprits pouvaient, par la révélation, épargner le travail d'une découverte, il est probable qu'ils le feraient en faveur du savant assez modeste pour en reconnaître ouvertement la source, plutôt qu'au profit des orgueilleux qui les renient, et auxquels ils ménagent souvent au contraire des déceptions d'amour-propre.

CHAPITRE XXVII
DES CONTRADICTIONS ET DES MYSTIFICATIONS

Des contradictions

297. Les adversaires du spiritisme ne manquent pas d'objecter que les adeptes ne sont pas d'accord entre eux ; que tous ne partagent pas les mêmes croyances ; en un mot, qu'ils se contredisent. Si, disent-ils, l'enseignement vous est donné par les Esprits, comment se fait-il qu'il ne soit pas identique ? Une étude sérieuse et approfondie de la science peut seule réduire cet argument à sa juste valeur.

Hâtons-nous de dire d'abord que ces contradictions, dont certaines personnes font un grand étalage, sont en général plus apparentes que réelles ; qu'elles tiennent souvent plus à la superficie qu'au fond de la chose, et que, par conséquent, elles sont sans importance. Les contradictions proviennent de deux sources : les hommes et les Esprits.

298. Les contradictions d'origine humaine ont été suffisamment expliquées dans le chapitre *des systèmes*, n° 36, auquel nous renvoyons. Chacun comprendra qu'au début, alors que les observations étaient encore incomplètes, il ait surgi des opinions divergentes sur les causes et les conséquences des phénomènes spirites, opinions dont les trois quarts sont déjà tombées devant une étude plus sérieuse et plus approfondie. À bien peu d'exceptions près, et à part quelques personnes qui ne se départissent pas facilement des idées qu'elles ont caressées ou enfantées, on peut dire qu'aujourd'hui il y a unité chez l'immense majorité des spirites, au moins quant aux principes généraux, si ce n'est peut-être dans quelques détails insignifiants.

299. Pour comprendre la cause et la valeur des contradictions d'origine spirite, il faut s'être identifié avec la nature du monde invisible, et l'avoir étudié sous toutes ses faces. Au premier abord, il peut sembler étonnant que les Esprits ne pensent pas tous de même, mais cela ne peut surprendre quiconque s'est rendu compte du nombre infini de degrés qu'ils doivent parcourir avant d'atteindre le haut de l'échelle. Leur supposer une égale appréciation des choses serait les supposer tous au même niveau ; penser qu'ils doivent tous voir juste, serait admettre qu'ils sont tous arrivés à la perfection, ce qui n'est pas, et ce qui ne peut pas être, si l'on considère qu'ils ne sont autre chose que l'humanité dépouillée de l'enveloppe corporelle. Les Esprits de tous les rangs pouvant se manifester, il en résulte que leurs communications portent le cachet de leur ignorance ou de leur savoir, de leur infériorité ou de leur supériorité morale. C'est à distinguer le vrai du faux, le bon du mauvais, que doivent conduire les instructions que nous avons données.

Il ne faut pas oublier que parmi les Esprits il y a, comme parmi les hommes, des faux et des demi-savants, des orgueilleux, des présomptueux et des systématiques. Comme il n'est donné qu'aux Esprits parfaits de tout connaître, il y a pour les autres, comme pour nous, des mystères qu'ils expliquent à leur manière, selon leurs idées, et sur lesquels ils peuvent se faire des opinions plus ou moins justes, qu'ils mettent de l'amour-propre à faire prévaloir, et qu'ils aiment à reproduire dans leurs communications. Le tort est à quelques-uns de leurs interprètes d'avoir épousé trop légèrement des opinions contraires au bon sens, et de s'en être fait les éditeurs responsables. Ainsi, les contradictions d'origine spirite n'ont pas d'autre cause que la diversité dans l'intelligence, les connaissances, le jugement et la moralité de certains Esprits qui ne sont pas encore aptes à tout connaître et à tout comprendre (voir *Livre des Esprits, Introduction,* § XIII ; *Conclusion,* § IX.)

300. À quoi sert l'enseignement des Esprits, diront quelques personnes, s'il ne nous offre pas plus de certitude que l'enseignement humain ? À cela, la réponse est facile. Nous n'acceptons pas avec une égale confiance l'enseignement de tous les hommes, et entre deux doctrines nous donnons la préférence à celle dont l'auteur nous paraît le plus éclairé, le plus capable, le plus judicieux, le moins accessible aux passions ; il faut agir de même avec les Esprits. Si dans le nombre il y en a qui ne sont pas au-dessus de l'humanité, il y en a beaucoup qui l'ont dépassée, et ceux-là peuvent nous donner des instructions que nous chercherions en vain chez les hommes les plus instruits. C'est à les distinguer de la tourbe des Esprits inférieurs qu'il faut s'attacher, si l'on veut s'éclairer, et c'est à cette distinction que conduit la connaissance approfondie du spiritisme. Mais ces instructions mêmes ont une limite, et s'il n'est pas donné aux Esprits de tout savoir, à plus forte raison doit-il en être de même des hommes. Il est donc des choses sur lesquelles on les interrogerait en vain, soit parce qu'il leur est défendu de les révéler, soit parce qu'ils les ignorent eux-mêmes, et sur lesquelles ils ne peuvent que nous donner leur opinion personnelle ; or, ce sont ces opinions personnelles que les Esprits orgueilleux donnent comme des vérités absolues. C'est surtout sur ce qui doit rester caché, comme l'avenir et le principe des choses, qu'ils insistent le plus, afin de se donner l'air d'être en possession des secrets de Dieu ; aussi est-ce sur ces points qu'il y a le plus de contradictions. (Voir le chapitre précédent.)

301. Voici les réponses données par les Esprits aux questions suivantes relatives aux contradictions :

1. Le même Esprit se communiquant à deux centres différents, peut-il leur transmettre sur le même sujet des réponses contradictoires ?

« Si les deux centres diffèrent entre eux d'opinions et de pensées, la réponse pourra leur arriver travestie, parce qu'ils sont sous l'influence de différentes colonnes d'Esprits : ce n'est pas la réponse qui est contradictoire, c'est la manière dont elle est rendue. »

2. On conçoit qu'une réponse puisse être altérée ; mais lorsque les qualités du médium excluent toute idée de mauvaise influence, comment se fait-il que des Esprits supérieurs tiennent un langage différent et contradictoire sur le même sujet à des personnes parfaitement sérieuses ?

« Les Esprits réellement supérieurs ne se contredisent jamais, et leur langage est toujours le même *avec les mêmes personnes*. Il peut être différent selon les personnes et les lieux ; mais il faut y faire attention, la contradiction n'est souvent qu'apparente ; elle est plus dans les mots que dans la pensée ; car en réfléchissant on trouve que l'idée fondamentale est la même. Et puis le même Esprit peut répondre différemment sur la même question, suivant le degré de perfection de ceux qui l'évoquent, car il n'est pas toujours bon que tous aient la même réponse, puisqu'ils ne sont pas aussi avancés. C'est exactement comme si un enfant et un savant te faisaient la même question ; certes, tu répondrais à l'un et à l'autre de manière à être compris et à les satisfaire ; la réponse, quoique différente, aurait d'ailleurs le même fond. »

3. Dans quel but les Esprits sérieux semblent-ils accréditer auprès de certaines personnes des idées et même des préjugés qu'ils combattent auprès d'autres ?

« Il faut que nous nous rendions compréhensibles. Si quelqu'un a une conviction bien arrêtée sur une doctrine, même fausse, il faut que nous le détournions de cette conviction, mais peu à peu ; c'est pourquoi nous nous servons souvent de *ses termes*, et nous avons l'air d'abonder dans ses idées, afin qu'il ne s'offusque pas tout à coup, et qu'il ne cesse pas de s'instruire près de nous.

D'ailleurs, il n'est pas bon de heurter trop brusquement les préjugés ; ce serait le moyen de n'être pas écouté ; voilà pourquoi les Esprits parlent souvent dans le sens de l'opinion de ceux qui les écoutent, afin de les amener peu à peu à la vérité. Ils approprient leur langage aux personnes, comme tu le fais toi-même si tu es un orateur un peu habile ; c'est pourquoi ils ne parleront pas à un Chinois ou à un mahométan comme ils parleront à un Français ou à un chrétien, car ils seraient bien sûrs d'être repoussés.

Il ne faut pas prendre pour une contradiction ce qui n'est souvent qu'une partie de l'élaboration de la vérité. Tous les Esprits ont leur tâche marquée par Dieu ; ils l'accomplissent dans les conditions qu'ils jugent convenables pour le bien de ceux qui reçoivent leurs communications. »

4. Les contradictions, même apparentes, peuvent jeter des doutes dans l'Esprit de certaines personnes ; quel contrôle peut-on avoir pour connaître la vérité ?

« Pour discerner l'erreur de la vérité, il faut approfondir ces réponses et les méditer longtemps sérieusement ; c'est toute une étude à faire. Il faut le temps pour cela comme pour étudier toutes choses.

Étudiez, comparez, approfondissez ; nous vous le disons sans cesse, la connaissance de la vérité est à ce prix. Et comment voulez-vous arriver à la vérité, quand vous interprétez tout d'après vos idées étroites, que vous prenez pour de grandes idées ? Mais le jour n'est pas loin où l'enseignement des Esprits sera partout uniforme dans les détails comme dans les choses principales. Leur mission est de détruire l'erreur, mais cela ne peut venir que successivement. »

5. Il y a des personnes qui n'ont ni le temps ni l'aptitude nécessaires pour une étude sérieuse et approfondie, et qui acceptent ce qu'on leur enseigne sans examen. N'y a-t-il pas pour elles de l'inconvénient à accréditer des erreurs ?

« Qu'elles pratiquent le bien et ne fassent point de mal, c'est l'essentiel ; pour cela, il n'y a pas deux doctrines. Le bien est toujours le bien, que vous le fassiez au nom d'Allah ou de Jéhovah, car il n'y a qu'un même Dieu pour l'Univers. »

6. Comment des Esprits, qui paraissent développés en intelligence, peuvent-ils avoir des idées évidemment fausses sur certaines choses ?

« Ils ont leur doctrine. Ceux qui ne sont pas assez avancés, et qui croient l'être, prennent leurs idées pour la vérité. C'est comme parmi vous. »

7. Que penser des doctrines d'après lesquelles un seul Esprit pourrait se communiquer, et que cet Esprit serait Dieu ou Jésus ?

« L'Esprit qui enseigne cela est un Esprit qui veut dominer, c'est pourquoi il veut faire croire qu'il est seul ; mais le malheureux qui ose prendre le nom de Dieu expiera chèrement son orgueil. Quant à ces doctrines, elles se réfutent d'elles-mêmes, parce qu'elles sont en contradiction avec les faits les plus avérés ; elles ne méritent pas d'examen sérieux, car elles n'ont pas de racines.

La raison vous dit que le bien procède d'une bonne source et le mal d'une mauvaise ; pourquoi voudriez-vous qu'un bon arbre donnât de mauvais fruits ? Avez-vous jamais cueilli du raisin sur un pommier ? La diversité des communications est la preuve la plus patente de la diversité de leur origine. D'ailleurs, les Esprits qui prétendent seuls se communiquer oublient de dire pourquoi les autres ne pourraient pas le faire. Leur prétention est la négation de ce que le spiritisme a de plus beau et de plus consolant : les rapports du monde visible et du monde invisible, des hommes avec les êtres qui leur sont chers et qui seraient ainsi perdus pour eux sans retour. Ce sont ces rapports qui identifient l'homme avec son avenir, qui le détachent du monde matériel ; supprimer ces rapports, c'est le replonger dans le doute qui fait son tourment ; c'est donner un aliment à son égoïsme. En examinant avec soin la doctrine de ces Esprits, on y reconnaît à chaque pas des contradictions injustifiables, les traces de leur ignorance sur les choses les plus évidentes, et par conséquent les signes certains de leur infériorité. »

L'ESPRIT DE VÉRITÉ. 8. De toutes les contradictions que l'on remarque dans les communications des Esprits, une
des plus frappantes est celle qui est relative à la réincarnation. Si la réincarnation est une nécessité de la vie spirite, comment se fait-il que tous les Esprits ne l'enseignent pas ?

« Ne savez-vous pas qu'il y a des Esprits dont les idées sont bornées au présent, comme chez beaucoup d'hommes de la Terre ? Ils croient que ce qui est pour eux doit durer toujours ; ils ne voient pas au-delà du cercle de leurs perceptions, et ne s'inquiètent ni d'où ils viennent ni où ils vont, et pourtant ils doivent subir la loi de la nécessité. La réincarnation est pour eux une nécessité à laquelle ils ne songent que lorsqu'elle arrive ; ils savent que l'Esprit progresse, mais de quelle manière ? C'est pour eux un problème. Alors, si vous le leur demandez, ils vous parleront des sept ciels superposés comme des étages ; il y en a même qui vous parleront de la sphère du feu, de la sphère des étoiles, puis de la cité des fleurs, de celle des élus. »

9. Nous concevons que les Esprits peu avancés puissent ne pas comprendre cette question ; mais alors comment se fait-il que des Esprits d'une infériorité morale et intellectuelle notoire parlent spontanément de leurs différentes existences, et de leur désir de se réincarner pour racheter leur passé ?

« Il se passe dans le monde des Esprits des choses qu'il vous est bien difficile de comprendre. N'avez-vous pas, parmi vous, des gens très ignorants sur certaines choses, et qui sont éclairés sur d'autres ; des gens qui ont plus de jugement que d'instruction, et d'autres qui ont plus d'esprit que de jugement ? Ne savez-vous pas aussi que certains Esprits se plaisent à maintenir les hommes dans l'ignorance tout en ayant l'air de les instruire, et qui profitent de la facilité avec laquelle on ajoute foi à leurs paroles ? Ils peuvent séduire ceux qui ne vont pas au fond des choses, mais quand on les pousse à bout par le raisonnement, ils ne soutiennent pas longtemps leur rôle.

Il faut en outre tenir compte de la prudence que mettent en général les Esprits dans la promulgation de la vérité : une lumière trop vive et trop subite éblouit et n'éclaire pas. Ils peuvent donc, dans certains cas, juger utile de ne la répandre que graduellement, selon les temps, les lieux et les personnes. Moïse n'a pas enseigné tout ce qu'a enseigné le Christ, et le Christ lui-même a dit beaucoup de choses dont l'intelligence était réservée aux générations futures. Vous parlez de la réincarnation, et vous vous étonnez que ce principe n'ait pas été enseigné dans certaines contrées ; mais songez donc que dans un pays où le préjugé de la couleur règne en souverain, où l'esclavage est enraciné dans les mœurs, on eût repoussé le spiritisme par cela seul qu'il eût proclamé la réincarnation, car l'idée que celui qui est maître puisse devenir esclave, et réciproquement, eût paru monstrueuse. Ne valait-il pas mieux faire accepter d'abord le principe général, sauf à en tirer plus tard les conséquences ? Ô hommes ! que votre vue est courte pour juger les desseins de Dieu ! Sachez donc que rien ne se fait sans sa permission et sans un but que souvent vous ne pouvez pénétrer. Je vous ai dit que l'unité se ferait dans la croyance spirite ; tenez pour certain qu'elle se fera, et que les dissidences, déjà moins profondes, s'effaceront peu à peu à mesure que les hommes s'éclaireront, et qu'elles disparaîtront complètement, car telle est la volonté de Dieu, contre laquelle l'erreur ne peut prévaloir. » (L'ESPRIT DE VÉRITÉ.)

10. Les doctrines erronées, qui peuvent être enseignées par certains Esprits, n'ont-elles pas pour effet de retarder le progrès de la science véritable ?

« Vous voudriez tout avoir sans peine ; sachez donc qu'il n'est pas de champ où il ne croisse de mauvaise herbe que le laboureur doit extirper. Ces doctrines erronées sont une conséquence de l'infériorité de votre monde ; si les hommes étaient parfaits, ils n'accepteraient que le vrai ; les erreurs sont comme les pierres fausses, qu'un œil exercé peut seul distinguer ; il vous faut donc un apprentissage pour distinguer le vrai du faux ; eh bien ! les fausses doctrines ont pour utilité de vous exercer à distinguer la vérité de l'erreur. »

– Ceux qui adoptent l'erreur ne sont-ils pas retardés dans leur avancement ?

« S'ils adoptent l'erreur, c'est qu'ils ne sont pas assez avancés pour comprendre la vérité. »

302. En attendant que l'unité se fasse, chacun croit avoir la vérité pour soi, et soutient être seul dans le vrai ; illusion que ne manquent pas d'entretenir les Esprits trompeurs ; sur quoi l'homme impartial et désintéressé peut-il se baser pour porter un jugement ?

« La lumière la plus pure n'est obscurcie par aucun nuage ; le diamant sans tache est celui qui a le plus de valeur ; jugez donc les Esprits à la pureté de leur enseignement. L'unité se fera du côté où le bien n'aura jamais été mélangé de mal ; c'est de ce côté que les hommes se rallieront par la force des choses, car ils jugeront que là est la vérité. Remarquez d'ailleurs que les principes fondamentaux sont partout les mêmes, et doivent vous unir dans une pensée commune : l'amour de Dieu et la pratique du bien. Quel que soit le mode de progression que l'on suppose pour les âmes, le but final est le même, et le moyen de l'atteindre est aussi le même : faire le bien ; or, il n'y a pas deux manières de le faire. S'il s'élève des dissidences capitales, quant au principe même de la doctrine, vous avez une règle certaine pour les apprécier ; cette règle est celle-ci : La meilleure doctrine est celle qui satisfait le mieux le cœur et la raison, et qui a le plus d'éléments pour conduire les hommes au bien ; c'est, je vous certifie, celle qui prévaudra. » (L'ESPRIT DE VÉRITÉ.)

Remarque. Les contradictions qui se présentent dans les communications spirites peuvent tenir aux causes suivantes : à l'ignorance de certains Esprits ; à la supercherie des Esprits inférieurs qui, par malice ou méchanceté, disent le contraire de ce qu'a dit ailleurs l'Esprit dont ils usurpent le nom ; à la volonté de l'Esprit même qui parle selon les temps, lieux et les personnes, et peut juger utile de ne pas tout dire à tout le monde ; à l'insuffisance du langage humain pour exprimer les choses du monde incorporel ; à l'insuffisance des moyens de communication qui ne permettent pas toujours à l'Esprit de rendre toute sa pensée ; enfin à l'interprétation que chacun peut donner d'un mot ou d'une explication, selon ses idées, ses préjugés ou le point de vue sous lequel il envisage la chose. L'étude, l'observation, l'expérience et l'abnégation de tout sentiment d'amour-propre peuvent seules apprendre à distinguer ces diverses nuances.

Des mystifications

303. S'il est désagréable d'être trompé, il l'est encore plus d'être mystifié ; c'est du reste un des inconvénients dont il est le plus facile de se préserver. Les moyens de déjouer les ruses des Esprits trompeurs ressortent de toutes les instructions précédentes ; c'est pourquoi nous n'en dirons que peu de choses. Voici les réponses des Esprits à ce sujet :

1. Les mystifications sont un des écueils les plus désagréables du spiritisme pratique ; y a-t-il un moyen de s'en préserver ?

« Il me semble que vous pouvez trouver la réponse dans tout ce qui vous a été enseigné. Oui, certes, il y a pour cela un moyen simple, c'est de ne demander au spiritisme que ce qu'il peut et doit vous donner ; son but est l'amélioration morale de l'humanité ; tant que vous ne vous en écarterez pas, vous ne serez jamais trompés, parce qu'il n'y a pas deux manières de comprendre la vraie morale, celle que peut admettre tout homme de bon sens.

Les Esprits viennent vous instruire et vous guider dans la route du bien, et non dans celle des honneurs et de la fortune, ou pour servir vos mesquines passions. Si on ne leur demandait jamais rien de futile ou qui soit en dehors de leurs attributions, on ne donnerait aucune prise aux Esprits trompeurs ; d'où vous devez conclure que celui qui est mystifié n'a que ce qu'il mérite.

Le rôle des Esprits n'est pas de vous renseigner sur les choses de ce monde, mais de vous guider sûrement dans ce qui peut vous être utile pour l'autre. Quand ils vous parlent des choses d'ici-bas, c'est qu'ils le jugent nécessaire, mais ce n'est pas sur votre demande. Si vous voyez dans les Esprits les suppléants des devins et des sorciers, c'est alors que vous serez trompés.

Si les hommes n'avaient qu'à s'adresser aux Esprits pour tout savoir, ils n'auraient plus leur libre arbitre, et sortiraient de la voie tracée par Dieu pour l'humanité. L'homme doit agir par lui-même ; Dieu n'envoie pas les Esprits pour leur aplanir la route matérielle de la vie, mais pour préparer celle de l'avenir. »

– Mais il y a des personnes qui ne demandent rien, et qui sont indignement trompées par des Esprits qui viennent spontanément sans qu'on les appelle ?

« Si elles ne demandent rien, elles se laissent dire, ce qui revient au même. Si elles accueillaient avec réserve et défiance tout ce qui s'écarte de l'objet essentiel du spiritisme, les Esprits légers ne les prendraient pas aussi facilement pour dupes. »

2. Pourquoi Dieu permet-il que des personnes sincères, et qui acceptent le spiritisme de bonne foi, soient mystifiées ; cela ne pourrait-il pas avoir pour inconvénient d'ébranler leur croyance ?

« Si cela ébranlait leur croyance, c'est que leur foi ne serait pas très solide ; celles qui renonceraient au spiritisme pour un simple désappointement prouveraient qu'elles ne le comprennent pas, et qu'elles ne s'attachent pas à la partie sérieuse. Dieu permet les mystifications pour éprouver la persévérance des vrais adeptes, et punir ceux qui en font un objet d'amusement. » (L'ESPRIT DE VÉRITÉ.)

Remarque. La rouerie des Esprits mystificateurs dépasse quelquefois tout ce qu'on peut imaginer ; l'art avec lequel ils dressent leurs batteries et combinent les moyens de persuader serait une chose curieuse s'il ne s'agissait toujours que d'innocentes plaisanteries, mais ces mystifications peuvent avoir des conséquences désagréables pour ceux qui ne se tiennent pas sur leurs gardes ; nous sommes assez heureux pour avoir pu ouvrir *à temps* les yeux à plusieurs personnes qui ont bien voulu nous demander notre avis, et leur avoir épargné des actions ridicules et compromettantes. Parmi les moyens qu'emploient ces Esprits, il faut placer en première ligne, comme étant les plus fréquents, ceux qui ont pour but de tenter la cupidité, comme la révélation de prétendus trésors cachés, l'annonce d'héritages ou autres sources de fortune. On doit en outre regarder comme suspectes au premier chef les prédictions à époques fixes, ainsi que toutes les indications précises touchant les intérêts matériels ; se garder de toute démarche prescrite ou conseillée par les Esprits, lorsque le but n'en est pas éminemment rationnel ; ne jamais se laisser éblouir par les noms que prennent les Esprits pour donner une apparence de vérité à leurs paroles ; se défier des théories et systèmes scientifiques hasardés ; enfin de tout ce qui s'écarte du but moral des manifestations. Nous remplirions un volume des plus curieux avec l'histoire de toutes les mystifications qui sont venues à notre connaissance.

CHAPITRE XXVIII
CHARLATANISME ET JONGLERIE

Médiums intéressés

304. Comme tout peut devenir un sujet d'exploitation, il n'y aurait rien d'étonnant à ce qu'on voulût aussi exploiter les Esprits ; reste à savoir comment ils prendraient la chose, si jamais une telle spéculation tentait de s'introduire. Nous dirons d'abord que rien ne prêterait plus au charlatanisme et à la jonglerie qu'un pareil métier. Si l'on voit de faux somnambules, on verrait bien plus encore de faux médiums, et cette raison seule serait un sujet fondé de défiance. Le désintéressement, au contraire, est la réponse la plus péremptoire que l'on puisse opposer à ceux qui ne voient dans les faits qu'une habile manœuvre. Il n'y a pas de charlatanisme désintéressé ; quel serait donc le but de personnes qui useraient de supercherie sans profit, à plus forte raison quand leur honorabilité notoire les met au-dessus du soupçon ?

Si le gain qu'un médium retirerait de sa faculté peut être un sujet de suspicion, ce ne serait point une preuve que cette suspicion soit fondée ; il pourrait donc avoir une aptitude réelle et agir de très bonne foi, tout en se faisant rétribuer ; voyons si, dans ce cas, on peut raisonnablement en attendre un résultat satisfaisant.

305. Si l'on a bien compris ce que nous avons dit des conditions nécessaires pour servir d'interprètes aux bons Esprits, des causes nombreuses qui peuvent les éloigner, des circonstances indépendantes de leur volonté qui sont souvent un obstacle à leur venue, enfin de toutes les conditions *morales* qui peuvent exercer une influence sur la nature des communications, comment pourrait-on supposer qu'un Esprit tant soit peu élevé fût, à chaque heure du jour, aux ordres d'un entrepreneur de séances et soumis à ses exigences pour satisfaire la curiosité du premier venu ? On sait l'aversion des Esprits pour tout ce qui sent la cupidité et l'égoïsme, le peu de cas qu'ils font des choses matérielles, et l'on voudrait qu'ils aidassent à trafiquer de leur présence ! Cela répugne à la pensée, et il faudrait bien peu connaître la nature du monde spirite pour croire qu'il en pût être ainsi. Mais comme les Esprits légers sont moins scrupuleux, et ne cherchent que les occasions de s'amuser à nos dépens, il en résulte que si l'on n'est pas mystifié par un faux médium, on a toute chance de l'être par quelques-uns d'entre eux. Ces seules réflexions donnent la mesure du degré de confiance que l'on devrait accorder à des communications de ce genre. Du reste, à quoi serviraient aujourd'hui des médiums payés, puisque, si l'on n'a pas soi-même cette faculté, on peut la trouver dans sa famille, parmi ses amis ou ses connaissances ?

306. Les médiums intéressés ne sont pas uniquement ceux qui pourraient exiger une rétribution fixe ; l'intérêt ne se traduit pas toujours par l'espoir d'un gain matériel, mais aussi par les vues ambitieuses de toute nature sur lesquelles on peut fonder des espérances personnelles ; c'est en-

core là un travers que savent très bien saisir les Esprits moqueurs et dont ils profitent avec une adresse, une rouerie vraiment remarquable, en berçant de trompeuses illusions ceux qui se mettent ainsi sous leur dépendance. En résumé, la médiumnité est une faculté donnée pour le bien, et les bons Esprits s'éloignent de quiconque prétendrait s'en faire un marchepied pour arriver à quoi que ce soit qui ne répondrait pas aux vues de la Providence. L'égoïsme est la plaie de la société ; les bons Esprits le combattent, on ne peut supposer qu'ils viennent le servir. Cela est si rationnel qu'il serait inutile d'insister davantage sur ce point.

307. Les médiums à effets physiques ne sont pas dans la même catégorie ; ces effets sont généralement produits par des Esprits inférieurs moins scrupuleux. Nous ne disons pas que ces Esprits soient nécessairement mauvais pour cela : on peut être portefaix et très honnête homme ; un médium de cette catégorie, qui voudrait exploiter sa faculté, pourrait donc en avoir qui l'assisteraient sans trop de répugnance ; mais là encore se présente un autre inconvénient. Le médium à effets physiques, pas plus que celui à communications intelligentes, n'a reçu sa faculté pour son plaisir : elle lui a été donnée à la condition d'en faire un bon usage, et, s'il en abuse, elle peut lui être retirée, ou bien tourner à son détriment, parce qu'en définitive les Esprits inférieurs sont aux ordres des Esprits supérieurs.

Les Esprits inférieurs aiment bien à mystifier, mais ils n'aiment pas à être mystifiés ; s'ils se prêtent volontiers à la plaisanterie, aux choses de curiosité, parce qu'ils aiment à s'amuser, ils n'aiment pas plus que les autres à être exploités, ni à servir de comparses pour faire aller la recette, et ils prouvent à chaque instant qu'ils ont leur volonté, qu'ils agissent quand et comme bon leur semble, ce qui fait que le médium à effets physiques est encore moins sûr de la régularité des manifestations que le médium écrivain. Prétendre les produire à jours et heures fixes, serait faire preuve de la plus profonde ignorance. Que faire alors pour gagner son argent ? Simuler les phénomènes ; c'est ce qui peut arriver non seulement à ceux qui en feraient un métier avoué, mais même à des gens simples en apparence qui trouvent ce moyen plus facile et plus commode que de travailler. Si l'Esprit ne donne pas, on y supplée : l'imagination est si féconde quand il s'agit de gagner de l'argent ! L'intérêt étant un légitime motif de suspicion, il donne un droit d'examen rigoureux dont on ne saurait s'offenser sans justifier les soupçons. Mais autant la suspicion est légitime dans ce cas, autant elle est offensante vis-à-vis de personnes honorables et désintéressées.

308. La faculté médianimique, même restreinte dans la limite des manifestations physiques, n'a point été donnée pour en faire parade sur les tréteaux, et quiconque prétendrait avoir à ses ordres des Esprits pour les exhiber en public, peut à bon droit être suspecté de charlatanisme ou de prestidigitation plus ou moins habile. Qu'on se le tienne pour dit toutes les fois qu'on verra des annonces de prétendues séances de *spiritisme* ou de *spiritualisme* à tant la place, et qu'on se souvienne du droit qu'on achète en entrant.

De tout ce qui précède, nous concluons que le désintéressement le plus absolu est la meilleure garantie contre le charlatanisme ; s'il n'assure pas toujours la bonté des communications intelligentes, il enlève aux mauvais Esprits un puissant moyen d'action, et ferme la bouche à certains détracteurs.

309. Resterait ce qu'on pourrait appeler la jonglerie d'amateur, c'est-à-dire les fraudes innocentes de quelques mauvais plaisants. On pourrait sans doute la pratiquer par manière de passe-temps dans des réunions légères et frivoles, mais non dans des assemblées sérieuses où l'on n'admet que des personnes sérieuses. On peut bien d'ailleurs se donner le plaisir d'une mystification momentanée ; mais il faudrait être doué d'une singulière patience pour jouer ce rôle pendant des mois et des années, et chaque fois pendant plusieurs heures consécutives. Un intérêt quelconque peut seul donner cette persévérance, et l'intérêt, nous le répétons, peut tout faire suspecter.

310. On dira peut-être qu'un médium qui donne son temps au public dans l'intérêt de la chose ne peut le donner pour rien, parce qu'il faut vivre. Mais est-ce dans l'intérêt de la chose ou dans *le sien* qu'il le donne, et n'est-ce pas plutôt parce qu'il y entrevoit un métier lucratif ? On trouvera toujours des gens dévoués à ce prix-là. N'a-t-il donc que cette industrie à sa disposition ? N'oublions pas que les Esprits, quelle que soit leur supériorité ou leur infériorité, sont les âmes des morts, et quand la morale et la religion font un devoir de respecter leurs restes, l'obligation de respecter leur Esprit est encore plus grande.

Que dirait-on de celui qui tirerait un corps du tombeau et l'exhiberait pour de l'argent, parce que ce corps serait de nature à piquer la curiosité ? Est-il moins irrespectueux d'exhiber l'Esprit que le corps sous le prétexte qu'il est curieux de voir agir un Esprit ? Et remarquez bien que le prix des places sera en raison des tours qu'il pourra faire et de l'attrait du spectacle. Certes, de son vivant, eût-il été comédien, il ne se doutait guère qu'après sa mort il trouverait un directeur qui lui ferait jouer la comédie gratis à son profit.

Il ne faut pas oublier que les manifestations physiques, aussi bien que les manifestations intelligentes, ne sont permises par Dieu que pour notre instruction.

311. Ces considérations morales à part, nous ne contestons nullement qu'il puisse y avoir des médiums intéressés honorables et consciencieux, parce qu'il y a d'honnêtes gens dans tous les métiers ; nous ne parlons que de l'abus ; mais on conviendra, par les motifs que nous avons exposés, que l'abus a plus de raison d'être chez les médiums rétribués que chez ceux qui, regardant leur faculté comme une faveur, ne l'emploient que pour rendre service.

Le degré de confiance ou de défiance que l'on peut accorder à un médium rétribué dépend avant toute chose de l'estime que commandent son caractère et sa moralité, et en outre des circonstances. Le médium qui, dans un but éminemment sérieux et profitable, serait empêché d'utiliser son temps d'une autre manière, et pour cette raison *exonéré*, ne peut être confondu avec le médium *spéculateur*, celui qui, de dessein prémédité, se ferait une industrie de la médiumnité. Selon *le motif et le but*, les Esprits peuvent donc condamner, absoudre ou même favoriser ; ils jugent l'intention plutôt que le fait matériel.

312. Les somnambules qui utilisent leur faculté d'une manière lucrative ne sont pas dans le même cas. Quoique cette exploitation soit sujette à des

abus, et que le désintéressement soit une plus grande garantie de sincérité, la position est différente, attendu que c'est leur propre Esprit qui agit ; il est par conséquent toujours à leur disposition, et en réalité ils n'exploitent qu'eux-mêmes, parce qu'ils sont libres de disposer de leur personne comme ils l'entendent, tandis que les médiums spéculateurs exploitent les âmes des trépassés. (Voir n° 172, *Médiums somnambules*.)

313. Nous n'ignorons pas que notre sévérité à l'égard des médiums intéressés ameute contre nous tous ceux qui exploitent ou seraient tentés d'exploiter cette nouvelle industrie, et nous en fait des ennemis acharnés, ainsi que de leurs amis qui prennent naturellement fait et cause pour eux ; nous nous en consolons en pensant que les marchands chassés du temple par Jésus ne devaient pas non plus le voir d'un bon œil. Nous avons aussi contre nous les gens qui n'envisagent pas la chose avec la même gravité ; cependant, nous nous croyons le droit d'avoir une opinion et de l'émettre ; nous ne forçons personne de l'adopter. Si une immense majorité s'y est ralliée, c'est qu'apparemment on la trouve juste ; car nous ne voyons pas, en effet, comment on pourrait prouver qu'il n'y a pas plus de chance de trouver la fraude et les abus dans la spéculation que dans le désintéressement. Quant à nous, si nos écrits ont contribué à jeter en France et dans d'autres contrées du discrédit sur la médiumnité intéressée, nous croyons que ce ne sera pas un des moindres services qu'ils auront rendus au spiritisme *sérieux*.

Fraudes spirites

314. Ceux qui n'admettent pas la réalité des manifestations physiques attribuent généralement à la fraude les effets produits. Ils se fondent sur ce que les prestidigitateurs habiles font des choses qui paraissent des prodiges quand on ne connaît pas leurs secrets ; d'où ils concluent que les médiums ne sont autres que des escamoteurs. Nous avons déjà réfuté cet argument, ou plutôt cette opinion, notamment dans nos articles sur M. Home et dans les numéros de la *Revue* de janvier et février 1858 ; nous n'en dirons donc que quelques mots avant de parler d'une chose plus sérieuse.

Il est, du reste, une considération qui n'échappera pas à quiconque réfléchit un peu. Il y a sans doute des prestidigitateurs d'une habileté prodigieuse, mais ils sont rares. Si tous les médiums pratiquaient l'escamotage, il faudrait convenir que cet art aurait fait en peu de temps des progrès inouïs, et serait devenu subitement bien commun, puisqu'il se trouverait à l'état inné chez des gens qui ne s'en doutaient guère, même chez des enfants.

De ce qu'il y a des charlatans qui débitent des drogues sur les places publiques, de ce qu'il y a même des médecins qui, sans aller sur la place publique, trompent la confiance, s'ensuit-il que tous les médecins sont des charlatans, et le corps médical en est-il atteint dans sa considération ? De ce qu'il y a des gens qui vendent de la teinture pour du vin, s'ensuit-il que tous les marchands de vin sont des frelateurs et qu'il n'y a point de vin pur ? On abuse de tout, même des choses les plus respectables, et l'on peut dire que la fraude a aussi son génie. Mais la fraude a toujours un but, un intérêt matériel quelconque ; là où il n'y a rien à gagner, il n'y a nul intérêt à tromper. Aussi avons-nous dit, à propos des médiums mercenaires, que la meilleure de toutes les garanties est un désintéressement absolu.

315. De tous les phénomènes spirites, ceux qui prêtent le plus à la fraude sont les phénomènes physiques, par des motifs qu'il est utile de prendre en considération. D'abord, parce que s'adressant aux yeux plus qu'à l'intelligence, ce sont ceux que la prestidigitation peut le plus facilement imiter. Secondement que, piquant plus que les autres la curiosité, ils sont plus propres à attirer la foule et par conséquent plus productifs. À ce double point de vue, les charlatans ont donc tout intérêt à simuler ces sortes de manifestations ; les spectateurs, pour la plupart étrangers à la science, y vont généralement chercher une distraction bien plus qu'une instruction sérieuse, et l'on sait qu'on paye toujours mieux ce qui amuse que ce qui instruit. Mais, à part cela, il y a un autre motif non moins péremptoire. Si la prestidigitation peut imiter des effets matériels, pour lesquels il ne lui faut que de l'adresse, nous ne lui connaissons pas, jusqu'à présent, le don d'improvisation qui requiert une dose d'intelligence peu commune, ni celui de produire ces belles et sublimes dictées, souvent si pleines d'à-propos, que donnent les Esprits dans leurs communications. Ceci nous rappelle le fait suivant.

Un homme de lettres assez connu vint un jour nous voir et nous dit qu'il était très bon médium écrivain *intuitif*, et qu'il se mettait à la disposition de la société spirite. Comme nous avons pour habitude de n'admettre à la société que des médiums dont les facultés nous sont connues, nous le priâmes de vouloir bien venir auparavant faire ses preuves dans une réunion particulière. Il s'y rendit en effet ; plusieurs médiums expérimentés y donnèrent soit des dissertations, soit des réponses d'une remarquable précision sur des questions proposées et des sujets inconnus pour eux. Quand vint le tour de ce monsieur, il écrivit quelques mots insignifiants, dit qu'il était mal disposé ce jour-là, et depuis nous ne l'avons plus revu ; il a trouvé sans doute que le rôle de médium à effets intelligents était plus difficile à jouer qu'il ne l'avait cru.

316. En toutes choses, les gens les plus faciles à tromper sont ceux qui ne sont pas du métier ; il en est de même du spiritisme ; ceux qui ne le connaissent pas sont aisément abusés par les apparences ; tandis qu'une étude préalable attentive les initie, non seulement à la cause des phénomènes, mais aux conditions normales dans lesquelles ils peuvent se produire, et leur fournit ainsi les moyens de reconnaître la fraude, si elle existe.

317. Les médiums trompeurs sont stigmatisés, comme ils le méritent, dans la lettre suivante que nous avons reproduite dans la *Revue* du mois d'août 1861.

Paris, 21 juillet 1861.

« MONSIEUR,

On peut être en désaccord sur certains points, et être en parfait accord sur d'autres. Je viens de lire, à la page 213 du dernier numéro de votre journal, des réflexions sur la fraude en matière d'expériences spiritualistes (ou spirites) auxquelles je suis heureux de m'associer de toutes mes forces. Là, toute dissidence en matière de théories et de doctrines disparaît comme par enchantement.

Je ne suis peut-être pas aussi sévère que vous à l'égard des médiums qui, sous une forme digne et convenable, acceptent une rémunération comme indemnité du temps qu'ils consacrent à des expériences souvent longues et fatigantes ; mais je le suis tout autant - et on ne saurait trop l'être, - à l'égard de ceux qui, en pareil cas, suppléent, dans l'occasion, par la tricherie et par la fraude à l'absence ou à l'insuffisance des résultats promis et attendus. (Voir n° 311.)

Mêler le faux au vrai, quand il s'agit de phénomènes obtenus par l'intervention des Esprits, c'est tout bonnement une infamie, et il y aurait oblitération du sens moral chez le médium qui croirait pouvoir le faire sans scrupule. Ainsi que vous le faites parfaitement observer, *c'est jeter le discrédit sur la chose dans l'esprit des indécis, dès que la fraude est reconnue.* J'ajouterai que c'est compromettre de la manière la plus déplorable les hommes honorables qui prêtent aux médiums l'appui désintéressé de leurs connaissances et de leurs lumières, qui se portent garants de leur bonne foi, et les patronnent en quelque sorte ; c'est commettre envers eux une véritable forfaiture.

Tout médium qui serait convaincu de manœuvres frauduleuses ; qui serait pris, pour me servir d'une expression un peu triviale, la main dans le sac, mériterait d'être mis au ban de tous les spiritualistes ou spirites du monde, pour qui ce serait un devoir rigoureux de les démasquer ou de les flétrir.

S'il vous convient, monsieur, d'insérer ces quelques lignes dans votre journal, elles sont à votre service.

Agréez, etc.

MATHIEU. »

318. Tous les phénomènes spirites ne sont pas également faciles à imiter, et il y en a qui défient évidemment toute l'habileté de la prestidigitation : tels sont notamment le mouvement des objets sans contact, la suspension des corps graves dans l'espace, les coups frappés de différents côtés, les apparitions, etc., sauf l'emploi des trucs et du compérage ; c'est pourquoi nous disons que ce qu'il faut faire en pareil cas, c'est observer attentivement les circonstances, et surtout tenir compte du caractère et de la position des personnes, du but et de l'intérêt qu'elles pourraient avoir à tromper : c'est là le meilleur de tous les contrôles, car il est telles circonstances qui enlèvent tout motif à la suspicion. Nous pensons donc en principe qu'il faut se défier de quiconque ferait de ces phénomènes un spectacle ou un objet de curiosité ou d'amusement, et prétendrait les produire à volonté et à point nommé, ainsi que nous l'avons déjà expliqué. Nous ne saurions trop le répéter, les intelligences occultes qui se manifestent ont leurs susceptibilités, et veulent nous prouver qu'elles ont aussi leur libre arbitre, et ne se soumettent pas à nos caprices. (N° 38.)

Il nous suffira de signaler quelques subterfuges employés, ou qu'il est possible d'employer dans certains cas, pour prémunir contre la fraude les observateurs de bonne foi. Quant aux gens qui s'obstinent à juger sans approfondir, ce serait peine perdue que de chercher à les désabuser.

319. Un des phénomènes les plus ordinaires est celui des coups intimes frappés dans la substance même du bois, avec ou sans mouvement de la table ou autre objet dont on se sert. Cet effet est un des plus faciles à imiter, soit par le contact des pieds, soit en provoquant de petits craquements dans le meuble ; mais il est une petite ruse spéciale qu'il est utile de dévoiler. Il suffit de poser ses deux mains à plat sur la table et assez rapprochées pour que les ongles des pouces appuient fortement l'un contre l'autre ; alors, par un mouvement musculaire tout à fait imperceptible, on leur fait éprouver un frottement qui donne un petit bruit sec, ayant une grande analogie avec ceux de la typtologie intime. Ce bruit se répercute dans le bois, et produit une illusion complète. Rien n'est plus facile que de faire entendre autant de coups qu'on en demande, une batterie de tambour, etc., de répondre à certaines questions par oui ou par non, par des nombres, ou même par l'indication des lettres de l'alphabet.

Une fois prévenu, le moyen de reconnaître la fraude est bien simple. Elle n'est pas possible, si les mains sont écartées l'une de l'autre, et si l'on est assuré qu'aucun autre contact ne peut produire le bruit. Les coups réels offrent d'ailleurs cela de caractéristique, qu'ils changent de place et de timbre à volonté, ce qui ne peut avoir lieu quand il est dû à la cause que nous signalons ou à toute autre analogue ; qu'il sort de la table pour se porter sur un meuble quelconque que personne ne touche, sur les murs, le plafond, etc., qu'il répond enfin à des questions non prévues. (Voir N° 41.)

320. L'écriture directe est encore plus facile à imiter ; sans parler des agents chimiques bien connus pour faire apparaître de l'écriture dans un temps donné sur du papier blanc, ce que l'on peut déjouer avec les précautions les plus vulgaires, il pourrait arriver que, par un escamotage habile, on substituât un papier à un autre. Il se pourrait aussi que celui qui voudrait frauder eût l'art de détourner l'attention pendant qu'il écrirait adroitement quelques mots. On nous a dit encore avoir vu écrire ainsi avec un morceau de mine de plomb dissimulé sous l'ongle.

321. Le phénomène des apports ne se prête pas moins à la jonglerie, et l'on peut aisément être dupe d'un escamoteur plus ou moins adroit, sans qu'il soit besoin d'avoir affaire à un prestidigitateur de profession. Dans l'article spécial que nous avons publié ci-dessus (n° 96), les Esprits ont eux-mêmes déterminé les conditions exceptionnelles dans lesquelles il peut se produire, d'où l'on peut conclure que l'obtention *facile* et *facultative* peut tout au moins être tenue pour suspecte. L'écriture directe est dans le même cas.

322. Dans le chapitre des *Médiums spéciaux*, nous avons mentionné, d'après les Esprits, les aptitudes médianimiques communes, et celles qui sont rares. Il convient donc de se défier des médiums qui prétendent avoir ces dernières trop facilement, ou qui ambitionnent la multiplicité des facultés, prétention qui n'est que bien rarement justifiée.

323. Les manifestations intelligentes sont, selon les circonstances, celles qui offrent le plus de garanties, et cependant elles ne sont pas à l'abri de l'imitation, du moins en ce qui concerne les communications banales et vulgaires. On croit avoir plus de sécurité avec les médiums mécaniques, non

seulement pour l'indépendance des idées, mais aussi contre les supercheries ; c'est pour cette raison que certaines personnes préfèrent les intermédiaires matériels. Eh bien ! c'est une erreur. La fraude se glisse partout, et nous savons qu'avec de l'habileté on peut diriger à volonté même une corbeille ou une planchette qui écrit, et lui donner toutes les apparences des mouvements spontanés. Ce qui lève tous les doutes, ce sont les pensées exprimées, qu'elles viennent d'un médium mécanique, intuitif, auditif, parlant ou voyant. Il y a des communications qui sont tellement en dehors des idées, des connaissances et même de la portée intellectuelle du médium, qu'il faudrait s'abuser étrangement pour lui en faire honneur. Nous reconnaissons au charlatanisme une grande habileté et de fécondes ressources, mais nous ne lui connaissons pas encore le don de donner du savoir à un ignorant, ou de l'esprit à celui qui n'en a pas.

En résumé, nous le répétons, la meilleure garantie est dans la moralité notoire des médiums et dans l'absence de toutes causes d'intérêt matériel ou d'amour-propre qui pourraient stimuler en lui l'exercice des facultés médianimiques qu'il possède ; car ces mêmes causes peuvent l'engager à simuler celles qu'il n'a pas.

CHAPITRE XXIX
RÉUNIONS ET SOCIÉTÉS SPIRITES

Des réunions en général

324. Les réunions spirites peuvent avoir de très grands avantages, en ce qu'elles permettent de s'éclairer par l'échange réciproque des pensées, par les questions et les remarques que chacun peut faire, et dont tout le monde profite ; mais pour en retirer tous les fruits désirables, elles requièrent des conditions spéciales que nous allons examiner, car on aurait tort de les assimiler aux sociétés ordinaires. Du reste, les réunions étant des touts collectifs, ce qui les concerne est la conséquence naturelle des instructions précédentes ; elles ont à prendre les mêmes précautions, et à se préserver des mêmes écueils que les individus ; c'est pourquoi nous avons placé ce chapitre en dernier.

Les réunions spirites ont des caractères très différents suivant le but qu'on s'y propose, et leur condition d'être doit, par cela même, différer aussi. Selon leur nature, elles peuvent être *frivoles*, *expérimentales* ou *instructives*.

325. Les *réunions frivoles* se composent de personnes qui ne voient que le côté plaisant des manifestations, qui s'amusent des facéties des Esprits légers, très amateurs de ces sortes d'assemblées où ils ont toute liberté de se produire, et ils ne s'en font pas faute. C'est là qu'on demande toutes sortes de banalités, qu'on se fait dire la bonne aventure par les Esprits, qu'on met leur perspicacité à l'épreuve pour deviner l'âge, ce qu'on a dans la poche, dévoiler de petits secrets, et mille autres choses de cette importance.

Ces réunions sont sans conséquence ; mais comme les Esprits légers sont parfois très intelligents, et qu'ils sont en général d'humeur facile et joviale, il s'y produit souvent des choses fort curieuses dont l'observateur peut faire son profit ; celui qui n'aurait vu que cela, et jugerait le monde des Esprits d'après cet échantillon, s'en ferait une idée aussi fausse que celui qui jugerait toute la société d'une grande ville par celle de certains quartiers. Le simple bon sens dit que les Esprits élevés ne peuvent venir dans de telles réunions, où les spectateurs ne sont pas plus sérieux que les acteurs. Si l'on veut s'occuper de choses futiles, il faut franchement appeler des Esprits légers, comme on appellerait des baladins pour amuser une société, mais il y aurait profanation à y convier des noms vénérés, à mêler le sacré et le profane.

326. Les *réunions expérimentales* ont plus spécialement pour objet la production des manifestations physiques. Pour beaucoup de personnes, c'est un spectacle plus curieux qu'instructif ; les incrédules en sortent plus étonnés que convaincus quand ils n'ont pas vu autre chose, et toute leur pensée est tournée vers la recherche des ficelles, car ne se rendant compte de rien ils supposent volontiers des subterfuges. Il en est tout autrement de ceux qui ont étudié ; ils comprennent d'avance la possibilité, et des faits positifs déterminent ensuite ou achèvent leur conviction ; s'il y avait subterfuge, ils seraient à même de le découvrir.

Nonobstant cela, ces sortes d'expérimentations ont une utilité que personne ne saurait méconnaître, car ce sont elles qui ont fait découvrir les lois qui régissent le monde invisible, et, pour beaucoup de gens, elles sont, sans contredit, un puissant motif de conviction ; mais nous maintenons que seules elles ne peuvent pas plus initier à la science spirite, que la vue d'un ingénieux mécanisme ne peut faire connaître la mécanique si l'on n'en connaît pas les lois ; toutefois, si elles étaient dirigées avec méthode et prudence, on en obtiendrait de bien meilleurs résultats. Nous reviendrons tout à l'heure sur ce sujet.

327. Les *réunions instructives* ont un tout autre caractère, et comme ce sont celles où l'on peut puiser le véritable enseignement, nous insisterons davantage sur les conditions qu'elles doivent remplir.

La première de toutes, c'est de rester sérieuses dans toute l'acception du mot. Il faut bien se persuader que les Esprits auxquels on veut s'adresser sont d'une nature toute spéciale ; que le sublime ne pouvant s'allier au trivial, ni le bien au mal, si l'on veut obtenir de bonnes choses, il faut s'adresser à de bons Esprits ; mais il ne suffit pas de demander de bons Esprits ; il faut, de condition expresse, être dans des conditions propices pour qu'ils *veuillent bien venir* ; or, des Esprits supérieurs ne viendront pas plus dans les assemblées d'hommes légers et superficiels, qu'ils n'y seraient venus de leur vivant.

Une société n'est vraiment sérieuse qu'à la condition de s'occuper de choses utiles à l'exclusion de toutes autres ; si elle aspire à obtenir des phénomènes extraordinaires par curiosité ou par passe-temps, les Esprits qui les produisent pourront venir, mais les autres s'en iront. En un mot, quel que soit le caractère d'une réunion, elle trouvera toujours des Esprits disposés à seconder ses tendances. Une réunion sérieuse s'écarte donc de son but si elle quitte l'enseignement pour l'amusement. Les manifestations physiques, comme nous l'avons dit, ont leur utilité ; que ceux qui veulent voir aillent dans les réunions expérimentales ; que ceux qui veulent comprendre aillent dans les réunions d'étude ; c'est ainsi que les uns et les autres pourront compléter leur instruction spirite, comme dans l'étude de la médecine, les uns vont aux cours et les autres à la clinique.

328. L'instruction spirite ne comprend pas seulement l'enseignement moral donné par les Esprits, mais bien encore l'étude des faits ; c'est à elle qu'incombe la théorie de tous les phénomènes, la recherche des causes, et comme conséquence, la constatation de ce qui est possible et de ce qui ne l'est pas ; en un mot, l'observation de tout ce qui peut faire avancer la science. Or, ce serait se méprendre de croire que les faits soient limités aux phénomènes extraordinaires ; que ceux qui frappent le plus les sens soient seuls dignes d'attention ; on en rencontre à chaque pas dans les communications intelligentes et que des hommes réunis pour l'étude ne sauraient négliger ; ces faits, qu'il serait impossible d'énumérer, surgissent d'une foule de circonstances fortuites ; quoique moins saillants, ils n'en sont pas moins du plus haut intérêt pour l'observateur qui y trouve ou la confirmation d'un principe connu, ou la révélation d'un principe nouveau qui le fait pénétrer plus avant dans les mystères du monde invisible ; c'est aussi là de la philosophie.

329. Les réunions d'étude sont en outre d'une immense utilité pour les médiums à manifestations intelligentes, pour ceux surtout qui ont un désir sérieux de se perfectionner, et qui n'y viennent pas avec une sotte présomption d'infaillibilité. Un des grands écueils de la médiumnité, c'est comme nous l'avons dit, l'obsession et la fascination ; ils peuvent donc se faire illusion de très bonne foi sur le mérite de ce qu'ils obtiennent, et l'on conçoit que les Esprits trompeurs ont leurs coudées franches quand ils n'ont affaire qu'à un aveugle ; c'est pour cela qu'ils éloignent leur médium de tout contrôle ; qu'au besoin même ils lui font prendre en aversion quiconque pourrait l'éclairer ; à la faveur de l'isolement et de la fascination, ils peuvent aisément lui faire accepter tout ce qu'ils veulent.

Nous ne saurions trop le répéter, là est non seulement l'écueil, mais le danger ; oui, nous le disons, un véritable danger. Le seul moyen d'y échapper, c'est le contrôle de personnes désintéressées et bienveillantes qui, jugeant les communications avec sang-froid et impartialité, peuvent lui ouvrir les yeux et lui faire apercevoir ce qu'il ne peut voir lui-même. Or, tout médium qui redoute ce jugement est déjà sur la voie de l'obsession ; celui qui croit que la lumière n'est faite que pour lui est complètement sous le joug ; s'il prend en mauvaise part les observations, s'il les repousse, s'il s'en irrite, il ne peut y avoir de doute sur la mauvaise nature de l'Esprit qui l'assiste.

Nous l'avons dit, un médium peut manquer des connaissances nécessaires pour comprendre les erreurs ; il peut se laisser abuser par de grands mots et un langage prétentieux, être séduit par des sophismes, et cela de la meilleure foi du monde ; c'est pourquoi, à défaut de ses propres lumières, il doit modestement avoir recours à celles des autres, selon ces deux adages que quatre yeux voient mieux que deux, et qu'on n'est jamais bon juge dans sa propre cause. C'est à ce point de vue que les réunions sont pour le médium d'une très grande utilité, s'il est assez sensé pour écouter les avis, parce que là se trouveront des personnes plus clairvoyantes que lui, qui saisiront les nuances souvent si délicates par où l'Esprit trahit son infériorité.

Tout médium qui désire sincèrement n'être pas le jouet du mensonge doit donc chercher à se produire dans les réunions sérieuses, et y apporter ce qu'il obtient en particulier ; accepter avec reconnaissance, solliciter même l'examen critique des communications qu'il reçoit ; s'il est en butte à des Esprits trompeurs, c'est le plus sûr moyen de s'en débarrasser en leur prouvant qu'ils ne peuvent l'abuser. Le médium, d'ailleurs, qui s'irrite de la critique est d'autant plus mal fondé que son amour-propre n'est nullement engagé, puisque ce qu'il dit n'est pas de lui, et qu'il n'en est pas plus responsable que s'il lisait les vers d'un mauvais poète.

Nous avons insisté sur ce point, parce que, si c'est là un écueil pour les médiums, c'en est un aussi pour les réunions auxquelles il importe de ne pas accorder légèrement confiance à tous les interprètes des Esprits. Le concours de tout médium obsédé ou fasciné leur serait plus nuisible qu'utile ; elles doivent donc ne pas l'accepter. Nous pensons être entré dans des développements suffisants pour qu'il leur soit impossible de se méprendre sur les caractères de l'obsession, si le médium ne peut la reconnaître lui-même ; un des plus saillants est sans contredit la prétention d'avoir seul raison contre tout le monde. Les médiums obsédés qui ne veulent pas en convenir ressemblent à ces malades qui se font illusion sur leur santé, et se perdent faute de se soumettre à un régime salutaire.

330. Ce qu'une réunion sérieuse doit se proposer, c'est d'écarter les Esprits menteurs ; elle serait dans l'erreur si elle se croyait à l'abri par son but et par la qualité de ses médiums ; elle n'y parviendra qu'autant qu'elle sera elle-même dans des conditions favorables.

Pour bien comprendre ce qui se passe en cette circonstance, nous prions de vouloir bien se reporter à ce que nous avons dit plus haut, n° 231, sur l'*Influence du milieu*. Il faut se représenter chaque individu comme entouré d'un certain nombre d'acolytes invisibles qui s'identifient avec son caractère, ses goûts et ses penchants ; donc toute personne qui entre dans une réunion amène avec elle des Esprits qui lui sont sympathiques. Selon leur nombre et leur nature, ces acolytes peuvent exercer sur l'assemblée et sur les communications une influence bonne ou mauvaise. Une réunion parfaite serait celle dont tous les membres, animés d'un égal amour du bien, n'amèneraient avec eux que de bons Esprits ; à défaut de la perfection, la meilleure sera celle où le bien l'emportera sur le mal. Ceci est trop logique pour qu'il soit nécessaire d'insister.

331. Une réunion est un être collectif dont les qualités et les propriétés sont la résultante de toutes celles de ses membres, et forment comme un faisceau ; or, ce faisceau aura d'autant plus de force qu'il sera plus homogène. Si l'on a bien compris ce qui a été dit (n° 282, question 5) sur la manière dont les Esprits sont avertis de notre appel, on comprendra facilement la puissance de l'association de la pensée des assistants. Si l'Esprit est en quelque sorte frappé par la pensée comme nous le sommes par la voix, vingt personnes s'unissant dans une même intention auront nécessairement plus de force qu'une seule ; mais pour que toutes ces pensées concourent vers le même but, il faut qu'elles vibrent à l'unisson ; qu'elles se confondent, pour ainsi dire, en une seule, ce qui ne peut avoir lieu sans le recueillement.

D'un autre côté, l'Esprit arrivant dans un milieu complètement sympathique, y est plus à son aise ; n'y trouvant que des amis, il y vient plus volontiers, et il est plus disposé à répondre. Quiconque a suivi avec quelque attention les manifestations spirites intelligentes a pu se convaincre de cette vérité. Si les pensées sont divergentes, il en résulte un choc d'idées désagréables pour l'Esprit, et par conséquent nuisible à la manifestation. Il en est de même d'un homme qui doit parler dans une assemblée ; s'il sent toutes les pensées lui être sympathiques et bienveillantes, l'impression qu'il en reçoit réagit sur ses propres idées et leur donne plus de verve ; l'unanimité de ce concours exerce sur lui une sorte d'action magnétique qui décuple ses moyens, tandis que l'indifférence ou l'hostilité le trouble et le paralyse ; c'est ainsi que les acteurs sont électrisés par les applaudissements ; or, les Esprits, bien plus impressionnables que les humains, doivent subir bien mieux encore l'influence du milieu.

Toute réunion spirite doit donc tendre à l'homogénéité la plus grande possible ; il est bien entendu que nous parlons de celles qui veulent arriver à des résultats sérieux et vraiment utiles ; si l'on veut simplement obtenir des communications quand même, sans s'inquiéter de la qualité de ceux qui les donnent, il est évident que toutes ces précautions ne sont pas nécessaires, mais alors il ne faut pas se plaindre de la qualité du produit.

332. Le recueillement et la communion de pensées étant les conditions essentielles de toute réunion sérieuse, on comprend que le trop grand nombre des assistants doit être une des causes les plus contraires à l'homogénéité. Il n'y a certes aucune limite absolue à ce nombre, et l'on conçoit que cent personnes, suffisamment recueillies et attentives, seront dans de meilleures conditions que dix qui seraient distraites et bruyantes ; mais il est évident aussi que plus le nombre est grand, plus ces conditions sont difficiles à remplir. C'est d'ailleurs un fait prouvé par l'expérience que les petits cercles intimes sont toujours plus favorables aux belles communications, et cela par les motifs que nous avons développés.

333. Il est encore un autre point qui n'est pas moins nécessaire, c'est la régularité des réunions. Dans toutes, il y a toujours des Esprits qu'on pourrait appeler des *habitués*, et nous n'entendons pas par là ces Esprits qui se trouvent partout et se mêlent de tout ; ce sont, soit des Esprits protecteurs, soit ceux que l'on interroge le plus souvent. Il ne faut pas croire que ces Esprits n'aient autre chose à faire que de nous écouter ; ils ont leurs occupations et peuvent d'ailleurs se trouver dans des conditions défavorables pour être évoqués. Quand les réunions ont lieu à jours et heures fixes, ils se disposent en conséquence, et il est rare qu'ils y manquent. Il en est même qui poussent la ponctualité à l'excès ; ils se formalisent d'un quart d'heure de retard, et s'ils assignent eux-mêmes le moment d'un entretien, on les appellerait en vain quelques minutes plus tôt. Ajoutons, toutefois, que bien que les Esprits préfèrent la régularité, ceux qui sont vraiment supérieurs ne sont pas méticuleux à ce point. L'exigence d'une ponctualité rigoureuse est un signe d'infériorité, comme tout ce qui est puéril. En dehors des heures consacrées, ils peuvent sans doute venir, et ils viennent même volontiers si le but est utile ; mais rien n'est plus nuisible aux bonnes communications que de les appeler à tort et à travers, quand la fantaisie nous en prend, et surtout sans motif sérieux ; comme ils ne sont pas tenus de se soumettre à nos caprices, ils pourraient bien ne pas se déranger, et c'est alors surtout que d'autres peuvent prendre leur place et leur nom.

Des sociétés proprement dites

334. Tout ce que nous avons dit sur les réunions en général s'applique naturellement aux sociétés régulièrement constituées ; celles-ci cependant ont à lutter contre quelques difficultés spéciales qui naissent du lien même qui unit les membres. Des avis nous ayant été plusieurs fois demandés sur leur organisation, nous les résumerons ici en quelques mots.

Le spiritisme qui naît à peine est encore trop diversement apprécié, trop peu compris dans son essence par un grand nombre d'adeptes, pour offrir un lien puissant entre les membres de ce qu'on pourrait appeler une association. Ce lien ne peut exister qu'entre ceux qui en voient le but moral, le comprennent et *se l'appliquent à eux-mêmes*. Entre ceux qui n'y voient que des faits plus ou moins curieux, il ne saurait y avoir un lien sérieux ; mettant les faits au-dessus des principes, une simple divergence dans la manière de les envisager peut les diviser. Il n'en est pas de même des premiers, car sur la question morale il ne peut exister deux manières de voir ; aussi est-il à remarquer que partout où ils se rencontrent, une confiance réciproque les attire les uns vers les autres ; la bienveillance mutuelle qui règne entre eux bannit la gêne et la contrainte qui naissent de la susceptibilité, de l'orgueil qui se froisse de la moindre contradiction, de l'égoïsme qui rapporte tout à soi. Une société où de tels sentiments régneraient sans partage, où l'on se réunirait dans le but de venir s'instruire aux enseignements des Esprits, et non dans l'espérance de voir des choses plus ou moins intéressantes, ou pour faire prévaloir son opinion, une telle société, disons-nous, serait non seulement viable, mais indissoluble. La difficulté de réunir encore de nombreux éléments homogènes à ce point de vue nous porte à dire que, dans l'intérêt des études et pour le bien de la chose même, les réunions spirites doivent viser à se multiplier par petits groupes plutôt qu'à chercher à se constituer en grandes agglomérations. Ces groupes, correspondant entre eux, se visitant, se transmettant leurs observations, peuvent dès à présent former le noyau de la grande famille spirite qui ralliera un jour toutes les opinions, et unira les hommes dans un même sentiment de fraternité, scellé par la charité chrétienne.

335. Nous avons vu de quelle importance est l'uniformité de sentiments pour l'obtention de bons résultats ; cette uniformité est nécessairement d'autant plus difficile à obtenir que le nombre est plus grand. Dans les petits comités, on se connaît mieux, on est plus sûr des éléments que l'on y introduit ; le silence et le recueillement y sont plus faciles et tout s'y passe comme en famille. Les grandes assemblées excluent l'intimité par la variété des éléments dont elles se composent ; elles exigent des locaux spéciaux, des ressources pécuniaires et un appareil administratif inutiles dans les petits groupes ; la divergence des caractères, des idées, des opinions, s'y dessine mieux, et offre aux Esprits brouillons plus de facilité pour y semer la discorde. Plus la réunion est nombreuse, plus il est difficile de contenter tout le monde ; chacun voudrait que les travaux fussent dirigés à son gré, qu'on s'occupât de préférence des sujets qui l'intéressent le plus ; quelques-uns croient que le titre de sociétaire leur donne le droit d'imposer leur manière de voir ; de là des tiraillements, une cause de malaise qui amène tôt ou tard la désunion, puis la dissolution, sort de toutes les sociétés, quel qu'en soit l'objet. Les petits comités ne sont pas sujets aux mêmes fluctuations ; la chute d'une grande société serait un échec apparent pour la cause du spiritisme, et ses ennemis ne manqueraient pas de s'en prévaloir ; la dissolution d'un petit groupe passe inaperçue, et d'ailleurs, si l'un se disperse, vingt

autres se forment à côté ; or, vingt groupes de quinze à vingt personnes obtiendront plus, et feront plus pour la propagation, qu'une assemblée de trois à quatre cents personnes.

On dira sans doute que les membres d'une société qui agiraient comme nous venons de le dire ne seraient pas de vrais spirites, puisque le premier devoir qu'impose la doctrine, c'est la charité et la bienveillance. Cela est parfaitement juste ; aussi ceux qui pensent ainsi sont-ils spirites de nom plutôt que de fait ; ils n'appartiennent assurément pas à la troisième catégorie (voir n° 28) ; mais qui dit que ce sont même des spirites quelconques ? Ici se présente une considération qui n'est pas sans gravité.

336. N'oublions pas que le spiritisme a des ennemis intéressés à le contrecarrer, et qui voient ses succès avec dépit ; les plus dangereux ne sont pas ceux qui l'attaquent ouvertement, mais ceux qui agissent dans l'ombre ; ceux-ci le caressent d'une main et le déchirent de l'autre. Ces êtres malfaisants se glissent partout où ils espèrent faire du mal ; comme ils savent que l'union est une puissance, ils tâchent de la détruire en jetant des brandons de discorde. Qui dit donc que ceux qui, dans les réunions, sèment le trouble et la zizanie ne sont pas des agents provocateurs intéressés au désordre ? À coup sûr, ce ne sont ni de vrais ni de bons spirites ; ils ne peuvent jamais faire de bien et ils peuvent faire beaucoup de mal. On comprend qu'ils ont infiniment plus de facilité à s'insinuer dans les réunions nombreuses que dans les petits comités où tout le monde se connaît ; à la faveur de sourdes menées qui passent inaperçues, ils sèment le doute, la défiance et la désaffection ; sous l'apparence d'un hypocrite intérêt pour la chose, ils critiquent tout, forment des conciliabules et des coteries qui bientôt rompent l'harmonie de l'ensemble : c'est ce qu'ils veulent. Vis-à-vis de ces gens-là, faire appel aux sentiments de charité et de fraternité, c'est parler à des sourds volontaires, car leur but est précisément de détruire ces sentiments qui sont le plus grand obstacle à leurs menées. Cet état de choses, fâcheux dans toutes les sociétés, l'est plus encore dans les sociétés spirites, parce que, s'il n'amène pas une rupture, il cause une préoccupation incompatible avec le recueillement et l'attention.

337. Si la réunion est dans une mauvaise voie, dira-t-on, des hommes sensés et bien intentionnés n'ont-ils pas le droit de critique, et doivent-ils passer le mal sans rien dire, l'approuver par leur silence ? Sans aucun doute, c'est leur droit : c'est de plus un devoir ; mais si leur intention est réellement bonne, ils émettent leur avis avec convenance et bienveillance, ouvertement et non en cachette ; s'il n'est pas suivi, ils se retirent ; car on ne concevrait pas que celui qui n'aurait aucune arrière-pensée s'obstinât à rester dans une société où l'on ferait des choses qui ne lui conviendraient pas.

On peut donc établir en principe que quiconque, dans une réunion spirite, provoque au désordre ou à la désunion, ostensiblement ou par-dessous mains, par des moyens quelconques, est, ou un agent provocateur, ou tout au moins un très mauvais spirite dont on ne saurait se débarrasser trop tôt ; mais les engagements mêmes qui lient tous les membres y mettent souvent obstacle ; c'est pourquoi il convient d'éviter les engagements indissolubles ;

les hommes de bien sont toujours assez engagés ; les mal intentionnés le sont toujours trop.

338. Outre les gens notoirement malveillants qui se glissent dans les réunions, il y a ceux qui, par caractère, portent le trouble avec eux partout où ils se trouvent : on ne saurait donc être trop circonspect sur les éléments nouveaux que l'on y introduit. Les plus fâcheux, dans ce cas, ne sont pas les ignorants sur la matière, ni même ceux qui ne croient pas : la conviction ne s'acquiert que par l'expérience, et il y a des gens qui veulent s'éclairer de bonne foi. Ceux surtout dont il faut se préserver sont les gens à système préconçu, les incrédules quand même qui doutent de tout, même de l'évidence ; les orgueilleux, qui prétendent avoir seuls la lumière infuse, veulent partout imposer leur opinion, et regardent avec dédain quiconque ne pense pas comme eux. Ne vous laissez pas prendre à leur prétendu désir de s'éclairer ; il en est plus d'un qui serait bien fâché d'être forcé de convenir qu'il s'est trompé ; gardez-vous surtout de ces péroreurs insipides qui veulent toujours avoir le dernier mot, et de ceux qui ne se plaisent que dans la contradiction ; les uns et les autres font perdre le temps sans profit pour eux-mêmes ; les Esprits n'aiment pas les paroles inutiles.

339. Vu la nécessité d'éviter toute cause de trouble et de distraction, une société spirite qui s'organise doit apporter toute son attention sur les mesures propres à ôter aux fauteurs de désordres les moyens de nuire, et à donner les plus grandes facilités pour les écarter. Les petites réunions n'ont besoin que d'un règlement disciplinaire fort simple pour l'ordre des séances ; les sociétés régulièrement constituées exigent une organisation plus complète ; la meilleure sera celle dont les rouages seront le moins compliqués ; les unes et les autres pourront puiser ce qui leur sera applicable, ou ce qu'elles croiront utile, dans le règlement de la Société parisienne des études spirites que nous donnons ci-après.

340. Les sociétés petites ou grandes et toutes les réunions, quelle qu'en soit l'importance, ont à lutter contre un autre écueil. Les fauteurs de troubles ne sont pas seulement dans leur sein, ils sont également dans le monde invisible. De même qu'il y a des Esprits protecteurs pour les sociétés, les villes et les peuples, des Esprits malfaisants s'attachent aux groupes comme aux individus ; ils s'attaquent d'abord aux plus faibles, aux plus accessibles, dont ils cherchent à se faire des instruments, et de proche en proche tâchent de circonvenir les masses ; car leur joie méchante est en raison du nombre de ceux qu'ils tiennent sous leur joug. Toutes les fois donc que dans un groupe une personne tombe dans le piège, il faut se dire qu'il y a un ennemi dans le camp, un loup dans la bergerie, et qu'on doit se tenir sur ses gardes, car il est plus que probable qu'il multipliera ses tentatives ; si on ne le décourage par une résistance énergique, l'obsession devient alors comme un mal contagieux, qui se manifeste chez les médiums par la perturbation de la médiumnité, et chez d'autres par l'hostilité des sentiments, la perversion du sens moral et le trouble de l'harmonie. Comme le plus puissant antidote de ce poison est la charité, c'est la charité qu'ils cherchent à étouffer. Il ne faut donc pas attendre que le mal soit devenu incurable pour

y porter remède ; il ne faut pas même attendre les premiers symptômes, il faut surtout s'attacher à le prévenir ; pour cela, il est deux moyens efficaces s'ils sont bien employés : la prière de cœur, et l'étude attentive des moindres signes qui révèlent la présence d'Esprits trompeurs ; le premier attire les bons Esprits qui n'assistent avec zèle que ceux qui les secondent par leur confiance en Dieu ; l'autre prouve aux mauvais qu'ils ont affaire à des gens assez clairvoyants et assez sensés pour ne pas se laisser abuser. Si l'un des membres subit l'influence de l'obsession, tous les efforts doivent tendre, dès les premiers indices, à lui dessiller les yeux, de peur que le mal ne s'aggrave, afin d'amener chez lui la conviction qu'il s'est trompé et le désir de seconder ceux qui veulent le débarrasser.

341. L'influence du milieu est la conséquence de la nature des Esprits et de leur mode d'action sur les êtres vivants ; de cette influence, chacun peut déduire soi-même les conditions les plus favorables pour une société qui aspire à se concilier la sympathie des bons Esprits, et à n'obtenir que de bonnes communications en écartant les mauvais. Ces conditions sont toutes dans les dispositions morales des assistants ; elles se résument dans les points suivants :

Parfaite communauté de vues et de sentiments ;

Bienveillance réciproque entre tous les membres ;

Abnégation de tout sentiment contraire à la véritable charité chrétienne ;

Désir unique de s'instruire et de s'améliorer par l'enseignement des bons Esprits, et mise à profit de leurs conseils. Quiconque est persuadé que les Esprits supérieurs se manifestent en vue de nous faire progresser et non pour notre agrément, comprendra qu'ils doivent se retirer de ceux qui se bornent à admirer leur style sans en retirer aucun fruit, et ne prisent l'attrait des séances que par le plus ou moins d'intérêt qu'elles leur offrent selon leurs goûts particuliers ;

Exclusion de tout ce qui, dans les communications demandées aux Esprits, n'aurait qu'un but de curiosité ;

Recueillement et silence respectueux pendant les entretiens avec les Esprits ;

Association de tous les assistants, par la pensée, à l'appel fait aux Esprits que l'on évoque ; Concours des médiums de l'assemblée avec abnégation de tout sentiment d'orgueil, d'amour-propre et de suprématie, et par l'unique désir de se rendre utiles.

Ces conditions sont-elles si difficiles à remplir qu'on ne puisse les rencontrer ? Nous ne le pensons pas ; nous espérons au contraire que les réunions vraiment sérieuses, comme il en existe déjà dans différentes localités, se multiplieront, et nous n'hésitons pas à dire que c'est à elles que le spiritisme devra sa plus puissante propagation ; en ralliant les hommes honnêtes et consciencieux, elles imposeront silence à la critique, et plus leurs intentions seront pures, plus elles seront respectées même de leurs adversaires ; *lorsque la raillerie s'attaque au bien, elle cesse de faire rire : elle se rend méprisable.* C'est entre les réunions de ce genre qu'un véritable lien sympathique, une solidarité mutuelle s'établiront par la force des choses et contribueront au progrès général.

342. Ce serait une erreur de croire que les réunions où l'on s'occupe plus spécialement des manifestations physiques soient en dehors de ce concert fraternel, et qu'elles excluent toute pensée sérieuse ; si elles ne requièrent pas des conditions aussi rigoureuses, ce n'est pas impunément qu'on y assiste avec légèreté, et l'on se tromperait si on croyait que le concours des assistants y soit absolument nul ; on a la preuve du contraire dans ce fait que souvent les manifestations de ce genre, même provoquées par de puissants médiums, ne peuvent se produire dans certains milieux. Il y a donc aussi pour cela des influences contraires, et ces influences ne peuvent être que dans la divergence ou l'hostilité des sentiments qui paralysent les efforts des Esprits.

Les manifestations physiques, comme nous l'avons dit, ont une grande utilité ; elles ouvrent un vaste champ à l'observateur, car c'est tout un ordre de phénomènes insolites qui se déroule à ses yeux, et dont les conséquences sont incalculables. Une assemblée peut donc s'en occuper dans des vues très sérieuses, mais elle ne saurait atteindre son but, soit comme étude, soit comme moyen de conviction, si elle ne se place dans des conditions favorables ; la première de toutes est, non pas la foi des assistants, mais leur désir de s'éclairer, sans arrière-pensée, sans parti pris de rejeter même l'évidence ; la seconde est la restriction de leur nombre pour éviter le mélange des éléments hétérogènes. Si les manifestations physiques sont produites en général par les Esprits les moins avancés, elles n'en ont pas moins un but providentiel, et les bons Esprits les favorisent toutes les fois qu'elles peuvent avoir un résultat utile.

Sujets d'études

343. Lorsqu'on a évoqué ses parents et ses amis, quelques personnages célèbres pour comparer leurs opinions d'outre-tombe avec celles qu'ils ont eues de leur vivant, on est souvent embarrassé pour alimenter les entretiens, à moins de tomber dans les banalités et les futilités. Beaucoup de personnes pensent, en outre, que le Livre des Esprits a épuisé la série des questions de morale et de philosophie ; c'est une erreur ; c'est pourquoi il peut être utile d'indiquer la source où l'on peut puiser des sujets d'étude pour ainsi dire illimités.

344. Si l'évocation des hommes illustres, des Esprits supérieurs, est éminemment utile par l'enseignement qu'ils nous donnent, celle des Esprits vulgaires ne l'est pas moins, bien qu'ils soient incapables de résoudre les questions d'une haute portée ; par leur infériorité ils se peignent eux-mêmes, et moins la distance qui les sépare de nous est grande, plus nous y trouvons de rapports avec notre propre situation, sans compter qu'ils nous offrent souvent des traits caractéristiques du plus haut intérêt, ainsi que nous l'avons expliqué ci-dessus, n° 281, en parlant de l'utilité des évocations particulières. C'est donc une mine inépuisable d'observations, en ne prenant même que les hommes dont la vie présente quelque particularité sous le rapport du genre

de mort, de l'âge, des bonnes ou mauvaises qualités, de leur position heureuse ou malheureuse sur la terre, des habitudes, de l'état mental, etc.

Avec les Esprits élevés, le cadre des études s'élargit ; outre les questions psychologiques qui ont une limite, on peut leur proposer une foule de problèmes moraux qui s'étendent à l'infini sur toutes les positions de la vie, sur la meilleure conduite à tenir dans telle ou telle circonstance donnée, sur nos devoirs réciproques, etc. La valeur de l'instruction que l'on reçoit sur un sujet quelconque, morale, historique, philosophique ou scientifique, dépend entièrement de l'état de l'Esprit que l'on interroge ; c'est à nous de juger.

345. Outre les évocations proprement dites, les dictées spontanées offrent des sujets d'étude à l'infini. Elles consistent à attendre le sujet qu'il plaît aux Esprits de traiter. Plusieurs médiums peuvent, dans ce cas, travailler simultanément. Quelquefois, on peut faire appel à un Esprit déterminé ; le plus ordinairement, on attend ceux qui veulent bien se présenter, et il en vient souvent de la manière la plus imprévue. Ces dictées peuvent ensuite donner lieu à une foule de questions dont le thème se trouve ainsi tout préparé. Elles doivent être commentées avec soin pour étudier toutes les pensées qu'elles renferment, et juger si elles portent avec elles un cachet de vérité. Cet examen, fait avec sévérité, est, comme nous l'avons dit, la meilleure garantie contre l'intrusion des Esprits trompeurs. Par ce motif, autant que pour l'instruction de tous, il pourra être donné connaissance des communications obtenues en dehors de la réunion. Il y a là, comme on le voit, une source intarissable d'éléments éminemment sérieux et instructifs.

346. Les occupations de chaque séance peuvent être réglées ainsi qu'il suit :

1° Lecture des communications spirites obtenues dans la dernière séance, mises au net.

2° *Rapports divers.* - Correspondance. - Lecture des communications obtenues en dehors des séances. - Relation de faits intéressant le spiritisme.

3° *Travaux d'étude.* - Dictées spontanées. Questions diverses et problèmes moraux proposés aux Esprits. - Évocations.

4° *Conférence.* - Examen critique et analytique des diverses communications. - Discussion sur les différents points de la science spirite.

347. Les groupes naissants sont quelquefois arrêtés dans leurs travaux par le manque de médiums. Les médiums sont assurément un des éléments essentiels des réunions spirites, mais ils n'en sont pas l'élément indispensable, et l'on aurait tort de croire qu'à leur défaut il n'y a rien à faire. Sans doute, ceux qui ne se réunissent que dans un but d'expérimentation ne peuvent pas plus sans médiums que des musiciens dans un concert sans instruments ; mais ceux qui ont en vue l'étude sérieuse ont mille sujets d'occupations tout aussi utiles et profitables que s'ils pouvaient opérer par eux-mêmes. D'ailleurs, les réunions qui ont des médiums peuvent accidentellement se trouver au dépourvu, et il serait fâcheux qu'elles crussent, dans ce cas, n'avoir qu'à se retirer. Les Esprits eux-mêmes peuvent, de temps en temps, les mettre dans cette position, afin de leur apprendre à se passer d'eux. Nous dirons plus, c'est qu'il est nécessaire, pour profiter de leur en-

seignement, de consacrer un certain temps à le méditer. Les sociétés scientifiques n'ont pas toujours les instruments d'observation sous les yeux, et pourtant elles ne sont pas embarrassées de trouver des sujets de discussion ; en l'absence de poètes et d'orateurs, les sociétés littéraires lisent et commentent les ouvrages des auteurs anciens et modernes ; les sociétés religieuses méditent sur les Écritures ; les sociétés spirites doivent faire de même, et elles tireront un grand profit pour leur avancement en établissant des conférences dans lesquelles on lirait et commenterait tout ce qui peut avoir trait au spiritisme, pour ou contre. De cette discussion où chacun apporte le tribut de ses réflexions jaillissent des traits de lumière qui passent inaperçus dans une lecture individuelle. À côté des ouvrages spéciaux, les journaux fourmillent de faits, de récits, d'événements, de traits de vertus ou de vices qui soulèvent de graves problèmes moraux que le spiritisme seul peut résoudre, et c'est encore là un moyen de prouver qu'il se rattache à toutes les branches de l'ordre social. Nous mettons en fait qu'une société spirite qui organiserait son travail dans ce sens, en se procurant les matériaux nécessaires, ne trouverait pas assez de temps à donner aux communications directes des Esprits ; c'est pourquoi nous appelons sur ce point l'attention des réunions vraiment sérieuses, de celles qui ont plus à cœur de s'instruire que de chercher un passe-temps. (Voir n° 207 au chapitre de la *Formation des médiums*.)

Rivalité entre les sociétés

348. Les réunions qui s'occupent exclusivement des communications intelligentes et celles qui se livrent à l'étude des manifestations physiques ont chacune leur mission ; ni les unes ni les autres ne seraient dans le véritable esprit du spiritisme si elles se voyaient d'un mauvais œil, et celle qui jetterait la pierre à l'autre prouverait par cela seul la mauvaise influence qui la domine, toutes doivent concourir, quoique par des voies différentes, au but commun qui est la recherche et la propagation de la vérité ; leur antagonisme, qui ne serait qu'un effet de l'orgueil surexcité, en fournissant des armes aux détracteurs, ne pourrait que nuire à la cause qu'elles prétendent défendre.

349. Ces dernières réflexions s'appliquent également à tous les groupes qui pourraient différer sur quelques points de la doctrine. Comme nous l'avons dit au chapitre des *Contradictions*, ces divergences ne portent, la plupart du temps, que sur des accessoires, souvent même sur de simples mots ; il y aurait donc de la puérilité à faire bande à part, parce qu'on ne penserait pas exactement de même. Il y aurait pire que cela, si les différents groupes ou sociétés d'une même ville se regardaient avec jalousie. On comprend la jalousie entre gens qui se font concurrence, et peuvent se porter un préjudice matériel ; mais, quand il n'y a pas spéculation, la jalousie ne peut être qu'une mesquine rivalité d'amour-propre. Comme, en définitive, il n'est pas de société qui puisse réunir dans son sein tous les adeptes, celles qui sont animées d'un véritable désir de propager la vérité, dont le but est uniquement moral, doivent voir avec plaisir se multiplier les réunions, et, s'il y

a concurrence entre elles, ce doit être à qui fera le plus de bien. Celles qui prétendraient être dans le vrai à l'exclusion des autres devraient le prouver en prenant pour devise : *Amour et charité* ; car telle est celle de tout vrai spirite. Veulent-elles se prévaloir de la supériorité des Esprits qui les assistent ? Qu'elles le prouvent par la supériorité des enseignements qu'elles reçoivent, et par l'application qu'elles s'en font à elles-mêmes : c'est là un critérium infaillible pour distinguer celles qui sont dans la meilleure voie.

Certains Esprits, plus présomptueux que logiques, tentent parfois d'imposer des systèmes étranges et impraticables, à la faveur des noms vénérés dont ils se parent. Le bon sens fait bientôt justice de ces utopies, mais en attendant elles peuvent semer le doute et l'incertitude parmi les adeptes ; de là souvent une cause de dissentiments momentanés. Outre les moyens que nous avons donnés de les apprécier, il est un autre critérium qui donne la mesure de leur valeur : c'est le nombre de partisans qu'ils recrutent. La raison dit que le système qui trouve le plus d'écho dans les masses doit être plus près de la vérité que celui qui est repoussé par la majorité, et voit ses rangs s'éclaircir ; aussi tenez pour certain que les Esprits qui refusent la discussion de leur enseignement, c'est qu'ils en comprennent la faiblesse.

350. Si le spiritisme doit, ainsi que cela est annoncé, amener la transformation de l'humanité, ce ne peut être que par l'amélioration des masses, laquelle n'arrivera graduellement et de proche en proche que par l'amélioration des individus. Qu'importe de croire à l'existence des Esprits, si cette croyance ne rend pas meilleur, plus bienveillant et plus indulgent pour ses semblables, plus humble, plus patient dans l'adversité ? Que sert à l'avare d'être spirite, s'il est toujours avare ; à l'orgueilleux, s'il est toujours plein de lui-même ; à l'envieux, s'il est toujours jaloux ? Tous les hommes pourraient donc croire aux manifestations, et l'humanité rester stationnaire ; mais tels ne sont pas les desseins de Dieu. C'est vers le but providentiel que doivent tendre toutes les sociétés spirites sérieuses, en groupant autour d'elles tous ceux qui sont dans les mêmes sentiments ; alors il y aura entre elles union, sympathie, fraternité, et non un vain et puéril antagonisme d'amour-propre, de mots plutôt que de choses ; alors, elles seront fortes et puissantes, parce qu'elles s'appuieront sur une base inébranlable : le bien pour tous ; alors elles seront respectées et imposeront silence à la sotte raillerie, parce qu'elles parleront au nom de la morale évangélique respectée de tous.

Telle est la voie dans laquelle nous nous sommes efforcé de faire entrer le spiritisme. Le drapeau que nous arborons hautement est celui du *spiritisme chrétien et humanitaire*, autour duquel nous sommes heureux de voir déjà tant d'hommes se rallier sur tous les points du globe, parce qu'ils comprennent que là est l'ancre de salut, la sauvegarde de l'ordre public, le signal d'une ère nouvelle pour l'humanité. Nous convions toutes les sociétés spirites à concourir à cette grande œuvre ; que d'un bout du monde à l'autre elles se tendent une main fraternelle, et elles enlaceront le mal dans des filets inextricables.

CHAPITRE XXX

RÈGLEMENT DE LA SOCIÉTÉ PARISIENNE DES ÉTUDES SPIRITES

Fondée le 1er avril 1858

Et autorisée par arrêté de M. le Préfet de police, en date du 13 avril 1858, d'après l'avis de S. E. M. le ministre de l'Intérieur et de la Sûreté générale.

Nota. - Quoique ce règlement soit le fruit de l'expérience, nous ne le donnons point comme une loi absolue, mais uniquement pour la facilité des sociétés qui voudraient se former, et qui pourront y puiser les dispositions qu'elles croiront utiles et applicables aux circonstances qui leur sont propres. Quelque simplifiée qu'en soit l'organisation, elle peut l'être encore beaucoup plus quand il s'agit, non de sociétés régulièrement constituées, mais de simples réunions intimes qui n'ont besoin d'établir que des mesures d'ordre, de précaution et de régularité dans les travaux.

Nous le donnons également pour la gouverne des personnes qui voudraient se mettre en rapport avec la Société parisienne, soit comme correspondants, soit à titre de membres de la Société.

CHAPITRE PREMIER – But et formation de la Société

ARTICLE 1. - La Société a pour objet l'étude de tous les phénomènes relatifs aux manifestations spirites, et leur application aux sciences morales, physiques, historiques et psychologiques. Les questions politiques, de controverse religieuse et d'économie sociale y sont interdites.

Elle prend pour titre : *Société parisienne des Études spirites*.

ART. 2. - La Société se compose de membres titulaires, d'associés libres et de membres correspondants.

Elle peut conférer le titre de membre honoraire aux personnes résidant en France ou à l'étranger qui, par leur position ou leurs travaux, peuvent lui rendre des services signalés.

Les membres honoraires sont tous les ans soumis à une réélection.

ART. 3. - La Société n'admet que les personnes qui sympathisent avec ses principes et le but de ses travaux ; celles qui sont déjà initiées aux principes fondamentaux de la science spirite, ou qui sont sérieusement animées du désir de s'en instruire. En conséquence, elle exclut quiconque pourrait apporter des éléments de trouble au sein des réunions, soit par un esprit d'hostilité ou d'opposition systématique, soit par toute autre cause, et faire ainsi perdre le temps en discussions inutiles.

Tous les membres se doivent réciproquement bienveillance et bons procédés ; ils doivent, en toutes circonstances, mettre le bien général au-dessus des questions personnelles et d'amour-propre.

ART. 4. - Pour être admis comme associé libre, il faut adresser au Président une demande écrite, apostillée par deux membres titulaires qui se rendent garants des intentions du postulant.

La lettre de demande doit relater sommairement : 1° si le postulant possède déjà des connaissances en matière de spiritisme ; 2° l'état de ses convictions sur les points fondamentaux de la science ; 3° l'engagement de se conformer en tout au règlement.

La demande est soumise au comité qui l'examine et propose, s'il y a lieu, l'admission, l'ajournement ou le rejet.

L'ajournement est de rigueur pour tout candidat qui ne posséderait aucun des éléments de la science spirite, et ne sympathiserait pas avec les principes de la Société.

Les associés libres ont droit d'assister à toutes les séances, de participer aux travaux et aux discussions qui ont pour objet l'étude ; mais, dans aucun cas, ils n'ont voix délibérative pour ce qui concerne les affaires de la Société.

Les associés libres ne sont engagés que pour l'année de leur admission, et leur maintien dans la Société doit être ratifié à la fin de cette première année.

ART. 5. - Pour être membre titulaire, il faut avoir été au moins pendant un an associé libre, avoir assisté à plus de la moitié des séances, et avoir donné, pendant ce temps, des preuves notoires de ses connaissances et de ses convictions en fait de spiritisme, de son adhésion aux principes de la Société, et de sa volonté d'agir en toutes circonstances, à l'égard de ses collègues, selon les principes de la charité et de la morale spirite.

Les associés libres qui auront assisté régulièrement pendant six mois aux séances de la Société pourront être admis comme membres titulaires si, du reste, ils remplissent les autres conditions.

L'admission est proposée d'office par le comité, avec l'assentiment de l'associé, si elle est en outre appuyée par trois autres membres titulaires. Elle est ensuite prononcée, s'il y a lieu, par la Société, au scrutin secret, après un rapport verbal du comité.

Les membres titulaires ont seuls voix délibérative, et jouissent seuls de la faculté accordée par l'article 25.

ART. 6. - La Société limitera, si elle le juge à propos, le nombre des associés libres et des membres titulaires.

ART. 7. - Les membres correspondants sont ceux qui, ne résidant point à Paris, sont en rapport avec la Société, et lui fournissent des documents utiles pour ses études. Ils peuvent être nommés sur la présentation d'un seul membre titulaire.

CHAPITRE II – Administration

ART. 8. - La Société est administrée par un Président-directeur, assisté des membres du bureau et d'un comité.

ART. 9. - Le bureau se compose de :

1 Président. - 1 Vice-président. - 1 Secrétaire principal. 2 Secrétaires adjoints. - 1 Trésorier.

Il pourra en outre être nommé un ou plusieurs Présidents honoraires.

À défaut du Président et du Vice-président, les séances pourront être présidées par l'un des membres du comité.

ART. 10. - Le Président-directeur doit tous ses soins aux intérêts de la Société et de la science spirite. Il a la direction générale et la haute surveillance de l'administration, ainsi que la conservation des archives.

Le Président est nommé pour trois ans, et les autres membres du bureau pour un an, et indéfiniment rééligibles.

ART. 11. - Le comité est composé des membres du bureau et de cinq autres membres titulaires choisis de préférence parmi ceux qui auront apporté un concours actif dans les travaux de la Société, rendu des services à la cause du spiritisme, ou donné des gages de leur esprit bienveillant et conciliant. Ces cinq membres sont, comme les membres du bureau, nommés pour un an et rééligibles.

Le comité est présidé de droit par le Président-directeur, ou à son défaut, par le Vice-président ou celui de ses membres qui sera désigné à cet effet.

Le comité est chargé de l'examen préalable de toutes les questions et propositions administratives et autres à soumettre à la Société ; il contrôle les recettes et les dépenses de la Société et les comptes du Trésorier ; il autorise les dépenses courantes, et arrête toutes les mesures d'ordre qui seront jugées nécessaires.

Il examine en outre les travaux et sujets d'étude proposés par les différents membres, en prépare lui-même de son côté, et fixe l'ordre des séances, de concert avec le Président.

Le Président peut toujours s'opposer à ce que certains sujets soient traités et mis à l'ordre du jour, sauf à lui à en référer à la Société, qui décidera.

Le comité se réunit régulièrement avant l'ouverture des séances pour l'examen des choses courantes, et en outre à tout autre moment qu'il jugera convenable.

Les membres du bureau et du comité qui auront été absents pendant trois mois consécutifs sans en avoir donné avis, sont censés avoir résigné leurs fonctions, et il sera pourvu à leur remplacement.

ART. 12. - Les décisions, soit de la Société, soit du comité, sont prises à la majorité absolue des membres présents ; en cas de partage, la voix du Président est prépondérante.

Le comité peut délibérer lorsque quatre de ses membres sont présents.

Le scrutin secret est de droit s'il est réclamé par cinq membres.

ART. 13. - Tous les trois mois, six membres, choisis parmi les titulaires ou les associés libres, sont désignés pour remplir les fonctions de *commissaires*.

Les commissaires sont chargés de veiller à l'ordre et à la bonne tenue des séances, et de vérifier le droit d'entrée de toute personne étrangère qui se présente pour y assister.

À cet effet, les membres désignés s'entendront pour que l'un d'eux soit présent à l'ouverture des séances.

ART. 14. - L'année sociale commence le 1er avril.

Les nominations du bureau et du comité se feront dans la première séance du mois de mai. Les membres en exercice continueront leurs fonctions jusqu'à cette époque.

ART. 15. - Pour subvenir aux dépenses de la Société, il est payé une cotisation annuelle de 24 francs pour les titulaires, et de 20 francs pour les associés libres.

Les membres titulaires, lors de leur réception, acquittent en outre un droit d'entrée de 10 francs une fois payé.

La cotisation se paye intégralement pour l'année courante.

Les membres admis dans le courant de l'année n'auront à payer, pour cette première année, que les trimestres à échoir, y compris celui de leur admission.

Lorsque le mari et la femme sont reçus associés libres, ou titulaires, il n'est exigé qu'une cotisation et demie pour les deux.

Tous les six mois, le 1er avril et le 1er octobre, le Trésorier rend compte au comité de l'emploi et de la situation des fonds.

Les dépenses courantes en loyers et autres frais obligatoires étant acquittées, s'il y a un excédent, la Société en déterminera l'emploi.

ART. 16. - Il est remis à tous les membres reçus, associés libres ou titulaires, une carte d'admission constatant leur titre. Cette carte est déposée chez le Trésorier, où le nouveau membre peut la retirer en acquittant sa cotisation et le droit d'entrée. Le nouveau membre ne peut assister aux séances qu'après avoir retiré sa carte. À défaut par lui de l'avoir retirée un mois après sa nomination, il est censé démissionnaire.

Sera également réputé démissionnaire tout membre qui n'aurait pas acquitté sa cotisation annuelle dans le premier mois du renouvellement de l'année sociale, après un avis du Trésorier demeuré sans effet.

CHAPITRE III – Des séances

ART. 17 - Les séances de la Société ont lieu tous les vendredis à huit heures du soir, sauf modification, s'il y a lieu.

Les séances sont particulières ou générales ; elles ne sont jamais publiques.

Toute personne faisant partie de la Société à un titre quelconque doit, à chaque séance, apposer son nom sur une liste de présence.

ART. 18. - Le silence et le recueillement sont rigoureusement exigés pendant les séances, et principalement pendant les études. Nul ne peut prendre la parole sans l'avoir obtenue du Président.

Toutes les questions adressées aux Esprits doivent l'être par l'intermédiaire du Président, qui peut refuser de les poser, selon les circonstances.

Sont notamment interdites toutes les questions futiles, d'intérêt personnel, de pure curiosité, ou faites en vue de soumettre les Esprits à des épreuves, ainsi que toutes celles qui n'ont pas un but d'utilité générale au point de vue des études.

Sont également interdites toutes les discussions qui détourneraient de l'objet spécial dont on s'occupe.

ART. 19. - Tout membre a le droit de demander le rappel à l'ordre contre quiconque s'écarterait des convenances dans la discussion, ou troublerait les séances d'une manière quelconque. Le rappel est immédiatement mis aux voix ; s'il est adopté, il est inscrit au procès-verbal.

Trois rappels à l'ordre dans l'espace d'une année entraînent de droit la radiation du membre qui les aura encourus, quel que soit son titre.

ART. 20. - Aucune communication spirite obtenue en dehors de la Société ne peut être lue avant d'avoir été soumise, soit au Président, soit au comité, qui peuvent en admettre ou en refuser la lecture.

Une copie de toute communication étrangère dont la lecture aura été autorisée doit rester déposée aux archives.

Toutes les communications obtenues pendant les séances appartiennent à la Société ; les médiums qui les ont écrites peuvent en prendre copie.

ART. 21. - Les séances particulières sont réservées aux membres de la société ; elles ont lieu le 1°, le 3° et, s'il y a lieu, le 5° vendredi de chaque mois.

La société réserve pour les séances particulières toutes les questions concernant ses affaires administratives, ainsi que les sujets d'étude qui réclament le plus de tranquillité et de concentration, ou qu'elle juge à propos d'approfondir avant de les produire devant des personnes étrangères.

Ont droit d'assister aux séances particulières, outre les membres titulaires et les associés libres, les membres correspondants temporairement à Paris, et les médiums qui prêtent leur concours à la Société.

Aucune personne étrangère à la Société n'est admise aux séances particulières, sauf les cas exceptionnels et avec l'assentiment préalable du Président.

ART. 22. - Les séances générales ont lieu le 2° et le 4° vendredi de chaque mois.

Dans les séances générales, la Société autorise l'admission d'auditeurs étrangers qui peuvent y assister temporairement sans en faire partie. Elle peut retirer cette autorisation quand elle le jugera à propos.

Nul ne peut assister aux séances comme auditeur sans être présenté au Président par un membre de la Société, qui se rend garant de son attention à ne causer ni trouble ni interruption.

La Société n'admet, comme auditeurs, que les personnes aspirant à devenir membres, ou qui sont sympathiques à ses travaux, et déjà suffisamment initiées à la science spirite pour les comprendre. L'admission doit être refusée d'une manière absolue à quiconque n'y serait attiré que par un motif de curiosité, ou dont les opinions seraient hostiles.

La parole est interdite aux auditeurs, sauf les cas exceptionnels appréciés par le Président. Celui qui troublerait l'ordre d'une manière quelconque, ou manifesterait de la malveillance pour les travaux de la Société, pourrait être invité à se retirer, et, dans tous les cas, mention en sera faite sur la liste d'admission, et l'entrée lui serait interdite à l'avenir.

Le nombre des auditeurs devant être limité sur celui des places disponibles, ceux qui pourront assister aux séances devront être inscrits d'avance sur un registre destiné à cet effet, avec mention de leur adresse et de la personne qui les recommande. En conséquence, toute demande d'entrée devra être adressée plusieurs jours avant la séance au Président, qui seul délivre les lettres d'introduction jusqu'à la clôture de la liste.

Les lettres d'introduction ne peuvent servir que pour le jour indiqué et pour les personnes désignées.

L'entrée ne peut être accordée au même auditeur pour plus de deux séances, sauf l'autorisation du Président, et pour des cas exceptionnels. Le même membre ne peut présenter plus de deux personnes à la fois. Les entrées données par le Président ne sont pas limitées.

Les auditeurs ne sont plus admis après l'ouverture de la séance.

CHAPITRE IV – Dispositions diverses

ART. 23. - Tous les membres de la Société lui doivent leur concours. En conséquence, ils sont invités à recueillir, dans leur cercle respectif d'observations, les faits anciens ou récents qui peuvent avoir trait au spiritisme, et à les signaler. Ils voudront bien en même temps s'enquérir, autant qu'il sera en leur pouvoir, de la notoriété des dits faits.

Ils sont également invités à lui signaler toutes les publications qui peuvent avoir un rapport plus ou moins direct avec l'objet de ses travaux.

ART. 24. - La Société fait un examen critique des divers ouvrages publiés sur le spiritisme, lorsqu'elle le juge à propos. À cet effet, elle charge un de ses membres, associé libre ou titulaire, de lui faire un compte rendu qui sera imprimé, s'il y a lieu, dans la *Revue spirite*.

ART. 25. - La Société créera une bibliothèque spéciale composée des ouvrages qui lui seront offerts, et de ceux dont elle fera l'acquisition.

Les membres titulaires pourront venir au siège de la Société consulter soit la bibliothèque, soit les archives, aux jours et heures qui seront fixés à cet effet.

ART. 26. - La Société considérant que sa responsabilité peut se trouver moralement engagée par les publications particulières de ses membres, nul ne peut prendre, dans un écrit quelconque, le titre de *membre de la Société* sans y être autorisé par elle, et sans qu'au préalable elle ait pris connaissance du manuscrit. Le comité sera chargé de lui faire un rapport à ce sujet. Si la Société juge l'écrit incompatible avec ses principes, l'auteur, après avoir été entendu, sera invité, soit à le modifier, soit à renoncer à sa publication, soit enfin à ne point se faire connaître comme membre de la Société. Faute par lui de se soumettre à la décision qui sera prise, sa radiation pourra être prononcée.

Tout écrit publié par un membre de la Société sous le voile de l'anonyme, et sans aucune mention qui puisse le faire connaître comme tel, rentre dans la catégorie des publications ordinaires dont la Société se réserve l'appréciation. Toutefois, sans vouloir entraver la libre émission des opinions personnelles, la Société invite ceux de ses membres qui seraient dans l'intention de faire des publications de ce genre à réclamer au préalable son avis officieux, dans l'intérêt de la science.

ART. 27. - La Société, voulant maintenir dans son sein l'unité de principes et l'esprit d'une bienveillance réciproque, pourra prononcer la radiation de tout membre qui serait une cause de trouble, ou se mettrait en hostilité ouverte avec elle par des écrits compromettants pour la doctrine, par des opinions subversives, ou par une manière d'agir qu'elle ne saurait approuver. La radiation ne sera toutefois prononcée qu'après avis officieux préalable demeuré sans effet, et après avoir entendu le membre inculpé, s'il juge à propos de s'expliquer. La décision sera prise au scrutin secret et à la majorité des trois quarts des membres présents.

ART. 28. - Tout membre qui se retire volontairement dans le courant de l'année ne peut réclamer la différence des cotisations versées par lui ; cette différence sera remboursée en cas de radiation prononcée par la Société.

ART. 29. - Le présent règlement pourra être modifié, s'il y a lieu. Les propositions de modifications ne pourront être faites à la Société que par l'organe de son Président, auquel elles devront être transmises, et dans le cas où elles auraient été admises par le comité.

La Société peut, sans modifier son règlement dans les points essentiels, adopter toutes les mesures complémentaires qu'elle jugera utiles.

CHAPITRE XXXI
DISSERTATIONS SPIRITES

Nous avons réuni dans ce chapitre quelques dictées spontanées pouvant compléter et confirmer les principes contenus dans cet ouvrage. Nous aurions pu en citer un beaucoup plus grand nombre, mais nous nous bornons à celles qui ont plus particulièrement rapport à l'avenir du spiritisme, aux médiums et aux réunions. Nous les donnons à la fois comme instruction, et comme types du genre des communications vraiment sérieuses. Nous terminons par quelques communications apocryphes suivies des remarques propres à les faire reconnaître.

Sur le spiritisme

I

Ayez confiance dans la bonté de Dieu, et soyez assez clairvoyants pour comprendre les préparatifs de la nouvelle vie qu'il vous destine. Il ne vous sera pas donné, il est vrai, d'en jouir dans cette existence ; mais ne serez-vous pas heureux, si vous ne revivez pas sur ce globe, de considérer d'en haut l'œuvre que vous aurez commencée et qui se développera sous vos yeux. Soyez cuirassés par une foi ferme et sans hésitation contre les obstacles qui semblent devoir s'élever contre l'édifice dont vous posez les fondements. Les bases sur lesquelles il s'appuie sont solides : le Christ en a posé la première pierre. Courage, donc, architectes du divin maître ! Travaillez, bâtissez, Dieu couronnera votre œuvre. Mais songez bien que le Christ renie pour ses disciples quiconque n'a la charité que sur les lèvres ; il ne suffit pas de croire, il faut surtout donner l'exemple de la bonté, de la bienveillance et du désintéressement, sans cela votre foi sera stérile pour vous.

SAINT AUGUSTIN.

II

Le Christ lui-même préside les travaux de toute nature qui sont en voie d'accomplissement pour vous ouvrir l'ère de rénovation et de perfectionnement que vous prédisent vos guides spirituels. Si, en effet, vous jetez les yeux, en dehors des manifestations spirites, sur les événements contemporains, vous reconnaîtrez, sans aucune hésitation, les signes avant-coureurs qui vous prouveront d'une manière irréfragable que les temps prédits sont arrivés. Les communications s'établissent entre tous les peuples ; les barrières matérielles renversées, les obstacles moraux qui s'opposent à leur union, les préjugés politiques et religieux, s'effaceront rapidement, et le règne de la fraternité s'établira enfin d'une manière solide et durable. Observez dès aujourd'hui les souverains eux-mêmes, poussés par une main invisible, prendre, chose inouïe pour vous, l'initiative des réformes ; et les réformes qui partent d'en haut et spontanément sont bien plus rapides et plus durables que celles qui partent d'en bas, et sont arrachées par force. J'avais, malgré des préjugés d'enfance et d'éducation, malgré le culte du souvenir, pressenti l'époque actuelle ; j'en suis heureux, et suis plus heureux encore de venir vous dire : Frères, courage ! travaillez pour vous et pour l'avenir des vôtres ; travaillez surtout à votre amélioration personnelle, et vous jouirez dans votre première existence d'un bonheur dont il vous est aussi difficile de vous faire une idée, qu'à moi de vous le faire comprendre.

CHATEAUBRIAND.

III

Je pense que le spiritisme est une étude toute philosophique des causes secrètes, des mouvements intérieurs de l'âme peu ou point définis jusqu'ici. Il explique, plus encore qu'il ne découvre des horizons nouveaux. La réincarnation et les épreuves subies avant d'arriver au but suprême ne sont pas des révélations, mais une confirmation importante. Je suis frappé des vérités que ce *moyen* met en lumière. Je dis *moyen* avec intention, car, à mon sens, le spiritisme est un levier qui écarte les barrières de l'aveuglement. La préoccupation des questions morales est tout entière à créer ; on discute la politique qui remue les intérêts généraux, on discute les intérêts privés, on se passionne pour l'attaque ou la défense des personnalités ; les systèmes ont leurs partisans et leurs détracteurs ; mais les vérités morales, celles qui sont le pain de l'âme, le pain de vie, sont laissées dans la poussière accumulée par les siècles. Tous les perfectionnements sont utiles aux yeux de la foule, sauf celui de l'âme ; son éducation, son élévation sont des chimères bonnes tout au plus pour occuper les loisirs des prêtres, des poètes, des femmes, soit à l'état de mode, soit à l'état d'enseignement.

Si le *spiritisme* ressuscite le *spiritualisme*, il rendra à la société l'élan qui donne aux uns la dignité intérieure, aux autres la résignation, à tous le besoin de s'élever vers l'Être suprême oublié et méconnu par ses ingrates créatures.

J.-J. ROUSSEAU.

IV

Si Dieu envoie des Esprits pour instruire les hommes, c'est afin de les éclairer sur leurs devoirs, de leur montrer la route qui peut abréger leurs épreuves, et par là de hâter leur avancement ; or, de même que le fruit arrive à maturité, l'homme aussi arrivera à la perfection. Mais à côté des bons Esprits qui veulent votre bien, il y a aussi les Esprits imparfaits qui veulent votre mal ; tandis que les uns vous poussent en avant, d'autres vous tirent en arrière ; c'est à les distinguer que vous devez apporter toute votre attention ; le moyen est facile : tâchez seulement de comprendre que rien de ce qui vient d'un bon Esprit ne peut nuire à qui que ce soit, et que tout ce qui est mal ne peut venir que d'un mauvais Esprit. Si vous n'écoutez pas les sages avis des Esprits qui vous veulent du bien, si vous vous blessez des vérités qu'ils peuvent vous dire, il est évident que ce sont de mauvais Esprits qui vous conseillent ; l'orgueil seul peut vous empêcher de vous voir tels que vous êtes ; mais si vous ne le voyez pas vous-mêmes, d'autres le voient pour vous ; de sorte que vous êtes blâmés, et par les hommes qui rient de vous en arrière, et par les Esprits.

UN ESPRIT FAMILIER.

V

Votre doctrine est belle et sainte ; le premier jalon est planté et solidement planté. Maintenant, vous n'avez plus qu'à marcher ; la voie qui vous est ouverte est grande et majestueuse. Bienheureux est celui qui arrivera au port, plus il aura fait de prosélytes et plus il lui sera compté. Mais pour cela il ne faut pas embrasser la doctrine froidement ; il faut y mettre de l'ardeur, et cette ardeur sera doublée, car Dieu est toujours avec vous quand vous faites le bien. Tous ceux que vous amènerez seront autant de brebis rentrées au bercail ; pauvres brebis à moitié égarées ! Croyez bien que le plus sceptique, le plus athée, le plus incrédule enfin a toujours un tout petit coin dans le cœur qu'il voudrait pouvoir se cacher à lui-même. Eh bien ! c'est ce petit coin qu'il faut chercher, qu'il faut trouver ; c'est ce côté vulnérable qu'il faut attaquer ; c'est une petite brèche laissée ouverte exprès par Dieu pour faciliter à sa créature le moyen de rentrer dans son sein.

SAINT BENOIT.

VI

Ne vous effrayez pas de certains obstacles, de certaines controverses.

Ne tourmentez personne par aucune insistance ; la persuasion ne viendra aux incrédules que par votre désintéressement, que par votre tolérance et votre charité pour tous sans exception. Gardez-vous surtout de violenter l'opinion, même par vos paroles ou par des démonstrations publiques. Plus vous serez modestes, plus vous arriverez à vous faire apprécier. Qu'aucun mobile personnel ne vous fasse agir, et vous trouverez dans vos consciences une force attractive que le bien seul procure.

Les Esprits, par ordre de Dieu, travaillent pour le progrès de tous sans exception ; vous, spirites, faites de même.

SAINT LOUIS.

VII

Quelle est l'institution humaine, même divine, qui n'a eu des obstacles à surmonter, des schismes contre lesquels il lui a fallu lutter ? Si vous n'aviez qu'une existence triste et mourante, on ne s'attaquerait point à vous, sachant bien que vous devez succomber d'un moment à l'autre ; mais comme votre vitalité est forte et active, comme l'arbre spirite a de fortes racines, on suppose qu'il peut vivre longtemps, et on essaie de la cognée contre lui. Que feront ces envieux ? Ils abattront tout au plus quelques branches qui repousseront avec une nouvelle sève et seront plus fortes que jamais.

CHANNING.

VIII

Je vais vous parler sur la fermeté que vous devez avoir dans vos travaux spirites. Une citation

sur ce sujet vous a été faite ; je vous conseille de l'étudier de cœur, et de vous en appliquer l'esprit ; car de même que saint Paul vous serez persécutés, non pas en chair et en os, mais en esprit ; les incrédules, les pharisiens de l'époque, vous blâmeront, vous bafoueront ; mais ne craignez rien, ce sera une épreuve qui vous fortifiera si vous savez la rapporter à Dieu, et plus tard vous verrez vos efforts couronnés de succès ; ce sera un grand triomphe pour vous au jour de l'éternité, sans oublier que, dans ce monde, c'est déjà une consolation pour les personnes qui ont perdu des parents et des amis ; savoir qu'ils sont heureux, qu'on peut communiquer avec eux, est un bonheur. Marchez donc en avant ; accomplissez la mission que Dieu vous donne, et elle vous sera comptée au jour où vous paraîtrez devant le Tout-Puissant.

CHANNING.

IX

Je viens, moi, ton Sauveur et ton juge ; je viens, comme autrefois, parmi les fils égarés d'Israël ; je viens apporter la vérité et dissiper les ténèbres. Écoutez-moi. Le spiritisme, comme autrefois ma parole, doit rappeler aux matérialistes qu'au-dessus d'eux règne l'immuable vérité : Dieu bon, le Dieu grand qui fait germer la plante et qui soulève les flots. J'ai révélé la doctrine divine ; j'ai comme un moissonneur, lié en gerbes le bien épars dans l'humanité, et j'ai dit : Venez à moi, vous tous qui souffrez !

Mais les hommes ingrats se sont détournés de la voie droite et large qui conduit au royaume de mon Père, et ils se sont égarés dans les âpres sentiers de l'impiété. Mon Père ne veut pas anéantir la race humaine ; il veut, non plus par des prophètes, non plus par des apôtres, il veut que vous aidant les uns les autres, morts et vivants, c'est-à-dire morts selon la chair, car la mort n'existe pas, vous vous secouriez, et que la voix de ceux qui ne sont plus se fasse entendre pour vous crier : Priez et croyez ! car la mort est la résurrection, et la vie, l'épreuve choisie pendant laquelle vos vertus cultivées doivent grandir et se développer comme le cèdre.

Croyez aux voix qui vous répondent : ce sont les âmes elles-mêmes de ceux que vous évoquez. Je ne me communique que rarement ; mes amis, ceux qui ont assisté à ma vie et à ma mort sont les interprètes divins des volontés de mon Père.

Hommes faibles qui croyez à l'erreur de vos obscures intelligences, n'éteignez pas le flambeau que la clémence divine place entre vos mains pour éclairer votre route et vous ramener, enfants perdus, dans le giron de votre Père.

Je vous le dis, en vérité, croyez à la diversité, à la *multiplicité* des Esprits qui vous entourent. Je suis trop touché de compassion pour vos misères, pour votre immense faiblesse, pour ne pas tendre une main secourable aux malheureux égarés qui, voyant le ciel, tombent dans l'abîme de l'erreur. Croyez, aimez, comprenez les vérités qui vous sont révélées ; ne mêlez pas l'ivraie au bon grain, les systèmes aux vérités.

Spirites ! aimez-vous, voilà le premier enseignement ; instruisez-vous, voilà le second. Toutes vérités se trouvent dans le christianisme ; les erreurs qui y ont pris racine sont d'origine humaine ; et voilà qu'au-delà du tombeau que vous croyiez le néant, des voix vous crient : Frères ! rien ne périt ; Jésus-Christ est le vainqueur du mal, soyez les vainqueurs de l'impiété.

Remarque. Cette communication, obtenue par un des meilleurs médiums de la Société spirite de Paris, est signée d'un nom que le respect ne nous permet de reproduire que sous toutes réserves, tant serait grande l'insigne faveur de son authenticité, et parce qu'il en a été trop souvent abusé dans des communications évidemment apocryphes ; ce nom est celui de Jésus de Nazareth. Nous ne doutons nullement qu'il ne puisse se manifester ; mais si les Esprits vraiment supérieurs ne le font que dans des circonstances exceptionnelles, la raison nous défend de croire que l'Esprit pur par excellence réponde à l'appel du premier venu ; il y aurait, dans tous les cas, profanation à lui attribuer un langage indigne de lui.

C'est par ces considérations que nous nous sommes toujours abstenus de ne rien publier qui portât ce nom ; et nous croyons qu'on ne saurait être trop circonspect dans les publications de ce genre, qui n'ont d'authenticité que pour l'amour-propre, et dont le moindre inconvénient est de fournir des armes aux adversaires du spiritisme.

Comme nous l'avons dit, plus les Esprits sont élevés dans la hiérarchie, plus leur nom doit être accueilli avec défiance ; il faudrait être doué d'une bien grande dose d'orgueil pour se flatter d'avoir le privilège de leurs communications, et se croire digne de converser avec eux comme avec ses égaux. Dans la communication ci-dessus, nous ne constatons qu'une chose, c'est la supériorité incontestable du langage et des pensées, laissant à chacun le soin de juger si celui dont elle porte le nom ne la désavouerait pas.

Sur les médiums

X

Tous les hommes sont médiums ; tous ont un Esprit qui les dirige vers le bien, quand ils savent l'écouter. Maintenant, que quelques-uns communiquent directement avec lui par une médiumnité particulière, que d'autres ne l'entendent que par la voix du cœur et de l'intelligence, peu importe, ce n'est pas moins leur Esprit familier qui les conseille. Appelez-le esprit, raison, intelligence, c'est toujours une voix qui répond à votre âme et vous dicte de bonnes paroles ; seulement, vous ne les comprenez pas toujours. Tous ne savent pas agir d'après les conseils de la raison, non de cette raison qui se traîne et rampe plutôt qu'elle ne marche, cette raison qui se perd au milieu des intérêts matériels et grossiers, mais cette raison qui élève l'homme au-dessus de lui-même, qui le transporte vers des régions inconnues ; flamme sacrée qui inspire l'artiste et le poète, pensée divine qui élève le philosophe, élan qui entraîne les individus et les peuples, raison que le vulgaire ne peut comprendre, mais qui élève l'homme et le rapproche de Dieu, plus qu'aucune autre créature, entendement qui sait le conduire du connu à l'inconnu, et lui fait exécuter les choses les plus sublimes. Écoutez donc cette voix intérieure, ce bon génie qui vous parle sans cesse, et vous arriverez progressivement à entendre votre ange gardien qui vous tend la main du haut du ciel ; je le répète, la voix intime qui parle au cœur est celle des bons Esprits, et c'est à ce point de vue que tous les hommes sont médiums.

CHANNING.

XI

Le don de médiumnité est aussi ancien que le monde ; les prophètes étaient des médiums ; les mystères d'Eleusis étaient fondés sur la médiumnité ; les Chaldéens, les Assyriens avaient des médiums ; Socrate était dirigé par un Esprit qui lui inspirait les admirables principes de sa philosophie ; il entendait sa voix. Tous les peuples ont eu leurs médiums, et les inspirations de Jeanne d'Arc n'étaient autres que les voix d'Esprits bienfaisants qui la dirigeaient. Ce don qui se répand maintenant était devenu plus rare dans les siècles moyens, mais il n'a jamais cessé. Swedenborg et ses adeptes ont eu une nombreuse école. La France des siècles derniers, moqueuse, et occupée d'une philosophie qui, en voulant détruire les abus de l'intolérance religieuse, éteignait sous le ridicule tout ce qui était idéal, la France devait éloigner le spiritisme qui ne cessait de progresser dans le Nord. Dieu avait permis cette lutte des idées positives contre les idées spiritualistes, parce que le fanatisme s'était fait une arme de ces dernières ; maintenant que les progrès de l'industrie et des sciences ont développé l'art de bien vivre à un tel point que les tendances matérielles sont devenues dominantes, Dieu veut que les Esprits soient ramenés aux intérêts de l'âme ; il veut que le perfectionnement de l'homme moral devienne ce qu'il doit être, c'est-à-dire la fin et le but de la vie. L'Esprit humain suit une marche nécessaire, image de la gradation subie par tout ce qui peuple l'univers visible et invisible ; tout progrès arrive à son heure : celle de l'élévation morale est venue pour l'humanité ; elle n'aura pas encore son accomplissement de vos jours ; mais remerciez le Seigneur d'assister à l'aurore bénie.

PIERRE JOUTY (père du médium).

XII

Dieu m'a chargé d'une mission à remplir envers les croyants qu'il favorise du médiumat. Plus ils reçoivent de grâces du Très-Haut, plus ils courent de dangers, et ces dangers sont d'autant plus grands qu'ils prennent naissance dans les faveurs mêmes que Dieu leur accorde. Les facultés dont jouissent les médiums leur attirent les éloges des hommes ; les félicitations, les adulations : voilà leur écueil. Ces mêmes médiums qui devraient toujours avoir présente à la mémoire leur incapacité primitive l'oublient ; ils font plus : ce qu'ils ne doivent qu'à Dieu, ils l'attribuent à leur propre mérite. Qu'arrive-t-il alors ? Les bons Esprits les abandonnent ; ils deviennent le jouet des mauvais, et n'ont plus de boussole pour se guider ; plus ils deviennent capables, plus ils sont poussés à s'attribuer un mérite qui ne leur appartient pas, jusqu'à ce qu'enfin Dieu les punisse en leur retirant une faculté qui ne peut plus que leur être fatale.

Je ne saurais trop vous rappeler de vous recommander à votre ange gardien, pour qu'il vous aide à être toujours en garde contre votre plus cruel ennemi qui est l'orgueil. Rappelez-vous bien, vous qui avez le bonheur d'être les interprètes entre les Esprits et les hommes, que, sans l'appui de notre divin maître, vous serez punis plus sévèrement, parce que vous aurez été plus favorisés.

J'espère que cette communication portera ses fruits, et je désire qu'elle puisse aider les médiums à se tenir en garde contre l'écueil où ils viendraient se briser ; cet écueil, je vous l'ai dit, c'est l'orgueil.

JEANNE D'ARC.

XIII

Lorsque vous voudrez recevoir des communications de bons Esprits, il importe de vous préparer à cette faveur par le recueillement, par de saines intentions et par le désir de faire le bien en vue du progrès général ; car souvenez-vous que l'égoïsme est une cause du retard à tout avancement. Souvenez-vous que si Dieu permet à quelques-uns d'entre vous de recevoir le souffle de certains de ses enfants qui, par leur conduite, ont su mériter le bonheur de comprendre sa bonté infinie, c'est qu'il veut bien, à notre sollicitation, et en vue de vos bonnes intentions, vous donner les moyens d'avancer dans sa voie ; ainsi donc, médiums ! mettez à profit cette faculté que Dieu veut bien vous accorder. Ayez la foi dans la mansuétude de notre maître ; ayez la charité toujours en pratique ; ne vous lassez jamais d'exercer cette sublime vertu ainsi que la tolérance. Que toujours vos actions soient en harmonie avec votre conscience, c'est un moyen certain de centupler votre bonheur dans cette vie passagère, et de vous préparer une existence mille fois plus douce encore.

Que le médium d'entre vous qui ne se sentirait pas la force de persévérer dans l'enseignement spirite s'abstienne ; car ne mettant pas à profit la lumière qui l'éclaire, il sera moins excusable qu'un autre, et il devra expier son aveuglement.

PASCAL.

XIV

Je vous parlerai aujourd'hui du désintéressement qui doit être une des qualités essentielles chez les médiums, aussi bien que la modestie et le dévouement. Dieu leur a donné cette faculté afin qu'ils aident à propager la vérité, mais non pour en faire un trafic ; et par là je n'entends pas seulement ceux qui voudraient l'exploiter comme ils le feraient d'un talent ordinaire, qui se mettraient médiums comme on se met danseur ou chanteur, mais tous ceux qui prétendraient s'en servir dans des vues intéressées quelconques. Est-il rationnel de croire que de bons Esprits, et encore moins des Esprits supérieurs qui condamnent la cupidité, consentent à se donner en spectacle, et, comme des comparses, se mettent à la disposition d'un entrepreneur de manifestations spirites ? Il ne l'est pas davantage de supposer que de bons Esprits peuvent favoriser des vues d'orgueil et d'ambition. Dieu leur permet de se communiquer aux hommes pour les tirer du bourbier terrestre, et non pour servir d'instruments aux passions mondaines. Il ne peut donc voir avec plaisir ceux qui détournent de son véritable but le don qu'il leur a fait, et je vous assure qu'ils en seront punis, même ici-bas, par les plus amères déceptions.

DELPHINE DE GIRARDIN.

XV

Tous les médiums sont incontestablement appelés à servir la cause du spiritisme dans la mesure de leur faculté, mais il y en a bien peu qui ne se laissent prendre au trébuchet de l'amour-propre ; c'est une pierre de touche qui manque rarement son effet ; aussi, sur cent médiums, à peine en trouverez-vous un, si infime soit-il, qui ne se soit cru, dans les premiers temps de sa médiumnité, appelé à obtenir des résultats supérieurs et prédestiné à de grandes missions. Ceux qui succombent à cette vaniteuse espérance, et le nombre en est grand, deviennent la proie inévitable d'Esprits obsesseurs, qui ne tardent pas à les subjuguer en flattant leur orgueil et en les prenant par leur faible ; plus ils ont voulu s'élever, plus leur chute est ridicule, quand elle n'est pas désastreuse pour eux. Les grandes missions ne sont confiées qu'aux hommes d'élite, et Dieu les place lui-même, et sans qu'ils le cherchent, dans le milieu et dans la position où leur concours pourra être efficace. Je ne puis trop recommander aux médiums inexpérimentés de se méfier de ce que certains Esprits pourront leur dire, touchant le prétendu rôle qu'ils sont appelés à jouer ; car, s'ils le prennent au sérieux, ils n'en recueilleront que du désappointement en ce monde, et un sévère châtiment dans l'autre. Qu'ils se persuadent bien que, dans la sphère modeste et obscure où ils sont placés, ils peuvent rendre de grands services, en aidant à la conversion des incrédules, ou en donnant des consolations aux affligés ; s'ils doivent en sortir, ils seront conduits par une main invisible qui préparera les voies, et mis en évidence pour ainsi dire malgré eux. Qu'ils se souviennent de cette parole : « Quiconque s'élève sera abaissé, et quiconque s'abaisse sera élevé. »

L'ESPRIT DE VÉRITÉ.

Sur les réunions spirites

Nota. Dans le nombre des communications suivantes, quelques-unes ont été données dans la *Société parisienne des études spirites* ou à son intention ; d'autres, qui nous ont été transmises par divers médiums, contiennent des conseils généraux sur les réunions, leurs formations et les écueils qu'elles peuvent rencontrer.

XVI

Pourquoi ne commencez-vous pas vos séances par une invocation générale, une sorte de prière qui disposerait au recueillement ? Car, sachez-le bien, sans le recueillement vous n'aurez que des communications légères ; les bons Esprits ne vont que là où on les appelle avec ferveur et sincérité. Voilà ce qu'on ne comprend pas assez ; c'est donc à vous à donner l'exemple ; à vous qui, si vous le voulez, pouvez devenir une des colonnes de l'édifice nouveau. Nous voyons vos travaux avec plaisir, et nous vous aidons, mais c'est à la condition que vous nous seconderez de votre côté, et que vous vous montrerez à la hauteur de la mission que vous êtes appelés à remplir. Formez donc un faisceau, et vous serez forts, et les mauvais Esprits ne prévaudront pas contre vous. Dieu aime les simples d'esprit, ce qui ne veut pas dire les niais, mais ceux qui font abnégation d'eux-mêmes et qui viennent à lui sans orgueil. Vous pouvez devenir un foyer de lumière pour l'humanité ; sachez donc distinguer le bon grain de l'ivraie ; ne semez que le bon grain, et gardez-vous de répandre de l'ivraie, car l'ivraie empêchera le bon grain de pousser, et vous seriez responsables de tout le mal qu'elle aura fait ; de même, vous seriez responsables des mauvaises doctrines que vous pourriez propager. Souvenez-vous qu'un jour le monde peut avoir l'œil sur vous ; faites donc que rien ne ternisse l'éclat des bonnes choses qui sortiront de votre sein ; c'est pourquoi nous vous recommandons de prier Dieu de vous assister.

SAINT AUGUSTIN.

Saint Augustin, prié de vouloir bien dicter une formule d'invocation générale, répondit :

Vous savez qu'il n'y a pas de formule absolue : Dieu est trop grand pour attacher plus d'importance aux mots qu'à la pensée. Or, ne croyez pas qu'il suffise de prononcer quelques paroles pour écarter les mauvais Esprits ; gardez-vous surtout d'en faire une de ces formules banales que l'on récite pour l'acquit de sa conscience ; son efficacité est dans la sincérité du sentiment qui la dicte ; elle est surtout dans l'unanimité de l'intention, car aucun de ceux qui ne s'y associeraient pas de cœur ne saurait en bénéficier, ni en faire bénéficier les autres. Rédigez-la donc vous-même, et soumettez-la-moi si vous voulez ; je vous aiderai.

Nota. La formule suivante d'invocation générale a été rédigée avec le concours de l'Esprit qui l'a complétée en plusieurs points.

« Nous prions Dieu Tout-Puissant de nous envoyer de bons Esprits pour nous assister, et d'éloigner ceux qui pourraient nous induire en erreur ; donnez-nous la lumière nécessaire pour distinguer la vérité de l'imposture.

Écartez aussi les Esprits malveillants qui pourraient jeter la désunion parmi nous en suscitant l'envie, l'orgueil et la jalousie. Si quelques-uns tentaient de s'introduire ici, au nom de Dieu, nous les adjurons de se retirer.

Bons Esprits qui présidez à nos travaux, daignez venir nous instruire, et rendez-nous dociles à vos conseils. Faites que tout sentiment personnel s'efface en nous devant la pensée du bien général.

Nous prions notamment... notre protecteur spécial, de vouloir bien nous donner son concours aujourd'hui. »

XVII

Mes amis, laissez-moi vous donner un conseil, car vous marchez sur un terrain nouveau, et si vous suivez la route que nous vous indiquons, vous ne vous égarerez pas. On vous a dit une chose bien vraie et que nous voulons rappeler, c'est que le spiritisme n'est qu'une morale, et qu'il ne doit pas sortir des limites de la philosophie, pas ou peu, s'il ne veut tomber dans le domaine de la curiosité. Laissez de côté les questions de sciences : la mission des Esprits n'est pas de les résoudre en vous épargnant la peine des recherches, mais de tâcher de vous rendre meilleurs, car c'est ainsi que vous avancerez réellement.

SAINT LOUIS.

XVIII

On s'est moqué des tables tournantes, on ne se moquera jamais de la philosophie, de la sagesse et de la charité qui brillent dans les communications sérieuses. Ce fut le vestibule de la science ; c'est là qu'en entrant on doit laisser ses préjugés comme on y laisse son manteau. Je ne puis trop vous engager à faire de vos réunions un centre sérieux. Qu'ailleurs on fasse des démonstrations physiques, *qu'ailleurs on voie, qu'ailleurs on entende, que chez vous on comprenne et qu'on aime.* Que pensez-vous être aux yeux des Esprits supérieurs quand vous avez fait tourner ou lever une table ? Des écoliers ; le savant passe-t-il son temps à repasser l'*a, b, c* de la science ? Tandis qu'en vous voyant rechercher les communications sérieuses, on vous considère comme des hommes sérieux, en quête de la vérité.

SAINT LOUIS.

Ayant demandé à saint Louis s'il entendait par là blâmer les manifestations physiques, il répondit :

« Je ne saurais blâmer les manifestations physiques, puisque, si elles ont lieu, c'est avec la permission de Dieu et dans un but utile ; en disant qu'elles furent le vestibule de la science, je leur assigne leur véritable rang, et j'en constate l'utilité. Je ne blâme que ceux qui en font un objet d'amusement et de curiosité, sans en tirer l'enseignement qui en est la conséquence ; elles sont à la philosophie du spiritisme ce que la grammaire est à la littérature, et celui qui est arrivé à un certain degré dans une science ne perd plus son temps à en repasser les éléments. »

XIX

Mes amis et fidèles croyants, je suis toujours heureux de pouvoir vous diriger dans la voie du bien ; c'est une douce mission que Dieu me donne et dont je suis fier, parce qu'être utile est toujours une récompense. Que l'Esprit de charité vous réunisse, tant la charité qui donne que celle qui aime. Montrez-vous patients contre les injures de vos détracteurs ; soyez fermes dans le bien, et surtout humbles devant Dieu ; ce n'est que l'humilité qui élève : c'est la seule grandeur que Dieu reconnaisse. Alors seulement, les bons Esprits viendront à vous, sinon celui du mal s'emparerait de votre âme. Soyez bénis au nom du Créateur et vous grandirez aux yeux des hommes, en même temps qu'à ceux de Dieu.

SAINT LOUIS.

XX

L'union fait la force ; soyez unis pour être forts. Le spiritisme a germé, jeté des racines profondes ; il va étendre sur la terre ses rameaux bienfaisants. Il faut vous rendre invulnérables contre les trais empoisonnés de la calomnie et de la noire phalange des Esprits ignorants, égoïstes et hypocrites. Pour y arriver, qu'une indulgence et une bienveillance réciproques président à vos rapports ; que vos défauts passent inaperçus, que vos qualités seules soient remarquées ; que le flambeau de la sainte amitié réunisse, éclaire et réchauffe vos cœurs, et vous résisterez aux attaques impuissantes du mal, comme le rocher inébranlable à la vague furieuse.

SAINT VINCENT DE PAUL.

XXI

Mes amis, vous voulez former une réunion spirite, et je vous approuve, parce que les Esprits ne peuvent voir avec plaisir les médiums qui restent dans l'isolement. Dieu ne leur a pas donné cette sublime faculté pour eux seuls, mais pour le bien général. En se communiquant à d'autres, ils ont mille occasions de s'éclairer sur le mérite des communications qu'ils reçoivent, tandis que seuls ils sont bien mieux sous l'empire des Esprits menteurs, enchantés de n'avoir point de contrôle. Voilà pour vous, et si vous n'êtes pas dominés par l'orgueil, vous le comprendrez et vous en profiterez. Voici maintenant pour les autres.

Vous rendez-vous bien compte de ce que doit être une réunion spirite ? Non ; car dans votre zèle vous croyez que ce qu'il y a de mieux à faire, c'est de réunir le plus grand nombre de personnes, afin de les convaincre. Détrompez-vous ; moins vous serez, plus vous obtiendrez. C'est surtout par l'ascendant moral que vous exercerez que vous amènerez à vous les incrédules, bien plus que par les phénomènes que vous obtiendrez ; si vous n'attirez que par les phénomènes, on viendra vous voir par curiosité, et vous trouverez des curieux qui ne vous croiront pas et qui riront de vous ; si l'on ne trouve parmi vous que des gens dignes d'estime, on ne vous croira peut-être pas tout de suite, mais on vous respectera, et le respect inspire toujours la confiance. Vous êtes convaincus que le spiritisme doit amener une réforme morale ; que votre réunion soit donc la première à donner l'exemple des vertus chrétiennes, car dans ce temps d'égoïsme, c'est dans les sociétés spirites que la véritable charité doit trouver un refuge[13]. Telle doit être, mes amis, une réunion de vrais spirites. Une autre fois, je vous donnerai d'autres conseils.

FÉNELON.

XXII

Vous m'avez demandé si la multiplicité des groupes dans une même localité ne pourrait pas engendrer des rivalités fâcheuses pour la doctrine. À cela, je vous répondrai que ceux qui sont imbus des vrais principes de cette doctrine voient des frères dans tous les spirites et non des rivaux ; ceux qui verraient d'autres réunions d'un œil jaloux prouveraient qu'il y a chez eux une arrière-pensée d'intérêt ou d'amour-propre, et qu'ils ne sont pas guidés par l'amour de la vérité. Je vous assure que si ces gens-là étaient parmi vous, ils y sèmeraient bientôt le trouble et la désunion. Le vrai spiritisme a pour devise *bienveillance et charité* ; il exclut toute autre rivalité que celle du bien que l'on peut faire ; tous les groupes qui l'inscriront sur leur drapeau pourront se tendre la main comme de bons voisins, qui n'en sont pas moins amis quoique n'habitant pas la même maison. Ceux qui prétendront avoir les meilleurs Esprits pour guides devront le prouver en montrant les meilleurs sentiments ; qu'il y ait donc entre eux lutte, mais lutte de grandeur d'âme, d'abnégation, de bonté et d'humilité ; celui qui jetterait la pierre à l'autre prouverait par cela seul qu'il y est sollicité par de mauvais Esprits. La nature des sentiments que deux hommes manifestent à l'égard l'un de l'autre est la pierre de touche qui fait connaître la nature des Esprits qui les assistent.

FÉNELON.

XXIII

Le silence et le recueillement sont des conditions essentielles pour toutes les communications sérieuses. Vous n'obtiendrez jamais cela de ceux qui ne seraient attirés dans vos réunions que par la curiosité ; engagez donc les curieux à aller s'amuser ailleurs, car leur distraction serait une cause de trouble.

Vous ne devez tolérer aucune conversation lorsque des Esprits sont questionnés. Vous avez parfois des communications qui demandent des répliques sérieuses de votre part, et des réponses[25] Nous connaissons un monsieur qui a

---

[25] Nous connaissons un monsieur qui a été accepté pour un emploi de confiance dans une importante maison, parce qu'il était spirite sincère, et qu'on a cru trouver une garantie de moralité dans ses croyances.

été accepté pour un emploi de confiance dans une importante maison, parce qu'il était spirite sincère, et qu'on a cru trouver une garantie de moralité dans ses croyances, non moins sérieuses de la part des Esprits évoqués qui éprouvent, croyez-le bien, du mécontentement des chuchotements continuels de certains assistants ; de là rien de complet ni de vraiment sérieux ; le médium qui écrit éprouve, lui aussi, des distractions très nuisibles à son ministère.

SAINT LOUIS.

XXIV

Je vous parlerai de la nécessité, dans vos séances, d'observer la plus grande régularité, c'est-à-dire d'éviter toute confusion, toute divergence dans les idées. La divergence favorise la substitution des mauvais Esprits aux bons, et presque toujours ce sont les premiers qui s'emparent des questions proposées. D'autre part, dans une réunion composée d'éléments divers et inconnus les uns aux autres, comment éviter les idées contradictoires, la distraction ou pis encore : une vague et railleuse indifférence ? Ce moyen, je voudrais le trouver efficace et certain. Peut-être est-il dans la concentration des fluides épars autour des médiums. Eux seuls, mais surtout ceux qui sont aimés, retiennent les bons Esprits dans l'assemblée ; mais leur influence suffit à peine à dissiper la tourbe des Esprits follets. Le travail de l'examen des communications est excellent ; on ne saurait trop approfondir les questions et surtout les réponses ; l'erreur est facile, même pour les Esprits animés des meilleures intentions ; la lenteur de l'écriture, pendant laquelle l'Esprit se détourne du sujet qu'il épuise aussitôt qu'il l'a conçu, la mobilité et l'indifférence pour certaines formes convenues, toutes ces raisons, et bien d'autres, vous font un devoir de n'apporter qu'une confiance limitée, et toujours subordonnée à l'examen, même quand il s'agit des communications les plus authentiques.

GEORGES (*Esprit familier*).

XXV

Dans quel but, la plupart du temps, demandez-vous des communications aux Esprits ? Pour avoir de beaux morceaux que vous montrez à vos connaissances comme des échantillons de notre talent ; vous les conservez précieusement dans vos albums, mais dans votre cœur il n'y a pas de place. Croyez-vous que nous soyons bien flattés de venir poser dans vos assemblées comme à un concours, faire assaut d'éloquence pour que vous puissiez dire que la séance a été bien intéressante ? Que vous reste-t-il quand vous avez trouvé une communication admirable ? Croyez-vous que nous venions chercher vos applaudissements ? Détrompez-vous ; nous n'aimons pas plus à vous amuser d'une façon que d'une autre ; de votre part, c'est encore là de la curiosité que vous dissimulez en vain ; notre but est de vous rendre meilleurs. Or, quand nous voyons que nos paroles ne portent pas de fruits, et que tout se réduit de votre côté à une stérile approbation, nous allons chercher des âmes plus dociles ; nous laissons alors venir à notre place les

Esprits qui ne demandent pas mieux que de parler, et il n'en manque pas. Vous vous étonnez que nous les laissions prendre notre nom ; que vous importe ? Puisqu'il n'en est ni plus ni moins pour vous. Mais sachez bien que nous ne le permettrions pas vis-à-vis de ceux auxquels nous nous intéressons réellement, c'est-à-dire de ceux avec qui nous ne perdons pas notre temps ; ceux-là sont nos préférés, et nous les préservons du mensonge. Ne vous en prenez donc qu'à vous si vous êtes si souvent trompés ; pour nous, l'homme sérieux n'est pas celui qui s'abstient de rire, mais celui dont le cœur est touché de nos paroles, qui les médite et en profite. (Voir n° 268, questions 19 et 20.)

MASSILLON.

XXVI

Le spiritisme devrait être une égide contre l'Esprit de discorde et de dissension ; mais cet
Esprit a de tout temps secoué sa torche sur les humains, parce qu'il est jaloux du bonheur que procurent la paix et l'union. Spirites ! il pourra donc pénétrer dans vos assemblées, et n'en doutez pas, il cherchera à y semer la désaffection, mais il sera impuissant contre ceux qu'anime la véritable charité. Tenez-vous donc sur vos gardes, et veillez sans cesse à la porte de votre cœur, comme à celle de vos réunions, pour n'y pas laisser pénétrer l'ennemi. Si vos efforts sont impuissants contre celui du dehors, il dépendra toujours de vous de lui interdire l'accès de votre âme. Si des dissensions s'élevaient parmi vous, elles ne pourraient être suscitées que par de mauvais Esprits ; que ceux donc qui auront au plus haut degré le sentiment des devoirs que leur impose l'urbanité aussi bien que le spiritisme vrai, se montrent les plus patients, les plus dignes et les plus convenables ; les bons Esprits peuvent quelquefois permettre ces luttes pour fournir aux bons comme aux mauvais sentiments l'occasion de se révéler, afin de séparer le bon grain de l'ivraie, et ils seront toujours du côté où il y aura le plus d'humilité et de véritable charité.

SAINT VINCENT DE PAUL.

XXVII

Repoussez impitoyablement tous ces Esprits qui se donnent comme conseils exclusifs, en prêchant la division et l'isolement. Ce sont presque toujours des Esprits vaniteux et médiocres, qui tendent à s'imposer aux hommes faibles et crédules, en leur prodiguant des louanges exagérées, afin de les fasciner et de les tenir sous leur domination. Ce sont généralement des Esprits affamés de pouvoir, qui, despotes publics, ou privés de leur vivant, veulent avoir encore des victimes à tyranniser après leur mort. En général, défiez-vous des communications qui portent un caractère de mysticisme et d'étrangeté, ou qui prescrivent des cérémonies et des actes bizarres ; il y a toujours alors un motif légitime de suspicion.

D'un autre côté, croyez bien que lorsqu'une vérité doit être révélée à l'humanité, elle est pour ainsi dire instantanément communiquée dans tous les groupes sérieux, qui possèdent de sérieux médiums, et non pas à tels ou tels à l'exclusion de tous autres. Nul n'est parfait médium s'il est obsédé, et il y a obsession manifeste lorsqu'un médium n'est apte qu'à recevoir les communications d'un Esprit spécial, si haut que celui-ci cherche à se placer lui-même. En conséquence, tout médium, tout groupe qui se croient privilégiés par des communications que seuls ils peuvent recevoir, et qui, d'autre part, sont assujettis à des pratiques qui frisent la superstition, sont indubitablement sous le coup d'une obsession des mieux caractérisées, surtout quand l'Esprit dominateur se targue d'un nom que tous, Esprits et incarnés, nous devons honorer et respecter, et ne pas laisser commettre à tout propos.

Il est incontestable qu'en soumettant au creuset de la raison et de la logique toutes les données et toutes les communications des Esprits, il sera facile de repousser l'absurdité et l'erreur. Un médium peut être fasciné, un groupe abusé ; mais le contrôle sévère des autres groupes, mais la science acquise, et la haute autorité morale des chefs de groupes, mais les communications des principaux médiums qui reçoivent un cachet de logique et d'authenticité de nos meilleurs Esprits, feront rapidement justice de ces dictées mensongères et astucieuses émanées d'une tourbe d'Esprits trompeurs ou méchants.

ÉRASTE (disciple de saint Paul).

Remarque. Un des caractères distinctifs de ces Esprits qui veulent s'imposer et faire accepter des idées bizarres et systématiques, c'est de prétendre, fussent-ils seuls de leur avis, avoir raison contre tout le monde. Leur tactique est d'éviter la discussion, et quand ils se voient combattus victorieusement par les armes irrésistibles de la logique, ils refusent dédaigneusement de répondre, et prescrivent à leurs médiums de s'éloigner des centres où leurs idées ne sont pas accueillies. Cet isolement est ce qu'il y a de plus fatal pour les médiums, parce qu'ils subissent, sans contrepoids, le joug de ces Esprits obsesseurs qui les conduisent, comme des aveugles, et les mènent souvent dans des voies pernicieuses.

XXVIII

Les faux prophètes ne sont pas seulement parmi les incarnés ; ils sont aussi, et en bien plus grand nombre, parmi les Esprits orgueilleux qui, sous de faux-semblants d'amour et de charité, sèment la désunion et retardent l'œuvre émancipatrice de l'humanité, en jetant à la traverse leurs systèmes absurdes qu'ils font accepter par leurs médiums ; et pour mieux fasciner ceux qu'ils veulent abuser, pour donner plus de poids à leurs théories, ils se parent sans scrupule de noms que les hommes ne prononcent qu'avec respect, ceux de saints justement vénérés, de Jésus, de Marie, de Dieu même.

Ce sont eux qui sèment des ferments d'antagonisme entre les groupes, qui les poussent à s'isoler les uns des autres, et à se voir d'un mauvais œil.

Cela seul suffirait pour les démasquer, car, en agissant ainsi, ils donnent eux-mêmes le plus formel démenti à ce qu'ils prétendent être. Aveugles donc sont les hommes qui se laissent prendre à un piège aussi grossier.

Mais il y a bien d'autres moyens de les reconnaître. Des Esprits de l'ordre auquel ils disent appartenir doivent être non seulement très bons, mais, en outre, éminemment logiques et rationnels. Eh bien ! passez leurs systèmes au tamis de la raison et du bon sens, et vous verrez ce qui en restera. Convenez donc avec moi que, toutes les fois qu'un Esprit indique, comme remède aux maux de l'humanité, ou comme moyens d'arriver à sa transformation, des choses utopiques et impraticables, des mesures puériles et ridicules ; quand il formule un système contredit par les plus vulgaires notions de la science, ce ne peut être qu'un Esprit ignorant et menteur.

D'un autre côté, croyez bien que si la vérité n'est pas toujours appréciée par les individus, elle l'est toujours par le bon sens des masses, et c'est encore là un critérium. Si deux principes se contredisent, vous aurez la mesure de leur valeur intrinsèque en cherchant celui qui trouve le plus d'échos et de sympathie ; il serait illogique, en effet, d'admettre qu'une doctrine qui verrait diminuer le nombre de ses partisans fût plus vraie que celle qui voit les siens s'augmenter. Dieu, voulant que la vérité arrive à tous, ne la confine pas dans un cercle étroit et restreint : il la fait surgir par différents points, afin que partout la lumière soit à côté des ténèbres.

ÉRASTE.

Remarque. La meilleure garantie qu'un principe est l'expression de la vérité, c'est lorsqu'il est enseigné et révélé par différents Esprits, par des médiums étrangers les uns aux autres, et en différents lieux, et lorsque, de plus, il est confirmé par la raison et sanctionné par l'adhésion du plus grand nombre. La vérité seule peut donner des racines à une doctrine ; un système erroné peut bien recruter quelques adhérents, mais comme il manque de la première condition de vitalité, il n'a qu'une existence éphémère ; c'est pourquoi il n'y a pas à s'en inquiéter : il se tue par ses propres erreurs, et tombera inévitablement devant l'arme puissante de la logique.

Communications apocryphes

Il y a souvent des communications tellement absurdes, quoique signées des noms les plus respectables, que le plus vulgaire bon sens en démontre la fausseté ; mais il en est où l'erreur est dissimulée sous de bonnes choses qui font illusion et empêchent quelquefois de la saisir au premier coup d'œil, mais elles ne sauraient résister à un examen sérieux. Nous n'en citerons que quelques-unes comme échantillon.

XXIX

La création perpétuelle et incessante des mondes est pour Dieu comme une jouissance perpétuelle, parce qu'il voit sans cesse ses rayons devenir chaque jour plus lumineux en bonheur. Il n'y a pas de nombre pour Dieu, pas plus qu'il n'y a de temps. Voilà pourquoi des centaines ou des milliards ne sont pas plus et pas moins pour lui, l'un que l'autre. C'est un père, dont le bonheur est formé du bonheur collectif de ses enfants, et à chaque seconde de création, il voit un nouveau bonheur venir se fondre dans le bonheur général. Il n'y a ni arrêt ni suspension dans ce mouvement perpétuel, ce grand bonheur incessant qui féconde la terre et le ciel. Du monde, on ne connaît qu'une faible fraction, et vous avez des frères qui vivent sous des latitudes où l'homme n'est pas encore parvenu à pénétrer. Que signifient ces chaleurs torréfiantes et ces froids mortels qui arrêtent les efforts des plus hardis ? Croyez-vous simplement que là soit la limite de votre monde, quand vous ne pouvez plus avancer avec vos petits moyens ? Vous pourriez donc mesurer exactement votre planète ? Ne croyez pas cela. Il y a sur votre planète plus de lieux ignorés que de lieux connus. Mais comme il est inutile de propager davantage toutes vos mauvaises institutions, toutes vos mauvaises lois, actions et existences, il y a une limite qui vous arrête çà et là, et qui vous arrêtera jusqu'à ce que vous ayez à transporter les bonnes semences qu'a faites votre libre arbitre. Oh ! non, vous ne connaissez pas ce monde que vous appelez la terre. Vous verrez de votre existence un grand commencement de preuves à cette communication. Voilà que l'heure va sonner où il y aura une autre découverte que la dernière qui a été faite ; voilà que va s'élargir le cercle de votre terre connue, et quand toute la presse chantera cet Hosanna dans toutes les langues, vous, pauvres enfants, qui aimez Dieu et qui cherchez sa voix, vous l'aurez su avant ceux mêmes qui donneront leur nom à la nouvelle terre.

VINCENT DE PAUL.

Remarque. Au point de vue du style, cette communication ne supporte pas la critique ; les incorrections, les pléonasmes, les tournures vicieuses sautent aux yeux de quiconque est tant soit peu lettré ; mais cela ne prouverait rien contre le nom dont elle est signée, attendu que ces imperfections pourraient tenir à l'insuffisance du médium, ainsi que nous l'avons démontré. Ce qui est le fait de l'Esprit, c'est l'idée ; or quand il dit qu'il y a sur notre planète plus de lieux ignorés que de lieux connus, qu'un nouveau continent va être découvert, c'est, pour un Esprit qui se dit supérieur, faire preuve de la plus profonde ignorance. Sans doute, on peut découvrir par-delà les glaces quelques coins de terre inconnus, mais dire que ces terres sont peuplées et que Dieu les a cachées aux hommes afin qu'ils n'y portassent pas leurs mauvaises institutions, c'est avoir par trop foi dans la confiance aveugle de ceux à qui il débite de pareilles absurdités.

XXX

Mes enfants, notre monde matériel et le monde spirituel que si peu connaissent encore, forment comme deux plateaux de la balance perpétuelle. Jusqu'ici, nos religions, nos lois, nos coutumes et nos passions ont tellement fait pencher le plateau du mal pour enlever celui du bien, qu'on a vu le mal régner en souverain sur la terre. Depuis des siècles, c'est toujours la même plainte qui s'exhale de la bouche de l'homme, et la conclusion fatale est l'injustice de Dieu. Il en est même qui vont jusqu'à la négation de l'existence de Dieu. Vous voyez tout ici et rien là ; vous voyez le superflu qui heurte le besoin, l'or qui brille près de la boue ; tous les contrastes les plus frappants qui devraient vous prouver votre double nature. D'où cela vient-il ? À qui la faute ? Voilà ce qu'il faut chercher avec tranquillité et avec impartialité ; quand on désire sincèrement trouver un bon remède, on le trouve. Eh bien ! malgré cette domination du mal sur le bien, par votre propre faute, car ne voyez-vous pas le reste aller droit la ligne tracée par Dieu ? Voyez-vous les saisons se déranger ? Les chaleurs et les froids se heurter inconsidérément ? La lumière du soleil oublier d'éclairer la terre ? La terre oublier dans son sein les grains que l'homme y a déposés ? Voyez-vous la cessation des mille miracles perpétuels qui se produisent sous nos yeux, depuis la naissance du brin d'herbe, jusqu'à la naissance de l'enfant, homme futur ? Mais, tout va bien du côté de Dieu, tout va mal du côté de l'homme. Quel remède à cela ? Il est bien simple : se rapprocher de Dieu, s'aimer, s'unir, s'entendre et suivre tranquillement la route dont on voit les jalons avec les yeux de la foi et de la conscience.

VINCENT DE PAUL.

Remarque. Cette communication a été obtenue dans le même cercle ; mais quelle différence avec la précédente ! non seulement pour les pensées, mais encore pour le style. Tout y est juste, profond, sensé, et certes saint Vincent de Paul ne la désavouerait pas, c'est pourquoi on peut sans crainte la lui attribuer.

XXXI

Allons, enfants, serrez vos rangs ! c'est-à-dire que votre bonne union fasse votre force. Vous qui travaillez à la fondation du grand édifice, veillez et travaillez toujours à le consolider à sa base, et alors vous pourrez le monter bien haut, bien haut ! La progression est immense sur tout notre globe ; une quantité innombrable de prosélytes se rangent sous notre drapeau ; beaucoup de sceptiques et même des plus incrédules s'approchent, s'approchent aussi.

Allez, enfants ; marchez le cœur haut, plein de foi ; la route que vous poursuivez est belle ; ne vous ralentissez pas ; suivez toujours la droite ligne, servez de guides à ceux qui viennent après vous, ils seront heureux, bien heureux !

Marchez, enfants ; vous n'avez pas besoin de la force des baïonnettes pour soutenir votre cause, vous n'avez besoin que de la foi ; la croyance, la fraternité et l'union, voilà vos armes ; avec celles-là, vous êtes forts, plus puissants que tous les grands potentats de l'univers réunis, malgré leurs forces vivantes, leurs flottes, leurs canons et leur mitraille !

Vous qui combattez pour la liberté des peuples et la régénération de la grande famille humaine, allez, enfants, courage et persévérance, Dieu vous aidera. Bonsoir, au revoir.

NAPOLÉON.

Remarque. Napoléon était, de son vivant, un homme grave et sérieux s'il n'en fut jamais ; tout le monde connaît son style bref et concis ; il aurait singulièrement dégénéré si, après sa mort, il était devenu verbeux et burlesque. Cette communication est peut-être de l'Esprit de quelque troupier qui s'appelait Napoléon.

XXXII

Non, on ne peut pas changer de religion quand on n'en a pas une qui puisse à la fois satisfaire le sens commun et l'intelligence qu'on a, et qui puisse surtout donner à l'homme des consolations présentes. Non, on ne change pas de religion, on tombe de l'ineptie et de la domination dans la sagesse et dans la liberté. Allez, allez, notre petite armée ! allez, et ne craignez pas les balles ennemies : celles qui doivent vous tuer ne sont pas encore faites, si vous êtes toujours du fond du cœur dans la voie de Dieu, c'est-à-dire si vous voulez toujours combattre pacifiquement et victorieusement pour l'aisance et la liberté.

VINCENT DE PAUL.

Remarque. Qui reconnaîtrait saint Vincent de Paul à ce langage, à ces pensées décousues et dépourvues de sens ? Que signifient ces mots : Non, on ne change pas de religion, on tombe de l'ineptie et de la domination dans la sagesse et dans la liberté ? Avec ses balles qui ne sont pas encore faites, nous soupçonnons fort cet Esprit d'être le même que celui qui a signé ci-dessus *Napoléon*.

XXXIII

Enfants de ma foi, chrétiens de ma doctrine oubliée par les intérêts des flots de la philosophie des matérialistes, suivez-moi sur le chemin de la Judée, suivez la passion de ma vie, contemplez mes ennemis maintenant, voyez mes souffrances, mes tourments et mon sang versé pour ma foi.

Enfants, spiritualistes de ma nouvelle doctrine, soyez prêts à supporter, à braver les flots de l'adversité, les sarcasmes de vos ennemis. La foi marchera sans cesse en suivant votre étoile, qui vous conduira au chemin du bonheur éternel, telle que l'étoile conduisit pour la foi les mages de l'Orient à la crèche. Quelles que soient vos adversités, quelles que soient vos peines, et les larmes que vous aurez versées sur cette sphère d'exil, prenez courage, soyez persuadés que la joie qui vous inondera dans le monde des Esprits sera bien au-dessus des tourments de votre existence passagère. La vallée de larmes est une vallée qui doit disparaître pour faire place au brillant séjour de joie, de fraternité et d'union, où par votre bonne obéissance à la sainte révélation vous parviendrez. La vie, mes chers frères de cette sphère terrestre, toute préparatoire, ne peut durer que le temps nécessaire pour vivre bien préparé à cette vie qui ne pourra jamais finir. Aimez-vous, aimez-vous comme je vous ai aimés, et comme je vous aime encore ; frères, courage, frères ! Je vous bénis ; au ciel je vous attends.

JÉSUS.

De ces brillantes et lumineuses régions où la pensée humaine peut à peine arriver, l'écho de vos paroles et des miennes est venu frapper mon cœur.

Oh ! de quelle joie je me sens inondé en vous voyant, vous, les continuateurs de ma doctrine.

Non, rien n'approche du témoignage de vos bonnes pensées ! Vous le voyez, enfants, l'idée régénératrice lancée par moi jadis dans le monde, persécutée, arrêtée un moment sous la pression des tyrans, s'en va désormais sans obstacle, éclairant les chemins à l'humanité si longtemps plongée dans les ténèbres.

Tout grand et désintéressé sacrifice, mes enfants, a tôt ou tard porté ses fruits. Mon martyr vous l'a prouvé ; mon sang versé pour ma doctrine sauvera l'humanité et effacera les fautes des grands coupables !

Soyez bénis, vous qui aujourd'hui prenez place dans la famille régénérée ! Allez, courage, enfants !

JÉSUS.

Remarque. Il n'y a sans doute rien de mauvais dans ces deux communications ; mais le Christ a-t-il jamais eu ce langage prétentieux, emphatique et boursouflé ? Qu'on les compare à celle que nous avons citée plus haut et qui porte le même nom, et l'on verra de quel côté est le cachet de l'authenticité.

Toutes ces communications ont été obtenues dans le même cercle. On remarque, dans le style, un air de famille, des tours de phrase identiques, les mêmes expressions souvent reproduites comme, par exemple, *allez, allez, enfants*, etc., d'où l'on peut conclure que c'est le même Esprit qui les a toutes dictées sous des noms différents. Dans ce cercle, cependant, très consciencieux du reste, mais un peu trop crédule, on ne faisait ni évocations ni questions ; on attendait tout des communications spontanées, et l'on voit que ce n'est certes pas une garantie d'identité. Avec des questions un peu pressantes et serrées de logique, on eût facilement remis cet Esprit à sa place ; mais il savait n'avoir rien à craindre, puisqu'on ne lui demandait rien, et qu'on acceptait sans contrôle et les yeux fermés tout ce qu'il disait. (Voir n° 269.)

XXXIV

Que la nature est belle ! que la Providence est prudente en sa prévoyance ! mais votre aveuglement et vos passions humaines empêchent de prendre patience en la prudence et la bonté de Dieu. Vous vous lamentez du moindre nuage, du moindre retard dans vos prévisions ; sachez donc, impatients douteurs, que rien n'arrive sans un motif toujours prévu, toujours prémédité au profit de tous. La raison de ce qui précède est pour mettre à néant, hommes à craintes hypocrites, toutes vos prévisions de mauvaise année pour vos récoltes.

Dieu inspire souvent l'inquiétude de l'avenir aux hommes pour les pousser à la prévoyance ; et voyez comme grands sont les moyens pour parfaire à vos craintes semées à dessein, et qui, le plus souvent, cachent des pensées avides plutôt qu'une idée d'un sage approvisionnement inspiré par un sentiment d'humanité au profit des petits. Voyez les rapports de nations à nations qui en ressortiront ; voyez quelles transactions devront se réaliser ; que de moyens viendront concourir à parer vos craintes ! car, vous le savez, tout s'enchaîne ; aussi, grands et petits viendront à l'œuvre.

Alors, ne voyez-vous pas déjà dans tout ce mouvement une source d'un certain bien-être pour la classe la plus laborieuse des États, classe vraiment intéressante que vous, les grands, vous, les omnipotents de cette terre, vous considérez comme gens taillables à merci, créés pour vos satisfactions.

Puis, qu'arrive-t-il après tout ce va-et-vient d'un pôle à l'autre ? C'est qu'une fois bien pourvus, souvent ce temps a changé ; le soleil, obéissant à la pensée de son créateur, a mûri en quelques jours vos moissons ; Dieu a mis l'abondance où votre convoitise méditait sur le manque, et malgré vous les petits pourront vivre ; et sans vous en douter, vous avez été à votre insu la cause d'une abondance.

Cependant, il arrive - Dieu le permet quelquefois - que les méchants réussissent dans leurs projets cupides ; mais alors c'est un enseignement que Dieu veut donner à tous ; c'est la prévoyance humaine qu'il veut stimuler ; c'est l'ordre infini qui règne dans la nature, c'est le courage contre les événements que doivent imiter, que doivent supporter avec résignation les hommes.

Quant à ceux qui, par calcul, profitent des désastres, croyez-le, ils en seront punis. Dieu veut que tous ses êtres vivent ; l'homme ne doit pas jouer avec la nécessité, ni trafiquer sur le superflu. Juste en ses bienfaits, grand en sa clémence, trop bon pour notre ingratitude, Dieu, dans ses desseins, est impénétrable.

BOSSUET. ALFRED DE MARIGNAC.

Remarque. Cette communication ne contient assurément rien de mauvais ; il y a même des idées philosophiques profondes et des conseils très sages, qui pourraient tromper, sur l'identité de l'auteur, les personnes peu versées dans la littérature. Le médium qui l'avait obtenue l'ayant soumise au contrôle de la Société spirite de Paris, il n'y eut qu'une voix pour déclarer qu'elle ne pouvait être de Bossuet. Saint Louis consulté répondit : « Cette communication, par elle-même, est bonne, mais ne croyez pas que ce soit Bossuet qui l'ait dictée. Un Esprit l'a écrite, peut-être un peu sous son inspiration, et il a mis le nom du grand évêque au bas pour la faire accepter plus facilement ; mais au langage, vous devez reconnaître la substitution. Elle est de l'Esprit qui a mis son nom après celui de Bossuet. » Cet Esprit, interrogé sur le motif qui l'avait fait agir, dit : « J'avais envie d'écrire quelque chose afin de me rappeler au souvenir des hommes ; voyant que c'était faible, j'ai voulu y mettre le prestige d'un grand nom. - Mais ne pensez-vous pas qu'on reconnaîtrait qu'elle n'était pas de Bossuet ? - Qui sait jamais au juste ? Vous pouviez vous tromper. D'autres moins clairvoyants l'auraient acceptée. »

C'est en effet la facilité avec laquelle certaines personnes acceptent ce qui vient du monde invisible sous le couvert d'un grand nom, qui encourage les Esprits trompeurs. C'est à déjouer les ruses de ceux-ci qu'il faut appliquer toute son attention, et l'on ne peut y parvenir qu'à l'aide de l'expérience acquise par une étude sérieuse. Aussi répétons-nous sans cesse : étudiez avant de pratiquer, car c'est le seul moyen de ne pas acquérir l'expérience à vos dépens.

CHAPITRE XXXII
VOCABULAIRE SPIRITE

Agénère (du grec, *a*, privatif et *géiné*, *géinomaï*, engendrer; qui n'a pas été engendré). Variété de l'apparition tangible; état de certains Esprits qui peuvent revêtir momentanément les formes d'une personne vivante, au point de faire complètement illusion.

Erraticité. État des Esprits errants, c'est-à-dire non incarnés, pendant les intervalles de leurs existences corporelles.

Esprit. Dans le sens spécial de la doctrine spirite, *les Esprits sont les êtres intelligents de la création, qui peuplent l'univers en dehors du monde matériel, et qui constituent le monde invisible*. Ce ne sont point des êtres d'une création particulière, mais les âmes de ceux qui ont vécu sur la terre ou dans les autres sphères, et qui ont quitté leur enveloppe corporelle.

Frappeur. Qualité de certains Esprits. Les Esprits frappeurs sont ceux qui révèlent leur présence par des coups et des bruits de diverses natures.

Médianimique. Qualité de la puissance des médiums. *Faculté médianimique.*

Médianimité. Faculté des médiums. Synonyme de *médiumnité*. Ces deux mots sont souvent employés indifféremment; si l'on voulait faire une distinction, on pourrait dire que *médiumnité* a un sens plus général, et *médianimité* un sens plus restreint. Il a le don de *médiumnité*. *La médianimité mécanique.*

Médium (du latin, *medium*, milieu, intermédiaire). Personne pouvant servir d'intermédiaire entre les Esprits et les hommes.

Médiumat. Mission providentielle des médiums. Ce mot a été créé par les Esprits. (Voir chapitre XXXI; communication XII.)

Médiumnité (Voir Médianimité).

Périsprit (du grec, *péri*, autour). Enveloppe semi-matérielle de l'Esprit. Chez les incarnés, il sert de lien ou d'intermédiaire entre l'Esprit et la matière; chez les Esprits errants, il constitue le corps fluidique de l'Esprit.

Pneumatographie (du grec *pneuma*, air, souffle, vent, esprit, et *graphô*, j'écris). Écriture directe des Esprits sans le secours de la main d'un médium.

Pneumatophonie (du grec, *pneuma*, et de *phoné*, son ou voix). Voix des Esprits; communication orale des Esprits sans le secours de la voix humaine.

Psychographe (du grec, *psukê*, papillon, âme, et *graphô*, j'écris). Celui qui fait de la psychographie; médium écrivain.

Psychographie. Écriture des Esprits par la main d'un médium.

Psychophonie. Communication des Esprits par la voix d'un médium parlant.

Réincarnation. Retour de l'Esprit à la vie corporelle; pluralité des existences.

Sématologie (du grec, *semâ*, signe, et *logos*, discours). Langage des signes. Communication des Esprits par le mouvement des corps inertes.

Spirite. Ce qui a rapport au spiritisme ; partisan du spiritisme ; celui qui croit aux manifestations des Esprits. *Un bon, un mauvais spirite ; la doctrine spirite.*

Spiritisme. Doctrine fondée sur la croyance à l'existence des Esprits et à leurs manifestations. **Spiritiste.** Ce mot, employé dans le principe pour désigner les adeptes du spiritisme, n'a pas été consacré par l'usage ; le mot *spirite* a prévalu.

Spiritualisme. Se dit dans le sens opposé à celui de matérialisme (académ.) ; croyance à l'existence de l'âme spirituelle et immatérielle. *Le spiritualisme est la base de toutes les religions.* **Spiritualiste.** Ce qui a rapport au spiritualisme ; partisan du spiritualisme. Quiconque croit que tout en nous n'est pas matière est *spiritualiste*, ce qui n'implique nullement la croyance aux manifestations des Esprits. Tout *spirite* est nécessairement *spiritualiste* ; mais on peut être *spiritualiste* sans être *spirite* ; le *matérialiste* n'est ni l'un ni l'autre. On dit : la philosophie *spiritualiste*. - Un ouvrage écrit dans les idées *spiritualistes*. - Les manifestations *spirites* sont produites par l'action des Esprits sur la matière. - La morale *spirite* découle de l'enseignement donné par les Esprits. - Il y a des *spiritualistes* qui tournent en dérision les croyances *spirites*. Dans ces exemples, la substitution du mot *spiritualiste* au mot *spirite*, produirait une confusion évidente.

Stéréotite (du grec, *stéréos*, solide). Qualité des apparitions tangibles.

Typteur (du grec, *tuptô*, je frappe). Variété des médiums aptes à la typtologie. *Médium typteur.*

Typtologie. Langage par coups frappés ; mode de communication des Esprits. *Typtologie alphabétique.*

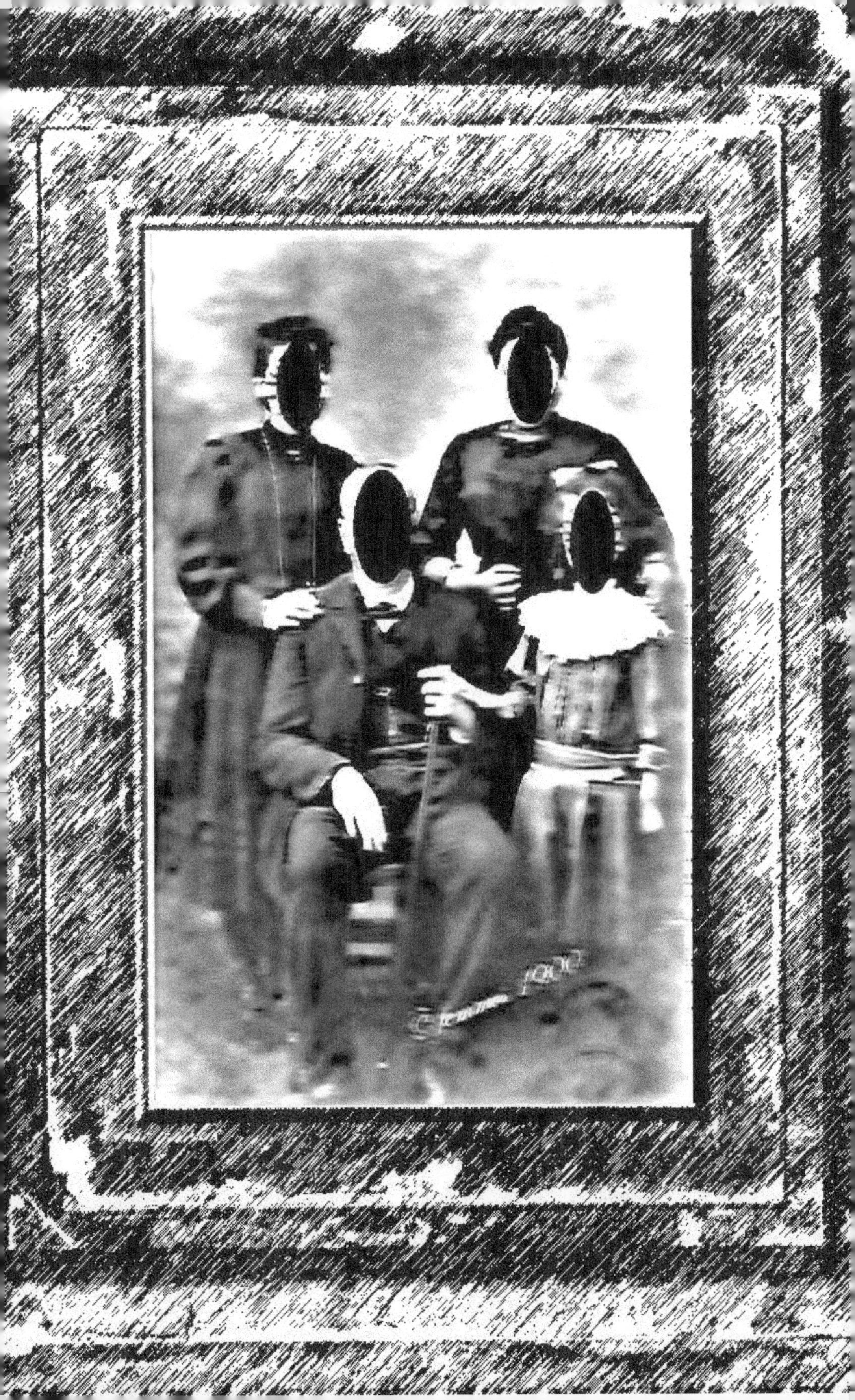

QU'EST-CE QUE LE SPIRITISME ?... 9

LE LIVRE DES ESPRITS.. 115

LE LIVRE DES MÉDIUMS.. 433

Diffusé par JDH Éditions
www.jdheditions.fr

LOOK BACK

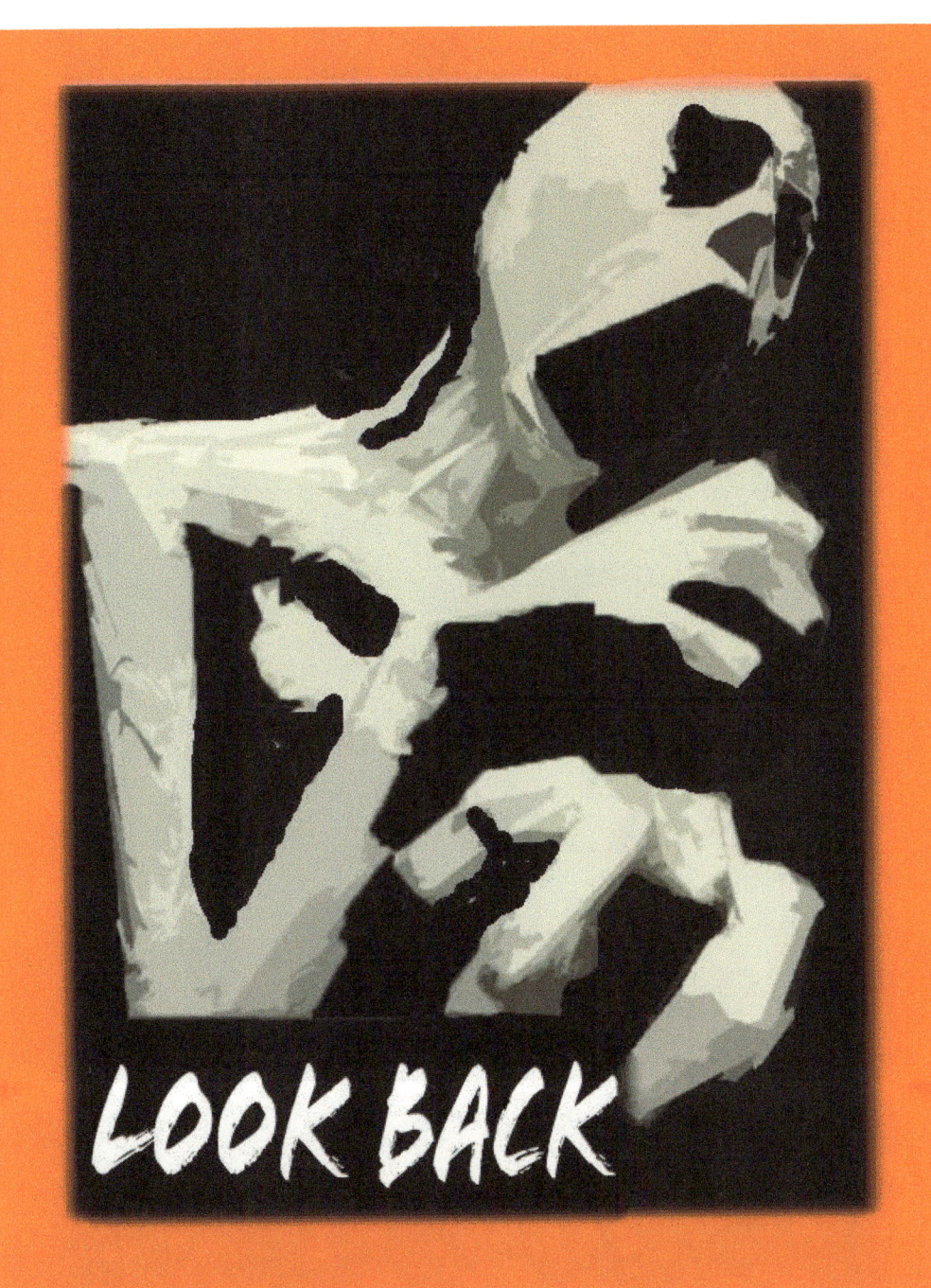

SHE SALUTES YOU.